U0940749

2011
江苏统计年鉴
JIANGSU STATISTICAL YEARBOOK

（总第28期 №.28）

江　苏　省　统　计　局
国家统计局江苏调查总队　编

Compiled by
Jiangsu Provincial Statistics Bureau
Survey Office of the National Bureau of Statistics in Jiangsu

（京）新登字 041 号

图书在版编目（CIP）数据

江苏统计年鉴. 2011：汉英对照/江苏省统计局，国家统计局江苏调查总队编. —北京：中国统计出版社，2011.8

ISBN 978－7－5037－6291－8

Ⅰ. ①江… Ⅱ. ①江… ②国… Ⅲ. ①统计资料—江苏省—2011—年鉴—汉语、英语 Ⅳ. ①C832.53－54

中国版本图书馆 CIP 数据核字（2011）第 152300 号

江苏统计年鉴－2011

作　　者／江苏省统计局　国家统计局江苏调查总队
责任编辑／佘竞雄　刘金成
执行编辑／刘学军
封面设计／王素捷
出版发行／中国统计出版社
通信地址／北京市西城区三里河月坛南街 57 号
邮　　编／100826
办公地址／北京市丰台区西三环南路甲 6 号
电　　话／（010）63376907
E－mail　／yearbook@ gj. stats. cn
印　　刷／南京人民印刷厂
经　　销／新华书店
开　　本／880×1230 毫米　1/16
字　　数／1810 千字
印　　张／49.75
印　　数／1—4400 册
版　　别／2011 年 7 月第 1 版
版　　次／2011 年 7 月第 1 次印刷
书　　号／ISBN 978－7－5037－6291－8/C·2515
定　　价／460.00 元

《江苏统计年鉴-2011》

编委会和编辑人员

主　　编：朱晓明　樊燕超

副 主 编：伍　祥　杨维克　陈俊杰　张祖明　夏心旻　彭小年
张宏性　包明楚　仲　柯　胡黎明　刘兴远　王忠华

编　　委：（按姓氏笔划为序）

丁苏明　王义兴　王当龄　王宏强　刘兆恒　刘光平
刘洪光　孙建祥　江　波　汤　浩　何光远　吴熙云
张晓未　沈　岩　沈国权　肖宝源　邱素芳　周乃贵
周和生　周国强　明福生　杭佳萍　茅亚林　赵继东
唐　纪　徐汉庆　徐国春　秦曙明　郭克俭　顾永平
康长进　程建南

编辑人员：（按姓氏笔划为序）

马永春　王　丽　王洪平　卢海宁　刘学军　刘智华
朱　健　许美华　李卫明　杨　扬　汪雪敏　苏中平
周　洁　周俭司　俞　姝　宣　严　胡为红　赵　巍
诸　刚　钱泽华　钱鹏程　温海涛　蒋　涛　蒋书明
韩　原　詹亦军　熊庆远

责任编辑：佘竟雄　刘金成

执行编辑：刘学军

英文翻译：郁明华　李宝会　马　丽

封面设计：王素捷

光盘设计：陶　锋　孙　杰　刘金成

Jiangsu Statistical Yearbook - 2011

EDITORIAL BOARD AND EDITORIAL STAFF

编者说明

一、《江苏统计年鉴—2011》(以下简称《年鉴》)是一部全面、系统反映江苏省2010年及历史重要年份国民经济和社会发展情况的资料性年刊,收录了江苏省及各地区大量的经济社会发展统计信息。

二、《年鉴》分为二十二个部分:1. 综合,2. 国民经济核算,3. 人口、就业和职工工资,4. 人民生活,5. 固定资产投资,6. 价格指数,7. 财政、金融,8. 对外经济贸易,9. 能源、资源、环境,10. 农业,11. 工业,12. 建筑业,13. 运输、邮电,14. 批发零售、住宿餐饮和旅游,15. 教育、科技,16. 文化、体育、卫生,17. 社会服务及其他,18. 城市经济与建设,19. 区域经济,20. 市县社会经济,21. 县(市)社会经济发展序列,22. 乡镇基本情况。另附录全国分省主要指标、单位选介。为方便读者使用,各篇章前设有《简要说明》,对本篇章的主要内容、资料来源、统计范围、统计方法以及历史变动情况予以简要概述,篇末附有《主要统计指标解释》。

三、《年鉴》资料大部分来自年度统计报表,一部分来自抽样调查等。全国分省资料来自国家统计局出版的有关统计资料。

四、《年鉴》中所使用的度量衡单位均采用国际统一标准计量单位。

五、《年鉴》中国民经济行业分类按2002年国家标准《国民经济行业分类》(GB/T4754－2002)执行。

六、《年鉴》总量指标计算所采用的价格均为现行价格。

七、《年鉴》部分数据合计数或相对数由于单位取舍不同产生的计算误差未作机械调整。

八、《年鉴》表中“...”表示数据不足本表最小单位数;“空格”表示该项统计指标数据不详或无该项数据;“#”表示其中的主要项。

感谢国内外广大读者多年来对《年鉴》编辑出版工作的支持和帮助,欢迎继续提出宝贵意见,使《年鉴》的形式和内容更趋完善。

EDITOR'S NOTES

Ⅰ. *Jiangsu Statistical Yearbook2011* (abbreviated as Yearbook hereafter) is an annual publication which provides comprehenisive and systematic data series about the national economy and social development in Jiangsu Province in 2010 and some selected data series in historically important years. It includes much statistical information on social and economic development in the province and in various regions.

Ⅱ. The Yearbook contatins the following twenty-two parts: 1. General Survey, 2. National Accounts, 3. Population, Employment and Wages, 4. People's Living Conditions, 5. Investment in Fixed Assets, 6. Price Indices, 7. Government Finance, Financial Intermediation, 8. Foreign Trade and Economic Cooperation, 9. Energy, Resource and Environment, 10. Agriculture, 11. Industry, 12. Construction, 13. Transport, Postal and Telecommunication Services, 14. Wholesale and Retail Trade, Hotels, Catering Services and Tourism, 15. Education, Science and Technology, 16. Culture, Sports and Public Health, 17. Social Services and Others, 18. Urban Economy and Construction, 19. Regional Economy, 20. Social Economy of Cities and Counties, 21. Social Economy Development Alignment of Counties (Cities), 22. Basic Conditions of Villages and Towns, Appendix I. Major Indicators by Region, Appendix II. Introduction of Units. To facilitate readers, the Brief Introduction at the beginning of each chapter provides a summary of the main contents of the chapter, data sources, statistical scope, statistical methods and historical changes. At the end of each chapter, Explanatory Notes on Main Statistical Indicators are included.

Ⅲ. The major data sources of this publication are obtained from annual statistical reports, and some from sample surveys. National major indicators grouped by provinces are obtained from relative statistical data published by the National Bureau of Statistics of China.

Ⅳ. The units of measurement used in the Yearbook are all internationally standard measurement units.

Ⅴ. The classification of national economic industry used in the Yearbook is the national standard of 2002's "The Classification on National Economic Industry", i. e. (GB/T4754 - 2002).

Ⅵ. The price used for gross indicator's calculating are current prise.

Ⅶ. Statistical dicrepancies due to rouding are not adjusted.

Ⅷ. In the Yearbook, "…" indicates that the figure is not large enough to be measured with the samllest unit in the table; (blank) indicates that the figure is not available, "#" indicates the major component items.

We express thanks to the general readers of domestic and abroad for supporting and helping the work of compilcation and publication of the Yearbook. We sincerely welcome conitinued valuable suggestions from the general readers so that the form and content of the Yearbook can be further improved.

目　录

CONTENTS

1　综　合

General Survey

2　国民经济核算

National Accounts

3 人口、就业和职工工资

Population, Employment and Wages

4 人民生活
People's Living Conditions

5 固定资产投资

Investment in Fixed Assets

6 价格指数

Price Indices

7 财政、金融

Government Finance, Financial Intermediation

8 对外经济贸易

Foreign Trade and Economic Cooperation

9　能源、资源、环境

Energy, Resource and Environment

10　农　业

Agriculture

11　工　业

Industry

12 建筑业

Construction

13 运输、邮电

Transport, Postal and Telecommunication Services

14 批发零售、住宿餐饮和旅游

Wholesale and Retail Trade, Hotels, Catering Services and Tourism

15 教育、科技

Education, Science and Technology

16 文化、体育、卫生

Culture, Sports and Public Health

17 社会服务及其他

Social Services and Others

18 城市经济与建设

Urban Economy and Construction

19 区域经济

Regional Economy

20 市县社会经济

Social Economy of Cities and Counties

21 县(市)社会经济发展序列

Social Economy Development Alignment of Counties(Cities)

22　乡镇基本情况

Basic Conditions of Villages and Towns

附录一　全国分省主要指标

Appendix I. Major Indicators by Region

附录二　单位选介

Appendix Ⅱ. Introduction of Units

1

综　合

General Survey

简 要 说 明

主要内容和资料来源

一、综合资料主要包括行政区划、国民经济和社会发展综合资料、基本单位统计资料以及私营个体统计资料四部分。

二、行政区划资料，由民政部门根据截止到上一年末全省行政区划变更情况整理提供。

三、国民经济综合资料是抽取全书的精华，通过对各篇章主要统计指标及其速度、结构、比例和效益等的加工计算，来反映国民经济和社会发展的总体情况。

四、基本单位统计资料根据基本单位统计年报汇总整理。

五、私营个体统计资料，由工商行政管理部门整理提供。

Brief Introduction

Main Contents and Sources of Data

Ⅰ. This chapter consists of four parts: divisions of administrative areas, summary data on the national economy and social development, basic unit of statistics, private and individual statistics.

Ⅱ. Date about divisions of administrative areas is provided by Civil Affairs bureau which given the change of the administrative divisions end of year.

Ⅲ. Data on divisions of administrative areas in China are prepared and provided by the Ministry of Civil Affairs on the basis of the changes in the divisions of administrative areas as approved by the State Council at the end of the previous year.

Ⅳ. Date of basic unit is come from basic unit of statistics annual report. .

Ⅴ. Date of private and individual economy provided by Department of Business Administration.

综　合
GENERAL SURVEY

从数字看 2010 年的江苏
Jiangsu in Statistics　'2010

江苏的地位
Position of Jiangsu in the Country

地区生产总值	Gross Domestic Product	占全国	10.4%	10.4 percent of china
#第三产业	Tertiary Industry	占全国	10.0%	10.0 percent of china
人均地区生产总值	Per Capital GDP	高于全国	23078 元	Over 23078 yuan
全社会固定资产投资总额	Total Investment in Fixed Assets	占全国	8.3%	8.3 percent of china
社会消费品零售总额	Total Retail Sales of Consumer Goods	占全国	8.7%	8.7 percent of china
进出口总额	Total Imports and Exports	占全国	15.7%	15.7 percent of china
#出口总额	Total Exports	占全国	17.1%	17.1 percent of china
粮食产量	Output of Grain	占全国	5.9%	5.9 percent of china
钢材产量	Output of Steel	占全国	11.4%	11.4 percent of china
发电量	Output of Electricity	占全国	8.0%	8.0 percent of china
城镇居民人均可支配收入	Per Capita Disposable Income of Urban Residents	高于全国	3835 元	Over 3835 yuan
农村居民人均纯收入	Per Capita Net Income of Rural Residents	高于全国	3199 元	Over 3199 yuan

江苏的人口
Population of Jiangsu

年末人口	Population	7869.34	万人	(10000 persons)
从业人员	Employment	4754.68	万人	(10000 persons)
#在岗职工人数	Staff and Workers Employed	710.58	万人	(10000 persons)
出生人口	Births	75.89	万人	(10000 persons)
死亡人口	Deaths	53.64	万人	(10000 persons)
结婚人数	Marriages	75.71	万对	(10000 couples)
离婚人数	Divorces	16.02	万对	(10000 couples)
人口密度	Density of Population	767	人/平方公里	(person/sq. km)
人口平均期望寿命(2005 年)	Life Expectancy(2005)	75.32	岁	(year)
男	Male	72.86	岁	(year)
女	Female	77.85	岁	(year)

江苏的经济发展
Economic Development of Jiangsu

		1953－2010年平均增长(%) 1953－2010 Average Annual Growth Rate(%)	1979－2010年平均增长(%) 1979－2010 Average Annual Growth Rate(%)
地区生产总值	Gross Domestic Product	9.2	12.6
第一产业	Primary Industry	3.7	4.7
第二产业	Secondary Industry	13.3	14.2
#工业	Industry	13.5	14.3
第三产业	Tertiary Industry	9.6	14.5
全社会固定资产投资	Total Investment in Fixed Assets	18.5	24.3
财政收入	Government Revenue	13.7	17.9
货物运输量	Freight Traffic	8.6	8.3
社会消费品零售总额	Total Retail Sales of Consumer Goods	12.2	17.2
出口总额	Total Exports		22.4

江苏的一天
One Day in Jiangsu

地区生产总值	Groos Domestic Product	113.49	亿元	(100 million yuan)
第一产业	Primary Industry	6.96	亿元	(100 million yuan)
第二产业	Secondary Industry	59.60	亿元	(100 million yuan)
#工业	Industry	52.82	亿元	(100 million yuan)
第三产业	Tertiary Industry	46.94	亿元	(100 million yuan)
财政收入	Government Revenue	32.17	亿元	(100 million yuan)
货物运输量	Freight Traffic	516.60	万吨	(10000 tons)
竣工房屋面积	Floor Space of Residential Housing Completed	133.04	万平方米	(10000 sq. m)
社会消费品零售总额	Total Retail Sales of Consumer Goods	37.28	亿元	(100 million yuan)
出口总额	Total Exports	7.41	亿美元	(USD 100 million)
出版报纸	Newspapers Published	743.05	万份	(10000 copies)
邮寄函件	Letters Delivered	256.44	万件	(10000 pieces)

1-1 行 政 区 划 (2010 年)
Administrative Divisions(2010)

单位:个 (unit)

市 名	City	各级市单位数 Number of Cities at All Levels	县级单位数 Number of Counties	县 County	县级市 Cities at County Level	市辖区 Districts Under the Jurisdiction of Cities
全 省	**Total**	**39**	**105**	**24**	**26**	**55**
南京市	Nanjing	1	13	2		11
无锡市	Wuxi	3	8		2	6
徐州市	Xuzhou	3	10	3	2	5
常州市	Changzhou	3	7		2	5
苏州市	Suzhou	6	11		5	6
南通市	Nantong	4	8	2	3	3
连云港市	Lianyungang	1	7	4		3
淮安市	Huaian	1	8	4		4
盐城市	Yancheng	3	9	5	2	2
扬州市	Yangzhou	4	7	1	3	3
镇江市	Zhenjiang	4	6		3	3
泰州市	Taizhou	5	6		4	2
宿迁市	Suqian	1	5	3		2

1-1 续表 Continued

单位:个 (unit)

市 名	City	镇 Town	乡 Township	街道办事处 Subdistrict Office	村民委员会 Village Committee	居民委员会 Neighbourhood Committee
全 省	**Total**	**877**	**98**	**332**	**15803**	**5842**
南京市	Nanjing	29		84	571	762
无锡市	Wuxi	32		51	678	556
徐州市	Xuzhou	113		41	2249	422
常州市	Changzhou	37		21	807	323
苏州市	Suzhou	60		33	1099	851
南通市	Nantong	99	2	20	1429	558
连云港市	Lianyungang	53	30	17	1432	220
淮安市	Huaian	91	24	11	1452	237
盐城市	Yancheng	103		13	1916	516
扬州市	Yangzhou	70	7	12	1138	339
镇江市	Zhenjiang	40		10	505	282
泰州市	Taizhou	75	6	15	1498	388
宿迁市	Suqian	75	29	4	1029	388

1－2 “十一五”时期江苏经济社会发展情况

单位：亿元

指　标	Item	2005	2006
地区生产总值	Gross Domestic Product	18598.69	21742.05
第一产业	Primary Industry	1461.51	1545.05
第二产业	Secondary Industry	10524.96	12282.89
第三产业	Tertiary Industry	6612.22	7914.11
人均地区生产总值（元）	Per Capita GDP (yuan)	24616	28526
全社会固定资产投资	Total Investment in Fixed Assets	8739.71	10071.42
#城镇固定资产投资	Urban Area Investment	6230.54	7481.80
#房地产开发投资	Real Estate Davelopment	1545.15	1906.71
财政总收入	Government Revenue	3124.83	3935.87
#地方财政一般预算收入	Local Government Budgetary Revenue	1322.68	1656.68
地方财政一般预算支出	Local Government Budgetary Expenditure	1673.40	2013.25
金融机构存款余额	Deposits of Banking System	22001.44	25860.47
#居民储蓄	Saving Deposits	10581.27	12183.47
金融机构贷款余额	Loans of Banking System	15396.59	18485.02
全部工业增加值	Added Value of All Industties	9440.18	11097.64
规模以上工业总产值	Gross Output Value of above Designated Size Industry	32707.09	41410.40
规模以上工业利税总额	Total Profits and Taxes of above Designated Size Industry	2387.07	3168.41
#利润总额	Total Profits	1384.64	1906.91
建筑业增加值	Added Value of Construction	1084.78	1185.25
邮电业务总量	Total Telecommunications Services	728.08	997.26
社会消费品零售总额	Total Retail Sale of Consumer Goods	5735.50	6706.19
进出口总额（亿美元）	Total Imports and Exports (USD 100 million)	2279.41	2839.95
#出口	Exports	1229.82	1604.19
实际外商直接投资（亿美元）	Actual Foreign Direct Investment (USD 100 million)	131.80	174.31
高等学校在校生数（万人）	Students Enrollment in Institutions of Higher Education (10000 persons)	115.98	130.62
R&D 经费支出	Internal Expenses of Research and Development	270.30	346.05
高新技术产业产值	Output Value in High－tech Industry	7928.17	10307.00
卫生机构床位数（万张）	Hospital Beds (10000 units)	19.75	21.16
执业（助理）医师数（万人）	Doctors (10000 persons)	10.87	11.46
在岗职工年平均工资（元）	Average Wages of Staff and Workers Employed (yuan)	20957	23782
人均储蓄存款余额（元）	Per Capita Savings Deposit of Residents (yuan)	13944	15914
城镇居民人均可支配收入（元）	Per Capita Disposable Income of Urban Residents (yuan)	12319	14084
农村居民人均纯收入（元）	Per Capita Net Income of Rural Residents (yuan)	5276	5813

Situation on Economic and Social Development of Jiangsu in the Period of the Eleventh Five-year Plan

(100 million yuan)

2007	2008	2009	2010	"十一五"时期年均增长(%) Average Annual Growth Rate(%)
26018.48	30981.98	34457.30	41425.48	13.5
1816.31	2100.11	2261.86	2540.10	4.3
14471.26	16993.34	18566.37	21753.93	14.1
9730.91	11888.53	13629.07	17131.45	14.4
33837	40014	44253	52840	12.7
12268.07	15060.45	18949.88	23184.28	21.5
9161.38	11369.62	14266.80	17416.47	22.8
2515.91	3064.46	3338.50	4299.38	22.7
5591.29	7109.72	8404.99	11743.22	30.3
2237.73	2731.41	3228.78	4079.86	25.3
2553.72	3247.49	4017.36	4914.06	24.0
30450.54	37017.48	48850.29	58984.14	21.8
13014.92	16721.18	20080.63	23334.48	17.1
22092.10	26160.72	35296.73	42121.04	22.3
13105.24	15271.20	16464.94	19277.65	14.4
53316.38	67798.68	73200.03	92056.48	23.0
4423.16	6574.69	6794.67	9316.01	31.3
2765.77	3972.93	4099.58	5970.56	33.9
1366.02	1722.14	2101.43	2487.00	18.1
1282.85	1584.13	1812.40	2194.60	24.7
7985.90	9905.10	11484.10	13606.80	18.9
3496.71	3922.68	3388.32	4657.93	15.4
2037.33	2380.36	1992.43	2705.50	17.1
218.92	251.20	253.23	284.98	16.7
147.23	157.26	165.34	164.94	7.3
430.20	584.57	717.12	871.39	26.4
14689.96	18402.19	21987.23	30354.84	30.8
22.00	23.51	25.15	26.97	6.4
11.87	11.97	12.32	12.90	3.5
27374	31667	35890	40505	14.1
16852	21541	25711	29652	16.3
16378	18680	20552	22944	13.2
6561	7357	8004	9118	11.6

1-3 国民经济和社会发展总量与速度指标

指标	Item	总量指标 1978	1990	1995	2000
人口与就业	**Population and Employment**				
人口 （万人）	**Population （10000 persons）**				
年末人口	Population at the Year-end	5834.32	6766.90	7066.02	7327.24
城镇人口	Urban	800.77	1458.94	1929.09	3040.81
乡村人口	Rural	5033.55	5307.96	5136.93	4286.43
就业 （万人）	**Employment （10000 persons）**				
就业人数	Employment	2777.72	4225.02	4385.17	4418.14
#职工人数	Staff and Workers	581.50	879.85	915.98	673.25
#国有单位	State-owned Units	366.37	536.88	576.24	411.40
年末城镇登记失业人数	Unemployment Registered in Urban Area		22.52	20.13	30.36
宏观经济	**Macroeconomy**				
国民经济核算 （亿元）	**National Economic Accounting （100 million yuan）**				
地区生产总值	Gross Domestic Product	249.24	1416.50	5155.25	8553.69
第一产业	Primary Industry	68.71	355.17	866.24	1048.34
第二产业	Secondary Industry	131.09	692.59	2715.26	4435.89
第三产业	Tertiary Industry	49.44	368.74	1573.75	3069.46
支出法地区生产总值	Gross Domestic Expenditures				
#最终消费	Final Consumption Expenditure	130.55	717.36	2250.66	3710.72
居民消费	Resident Consumption	115.15	608.29	1806.43	2815.51
政府消费	Government Consumption Expenditure	15.40	109.07	444.23	895.21
资本形成总额	Gross Capital Formation	77.98	588.44	2479.30	4044.78
固定资本形成	Fixed Capital Formation	40.40	374.12	1756.88	3225.42
存货增加	Changes in Stock	37.58	214.32	722.42	819.36
固定资产投资 （亿元）	**Investment in Fixed Assets （100 million yuan）**				
全社会固定资产投资总额	Total Investment in Fixed Assets	21.75	356.30	1680.17	2995.43
#国有单位	State-owned Units	20.70	134.86	602.70	1200.01
集体单位	Collective-owned Units	1.05	74.87	491.08	455.86
#房地产开发	Real Estate Development		11.71	240.85	358.72
财政 （亿元）	**Public Finance （100 million yuan）**				
地方一般预算收入	Local Government Budgetary Revenue	61.09	136.20	172.64	448.31
地方一般预算支出	Local Government Budgetary Expenditure	28.38	100.97	253.49	591.28

Aggregate Indicators on National Economic and Social Development and Their Indices and Growth Rate

Aggregate Data			速度指标 Indicies and Growth Rate								
			2010年比下列各年增长(%) Index (2010 as percentage of the following years)						年平均增长(%) Average Annual Growth Rate		
2005	2009	2010	1978	1990	1995	2000	2005	2009	1979 ~ 2010	2001 ~ 2010	2006 ~ 2010
7588.24	7810.27	7869.34	34.9	16.3	11.4	7.4	3.7	0.8	0.9	0.7	0.7
3832.06	4342.51	4767.63	495.4	226.8	147.1	56.8	24.4	9.8	5.7	4.6	4.5
3756.18	3467.76	3101.71	-38.4	-41.6	-39.6	-27.6	-17.4	-10.6	-1.5	-3.2	-3.8
4578.75	4726.54	4754.68	71.2	12.5	8.4	7.6	3.8	0.6	1.7	0.7	0.8
602.93	673.74	710.58	22.2	-19.2	-22.4	5.5	17.9	5.5	0.6	0.5	3.3
273.43	263.26	263.95	-28.0	-50.8	-54.2	-35.8	-3.5	0.3	-1.0	-4.3	-0.7
41.63	40.74	40.65		80.5	101.9	33.9	-2.4	-0.2		3.0	-0.5
18598.69	34457.30	41425.48	4420.6	1187.4	487.9	246.2	88.6	12.7	12.6	13.2	13.5
1461.51	2261.86	2540.10	335.4	132.6	78.5	42.2	23.4	4.9	4.7	3.6	4.3
10524.96	18566.37	21753.93	6867.8	1626.5	583.2	287.7	93.1	13.1	14.2	14.5	14.1
6612.22	13629.07	17131.45	7608.8	1447.6	544.0	257.4	96.3	13.3	14.5	13.6	14.4
7658.69	14375.40	17238.08	3950.1	1299.9	514.7	275.0	101.4	14.2	12.3	14.1	15.0
5339.09	9235.38	10942.82	2741.8	954.3	393.9	222.1	83.4	12.8	11.0	12.4	12.9
2319.60	5140.02	6295.26	14599.2	3263.3	993.2	433.2	143.3	16.6	16.9	18.2	19.5
9462.30	17571.90	21173.29	7269.0	1132.0	466.2	235.7	78.8	11.9	14.4	12.9	12.3
8888.80	17137.99	20709.14	15601.5	1843.8	652.3	315.4	85.5	12.2	17.1	15.3	13.1
573.45	433.91	464.15	183.7	-25.6	-52.2	-65.2	-22.3	2.1	3.3	-10.0	-4.9
8739.71	18949.88	23184.28	106494.4	6407.0	1279.9	674.0	165.3	22.3	24.3	22.7	21.5
2077.97	3677.11	4488.74	21584.7	3228.4	644.8	274.1	116.0	22.1	18.3	14.1	16.7
445.16	753.73	948.13	90198.1	1166.4	93.1	108.0	113.0	25.8	23.7	7.6	16.3
1545.15	3338.50	4299.38		36615.4	1685.1	1098.5	178.2	28.8		28.2	22.7
1322.68	3228.78	4079.86	6578.4	2895.5	2263.2	810.1	208.5	26.4	14.0	24.7	25.3
1673.40	4017.36	4914.06	17215.2	4766.9	1838.6	731.1	193.7	22.3	17.5	23.6	24.0

指标	Item	总量指标 1978	1990	1995	2000
物价 （上年=100）	**Price （preceding year=100）**				
商品零售价格指数	General Retail Price Index	100.2	102.3	114.3	98.6
居民消费价格指数	General Consumer Price Index	100.1	103.2	115.8	100.1
工业品出厂价格指数	Ex-factory Price Index of Industrial Products			114.2	101.1
利用外资 （亿美元）	**Utilization of Foreign Capital （USD 100 million）**				
合同外商直接投资	Contracted Foreign Direct Investment		2.44	129.70	106.11
实际外商直接投资	Actual Foreign Direct Investment		1.41	47.81	64.24
产业	**Industry**				
农业	**Agriculture**				
农林牧渔业劳动力 （万人）	Number of Persons Engaged in Agriculture, Forestry, Animal Husbandry and Fishery （10000 persons）	2030.67	1714.49	1541.33	1480.22
农林牧渔业总产值 （亿元）	Gross Output Value of Agriculture, Forestry, Animal Husbandry and Fishery （100 million yuan）	105.87	580.53	1686.78	1869.73
主要农产品产量 （万吨）	Output of Major Farm Products （10000 tons）				
粮食	Grain	2400.65	3264.15	3286.30	3106.63
棉花	Cotton	47.54	46.42	56.15	31.45
油料	Oil-bearing Crops	37.44	112.39	159.46	225.65
糖料	Sugar Crops	6.88	22.26	23.37	28.26
蚕茧	Silkworm Cocoons	2.63	12.00	18.62	9.01
猪牛羊肉	Pork, Beef and Mutton		158.38	217.82	227.41
水产品	Aquatic Products	39.76	118.25	219.47	308.79
工业	**Industry**				
全部工业增加值 （亿元）	Added Value of All Industties （100 million yuan）	117.10	634.13	2467.63	3848.52
主要工业产品产量 （万吨）	Output of Major Industrial Products （10000 tons）				
粗钢	Steel	54.51	190.18	360.40	617.16
钢材	Rolled-steel	60.31	203.01	787.89	1401.83
发电量 （亿千瓦小时）	Electricity （100 million kW·h）	126.42	404.47	700.41	909.69
原煤	Coal	1707.02	2407.79	2650.72	2479.02
农用化肥(折100%)	Chemical Furtilizers	72.18	145.90	191.85	192.38
化学农药	Chemical Pesticide	4.92	4.51	12.18	17.23
水泥	Cement	444.10	1532.89	3966.42	4599.52
化学纤维	Chemical Fiber	2.11	40.76	102.20	190.99
彩色电视机 （万台）	Color Television Sets （10000 units）	0.03	36.64	11.45	127.66
家用电冰箱 （万台）	Household Refrigerators （10000 units）		83.18	250.72	285.17
建筑业	**Construction**				
建筑业企业职工平均人数 （万人）	Average Number of Employed Persons （10000 persons）		124.31	232.94	221.48
建筑业总产值 （亿元）	Gross Output Value （100 million yuan）		147.23	998.11	1546.17
施工房屋面积 （万平方米）	Floor Space of Building Under Construction （10000 sq. m）		5240.98	16646.14	21287.10
竣工房屋面积 （万平方米）	Floor Space of Building Completed （10000 sq. m）		3307.93	8739.38	12329.65

Continued 1

Aggregate Data			速度指标 Indicies and Growth Rate								
2005	2009	2010	2010年比下列各年增长(%) Index (2010 as percentage of the following years)						年平均增长(%) Average Annual Growth Rate		
			1978	1990	1995	2000	2005	2009	1979 ~ 2010	2001 ~ 2010	2006 ~ 2010
100.3	98.9	103.2	318.1	98.4	10.0	10.6	11.0	3.2	4.6	1.0	2.1
102.1	99.6	103.8	443.7	155.1	35.3	23.9	15.5	3.8	5.4	2.2	2.9
102.6	95.2	107.3		91.2	8.6	20.1	11.2	7.3		1.9	2.2
457.22	509.81	568.33		23176.9	338.2	435.6	24.3	11.5		18.3	4.4
131.80	253.23	284.98		20097.0	496.1	343.6	116.2	12.5		16.1	16.7
1058.28	876.31	859.83	-57.7	-49.8	-44.2	-41.9	-18.8	-1.9	-2.6	-5.3	-4.1
2576.98	3816.02	4297.14	531.7	218.0	100.8	51.2	23.3	4.4	5.9	4.2	4.3
2834.59	3230.10	3235.10	34.8	-0.9	-1.6	4.1	14.1	0.2	0.9	0.4	2.7
32.27	25.55	26.08	-45.1	-43.8	-53.6	-17.1	-19.2	2.1	-1.9	-1.9	-4.2
215.99	162.23	151.97	305.9	35.2	-4.7	-32.7	-29.6	-6.3	4.5	-3.9	-6.8
22.23	11.64	10.27	49.3	-53.9	-56.1	-63.7	-53.8	-11.8	1.3	-9.6	-14.3
10.59	7.90	7.91	200.8	-34.1	-57.5	-12.2	-25.3	0.1	3.5	-1.3	-5.7
242.13	215.24	223.91		41.4	2.8	-1.5	-7.5	4.0		-0.2	-1.6
388.66	443.22	460.44	1058.0	289.4	109.8	49.1	18.5	3.9	8.0	4.1	3.4
9440.18	16464.94	19277.65	7107.3	1621.1	589.9	303.6	96.2	13.3	14.3	15.0	14.4
3284.86	5489.88	6242.75	11352.5	3182.5	1632.2	911.5	90.0	13.7	16.0	26.0	13.7
4328.32	7859.69	9122.95	15026.8	4393.8	1057.9	550.8	110.8	16.1	17.0	20.6	16.1
1789.53	2928.21	3358.98	2557.0	730.5	379.6	269.2	87.7	14.7	10.8	14.0	13.4
2817.56	2397.44	2122.48	24.3	-11.8	-19.9	-14.4	-24.7	-11.5	0.7	-1.5	-5.5
284.63	317.34	241.96	235.2	65.8	26.1	25.8	-15.0	-23.8	3.9	2.3	-3.2
30.26	64.44	61.76	1155.3	1269.4	407.1	258.4	104.1	-4.2	8.2	13.6	15.3
9579.15	14434.14	15647.46	3423.4	920.8	294.5	240.2	63.3	8.4	11.8	13.0	10.3
458.49	894.50	1027.19	48582	2420.1	905.1	437.8	124.0	14.8	21.3	18.3	17.5
403.81	1151.31	1766.89	5889533	4722.3	15331.4	1284.1	337.6	53.5	41.0	30.1	34.3
318.46	667.06	812.49		876.8	224.1	184.9	155.1	21.8		11.0	20.6
342.24	540.52	598.98		381.8	157.1	170.4	75.0	10.8		10.5	11.8
4368.95	10264.92	12405.90		8326.2	1142.9	702.4	184.0	20.9		23.2	23.2
52242.23	99659.92	119036		2171.2	615.1	459.2	127.9	19.4		18.8	17.9
25391.86	43307.52	48560.07		1368.0	455.6	293.8	91.2	12.1		14.7	13.8

1-3 续表 2

指标	Item	1978	1990	1995	2000
		总量指标			
交通运输	**Transportation**				
货运量 （万吨）	Freight Traffic （10000 tons）	14626	49399	81830	90436
#铁路	Railways	3224	4235	4143	4077
公路	Highways	4488	27904	49578	59056
水运	Waterways	6557	15908	27161	25902
客运量 （万人）	Passenger Traffic （10000 persons）	25621	48339	84803	107244
#铁路	Railways	2752	4788	5185	4891
公路	Highways	18694	41850	78947	101713
水运	Waterways	4175	1701	623	514
港口货物吞吐量 （万吨）	Volume of Freight Handled at Seaports （10000 tons）	10183	17002	20177	39200
邮电通信业	**Postal and Telecommunications Services**				
邮电业务总量 （亿元）	Total Business Revenue （100 million yuan）	1.83	9.98	72.24	323.45
函件 （亿件）	Number of Letters Delivered （100 million pieces）	1.63	3.30	5.31	5.74
年末固定电话用户 （万户）	Number of Eited Telephone Subseribers at Year-end （10000 househalds）			330.17	1138.06
城市	Urban			226.54	535.43
农村	Rural			103.63	602.63
年末移动电话用户 （万户）	Number of Mobile Telephone Subseribers at Year-end （10000 househalds）			23.19	619.50
国内商业	**Domestic Trade**				
社会消费品零售总额 （亿元）	Total Retail Sales of Consumer Goods （100 million yuan）	84.79	515.43	1741.92	2908.46
对外经济贸易和旅游	**Foreign Trade and Tourism**				
进出口总额 （亿美元）	Total Imports and Exports （USD 100 million）	4.27	41.39	162.78	456.38
进口	Imports	0.09	11.95	64.96	198.69
出口	Exports	4.18	29.44	97.82	257.70
接待海外旅游人数 （万人）	Number of International Tourists Received （10000 persons）	11.33	72.48	76.77	160.94
金融保险 （亿元）	**Banking and Insurance （100 million yuan）**				
金融机构存款	Deposits of Banking System	60.72	860.33	3500.49	8400.75
金融机构贷款	Loans of Banking System	115.29	1013.45	2875.39	5967.66
国内保险保费收入	Domestic Premium		9.31	29.01	132.03
教育、科技、文化	**Education, Science and Technology and Culture**				
教育	**Education**				
高等学校本专科在校学生 （万人）	Students Enrollment in Institutions of Higher Education （10000 persons）	6.05	14.69	20.86	45.19
中等专业学校在校学生 （万人）	Students Enrollment in Specialized Secondary Schools （10000 persons）	3.84	13.99	31.87	43.62
普通中学在校学生 （万人）	Students Enrollment in Regular Secondary Schools （10000 persons）	385.85	281.97	316.75	373.64
小学在校学生 （万人）	Students Enrollment in Primary Schools （10000 persons）	868.90	612.29	644.77	718.55
科技	**Science and Technology**				
县以上科研机构数 （个）	Number of Scientific & Technological Research Institutions of County Level and Above （unit）		326	337	313
各类专业技术人员 （万人）	Scientific and Technical Personnel （10000 persons）	22.18	158.86	184.97	194.24

Continued 2

Aggregate Data			速度指标 Indicies and Growth Rate								
			2010 年比下列各年增长(%) Index (2010 as percentage of the following years)						年平均增长(%) Average Annual Growth Rate		
2005	2009	2010	1978	1990	1995	2000	2005	2009	1979 ~ 2010	2001 ~ 2010	2006 ~ 2010
112909	160966	188565	1189.2	281.7	130.4	108.5	67.0	17.1	8.3	7.6	10.8
5090	6137	6374	97.7	50.5	53.8	56.3	25.2	3.9	2.2	4.6	4.6
76301	104002	123500	2651.8	342.6	149.1	109.1	61.9	18.7	10.9	7.7	10.1
29277	42016	48702	642.7	206.1	79.3	88.0	66.3	15.9	6.5	6.5	10.7
145204	201262	226627	784.5	368.8	167.2	111.3	56.1	12.6	7.0	7.8	9.3
6658	9167	9711	252.9	102.8	87.3	98.5	45.9	5.9	4.0	7.1	7.8
138287	191001	215850	1054.6	415.8	173.4	112.2	56.1	13.0	7.9	7.8	9.3
37	686	590	-85.9	-65.3	-5.3	14.8		-14.0	-5.9	1.4	
75517	132787	158977	1461.2	835.0	687.9	305.6	110.5	19.7	9.0	15.0	16.1
728.08	1812.40	2194.60	119823	21890.0	2937.9	578.5	201.4	21.1	24.8	21.1	24.7
4.21	9.51	9.36	474.2	183.6	76.3	63.1	122.3	-1.6	5.6	5.0	17.3
3059.35	2662.40	2498.80			656.8	119.6	-18.3	-6.1		8.2	-4.0
2089.54	1694.35	1527.80			574.4	185.3	-26.9	-9.8		11.1	-6.1
969.81	968.05	971.00			837.0	61.1	0.1	0.3		4.9	0.0
2550.00	4940.30	5923.10			25441.6	856.1	132.3	19.9		25.3	18.4
5735.50	11484.10	13606.80	15948	2539.9	681.1	367.8	137.2	18.5	17.2	16.7	18.9
2279.41	3388.31	4657.93	108860	11153.5	2761.5	920.6	104.3	37.5	24.4	26.1	15.4
1049.59	1395.89	1952.43	2162059	16234.5	2905.4	882.7	86.0	39.9	36.6	25.7	13.2
1229.82	1992.42	2705.50	64554	9090.4	2665.9	949.9	120.0	35.8	22.4	26.5	17.1
378.30	556.83	653.55	5668	801.7	751.3	306.1	72.8	17.4	13.5	15.0	11.6
22001.44	48850.29	58984.14	97041	6756.0	1585.0	602.1	168.1	20.7	24.0	21.5	21.8
15396.59	35296.73	42121.04	36435	4056.2	1364.9	605.8	173.6	19.3	20.2	21.6	22.3
437.34	907.73	1162.67		12388.4	3907.8	780.6	165.9	28.1		24.3	21.6
115.98	165.34	164.94	2626.3	1022.8	690.7	265.0	42.2	-0.2	10.9	13.8	7.3
66.10	68.14	68.30	1678.6	388.2	114.3	56.6	3.3	0.2	9.4	4.6	0.7
491.56	398.44	368.61	-4.5	30.7	16.4	-1.3	-25.0	-7.5	-0.1	-0.1	-5.6
485.53	396.02	398.78	-54.1	-34.9	-38.2	-44.5	-17.9	0.7	-2.4	-5.7	-3.9
146	138	135		-58.6	-59.9	-56.9	-7.5	-2.2		-8.1	-1.6
148.67	141.61	140.53	533.6	-11.5	-24.0	-27.7	-5.5	-0.8	5.9	-3.2	-1.1

指　标	Item	总量指标 1978	1990	1995	2000
#工程技术人员	Engineering Personnel	7.83	31.84	28.38	44.84
文化	**Culture**				
图书出版量（亿册）	Books Published (100 million copies)	1.94	3.44	4.05	3.47
杂志出版量（万册）	Magazines Issued (10000 copies)	535	4107	7005	11008
报纸出版量（亿份）	Newspapers Issued (100 million copies)	2.45	8.27	15.95	23.34
家庭、生活、环境	**Family, People's Livelihood and Environment**				
家庭	**Family**				
总户数（万户）	Total Househalds (10000 househalds)	1423.11	1806.78	2066.09	2220.38
城镇居民平均每户家庭人口（人）	Average Household Size in Urban Areas (person)		3.34	3.19	3.07
农村居民平均每户家庭人口（人）	Average Household Size in Rural Areas (person)		4.10	4.01	3.74
居住	**Housing**				
城镇居民人均住房建筑面积（平方米）	Per Capita Net Floor Space of Urban Residents (sq. m)	5.7	17.29	21.69	25.54
农村居民人均住房面积（平方米）	Per Capita Net Floor Space of Rural Residents (sq. m)	9.7	25.20	25.71	33.70
生活	**People's Livelihood**				
城镇居民人均可支配收入（元）	Per Capita Annual Disposable Income of Urban Residents (yuan)	288	1464	4634	6800
农村居民人均纯收入（元）	Per Capita Net Income of Rural Residents (yuan)	155	884	2457	3595
居民储蓄存款余额（亿元）	Outstanding Amount of Saving Deposits (100 million yuan)	12.40	470.86	1922.33	4456.83
工资	**Wages and Welfare**				
工资总额（亿元）	Total Wages of Staff and Workers (100 million yuan)	29.05	184.60	541.62	705.36
职工平均工资（元）	Average Wage of Staff and Workers (yuan)	513	2129	5943	10299
卫生	**Health Care**				
卫生机构数（个）	Number of Health Care Organizations (unit)	9277	12366	12039	12813
#医院卫生院	Hospital and Commune Hospitals	2428	2491	2534	2511
床位数（万张）	Number of Hospital Beds (10000 units)	12.29	16.45	17.46	17.31
#医院卫生院	Hospital and Commune Hospitals	11.07	14.54	15.48	16.18
卫生技术人员数（万人）	Number of Medical Technical Personnels (10000 persons)	14.00	21.35	24.55	25.36
#医生	Doctors	5.70	9.94	11.22	11.44
市政建设	**Urban Civil Construction**				
自来水供水量（亿吨）	Volume of Tap Water Supply (100 million tons)	3.51	25.67	38.23	35.34
排水管道长度（公里）	Length of Sewer Pipelines (km)	1503	4099	8262	11097
年末实有道路长度（公里）	Year-end Length of Paved Roads (km)	1893	5812	8163	11011
环境	**Environment**				
污染治理项目本年完成投资（亿元）	Investment for the Pollution Treatment Projects Completed in This Year (100 million yuan)		2.48	5.42	13.11
本年施工污染治理项目数（个）	Number of Pollution Treatment Itemes Under Construction (unit)		1382	919	2412
工业废水排放量（亿吨）	Volume of Industrial Waste Water Discharged (100 million tons)		24.24	22.02	20.19
工业粉尘去除量（万吨）	Volume of Industrial Dust Removed (10000 tons)		81	112	210

Continued 3

Aggregate Data			速度指标 Indicies and Growth Rate								
			2010年比下列各年增长(%) Index (2010 as percentage of the following years)						年平均增长(%) Average Annual Growth Rate		
2005	2009	2010	1978	1990	1995	2000	2005	2009	1979 ~ 2010	2001 ~ 2010	2006 ~ 2010
20.96	19.67	19.00	142.7	-40.3	-33.0	-57.6	-9.3	-3.4	2.8	-8.2	-1.9
4.26	4.95	5.17	166.5	50.3	27.7	49.0	21.4	4.4	3.1	4.1	3.9
8743	9578	10475	1858.0	155.1	49.5	-4.8	19.8	9.4	9.7	-0.5	3.7
26.80	26.50	27.12	1006.9	227.9	70.0	16.2	1.2	2.3	7.8	1.5	0.2
2463.60	2519.44	2564.59	80.2	41.9	24.1	15.5	4.1	1.8	1.9	1.5	0.8
2.92	2.81	2.79		-16.5	-12.5	-9.1	-4.5	-0.7		-1.0	-0.9
3.74	3.69	3.68		-10.2	-8.2	-1.6	-1.6	-0.3		-0.2	-0.3
28.76	32.87	33.39	485.8	93.1	53.9	30.7	16.1	1.6	5.7	2.7	3.0
38.59	45.24	46.33	377.6	83.8	80.2	37.5	20.1	2.4	5.0	3.2	3.7
12319	20552	22944	7866.7	1467.2	395.1	237.4	86.2	11.6	14.7	12.9	13.2
5276	8004	9118	5782.6	931.4	271.1	153.6	72.8	13.9	13.6	9.8	11.6
10581.27	20080.63	23334.48	188081	4855.7	1113.9	423.6	120.5	16.2	26.6	18.0	17.1
1252.06	2403.32	2841.33	9680.8	1439.2	424.6	302.8	126.9	18.2	15.4	15.0	17.8
20957	35890	40505	7795.7	1802.5	581.6	293.3	93.3	12.9	14.6	14.7	14.1
15324	13388	13834	49.1	11.9	14.9	8.0	-9.7	3.3	1.3	0.8	-2.0
2486	2552	2433	0.2	-2.3	-4.0	-3.1	-2.1	-4.7	0.0	-0.3	-0.4
19.75	25.15	26.97	119.4	63.9	54.5	55.8	36.5	7.2	2.5	4.5	6.4
18.59	23.47	24.74	123.5	70.2	59.8	52.9	33.1	5.4	2.5	4.3	5.9
25.71	30.65	32.84	134.6	53.8	33.8	29.5	27.7	7.1	2.7	2.6	5.0
10.87	12.32	12.90	126.3	29.8	15.0	12.8	18.7	4.7	2.6	1.2	3.5
39.05	44.90	48.28	1275.5	88.1	26.3	36.6	23.6	7.5	8.5	3.2	4.3
28568	42826	46867	3018.2	1043.4	467.3	322.3	64.1	9.4	11.3	15.5	10.4
28674	30003	31899	1585.1	448.8	290.8	189.7	11.2	6.3	9.2	11.2	2.2
38.95	27.05	18.60		650.0	243.2	41.9	-52.2	-31.2		3.6	-13.7
782	651	388		-71.9	-57.8	-83.9	-50.4	-40.4		-16.7	-13.1
29.63	26.74	26.38		8.8	19.8	30.7	-11.0	-1.3		2.7	-2.3
388.73	323.08	344.54		325.4	207.6	63.7	-11.4	6.6		5.1	-2.4

1－4 国民经济和社会发展结构指标

Structural Indicators on National Economic and Social Development

单位:%　　(%)

指　　标	Item	1978	1995	2000	2005	2009	2010
人口与就业	**Population and Employment**						
人　口	**Population**						
城乡结构	Urban and Rural Structure						
城镇	Urban	13.7	27.3	41.5	50.5	55.6	60.6
乡村	Rural	86.3	72.7	58.5	49.5	44.4	39.4
性别结构	Sexual Structure						
男	Male	50.6	50.8	50.6	50.02	50.04	50.38
女	Female	49.4	49.2	49.4	49.98	49.96	49.62
就　业	**Employment**						
产业结构	Industrial Structure						
第一产业	Primary Industry	69.7	46.9	42.8	30.9	23.7	22.3
第二产业	Secondary Industry	19.6	32.1	30.2	37.2	41.1	42.0
第三产业	Tertiary Industry	10.7	21.0	27.0	31.9	35.2	35.7
经济类型结构	Structures by Ownership						
城镇单位从业人员	Staff and Workers Employed in Urban Units	20.9	21.1	15.7	13.2	14.3	14.9
国有单位	State-owned	13.2	13.3	9.5	6.0	5.6	5.6
城镇集体单位	Collective-owned	7.7	6.3	2.7	0.8	0.6	0.6
其他单位	Others		1.5	3.5	6.4	8.1	8.8
城镇私营企业和个体从业人员	Urban Private Enterprises and Self-employed Workers	0.1	1.5	4.0	13.4	25.3	28.6
其他	Others	79.0	77.4	80.3	73.5	60.5	56.7
宏观经济	**Macro Economy**						
国民经济核算	**National Economic Accounting**						
地区生产总值产业结构	Industrial Structures						
第一产业	Primary Industry	27.6	16.8	12.2	7.9	6.5	6.1
第二产业	Secondary Industry	52.6	52.7	51.9	56.6	53.9	52.5
第三产业	Tertiary Industry	19.8	30.5	35.9	35.6	39.6	41.4
地区生产总值支出结构	Domestic Expenditures						
最终消费	Total Consumption	52.4	43.7	43.4	41.2	41.7	41.6
居民消费	Resident Consumption	46.2	35.0	32.9	28.7	26.8	26.4
政府消费	Government Consumption Expenditure	6.2	8.6	10.5	12.5	14.9	15.2
资本形成总额	Gross Capital Formation	31.3	48.1	47.3	50.9	51.0	51.1
固定资本	Fixed Capital Formation	16.2	34.1	37.7	47.8	49.7	50.0
存货增加	Changes in Stock	15.1	14.0	9.6	3.1	1.3	1.1
净出口	Net Exports	16.3	8.2	9.3	7.9	7.3	7.3
投　资	**Investment**						
经济类型结构	Structure by Ownership						
国有经济	State-owned	95.2	35.9	40.1	23.8	19.4	19.4
集体经济	Collective-owned	4.8	29.2	15.2	5.1	4.0	4.1

1－4 续表1 Continued 1

单位:% (%)

指 标	Item	1978	1995	2000	2005	2009	2010
港澳台及外商投资经济	Hong Kong, Macao, Taiwan and Foreign Investment Economy		17.9	12.1	17.9	14.2	13.0
私营个体经济	Private and Individuals			10.9	30.0	36.3	36.3
其他经济	Others		17.0	21.7	23.2	26.1	27.2
资金来源结构	Structure of Funded Sources						
国家预算资金	State Budgetary Appropriation		1.5	2.5	0.7	1.2	1.0
国内贷款	Domestic Loans		16.1	16.3	13.8	12.3	12.3
利用外资	Foreign Investment		13.6	9.4	9.1	4.9	4.2
自筹资金	Fundraising		52.4	61.0	63.3	62.3	64.4
其他投资	Others		16.4	10.8	13.1	19.3	18.0
财　政	**Government Finance**						
地方一般预算支出结构	Structure of Local General Budgetary Expenditure						
#农林水事务	Operating Expenses of Agriculture, Forestry and Water	25.1	8.5	7.9	5.8	10.0	10.0
教育支出	Education	10.8	20.9	19.9	15.4	16.9	17.6
利用外资	**Utilization of Foreign Capital**						
实际外商直接投资结构	Structure of Foreign Direct Investment						
合资经营企业	Joint Venture Enterprises		69.5	35.4	18.9	16.0	16.6
合作经营企业	Cooperative Operation Enterprises		5.8	5.6	1.5	1.4	0.9
独资经营企业	Foreign Solely Funded Enterprises		24.7	59.0	79.0	80.2	80.1
外商投资股份制企业	Share Holding with Foreign Investment			0.04	0.7	2.4	2.3
产业经济	**Industrial Economy**						
农　业	**Agriculture**						
农林牧渔业产值结构	Structure of Gross Output Value						
农业	Farming	80.4	58.5	58.6	50.1	51.1	52.8
林业	Forestry	1.4	1.3	1.6	1.8	1.9	1.8
牧业	Animal Husbandry	15.8	28.2	23.0	23.2	22.9	21.5
渔业	Fishery	2.3	12.1	16.7	19.9	18.8	18.7
农林牧渔服务业	Service in Support of Agriculture				5.0	5.3	5.1
工　业	**Industry**						
工业产值按经济类型分	Grouped by Ownership						
#国有企业	State-owned	61.5	21.4	12.7	6.5	5.2	4.8
集体企业	Collective-owned	31.2	36.3	19.0	5.1	1.7	1.4
港澳台商投资企业	Enterprise Invested by Hong Kong, Macao and Taiwan Funds			9.1	11.8	11.3	10.9
外商投资企业	Enterprise Invested by Foreign Funds			18.6	28.7	29.2	28.8
工业产值按轻重分	Grouped by Light and Heavy Industry						
轻工业	Light Industry	52.4	47.7	43.2	31.2	27.1	26.6
重工业	Heavy Industry	47.6	52.3	56.8	68.8	72.9	73.4
建 筑 业	**Construction**						
建筑业总产值结构	Structure of Gross Output Value of Construction						

1－4 续 表 2 Continued 2

单位：% (%)

指 标	Item	1978	1995	2000	2005	2009	2010
国有经济	State－owned		25.8	24.4	19.8	9.6	9.7
地方	Local－owned		20.8	19.9	16.7	6.0	5.7
部属	Central－owned		5.0	4.4	3.1	3.5	4.1
城镇集体经济	Colletive－owned		26.0	24.4	3.5	2.8	5.4
乡镇企业及其它经济	Rural and Township Industry and Others		48.2	51.2	76.7	87.6	84.9
运 输 业	**Transportation**						
货运量结构	Structure of Freight Traffic						
#铁路	Railways	22.0	5.1	4.5	4.5	3.8	3.4
公路	Highways	30.7	60.6	65.3	67.6	64.6	65.5
水运	Waterways	44.8	33.2	28.6	25.9	26.1	25.8
对外经济贸易和旅游	**Foreign Trade and Tourism**						
出口商品结构	Structure of Exports						
#亚洲地区	Asia		62.4	51.3	45.4	40.3	39.2
欧洲地区	Europe		16.3	20.6	24.8	26.4	27.7
北美洲	North America		16.3	20.9	23.8	24.3	23.1
海外旅游人数结构	Structure of Tourists						
外国人	Foreigners	76.2	65.6	61.0	69.3	71.1	72.5
港澳同胞	Compatriots from Hongkong, Macao	23.8	19.1	16.8	11.9	11.0	9.8
台湾同胞	Compatriots from Taiwan		15.3	22.2	18.8	17.9	17.7
教育、科技、文化	**Education, Science and Culture**						
教 育	**Education**						
在校学生结构	Structure of Student Enrollment						
大学生	College and University Students	0.5	2.0	3.8	9.7	15.6	16.1
中学生	Secondary School Students	30.8	36.0	36.2	49.6	46.9	45.1
小学生	Primary School Students	68.7	62.0	60.0	40.6	37.4	38.8
专任教师结构	Full-time Teachers by Type						
大学	Colleges and Universities	3.0	5.2	5.8	10.5	14.7	15.1
中学	Secondary Schools	37.1	42.4	43.7	48.6	47.9	47.9
小学	Primary Schools	59.9	52.4	50.5	40.9	37.5	37.0
科 技	**Science and Technology**						
各类专业技术人员结构	Structure of Scientific and Technical Personnel						
#工程技术人员	Engineering Personnel	35.3	15.3	23.1	14.1	13.9	13.5
农业技术人员	Agriculture	6.1	1.4	2.4	2.1	2.1	1.9
科学研究人员	Scientific Research	5.5	0.3	0.9	1.2	1.2	1.1

1－4 续表3 Continued 3

单位:% (%)

指 标	Item	1978	1995	2000	2005	2009	2010
卫生技术人员	Health Care	30.5	8.4	11.9	15.8	15.5	15.1
教学人员	Teaching	22.5	27.4	34.1	46.6	49.1	47.5
生活、环境	**People's Livelihood and Environment**						
生 活	**People's Livelihood**						
城镇居民消费结构	Consumption Structure of Urban Residents						
食品	Food	55.1	51.9	41.1	37.2	36.3	36.5
衣着	Clothing	13.8	12.8	9.2	9.3	9.9	10.2
居住	Residence		7.3	8.2	9.2	8.7	8.6
其他	Others		28.0	41.5	44.3	45.1	44.7
农村居民消费结构	Consumption Structure of Rural Residents						
食品	Food	62.1	54.8	43.5	44.0	39.2	38.1
衣着	Clothing	12.1	6.5	5.4	5.4	5.3	5.4
居住	Residence	13.6	17.8	18.9	14.4	16.7	17.9
其他	Others	12.1	20.9	32.2	36.2	38.8	38.6
卫 生	**Health Care**						
卫生机构构成	Structure of Health Care Institutions						
#医院卫生院	Hospitals and Commune Hospitals	26.2	21.0	19.6	16.2	19.1	4.1
门诊部	Clinics			0.8	2.4	3.6	1.7
妇幼保健院	Maternity and Child Care Institutions	0.9	1.0	0.9	0.7	0.8	0.3
疾病预防控制中心	Disease Protection and Controlling Centers	1.2	1.2	1.1	1.0	1.3	0.4
卫生技术人员构成	Structure of Medical Technical Personnels						
#执业医师	Doctors	40.7	45.7	45.1	42.3	40.2	39.3
注册护士	Registered Nurses	12.8	26.2	29.1	31.3	36.1	37.3
卫生机构床位数构成	Hospital Beds by Structures						
医院卫生院	Hospitals	90.1	88.7	93.5	94.1	93.3	91.7
疗养院、所	Sanatoriums (Stations)	1.1	4.1	3.2	2.5	0.9	0.8
其他卫生机构	Other Sanatation Organization	8.9	7.3	3.2	3.4	5.8	7.5
环 境	**Environment**						
污染治理项目投资结构	Uses of Funds in Pollution Treatment						
治理废水	Waste Water Treatment		61.6	49.8	20.9	53.8	40.0
治理废气	Waste Gas Treatment		24.7	41.9	73.1	38.7	38.7
治理固体废物	Solid Wastes Treatment		8.5	6.0	0.5	1.3	4.8
治理噪声	Noise Abatement		3.5	1.1	0.6	0.1	1.1
其他	Others		1.7	1.2	4.9	6.1	15.4

1-5 江苏国民经济占全国的比重（2010 年）
Percentage of Jiangsu's National Economy in the Country (2010)

指标	Item	全国 Country	江苏 Jiangsu	江苏占全国的比重(%) Percentage to the Country of Jiangsu(%)
土地面积（万平方公里）	Land Area (10000 sq. km)	960	10.26	1.1
年末总人口（万人）	Year-end Total Population (10000 persons)	133972	7869.34	5.9
地区生产总值（亿元）	Domestic Gross Product (100 million yuan)	397983	41425.48	10.4
第一产业	Primary Industry	40497	2540.10	6.3
第二产业	Secondary Industry	186481	21753.93	11.7
第三产业	Tertiary Industry	171005	17131.45	10.0
人均地区生产总值（元）	Per Capita GDP (yuan)	29762	52840	高 23078 元
地方一般预算收入（亿元）	Local Government Budgetary Revenue (100 million yuan)	40691	4079.86	10.0
全社会固定资产投资（亿元）	Total Investment in Fixed Assets (100 million yuan)	278140	23184.28	8.3
#城镇投资	Urban Investment	241415	17416.47	7.2
#房地产开发	Real Estate Development	48267	4299.38	8.9
社会消费品零售总额（亿元）	Total Retail Sales of Consumer Goods (100 million yuan)	156998	13606.80	8.7
进出口总额（亿美元）	Total Exports and Imports (USD 100 million)	29728	4657.93	15.7
#出口	Exports	15779	2705.50	17.1
普通高等学校本专科在校生（万人）	Students Enrollment in Institutions of Higher Education (10000 persons)	2232	164.94	7.4
医院卫生院床位数（万张）	Hospital Beds (10000 units)	440	24.74	5.6
卫生技术人员（万人）	Medical Technical Personnel (10000 persons)	587	32.84	5.6
#执业(助理)医师	Practitioner (Assistant) Doctors	241	12.90	5.3
城镇非私营单位在岗职工年平均工资（元）	Average Wages of Staff and Workers Employed (Excluded Private) (yuan)	36539	40505	高 3966 元
城镇居民人均可支配收入（元）	Per Capita Disposable Income of Urban Residents (yuan)	19109	22944	高 3835 元
农村居民人均纯收入（元）	Per Capita Net Income of Rural Residents (yuan)	5919	9118	高 3199 元
居民人均储蓄（元）	Per Capita Savings Deposit of Residents (yuan)	22639	29652	高 7013 元
工农业主要产品产量（万吨）	Output of Major Industrial and Agricultural Products (10000 tons)			
粮 食	Grain	54648	3235.10	5.9
棉 花	Cotton	596	26.08	4.4
油 料	Oil-bearing Crops	3230	151.97	4.7
粗 钢	Rough Steel	62696	6242.75	10.0
钢 材	Rolled Steel	79776	9122.95	11.4
原 煤	Coal	324000	2122.48	0.7
发电量（亿千瓦小时）	Electricity (100 million kW·h)	42065	3358.98	8.0
水 泥	Cement	188000	15647.46	8.3
农用化肥(折 100%)	Chemical Fertilizers (convert into 100 %)	6741	241.96	3.6
化学纤维	Chemical Fibers	3090	1027.19	33.2
布（亿米）	Cloth (100 million)	800	88.46	11.1
汽 车（万辆）	Moter Vehicles (10000 units)	1827	72.87	4.0

1-6 江苏的一天

One Day in Jiangsu

指标	Item	1978	1995	2000	2005	2009	2010
每天创造的财富	**Daily Production**						
地区生产总值（亿元）	Gross Domestic Product (100 million yuan)	0.68	14.12	23.43	50.96	94.40	113.49
第一产业	Primary Industry	0.19	2.37	2.87	4.00	6.20	6.96
第二产业	Secondary Industry	0.36	7.44	12.15	28.84	50.87	59.60
工　业	Industry	0.32	6.76	10.54	25.86	45.11	52.82
建筑业	Construction	0.04	0.68	1.61	2.97	5.76	6.78
第三产业	Tertiary Industry	0.14	4.31	8.41	18.12	37.34	46.94
#房地产业	Real Estate	0.02	0.37	0.82	2.19	5.55	7.13
财政收入（亿元）	Government Revenue (100 million yuan)	0.17	0.96	2.37	8.56	23.03	32.17
粮　食（万吨）	Grain (10000 tons)	6.58	9.00	8.51	7.77	8.85	8.86
猪牛羊肉（吨）	Meat (ton)		5968	6230	6633	5897	6135
水产品（吨）	Aquatic Products (ton)	1089	6013	8460	10648	12123	12615
粗　钢（万吨）	Steel (10000 tons)	0.15	0.99	1.69	9.00	15.04	17.10
钢　材（万吨）	Rolled-steel (10000 tons)	0.17	2.16	3.84	11.86	21.53	24.99
发电量（亿千瓦小时）	Electricity (100 million kW·h)	0.35	1.92	2.49	4.90	8.02	9.20
原　煤（万吨）	Coal (10000 tons)	4.68	7.26	6.79	7.72	6.57	5.82
水　泥（万吨）	Cement (10000 tons)	1.22	10.87	12.60	26.24	39.55	42.87
布（万米）	Cloth (10000 m)	385	1340	924	1479	2168	2424
每天消费量	**Daily Consumption**						
最终消费（亿元）	Final Consumption (100 million yuan)	0.36	6.17	10.17	20.98	39.38	47.23
居民消费	Resident Consumption	0.32	4.95	7.71	14.63	25.30	29.98
城镇居民每人消费性支出（元）	Per Capita Living Expenditure of Urban Residents (yuan)	0.76	10.34	14.58	23.62	36.04	39.33
#食品消费	Food Consumption	0.42	5.36	6.00	8.78	13.08	14.36
农村居民每人生活消费支出（元）	Per Capita Living Expenditure of Rural Residents (yuan)	0.38	5.31	6.40	9.77	15.90	17.93
#食品消费	Food Consumption	0.24	2.91	2.79	4.30	6.23	6.83
政府消费	Government Consumption Expenditure	0.04	1.22	2.45	6.36	14.08	17.25
社会消费品零售总额（亿元）	Total Retail Sales of Consumer Goods (100 million yuan)	0.23	4.77	7.97	15.71	31.46	37.28
每天其他经济活动	**Other Daily Economic Activities**						
货物运输量（万吨）	Freight Traffic (10000 tons)	40.07	224.19	247.77	309.34	441.00	516.60
旅客运输量（万人）	Passenger Traffic (10000 persons)	70.19	232.34	293.82	397.82	551.40	620.90
竣工房屋面积（万平方米）	Floor Space of Housing Completed (10000 sq. m)		45.61	58.32	69.57	118.65	133.04
出版报纸（万份）	Newspaper Published (10000 copies)	67.12	436.99	639.45	734.25	725.95	743.05
邮寄函件（万件）	Letters Delivered (10000 pieces)	44.66	145.48	157.26	115.34	260.55	256.44
进出口总额（万美元）	Total of Imports and Exports (USD 10000)	117	4460	12504	62450	92831	127614
#出口	Export	115	2680	7060	33694	54587	74123
实际外商直接投资（万美元）	Actual Foreign Direct Investment (USD 10000)		1310	1760	3611	6938	7808
每天人口变动和婚姻	**Daily Population Changes and Marriages**						
出生人数（人）	Births (person)	2483	2377	1808	1886	2015	2079
死亡人数（人）	Deaths (person)	968	1266	1299	1436	1475	1470
结婚对数（对）	Marriages (couple)		1576	1365	1293	2002	2074
离婚对数（对）	Divorces (couple)		120	153	339	289	439

1-7 全省人均国民经济主要指标
Major Per Capita Indicators of Jiangsu National Economy

指标	Item	1978	1995	2000	2005	2009	2010
地区生产总值 （元）	Gross Domestic Product (yuan)	430	7319	11765	24616	44253	52840
第一产业	Primary Industry	118	1230	1442	1934	2905	3240
第二产业	Secondary Industry	226	3855	6101	13930	23845	27748
工　业	Industry	202	3504	5294	12494	21146	24589
建筑业	Construction	24	352	808	1436	2699	3159
第三产业	Tertiary Industry	85	2234	4222	8751	17504	21852
#房地产业	Real Estate	9	192	410	1058	2601	3318
地方财政一般预算收入 （元）	Local Government Budgetary Revenue (yuan)	105	245	617	1751	4147	5204
地方财政一般预算支出 （元）	Local Government Budgetary Expenditure (yuan)	49	360	813	2215	5159	6268
全社会固定资产投资额 （元）	Total Investment in Fixed Assets (yuan)	38	2385	4120	11567	24337	29573
#房地产开发	Real Estate Development		342	531	2045	4288	5484
社会消费品零售额 （元）	Total Retail Sales of Consumer Goods (yuan)	146	2473	4001	7591	14749	17356
进出口总额 （美元）	Total Imports and Exports (USD)	7	231	628	3017	4352	5941
#出　口	Exports	7	139	354	1628	2559	3451
农村居民纯收入 （元）	Net Income of Rural Residents (yuan)	155	2457	3595	5276	8004	9118
城镇居民可支配收入 （元）	Disposable Income of Urban Residents (yuan)	288	4634	6800	12319	20552	22944
居民储蓄存款 （元）	Outstanding Amount of Saving Deposits of Urban and Rural Residents (yuan)	21	2721	6083	13944	25711	29652
在校大学生数 （人/万人）	Number of Students Enrollment in Institution of Higher Education (person/10000 persons)	10	31	65	153	212	210
医院病床数 （张/万人）	Hospital Beds (bed/10000 persons)	19	22	22	24	30	31
卫生技术人员数 （人/万人）	Medical Technical Personnel (person/10000 persons)	24	35	35	34	39	42
#执业医师	Doctors	10	16	16	14	16	16
主要工农业产品产量 （千克）	Output of Major Industrial and Agricultural Products (kg)						
粮　食	Grain	414	467	427	375	415	413
棉　花	Cotton	8	8	4	4	3	3
油　料	Oil-Bearing Crops	6	23	31	29	21	19
粗　钢	Steel	9	51	85	435	705	796
原　煤	Coal	294	376	341	373	308	271
发电量 （千瓦小时）	Electricity (kW·h)	218	994	1251	2368	3761	4285

1-8 全省法人单位数及从业人员数
Number of Corporations and Empolyment

项 目	Item	法人单位数(个) Corporation Units (unit)		从业人员(万人) Employees (10000 persons)	
		2009	2010	2009	2010
合 计	**Total**	**718548**	**862285**	**2825.21**	**3158.23**
按机构类型分	**Crouped by Type of Organization**				
企业	Enterprises	616333	756458	2525.91	2852.64
事业单位	Institutions	37642	37579	176.69	176.22
机关	Agencies & Organizations	10199	10190	57.30	57.21
社会团体	Social Organizations	13616	13934	11.86	12.31
民办非企业单位	Non-enterprise Units Run by NGO	8755	9281	18.69	19.55
基金会	Fund Organizations	79	103	0.05	0.07
居委会	Neighborhood Committee	6025	6017	5.86	5.86
村委会	Village Committee	16235	16207	16.09	16.07
其他组织机构	Others	9664	12516	12.76	18.30
按登记注册类型分	**Grouped by Type of Registration**				
内资	Inner Funded	691693	833512	2348.03	2631.54
国有	State-owned	51611	51697	305.54	307.75
集体	Collective-owned	20829	20517	95.66	81.14
股份合作	Share Holding Cooperative	4351	4377	23.07	20.96
联营	Joint Ownership	813	882	4.83	6.35
国有联营	State Joint-owned	117	136	0.65	0.60
集体联营	Collective Joint-owned	329	335	1.33	1.11
国有与集体联营	Stale-owned and Collective Joint Funded	110	120	0.73	1.20
其他联营	Other Joint Funded	257	291	2.12	3.43
有限责任公司	Limited Liability Co.,Ltd.	32670	40371	371.96	435.86
国有独资公司	State-owned Solely Funded Co.	444	488	15.12	15.59
其他有限责任公司	Other Responsibility Co.,Ltd.	32226	39883	356.85	420.27
股份有限公司	Share Holding Co.,Ltd.	6768	9124	113.83	124.93
私营	Private	514160	637947	1343.59	1550.65
私营独资	Private Solely Funded	155658	173058	304.66	327.62
私营合伙	Private Partnership	14903	16631	33.08	35.16
私营有限责任公司	Private Responsibility Co.,Ltd.	331311	431603	957.93	1127.26
私营股份有限公司	Private Responsibility Co.,Ltd.	12288	16655	47.91	60.60
其他	Others	60491	68597	89.56	103.89

1－8 续表 Continued

项目	Item	法人单位数(个) Corporation Units (unit) 2009	2010	从业人员(万人) Employees (10000 persons) 2009	2010
港澳台商投资	Hongkong, Macao and Taiwan Funded	10377	11125	171.09	186.78
与港澳台商合资经营	Join with Hongkong, Macao and Taiwan Funded	3351	3476	54.55	56.03
与港澳台商合作经营	Cooperate with Hong Kong, Macao and Taiwan Funded	192	199	2.03	2.33
港澳台商独资	Hong Kong, Macao and Taiwan with Solely Funded	6411	7005	108.88	122.56
港澳台商投资股份有限公司	Hong Kong, Macao and Taiwan Share Holding Co., Ltd.	423	445	5.63	5.86
外商投资	Foreign Funded	16478	17648	306.09	339.90
中外合资经营	Sino-foreign Joint Funded	4997	5327	82.08	88.85
中外合作经营	Sino-foreign Cooperative Funded	300	312	3.96	4.25
外资企业	Foreign Solely Funded	10500	11322	210.56	236.44
外商投资股份有限公司	Foreign Funded Share Holding Co., Ltd.	681	687	9.50	10.35
按行业分	**Grouped by Sector**				
农、林、牧、渔业	Farming, Forestry, Animal Husbandry and Fishery	10487	15522	26.07	37.44
采矿业	Mining and Quarrying	1229	1236	19.11	18.99
制造业	Manufacturing	287929	322616	1430.51	1601.93
电力、燃气及水的生产和供应业	Power, Gas and Water Production and Supply	3314	3029	18.60	18.59
建筑业	Construction	29527	40546	526.63	602.82
交通运输、仓储和邮政业	Transportation, Storage and Post	15235	18908	73.19	74.80
信息传输、计算机服务和软件业	Informaiton Transmmision, Computer Service and Software	13177	16032	22.18	24.99
批发和零售业	Wholesale and Retail Sales	169050	224977	189.87	228.79
住宿和餐饮业	Hotel and Catering	9022	10181	38.73	43.31
金融业	Banking	2764	4192	33.06	34.10
房地产业	Real Estate	18656	23765	42.04	49.65
租赁和商务服务业	Leasing and Commercial Services	38187	51984	72.28	80.45
科学研究、技术服务和地质勘查业	Scientific Research, Polytechnical Service and Geological Prospecting	14409	17752	28.35	31.36
水利、环境和公共设施管理业	Water Coservancy, Environment and Public Facility Management	5175	5611	17.04	17.67
居民服务和其他服务业	Resident Services and Others	10284	13912	15.65	19.08
教育	Education	14800	15414	104.49	105.01
卫生、社会保障和社会福利业	Health Care, Social Security and Social Welfare	9795	10019	44.48	45.10
文化、体育和娱乐业	Culture, Sports and Recreation	5518	6313	10.46	11.42
公共管理和社会组织	Public Management and Social Organizations	59990	60276	112.48	112.73

1－9　全省产业活动单位数及从业人员数

Number of Economic Activity Units and Employment

项　目	Item	产业活动单位数(个) Economic Activity Units (unit)		从业人员(万人) Employees (10000 persons)	
		2009	2010	2009	2010
合　计	**Total**	**793675**	**940585**	**2913.91**	**3227.33**
按机构类型分	**Crouped by Type of Organization**				
企业	Enterprises	670007	813255	2609.12	2916.54
事业单位	Institutions	47684	47602	179.56	178.93
机关	Agencies & Organizations	14435	14428	55.98	55.67
社会团体	Social Organizations	14167	14487	11.69	12.12
民办非企业单位	Non-enterprise Units Run by NGO	8684	9211	17.93	18.71
基金会	Fund Organizations	81	105	0.05	0.08
居委会	Neighborhood Committee	6054	6045	5.82	5.81
村委会	Village Committee	16231	16202	15.64	15.61
其他组织机构	Others	16332	19250	18.13	23.86
按登记注册类型分	**Grouped by Type of Registration**				
内资	Inner Funded	762415	906885	2409.17	2695.09
国有	State-owned	70496	70762	311.35	312.47
集体	Collective-owned	30601	30177	99.05	89.44
股份合作	Share Holding Cooperative	5271	5320	23.33	23.28
联营	Joint Ownership	971	1039	4.86	6.07
国有联营	State Joint-owned	152	169	0.79	0.82
集体联营	Collective Joint-owned	371	376	1.28	1.02
国有与集体联营	Stale-owned and Collective Joint Funded	121	130	0.70	0.80
其他联营	Other Joint Funded	327	364	2.10	3.43
有限责任公司	Limited Liability Co.	39806	48018	393.65	446.80
国有独资公司	State-owned Solely Funded Co.	606	650	15.32	15.53
其他有限责任公司	Other Responsibility Co.,Ltd.	39200	47368	378.33	431.27
股份有限公司	Share Holding Co.,Ltd.	16488	18993	113.28	138.87
私营	Private	531901	657468	1370.67	1570.61
私营独资	Private Solely Funded	158650	176303	306.27	331.41
私营合伙	Private Partnership	15290	17032	33.28	35.38
私营有限责任公司	Private Responsibility Co.,Ltd.	345068	446808	981.25	1141.77
私营股份有限公司	Private Responsibility Co.,Ltd.	12893	17325	49.87	62.05
其他	Others	66881	75108	92.97	107.55

1－9 续表 Continued

项目	Item	产业活动单位数(个) Economic Activity Units (unit)		从业人员(万人) Employees (10000 persons)	
		2009	2010	2009	2010
港澳台商投资	Hongkong, Macao and Taiwan Funded	11872	12739	171.10	188.35
与港澳台商合资经营	Join with Hongkong, Macao and Taiwan Funded	3697	3849	55.59	56.90
与港澳台商合作经营	Cooperate with Hong Kong, Macao and Taiwan Funded	204	215	2.01	2.25
港澳台商独资	Hong Kong, Macao and Taiwan with Solely Funded	7543	8220	108.96	123.33
港澳台商投资股份有限公司	Hong Kong, Macao and Taiwan Share Holding Co., Ltd.	428	455	4.54	5.87
外商投资	Foreign Funded	19379	20961	333.64	343.89
中外合资经营	Sino-foreign Joint Funded	6272	6750	87.64	90.90
中外合作经营	Sino-foreign Cooperative Funded	363	381	4.04	4.32
外资企业	Foreign Solely Funded	11902	12977	232.90	238.65
外商投资股份有限公司	Foreign Funded Share Holding Co., Ltd.	842	853	9.06	10.03
按行业分	**Grouped by Sector**				
农、林、牧、渔业	Farming, Forestry, Animal Husbandry and Fishery	10755	15802	26.46	37.84
采矿业	Mining and Quarrying	1281	1292	19.48	19.61
制造业	Manufacturing	289574	324413	1434.15	1608.19
电力、燃气及水的生产和供应业	Power, Gas and Water Production and Supply	3750	3460	19.16	19.29
建筑业	Construction	31300	42809	556.87	634.71
交通运输、仓储和邮政业	Transportation, Storage and Post	18702	22530	75.37	77.24
信息传输、计算机服务和软件业	Informaiton Transmmision, Computer Service and Software	17272	20202	24.73	26.85
批发和零售业	Wholesale and Retail Sales	194181	251198	226.58	239.13
住宿和餐饮业	Hotel and Catering	10992	12433	41.56	46.79
金融业	Banking	13535	15013	35.76	37.12
房地产业	Real Estate	20427	25734	42.88	52.48
租赁和商务服务业	Leasing and Commercial Services	40170	54414	73.87	81.64
科学研究、技术服务和地质勘查业	Scientific Research, Polytechnical Service and Geological Prospecting	14922	18370	28.86	32.15
水利、环境和公共设施管理业	Water Coservancy, Environment and Public Facility Management	5402	5847	17.19	17.80
居民服务和其他服务业	Resident Services and Others	11021	14756	16.06	19.58
教育	Education	16825	17441	104.99	105.52
卫生、社会保障和社会福利业	Health Care, Social Security and Social Welfare	21078	21292	46.39	46.86
文化、体育和娱乐业	Culture, Sports and Recreation	5860	6671	10.58	11.57
公共管理和社会组织	Public Management and Social Organizations	66628	66908	112.97	112.97

1-10 分地区私营企业情况(2010年)
Private Enterprises by Region (2010)

单位:亿元 (100 million yuan)

地区	Region	户数(万户) Households (10000 units)	雇工人数(万人) Employees (10000 persons)	投资者人数(万人) Investors (10000 persons)	注册资金 Registered Capital	总产值 Total Output Value	销售总额或营业收入 Total Sales Value or Business Revenue
全省	**Total**	**104.81**	**1334.85**	**193.76**	**27996.36**	**7036.61**	**8237.89**
南京市	Nanjing	14.16	114.30	30.20	2989.32	283.74	1227.85
无锡市	Wuxi	11.64	153.38	24.35	3851.99	2165.45	1683.52
徐州市	Xuzhou	6.82	79.67	11.79	1223.43	173.75	178.33
常州市	Changzhou	6.72	105.66	14.50	1628.78	658.54	336.47
苏州市	Suzhou	18.26	232.74	38.62	5590.11	870.62	630.81
南通市	Nantong	15.23	176.85	20.03	3898.40	1945.64	1961.46
连云港市	Lianyungang	2.91	31.66	5.10	864.36	194.90	702.26
淮安市	Huaian	3.25	56.91	5.73	855.59	27.68	35.38
盐城市	Yancheng	8.89	109.11	13.91	1978.61	223.78	229.10
扬州市	Yangzhou	5.02	84.97	8.81	1580.51	25.07	150.90
镇江市	Zhenjiang	4.59	69.73	7.76	1709.30	129.55	133.68
泰州市	Taizhou	4.41	66.80	8.12	1138.48	208.04	507.63
宿迁市	Suqian	2.93	53.06	4.84	687.49	129.86	460.50

1-11 分地区个体工商业情况(2010年)
Self-employment Business by Region (2010)

地区	Region	户数(万户) Households (10000 units)	从业人数(万人) Employees (10000 persons)	资金数额(亿元) Capital (10000 million yuan)
全省	**Total**	**300.60**	**475.75**	**2258.46**
南京市	Nanjing	23.55	47.23	160.42
无锡市	Wuxi	20.65	32.88	69.51
徐州市	Xuzhou	24.37	38.42	80.42
常州市	Changzhou	15.75	32.04	59.37
苏州市	Suzhou	35.50	69.28	185.10
南通市	Nantong	39.21	49.03	142.29
连云港市	Lianyungang	11.02	15.50	41.70
淮安市	Huaian	16.28	28.02	208.35
盐城市	Yancheng	52.81	61.57	670.45
扬州市	Yangzhou	13.47	22.74	120.02
镇江市	Zhenjiang	15.49	29.91	276.08
泰州市	Taizhou	16.09	29.15	199.03
宿迁市	Suqian	16.42	19.96	45.72

1－12 私营企业基本情况（2010 年）

单位:亿元

行业	Sector	户数（万户）Households (10000 units)	#城镇 Urban
总计	**Total**	**104.81**	**72.04**
农、林、牧、渔业	Agriculture, Forestry, Animal Husbandry and Fishery	2.54	0.89
采矿业	Mining	0.05	0.02
制造业	Manufacturing	36.64	19.67
电力、燃气及水的生产和供应业	Production and Supply of Electricity, Gas and Water	0.15	0.09
建筑业	Construction	5.77	4.71
交通运输、仓储和邮政业	Transport, Storage and Post	2.23	1.77
信息传输、计算机服务和软件业	Information Transmission, Computer Services and Software	2.21	1.95
批发和零售业	Wholesale and Retail Trades	37.42	27.62
住宿和餐饮业	Hotels and Catering Services	0.95	0.84
金融业	Financial Intermediation	0.24	0.21
房地产业	Real Estate	2.40	2.07
租赁和商务服务业	Leasing and Business Services	7.31	6.47
#广告业	Advertising Industry	1.33	1.21
科学研究、技术服务和地质勘查业	Scientific Research, Technical Service and Geologic Prospecting	3.25	2.91
水利、环境和公共设施管理业	Management of Water Conservancy, Environment and Public Facilities	0.31	0.24
居民服务和其他服务业	Services to Households and Other Services	2.69	2.02
教育	Education	0.10	0.08
卫生、社会保障和社会福利业	Health, Social Security and Social Welfare	0.09	0.08
文化、体育和娱乐业	Culture, Sports and Entertainment	0.47	0.40
其他	Others		

Basic Conditions of Private Enterprises (2010)

(100 million yuan)

雇工人数（万人）Employees (10000 persons)	#城镇 Urban	投资者人数（万人）Investors (10000 persons)	#城镇 Urban	注册资金 Registered Capital	#城镇 Urban	总产值 Total Output Value	#城镇 Urban	销售总额或营业收入 Total Sales Value or Business Revenue	#城镇 Urban
1334.85	**818.30**	**193.76**	**140.55**	**27996.36**	**19270.31**	**7036.61**	**3998.99**	**8237.89**	**4666.57**
22.23	8.03	3.57	1.42	572.04	232.40	347.48	128.30	363.99	90.84
1.40	0.54	0.09	0.04	23.70	17.44	26.06	13.09	8.49	5.59
736.14	399.52	67.07	39.41	10110.56	5708.74	5956.43	3385.64	1594.35	370.48
2.33	1.53	0.37	0.23	110.98	74.76	160.99	96.44	150.09	98.89
161.32	98.06	12.11	9.72	2020.20	1402.00	545.64	375.52	574.20	315.32
24.37	17.62	4.65	3.66	468.40	367.86			195.43	129.77
11.79	10.41	4.17	3.72	255.96	230.78			180.62	66.76
217.39	154.22	64.11	50.06	6617.97	4749.93			2694.11	1687.20
18.20	15.90	1.63	1.44	137.11	108.45			505.16	393.98
2.00	1.60	0.75	0.61	679.01	569.17			33.23	19.44
27.69	22.58	5.10	4.21	2655.95	2135.82			1211.19	905.31
46.53	38.87	15.63	13.77	2847.46	2492.84			168.03	133.04
5.45	4.83	2.57	2.31	88.36	76.91				
30.16	24.91	7.74	6.92	1041.94	862.36			37.84	30.05
3.94	2.84	0.75	0.58	113.21	79.59			32.33	19.67
23.76	17.04	4.83	3.76	268.93	179.29			139.23	111.02
0.89	0.69	0.18	0.15	7.08	5.12			5.42	4.50
1.66	1.39	0.17	0.14	15.94	13.76			41.76	28.20
3.06	2.56	0.85	0.72	49.89	39.98			33.63	28.44
0.01				0.02	0.01			268.79	228.04

1－13　个体工商业基本情况（2010 年）

单位:亿元

行　业	Sector	户数（万户）Households（10000 units）	#城镇 Urban
总计	**Total**	**300.60**	**200.57**
农、林、牧、渔业	Agriculture, Forestry, Animal Husbandry and Fishery	7.01	2.43
采矿业	Mining	0.04	0.02
制造业	Manufacturing	25.14	13.23
电力、燃气及水的生产和供应业	Production and Supply of Electricity, Gas and Water	0.06	0.03
建筑业	Construction	1.01	0.71
交通运输、仓储和邮政业	Transport, Storage and Post	8.17	6.50
信息传输、计算机服务和软件业	Information Transmission, Computer Services and Software	0.76	0.65
批发和零售业	Wholesale and Retail Trades	210.02	138.51
住宿和餐饮业	Hotels and Catering Services	15.97	13.23
金融业	Financial Intermediation		
房地产业	Real Estate	0.56	0.54
租赁和商务服务业	Leasing and Business Services	3.16	2.72
#广告业	Advertising Industry	0.23	0.22
科学研究、技术服务和地质勘查业	Scientific Research, Technical Service and Geologic Prospecting	0.13	0.12
水利、环境和公共设施管理业	Management of Water Conservancy, Environment and Public Facilities	0.04	0.04
居民服务和其他服务业	Services to Households and Other Services	25.96	19.59
教育	Education	0.08	0.07
卫生、社会保障和社会福利业	Health, Social Security and Social Welfare	0.28	0.25
文化、体育和娱乐业	Culture, Sports and Entertainment	2.13	1.88
其他	Others	0.07	0.05

Basic Conditions of Self-employment Business (2010)

(100 million yuan)

人业人数（万人） Employees (10000 persons)	#城镇 Urban	资金数额 Capital	#城镇 Urban	总产值 Total Output Value	销售总额或营业收入 Total Sales Value or Business Revenue	#城镇 Urban
475.75	**338.45**	**2258.46**	**1555.43**	**976.89**	**6647.53**	**3438.39**
10.63	4.11	112.46	42.58	29.80	322.88	10.40
0.17	0.05	0.98	0.25	5.62	4.11	2.63
63.96	36.40	232.42	121.37	877.09	167.93	91.68
0.12	0.07	1.01	0.43	8.73	11.42	9.08
2.38	1.75	14.72	9.98	55.64	63.53	40.76
9.89	8.03	59.10	47.30		60.64	33.83
1.21	1.06	3.50	2.99		218.60	211.75
290.11	204.10	1517.28	1065.86		3491.57	1879.71
39.81	35.12	126.48	109.32		184.11	124.26
		0.04	0.01		0.35	0.22
0.96	0.92	2.84	2.71		37.72	23.14
5.89	5.28	25.95	22.11		20.96	15.33
0.48	0.46	1.55	1.48			
0.27	0.24	0.85	0.76		3.72	2.53
0.11	0.09	0.56	0.44		12.49	2.19
45.39	36.80	138.98	109.91		1979.15	932.94
0.17	0.15	0.68	0.54		3.60	3.40
0.55	0.51	2.08	1.91		3.67	3.02
4.05	3.70	18.36	16.81		19.40	15.95
0.08	0.06	0.17	0.14		41.70	35.61

主要统计指标解释

行政区划 指国家对行政区域的划分。根据有关法规规定,我国的行政区域划分如下:(1)全国分为省、自治区、直辖市;(2)省、自治区分为自治州、县、自治县、市;(3)自治州分为县、自治县、市;(4)县、自治县分为乡、民族乡、镇;(5)直辖市和较大的市分为区、县;(6)国家在必要时设立的特别行政区。

平均增长速度 平均增长速度表明社会经济现象在一个较长的时期内逐期平均增长变化的程度,它不能根据各个环比增长速度直接求得,但与平均发展速度之间存在着一定的数量关系:平均增长速度 = 平均发展速度 - 1。

平均发展速度是一种根据环比发展速度计算的序时平均数,由于各时期对比的基础不同,所以计算平均发展速度不能采用一般的序时平均数的计算方法,计算方法分为水平法和累计法。水平法,又称几何平均法,即将环比发展速度按连乘法用几何平均数公式计算。累计法,也称方程法,根据一段时期内各年发展水平总和与基期水平的关系,列出方程式计算平均发展速度。水平法着重考虑最后一年所达到的发展水平;累计法着重考虑整个时期累计发展水平的总量。

本《年鉴》内所列的平均增长速度,均用"水平法"计算。从某年到某年平均增长速度的年份,均不包括基期年在内。如1978 年以来的平均增长速度是以 1978 年为基期计算的,则写为 1979 - 2010 年平均增长速度,其余类推。

国民经济行业分类 自 2003 年定期报表开始使用新的《国民经济行业分类》(GB/T4754 - 2002)。该分类是由国家统计局组织修订,经国家质量监督检验检疫总局批准,于 2002 年 5 月 10 日发布实施。这次修订是在 1994 年分类标准的基础上,参照联合国《全部经济活动的国际标准产业分类》(ISIC/Rev. 3)进行的。修订后的《国民经济行业分类》(GB/T4754 - 2002)共有门类 20 个,大类 95 个,中类 396 个,小类 913 个。新增门类 4 个,大类增加 3 个,中类增加 28 个,小类增加 67 个。

企业(单位)登记注册类型 是以在工商行政管理机关登记注册的各类企业为划分对象,以工商行政管理部门对企业登记注册的类型为依据,将企业登记注册类型分为内资企业、港澳台商投资企业和外商投资企业三大类。内资企业包括国有企业、集体企业、股份合作企业、联营企业、有限责任公司、股份有限公司、私营公司和其他企业;港澳台商投资企业和外商投资企业分别包括合资经营企业、合作经营企业、独资经营企业和股份有限公司。对不在工商行政管理部门进行登记注册的行政机关、事业单位和社会团体,主要按其经费来源和管理方式进行划分。

国有企业 指企业全部资产归国家所有,并按《中华人民共和国企业法人登记管理条例》规定登记注册的非公司制的经济组织。不包括有限责任公司中的国有独资公司。

集体企业 指企业资产归集体所有,并按《中华人民共和国企业法人登记管理条例》规定登记注册的经济组织。

股份合作企业 指以合作制为基础,由企业职工共同出资入股,吸收一定比例的社会资产投资组建,实行自主经营,自负盈亏,共同劳动,民主管理,按劳分配与按股分红相结合的一种集体经济组织。

联营企业 指两个及两个以上相同或不同所有制性质的企业法人或事业单位法人,按自愿、平等、互利的原则,共同投资组成的经济组织。联营企业包括国有联营企业、集体联营企业、国有与集体联营企业和其他联营企业。

有限责任公司 指根据《中华人民共和国公司登记管理条例》规定登记注册,由两个以上、五十个以下的股东共同出资,每个股东以其所认缴的出资额对公司承担有限责任,公司以其全部资产对其债务承担责任的经济组织。有限责任公司包括国有独资公司以及其他有限责任公司。

股份有限公司 指根据《中华人民共和国公司登记管理条例》规定登记注册,其全部注册资本由等额股份构成并通过发行股票筹集资本,股东以其认购的股份对公司承担有限责任,公司以其全部资产对其债务承担责任的经济组织。

私营企业 指由自然人投资设立或由自然人控股,以雇佣劳动为基础的营利性经济组织。包括按照《公司法》、《合伙企业法》、《私营企业暂行条例》规定登记注册的私营有限责任公司、私营股份有限公司、私营合伙企业和私营独资企业。

其他企业 指上述企业之外的其他内资经济组织。

与港澳台商合资经营企业 指港澳台地区投资者与内地企业依照《中华人民共和国中外合资经营企业法》及有关法律的规定,按合同规定的比例投资设立、分享利润和分担风险的企业。

与港澳台商合作经营企业 指港澳台地区投资者与内地企业依照《中华人民共和国中外合作经营企业法》及有关法律的规定,依照合作合同的约定进行投资或提供条件设立、分配利润和分担风险的企业。

港澳台商独资经营企业 指依照《中华人民共和国外资企业法》及有关法律的规定,在内地由港澳台地区投资者全额投资设立的企业。

港澳台商投资股份有限公司 指根据国家有关规定,经原外经贸部依法批准设立,其中港、澳、台商的股本占公司注册资本的比例达 25% 以上的股份有限公司。凡其中港、澳、台商的股本占公司注册资本的比例小于 25% 的,属于内资企业中的股份有限公司。

中外合资经营企业 指外国企业或外国人与中国内地企业依照《中华人民共和国中外合资经营企业法》及有关法律的规

定,按合同规定的比例投资设立、分享利润和分担风险的企业。

中外合作经营企业 指外国企业或外国人与中国内地企业依照《中华人民共和国中外合作经营企业法》及有关法律的规定,依照合作合同的约定进行投资或提供条件设立、分配利润和分担风险的企业。

外资企业 指依照《中华人民共和国外资企业法》及有关法律的规定,在中国内地由外国投资者全额投资设立的企业。

外商投资股份有限公司 指根据国家有关规定,经原外经贸部依法批准设立,其中外资的股本占公司注册资本的比例达25% 以上的股份有限公司。凡其中外资股本占公司注册资本的比例小于25%的,属于内资企业中的股份有限公司。

行政机关、事业单位和社会团体 参照企业登记注册类型,主要按其经费来源和管理方式划分。具体规定如下:

(1) 行政机关:包括国家机关和政党机关,原则上均列为"国有"。但有特殊规定的,如供销社等,则列为“集体”。

(2) 事业单位:包括经国家机构编制部门和有关业务主管部门批准成立的各类事业单位,不包括实行企业化管理的事业单位。事业单位的划分办法如下:

① 由国家财政预算拨款或列入财政预算外资金管理以及经费主要来源于国有主管部门或国有上级单位的事业单位,列为“国有”。

② 经费主要来源于集体单位的事业单位,列为“集体”。

③ 公民个人(或个人合伙)开办的事业单位,列为“私营”。

④ 上述以外的其他事业单位,如果其经费来源不明确,按管理方式进行归类。

(3) 社会团体:包括经民政部门批准成立以及未纳入社会团体管理条例范围的工会、妇联等各类社会团体。社会团体的划分办法如下:

① 未纳入民政部社会团体管理条例范围的工会、妇联、共青团、青联、工商联、科协、侨联等社会团体,国家拨款设立的基金会或基金管理组织以及经费主要来源于国有业务主管部门或国有上级单位的社会团体,列为“国有”。

② 经费主要来源于集体单位的社会团体,列为“集体”。

③ 公民个人(或个人合伙)开办的社会团体,划为“私营”。

④ 上述以外的其他社会团体,如果其经费来源不明确,改按管理方式进行归类。

Explanatory Notes on Main Statistical Indicators

Divisions of Administrative Areas refers to the division of administrative areas by the State. The relative laws stipulate that 1) the whole country is divided into provinces, autonomous regions and municipalities directly under the Central Government; 2) provinces and autonomous regions are further divided into autonomous prefectures, counties, autonomous counties and cities; 3) autonomous prefectures are further divided into counties, autonomous counties and cities; 4) counties and autonomous counties are further divided into townships, ethnic townships and towns; 5) municipalities directly under the Central Government and large cities are divided into districts and counties, 6) the State shall, when necessary, establish special administrative regions.

Average Annual Growth Rate shows the average growth rate of social and economic development during a longer period. It can not be directly calculated by chain based growth rate. The relation is:

Average Annual Growth Rate = Average Speed of Development – 1

Average speed of development is the time series average of speed which calculated by chain based. Because the reference bases during the different periods are not same, average speed of development can not be calculated by the general method. Level approach and accumulative approach for calculating average speed of development rate are applied. The "level approach", or the method of calculating the geometric average, is derived by the formula of geometric average of the chain – based speeds of development, or comparing the level of the last year of the interval with that of the beginning year; the other is called the "accumulative approach" or the "algebraic average", "equation" method, which is derived by the summation of the actual figure of each year in the interval divided by the figure in the base year. The level approach focuses on the level of the last year, while the accumulative approach emphasizes the aggregate development in the duration.

The average annual growth rates listed in the Yearbook are calculated by the level approach. The base year is not listed in the duration for which average annual growth rates are computed. For instance, the average annual growth rate of the 32 years since 1978 is shown as the average annual growth rate of 1979 – 2010 without showing the base year 1978.

Industrial Classification of the National Economy The new Industrial Classification of the National Economy (GB/T 4754 – 2002) is introduced starting from the compilation of 2003 annual statistics. The revision, based on the 1994 classification, was organized by the National Bureau of Statistics taking into consideration of the International Standards of the Industrial Classification of All Economic Activities (ISIC/Rev. 3) of the United Nations. The new Classification was promulgated by the National Administration of Quality Supervision, Inspection and Quarantine on May 10, 2002. The revised version of the Industrial Classification of the National Economy (GB/T 4754 – 2002) is composed of 20 major divisions, 95 divisions, 396 major groups and 913 groups, of which 4 major divisions, 3 divisions, 28 major groups and 67 groups are new respectively

Registration Status of Enterprises Enterprises are classified into 3 categories, namely domestic – funded enterprises, enterprises with investment from Hong Kong, Macau and Taiwan, and enterprises with foreign investment, according to the registration status of an enterprise in industrial and commercial administration agencies. Domestic – funded enterprises include State – owned enterprises, collective – owned enterprises, cooperative enterprises, joint ownership enterprises, limited liability corporations, share – holding corporations Ltd., private enterprises and other enterprises. Included in the enterprises with investment from Hong Kong, Macau and Taiwan and enterprises with foreign investment are joint – venture enterprises, cooperative enterprises, sole investment enterprises and share – holding corporations Ltd. For government agencies, institutions and social organizations which are not registered in industrial and commercial administration agencies, they are classified mainly by their sources of funding and manner of management.

State – owned Enterprises refer to non – corporation economic units where the entire assets are owned by the State and which have been registered in accordance with the Regulation of the People's Republic of China on the Management of Registration of Corporate Enterprises. Not included from this category are solely State – funded corporations in the limited liability corporations.

Collective – owned Enterprises refer to economic units where the assets are owned collectively and which have been registered in accordance with the Regulation of the People's Republic of China on the Management of Registration of Corporate Enterprises.

Cooperative Enterprises refer to a form of collective economic units (enterprises) where capitals come mainly from employees as their shares, with certain proportion of capital from the outside, where production is organized on the basis of independent operation, independent accounting for profits and losses, joint work, democratic management, and a distribution system that integrates remuneration according to work with dividend according to capital share.

Joint Ownership Enterprises refer to economic units established by two or more corporate enterprises or corporate institutions of the same or different ownership, through joint investment on the basis of voluntary participation, equality, and mutual benefits. They include State joint ownership enterprises; collective joint ownership enterprises; joint State – collective enterprises; and other joint ownership enterprises.

Limited Liability Corporations refer to economic units established with investment from 2 – 50 investors and registered in accordance with the Regulation of the People's Republic of China on the Management of Registration of Corporations, each investor bearing limited liability to the corporation depending on its share of investment, and the corporation bearing liability to its debt to the maximum of its total assets. Limited liability corporations include solely State – funded limited liability corporations and other limited liability corporations.

Share – holding Corporations Ltd. refer to economic units registered in accordance with the Regulation of the People's Republic of China on the Management of Registration of Corporations, with total registered capital divided into equal shares and raised through issuing stocks. Each investor bears limited liability to the corporation depending on the holding of shares, and the corporation bears liability to its debt to the maximum of its total assets.

Private Enterprises refer to profit – making economic units invested and established by natural persons, or controlled by natural persons using employed labour. Included in this category are private limited liability corporations, private share – holding corporations Ltd., private partnership enterprises and private – funded enterprises registered in accordance with the Company Law, the Law on Partnership Business and Interim Regulations on Private Enterprises .

Other Domestic – funded Enterprises refer to domestic – funded economic units other than those mentioned above.

Joint Venture Enterprises with Funds from Hong Kong, Macau and Taiwan are enterprises established by investors from Hong Kong, Macau and Taiwan with enterprises in the mainland of China in accordance with the Law of the People's Republic of China on Sino – foreign Equity Joint Ventures and other relevant laws, where the establishment of the investment and the sharing of profits and risks are stipulated under joint venture contracts.

Cooperative Enterprises with Funds from Hong Kong, Macau and Taiwan established by investors from Hong Kong, Macau and Taiwan with enterprises in the mainland of China in accordance with the Law of the People's Republic of China on Sino – foreign Contractual Joint Venture and other relevant laws, where the investment or provision of facilities and the sharing of profits and risks are stipulated under cooperative contracts.

Enterprises with Sole (exclusive) Investment from Hong Kong, Macau and Taiwan refer to enterprises established in the mainland of China with exclusive investment from investors from Hong Kong, Macau and Taiwan in accordance with the Law of the People's Republic of China on Wholly Foreign - owned Enterprises and other relevant laws.

Share - holding Corporations Ltd. with Investment from Hong Kong, Macau and Taiwan refer to share - holding corporations Ltd. established with the approval from the former Ministry of Foreign Trade and Economic Relations in line with relevant State regulations, where the share of investment from Hong Kong, Macau or Taiwan businessmen exceeds 25% of the total registered capital of the corporation. In case the share of investment from Hong Kong, Macau or Taiwan is less than 25% of the total registered capital, the enterprise is to be classified as domestic - funded share - holding corporation Ltd.

Joint Venture Enterprises with Foreign Investment refer to enterprises jointly established by foreign enterprises or foreigners with enterprises in the mainland of China in accordance with the Law of the People's Republic of China on Sino - foreign Equity Joint Ventures and other relevant laws, where the sharing of investment, profits and risks is stipulated under contract.

Cooperative Enterprises with Foreign Investment refer to enterprises jointly established by foreign enterprises or foreigners with enterprises in the mainland of China in accordance with the Law of the People's Republic of China on Sino - foreign Contractual Joint Venture and other relevant laws, where the investment or provision of facilities and the sharing of profits and risks are stipulated under cooperative contracts.

Enterprises with Sole (exclusive) Foreign Investment refer to enterprises established in the mainland of China with exclusive investment from foreign investors in accordance with the Law of the People's Republic of China on Wholly Foreign - owned Enterprises and other relevant laws.

Share - holding Corporations Ltd. with Foreign Investment refer to share - holding corporations Ltd. established with the approval from the former Ministry of Foreign Trade and Economic Relations in line with relevant State regulations, where the share of investment from foreign investors exceeds 25% of the total registered capital of the corporation. In case the share of foreign investment is less than 25% of the total registered capital, the enterprise is to be classified as domestic - funded share - holding corporation Ltd.

Government Agencies, Institutions and Social Organizations are classified into the following categories by source of funds and manner of management taking reference of the registration status of enterprises:

(1) Government agencies: include State and party agencies, classified in principle as State - owned. There are exceptions, such as supply and marketing cooperatives which are classified as collective - owned.

(2) Institutions: include institutions of various types established with the approval by organization and staffing departments of the government, but exclude institutions where enterprise management system is introduced. Institutions are further classified as follows:

(a) Institutions for which their main budgets are from government budget appropriations or extra - budget funds, or allocated from the budget of their competent government agencies. Such institutions are classified as state - owned.

(b) Institutions for which their budget mainly come from collective units. Such institutions are classified as collective - owned.

(c) Social institutions established by individual or a group of citizens, which are classified as private.

(d) Institutions other than those mentioned above for which their sources of budget are not clear. Such institutions are classified by the manner of management.

(3) Social organizations: include social organizations established with the approval from the Ministry of Civil Affairs, and organizations that are not covered by social organization management regulations such as trade unions, women's federations etc.. Social organizations are further classified as follows:

(a) Social organizations that are not covered by social organization management regulations of the Ministry of Civil Affairs such as trade unions, women federations, communist youth leagues, youth associations, industrial and commerce associations, scientist associations, overseas Chinese associations, etc., foundations and fund management organizations established with funds from the state, and social organizations whose funds mainly come from the budget of their competent government agencies. Such institutions are classified as State - owned.

(b) Social organizations for which their budget mainly come from collective units. Such institutions are classified as collective - owned.

(c) Social organizations established by individual or a group of citizens, which are classified as private.

(d) Social organizations other than those mentioned above for which their sources of budget are not clear. Such organizations are classified by the manner of management.

2

国民经济核算
National Accounts

简 要 说 明

一、地区生产总值数据是根据不同产业部门、不同支出构成的特点和资料来源情况而采用不同方法计算的。

二、地区生产总值是一个价值量指标，其价值的变化受价格变化和物量变化两大因素影响。不变价地区生产总值是把按当期价格计算的地区生产总值换算成按某个固定期（基期）价格计算的价值，从而使两个不同时期的价值进行比较时，能够剔除价格变化的影响，以反映物量变化，反映生产活动成果的实际变动。地区生产总值指数就是根据两个时期不变价地区生产总值计算得到的。随着经济的不断发展，各行业的价格结构也会不断发生变化，为了更好的反映这种变化对于经济的影响，计算不变价地区生产总值需要每隔若干年调整一次基期。我国自开始核算地区生产总值以来，共有 1952 年、1957 年、1970 年、1980 年、1990 年、2000 年、2005 年 7 个不变价基期，目前的基期是 2005 年。也就是说，2006 年的不变价地区生产总值是按照 2005 年价格计算的。由于计算不变价地区生产总值采用按不同基期分段计算，因此本年鉴中的不变价地区生产总值数据也按分段方式公布。

三、本年鉴所列分地区的数据来自各省辖市的国民经济核算资料。由于采取分级核算，各地区数据相加不等于全省总计。

Brief Introduction

Ⅰ. Data on GDP are computed based on different approaches in the light of the different features of various sectors, various expenditure structures and different data sources.

Ⅱ. Gross Domestic Product (GDP) is a measurement of value which changes depending on changes of price and production. GDP at constant prices converts the gross domestic product based on the current price into a value based on the price of the base period. When adjusted for price changes, the values of two different periods can be compared to reflect changes of both products and production activities. GDP index is derived from the constant-price GDPs of the two periods. As economy grows, changes will take place in the price structures of various industries, and the base period for the measurement of constant-price GDP thus needs to be adjusted every few years in order to better reflect the impact of price change on the economy. Since China started GDP calculation, seven constant-price base periods have been used, i. e., 1952, 1957, 1970, 1980, 1990, 2000 and 2005, and the current base period is 2005. That is to say, the 2006 GDP is calculated on the basis of the 2005 prices. As the calculation of constant-price GDP is based on different base periods, the constant-price GDP data in this yearbook shall also be announced in accordance with various periods.

Ⅲ. Regional data in this Yearbook are prepared from the national accounts data provided by the statistical bureaus of provincial cities. The sum of the regional data is not equal to the total provincial due to the decentralized accounting approach.

2-1 主要年份总产出
Total Output in Major Years

本表按当年价格计算 (at current price)

年份 Year	总产出 (亿元) Total Output (100 million yuan)	第一产业 Primary Industry	第二产业 Secondary Industry	#工业 Industry	第三产业 Tertiary Industry
1952	81.54	31.87	27.19	25.53	22.48
1955	100.53	36.22	35.77	32.82	28.54
1957	114.15	36.81	44.63	41.01	32.71
1962	133.12	40.15	56.38	53.36	36.59
1965	192.52	57.27	97.49	88.08	37.76
1970	273.85	71.33	149.65	135.47	52.87
1975	412.28	91.66	260.23	235.28	60.39
1976	438.59	100.71	271.19	247.59	66.69
1977	487.98	89.16	326.37	297.12	72.45
1978	566.85	105.87	378.99	337.65	81.99
1979	661.26	145.25	427.36	386.05	88.65
1980	750.12	138.45	515.71	467.82	95.96
1981	816.27	153.62	557.41	504.94	105.24
1982	897.85	188.11	593.52	534.87	116.22
1983	1014.55	206.86	679.67	600.70	128.02
1984	1239.44	253.82	836.02	745.36	149.60
1985	1642.70	288.55	1157.52	1036.67	196.63
1986	1960.44	332.66	1380.16	1235.38	247.62
1987	2472.22	380.25	1771.85	1590.31	320.12
1988	3409.56	497.95	2370.81	2152.93	540.80
1989	3839.67	522.25	2713.50	2507.42	603.92
1990	4208.23	580.53	2978.51	2764.10	649.19
1991	4820.22	580.93	3416.59	3161.60	822.70
1992	6862.87	673.82	5089.59	4673.57	1099.46
1993	10245.27	875.37	7757.28	7096.46	1612.62
1994	14163.89	1358.50	10601.01	9826.50	2204.38
1995	17699.96	1721.35	13053.11	11995.30	2925.50
1996	20304.53	1953.13	14764.02	13425.15	3587.38
1997	22314.78	2096.40	16342.27	14703.65	3876.11
1998	23433.26	2129.05	16967.90	15163.56	4336.31
1999	24578.40	2108.71	17714.22	15779.09	4755.47
2000	27034.80	2115.39	19714.71	17653.76	5204.71
2001	29832.61	2174.81	21753.49	19595.68	5904.31
2002	32550.33	1953.50	23884.16	21386.23	6712.67
2003	38729.25	2115.88	28971.95	25882.11	7641.42
2004	46972.13	2417.63	35900.90	32068.53	8653.60
2005	55884.99	2576.98	42602.71	38651.40	10705.30
2006	67587.99	2707.07	51929.85	47381.19	12951.07
2007	83073.55	3064.72	64183.65	59296.49	15825.18
2008	97818.90	3590.64	76269.91	69486.28	17958.35
2009	107849.20	3772.77	82149.29	73871.63	21927.14
2010	127976.43	4257.14	95967.85	86320.41	27751.45

2-2 主要年份总产出指数

Indices of Total Output in Major Years

按可比价格计算,1952 年 = 100 (at constant price with 100 in 1952)

年份 Year	总产出 Total Output	第一产业 Primary Industry	第二产业 Secondary Industry	#工业 Industry	第三产业 Tertiary Industry
1952	100.0	100.0	100.0	100.0	100.0
1955	120.0	113.0	134.3	129.7	123.6
1957	127.0	109.1	169.4	165.9	132.1
1962	121.8	93.4	200.8	208.5	121.4
1965	181.6	139.7	372.6	365.0	129.2
1970	263.7	166.3	653.9	651.2	179.4
1975	390.0	204.4	1164.8	1165.2	207.2
1976	420.8	212.3	1267.0	1285.1	232.1
1977	463.9	191.0	1524.5	1543.0	249.8
1978	544.0	232.1	1776.6	1755.8	285.4
1979	598.9	257.4	1983.5	2000.3	291.2
1980	671.6	243.2	2380.5	2417.9	304.9
1981	732.4	262.4	2589.9	2618.8	342.2
1982	802.5	301.5	2796.8	2820.2	376.6
1983	908.5	319.4	3242.2	3211.5	415.6
1984	1090.8	371.9	3955.8	3959.1	477.5
1985	1379.6	383.5	5250.3	5280.7	599.0
1986	1595.5	407.5	6115.4	6161.6	731.7
1987	1912.0	420.2	7474.4	7631.1	906.9
1988	2399.8	448.1	9385.3	9590.3	1288.2
1989	2492.6	449.6	9671.7	10036.5	1422.0
1990	2697.8	460.9	10591.2	11042.5	1502.8
1991	3046.2	455.7	12110.4	12642.3	1807.0
1992	4267.8	515.0	18038.4	18864.6	2272.0
1993	5746.6	573.1	25197.1	26795.1	2887.9
1994	7334.3	642.4	33172.0	35831.4	3354.0
1995	8708.7	730.4	39686.3	42818.5	3903.8
1996	10008.5	803.0	45823.2	49213.2	4471.4
1997	11314.1	856.4	52098.2	55704.5	5035.8
1998	12441.1	885.7	57347.6	61113.7	5676.1
1999	13612.6	925.5	62773.5	66941.5	6330.8
2000	14939.2	959.6	68961.7	73797.1	7079.4
2001	16383.3	988.4	75650.7	81472.0	7946.8
2002	18049.8	1013.1	83613.8	89782.1	8878.3
2003	20560.9	1005.0	96748.4	103967.7	9976.2
2004	23692.0	1065.3	112553.6	121434.3	11356.7
2005	27008.3	1098.4	129038.5	140742.3	13010.7
2006	31275.6	1145.8	150368.6	164358.9	15049.5
2007	36106.0	1180.8	174141.8	192591.4	17558.1
2008	40799.8	1233.9	196954.4	218976.4	20121.5
2009	45942.3	1305.2	222180.1	245863.4	22733.2
2010	51960.7	1407.0	251507.9	278809.1	25893.2

2－3 主要年份地区生产总值

Gross Domestic Product in Major Years

本表按当年价格计算 (at current price)

年份 Year	地区生产总值(亿元) Gross Domestic Product (100 million yuan)	第一产业 Primary Industry	第二产业 Secondary Industry	工业 Industry	建筑业 Construction	第三产业 Tertiary Industry	#金融业 Financial Intermediation	#房地产业 Real Estate	人均地区生产总值(元) Per Capita GDP (yuan)
1952	48.41	25.49	8.53	7.63	0.90	14.39			131
1955	58.96	29.69	11.29	10.06	1.23	17.98			150
1957	65.11	29.94	14.40	12.51	1.89	20.77			157
1962	69.20	29.10	17.34	15.69	1.65	22.76			161
1965	95.10	41.20	30.26	26.87	3.39	23.64			208
1970	129.23	51.03	46.16	42.33	3.83	32.04			249
1975	184.16	67.59	79.61	72.70	6.91	36.96			329
1976	187.97	62.38	85.04	78.48	6.56	40.55			332
1977	202.40	53.22	105.35	97.15	8.20	43.83			353
1978	249.24	68.71	131.09	117.10	13.99	49.44	10.43	5.50	430
1979	298.55	104.04	141.14	126.25	14.89	53.37	10.27	5.42	509
1980	319.80	94.24	167.41	151.22	16.19	58.15	11.52	6.08	541
1981	350.02	109.39	178.01	161.11	16.90	62.62	12.32	6.50	586
1982	390.17	135.15	185.52	168.09	17.43	69.50	13.74	7.25	645
1983	437.65	150.41	210.81	191.52	19.29	76.43	14.47	7.64	716
1984	518.85	179.00	250.39	228.58	21.81	89.46	15.52	8.19	843
1985	651.82	195.66	339.56	307.89	31.67	116.60	18.91	11.93	1053
1986	744.94	224.26	376.32	337.77	38.55	144.36	25.56	13.50	1193
1987	922.33	246.86	493.69	443.23	50.46	181.78	25.14	14.59	1462
1988	1208.85	319.18	586.82	526.92	59.90	302.85	47.44	21.25	1891
1989	1321.85	324.18	657.06	599.91	57.15	340.61	65.45	24.72	2038
1990	1416.50	355.17	692.59	634.13	58.46	368.74	72.53	27.02	2109
1991	1601.38	345.14	793.92	725.83	68.09	462.32	77.81	33.51	2353
1992	2136.02	393.82	1119.26	1017.94	101.32	622.94	109.27	43.89	3106
1993	2998.16	490.59	1598.05	1451.97	146.08	909.52	140.04	73.03	4321
1994	4057.39	683.98	2186.77	2002.22	184.55	1186.64	187.37	95.23	5801
1995	5155.25	866.24	2715.26	2467.63	247.63	1573.75	244.65	134.95	7319
1996	6004.21	989.18	3074.12	2754.80	319.32	1940.91	291.71	178.79	8471
1997	6680.34	1035.80	3411.86	3016.44	395.42	2232.68	318.08	211.22	9371
1998	7199.95	1047.16	3640.10	3157.69	482.41	2512.69	322.33	253.14	10049
1999	7697.82	1037.37	3920.15	3387.99	532.16	2740.30	330.25	272.34	10695
2000	8553.69	1048.34	4435.89	3848.52	587.37	3069.46	349.49	298.15	11765
2001	9456.84	1094.48	4907.46	4270.90	636.56	3454.90	353.41	326.74	12879
2002	10606.85	1110.44	5604.49	4880.09	724.40	3891.92	368.86	371.09	14369
2003	12442.87	1162.45	6787.11	6004.65	782.46	4493.31	392.11	447.47	16743
2004	15003.60	1367.58	8437.99	7514.39	923.60	5198.03	440.50	534.17	20031
2005	18598.69	1461.51	10524.96	9440.18	1084.78	6612.22	492.40	799.73	24616
2006	21742.05	1545.05	12282.89	11097.64	1185.25	7914.11	653.25	1017.91	28526
2007	26018.48	1816.31	14471.26	13105.24	1366.02	9730.91	1054.25	1365.71	33837
2008	30981.98	2100.11	16993.34	15271.20	1722.14	11888.53	1298.48	1626.13	40014
2009	34457.30	2261.86	18566.37	16464.94	2101.43	13629.07	1596.98	2025.39	44253
2010	41425.48	2540.10	21753.93	19277.65	2476.28	17131.45	2105.92	2600.95	52840

2-4 主要年份地区生产总值构成

Composition of Gross Domestic Product in Major Years

本表按当年价格计算,单位:% (at current price, %)

年份 Year	地区生产总值 Gross Domestic Product	第一产业 Primary Industry	第二产业 Secondary Industry	工业 Industry	建筑业 Construction	第三产业 Tertiary Industry	#金融业 Financial Intermediation	#房地产业 Real Estate
1952	100.0	52.7	17.6	15.8	1.9	29.7		
1955	100.0	50.4	19.1	17.1	2.1	30.5		
1957	100.0	46.0	22.1	19.2	2.9	31.9		
1962	100.0	42.1	25.0	22.6	2.4	32.9		
1965	100.0	43.3	31.8	28.3	3.6	24.9		
1970	100.0	39.5	35.7	32.8	3.0	24.8		
1975	100.0	36.7	43.2	39.5	3.8	20.1		
1976	100.0	33.2	45.2	41.8	3.5	21.6		
1977	100.0	26.3	52.0	48.0	4.0	21.7		
1978	100.0	27.6	52.6	47.0	5.6	19.8	4.2	2.2
1979	100.0	34.8	47.3	42.3	5.0	17.9	3.4	1.8
1980	100.0	29.5	52.3	47.3	5.1	18.2	3.6	1.9
1981	100.0	31.3	50.8	46.0	4.8	17.9	3.5	1.9
1982	100.0	34.6	47.6	43.1	4.5	17.8	3.5	1.9
1983	100.0	34.4	48.2	43.8	4.4	17.4	3.3	1.7
1984	100.0	34.5	48.3	44.1	4.2	17.2	3.0	1.6
1985	100.0	30.0	52.1	47.2	4.9	17.9	2.9	1.8
1986	100.0	30.1	50.5	45.3	5.2	19.4	3.4	1.8
1987	100.0	26.8	53.5	48.1	5.5	19.7	2.7	1.6
1988	100.0	26.4	48.5	43.6	5.0	25.1	3.9	1.8
1989	100.0	24.5	49.7	45.4	4.3	25.8	5.0	1.9
1990	100.0	25.1	48.9	44.8	4.1	26.0	5.1	1.9
1991	100.0	21.5	49.6	45.3	4.3	28.9	4.9	2.1
1992	100.0	18.4	52.4	47.7	4.7	29.2	5.1	2.1
1993	100.0	16.4	53.3	48.4	4.9	30.3	4.7	2.4
1994	100.0	16.9	53.9	49.3	4.5	29.2	4.6	2.3
1995	100.0	16.8	52.7	47.9	4.8	30.5	4.7	2.6
1996	100.0	16.5	51.2	45.9	5.3	32.3	4.9	3.0
1997	100.0	15.5	51.1	45.2	5.9	33.4	4.8	3.2
1998	100.0	14.5	50.6	43.9	6.7	34.9	4.5	3.5
1999	100.0	13.5	50.9	44.0	6.9	35.6	4.3	3.5
2000	100.0	12.2	51.9	45.0	6.9	35.9	4.1	3.5
2001	100.0	11.6	51.9	45.2	6.7	36.5	3.7	3.5
2002	100.0	10.5	52.8	46.0	6.8	36.7	3.5	3.5
2003	100.0	9.3	54.6	48.3	6.3	36.1	3.2	3.6
2004	100.0	9.1	56.3	50.1	6.2	34.6	2.9	3.6
2005	100.0	7.9	56.6	50.8	5.8	35.6	2.6	4.3
2006	100.0	7.1	56.5	51.0	5.5	36.4	3.0	4.7
2007	100.0	7.0	55.6	50.4	5.3	37.4	4.1	5.2
2008	100.0	6.8	54.8	49.3	5.6	38.4	4.2	5.2
2009	100.0	6.5	53.9	47.8	6.1	39.6	4.6	5.9
2010	100.0	6.1	52.5	46.5	6.0	41.4	5.1	6.3

2-5 不变价地区生产总值
Gross Domestic Product at Constant Price

单位:亿元 (100 million yuan)

年份 Year	地区生产总值 Gross Domestic Product	第一产业 Primary Industry	第二产业 Secondary Industry	工业 Industry	建筑业 Construction	第三产业 Tertiary Industry
	按1980年价格计算 Price Base Year = 1980					
1980	328.21	100.50	169.56	153.37	16.19	58.15
1981	363.85	113.44	181.85	164.56	17.29	68.56
1982	399.66	131.53	192.41	174.63	17.78	75.72
1983	448.78	140.98	221.82	202.11	19.71	85.98
1984	519.29	159.22	261.51	231.60	29.91	98.56
1985	609.14	157.88	334.88	304.52	30.36	116.38
1986	672.32	166.33	367.10	331.25	35.85	138.89
1987	762.72	167.11	433.55	388.62	44.93	162.06
1988	912.08	174.37	510.67	459.37	51.30	227.04
1989	934.74	169.42	512.97	468.94	44.03	252.35
1990	981.59	171.16	540.61	496.73	43.88	269.82
	按1990年价格计算 Price Base Year = 1990					
1990	1438.00	358.93	710.33	651.87	58.46	368.74
1991	1557.32	344.81	773.85	709.30	64.55	438.66
1992	1955.77	381.53	1020.73	928.13	92.60	553.51
1993	2342.88	391.25	1258.98	1143.28	115.70	692.65
1994	2728.74	411.73	1545.47	1410.47	135.00	771.54
1995	3148.95	467.66	1795.09	1626.27	168.82	886.20
1996	3533.97	503.88	2016.78	1803.53	213.25	1013.31
1997	3956.46	529.04	2271.40	2007.33	264.07	1156.02
1998	4392.36	540.19	2546.93	2224.12	322.81	1305.24
1999	4835.68	565.06	2834.48	2477.67	356.81	1436.14
2000	5346.92	587.06	3163.06	2779.95	383.11	1596.80
	按2000年价格计算 Price Base Year = 2000					
2000	8553.69	1048.34	4435.89	3848.52	587.37	3069.46
2001	9422.01	1079.79	4921.27	4291.02	630.25	3420.95
2002	10521.02	1109.48	5593.98	4887.48	706.50	3817.56
2003	11954.29	1107.82	6557.21	5757.45	799.76	4289.26
2004	13717.60	1174.20	7679.60	6782.27	897.33	4863.80
2005	15703.94	1207.73	8907.14	7914.15	992.99	5589.08
	按2005年价格计算 Price Base Year = 2005					
2005	18598.69	1461.51	10524.96	9440.18	1084.78	6612.22
2006	21377.34	1534.28	12205.31	11004.68	1200.63	7637.75
2007	24571.11	1581.10	14097.03	12836.96	1260.07	8892.98
2008	27691.48	1644.32	15960.65	14595.62	1365.03	10086.51
2009	31139.06	1717.84	17963.59	16339.82	1623.77	11457.63
2010	35099.55	1801.27	20311.56	18513.90	1797.66	12986.72

2-6 主要年份地区生产总值指数
Indices of Gross Domestic Product in Major Years

按可比价格计算，上年=100 (at constant price, preceding year = 100)

年份 Year	地区生产总值 Gross Domestic Product	第一产业 Primary Industry	第二产业 Secondary Industry	工业 Industry	建筑业 Construction	第三产业 Tertiary Industry	#金融业 Financial Intermediation	#房地产业 Real Estate	人均地区生产总值 Per Capita GDP
1952									
1955	111.1	114.7	101.7	101.9	100.7	107.0			108.6
1957	100.4	101.8	100.5	95.5	130.9	97.6			98.2
1962	93.2	101.5	73.5	72.8	80.8	94.0			91.9
1965	107.1	101.3	130.8	120.8	241.7	103.1			104.7
1970	114.9	107.1	136.5	137.5	130.6	110.1			112.3
1975	106.1	102.1	115.6	117.1	105.4	99.2			104.8
1976	101.0	87.3	112.0	113.7	98.8	111.3			99.8
1977	106.3	86.7	123.9	123.8	125.3	107.1			105.1
1978	124.6	132.1	124.6	123.3	135.7	113.9			123.2
1979	112.0	122.9	107.1	108.0	100.4	105.7	96.4	96.5	110.8
1980	104.8	89.5	118.2	119.7	105.2	101.6	104.5	104.7	103.9
1981	110.9	112.9	107.2	107.3	106.8	117.9	117.1	117.1	109.8
1982	109.8	115.9	105.8	106.1	102.8	110.4	111.0	111.0	108.5
1983	112.3	107.2	115.3	115.7	110.9	113.5	108.8	108.7	111.1
1984	115.7	112.9	117.9	114.6	151.8	114.6	114.6	114.7	114.9
1985	117.3	99.2	128.1	131.5	101.5	118.1	101.1	120.9	116.6
1986	110.4	105.4	109.6	108.8	118.1	119.3	130.3	109.1	109.5
1987	113.4	100.5	118.1	117.3	125.3	116.7	91.1	100.2	112.2
1988	119.6	104.3	117.8	118.2	114.2	140.1	158.6	122.4	118.0
1989	102.5	97.2	100.5	102.1	85.8	111.1	136.4	114.9	101.0
1990	105.0	101.0	105.4	105.9	99.7	106.9	109.5	108.1	101.4
1991	108.3	96.1	108.9	108.8	110.4	119.0	104.8	118.3	106.9
1992	125.6	110.6	131.9	130.9	143.5	126.2	133.1	117.9	124.3
1993	119.8	102.5	123.3	123.2	124.9	125.1	113.3	149.8	118.7
1994	116.5	105.2	122.8	123.4	116.7	111.4	111.9	108.1	115.6
1995	115.4	113.6	116.2	115.3	125.1	114.9	118.1	125.0	114.6
1996	112.2	107.7	112.3	110.9	126.3	114.3	115.4	123.7	111.5
1997	112.0	105.0	112.6	111.3	123.8	114.1	113.5	121.5	111.3
1998	111.0	102.1	112.1	110.8	122.2	112.9	103.9	123.8	110.5
1999	110.1	104.6	111.3	111.4	110.5	110.0	104.8	111.2	109.6
2000	110.6	103.9	111.6	112.2	107.4	111.2	109.8	107.5	109.5
2001	110.2	103.0	110.9	111.5	107.3	111.5	102.8	109.7	109.1
2002	111.7	102.8	113.7	113.9	112.1	111.6	105.9	112.6	111.1
2003	113.6	99.9	117.2	117.8	113.2	112.4	106.8	112.0	112.9
2004	114.8	106.0	117.1	117.8	112.2	113.4	107.5	109.5	113.9
2005	114.5	102.9	116.0	116.7	110.7	114.9	118.9	124.6	113.5
2006	114.9	105.0	116.0	116.6	110.7	115.5	121.3	119.3	113.9
2007	114.9	103.1	115.5	116.7	105.0	116.4	138.6	117.3	113.9
2008	112.7	104.0	113.2	113.7	108.3	113.4	112.0	109.0	111.9
2009	112.4	104.5	112.5	112.0	119.0	113.6	128.1	127.3	111.8
2010	112.7	104.9	113.1	113.3	110.7	113.3	117.0	108.9	112.0

2－7 主要年份地区生产总值定基指数

Fixed-base Indices of Gross Domestic Product in Major Years

按可比价格计算 (at constant price)

年 份 Year	地区生产总值 Gross Domestic Product	第一产业 Primary Industry	第二产业 Secondary Industry	工业 Industry	建筑业 Construction	第三产业 Tertiary Industry	#金融业 Financial Intermediation	#房地产业 Real Estate	人均地区生产总值 Per Capita GDP
1952	100.0	100.0	100.0	100.0	100.0	100.0			100.0
1955	118.9	115.9	133.5	132.0	142.1	121.6			111.3
1957	121.9	111.0	174.3	166.0	223.2	131.0			108.8
1962	103.8	84.6	202.6	212.1	146.3	118.0			89.2
1965	147.6	125.6	375.0	371.4	396.8	126.4			119.1
1970	200.9	148.7	663.6	671.7	615.8	176.0			143.1
1975	277.5	188.4	1179.3	1216.2	961.1	198.1			182.9
1976	280.3	164.4	1320.2	1382.9	949.5	220.4			182.5
1977	297.9	142.5	1636.2	1711.7	1189.5	236.0			191.8
1978	371.3	188.3	2038.8	2110.7	1613.7	268.8	100.0	100.0	236.3
1979	415.9	231.3	2183.9	2279.2	1620.0	284.1	96.4	96.5	261.8
1980	436.0	207.0	2580.8	2729.0	1704.2	288.6	100.8	101.0	272.0
1981	483.3	233.6	2767.9	2928.1	1820.0	340.2	118.0	118.3	298.6
1982	530.9	270.9	2928.6	3107.3	1871.6	375.8	131.0	131.2	323.9
1983	596.1	290.3	3376.3	3596.3	2074.7	426.7	142.4	142.7	360.0
1984	689.8	327.9	3980.4	4121.0	3148.4	489.1	163.3	163.6	413.7
1985	809.2	325.1	5097.1	5418.5	3195.8	577.6	165.1	197.8	482.3
1986	893.1	342.5	5587.5	5894.1	3773.7	689.3	215.1	215.8	528.1
1987	1013.2	344.1	6598.9	6914.9	4729.5	804.3	196.1	216.1	592.7
1988	1211.6	359.1	7772.8	8173.8	5400.0	1126.7	311.0	264.6	699.5
1989	1241.7	348.9	7807.8	8344.1	4634.7	1252.4	424.3	304.2	706.4
1990	1303.9	352.5	8228.5	8838.6	4618.9	1339.1	464.7	328.7	716.5
1991	1412.1	338.6	8964.3	9617.3	5100.1	1593.0	487.2	388.7	765.9
1992	1773.4	374.7	11824.1	12584.4	7316.4	2010.0	648.4	458.2	951.7
1993	2124.4	384.2	14584.0	15501.6	9141.5	2515.3	734.9	686.3	1130.0
1994	2474.3	404.3	17902.7	19124.4	10666.4	2801.8	822.5	741.7	1305.8
1995	2855.3	459.2	20794.3	22050.4	13338.5	3218.2	971.5	926.8	1496.3
1996	3204.5	494.8	23362.4	24453.8	16849.0	3679.8	1121.5	1146.9	1668.6
1997	3587.6	519.5	26311.9	27217.1	20864.3	4198.0	1273.4	1393.8	1857.4
1998	3982.8	530.5	29503.6	30156.5	25505.3	4739.9	1323.5	1726.2	2051.6
1999	4384.8	554.9	32834.6	33594.4	28191.7	5215.3	1387.2	1919.0	2248.4
2000	4848.4	576.5	36640.9	37692.9	30269.7	5798.7	1523.3	2062.3	2461.4
2001	5340.5	593.8	40650.2	42026.9	32479.2	6462.7	1566.0	2262.3	2685.1
2002	5963.5	610.1	46206.8	47868.6	36409.2	7212.0	1658.4	2547.4	2982.4
2003	6775.9	609.2	54163.2	56389.2	41215.2	8103.1	1771.2	2853.1	3366.1
2004	7775.4	645.7	63434.3	66426.5	46243.2	9188.5	1904.3	3124.1	3832.3
2005	8902.8	664.4	73583.7	77519.7	51191.3	10557.6	2264.2	3892.7	4349.7
2006	10229.3	697.7	85357.1	90388.0	56668.7	12194.0	2746.5	4643.9	4956.0
2007	11753.5	719.3	98587.5	105482.8	59502.1	14193.8	3806.6	5447.3	5646.4
2008	13246.1	748.1	111601.0	119933.9	64440.8	16095.8	4263.4	5937.6	6319.6
2009	14895.3	781.5	125606.1	134266.2	76655.5	18283.8	5463.4	7560.6	7066.6
2010	16787.0	819.8	142060.5	152123.7	84864.6	20723.8	6389.5	8233.7	7911.1

2-8 分行业地区生产总值
Gross Domestic Product by Sector

本表按当年价格计算,单位:亿元 (at current price, 100 million yuan)

行业	Sector	2006	2007	2008	2009	2010
地区生产总值	**Gross Domestic Product**	**21742.05**	**26018.48**	**30981.98**	**34457.30**	**41425.48**
第一产业	Primary Industry	1545.05	1816.31	2100.11	2261.86	2540.10
农、林、牧、渔业	Agriculture, Forestry, Animal Husbandry and Fishery	1545.05	1816.31	2100.11	2261.86	2540.10
农业	Farming	975.90	1083.75	1213.69	1355.07	1556.23
林业	Forestry	31.19	33.42	36.81	39.79	43.90
畜牧业	Animal Husbandry	224.78	277.20	371.60	355.46	373.37
渔业	Fishery	236.42	322.87	369.71	399.32	444.90
农、林、牧、渔服务业	Services in Support of Agriculture	76.76	99.07	108.30	112.22	121.70
第二产业	Secondary Industry	12282.89	14471.26	16993.34	18566.37	21753.93
工业	Industry	11097.64	13105.24	15271.20	16464.94	19277.65
采矿业	Mining	271.93	291.62	321.68	229.26	275.80
制造业	Manufacturing	10338.62	12246.85	14318.30	15430.81	18101.33
电力、燃气及水的生产和供应业	Production and Supply of Electricity, Gas and Water	487.09	566.77	631.22	804.87	900.52
建筑业	Construction	1185.25	1366.02	1722.14	2101.43	2476.28
第三产业	Tertiary Industry	7914.11	9730.91	11888.53	13629.07	17131.45
交通运输、仓储和邮政业	Transport, Storage and Post	953.57	1101.18	1346.26	1423.25	1768.30
信息传输、计算机服务和软件业	Information Transmmission, Computer Service and Software	391.94	427.72	503.63	526.52	605.28
批发和零售业	Wholesale and Retail Trades	2043.09	2472.64	3115.09	3579.81	4447.50
住宿和餐饮业	Hotels and Catering Services	375.08	432.83	584.67	678.36	710.98
金融业	Financial Intermediation	653.25	1054.25	1298.48	1596.98	2105.92
房地产业	Real Estate	1017.91	1365.71	1626.13	2025.39	2600.95
租赁和商务服务业	Leasing and Business Services	347.27	408.31	504.89	555.72	868.34
科学研究、技术服务和地质勘查业	Scientific Research, Technical Services and Geologic Prospecting	136.86	161.41	271.66	308.84	365.17
水利、环境和公共设施管理业	Management of Water Conservancy, Environment and Public Facilities	103.56	126.36	134.58	154.49	215.34
居民服务和其他服务业	Services to Households and Other Services	253.45	275.72	276.60	293.65	447.86
教育	Education	599.22	692.27	741.79	869.51	1022.72
卫生、社会保障和社会福利业	Healthcare, Social Security and Social Welfare	262.25	311.16	374.68	416.40	500.72
文化、体育和娱乐业	Culture, Sports and Entertainment	107.54	123.36	128.99	150.17	220.80
公共管理和社会组织	Public Management and Social Organizations	669.12	777.99	981.08	1049.98	1251.57

2-9 分行业地区生产总值构成
Composition of Gross Domestic Product by Sector

本表按当年价格计算,单位:% (at current price,%)

行业	Sector	2005	2006	2007	2008	2009	2010
地区生产总值	**Gross Domestic Product**	**100.0**	**100.0**	**100.0**	**100.0**	**100.0**	**100.0**
第一产业	Primary Industry	7.9	7.1	7.0	6.8	6.5	6.1
农、林、牧、渔业	Agriculture, Forestry, Animal Husbandry and Fishery	7.9	7.1	7.0	6.8	6.5	6.1
农业	Farming	4.9	4.5	4.2	3.9	3.9	3.8
林业	Forestry	0.1	0.1	0.1	0.1	0.1	0.1
畜牧业	Animal Husbandry	1.2	1.0	1.1	1.2	1.0	0.9
渔业	Frishery	1.2	1.1	1.2	1.2	1.2	1.1
农、林、牧、渔服务业	Services in Support of Agriculture	0.4	0.4	0.4	0.3	0.3	0.3
第二产业	Secondary Industry	56.6	56.5	55.6	54.8	53.9	52.5
工业	Industry	50.8	51.0	50.4	49.3	47.8	46.5
采矿业	Mining	0.9	1.3	1.1	1.0	0.7	0.7
制造业	Manufacturing	47.6	47.6	47.1	46.2	44.8	43.7
电力、燃气及水的生产和供应业	Production and Supply of Electricity, Gas and Water	2.2	2.2	2.2	2.0	2.3	2.2
建筑业	Construction	5.8	5.5	5.3	5.6	6.1	6.0
第三产业	Tertiary Industry	35.6	36.4	37.4	38.4	39.6	41.4
交通运输、仓储和邮政业	Transport, Storage and Post	4.3	4.4	4.2	4.3	4.1	4.3
信息传输、计算机服务和软件业	Information Transmission, Computer Services and Software	1.6	1.8	1.6	1.6	1.5	1.5
批发和零售业	Wholesale and Retail Trades	10.1	9.4	9.5	10.1	10.4	10.7
住宿和餐饮业	Hotels and Catering Services	1.6	1.7	1.7	1.9	2.0	1.7
金融业	Financial Intermediation	2.6	3.0	4.1	4.2	4.6	5.1
房地产业	Real Estate	4.3	4.7	5.2	5.2	5.9	6.3
租赁和商务服务业	Leasing and Business Services	1.2	1.6	1.6	1.6	1.6	2.1
科学研究、技术服务和地质勘查业	Scientific Research, Technical Services and Geologic Prospecting	0.7	0.6	0.6	0.9	0.9	0.9
水利、环境和公共设施管理业	Management of Water Conservancy, Environment and Public Facilities	0.5	0.5	0.5	0.4	0.4	0.5
居民服务和其他服务业	Services to Households and Other Services	1.3	1.2	1.1	0.9	0.9	1.1
教育	Education	2.9	2.8	2.7	2.4	2.5	2.5
卫生、社会保障和社会福利业	Health Care, Social Security and Social Welfare	1.1	1.2	1.2	1.2	1.2	1.2
文化、体育和娱乐业	Culture, Sports and Entertainment	0.5	0.5	0.5	0.4	0.4	0.5
公共管理和社会组织	Public Management and Social Organizations	2.9	3.1	3.0	3.2	3.0	3.0

2-10 主要年份按收入法计算的地区生产总值

Income Approach Components of Gross Domestic Product in Major Years

本表按当年价格计算 (at current price)

年份 Year	地区生产总值(亿元) Gross Domestic Product (100 million yuan)	劳动者报酬 Compensation of Employees	生产税净额 Net Taxes on Production	固定资产折旧 Depreciation of Fixed Assets	营业盈余 Operating Surplus	占地区生产总值比重(%) Composition of Gross Domestic Product(%) 劳动者报酬 Compensation of Employees	生产税净额 Net Taxes on Production	固定资产折旧 Depreciation of Fixed Assets	营业盈余 Operating Surplus
1978	249.24	116.91	31.79	19.98	80.56	46.9	12.8	8.0	32.3
1980	319.80	152.29	45.96	23.90	97.65	47.6	14.4	7.5	30.5
1985	651.82	321.08	89.26	48.80	192.68	49.3	13.7	7.5	29.6
1990	1416.50	693.86	192.85	186.92	342.87	49.0	13.6	13.2	24.2
1991	1601.38	731.05	183.38	217.55	469.40	45.7	11.5	13.6	29.3
1992	2136.02	1015.80	268.62	280.87	570.73	47.6	12.6	13.1	26.7
1993	2998.16	1288.09	466.67	322.64	920.76	43.0	15.6	10.8	30.7
1994	4057.39	1827.96	590.40	440.18	1198.86	45.1	14.6	10.8	29.5
1995	5155.25	2427.68	684.68	624.90	1417.99	47.1	13.3	12.1	27.5
1996	6004.21	2840.19	774.39	739.10	1650.53	47.3	12.9	12.3	27.5
1997	6680.34	3162.19	889.95	871.54	1756.66	47.3	13.3	13.0	26.3
1998	7199.95	3372.60	942.41	981.85	1903.09	46.8	13.1	13.6	26.4
1999	7697.82	3531.22	998.28	1083.95	2084.36	45.9	13.0	14.1	27.1
2000	8553.69	3914.44	1107.55	1226.26	2305.44	45.8	12.9	14.3	27.0
2001	9456.84	4332.91	1229.29	1384.14	2510.50	45.8	13.0	14.6	26.5
2002	10606.85	4828.99	1390.24	1516.35	2871.27	45.5	13.1	14.3	27.1
2003	12442.87	5629.45	1732.06	1742.17	3339.18	45.2	13.9	14.0	26.8
2004	15003.60	6056.96	2357.46	2142.36	4446.81	40.4	15.7	14.3	29.6
2005	18598.69	7597.91	2622.82	3034.54	5343.42	40.9	14.1	16.3	28.7
2006	21742.05	8850.32	3370.48	3249.67	6271.58	40.7	15.5	14.9	28.8
2007	26018.48	9684.74	4317.14	3565.59	8451.01	37.2	16.6	13.7	32.5
2008	30981.98	12520.61	4912.90	4141.55	9406.92	40.4	15.9	13.4	30.4
2009	34457.30	15019.10	5420.70	4674.05	9343.45	43.6	15.7	13.6	27.1
2010	41425.48	17141.63	6278.34	5483.65	12521.86	41.4	15.2	13.2	30.2

2－11　分行业按收入法计算的地区生产总值(2010 年)

Income Approach Components of Gross Domestic Product by Sector(2010)

本表按当年价格计算,单位:亿元　　(at current price, 100 million yuan)

行业	Sector	增加值 Value Added	劳动者报酬 Compensation of Employees	生产税净额 Net Taxes on Production	固定资产折旧 Depreciation of Fixed Assets	营业盈余 Operating Surplus
地区生产总值	**Gross Domestic Product**	**41425.48**	**17141.63**	**6278.34**	**5483.65**	**12521.86**
第一产业	Primary Industry	2540.10	2495.28		44.82	
农、林、牧、渔业	Agriculture, Forestry, Animal Husbandry and Fishery	2540.10	2495.28		44.82	
第二产业	Secondary Industry	21753.93	7682.99	3642.54	2951.09	7477.31
工业	Industry	19277.65	6194.54	3307.97	2857.37	6917.77
采矿业	Mining	275.80	109.38	64.50	40.64	61.28
制造业	Manufacturing	18101.33	5919.89	3088.78	2457.59	6635.07
电力、燃气及水的生产和供应业	Production and Supply of Electricity, Gas and Water	900.52	165.27	154.69	359.14	221.42
建筑业	Construction	2476.28	1488.45	334.57	93.72	559.54
第三产业	Tertiary Industry	17131.45	6963.36	2635.80	2487.74	5044.55
交通运输、仓储和邮政业	Transport, Storage and Post	1768.30	879.27	126.05	319.01	443.97
信息传输、计算机服务和软件业	Information Transmmission, Computer Service and Software	605.28	134.05	35.39	146.11	289.73
批发和零售业	Wholesale and Retail Trades	4447.50	1476.12	1362.07	206.91	1402.40
住宿和餐饮业	Hotels and Catering Services	710.98	579.96	51.21	54.96	24.85
金融业	Financial Intermediation	2105.92	408.96	422.34	38.91	1235.71
房地产业	Real Estate	2600.95	201.72	463.44	1075.23	860.56
租赁和商务服务业	Leasing and Business Services	868.34	349.22	83.68	114.42	321.02
科学研究、技术服务和地质勘查业	Scientific Research, Technical Services and Geologic Prospecting	365.17	177.87	24.30	30.74	132.26
水利、环境和公共设施管理业	Management of Water Conservancy, Environment and Public Facilities	215.34	115.81	8.59	65.99	24.95
居民服务和其他服务业	Services to Households and Other Services	447.86	247.93	29.14	34.86	135.93
教育	Education	1022.72	860.20	3.62	136.07	22.83
卫生、社会保障和社会福利业	Healthcare, Social Security and Social Welfare	500.72	383.73	2.57	55.46	58.96
文化、体育和娱乐业	Culture, Sports and Entertainment	220.80	103.20	15.47	35.75	66.38
公共管理和社会组织	Public Management and Social Organizations	1251.57	1045.32	7.93	173.32	25.00

2-12 三次产业贡献率

Share of the Contributions of the Three Strata of Industry to the Increase of the GDP

本表按可比价格计算,单位:% (at constant price,%)

年 份 Year	地 区 生产总值 Gross Domestic Product	第一产业 Primary Industry	第二产业 Secondary Industry	#工 业 Industry	第三产业 Tertiary Industry
1990	100.0	3.7	59.0	59.3	37.3
1991	100.0	-11.8	53.2	48.1	58.6
1992	100.0	9.2	62.0	54.9	28.8
1993	100.0	2.6	61.5	55.6	35.9
1994	100.0	5.3	74.2	69.2	20.5
1995	100.0	13.3	59.4	51.4	27.3
1996	100.0	9.4	57.6	46.0	33.0
1997	100.0	5.9	60.3	48.2	33.8
1998	100.0	2.6	63.2	49.7	34.2
1999	100.0	5.6	64.9	57.2	29.5
2000	100.0	4.3	64.3	59.1	31.4
2001	100.0	3.6	55.9	51.0	40.5
2002	100.0	2.7	61.2	54.3	36.1
2003	100.0	-0.1	67.2	60.7	32.9
2004	100.0	3.8	63.6	58.1	32.6
2005	100.0	1.7	61.8	57.0	36.5
2006	100.0	2.7	60.5	56.5	36.8
2007	100.0	1.5	59.7	57.9	38.8
2008	100.0	2.1	60.4	57.7	37.4
2009	100.0	2.1	58.1	50.6	39.8
2010	100.0	2.1	59.3	54.9	38.6

注:三次产业贡献率指各产业增加值增量与GDP增量之比。

Note:Share of the contributions of the three strata of industry to the increase of the GDP refers to the proportion of the increment of the value-added of each industry to the increment of GDP.

2-13 三次产业对地区生产总值增长的拉动
Contribution of the Three Strata of Industry to GDP Growth

本表按可比价格计算,单位:% (at constant price,%)

年 份 Year	地 区 生产总值 Gross Domestic Product	第一产业 Primary Industry	第二产业 Secondary Industry	#工 业 Industry	第三产业 Tertiary Industry
1990	5.0	0.2	2.9	3.0	1.9
1991	8.3	-1.0	4.4	4.0	4.9
1992	25.6	2.4	15.8	14.1	7.4
1993	19.8	0.5	12.2	11.0	7.1
1994	16.5	0.9	12.2	11.4	3.4
1995	15.4	2.1	9.1	7.9	4.2
1996	12.2	1.2	7.0	5.6	4.0
1997	12.0	0.7	7.2	5.8	4.1
1998	11.0	0.3	6.9	5.5	3.8
1999	10.1	0.6	6.5	5.8	3.0
2000	10.6	0.5	6.8	6.3	3.3
2001	10.2	0.4	5.7	5.2	4.1
2002	11.7	0.3	7.2	6.3	4.2
2003	13.6	0.0	9.1	8.3	4.5
2004	14.8	0.6	9.4	8.6	4.8
2005	14.5	0.2	9.0	8.3	5.3
2006	14.9	0.4	9.0	8.4	5.5
2007	14.9	0.2	8.9	8.6	5.8
2008	12.3	0.3	7.4	7.1	4.6
2009	12.4	0.3	7.2	6.3	4.9
2010	12.7	0.3	7.5	7.0	4.9

注:三次产业拉动指 GDP 增长速度与各产业贡献率之乘积。
Note:Contribution of the three strata of industry to GDP growth refers to the growth rate of GDP multiplied by the contribution share of every industry.

2－14 分市地区生产总值

本表按当年价格计算，单位：亿元

地区	Region	地区生产总值 Gross Domestic Product 2005	2006	2007	2008	2009	2010
按省辖市分	**by Cities**						
南　京	Nanjing	2451.94	2822.80	3340.05	3814.62	4230.26	5130.65
无　锡	Wuxi	2808.84	3310.88	3879.70	4460.62	4991.72	5793.30
徐　州	Xuzhou	1226.65	1464.74	1747.86	2118.84	2390.16	2942.14
常　州	Changzhou	1308.18	1585.11	1913.50	2266.32	2519.93	3044.89
苏　州	Suzhou	4138.21	4900.63	5850.11	7078.09	7740.20	9228.91
南　通	Nantong	1483.79	1788.39	2163.69	2593.13	2872.80	3465.67
连云港	Lianyungang	495.64	594.96	700.54	825.83	941.13	1193.31
淮　安	Huaian	572.42	676.62	812.44	992.25	1121.75	1388.07
盐　城	Yancheng	1058.10	1233.22	1441.12	1688.28	1917.00	2332.76
扬　州	Yangzhou	982.17	1125.23	1357.21	1645.89	1856.39	2229.49
镇　江	Zhenjiang	881.89	1044.83	1258.55	1491.83	1672.08	1987.64
泰　州	Taizhou	861.56	1037.08	1222.32	1446.29	1660.92	2048.72
宿　迁	Suqian	392.38	480.46	585.61	721.09	826.85	1064.09
按区域分	**by Region**						
苏　南	Southern Jiangsu	11589.07	13664.25	16241.92	19111.48	21154.19	25185.39
苏　中	Mid Jiangsu	3327.53	3950.70	4743.22	5685.31	6390.12	7743.88
苏　北	Northern Jiangsu	3745.19	4450.00	5287.57	6346.29	7196.89	8920.37

Gross Domestic Product by Region

(at current price, 100 million yuan)

第一产业增加值 Value-added of the Primary Industry						第二产业增加值 Value-added of the Secondary Industry					
2005	2006	2007	2008	2009	2010	2005	2006	2007	2008	2009	2010
102.00	109.55	115.28	119.4	129.18	142.29	1199.48	1359.94	1607.22	1771.28	1930.66	2327.86
52.12	60.02	69.55	86.8	93.62	104.94	1700.98	1980.48	2276.61	2576.54	2836.38	3208.79
174.24	190.05	207.58	232.0	249.90	282.82	620.14	756.49	909.33	1105.76	1249.04	1490.92
59.62	66.07	74.32	84.5	91.75	99.78	799.05	954.45	1135.13	1317.05	1429.73	1683.68
91.71	104.15	115.18	133.6	142.82	155.79	2681.54	3152.03	3632.03	4257.90	4547.12	5253.81
163.90	176.29	186.80	219.3	236.47	266.22	828.79	992.10	1209.96	1451.63	1607.50	1908.56
101.31	112.71	126.64	142.3	154.46	182.60	209.77	265.82	318.71	378.49	435.61	545.07
123.42	131.17	142.50	159.5	170.97	195.97	258.39	311.53	379.99	472.40	541.48	647.10
254.13	270.45	287.82	306.3	330.40	374.21	457.21	552.84	668.49	808.37	923.74	1096.55
94.77	100.99	111.48	134.1	144.88	161.37	543.56	629.81	764.92	924.70	1042.03	1229.34
38.69	40.19	51.17	70.3	75.05	81.53	533.57	631.51	744.47	878.95	973.08	1120.63
94.89	102.00	112.93	123.8	133.70	151.65	477.85	585.56	694.02	828.34	943.07	1125.85
102.09	112.63	128.69	147.8	159.60	187.09	166.25	211.35	263.87	329.53	382.86	479.14
344.14	379.98	425.50	494.6	532.42	584.33	6914.62	8078.41	9395.46	10801.72	11716.97	13594.77
353.56	379.28	411.21	477.2	515.05	579.24	1850.20	2207.47	2668.90	3204.67	3592.60	4263.75
755.19	817.01	893.22	987.9	1065.33	1222.69	1711.76	2098.03	2540.39	3094.55	3532.73	4258.78

本表按当年价格计算,单位:亿元

地区	Region	全部工业增加值 Value-added of the Industry 2005	2006	2007	2008	2009	2010
按省辖市分	**by Cities**						
南京	Nanjing	1043.58	1181.94	1412.22	1532.2	1640.53	2005.21
无锡	Wuxi	1592.55	1861.11	2154.25	2427.7	2651.53	2986.52
徐州	Xuzhou	527.93	647.50	787.01	952.7	1065.28	1268.61
常州	Changzhou	719.95	875.04	1047.61	1209.4	1301.63	1530.86
苏州	Suzhou	2520.33	2978.55	3442.20	4025.3	4265.47	4916.49
南通	Nantong	677.09	821.31	1021.80	1219.6	1319.43	1568.49
连云港	Lianyungang	166.77	212.26	258.57	303.7	341.75	431.84
淮安	Huaian	216.07	258.50	321.53	399.8	450.33	537.00
盐城	Yancheng	392.68	476.02	577.04	699.5	789.95	935.51
扬州	Yangzhou	469.91	554.62	682.03	821.5	913.61	1074.61
镇江	Zhenjiang	482.11	579.60	688.29	809.4	896.63	1039.78
泰州	Taizhou	405.79	502.29	601.65	723.3	825.35	981.02
宿迁	Suqian	125.96	163.33	211.35	264.7	305.01	386.37
按区域分	**by Region**						
苏南	Southern Jiangsu	6358.52	7476.24	8744.57	10004.0	10755.79	12478.86
苏中	Mid Jiangsu	1552.79	1878.22	2305.47	2764.4	3058.39	3624.12
苏北	Northern Jiangsu	1429.41	1757.61	2155.50	2620.4	2952.32	3559.33

2－14 Continued

(at current price, 100 million yuan)

第三产业增加值 Value-added of the Tertiary Industry						人均地区生产总值(元) Per Capita GDP (yuan)					
2005	2006	2007	2008	2009	2010	2005	2006	2007	2008	2009	2010
1150.46	1353.31	1617.55	1923.94	2170.42	2660.49	36112	40072	45743	50855	55290	65273
1055.74	1270.38	1533.54	1797.28	2061.72	2479.57	51034	57899	65570	73733	81146	92167
432.28	518.20	630.95	781.08	891.22	1168.40	13861	16666	20003	24350	27514	34084
449.51	564.59	704.05	864.77	998.45	1261.43	32116	37809	44452	51746	56890	67327
1364.97	1644.45	2102.91	2686.59	3050.26	3819.31	55667	62526	69151	78875	83696	93043
491.10	620.00	766.93	922.20	1028.84	1290.89	20138	24545	29991	36199	40231	48083
184.56	216.43	255.19	305.04	351.06	465.64	10873	13149	15611	18505	21144	26987
190.61	233.92	289.95	360.35	409.30	545.00	11468	13671	16612	20500	23277	28861
346.76	409.93	484.81	573.61	662.86	862.00	13529	15939	18879	22359	25553	31640
343.84	394.43	480.81	587.09	669.48	838.78	21719	25102	30435	36858	41406	49786
309.63	373.13	462.92	542.58	623.95	785.48	29881	35076	41848	49235	54732	64284
288.82	349.52	415.37	494.15	584.15	771.22	18309	22256	26530	31386	35711	44118
124.03	156.48	193.06	243.76	284.39	397.86	7901	9766	12078	15091	17460	22525
4330.31	5205.86	6420.96	7815.16	8904.80	11006.28	43320	49202	56025	63845	69278	79501
1123.77	1363.95	1663.11	2003.44	2282.47	2900.88	20050	24048	29133	35014	39263	47422
1278.24	1534.96	1853.96	2263.84	2598.83	3438.90	12009	14392	17281	20922	23835	29774

2-15 分市地区生产总值指数

按可比价格计算，上年=100

地区	Region	地区生产总值指数 Indices of Gross Domestic Product					
		2005	2006	2007	2008	2009	2010
按省辖市分	**by Cities**						
南京	Nanjing	115.1	115.1	115.7	112.1	111.5	113.1
无锡	Wuxi	115.1	115.3	115.3	112.4	111.6	113.2
徐州	Xuzhou	114.3	115.1	115.3	113.5	113.9	114.0
常州	Changzhou	115.1	115.2	115.6	112.4	111.7	113.1
苏州	Suzhou	115.3	115.8	116.1	113.2	111.5	113.3
南通	Nantong	115.4	115.7	116.2	113.3	114.0	113.0
连云港	Lianyungang	114.2	115.1	115.1	113.1	113.6	113.6
淮安	Huaian	114.3	114.9	115.2	113.4	114.2	113.8
盐城	Yancheng	114.3	115.0	115.0	113.2	113.4	113.6
扬州	Yangzhou	115.1	115.2	115.7	113.4	113.8	113.5
镇江	Zhenjiang	115.0	115.2	115.5	112.7	113.7	113.3
泰州	Taizhou	115.0	115.2	115.5	113.9	113.8	113.5
宿迁	Suqian	114.7	115.3	115.5	113.9	113.5	113.7
按区域分	**by Region**						
苏南	Southern Jiangsu	115.2	115.4	115.7	112.6	111.7	113.2
苏中	Mid Jiangsu	115.2	115.4	115.9	113.5	114.0	113.3
苏北	Northern Jiangsu	114.3	115.1	115.2	113.4	113.8	113.8

Indices of Gross Domestic Product by Region

(at constant price, preceding year = 100)

第一产业增加值指数 Primary Industry						第二产业增加值指数 Secondary Industry					
2005	2006	2007	2008	2009	2010	2005	2006	2007	2008	2009	2010
102.7	104.0	103.6	102.7	104.1	104.1	117.9	115.4	115.9	109.6	110.1	113.6
104.2	106.3	105.6	103.8	106.6	104.3	115.7	115.5	114.9	111.7	108.2	113.1
104.0	104.3	104.1	105.8	105.5	114.0	115.0	117.8	117.7	114.0	114.6	113.4
105.0	105.0	103.5	104.2	104.7	104.3	116.3	115.8	116.2	112.1	110.8	113.2
100.2	103.4	104.2	103.6	104.5	104.1	115.3	115.8	115.6	112.2	109.8	113.3
102.8	104.3	103.4	104.1	104.2	104.0	119.1	117.8	118.3	113.7	115.4	113.7
103.3	108.2	107.9	105.8	104.0	105.1	119.9	118.8	118.3	114.8	115.9	116.9
104.2	105.0	105.0	105.0	104.3	104.6	119.5	119.1	118.8	115.0	116.5	116.5
106.8	105.2	104.0	104.3	104.0	104.3	118.6	119.6	119.1	116.0	115.8	116.8
106.0	104.8	105.0	105.0	105.1	104.5	117.3	116.9	117.0	113.9	114.5	114.6
103.1	107.3	102.2	105.9	104.5	104.5	115.1	115.6	115.9	112.3	111.9	113.8
104.4	104.6	104.4	104.5	104.6	104.5	117.2	117.0	117.2	114.1	114.4	114.5
102.6	104.3	106.2	106.0	105.6	105.3	121.3	121.3	119.8	117.1	115.7	117.5
102.8	104.7	103.9	103.7	104.7	104.2	115.9	115.6	115.6	111.6	109.8	113.3
104.0	104.5	104.1	104.5	104.6	104.3	118.0	117.3	117.6	113.8	114.9	114.2
104.6	105.3	105.0	105.2	104.6	111.7	117.9	119.0	118.5	115.1	115.5	116.8

2－15 续 表

按可比价格计算，上年＝100

地区	Region	全部工业增加值指数 Industry					
		2005	2006	2007	2008	2009	2010
按省辖市分	**by Cities**						
南　京	Nanjing	118.0	115.9	117.6	109.9	109.3	114.4
无　锡	Wuxi	115.5	115.9	115.7	112.1	107.6	113.2
徐　州	Xuzhou	114.1	117.9	120.0	115.0	113.5	115.7
常　州	Changzhou	116.5	116.2	117.3	112.6	110.4	113.3
苏　州	Suzhou	115.6	116.3	116.1	112.7	109.5	113.3
南　通	Nantong	119.6	119.2	120.9	115.1	113.8	114.3
连云港	Lianyungang	119.5	120.8	119.0	116.3	114.9	117.8
淮　安	Huaian	119.3	118.1	119.5	117.3	115.5	117.4
盐　城	Yancheng	118.7	119.1	120.0	117.8	115.3	117.0
扬　州	Yangzhou	117.8	118.1	119.2	114.7	114.8	114.8
镇　江	Zhenjiang	115.7	117.3	117.0	113.2	111.7	114.9
泰　州	Taizhou	118.1	118.2	119.4	115.9	114.7	114.6
宿　迁	Suqian	120.8	120.5	122.9	117.8	115.2	119.3
按区域分	**by Region**						
苏　南	Southern Jiangsu	116.1	116.2	116.4	112.1	109.3	113.6
苏　中	Mid Jiangsu	118.7	118.6	120.0	115.2	114.3	114.5
苏　北	Northern Jiangsu	117.4	118.9	120.1	116.5	114.6	116.8

2－15 Continued

(at constant price, preceding year＝100)

第三产业增加值指数 Tertiary Industry						人均地区生产总值指数 Indices of per Capita GDP					
2005	2006	2007	2008	2009	2010	2005	2006	2007	2008	2009	2010
113.4	115.7	116.4	115.3	113.5	113.0	115.0	110.9	111.6	109.1	109.4	110.1
114.8	115.5	116.4	113.8	117.1	113.7	116.3	111.0	111.5	109.9	109.7	110.8
117.9	115.7	116.1	115.4	115.6	113.2	113.2	115.9	116.0	114.0	114.2	114.7
114.7	115.5	116.0	113.7	114.1	113.6	114.6	111.9	112.6	110.4	110.5	110.7
116.7	116.8	117.8	115.8	114.5	113.7	116.1	112.3	107.8	106.3	108.2	105.7
114.4	115.7	116.2	115.0	114.3	113.6	116.1	117.0	117.3	114.1	114.5	111.9
114.9	114.8	115.1	114.7	115.2	113.3	112.9	116.0	116.1	113.8	113.9	114.4
114.6	115.6	116.1	115.5	115.8	114.1	113.1	115.9	116.6	114.6	114.7	114.1
114.2	115.9	116.6	114.4	115.2	113.6	113.8	116.2	116.5	114.4	114.2	115.6
114.3	115.4	116.2	114.5	115.0	113.9	114.5	116.2	116.3	113.2	113.4	113.6
116.6	115.4	116.4	113.9	117.7	113.4	114.7	114.1	114.4	111.8	112.7	111.9
115.4	115.6	116.1	115.9	115.0	113.9	114.8	116.3	116.9	113.8	112.8	113.7
116.6	116.3	116.5	114.7	115.1	113.0	112.9	116.4	117.2	115.6	114.5	114.0
115.1	115.9	116.8	114.8	115.1	113.5	117.0	112.1	110.9	108.9	109.5	109.1
114.6	115.6	116.2	115.1	114.7	113.8	115.1	116.6	116.9	113.8	113.7	112.9
115.9	115.7	116.1	115.0	115.4	113.5	113.9	116.1	116.4	114.4	114.3	114.7

2－16 分市地区生产总值构成

单位:%

地区	Region	第一产业 Primary Industry 2005	2006	2007	2008	2009	2010
按省辖市分	**by Cities**						
南 京	NanjingNanjing	4.2	3.9	3.5	3.1	3.1	2.8
无 锡	Wuxi	1.9	1.8	1.8	1.9	1.9	1.8
徐 州	Xuzhou	14.2	13.0	11.9	10.9	10.5	9.6
常 州	Changzhou	4.6	4.2	3.9	3.7	3.6	3.3
苏 州	Suzhou	2.2	2.1	2.0	1.9	1.8	1.7
南 通	Nantong	11.0	9.9	8.6	8.5	8.2	7.7
连云港	Lianyungang	20.4	18.9	18.1	17.2	16.4	15.3
淮 安	Huaian	21.6	19.4	17.5	16.1	15.2	14.1
盐 城	Yancheng	24.0	21.9	20.0	18.1	17.2	16.0
扬 州	Yangzhou	9.6	9.0	8.2	8.1	7.8	7.2
镇 江	Zhenjiang	4.4	3.8	4.1	4.7	4.5	4.1
泰 州	Taizhou	11.0	9.8	9.2	8.6	8.0	7.4
宿 迁	Suqian	26.0	23.4	22.0	20.5	19.3	17.6
按区域分	**by Region**						
苏 南	Southern Jiangsu	3.0	2.8	2.6	2.6	2.5	2.3
苏 中	Mid Jiangsu	10.6	9.6	8.7	8.4	8.1	7.5
苏 北	Northern Jiangsu	20.2	18.4	16.9	15.6	14.8	13.7

Composition of Gross Domestic Product by Region

(%)

第二产业 Secondary Industry						第三产业 Tertiary Industry					
2005	2006	2007	2008	2009	2010	2005	2006	2007	2008	2009	2010
48.9	48.2	48.1	46.4	45.6	45.4	46.9	47.9	48.4	50.4	51.3	51.9
60.6	59.8	58.7	57.8	56.8	55.4	37.6	38.4	39.5	40.3	41.3	42.8
50.6	51.6	52.0	52.2	52.3	50.7	35.2	35.4	36.1	36.9	37.3	39.7
61.1	60.2	59.3	58.1	56.7	55.3	34.4	35.6	36.8	38.2	39.6	41.4
64.8	64.3	62.1	60.2	58.7	56.9	33.0	33.6	35.9	38.0	39.4	41.4
55.9	55.5	55.9	56.0	56.0	55.1	33.1	34.7	35.4	35.6	35.8	37.2
42.3	44.7	45.5	45.8	46.3	45.7	37.2	36.4	36.4	36.9	37.3	39.0
45.1	46.0	46.8	47.6	48.3	46.6	33.3	34.6	35.7	36.3	36.5	39.3
43.2	44.8	46.4	47.9	48.2	47.0	32.8	33.2	33.6	34.0	34.6	37.0
55.3	56.0	56.4	56.2	56.1	55.1	35.0	35.1	35.4	35.7	36.1	37.6
60.5	60.4	59.2	58.9	58.2	56.4	35.1	35.7	36.8	36.4	37.3	39.5
55.5	56.5	56.8	57.3	56.8	55.0	33.5	33.7	34.0	34.2	35.2	37.6
42.4	44.0	45.1	45.7	46.3	45.0	31.6	32.6	33.0	33.8	34.4	37.4
59.7	59.1	57.8	56.5	55.4	54.0	37.4	38.1	39.5	40.9	42.1	43.7
55.6	55.9	56.3	56.4	56.2	55.1	33.8	34.5	35.1	35.2	35.7	37.5
45.7	47.1	48.0	48.8	49.1	47.7	34.1	34.5	35.1	35.7	36.1	38.6

2－17 按支出法计算的地区生产总值

本表按当年价格计算

年 份 Year	地区生产总值（亿元） Gross Domestic Product (100 million yuan)	最终消费 Final Consumption Expenditures	居民消费 Household Consumption Expenditures	农村居民 Rural Household	城镇居民 Urban Household
1978	249.24	130.55	115.15	76.11	39.04
1980	319.80	175.47	154.72	105.13	49.59
1985	651.82	353.72	300.86	219.98	80.88
1989	1321.85	662.01	557.60	386.40	171.20
1990	1416.50	717.36	608.29	403.29	205.00
1991	1601.38	835.07	656.99	423.60	233.39
1992	2136.02	960.21	735.62	459.99	275.63
1993	2998.16	1251.08	984.44	569.94	414.50
1994	4057.39	1721.45	1350.89	782.19	568.70
1995	5155.25	2250.66	1806.43	1029.92	776.51
1996	6004.21	2721.84	2218.68	1314.01	904.67
1997	6680.34	3020.94	2417.77	1390.51	1027.26
1998	7199.95	3161.88	2513.52	1370.53	1142.99
1999	7697.82	3339.79	2594.18	1328.04	1266.14
2000	8553.69	3710.72	2815.51	1338.46	1477.05
2001	9456.84	4141.92	3027.67	1373.31	1654.36
2002	10606.85	4801.91	3475.13	1505.92	1969.21
2003	12442.87	5484.04	3909.55	1440.63	2468.92
2004	15003.60	6227.21	4429.02	1369.38	3059.64
2005	18598.69	7658.70	5339.09	1588.27	3750.82
2006	21742.05	9045.90	6236.42	1801.63	4434.79
2007	26018.48	10933.70	7328.19	2079.04	5249.15
2008	30981.98	12843.37	8425.61	2285.87	6139.74
2009	34457.30	14375.40	9235.38	2479.34	6756.04
2010	41425.48	17238.08	10942.82	2676.41	8266.41

Gross Domestic Product by Expenditure Approach

(at current price)

政府消费 Government Consumption Expenditures	资本形成总额 Gross Capital Formation	固定资本形成 Fixed Capital Formation	存货增加 Changes in Inventories	货物和服务净出口 Net Export of Goods and Services
15.40	77.98	40.40	37.58	40.71
20.75	97.44	58.25	39.19	46.89
52.86	271.42	193.25	78.17	26.68
104.41	528.44	336.24	192.20	131.40
109.07	588.44	374.12	214.32	110.70
178.08	694.80	461.98	232.82	71.51
224.59	1069.20	747.29	321.91	106.61
266.64	1589.93	1201.41	388.52	157.15
370.56	2018.95	1434.95	584.00	316.99
444.23	2479.30	1756.88	722.42	425.29
503.16	2798.62	2062.17	736.45	483.75
603.17	2925.28	2295.97	629.31	734.12
648.36	3321.44	2642.29	679.15	716.63
745.61	3554.26	2842.65	711.61	803.77
895.21	4044.78	3225.42	819.36	798.19
1114.25	4393.21	3543.16	850.05	921.71
1326.78	4808.67	3994.23	814.44	996.27
1574.49	6182.38	5480.80	701.58	776.45
1798.19	7957.76	6972.68	985.08	818.63
2319.60	9462.30	8888.80	573.45	1477.70
2809.50	10721.70	10069.30	652.43	1974.40
3605.50	12504.50	11727.90	776.61	2580.30
4417.76	15017.72	14038.68	979.04	3120.89
5140.02	17571.90	17137.99	433.91	2510.00
6295.26	21173.29	20709.14	464.15	3014.11

2-18 按支出法计算的地区生产总值指数

Indices of Gross Domestic Product by Expenditure Approach

按可比价格计算,1952 年 = 100 (at constant price with 100 in 1952)

年份 Year	地区生产总值 Gross Domestic Product	最终消费 Final Consumption Expenditures	居民消费 Household Consumption Expenditure	农村居民 Rural Household	城镇居民 Urban Household	政府消费 Government Consumption Expenditures	资本形成总额 Gross Capital Formation	固定资本形成 Fixed Capital Formation	存货增加 Changes in Inventories
1952	100.0	100.0	100.0	100.0	100.0	100.0	100.0	100.0	100.0
1978	371.3	367.6	352.3	290.1	607.8	545.3	695.7	593.2	847.1
1980	436.0	468.4	448.7	379.7	732.2	696.3	809.3	811.3	806.4
1985	809.2	824.0	757.4	693.7	1022.5	1595.0	2156.6	2573.0	1541.6
1989	1241.7	1000.3	885.3	757.8	1411.2	2331.2	3610.7	3998.6	3037.7
1990	1303.9	1063.7	949.6	791.9	1601.7	2383.2	4161.1	4791.5	3229.8
1991	1412.1	1162.8	992.5	806.8	1754.9	3246.0	4472.4	5230.2	3389.1
1992	1773.4	1493.5	1253.9	988.1	2337.9	4462.1	5534.2	7583.6	3054.8
1993	2124.4	1787.9	1518.0	1122.8	3114.8	5103.7	6603.7	9239.5	3450.0
1994	2474.3	2095.2	1772.7	1324.5	3585.7	6068.9	7772.3	10860.6	4074.8
1995	2855.3	2422.4	2027.1	1514.1	4102.3	7331.8	9053.4	12381.0	5022.8
1996	3204.5	2670.9	2261.5	1757.6	4311.6	7711.4	10229.2	14289.6	5367.3
1997	3587.6	2944.6	2444.1	1850.0	4851.4	9193.2	11375.3	16021.8	5834.1
1998	3982.8	3250.8	2677.4	1930.6	5686.3	10441.6	12662.2	18662.4	5645.7
1999	4384.8	3593.4	2889.2	1970.4	6573.2	12530.4	13870.1	20698.5	5922.1
2000	4848.4	3970.6	3107.9	1974.7	7632.5	15034.2	15272.9	22421.1	6900.9
2001	5340.5	4420.0	3371.3	2038.8	8640.9	18080.3	16765.7	24392.9	7841.6
2002	5963.5	4993.8	3714.3	2119.8	9963.0	21867.4	18721.5	28445.5	7294.1
2003	6775.9	5667.9	4176.3	2025.7	12455.3	25417.8	21744.0	35873.5	5035.9
2004	7775.4	6452.9	4780.6	1967.3	15489.1	28542.9	25319.8	41206.1	6550.7
2005	8902.8	7391.4	5459.3	2101.1	18199.6	32947.9	28664.5	50217.2	3093.4
2006	10229.3	8581.4	6212.7	2330.1	20929.6	40097.6	32047.0	56193.1	3449.2
2007	11753.5	9963.0	7045.2	2586.4	23943.5	48999.3	35956.7	62823.8	4049.3
2008	13246.1	11328.0	7806.0	2777.8	26840.6	58505.2	39768.1	68603.6	5312.7
2009	14895.3	13038.5	8875.5	3138.9	30598.3	68743.6	45812.9	83010.4	2353.5
2010	16787.0	14889.9	10011.5	3229.9	35677.6	80155.0	51264.6	93137.7	2403.0

2－19 按支出法计算的地区生产总值构成

Composition of Gross Domestic Product by Expenditure Approach

本表按当年价格计算，单位：%　　　　(at current price，%)

年份 Year	地区生产总值 Gross Domestic Product	最终消费 Final Consumption Expenditures	居民消费 Household Consumption Expenditures	农村居民 Rural Household	城镇居民 Urban Household	政府消费 Government Consumption Expenditures	资本形成总额 Gross Capital Formation	固定资本形成 Fixed Capital Formation	存货增加 Changes in Inventories	货物和服务净出口 Net Export of Goods and Services
1978	100.0	52.4	46.2	30.5	15.7	6.2	31.3	16.2	15.1	16.3
1980	100.0	54.9	48.4	32.9	15.5	6.5	30.5	18.2	12.2	14.7
1985	100.0	54.3	46.2	33.8	12.4	8.1	41.6	29.6	12.0	4.1
1989	100.0	50.1	42.2	29.2	13.0	7.9	40.0	25.4	14.5	9.9
1990	100.0	50.6	42.9	28.5	14.5	7.7	41.5	26.4	15.1	7.8
1991	100.0	52.1	41.0	26.5	14.6	11.1	43.4	28.8	14.5	4.5
1992	100.0	45.0	34.4	21.5	12.9	10.5	50.1	35.0	15.1	5.0
1993	100.0	41.7	32.8	19.0	13.8	8.9	53.0	40.1	13.0	5.2
1994	100.0	42.4	33.3	19.3	14.0	9.1	49.8	35.4	14.4	7.8
1995	100.0	43.7	35.0	20.0	15.1	8.6	48.1	34.1	14.0	8.2
1996	100.0	45.3	37.0	21.9	15.1	8.4	46.6	34.3	12.3	8.1
1997	100.0	45.2	36.2	20.8	15.4	9.0	43.8	34.4	9.4	11.0
1998	100.0	43.9	34.9	19.0	15.9	9.0	46.1	36.7	9.4	10.0
1999	100.0	43.4	33.7	17.3	16.4	9.7	46.2	36.9	9.2	10.4
2000	100.0	43.4	32.9	15.6	17.3	10.5	47.3	37.7	9.6	9.3
2001	100.0	43.8	32.0	14.5	17.5	11.8	46.5	37.5	9.0	9.7
2002	100.0	45.3	32.8	14.2	18.6	12.5	45.3	37.7	7.7	9.4
2003	100.0	44.1	31.4	11.6	19.8	12.7	49.7	44.0	5.6	6.2
2004	100.0	41.5	29.5	9.1	20.4	12.0	53.0	46.5	6.6	5.5
2005	100.0	41.2	28.7	8.5	20.2	12.5	50.9	47.8	3.1	7.9
2006	100.0	41.6	28.7	8.3	20.4	12.9	49.3	46.3	3.0	9.1
2007	100.0	42.0	28.2	8.0	20.2	13.9	48.1	45.1	3.0	9.9
2008	100.0	41.5	27.2	7.4	19.8	14.3	48.5	45.3	3.2	10.1
2009	100.0	41.7	26.8	7.2	19.6	14.9	51.0	49.7	1.3	7.3
2010	100.0	41.6	26.4	6.5	20.0	15.2	51.1	50.0	1.1	7.3

主要统计指标解释

可比价格 指计算各种总量指标所采用的扣除了价格变动因素的价格,可进行不同时期总量指标的对比。按可比价格计算总量指标有两种方法:一种是直接用产品产量乘某一年的不变价格计算;另一种是用价格指数进行缩减。

不变价格 指以同类产品某年的平均价格作为固定价格,用于计算各年的产品价值。按不变价格计算的产品价值消除了价格变动因素,不同时期对比可以反映生产的发展速度。新中国成立后,随着工农业产品价格水平的变化,国家统计局先后五次制定了全国统一的工业产品不变价格和农业产品不变价格。从1952年到1957年使用1952年工(农)业产品不变价格,从1957年到1970年使用1957年不变价格,从1971年到1980年使用1970年不变价格,从1981年到1990年使用1980年不变价格,从1991年到2000年使用1990年不变价格,从2001年到2005年使用2000年不变价格,从2006年到2010年使用2005年不变价格。

国内生产总值(GDP) 指一个国家所有常住单位在一定时期内生产活动的最终成果。国内生产总值有三种表现形态,即价值形态、收入形态和产品形态。从价值形态看,它是所有常住单位在一定时期内生产的全部货物和服务价值超过同期中间投入的全部非固定资产货物和服务价值的差额,即所有常住单位的增加值之和;从收入形态看,它是所有常住单位在一定时期内创造并分配给常住单位和非常住单位的初次收入分配之和;从产品形态看,它是所有常住单位在一定时期内最终使用的货物和服务价值与货物和服务净出口价值之和。在实际核算中,国内生产总值有三种计算方法,即生产法、收入法和支出法。三种方法分别从不同的方面反映国内生产总值及其构成。对于地区,GDP中文名称为"地区生产总值"。

支出法国内生产总值 指一个国家所有常住单位在一定时期内用于最终消费、资本形成总额,以及货物和服务的净出口总额,它反映本期生产总值的使用及构成。对于地区,名称为"支出法地区生产总值"。

最终消费 指常住单位在一定时期内对于货物和服务的全部最终消费支出,也就是常住单位为满足物质、文化和精神生活的需要,从本国经济领土和国外购买的货物和服务的支出;不包括非常住单位在本国经济领土内的消费支出。最终消费分为居民消费和政府消费。

居民消费 指常住住户对货物和服务的全部最终消费支出。居民消费按市场价格计算,即按居民支付的购买者价格计算。购买者价格是购买者取得货物所支付的价格,包括购买者支付的运输和商业费用。居民消费除了直接以货币形式购买货物和服务的消费之外,还包括以其他方式获得的货物和服务的消费支出,即所谓的虚拟消费支出。居民虚拟消费支出包括以下几种类型:单位以实物报酬及实物转移的形式提供给劳动者的货物和服务;住户生产并由本住户消费了的货物和服务,其中的服务仅指住户的自有住房服务;金融机构提供的金融媒介服务;保险公司提供的保险服务。

政府消费 指政府部门为全社会提供公共服务的消费支出和免费或以较低价格向住户提供的货物和服务的净支出。前者等于政府服务的产出价值减去政府单位所获得的经营收入的价值,政府服务的产出价值等于它的经常性业务支出加上固定资产折旧;后者等于政府部门免费或以较低价格向住户提供的货物和服务的市场价值减去向住户收取的价值。

资本形成总额 指常住单位在一定时期内获得的减去处置的固定资产加存货的变动,包括固定资本形成总额和存货增加。

固定资本形成总额 指常住单位购置、转入和自产自用的固定资产,扣除固定资产的销售和转出后的价值,分有形固定资产形成总额和无形固定资产形成总额。有形固定资产形成总额包括一定时期内完成的建筑工程、安装工程和设备工器具购置(减处置)价值,以及土地改良、新增役、种、奶、毛、娱乐用牲畜和新增经济林木价值。无形固定资产形成总额包括矿藏的勘探、计算机软件、娱乐和文学艺术品原件等获得减处置。

存货增加 指常住单位存货实物量变动的市场价值,即期末价值减期初价值的差额。存货增加可以是正值,也可以是负值;正值表示存货上升,负值表示存货下降。它包括生产单位购进的原材料、燃料和储备物资等存货,以及生产单位生产的产成品、在制品等存货等。

货物和服务净出口 指货物和服务出口减货物和服务进口的差额。出口包括常住单位向非常住单位出售或无偿转让的各种货物和服务的价值;进口包括常住单位从非常住单位购买或无偿得到的各种货物和服务的价值。由于服务活动的提供与使用同时发生,因此服务的进出口业务并不发生出入境现象,一般把常住单位从国外得到的服务作为进口,非常住单位从本国得到的服务作为出口。货物的出口和进口都按离岸价格计算。

Explanatory Notes on Main Statistical Indicators

Comparable Prices refer to prices that are used to remove the factors of price change in calculating economic aggregates, so as to facilitate comparison of aggregates over time. Two methods are used for calculating economic aggregates at comparable prices: 1. Multiplying the output of products by their constant prices of certain year;2. Deflation of data at current prices by relevant price index.

Constant Price refers to the average price of a given product in certain year, which is used for comparison of output value over time. As the output value at constant prices removes the factor of price changes, it reflects the trend of production development over time. Since 1949, with the changes in general price level, National Bureau of Statistics has issued nationally unified constant prices five times: the 1952 constant prices for 1952 – 1957; the 1957 constant prices for 1957 – 1970; the 1970 constant prices for 1971 – 1980; the 1980 constant prices for 1981 – 1990; the 1990 constant prices for 1991 – 2000; the 2000 constant prices for 2001 – 2005; the 2005 constant prices for 2006 – 2010.

Gross Domestic Product (GDP) refers to the final products of all resident units in a country during a certain period of time. Gross domestic product is expressed in three different forms, i. e. value, income, and products respectively. The form of value refers to the total value of all products and services produced by all resident units during a certain period of time minus total value of intimidate input of materials and services of the nature of non-fixed assets or the summation of the value-added of all resident units; the form of income includes all the income created by all resident units and distributed primarily to all resident and non-resident units; the form of products refers to the value of all final goods and services for final use by all resident units plus the value of net exports of goods and services during a given period of time. In the practice of national accounting, gross domestic product is calculated with three approaches, i. e. production approach, income approach, and expenditure approach, which reflect gross domestic product and its composition from different aspects. The Chinese meaning of "GDP" is "Gross Regional Product" as to the certain region.

GDP Calculated with Expenditure Approach refers to total expenditure on final consumption, total capital formation and net export of goods and services by resident units of a country in a certain period of time. It reflects the composition of GDP by its use.

Final Consumption refers to the total expenditure of resident units on final consumption of goods and services in a certain period, namely the expenditure of the resident units for purchases of goods and services from domestic economic territory and abroad to meet the requirements of material, cultural and spiritual life. It excludes the expenditure of non-resident units on consumption in the economic territory of the country. The final consumption is classified into household consumption and government consumption.

Households Consumption refers to the total expenditure of resident households on the final consumption of goods and services. The households consumption is calculated at market prices, namely the purchasers prices which the households pay; the purchasers prices of goods are the prices the households pay when they obtain the goods, including the transport and commercial expenses paid by the households. In addition to the consumption of goods and services bought by the households directly with money, the expenditure on goods and services obtained by the households in other ways, i. e. the so-called imputed expenditure on consumption, is also included in the households consumption. The imputation expenditure of the households on consumption includes the following types: (a) the goods and services provided to the households by the units in the form of payment in kind and transfer in kind; (b) the goods and services produced and consumed by the households themselves, in which the services refer only to the services provided by the residential buildings owned by the households; (c) the services of financial intermediary provided by the financial institutions; (d) the insurance services provided by the insurance companies.

Government Consumption refers to the expenditure on the consumption of the public services provided by the government to the whole society and the net expenditure on the goods and services provided by the government to the households at free charge or lower prices. The former equals to the output value of the government services minus the value of operating income obtained by the government departments. (The output value of the government services equals to its current operating expenditure plus depreciation of fixed assets). The latter equals to the market value of the goods and services provided by the government free of charge or at low prices to the households minus the value received by the government from the households.

Total Capital Formation refers to the fixed assets acquired minus those disposed and the change in inventory, including the total fixed assets formation and the increase in inventory.

Total Fixed Capital Formation refers to the value of fixed assets purchased, transferred in by the resident units and those produced and used by themselves deducting the value of fixed assets sold and transferred out. It can be classified into total tangible assets formation and total intangible assets formation. The total tangible assets formation include the value of the construction projects, installation projects completed and the equipment, apparatus and instruments purchased as well as the value of land improved, the value of draught animals, breeding stock, milk, wool and recreational animals and the newly increased economic forest in a certain period. The total intangible assets formation includes the prospecting of minerals, the acquisition of computer software, the originals of recreational works and works of literature and arts minus the disposal of them. Increase in Inventory refers to the market value of the change in inventory, i. e. the difference of value between the beginning and the end of the period. The increase in inventory can be positive or negative. A positive value indicates the increase in inventory while a negative value indicates the decrease in stock. The inventory includes the raw materials, fuels and reserve materials purchased by the production units as well as the inventory of finished products, semi-finished products, work in progress. etc.

Increase in Inventory refers to the market value of the change in inventory, i. e. The difference of value between the beginning and the end of the period. The increase in inventory can be positive or negative. A positive value indicates the increase in inventory while a negative value indicates the decrease in stock. The inventory includes the materials, fuels and reserve materials purchased by the production units as well as the inventory of finished products, semi-finished products, work-in-progress, ect.

Net Export of Goods and Services refers to the difference of the exports of goods and services minus the imports of goods and services. The imports include the value of various goods and services sold or gratuitously transferred by the resident units to the non-resident units. The imports include the value of various goods and services purchased or gratuitously acquired by the resident units from the non-resident units. Because the provision of services and the use of them happen simultaneously, the import and export of services do not appear to have the phenomena of crossing the border of the country. The acquisition of services by the resident units from abroad is usually treated as import while the acquisition of services by non-resident units in this country is usually treated as export. The export and import of goods are calculated at FOB.

3

人口、就业和职工工资
Population, Employment and Wages

简 要 说 明

一、本篇资料主要内容

本篇资料反映我省2010年及历年人口就业和职工工资方面的基本情况。

二、本篇资料来源

1. 人口资料:表3-1、表3-2、表3-3为年末主要人口推算数据,其中2001-2009年数据根据第六次人口普查作了修订;表3-4为公安户籍资料;表3-5为六次人口普查主要数据;表3-6至3-10为第六次人口普查公报数。

2. 就业基本情况及分组资料、职工工资总额等资料,根据《劳动统计报表制度》、《劳动力调查制度》等搜集资料,加工整理;表3-13为年末就业推算数,其中2001-2009年数据根据第六次人口普查作了修订。

3. 私营企业及个体工商业就业人员,由工商行政管理部门提供。城镇登记失业人数,由人力资源和社会保障部门整理提供。

三、本篇统计调查方法

1. 人口资料根据第六次人口普查资料进行整理。

2. 城镇单位(不含私营个体)统计资料采用全面调查方法;劳动力调查采用抽样调查方法;私营企业和个体工商户资料利用行政登记资料进行汇总。

Brief Introduction

I. Main Contents

Data in this chapter show the basic condition of the population, employment and wages in 2010 as well as previous years for the province.

II. Sources of Data

1. Data on population: Data in Table 3-1, 3-2 and 3-3 are estimated from the main population at year-end, figures for 2001-2009 have been revised in line with the data from the sixth National Population Census; data in Table 3-4 are household registered population; data in 3-5 present the main results from the sixth national population censuses from department of public security; data in tables 3-6 to 3-10 are from the sixth national population census communique.

2. Data on basic conditions of employment, data by groups, total wage bills of staff and workers are collected and compiled through *The Reporting Form System on Labour Statistics*, *The Sample Survey System on Labour Force*; data in table 3-13 are estimated from the number of employed persons at year-end, figures for 2001-2009 have been revised in line with the data from the sixth National Population Census.

3. Data on the number of employed persons in private enterprises and self-employed individuals are provided by the administration for industry and commerce.

III. Methodology of Survey

1. Data on population are collected and compiled according to the sixth national population censuses.

2. A complete reporting is used in the employed persons in urban units (excluded private and individual units); the Sampling Survey on Labour Force are conducted using sampling methods; Statistics on private enterprises and self-employed individuals are collected and compiled on basis of administrative registering records.

3-1 全省人口数、户数(常住)

Population and Households(Permanent)

年份 Year	总户数(万户) Households (10000 households)	总人口(万人) Total Population (10000 persons)	按性别分 Grouped by Sex 男 Male 人口数(万人) Population (10000 persons)	男 Male 比重(%) Proportion	女 Female 人口数(万人) Population (10000 persons)	女 Female 比重(%) Proportion	平均每户人数(人/户) Average Family Size (person/households)	年平均人口(万人) Average Annual Population (10000 persons)	人口密度(人/平方公里) Density of Population (person/sq. km)
1990	1806.78	6766.90	3443.68	50.89	3323.22	49.11	3.75		660
1991	1859.70	6843.70	3451.96	50.44	3391.74	49.56	3.68	6805.30	667
1992	1957.85	6911.20	3483.24	50.40	3427.96	49.60	3.53	6877.45	674
1993	1893.28	6967.27	3513.59	50.43	3453.68	49.57	3.68	6939.24	679
1994	1923.44	7020.54	3534.09	50.34	3486.45	49.66	3.65	6993.91	684
1995	2066.09	7066.02	3589.56	50.80	3476.46	49.20	3.42	7043.28	689
1996	2014.21	7110.16	3610.72	50.78	3499.44	49.22	3.53	7088.09	693
1997	2133.69	7147.86	3628.08	50.76	3519.78	49.24	3.35	7129.01	697
1998	2087.92	7182.46	3643.21	50.72	3539.26	49.28	3.44	7165.16	700
1999	2121.51	7213.13	3656.05	50.69	3557.08	49.31	3.40	7197.80	703
2000	2220.38	7327.24	3710.28	50.64	3616.96	49.36	3.30	7270.19	714
2001	2314.00	7358.52	3724.81	50.62	3633.71	49.38	3.18	7342.88	717
2002	2350.96	7405.50	3752.03	50.67	3653.47	49.33	3.15	7382.01	722
2003	2345.19	7457.70	3775.26	50.62	3682.44	49.38	3.18	7431.60	727
2004	2388.23	7522.95	3811.87	50.67	3711.08	49.33	3.15	7490.33	733
2005	2463.60	7588.24	3795.64	50.02	3792.60	49.98	3.08	7555.59	740
2006	2485.61	7655.66	3829.47	50.02	3826.19	49.98	3.08	7621.95	746
2007	2507.51	7723.13	3863.09	50.02	3860.03	49.98	3.08	7689.40	753
2008	2504.03	7762.48	3883.33	50.03	3879.15	49.97	3.10	7742.81	756
2009	2519.44	7810.27	3908.18	50.04	3902.09	49.96	3.10	7786.38	761
2010	2564.59	7869.34	3964.31	50.38	3905.03	49.62	3.07	7839.80	767

3-2 全省市、镇、乡村人口数及其构成

City, Town, Country Population and It's Composition

单位:万人 (10000 persons)

年份 Year	总人口数 Total Population	#城镇人口 Urban		市 City		镇 Town		乡村 Rural	
		人口数 Population	占总人口% Proportion	人口数 Population	占总人口% Proportion	人口数 Population	占总人口% Proportion	人口数 Population	占总人口% Proportion
1978	5834.32	800.77	13.7	570.14	9.8	230.63	3.9	5033.55	86.3
1980	5938.19	901.78	15.2	636.41	10.7	265.37	4.5	5036.41	84.8
1985	6213.48	1099.79	17.7					5113.69	82.3
1990	6766.90	1458.94	21.6	1043.45	15.4	415.49	6.1	5307.96	78.5
1991	6843.70	1587.74	23.2	1163.43	17.0	424.31	6.2	5255.96	76.8
1992	6911.20	1643.72	23.8	1182.59	17.1	461.13	6.7	5267.48	76.2
1993	6967.27	1673.58	24.0	1199.26	17.2	474.32	6.8	5293.69	76.0
1994	7020.54	1733.01	24.7	1255.58	17.9	477.43	6.8	5287.53	75.3
1995	7066.02	1929.09	27.3	1331.30	18.8	597.79	8.5	5136.93	72.7
1996	7110.16	1942.50	27.3	1328.18	18.7	614.32	8.6	5167.66	72.7
1997	7147.86	2133.64	29.9	1465.31	20.5	668.33	9.4	5014.22	70.1
1998	7182.46	2262.47	31.5	1537.05	21.4	725.42	10.1	4919.99	68.5
1999	7213.13	2520.09	34.9	1685.84	23.4	834.25	11.6	4693.04	65.1
2000	7327.24	3040.81	41.5	1868.45	25.5	1172.36	16.0	4286.43	58.5
2001	7358.52	3134.73	42.6	1927.93	26.2	1206.80	16.4	4223.79	57.4
2002	7405.50	3310.25	44.7	2028.37	27.4	1281.89	17.3	4095.25	55.3
2003	7457.70	3487.97	46.8	2137.38	28.7	1350.59	18.1	3969.73	53.2
2004	7522.95	3624.56	48.2	2174.73	28.9	1449.82	19.3	3898.39	51.8
2005	7588.24	3832.06	50.5	2307.80	30.4	1524.26	20.1	3756.18	49.5
2006	7655.66	3973.29	51.9	2392.85	31.3	1580.44	20.6	3682.37	48.1
2007	7723.13	4108.70	53.2	2474.33	32.0	1634.37	21.2	3614.43	46.8
2008	7762.48	4215.17	54.3	2538.45	32.7	1676.72	21.6	3547.31	45.7
2009	7810.27	4342.51	55.6	2619.43	33.5	1723.08	22.1	3467.76	44.4
2010	7869.34	4767.63	60.6	3012.38	38.3	1755.25	22.3	3101.71	39.4

3-3 全省人口自然变动

Natural Change of Population

单位:万人 (10000 persons)

年份 Year	出生 Birth 人数 Population	出生率 (‰) Birth Rate	死亡 Death 人数 Population	死亡率 (‰) Death Rate	自然增长 Natural Growth 人数 Population	自然增长率(‰) Natural Growth Rate
1978	90.62	15.63	35.32	6.09	55.30	9.54
1979	85.79	14.63	34.31	5.85	51.48	8.78
1980	86.90	14.69	38.87	6.57	48.03	8.12
1981	100.58	16.83	37.18	6.22	63.40	10.61
1982	99.42	16.43	34.77	5.75	64.65	10.68
1983	73.17	11.97	36.39	5.95	36.78	6.02
1984	64.09	10.42	36.32	5.90	27.77	4.52
1985	67.11	10.84	36.35	5.87	30.76	4.97
1986	82.38	13.20	36.19	5.80	46.19	7.40
1987	97.27	15.42	36.50	5.79	60.77	9.63
1988	102.46	16.03	37.65	5.89	64.81	10.14
1989	111.27	17.15	36.31	5.60	74.96	11.55
1990	137.96	20.54	43.86	6.53	94.10	14.01
1991	116.03	17.05	44.23	6.50	71.80	10.55
1992	108.04	15.71	46.49	6.76	61.55	8.95
1993	96.94	13.97	45.87	6.61	51.07	7.36
1994	96.38	13.78	47.98	6.86	48.40	6.92
1995	86.77	12.32	46.20	6.56	40.57	5.76
1996	85.84	12.11	46.64	6.58	39.20	5.53
1997	81.47	11.43	48.76	6.84	32.71	4.59
1998	78.60	10.97	49.01	6.84	29.59	4.13
1999	75.58	10.50	49.95	6.94	25.63	3.56
2000	66.01	9.08	47.40	6.52	18.61	2.56
2001	66.31	9.03	48.61	6.62	17.70	2.41
2002	67.69	9.17	51.60	6.99	16.09	2.18
2003	67.18	9.04	52.24	7.03	14.94	2.01
2004	70.78	9.45	53.93	7.20	16.85	2.25
2005	69.81	9.24	53.12	7.03	16.70	2.21
2006	71.34	9.36	53.96	7.08	17.38	2.28
2007	72.05	9.37	54.36	7.07	17.69	2.30
2008	72.32	9.34	54.51	7.04	17.81	2.30
2009	74.36	9.55	54.43	6.99	19.93	2.56
2010	75.89	9.73	53.64	6.88	22.25	2.85

3-4 全省人口数、户数(户籍)
Population and Households (Registered)

年份 Year	总户数(万户) Households (10000 households)	总人口(万人) Total Population (10000 persons)	按性别分 Grouped by Sex 男 Male 人口数(万人) Population (10000 persons)	比重(%) Proportion	女 Female 人口数(万人) Population (10000 persons)	比重(%) Proportion	平均每户人数(人/户) Average Family Size (person/households)	年平均人口(万人) Average Annual Population (10000 persons)	人口密度(人/平方公里) Density of Population (person/sq. km)
1949	838.00	3512.00	1778.80	50.65	1733.20	49.35	4.19		342
1952	888.00	3739.00	1891.60	50.59	1847.40	49.41	4.21	3697.50	364
1957	985.51	4182.71	2087.06	49.90	2095.65	50.10	4.24	4136.05	408
1962	1089.51	4333.74	2155.01	49.70	2178.73	50.30	3.98	4288.57	422
1965	1110.13	4623.74	2319.92	50.17	2303.82	49.83	4.17	4567.75	451
1970	1215.28	5252.09	2635.02	50.17	2617.07	49.83	4.32	5185.36	512
1975	1315.55	5636.12	2842.86	50.44	2793.26	49.56	4.28	5600.91	549
1976	1348.24	5700.76	2878.79	50.50	2821.97	49.50	4.23	5668.44	556
1977	1385.48	5765.28	2913.01	50.50	2852.27	49.50	4.16	5733.02	562
1978	1423.11	5834.33	2950.45	50.57	2883.88	49.43	4.10	5799.81	569
1979	1443.62	5892.55	2981.05	50.59	2911.50	49.41	4.08	5863.44	574
1980	1471.76	5938.19	3003.75	50.58	2934.44	49.42	4.03	5915.37	579
1981	1518.91	6010.24	3047.66	50.71	2962.58	49.29	3.96	5974.22	586
1982	1554.78	6088.94	3093.60	50.81	2995.34	49.19	3.92	6049.59	593
1983	1574.46	6134.99	3122.06	50.89	3012.93	49.11	3.90	6111.97	598
1984	1597.81	6171.43	3143.01	50.93	3028.42	49.07	3.86	6153.21	602
1985	1633.62	6213.48	3168.25	50.99	3045.23	49.01	3.80	6192.46	606
1986	1681.10	6269.90	3199.18	51.02	3070.72	48.98	3.73	6241.69	611
1987	1736.98	6348.00	3241.71	51.07	3106.29	48.93	3.65	6308.95	619
1988	1834.32	6438.27	3289.49	51.09	3148.78	48.91	3.51	6393.14	628
1989	1903.71	6535.85	3339.10	51.09	3196.75	48.91	3.43	6487.06	637
1990	1956.89	6671.73	3406.33	51.06	3265.40	48.94	3.41	6618.80	650
1991	1987.55	6733.87	3439.29	51.07	3294.58	48.93	3.39	6702.80	656
1992	2015.17	6767.49	3457.77	51.09	3309.72	48.91	3.36	6750.68	660
1993	2034.87	6800.69	3476.26	51.12	3324.43	48.88	3.34	6784.09	663
1994	2055.96	6831.28	3491.72	51.11	3339.56	48.89	3.32	6815.99	666
1995	2085.96	6868.42	3509.59	51.10	3358.83	48.90	3.29	6849.85	669
1996	2113.07	6908.13	3528.95	51.08	3379.19	48.92	3.27	6888.28	673
1997	2146.87	6948.36	3537.04	50.90	3411.32	49.10	3.24	6928.25	677
1998	2186.70	6983.09	3565.55	51.06	3417.54	48.94	3.19	6965.73	681
1999	2221.70	7009.09	3577.71	51.04	3431.37	48.96	3.15	6996.09	683
2000	2268.56	7069.28	3602.92	50.97	3466.36	49.03	3.12	7039.19	689
2001	2300.83	7097.00	3616.16	50.95	3480.84	49.05	3.08	7083.14	692
2002	2323.06	7127.33	3631.10	50.95	3496.23	49.05	3.07	7112.17	695
2003	2344.84	7163.93	3646.60	50.90	3517.33	49.10	3.06	7145.63	698
2004	2359.61	7206.05	3663.62	50.84	3542.43	49.16	3.05	7184.99	702
2005	2382.21	7252.88	3686.09	50.82	3566.79	49.18	3.04	7229.47	707
2006	2390.18	7317.72	3715.24	50.77	3602.48	49.23	3.06	7285.30	713
2007	2390.55	7354.08	3733.67	50.77	3620.41	49.23	3.08	7335.90	717
2008	2399.15	7388.63	3750.38	50.77	3638.25	49.23	3.08	7371.36	720
2009	2403.89	7419.23	3765.32	50.75	3653.91	49.25	3.09	7403.93	723
2010	2417.01	7466.59	3787.73	50.73	3678.86	49.27	3.09	7442.91	728

3-5 全省历次人口普查主要数据

Major Data of All Previous Provincial Population Census

指标	Item	1953	1964	1982	1990	2000	2010
总人口（万人）	Total Population (10000 persons)	3767.29	4452.21	6052.11	6705.68	7304.36	7865.99
男	Male	1888.95	2242.71	3076.75	3412.32	3698.20	3963.02
女	Female	1878.34	2209.50	2975.36	3293.36	3606.16	3902.97
性别比（女性为100）	Sex Ratio (Female = 100)	100.6	101.5	103.4	103.6	102.6	101.5
家庭户规模（人/户）	Family Size (person/household)	4.19	4.09	3.91	3.66	3.25	2.94
各年龄组人口（万人）	Population by Age Group (10000 persons)						
0—14岁	Aged 0—14	1414.86	1772.66	1753.75	1592.47	1434.20	1023.02
15—64岁	Aged 15—64	2183.21	2514.48	3962.69	4657.93	5224.32	5986.19
65岁及以上	Aged 65 and Over	169.22	165.07	335.67	455.28	645.84	856.78
民族人口（万人）	Population by Ethnicity (10000 persons)						
汉族	Han Nationality	3760.92	4443.90	6041.08	6690.37	7278.37	7827.60
占总人口比重（%）	Proportion (%)	99.8	99.8	99.8	99.8	99.6	99.5
少数民族	Minority Nationalities	6.37	8.31	11.03	15.28	25.99	38.39
占总人口比重（%）	Proportion (%)	0.2	0.2	0.2	0.2	0.4	0.5
每十万人拥有的各种受教育程度人口（人）	Population with Various Education Attainments per 100000 Persons (person)						
大专及以上	Junior College and Above		386	639	1474	3919	10815
高中和中专	Senior Secondary School and Technical Secondary School		1470	6981	8670	13079	16143
初中	Junior Secondary School		5236	20049	26426	36365	38670
小学	Primary School		26588	32613	34791	32882	24176
城乡人口（万人）	Population by Residence (10000 persons)						
城镇人口	Urban Population	556.81	660.26	957.22	1446.85	3086.24	4737.15
乡村人口	Rural Population	3210.48	3791.95	5094.89	5258.83	4218.12	3128.84
平均预期寿命（岁）	Average Life Expectancy (age)			69.49	71.62	74.13	
男	Male			67.35	69.46	71.88	
女	Female			71.56	73.82	76.47	

3-6 按地区分常住人口
Population by Region

单位:万人 (10000 persons)

地区 Region		2000 总人口 Total	2000 城镇人口 Urban Population	2000 城镇人口比重(%) Proportion	2010 总人口 Total	2010 城镇人口 Urban Population	2010 城镇人口比重(%) Proportion
全　省	**Total**	**7304.36**	**3086.24**	**42.3**	**7865.99**	**4737.15**	**60.2**
按省辖市分	by Cities						
南京市	Nanjing	612.62	435.53	71.1	800.47	623.82	77.9
无锡市	Wuxi	508.66	296.30	58.3	637.26	448.19	70.3
徐州市	Xuzhou	891.40	298.18	33.5	858.05	456.15	53.2
常州市	Changzhou	377.63	203.73	53.9	459.20	290.10	63.2
苏州市	Suzhou	679.22	387.73	57.1	1046.60	732.95	70.0
南通市	Nantong	751.29	251.98	33.5	728.28	406.44	55.8
连云港市	Lianyungang	456.99	128.03	28.0	439.39	227.39	51.8
淮安市	Huaian	503.82	144.85	28.8	479.99	243.87	50.8
盐城市	Yancheng	794.65	282.98	35.6	726.02	377.28	52.0
扬州市	Yangzhou	458.85	195.90	42.7	445.98	253.09	56.8
镇江市	Zhenjiang	284.49	143.45	50.4	311.34	192.99	62.0
泰州市	Taizhou	478.58	188.61	39.4	461.86	257.01	55.6
宿迁市	Suqian	506.16	128.97	25.5	471.56	227.88	48.3
按区域分	by Regions						
苏　南	Southern Jiangsu	2462.62	1466.74	59.6	3254.87	2288.05	70.3
苏　中	Mid Jiangsu	1688.72	636.49	37.7	1636.12	916.54	56.0
苏　北	Northern Jiangsu	3153.02	983.01	31.2	2975.01	1532.56	51.5

注:表中数据为2000、2010年11月1日零时(第五、六次全国人口普查)登记的常住人口数据。

Note: The data in the table were the figures of registered permanent poputation in o'clock November 1, 2000 and November 1, 2010 (the 5th, 6th National Population Census).

3－7　按地区分家庭户户数和人口数

Family Households and Population by Region

地　区 Region		家庭户 Family Households		家庭户人口占总人口比重(％) Percentage of Family Households Population to Total Population (％)	家庭户平均每户人数(人) Average Family Size of Family Households (person)
		户数(户) Number of Housholds (houshold)	人口数(人) Population (person)		
全　省	**Total**	**24393386**	**71680093**	**91.13**	**2.94**
南京市	Nanjing	2370274	6554159	81.88	2.77
无锡市	Wuxi	2051656	5710902	89.62	2.78
徐州市	Xuzhou	2611662	8254242	96.20	3.16
常州市	Changzhou	1554247	4210449	91.69	2.71
苏州市	Suzhou	2924189	8305285	79.35	2.84
南通市	Nantong	2589631	6849723	94.05	2.65
连云港市	Lianyungang	1287127	4207465	95.76	3.27
淮安市	Huaian	1391345	4560851	95.02	3.28
盐城市	Yancheng	2401920	6976542	96.09	2.90
扬州市	Yangzhou	1402969	4206652	94.32	3.00
镇江市	Zhenjiang	975338	2847513	91.46	2.92
泰州市	Taizhou	1528345	4420411	95.71	2.89
宿迁市	Suqian	1304683	4575899	97.04	3.51

注:本表为第六次全国人口普查登记的2010年11月1日零时常住人口数据(公报数)。

Note:The data in the table were the figures of registered Permanent population in 0 o'clock November 1,2010 of the sixth National Population Census(communique number).

3-8 按地区分人口性别构成
Population by Sex and Region

地区 Region		总人口（人）Total Population (person)	男 Male	女 Female	占总人口比重(%) Percentage to Total population (%) 男 Male	女 Female	性别比（女=100）Sex Ratio (Female=100)
全　省	**Total**	**78659903**	**39630233**	**39029670**	**50.38**	**49.62**	**101.54**
南京市	Nanjing	8004680	4143402	3861278	51.76	48.24	107.31
无锡市	Wuxi	6372624	3305707	3066917	51.87	48.13	107.79
徐州市	Xuzhou	8580500	4315892	4264608	50.30	49.70	101.20
常州市	Changzhou	4591972	2341102	2250870	50.98	49.02	104.01
苏州市	Suzhou	10465994	5338124	5127870	51.00	49.00	104.10
南通市	Nantong	7282835	3443066	3839769	47.28	52.72	89.67
连云港市	Lianyungang	4393914	2225933	2167981	50.66	49.34	102.67
淮安市	Huaian	4799889	2386802	2413087	49.73	50.27	98.91
盐城市	Yancheng	7260240	3650255	3609985	50.28	49.72	101.12
扬州市	Yangzhou	4459760	2196520	2263240	49.25	50.75	97.05
镇江市	Zhenjiang	3113384	1595672	1517712	51.25	48.75	105.14
泰州市	Taizhou	4618558	2308988	2309570	49.99	50.01	99.97
宿迁市	Suqian	4715553	2378770	2336783	50.45	49.55	101.80

注：本表为第六次全国人口普查登记的2010年11月1日零时常住人口数据（公报数）。

Note: The data in the table were the figures of registered Permanent population in 0 o'clock November 1, 2010 of the sixth National Population Census (communique number).

3-9 按地区人口年龄构成
Population by Age and Regions

地 区 Region		总人口（人）Total Population (person)				占总人口比重（%）Percentage to Total Population (%)		
			0-14岁 Aged 0-14	15-64岁 Aged 15-64	65岁及以上 Aged 65 and Over	0-14岁 Aged 0-14	15-64岁 Aged 15-64	65岁及以上 Aged 65 and Over
全 省	**Total**	**78659903**	**10230180**	**59861916**	**8567807**	**13.01**	**76.10**	**10.89**
南京市	Nanjing	8004680	761408	6507221	736051	9.51	81.29	9.20
无锡市	Wuxi	6372624	656000	5111535	605089	10.29	80.21	9.50
徐州市	Xuzhou	8580500	1541717	6143859	894924	17.97	71.60	10.43
常州市	Changzhou	4591972	528607	3614296	449069	11.51	78.71	9.78
苏州市	Suzhou	10465994	963411	8611713	890870	9.21	82.28	8.51
南通市	Nantong	7282835	774003	5306345	1202487	10.63	72.86	16.51
连云港市	Lianyungang	4393914	854842	3135676	403396	19.46	71.36	9.18
淮安市	Huaian	4799889	806508	3494273	499108	16.80	72.80	10.40
盐城市	Yancheng	7260240	1042107	5349041	869092	14.35	73.68	11.97
扬州市	Yangzhou	4459760	527042	3377471	555247	11.82	75.73	12.45
镇江市	Zhenjiang	3113384	320687	2470067	322630	10.30	79.34	10.36
泰州市	Taizhou	4618558	559206	3401550	657802	12.11	73.65	14.24
宿迁市	Suqian	4715553	894642	3338869	482042	18.97	70.81	10.22

注：本表为第六次全国人口普查登记的2010年11月1日零时常住人口数据（公报数）。

Note: The data in the table were the figures of registered Permanent population in 0 o'clock November 1, 2010 of the sixth National Population Census (communique number).

3-10 按地区分各种受教育程度人口及文盲率

Literate and Illiterate Population and Illiteracy Rote by Region

单位:人 (Person)

地 区	Region	小学 Primary School	初中 Junior Secondary School	高中 Senior Secondary School	大专及以上 College and Higher Level	文盲人口 Illiterate Population	文盲率(%) Illiteracy Rate(%)
全 省	**Total**	**19016862**	**30417500**	**12697799**	**8506817**	**2995352**	**3.81**
南京市	Nanjing	1281963	2372616	1666851	2090744	211180	2.64
无锡市	Wuxi	1343174	2656686	1134623	820527	126394	1.98
徐州市	Xuzhou	2021879	3482683	1168362	631213	393812	4.59
常州市	Changzhou	963359	1919302	779899	537997	151538	3.30
苏州市	Suzhou	2264406	4023055	1996987	1462267	249495	2.38
南通市	Nantong	2226004	2830038	1083640	558309	241333	3.31
连云港市	Lianyungang	1105986	1712866	620243	315865	213094	4.85
淮安市	Huaian	1281858	1868716	679972	340042	235738	4.91
盐城市	Yancheng	1954246	2830855	1127453	456716	362397	4.99
扬州市	Yangzhou	1287614	1653060	697586	425339	182113	4.08
镇江市	Zhenjiang	685065	1258580	576598	358318	89876	2.89
泰州市	Taizhou	1339773	1793888	650817	323704	254935	5.52
宿迁市	Suqian	1261535	2015155	514768	185776	283447	6.01

注:本表为第六次全国人口普查登记的2010年11月1日零时常住人口数据(公报数)。

Note:The data in the table were the figures of registered Permanent population in 0 o'clock November 1,2010 of the sixth National Population Census(communique number).

3－11 就业基本情况
Employment

指标	Item	1995	2000	2005	2009	2010
从业人员合计 （万人）	**Total Number of Employed Persons (10000 persons)**	**4385.17**	**4418.14**	**4578.75**	**4726.54**	**4754.68**
第一产业	Primary Industry	2057.08	1890.96	1414.83	1120.19	1060.29
第二产业	Secondary Industry	1407.64	1335.16	1703.29	1942.61	1996.97
第三产业	Tertiary Industry	920.45	1192.02	1460.62	1663.74	1697.42
从业人员构成 （%）	**Composition of Employed Persons (%)**					
第一产业	Primary Industry	46.9	42.8	30.9	23.7	22.3
第二产业	Secondary Industry	32.1	30.2	37.2	41.1	42.0
第三产业	Tertiary Industry	21.0	27.0	31.9	35.2	35.7
城镇从业人员 （万人）	**Employed Persons in Urban Units (10000 persons)**	**1119.33**	**1655.00**	**2133.58**	**2548.86**	**2809.58**
#城镇单位从业人员	Urban Employed Persons	926.48	693.09	628.82	721.34	763.75
国有单位	State-owned Units	581.88	421.75	283.75	278.83	281.21
城镇集体单位	Urban Collective Owned Units	277.71	117.94	38.70	30.98	30.31
其他单位	Others	66.89	153.41	306.37	411.54	452.23
内资单位	Domestic Funded	29.63	102.03	176.27	219.76	243.52
股份合作单位	Cooperative Units		17.84	8.31	6.76	6.31
联营单位	Joint Ownership Units	11.92	5.45	1.78	1.05	1.10
有限责任公司	Limited Liability Corporations		47.07	88.09	104.96	106.90
股份有限公司	Share-holding Corporations Ltd.		30.66	52.88	59.70	59.27
其他	Others		0.99	25.21	47.30	69.95
港澳台商投资单位	Units with Funds from Hong Kong, Macao & Taiwan	19.27	20.00	50.38	60.42	65.03
外商投资单位	Foreign Funded Units	17.99	31.38	79.72	131.35	143.68
私营企业	Private Enterprises	65.89	96.57	397.20	855.51	958.85
个体	Self-employed Individuals		81.18	189.20	291.57	338.45
职工人数 （万人）	**Number of Staff and Workers (10000 persons)**	**915.98**	**673.25**	**602.93**	**673.74**	**710.58**
国有单位	State-owned Units	576.24	411.40	273.43	263.26	263.95
城镇集体单位	Urban Collective-owned Units	273.96	114.85	36.84	28.15	27.35
其他单位	Units of Other Types of Ownership	65.78	147.00	292.67	382.32	419.28
城镇单位女性从业人员 （万人）	**Numbe of Employed Female Persons in Urban Units (10000 persons)**	**375.50**	**270.20**	**264.94**	**303.13**	**319.03**
年末城镇登记失业人数 （万人）	**Number of Registered Unemployed Persons in Urban Areas (year-end) (10000 persons)**	**20.13**	**30.36**	**41.63**	**40.74**	**40.65**
年末城镇登记失业率 （%）	**Registered Unemployment Rate in Urban Areas(year-end) (%)**	**2.0**	**3.2**	**3.6**	**3.22**	**3.16**

3-12 从 业 人 数
Number of Employed Persons

单位:万人 (10000 persons)

年 份 Year	从业人数 Total Number of Employed Persons	#城镇单位职工人数 Number of Staff and Workers in Urban Units	国有单位 State-owned Units	城镇集体单位 Urban Collective-owned Units	其他单位 Other Uuits	#城镇单位其他从业人员 Others Employed Persons in Urban Areas	#城镇私营及个体从业人员 Employed Persons in Urban Private Enterprises and Individual Units
1978	2777.72	581.50	366.37	215.13			1.62
1980	2821.03	644.15	401.98	242.17			2.75
1985	3262.97	782.44	468.80	305.39	8.25		11.86
1989	3519.83	867.55	525.24	324.73	17.58		19.10
1990	4225.02	879.85	536.88	323.34	19.63		23.57
1991	4272.97	899.27	551.52	324.91	22.84		21.92
1992	4315.12	904.09	562.69	313.81	27.59		23.63
1993	4339.81	914.73	574.02	293.57	47.14	12.81	37.11
1994	4362.76	909.83	571.39	277.27	60.67	11.04	52.99
1995	4385.17	915.98	576.24	273.96	65.78	10.50	65.89
1996	4386.97	905.52	575.48	256.91	73.13	10.79	72.80
1997	4388.79	893.74	577.54	239.61	76.59	11.29	90.12
1998	4389.92	752.76	471.52	161.85	119.39	16.41	129.89
1999	4390.71	717.12	445.27	139.03	132.82	18.99	150.34
2000	4418.14	673.25	411.40	114.85	147.00	19.84	177.75
2001	4436.45	625.83	377.40	90.34	158.09	22.35	232.79
2002	4472.84	590.32	329.96	67.11	193.25	25.33	240.61
2003	4499.97	579.10	304.98	52.58	221.54	29.41	352.60
2004	4537.07	575.08	281.03	41.11	252.94	31.77	446.86
2005	4578.75	602.93	273.43	36.83	292.67	25.89	586.40
2006	4628.95	645.71	268.41	33.58	343.72	33.66	722.30
2007	4677.88	667.27	268.54	33.12	365.62	35.41	828.61
2008	4700.96	668.29	264.31	31.45	372.53	39.35	1019.13
2009	4726.54	673.74	263.26	28.15	382.32	47.61	1147.08
2010	4754.68	710.58	263.95	27.35	419.28	53.17	1297.30

注:1. 从1990年开始从业人数为推算数。
2. 1998年以前的职工人数包括在岗职工人数和下岗职工人数(下同)。
3. 1998年开始的职工人数为在岗职工人数,不包括离开本单位仍保留劳动关系的职工人数(下同)。

Note: 1. Since 1990, the number of employed persons was the estimated figure.
2. Before 1998, the number of staff and workers included employed and laid off personnels. (The same as in the following tables)
3. Since 1998, the number of staff and workers included employed personnels, excluded staff and workers who had left self units, but still remained the labor relationship. (The same as in the following tables)

3-13 分三次产业的从业人数

Number of Employed Persons by Three Types of Industries

单位:万人 (10000 persons)

年份 Year	从业人数 Total Number of Employed Persons				构成(%) Composition (%)		
		第一产业 Primary Industry	第二产业 Secondary Industry	第三产业 Tertiary Industry	第一产业 Primary Industry	第二产业 Secondary Industry	第三产业 Tertiary Industry
1978	2777.72	1937.06	544.57	296.09	69.7	19.6	10.7
1980	2821.03	1987.28	546.48	287.27	70.4	19.4	10.2
1985	3262.97	1738.09	1065.75	459.13	53.2	32.7	14.1
1989	3519.83	1714.69	1215.40	589.74	48.7	34.5	16.8
1990	4225.02	2389.25	1212.58	623.19	56.6	28.7	14.7
1991	4272.97	2405.68	1226.34	640.95	56.3	28.7	15.0
1992	4315.12	2337.93	1270.80	706.39	54.2	29.4	16.4
1993	4339.81	2228.06	1325.38	786.37	51.4	30.5	18.1
1994	4362.76	2131.65	1375.14	855.97	48.9	31.5	19.6
1995	4385.17	2057.08	1407.64	920.45	46.9	32.1	21.0
1996	4386.97	2014.06	1397.25	975.66	45.9	31.9	22.2
1997	4388.79	1981.54	1382.03	1025.22	45.1	31.5	23.4
1998	4389.92	1946.49	1341.12	1102.31	44.3	30.6	25.1
1999	4390.71	1908.64	1330.39	1151.68	43.5	30.3	26.2
2000	4418.14	1890.96	1335.16	1192.02	42.8	30.2	27.0
2001	4436.45	1832.25	1375.30	1228.90	41.3	31.0	27.7
2002	4472.84	1744.41	1453.67	1274.76	39.0	32.5	28.5
2003	4499.97	1615.49	1547.99	1336.49	35.9	34.4	29.7
2004	4537.07	1506.31	1633.35	1397.42	33.2	36.0	30.8
2005	4578.75	1414.83	1703.29	1460.62	30.9	37.2	31.9
2006	4628.95	1323.88	1777.52	1527.55	28.6	38.4	33.0
2007	4677.88	1230.28	1857.12	1590.48	26.3	39.7	34.0
2008	4700.96	1179.94	1889.79	1631.23	25.1	40.2	34.7
2009	4726.54	1120.19	1942.61	1663.74	23.7	41.1	35.2
2010	4754.68	1060.29	1996.97	1697.42	22.3	42.0	35.7

3-14 城镇单位（不含私营、个体）从业人员（2010年）

Employed Persons in Urban Units (Excluded Private and Individual Units)(2010)

单位:万人 (10000 persons)

项目	Item	从业人员年末人数 Number of Employed Persons at Year-end	在岗职工 Employed	其他从业人员 Others	离开本单位仍保留劳动关系的职工 Workers Left but Still Remaining Labor Relation
总计	**Total**	**763.75**	**710.58**	**53.17**	**28.70**
按登记注册类型分	Grouped by Status of Registration				
国有单位	State-owned Units	281.21	263.95	17.26	12.01
城镇集体单位	Urban Collective-owned Units	30.31	27.35	2.96	4.25
其他单位	Other Units	452.23	419.28	32.95	12.45
内资单位	Domestic Funded	243.52	224.92	18.6	11.42
股份合作单位	Cooperative Units	6.31	5.87	0.44	0.48
联营单位	Joint Ownership Units	1.10	1.04	0.06	0.03
有限责任公司	Limited Liability Corporations	106.90	100.04	6.86	5.86
股份有限公司	Share-holding Corporations Ltd.	59.27	52.66	6.61	2.40
其他	Others	69.95	65.32	4.63	2.65
港、澳、台商投资单位	Units with Funds from Hong Kong, Macao and Taiwan	65.03	60.86	4.17	0.47
外商投资单位	Foreign Funded Units	143.68	133.50	10.18	0.56
按企业、事业、机关分	Grouped by Enterprises, Institutions and Agencies				
企业	Enterprises	550.74	510.15	40.59	26.60
事业	Institutions	158.01	148.56	9.45	1.50
机关	Agencies & Organizations	54.42	51.33	3.09	0.61
按国民经济行业分	Grouped by Sector				
农、林、牧、渔业	Agriculture, Forestry, Animal Husbandry and Fishery	9.93	9.74	0.19	0.80
采矿业	Mining	12.57	12.46	0.11	2.05
制造业	Manufacturing	335.46	319.51	15.95	9.89
电力、燃气及水的生产和供应业	Production and Supply of Electricity, Gas and Water	12.90	12.53	0.37	0.32
建筑业	Construction	52.35	45.65	6.69	1.99
交通运输、仓储和邮政业	Traffic, Transport, Storage and Post	31.23	28.21	3.02	3.12
信息传输、计算机服务和软件业	Information Transmission, Computer Services and Software	8.65	6.88	1.77	0.16
批发和零售业	Wholesale and Retail Trades	29.03	27.04	1.99	5.13
住宿和餐饮业	Hotels and Catering Services	10.64	9.37	1.27	0.42
金融业	Financial Intermediation	26.90	19.76	7.14	0.84
房地产业	Real Estate	7.31	6.74	0.57	0.57
租赁和商务服务业	Leasing and Business Services	12.04	10.95	1.10	0.89
科学研究、技术服务和地质勘查业	Scientific Research, Technical Service and Geologic Prospecting	10.86	10.04	0.82	0.26
水利、环境和公共设施管理业	Management of Water Conservancy, Environment and Public Facilities	12.28	10.59	1.69	0.63
居民服务和其他服务业	Services to Households and Other Services	1.04	0.95	0.10	0.11
教育	Education	85.48	82.12	3.36	0.29
卫生、社会保障和社会福利业	Health, Social Security and Social Welfare	36.32	33.33	3.00	0.39
文化、体育和娱乐业	Culture, Sports and Entertainment	5.67	5.24	0.43	0.12
公共管理和社会组织	Public Management and Social Organization	63.07	59.48	3.59	0.72

3-15 分细行业在岗职工人数(2010年)
Number of Employed Staff and Workers by Sector in Detail (2010)

单位:万人 (10000 persons)

项目	Item	在岗职工人数 Number of Employed Staff and Workers	国有单位 State-owned Units	城镇集体单位 Urban Collective-owned Units	其他单位 Other Units
总计	**Total**	**710.58**	**263.95**	**27.35**	**419.28**
按企业、事业、机关分	Grouped by Enterprises, Institutions and Agencies				
企业	Enterprises	510.15	75.29	18.40	416.46
事业	Institutions	148.56	137.33	8.91	2.31
机关	Agencies & Organizations	51.33	51.30	0.03	
按国民经济行业分	Grouped by Sector				
农、林、牧、渔业	Agriculture, Forestry, Animal Husbandry and Fishery	9.74	9.29	0.16	0.28
农业	Farming	7.69	7.60	0.04	0.05
林业	Forestry	0.50	0.48		0.01
畜牧业	Animal Husbandry	0.21	0.14	0.01	0.06
渔业	Fishery	0.17	0.09	0.01	0.07
农、林、牧、渔业服务业	Service in Support of Agriculture	1.17	0.97	0.10	0.10
采矿业	Mining	12.46	7.35	0.23	4.88
制造业	Manufacturing	319.51	14.12	6.76	298.63
电力、燃气及水的生产和供应业	Production and Supply of Electricity, Gas and Water	12.53	6.78	0.38	5.37
电力、热力的生产和供应业	Production and Supply of Electric Power and Heat Power	9.04	5.25	0.23	3.56
燃气生产和供应业	Production and Supply of Gas	0.75	0.04		0.71
水的生产和供应业	Production and Supply of Water	2.74	1.49	0.15	1.10
建筑业	Construction	45.65	4.61	3.84	37.20
房屋和土木工程建筑业	Construction of Building & Civil engineering	38.96	3.45	3.57	31.94
建筑安装业	Architectural Installation	4.97	1.00	0.23	3.74
建筑装饰业	Architectural Decoration	0.98	0.04	0.01	0.93
其他建筑业	Other Construction	0.74	0.12	0.03	0.59
交通运输、仓储和邮政业	Traffic, Transport, Storage and Post	28.21	16.38	1.01	10.82
铁路运输业	Railway Transport	5.67	5.37	0.19	0.12
道路运输业	Road Transport	7.67	2.83	0.50	4.34
城市公共交通业	Urban Public Transport	3.99	2.16	0.01	1.82
水上运输业	Water Transport	5.54	1.72	0.22	3.60
航空运输业	Air Transport	0.76	0.67		0.09
管道运输业	Transport Via Pipeline	1.13	1.10		0.02
装卸搬运和其他运输服务业	Loading, Unloading and Other Transport Services	0.82	0.26	0.06	0.50
仓储业	Storage	0.75	0.43	0.02	0.31
邮政业	Post	1.87	1.85	0.01	0.01
信息传输、计算机服务和软件业	Information Transmission, Computer Services and Software	6.88	2.04	0.04	4.80
电信和其他信息传输服务业	Telecommunications and Other Information Transmission Services	4.79	2.01	0.04	2.74
计算机服务业	Computer Services	0.18	0.03		0.15
软件业	Software	1.91			1.91
批发和零售业	Wholesale and Retail Trades	27.04	4.38	1.84	20.82
批发业	Wholesale Trade	11.37	2.61	0.91	7.85
零售业	Retail Trade	15.66	1.77	0.93	12.97

单位:万人 (10000 persons)

项目	Item	在岗职工人数 Number of Employed Staff and Workers	国有单位 State-owned Units	城镇集体单位 Urban Collective-owned Units	其他单位 Other Units
住宿和餐饮业	Hotels and Catering Services	9.37	1.80	0.34	7.22
住宿业	Hotel	5.66	1.60	0.25	3.81
餐饮业	Catering Services	3.71	0.21	0.09	3.41
金融业	Financial Intermediation	19.76	6.53	2.25	10.98
银行业	Bank	15.27	5.47	2.25	7.55
证券业	Security Activities	0.72	0.06		0.66
保险业	Insurance	3.45	0.75		2.70
其他金融活动	Other Financial Activities	0.31	0.25		0.06
房地产业	Real Estate	6.74	1.66	0.24	4.83
房地产开发经营	Development and Management of Real Estate	4.08	0.55	0.07	3.45
租赁和商务服务业	Leasing and Business Services	10.95	5.02	1.40	4.52
租赁业	Leasing	0.10	0.05	0.01	0.04
商务服务业	Business Services	10.85	4.97	1.40	4.48
科学研究、技术服务和地质勘查业	Scientific Research, Technical Service and Geologic Prospecting	10.04	7.04	0.11	2.89
研究与试验发展	Research and Experimental Development	3.32	2.76	0.01	0.55
专业技术服务业	Professional Technical Services	5.06	2.80	0.08	2.17
科技交流和推广服务业	Services of Science and Technology Exchanges and Promotion	0.85	0.66	0.02	0.17
地质勘查业	Geologic Prospecting	0.82	0.82		
水利、环境和公共设施管理业	Management of Water Conservancy, Environment and Public Facilities	10.59	8.10	1.49	1.01
水利管理业	Management of Water Conservancy	3.02	2.91	0.04	0.07
环境管理业	Environmental Management	4.40	2.83	1.30	0.26
公共设施管理业	Management of Public Facilities	3.17	2.35	0.14	0.69
居民服务和其他服务业	Services to Households and Other Services	0.95	0.46	0.16	0.33
居民服务业	Services to Households	0.52	0.32	0.07	0.13
其他服务业	Other Services	0.43	0.14	0.09	0.20
教　育	Education	82.12	79.56	0.55	2.00
卫生、社会保障和社会福利业	Health, Social Security and Social Welfare	33.33	24.91	6.28	2.13
卫　生	Health	31.92	23.59	6.20	2.13
社会保障业	Social Security	0.86	0.83	0.03	
社会福利业	Social Welfare	0.54	0.49	0.05	0.01
文化、体育和娱乐业	Culture, Sports and Entertainment	5.24	4.42	0.25	0.58
新闻出版业	Journalism and Publishing Activities	0.93	0.77		0.16
广播、电视、电影和音像业	Broadcasting, Movies, Television and Audiovisual Activities	2.26	1.95	0.05	0.25
文化艺术业	Cultural and Art Activities	1.55	1.34	0.19	0.02
体　育	Sports Activities	0.32	0.31		0.01
娱乐业	Entertainment	0.19	0.05	0.01	0.13
公共管理和社会组织	Public Management and Social Organization	59.48	59.48		
#中国共产党机关	Organs of Communist Party of China	1.49	1.49		
国家机构	Government Agencies	57.04	57.04		
人民政协和民主党派	People's Political Consultative Conference and Democratic Parties	0.28	0.28		
群众团体、社会团体和宗教组织	Non-governmental Organizations, Social Organizations and Religion Organizations	0.67	0.67		

3－16 制造业在岗职工人数（2010年）

Number of Staff and Workers Employed in Manufacturing Industry（2010）

单位：万人 （10000 persons）

行业	Sector	在岗职工人数 Number of Employed Staff and Workers	国有单位 State-owned Units	城镇集体单位 Urban Collective-owned Units	其他单位 Other Units
制造业总计	**Total of Manufacturing Industry**	**319.51**	**14.12**	**6.76**	**298.63**
农副食品加工业	Processing of Food from Agricultural Products	4.32	0.21	0.03	4.08
食品制造业	Manufacture of Food	4.18	0.11	0.04	4.03
饮料制造业	Manufacture of Beverage	4.62	0.32	0.02	4.29
烟草制品业	Manufacture of Tobacco	0.56	0.56		
纺织业	Manufacture of Textile	29.66	0.56	0.38	28.72
纺织服装、鞋、帽制造业	Manufacture of Textile Wearing, Apparel, Footwear and Caps	24.60	0.66	0.28	23.66
皮革、毛皮、羽毛(绒)及其制品业	Manufacture of Leather, Fur, Feather and Related Products	4.31	0.05	0.05	4.22
木材加工及木、竹、藤、棕、草制品业	Processing of Timber, Manufacture of Wood, Bamboo, Rattan, Palm and Straw Products	1.83		0.01	1.82
家具制造业	Manufacture of Furniture	1.73		0.02	1.71
造纸及纸制品业	Manufacture of Paper and Paper Products	4.71	0.28	0.07	4.35
印刷业和记录媒介的复制	Printing, Reproduction of Recording Media	2.00	0.29	0.11	1.60
文教体育用品制造业	Manufacture of Articles For Culture, Education and Sport Activities	3.51		0.05	3.46
石油加工、炼焦及核燃料加工业	Processing of Petroleum, Coking, Processing of Nuclear Fuel	1.51	0.08	0.02	1.41
化学原料及化学制品制造业	Manufacture of Raw Chemical Materials and Chemical Products	18.42	1.34	0.63	16.46
医药制造业	Manufacture of Medicines	7.62	0.15	0.60	6.87
化学纤维制造业	Manufacture of Chemical Fibers	2.83		0.04	2.79
橡胶制品业	Manufacture of Rubber	3.92	0.12	0.10	3.70
塑料制品业	Manufacture of Plastics	5.96	0.11	0.19	5.66
非金属矿物制品业	Manufacture of Non-metallic Mineral Products	10.45	0.95	0.21	9.29
黑色金属冶炼及压延加工业	Smelting and Pressing of Ferrous Metals	10.00	0.07	0.04	9.89
有色金属冶炼及压延加工业	Smelting and Pressing of Non-ferrous Metals	4.57	0.98	0.22	3.37
金属制品业	Manufacture of Metal Products	11.86	0.26	0.43	11.16
通用设备制造业	Manufacture of General Purpose Machinery	24.56	1.97	0.56	22.03
专用设备制造业	Manufacture of Special Purpose Machinery	12.64	0.72	0.40	11.51
交通运输设备制造业	Manufacture of Transport Equipment	21.44	2.73	0.45	18.26
电气机械及器材制造业	Manufacture of Electrical Machinery and Equipment	26.99	1.04	1.03	24.92
通信设备、计算机及其他电子设备制造业	Manufacture of Communication Equipment, Computers and Other Electronic Equipment	60.87	0.15	0.36	60.36
仪器仪表及文化、办公用机械制造业	Manufacture of Measuring Instruments and Machinery for Cultural Activity and Office Work	7.18	0.33	0.14	6.70
工艺品及其他制造业	Manufacture of Artwork and Other Manufacturing	2.48	0.08	0.25	2.15
废弃资源和废旧材料回收加工业	Recycling and Disposal of Waste	0.17		0.02	0.14

3-17 分行业女性从业人员数(2010年)

Number of Employed Women by Sector (2010)

单位:万人 (10000 persons)

行业	Sector	女性从业人员数 Number of Emloyed Women	国有单位 State-owned Units	城镇集体单位 Urban Collective-owned Units	其他单位 Other Units
总计	**Total**	**319.03**	**110.55**	**12.76**	**195.72**
农、林、牧、渔业	Agriculture, Forestry, Animal Husbandry and Fishery	3.99	3.86	0.05	0.08
采矿业	Mining	3.27	1.90	0.05	1.31
制造业	Manufacturing	156.28	4.60	3.09	148.60
电力、燃气及水的生产和供应业	Production and Supply of Electricity, Gas and Water	3.40	1.77	0.09	1.55
建筑业	Construction	6.84	1.10	0.99	4.75
交通运输、仓储和邮政业	Traffic, Transport, Storage and Post	9.83	6.53	0.36	2.93
信息传输、计算机服务和软件业	Information Transmission, Computer Services and Software	3.48	0.99	0.02	2.46
批发和零售业	Wholesale and Retail Trades	15.13	1.80	0.84	12.50
住宿和餐饮业	Hotels and Catering Services	5.92	1.01	0.22	4.70
金融业	Financial Intermediation	13.73	3.96	0.94	8.83
房地产业	Real Estate	2.71	0.65	0.11	1.95
租赁和商务服务业	Leasing and Business Services	3.51	1.40	0.37	1.74
科学研究、技术服务和地质勘查业	Scientific Research, Technical Service and Geologic Prospecting	3.12	2.24	0.04	0.85
水利、环境和公共设施管理业	Management of Water Conservancy, Environment and Public Facilities	4.69	3.32	0.84	0.52
居民服务和其他服务业	Services to Households and Other Services	0.40	0.15	0.10	0.14
教育	Education	43.33	41.64	0.50	1.19
卫生、社会保障和社会福利业	Health, Social Security and Social Welfare	21.97	16.57	4.06	1.35
文化、体育和娱乐业	Culture, Sports and Entertainment	2.29	1.91	0.10	0.27
公共管理和社会组织	Public Management and Social Organization	15.15	15.15		

3－18　城镇失业人数及失业率

Number of Urban Unemployed Persons and Unemployed Rate

单位:万人　　(10000 persons)

年　份 Year	下岗失业人员就业、再就业人数 Reemployees	年末尚有失业人数 Unemployment Registered at Year-end	年末城镇登记失业率(%) Registered Unemployment Rate at Year-end
1979	54.70	34.30	5.4
1980	32.78	20.29	3.1
1985	15.25	7.15	0.9
1990	28.06	22.52	2.4
1991	23.33	18.68	2.0
1992	21.43	18.81	2.0
1993	20.64	19.43	2.0
1994	22.19	19.58	2.0
1995	21.49	20.13	2.0
1996	20.78	22.34	2.2
1997	21.40	23.80	2.4
1998	21.61	24.26	2.6
1999	21.57	26.57	2.9
2000	27.01	30.36	3.4
2001	34.94	36.14	3.6
2002	39.96	42.17	4.2
2003	54.46	41.84	4.1
2004	60.22	42.90	3.9
2005	62.92	41.63	3.6
2006	68.65	40.40	3.4
2007	81.89	39.26	3.19
2008	92.19	41.09	3.25
2009	52.00	40.74	3.22
2010	60.93	40.65	3.16

3-19 职工工资总额及指数

Total Wage Bill of Staff and Workers and Related Index

年 份 Year	绝对数(亿元) Total Wage Bill(100 million yuan)				指数(以上年为100) Index (preceding year = 100)			
	全部职工 Total	国有单位 State-owned units	城镇集体单位 Urban Collective-owned units	其他单位 Other Types of Ownership	全部职工 Total	国有单位 State-owned units	城镇集体单位 Urban Collective-owned units	其他单位 Other Types of Ownership
1978	29.05	19.84	9.21		110.7	110.8	110.6	
1979	33.10	22.46	10.64		113.9	113.2	115.5	
1980	41.63	27.99	13.64		125.8	124.6	128.2	
1981	44.13	29.60	14.53		106.0	105.8	106.5	
1982	48.14	32.35	15.79		109.1	109.3	108.7	
1983	50.78	34.41	16.37		105.5	106.4	103.7	
1984	67.28	43.34	23.25	0.69	132.5	126.0	142.0	
1985	86.17	55.10	30.09	0.98	128.1	127.1	129.4	142.0
1986	105.56	67.93	36.28	1.35	122.5	123.3	120.6	137.8
1987	121.26	78.09	41.30	1.87	114.9	115.0	113.8	138.5
1988	152.53	99.17	50.60	2.76	125.8	127.0	122.5	147.6
1989	165.38	108.56	53.05	3.77	108.4	109.5	104.8	136.6
1990	184.60	123.25	56.70	4.65	111.6	113.5	106.9	123.3
1991	204.43	136.26	62.05	6.12	110.7	110.6	109.4	131.6
1992	251.51	170.85	71.64	9.02	123.0	125.4	115.4	147.4
1993	328.21	221.91	85.85	20.45	130.5	129.9	119.8	226.7
1994	450.44	312.56	103.32	34.56	137.2	140.8	120.3	169.0
1995	541.62	369.10	126.57	45.95	120.2	118.1	122.5	132.9
1996	595.72	411.30	128.61	55.81	110.0	111.4	101.6	121.5
1997	635.44	446.95	124.86	63.63	106.7	108.7	97.1	114.0
1998	628.49	422.35	99.49	106.65	103.0	101.8	92.9	131.3
1999	666.28	443.41	91.90	130.97	106.0	105.0	92.4	122.8
2000	705.36	463.63	82.98	158.75	105.9	104.6	90.3	121.2
2001	758.55	498.61	71.42	188.52	107.5	107.5	86.1	118.8
2002	813.09	506.06	60.42	246.61	107.2	101.5	84.6	130.8
2003	917.33	540.59	53.51	323.23	112.8	106.8	88.6	131.1
2004	1050.35	591.38	48.20	410.77	114.5	109.4	90.1	127.1
2005	1252.06	672.70	48.80	530.56	119.2	113.8	101.2	129.2
2006	1520.39	768.86	52.55	698.97	121.4	114.3	107.7	131.7
2007	1806.65	896.36	61.72	848.57	118.8	116.6	117.5	121.4
2008	2132.45	1035.56	72.33	1024.57	118.0	115.5	117.2	120.7
2009	2403.32	1196.05	75.78	1131.49	112.7	115.5	104.8	110.4
2010	2841.33	1344.25	85.33	1411.75	118.2	112.4	112.6	124.8

注:1998年起职工工资为在岗职工工资,不包括离开本单位仍保留劳动关系的职工的生活补助费(下同)。

Note: Since 1998, the wage bill of staff and workers was for employed personnels, excluded living expense subsidies of the personnels who had left self units, but still remained labor relationship (the same as in the following tables).

3-20 城镇单位(不含私营个体)从业人员劳动报酬(2010年)

Earning of Employed Persons in Urban Units (Excluded Private and Individual Units)(2010)

单位:亿元 (100 million yuan)

项目	Item	从业人员全年劳动报酬 Annual Earning	在岗职工工资总额 Annual Wage of Staff and Workers	其他从业人员劳动报酬 Annual Earning of Others	离开本单位仍保留劳动关系职工生活费 Maintenance of Left Workers Remaining Labor Relation
总计	**Total**	**2998.76**	**2841.33**	**157.43**	**33.01**
按登记注册类型分	**Grouped by status of Registration**				
国有单位	State-owned Units	1383.67	1344.25	39.42	16.86
城镇集体单位	Urban Collective-owned Units	90.71	85.33	5.39	2.24
其他单位	Other Units	1524.38	1411.75	112.63	13.90
内资单位	Domestic Funded	821.70	771.25	50.45	12.82
股份合作单位	Cooperative Units	18.31	17.02	1.29	0.21
联营单位	Joint Ownership Units	2.84	2.72	0.12	0.03
有限责任公司	Limited Liability Corporations	343.48	326.76	16.72	5.96
股份有限公司	Share-holding Corporations Ltd.	269.19	249.02	20.18	4.63
其他	Others	187.87	175.74	12.13	1.99
港、澳、台高投资单位	Units with Funds from Hong Kong, Macao and Taiwan	186.46	175.92	10.54	0.48
外商投资单位	Foreign Funded Units	516.22	464.58	51.64	0.60
按企业、事业、机关分	**Grouped by Enterprises, Institutions and Agencies**				
企业	Enterprises	1927.22	1796.93	130.29	28.33
事业	Institutions	737.91	716.48	21.43	2.76
机关	Agencies & Organizations	331.52	325.94	5.57	1.92
按国民经济行业分	**Grouped by Sector**				
农、林、牧、渔业	Agriculture, Forestry, Animal Husbandry and Fishery	20.61	20.35	0.27	0.57
采矿业	Mining	51.89	51.75	0.14	2.70
制造业	Manufacturing	1063.20	997.27	65.93	10.10
电力、燃气及水的生产和供应业	Production and Supply of Electricity, Gas and Water	85.05	84.12	0.92	0.62
建筑业	Construction	153.63	137.68	15.94	1.93
交通运输、仓储和邮政业	Transport, Storage and Post	119.81	111.81	8.00	3.77
信息传输、计算机服务和软件业	Information Transmission, Computer Services and Software	49.64	44.56	5.08	0.38
批发和零售业	Wholesale and Retail Trades	90.55	85.99	4.56	2.86
住宿和餐饮业	Hotels and Catering Services	25.33	23.41	1.92	0.30
金融业	Financial Intermediation	186.37	164.86	21.50	3.15
房地产业	Real Estate	31.23	29.56	1.67	0.50
租赁和商务服务业	Leasing and Business Services	34.89	32.47	2.43	0.74
科学研究、技术服务和地质勘查业	Scientific Research, Technical Service and Geologic Prospecting	64.09	60.99	3.10	0.36
水利、环境和公共设施管理业	Management of Water Conservancy, Environment and Public Facilities	37.66	35.03	2.63	1.24
居民服务和其他服务业	Services to Households and Other Services	3.56	3.32	0.24	0.06
教育	Education	420.78	413.00	7.78	0.83
卫生、社会保障和社会福利业	Health, Social Security and Social Welfare	165.03	157.26	7.77	0.47
文化、体育和娱乐业	Culture, Sports and Entertainment	27.32	26.37	0.96	0.21
公共管理和社会组织	Public Management and Social Organization	368.13	361.54	6.59	2.22

3－21 城镇单位(不含私营个体)在岗职工工资总额(2010年)

Total Wages of Staff and Workers in Urban Units (Excluded Private and Individual Units)(2010)

单位:亿元 (100 million yuan)

项目	Item	在岗职工工资总额 Total Wage of Staff and Workers	国有单位 State-owned Units	城镇集体单位 Urban Collective-owned Uints	其他单位 Others
总计	**Total**	**2841.33**	**1344.25**	**85.33**	**1411.75**
按企业、事业、机关分	**Grouped by Enterprises, Institutions and Agencies**				
企业	Enterprises	1796.93	343.04	52.85	1401.03
事业	Institutions	716.48	675.33	32.30	8.86
机关	Agencies & Organizations	325.94	325.78	0.16	
按国民经济行业分	**Grouped by Sector**				
农、林、牧、渔业	Agriculture, Forestry, Animal Husbandry and Fishery	20.35	19.17	0.56	0.62
采矿业	Mining	51.75	32.76	0.48	18.51
制造业	Manufacturing	997.27	59.23	15.26	922.78
电力、燃气及水的生产和供应业	Production and Supply of Electricity, Gas and Water	84.12	49.98	1.21	32.94
建筑业	Construction	137.68	20.75	9.73	107.20
交通运输、仓储和邮政业	Transport, Storage and Post	111.81	72.18	2.81	36.82
信息传输、计算机服务和软件业	Information Transmission, Computer Services and Software	44.56	10.75	0.17	33.65
批发和零售业	Wholesale and Retail Trades	85.99	18.01	3.85	64.12
住宿和餐饮业	Hotels and Catering Services	23.41	4.55	0.82	18.03
金融业	Financial Intermediation	164.86	48.15	14.17	102.54
房地产业	Real Estate	29.56	8.24	0.81	20.52
租赁和商务服务业	Leasing and Business Services	32.47	14.80	3.51	14.16
科学研究、技术服务和地质勘查业	Scientific Research, Technical Service and Geologic Prospecting	60.99	43.15	0.45	17.39
水利、环境和公共设施管理业	Management of Water Conservancy, Environment and Public Facilities	35.03	28.64	3.13	3.27
居民服务和其他服务业	Services to Households and Other Services	3.32	1.99	0.59	0.74
教育	Education	413.00	402.88	2.06	8.06
卫生、社会保障和社会福利业	Health, Social Security and Social Welfare	157.26	124.82	24.99	7.45
文化、体育和娱乐业	Culture, Sports and Entertainment	26.37	22.67	0.75	2.95
公共管理和社会组织	Public Management and Social Organization	361.54	361.54		

3-22 制造业在岗职工工资总额（2010年）
Total Wages of Staff and Workers Employed in Manufacturing Industry（2010）

单位：亿元　　　　(100 million yuan)

行业	Sector	在岗职工工资总额 Total Wage of Staff and Workers Employed	国有单位 State-owned Units	城镇集体单位 Urban Collective-owned Units	其他单位 Others
制造业总计	**Total of Manufacturing Industry**	**997.27**	**59.23**	**15.26**	**922.78**
农副食品加工业	Processing of Food from Agricultural Products	11.17	0.31	0.06	10.80
食品制造业	Manufacture of Food	10.79	0.41	0.04	10.34
饮料制造业	Manufacture of Beverage	12.51	1.01	0.02	11.49
烟草制品业	Manufacture of Tobacco	5.40	5.40		
纺织业	Manufacture of Textile	71.86	1.60	0.83	69.42
纺织服装、鞋、帽制造业	Manufacture of Textile Wearing, Apparel, Footwear and Caps	54.53	1.59	0.50	52.44
皮革、毛皮、羽毛(绒)及其制品业	Manufacture of Leather, Fur, Feather and Related Products	11.53	0.10	0.08	11.34
木材加工及木、竹、藤、棕、草制品业	Processing of Timber, Manufacture of Wood, Bamboo, Rattan, Palm and Straw Products	4.08		0.02	4.05
家具制造业	Manufacture of Furniture	5.22		0.04	5.18
造纸及纸制品业	Manufacture of Paper and Paper Products	17.55	1.16	0.13	16.27
印刷业和记录媒介的复制	Printing, Reproduction of Recording Media	5.94	0.84	0.19	4.91
文教体育用品制造业	Manufacture of Articles For Culture, Education and Sport Activities	7.02		0.12	6.90
石油加工、炼焦及核燃料加工业	Processing of Petroleum, Coking, Processing of Nuclear Fuel	9.19	0.30	0.04	8.85
化学原料及化学制品制造业	Manufacture of Raw Chemical Materials and Chemical Products	63.34	4.41	1.55	57.38
医药制造业	Manufacture of Medicines	23.53	0.23	1.29	22.01
化学纤维制造业	Manufacture of Chemical Fibers	9.84		0.08	9.77
橡胶制品业	Manufacture of Rubber	11.72	0.30	0.22	11.20
塑料制品业	Manufacture of Plastics	18.04	0.50	0.38	17.16
非金属矿物制品业	Manufacture of Non-metallic Mineral Products	30.30	4.11	0.46	25.72
黑色金属冶炼及压延加工业	Smelting and Pressing of Ferrous Metals	34.86	0.15	0.11	34.61
有色金属冶炼及压延加工业	Smelting and Pressing of Non-ferrous Metals	12.73	2.86	0.43	9.44
金属制品业	Manufacture of Metal Products	35.62	1.80	0.90	32.92
通用设备制造业	Manufacture of General Purpose Machinery	83.04	7.09	1.30	74.65
专用设备制造业	Manufacture of Special Purpose Machinery	41.30	2.36	0.93	38.01
交通运输设备制造业	Manufacture of Transport Equipment	89.31	15.56	1.13	72.62
电气机械及器材制造业	Manufacture of Electrical Machinery and Equipment	85.30	5.15	2.44	77.72
通信设备、计算机及其他电子设备制造业	Manufacture of Communication Equipment, Computers and Other Electronic Equipment	201.45	0.66	1.03	199.75
仪器仪表及文化、办公用机械制造业	Manufacture of Measuring Instruments and Machinery for Cultural Activity and Office Work	23.44	1.14	0.28	22.02
工艺品及其他制造业	Manufacture of Artwork and Other Manufacturing	5.95	0.20	0.59	5.16
废弃资源和废旧材料回收加工业	Recycling and Disposal of Waste	0.71		0.06	0.64

3-23 职工平均工资及指数

Average Wage of Staff and Workers and Related Indices

年份 Year	绝对数（元） Absolute Figure (yuan)				指数（以上年为100） Index (preceding year = 100)			
	全部职工 Total	国有单位 State-owned Units	城镇集体单位 Urban Collective-owned Units	其他单位 Others	全部职工 Total	国有单位 State-owned Units	城镇集体单位 Urban Collective-owned Units	其他单位 Others
1978	513	563	432		108.2	108.9	107.5	
1979	565	618	478		110.3	109.8	110.9	
1980	667	721	578		117.8	116.7	120.7	
1981	672	718	594		100.7	99.6	102.8	
1982	703	748	626		104.6	104.2	105.4	
1983	723	768	643		102.8	102.7	102.7	
1984	931	1003	820	1012	128.8	130.6	127.5	
1985	1135	1211	1015	1237	121.9	120.7	123.8	122.2
1986	1327	1430	1166	1468	116.9	118.1	114.9	118.7
1987	1471	1581	1295	1639	110.9	110.6	111.1	111.6
1988	1796	1936	1564	2059	122.1	122.5	120.8	125.6
1989	1918	2082	1639	2185	106.8	107.5	104.8	106.1
1990	2129	2331	1776	2444	111.0	111.9	108.4	111.9
1991	2302	2501	1932	2773	108.1	107.3	108.8	113.5
1992	2800	3057	2292	3370	121.6	122.2	118.6	121.5
1993	3615	3896	2937	4434	129.1	127.4	128.1	131.6
1994	4974	5491	3728	5827	137.6	140.9	126.9	131.4
1995	5943	6441	4621	7137	119.5	117.3	124.0	122.5
1996	6603	7186	4990	7740	111.1	111.6	108.0	108.4
1997	7108	7745	5183	8376	107.6	107.8	103.9	108.2
1998	8256	8872	6033	8867	105.7	106.3	101.3	102.5
1999	9171	9855	6452	9763	111.1	111.1	106.9	110.1
2000	10299	11109	6962	10698	112.3	112.7	107.9	109.6
2001	11842	12917	7543	11790	115.0	116.3	108.3	110.2
2002	13509	15030	8638	12633	114.1	116.4	114.5	107.2
2003	15712	17502	9836	14656	116.3	116.4	113.9	116.0
2004	18202	20876	11350	16346	115.8	119.3	115.4	111.5
2005	20957	24659	13064	18468	115.1	118.1	115.1	113.0
2006	23782	28722	15550	20691	113.5	116.5	119.0	112.0
2007	27374	33411	18837	23641	115.1	116.3	121.1	114.3
2008	31667	39325	22929	27067	115.7	117.7	121.7	114.5
2009	35890	45446	27022	29901	113.3	115.6	117.9	110.5
2010	40505	51245	31502	34260	112.9	112.8	116.6	114.6

3-24 职工平均工资指数
Average Wage Indices of Staff and Workers

1978年=100 (100 in 1978)

年份 Year	全部职工 Total		国有单位 State-owned Units		城镇集体单位 Urban Collective-owned Units		其他单位 Others	
	平均货币工资指数 Index of Average Wage	平均实际工资指数 Index of Average Real Wage	平均货币工资指数 Index of Average Wage	平均实际工资指数 Index of Average Real Wage	平均货币工资指数 Index of Average Wage	平均实际工资指数 Index of Average Real Wage	平均货币工资指数 Index of Average Wage	平均实际工资指数 Index of Average Real Wage
1978	100.0	100.0	100.0	100.0	100.0	100.0		
1979	110.3	109.5	109.8	109.0	110.9	110.1		
1980	130.0	121.7	128.1	119.9	133.8	125.3		
1981	130.0	118.3	128.1	116.6	133.8	121.7		
1982	137.0	122.3	132.9	118.7	144.9	129.4		
1983	140.9	132.7	136.4	128.4	148.8	140.1		
1984	181.5	154.9	178.2	152.0	189.8	161.9	100.0	100.0
1985	221.2	174.9	215.1	170.0	235.0	185.8	122.2	111.5
1986	258.7	189.2	254.0	185.8	269.9	197.4	145.1	124.4
1987	286.7	189.7	280.8	185.8	299.8	198.4	162.0	125.7
1988	350.1	189.0	343.9	185.7	362.0	195.5	203.5	128.8
1989	373.9	174.1	369.8	172.2	379.4	176.6	215.9	117.8
1990	415.0	189.8	414.0	189.3	411.1	188.0	241.5	127.4
1991	448.7	190.5	444.2	188.6	447.2	189.9	274.0	134.2
1992	545.8	213.2	543.0	212.1	530.6	207.3	333.0	149.9
1993	704.7	231.9	692.0	227.7	679.9	223.7	438.1	166.1
1994	969.6	254.6	675.3	256.1	863.0	226.6	575.8	174.2
1995	1158.5	261.7	1144.0	258.5	1069.7	241.7	705.2	183.6
1996	1287.1	262.5	1276.4	260.3	1155.1	235.5	764.8	179.7
1997	1385.6	278.9	1375.7	276.9	1199.8	241.5	827.7	192.0
1998	1609.4	324.1	1575.8	317.3	1396.5	281.2	876.2	203.4
1999	1787.7	365.1	1750.4	357.5	1493.5	305.0	964.7	227.1
2000	2007.6	410.1	1973.2	403.0	1611.6	329.2	1057.1	215.9
2001	2308.4	471.0	2294.3	468.1	1746.1	356.3	1165.0	237.7
2002	2545.6	525.2	2669.6	550.8	1999.5	412.5	1248.3	257.5
2003	3062.8	629.6	3108.7	639.0	2276.9	468.0	1448.2	297.7
2004	3548.2	703.3	3708.0	735.0	2627.3	520.8	1615.2	320.2
2005	4085.2	793.1	4379.9	850.3	3024.1	587.1	1824.9	354.3
2006	4635.9	885.8	5101.6	974.8	3599.5	687.8	2044.6	390.7
2007	5336.1	980.5	5934.5	1090.4	4360.4	801.2	2336.1	429.2
2008	6172.9	1078	6984.9	1219.9	5307.6	926.9	2674.6	467.1
2009	6996.1	1226.7	8072.1	1415.4	6255.1	1096.7	2954.6	518.1
2010	7895.7	1336.3	9102.1	1540.6	7292.1	1234.1	3385.4	573.0

注:其他单位以1984年为100。

Note:Other units with 100 in 1984.

3－25 城镇单位(不含私营个体)从业人员年平均劳动报酬(2010年)

Average Earning of Employed Persons in Urban Units (Excluded Private and Individual Units)(2010)

单位:元 (yuan)

项目	Item	从业人员年平均劳动报酬 Annual Average Earning	在岗职工平均工资 Annual Average Wage of Staff and Workers	其他从业人员年均劳动报酬 Annual Average Earning of Others	离开本单位仍保留劳动关系职工年均生活费 Maintenance of Left Workers Remaining Labor Relation
总计	**Total**	**39772**	**40505**	**29978**	**10948**
按登记注册类型分	**Grouped by Type of Registreration**				
国有单位	State-owned Units	49553	51245	23304	13379
城镇集体单位	Urban Collective-owned Units	30263	31502	18648	5078
其他单位	Other Units	34273	34260	34428	10588
内资单位	Inner Funded	34160	34738	27234	10562
股份合作单位	Share Holding Cooperative Units	29450	29505	28737	4044
联营单位	Joint-owned Co., Ltd.	26333	26711	20049	4582
有限责任公司	Responsibility Co., Ltd.	32504	33050	24576	9622
股份有限公司	Share Holding Co., Ltd.	46221	47977	31839	18578
其他	Others	27097	27262	24906	6921
港、澳、台商投资单位	Hong Kong, Macao and Taiwan Funded	29244	29406	26776	9711
外商投资单位	Foreign Funded	36749	35676	50366	12127
按企业、事业、机关分	**Grouped by Character of the Units**				
企业	Enterprises	35524	35769	32457	10141
事业	Institutions	47009	48520	23026	17636
机关	Government Agencies	61483	64054	18368	29596
按国民经济行业分	**Grouped by Sector**				
农、林、牧、渔业	Farming, Forestry, Animal Husbandry and Fishery	20736	20876	13739	6960
采矿业	Mining and Quarrying	41573	41781	14303	12847
制造业	Manufacturing	32209	31728	41803	9657
电力、燃气及水的生产和供应业	Electric Power, Gas and Water Production and Supply	66131	67381	24562	18509
建筑业	Construction	29679	30515	23998	9048
交通运输、仓储和邮政业	Transportation, Storage and Post	38584	39846	26741	11387
信息传输、计算机服务和软件业	Information Transmission, Computer Service and Software	58902	66544	29337	23017
批发和零售业	Wholesale and Retail Trade	31451	32073	23031	5346
住宿和餐饮业	Hotel and Catering Industry	24029	25196	15370	6754
金融业	Banking	71115	86044	30519	36214
房地产业	Real Estate	43305	44558	28917	8552
租赁和商务服务业	Leasing and Commercial Services	29776	30646	21589	7722
科学研究、技术服务和地质勘查业	Scientific Research, Technical Services and Geological Prospecting	60437	62123	39402	13416
水利、环境和公共设施管理业	Management of Water Conservancy, Environment and Public Facilities	30940	33414	15570	19366
居民服务和其他服务业	Resident's Service and Other Services	34349	35448	24045	5812
教育	Education	49340	50377	23590	26268
卫生、社会保障和社会福利业	Health Care, Social Security and Social Welfare	46337	48061	26843	11803
文化、体育和娱乐业	Culture, Sports and Recreation	48360	50552	22014	16932
公共管理和社会组织	Public Management and Socail Organizations	58861	61267	18670	29080

3-26 分细行业在岗职工平均工资(2010年)
Average Wage of Staff and Workers by Sector in Detail (2010)

单位:元 (yuan)

项目	Item	在岗职工平均工资 Annual Average Wage of Staff and Workers	国有单位 State-owned Units	城镇集体单位 Urban Collective-owned Units	其他单位 Others
总计	**Total**	**40505**	**51245**	**31502**	**34260**
按企业、事业、机关分	**Grouped by Enterprises, Institutions and Agencies**				
企业	Enterprises	35769	45806	29018	34232
事业	Institutions	48520	49458	36559	38729
机关	Agencies & Organizations	64054	64061	52239	
按国民经济行业分	**Grouped by Sector**				
农、林、牧、渔业	Agriculture, Forestry, Animal Husbandry and Fishery	20876	20578	32775	23769
农业	Farming	19581	19452	22739	38416
林业	Forestry	17539	17348	28900	22504
畜牧业	Animal Husbandry	18782	18125	20141	20690
渔业	Fishery	20363	19228	15669	23107
农、林、牧、渔业服务业	Service in Support of Agriculture	31317	31541	40796	18856
采矿业	Mining	41781	45010	20708	37968
制造业	Manufacturing	31728	42151	22590	31439
电力、燃气及水的生产和供应业	Production and Supply of Electricity, Gas and Water	67381	73969	32077	61548
电力、热力的生产和供应业	Production and Supply of Electric Power and Heat Power	77187	84576	32134	69251
燃气生产和供应业	Production and Supply of Gas	48115	44387	35667	48334
水的生产和供应业	Production and Supply of Water	40104	37424	31942	44855
建筑业	Construction	30515	44189	26430	29177
房屋和土木工程建筑业	Construction of Building & Civil Engineering	29643	40921	26025	28767
建筑安装业	Architectural Installation	38405	57049	34267	33509
建筑装饰业	Architectural Decoration	28609	31644	19194	28736
其他建筑业	Other Construction	27756	39716	21986	25542
交通运输、仓储和邮政业	Transport, Storage and Post	39846	44289	27833	34242
铁路运输业	Railway Transport	42243	42398	29375	55728
道路运输业	Road Transport	32438	35601	28873	30780
城市公共交通业	Urban Public Transport	37848	38508	18000	37203

单位:元 (yuan)

项 目	Item	在岗职工平均工资 Annual Average Wage of Staff and Workers	国有单位 State-owned Units	城镇集体单位 Urban Collective-owned Units	其他单位 Others
水上运输业	Water Transport	38376	48426	23873	34482
航空运输业	Air Transport	99145	106225		47653
管道运输业	Transport Via Pipeline	51054	50736		66714
装卸搬运和其他运输服务业	Loading, Unloading and Other Transport Services	37033	43786	27730	34595
仓储业	Storage	39826	36114	28914	45473
邮政业	Post	42050	41723	64471	94699
信息传输、计算机服务和软件业	Information Transmission, Computer Services and Software	66544	52762	39578	72865
电信和其他信息传输服务业	Telecommunications and Other Information Transmission Services	68266	52503	39923	80787
计算机服务业	Computer Services	51874	69704	28846	48517
软件业	Software	63636	64133		63636
批发和零售业	Wholesale and Retail Trades	32073	41003	20370	31239
批发业	Wholesale Trade	40485	46872	23540	40356
零售业	Retail Trade	25997	32343	17302	25770
住宿和餐饮业	Hotels and Catering Services	25196	25171	23361	25293
住宿业	Hotel	26098	25681	23344	26453
餐饮业	Catering Services	23799	21349	23399	23969
金融业	Financial Intermediation	86044	75605	63570	97079
银行业	Bank	91591	79494	63611	109004
证券业	Security Activities	132755	149722		130895
保险业	Insurance	54032	43056		57104
其他金融活动	Other Financial Activities	80026	70069	19524	113544
房地产业	Real Estate	44558	49670	34959	43237
房地产开发经营	Development and Management of Real Estate	49821	55747	33000	49222
租赁和商务服务业	Leasing and Business Services	30646	29995	26293	32731
租赁业	Leasing	27626	27634	22013	28676
商务服务业	Business Services	30674	30018	26318	32769
科学研究、技术服务和地质勘查业	Scientific Research, Technical Service and Geologic Prospecting	62123	61954	40458	63432
研究与试验发展	Research and Experimental Development	76883	75601	31903	84641
专业技术服务业	Professional Technical Services	58978	59010	42658	59571

3－26 续 表 Continued 2

单位:元 (yuan)

项 目	Item	在岗职工平均工资 Annual Average Wage of Staff and Workers	国有单位 State-owned Units	城镇集体单位 Urban Collective-owned Units	其他单位 Others
科技交流和推广服务业	Services of Science and Technology Exchanges and Promotion	42984	41909	35258	48551
地质勘查业	Geologic Prospecting	42317	42317		
水利、环境和公共设施管理业	Management of Water Conservancy, Environment and Public Facilities	33414	35571	21304	33839
水利管理业	Management of Water Conservancy	36366	36319	34259	39901
环境管理业	Environmental Management	26649	29460	20218	28234
公共设施管理业	Management of Public Facilities	39933	41935	27231	35409
居民服务和其他服务业	Services to Households and Other Services	35448	43760	35804	23364
居民服务业	Services to Households	39330	46444	34280	24933
其他服务业	Other Services	30526	37406	36954	22230
教育	Education	50377	50723	37344	40236
卫生、社会保障和社会福利业	Health, Social Security and Social Welfaree	48061	51124	40032	36111
卫生	Health	48054	51258	40035	36084
社会保障业	Social Security	48750	48881	47134	24630
社会福利业	Social Welfare	47396	48535	36087	53571
文化、体育和娱乐业	Culture, Sports and Entertainment	50552	51516	30318	51873
新闻出版业	Journalism and Publishing Activities	65549	63360		76150
广播、电视、电影和音像业	Broadcasting, Movies, Television and Audiovisual Activities	54974	56767	28363	46223
文化艺术业	Cultural and Art Activities	38948	39995	31142	42198
体育	Sports Activities	40718	40723	20000	40954
娱乐业	Entertainment	36428	41160	24111	35585
公共管理和社会组织	Public Management and Social Organization	61267	61267		
#中国共产党机关	Organs of Communist Party of China	64624	64624		
国家机构	Government Agencies	61024	61024		
人民政协和民主党派	People's Political Consultative Conference and Democratic Parties	79104	79104		
群众团体、社会团体和宗教组织	Non-governmental Organizations, Social Organizations and Religion Organizations	67039	67039		

3－27　制造业在岗职工平均工资（2010年）
Annual Average Wage of Staff and Workers in Units of Manufacturing Industry (2010)

单位:元　　(yuan)

行业	Sector	在岗职工平均工资 Annual Average Wage Employed	国有单位 State-owned Units	城镇集体单位 Urban Collective-owned Uints	其他单位 Others
制造业总计	**Total of Manufacturing Industry**	**31728**	**42151**	**22590**	**31439**
农副食品加工业	Processing of Food from Agricultural Products	26058	14608	19283	26711
食品制造业	Manufacture of Food	27182	35548	10273	27118
饮料制造业	Manufacture of Beverage	27239	31568	10744	26975
烟草制品业	Manufacture of Tobacco	95168	95168		
纺织业	Manufacture of Textile	24268	27926	21856	24227
纺织服装、鞋、帽制造业	Manufacture of Textile Wearing, Apparel, Footwear and Caps	22244	23666	17413	22262
皮革、毛皮、羽毛(绒)及其制品业	Manufacture of Leather, Fur, Feather and Related Products	26090	22386	18087	26213
木材加工及木、竹、藤、棕、草制品业	Processing of Timber, Manufacture of Wood, Bamboo, Rattan, Palm and Straw Products	22261		19209	22283
家具制造业	Manufacture of Furniture	30225	26333	21423	30331
造纸及纸制品业	Manufacture of Paper and Paper Products	37058	40881	16787	37161
印刷业和记录媒介的复制	Printing, Reproduction of Recording Media	29535	30331	17364	30223
文教体育用品制造业	Manufacture of Articles For Culture, Education and Sport Activities	20690	24375	24024	20639
石油加工、炼焦及核燃料加工业	Processing of Petroleum, Coking, Processing of Nuclear Fuel	59279	38497	22946	60792
化学原料及化学制品制造业	Manufacture of Raw Chemical Materials and Chemical Products	34554	32156	24970	35118
医药制造业	Manufacture of Medicines	31881	15477	22872	33006
化学纤维制造业	Manufacture of Chemical Fibers	35283		21757	35456
橡胶制品业	Manufacture of Rubber	30680	24957	24240	31032
塑料制品业	Manufacture of Plastics	30424	46231	19935	30473
非金属矿物制品业	Manufacture of Non-metallic Mineral Products	29477	44830	21469	28126
黑色金属冶炼及压延加工业	Smelting and Pressing of Ferrous Metals	35085	21224	26628	35219
有色金属冶炼及压延加工业	Smelting and Pressing of Non-ferrous Metals	28041	29561	17902	28333
金属制品业	Manufacture of Metal Products	30555	68222	21072	30020
通用设备制造业	Manufacture of General Purpose Machinery	34557	37575	22216	34627
专用设备制造业	Manufacture of Special Purpose Machinery	33458	32316	23609	33879
交通运输设备制造业	Manufacture of Transport Equipment	42642	57124	25183	40862
电气机械及器材制造业	Manufacture of Electrical Machinery and Equipment	32584	49736	23628	32231
通信设备、计算机及其他电子设备制造业	Manufacture of Communication Equipment, Computers and Other Electronic Equipment	33998	44333	28774	34004
仪器仪表及文化、办公用机械制造业	Manufacture of Measuring Instruments and Machinery for Cultural Activity and Office Work	33376	33840	19715	33644
工艺品及其他制造业	Manufacture of Artwork and Other Manufacturing	23858	23794	23944	23851
废弃资源和废旧材料回收加工业	Recycling and Disposal of Waste	39309	35800	17365	45057

主要统计指标解释

人口数 指一定时点、一定地区范围内的有生命的个人的总和。

年度统计的年末人口数指每年12月31日24时的人口数。年度统计的全国人口总数内未包括台湾省和港澳同胞以及海外华侨人数。

城镇人口和乡村人口

1952－1989年城镇人口是指市辖区内和县辖镇的全部人口；乡村人口是指县辖乡人口。

1990－1999年城镇人口是指设区的市的区人口和不设区的市所辖的街道人口以及不设区的市所辖镇的居民委员会人口和县辖镇的居民委员会人口；乡村人口是除上述两种人口以外的全部人口。

2000－2005年人口普查和2000年以后城镇人口：市人口是指设区市的人口密度在1500人/平方公里以上的市区人口和人口密度不足1500人的区政府驻地和区辖其他街道人口，以及政府驻地的城市建设延伸到的周边乡镇人口；不设区市的市政府驻地和市辖其他街道人口，以及政府驻地的城市建设延伸到的乡镇人口。镇人口是指镇政府驻地和镇辖其他居委会人口，以及镇政府驻地的城区建设延伸到周边村民委员会人口。乡村人口是指除上述人口以外的全部人口。

2006年至今的城镇人口分为城区人口和镇区人口。其中，城区人口，包括街道办事处所辖的居民委员会（社区委员会），及城市公共设施、居住设施等连接到的其他居民委员会（社区委员会）和村民委员会的人口。镇区人口，包括镇所辖的居民委员会（社区委员会），镇的公共设施、居住设施等连接到的村民委员会，以及常住人口在3000人以上独立的工矿区、开发区、科研单位、大专院校、农场、林场等特殊区域中的人口。乡村人口是指除上述人口以外的全部人口。

出生率（又称粗出生率） 指在一定时期内（通常为一年）一定地区的出生人数与同期内平均人数（或期中人数）之比。一般用千分率表示。本资料中的出生率指年出生率，其计算公式为：

出生率＝年出生人数/年平均人数×1000

式中：出生人数指活产婴儿，即胎儿脱离母体时（不管怀孕月数），有过呼吸或其他生命现象。年平均人数指年初、年底人口数的平均数，也可用年中人口数代替。

死亡率（又称粗死亡率） 指在一定时期内（通常为一年）一定地区的死亡人数与同期内平均人数（或期中人数）之比，一般用千分率表示。本资料中的死亡率指年死亡率，其计算公式为：

死亡率＝年死亡人数/年平均人数×1000

人口自然增长率 指在一定时期内（通常为一年）人口自然增加数（出生人数减死亡人数）与该时期内平均人数（或期中人数）之比，一般用千分率表示。计算公式为：

人口自然增长率＝（本年出生人数－本年死亡人数）/年平均人数×100

文盲率 指常住人口中15岁及以上不识字人口所占比重。

从业人员 指从事一定社会劳动并取得劳动报酬或经营收入的人员，包括在岗职工、再就业的离退休人员、私营业主、个体户主、私营和个体就业人员、乡镇企业就业人员、农村就业人员、其他就业人员（包括民办教师、宗教职业者、现役军人等）。这一指标反映了一定时期内全部劳动力资源的实际利用情况，是研究我国基本国情国力的重要指标。

各单位的从业人员 指在各级国家机关、政党机关、社会团体及企业、事业单位中工作，取得工资或其他形式的劳动报酬的全部人员。包括在岗职工、再就业的离退休人员、民办教师以及在各单位中工作的外方人员和港澳台方人员、兼职人员、借用的外单位人员和第二职业者。不包括离开本单位仍保留劳动关系的职工。各单位的就业人员反映了各单位实际参加生产或工作的全部劳动力。

城镇私营和个体从业人员 城镇私营就业人员指在工商管理部门注册登记，其经营地址设在县城关镇（含城关镇）以上的私营企业就业人员；包括私营企业投资者和雇工。城镇个体就业人员指在工商管理部门注册登记，并持有城镇户口或在城镇长期居住，经批准从事个体工商经营的就业人员；包括个体经营者和在个体工商户劳动的家庭帮工和雇工。

城镇登记失业人员 指有非农业人口，在劳动年龄（16周岁至退休年龄）内，有劳动能力无业而要求就业，并在当地就业服括返聘的离退休人员、民办教师、在国有经济单位工作的外方人员和港、澳、台人员（1998年以后的数据均为在岗职工数据，其他相关指标如职工工资总额，职工平均工资等指标也从1998年按此口径进行了相应调整）。

国有单位职工 指在国有经济单位及其附属机构工作，并由其支付工资的各类人员。

城镇集体单位职工 指在城镇集体经济单位及其管理部门工作，并由其支付工资的各类人员。

其他单位职工 指在联营经济、股份制经济、外商投资经济、港、澳、台投资经济单位工作，并由其支付工资的各类人员。

职工工资总额 指各单位在一定时期内直接支付给本单位全部职工的劳动报酬总额。工资总额的计算原则应以直接支付给职工的全部劳动报酬为根据。各单位支付给职工的劳动报酬以及其他根据有关规定支付的工资，不论是计入成本的还是不计入成本的,不论是按国家规定列入计征奖金税项目的,还是未列入计征奖金税项目的,不论是以货币形式支付的还是以实物形式支付的,均包括在工资总额内。

职工平均工资 指企业、事业、机关单位的职工在一定时期内平均每人所得的货币工资额。它表明一定时期职工工资收入的高低程度,是反映职工工资水平的主要指标。计算公式为:

职工平均工资 = 报告期实际支付的全部职工工资总额/报告期全部职工平均人数

职工平均工资指数 指报告期职工平均工资与基期职工平均工资的比率,是反映不同时期职工货币工资水平变动情况的相对数。计算公式为:

职工平均工资指数 = 报告期平均工资/基期职工平均工资 × 100%

职工平均实际工资指数 职工平均实际工资指扣除物价变动因素后的职工平均工资。职工平均实际工资指数是反映实际工资变动情况的相对数,表明职工实际工资水平提高或降低的程度。计算公式为:

职工平均实际工资指数 = 报告期平均工资指数/报告期城镇居民消费价格指数 × 100%。

Explanatory Notes on Main Statistical Indicators

Total Population refers to the total number of people alive at a certain point of time within a given area.

The annual statistics on total population is taken at midnight, the 31st of December, not including residents in Taiwan province, Chinese compatriots in Hong Kong and Macao and overseas Chinese.

Urban Population and Rural Population

From 1952 to 1989 urban population refers to the population of municipal districts and towns under the administration of counties; rural population refers to the population of townships under the administration of counties. From 1990 to 1999 rural population is composed of the population of districts of cities divided into districts, the population of sub – district offices under the cities not divided into districts, the population of neighborhoods of towns under the administration of cities not divided into districts and the population of neighborhoods of towns under the administration of counties; rural population is the population other than those mentioned above. Rural population from 2000 to 2005: city population is composed of the population of districts of cities divided into districts with population density at more than 1500 people per square kilometer, the population of places where the district governments are stationed and other sub – district offices under the administration of the district with population density at less than 1500 people per square kilometer, and the population of circumjacent townships where are the extending areas of city construction of the places where the governments are stationed; the population of places where the city (not divided into districts) governments are stationed and other sub – district offices under the administration of the city, and the population of circumjacent townships where are the extending areas of city construction of the places where the governments are stationed. Town population refers to the population of places where town governments are stationed and other neighborhood committees under the administration of the towns, and the population of circumjacent villagers′committees where are the extending areas of town construction of the places where the town governments are stationed. Rural population is the population other than those mentioned above. From 2006 to now urban population is composed of city population and town population. City population includes the population of neighborhood committees (community committees) under the administration of sub – district offices and the population of other neighborhood committees (community committees) and villagers′committees connected through city common facilities and residence facilities. Town population includes the population of neighborhood committees (community committees) under the administration of towns and the population of villagers′committees connected through town common facilities and residence facilities, and the population of special areas with more than 3000 permanent residents, such as independent mining areas, development zones, research institutes, universities and colleges, farms, forestry centers and so on. Rural population is the population other than those mentioned above.

Birth Rate or (Crude Birth Rate) refers to the ratio of the number of births to the average population (or mid-period population) during a certain period of time (usually a year) which is often expressed in ‰. Birth rate in the chapter refers to annual birth rate. The following formula is used: Birth Rate = Number of Births/Average Number of Population × 1000‰

Number of births refers to live births i. e. the births when babies had showed any vital phenomena regardless of the length of pregnancy.

Annual Average Number of Population is the average of the number of population at the beginning of the year and that at the end of the year. Sometimes it is substituted for with the mid year population.

Death Rate (or Crude Death Rate) refers to the ratio of the number of deaths to the average population (or mid-period population) during a certain period of time(usually a year) which is often expressed in ‰. Death rate in the chapter refers to annual death rate. The following formula is used:

Death Rate = Number of Deaths/Annual Average Number of Population × 1000‰

Natural Growth Rate of Population refers to the ratio of natural increase in population (number of births minus number of deaths) in a certain period of time (usually a year) to the average population (or mid-period population) of the same period which is often expressed in ‰. The following formulas are applied:

Natural Growth of Population = (Number of Births − Number of Deaths)/Average Number of Population × 1000‰

Natural Growth Rate of Population = Birth Rate-Death Rate

Illiteracy Rate refers to the percentage of illiterate population to total aged 15 and over of resilent population.

Employed Persons refer to the persons who are engaged in social working and receive remuneration payment or earn business income, including total staff and workers, re-employed retirees, employers of private enterprises, self-employed workers, employees in private enterprises and individual economy, employees in township enterprises, employed persons in the rural areas, and other employed persons (including teachers in the schools run by the local people, people engaged in religious profession and the servicemen, etc.). This indicator reflects the actual utilization of total labour force during a certain period of time and is often used for the research on China's economic situation and national power.

Persons Employed in Various Units refer to all the persons working in government agencies of various levels, political and party organization, social organizations, enterprises and institutions, and receiving wages or other forms of payment. They include fully-employed staff and workers, re-employed retirees, teachers in schools run by the local people, foreigners and Chinese compatriots from Hong Kong, Macao, and Taiwan working in various units, part-time employees, employees of other units working temporarily at current posts, and employees holding the second job, but exclude staff and workers who have left their working units while keeping their labour contract (employment relation) unchanged. This indicator reflects the total number of laborers actually engaged in production or other operations in various units.

Persons Employed in Private Enterprises and Self-Employed Individuals in Urban Areas Persons employed in private enterprises refer to the persons employed in the private enterprises which have been registered at the departments of industrial and commercial administration and are situated at a county town (i. e. a town' where the county government is located) for business operation or at urban areas with the level higher than a county town. The self-employed individuals in urban areas refer to persons who hold the certificates of residence in urban areas or have resided in the urban areas for a long time and have been registered at the departments of industrial and commercial administration and approved to be engaged in individual industrial or commercial business, including self-employed persons as well as helpers and hired labourers who work in the individual households engaged in industrial or commercial business.

Registered Urban Unemployed Persons The registered unemployed persons in urban areas refer to the persons who are registered as permanent residents in the urban areas engaged in non-agricultural activities, aged within the range of working age, capable to labour, unemployed but desirous to be employed and have been registered at the local employment service agencies to apply for a job.

Staff and Workers in State-owned Economic Units refer to the persons who work in the state-owned economic units or their attached units and are listed in their payrolls.

Staff and Workers of Collective Owned Units in Urban Areas refer to the persons who work in collective owned units in urban areas and their administration departments and receive payment therefrom.

Staff and Workers in Units of Other types of Ownership refer to those who work in (and receive payment therefrom) enterprises and institutions of joint ownership, share holding, foreign ownership, and ownership by entrepreneurs from Hong Kong, Macao, and Taiwan.

Total Wages of Staff and Workers refer to the total remuneration payment to staff and workers in various units during a certain period of time. The calculation of total wages is based on the total remuneration payment to the staff and workers. Therefore, all the wages and salaries and other payments to staff and workers are included in the total wages regardless of their sources, category, and forms (in kind or cash). (Total wages of staff and workers in this yearbook include only total wages of fully employed staff and workers, excluding the living allowances distributed to those who have left their working units while keeping their labor contract/employment relation unchanged).

Average Wage of Staff and Workers refers to the average wage in money terms per person during a certain period of time for staff and workers in enterprises, institutions, and government agencies, which reflects the general level of wage income during a certain period of time and is calculated as follows:

Average Wage of Staff and Workers = Total Wages of Staff and Workers at the Report Period/Average Number of Staff and Workers at the Report Period.

Average Wage Indices of Staff and Workers refers to the ratio of average wage of staff and workers in the report period to that in the base period, which reflects the change of wage of staff and workers at the different period. It is calculated as follows:

Average Wage Indices of Staff and Workers = Average Wage of Staff and Workers at the Report Period/Average Wage of Staff and Workers at the Base Period × 100%

Average Real Wage Indices of Staff and Workers average real wage of staff and workers refers to the average wage of staff and workers after removing the effects of the price changes and average real wage indices of staff and workers refers to the change of real wage, which reflects the relative increasing or decreasing level of real wage of staff and workers, which is calculated as follows:

Average Real Wage Indices of Staff and Workers = Average Wage Indices of Staff and Workers at the Report Period/Urban Consumer Price Indices at the Report Period × 100%

4

人民生活

People' s Living Conditions

简 要 说 明

一、本篇资料的主要内容

本篇资料反映我省人民生活现状及变化情况，分为城镇居民生活和农村居民生活两部分。

二、城镇居民生活状况资料来源

城镇居民生活状况的数据来源于城镇住户调查，是对城镇居民家庭抽样调查汇总的结果。调查内容主要包括家庭人口及其构成、家庭现金收支、主要商品购买数量及支出金额、劳动就业状况、居住状况和耐用消费品的拥有量等。

三、城镇住户调查方法

城镇住户调查采用分层随机抽样的方法确定。调查户的抽选工作分两步进行。第一步进行一次性的大样本调查；第二步从大样本调查中抽出一个小样本，作为经常性调查户，开展记账工作。

大样本调查每三年进行一次，其目的主要是为经常性调查提供抽样框和为经常性调查数据评估提供基础资料。在大样本调查中，各调查市、县采取分层、二(多)阶段、与大小成比例(PPS方法)的随机等距方法选取调查样本。即先按区分层，在层内按照PPS方法随机等距抽选调查社区/居委会，在抽中社区/居委会内随机等距抽选调查住宅。部分大城市根据需要可以采用三阶段抽样，即先抽选社区/居委会，再抽选调查小区，最后抽选调查住宅。对选出的大样本或一相样本开展调查，取得调查户家庭人口、就业人口、收入等辅助资料，然后，根据这些资料进行分组，从中按比例抽出一个小样本也称二相样本，作为经常性调查户，开展日记账工作。

四、农村居民生活资料来源

农村居民生活状况的数据来源于农村住户抽样调查。主要内容包括农村居民家庭基本情况、住房情况、收入、生活消费支出、主要消费品消费量、耐用消费品拥有量等。

五、农村住户调查方法

农村住户调查综合运用多种抽样方法确定住户调查网点。农村住户调查在95%的概率把握程度下要求抽样误差不得超过±3%。为保证农村住户调查资料的准确性，调查户设置现金和实物两本帐，并聘请辅助调查员帮助做好记账工作，及时核实、汇总住户调查资料。

为解决调查户的厌烦情绪及样本老化问题，增强抽样调查网点的代表性，更加准确、及时地反映农村社会经济情况，农村住户调查网点实行样本轮换制度，每五年为一个周期。

Brief Introduction

Ⅰ. Main Contents

Data in this chapter show the people's living conditions in Jiangsu, consisting of two parts, on the life of urban and rural households respectively.

Ⅱ. Sources of Data on the Living Conditions of Urban Residents

Data on the living condition of urban residents come from the data collected through a sample survey on the urban households. The main contents of the survey include persons in the household and the household composition; cash income and expenditure of the household; quantity of major commodities purchased and expenditure; the employment of household members; the housing condition; and the possession of durable consumer goods.

Ⅲ. Methodology for Urban Household Survey

Sample cities and towns in urban areas are selected by using stratified random sampling method. The selection of sample households in urban areas is done by two steps: the first step is to have a one-off large sample survey; the second step is to select a small sample from the large sample to be used as regular sample households for diaries.

The large sample survey is conducted for every three years; the objective is to provide sample frame for regular surveys and basic information for data evaluation of regular surveys. In the large sample survey, samples in sample cities and towns are selected by systematic sampling method schemes, such as two - phase sampling and stratifying method, two - stage (multi) method and probability proportional to size (PPS) method. Namely, stratification is done at district level, and then PPS systematic sampling method is used to select sample communities/resident's committees, finally the same method is used to select dwellings from the selected districts/resident's committees. In some large cities, three - stage sampling method is used. First, the communities/resident's committees are selected. Secondly, sample districts are selected. Thirdly, sample dwellings are selected. A survey will be conducted to the large samples or the first phase samples to collect relevant information on household population, persons employed, income and so on. Then grouping is made based on the information collected, small samples or the second phase samples are selected according to proportions which are regular sample households to keep diary.

Ⅳ. Sources of Data on the Living Conditions of Rural Residents

Data on the living conditions of rural residents come from data collected through the sample survey on rural households. The main contents of the survey include the basic condition of rural households, housing conditions, income, consumption expenditure, consumption of major consumer goods and the quantity of durable consumer goods owned.

Ⅴ. Methodology for Rural Household Survey

Sample survey on rural households use a combination of various sampling approaches. It is required that the sampling error should not exceed ± 3%, with a confidence probability as 95%. In order to ensure the accuracy of the survey data on the rural households, two accounts are designed for the respondent households: the cash account and the account on goods in kind. Assistant enumerators have been recruited to help the households keep good accounts and to check on a timely fashion and to and tabulate the data from the survey.

In order to overcome the tedium of respondent households and to ensure that the sample is accurately representative over time and reflects the changing rural social and economic situation, a rotation sampling scheme is implemented. A complete cycle of rotation is 5 years.

4-1 人民生活水平情况
Basic Statistics on People's Living Standard

指标	Item	1995	2000	2005	2009	2010
就业	**Employment**					
农村居民家庭每户整半劳动力 （人）	Average Number of Full/semi Laborer Per Rural Household (person)	2.79	2.62	2.66	2.66	2.66
每一农村劳动力负担人数 （人）	Number of Dependents Per Laborer of Rural Household (person)	1.1.44	1.43	1.41	1.39	1.38
城镇居民家庭每户就业人口 （人）	Average Number of Employed Persons per Urban Household (person)	1.85	1.65	1.42	1.42	1.41
每一城镇就业者负担人数 （人）	Number of Dependents per Laborer of Urban Household (person)	1.72	1.86	2.06	1.98	1.98
城镇登记失业率 （%）	Registered Urban Unemployment Rate (%)	2.0	3.2	3.6	3.22	3.16
收入与支出	**Income**					
城镇居民人均可支配收入 （元）	Per Capita Disposable Income of Urban Households (yuan)	4634	6800	12319	20552	22944
城镇居民生活消费支出 （元）	Per Capita Consumption Expanditure of Urban Households (yuan)	3772	5323	8622	13153	14357
农村居民人均纯收入（元）	Per Capita Net Income of Rural Households (yuan)	2457	3595	5276	8004	9118
农村居民生活消费支出 （元）	Per Capita Living Expenditure of Rural Households (yuan)	1938	2337	3567	5805	6543
职工年平均工资 （元）	Annual Average Wage of Workers and Staff (yuan)	5943	10299	20957	35890	40505
人均储蓄存款余额 （元）	Per Capita Balance of Saving Deposit (yuan)	2721	6083	13944	25711	29652
生活质量	**Life Quality**					
居民家庭恩格尔系数（%）	Household's Engle Coefficient (%)					
城镇居民	Urban	51.9	41.1	37.2	36.3	36.5
农村居民	Rural	54.8	43.5	44.0	39.2	38.1
人均住房面积 （平方米）	Per Capita Floor Space of Residential Building (sq. m)					
城市人均建筑面积	Per Capita Building Space in Urban Areas	21.69	25.54	28.76	32.87	33.39
农村人均住房面积	Per Capita Living Space in Rural Areas	25.71	33.70	38.59	45.24	46.33
交通状况	**Traffic**					
城市每万人拥有公共汽（电）车 （辆）	Number of Public Transportation Vehicles Per 10000 Persons (unit)	7.1	10.6	9.1	11.7	11.5
城市每万人拥有道路面积 （平方米）	Area of Paved Roads in City Per 10000 Persons (sq. m)	8.3	10.6	16.3	20.4	21.3
城市每百户拥有家用汽车 （辆）	Number of Automabiles per 100 Urban Households (unit)			4.29	11.92	13.83
农村每百户拥有摩托车 （辆）	Number of Motor cycles per 100 Rural Households (unit)	8.65	28.50	52.74	63.44	63.26

4－1 续 表 1 Continued 1

指标	Item	1995	2000	2005	2009	2010
邮电通信水平	**Level of Postal and Telecommunication**					
每一邮政局所服务面积（平方公里）	Average Area Served by Every Post Office (sq. km)			35.8	40.3	40.4
固定电话普及率（部/百人）	Popularization Rate of Fixed Telephones (unit/100 persons)		15.5	40.9	33.8	32.4
移动电话普及率（部/百人）	Rate Popularization of Mobil-telephones (unit/100 persons)		8.5	34.1	65.0	76.7
城市公用事业	**Public Utilities in Urban Areas**					
用水普及率（%）	Coverage Rate of Urban Population with Access to Tap Water (%)	98.9	99.2	96.3	99.7	99.6
燃气普及率（%）	Coverage Rate of Urban Population with Access to Gas (%)	81.8	95.8	93.3	98.4	99.1
人均公园绿地面积（平方米）	Per Capita Public Green Land Area (sq. m)	6.9	8.1	10.3	13.2	13.3
文化、教育和卫生	**Culture, Education and Healthcare**					
文化	Culture					
广播综合人口覆盖率（%）	Radio Coverage of Population (%)	86.9	99.6	99.7	100.0	100.0
电视综合人口覆盖率（%）	TV Coverage of Population (%)	93.5	99.5	99.6	99.9	99.9
城镇每百户拥有彩色电视机（台）	Number of Color TV Sets Owned per 100 Households in Urban Areas (unit)	85.2	124.5	153.2	166.8	170.7
农村每百户拥有彩色电视机（台）	Number of Color TV Sets Owned per 100 Households in Rural Areas (unit)		53.9	104.7	134.7	142.1
每百户家用电脑拥有量（台）	Number of Computers Owned per 100 Households (unit)					
城市	Urban Areas		10.65	46.35	75.72	81.36
农村	Rural Areas			2.88	8.2	11.0
居民家庭文教娱乐支出比重（%）	Percentage of Household Expenditure on Culture, Recreation and Education (%)					
城市	Urban Areas	7.81	12.60	14.94	14.96	14.86
农村	Rural Areas	7.18	11.51	13.43	14.10	13.88
教育	Education					
升学率（%）	Enrollment Rate (%)					
学龄儿童入学率	Enrollment Rate of School-age Chidren	99.8	99.8	99.8	99.9	99.9
小学毕业生升学率	Enrollment Rate of Primary School Graduates	96.6	97.2	99.8	100.0	100.0
初中毕业生升学率	Enrollment Rate of Junior Secondary School Graduates	56.8	68.5	89.6	97.3	97.5
每万人口在校学生数（人）	Number of Students per 10000 Persons (person)					
大学生数	University (or college) Students	29.5	61.7	155.2	214.0	209.6

4－1 续表 2 Continued 2

指 标	Item	1995	2000	2005	2009	2010
中学生数	Secondary School Students	530.5	592.3	793.3	642.6	588.1
小学生数	Primary School Students	912.5	980.7	649.6	512.7	506.8
平均每一教师负担学生（人）	Average Number of Students Supported by a Teacher (person)					
大学	University (or college)	7.6	13.7	18.4	17.7	17.4
中学	Secondary School	16.9	17.3	19.0	15.3	14.3
小学	Primary School	23.6	24.9	18.6	15.6	16.0
卫生	Public Health					
每万人拥有病床 （张）	Number of Hospital Beds per 10000 Persons (unit)	21.9	22.1	25.6	30.4	31.5
每万人拥有医生数 （人）	Number of Doctors per 10000 Persons (person)	15.9	15.6	15.0	15.9	16.4
居民家庭医疗保健支出比重(%)	Percentage of Household Expenditure on Medicine and Healthcare					
城市	Urban Areas	1.95	5.53	6.72	6.15	5.61
农村	Rural Areas	2.53	5.54	5.57	5.56	5.54
社会保障、社区服务和治安	**Social Security, Community Service and Public Security**					
社会保障	Social Security					
参加基本养老保险职工人数 （万人）	Number of Workers Joining Basic Pension Insurance (10000 persons)		646.6	952.3	1387.8	1503.4
参加失业保险人数 （万人）	Number of Workers Joining Unemployment Insurance (10000 persons)	638.0	757.0	838.5	1079.1	1153.8
参加基本医疗保险人数 （万人）	Number of Workers Joining Basic Medicine Insurance (10000 persons)		235.5	1123.1	1701.1	1848.3
参加新型农村合作医疗人数 （万人）	Number of Persons Joining New-type Rural Co-operative Medical Treatment (10000 persons)			3870	4379	4380
城镇居民最低生活保障人数 （万人）	Number of Urban Residents Supported by Lowest Life Security Line (10000 persons)		7.4	42.3	46.8	42.81
农村居民最低生活保障人数 （万人）	Number of Rural Residents Supported by Lowest Life Security Line (10000 persons)		18.4	87.2	138.8	139.43
社区服务	Community Service					
城镇社区服务设施 （个）	Number of Urban Community Service Facilities (unit)	4960	18065	24550	19829	17092
城镇便民利民服务网点 （个）	Number of Convenience Stores in Urban Area (unit)	12118	42503	71447	109150	107657
社会治安	Social Public Security					
公安机关刑事案件立案数 （起）	Number of Criminal Cases Registered (file)	74233	274010	424166	411413	410319
公安机关治安案件受理数 （起）	Number of Public Security Cases Accepted by Public Security Organs (case)	150738	205280	1130791	1816717	1224213
交通事故发生数 （起）	Number of Traffic Accidents (times)	14544	54307	27690	14547	13947
火灾事故发生数 （起）	Number of Fire Accidents (times)	2569	11156	19249	5072	5299

4-2　农村居民家庭人均收入及恩格尔系数
Per Capita Annual Income and Engle Coefficient of Rural Households

年　份 Year	农村居民家庭人均纯收入 Per Capita Net Income of Rural Houselds				农村居民家庭恩格尔系数（%） Engle Coefficient of Rural Households	城乡居民收入比（以农民收入为1） Income Ratio of Urban and Rural Residents (1 for a Rural Resident)
	绝对数（元） Value (yuan)	名义增长（%） Nominal Growth Rate(%)	实际增长（%） Real Growth Rate(%)	实际增长指数（1978年=100） Real Income Index(100 in 1978)		
1978	155			100.0	62.3	1.86
1979	200			127.5	59.9	
1980	218			150.1	58.0	1.99
1981	258	18.4	17.3	176.1	56.9	1.74
1982	309	19.8	18.6	208.9	55.5	1.57
1983	357	15.4	15.4	241.1	55.3	1.40
1984	448	25.6	21.0	291.7	53.0	1.40
1985	493	10.0	0.5	293.2	52.1	1.55
1986	561	13.9	6.7	312.8	49.5	1.62
1987	627	11.6	3.7	324.4	48.4	1.60
1988	797	27.2	4.8	340.0	46.1	1.53
1989	876	9.9	-7.3	315.1	50.2	1.57
1990	884	0.9	6.3	335.0	52.3	1.66
1991	921	4.2	-5.8	315.6	56.1	1.76
1992	1061	15.2	10.3	348.1	54.7	2.02
1993	1267	19.4	3.0	358.5	50.2	2.19
1994	1832	44.6	6.0	380.0	54.8	2.06
1995	2457	34.1	9.5	416.1	54.8	1.89
1996	3029	23.3	12.6	468.6	51.2	1.71
1997	3270	7.9	4.4	489.2	48.9	1.76
1998	3377	3.3	4.5	511.2	47.8	1.78
1999	3495	3.5	5.3	538.3	44.7	1.87
2000	3595	2.9	3.5	557.1	43.5	1.89
2001	3785	5.3	4.0	579.4	42.6	1.95
2002	3996	5.6	5.9	613.6	40.0	2.05
2003	4239	6.1	5.2	645.5	41.4	2.18
2004	4754	12.1	7.2	692.0	44.2	2.20
2005	5276	11.0	8.4	750.1	44.0	2.33
2006	5813	10.2	8.4	813.1	41.8	2.42
2007	6561	12.9	7.7	875.7	41.6	2.50
2008	7357	12.1	6.2	930.0	41.3	2.54
2009	8004	8.8	9.4	1017.4	39.2	2.57
2010	9118	13.9	9.2	1111.0	38.1	2.52

4-3 城镇居民家庭人均收入及恩格尔系数

Per Capita Annual Income and Engle Coefficient of Urban Households

年份 Year	城镇居民家庭人均可支配收入 Per Capita Disposal Income of Urban Households				城镇居民家庭恩格尔系数（%） Engle Coefficient of Urban Households（%）
	绝对数（元） Value（yuan）	名义增长（%） Nominal Growth Rate（%）	实际增长（%） Real Growth Rate（%）	实际增长指数（1978年=100） Real Income Index（100 in 1978）	
1978	288			100.0	55.1
1979					
1980	433			141.4	55.1
1981	448	3.4	1.0	142.8	55.9
1982	484	8.0	7.1	152.9	58.2
1983	498	2.9	2.1	156.2	58.6
1984	626	25.7	20.7	188.5	56.3
1985	766	22.3	11.6	210.4	52.5
1986	910	18.8	11.8	235.1	51.2
1987	1005	10.4	-0.1	234.8	52.0
1988	1218	21.2	-1.1	232.2	50.8
1989	1372	12.6	-2.9	225.5	53.9
1990	1464	6.7	3.2	232.6	55.5
1991	1623	10.9	3.0	239.5	55.7
1992	2138	31.8	21.1	290.0	53.9
1993	2774	29.7	9.3	316.9	49.4
1994	3779	36.2	8.8	344.7	50.1
1995	4634	22.6	5.5	363.7	51.9
1996	5186	11.9	1.0	367.3	51.0
1997	5765	11.2	9.7	403.1	47.7
1998	6018	4.4	4.4	420.8	45.1
1999	6538	8.6	10.2	463.7	44.1
2000	6800	4.0	4.0	482.3	41.1
2001	7375	8.5	8.3	522.5	39.7
2002	8178	10.9	12.7	588.8	40.4
2003	9263	13.3	12.3	661.0	38.3
2004	10482	13.2	9.1	721.3	40.0
2005	12319	17.5	15.2	831.1	37.2
2006	14084	14.3	12.5	935.2	36.0
2007	16378	16.3	11.7	1044.7	36.7
2008	18680	14.1	8.5	1133.5	37.9
2009	20552	10.0	10.5	1252.5	36.3
2010	22944	11.6	7.8	1350.2	36.5

4－4　城镇居民家庭基本情况
Basic Conditions of Urban Households

指　标	Item	2000	2005	2009	2010
基本情况	**Basic Conditions**				
调查户数　（户）	Number of Households Surveyed　(household)	2600	5000	5100	5100
平均每户家庭人口　（人）	Average Household Size　(person)	3.07	2.92	2.81	2.79
平均每户就业人口　（人）	Average Number of Employed Persons Per Household　(person)	1.65	1.42	1.42	1.41
平均每一就业人口负担人数　（人）	Number of Dependents per Employee　(person)	1.86	2.06	1.98	1.98
平均每户就业面　（%）	Proportion of Employment per Household　(%)	53.70	48.63	50.53	50.54
平均每人建筑面积（平方米）	Average Building Space per Capita　(sq. m)	25.54	28.76	32.87	33.39
平均每人使用面积（平方米）	Average Living Floor Space per Capita　(sq. m)	19.20	21.69	24.66	25.05
人均家庭总收入　（元）	**Per Capita Annual Income　(yuan)**		**13329.95**	**22494.95**	**25115.54**
#可支配收入	**Disposable Income**	**6800.23**	**12318.57**	**20551.73**	**22944.26**
最低收入户	Lowest Income Households	2771.10	3354.90	6148.82	6942.56
低收入户	Low Income Households	3843.77	5179.42	9081.23	10410.68
中等偏下户	Lower Middle Income Households	4929.73	7259.61	12627.06	14149.33
中等收入户	Middle Income Households	6349.98	10294.59	17330.5	19246.25
中等偏上户	Upper Middle Income Households	8229.57	14400.98	23593.67	26410.52
高收入户	High Income Households	10790.69	19983.54	32991.38	36458.58
最高收入户	Highest Income Households	14949.09	33699.29	55834.47	61764.72
人均家庭总支出　（元）	**Per Capita Annual Expenditure　(yuan)**		**11897.97**	**18992.92**	**20139.25**
#消费性支出	Per Capita Consumption Expenditure	5323.18	8621.82	13153.00	14357.49
食品	Food	2189.80	3205.79	4773.68	5243.14
衣着	Clothing	492.10	804.23	1297.95	1465.54
居住	Residence	436.26	794.94	1148.85	1234.05
家庭设备用品及服务	Household Facilities, Articles and Services	570.37	586.84	923.32	1026.32
医疗保健	Healthcare and Medical Services	294.39	579.32	808.37	805.73
交通通讯	Transport and Communications	392.38	1050.88	1721.87	1935.07
教育文化娱乐服务	Recreation, Education and Cultural Services	670.56	1287.90	1968.03	2133.25
杂项商品和服务	Miscellaneous Goods and Services	277.32	311.92	510.94	514.41
借贷支出	Debit and Credit Expenditure	1347.39	3798.04	7475.41	9922.61
#存入储蓄款	Savings Deposit	1020.84	3083.44	6671.71	9207.47
购买有价证券	Buying Securities	31.86	25.32	35.32	23.76

4-5 城镇居民家庭人均收入支出情况（2010年）

单位:元

指标	Item	全省调查户平均水平 Average	最低收入户占10% Lowest Income Households (first decile group)	#更低收入户占5% Poor Households (first five percent group)
家庭总收入	**Per Capita Annual Total Income**	**25115.54**	**7996.31**	**6642.53**
#可支配收入	**Disposable Income**	**22944.26**	**6942.56**	**5706.56**
#工资性收入	Income from wages and Salaries	14816.87	5262.95	4079.87
工资及补贴收入	Wages and Subsidies	14648.36	5131.25	3945.91
其他劳动收入	Other Labor Income	168.51	131.71	133.96
经营净收入	Net Income from Household Operations	2519.06	811.78	873.59
财产性收入	Income from Properties	471.04	100.47	106.82
#利息收入	Interest	69.65	9.48	8.81
转移性收入	Income from Transfers	7308.57	1821.10	1582.25
#养老金或离退休金	Pensions for Retirees	6282.48	1357.30	1161.82
#出售财物收入	Income from Selling Properties	203.74	1.76	1.98
借贷收入	Debit and Credit Income	5719.58	1101.73	888.17
#提取储蓄存款	Drawing Money from Bank	5160.23	1068.93	871.21
家庭总支出	**Expenditures**	**20139.25**	**7351.83**	**6371.05**
消费性支出	Expenditures for Consumption	14357.50	5689.73	4885.92
购房与建房支出	Expenses on Purchase of Housing and Construction	1276.13		
转移性支出	Expenses on Transfers	2516.90	731.38	670.60
财产性支出	Expenses on Properties	148.21	5.10	1.10
社会保障支出	Expenses on Social Security	1840.51	925.62	813.42
#借贷支出	Debit and Credit Expenditure	9922.61	1374.36	969.09
#存入储蓄款	Savings Deposit	9207.47	1313.13	938.88
购买有价证券	Buying Securities	23.76		
消费性支出中:	Among Consumptive Expenditures			
食品	Food	5243.14	2737.43	2394.54
#粮食	Grain	373.38	303.15	289.49
淀粉及薯类	Starches and Tubers	47.99	43.66	42.89
干豆类及豆制品	Beans and Bean Products	82.77	68.86	67.38
油脂类	Oil and Fats	108.09	91.58	89.83
肉类	Meat	728.23	484.62	438.63
禽类	Poultry	299.34	157.66	130.22
蛋类	Eggs	106.86	79.83	76.37

Per Capita Income and Expenditure of Urban Households (2010)

(yuan)

按 收 入 水 平 分 组 Grouped by Level of Income					
低收入户占 10% Low Income Households (second decile group)	中等偏下户 占 20% Lower Middle Income Households (second quintile group)	中等收入户 占 20% Middle Income Households (third quintile group)	中等偏上户 占 20% Upper Middle Income Households (fourth quintile group)	高收入户 占 10% High Income Households (ninth decile group)	最高收入户 占 10% Highest Income Households (tenth decile group)
11652.12	**15617.75**	**20945.53**	**28694.44**	**39689.23**	**66907.98**
10410.68	**14149.33**	**19246.25**	**26140.52**	**36458.58**	**61764.72**
7463.40	9889.77	10907.15	16699.87	24893.92	38744.99
7339.42	9801.68	10787.66	16567.35	24732.68	38134.34
123.98	88.09	119.49	132.52	161.23	610.64
1177.64	1270.29	1858.99	2451.92	3028.21	9566.17
69.87	119.67	241.97	307.08	537.12	2810.70
7.46	24.13	40.41	57.16	128.12	332.04
2941.21	4338.02	7937.43	9235.58	11229.97	15786.12
2461.70	3732.56	7196.83	8224.53	9500.14	12681.62
7.64	4.46	2.96	130.93	804.55	1060.66
2161.06	3308.99	3764.17	5170.00	10850.03	20142.21
1642.46	2888.76	3606.07	5063.35	10083.61	17152.16
10334.08	**13889.22**	**16857.56**	**22282.65**	**33227.90**	**48554.51**
7818.53	10250.04	12846.61	16683.80	21915.37	31274.56
400.26	766.06	331.56	195.74	4080.67	6159.93
995.73	1535.83	2117.31	3037.94	4179.56	6486.72
13.99	34.86	76.02	159.99	283.91	694.26
1105.57	1302.43	1486.07	2205.18	2768.38	3939.05
2665.52	4061.81	6922.90	10593.26	16946.22	38136.89
2523.20	3802.02	6538.11	9822.08	15370.37	35337.86
	2.36	16.62	18.61	66.87	106.66
3490.64	4327.45	5417.1	6180.85	6934.94	8089.39
316.07	342.99	408.96	409.66	406.21	404.45
41.34	45.73	50.86	51.97	48.98	50.33
69.26	79.37	90.74	89.53	86.22	87.46
94.23	105.34	118.87	115.28	109.80	109.64
593.15	711.28	808.41	819.89	804.06	762.76
213.24	272.37	335.79	354.78	364.30	361.95
90.04	97.70	117.47	119.36	117.21	118.68

4-5 续 表

单位:元

指 标	Item	全省调查户平均水平 Average	最低收入户占10% Lowest Income Households (first decile group)	#更低收入户占5% Poor Households (first five percent group)
水产品类	Aquatic Products	421.94	208.66	179.13
蔬菜类	Vegetables	568.46	380.55	344.62
调味品	Condiments	61.18	41.26	37.48
糖类	Sugar	40.25	18.93	16.11
烟草类	Tobacco	309.24	129.51	97.83
酒类	Liquor	159.27	59.74	46.60
饮料	Beverages	89.46	37.35	25.47
干鲜瓜果类	Dried and Fresh Melons and Fruits	382.30	177.65	150.02
糕点	Cake	102.73	48.67	43.86
奶及奶制品	Milk and Processed Products	234.10	111.23	92.13
其他食品	Other Food	107.13	44.04	38.50
衣着	Clothing	1465.54	527.67	434.29
#服装	Garments	1092.05	375.28	315.69
衣着材料	Clothing Materials	14.97	6.27	4.22
鞋类	Shoes	303.36	126.33	97.73
其他衣着用品	Other Clothing	44.65	17.52	14.59
居住	Residence	1234.05	535.37	504.13
#租赁房房租	Rent	19.55	8.60	8.62
水	Water	108.53	63.06	58.06
电	Electricity	425.09	271.12	242.28
家庭设备用品及服务	Facilities, Articales and Services	1026.32	319.75	287.22
耐用消费品	Durable Consumer Goods	431.32	119.72	106.93
室内装饰品	Articles for Interior Decoration	21.80	1.20	1.46
床上用品	Bed Articles	90.09	20.57	18.14
家庭日用杂品	Household Articles for Daily Use	384.78	163.83	143.77
家具材料	Furniture Materials	6.87	0.26	0.48
家庭服务	Household Services	91.45	14.17	16.45
医疗保健	Hualth Care and Medical Services	805.73	316.94	248.43
交通和通讯	Transport and Communications	1935.07	500.29	418.15
#交通费	Transport	199.39	48.01	41.76
电信费	Telecommunications	629.20	330.10	286.80
教育文化娱乐服务	Recreation, Education and Cultural Services	2133.25	607.77	489.80
文化娱乐用品	Recreation Articales	557.89	139.04	97.26
文化娱乐服务	Recreation Services	743.65	86.53	53.60
教育	Education	831.71	382.20	338.94
杂项商品和服务	Miscellaneous Goods and Services	514.41	144.44	109.21

Continued

(yuan)

按收入水平分组 Grouped by Level of Income					
低收入户占 10% Low Income Households (second decile group)	中等偏下户 占 20% Lower Middle Income Households (second quintile group)	中等收入户 占 20% Middle Income Households (third quintile group)	中等偏上户 占 20% Upper Middle Income Households (fourth quintile group)	高收入户 占 10% High Income Households (ninth decile group)	最高收入户 占 10% Highest Income Households (tenth decile group)
276.44	359.96	475.12	501.69	511.63	598.93
441.37	517.04	639.86	641.94	644.45	663.08
48.46	56.12	66.06	69.45	68.76	74.45
24.34	30.75	42.25	45.27	57.98	71.05
171.67	252.12	310.84	383.49	428.48	518.04
102.81	122.19	158.80	191.50	208.98	300.45
47.55	67.69	86.91	110.08	130.16	165.72
220.91	293.42	400.08	473.63	510.21	639.08
65.23	82.14	104.17	124.07	131.60	175.24
143.83	186.52	223.29	297.28	362.76	346.32
66.82	86.13	107.76	137.27	157.31	157.59
789.62	1093.92	1255.21	1783.86	2280.54	3066.71
571.36	806.13	916.53	1334.69	1733.62	2338.10
7.26	11.08	15.40	17.29	23.47	27.95
180.26	234.50	272.08	363.96	445.80	590.42
26.45	35.05	41.22	55.28	60.39	86.09
708.55	899.94	1104.47	1269.92	1949.51	2819.70
15.92	15.11	22.42	25.46	35.28	12.76
75.33	92.65	112.74	124.22	143.54	156.58
324.27	368.29	436.16	465.20	537.71	619.38
463.24	609.03	856.58	1207.84	1816.13	2565.76
167.29	218.01	332.57	476.21	804.87	1286.13
3.76	3.23	15.53	18.86	48.95	97.63
34.44	63.59	81.55	122.42	143.61	187.64
237.69	289.06	360.35	458.27	600.63	696.04
0.95	2.29	8.13	13.72	14.57	7.19
19.11	32.85	58.45	118.35	203.50	291.14
411.62	458.82	811.13	966.27	1549.17	1500.11
721.33	1187.43	1379.79	2228.11	3102.22	5908.04
90.39	127.78	165.81	250.99	350.97	463.12
449.91	545.32	623.54	706.23	872.49	963.99
1033.60	1380.56	1596.12	2469.14	3402.68	5869.34
226.81	318.76	433.89	680.59	926.34	1560.39
173.75	340.19	478.37	878.52	1349.10	2666.23
633.03	721.62	683.85	910.03	1127.24	1642.73
199.91	292.88	426.21	577.81	880.19	1455.51

4-6 城镇居民家庭人均购买主要商品数量 （2010年）

单位:千克

项　目	Item	全省调查户平均水平 Average	最低收入户占10% Lowest Income Households (first decile group)	#更低收入户占5% Poor Households (first five percent group)
食用植物油	Edible Vegetable Oil	8.22	7.80	7.85
猪肉	Pork	21.86	15.86	14.55
牛肉	Beef	1.70	1.13	1.05
羊肉	Mutton	0.72	0.49	0.50
鸡鸭	Chicken and Duck	9.52	6.83	6.29
鲜蛋	Fresh Eggs	10.75	9.21	9.11
鱼	Fish	13.68	9.89	8.98
虾	Shrimp	3.12	1.80	1.62
鲜菜	Fresh Vegetables	121.55	103.39	98.61
白酒	Liquor	1.95	1.51	1.33
啤酒	Beer	2.99	2.02	1.93
茶叶	Tea	0.22	0.13	0.08
鲜果	Fresh Fruits	31.52	20.56	18.20
鲜瓜	Fresh Melons	22.92	16.43	14.74
糕点	Cake	5.09	3.27	2.97
鲜乳品	Fresh Dairy Products	17.00	8.36	7.51
奶粉	Milk Powder	0.30	0.19	0.16
酸奶	Yagurt	3.16	1.36	0.99
服装　（件）	Garment　(piece)	8.11	4.66	4.13

Per Capita Annual Purchases of Major Commodities of Urban Households by Level of Income (2010)

(kg)

按收入水平分组 Grouped by Level of Income					
低收入户占10% Low Income Households (second decile group)	中等偏下户 占20% Lower Middle Income Households (second quintile group)	中等收入户 占20% Middle Income Households (third quintile group)	中等偏上户 占20% Upper Middle Income Households (fourth quintile group)	高收入户 占10% High Income Households (ninth decile group)	最高收入户 占10% Highest Income Households (tenth decile group)
7.84	8.42	8.93	8.36	7.71	7.41
18.87	22.15	24.29	23.67	22.96	21.53
1.60	1.65	1.87	1.87	1.78	1.82
0.58	0.70	0.81	0.84	0.87	0.64
8.22	9.63	10.31	10.27	10.22	9.94
9.74	10.14	11.74	11.66	11.06	10.70
11.54	13.36	15.04	14.87	14.39	15.05
2.21	2.82	3.56	3.54	3.71	3.92
105.81	117.39	134.94	128.34	126.54	122.52
1.99	1.83	2.14	2.13	1.87	1.92
3.44	2.88	3.51	3.07	3.09	2.47
0.12	0.19	0.25	0.25	0.28	0.35
22.49	26.98	32.82	36.34	39.42	43.70
17.80	20.76	25.68	25.26	25.71	27.52
4.00	4.36	5.22	5.82	6.08	7.21
10.99	14.34	16.88	21.30	23.27	24.57
0.18	0.23	0.24	0.38	0.65	0.39
2.06	2.13	2.86	4.14	4.66	5.78
6.19	7.27	7.97	9.23	10.03	12.06

4-7 城镇居民家庭平均每百户年末耐用品拥有量(2010 年)

项目		Item		全省调查户平均水平 Average	最低收入户占 10% Lowest Income Households (first decile group)	#更低收入户占 5% Poor Households (first five percent group)
摩托车	(辆)	Motorcycle	(unit)	21.59	18.65	17.93
助力车	(辆)	Hand Car	(unit)	73.09	70.01	65.64
家用汽车	(辆)	Automobile	(unit)	13.83	0.95	0.81
洗衣机	(台)	Washing Machine	(set)	102.08	97.71	96.30
电冰箱柜	(台)	Refrigerator	(set)	99.36	82.56	79.50
彩色电视机	(台)	Color TV Set	(set)	170.66	133.97	126.91
家用电脑	(台)	Computer	(set)	81.36	43.08	40.68
组合音响	(套)	Hi-Fi Stereo Component System	(set)	27.64	14.84	11.91
摄像机	(台)	Vedio Camera	(set)	7.76	1.66	2.22
照相机	(架)	Camera	(set)	48.28	15.44	12.05
钢琴	(架)	Pianoe	(set)	2.86	0.49	0.50
其他中高档乐器	(件)	Other Medium and High-Grade Musical Instrument	(unit)	4.73	0.87	0.59
微波炉	(台)	Microwave Oven	(set)	88.99	63.40	56.68
空调器	(台)	Air Conditioner	(set)	170.61	87.69	79.29
淋浴热水器	(台)	Water Heater for Shower	(set)	97.77	73.16	69.77
消毒碗柜	(台)	Disinfection Cupboard	(set)	8.40	1.98	2.78
洗碗机	(台)	HDishwasher	(set)	0.77		
健身器材	(件)	ealth Equipment	(unit)	5.46	1.59	0.38
固定电话	(部)	Fixed Telephone	(set)	109.29	97.52	94.53
移动电话	(部)	Mobile Telephone	(set)	183.26	146.93	142.03

Ownership of Durable Consumer Goods per 100 Urban Households at Year-end by Level of Income (2010)

收入水平分组 Grouped by Level of Income					
低收入户占 10% Low Income Households (second decile group)	中等偏下户 占 20% Lower Middle Income Households (second quintile group)	中等收入户 占 20% Middle Income Households (third quintile group)	中等偏上户 占 20% Upper Middle Income Households (fourth quintile group)	高收入户 占 10% High Income Households (ninth decile group)	最高收入户 占 10% Highest Income Households (tenth decile group)
27.43	24.94	20.08	20.95	20.37	18.16
71.52	83.93	74.02	69.97	68.04	66.23
2.84	5.33	7.87	15.47	26.49	44.59
98.99	101.49	99.99	105.40	103.47	105.61
93.80	96.56	99.91	103.81	104.43	108.23
145.76	156.66	166.65	181.01	194.01	211.94
62.11	71.97	72.70	88.88	102.94	126.45
20.64	21.68	24.53	31.77	39.81	41.11
1.81	3.30	6.17	9.01	15.47	19.04
23.80	33.74	41.31	56.72	73.60	94.42
0.20	1.44	1.36	4.29	5.03	7.62
2.90	2.53	4.81	6.12	8.10	7.38
79.22	85.88	90.40	95.06	97.74	100.84
116.04	135.08	164.85	195.48	222.07	261.75
85.65	93.21	95.78	104.11	111.31	114.87
2.42	4.26	5.70	9.47	14.24	23.45
0.22	0.92	0.45	0.55	0.83	2.48
1.08	1.72	4.18	6.69	12.13	12.87
102.81	108.58	110.09	111.47	111.71	117.42
177.56	180.70	168.67	190.39	202.39	217.39

4-8 城镇居民家庭平均每人购买主要商品数量
Per Capita Annual Purchases of Major Commodities in Urban Households

单位:公斤 (kg)

项目		Item		1990	1995	2000	2005	2009	2010
大米		Rice		78.53	71.28	56.16	50.33	47.20	47.06
面粉		Flour		17.73	10.60	5.74	6.25	5.59	5.58
植物油		Edible Vegetable Oil		6.98	7.31	8.60	8.62	8.82	8.22
鲜菜		Fresh Vegetables		117.73	112.30	105.01	104.70	116.57	121.55
猪肉		Pork		18.49	19.86	19.71	20.98	20.43	21.86
牛羊肉		Beef and Mutton		2.38	1.40	1.77	2.37	2.27	2.42
蛋类		Eggs		7.54	10.14	11.87	10.71	10.66	10.75
鱼虾		Fish and Shrimp		10.76	14.31	15.89	15.30	16.82	16.80
鲜瓜果		Fresh Melons&Fruits		45.32	45.39	47.42	51.87	52.72	54.44
糕点		Cake		3.94	3.11	3.01	3.73	4.71	5.09
鲜酸奶		Yogurt		3.72	4.19	12.04	22.00	19.50	20.16
服装	(件)	Garments	(piece)	2.45	4.82	5.81	6.95	7.72	8.11

4-9 城镇居民家庭平均每百户年末耐用品拥有量
Ownership of Major Durable Consumer Goods per 100 Urban Households at Year-end

项目		Item		1990	1995	2000	2005	2009	2010
洗衣机	(台)	Washing Machines	(set)	85.81	95.35	96.15	99.38	101.55	102.08
电冰箱柜	(台)	Refrigerators	(set)	49.09	71.35	90.06	96.47	98.27	99.36
摩托车	(辆)	Motorcycles	(unit)	1.90	6.77	27.28	27.42	21.64	21.59
彩色电视机	(台)	Color TV Sets	(set)	51.46	85.22	124.45	153.19	166.75	170.66
空调器	(台)	Air Conditioners	(set)	0.07	10.53	45.90	123.92	163.80	170.61
家用电脑	(台)	Computers	(set)			10.65	46.35	75.72	81.36
健身器材	(件)	Health Equipment	(set)			5.09	5.59	5.16	5.46
固定电话	(部)	Fixed Telephones	(set)				130.79	110.46	109.29
移动电话	(部)	Mobile Telephones	(set)			25.47	120.61	176.20	183.26
家用汽车	(辆)	Automobile	(unit)				4.29	11.92	13.83

4－10 农村居民家庭基本情况
Basic Conditions of Rural Households

指 标	Item	2000	2005	2009	2010
调查户数 （户）	**Number of Households Surveyed (household)**	**3400**	**3400**	**3400**	**3400**
调查户人口 （人）	**Residents Surveyed (person)**				
常住人口	Permanent Residents	12711	12712	12529	12499
平均每户常住人口	Average Numbe of Permanent Residents per Household	3.74	3.74	3.69	3.68
平均每户整、半劳动力	Average Number of Full/Semi Labour Force per Household	2.62	2.66	2.66	2.66
平均每个劳动力负担人口（包括劳动力本人）	Average Number of Dependents per Labour Force(including the laborer-self)	1.43	1.41	1.39	1.38
人均住房面积 （平方米）	**Per Capita Floor Space of Houses (sq.m)**	**33.7**	**38.6**	**45.2**	**46.3**
平均每人全年收入 （元）	**Per Capita Annual Income (yuan)**				
总收入	Total Revenue	4542.0	6682.3	9747.0	11138.5
纯收入	Net Income	3595.1	5276.3	8003.5	9118.2
现金收入	Cash Income	3673.6	6035.3	9019.7	10230.8
按人均纯收入水平分组的户数占调查总户数的比重(%)	**Percentage of Households Grouped by per Capita Annual Net Income (%)**				
1000 元以下	Below 1000 yuan	2.9	1.6	0.9	1.6
1000—2000 元	1000—2000 yuan	17.1	6.6	2.4	2.4
2000—3000 元	2000—3000 yuan	26.8	14.1	6.3	4.5
3000—4000 元	3000—4000 yuan	21.0	18.0	10.2	8.1
4000—5000 元	4000—5000 yuan	12.2	14.7	9.7	8.7
5000—6000 元	5000—6000 yuan	20.0	11.5	10.8	10.2
6000—8000 元	6000—8000 yuan		15.4	19.5	17.9
8000—10000 元	8000—10000 yuan		8.8	12.8	14.2
10000 元以上	10000 yuan and Over		9.3	27.4	32.4
平均每人全年支出 （元）	**Per Capita Annual Expenditures (yuan)**				
总支出	Total Expenditure	3434.3	5281.3	8027.6	9163.6
#家庭经营性费用支出	Expenditure for Household Operations	678.0	1185.1	1411.9	1604.7
购置生产性固定资产支出	Purchase of Productive Fixed Assets Expenditures	28.8	141.4	149.5	164.1
生活消费支出	Expenses on Household Consumption	2337.5	3567.1	5804.5	6542.9
财产性支出	Expenses on Properties	14.7	6.1	12.3	51.3
转移性支出	Expenses on Transfers	272.0	346.9	612.8	765.0
现金支出	Cash Expenditure	2970.2	4776.1	7467.9	8587.3
#生产费用	Productive Costs	667.2	1261.1	1502.2	1723.3
税费支出	Taxes and Fees	97.0	33.3	35.4	34.6
生活消费支出	Expenses on Household Consumption	1922.1	3137.9	5332.2	6041.9

4－11 农村居民家庭平均每人总收入和纯收入
Annual per Capita Revenue and Net Income of Rural Households

单位:元 (yuan)

指　标	Item	2000	2005	2009	2010
总收入	**Total Revenue**	**4542.0**	**6682.3**	**9747.0**	**11138.5**
工资性收入	Wages Income	1663.1	2786.1	4238.5	4896.4
在非企业组织中劳动的收入	Non-enterprise Units	283.9	353.7	498.9	569.3
在本乡地域内劳动得到的收入	Income from Labour in Native Region	902.7	1474.1	2411.5	2774.7
#在本地企业劳动得到的收入	Local Enterprises	740.2	1251.2	2044.3	2350.0
外出从业得到的收入	Income from Labour in Non-native Region	476.5	958.3	1328.2	1552.4
家庭经营收入	Income from Household Operations	2636.1	3470.6	4572.5	5068.0
财产性收入	Income from Properties	48.1	150.4	325.6	398.9
转移性收入	Income from Transfers	194.7	275.2	610.3	775.2
纯收入	**Net Income**	**3595.1**	**5276.3**	**8003.5**	**9118.2**
工资性收入	Wages Income	1663.1	2786.1	4238.5	4896.4
家庭经营收入	Household Operations	1771.0	2125.0	2938.7	3215.0
农业收入	Farming		946.4	1183.5	1323.5
林业收入	Forestry		39.6	55.7	73.9
牧业收入	Animal Husbandry		256.5	237.2	202.3
渔业收入	Fishery		135.6	243.5	244.9
工业收入	Industry		147.5	311.8	356.9
建筑业收入	Construction		104.0	124.4	139.9
交通运输邮电业收入	Transport and Post		188.8	250.0	267.5
批零贸易餐饮业收入	Wholesale and Retail Trade and Catering Services		205.3	368.6	464.0
社会服务业收入	Social Services		61.9	86.1	75.9
文教卫生业收入	Education, Culture and Health Care		3.2	16.9	18.0
其他家庭经营收入	Income from Other Household Operations		36.2	61.2	48.3
财产性收入	Income from Properties	48.1	150.4	325.6	398.9
转移性收入	Income from Transfers	112.9	214.8	500.7	607.9

4－12 农村居民家庭平均每人生活消费支出
Per Capita Rural Household Living Expenditures

单位:元 (yuan)

指　标	Item	2000	2005	2009	2010
生活消费支出	**Total Consumption Expenditure**	**2337.5**	**3567.1**	**5804.5**	**6542.9**
食品	Food	1017.6	1569.3	2275.3	2491.5
主食	Staple Food	259.7	307.2	359.6	380.1
副食及其他食品	Non-Staple Food and Others	670.2	1031.2	1453.3	1631.0
在外饮食	Food Consumption Outside	87.7	230.9	462.4	480.4
衣着	Clothing	126.7	191.1	306.6	350.0
居住	Residence	441.6	512.5	969.8	1170.9
#住房装饰	Housing Decoration	53.6	99.5	205.6	162.6
家庭设备用品及服务	Household Facilities, Articles and Services	115.0	168.0	286.4	327.7
交通和通讯	Transport and Communications	155.5	363.8	691.6	785.5
文化教育娱乐用品及服务	Cultural, Educational and Recreational Articles and Services	269.0	478.9	818.5	908.1
医疗保健	Healthcare and Medical Services	129.5	198.5	323.0	362.3
其他商品和服务	Miscellaneous Goods and Services	82.6	85.0	133.4	146.9

4－13 农村居民家庭房屋情况
Housing Conditions of Rural Household

指　标		2000	2005	2009	2010
平均每人住房	**per Capita Housing Conditions**				
人均住房价值 (元)	Per Capita Value of Houses (yuan)	9397.9	15462.7	22953.5	25843.2
人均住房面积 (平方米)	Per Capita Floor Space of Houses (sq. m)	33.7	38.6	45.2	46.3
按住房类型分	Grouped by Type of Houses				
#楼房面积	Per Capita Floor Space of Storied Buildings	19.7	25.5	31.0	31.71
砖瓦平房面积	Per Capita Floor Space of Brick and Wood Bungalow	13.5	12.7	13.9	14.39
按住房结构分	Grouped by House Structure				
#钢筋混凝土结构	Reinforced Concrete Structure	8.4	21.6	26.3	26.9
砖木结构	Brick and Wood Structure	24.8	16.6	18.8	19.3
平均每人本年新建房屋	**Houses Newly Built per Capita This Year**				
新建(购)住房每平方米价值 (元)	Value of per Square of the Rooms Newly Built (yuan)	352.6	563.1	1105.3	903.5
人均新建(购)住房面积 (平方米)	Per Capita Floor Space of Houses Newly Built (sq. m)	1.14	0.85	1.01	0.95
#钢筋混凝土结构	Reinforced Concrete Structures	0.43	0.66	0.85	0.66
砖木结构	Brick and Wood Structures	0.69	0.19	0.16	0.28
#楼房	Storied Buildings	0.75	0.69	0.86	0.79

4-14 不同收入组农村居民家庭基本情况(2010年)
Basic Condition of Rural Household Grouped by Income(2010)

指标	Item	低收入户 Low Income Households	中低收入户 Low-medium Income Households	中等收入户 Medium Income Households	中高收入户 Upper-medium Income Households	高收入户 High Income Households
平均每户常住人口 (人)	Average Number of Permanent Residents per Household (person)	3.9	4.0	3.7	3.5	3.2
平均每户整、半劳动力 (人)	Average Number of Full/Semi Labour Force per Household (person)	2.7	2.8	2.7	2.7	2.5
平均每个劳动力负担人口 (人)	Average Number of Dependents per Labour Force (person)	1.44	1.43	1.39	1.33	1.31
平均每人总收入 (元)	Per Capita Total Income (yuan)	4560.7	7109.1	9638.8	12932.7	23940.9
#现金收入	Cash Income	3710.1	6205.3	8753.9	11988.9	22972.0
平均每人总支出 (元)	Per Capita Total Expenditure (yuan)	6321.8	6642.8	7859.6	10268.4	16060.9
#现金支出	Cash Expenditure	5754.8	6083.5	7253.4	9667.1	15514.7
平均每人纯收入 (元)	Per Capita Net Income (yuan)	2993.5	5684.0	8027.7	11072.3	19976.8
工资性收入	Wages Income	1505.1	3224.9	4708.8	6625.2	9426.1
家庭经营收入	Income from Other Household Operations	1163.9	1936.5	2590.3	3224.0	8024.3
财产性收入	Income from Properties	109.2	166.8	197.4	444.4	1225.2
转移性收入	Income from Transfers	215.3	355.8	531.2	778.8	1301.2

4-15 不同收入组农村居民家庭平均每人生活消费支出(2010年)
Per Capita Living Expenditure of Rural Household Grouped by Income(2010)

单位:元 (yuan)

指标	Item	低收入户 Low Income Households	中低收入户 Low-medium Income Households	中等收入户 Medium Income Households	中高收入户 Upper-medium Income Households	高收入户 High Income Households
生活消费支出	**Total Consumption Expenditures**	**4511.5**	**4922.3**	**5843.6**	**7667.3**	**10608.6**
食品	Food	1853.5	1940.1	2374.0	2823.1	3726.3
衣着	Clothing	216.4	259.7	310.6	409.7	605.3
居住	Residence	820.6	1003.9	1033.7	1279.4	1845.8
家庭设备用品及服务	Household Facilities, Articles and Services	216.0	243.4	266.5	391.4	569.5
交通和通讯	Transport and Communications	463.5	475.5	608.6	1082.7	1441.7
文化教育娱乐用品及服务	Cultural, Educational and Recreational Articles and Services	596.0	606.0	849.8	1090.6	1530.8
医疗保健	Healthcare and Medical Services	255.5	312.3	298.8	386.2	602.2
其他商品和服务	Miscellaneous Goods and Services	90.0	81.4	101.5	204.2	287.1
生活消费现金支出	**Total Cash Consumption Expenditures**	**4015.5**	**4426.4**	**5304.8**	**7146.6**	**10160.8**
食品	Food	1365.8	1459.7	1851.1	2313.1	3285.8
衣着	Clothing	216.4	259.7	310.6	409.7	605.3
居住	Residence	812.3	988.5	1018.1	1268.7	1838.5
家庭设备用品及服务	Household Facilities, Articles and Services	216.0	243.4	266.3	391.4	569.5
交通和通讯	Transport and Communications	463.5	475.5	608.6	1082.7	1441.7
文化教育娱乐用品及服务	Cultural, Educational and Recreational Articles and Services	596.0	606.0	849.8	1090.6	1530.8
医疗保健	Healthcare and Medical Services	255.5	312.3	298.8	386.2	602.2
其他商品和服务	Miscellaneous Goods and Services	90.0	81.4	101.5	204.2	287.1

4-16 农村居民家庭平均每人主要消费品消费量
Rural Household per Capita Consumption on Major Consumer Goods

单位:公斤 (kg)

指标	Item	2000	2005	2009	2010
粮食(原粮)	Grain (Unprocessed Grains)	288.1	208.6	200.7	176.7
#稻谷	Rice	188.2	147.1	145.0	129.4
小麦	Wheat	72.5	45.4	43.9	35.0
蔬菜及其制品	Fresh Vegetables and processed products	115.7	108.9	107.6	107.0
植物油	Edible Vegetable Oil	8.9	7.8	8.8	7.0
动物油	Edible Animal Oil	0.7	0.3	0.2	0.2
肉类及其制品	Meat and Processed Products	17.8	23.0	22.4	24.0
#猪肉	Pork	11.5	12.8	11.4	12.9
牛羊肉	Beef and Mutton	0.8	1.3	1.2	1.3
家禽	Poultry	4.4	5.6	6.6	6.2
蛋类及其制品	Eggs and Processed Products	8.2	6.4	7.2	6.8
水产品及其制品	Aquatic Products	7.7	10.0	10.8	11.2
#鱼类	Fishes	6.8	8.2	8.8	9.2
虾、贝、蟹类	Shrimp, Shellfish and Crab	0.5	1.2	1.5	1.4
水果(含果用瓜)	Fruit (including melon fruits)	21.1	18.0	18.2	9.1
食糖	Sugar	1.5	1.2	1.3	1.2
酒	Liquor	7.4	11.2	11.6	11.5

4-17 农村居民家庭年末平均每百户耐用消费品拥有量
Rural Household Year-end Possession of Durable Consumer Goods per 100 Households

指标		Item		2000	2005	2009	2010
彩色电视机	(台)	Color TV Sets	(set)	53.9	104.7	134.7	142.1
影碟机	(台)	Video Disc Players	(set)	11.2	30.1	41.6	40.6
电话机	(部)	Telephones	(set)	51.4	89.4	91.9	90.9
移动电话	(部)	Mobile Telephones	(set)	9.1	78.0	143.7	171.0
洗衣机	(台)	Washing Machines	(set)	46.1	67.9	88.4	91.5
电冰箱	(台)	Refrigerators	(set)	19.9	36.0	53.4	59.3
抽油烟机	(台)	Exhaust Fans	(set)	5.1	12.6	22.1	24.1
自行车	(辆)	Bicycles	(unit)	175.4	162.1	159.6	24.1
摩托车	(辆)	Motorcycles	(unit)	28.5	52.7	63.4	159.9
空调机	(台)	Air Conditioners	(set)	5.4	22.2	39.6	47.4
照相机	(架)	Cameras	(set)	4.0	6.7	11.2	12.5
热水器	(台)	Water Heater for Shower	(set)	11.1	32.1	57.2	62.6
家用电脑	(台)	Computer	(set)		2.9	8.2	11.0
家用汽车	(辆)	Aatomobile	(unit)	0.5	1.1	2.3	3.0

4－18 按纯收入分组农村居民家庭购买商品数量(2010 年)

Annual Purchases of Commodities in Rural Households by Level of Net Income(2010)

单位:公斤 (kg)

指 标	Item	全省平均 Average	低收入户 Low Income Households	中低收入户 Low-medium Income Households	中等收入户 Medium Income Households	中高收入户 Upper-medium Income Households	高收入户 High Income Households
平均每人购买	**Per Capita Perchases of Commodities**						
粮食(原粮)	Grain(Unprocessed Grain)	42.7	33.3	35.5	36.7	48.3	63.6
食用植物油	Edible Vegetable Oil	4.8	3.8	4.7	4.8	5.0	6.1
动物油	Animal Oil	0.2	0.2	0.2	0.3	0.2	0.2
蔬菜	Vegetables	25.4	18.5	21.7	22.3	29.1	38.2
豆制品 (元)	Beans and Bean Products (yuan)	22.9	20.1	21.8	21.5	24.3	27.7
猪肉	Pork	11.9	9.3	9.2	11.2	13.4	17.3
牛羊肉	Beef and Mutton	1.0	0.8	0.9	0.9	1.1	1.6
家禽	Poultry	4.2	2.4	3.0	3.7	5.2	7.3
鲜蛋	Fresh Eggs	3.8	3.0	3.2	3.3	4.3	5.5
水产品	Aquatic products	9.7	7.2	7.1	10.2	10.5	14.7
食糖	Sugar	1.2	1.0	0.9	1.1	1.2	1.7
卷烟 (盒)	Cigarettes (pack)	26.1	19.7	20.4	24.8	30.8	37.4
酒	Liquor	9.8	8.3	8.6	9.8	11.3	11.4
茶叶	Tea	0.1	0.1	0.1	0.1	0.1	0.3
水果(含果用瓜)	Fruits(including melon fruits)	8.8	7.0	7.7	8.1	9.0	13.0
服装 (件)	Garments (piece)	3.4	2.4	3.0	3.2	3.9	4.9
鞋 (双)	Shoes (pair)	1.8	1.6	1.7	1.7	1.9	2.2
平均每户购买	**Per Household Perchases of Commodities**						
水泥	Cement	417.6	406.7	477.7	539.2	430.9	233.8
木材(立方米)	Timber (cu. m)	0.5	0.5	1.5	0.0	0.3	0.3

单位:公斤 (kg)

指 标 Item		全省平均 Average	低收入户 Low Income Households	中低收入户 Low-medium Income Households	中等收入户 Medium Income Households	中高收入户 Upper-medium Income Households	高收入户 High Income Households
钢材	Steel	25.4	10.8	24.5	40.7	25.2	25.8
水泥预制件 (件)	Cement Prefabricated Components (piece)	5.9	6.6	9.0	7.5	3.7	2.7
砖瓦 (块)	Brisks and Tiles (piece)	584.2	725.0	695.7	499.7	550.1	451.1
化肥	Chemical Fertilizers	655.7	740.4	784.9	711.2	614.9	427.2
饼肥	Cake Fertilizers	16.7	17.5	32.6	14.2	11.8	7.3
农药 (元)	Chemical Insecticide (yuan)	309.3	314.1	324.6	326.1	329.6	252.2
农用薄膜	Plastic Film for Agricultural Use	3.9	2.1	2.2	1.6	8.2	5.6
平均每百户购买	**Per 100 Households Perchases of Commodities**						
彩色电视机(台)	Color TV Sets (set)	7.4	5.9	6.6	5.4	7.4	11.9
收录机 (台)	Radio Cassette Players (set)	0.6	0.6	0.4	0.7	1.0	0.4
照相机 (架)	Cameras (set)	0.9	0.3	0.4	0.4	1.0	2.4
洗衣机 (台)	Washing Machines (set)	4.1	3.7	3.7	4.1	3.7	5.4
电风扇 (台)	Electric Fans (set)	13.0	12.1	14.6	11.5	11.8	15.1
电冰箱 (台)	Refrigerators (set)	6.2	6.2	5.0	5.3	6.9	7.6
空调机 (台)	Air Conditioners (set)	7.2	3.8	5.6	5.7	7.8	12.9
油烟机 (台)	Exhaust Fans (set)	0.9		0.3	0.4	1.3	2.2
热水器 (台)	Water Heaters for Shower (set)	3.3	1.8	4.0	3.2	3.8	3.7
微波炉 (台)	Microwave Stoves (set)	2.8	1.2	2.8	2.2	3.8	4.0
自行车 (辆)	Bicycles (unit)	4.7	4.5	6.0	3.8	6.0	3.4
电动自行车(辆)	Power-driven Bicycles (unit)	14.5	11.3	14.6	13.2	18.4	15.1
摩托车 (辆)	Motorcycles (unit)	2.4	2.2	2.1	3.1	2.2	2.6
电话 (部)	Telephones (set)	5.1	5.1	4.0	4.1	5.6	6.9

4－19 分地区城镇居民家庭基本情况(2010年)

指标	Item	苏南 Southern Jiangsu	苏中 Mid Jiangsu	苏北 Northern Jiangsu
基本情况	**Basic Conditions**			
调查户数 (户)	Number of Households Surveyed (household)	4120	2160	4000
平均每户家庭人口 (人)	Average Household Size (person)	2.82	2.86	3.01
平均每户就业人口 (人)	Average Number of Employed Persons Per Household (person)	1.41	1.54	1.53
平均每一就业人口负担人数 (人)	Number of Dependents per Employee (person)	1.99	1.86	1.97
平均每户就业面 (%)	Proportion of Employment per Household (%)	50.13	53.84	50.77
平均每人现住房建筑面积 (平方米)	Average Building Space per Capita (sq. m)	34.28	37.06	34.14
人均家庭总收入 (元)	**Per Capita Annual Income (yuan)**	**30495**	**22522**	**17153**
#人均可支配收入	**Per Capita Disposable Income**	**27780**	**20748**	**16020**
#低20%	Low first quintile group	12400	10334	7164
较低20%	Quite low second quintile group	18780	14589	10905
中20%	Middle third quintile group	23907	18438	14532
较高20%	Quite high fourth quintile group	32405	24142	19213
高20%	High last quintile group	56365	40438	33293
#工资性收入	Wages and Subsidies	18346	13840	10019
经营净收入	Net Income from Household Operations	2647	2635	2383
财产性收入	Income from Properties	880	395	334
转移性收入	Income from Transfers	8621	5652	4417
人均家庭总支出 (元)	**Per Capita Annual Expenditure (yuan)**	**23829**	**18008**	**14976**
#消费性支出	Expenditures for Consumption	17378	12988	10661
食品	Food	6175	4717	3849
衣着	Clothing	1695	1514	1218
居住	Residence	1361	1025	1072
家庭设备用品及服务	Facilities, Articales and Services	1174	852	725
医疗保健	Hualth Care and Medical Services	1024	615	565
交通通讯	Transport and Communications	2529	1483	1341
教育文化娱乐服务	Recreation, Education and Cultural Services	2824	2306	1521
杂项商品和服务	Miscellaneous Goods and Services	598	476	370

Basic Conditions of Urban Households by Region(2010)

南京 Nanjing	无锡 Wuxi	徐州 Xuzhou	常州 Changzhou	苏州 Suzhou	南通 Nantong	连云港 Lianyun gang	淮安 Huaian	盐城 Yancheng	扬州 Yanzhou	镇江 Zhenjiang	泰州 Taizhou	宿迁 Suqian
1500	550	1000	600	870	800	600	800	1000	660	600	700	600
2.73	2.86	2.95	2.83	2.83	2.78	2.99	3.05	2.90	2.99	2.96	2.86	3.38
1.36	1.37	1.44	1.42	1.45	1.48	1.44	1.60	1.44	1.62	1.55	1.57	1.93
2.01	2.09	2.04	1.98	1.96	1.88	2.08	1.91	2.01	1.84	1.91	1.82	1.75
49.83	47.93	48.94	50.39	51.09	53.13	48.12	52.34	49.75	54.20	52.43	55.02	57.15
30.06	35.81	32.90	36.71	34.81	38.31	35.82	32.74	33.70	35.03	39.10	37.14	37.81
30364	**30019**	**18154**	**28213**	**33587**	**23730**	**17090**	**17022**	**18015**	**21364**	**24956**	**21772**	**13306**
27383	**27750**	**16762**	**25875**	**30366**	**21825**	**15790**	**15983**	**16935**	**19537**	**23224**	**20255**	**12757**
11864	13031	7000	11752	13418	10164	7430	7573	7076	11454	10217	9484	6964
18595	18923	11080	17411	20264	14935	11357	11429	10791	14903	16070	13729	9605
24047	23535	15219	22090	25588	19164	14836	14559	14779	18338	21323	17390	12052
32376	32201	19875	30192	34839	25481	19306	18534	20805	22829	28025	23341	15222
55784	56754	35746	51527	61793	43580	31211	31959	37387	34163	46207	41745	23280
18786	16718	10714	17048	20286	14741	10281	9969	10017	12982	16017	13274	8134
2116	2955	1989	3123	2872	2341	1729	2670	2646	2634	2202	3101	3184
541	763	422	830	1497	448	234	275	368	442	243	265	238
8921	9583	5028	7212	8933	6200	4846	4107	4984	5307	6494	5131	1751
24123	**23442**	**15553**	**23998**	**25566**	**20051**	**14899**	**14172**	**17013**	**16669**	**17656**	**16118**	**10654**
17409	17068	10558	17205	18837	13506	9984	11047	12026	12842	13324	12317	8536
6120	6357	3712	5605	6607	4803	3741	4003	4302	4782	5318	4518	3232
1619	1715	1270	1634	1800	1513	1164	1151	1309	1555	1628	1475	1052
1367	1375	969	1358	1447	1027	988	1026	1424	987	1019	1061	780
1299	1121	743	1122	1174	928	686	675	859	817	970	768	525
1204	996	647	1270	815	671	601	643	510	619	847	521	343
2075	2339	1404	2920	3244	1745	1189	1314	1419	1266	1435	1285	1238
3138	2540	1475	2590	3163	2358	1281	1863	1733	2334	1654	2197	1077
586	625	339	707	587	461	333	373	470	483	453	492	287

4－20 分地区农村居民家庭基本情况(2010年)

指标	Item	苏南 Southern Jiangsu	苏中 Mid Jiangsu	苏北 Northern Jiangsu
调查户数 (户)	**Number of Households Surveyed (household)**	**2790**	**1600**	**2920**
调查户人口 (人)	**Residents Surveyed (person)**			
常住人口	Permanent Residents	9805	5780	11352
平均每户常住人口	Average Numbe of Permanent Residents per Household	3.5	3.6	3.9
平均每户整、半劳动力	Average Number of Full/Semi Labour Force per Household	2.6	2.7	2.8
平均每个劳动力负担人口(包括劳动力本人)	Average Number of Dependents per Labour Force(including the laborer-self)	1.4	1.3	1.4
人均住房面积 (平方米)	**Per Capita Floor Space of Houses (sq. m)**	**58.3**	**49.6**	**37.9**
人均总收入 (元)	**Per Capita Annual Income (yuan)**	**14713**	**11567**	**10399**
人均纯收入 (元)	**Per Capita Net Income (yuan)**	**12978**	**9626**	**7724**
#工资性收入	Wages Income	8608	5651	3698
家庭经营收入	Income from Household Operations	2934	3245	3582
财产性收入	Income from Properties	640	167	131
转移性收入	Income from Transfers	795	562	313
#低收入户	Low Income Households	5563	4194	3089
中低收入户	Medium Low Income	9091	7034	5250
中等收入户	Medium Income Housesholds	11898	9067	7005
中高收入户	Upper-Med-ium Income	15370	11616	9275
高收入户	High Income Households	25166	17828	15535
人均总支出 (元)	**Per Capita Annual Expenditure (yuan)**	**12101**	**9662**	**8008**
#家庭经营费用支出	Expenditure for Household Operations	1246	1549	2377
购置生产性固定资产支出	Purchase of Productive Fixed Assets Expenditures	73	220	167
生活消费支出	Expenses on Household Consumption	9499	6898	5023
食品	Food	3363	2489	1961
衣着	Clothing	657	438	333
居住	Residence	1325	973	850
家庭设备用品及服务	Household Facilities, Articles and Services	529	395	269
交通和通讯	Transport and Communications	1274	728	479
文化教育娱乐用品及服务	Cultural, Educational and Recreational Articles and Services	1594	1265	774
医疗保健	Healthcare and Medical Services	536	432	277
其他商品和服务	Miscellaneous Goods and Services	221	178	81
财产性支出	Expenses on Properties	20	43	14
转移性支出	Expenses on Transfers	1225	919	389
#现金支出	Cash Expenditure	11583	8970	7409
#生产费用	Productive Costs	1295	1701	2463
税费支出	Taxes and Fees	38	27	37
生活消费支出	Expenses on Household Consumption	9045	6299	4523

Basic Conditions of Rural Households by Region(2010)

南京 Nanjing	无锡 Wuxi	徐州 Xuzhou	常州 Changzhou	苏州 Suzhou	南通 Nantong	连云港 Lianyungang	淮安 Huaian	盐城 Yancheng	扬州 Yangzhou	镇江 Zhenjiang	泰州 Taizhou	宿迁 Suqian
680	**400**	**660**	**380**	**750**	**600**	**430**	**630**	**800**	**500**	**580**	**500**	**400**
2396	1409	2556	1220	2802	2002	1728	2584	2822	1937	1978	1841	1662
3.5	3.5	3.9	3.2	3.7	3.3	4.0	4.1	3.5	3.9	3.4	3.7	4.2
2.6	2.5	2.8	2.4	2.8	2.6	2.9	2.9	2.7	2.8	2.5	2.8	2.9
1.4	1.4	1.4	1.3	1.4	1.3	1.4	1.4	1.3	1.4	1.3	1.3	1.4
49.9	**58.5**	**41.6**	**58.4**	**68.0**	**53.6**	**35.3**	**36.3**	**39.0**	**42.2**	**48.6**	**49.4**	**34.2**
13147	**15164**	**10507**	**14655**	**16093**	**12005**	**9219**	**9469**	**12495**	**11341**	**13277**	**11092**	**9206**
11128	**14002**	**7955**	**12637**	**14657**	**9914**	**7039**	**7233**	**8751**	**9462**	**10874**	**9324**	**6975**
6908	10091	3596	8412	9735	5758	3378	4095	3717	5984	6597	5223	3735
3392	2306	3830	2865	2975	3319	3249	2744	4527	2966	3267	3360	2946
372	630	137	696	963	187	147	109	155	117	249	179	97
456	976	392	664	984	650	266	285	351	395	761	563	197
5219	6287	2729	4005	7061	3607	3188	3600	3007	4986	4107	4178	3056
8138	10041	5289	8055	10561	6678	4642	5504	5672	7309	7390	7066	4847
10513	13002	7020	11359	13286	9158	6081	7167	8054	9020	9982	9053	6375
13336	16658	9462	15536	16789	11954	7866	9091	10653	11461	12938	11402	8300
21123	25813	15877	25750	27924	19349	14339	13204	18309	16450	22797	17535	13413
11089	**11779**	**8179**	**12870**	**12976**	**10245**	**7212**	**7778**	**9114**	**9292**	**10870**	**9083**	**7104**
1433	825	2260	1523	907	1698	1907	1949	3411	1601	1912	1283	1940
148	76	251	16	63	147	262	141	91	251	76	303	82
8477	9790	5216	9924	10397	7240	4766	5216	5074	6782	7848	6476	4684
3110	3375	1962	3480	3527	2623	1947	2053	1871	2578	3076	2217	2008
612	615	434	765	694	417	314	280	292	470	543	443	291
1154	1640	815	1143	1356	1006	757	1169	842	910	1193	973	704
511	570	281	559	526	426	304	243	276	389	457	354	233
963	1107	563	1382	1639	789	418	527	469	649	826	700	368
1549	1768	798	1608	1890	1328	689	580	926	1217	1054	1210	774
385	528	293	732	519	490	275	267	285	386	491	380	251
193	188	70	254	246	161	63	99	113	184	208	199	55
47	22	4	2	20	3	37	4	23	116	10	44	7
935	1055	429	1401	1546	1094	214	437	460	523	921	973	327
10364	11477	7722	12229	12691	9488	6794	7048	8329	8561	10078	8521	6503
1534	883	2418	1511	958	1745	2141	1989	3381	1782	1966	1571	1990
49	10	17	4	44	48	26	25	55	16	99	3	63
7846	9534	4871	9384	10154	6609	4378	4615	4427	6137	7103	5964	4138

主要统计指标解释

家庭总收入 指调查户中生活在一起的所有家庭成员在调查期得到的工薪收入、经营净收入、财产性收入、转移性收入的总和,不包括借贷收入。收入的统计标准以实际发生的数额为准,无论收入是补发还是预发,只要是调查期得到的都应如实计算,不作分摊。

可支配收入 指调查户可用于最终消费支出和其它非义务性支出以及储蓄的总和,即居民家庭可以用来自由支配的收入。它是家庭总收入扣除交纳的个人所得税、个人交纳的社会保障费以及调查户的记账补贴后的收入。计算公式为:

可支配收入 = 家庭总收入 - 交纳的个人所得税 - 个人交纳的社会保障支出 - 记账补贴

消费支出 指调查户用于本家庭日常生活的全部支出,包括食品、衣着、家庭设备用品及服务、医疗保健、交通和通讯、娱乐教育文化服务、居住、杂项商品和服务八大类等。

农村居民家庭纯收入 指农村常住居民家庭总收入中,扣除从事生产和非生产经营费用支出、缴纳税款和上交承包集体任务金额以后剩余的,可直接用于进行生产性、非生产性建设投资、生活消费和积蓄的那一部分收入。农村居民家庭纯收入包括从事生产性和非生产性的经营收入,在外人口寄回带回和国家财政救济、各种补贴等非经营性收入;既包括货币收入,又包括自产自用的实物收入。但不包括向银行、信用社和向亲友借款等属于借贷性的收入。

农村居民家庭生活消费支出 指农村常住居民家庭用于日常生活的全部开支,是反映和研究农民家庭实际生活消费水平高低的重要指标。

Explanatory Notes on Main Statistical Indicators

Total Income of Households refers to the sum of incomes of all members living in a same family. The total incomes include wage income, net income of operation, property income, transferred income; exclude debit and credit incomes. The calculating of total incomes is based on the value actually occurred during the period of investigation. So long as the incomes are obtained during the period of in visitation, all the incomes are included in the total incomes, regardless the incomes are re-issued or issued in advance. and don't to be shared.

Disposable Income refers to the sum of final consumption expenditure, non-obligation expenditure and saving deposits of the sample households. They are the incomes which can be freely allocated by household after some deducting. The deducting include the payment of individual taxes, payment of individual social security costs and subsidies of keeping account offered to sample households.

The formula is:

Disposable income = Total income of household-individual taxes payment-individual social security costs payment-subsidies of keeping account.

Consumption Expenditure refers to all of the daily expenditures of sample households, include food, clothing, home equipments and articles and services, medicine and health care, means of transportation and telecommunications, recreation, education, culture and services, residence, and miscellaneous goods and services etc. eight categories.

Net Income of Rural Households refers to the total income of the permanent residents of the rural households during a year after the deduction of the expenses for productive and non-productive business operation, the payment for taxes and the payment for collective units for their contracted tasks, which can then be spent for investments in productive and non-productive construction, for consumption in daily life and for savings deposit. The net income of the rural households includes not only the income from the productive and non-productive business operation, but also includes the income from the non-business operation, such as the money remitted or brought back by the members of the household who are in other places, the government relief payment and various subsidies. It includes not only the money income, but also the income in kind. But the income borrowing from banks, friends and relatives is excluded.

Expenditure of Rural Households for Consumption refers to total expenses of rural households on daily life, including expenses on food, clothing, housing, fuel, articles for daily use, and expenses on cultural life and services. This indicator is used to show the actual consumption level of peasants.

5

固定资产投资
Investment in Fixed Assets

简要说明

一、本篇资料的主要内容

本篇资料通过对一定时期全社会建造和购置固定资产活动的数量方面的描述，反映报告期内固定资产投资的规模和速度、固定资产投资的结构和比例关系、固定资产投资的资金来源及固定资产投资的效果等。

二、本篇资料的统计范围

固定资产投资统计的范围包括：城乡建设项目投资，房地产开发投资，国防、人防建设项目投资及农户投资。

三、本篇的资料来源

固定资产投资统计调查。

四、本篇的统计调查方法

全面统计报表。

Brief Introduction

Ⅰ. Main Contents

Statistics in this chapter describe activities on the construction and purchase of fixed assets of the whole country during a given period of time, and reflect the size, growth, structure, ratio, financing and results of the investment in fixed assets during the reference period.

Ⅱ. Scope of Statistics

Statistics on the investment in fixed assets cover investments in capital construction projects in urban and rural areas, investments in real estate development, as well as investments in national defence projects and civil defence projects, and rural household investment.

Ⅲ. Sources of Data

Data on investments in fixed assets are from surveys conducted.

Ⅳ. Methodology of Data Collection

Data on investments in fixed assets are collected by the system of reporting form with complete enumeration.

5－1 全社会固定资产投资主要指标

Major Indicators of Total Investment in Fixed Assets

指标	Item	1995	2000	2005	2009	2010
投资总额 （亿元）	**Total Investment (100 million yuan)**	**1680.17**	**2995.43**	**8739.71**	**18949.88**	**23184.28**
按经济类型分	Grouped by Ownership					
国有经济	State Owned Units	602.70	1200.01	2077.97	3677.11	4488.74
集体经济	Collective Owned Units	491.08	455.86	445.16	753.73	948.13
#农村	Rural Area	362.17	314.27	271.06	309.78	379.27
私营个体经济	Private Individuals		326.08	2623.60	6872.67	8418.86
#农村	Rural Area		204.87	1405.13	2595.31	2993.84
联营经济	Joint-Ownership	28.26	14.12	7.39	18.62	12.00
股份制经济	Share Holding Co. Lid.	28.63	94.19	395.59	829.39	979.13
有限责任公司	Limited Liability Corporations	10.51	93.54	1457.32	3493.96	4421.79
港澳台投资经济	Funds from Hong Kong, Macao and Taiwan	86.51	125.59	589.17	1004.92	1283.46
外商投资经济	Foreign Investment	213.71	237.63	979.46	1676.85	1730.94
其他经济	Others	218.77	448.41	164.05	622.65	901.23
按资金来源分	Grouped by Sources of Funds					
国家预算内资金	State Budget	25.83	73.42	67.60	278.79	282.11
国内贷款	Domestic Loans	270.16	489.04	1264.49	2774.45	3343.47
利用外资	Foreign Investment	228.89	281.17	836.19	1114.78	1154.87
自筹资金	Self-raising Fund	880.02	1827.79	5826.89	14064.93	17553.37
其他资金来源	Others	275.27	324.01	1205.90	4350.16	4912.63
按城乡分	Grouped by Urban and Rural Areas					
城镇	Urban Area	1028.85	2217.90	6230.54	14266.80	17416.47
#房地产开发	Real Estate Development	240.85	358.72	1545.15	3338.50	4299.38
农村	Rural Area	651.32	777.53	2509.17	4683.08	5767.81
#农户	Farm Households	199.80	290.66	80.81	351.26	377.71
按构成分	Grouped by Composition of Funds					
建筑安装工程	Construction and Installation	983.24	1817.08	4879.72	10454.05	12601.51
设备工器具购置	Purchase of Equipments and Instruments	536.48	867.74	2544.36	5901.61	7054.33
其他费用	Others	160.45	310.61	1315.63	2594.22	3528.44
按产业分	Grouped by Industry					
#住宅	Residential Buildings	366.67	580.13	1298.75	2856.28	3665.23
第一产业	Primary Industry	40.94	116.20	45.42	177.14	221.91
第二产业	Secondary Industry	819.54	1358.56	4872.12	10304.60	12463.58
第三产业	Tertiary Industry	819.69	1520.67	3822.17	8468.14	10498.78
新增固定资产 （亿元）	Newly Increased Fixed Assets (100million yuan)			7353.67	14260.94	16804.32
房屋建筑面积 （万平方米）	**Floor Space of Building (10000 sq. m)**					
施工面积	Floor Space Under Construction	16234.74	17417.62	35712.52	62188.66	72050.70
#住宅	Residential Buildings	10530.29	11273.48	16594.76	27129.36	31278.69
竣工面积	Floor Space Completed	12452.44	13471.88	17838.93	26122.56	28291.16
#住宅	Residential Buildings	9036.00	9323.98	7860.33	10018.52	10087.43
商品房销售面积	Floor Space of Commercializ Buildings Sold	798.31	1740.93	5135.55	10248.20	9485.47

注:1. 自筹投资中含发行债券部分(下同)。
2. 从2003年开始,资金来源为可用于投资的资金到位数(下同)。
3. 从2004年开始,水利业投资从第一产业调到第三产业(下同)。

Noe:1. Fund raising included bond publishing(so did as follows).
2. Since 2003, the sources of finance was available for investment(so did as follows).
3. Since 2004, the investment for water conservancy was transferred from primary industry to tertiary industry(so did as follows).

5-2 全社会固定资产投资额
Total Investment in Fixed Assets

单位:亿元 (100 million yuan)

年 份 Items	投资额 Investment	#城镇投资 Urban Area Investment	#房地产开发 Real Estate Davelopment	#国有经济 State-owned	#集体经济 Collective-owned	#私营个体 Private Individuals	#外商及港澳台商投资 Hong Kong, Macao, Taiwan and Foreign Funds
1978	21.75			20.70	1.05		
1979	26.75			25.52	1.23		
1980	34.73			34.73	3.08		
"六五"时期 The Period of the Sixth Five-year plan	**564.89**			**242.73**	**156.57**		
1981	60.50			26.09	17.81		
1982	76.21			35.58	20.85		
1983	105.27			46.79	21.41		
1984	130.98			53.84	37.44		
1985	191.93			80.43	59.06		
"七五"时期 The Period of the Seventh Five-year plan	**1606.75**	**793.51**		**642.46**	**377.21**		
1986	241.23	126.74		100.97	61.28		
1987	317.12	161.79		128.43	80.35		
1988	371.87	193.44		154.04	93.45		
1989	320.23	152.06		124.16	67.26		
1990	356.30	159.48	11.71	134.86	74.87		
"八五"时期 The Period of the Eighth Five-year plan	**5307.18**	**2941.97**	**554.92**	**1944.32**	**1788.50**		
1991	439.98	204.20	17.22	172.09	109.87		
1992	711.70	349.09	30.42	288.00	276.16		
1993	1144.20	603.26	114.01	403.67	493.12		
1994	1331.13	756.57	152.42	477.86	418.27		
1995	1680.17	1028.85	240.85	602.70	491.08		300.22
"九五"时期 The Period of the Ninth Five-year plan	**12426.20**	**8550.51**	**1463.68**	**4912.01**	**2288.90**		**2124.97**
1996	1949.53	1224.30	232.62	708.60	465.21		399.99
1997	2203.09	1422.15	241.55	826.60	447.94		437.25
1998	2535.50	1750.51	300.24	1031.96	457.36		514.23
1999	2742.65	1935.65	330.55	1144.84	462.53	148.23	410.28
2000	2995.43	2217.90	358.72	1200.01	455.86	326.08	363.22
"十五"时期 The Period of the Tenth Five-year plan	**28055.30**	**20338.49**	**4583.38**	**8790.13**	**2018.49**	**6453.90**	**4719.01**
2001	3302.96	2523.75	414.36	1285.71	400.36	528.38	378.17
2002	3849.24	2559.87	544.13	1422.06	297.56	769.90	568.77
2003	5335.80	4016.14	809.96	1998.19	456.98	932.11	972.88
2004	6827.59	5008.19	1269.78	2006.20	418.43	1599.91	1230.56
2005	8739.71	6230.54	1545.15	2077.97	445.16	2623.60	1568.63
"十一五"时期 The Period of the Eleventh Five-year plan	**79534.10**	**59696.07**	**15124.96**	**14898.12**	**3136.70**	**27735.48**	**12592.54**
2006	10071.42	7481.80	1906.71	2144.93	441.57	3049.30	1756.83
2007	12268.07	9161.38	2515.91	2092.57	453.28	4125.86	2301.12
2008	15060.45	11369.62	3064.46	2494.77	539.99	5268.79	2838.43
2009	18949.88	14266.80	3338.50	3677.11	753.73	6872.67	2681.77
2010	23184.28	17416.47	4299.38	4488.74	948.13	8418.86	3014.39

注:房地产开发投资统计制度从1990年开始建立,城乡私营个体投资统计制度从1999年开始建立。

Notes: The statitistical system of real estate development investment was established in 1990, while that of the urban and rural private and individual investment was established in 1999.

5-3 按登记注册类型分全社会固定资产投资
Total Investment in Fixed Assets by Registration Status

单位:亿元 (100 million yuan)

指 标	Item	2009		2010	
		投资额 Investment	#城镇投资 Urban	投资额 Investment	#城镇投资 Urban
总 计	**Total**	**18949.88**	**14266.80**	**23184.28**	**17416.47**
内资企业	Domestic Funded Enterprises	15891.07	11975.74	20138.19	14804.14
国有企业	State-owned Enterprises	3381.65	3156.85	4054.06	3649.87
集体企业	Collective-owned Enterprises	694.94	400.37	850.46	484.53
股份合作企业	Cooperative Enterprises	53.25	40.26	91.34	80.71
联营企业	Joint Ownreship Enterprises	32.43	25.92	28.57	22.55
国有联营	State Joint Ownership Enterprises	8.28	8.22	10.24	9.58
集体联营	Collective Joint Ownership Enterprises	5.54	3.32	6.33	3.62
国有与集体联营	Joint State-collective Enterprises	10.31	9.29	7.44	6.52
其他联营企业	Other Joint Ownership Enterprises	8.30	5.09	4.55	2.84
有限责任公司	Limited Liability Corporations	3781.14	3163.66	4846.24	3934.92
国有独资公司	State Sole Funded Corporations	287.19	287.18	424.44	424.36
其他有限责任公司	Other Limited Liability Corporations	3493.96	2876.48	4421.79	3510.57
股份有限公司	Share-holding Corporations Ltd.	785.83	666.50	979.13	822.48
私营企业	Private Enterprises	6846.89	4263.90	8387.16	5406.16
其他企业	Others Enterprises	666.21	258.30	901.23	402.92
港、澳、台商投资企业	Enterprises with Funds from Hong Kong, Macao and Taiwan	1004.92	828.11	1283.46	1104.54
合资经营企业	Joint-venture Enterprises	426.43	343.95	456.05	382.70
合作经营企业	Cooperative Enterprises	39.81	30.47	44.38	39.46
股份有限公司	Share-holding Corporations Ltd.	462.07	386.36	703.26	613.48
独资经营企业	Enterprises with Sole Fund	76.61	67.33	79.77	68.89
外商投资企业	Foreign Funded Enterprises	1676.85	1449.49	1730.94	1488.92
合资经营企业	Joint-venture Enterprises	513.24	430.47	545.50	479.51
合作经营企业	Cooperative Enterprises	46.01	36.21	39.10	35.26
独资企业	Enterprises with Sole Fund	1074.26	946.27	1078.84	922.54
股份有限公司	Share-holding Corporations Ltd.	43.35	36.55	67.50	51.61
个体经营	Individuals	25.77	13.46	31.70	18.87
个体户	Self-employed Individuals	24.07	13.46	28.08	17.43
个人合伙	Partnership Individuals	1.70		3.62	1.44

5-4 按资金来源和构成分全社会固定资产投资
Total Investment in Fixed Assets by Sources of Finance and Use of Funds

年份 Year	按资金来源分 Grouped by Sources of Funds				
	国家预算内资金 State Budget	国内贷款 Domestic Loans	利用外资 Foreign Investment	自筹资金 Self-raising	其他资金来源 Others
投资额(亿元) Investment (100 million yuan)					
1985	17.25	36.79	3.98	64.45	69.46
1986	18.74	43.52	12.71	73.27	92.99
1987	21.46	63.15	19.15	85.66	127.71
1988	17.23	69.94	27.77	106.30	150.63
1989	16.80	41.74	19.91	91.66	150.12
1990	15.02	45.47	15.92	106.47	173.42
1991	16.38	84.77	20.41	290.13	28.29
1992	24.73	189.49	40.56	378.30	78.62
1993	17.85	253.80	89.48	649.95	133.12
1994	17.54	242.93	151.96	744.20	174.50
1995	25.83	270.16	228.89	880.02	275.27
1996	24.01	282.88	335.16	1001.29	306.19
1997	29.63	293.66	390.59	1199.29	289.92
1998	49.46	331.83	413.66	1406.39	334.16
1999	62.91	399.36	309.02	1639.01	332.35
2000	73.42	489.04	281.17	1827.79	324.01
2001	69.97	524.51	326.22	1977.97	404.29
2002	54.48	735.30	421.21	2237.73	400.52
2003	92.61	1141.99	579.51	2999.19	587.42
2004	81.30	1233.07	641.66	4201.29	928.38
2005	67.60	1264.49	836.19	5826.89	1205.90
2006	66.59	1445.16	874.82	6800.90	1590.15
2007	135.20	1561.06	1255.85	8522.18	2398.08
2008	153.86	1818.06	1394.98	10624.51	2210.27
2009	278.79	2774.45	1114.78	14064.93	4350.16
2010	282.11	3343.47	1154.87	17553.37	4912.63
构成(%) Composition(%)					
1985	9.0	19.1	2.1	33.6	36.2
1990	4.2	12.8	4.5	29.9	48.6
1995	1.5	16.1	13.6	52.4	16.4
1996	1.2	14.5	17.2	51.4	15.7
1997	1.3	13.3	17.7	54.5	13.2
1998	1.9	13.1	16.3	55.5	13.2
1999	2.3	14.6	11.3	59.7	12.1
2000	2.5	16.3	9.4	61.0	10.8
2001	2.1	15.9	9.9	59.9	12.2
2002	1.4	19.1	11.0	58.1	10.4
2003	1.7	21.2	10.7	55.5	10.9
2004	1.1	17.4	9.1	59.3	13.1
2005	0.7	13.8	9.1	63.3	13.1
2006	0.6	13.4	8.1	63.1	14.8
2007	1.0	11.3	9.0	61.4	17.3
2008	0.9	11.2	8.6	65.6	13.6
2009	1.2	12.3	4.9	62.3	19.3
2010	1.0	12.3	4.2	64.4	18.0

年 份 Year	按构成分 Grouped by Use of Funds		
	建筑安装工程 Construction and Installation	设备工器具 Purchases of Equipments and Instruments	其他费用 Others
投资额(亿元) Investment (100 million yuan)			
1985	149.40	34.41	8.12
1986	187.33	43.82	10.08
1987	240.92	60.61	15.60
1988	281.34	73.71	16.82
1989	256.23	52.25	11.75
1990	284.24	53.70	18.36
1991	347.72	71.33	20.93
1992	408.59	257.45	45.66
1993	651.17	395.34	97.69
1994	775.84	437.87	117.42
1995	983.24	536.48	160.45
1996	1151.16	600.59	197.78
1997	1307.24	688.66	207.19
1998	1503.62	755.02	276.86
1999	1682.72	746.75	313.18
2000	1817.08	867.74	310.61
2001	1901.68	967.21	434.07
2002	2091.15	1160.08	598.01
2003	2906.59	1510.59	918.62
2004	3886.52	1928.66	1012.41
2005	4879.72	2544.36	1315.63
2006	5624.16	2944.50	1502.76
2007	6804.65	3558.53	1904.89
2008	8310.70	4587.89	2161.86
2009	10454.05	5901.61	2594.22
2010	12601.51	7054.33	3528.44
构成(%) Composition(%)			
1985	77.9	17.9	4.2
1990	80.0	15.1	4.9
1995	58.5	31.9	9.6
1996	59.0	30.8	10.2
1997	59.3	31.3	9.4
1998	59.3	29.8	10.9
1999	61.4	27.2	11.4
2000	60.6	29.0	10.4
2001	57.6	29.3	13.1
2002	54.3	30.1	15.6
2003	54.5	28.3	17.2
2004	56.9	28.3	14.8
2005	55.8	29.1	15.1
2006	55.9	29.2	14.9
2007	55.5	29.0	15.5
2008	55.2	30.5	14.3
2009	55.2	31.1	13.7
2010	54.4	30.4	15.2

5－5 按构成分城镇固定资产投资（2010年）
Investment in Fixed Assets in Urban Area by Use of Funds(2010)

单位：亿元 (100 million yuan)

行业	Sector	投资额 Investment	建筑工程 Construction	安装工程 Installation	设备工器具购置 Purchase of Equipment and Instruments	其他 Others
总　计	**Total**	**17416.47**	**8837.44**	**960.41**	**4612.88**	**3005.74**
农、林、牧、渔业	Agriculture, Forestry, Animal Husbandry and Fishery	55.20	37.12	1.48	7.49	9.10
农业	Farming	24.92	17.55	0.60	2.62	4.15
林业	Forestry	2.22	1.37		0.10	0.75
畜牧业	Animal Husbandry	13.02	6.76	0.37	3.58	2.31
渔业	Fishery	4.52	3.63	0.14	0.54	0.21
农、林、牧、渔服务业	Service in Support of Agriculture	10.52	7.81	0.37	0.66	1.68
采矿业	Mining	63.71	35.03	4.73	19.29	4.66
煤炭开采和洗选业	Mining and Washing of Coal	17.35	5.97	1.44	8.85	1.08
石油和天然气开采业	Extraction of Petroleum and Natural Gas	27.35	18.07	0.80	6.13	2.34
黑色金属矿采选业	Mining and Processing of Ferrous Metal Ores	3.32	1.70	0.20	1.10	0.33
有色金属矿采选业	Mining and processing of Non-Ferracs Metal Ores	0.89	0.67	0.03	0.19	
非金属矿采选业	Mining and Processing of Nonmetal Ores	14.65	8.53	2.25	3.01	0.86
其他采矿业	Mining of Other Ores	0.15	0.10			0.05
制造业	Manufacturing	7648.64	2624.95	400.82	3976.33	646.54
农副食品加工业	Processing of Food from Agricultural Products	171.11	76.50	8.00	74.34	12.27
食品制造业	Manufacture of Food	101.72	37.71	5.40	49.18	9.43
饮料制造业	Manufacture of Beverage	57.79	24.08	2.72	26.74	4.24
烟草制品业	Manufacture of Tobacco	3.28	0.94	0.61	1.64	0.09
纺织业	Manufacture of Textile	321.24	113.62	14.72	168.46	24.44
纺织服装、鞋、帽制造业	Manufacture of Textile Wearing, Apparel, Footwear and Caps	141.80	48.12	6.85	76.02	10.80
皮革、毛皮、羽毛(绒)及其制品业	Manufacture of Leather, Fur, Feather and Related Products	24.91	11.16	0.98	11.11	1.66
木材加工及木、竹、藤、棕、草制品业	Processing of Timber, Manufacture of Wood, Bamboo, Rattan, Palm and Straw Products	85.56	35.74	3.93	40.79	5.11
家具制造业	Manufacture of Furniture	50.82	21.84	2.32	19.68	6.98
造纸及纸制品业	Manufacture of Paper and Paper Products	109.57	51.57	4.34	46.79	6.87
印刷业和记录媒介的复制	Printing, Reproduction of Recording Media	40.16	14.31	1.87	22.31	1.67
文教体育用品制造业	Manufacture of Articles For Culture, Education and Sport Activities	34.20	11.63	3.25	16.42	2.90
石油加工、炼焦及核燃料加工业	Processing of Petroleum, Coking, Processing of Nuclear Fuel	60.74	18.18	2.87	24.49	15.20
化学原料及化学制品制造业	Manufacture of Raw Chemical Materials and Chemical Products	824.85	229.37	65.20	423.88	106.40
医药制造业	Manufacture of Medicines	140.47	52.60	7.19	66.34	14.34
化学纤维制造业	Manufacture of Chemical Fibers	85.76	19.90	4.00	52.04	9.82
橡胶制品业	Manufacture of Rubber	54.43	16.32	3.09	31.54	3.49
塑料制品业	Manufacture of Plastics	156.69	52.17	10.90	83.68	9.94
非金属矿物制品业	Manufacture of Non－metallic Mineral Products	393.26	152.17	20.01	191.80	29.28
黑色金属冶炼及压延加工业	Smelting and Pressing of Ferrous Metals	368.24	119.80	21.41	207.65	19.37
有色金属冶炼及压延加工业	Smelting and Pressing of Non－ferrous Metals	113.43	38.02	4.55	63.19	7.67

5－5 续 表 1 Continued 1

单位:亿元 (100 million yuan)

行业	Sector	投资额 Investment	建筑工程 Construction	安装工程 Installation	设备工器具购置 Purchase of Equipment and Instruments	其他 Others
金属制品业	Manufacture of Metal Products	467.51	162.77	23.24	244.63	36.87
通用设备制造业	Manufacture of General Purpose Machinery	663.26	243.56	30.80	334.63	54.27
专用设备制造业	Manufacture of Special Purpose Machinery	525.73	196.21	26.09	246.46	56.97
交通运输设备制造业	Manufacture of Transport Equipment	596.71	199.24	38.39	317.12	41.96
电气机械及器材制造业	Manufacture of Electrical Machinery and Equipment	764.97	280.19	37.89	382.35	64.54
通信设备、计算机及其他电子设备	Manufacture of Communication Equipment, Computers and Other Electronic Equipment	904.45	230.60	34.15	582.51	57.19
仪器仪表及文化、办公用机械制造	Manufacture of Measuring Instruments and Machinery for Cultural Activity and Office Work	254.73	89.29	12.17	133.88	19.40
工艺品及其他制造业	Manufacture of Artwork and Other Manufacturing	104.91	65.98	3.14	24.45	11.34
废弃资源和废旧材料回收加工业	Recycling and Disposal of Waste	26.35	11.35	0.74	12.21	2.05
电力、燃气及水的生产和供应业	Production and Supply of Electricity, Gas and Water	485.18	155.86	78.59	202.54	48.18
电力、热力的生产和供应业	Production and Supply of Electric Power and Heat Power	307.93	70.69	51.48	154.67	31.09
燃气生产和供应业	Production and Supply of Gas	65.18	26.57	14.96	18.22	5.43
水的生产和供应业	Production and Supply of Water	112.07	58.60	12.15	29.65	11.66
建筑业	Construction	59.72	42.52	2.44	7.52	7.23
房屋和土木工程建筑业	Construction of Building and civil Engineering	42.22	33.23	0.73	4.50	3.76
建筑安装业	Building Installation	4.22	1.74	0.31	2.04	0.13
建筑装饰业	Building Decoration	4.99	2.90	1.35	0.18	0.56
其他建筑业	Other Construction	8.29	4.65	0.05	0.81	2.78
交通运输、仓储和邮政业	Transport, Storage and Post	996.53	691.90	18.35	120.58	165.69
铁路运输业	Railway Transport	40.78	28.07	1.47	0.23	11.01
道路运输业	Road Transport	496.93	412.03	1.81	13.05	70.04
城市公共交通业	Urban Public Transport	135.12	67.34	3.26	31.42	33.11
水上运输业	Water Transport	146.69	78.34	2.84	44.03	21.48
航空运输业	Air Transport	12.92	5.20	0.79	2.87	4.06
管道运输业	Transport Via Pipelines	6.05	2.75	0.22	2.92	0.17
装卸搬运和其他运输服务业	Loading, Unloading and Other Transport Services	31.11	20.15	1.15	4.86	4.95
仓储业	Storage	126.42	77.63	6.75	21.16	20.87
邮政业	Post	0.50	0.39	0.06	0.05	
信息传输、计算机服务和软件业	Information Transmission, Computer Services and Software	152.65	65.14	36.39	27.91	23.21
电信和其他信息传输服务业	Telecommunications and Other Information Transmission Services	74.56	18.30	31.42	20.60	4.24
计算机服务业	Computer Services	13.27	10.38	0.06	0.47	2.36
软件业	Software	64.82	36.45	4.92	6.84	16.61
批发和零售业	Wholesale and Retail Trades	442.46	289.85	21.24	54.37	77.00
批发业	Wholesale Trades	148.34	84.12	7.72	25.44	31.05
零售业	Retail Trades	294.13	205.73	13.52	28.93	45.95

5-5 续 表 2 Continued 2

单位:亿元 (100 million yuan)

行 业	Sector	投资额 Investment	建筑工程 Construction	安装工程 Installation	设备工器具购置 Purchase of Equipment and Instruments	其他 Others
住宿和餐饮业	Hotels and Catering Services	223.29	136.33	21.33	31.72	33.90
住宿业	Hotels	132.02	82.56	11.60	15.11	22.74
餐饮业	Catering Serrices	91.27	53.77	9.73	16.62	11.16
金融业	Financial Intermediation	38.79	18.93	1.24	3.25	15.37
银行业	Bank	28.56	12.51	1.12	2.82	12.12
证券业	Security Activities	4.16	1.40	0.01	0.05	2.70
保险业	Insurance	0.98	0.78	0.04	0.16	0.00
其他金融活动	Other Financial Activities	5.08	4.24	0.07	0.22	0.55
房地产业	Real Estate	4751.64	2980.56	296.23	46.59	1428.26
房地产业	Real Estate	4751.64	2980.56	296.23	46.59	1428.26
租赁和商务服务业	Leasing and Business Services	268.97	171.88	15.33	13.17	68.58
租赁业	Leasing	2.42	0.97	0.29	1.03	0.13
商务服务业	Business Services	266.54	170.91	15.04	12.14	68.45
科学研究、技术服务和地质勘查业	Scientific Research, Technical Service and Geologic Prospecting	114.30	81.63	3.33	15.01	14.33
研究与试验发展	Research and Experimental Development	30.90	22.44	0.35	4.80	3.31
专业技术服务业	Professional Technical Services	24.15	12.27	1.35	8.91	1.62
科技交流和推广服务业	Services of Science and Technology Exchanges and Promotion	58.00	46.03	1.44	1.24	9.29
地质勘查业	Geologic Prospecting	1.25	0.90	0.18	0.06	0.10
水利、环境和公共设施管理业	Management of Water Conservancy, Environment and Public Facilities	1439.69	1022.30	22.27	30.89	364.23
水利管理业	Management of Water Conservancy	97.40	75.99	0.84	3.85	16.72
环境管理业	Environmental Management	81.27	39.01	1.96	6.04	34.26
公共设施管理业	Management of Public Facilities	1261.01	907.30	19.47	21.00	313.25
居民服务和其他服务业	Services to Households and Other Services	58.48	31.96	3.24	5.27	18.01
居民服务业	Services to Households	42.67	23.96	1.81	2.88	14.02
其他服务业	Other Services	15.81	8.00	1.43	2.38	4.00
教育	Education	185.94	148.58	5.07	12.39	19.90
教育	Education	185.94	148.58	5.07	12.39	19.90
卫生、社会保障和社会福利业	Health, Social Security and Social Welfare	96.25	63.21	9.07	16.22	7.75
卫生	Health	86.11	56.12	8.67	15.42	5.91
社会保障业	Social Security	4.30	3.30	0.20	0.20	0.61
社会福利业	Social Welfare	5.83	3.79	0.20	0.61	1.23
文化、体育和娱乐业	Culture, Sports and Entertainment	158.88	106.98	10.73	14.76	26.41
新闻出版业	Journalism and Publishing Activities	2.86	1.95	0.06	0.28	0.57
广播、电视、电影和音像业	Broadcasting, Movies, Television and Audiovisual Activities	11.83	5.90	2.91	1.76	1.26
文化艺术业	Cultural and Art Activities	56.64	40.28	4.15	2.59	9.61
体育	Sports Activities	29.07	19.59	1.06	2.10	6.31
娱乐业	Entertainment	58.48	39.26	2.55	8.03	8.65
公共管理和社会组织	Public Management and Social Organization	176.17	132.70	8.52	7.58	27.37
中国共产党机关	Organs of Communist Party of China					
国家机构	Government Agencies	151.22	114.26	7.99	6.99	21.97
人民政协和民主党派	People's Political Cousultative Conference and Remocratic Parlies					
群众团体、社会团体和宗教组织	Non-governmental Organizations, Social organizations and Relighion Organizations	3.53	2.50	0.27	0.19	0.57
基层群众自治组织	Grass Roots Self-governing Organizataions	21.42	15.94	0.26	0.40	4.83

5-6 按建设性质分城镇固定资产投资（2010年）
Investment in Fixed Assets in Urban Area by Type of Construction(2010)

单位：亿元　　　　(100 million yuan)

行业	Sector	投资额 Investment	#新建 New Construction	#扩建 Expansion	#改建 Reconstruction
总计	**Total**	**17416.47**	**7544.50**	**3001.27**	**1928.68**
农、林、牧、渔业	Agriculture, Forestry, Animal Husbandry and Fishery	55.20	39.27	8.65	6.83
农业	Farming	24.92	19.64	4.08	0.76
林业	Forestry	2.22	0.79	1.37	0.06
畜牧业	Animal Husbandry	13.02	12.10	0.91	
渔业	Fishery	4.52	2.96	0.96	0.59
农、林、牧、渔服务业	Service in Support of Agriculture	10.52	3.77	1.33	5.42
采矿业	Mining	63.71	16.39	18.89	28.13
煤炭开采和洗选业	Mining and Washing of Coal	17.35	4.13	5.20	7.72
石油和天然气开采业	Extraction of Petroleum and Natural Gas	27.35	0.78	8.36	18.21
黑色金属矿采选业	Mining and Processing of Ferrous Metul Ores	3.32	1.58	1.23	0.52
有色金属矿采选业	Mining and Processing of Non-Ferrous Metal Ores	0.89	0.76		0.14
非金属矿采选业	Mining and Processing of Nonmetal Ores	14.65	8.99	4.10	1.55
其他采矿业	Mining of Other Ores	0.15	0.15		
制造业	Manufacturing	7648.64	4279.49	1671.59	1194.83
农副食品加工业	Processing of Food from Agricultural Products	171.11	136.11	21.94	12.15
食品制造业	Manufacture of Food	101.72	74.74	14.45	8.39
饮料制造业	Manufacture of Beverage	57.79	35.33	10.11	8.94
烟草制品业	Manufacture of Tobacco	3.28			2.90
纺织业	Manufacture of Textile	321.24	162.73	95.91	37.95
纺织服装、鞋、帽制造业	Manufacture of Textile Wearing, Apparel, Footwear and Caps	141.80	83.47	27.01	20.74
皮革、毛皮、羽毛(绒)及其制品业	Manufacture of Leather, Fur, Feather and Related Products	24.91	17.98	3.45	2.24
木材加工及木、竹、藤、棕、草制品业	Processing of Timber, Manufacture of Wood, Bamboo, Rattan, Palm and Straw Products	85.56	64.41	14.51	4.42
家具制造业	Manufacture of Furniture	50.82	32.46	8.31	9.55
造纸及纸制品业	Manufacture of Paper and Paper Products	109.57	72.76	13.01	15.52
印刷业和记录媒介的复制	Printing, Reproduction of Recording Media	40.16	21.57	7.08	6.71
文教体育用品制造业	Manufacture of Articles for Culture, Education and Sport Activities	34.20	20.12	10.04	3.17
石油加工、炼焦及核燃料加工业	Processing of Petroleum, Coking, Processing of Nuclear Fuel	60.74	37.43	17.46	5.75
化学原料及化学制品制造业	Manufacture of Raw Chemical Materials and Chemical Products	824.85	420.70	173.86	202.62
医药制造业	Manufacture of Medicines	140.47	93.08	17.16	24.49
化学纤维制造业	Manufacture of Chemical Fibers	85.76	30.07	48.68	5.53
橡胶制品业	Manufacture of Rubber	54.43	22.79	15.23	13.31
塑料制品业	Manufacture of Plastics	156.69	89.57	36.57	23.36
非金属矿物制品业	Manufacture of Non-metallic Mineral Products	393.26	256.88	72.89	52.15
黑色金属冶炼及压延加工业	Smelting and Pressing of Ferrous Metals	368.24	121.75	78.41	146.60
有色金属冶炼及压延加工业	Smelting and Pressing of Non-ferrous Metals	113.43	61.11	22.91	18.81

5-6 续 表 1 Continued 1

单位:亿元 (100 million yuan)

行业	Sector	投资额 Investment	#新建 New Construction	#扩建 Expansion	#改建 Reconstruction
金属制品业	Manufacture of Metal Products	467.51	279.92	121.01	49.14
通用设备制造业	Manufacture of General Purpose Machinery	663.26	352.14	165.14	96.83
专用设备制造业	Manufacture of Special Purpose Machinery	525.73	308.74	117.29	66.17
交通运输设备制造业	Manufacture of Transport Equipment	596.71	313.00	158.72	83.19
电气机械及器材制造业	Manufacture of Electrical Machinery and Equipment	764.97	469.31	160.85	86.14
通信设备、计算机及其他电子设备	Manufacture of Communication Equipment, Computers and Other Electronic Equipment	904.45	439.91	168.33	154.57
仪器仪表及文化、办公用机械制造	Manufacture of Measuring Instruments and Machinery for Cultural Activity and Office Work	254.73	180.31	32.11	24.82
工艺品及其他制造业	Manufacture of Artwork and Other Manufacturing	104.91	67.59	28.37	6.63
废弃资源和废旧材料回收加工业	Recycling and Disposal of Waste	26.35	13.52	10.79	2.04
电力、燃气及水的生产和供应业	Production and Supply of Electricity, Gas and Water	485.18	218.05	143.31	102.53
电力、热力的生产和供应业	Production and Supply of Electric Power and Heat Power	307.93	106.04	108.08	78.81
燃气生产和供应业	Production and Supply of Gas	65.18	52.50	10.13	1.55
水的生产和供应业	Production and Supply of Water	112.07	59.51	25.10	22.18
建筑业	Construction	59.72	31.02	18.27	7.92
房屋和土木工程建筑业	Construction of Building and civil Engineering	42.22	25.87	12.31	3.00
建筑安装业	Building Installation	4.22	0.78	0.56	1.88
建筑装饰业	Building Decoration	4.99	0.73	1.30	2.96
其他建筑业	Other Construction	8.29	3.64	4.10	0.08
交通运输、仓储和邮政业	Transport, Storage and Post	996.53	600.87	245.69	110.04
铁路运输业	Railway Transport	40.78	40.78		
道路运输业	Road Transport	496.93	232.93	175.01	83.35
城市公共交通业	Urban Public Transport	135.12	121.78	1.54	4.00
水上运输业	Water Transport	146.69	80.99	25.49	18.36
航空运输业	Air Transport	12.92	11.63	0.99	0.30
管道运输业	Transport Via Pipelines	6.05	2.42	3.63	
装卸搬运和其他运输服务业	Loading, Unloading and Other Transport Services	31.11	17.48	13.17	
仓储业	Storage	126.42	92.70	25.83	3.71
邮政业	Post	0.50	0.16	0.03	0.31
信息传输、计算机服务和软件业	Information Transmission, Computer Services and Software	152.65	87.32	48.68	16.01
电信和其他信息传输服务业	Telecommunications and Other Information Transmission Services	74.56	14.30	46.51	13.75
计算机服务业	Computer Services	13.27	12.61	0.43	0.15
软件业	Software	64.82	60.41	1.75	2.11
批发和零售业	Wholesale and Retail Trades	442.46	342.79	54.87	38.40
批发业	Wholesale Trades	148.34	103.22	31.68	8.26
零售业	Retail Trades	294.13	239.57	23.19	30.14

5-6 续 表 2 Continued 2

单位:亿元 (100 million yuan)

行业	Sector	投资额 Investment	#新建 New Construction	#扩建 Expansion	#改建 Reconstruction
住宿和餐饮业	Hotels and Catering Services	223.29	156.08	26.08	39.93
住宿业	Hotels	132.02	95.53	14.89	20.90
餐饮业	Catering Services	91.27	60.56	11.19	19.03
金融业	Financial Intermediation	38.79	26.05	5.33	3.94
银行业	Bank	28.56	19.80	3.27	2.66
证券业	Security Activities	4.16	1.81	1.91	0.43
保险业	Insurance	0.98		0.15	0.20
其他金融活动	Other Financial Activities	5.08	4.43		0.65
房地产业	Real Estate	4751.64	364.84	69.80	12.68
房地产业	Real Estate	4751.64	364.84	69.80	12.68
租赁和商务服务业	Leasing and Business Services	268.97	205.16	42.23	10.37
租赁业	Leasing	2.42	1.26	1.08	0.08
商务服务业	Business Services	266.54	203.89	41.15	10.29
科学研究、技术服务和地质勘查业	Scientific Research, Technical Service and Geologic Prospecting	114.30	91.48	10.82	9.65
研究与试验发展	Research and Experimental Development	30.90	26.58	3.55	0.14
专业技术服务业	Professional Technical Serrices	24.15	12.71	2.16	7.97
科技交流和推广服务业	Services of Science and Technology Exchanges and Promotion	58.00	51.64	4.78	1.54
地质勘查业	Geologic Prospecting	1.25	0.55	0.33	
水利、环境和公共设施管理业	Management of Water Conservancy, Environment and Public Facilities	1439.69	672.58	487.34	268.67
水利管理业	Management of Water Conservancy	97.40	35.86	31.98	29.24
环境管理业	Environmental Management	81.27	36.19	15.97	27.34
公共设施管理业	Management of Public Facilities	1261.01	600.54	439.40	212.09
居民服务和其他服务业	Services to Households and Other Services	58.48	39.53	10.40	8.08
居民服务业	Services to House Holds	42.67	27.29	8.38	6.72
其他服务业	Othe Services	15.81	12.24	2.02	1.36
教育	Education	185.94	122.46	43.12	10.81
教育	Education	185.94	122.46	43.12	10.81
卫生、社会保障和社会福利业	Health, Social Security and Social Welfare	96.25	44.59	29.90	8.51
卫生	Health	86.11	36.05	28.82	7.99
社会保障业	Social Security	4.30	4.16	0.14	
社会福利业	Social Welfare	5.83	4.38	0.94	0.52
文化、体育和娱乐业	Culture, Sports and Entertainment	158.88	97.97	31.51	26.40
新闻出版业	Journalism and Publishing Activities	2.86	0.78	1.18	0.90
广播、电视、电影和音像业	Broadcasting, Movies, Television and Audiovisual Activities	11.83	8.39	0.87	2.58
文化艺术业	Cultural and Art Activities	56.64	31.18	18.70	6.18
体育	Sports Activities	29.07	23.00	3.64	2.43
娱乐业	Entertainment	58.48	34.61	7.12	14.32
公共管理和社会组织	Public Management and Social Organization	176.17	108.57	34.79	24.95
中国共产党机关	Organs of Communist Party of China				
国家机构	Government Agencies	151.22	93.75	31.57	18.31
人民政协和民主党派	People's Political Cousultative Conference and Democratic Parties				
群众团体、社会团体和宗教组织	Non-governmental Organizations, Social organizations and Religion Organizations	3.53	1.41	0.51	1.46
基层群众自治组织	Grass Roots Self-governing Organizations	21.42	13.42	2.71	5.18

5－7 按隶属关系和注册类型分城镇固定资产投资(2010年)

单位:亿元

行业	Sector	投资额 Investment	中央 Central Investment	地方 Local Investment
总计	**Total**	**17416.47**	**548.28**	**16868.19**
农、林、牧、渔业	Agriculture, Forestry, Animal Husbandry and Fishery	55.20		55.20
农业	Farming	24.92		24.92
林业	Forestry	2.22		2.22
畜牧业	Animal Husbandry	13.02		13.02
渔业	Fishery	4.52		4.52
农、林、牧、渔服务业	Service in Support of Agriculture	10.52		10.52
采矿业	Mining	63.71	33.12	30.59
煤炭开采和洗选业	Mining and Washing of Coal	17.35	3.00	14.35
石油和天然气开采业	Extraction of Petroleum and Natural Gas	27.35	25.87	1.47
黑色金属矿采选业	Mining and Processing of Ferrous Metul Ores	3.32	0.63	2.70
有色金属矿采选业	Mining and Processing of Non-ferrous Metal Ores	0.89		0.89
非金属矿采选业	Mining and Processing of Nonmetal Ores	14.65	3.62	11.03
其他采矿业	Mining of Other Ores	0.15		0.15
制造业	Manufacturing	7648.64	252.68	7395.96
农副食品加工业	Processing of Food from Agricultural Products	171.11		171.11
食品制造业	Manufacture of Food	101.72	2.00	99.72
饮料制造业	Manufacture of Beverage	57.79		57.79
烟草制品业	Manufacture of Tobacco	3.28		3.28
纺织业	Manufacture of Textile	321.24		321.24
纺织服装、鞋、帽制造业	Manufacture of Textile Wearing, Apparel, Footwear and Caps	141.80		141.80
皮革、毛皮、羽毛(绒)及其制品业	Manufacture of Leather, Fur, Feather and Related Products	24.91		24.91
木材加工及木、竹、藤、棕、草制品业	Processing of Timber, Manufacture of Wood, Bamboo, Rattan, Palm and Straw Products	85.56		85.56
家具制造业	Manufacture of Furniture	50.82		50.82
造纸及纸制品业	Manufacture of Paper and Paper Products	109.57		109.57
印刷业和记录媒介的复制	Printing, Reproduction of Recording Media	40.16		40.16
文教体育用品制造业	Manufacture of Articles For Culture, Education and Sport Activities	34.20		34.20
石油加工、炼焦及核燃料加工业	Processing of Petroleum, Coking, Processing of Nuclear Fuel	60.74	3.85	56.89
化学原料及化学制品制造业	Manufacture of Raw Chemical Materials and Chemical Products	824.85	29.84	795.01
医药制造业	Manufacture of Medicines	113.84	0.03	113.81
化学纤维制造业	Manufacture of Chemical Fibers	85.76	1.24	84.52
橡胶制品业	Manufacture of Rubber	54.43		54.43
塑料制品业	Manufacture of Plastics	156.69	0.44	156.25
非金属矿物制品业	Manufacture of Non-metallic Mineral Products	393.26	4.10	389.17
黑色金属冶炼及压延加工业	Smelting and Pressing of Ferrous Metals	368.24	27.49	340.75
有色金属冶炼及压延加工业	Smelting and Pressing of Non-ferrous Metals	113.43	0.09	113.34

Investment in Fixed Assets in Urban Area by Jurisdiction of Management and Registration Status(2010)

(100 million yuan)

内 资 Domestic Funds	港澳台商投资 Funds from Hong Kong, Macao and Taiwan	外商投资 Foreign Funded	国有控股 State-holding	集体控股 Collective-holding	私人控股 Private-holding
14804.14	**1104.54**	**1488.92**	**4816.32**	**930.82**	**8860.56**
48.49	5.52	1.13	6.21	9.64	32.75
22.93	0.86	1.13	1.48	3.97	17.48
2.22			0.18	1.25	0.79
8.36	4.66			0.18	8.23
4.47			0.80	0.94	2.78
10.52			3.75	3.31	3.47
61.25	1.40	1.06	43.22	2.56	16.19
17.35			11.55		5.80
27.35			26.57		0.78
3.32			1.14		2.18
0.89			0.14		0.76
12.19	1.40	1.06	3.82	2.56	6.53
0.15					0.15
5793.70	640.44	1213.11	697.44	243.98	5038.47
157.89	2.60	10.63	2.42	7.41	145.95
77.42	0.96	23.34	11.01	0.76	68.13
48.02	0.75	9.01	8.84	0.28	35.42
3.28			3.28		
269.92	22.19	28.81	6.80	1.58	271.74
128.56	3.21	10.03		0.05	128.33
23.16	0.77	0.98			23.16
83.30	1.30	0.67			83.65
40.76	0.68	9.39		0.98	39.94
58.25	1.72	49.60	3.98	0.89	54.31
34.39	4.96	0.81	1.01	1.32	32.44
27.75	1.31	5.14			28.96
55.76	0.87	4.11	16.89	0.41	38.46
536.82	80.01	208.02	160.68	27.57	414.69
109.66	11.23	19.58	9.52	4.72	106.20
72.54	1.38	11.84	1.74	0.40	71.90
39.21	1.22	14.00	0.25	5.47	36.09
140.02	4.66	11.62	0.79	0.57	141.44
324.78	29.69	13.77	32.59	66.33	226.95
94.94	6.94	11.55	0.09	11.96	83.27
66.00	7.22	16.67	3.91	3.95	58.78

5-7 续 表 1

单位:亿元

行业	Sector	投资额 Investment	中央 Central Investment	地方 Local Investment
金属制品业	Manufacture of Metal Products	467.51	1.30	466.21
通用设备制造业	Manufacture of General Purpose Machinery	663.26	6.54	656.72
专用设备制造业	Manufacture of Special Purpose Machinery	525.73	3.08	522.65
交通运输设备制造业	Manufacture of Transport Equipment	596.71	20.84	575.88
电气机械及器材制造业	Manufacture of Electrical Machinery and Equipment	764.97	13.55	751.42
通信设备、计算机及其他电子设备	Manufacture of Communication Equipment, Computers and Other Electronic Equipment	904.45	122.89	781.56
仪器仪表及文化、办公用机械制造	Manufacture of Measuring Instruments and Machinery for Cultural Activity and Office Work	254.73	13.88	240.85
工艺品及其他制造业	Manufacture of Artwork and Other Manufacturing	104.91	1.04	103.87
废弃资源和废旧材料回收加工业	Recycling and Disposal of Waste	26.35		26.35
电力、燃气及水的生产和供应业	Production and Supply of Electricity, Gas and Water	485.18	167.18	
电力、热力的生产和供应业	Production and Supply of Electric Power and Heat Power	307.93	124.28	183.66
燃气生产和供应业	Production and Supply of Gas	65.18	41.65	23.52
水的生产和供应业	Production and Supply of Water	112.07	1.25	110.82
建筑业	Construction	59.72	1.50	58.22
房屋和土木工程建筑业	Construction of Building and Civil Engineering	42.22	0.88	41.34
建筑安装业	Building Installation	4.22	0.62	3.60
建筑装饰业	Building Decoration	4.99		4.99
其他建筑业	Other Construction	8.29		8.29
交通运输、仓储和邮政业	Transport, Storage and Post	996.53	21.31	975.22
铁路运输业	Railway Transport	40.78	0.39	40.39
道路运输业	Road Transport	496.93	0.87	496.06
城市公共交通业	Urban Public Transport	135.12	3.39	131.74
水上运输业	Water Transport	146.69	10.05	136.64
航空运输业	Air Transport	12.92	1.02	11.90
管道运输业	Transport Via Pipelines	6.05		6.05
装卸搬运和其他运输服务业	Loading, Unloading and Other Transport Services	31.11	1.02	30.09
仓储业	Storage	126.42	4.52	121.90
邮政业	Post	0.50	0.06	0.45
信息传输、计算机服务和软件业	Information Transmission, Computer Services and Software	152.65	5.70	146.95
电信和其他信息传输服务业	Telecommunications and Other Information Transmission Services	74.56	5.70	68.86
计算机服务业	Computer Services	13.27		13.27
软件业	Software	64.82		64.82
批发和零售业	Wholesale and Retail Trades	442.46	0.08	442.38
批发业	Wholesale Trades	148.34		148.34
零售业	Retail Trades	294.13	0.08	294.05

(100 million yuan)

内 资 Domestic Funds	港澳台商投资 Funds from Hong Kong, Macao and Taiwan	外商投资 Foreign Funded	国有控股 State-holding	集体控股 Collective-holding	私人控股 Private-holding
418.34	21.24	27.72	6.37	20.77	396.94
568.54	25.04	69.55	36.91	14.68	528.78
418.78	43.37	63.56	55.44	5.01	368.03
422.69	28.12	145.89	62.24	1.68	367.44
580.90	65.78	118.29	67.05	33.30	493.47
388.55	232.02	283.87	156.16	9.59	246.45
206.03	13.77	34.93	15.76	2.87	199.58
97.64	1.91	5.36	23.87	15.84	58.61
20.04	5.26	1.02	0.76	3.26	16.04
377.99	416.40	53.80	14.98	335.42	16.20
253.97	43.55	10.42	209.40	5.54	44.88
54.69	8.29	2.20	51.36	0.33	9.93
107.74	1.96	2.36	74.66	10.33	22.92
57.64		0.48	24.62	6.23	28.10
40.62			20.05	5.34	16.54
4.22			0.62	0.39	3.21
4.52		0.48	2.96		1.55
8.29			0.98	0.50	6.80
967.21	18.45	10.87	738.38	45.39	187.34
40.78			37.70	2.10	0.98
495.99	0.44	0.50	462.77	12.89	20.53
134.71		0.41	134.14	0.30	0.27
136.78	9.05	0.86	76.34	16.82	46.85
12.92			6.39	6.53	
5.25		0.80	2.65		2.60
29.33		1.79	4.99		24.33
110.94	8.96	6.52	12.91	6.76	91.76
0.50			0.48		0.02
127.73	11.14	13.77	89.52	12.37	26.30
53.28	8.61	12.68	51.69	0.60	1.45
13.16	0.11		2.66	7.55	2.95
61.29	2.42	1.10	35.18	4.22	21.90
416.63	13.10	8.93	39.14	35.41	349.35
144.04	2.85	1.45	23.95	9.59	110.50
272.59	10.25	7.48	15.19	25.83	238.86

单位:亿元

行业	Sector	投资额 Investment	中央 Central Investment	地方 Local Investment
住宿和餐饮业	Hotels and Catering Services	223.29		223.29
住宿业	Hotels	132.02		132.02
餐饮业	Catering Services	91.27		91.27
金融业	Financial Intermediation	38.79	7.13	31.66
银行业	Bank	28.56	7.13	21.43
证券业	Security Activities	4.16		4.16
保险业	Insurance	0.98		0.98
其他金融活动	Other Financial Activities	5.08		5.08
房地产业	Real Estate	4299.38	40.48	4258.90
房地产业	Real Estate	4299.38	40.48	4258.90
租赁和商务服务业	Leasing and Business Services	268.97	0.12	268.85
租赁业	Leasing	2.42		2.42
商务服务业	Business Services	266.54	0.12	266.43
科学研究、技术服务和地质勘查业	Scientific Research, Technical Service and Geologic Prospecting	114.30	0.27	114.04
研究与试验发展	Research and Experimental Developmant	30.90	0.20	30.70
专业技术服务业	Professional Technical Serrices	24.15	0.06	24.08
科技交流和推广服务业	Services of Science and Technology Exchanges and Promotion	58.00		58.00
地质勘查业	Geologic Prospecting	1.25		1.25
水利、环境和公共设施管理业	Management of Water Conservancy, Environment and Public Facilities	1439.69	8.75	1430.94
水利管理业	Management of Water Conservancy	97.40	0.36	97.04
环境管理业	Environmental Management	81.27	0.05	81.22
公共设施管理业	Management of Public Facilities	1261.01	8.34	1252.68
居民服务和其他服务业	Services to Households and Other Services	58.48		58.48
居民服务业	Services to Households	42.67		42.67
其他服务业	Other Services	15.81		15.81
教育	Education	185.94	7.02	178.91
教育	Education	185.94	7.02	178.91
卫生、社会保障和社会福利业	Health, Social Security and Social Welfare	96.25	1.36	94.89
卫生	Health	86.11	1.36	84.75
社会保障业	Social Security	4.30		4.30
社会福利业	Social Welfare	5.83		5.83
文化、体育和娱乐业	Culture, Sports and Entertainment	158.88	0.47	158.41
新闻出版业	Journalism and Publishing Activities	2.86	0.09	2.77
广播、电视、电影和音像业	Broadcasting, Movies, Television and Audiovisual Activities	11.83		11.83
文化艺术业	Cultural and Art Activities	56.64	0.09	56.55
体育	Sports Activities	29.07	0.29	28.78
娱乐业	Entertainment	58.48		58.48
公共管理和社会组织	Public Management and Social Organization	176.17	1.11	175.06
中国共产党机关	Organs of Communist Party of China			
国家机构	Government Agencies	151.22	1.11	150.11
人民政协和民主党派	People's Political Cousultative Conference and Democratic Parties			
群众团体、社会团体和宗教组织	Non-governmental Organizations, Social Organizations and Religion Organizations	3.53		3.53
基层群众自治组织	Grass Roots Self-governing Organizations	21.42		21.42

5 – 7 Continued 2

(100 million yuan)

内 资 Domestic Funds	港澳台商投资 Funds from Hong Kong, Macao and Taiwan	外商投资 Foreign Funded	国有控股 State-holding	集体控股 Collective-holding	私人控股 Private-holding
200.18	5.62	7.43	22.69	17.01	169.17
118.05	5.12	6.52	16.68	13.40	90.30
82.13	0.50	0.90	6.01	3.61	78.87
38.44		0.35	31.47	3.70	3.61
28.22		0.35	23.61	3.55	1.41
4.16			3.73		0.43
0.98			0.86		0.12
5.08			3.28	0.15	1.65
3759.81	345.51	194.06	620.96	165.93	2549.24
3759.81	345.51	194.06	620.96	165.93	2549.24
252.24	2.76	13.97	144.51	22.00	85.73
2.42				0.18	2.24
249.82	2.76	13.97	144.51	21.82	83.48
110.21	0.25	3.84	77.07	11.38	23.11
30.04		0.86	10.99	8.27	10.78
23.87		0.27	15.73	1.81	6.33
55.04	0.25	2.71	49.65	0.75	5.99
1.25			0.70	0.55	
1436.36	2.80	0.53	1242.50	108.31	85.90
97.40			92.66	3.34	1.41
81.02	0.25		56.55	6.09	18.38
1257.93	2.55	0.53	1093.28	98.88	66.12
57.51	0.80		21.02	16.85	19.81
42.51			16.44	13.62	12.61
15.01	0.80		4.58	3.23	7.20
185.94			164.43	13.05	8.46
185.94			164.43	13.05	8.46
92.72	1.34	2.19	77.81	9.53	5.59
83.72	0.20	2.19	72.26	6.71	4.96
4.30			3.71	0.60	
4.70	1.13		1.84	2.23	0.63
156.49	0.27	0.32	89.48	24.99	44.04
2.86			2.80		0.06
10.85			10.06	0.33	1.44
56.64			44.29	5.40	6.95
29.07			24.81	1.18	3.08
57.08	0.27	0.32	7.52	18.08	32.51
176.17			133.87	32.23	10.07
151.22			126.57	15.72	8.94
3.53			2.44	0.71	0.38
21.42			4.86	15.80	0.75

5-8 按行业分城镇施工投产项目个数(2010年)

Number of Urban Projects Under Construction and Putinto Use by Sector(2010)

行业	Sector	施工项目(个) Number of Projects under Construction (unit)	#新开工 Number of Proiects Started this Year	全部建成投产项目(个) Number of Projects Completed and Put into Use (unit)	项目建成投产率(%) Rate of Construction Projects Completed and Put into Use(%)
总计	**Total**	**20710**	**14198**	**13668**	**66.00**
农、林、牧、渔业	Agriculture, Forestry, Animal Husbandry and Fishery	261	203	151	57.85
农业	Farming	123	99	55	44.72
林业	Forestry	14	11	13	92.86
畜牧业	Animal Husbandry	57	38	27	47.37
渔业	Fishery	17	14	13	76.47
农、林、牧、渔服务业	Service in Support of Agriculture	50	41	43	86.00
采矿业	Mining	64	44	38	59.38
煤炭开采和洗选业	Mining and Washing of Coal	17	13	12	70.59
石油和天然气开采业	Exctraction of Petroleum and Natural Gas	7	4	4	57.14
黑色金属矿采选业	Mining and Processing of Ferrous Metal Ores	7	5	4	57.14
有色金属矿采选业	Mining and Processing of Non-ferrous Metal Ores	2	1	1	50.00
非金属矿采选业	Mining and Processing of Nonmetal Ores	30	20	17	56.67
其他采矿业	Mining of Other Ores	1	1	0	0.00
制造业	Manufacturing	12356	8891	8462	68.48
农副食品加工业	Processing of Food from Agricultural	367	281	241	65.67
食品制造业	Manufacture of Food	197	130	129	65.48
饮料制造业	Manufacture of Beverage	75	44	42	56.00
烟草制品业	Manufacture of Tobacco	3	1	1	33.33
纺织业	Manufacture of Textile	876	616	570	65.07
纺织服装、鞋、帽制造业	Manufacture of Textile Wearing, Apparel, Footwear and Caps	435	326	338	77.70
皮革、毛皮、羽毛(绒)及其制品业	Manufacture of Leather, Fur, Feather and Related Products	78	62	51	65.38
木材加工及木、竹、藤、棕、草制品业	Processing of Timber, Manufacture of Wood, Bamboo, Rattan, Palm and Straw Products	260	203	161	61.92
家具制造业	Manufacture of Furniture	137	106	93	67.88
造纸及纸制品业	Manufacture of Paper and Paper Products	161	130	103	63.98
印刷业和记录媒介的复制	Printing, Reproduction of Recording Media	116	84	91	78.45
文教体育用品制造业	Manufacture of Articles For Culture, Education and Sport Activities	95	68	74	77.89
石油加工、炼焦及核燃料加工业	Processing of Petroleum, Coking, Processing of Nuclear Fuel	43	30	26	60.47
化学原料及化学制品制造业	Manufacture of Raw Chemical Materials and Chemical Products	870	612	526	60.46
医药制造业	Manufacture of Medicines	234	160	130	55.56
化学纤维制造业	Manufacture of Chemical Fibers	76	49	47	61.84
橡胶制品业	Manufacture of Rubber	112	76	80	71.43
塑料制品业	Manufacture of Plastics	417	327	320	76.74
非金属矿物制品业	Manufacture of Non-metallic Mineral Products	740	571	533	72.03
黑色金属冶炼及压延加工业	Smelting and Pressing of Ferrous Metals	233	170	163	69.96
有色金属冶炼及压延加工业	Smelting and Pressing of Non-ferrous Metals	162	112	110	67.90

5－8 续 表1 Continued 1

行 业 Sector		施工项目（个）Number of Projects under Construction (unit)	#新开工 Number of Projects Started this Year	全部建成投产项目（个）Number of Projects Completed and Put into Use (unit)	项目建成投产率（%）Rate of Construction Projects Completed and Put into Use (%)
金属制品业	Manufacture of Metal Products	971	693	711	73.22
通用设备制造业	Manufacture of General Purpose Machinery	1406	1045	1014	72.12
专用设备制造业	Manufacture of Special Purpose Machinery	996	717	719	72.19
交通运输设备制造业	Manufacture of Transport Equipment	758	525	472	62.27
电气机械及器材制造业	Manufacture of Electrical Machinery and Equipment	1172	833	790	67.41
通信设备、计算机及其他电子设备	Manufacture of Communication Equipment, Computers and Other Electronic Equipment	773	537	497	64.29
仪器仪表及文化、办公用机械制造	Manufacture of Measuring Instruments and Machinery for Cultural Activity and Office Work	319	196	234	73.35
工艺品及其他制造业	Manufacture of Artwork and Other Manufacturing	215	142	155	72.09
废弃资源和废旧材料回收加工业	Recycling and Disposal of Waste	59	45	41	69.49
电力、燃气及水的生产和供应业	Production and Supply of Electricity, Gas and Water	497	242	304	61.17
电力、热力的生产和供应业	Production and Supply of Electric Power and Heat Power	239	117	145	60.67
燃气生产和供应业	Production and Supply of Gas	48	23	32	66.67
水的生产和供应业	Production and Supply of Water	210	102	127	60.48
建筑业	Construction	127	101	84	66.14
房屋和土木工程建筑业	Construction of Building and Civil Engineering	88	70	56	63.64
建筑安装业	Building Installation	14	11	10	71.43
建筑装饰业	Building Decoration	10	9	10	100.00
其他建筑业	Other Construction	15	11	8	53.33
交通运输、仓储和邮政业	Transport, Storage and Post	823	462	414	50.30
铁路运输业	Railway Transport	14	10	5	35.71
道路运输业	Road Transport	493	271	242	49.09
城市公共交通业	Urban Public Transport	24	15	11	45.83
水上运输业	Water Transport	79	38	43	54.43
航空运输业	Air Transport	4	2	0	0.00
管道运输业	Transport Via Pipelines	8	5	4	50.00
装卸搬运和其他运输服务业	Loading, Unloading and Other Transport Services	24	17	15	62.50
仓储业	Storage	172	100	91	52.91
邮政业	Post	5	4	3	60.00
信息传输、计算机服务和软件业	Information Transmission, Computer Services and Software	652	442	552	84.66
电信和其他信息传输服务业	Telecommunications and Other Information Transmission Services	569	402	517	90.86
计算机服务业	Computer Services	10	6	3	30.00
软件业	Software	73	34	32	43.84
批发和零售业	Wholesale and Retail Trades	780	590	544	69.74
批发业	Wholesale Trades	262	198	179	68.32
零售业	Retail Trades	518	392	365	70.46

5-8 续 表2 Continued 2

行 业	Sector	施工项目（个）Number of Projects under Construction (unit)	#新开工 Number of Proiects Started this Year	全部建成投产项目（个）Number of Projects Completed and Put into Use (unit)	项目建成投产率（%）Rate of Construction Projects Completed and Put into Use(%)
住宿和餐饮业	Hotels and Catering Services	473	359	360	76.11
住宿业	Hotels	214	142	135	63.08
餐饮业	Catering Services	259	217	225	86.87
金融业	Financial Intermediation	58	44	32	55.17
银行业	Bank	44	33	25	56.82
证券业	Security Activities	4	4	1	25.00
保险业	Insurance	4	3	3	75.00
其他金融活动	Other Financial Activities	6	4	3	50.00
房地产业	Real Estate	555	279	297	53.51
房地产业	Real Estate	555	279	297	53.51
租赁和商务服务业	Leasing and Business Services	345	214	208	60.29
租赁业	Leasing	6	6	6	100.00
商务服务业	Business Services	339	208	202	59.59
科学研究、技术服务和地质勘查业	Scientific Research, Technical Service and Geologic Prospecting	175	100	93	53.14
研究与试验发展	Research and Experimental Developmant	48	25	27	56.25
专业技术服务业	Professional Technical Serrices	58	35	34	58.62
科技交流和推广服务业	Services of Science and Technology Exchanges and Promation	65	40	30	46.15
地质勘查业	Geologic Prospecting	4	0	2	50.00
水利、环境和公共设施管理业	Management of Water Conservancy, Environment and Public Facilities	2163	1391	1303	60.24
水利管理业	Management of Water Conservancy	169	93	95	56.21
环境管理业	Environmental Management	151	98	104	68.87
公共设施管理业	Management of Public Facilities	1843	1200	1104	59.90
居民服务和其他服务业	Services to Households and Other Services	126	98	92	73.02
居民服务业	Services to Households	97	78	73	75.26
其他服务业	Other Services	29	20	19	65.52
教育	Education	326	174	185	56.75
教育	Education	326	174	185	56.75
卫生、社会保障和社会福利业	Health, Social Security and Social Welfare	190	88	100	52.63
卫生	Health	161	70	78	48.45
社会保障业	Social Security	8	2	5	62.50
社会福利业	Social Welfare	21	16	17	80.95
文化、体育和娱乐业	Culture, Sports and Entertainment	303	200	211	69.64
新闻出版业	Journalism and Publishing Activities	8	7	7	87.50
广播、电视、电影和音像业	Broadcasting, Movies, Television and Audiovisual Activities	24	13	15	62.50
文化艺术业	Cultural and Art Activities	79	39	36	45.57
体育	Sports Activities	34	14	20	58.82
娱乐业	Entertainment	158	127	133	84.18
公共管理和社会组织	Public Management and Social Organization	436	276	238	54.59
中国共产党机关	Organs of Communist Party of China				
国家机构	Government Agencies	349	208	168	48.14
人民政协和民主党派	People's Political Consultative Conference and Democratic Parties				
群众团体、社会团体和宗教组织	Non-governmental Organizations, Social Organizations and Religion Organizations	14	10	12	85.71
基层群众自治组织	Grass Roots Self-governing Organizations	73	58	58	79.45

5-9 国有单位固定资产投资
Investment of State-owned Units in Capital Construction

指 标 Item		2009		2010	
		合 计 Total	#房地产开发 Real Estate Development	合 计 Total	#房地产开发 Real Estate Development
建设项目	**Construction Projects**				
施工项目 (个)	Number of Projects Under Construction (unit)	5044		5117	
全部建成投产项目(个)	Total Projects Completed and Put into Use (unit)	2870		2987	
建成项目投产率 (%)	Rate of Projects Completed and Put into Use (%)	56.9		58.4	
建设周期 (年)	Construction Cycle (year)	1.76		1.71	
资金来源 (亿元)	**Sources of Funds (100 million yuan)**				
国家预算内资金	State Budget	246.53		261.40	
国内贷款	Domestic Loans	810.86	152.58	924.41	148.20
利用外资	Foreign Investment	0.93	0.30	0.00	0.00
自筹资金	Secf - raising Funds	2389.73	123.53	3017.55	164.74
其他资金	Others	424.36	219.93	534.48	264.29
投资总额 (亿元)	**Total Investment (100 million yuan)**	**3677.11**	**302.48**	**4488.74**	**382.34**
按构成分	Grouped by Use of Funds				
#建筑工程	Construction	2344.60	185.84	2869.78	203.59
安装工程	Installation	175.90	14.93	189.38	13.17
设备工具器具购置	Purchase of Equipment and Instruments	400.54	2.30	511.96	2.80
按产业分	Grouped by Industry				
第一产业	Primary Industry	20.84		15.86	
第二产业	Secondary Industry	782.57		905.69	
第三产业	Tertiary Industry	2873.70	302.48	3567.20	382.34
#住宅	Residential Buildings	357.27	244.20	465.07	317.33
按建设性质分	Grouped by Type of Construction				
#新建	New Construction	1806.14		2280.34	
扩建	Expension	963.41		1091.58	
改建	Reconstruction	537.03		651.32	
房屋建筑面积(万平方米)	**Floor Space of Buildings (10000 sq.m)**				
施工面积	Floor Space Under Construction	7701.59	2243.90	9121.78	2917.70
#住 宅	Residential Buildings	2897.26	1956.75	3480.26	2425.61
竣工面积	Floor Space Completed	2806.83	577.72	3132.59	636.41
#住 宅	Residential Buildings	985.58	520.16	991.36	547.53

注:建设周期按项目个数计算。

Note: Construction cycle was calculated by the number of construction projects.

5－10 房地产开发投资主要指标

Major Indicaotrs of Real Estate Investment

指　　标	Item	1995	2000	2005	2009	2010
投资完成额（亿元）	**Investment Completed This Year (100 million yuan)**	**240.85**	**358.72**	**1545.15**	**3338.50**	**4299.38**
按构成分	Grouped by Use of Funds					
#建筑安装工程	Construction and Installation Projects	172.75	255.81	1091.29	2472.52	2897.21
设备工器具购置	Purchase of Equipment and Instruments	5.96	3.34	12.53	34.14	41.09
按工程用途分	Grouped by Use of Project					
#住宅	Residential Buidlings	139.24	260.79	1133.06	2423.77	3158.46
#90 平方米以下	Below 90 Square Meters				600.21	733.15
#140 平方米以上	Above 140 Square Meters				538.24	744.76
#经济适用房屋	Economically Affordable Housing	8.74	36.77	138.42	111.16	98.94
办公楼	Office Buildings	23.91	21.59	54.27	130.92	154.61
商业营业用房	Houses for Business Use	34.73	48.48	217.02	510.78	611.08
其他	Others	42.98	27.86	140.81	273.02	375.23
按资金来源分	Grouped by Sources of Funds					
国内贷款	Domesitc Loans	54.23	88.01	392.73	1218.49	1515.66
利用外资	Foreign Investment	27.66	5.82	33.16	55.54	92.76
自筹投资	Self－raising Funds	77.85	101.34	614.76	1373.06	2031.38
其他投资	Others	108.69	195.48	998.18	3833.90	4382.54
房屋建筑面积（万平方米）	**Floor Space of Building (10000 sq. m)**					
施工面积	Floor Space Under Construction	3510.13	4268.45	15619.26	29953.89	35106.90
#住宅	Residential Buidlings	2502.75	3348.36	12385.98	22794.31	26347.13
竣工面积	Floor Space Completed	1630.06	2143.22	5500.12	8442.80	8696.28
#住宅	Residential Buildings	1339.47	1774.80	4497.68	6731.41	6553.53
商品房销售情况（万平方米）	**Sale of Commercialized Buildings (10000 sq. m)**					
房屋销售面积	Floor Space of Commercialized Buildings	798.31	1740.93	5135.55	10248.20	9485.47
#住宅	Residential Buildings	708.89	1555.97	4523.14	9034.69	8112.37
#90 平方米以下	Below 90 Square Meters				1733.15	1583.11
#140 平方米以上	Above 140 Square Meters				2145.23	1816.86
#经济适用房	Economically Affordable Housing	42.80	313.98	187.04	320.67	315.20

注：本表资金来源均为资金到位数。

Note: The funds sources of this table were all available for investment.

5-11 房地产开发企业经营情况
Operating Statistics on Enterprises for Real Estate Development

指 标	Item	1995	2000	2005	2009	2010
企业个数 (个)	**Number of Enterprises (unit)**	**1641**	**1930**	**3810**	**5809**	**6070**
内资	Domestic Funded	1257	1636	3384	5215	5450
#国有	State - owned Enterprises	618	585	248	228	252
集体	Collective - owned Enterprises	488	482	192	127	124
港澳台商投资	Enterprises with Funds from Hong Kong, Macao and Taiwan	189	197	277	335	352
外商投资	Foreign Funded	195	97	149	259	268
平均从业人数 (万人)	**Average Number of Employed Persons (10000 persons)**	**5.01**	**5.74**	**8.47**	**12.05**	**13.17**
内资	Domestic Funded			7.54	10.61	11.61
#国有	State - owned Enterprises			0.63	0.61	0.59
集体	Collective - owned Enterprises			0.33	0.19	0.19
港澳台商投资	Enterprises with Funds from Hong Kong, Macao and Taiwan			0.59	0.79	0.87
外商投资	Foreign Funded			0.34	0.65	0.69
土地开发及购置 (万平方米)	**Land Development and Purchase (10000 sq. m)**					
本年完成开发土地面积	Land Space Developed This Year	1329.00	886.59	1827.36	1646.97	
本年土地成交价款 (亿元)	Total Value of Land Purchased (100 million yuan)			319.02	339.83	613.85
待开发土地面积	Land Space Pending Development	1045.00	928.335	3981.34	4524.01	3798.79
本年购置土地面积	Land Space Purchased This Year	744.00	1395.98	2848.80	1857.93	2055.71
资产负债 (亿元)	**Assets and Liabilities (100 million yuan)**					
实收资本	Capital Held			953.90	2812.78	4061.51
#国家资本金	State Capital			86.75	327.75	447.96
资产总计	Total Assets	668.50	1201.82	5679.81	14685.34	19791.32
累计折旧	Total Depreciation	4.84	13.25	34.48	93.42	128.74
#本年折旧	Depreciation This Year	1.35	2.75	8.45	26.09	33.70
负债总计	Total Liabilities	495.15	958.47	4343.07	10578.89	14233.81
所有者权益	Owners' Equity	173.35	243.36	1336.74	4106.44	5557.51
资产负债率 (%)	Assets Liability Ratio (%)					
经营情况 (亿元)	**Operating Statistics (100 million yuan)**					
经营总收入	Total Revenue	114.80	294.00	1279.25	4757.56	5384.70
土地转让收入	Land Transferred	4.38	3.19	15.18	37.17	14.22
商品房屋销售收入	Commercialized Buildings Sold	98.81	274.84	1225.33	4651.11	5280.77
房屋出租收入	Houses Leased	0.80	3.50	5.19	11.05	28.68
其他收入	Others	10.81	12.47	33.55	58.23	61.03
经营税金及附加	Operating Tax and Extra Charges	5.99	13.11	79.89	343.03	413.99
营业利润	Operating Profit	8.67	8.73	112.96	685.02	793.91

5-12　按登记注册类型分房地产开发投资(2010年)

单位:亿元

项　　目		总　计 Total	内　资 Domestic Funds	国　有 State-owned	集　体 Collective-owned
企业个数　　　　(个)	**Number of Enterprises　　　(unit)**	**6070**	**5450**	**227**	**103**
本年完成投资	**Investment Completed This Year**	**4299.38**	**3759.81**	**328.44**	**59.06**
按构成分	Grouped by Use of Funds				
建筑工程	Construction Projects	2615.13	2291.48	177.74	51.69
安装工程	Installation Projects	282.08	236.44	12.11	1.88
设备工器具购置	Pruchase of Equipment and Instruments	41.09	33.52	2.53	0.06
其他费用	Others Expenses	1361.09	1198.37	136.05	5.43
按构成用途分	Grouped by Use of Project				
住宅	Residential Buildings	3158.46	2742.59	273.12	49.30
#90平方米以下	Below 90 Square Meters	733.15	659.48	86.30	8.34
#140平方米以上	Above 140 Square Meters	744.76	598.42	39.94	4.04
#经济适用房	Economically Affordable Housing	98.94	97.85	44.68	6.30
#别墅、高档公寓	Villas, High-grade Apartments	348.51	291.51	9.04	0.41
办公楼	Office Buidings	154.61	139.12	6.42	1.61
商业营业用房	Buidings for Business Use	611.08	549.03	15.26	5.77
其他	Others	375.23	329.06	33.65	2.38
本年新增固定资产	**Newly Increased Fixed Assets This Year**	**2759.15**	**2400.32**	**141.43**	**41.63**
资金来源	**Sources of Funds**				
本年资金来源合计	Total of Funds This Year	9839.24	8307.12	619.66	88.00
上年末结余资金	Balance of Founds Last Year	1816.91	1435.27	106.87	8.97
本年资金来源小计	Subtotal Funds This Year	8022.33	6871.85	512.78	79.02
国内贷款	Domestic Loans	1515.66	1349.99	137.32	11.15
利用外资	Foreign Investment	92.76	6.23	0.00	0.00
自筹资金	Self-raising Funds	2031.38	1877.46	141.42	37.50
#自有资金	Self-owned	1166.81	1049.34	77.81	19.30
其他资金来源	Others	8382.54	3638.17	234.04	30.37
#定金及预收款	Bargain Money and Pre-received Money	2500.42	2080.93	106.14	18.48

Investment in Real Estate Development by Registration Status(2010)

(100 million yuan)

股份合作 Cooperative Enterprises	联 营 Joint Ownership	国有独资公司 State Sole Funded	其它有限责任公司 Other Limited Liability Corporations	股份有限公司 Share Holding Co., Ltd.	私 营 Private	其 它 Other
19	**8**	**23**	**1574**	**227**	**3189**	**80**
11.06	**2.44**	**52.51**	**1426.31**	**173.18**	**1660.67**	**46.14**
8.95	2.26	24.46	856.11	108.03	1027.54	34.69
0.33	0.10	1.06	81.59	10.63	125.79	2.95
0.00	0.00	0.27	12.43	2.13	15.43	0.66
1.79	0.08	26.72	476.17	52.39	491.91	7.82
10.03	1.59	42.93	1018.86	119.64	1195.34	31.78
1.57	0.34	7.72	237.21	34.57	272.18	11.26
2.70	0.05	4.22	235.48	18.74	288.37	4.88
0.01	0.00	1.02	21.42	6.53	15.65	2.25
1.30	0.01	2.51	121.59	2.83	151.77	2.05
0.06	0.61	3.69	72.32	3.18	49.44	1.79
0.75	0.20	3.62	203.20	31.67	281.12	7.45
0.22	0.04	2.26	131.93	18.69	134.77	5.11
2.86	**2.86**	**12.48**	**901.81**	**93.48**	**1167.09**	**36.69**
25.22	2.89	79.76	3333.10	340.61	3699.65	118.24
4.38	0.33	16.29	542.72	47.74	688.72	19.25
20.84	2.56	63.47	2790.38	292.87	3010.94	98.98
4.10	1.20	10.58	577.72	56.85	536.37	14.70
0.00	0.00	0.00	5.34	0.00	0.88	0.00
3.47	0.76	23.09	754.83	92.84	788.08	35.47
0.42	0.23	5.47	390.35	58.70	478.82	18.24
13.27	0.61	29.79	1452.49	143.19	1685.59	48.82
8.89	0.19	18.25	863.46	93.93	944.26	27.32

单位:亿元

指 标	Iteam	港澳台商投资 Funds from Hong Kong, Macao and Taiwan	合资经营 Joint-venture Enterprises	合作经营 Cooperative Enterprises
企业个数 （个）	**Number of Enterprises （unit）**	**352**	**153**	**15**
本年完成投资	**Investment Completed This Year**	**345.51**	**164.46**	**13.05**
按构成分	Grouped by Use of Funds			
建筑工程	Construction Projects	199.10	85.40	7.55
安装工程	Installation Projects	24.51	8.37	2.66
设备工器具购置	Pruchase of Equipment and Instruments	3.93	1.37	0.09
其他费用	Others Expenses	117.97	69.32	2.74
按构成用途分	Grouped by Use of Project			
住宅	Residential Buildings	264.49	125.10	9.66
#90 平方米以下	Below 90 Square Meters	49.03	19.64	0.92
#140 平方米以上	Above 140 Square Meters	79.38	33.32	5.73
#经济适用房	Economically Affordable Housing	0.20	0.02	0.00
#别墅、高档公寓	Villas, High－grade Apartments	38.12	12.41	0.94
办公楼	Office Buidings	7.03	2.97	0.44
商业营业用房	Buidings for Business Use	45.87	19.24	1.55
其他	Others	28.12	17.15	1.40
本年新增固定资产	**Newly Increased Fixed Assets This Year**	**213.15**	**67.00**	**10.47**
资金来源	**Sources of Funds**			
本年资金来源合计	Total of Funds This Year	837.70	316.11	57.15
上年末结余资金	Balance of Founds Last Year	188.86	57.75	19.39
本年资金来源小计	Subtotal Funds This Year	648.84	258.36	37.76
国内贷款	Domestic Loans	92.66	49.10	5.90
利用外资	Foreign Investment	53.73	10.34	0.00
自筹资金	Self-raising Funds	103.28	66.81	3.56
#自有资金	Self-owned	72.48	47.50	2.76
其他资金来源	Others	399.16	132.12	28.30
#定金及预收款	Bargain Money and Pre-received Money	236.44	72.92	18.87

(100 million yuan)

独资公司 Enterprises with Sole Fund	股份有限公司 Share Holding Co. , Ltd.	外商投资 Foreign Inveslment	合资经营 Joint-venture . Enterprises	合作经营 Cooperative Enterprises	独资公司 Enterprises with Sole Fund	股份有限公司 Share Holding Co. , Ltd.
175	**9**	**268**	**115**	**12**	**138**	**3**
151.27	**16.73**	**194.06**	**66.60**	**23.14**	**103.39**	**0.94**
95.58	10.58	124.54	42.75	9.58	71.68	0.53
11.32	2.15	21.13	5.84	4.18	10.99	0.13
2.46	0.00	3.64	1.53	1.06	1.05	0.00
41.91	4.00	44.75	16.48	8.32	19.67	0.28
115.34	14.39	151.37	46.24	18.72	85.48	0.94
21.88	6.59	24.64	9.23	3.42	11.54	0.45
37.45	2.88	66.95	16.63	6.74	43.58	0.00
0.18	0.00	0.89	0.00	0.00	0.89	0.00
21.80	2.97	18.88	2.06	0.68	16.14	0.00
3.50	0.12	8.46	6.54	0.00	1.92	0.00
23.32	1.77	16.17	6.60	2.47	7.10	0.00
9.11	0.46	18.05	7.22	1.95	8.88	0.00
112.05	**23.63**	**145.69**	**64.29**	**19.35**	**62.04**	**0.00**
418.63	45.81	694.42	220.42	51.98	417.50	4.51
106.31	5.42	192.77	75.44	13.06	103.54	0.73
312.32	40.39	501.65	144.98	38.92	313.96	3.79
32.56	5.10	73.00	20.61	0.42	51.09	0.88
30.41	12.98	32.81	7.80	0.00	24.93	0.08
32.35	0.56	50.64	28.40	1.31	20.92	0.00
21.66	0.56	44.99	26.68	1.31	17.01	0.00
217.01	21.74	345.20	88.16	37.19	217.02	2.83
134.75	9.89	183.05	48.19	21.42	110.84	2.60

主要统计指标解释

全社会固定资产投资 是以货币表现的建造和购置固定资产活动的工作量，它是反映固定资产投资规模、速度、比例关系和使用方向的综合性指标。全社会固定资产投资按登记注册类型可分为国有、集体、个体、联营、股份制、外商、港澳台商、其他等。全社会固定资产投资总额分为城镇项目投资、农村建设项目投资和房地产开发投资三个部分。

城镇和农村建设项目投资 指城镇和农村各种登记注册类型的企业、事业、行政单位及个体户进行的计划总投资 500 万元及 500 万元以上建设项目的投资。

房地产开发投资 指房地产开发公司、商品房建设公司及其他房地产开发法人单位和附属于其他法人单位实际从事房地产开发或经营的活动单位统一开发的包括统代建、拆迁还建的住宅、厂房、仓库、饭店、宾馆、度假村、写字楼、办公楼等房屋建筑物和配套的服务设施，土地开发工程（如道路、给水、排水、供电、供热、通讯、平整场地等基础设施工程）的投资；不包括单纯的土地交易活动。

固定资产投资的资金来源 根据固定资产投资的资金来源不同，分为国家预算内资金、国内贷款、利用外资、自筹资金和其他资金来源。

（1）国家预算内资金：分为财政拨款和财政安排的贷款两部分。包括中央财政的基本建设基金、专项支出、收回再贷、贴息资金，财政安排的挖潜改造和新产品试制支出、城建支出、商业部门简易建筑支出、不发达地区发展基金等资金中用于固定资产投资的资金；地方财政中由国家统筹安排的资金等。

（2）国内贷款：指报告期内企、事业单位向银行及非银行金融机构借入的用于固定资产投资的各种国内借款。包括银行利用自有资金及吸收的存款发放的贷款、上级主管部门拨入的国内贷款、国家专项贷款（包括煤代油贷款、劳改煤矿专项贷款等）、地方财政专项资金安排的贷款、国内储备贷款、周转贷款等。

（3）利用外资：指报告期收到的用于固定资产建造和购置投资的境外资金（包括设备、材料、技术在内）。计算利用外资时，需要折算成人民币，折算中所使用的外汇汇率按现汇计算，即按使用外汇时的汇率计算。包括外商直接投资、对外借款及外商其他投资。不包括我国自有外汇资金。

（4）自筹资金：指固定资产投资单位报告期收到的，由各地区、各部门及企业、事业单位筹集用于固定资产投资的预算外资金，包括中央各部门、各级地方和企业、事业单位的自有资金。

（5）其他资金：指在报告期收到的除以上各种资金之外其他用于固定资产投资的资金。包括社会集资、个人资金、无偿捐赠的资金及其他单位拨入的资金等。

固定资产投资按国民经济行业分 按建设项目建成投产后的主要产品或主要用途及社会经济活动性质来确定。一般情况下，一个建设项目或一个企业、事业单位只能属于一种国民经济行业。

固定资产投资按建设性质分 建设项目的性质一般分为新建、扩建、改建、迁建、恢复。

（1）新建：一般是指从无到有、"平地起家"新开始建设的单位。有的单位原有的基础很小，经过建设后其新增加的固定资产价值超过原有固定资产价值（原值）三倍以上的也算新建。

（2）扩建：一般是指为扩大原有产品的生产能力，在厂内或其他地点增建主要生产车间（或主要工程）、独立的生产线或分厂的企业；事业单位和行政单位在原单位增建业务用房（如学校增建教学用房、医院增建门诊部或病床用房、行政机关增建办公楼等）也作为扩建。

（3）改建：一般是指现有企业、事业单位为了技术进步，提高产品质量，增加花色品种，促进产品升级换代，降低消耗和成本，加强资源综合利用和三废治理、劳保安全等，采用新技术、新工艺、新设备、新材料等对现有设施、工艺条件进行技术改造或更新（包括相应配套的辅助性生产、生活福利设施）。有的企业为充分发挥现有生产能力，进行填平补齐而增建不增加本单位主要产品生产能力的车间等，也属于改建。

固定资产投资按构成分 固定资产投资活动按其工作内容和实现方式分为建筑安装工程，设备、工具、器具购置，其他费用三个部分。

（1）建筑安装工程（建筑安装工作量）：指各种房屋、建筑物的建造工程和各种设备、装置的安装工程。包括各种房屋建造工程，各种用途设备基础和各种工业窑炉的砌筑工程；为施工而进行的各种准备工作和临时工程以及完工后的清理工作等；铁路、道路的铺设，矿井的开凿及石油管道的架设等；水利工程；防空地下建筑等特殊工程；以及各种机械设备的安装工程；为测定安装工程质量，对设备进行的试运工作。在安装工程中，不包括被安装设备本身的价值。

（2）设备、工具、器具购置：指购置或自制达到固定资产标准的设备、工具、器具的价值，固定资产的标准按财务部门规定。新建单位、扩建单位的新建车间按照设计和计划要求购置或自制的全部设备、工具、器具，不论是否达到固定资产标准均计入"设备、工具、器具购置"中。

(3)其他费用:指在固定资产建造和购置过程中发生的,除建筑安装工程和设备、工具、器具购置以外的各种应摊入固定资产的费用。

施工项目 指报告期内曾进行建筑或安装工程施工活动的建设项目,包括报告期内新开工项目、报告期以前开工跨入报告期继续施工的项目以及报告期施过工并在报告期内全部建成投产或停缓建的项目。

全部建成投产项目 工业项目是指设计文件规定形成生产能力的主体工程及其相应配套的辅助设施全部建成,经负荷试运转,证明具备生产设计规定合格产品的条件,并经过验收鉴定合格或达到竣工验收标准,与生产性工程配套的生活福利设施可以满足近期正常生产的需要,正式移交生产的建设项目。非工业项目是指设计文件规定的主体工程和相应的配套工程全部建成,能够发挥设计规定的全部效益,经验收鉴定合格或达到竣工验收标准,正式移交使用的建设项目。

房屋建筑面积 指从房屋外墙线算起的各层平面面积的总和,包括可供使用的有效面积和房屋结构(如柱、墙)占用的面积。多层建筑按各层(包括地下室)面积总和计算。

住宅建筑面积 指施工和竣工房屋建筑面积中供居住用的施工和竣工房屋建筑面积。

施工面积 指报告期内施工的全部房屋建筑面积。包括本期新开工的面积、上期跨入本期继续施工的房屋面积、上期停缓建在本期恢复施工的房屋面积、本期竣工的房屋面积及本期施工后又停缓建的房屋面积。

竣工面积 指在报告期内房屋建筑按照设计要求已全部完工,达到住人和使用条件,经验收鉴定合格,正式移交使用单位的建筑面积。

房屋建筑面积竣工率 指一定时期内房屋竣工面积占同期房屋施工面积的比率。它是从房屋建筑施工速度的角度反映投资效果和建筑业经济效益的指标。

新增固定资产 指通过投资活动所形成的新的固定资产价值,包括已经建成投入生产或交付使用的工程价值和达到固定资产标准的设备、工具、器具的价值及有关应摊入的费用。它是以价值形式表示的固定资产投资成果的综合性指标,可以综合反映不同时期、不同部门、不同地区的固定资产投资成果。

建设项目投产率 指一定时期内全部建成投入生产项目个数与同期正式施工项目个数的比率。它是从项目建设速度的角度反映投资效果的指标。

建设周期 是指报告期(年)所有正式施工项目全部建成平均需要的时间,它是从宏观角度反映建设速度的指标。建设周期的计算方法有两种:

(1)按建设项目计算:建设周期=报告期正式施工项目个数/报告期全部建成投产项目个数

(2)按投资额计算:建设周期=报告期正式施工项目计划总投资之和/报告期正式施工项目完成投资之和。

Explanatory Notes on Main Statistical Indicators

Total Investment in Fixed Assets in the Whole Country refers to the volume of activities in construction and purchases of fixed assets of the whole country expressed in monetary terms, it is a comprehensive indicator which shows the size, pace, proportional relations and use direction of the investment in fixed assets. Total investment in fixed assets in the whole country includes, by type of ownership, the investment by State - owned units, collective - owned units, individuals, joint ownership units, share - holding units, as well as investments by entrepreneurs from foreign countries and from Hong Kong, Macao and Taiwan, and by other units. The investment in fixed assets in the whole country is classified into the following three parts: investment in urban projects, rural construction projects and real estate development.

Urban and Rural Investment in Construction Projects refers to construction projects involving a total planned investment of 5 million yuan and over by enterprises of various types of ownership, institutions, administrative units and individuals in urban and rural areas.

Investment in Real Estate Development It includes the investment by the real estate development companies, commercial buildings construction companies and other real estate development units of various types of ownership in the construction of house buildings, such as residential buildings, factory buildings, warehouses, hotels, guesthouses, holiday villages, office buildings, and the complementary service facilities and land development projects, such as roads, water supply, water drainage, power supply, heating, telecommunications, land leveling and other projects of infrastructure. It excludes the activities in simple land transactions.

Sources of Funds for Investment in Fixed Assets state budgetary appropriation, domestic loans, foreign investment, self-raised funds, and others.

(1) Fund from the State budget consists of budgetary appropriation and loans from the State budget. More specifically, it includes, from the budget of the central government, capital construction fund, special expenses, loans from repayment, discount fund, expenses

on innovation and trial production of new products, expenses on urban construction, expenses on temporary construction from business departments, development fund for less developed areas, as well as local budgetary fund transferred from the central budget.

(2) Domestic loans refer to various funds borrowed by enterprises and institutions from banks and non-bank financial institutions during the reference period for the purpose of investment in fixed assets, including loans issued by banks from their self-owned funds and deposit, loans appropriated by higher responsible authorities, special loans by government (including loan for replacing petroleum with coal, special loan for reform through labor coal mines), loans arranged by local government from special funds, domestic reserve loan, and working loan, etc.

(3) Foreign investment refers to foreign funds received during the reference period for the construction and purchase of investment in fixed assets (covering equipment, materials and technology). In calculating the utilization of foreign capital, foreign currencies are converted into Chinese RMB applying the current exchange rate when the foreign capitals are actually used. It includes foreign borrowings (loans from foreign governments and international financial institutions, export credit, commercial loans from foreign banks, issue of bonds and stocks overseas), foreign direct investment and other foreign investments.

(4) Self – raised funds refer to extra – budgetary funds for investment in fixed assets received during the reference period by investing units from central government ministries, local governments, enterprises and institutions, including their self – raised funds.

(5) Others refer to funds for investment in fixed assets received from sources other than those listed above, including funds raised from society and individuals, donations, and funds transferred from other units.

Investment in Fixed Assets by Sector In general, one project or one enterprise or institution can only be classified into one sector.

Investment in Fixed Assets by Types of Construction The construction projects in general can be classified by the type of construction into new construction, expansion, reconstruction, moving and resumption.

(1) New construction in general refers to newly constructed units. In the case in which the value of the original fixed assets is quite small, and the value of newly added fixed assets exceeds the original ones by three times, the expansion construction is considered as new construction.

(2) Expansion refers to construction of new major production workshop or independent production line within a factory or in other locations, or construction of a branch factory so as to increase the production capacity of the original products. Newly constructed business houses in institutions and administrative organizations (such as the newly constructed teaching buildings in schools, clinics or bed building in hospitals, and office buildings in administrative agencies, etc.) are also classified as expansion.

(3) Reconstruction refers to technical innovation and transformation of the existing equipment and technical conditions undertaken by enterprises and institutions for the purposes of technological advancement, improvement in product quality, enlarging variety of products, promoting new generation of products, reducing production consumption and cost, promoting comprehensive utilization of resources, strengthening treatment of waste gas, waste water and solid wastes, and safety in production, etc. through application of new technologies and techniques, use of new equipment and new materials (including accessory facilities for production or for living and welfare purposes). Construction of new workshops for improving existing production capacity rather than increasing production capacity is also considered as reconstruction.

Investment in Fixed Assets by Structure refers to the three major parts of investment activities, i. e. construction and installation, purchase of equipment and instrument, and other expenses.

(1) Construction and installation (work volume of construction and installation) refers to the construction of various houses and buildings and installation of various kinds of equipment and instruments, including construction of various houses, equipment foundations and industrial kilns and stoves, preparation works for project construction, and clearing up works post project construction, pavement of railways and roads, drilling of mines and putting up of oil pipes, construction of projects of water conservancy, construction of underground air-raid shelters and construction of other special projects, installation of various machinery equipment, testing operation for pretesting the quality of installation projects. The value of equipment installed is not included in the value of installation projects.

(2) Purchase of equipment and instruments refers to the total value of equipment, tools, and vessels purchased or self-produced which come up to standards for fixed assets. Equipment, tools and vessels purchased or self produced for new workshops by newly established or expanded units are categorized as "purchase of equipment and instruments" no matter whether they come up to the standards for fixed assets or not.

(3) Other expenses refer to expenses occurring during the construction or purchase of fixed assets other than construction, installation or purchase of equipment and instruments.

Projects under Construction refer to projects having construction and installation activities undertaken in the reference period, including projects started in the reference period, or continued from the previous pound, or completed and put into production or suspended in the reference period.

Projects Completed and Put into Use Industrial projects refer to the major projects and accessory facilities completed which result in forming production capacity and have been checked and accepted while the living and welfare facilities have been completed and can ensure normal production and formally put into production. Non-industrial projects refer to the major projects and accessory facilities completed which possess the designed capacity and have been checked, accepted and formally put into production.

Floor Space of Buildings under Construction refers to total floor space in each story of buildings calculated from the outside line of building walls, including both usable space and the space occupied by constructions like pillars or walls. The floor space of multi-story buildings includes the total floor space of each story (including basement).

Floor Space of Residential Buildings refers to the floor space of the residential buildings among the total space of buildings under construction or completed.

Floor Space under Construction refers to total floor space of all buildings under construction during the reference period, including floor space of newly started buildings during the reference period, floor space of construction extended from the previous period to the current period, floor space of construction suspended during the previous period and resumed in the current period, floor space of construction completed in the current period, and floor space of construction started and then suspended in the current period.

Floor Space of Buildings Completed refers to the floor space of buildings completed in the reference period, which have come up to the designed standards and have been put into use.

Completion Rate of Floor Space of Buildings refers to the ratio of the floor space of buildings completed in certain period of time to the floor space of buildings under construction in the same period which reflects the investment result and economic efficiency of the construction industry from the angle of the speed of project construction.

Newly Increased Fixed Assets refer to the newly increased value of fixed assets through investment, including the value of projects completed and put into production, the value of equipment, tools, and vessels considered as fixed assets, as well as the relevant expenses as investment in fixed assets. This is a comprehensive indicator of investment in fixed assets, reflecting the achievements of investment in fixed assets in different periods, different sectors, and different regions.

Rate of Construction Projects Completed and Put into Use refers to the ratio of the number of construction projects completed and put into use in certain period of time to the number of projects under construction in the same period. This reflects the investment efficiency from the angle of the speed of projects construction.

Construction cycle refers to how longtime it will be taken in average that all the projects formally under construction can be completed in reference year. This indicator reflect the speed of construction in view of macrocosm.

There are two formulas in calculating the construction cycle:

(1) By the number of construction projects

Construction cycle = number of projects formally under construction in reference period (year) / number of all the projects are completed and put in production in reference period (year)

(2) By the value of investment

Construction cycle = total investment plan for the projects formally under construction in reference period (year) / total fulfihnent of investment on the projects formally under construction in reference period (year).

6

价格指数
Price Indices

简 要 说 明

一、本篇资料的主要内容

本篇价格指数资料，反映生产、流通、消费与投资等环节的价格变动趋势和变动幅度。主要包括居民消费价格指数、商品零售价格指数、农业生产资料价格指数、工业品出厂价格指数（工业生产者出厂价格指数）、原材料、燃料和动力购进价格指数（工业生产者购进价格指数）、固定资产投资价格指数和房地产价格指数等。

二、本篇的资料来源

价格指数编制由国家统计局江苏调查总队组织实施。各市、县调查队依据国家统计局统一制定的价格统计调查制度向基层采集原始数据汇总后上报。

三、居民消费、商品零售价格指数

编制居民消费、商品零售价格指数的资料采用抽样调查和重点调查相结合的方法取得，即在全省选择不同经济区域和分布合理的地区，以及有代表性的商品作为样本，对其市场价格进行定期调查，以样本推断总体。编制过程按下列几个步骤进行：

1. 选择调查地区和调查点。调查地区按照经济区域和地区分布合理等原则，选出具有代表性的大、中、小城市和县作为国家的调查地区，在此基础上选定经营规模大、商品种类多的商场（包括集市和服务网点）作为调查点。

2. 选择代表商品和代表规格品。代表商品是选择那些消费量大、价格变动有代表性的商品；代表规格品的确定是根据商品零售资料和城市居民、农村居民的消费支出记帐资料，按照有关规定筛选的。筛选原则：（1）与社会生产和人民生活关系密切；（2）消费（销售）数量（金额）大；（3）市场供应稳定；（4）价格变动趋势有代表性；（5）所选的代表规格品之间差异大。

目前，居民消费价格调查按用途划分为 8 大类，262 个基本分类，各地每月调查 600 种以上规格产品价格；商品零售价格按用途划分为 16 个大类，229 个基本分类，各地每月调查 500 种以上的规格产品价格。

3. 价格调查方式。采用派员直接到调查点登记调查，同时聘请辅助调查员协助登记调查。

4. 权数的确定。商品零售价格指数的计算权数主要根据社会商品零售额资料确定；居民消费价格指数的计算权数根据城乡居民家庭消费支出构成确定。

四、工业品出厂价格指数

工业品出厂价格是工业品第一次出售时的出厂价格。该项调查采用重点调查与典型调查相结合的调查方法。重点调查对象为年主营业务收入 500 万元及以上的工业法人企业；典型调查对象为年主营业务收入 500 万元以下的工业法人企业。1. 选择代表企业的原则：（1）按工业行业选择调查企业，各中类行业原则上都要有调查企业；（2）大型企业应尽量都选上（或占相当大比重）；（3）选择生产正常、稳定的企业作为调查对象；（4）选择企业时要兼顾不同所有制形式。

2. 选择代表产品的原则：（1）按工业行业选择代表产品；（2）选择对国计民生影响大的产品；（3）选择生产较为稳定的产品；（4）选择有发展前景的产品；（5）选择具有地方特色的产品。

目前《工业品价格调查目录》包括 4000 多种产品（7500 多个规格）。

3. 价格调查方式。采用企业报表形式。

4. 权数的确定。编制工业品出厂价格指数所用的权数，用工业品销售额计算。计算资料来源于经济普查数据。若近期没有经济普查数据时，采用工业统计资料和部门统计资料来推算。权数一般五年更换一次。

五、固定资产投资价格指数

固定资产投资价格调查采用重点调查与典型调查相结合的方法。固定资产投资价格调查所涉及的价格是构成固定资产投资额实体的实际购进价格或结算价格。调查的内容包括构成当年建筑工程实体的钢材、木材、水泥、地方材料（如砖、瓦、灰、沙、石等）、化工材料（如油漆等）等主要建筑材料价格；作为活劳动投入的劳动力价格（单位工资）和建筑机械使用费用；设备工器具购置和其他费用投资价格。

固定资产投资价格调查样本的选择遵循以下原则：

1. 选择建筑安装工程调查点的原则：（1）样本单位应具有一定覆盖面；（2）投资经济活动代表性强；（3）兼顾不同经济类型；（4）选择重点工程；（5）兼顾国民经济各门类及不同工程类别。

2. 选择其他费用调查点的原则：在选择其他费用调查点时，所遵循的原则与建筑安装工程调查点的原则基本相同，特别是要注意选择那些投资额大的工程。但由于其他费用不易取得，所以在实际操作过程中，应同时在建设单位、施工单位开展重点调查，并辅以典型调查（从管理部门取得资料）。

3．价格调查方式。采用企业报表和调查员走访相结合的方式。

4．权数的确定。固定资产投资价格指数的计算权数是建筑安装工程、设备工器具购置和其他费用三者前三年的平均比重。

六、房地产价格指数

从广义上讲，房地产是房产与地产的总称。因此房地产价格调查的内容主要包括以下几个部分：

1．房屋销售价格。从进入房地产市场的渠道看，房屋销售价格包括商品房和二手房两部分。

2．房屋租赁价格。房屋租赁价格包括住宅、办公楼、商业娱乐用房、工业仓储用房和其他用房五部分。

3．土地交易价格。土地交易价格包括居住用地、工业仓储用地、商业旅游娱乐用地和其他用地四部分。

4．物业管理价格。物业管理价格包括住宅、办公楼、商业娱乐用房和工业仓储用房四部分。

房地产价格调查采用重点调查与典型调查相结合的方法。调查方式采用报表与走访相结合的方式。

Brief Introduction

Ⅰ. Main Contents

Data on price indices in this chapter show the changing trends and the change rates in the prices of production, trade, consumption and investment, including mainly consumer price indices, retail price indices, price indices for means of agricultural production, producer price indices for farm products, ex-factory price indices for industrial products (or producer price indices for manufactured goods), purchasing price indices for raw materials, fuels and power, price indices for investment in fixed assets, and price indices for real estate.

Ⅱ. Sources of Data

Compilation of statistics on price indices is organized by the Survey Office of the National Bureau of Statistics in Jingsu. The selected cities and counties collect data from the grassroots units in accordance with the scheme of price survey system stipulated by the NBS, tabulate them and report them to the higher agencies.

Ⅲ. Consumer Price Indices and Retail Price Indices

Data for compilation of the consumer price indices and the retail price indices in Jingsu are collected through a combination of sample surveys and surveys of key units. Areas distributed in different economic regions are selected as the sample areas and representative commodities are selected as the sample commodities. Regular surveys are conducted to collect data on their market prices. Population parameters are inferred on the basis of the sample data. Following are major steps in the process of calculation of the price indices:

(1) The selection of areas and survey points: Based on such principles as regional economic features and reasonable geographic distribution, representative sample areas for the national survey are selected which include large, medium and small cities and counties. When the sample areas have been selected, large-scale shops and markets (including fairs and service outlets) with wide variety of commodities are selected as survey points.

(2) The selection of representative commodities and their specifications or varieties: The representative commodities selected are those consumed in large quantity and representative in price changes. The representative specifications or varieties are determined according to the data on the retail sales of commodities and the consumption expenditure account data of the residents of urban households and rural households; and selection follows the related instructions. The principles for selection are: (a) The commodities are closely related to social production and people's living conditions; (b) They

are consumes (or sold) in large quantities (or large values); (c) The market supply is stable; (d) The changes of their prices are representative in trend; (e) There is great heterogeneity among the specifications or varieties selected.

At present, data are collected on 600 and more specifications each month under 262 basic headings in 8 categories in the consumer price surveys. For the retail price surveys, data are collected on more than 500 specifications each month under 229 basic headings in 16 categories.

(3) Method of data collection: Enumerators are sent to the survey points to take the records of the prices. Assistant enumerators are recruited to assist the survey work.

(4) Determination of the weights: The weights for calculation of the retail price indices are determined mainly according to the total retail sales of commodities. The weights for calculation of the consumer price indices are determined according to the composition of the consumption expenditures of urban and rural households.

Ⅳ. Producer Price Indices for Manufactured Goods

Producer prices for manufactured goods refer to the ex-factory price of manufactured goods when they are first sold. The survey program is a combined use of the key units' survey and typical units' survey methods. Key units refer to those non-State-owned industrial enterprises with annual revenue above 5 million yuan. Typical units refer to the industrial enterprises with annual sale revenue below 5 million yuan.

(1) Principles for selecting the representative enterprises:

(a) Enterprises to be covered in the survey are selected by industrial sectors. In principle, every branch should have enterprises selected; (b) All (or a majority of) large-sized enterprises should be selected; (c) Enterprises selected should be those with normal and stable production; (d) Different types of ownership should be considered in selecting enterprises.

(2) Principle for the selection of representative goods:

(a) The goods are selected by industrial sectors; (b) The selected goods should have great impact on the national economy and people's living conditions; (c) The production of the goods selected are relatively more stable; (d) The prospects of the goods selected are promising; (e) The goods selected are typical to the place in question.

The current List of Manufactured Goods for the survey includes over 4,000 goods (including 7,500 specifications or varieties). The industrial sales value of the industries represented by these goods accounts for more than 70 percent of total industrial sales value of all the country.

(3) Method of data collection: The method of reporting forms by enterprises is adopted.

(4) Determination of the weights: The weights for calculation of the producer price indices for manufactured goods are determined according to the total sales value of manufactured goods. Data from the industrial census are used for the calculation. If census data are not available for the reference year, industrial statistical data and statistical data from other agencies will be used to estimate the weights. The weights are replaced every five years.

Ⅴ. Price Indices for Investment in Fixed Assets

Data on prices of investment in fixed assets are collected by a program involving the combined use of surveys on key units and surveys on typical units. The prices collected in the surveys of investment in fixed assets are the actual purchasing prices or settlement prices of entities of investment in fixed assets. The survey content includes the prices of main construction materials that constitute the architectural engineering entity in the year, such as steel, timber, cement, local construction materials (such as brick, tile, calcareous ashes, sand, stone, etc.), chemical materials (such as oil paint, etc.), the price of labor force as input (wages), prices for renting of building machinery and equipment, the purchasing price of equipment, tools and instruments and the prices of others investments.

The following principles should be followed in selecting the sample for the price survey of investment in fixed assets:

(1) Principles for selecting the survey points of construction and installation: (a) Sample units should have a good coverage; (b) The economic activity of investment should have strong representativeness; (c) Different economic types of ownership should be considered; (d) key projects should be selected; (e) Attention should be given to various sectors of the national economy and types of projects.

(2) Principles for selecting price survey points of other fees: The principles for selecting survey points of others fees is in general the same as that of construction and installation, with special attention being paid to selecting projects with huge investment value. Since it is not easy to obtain the other fees, during the actual data gathering operations, survey on key construction owner units and building units is to conducted concurrently with survey on typical units (with information from administration units)

(3) Method of price survey: A combination of enterprises reporting system and enumerator visits method.

(4) Determination of the weights: The weights for calculation of the price indices for investment in fixed assets are determined according to the average proportion of construction and installation, purchase of equipment, tools and instruments and other investments in the 3 preceding years.

Ⅵ. Price Indices for Real Estate

In the broad sense real estate refers to properties in terms of both buildings and land. Therefore, the price survey on real estate covers the following items:

1) Sale prices of houses. In terms of the types of houses sold at the market, sale prices of houses include the prices for commercialized houses and for second-hand houses.

2) Renting price of houses. Included in this category are prices for renting residential housing, office buildings, buildings for business or recreational purposes, buildings for industrial or storage purposes, and housing for other purposes.

3) Transaction prices of land. Included in this category are prices for the transaction of land used for residential housing, for industrial and storage purposes, for business or recreational purposes and for other uses.

4) Property management price. Included in this category are prices for residential housing, office buildings, buildings for business or recreational purposes, and buildings for industrial or storage purposes.

Survey on real estate prices employed a combination of survey of key units and survey of typical cases. Data are collected through reporting forms supplemented by interviews.

6－1 各种价格指数
Price Indices

上年＝100 (preceding year＝100)

年份 Year	居民消费价格指数 General Consumer Price Index	城市 Urban	农村 Rural	商品零售价格指数 General Retail Price Index	工业品出厂价格指数 Ex-factory Price Indices of Industrial Products	原材料、燃料、动力购进价格指数 Raw Material Fuel and Power Purchasing Price Indices	固定资产投资价格指数 Price Indices of Investment in Fixed Assets
1979	101.0	100.7	101.3	101.3			
1980	105.6	105.7	105.6	105.8			
1981	101.5	102.3	100.9	101.4			
1982	100.9	100.9	101.0	100.9			
1983	100.4	100.8	100.0	100.1			
1984	103.0	104.1	102.1	102.5			
1985	109.5	109.6	109.4	109.5			
1986	107.1	106.4	107.7	107.1			
1987	109.2	110.5	107.7	109.3			
1988	121.9	122.6	121.4	122.3			
1989	117.1	116.0	118.5	116.8			
1990	103.2	103.4	103.0	102.3			
1991	104.9	107.7	101.9	104.8	103.2	107.0	104.5
1992	106.6	108.8	104.4	105.1	103.8	110.2	112.1
1993	118.2	118.7	117.3	115.9	118.5	125.7	138.8
1994	123.2	125.3	121.7	123.6	121.4	120.1	114.6
1995	115.8	116.2	115.3	114.3	114.2	117.3	107.4
1996	109.3	110.8	107.1	106.8	100.6	103.9	103.2
1997	101.7	101.3	102.0	99.3	97.9	97.9	99.2
1998	99.4	100.0	99.0	98.2	94.5	91.4	98.8
1999	98.7	98.6	98.8	96.9	96.1	94.4	98.3
2000	100.1	100.0	100.1	98.6	101.1	107.1	101.2
2001	100.8	100.1	101.5	98.9	99.1	99.5	100.8
2002	99.2	98.4	100.2	98.4	97.6	98.6	101.3
2003	101.0	100.9	101.2	99.8	102.3	106.5	104.3
2004	104.1	103.7	104.6	102.2	106.5	116.3	109.3
2005	102.1	102.0	102.4	100.3	102.6	107.6	100.9
2006	101.6	101.6	101.7	100.8	101.5	106.4	101.2
2007	104.3	104.1	104.8	102.9	102.6	105.0	104.9
2008	105.4	105.2	105.6	104.9	104.6	115.0	110.0
2009	99.6	99.6	99.5	98.9	95.2	91.9	97.7
2010	103.8	103.6	104.3	103.2	107.3	112.8	105.1

6-2 各种价格定基指数
Fixed-base Price Indices

年份 Year	居民消费价格指数(1978年=100) General Consumer Price Index (1978=100)	城市 Urban	农村 Rural	商品零售价格指数(1978年=100) General Retail Price Index (1978=100)	工业品出厂价格指数(1990年=100) Ex-factory Price Indices of Industrial Products (1990=100)	原材料、燃料、动力购进价格指数(1990年=100) Raw Material Fuel and Power Purchasing Price Indices (1990=100)	固定资产投资价格指数(1990年=100) Price Indices of Investment in Fixed Assets (1990=100)
1979	101.0	100.7	101.3	101.3			
1980	106.7	106.4	107.0	107.7			
1981	108.3	108.9	107.9	108.7			
1982	109.2	109.9	109.0	109.7			
1983	109.7	110.7	109.0	109.8			
1984	113.0	115.3	111.3	112.5			
1985	123.7	126.4	121.8	123.2			
1986	132.5	134.4	131.1	131.9			
1987	144.7	148.6	141.2	144.2			
1988	176.3	182.1	171.5	176.4			
1989	206.5	211.3	203.2	206.0			
1990	213.1	218.5	209.3	210.7			
1991	223.5	235.3	213.3	220.9	103.2	107.0	104.5
1992	238.3	256.0	222.6	232.1	107.1	117.9	117.1
1993	281.7	303.9	261.2	269.0	126.9	148.2	162.6
1994	347.0	380.7	317.8	332.5	154.1	178.0	186.3
1995	401.8	442.4	366.5	380.1	176.0	208.8	200.1
1996	439.2	490.2	392.5	405.9	177.0	216.9	206.5
1997	446.7	496.6	400.3	403.1	173.3	212.4	204.9
1998	444.0	496.6	396.3	395.8	163.8	194.1	202.4
1999	438.2	489.6	391.6	383.5	157.4	183.3	199.0
2000	438.7	489.6	392.0	378.1	159.1	196.3	201.4
2001	442.2	490.1	397.8	373.9	157.7	195.3	203.0
2002	438.6	482.2	398.6	368.0	153.9	192.6	205.6
2003	443.0	486.5	403.4	367.3	157.4	205.2	214.4
2004	461.2	504.5	422.0	375.4	167.6	238.6	234.3
2005	470.9	514.6	432.1	376.5	171.9	256.8	236.4
2006	478.4	522.8	439.5	379.5	174.5	273.2	239.2
2007	499.0	544.3	460.6	390.5	179.0	286.7	250.9
2008	525.9	572.6	486.4	409.6	187.2	329.7	276.0
2009	523.8	570.3	484.0	405.1	178.2	303.0	269.7
2010	543.7	590.8	504.8	418.1	191.2	341.8	283.5

6-3 主要年份居民消费价格指数
Consumer Price Indices in Major Years

上年=100 (preceding year=100)

类别	Item	2005	2006	2007	2008	2009	2010
居民消费价格总指数	**General Consumer Price Index**	**102.1**	**101.6**	**104.3**	**105.4**	**99.6**	**103.8**
食品	Food	103.9	102.6	111.4	113.0	100.9	107.4
粮食	Grain	100.0	103.5	103.0	106.1	104.4	115.2
淀粉	Starches and Tubers	111.0	100.7	103.5	107.8	104.8	104.7
干豆类及豆制品	Bean and Its Products	100.7	101.2	105.9	135.3	97.7	108.0
油脂	Oil or Fat	92.4	98.1	128.6	125.1	75.7	103.3
肉禽及其制品	Meat, Poultry and their Processed Products	104.3	96.3	127.6	120.4	91.2	103.0
蛋	Eggs	104.3	95.2	122.5	104.0	100.8	107.4
水产品	Aquatic Products	105.4	103.8	105.2	112.0	102.2	110.9
菜	Vegetables	114.8	106.1	112.6	108.3	117.1	117.2
#鲜菜	Fresh Vegetables	116.2	106.0	112.6	107.1	118.1	117.7
调味品	Flavoring	100.8	100.9	101.0	103.7	103.2	104.6
糖	Sugar	103.1	116.2	101.9	105.6	103.2	108.6
茶及饮料	Tea and Beverages	100.0	100.6	100.8	103.5	101.8	101.2
干鲜瓜果	Dried and Fresh Fruits and Melons	98.1	119.6	104.8	110.9	106.9	113.0
#鲜瓜果	Fresh Fruits	97.5	126.5	103.7	108.0	110.1	112.8
糕点饼干	Cake, Biscuit and Bread	100.4	101.0	102.5	110.2	102.4	101.5
液体乳及乳制品	Milk and Its Products	100.7	102.2	105.9	120.0	100.9	104.1
在外用膳食品	Dining Out	104.2	103.6	106.8	109.9	102.7	103.7
其他食品	Others	103.3	100.9	106.7	111.5	100.4	101.7
烟酒及用品	Tobacco, Liquor and Articals	100.6	99.9	101.4	102.9	101.7	102.4
烟草	Tobacco	100.4	99.3	100.8	100.5	100.2	100.2
酒	Liquor	100.8	100.8	102.7	107.7	103.8	106.8
吸烟、饮酒用品	Articals for Smoking and Drinking	101.1	100.6	100.1	105.4	107.6	102.7
衣着	Clothing	98.6	100.9	101.3	100.5	99.0	100.7
服装	Garments	98.5	100.6	101.3	100.7	99.7	100.8

6-3 续 表 Continued

上年=100 (preceding year=100)

类 别	Item	2005	2006	2007	2008	2009	2010
衣着材料	Clothing Material	100.2	100.6	102.6	106.8	102.9	105.0
鞋袜帽	Footgear and Hats	97.8	101.3	101.0	99.4	96.8	100.2
衣着加工服务费	Clothing Manufacturing Services	104.1	105.8	102.9	103.6	101.9	104.0
家庭设备用品及维修服务	Household Facilities and Articles	100.2	101.4	102.2	104.1	101.3	100.1
耐用消费品	Durable Consumer Goods	99.5	101.5	101.7	102.2	98.6	98.3
室内装饰品	Interior Decorations	100.0	101.1	101.3	101.4	99.9	100.4
床上用品	Bed Articles	99.7	99.9	100.8	102.0	98.3	101.7
家庭日用杂品	Daily Use Household Articles	100.0	100.8	101.4	107.2	104.6	99.9
家庭服务及加工维修服务	Household Services, Processing and Repairing Services	104.2	103.7	107.1	106.6	106.6	107.7
医疗保健和个人用品	Health Care and Personal Articles	100.2	101.5	101.4	102.5	100.7	102.9
医疗保健	Health Care	99.4	100.3	101.0	101.4	100.8	102.4
个人用品及服务	Personal Articals and Services	101.9	104.1	102.1	105.1	100.4	104.0
交通和通信	Transportation and Communication	98.4	99.6	98.5	98.6	96.7	99.8
交通	Transportation	100.8	102.9	99.9	100.9	96.8	101.7
通信	Communication	96.2	96.1	96.7	95.3	96.5	96.7
娱乐教育文化用品及服务	Recreation, Education and Culture Articles and Services	102.2	99.3	97.1	99.0	99.9	101.6
文娱用耐用消费品及服务	Durable Consumer Goods for Recreational Use and Services	93.0	90.4	88.6	87.6	87.3	91.5
教育	Education	105.1	100.7	97.9	100.6	102.3	102.7
文化娱乐类	Cultural and Recreational Articals	102.3	102.1	101.4	102.3	103.1	102.5
旅游	Tourism	100.3	103.1	98.9	101.4	99.5	107.3
居住	Residence	104.4	104.5	104.3	104.2	97.5	105.0
建房及装修材料	Building and Docorative Material	104.3	105.3	106.8	106.9	98.4	105.4
租房	Renting	101.6	101.6	103.6	102.4	100.3	106.0
自有住房	Private Housing	104.2	102.3	104.4	102.2	86.3	103.7
水、电、燃料	Water, Electricity and Fuels	105.0	104.6	101.9	103.9	97.4	104.5
消费品价格指数	Consumption Goods	101.8	101.5	105.5	106.8	99.3	103.9
服务项目价格指数	Service	103.2	102.2	100.5	101.2	100.2	103.6

6-4 居民消费价格分类指数（2010年）
Consumer Price Indices by Category (2010)

上年=100 (preceding year=100)

类别	Item	全省 Total	城市 Urban	农村 Rural
居民消费价格总指数	**General Consumer Price Index**	**103.8**	**103.6**	**104.3**
食品	Food	107.4	106.9	108.4
粮食	Grain	115.2	114.8	115.6
淀粉	Starches	104.7	105.3	103.8
干豆类及豆制品	Bean and Its Products	108.0	106.1	111.3
油脂	Oil or Fat	103.3	103.6	102.7
肉禽及其制品	Meat, Poultry Cheir Processing Products and	103.0	102.1	104.9
蛋	Eggs	107.4	106.7	108.7
水产品	Aquatic Products	110.9	109.9	113.4
菜	Vegetables	117.2	116.0	119.8
#鲜菜	Fresh Vegetables	117.7	116.4	120.6
调味品	Flavoring	104.6	105.2	103.5
糖	Sugar	108.6	108.9	108.1
茶及饮料	Tea and Beverages	101.2	101.6	100.5
干鲜瓜果	Dried and Fresh Fruits and Melons	113.0	113.4	111.8
#鲜瓜果	Fresh Fruits	112.8	113.3	111.6
糕点饼干	Cake, Biscuit and Bread	101.5	101.8	100.9
液体乳及乳制品	Milk and Its Products	104.1	104.6	102.3
在外用膳食品	Dining Out	103.7	104.2	102.4
其它食品	Others	101.7	102.6	99.1
烟酒及用品	Tobacco, Liquor and Articals	102.4	102.3	102.6
烟草	Tobacco	100.2	100.1	100.5
酒	Liquor	106.8	106.9	106.7
吸烟饮酒用品	Articals for Smoking and Drinking	102.7	102.9	100.8
衣着	Clothing	100.7	101.6	98.5

6-4 续 表 Continued

上年=100 (preceding year=100)

类别	Item	全省 Total	城市 Urban	农村 Rural
服装	Garments	100.8	101.4	99.1
衣着材料	Clothing Material	105.0	106.2	101.6
鞋袜帽	Footgear and Hats	100.2	101.8	96.4
衣着加工服务	Clothing Manufacturing Services	104.0	103.9	104.1
家庭设备用品及维修服务	Household Facilities and Articles	100.1	100.4	99.4
耐用消费品	Durable Consumer Goods	98.3	98.3	98.4
室内装饰品	Interior Decorations	100.4	101.2	98.7
床上用品	Bed Articles	101.7	101.9	101.1
家庭日用杂品	Daily Use Household Articles	99.9	100.0	99.7
家庭服务及加工维修服务	Household Services, Processing and Repairing Services	107.7	108.4	104.0
医疗保健和个人用品	Health Care and Personal Articles	102.9	102.9	103.0
医疗保健	Health Care	102.4	102.2	102.9
个人用品及服务	Personal Articals and Services	104.0	104.5	102.9
交通和通讯	Transportation and Communication	99.8	99.9	99.5
交通	Transportation	101.7	101.7	101.8
通信	Communication	96.7	97.0	96.3
娱乐教育文化用品及服务	Recreation, Education and Culture Articles and Services	101.6	101.1	102.6
文娱用耐用消费品及服务	Durable Consumer Goods for Recreational Use and Services	91.5	91.0	92.5
教育	Education	102.7	101.8	104.3
文化娱乐用品	Cultural and Recreational Articals	102.5	102.9	101.7
旅游	Tourism	107.3	107.0	107.8
居住	Residence	105.0	104.6	106.1
建房及装修材料	Building and Docorative Material	105.4	105.4	105.6
租房	Renting	106.0	105.9	107.0
自有住房	Private Housing	103.7	102.9	106.5
水、电、燃料	Water, Electricity and Fuels	104.5	104.0	105.6

6-5 商品零售价格分类指数（2010年）
Retail Price Indices by Categories (2010)

上年=100 (preceding year=100)

类别	Item	全省 Total	城市 Urban	农村 Rural
商品零售价格指数	**General Retail Price Index**	**103.2**	**103.0**	**103.6**
食品	Food	108.0	107.2	109.7
饮料烟酒	Beverages, Tobacco and Liquor	102.1	102.2	101.8
服装鞋帽	Garments, Shoes, Hats	101.0	101.9	98.6
纺织品	Textiles	103.4	104.2	101.9
家用电器音像器材	Household Appliances, Music and Video Equipment	95.6	95.2	96.3
文化办公用品	Cultural and Office Appliances	96.5	96.5	96.6
日用品	Articles for Daily Use	100.0	100.2	99.4
体育娱乐用品	Sports and Recreation Arcticles	95.6	94.3	99.1
交通、通信用品	Transportation and Communicatior Appliances	96.3	96.7	95.1
家具	Furniture	100.1	101.5	97.9
化妆品	Cosmetics	100.2	100.6	99.4
金银珠宝	Gold, Silver and Jewelry	114.4	115.5	111.6
中西药品及医保用品	Traditional Chinese and Western Medicines and Health Care Articles	101.5	100.9	103.4
书报杂志电子出版物	Books, Newspapers, Magazines and Electronic Publications	104.4	104.5	104.1
燃料	Fuels	112.5	111.6	115.2
建筑材料五金电料	Building Materials and Hardware	105.3	105.5	104.7
农业生产资料类	**Means of Agricultural Production General Price Index**	**104.2**		
农用手工工具	Farm Handtools	102.1		
饲料	Forage	110.4		
产品畜	Production Livestock	99.4		
半机械化农具	Semi-mechanized Farm Tools	100.2		
机械化农具	Mechanized Farm Machinery	102.3		
化学肥料	Chemical Fertilizer	99.4		
农药及农药械	Pesticide and Its Appliances	100.2		
化学农药	Chemical Pesticide	100.0		
农药械	Pesticide Appliances	103.0		
农用机油	Oil for Farm Machinery	113.0		
其他农业生产资料	Other Means of Agricultural Production	104.4		
农业生产服务	Service for Agricultural Prodcution	103.4		

6-6 工业品出厂价格指数
Ex-factory Price Indices of Industrial Products

上年=100 (preceding year=100)

类别	Item	1995	2000	2005	2009	2010
工业品出厂价格指数	**Ex-factory Price Indices of Industrial Products**	**114.2**	**101.1**	**102.6**	**95.2**	**107.3**
轻工业	Light Industry	117.4	97.9	100.3	96.5	104.9
以农产品为原料	Using Farm Products as Raw Materials	118.5	97.1	100.9	97.4	107.3
以非农产品为原料	Using Non-Farm Products as Raw Materials	115.6	99.5	100.1	96.0	103.6
重工业	Heavy Industry	110.7	102.8	105.4	93.7	109.7
采掘	Mining and Quarrying	109.7	102.2	121.6	85.7	125.0
原料	Raw Materials	113.2	110.9	109.7	93.8	113.8
加工	Manufacturing	108.9	96.7	102.1	93.9	107.4
生产资料	Means of Production	113.2	103.0	103.2	94.2	108.2
采掘	Mining and Quarrying	109.7	101.9	121.9	84.8	124.4
原料	Raw Materials	116.3	110.8	108.9	93.7	114.3
加工	Manufacturing	110.6	97.3	100.9	94.5	106.3
生活资料	Consumer Goods	115.4	96.6	100.5	99.5	103.1
食品	Food	126.2	89.6	99.9	97.9	105.6
衣着	Clothing	115.7	100.9	102.9	100.5	103.2
一般日用品	Daily-use Articles	112.4	98.5	101.2	100.0	102.1
耐用消费品	Durable Consumer Goods	100.6	95.6	98.2	99.8	100.8

6-7 分部门工业品出厂价格指数
Ex-factory Price Indices of Industrial Products by Industry

上年=100 (preceding year=100)

类别	Item	1995	2000	2005	2009	2010
工业品出厂价格指数	**Ex-factory Price Indices of Industrial Products**	**114.2**	**101.1**	**102.6**	**95.2**	**107.3**
冶金工业	Metallurgical Industry	100.3	104.1	103.5	89.4	112.6
电力工业	Power Industry	111.6	106.1	106.0	103.7	100.5
煤炭及炼焦工业	Coal Industry	111.2	94.0	116.1	86.5	116.8
石油工业	Petroleum Industry	119.1	144.4	119.6	89.5	127.3
化学工业	Chemical Industry	124.0	105.2	105.8	93.5	113.8
机械工业	Machine Building Industry	104.9	95.8	100.0	95.8	102.9
建筑材料工业	Building Materials Industry	107.2	99.2	95.4	98.2	105.5
森林工业	Timber Industry	99.6	97.1	103.0	95.9	101.3
食品工业	Food Industry	126.2	89.4	99.6	97.3	105.1
纺织工业	Textile Industry	119.2	101.8	101.5	96.0	111.7
缝纫工业	Tailoring Industry	103.4	102.0	103.3	100.5	103.2
皮革工业	Leather Industry	120.0	102.5	101.5	99.4	101.8
造纸工业	Paper Industry	137.7	104.9	101.8	94.7	107.9
文教艺术用品工业	Cultural, Educational and Handicrafts Articles	111.0	103.4	102.2	103.6	101.1
其他工业	Others	140.1	102.6	100.8	98.3	104.0

6-8 分行业工业品出厂价格指数
Ex-factory Price Indices of Industrial Products by Sector

上年=100 (preceding year=100)

类别	Item	2005	2007	2008	2009	2010
工业品出厂价格指数	**Ex-Factory Price Indices of Industrial Products**	**102.6**	**102.6**	**104.6**	**95.2**	**107.3**
煤炭开采和洗选业	Mining and Washing of Coal	125.3	104.0	136.9	86.6	119.9
石油和天然气开采业	Extraction of Petroleum and Natural Gas	141.1	101.2	134.2	67.2	148.9
黑色金属矿采选业	Mining and Processing of Ferrous Metal Ores	115.9	115.9	131.0	78.3	124.1
有色金属矿采选业	Mining and Processing of Non-Ferrous Metal Ores	120.5	143.6	89.5	87.3	155.5
非金属矿采选业	Mining and Processing of Nonmetal Ores	106.4	101.3	108.8	97.1	105.0
农副食品加工业	Processing of Food from Agricultural Products	99.0	118.0	117.6	94.2	107.0
食品制造业	Processing of Foodstuff	101.6	102.4	111.6	104.3	102.9
饮料制造业	Manufacture of Beverages	99.9	100.0	102.1	99.8	102.1
烟草制品业	Manufacture of Tobacco	100.9	100.2	100.1	102.3	101.3
纺织业	Manufacture of Textile	101.5	101.2	102.3	96.5	110.7
纺织服装、鞋、帽制造业	Manufacture of Textile Wearing Apparel, Footware, and Caps	103.7	100.9	101.1	100.5	103.3
皮革、毛皮、羽毛(绒)及其制品业	Manufacture of Leather, Fur, Feather and Related Products	101.8	101.2	99.8	98.5	103.0
木材加工及木、竹、藤、棕、草制品业	Processing of Timber, Manufacture of Wood, Bamboo, Rattan, Palm and Straw Products	103.1	106.8	103.8	95.3	101.2
家具制造业	Manufacture of Furniture	101.6	103.0	102.8	101.6	100.2
造纸及纸制品业	Manufacture of Paper and Paper Products	101.8	101.6	105.9	94.7	107.9
印刷业和记录媒介的复制	Printing, Reproduction of Recording Media	101.3	100.3	100.2	100.2	100.3
文教体育用品制造业	Manufacture of Articles for Culture, Education and Sport Activities	103.4	101.1	103.4	100.7	101.7
石油加工、炼焦及核燃料加工业	Processing of Petroleum. Coking, Processing of Nuclear Fuel	117.3	102.7	119.6	91.4	126.0

6－8 续 表 Continued

上年＝100 (preceding year＝100)

类 别	Item	2005	2007	2008	2009	2010
化学原料及化学制品制造业	Manufacture of Raw Chemical Materials and Chemical Products	109.0	105.2	107.4	91.4	116.7
医药制造业	Manufacture of Medicines	100.0	100.2	102.7	101.5	105.4
化学纤维制造业	Manufacture of Chemical Fibers	106.5	102.8	97.6	92.7	116.1
橡胶制品业	Manufacture of Rubber	103.0	101.9	103.7	101.2	105.8
塑料制品业	Manufacture of Plastics	102.5	104.1	104.7	95.8	103.5
非金属矿物制品业	Manufacture of Non-ferrous Metals	95.8	103.3	105.9	97.9	105.1
黑色金属冶炼及压延加工业	Smelting and Pressing of Ferrous Metals	103.2	109.5	119.6	88.2	114.5
有色金属冶炼及压延加工业	Smelting and Pressing of Non-ferrous Metals	109.1	106.1	95.6	86.5	118.9
金属制品业	Manufacture of Metal Products	102.8	105.7	110.5	95.2	102.4
通用设备制造业	Manufacture of General Purpose Machinery	101.6	101.4	103.9	97.9	100.3
专用设备制造业	Manufacture of Special Purpose Machinery	100.2	100.3	102.8	100.3	101.3
交通运输设备制造业	Manufacture of Transport Equipment	99.2	102.7	102.4	100.0	102.3
电气机械及器材制造业	Manufacture of Electrical Machinery and Equipment	103.6	105.3	102.2	94.7	107.2
通信设备、计算机及其他电子设备制造业	Manufacture of Communication Equipment, Computers and Other Electronic Equipment	97.3	95.4	96.0	93.5	102.4
仪器仪表及文化、办公用机械制造业	Manufacture of Measuring Instruments and Machinery for Cultural Activity and Office Work	98.8	98.6	101.8	104.4	99.6
工艺品及其他制造业	Manufacture of Artwork and Other Manufacturing	100.1	100.4	102.6	99.0	104.8
废弃资源和废旧材料回收加工业	Recycling and Disposal of Waste	121.0	108.2	97.3	112.4	100.7
电力、热力的生产和供应业	Production and Supply of Electric Power and Heat Power	106.0	102.3	103.0	104.1	100.6
燃气生产和供应业	Production and Supply of Gas	101.3	107.7	105.1	88.6	109.7
水的生产和供应业	Production and Supply of Water	106.7	109.0	102.0	105.1	106.5

6-9 原材料、燃料、动力购进价格指数
Raw Material, Fuel, Power Purchasing Price Indices

上年 = 100 (preceding year = 100)

类别	Item	1995	2000	2005	2009	2010
原材料、燃料、动力购进价格指数	**Raw Material, Fuel, Power Purchasing Price Indices**	**117.3**	**107.1**	**107.6**	**91.9**	**112.8**
燃料动力类	Fuel and Power	107.7	112.4	113.2	88.0	119.6
黑色金属材料类	Ferrous Metal	96.0	105.4	106.7	88.7	110.3
有色金属材料和电线类	Non-Ferrous Metal and Wire	123.5	109.9	120.4	85.9	118.4
化工原料类	Chemical Materials	131.7	121.1	109.8	89.0	117.0
木材及纸浆类	Timber and Pulp	124.8	98.6	103.3	97.3	111.3
建筑材料及非金属矿类	Construction Materials and Non-Metal Mining Industry	110.8	97.9	94.2	99.4	103.1
其他工业原材料、半成品类	Other Industrial Raw Materials and Semi-Finished Products		102.1	105.4	99.0	103.4
农副产品类	Farm and Sideline Products	131.9	98.0	97.4	100.2	110.8
纺织原料类	Textile Raw Materials	125.7	100.8	102.4	97.5	107.6

6-10 固定资产投资价格指数
Price Indices of Investment in Fixed Assets

上年 = 100 (preceding year = 100)

类别	Item	1995	2000	2005	2009	2010
固定资产投资价格指数	**Price Indices of Investment in Fixed Assets**	**107.4**	**101.2**	**100.9**	**97.7**	**105.1**
建筑安装工程	Construction and Installation	107.1	102.4	99.6	97.0	106.9
设备、器具	Equipments, Tools and Instruments	105.3	97.8	100.5	96.2	101.7
其他费用	Others	113.8	102.6	106.5	103.4	105.6

6－11 房地产价格指数

Price Indices of Real Estate

上年＝100 (preceding year＝100)

类别	Item	2006	2007	2008	2009	2010
房屋销售价格指数	**Selling Price Indices of Houses**	**104.1**	**106.2**	**104.7**	**101.0**	**107.0**
商品房	Commercial Houses	104.3	106.9	104.6	100.4	108.1
住宅	Residential Buildings	104.1	107.1	104.9	100.5	109.3
经济适用房	Economically Affordable Housing	101.3	100.1	100.0	100.0	100.0
普通住宅	Genral Residential Buidings	104.6	108.3	105.4	100.3	111.2
高档住宅	Luxury Residential Buildings	104.8	108.6	105.1	101.4	108.5
非住宅	Non-residential Buildings	105.1	106.1	102.6	100.2	101.8
二手房	Second-hand House	103.8	105.1	105.0	102.5	104.6
住宅	Residential Buildings	104.0	105.5	105.9	102.7	104.8
非住宅	Non-residential Buildings	102.8	103.4	102.9	100.3	101.5
南京市房屋销售价格指数	Nanjing	104.3	106.6	102.7	101.0	107.6
无锡市房屋销售价格指数	Wuxi	103.9	105.9	105.5	100.7	105.0
徐州市房屋销售价格指数	Xuzhou	105.5	106.2	103.3	97.9	105.7
扬州市房屋销售价格指数	Yangzhou	104.2	105.5	104.9	101.5	105.8
土地交易价格指数	**Transactions Price Indices of Land**	**104.7**	**109.1**	**104.5**	**101.7**	**106.6**
居民用地	Land for Residential Building Use	105.1	109.2	105.6	102.4	109.9
工业仓储用地	Land For Industry and Storage Use	102.6	105.1	103.0	100.5	100.6
商业、旅游、娱乐用地	Land for Business, Tourism and Entertainment	107.1	114.3	104.6	101.5	105.4
其他用地	Land for Other Uses	104.6	106.1	103.8	100.2	102.2
南京市土地交易价格指数	Nanjing	103.0	103.9	103.6	102.6	104.6
无锡市土地交易价格指数	Wuxi	105.6	117.3	106.1	95.9	106.9
徐州市土地交易价格指数	Xuzhou	104.8	105.7	101.9	102.7	109.6
扬州市土地交易价格指数	Yangzhou	104.2	102.9	105.0	103.4	105.4
房屋租赁价格指数	**Renting Price Indices of Houses**	**100.4**	**102.6**	**102.4**	**101.0**	**108.4**
住宅	Residential Buildings	100.8	104.6	102.4	101.3	105.5
普通住宅	General Residential Buildings	99.7	105.2	102.8	101.6	106.8
高档住宅	Luxury Residential Buildings	101.8	99.9	100.4	100.2	101.6
经济适用房	Economically Affordable Housing	99.8	107.8	102.3	101.1	103.6
廉租房	Tenement House	106.5	104.5	111.2	102.0	101.0
办公楼	Office Buildings	100.0	99.6	101.5	100.6	129.7
商业娱乐用房	Business and Entertainment Buildings	100.1	101.0	102.2	100.5	98.6
南京市房屋租赁价格指数	Nanjing	100.4	101.8	102.1	100.8	102.8
无锡市房屋租赁价格指数	Wuxi	99.5	105.5	103.5	100.7	103.4
徐州市房屋租赁价格指数	Xuzhou	104.3	101.3	102.1	101.4	109.2
扬州市房屋租赁价格指数	Yangzhou	100.8	101.4	101.9	100.6	105.0
物业管理价格指数	**Property Management Price Indices**	**101.5**	**100.8**	**100.4**	**99.8**	**102.6**
住宅	Residential Buildings	100.3	101.5	100.1	99.7	103.4
办公楼	Office Buildings	104.4	100.1	100.3	100.0	100.1
商业娱乐用房	Business and Entertainment Buildings	100.0	100.1	101.7	99.9	100.0
工业仓储用房	Industry and Storage Buildings	100.0	100.9			
南京市物业管理价格指数	Nanjing	100.3	101.4	100.3	99.6	100.4
无锡市物业管理价格指数	Wuxi	99.9	100.0	100.0	100.1	104.8
徐州市物业管理价格指数	Xuzhou	105.8	101.3	101.3	100.0	107.0
扬州市物业管理价格指数	Yangzhou	100.0	100.0	100.0	100.0	100.0

主要统计指标解释

商品零售价格指数 是反映城乡商品零售价格变动趋势的一种经济指数。零售物价的调整变动直接影响到城乡居民的生活支出和国家的财政收入,影响居民购买力和市场供需平衡,影响消费与积累的比例。因此,计算零售价格指数,可以从一个侧面对上述经济活动进行观察和分析。

居民消费价格指数 是反映一定时期内城乡居民所购买的生活消费品价格和服务项目价格变动趋势和程度的相对数,是对城市居民消费价格指数和农村居民消费价格指数进行综合汇总计算的结果。利用居民消费价格指数,可以观察和分析消费品的零售价格和服务价格变动对城乡居民实际生活费支出的影响程度。

城市居民消费价格指数 是反映城市居民家庭所购买的生活消费品价格和服务项目价格变动趋势和程度的相对数。城市居民消费价格指数可以观察和分析消费品的零售价格和服务项目价格变动对职工货币工资的影响,作为研究职工生活和确定工资政策的依据。

农村居民消费价格指数 是反映农村居民家庭所购买的生活消费品价格和服务项目价格变动趋势和程度的相对数。农村居民消费价格指数可以观察农村消费品的零售价格和服务项目价格变动对农村居民生活消费支出的影响,直接反映农民生活水平的实际变化情况,为分析和研究农村居民生活问题提供依据。

工业品出厂价格指数 是反映全部工业产品出厂价格总水平的变动趋势和程度的相对数,包括工业企业售给本企业以外所有单位的各种产品和直接售给居民用于生活消费的产品。通过工业品出厂价格指数能观察出厂价格变动对工业总产值的影响程度。

固定资产投资价格指数 是反映固定资产投资价格变动趋势和程度的相对数。固定资产投资额是由建筑安装工程投资完成额、设备、工器具购置投资完成额和其他费用投资完成额三部分组成的。编制固定资产投资价格指数应首先分别编制上述三部分投资的价格指数,然后采用加权算术平均法求出固定资产投资价格总指数。

编制固定资产投资价格指数可以准确地反映固定资产投资中涉及的各类商品和取费项目价格变动趋势和变动幅度,消除按现价计算的固定资产投资指标中的价格变动因素,真实地反映固定资产投资的规模、速度、结构和效益,为国家科学地制定、检查固定资产投资计划并提高宏观调控水平,为完善国民经济核算体系提供科学的、可靠的依据。

Explanatory Notes on Main Statistical Indicators

Retail Price Index reflects the general change in retail prices of commodities. The change and adjustment in retail prices directly affect the living expenditure of urban and rural residents, government revenue, purchasing power of residents and the equilibrium of market supply and demand, and the ratio of consumption to accumulation. Therefore, the calculation of retail price index is useful to analyze the changes of the above economic activities.

Consumer Price Index reflects the trend of changes in prices of consumer goods and services purchased by urban and rural residents, and is a composite index derived from the urban consumer price index and the rural consumer price index. Consumer price index can be used to analyze the impact of consumer price change on actual expenditure for living cost of urban and rural residents.

Urban Consumer Price Index reflects the trend and degree of changes in prices of consumer goods and services purchased by urban households. It can be used to observe and analyze the impact of price changes in consumer goods and services on money wages ot staff and workers, and provide basis for policy making concerning the living cost and wages of staff and workers.

Rural Consumer Price Index reflects the trend and degree of changes in prices of consumer goods and services purchased by rural households. It can be used to observe the impact of change in retail prices of consumer goods and service prices in rural areas on living expenditure of rural households, and to show the changes in the living standard of peasants. It provides basis for analysis and research on condition of life in rural areas.

Ex-factory Price Index of Industrial Products reflects the trend and degree of changes in general ex-factory prices of all industrial products, including sales of industrial products by an industrial enterprise to all units outside the enterprise, as well as sales of consumer goods to residents. It can be used to analyze the impact of ex-factory prices on gross industrial output value.

Price Index of Investment in Fixed Assets reflects the trend and degree of changes in prices of investment in fixed assets. The investment in fixed assets consists of three componen, namely the investment in construction and installation, the investment in purchases of equipment and instrument, and the investment in other items. Price index of investment in fixed assets is calculated as the weighted arithmetic mean of the price indices of the three components of investment in fixed assets.

Removing the factor of price change in the aggregates of investment at current prices, this indicator shows the changes in the prices of commodities and fees involved in the investment of fixed assets, and can be used to observe the actual size, growth, structure, and efficiency of investment in fixed assets and provides reliable and scientific data for government planning, management, decision making, and further improving the current national accounting system.

7

财政、金融
Government Finance, Financial Intermediation

简 要 说 明

本篇主要反映财政收支的基本情况及金融、证券和保险业的发展情况。

一、财政部分的主要内容、资料来源和口径说明

财政统计资料主要内容:一是财政收支历年统计数据,主要包括财政总收入、地方一般预算收入、各项税收、地方一般预算支出及指标总量占比等;二是财政收支的主要构成项目,包括地方一般预算收入、上划中央收入以及地方一般预算支出等。

资料来源:财政相关统计资料由江苏省财政厅提供,资料基础为财政决算表和财政预算外资金收支决算表。其中,有关财政收支方面的资料根据财政决算收支总表、财政决算收入明细表、财政决算支出明细表的数据加工整理编制。

财政统计资料口径变动说明:财政预算外资金从 1982 年开始建立统计制度,1993 年实施新的财务通则和会计准则,国营企业更新改造资金、大修理基金等不再作为预算外资金,因此 1992 年以前年度与 1993 年以后年度的预算外资金收支不可比。从 1997 年起,财政部将政府预算收支科目分为两部分,即:将纳入预算管理的政府性基金收支及原属预算外的地方税费附加收支称为财政基金预算收支,原来的财政预算收支改称为财政一般预算收支,与以前年度不可比。2007 年财政收支科目实施了较大改革,特别是财政支出项目口径变化很大,与往年数据不可比。

二、金融部分的主要内容和资料来源

金融统计资料主要内容:反映我省金融、证券和保险业发展情况。由四个部分构成:一是金融机构金融活动情况,二是金融机构、人员情况,三是保险业务情况,四是直接融资情况。

资料来源:金融机构金融活动情况和金融机构、人员情况由人民银行南京分行提供,包括:7－3 金融机构本外币存贷款年末余额、7－4 金融机构人民币存款年末余额、7－5 金融机构人民币贷款年末余额、7－6 金融机构外币存贷款年末余额、7－7 国有独资商业银行人民币存贷款年末余额、7－8 农村信用社人民币存贷款年末余额、7－9 金融机构、人员情况表;保险业务情况由中国保险监督管理委员会江苏监管局提供(7－10 保险业务主要指标);直接融资情况由中国证券监督管理委员会江苏监管局提供(7－11 江苏辖区证券市场基本情况)。

Brief Introduction

The data in this chapter present the government revenue and expenditure situation. Also present the development of financial, securities and insurance industries.

Ⅰ. Main Contents, Sources of Data and Diameter Description of Government Revenue

Financial Statistics main including the revenue and expenditure statistics over the years, fiscal revenue, local general budget revenue, tax, local budget expenditures and total proportion of such indicators. The second is the main component of revenue and expenditure project, including local general budget revenue, on the designated central and local general revenue budget spending.

The data is provided by of the Finance Department of Jiangsu province. The base data from the financial balance sheets and financial extra-budgetary revenue and expenditure balance sheet. Among them, information about revenue and expenditure of the total balance sheet based on financial accounts, financial accounts of income schedule, schedule of expenditures of financial accounts data processing order preparation.

Data on the extra-budgetary funds have been collected in accordance with the statistical reporting scheme since 1982. In 1993, new general financial rules and accounting standards were implemented. As a result, the innovation fund and the major repair fund in the State-owned enterprises were no longer listed as extra-budgetary funds. Therefore the extra-budgetary revenues and the extra-budgetary expenditures in the years before 1993 and since 1993 are not comparable. Starting from 1997, government funds have been reclassified into budget management and have not been included in the extra-budgetary revenue and expenditure. Therefore, figures since 1997 are not comparable with the earlier figures.

Ⅱ. Main Contents and Sources of Data of Finance

Data in this chapter show the development of Jiangsu province's financial, securities and insurance industries. (1) the financial activities of the financial institutions; (2) the Situation of Financial Institutions and Personnel; (3) the situation regarding the insurance business ; (4) the situation regarding direct financing.

Financial situation of financial institutions and institutions, personnel provided by the People's Bank of China, Nanjing Branch. Deposits and Loans Balance of Banking Organizations of RMB and foreign currency Year-end (7 – 3). Deposits Balance of Banking Organizations of RMB end of year Year-end (7 – 4). Loans Balance of Banking Organizations of RMB end of year Year-end (7 – 5). Deposits and Loans Balance of Banking Organizations of foreign currency Year-end (7 – 6). Deposits and Loans Balance of State-owned and State Funded Commercial Bank Year-end (7 – 7). Deposits and Loans Balance of Rural Credit Cooperatives Year-end (7 – 8). Number of Institutions and Staff and Workers of Banking Organizations (7 – 9). Major indicator of Insurance Business (7 – 10), provided by China Insurance Regulatory Commission , Jiangsu Branch. Basic Information of Securities Markets within Jiangsu (7 – 11), provided b by the China Securities Regulatory Commission, Jiangsu province.

7－1 历年财政收支

Financial Revenue and Expenditure over the Years

年份 Year	财政总收入（亿元） Government Revenue (100 million yuan)	#地方一般预算收入 General Budget Revenue	#各项税收 Taxes	地方一般预算支出（亿元） Local General Budget Expenditure (100 million yuan)	财政总收入占地区生产总值的比重（%） Percentage of Government Revenue to GDP(%)	地方一般预算收入占地区生产总值的比重（%） Percentage of Budget Revenue to GDP(%)
1950	3.95	3.95	3.89	0.76		
1951	5.32	5.32	5.10	0.98		
1952	6.80	6.80	6.30	2.11	14.0	14.0
1953	7.78	7.78	7.18	2.50	14.6	14.6
1954	8.67	8.67	7.93	2.88	16.1	16.1
1955	8.47	8.47	7.76	2.88	14.4	14.4
1956	9.66	9.66	8.49	4.08	15.6	15.6
1957	10.10	10.10	8.56	4.80	15.5	15.5
1958	17.82	17.82	10.97	11.27	23.7	23.7
1959	24.94	24.94	12.53	14.36	31.3	31.3
1960	26.19	26.19	12.52	17.52	30.2	30.2
1961	17.45	17.45	9.68	8.66	24.2	24.2
1962	13.31	13.31	9.76	6.23	19.2	19.2
1963	13.70	13.70	9.11	6.64	18.1	18.1
1964	17.24	17.24	10.44	9.54	19.3	19.3
1965	19.40	19.40	11.79	8.07	20.4	20.4
1966	22.89	22.89	12.97	9.05	20.8	20.8
1967	17.02	17.02	11.38	7.93	17.2	17.2
1968	16.20	16.20	11.07	6.14	15.8	15.8
1969	21.75	21.75	13.85	8.58	19.5	19.5
1970	28.66	28.66	17.34	11.33	22.2	22.2
1971	34.12	34.12	19.50	12.51	23.0	23.0
1972	37.84	37.84	21.95	14.97	24.1	24.1
1973	42.22	42.22	23.42	16.31	24.7	24.7
1974	39.51	39.51	23.63	17.89	23.0	23.0
1975	43.41	43.41	26.26	17.70	23.6	23.6
1976	44.02	44.02	28.35	18.71	23.4	23.4
1977	51.65	51.65	32.20	19.96	25.5	25.5
1978	61.09	61.09	35.93	28.38	24.5	24.5
1979	59.28	59.28	38.33	32.06	19.9	19.9
1980	62.45	62.45	41.36	28.95	19.5	19.5
1981	63.04	63.04	44.64	23.79	18.0	18.0
1982	66.61	66.61	49.84	24.63	17.1	17.1
1983	73.63	73.63	54.57	32.29	16.8	16.8
1984	76.28	76.28	61.79	39.15	14.7	14.7
1985	89.00	89.00	80.32	50.53	13.7	13.7
1986	98.73	98.73	87.29	66.16	13.3	13.3
1987	107.17	107.17	94.96	68.00	11.6	11.6
1988	117.96	117.96	107.74	81.45	9.8	9.8
1989	126.39	126.39	122.82	92.25	9.6	9.6
1990	136.20	136.20	130.96	100.97	9.6	9.6
1991	143.29	143.29	125.91	128.18	8.9	8.9
1992	152.31	152.31	145.49	125.86	7.1	7.1
1993	221.30	221.30	220.05	163.87	7.4	7.4
1994	293.41	136.62	121.05	200.17	7.2	3.4
1995	350.08	172.64	146.39	253.49	6.8	3.3
1996	427.99	223.17	184.65	310.94	7.1	3.7
1997	512.93	255.59	210.56	364.36	7.7	3.8
1998	579.90	296.58	244.20	424.90	8.1	4.1
1999	680.23	343.36	314.26	484.65	8.8	4.5
2000	865.00	448.31	409.14	591.28	10.1	5.2
2001	1064.99	572.15	523.84	729.64	11.3	6.1
2002	1483.68	643.70	565.30	860.25	14.0	6.1
2003	1968.92	798.11	690.53	1047.68	15.8	6.4
2004	2216.41	980.43	833.64	1312.04	14.8	6.5
2005	3124.83	1322.68	1107.27	1673.40	16.8	7.1
2006	3935.87	1656.68	1389.13	2013.25	18.1	7.6
2007	5591.29	2237.73	1894.77	2553.72	21.5	8.6
2008	7109.72	2731.41	2278.71	3247.49	22.9	8.8
2009	8404.99	3228.78	2654.75	4017.36	24.4	9.4
2010	11743.22	4079.86	3312.61	4914.06	28.3	9.8

注：我省财政总收入为地方一般预算收入、基金收入、上划中央四税之和。

Note: Provincial Financial Revenue is the Sum of General Budget Revenue, Fund Revenue and Four Kinds of Taxes to the Central Government.

7－2 财政收支

General Budgetary Revenue

单位:亿元 (100 million yuan)

指标	Item	2006	2007	2008	2009	2010
一般预算收入	**General Budgetary Revenue**	**1656.68**	**2237.73**	**2731.41**	**3228.78**	**4079.86**
税收收入	Taxes	1389.13	1894.77	2278.71	2654.75	3312.61
增值税	Value Added Tax	329.43	413.81	483.04	516.59	562.60
营业税	Business Taxes	431.81	574.02	663.90	833.86	1023.92
企业所得税	Company Income Tax	220.87	316.22	398.92	407.85	554.43
个人所得税	Personal Income Tax	81.73	110.95	129.23	140.21	180.94
城市维护建设税	Urban Maintenance and Development Tax	84.92	108.94	125.55	134.66	164.81
房产税	Tax on Real Estates	48.87	54.26	69.07	80.99	92.11
土地增值税	Value Added Tax on Land	32.92	51.39	63.46	98.17	170.36
耕地占用税	Tax on Use of Arable Land	17.75	14.76	25.93	42.66	58.98
契税	Tax on Contracts	105.43	159.42	179.12	245.45	324.72
其他各项税收	Others	35.40	91.00	140.50	154.31	179.75
非税收收入	Non-tax Income	267.55	342.96	452.70	574.03	767.25
专项收入	Special Project Income	61.52	76.86	91.79	91.33	107.37
行政事业性收费收入	Income from Administrative Fees	102.71	119.02	133.25	159.68	224.57
罚没收入	Penalty and Cofiscatory Income	61.43	71.76	75.17	77.19	89.31
国有资本经营收入	Profit from State-owned Assets	33.92	65.50	128.17	184.78	257.53
其他各项收入	Other Income	7.97	9.82	24.33	61.05	88.47
上划中央收入	**Turn Over Revenue to the Central Government**	**1547.29**	**2006.22**	**2401.79**	**2641.94**	**3134.39**
消费税	Consumption Tax	114.72	136.31	173.27	293.18	361.21
增值税	Value Added Tax	988.30	1241.42	1449.11	1565.89	1705.21
企业所得税	Company Income Tax	321.67	462.06	585.56	572.56	796.56
个人所得税	Personal Income Tax	122.60	166.43	193.85	210.31	271.41
一般预算支出	**General Budgetary Expenditure**	**2013.25**	**2553.72**	**3247.49**	**4017.36**	**4914.06**
一般公共服务	General Public Service	362.15	438.27	516.86	568.48	631.24
公共安全	Public Security	180.59	210.73	252.88	284.75	326.80
教育	Education	364.02	492.90	592.60	680.63	865.36
科学技术	Science and Technology	51.32	68.73	91.52	117.02	150.35
文化体育与传媒	Culture, Sports and Media	43.37	48.16	66.74	77.18	88.67
社会保障和就业	Social Security and Employment	162.31	212.53	231.52	299.17	364.48
医疗卫生	Medical Treatment and Healthcare	93.87	115.29	148.61	198.21	249.69
环境保护	Envion ment Protection	23.41	45.34	95.18	147.60	139.89
城乡社区事务	Operating Expenses of Urban and Rural Communities	222.74	311.22	361.79	474.93	624.53
农林水事务	Operating Expenses of Agriculture, Forestry and Water	158.12	193.63	276.16	403.27	489.16
交通运输	Transport	48.31	79.15	117.21	230.87	276.00
资源勘探电力信息等事务	Operating Expenses of Industry, Commerce and Financial Intermediation					262.96
其他各项支出	Others	156.83	152.27	207.75	224.63	444.92

7-3 金融机构本外币存贷款年末余额
Deposits and Loans Balance of Banking Organizations (Year-end)

单位:亿元 (100 million yuan)

指标	Item	2005	2006	2007	2008	2009	2010
各项存款	**Deposits**	**22821.57**	**26722.83**	**31337.99**	**38063.38**	**50061.85**	**60583.07**
#中资机构	Domestic - funded Institutions	22786.05	26677.04	31222.01	37914.06	49877.23	60312.68
外资机构	Foreign - funded Institutions	35.52	45.79	115.98	149.32	184.63	270.39
#企事业单位存款	Deposites by Enterprises	7991.92	9530.88	12159.16	13661.21	19486.93	20424.04
活期存款	Demand Deposites	4792.96	5895.26	7658.60	8125.79	11921.28	12969.54
定期存款	Time Deposites	3198.96	3635.62	4500.56	5535.42	7565.66	7454.49
储蓄存款	Savings Deposites	10860.60	12454.90	13213.11	16916.74	20303.67	23533.13
活期存款	Demand Deposites	901.12	2918.80	3501.11	4068.54	4728.25	6017.40
定期存款	Time Deposites	7941.80	8953.79	9144.57	12188.49	14286.28	15698.21
信托存款	Trusted Deposites	99.40	0.40				
委托存款	Entrusted Deposites	82.45	55.13	165.40	254.41	249.52	275.27
其他存款	Other Deposites	3787.20	4681.52	5800.32	7231.02	10021.73	16350.63
各项贷款	**Loans**	**16282.60**	**19383.65**	**23265.83**	**27081.06**	**36846.34**	**44180.21**
#中资机构	Domestic - funded Institutions	16224.17	19286.08	23068.36	26841.67	36608.88	43906.08
外资机构	Foreign - funded Institutions	58.43	97.57	197.47	239.39	237.46	274.13
#短期贷款	Short - term Loans	8214.98	9598.43	11495.13	12507.25	15188.34	18186.72
中长期贷款	Medium - term and Long - term Loans	5943.92	7714.90	9943.36	11940.68	18481.93	23507.45
信托贷款	Trusted Loans	63.30					
委托贷款	Entrusted Loans	74.22	23.34	69.44	48.95	21.70	22.58
其他贷款	Other Loans	214.31	251.33	391.95	360.07	806.13	1282.45
票据融资	Bill Financing	1740.92	1765.61	1349.52	2205.08	2327.56	1167.46
各项垫款	Money Advanced Payment for Others	30.95	30.04	16.43	19.03	20.68	13.55

7-4 金融机构人民币存款年末余额
Deposits Balance of Banking Organizations (Year-end)

单位:亿元 (100 million yuan)

指标	Item	2005	2006	2007	2008	2009	2010
各项存款	**Deposits**	**22001.44**	**25860.47**	**30450.54**	**37017.48**	**48850.29**	**58984.14**
#中资机构	Domestic-funded Institutions	21999.33	25857.24	30405.50	36940.94	48753.02	58827.78
外资机构	Foreign-funded Institutions	2.11	3.23	45.04	76.54	97.27	156.36
#企业存款	Deposites by Enterprises	7531.73	9011.29	11526.97	12895.27	18550.69	19148.59
活期存款	Demand Deposites	4440.76	5511.97	7209.70	7596.90	11227.46	12132.60
定期存款	Time Deposites	3090.97	3499.32	4317.27	5298.37	7323.22	7015.99
财政存款	Fiscal Deposites	203.39	305.55	444.28	435.91	583.01	569.95
机关团体存款	Deposites by Government Departments and Organizations	811.01	1059.02	1411.79	1634.71	2296.54	6735.65
城乡居民储蓄存款	Urban and Rural Household Savings Deposites	10581.27	12183.47	13014.92	16721.18	20080.63	23334.48
活期储蓄	Demand Deposites	2864.13	3429.51	4008.92	4671.80	5950.92	7771.26
定期储蓄	Time Deposites	7717.14	8753.96	9006.00	12049.38	14129.71	15563.22
农业存款	Agricultural Deposites	658.66	790.62	1039.80	1056.61	1470.68	1806.23
信托存款	Trusted Deposites	99.40	0.40				
委托存款	Entrusted Deposites	84.61	55.14	165.15	253.98	247.83	273.68
其他存款	Other Deposites	2031.37	2454.98	2847.63	4019.82	5620.92	7115.56
#国有商业银行	State-owned Commercial Banks	11885.18	13878.32	15794.69	19251.90	25062.33	29424.28
政策性银行	Banks of Budgetary Subsidies	92.29	106.69	156.06	207.84	354.23	347.29
其他商业银行	Other Commercial Banks	4199.1	5039.89	6267.88	7605.84	10503.96	13006.26
城市信用社	Urban Credit Cooperative	7.62	9.26	14.57			
农村信用社	Rural Credit Cooperative	1582.92	1652.05	1724.12	1884.91	2185.95	1992.16
财务公司	Financial Companies	47.13	31.63	74.13	72.56	73.38	127.28
信托投资公司	Trusted Investment Institutions	161.27	6.35	8.64	4.07	3.70	3.70
租赁公司	Rent Companies	0.73	1.05	1.42	1.83	2.76	4.50

7－5 金融机构人民币贷款年末余额
Loans Balance of Banking Organizations (Year-end)

单位:亿元 (100 million yuan)

指标	Item	2005	2006	2007	2008	2009	2010
各项贷款	**Loans**	**15396.59**	**18485.02**	**22092.10**	**26160.72**	**35296.73**	**42121.04**
#中资机构	Domestic-funded Institutions	15394.97	18472.33	22006.69	26038.21	35169.84	41944.50
外资机构	Foreign-funded Institutions	1.62	12.69	85.41	122.51	126.89	176.54
#短期贷款	Short-term Loans	7809.97	9281.57	11046.37	12245.48	14723.65	17689.03
工业贷款	Loans to Industrial Sector	2265.98	3330.94	3961.05	4143.98	4629.65	
商业贷款	Loans to Commercial Sector	993.42	1117.73	1198.20	1164.17	1412.27	
建筑业贷款	Loans to Construction Sector	282.46	318.26	378.20	402.63	441.37	
农业贷款	Loans to Agricultural Sector	672.58	745.92	846.90	1009.73	1391.49	
乡镇企业贷款	Loans to Township Enterprises	1254.10	1160.33	1437.62	1596.72	1898.56	
三资企业贷款	Loans to Enterprises with Foreign Funds	306.15	263.62	339.58	388.84	392.75	
私营企业及个体贷款	Loans to Private Enterprises and Individuals	160.19	214.79	320.15	360.07	718.25	
其他短期贷款	Other Short-term Loans	1875.09	2129.98	2564.67	3179.34	3839.33	
#个人短期消费贷款	Individual Short-term Consumptive Loans	131.55	159.89	224.56	216.12	259.18	
中长期贷款	Medium-term and Long-term Loans	5689.27	7395.33	9611.14	11628.93	18173.56	23163.45
基本建设贷款	Loans for Capital Construction	2887.94	3668.26	4333.43	5179.96	7450.21	
技术改造贷款	Loans for Technical Transformations	136.65	111.49	118.91	136.19	181.87	
其他中长期贷款	Other Medium-term and Long-term Loans	2664.68	3615.58	5158.80	6312.78	10541.48	
#个人中长期消费贷款	Individual Medium-term and Long-term Consumptive Loans	1488.92	1728.63	2566.07	2957.71	4838.77	
融资租赁	Loans for Accommodation and Rent	7.58	8.73	11.24	18.36	34.91	68.22
委托贷款	Entrusted Loans	74.22	23.34	69.44	48.95	21.70	22.58
票据融资	Bill Financing	1738.47	1763.61	1347.84	2203.14	2326.95	1167.02
#贴现	Discount	1738.45	1763.61	1347.84	2203.14	2326.95	1166.02
各项垫款	Money Advanced Payment for Others	13.78	12.44	6.07	15.86	15.95	9.86
#国有商业银行	State-owned Commercial Banks	8062.55	9682.11	11256.34	12750.42	16849.56	19641.37
政策性银行	Banks of Budgetary Subsidies	1266.85	1473.02	1704.09	1948.20	2364.05	2752.06
其他商业银行	Other Commercial Banks	3041.29	3868.74	4741.00	5964.79	8590.91	10280.46
城市信用社	Urban Credit Cooperative	5.42	6.10	6.97			
农村信用社	Rural Credit Cooperative	1110.95	1165.05	1265.72	1406.47	1615.00	1458.14
财务公司	Financial Companies	38.04	34.68	71.16	73.89	53.67	121.05
信托投资公司	Trusted Investment Institutions	138.69	23.92	20.83	11.94	9.96	9.88
租赁公司	Rent Companies	7.52	8.44	11.06	18.30	34.91	68.22

7-6 金融机构外币存贷款年末余额

Deposits and Loans Balance of Banking Organizations (Foreign currency, Year-end)

单位:亿美元 (USD 100 million)

指标	Item	2000	2005	2006	2007	2008	2009	2010
各项存款	**Deposites**	**75.73**	**101.63**	**110.42**	**121.52**	**153.04**	**177.43**	**241.43**
#中资机构	Domestic-funded Institutions	75.73	97.49	104.97	111.81	142.39	164.64	17.22
外资机构	Foreign-funded Institutions		4.14	5.45	9.71	10.65	12.79	17.22
#单位存款	Deposites by Enterprises	30.99	57.04	66.54	86.56	112.07	137.11	192.58
活期	Demand Deposites	9.44	43.65	49.09	61.46	77.38	101.61	126.37
定期	Time Deposites	21.55	13.39	17.45	25.10	34.69	35.50	66.21
储蓄存款	Savings Deposites	39.78	34.60	34.75	27.13	28.61	32.67	30.00
活期	Demand Deposites	0.93	6.77	9.17	8.34	8.26	9.74	9.62
定期	Time Deposites	38.85	27.83	25.58	18.79	20.35	22.93	20.38
其他存款	Other Deposites	4.96	9.99	9.13	7.83	12.36	7.66	18.85
各项贷款	**Loans**	**27.13**	**109.70**	**115.08**	**160.68**	**134.66**	**226.94**	**310.93**
#中资机构	Domestic-funded Institutions	27.13	102.45	104.21	145.34	117.56	210.75	296.20
外资机构	Foreign-funded Institutions		7.25	10.87	15.34	17.10	16.19	14.73
#短期贷款	Short-term Loans	11.87	50.18	40.57	61.43	38.30	68.05	
#境内短期贷款	Short-term Loans in Mainland	11.87	50.18	40.57	61.39	38.29	68.03	75.06
中长期贷款	Medium-term and Long-term Loans	7.51	31.56	40.92	45.48	45.61	45.16	
#境内中长期贷款	Medium-term and Long-erm Loans in Mainland	7.51	31.50	40.92	45.48	45.59	42.20	43.23
进出口贸易融资	Import and Export Trade Financing	2.30	18.86	24.34	45.69	44.41	108.21	179.27
票据融资	Bill Financing	0.02	0.30	0.26	0.23	0.28	0.09	0.07
各项垫款	Money Advanced Payment for Others	2.02	2.13	2.25	1.42	0.46	0.69	0.56
境外筹资转贷款	Fund Raising Transferred to Loans Overseas	4.90	6.75	6.74	6.43	5.60	4.74	4.08

7-7 国有商业银行人民币存贷款年末余额

Deposits and Loans Balance of State-owned Commercial Banks (Year-end)

单位:亿元 (100 million yuan)

指标	Item	2005	2006	2007	2008	2009	2010
各项存款	**Deposits**	**11885.18**	**13878.32**	**15794.69**	**19251.90**	**25062.33**	**29424.28**
企业存款	Deposites by Enterprises	4215.34	4915.32	6125.86	6813.97	9375.75	9222.03
活期	Demand Deposites	2713.95	3371.10	4216.61	4382.00	6214.12	6294.78
定期	Time Deposites	1501.39	1544.22	1909.25	2431.97	3161.64	2927.25
机关团体存款	Deposites by Government Departments and Organizations	560.68	756.82	984.92	1071.31	1491.41	3792.21
城乡居民储蓄存款	Urban and Rural Household Savings Deposites	6422.94	7307.93	7618.49	9851.21	11901.99	13593.88
活期	Demand Deposites	1813.24	2131.25	2454.50	2880.87	3732.66	4925.54
定期	Time Deposites	4609.70	5176.68	5163.99	6970.34	8169.33	8668.34
农业存款	Agricultural Deposites	23.67	2.48	2.21	3.25	7.36	15.12
其他存款	Other Deposites	662.55	895.77	1063.21	1512.16	2285.82	2801.04
各项贷款	**Loans**	**8062.55**	**9682.11**	**11256.34**	**12750.42**	**16849.56**	**19641.37**
#短期贷款	Short-term Loans	3163.09	3762.77	4377.08	4574.31	5232.15	6188.99
工业贷款	Loans to Industrial Sector	1464.48	2378.58	2806.45	2864.75	3107.94	
商业贷款	Loans to Commercial Sector	316.00	321.88	330.89	291.30	418.62	
建筑业贷款	Loans to Construction Sector	107.99	140.68	183.40	195.39	220.27	
农业贷款	Loans to Agricultural Sector	51.03	21.94	19.18	6.38	9.87	
乡镇企业贷款	Loans to Township Enterprises	298.83					
三资企业贷款	Loans to Enterprises with Foreign Funds	228.58	157.73	212.36	217.68	183.61	
私营企业及个体贷款	Loans to Private Enterprises and Individuals	65.40	67.58	102.34	76.69	133.74	
其他短期贷款	Other Short-term Loans	630.78	674.38	722.46	922.12	1158.12	
中长期贷款	Medium-term and Long-term Loans	3791.79	4854.05	6199.83	7153.86	10516.44	13113.12
#基本建设贷款	Loans for Capital Construction	1975.82	2539.41	2965.32	3459.96	4886.12	
技术改造贷款	Loans for Technical Transformations	103.06	87.73	87.63	92.29	101.68	
贴现	Discount	1100.83	1059.28	677.02	1018.71	1095.38	335.61

7-8 农村信用社人民币存贷款年末余额
Deposits and Loans Balance of Rural Credit Cooperatives(Year-end)

单位:亿元 (100 million yuan)

指标	Item	2000	2005	2008	2009	2010
各项存款	**Deposites**	**1170.47**	**1582.92**	**1884.91**	**2185.95**	**1992.16**
#农业存款	Agricultural Deposites	239.02	288.77	365.35	488.84	467.38
企业存款	Deposites by Enterprises	59.72	107.80	99.02	132.69	103.13
农民个人储蓄存款	Savings Deposites from Farmers	856.22	1106.61	1290.55	1373.27	1215.21
各项贷款	**Loans**	**745.68**	**1110.95**	**1406.47**	**1615.00**	**1458.14**
#农业贷款	Loans to Agricultural Sector	168.70	511.52	585.09	606.71	

7-9 金融机构机构、人员情况表
Number of Institutions and Staff and Workers of Banking Organizations

指标	Item	2005	2007	2008	2009	2010
机构数 (家)	**Number of Institutions (unit)**	**9662**	**9012**	**8882**	**8872**	**11425**
#国有商业银行	State-owned Commercial Banks	5124	4635	4595	4561	4561
政策性银行	Banks of Budgetary Subsidies	91	94	94	94	92
其他商业银行	Other Commercial Banks	1081	615	652	694	3690
农村合作银行	Rural Cooperative Banks	105	638	730	846	715
农村商业银行	Rural Commercial Banks	705	686	704	766	1283
城市信用社	Urban Credit Cooperatives	2	2			
农村信用社	Rural Credit Cooperatives	2474	1783	1605	1397	1073
财务公司	Financial Companies	3	3	4	5	6
信托投资公司	Trusted Investment Agencies	5	4	4	4	4
租赁公司	Rent Companies	3	1	1	1	1
职工人数 (人)	**Number of Staff and Workers (person)**	**147533**	**153055**	**154994**	**162202**	**179177**
#国有商业银行	State-owned Commercial Banks	84802	85752	87085	89035	92892
政策性银行	Banks of Budgetary Subsidies	2096	2162	2150	2171	2126
其他商业银行	Other Commercial Banks	22710	16385	19400	21923	46062
农村合作银行	Rural Cooperative Banks	1118	7138	8411	10250	8982
农村商业银行	Rural Commercial Banks	6761	6929	7527	8888	15278
城市信用社	Urban Credit Cooperatives	32	59			
农村信用社	Rural Credit Cooperatives	25413	20620	19333	17077	13411
财务公司	Financial Companies	48	51	51	102	126
信托投资公司	Trusted Investment Agencies	181	145	155	173	222
租赁公司	Rent Companies	37	40	51	62	78

注:机构数为营业网点数。
Note: The Insitition means business department.

7－10　保险业务主要指标

Major indicators of Insurance Business

单位：亿元　　　　(100 million yuan)

指　标	Item	2005	2006	2007	2008	2009	2010
保费收入	**Premium**	**437.34**	**502.83**	**577.08**	**775.45**	**907.73**	**1162.67**
财产险	Property Insurance	93.64	120.42	157.10	181.11	228.39	311.91
#企业财产保险	Enterprise Property Insurance	13.91	15.16	18.04	20.90	22.26	28.22
家庭财产保险	Household Property Insurance	1.00	1.01	1.25	1.30	1.41	1.62
机动车辆保险	Motor Vehicle Insurance	64.40	87.71	118.25	133.26	173.56	236.92
人身意外伤害险	Accident Injury Insurance	10.89	12.55	15.85	18.31	20.40	25.96
健康险	Health Insurance	24.37	32.03	28.08	47.79	39.45	44.39
寿险	Life Insurance	308.43	337.83	375.61	528.19	619.49	780.41
各项赔款和给付	**Claim and Payment**	**118.83**	**159.17**	**187.46**	**267.02**	**273.53**	**251.78**
财产险	Property Insurance	53.30	78.70	85.87	121.19	127.41	134.41
#企业财产保险	Enterprise Property Insurance	5.94	7.17	8.36	23.07	10.94	9.78
家庭财产保险	Household Property Insurance	0.30	0.27	0.30	0.36	0.32	0.35
机动车辆保险	Motor Vehicle Insurance	40.76	62.40	69.09	88.93	104.12	109.88
人身意外伤害险	Accident Injury Insurance	3.29	3.70	4.57	5.37	5.92	7.01
健康险	Health Insurance	9.04	12.42	7.86	11.12	15.31	17.99
寿险	Life Insurance	53.21	64.36	89.16	129.54	124.89	92.38
保险公司数　（家）	**Number of Insurance Co. (unit)**	**29**	**39**	**56**	**64**	**69**	**76**
#财产保险公司	Property Insurance Co.	13	18	23	25	27	32
人寿保险公司	Life Insurance Co.	10	21	33	39	42	44
#中资保险公司	Chinese-Funded Co.	22	29	42	47	50	52
外资保险公司	Foreign-Funded Co.	7	10	14	17	19	24
保险公司分支机构（家）	**Branches of Insurance Co. (unit)**	**4033**	**4636**	**5080**	**5300**	**5770**	**5600**
从业人员数　（万人）	**Number of Staff and Workers (10000 persons)**	**14.72**	**15.47**	**18.58**	**22.00**	**23.50**	**22.70**

7-11 江苏辖区证券市场基本情况

Basic Information of Securities Markets within Jiangsu

指 标	Item	2000	2005	2008	2009	2010
上市公司数 (家)	Number of Listed Companies (unit)	58	90	117	128	169
#A 股	A Shares	56	88	115	123	164
#B 股	B Shares	5	2	5	5	5
辅导企业数	Number of Guidance Enterprises (unit)	60	104	123	166	153
证券公司数 (家)	Number of Securities Companies (unit)	6	7	6	5	5
证券营业部数 (家)	Number of Securities Business Departments (unit)	147	202	210	252	306
证券交易服务部数 (家)	Number of Securities Trading Service Departments (unit)	0	57	57	33	0
期货经纪公司 (家)	Number of Futures Broker Companies (unit)	12	12	11	11	11
期货经纪公司营业部 (个)	Number of Trading Offices of Futures Broker Companies (unit)		23	32	58	74
证券投资咨询机构数 (家)	Number of Securities Investment Consultative Institutions (unit)	4	3	3	3	3
证券从业人员数 (人)	Number of Staff and Workers in Securities (person)	3366	3925	4676	6543	9278
期货从业人员数 (人)	Number of Staff and Workers in Futures (person)	309	570	1001	1336	1821
证券投资者开户数 (万户)	Number of Accounts of Securities Investors (10000 accounts)	241	330	537	610	666
期货投资者开户数 (户)	Number of Accounts of Futures Investors (account)	2306	15606	60559	90514	13.56
上市公司募集资金总额 (亿元)	Total Capital Volume Collected by Listed Companies (100 million yuan)	88.61	16.68	99.19	308.12	791.77
发行	Issuing	55.32	8.82	27.42	92.60	470.70
配股	Share Right Issued	21.07				54.78
增发	Adding Shares Issue	12.22	7.86	60.77	195.52	194.89
公司债	Debenture			11.00	20.00	14.20
上市公司总资产 (亿元)	Total Assets of Listed Companies (100 million yuan)	1098.82	2407.00	4568.62	6159.90	10259.40
上市公司净资产 (亿元)	Net Assets of Listed Companies (101 million yuan)	691.61	1075.00	1654.28	2072.87	3628.08
上市公司总股本 (亿股)	Total Capital Shares of Listed Companies (100 million yuan)	251.67	362.47	578.52	658.53	899.01
市价总值 (亿元)	Total Market Value (100 million yuan)	2532.66	1729.44	3488.40	8874.40	13824.31
上市公司净利润 (亿元)	Net Profit of Listed Companies (100 million yuan)	59.36	72.44	112.32	214.50	447.72
上市公司每股平均收益(元)	Per Share Income of Listed Companies (yuan)	0.27	0.19	0.22	0.36	0.51
证券经营机构证券交易量 (亿元)	Trading Volume of Securities Business Institutions (100 million yuan)	8412.00	3902.00	37331.90	72659.73	76897.17
期货经营机构代理交易量 (亿元)	Proxy Trading Volume of Futures Business Institutions (100 million yuan)	786.00	9825.00	54109.53	91637.42	215753.23

主要统计指标解释

财政收入 指国家财政参与社会产品分配所取得的收入,是实现国家职能的财力保证。按我省口径,财政总收入为地方一般预算收入、基金收入和上划中央四税之和。

财政支出 国家财政将筹集起来的资金进行分配使用,以满足经济建设和各项事业的需要。

存款 指企业、机关、团体或居民根据资金必须收回的原则,把货币资金存入银行或其他信用机构保管并取得一定利息的一种信用活动形式。它是银行信贷资金的主要来源。

贷款 指银行或其他信用机构根据资金必须归还的原则,按一定利率,为企业、个人等提供资金的一种信用活动形式。

保险公司 经保险监管机构批准设立,并依法登记注册经营保险业务的公司。

保险金额 保险人承担赔偿或者给付保险金责任的最高限额。

保费 投保人为取得保险保障,按保险合同约定向保险人支付的费用。

赔款 保险人对保险事故造成的损失,根据合同约定向被保险人或受益人给予的经济补偿。

给付 人身保险合同中,保险人向被保险人或受益人给付保险金的行为。包括死伤医疗给付、满期给付和年金给付。死伤医疗给付指因人寿保险及长期健康保险业务的被保险人在保险期内发生保险责任范围内的保险事故,保险公司按保险合同约定支付给被保险人(或受益人)的保险金。满期给付指因人寿保险业务的被保险人生存至保险期满,保险公司按保险合同约定支付给被保险人的满期保险金。年金给付指保险公司因年金保险业务的被保险人生存至规定的年龄,按保险合同约定支付给被保险人的给付金额。

Explanatory Notes on Main Statistical Indicators

Government Revenue refers to income for the government finance through participating in the distribution of social products. It is the financial guarantee to ensure government functioning. In our province, total financial revenue is the sum of local general budgetary revenue, funds budgetary revenue and four taxes turned over to central government.

Government Expenditure refers to the distribution and use of the funds which the government finance has raised, so as to meet the needs of economic construction and various causes.

Deposit is a form of credit by which enterprises, institutions, organizations or residents can put money into banks and other credit institutions for safekeeping and interest earning under the principle of freedrawal. Deposits are major sources of credit funds of banks.

Loan is a form of credit by which banks and other credit institutions provide funds at certain interest rate to enterprises and in-dividual in the light of the principle of unconditional repayment.

Insurance Companies refer to commercial insurance companies of various forms registered by law and established with the approval of insurance regulatory agencies.

Amount Insured refers to the maximum that the insurant will get for the claim of the case insured.

Premium is the fee paid by the insurant to the insurer to obtain the obligation of compensation from the insurance within the agreed terms.

Settled Claim is the compensation paid by the insurer to the insurant or beneficiary for the loss of the insurance accident in accordance with the insurance contract.

Payment is the behavior that the insurer pays insured amount to the insurant or the beneficiary according to the personal insurance contract. It includes payment for death, injury or medical treatment, payment at maturity and annuity payment. Payment for death, injury or medical treatment refers to the money paid to the insurant (or the beneficiary) in accordance with the life or health insurance contract when the insurant encounters accidents within the insured period covered in the contract. Payment at maturity refers to the payment to the insurant in accordance with the life insurance contract at the end of the insured period. Annuity payment refers to the payment to the insurant in accordance with the life insurance contract when the insurant under the annuity insurance lives to the specified age.

8

对外经济贸易
Foreign Trade and Economic Cooperation

简 要 说 明

本篇资料综合反映江苏的对外贸易、利用外资、对外直接投资、对外经济合作的历年概况，重点反映对外经济贸易的近期发展状况。

一、对外贸易部分

对外贸易统计的主要内容包括：进出口货物的品种、数（重）量、金额、国别（地区）、经营单位、境内目的地、境内货源地、贸易方式、关别等项目。

对外贸易统计的资料来源于海关总署，调查方法是全面调查。

历年出口商品分类金额和历年进口商品分类金额按照联合国《国际贸易标准分类》（SITC）进行统计。进出口商品分类金额按照海关合作理事会制定的《商品名称和编码协调制度》（HS）目录进行统计。

对各国（地区）进出口总额表中，出口货物按中华人民共和国关境外最终目的国（地区），进口货物按中华人民共和国关境外原产国（地区）统计。进出口总额分别按境内经营单位所在地和目的地、货源地列示。经营单位所在地是指江苏省境内进出口企业报关注册的登记地；境内货源地是指出口货物在江苏省境内的产地或原始发货地。

二、利用外资统计部分

利用外资统计的主要内容包括：对外借款、外商直接投资和外商其他投资、外商投资企业登记注册情况。

统计范围是凡经工商行政管理机关核准登记，在江苏省境内所有利用外资的单位和部门，经批准设立的中外合资经营企业、合作经营企业、外资企业、外商投资股份制企业、合作开发项目等具有法人资格的独立核算企业（包括港澳台地区投资企业），在华从事经营活动的外国及港澳台地区企业及外国公司在江苏境内设立的分支机构。

利用外资统计的资料来源于商务部门，其中，外商投资企业的登记注册情况资料来源于工商行政管理部门，调查方法是全面调查。

三、对外经济合作部分

对外经济合作统计的主要内容包括：对外承包工程、对外劳务合作的合同数、合同金额、完成营业额等。

统计范围是对外承包工程、对外劳务合作。

该制度统计单位是经各级商务主管部门批准的从事对外承包和劳务合作业务并具有法人地位的对外承包劳务企业。

资料来源是商务部门，调查方法是全面调查。

四、对外直接投资部分

对外直接投资统计的内容主要包括：境内投资主体的基本情况、境外企业的基本情况等。

统计范围主要包括境内投资主体通过直接投资在境外设立的各类公司型企业和非公司型企业。

资料来源是商务部门，调查方法是全面调查。

五、其他

历年人民币对美元、日元、港币的年平均汇价，资料来源于国家外汇管理局，各年的年平均汇价是根据当年国家外汇管理局公布的每日汇价进行加权平均计算而得出的。

Brief Introduction

Data in this chapter provide summary data of Jiangsu's foreign trade, utilization of foreign capital, overseas direct investment, contracted projects and labour cooperation with foreign countries or territories over the years, focusing on the recent situation of foreign trade and economic cooperation.

Ⅰ. Foreign Trade

Data on foreign trade include: varieties of imports and exports, amount (weight), value, countries (regions), imports and exports corporations, destination within territory, origin of goods within territory, mode of trade, types of tariffs and so on.

Sources of data on foreign trade are from the General Administration of Customs of the People's Republic of China through a comprehensive reporting system.

Customs statistics in value terms for both imports and exports are compiled according to the classifications of *UN Standard International Trade Classification* (*SITC*). However, the *Harmonized Commodity Description and Coding System* (*HS*) stipulated by the Customs Cooperation Council is also used in the classification of the import and export commodities.

In the table on total imports and exports with related countries and regions, the export commodities are calculated at the Customs of the countries (regions) of destination and the import commodities are calculated at the Customs of the countries (regions) of origin. The total values of the import and export commodities are calculated respectively at the provinces where the import or export corporations are situated and at the provinces of destination or provinces of origin within the border of Jiangsu. The province where the import or export corporations are situated refers to the province where the import or export corporations have applied to and have been registered at the Customs. The province of origin within the border of Jiangsu refers to the province where the export commodities are produced or originally delivered.

Ⅱ. Statistics on Utilization of Foreign Capitals

Utilization of foreign capitals includes: foreign loans, foreign direct investments and other foreign investments, and the basic condition of registration of foreign funded enterprises.

The statistics cover all the units and departments which have utilized foreign capital and all the Sino-foreign joint ventures, Sino-foreign cooperative enterprises, ventures exclusively with foreign investment, foreign-funded stock companies, Sino-foreign cooperative development projects and other corporate enterprises (including the enterprises funded by the entrepreneurs from Hong Kong, Macao and Taiwan) with independent accounting system which have been approved by the Chinese government to set up in the boundary of Jiangsu

Data on utilization of foreign capitals are from departments of commerce, of which, data on basic condition of registration of foreign funded enterprises are from industrial and commercial administrations through comprehensive reporting system.

Ⅲ. Foreign Economic Cooperation

Data on foreign economic cooperation include: number of contracted foreign projects and foreign labour services cooperation, contracted volume, complete business turnover and so on.

The statistics cover contracted projects, labour services cooperation.

The statistical unit in the scheme is the corporate enterprise engaged in contracted projects and labour services cooperation with foreign countries and has been approved by the department of commerce at various levels.

Data on foreign economic cooperation are from departments of commerce through a comprehensive reporting system.

Ⅳ. Overseas Direct Investment

Contents of statistics on overseas direct investment include basic situation of domestic investors and overseas enterprises they invest in.

The statistics cover overseas corporate and non-corporate enterprises of various forms established by domestic investors through their investment operation.

Data on foreign economic cooperation are from departments of commerce through a comprehensive reporting system.

Ⅴ. Others

The average exchange rates of RMB yuan to US dollar, Japanese yen and Hong Kong dollar over the years come from the State Administration of Exchange Control. The annual average exchange rate is calculated as the weighted mean of the daily exchange rates provided by the State Administration of Foreign Exchange in the year.

8-1 对外经济主要指标
Major Indicators of Foreign Trade and Economic Cooperation

单位:亿美元 (USD 100 million)

指标	Item	2000	2005	2009	2010
进出口总额	**Total Imports and Exports**	**456.38**	**2279.41**	**3388.32**	**4657.93**
进口总额	Total Import	198.68	1049.59	1395.89	1952.42
初级产品	Primary Goods	24.33	97.08	193.70	279.60
工业制成品	Manufactured Goods	174.35	952.51	1202.19	1672.83
出口总额	Total Exports	257.70	1229.82	1992.43	2705.50
初级产品	Primary Goods	8.40	15.77	29.64	43.74
工业制成品	Manufactured Goods	249.30	1214.05	1962.79	2661.76
合同外商直接投资项目(个)	**Number of Projects for Contracted Foreign Direct Investment (unit)**	**2645**	**7126**	**4219**	**4661**
合同外商直接投资	**Total Amount of Contracted Foreign Direct Investment**	**106.11**	**464.39**	**509.81**	**568.33**
实际外商直接投资	**Total Amount of Actual Foreign & Regions Direct Investment**	**64.23**	**131.83**	**253.23**	**284.98**
外商投资企业基本情况	**Registered Foreign-funded Enterprises**				
年底登记户数 (户)	Number of Registered Enterprises (unit)	18192	33321	38502	39207
投资总额	Total Investment	774.80	2657.28	4443.95	5081.06
注册资本	Registered Capital	419.64	1321.32	2394.72	2738.99
对外经济合作	**Economic Cooperation with Foreign Countries & Regions**				
合同金额	Contracted Value	9.80	33.10	50.34	62.08
#对外承包工程	Contracted Projects	5.85	29.01	44.96	54.47
对外劳务合作	Labor Services	3.94	4.05	5.38	7.60
完成营业额	Value of Turnover Fulfilled	8.01	31.97	50.78	59.67
#对外承包工程	Contracted Projects	4.97	25.11	43.32	51.98
对外劳务合作	Labor Services	3.03	6.81	7.46	7.69
境外投资情况	**Overseas Investment**				
新批项目数 (个)	Newly Approved projects (unit)	34	160	332	408
#贸易型项目	Trade	8	82	126	162
非贸易型项目	Nontrade	26	78	206	246
中方协议金额 (万美元)	Protocol Fund from China (USD 10000)	1783	20504	106347	217613
#贸易型项目	Trade	209	4214	14443	61064
非贸易型项目	Nontrade	1574	16291	91904	156549

8－2 人民币对主要外币年平均汇价(中间价)

Average Exchange Rate of RMB Yuan Against Main Convertible Currencies (Middle Price)

单位:人民币元 (RMB yuan)

年份 Year	100 美元 100 US Dollars	100 日元 100 Japanese Yen	100 港元 100 Hong Kong Dollars	100 欧元 100 Euro
1985	293.66	1.2457	37.57	
1986	345.28	2.0694	44.22	
1987	372.21	2.5799	47.74	
1988	372.21	2.9082	47.70	
1989	376.51	2.7360	48.28	
1990	478.32	3.3233	61.39	
1991	532.33	3.9602	68.45	
1992	551.46	4.3608	71.24	
1993	576.20	5.2020	74.41	
1994	861.87	8.4370	111.53	
1995	835.10	8.9225	107.96	
1996	831.42	7.6352	107.51	
1997	828.98	6.8600	107.09	
1998	827.91	6.3488	106.88	
1999	827.83	7.2932	106.66	
2000	827.84	7.6864	106.18	
2001	827.70	6.8075	106.08	
2002	827.70	6.6237	106.07	800.58
2003	827.70	7.1466	106.24	936.13
2004	827.68	7.6552	106.23	1029.00
2005	819.17	7.4484	105.30	1019.53
2006	797.18	6.8570	102.62	1001.90
2007	760.40	6.4632	97.46	1041.75
2008	694.51	6.7427	89.19	1022.27
2009	683.10	7.2986	88.12	952.70
2010	676.95	7.7279	87.13	897.25

8－3 对外贸易进出口总额

Total Imports and Exports

单位:亿美元 (USD 100 million)

年份 Year	海关进出口总额(经营单位) Total Import and Export Value by Customs (Running Unit)			海关进出口总额(目源地) Total Import and Export Value by Customs (Goods Destination or Original Place)		
	合计 Total	进口 Imports	出口 Exports	合计 Total	进口 Imports	出口 Exports
1985	19.87	4.01	15.86			
1986	24.12	5.42	18.70			
1987	28.73	7.56	21.17			
1988	34.58	10.41	24.17			
1989	38.43	13.07	25.36			
1990	41.39	11.95	29.44			
1991	53.10	18.85	34.25			
1992	69.62	29.60	40.02			
1993	91.29	44.77	46.52	107.75	59.81	47.94
1994	117.59	50.73	66.86	122.47	52.86	69.61
1995	162.78	64.96	97.82	180.05	79.42	100.63
1996	206.88	90.87	116.01	222.17	102.92	119.25
1997	236.21	95.32	140.89	252.93	108.82	144.11
1998	264.26	107.75	156.51	281.66	122.09	159.57
1999	312.61	129.52	183.09	328.62	142.80	185.82
2000	456.38	198.68	257.70	491.98	228.17	263.81
2001	513.55	224.77	288.78	544.84	250.91	293.93
2002	703.05	318.25	384.80	745.09	354.80	390.29
2003	1136.70	545.30	591.40	1213.37	617.26	596.11
2004	1708.57	833.60	874.97	1794.72	913.67	881.05
2005	2279.41	1049.59	1229.82	2384.86	1138.75	1246.11
2006	2839.95	1235.77	1604.19	2990.58	1360.67	1629.91
2007	3496.71	1459.38	2037.33	3723.93	1646.19	2077.74
2008	3922.68	1542.32	2380.36	4304.81	1852.62	2452.19
2009	3388.32	1395.89	1992.43	3659.94	1585.99	2073.95
2010	4657.93	1952.42	2705.50	4987.59	2173.02	2814.58

8－4 按贸易方式和经济类型分的进口额
Total Imports by Type of Trade and Ownership

单位：万美元 (USD 10000)

项 目	Item	1995	2000	2003	2004	2005
进口总额	**Total**	**649637**	**1986857**	**5453078**	**8335995**	**10495916**
按贸易方式分	**Grouped by Type of Trade**					
#一般贸易	Ordinary Trade	111328	805495	1685708	2330934	2567227
来料加工装配贸易	Assembling Trade with Provided Raw Material	59356	177242	535835	1284383	2206083
进料加工贸易	Processing Trade with Raw Material	275754	760323	2369003	3481590	4281335
加工贸易进口设备	Processing and Assembling with Equipments Provided	920	3250	7412	12206	16598
外商投资企业作为投资进口的设备、物品	Import Equipments As Investment	194066	205002	621062	813164	713437
出料加工贸易	Processing Trade Providing Raw Material	6	245	132	323	323
易货贸易	Barter Trade	273	14			
保税仓库进出境货物	Import and Export Goods of Protective Tariff Storage	6454	19877	98602	167432	480551
保税区仓储转口货物	Storage Transit Goods in Protective Tariff Area		13505	108477	188153	149628
按经济类型分	**Grouped by Ownership**					
#国有企业	State-owned Enterprises	156154	341580	616303	747453	724622
集体企业	Collective-owned Enterprises	6571	69063	170964	217800	295997
外商投资企业	Foreign-funded Enterprises	485810	1572744	4489180	7031995	9051633
#中外合作	Sino-Foreign Cooperative	21967	19324	21803	33172	46125
中外合资	Sino-Foreign Joint Funded	342411	688667	1187650	1658827	1988967
外商独资	Foreign Funded	121432	864753	3279727	5339996	7016541

8－4 续表 Continued

单位：万美元 (USD 10000)

项 目	Item	2006	2007	2008	2009	2010
进口总额	**Total**	**12357660**	**14593773**	**15423221**	**13958895**	**19524242**
按贸易方式分	**Grouped by Type of Trade**					
#一般贸易	Ordinary Trade	2826514	3604815	4313955	4514236	6661871
来料加工装配贸易	Assembling Trade with Provided Raw Material	2606088	2917612	2502028	1991927	3029632
进料加工贸易	Processing Trade with Raw Material	4795488	5547911	5901443	5081375	6259631
加工贸易进口设备	Processing and Assembling with Equipments Provided	25603	22320	27646	8862	24046
外商投资企业作为投资进口的设备、物品	Import Equipments as Investment	808564	742184	760534	424921	540942
出料加工贸易	Processing Trade Providing Raw Material	365	1225		3360	10011
易货贸易	Barter Trade			6770		
保税仓库进出境货物	Import and Export Goods of Protective Tariff Storage	809748	1127876	1383328	1485333	1316980
保税区仓储转口货物	Storage Transit Goods in Protective Tariff Area	213943	322018	367591	324387	1438972
按经济类型分	**Grouped by Ownership**					
#国有企业	State-owned Enterprises	668662	725334	832382	825041	1233789
集体企业	Collective-owned Enterprises	267035	312123	429304	441059	630165
外商投资企业	Foreign-funded Enterprises	10739914	12458678	12860466	11308167	15487958
#中外合作	Sino-Foreign Cooperative	97208	143808	142576	61254	83739
中外合资	Sino-Foreign Joint Funded	2392255	2780454	3112895	2707401	3741557
外商独资	Foreign Funded	8250451	9534416	9604995	8539512	11662662

8-5 按贸易方式和经济类型分的出口额

Total Exports by Type of Trade and Ownership

单位:万美元　　　　(USD 10000)

项　目	Item	1995	2000	2003	2004	2005
出口总额	**Total**	**978166**	**2576979**	**5913965**	**8749665**	**12298215**
按贸易方式分	**Grouped by Type of Trade**					
#一般贸易	Ordinary Trade	591604	1211041	2247981	3048526	4063266
来料加工装配贸易	Assembling Trade with Provided Raw Material	62605	230389	616224	1032481	2136794
进料加工贸易	Processing Trade with Raw Material	322281	1134768	3042645	4663719	6068317
出料加工贸易	Processing Trade Providing Raw Material	61	208	88	256	212
易货贸易	Barter Trade	226			2	
保税仓库进出境货物	Import and Export Goods of Protective Tariff Storage	282	178	1428	4048	18072
保税区仓储转口货物	Storage Transit Goods in Protcetive Tariff Area		175	4520	5423	6584
按经济类型分	**Grouped by Ownership**					
#国有企业	State-owned Enterprises	658499	978705	1218592	1284597	1437264
集体企业	Collective-owned Enterprises	26014	142478	341308	379995	424385
外商投资企业	Foreign-funded Enterprises	293481	1445478	4113516	6522432	9422831
#中外合作	Sino-Foreign Cooperative	8481	22813	29638	37426	50670
中外合资	Sino-Foreign Joint Funded	200544	577231	1062970	1543897	2004875
外商独资	Foreign Funded	84456	845434	3020908	4941109	7367286

8-5 续表 Continued

单位:万美元　　　　(USD 10000)

项　目	Item	2006	2007	2008	2009	2010
出口总额	**Total**	**16041885**	**20373279**	**23803627**	**19924278**	**27055014**
按贸易方式分	**Grouped by Type of Trade**					
#一般贸易	Ordinary Trade	5315091	7052593	9201196	7089419	9893423
来料加工装配贸易	Assembling Trade with Provided Raw Material	2823576	3413599	1993047	1461254	2366301
进料加工贸易	Processing Trade with Raw Material	7789884	9642835	12203499	10799402	13614392
出料加工贸易	Processing Trade Providing Raw Material	343	1759		1687	8547
易货贸易	Barter Trade		36	6831		3
保税仓库进出境货物	Import and Export Goods of Protective Tariff Storage	72862	158951	281161	495398	798224
保税区仓储转口货物	Storage Transit Goods in Protcetive Tariff Area	12295	70212	88332	26062	290044
按经济类型分	**Grouped by Ownership**					
#国有企业	State-owned Enterprises	1579037	1774933	2079459	1737839	2432073
集体企业	Collective-owned Enterprises	446692	488119	710286	390355	536210
外商投资企业	Foreign-funded Enterprises	12361846	15562540	17495986	14664056	19231877
#中外合作	Sino-foreign Cooperative	94802	152958	141916	73288	86417
中外合资	Sino-foreign Joint Funded	2398139	2846005	3405400	2575758	3792282
外商独资	Foreign Funded	9868906	12563577	13948670	12015010	15353178

8－6 进口商品分类总额
Total Value of Imports by Category of Commodities

单位:万美元 (USD 10000)

项 目	Item	2000	2004	2005	2006
进口总额	**Total**	**1986857**	**8335995**	**10495916**	**12357660**
初级产品	**Primary Goods**	**243306**	**773154**	**970816**	**1138881**
#食品及活动物	Food and Live Animals	6992	20225	28847	32247
饮料及烟类	Beverages and Tobacco	24	105	44	180
非食用原料(燃料除外)	Non-edible Raw Materials	199534	603463	808066	904846
矿物燃料、润滑油及有关原料	Mineral Fuels, Lubricants and Related Materials	32777	106324	107273	138831
动植物油、脂及蜡	Animal and Vegetable Oils, Fats and Wax	3979	43037	26586	62777
工业制成品	**Manufactured Goods**	**1743551**	**7562841**	**9525099**	**11218779**
#化学成品及有关产品	Chemicals and Related Products	305997	1058072	1326580	1504635
按原料分类的制成品	Manufactured Goods Grouped by Raw Materials	361815	812478	971346	1110503
机械及运输设备	Machinery and Transport Equipments	968560	4072513	5290062	6515826
杂项制品	Miscellaneous Products	106909	1619779	1933346	2082266

8－6 续表 Continued

单位:万美元 (USD 10000)

项 目	Item	2007	2008	2009	2010
进口总额	**Total**	**14593773**	**15423221**	**13958895**	**19524242**
初级产品	**Primary Goods**	**1493142**	**1993119**	**1937040**	**2795967**
#食品及活动物	Food and Live Animals	48453	49737	52912	90348
饮料及烟类	Beverages and Tobacco	454	876	1557	2360
非食用原料(燃料除外)	Non-edible Raw Materials	1228874	1667081	1500036	2156528
矿物燃料、润滑油及有关原料	Mineral Fuels, Lubricants and Related Materials	134069	154693	239178	357542
动植物油、脂及蜡	Animal and Vegetable Oils, Fats and Wax	81292	120732	143357	189189
工业制成品	**Manufactured Goods**	**13100631**	**13430102**	**12021855**	**16728275**
#化学成品及有关产品	Chemicals and Related Products	1956188	2200862	2078178	3065531
按原料分类的制成品	Manufactured Goods Grouped by Raw Materials	1377498	1390178	1279222	1586613
机械及运输设备	Machinery and Transport Equipments	7314232	7228022	6518946	9279548
杂项制品	Miscellaneous Products	2445768	2603823	2140468	2790729

8-7 出口商品分类总额
Total Value of Exports by Category of Commodities

单位:万美元 (USD 10000)

项目	Item	2000	2004	2005	2006
出口总额	**Total**	**2576979**	**8749665**	**12298215**	**16041885**
初级产品	**Primary Goods**	**83977**	**138574**	**157683**	**210543**
#食品及活动物	Food and Live Animals	44048	61932	72218	94228
饮料及烟类	Beverages and Tobacco	109	999	814	718
非食用原料(燃料除外)	Non-edible Raw Materials	25181	40378	52379	71289
矿物燃料、润滑油及有关原料	Mineral Fuels, Lubricants and Related Materials	14026	33972	29711	38236
动植物油、脂及蜡	Animal and Vegetable Oils, Fats and Wax	613	1292	2561	6072
工业制成品	**Manufactured Goods**	**2493002**	**8611091**	**12140532**	**15831342**
#化学成品及有关产品	Chemicals and Related Products	193596	456874	657343	817431
按原料分类的制成品	Manufactured Goods Grouped by Raw Materials	490649	1311139	1805190	2450890
机械及运输设备	Machinery and Transport Equipments	969493	4831114	7014182	9486590
杂项制品	Miscellaneous Products	839264	2011964	2661011	3072220

8-7 续表 Continued

单位:万美元 (USD 10000)

项目	Item	2007	2008	2009	2010
出口总额	**Total**	**20373279**	**23803627**	**19924278**	**27055014**
初级产品	**Primary Goods**	**252819**	**323717**	**296382**	**437429**
#食品及活动物	Food and Live Animals	116740	138288	147728	192966
饮料及烟类	Beverages and Tobacco	685	645	630	253
非食用原料(燃料除外)	Non-edible Raw Materials	99299	129786	103407	174192
矿物燃料、润滑油及有关原料	Mineral Fuels, Lubricants and Related Materials	31964	49857	40931	66033
动植物油、脂及蜡	Animal and Vegetable Oils, Fats and Wax	4131	5141	3687	3986
工业制成品	**Manufactured Goods**	**20120460**	**23479910**	**19627896**	**26617586**
#化学成品及有关产品	Chemicals and Related Products	1099562	1500565	1175260	1667929
按原料分类的制成品	Manufactured Goods Grouped by Raw Materials	3235587	3967489	2623471	3781028
机械及运输设备	Machinery and Transport Equipments	11932832	13647960	11944616	16448028
杂项制品	Miscellaneous Products	3842907	4353787	3871165	4704451

8-8 进出口商品细分类总额（2010年）

Value of Imports and Exports by Category of Commodities（2010）

单位：万美元 （USD 10000）

项 目	Item	进出口总额 Total Improts and Exports Value	进 口 Imports	出 口 Exports
总 计	**Total**	**46579257**	**19524242**	**27055014**
初级产品	**Primary Goods**	**3233396**	**2795967**	**437429**
食品及活动物	**Food and Live Animal**	**283314**	**90348**	**192966**
活动物	Live Animals	239	14	226
肉及肉制品	Meat and Related Products	19051	16014	3036
乳品及蛋品	Dairy Products and Eggs	5105	4077	1028
鱼、甲壳及软体类动物及其制品	Fish, Shellfish Products	20766	2730	18036
谷物及其制品	Cereals and Related Products	21760	10227	11533
蔬菜及水果	Vegetables and Fruits	124696	38268	86428
糖、糖制品及蜂蜜	Sugar, Sugar Products and Natural Honey	9555	1115	8440
咖啡、茶、可可、调味料及其制品	Coffee, Tea, Cocoa, Spices and Related Products	20663	8856	11806
饲料（不包括未碾磨谷物）	Forage	42780	7195	35586
杂项食品	Miscellaneous Food	18699	1852	16847
饮料及烟类	**Beverages and Tobacco**	**2613**	**2360**	**253**
#饮料	Beverages	2493	2241	253
非食用原料（燃料除外）	**Non-edible Materials**	**2330719**	**2156528**	**174192**
生皮及生毛皮	Raw Hides and Raw Furs	11460	11442	17
油籽及含油果实	Oil Seeds and Oil-bearing Fruits	363707	362212	1495
生橡胶（包括合成橡胶及再生橡胶）	Raw Rubber	113285	101229	12056
软木及木材	Cork and Wood	124979	118020	6959
纸浆及废纸	Paper Pulp and Paper Waste	323136	322185	951
纺织纤维（羊毛条除外）及其废料	Textile Fiber and Waste	349072	262101	86971
天然肥料及矿物（煤、石油及宝石除外）	Natural Fertilizers and Minerals	61094	54263	6831
金属矿砂及金属废料	Metallic Ore and Metallic Waste	938622	913142	25480
其他动、植物原料	Other Raw Materials of Animals and Plants	45365	11933	33432
矿物燃料、润滑油及有关原料	**Mineral Fuels, Lubricants and Related Materials**	**423575**	**357542**	**66033**
#煤、焦炭及煤砖	Coal, Coke and Coal Brick	104336	104273	63
石油、石油产品及有关原料	Petroleum, Petroleum Products and Related Materials	308181	242539	65642
天然气及人造气	Natural Gas and Man-made Gas	11058	10731	327
动植物油、脂	**Animal and Vegetable Oils and Wax**	**193175**	**189189**	**3986**
动物油、脂	Animal Oil, Fat	6195	2365	3830
植物油、脂	Vegetable Oil, Fat	179532	179436	97
已加工的动植物油、脂及动植物蜡	Processed Animal and Vegetable Oils, Fats and Wax	7448	7389	59

8－8 续表 Continued

单位:万美元 (USD 10000)

指　　标	Item	进出口总额 Total Improts and Exports Value	进　口 Imports	出　口 Exports
工业制成品	**Manufactured Goods**	**43345861**	**16728275**	**26617586**
化学成品及有关产品	**Chemicals and Related Products**	**4733459**	**3065531**	**1667929**
有机化学品	Organic Chemicals	2241525	1528265	713260
无机化学品	Inorganic Chemicals	264074	149991	114083
染料、鞣料及着色料	Dye, Tanning Material and Colouring Materials	138986	54636	84350
医药品	Pharmaceutical Products	257403	97699	159704
精油、香料及盥洗、光洁制品	Essential Oils, Perfumed Materials, Toilet Preparations. Bright and clean products	80974	28393	52581
制成肥料	Finished Fertilizers	17697	4407	13290
初级形状的塑料	Primary Shaped Plastics	739869	530891	208978
非初级形状的塑料	Non-primary Shaped Plastics	452310	350139	102171
其他化学原料及产品	Other Chemical Materials and Related Products	540623	321111	219512
按原料分类的制成品	**Manufactured Goods Grouped by Materials**	**5367640**	**1586613**	**3781028**
皮革、皮革制品及已鞣毛皮	Leather and Related Products and Tanned Furs	29139	20909	8230
橡胶制品	Rubber and Related Products	246518	73886	172632
软木及木制品(家具除外)	Cork and Wooden Products	204789	3026	201763
纸及纸板;纸浆、纸及纸板制品	Paper and Paperboard; Articles of Paper Pulp, of Paper or Paperboard	264526	60862	203664
纺纱、织物、制成品及有关产品	Textile Fabrics, Textile Materials and Related Pro－	1661611	229125	1432487
非金属矿物制品	Non-metalic Mineral Products	292802	107095	185707
钢铁	Iron and Steel	1128678	389858	738820
有色金属	Nonferrous Metal	647920	471433	176487
金属制品	Metallic Products	891658	230419	661239
机械及运输设备	**Machinery and Transport Equipment**	**25727576**	**9279548**	**16448028**
动力机械及设备	Power-driven Machinery and Related Equipment	728813	315982	412831
特种工业专用机械	Special Industrial Machinery of Particular Use	1371944	954923	417021
金工机械	Metalworking Machinery	364311	272865	91445
通用工业机械设备及零件	Equipment and Accessories for General Industrial	1621499	701455	920044
办公用机械及自动数据处理设备	Machinery for Office Use and Automatic Data－processing Equipment	7028730	1061144	5967586
电信及声音的录制及重放装置设备	Telecommunication and Recorders	3231908	405868	2826040
电力机械、器具及其电气零件	Electronic Machinery, Equipment and Accessories	9618230	5345635	4272594
陆路车辆(包括气垫式)	Overland Vehicles	836368	179310	657059
其他运输设备	Other Transport Equipment	925774	42366	883409
杂项制品	**Miscellaneous Products**	**7495180**	**2790729**	**4704451**
活动房屋;卫生、水道、供热及照明装置	Movable Houses, Public Health, Waterway, Heat Supply and Lighting Installation	138131	59997	78135
家具及其零件;褥垫及类似填充制品	Furniture and Accessories, Beddings and Filler Products and Similar Products for Stuffing	386473	9240	377234
旅行用品、手提包及类似品	Travel Articles, Handbag and Similar Articles	113293	1212	112081
服装及衣着附件	Garments and Clothing Accessories	1938471	14876	1923595
鞋靴	Parts of Footwear	187468	26184	161284
专业、科学及控制用仪器和装置	Instruments and Equipment for Professional, Scien－tific and Control Use	3228268	2060726	1167541
摄影器材、光学物品及钟表	Photographic and Optical Equipment and Clocks	526442	345036	181406
杂项制品	Miscellaneous Products	976634	273458	703176

8-9 进出口商品主要国家和地区
Imports and Exports Value by Countries and Regions

单位:万美元 (USD 10000)

国别(地区)	Countries (Regions)	2009 进出口 Imports and Exports	2009 进口 Imports	2009 出口 Exports	2010 进出口 Imports and Exports	2010 进口 Imports	2010 出口 Exports
亚洲	**Asia**	**18225886**	**10196082**	**8029804**	**24973443**	**14372943**	**10600501**
#巴林	Bahrain	8166	3619	4547	10453	3503	6950
孟加拉国	Bangladesh	110759	1219	109540	171111	2561	168551
缅甸	Myanmar	16123	1194	14929	29473	1947	27526
柬埔寨	Cambodia	22080	77	22003	34400	571	33829
塞浦路斯	Cyprus	47987	26	47961	48411	47	48364
中国香港	Hong Kong	1470120	48238	1421882	1854944	60265	1794679
印度	India	516357	80504	435853	783893	147294	636599
印度尼西亚	Indonesia	375981	155069	220912	568147	245894	322253
伊朗	Iran	134851	44279	90572	211096	86654	124442
以色列	Israel	60169	10838	49331	92043	18124	73919
日本	Japan	4210401	2253720	1956681	5690989	3144932	2546057
科威特	Kuwait	32337	19333	13004	48629	29545	19084
中国澳门	Macao	4950	245	4705	6236	315	5921
马来西亚	Malaysia	1055298	675065	380233	1460075	1069830	390246
巴基斯坦	Pakistan	60307	5989	54318	90249	8508	81741
菲律宾	Philippines	287677	196108	91569	375641	245946	129695
卡塔尔	Qatar	26254	10015	16239	29635	18172	11462
沙特阿拉伯	Saudi Arabia	199222	89356	109866	304249	167179	137070
新加坡	Singapore	779546	310655	468891	960243	421961	538282
韩国	Korea, Rep.	3815943	2806817	1009126	5386133	4013905	1372228
斯里兰卡	Sri Lanka	15344	569	14775	24416	552	23864
叙利亚	Syria	23795	87	23708	25776	368	25408
泰国	Thailand	724240	446943	277297	968614	589333	379281
土耳其	Turkey	167478	14072	153406	254544	16699	237844
阿拉伯联合酋长国	United Arab Emirates	250025	9014	241011	313836	15900	297936
越南	Vietnam	221226	30337	190889	334986	51080	283906
中国台湾省	Taiwan Province	2504375	2014155	490220	3549735	2830704	719031
非洲	**Africa**	**545615**	**71861**	**473754**	**767218**	**137573**	**629644**
#喀麦隆	Cameroon	7331	4432	2899	10472	6818	3654
埃及	Egypt	50341	1024	49317	68317	3303	65014
加蓬	Gabon	12175	9820	2355	10409	8116	2293
摩洛哥	Morocco	21900	2268	19632	27973	3482	24491
尼日利亚	Nigeria	72972	1049	71923	91149	511	90638
南非	South Africa	126763	28384	98379	218100	61906	156194
欧洲	**Europe**	**6896646**	**1641648**	**5254998**	**9628104**	**2120737**	**7507367**
#比利时	Belgium	226718	53482	173236	311097	82270	228826
丹麦	Denmark	79248	20057	59191	107627	23619	84008
英国	United Kindom	709420	87059	622361	893080	99597	793484

单位:万美元 (USD 10000)

国别(地区) Countries (Regions)		2009 进出口 Imports and Exports	2009 进口 Imports	2009 出口 Exports	2010 进出口 Imports and Exports	2010 进口 Imports	2010 出口 Exports
德国	Germany	1761035	611957	1149078	2462702	796917	1665785
法国	France	463526	107511	356015	580288	138244	442044
爱尔兰	Ireland	75855	13218	62637	46479	9894	36585
意大利	Italy	501605	125256	376349	855283	176618	678665
荷兰	Netherlands	1075538	83806	991732	1593225	99086	1494138
希腊	Greece	48022	1337	46685	61342	1725	59617
葡萄牙	Portugal	43274	6114	37160	41612	6374	35238
西班牙	Spain	241252	35779	205473	363878	40667	323212
奥地利	Austria	71898	46556	25342	101969	72368	29601
芬兰	Finland	123552	36636	86916	186546	54963	131583
匈牙利	Hungary	107170	10782	96388	120989	19473	101517
挪威	Norway	99482	21825	77657	80066	36671	43394
波兰	Poland	204174	12329	191845	255597	20463	235135
罗马尼亚	Romania	38475	2493	35982	55310	5370	49940
瑞典	Sweden	201718	127024	74694	257480	139516	117965
瑞士	Switzerland	102924	54302	48622	174089	116862	57227
俄罗斯联邦	Russia Fed.	266051	87755	178296	442467	77048	365419
乌克兰	Ukraine	85655	48969	36686	97067	32704	64363
捷克	Czech Rep.	175255	18009	157246	301525	30331	271194
拉丁美洲	**Latin America**	**1473680**	**572146**	**901534**	**2193337**	**738655**	**1454682**
#阿根廷	Argentina	128482	70627	57855	205683	88601	117083
巴西	Brazil	581919	295667	286252	828982	398500	430482
智利	Chile	142544	78157	64387	216789	102089	114700
哥伦比亚	Colombia	40974	1456	39518	64280	4520	59760
危地马拉	Guatemala	9406	130	9276	11455	328	11128
墨西哥	Mexico	279363	34509	244854	339789	53140	286649
巴拿马	Panama	42590	14	42576	178453	58	178395
秘鲁	Peru	41040	14578	26462	63079	16334	46745
乌拉圭	Uruguay	26840	19054	7786	48745	35176	13569
委内瑞拉	Venezuela	31083	6773	24310	51315	10218	41097
北美洲	**North America**	**5924949**	**1076736**	**4848213**	**7777432**	**1517609**	**6259823**
#加拿大	Canada	499382	166912	332470	635284	222853	412431
美国	United States	5425417	909821	4515596	7128564	1294719	5833845
大洋洲	**Oceania**	**816059**	**400099**	**415960**	**1238835**	**635950**	**602885**
#澳大利亚	Australia	701640	357557	344083	1080348	574584	505764
新西兰	New Zealand	63870	29824	34046	88837	43644	45194
巴布亚新几内亚	Papua New Guinea	4654	3239	1415	11804	9044	2760
附:东南亚国家联盟	Association of Southeast－Asia Nations	3484097	1815899	1668198	4736221	2628869	2107352
欧洲联盟	European Union	6349504	1418643	4930861	8828534	1847074	6981461
亚太经济合作组织	Asia-Pacific Economic Cooperation	23822407	11572231	12250176	32305210	16214204	16091006

8－10 主要商品进口数量和金额
Major Import Commodities in Volume and Value

商品名称 Item		2009		2010	
		数量 Volume	金额（千美元）Value（USD 1000）	数量 Volume	金额（千美元）Value（USD 1000）
冻鱼（吨）	Frozen Fish (ton)	11411	16683	6818	10717
鲜、干水果及坚果（吨）	Fresh, Dried Fruits and Nuts (ton)	582	2838	1250	3528
谷物及谷物粉（万吨）	Cereals and Cereal Powder (10000 tons)	24	57671	44	99038
大豆（万吨）	Soybean (ton)	609	2729934	732	3390777
食用植物油（万吨）	Edible Vegetable Oil (10000 tons)	125	889848	112	1005861
食糖（万吨）	Sugar (10000 tons)		1770		2712
酒类（千升）	Alcohol (kiloliter)	4351	13846	9771	23375
饲料用鱼粉（万吨）	Fish Powder for Forage (10000 tons)	2	20981		6022
纸烟（万条）	Cigarette (10000 carton)	13	1111	13	1196
天然橡胶(包括胶乳)（万吨）	Natural Rubber (10000 tons)	14	238585	15	446900
合成橡胶(包括胶乳)（吨）	Synthetic Rubber (ton)	185334	384659	199588	562089
原木（万立方米）	Log (10 kilostere)	304	484050	508	989168
锯材（万立方米）	Wood Sawn (10 kilostere)	33	81008	68	174393
胶合板及类似多层板（万立方米）	Veneer (10 kilostere)		3665		3645
纸浆（万吨）	Paper Pulp (10000 tons)	294	1522585	311	2460949
羊毛（吨）	Wool (ton)	144366	776191	153917	1095165
毛条（吨）	Woolen Yarn (ton)	1972	9844	1053	6153
棉花（万吨）	Cotton (10000 tons)	26	354413	53	1068964
二醋酸纤维丝束（吨）	Acetate (ton)	319	1723	216	1184
纺织用合成纤维（万吨）	Synthietic Fibre for Spinning (10000 tons)	9	185215	9	263275
人造纤维短纤（吨）	Man-made Fibre (ton)	5069	12387	6865	17791
铁矿砂及其精矿（万吨）	Iron Ores (10000 tons)	4737	4072930	4898	6536074
锰矿砂及其精矿（万吨）	Manganese Ores (10000 tons)	42	90405	45	108183
铜矿砂及其精矿（万吨）	Copper Ores (10000 tons)		1116	4	14778
铬矿砂及其精矿（万吨）	Chrome Ores (10000 tons)	47	96245	69	192069
氧化铝（万吨）	Alumina (10000 tons)	41	106168	58	204981
煤（万吨）	Coal (10000 tons)	566	654134	690	993177
成品油（万吨）	Petroleum Products Refined (10000 tons)	172	1004244	161	1272191
液化石油气及其他烃类气（万吨）	Liquefied Petroleum Gas (10000 tons)	23	109705	14	107306
甲苯（吨）	Toluene (ton)	234295	146521	220758	186592
二甲苯（万吨）	Xylene (10000 tons)	41	346690	65	681928

8－10 续 表 1 Continued 1

商品名称 Item				2009		2010	
				数量 Volume	金额(千美元) Value (USD 1000)	数量 Volume	金额(千美元) Value (USD 1000)
苯乙烯	(吨)	Styrene	(ton)	1850141	1733011	1891861	2251040
乙二醇	(吨)	Glycol	(ton)	2224800	1342469	2784277	2383368
异氰酸酯	(吨)	Isocyanic Ester	(ton)	21921	54898	29933	82778
对苯二甲酸	(吨)	Telephthalic Acid	(ton)	2218716	1776162	2551607	2403226
己内酰胺	(吨)	Caprolactam	(ton)	104177	163999	120545	297453
医药品	(吨)	Pharmaceuticals	(ton)		743480	4669	976991
美容化妆品及护肤品	(吨)	Cosmetics and Skin Care Products	(ton)	1795	34647	2242	38560
肥料	(万吨)	Fertilizer	(10000 tons)	12	72533	13	44501
合成有机染料	(吨)	Synthetic Organic Dyeing	(ton)	3553	33751	3844	38876
钛白粉	(吨)	Titanium Dioxide	(ton)	11018	27258	14417	37413
聚合物油漆及清漆	(吨)	Polymer Paint and Varnish	(ton)	14109	74719	21782	112203
感光材料		Sensitization Material			28069		58452
初级形状的塑料	(万吨)	Primary-shape Plastic	(10000 tons)	205	3553720	228	4926422
初级形状的聚乙烯	(吨)	Primary-shape Polythene	(ton)	355457	441184	321519	479756
初级形状的线型低密度聚乙烯	(吨)	Primary-shape Line-type Low-density Polythene	(ton)	129667	146904	134984	183494
初级形状的聚丙烯	(吨)	Primary-shape Polypropylene	(ton)	266339	306368	258048	371506
初级形状的聚苯乙烯聚合物	(吨)	Primary-shape Polystyrene	(ton)	329290	517202	391861	802221
ABS 树脂	(吨)	ABS Colophony	(ton)	220783	360278	245319	541730
初级形状的聚氯乙烯	(吨)	Primary-shape PVC	(ton)	180173	162715	188885	216927
初级形状的聚酯	(吨)	Primary-shape Polyester	(ton)	196379	522075	219455	673932
聚酯切片	(吨)	Polyester Slice	(ton)	39272	42402	34011	46125
聚酰胺切片	(吨)	Polyamide Slice	(ton)	66648	157514	67173	215425
非泡沫塑料的板、片、膜、箔	(吨)	Non-foam Plastic Board, Slice, Film and Foil	(ton)	171247	1375267	248263	2513104
废塑料	(万吨)	Waste Plastic	(10000 tons)	44	225240	56	382485
农药	(吨)	Pesticides	(ton)	4037	57447	7233	93840
牛皮革及马皮革	(吨)	Cowskin and Horse Leather	(ton)	36560	157654	29119	187460
废纸	(万吨)	Waste Paper	(10000 tons)	364	521117	336	760901
纸及纸板(未切成形的)	(万吨)	Paper and Paper Board	(10000 tons)	38	454118	43	558706
纺织纱线、织物及制品		Textile Yarn, Textile and Their Products			1869008		2296736
服装及衣着附件		Garments and Clothing Accessories			91226		148798
玻璃纤维及其制品	(吨)	Fiberglass	(ton)	32051	134436	46359	226177
钻石	(千克)	Diamond	(kg)	6	163	8	3252
废金属	(万吨)	Waste Metal	(10000 tons)	565	1941372	232	1413826
钢坯及粗锻件	(万吨)	Billet and Crude Forgings	(10000 tons)	126	577303	19	183209

商品名称 Item		2009		2010	
		数量 Volume	金额(千美元) Value (USD 1000)	数量 Volume	金额(千美元) Value (USD 1000)
钢材 （万吨）	Rolled Steel （10000 tons）	248	2783588	244	3207333
钢铁制标准紧固件 （吨）	Iron and Steel Standard Solidity Articles （ton）	24285	284325	33641	387410
未锻造的铜及铜材 （吨）	Copper and its Material （ton）	339035	2052352	341476	2975630
未锻造的铝及铝材 （吨）	Aluminium and its Material （ton）	178305	681867	144390	813520
钢铁或铝制结构体及其部件（吨）	Iron and Steel and Aluminium Units and Parts （ton）	21527	99744	23781	118520
蒸汽锅炉及过热水锅炉 （台）	Steam Boiler （set）	47	8084	37	5288
活塞式内燃机的零件 （吨）	Parts of Piston Internal-combustion Engine （ton）	10612	269335	25649	417518
液泵及液体提升机 （台）	Hydraulic Pumps and Lifters （set）	3391097	393472	8073702	577424
制冷设备用压缩机 （万台）	Compressors for Refrigerating Equipment （10000 set）	196	153553	225	190925
空气调节器 （台）	Air Conditioners （set）	3167	17764	4272	25263
冷冻机和制冷设备	Refrigerating Equipment		66926		85019
非家用型水的过滤、净化机器 （台）	Non-household Water Purify Machines （set）	23553	24429	32299	24614
饮料及液体食品灌装设备 （台）	Beverage Filling Equipment （set）	37	23436	56	66439
机械提升搬运装卸设备及零件	Machine Lifting, Transporting and Loading and Unloading Equipment and Accessories		422617		577739
建筑及采矿用机械及零件	Construction and Mining Machinery and Spare Parts		353436		1017593
食品、饮料工业用加工机械及零件	Food Processing Machinery and Spare Parts		33722		44609
制造纸及纸制品用机械及零件	Paper and Related Articles Production Machinery		272723		267362
印刷、装订机械及零件	Printing and Bookbinding Machinery		921128		1104243
纺织机械及零件	Textile Machinery		676349		1253711
工业用缝纫机 （台）	Industrial Use Sewing Machine （set）	4794	8134	5617	7914
金属加工机床 （台）	Machine Tools （set）	12331	1315900	23975	2138205
加工中心 （台）	Machining Center （set）	3649	421912	9248	784494
金属轧机及零件	Metal Rolling Machine and Accessories		90755		117221
橡胶或塑料加工机械及零件	Rubber and Plastic Processing Machinery		418459		667375
型模及金属铸造用型箱 （吨）	Metal Forging Molds （ton）	1532	236719	2022	276323
阀门 （万套）	Valves （10000 set）	3531	429779	3003	649910
自动数据处理设备及其部件（万台）	Automatic Data Processing Machines and Accessories （10000 set）	12524	3612865	19503	5144847
自动数据处理设备的零件 （吨）	Accessories of Automatic Data Processing Machines （ton）	14501	2895050	19636	4608853
制造单晶柱或晶圆用的机器及装置 （台）	Crystal Pole Making Machine （set）	346	176614	2381	858800
制造半导体器件或集成电路用的机器及装置 （台）	Semiconductor and IC Making Machine （set）	856	718261	2107	1287088
制造平板显示器用的机器及装置 （台）	Flat Display Making Machine （set）	529	98163	1393	326265
电动机及发电机 （万台）	Electric Motors and Generators （10000 set）	10814	353466	10999	412956
发电机组及旋转式变流机 （台）	Electric Moter Set and Converters （set）	699	143622	1147	116971
变压、整流、电感器及零件	Transformer, Recitifier, Inductance and Accessories		1151254		1734947

8－10 续 表 3 Continued 3

商品名称	Item	2009 数量 Volume	2009 金额（千美元）Value (USD 1000)	2010 数量 Volume	2010 金额（千美元）Value (USD 1000)
蓄电池（万个）	Accumulator (10000)	73483	1916531	103154	2244332
电话机（台）	Telephone (set)	138100	6712	323760	86681
数字式程控电话或电报交换机（台）	Digital Program-controlled Telephone or Telegraph Exchange (set)	477	2105	142	1297
无线电导航雷达及遥控设备（台）	Radio Navigation Radar and Remote Device (set)	1299061	74989	2075081	92309
电视摄像机、数字照相机及视频摄录一体机（万台）	TV Camera, Digital Camera and Video Creator (10000 set)	2402	122348	2648	121406
声音录制或重放设备（万台）	Audio Recorder and Playback Device (10000 set)	3	1100	0	52
收音设备（包括收录音组合机及整套散件）（万台）	Radio Device (10000 set)		405	0	647
电视机（包括整套散件）（万台）	TV set (10000 set)		213	0	352
电视、收音机及无线电讯设备的零附件（吨）	TV sets, Radio and Spare Parts of Wireless Dispatch Equipments (ton)	12148	958567	12999	1424339
电容器（吨）	Capacitor (ton)	7499	938693	9683	1309452
电阻器（吨）	Resistor (ton)	1831	220373	2454	303041
印刷电路（万块）	Printing Circuits (10000 board)	814330	1621782	801075	2180074
通断保护电路装置及零件	Electrical Apparatus and Spare Parts for Switching or Protecting Electrical Cursuits		2538006		3412951
电视显像管（万只）	Kinescope (10000)	1	384	1	409
彩色数据/图形显示管（万只）	Color Digital/Graph Display (10000)	1	145	0	40
二极管及类似半导体器件（百万个）	Diodes and Similar Semi Conductors (million)	40903	2393779	52588	3701573
集成电路（百万个）	IC (million)	33949	25709473	45870	33979709
电线和电缆（吨）	Electric Wire and Cable (ton)	25541	430919	29544	620478
汽车（包括整套散件）（辆）	Automobile (set)	1179	87132	2650	227653
装有引擎的汽车底盘（台）	Moter Underpan with Engine (set)	67	4784	160	11469
汽车零件	Parts of Motor Vehicles		823409		1433387
航空器零件（吨）	Aerostat Parts (ton)	92	18689	96	26379
船舶（艘）	Watercrafts	167	13106	151	9292
液晶显示板（万个）	Liquid Crystal Display Panel (10000 board)	39064	12228466	48658	15695100
医疗仪器及器械	Medical Instruments and Appliances		185789		245492
计量检测分析自控仪器及器具	Automatic Instruments of Measuring, Examining and Analysing and Related Apparatus		1788167		3011755
手表（万只）	Watch (10000 set)	0	248	1	397
印刷品（吨）	Printed Matter (ton)	2290	200920	2797	229954
塑料制品（吨）	Plastic Products (ton)	62543	677741	77707	846218
农产品	Agricultural Products		6658137		9122436
机电产品	Electronic Mechanical Products		86842685		121092723
高新技术产品	New and High Technology Products		61281542		84982820

8-11 主要商品出口数量和金额
Major Export Commodities in Volume and Value

商品名称		Item		2009 数量 Volume	2009 金额(千美元) Value (USD 1000)	2010 数量 Volume	2010 金额(千美元) Value (USD 1000)
冻鸡	(吨)	Frozen Chicken	(ton)				
水海产品	(万吨)	Aquatic and Seawater Products	(10000 ton)	3	86973	3	94003
谷物及谷物粉	(万吨)	Cereals and Cereal Powder	(10000 ton)	2	5914	1	3409
蔬菜	(万吨)	Vegetables	(10000 tons)	47	355560	51	616682
鲜、干水果及坚果	(万吨)	Fresh, Dried Fruits and Nuts	(10000 tons)	1	7250	1	7169
食用油籽	(万吨)	Edible Oil Seeds	(10000 tons)	1	5141	2	14853
食用植物油	(吨)	Edible Vegetable Oil	(ton)	791	2127	179	890
食糖	(吨)	Sugar	(ton)	1074	841	1432	1252
天然蜂蜜	(吨)	Natural Honey	(ton)	5834	9988	9428	15771
茶叶	(吨)	Tea	(ton)	5407	10858	6795	13509
猪肉罐头	(吨)	Canned Pork	(ton)	1778	4635	1714	3806
蘑菇罐头	(吨)	Canned Mushroom	(ton)	4591	4042	6758	8314
啤酒	(万升)	Beer	(10 kiloliter)	53	535	204	1275
肠衣	(吨)	Casings	(ton)	23835	160565	24880	163820
填充用羽毛;羽绒	(吨)	Feathers and Down for Stuffing	(ton)	6674	50085	5984	59593
药材	(吨)	Medical Materials	(ton)	2239	6402	1811	6226
肥料	(万吨)	Fertilizer	(10000 ton)	37	92138	58	149641
锯材	(立方米)	Wood Sawn	(stere)	10340	6389	9584	6174
胶合板及类似多层板	(万立方米)	Veneer	(10 kilostere)	233	795379	328	1126759
印刷品	(吨)	Printed Matter	(ton)	23103	111248	26510	129029
生丝	(吨)	Raw Silk	(ton)	1593	42523	1750	69711
煤	(万吨)	Coal	(10000 tons)		261		634
成品油	(万吨)	Petroleum Products Refined	(10000 tons)	56	254079	70	381654
氧化铝	(吨)	Alumina	(ton)	24565	9499	23564	10573
氧化锌及过氧化锌	(吨)	Zinc Oxide and Zinc Peroxide	(ton)	807	1200	991	1730
合成有机染料	(吨)	Synthetic Organic Dyeing	(ton)	35181	203493	45261	275567
医药品	(吨)	Pharmaceuticals	(ton)		1227713	95901	1597039
美容化妆品及护肤品	(吨)	Cosmetics and Skin Care Products		5339	91317	7172	97656
口腔及牙齿清洁剂	(吨)	Mouth and Teech Detergent	(ton)	5943	15729	6468	18132
洗衣粉	(吨)	Detergent Powder	(ton)	15833	6688	15817	7012
烟花、爆竹	(吨)	Firework and Cracker	(ton)	1248	3369	1777	4113

商品名称	Item	2009 数量 Volume	2009 金额（千美元）Value (USD 1000)	2010 数量 Volume	2010 金额（千美元）Value (USD 1000)
新的充气橡胶轮胎（万条）	New Pneumatic Rubber Tyres (10000)	4409	1169023	4688	1259751
家用或装饰用木制品（万吨）	Wooden Products for Domestic Use and Decoration (10000 tons)	1	39189	2	47549
纸及纸板(未切成形的)（万吨）	Paper and Paper Board (10000 tons)	173	1412745	172	1651849
纺织纱线、织物及制品	Textile Yarn Thread, Woven Goods and Related Products		10500466		14344320
水泥及水泥熟料（万吨）	Cement (10000 tons)	118	54171	141	61792
平板玻璃（万平方米）	Plate Glass (10 kilostere)	1042	37947	1752	74402
玻璃制品（吨）	Glass Products		237200	213268	354363
家用陶瓷器皿（万吨）	Porcelain and Pottery Ware for Household Use (10000 tons)	7	93230	9	126430
珍珠、钻石、宝石及半宝石	Pearl, Gem and Semi-gem		4070		4146
生铁及镜铁（万吨）	Pig Iron and Spiegeleisen (10000 tons)	20	72523	51	225454
铁合金（万吨）	Ferroalloy (10000 tons)	3	45876	4	99961
钢坯及粗锻件（万吨）	Billet and Crude Forgings (10000 tons)	1	4320	13	74931
钢材（万吨）	Rolled Steel (10000 tons)	362	3491864	764	6905448
废钢（吨）	Waste Steel (ton)	6730	2397	372673	161137
未锻造的铜及铜材（吨）	Copper and its Material (ton)	52084	306597	67179	495277
未锻造的铝及铝材（万吨）	Aluminium and its Material (10000 tons)	20	593490	37	1122232
未锻造的锰（吨）	Manganese (ton)	185	496	346	1228
钢铁或铜制标准紧固件（万吨）	Standard Infrangible Articles made of Steel or Copper (10000 tons)	15	306531	20	415468
不锈钢厨具、餐具等家用器具(吨)	Kitchenware, Tableware and Home Appliances Made of Stainless Steel (ton)	10095	60142	11144	70525
餐桌、厨房及其他家用搪瓷器(吨)	Porcelain and Pottery Ware for Table, Kitchen and Other Household Use (ton)	5924	10124	6175	10650
手用或机用工具（万吨）	Hand Tools and Tools for Machines (10000 tons)	14	689408	19	919501
电扇（万台）	Electric Fans (10000 set)	2031	76369	2195	97183
空气调节器（万台）	Air Conditioners (10000 set)	166	401033	214	516357
冰箱（万台）	Refrigerators (10000 set)	366	617894	422	743824
洗衣机（万台）	Washing Machines (10000 set)	357	682833	538	997066
纺织机械及零件	Textile Machinery		211046		385061
家用型缝纫机（万台）	Ordinary Sewing Machines (10000 set)	119	51195	170	65744
工业用缝纫机（万台）	Industrial Sewing Machines (10000 set)	9	13864	10	26204
金属加工机床（万台）	Machine Tools for Processing Metal (10000 set)	154	286784	223	401615
电子计算器(包括具有计算功能的袖珍数据记录重现机)(万台)	Electron Calculators (10000 set)	128	22428	237	28864
自动数据处理设备及其部件(万台)	Automatic Data Processing Machines and Accessories (10000 set)	27620	39008012	38165	53326477

商品名称	Item	2009 数量 Volume	2009 金额(千美元) Value (USD 1000)	2010 数量 Volume	2010 金额(千美元) Value (USD 1000)
自动数据处理设备的零件(万吨)	Accessories of Automatic Data Processing Machines (ton)	10	5341828	8	7375748
打印机(包括多功能一体机)(万台)	Printers (including Multi Function Printers) (10000 set)	1186	2103164	858	2348701
液晶显示板 (万个)	Liquid Crystal Display Panel (10000 board)	29442	7597059	31809	8811333
轴承 (万套)	Bearings (10000)	35761	250272	59987	417545
电动机及发电机 (万台)	Electric Motors and Generators (10000 set)	11462	765230	12496	1116155
变压器 (万个)	Transformers (10000)	5235	136785	7300	190061
静止式变流器 (万个)	Static Converters (10000)	34711	1311070	42548	1770040
原电池 (万个)	Primary Cells and Batteries (10000)	17422	12438	18510	12491
蓄电池 (万个)	Accumulator (10000)	37762	1418128	48491	1767971
电话机 (万台)	Telephone (10000)	2997	1237780	2229	1151052
扬声器 (万个)	Loudspeakers (10000)	11951	220510	14767	279146
激光唱机 (万台)	Laser Phonographs (10000)	7	4042	9	6427
录、放像机 (万台)	Video Cassette Recorders (10000 set)	1636	2131872	496	586661
声音录制或重放设备 (万台)	Audio Recorder and Playback Device (10000 set)	1001	327707	324	135392
收音设备(包括收录音组合机及整套散件) (万台)	Radio Device (10000 set)	176	96677	282	155950
电视机(包括整套散件)(万台)	TV sets (10000 set)	1130	3354441	1466	5122164
录放音、像机及唱机的零附件	Accessories of Videorecorder, Camera and Gramophone		136741		141526
电视、收音机及无线电讯设备的零附件 (吨)	TV sets, Radio and Spare Parts of Wireless Dispatch Equipments (ton)	139372	2235256	198052	3517747
电容器 (吨)	Capacitor (ton)	14953	574982	20920	862723
印刷电路 (百万块)	Printing Circuits (10000 board)	3470	1723025	4965	2350729
通断保护电路装置及零件	Electrical Apparatus and Spare Parts for Switching or Protecting Electrical Cursuits		1310962		1973420
节能灯 (百万只)	Energy-saving Lights (million)	72	75606	91	98095
二极管及类似半导体器件(百万个)	Diodes and Similar Semi Conductors (million)	52145	6330003	63815	13649619
集成电路 (百万个)	IC (million)	15884	6539757	22849	7972048
电线和电缆 (万吨)	Electric Wire and Cable (ton)	18	1294113	24	1955894
集装箱 (万个)	Containers (million)	5	269118	29	1222906
汽车和汽车底盘 (万辆)	Motor Vehicles and Chassis (10000 set)	2	369179	4	491281
汽车零件	Parts of Motor Vehicles		1653219		2794134
摩托车 (万辆)	Motorcycles (10000 set)	93	405404	118	516380

8-11 续 表 3 Continued 3

商品名称		Item		2009 数量 Volume	2009 金额(千美元) Value (USD 1000)	2010 数量 Volume	2010 金额(千美元) Value (USD 1000)
自行车	(万辆)	Bicycles	(10000 set)	734	514801	962	657106
摩托车及自行车的零件		Parts of Motorcycles and Bicycles			408397		500388
船舶	(艘)	Watercrafts		14716	5778991	14907	8488313
照相机	(万架)	Cameras	(10000 set)	2129	1345686	2827	1922475
医疗仪器及器械		Medical Instruments and Appliances			757990		904829
手表	(万只)	Watches	(10000)	229	1383	425	3087
日用钟	(万只)	Clocks	(10000)	290	5052	616	10889
家具及其零件		Furniture and its Parts			1898550		2297339
床垫、寝具及类似品		Beddings, Bedclothing and Similar Products			1086394		1474996
灯具、照明装置及类似品		Lamps and Lanterns, Lighting Installation and Similar Products			428440		639810
旅行用品及箱包		Travel Articles, Suitcases and Handbags and Similar Articles			871734		1103451
体育用具及设备		Physical Appliances and Equipments			595992		745422
服装及衣着附件		Garments and Clothing Accessories			16212226		19239993
鞋类		Footware			1325130		1612842
塑料制品	(万吨)	Plastic Products	(10000 tons)	72	1550492	87	2104928
玩具		Toys			674236		873063
游戏机	(万台)	Recreational Machines	(10000 set)	240	266831	293	237653
圣诞用品	(吨)	Christmas Articles		8183	48369	8592	50381
足球、篮球、排球	(万个)	Footballs, Basketballs and Volleyballs	(10000)	3260	60500	4183	75351
打火机	(百万个)	Lighters	(million)	54	4513	92	7708
艺术品、收藏品及古董		Artworks, Collections and Antiques			1752		2012
贵金属或包贵金属的首饰		Noble Metals			17702		22484
伞	(万把)	Umbrellas	(10000)	628	20200	851	32763
竹编结品	(吨)	Bamboo-work	(ton)	940	3384	864	3056
藤编结品	(吨)	Bine-work	(ton)	70	592	63	773
草编结品	(吨)	Grass-work	(ton)	588	2807	734	3743
柳编结品	(吨)	Wickerwork	(ton)	1873	6275	1812	6350
农产品		Farm Products			1966102		2521670
机电产品		Electronic Mechanical Products			138755764		188337267
高新技术产品		New and High Technology Products			92840008		125689681

8－12　合同外商直接投资项目
Number of Contracted Projects of Foreign Direct Investment

单位:个　　(unit)

指　　标	Item	2010年止累计 2010 Year end Accumulated	1995	2000	2005	2009	2010
合　计	**Total**	**97715**	**4056**	**2645**	**7126**	**4219**	**4661**
合资经营企业	Joint Venture Enterprises	46403	2827	1119	1749	847	934
合作经营企业	Cooperative Enterprises	2988	265	116	112	39	26
独资经营企业	Foreign Solely Funded	48290	964	1410	5259	3332	3696
外商投资股份制企业	Share Holding with Foreign Investment	34			6	1	5

8－13　合同外商直接投资金额
Value of Contracted Projects of Foreign Direct Investment

单位:万美元　　(USD 10000)

指　　标	Item	2010年止累计 2010 Year end Accumulated	1995	2000	2005	2009	2010
合　计	**Total**	**49142091**	**1296951**	**1061059**	**4643882**	**5098075**	**5683321**
合资经营企业	Joint Venture Enterprises	10126389	662155	348861	602054	669283	801993
合作经营企业	Cooperative Enterprises	1390909	67518	55431	73794	73626	65786
独资经营企业	Foreign Solely Funded	37404671	567278	656767	3949724	4273011	4764618
外商投资股份制企业	Share Holding with Foreign Investment	220122			18310	82155	50924

8－14　实际外商直接投资金额
Actual Value of Foreign Direct Investment

单位：万美元　　（USD 10000）

指　　标	Item	1985～2010	1990	1995	2000	2003	2004
合　计	**Total**	**22122880**	**14110**	**478058**	**642358**	**1580214**	**1213783**
合资经营企业	Joint Venture Enterprises	5826462	13787	332166	227369	334151	266231
合作经营企业	Cooperative Enterprises	595527	249	27684	35755	38229	29823
独资经营企业	Foreign Solely Funded	15519723	74	118208	378946	1206690	903836
外商投资股份制企业	Share Holding with Foreign Investment	181168			288	1144	13893

8－14　续 表　Continued

单位：万美元　　（USD 10000）

指　　标	Item	2005	2006	2007	2008	2009	2010
合　计	**Total**	**1318339**	**1743140**	**2189206**	**2512001**	**2532298**	**2849777**
合资经营企业	Joint Venture Enterprises	248652	364883	342890	435198	404788	474350
合作经营企业	Cooperative Enterprises	19130	21722	23355	20293	36554	24697
独资经营企业	Foreign Solely Funded	1041074	1356017	1819913	2048174	2030215	2283780
外商投资股份制企业	Share Holding with Foreign Investment	9483	518	3048	8336	60741	66950

8－15　按行业分外商直接投资（2010年）

Foreign Direct Investment Grouped by Sector（2010）

单位：万美元　　　　(USD 10000)

行业	Item	项　目（个） Number of Projects（unit）	合同外资 Contracted Foreign Capital	实际外资 Actual Investment
总　计	**Total**	**4661**	**5683321**	**2849777**
农、林、牧、渔业	Agriculture, Forestry, Animal Husbandry and Fishery	258	192004	84855
采矿业	Mining	7	29398	20030
制造业	Manufacturing	2817	3884628	1846859
农副食品加工业	Processing of Food from Agricultural Products	33	40215	17683
食品制造业	Manufacture of Food	26	40878	13290
饮料制造业	Manufacture of Beverage	11	15590	6932
烟草制品业	Manufacture of Tobacco	0	0	0
纺织业	Manufacture of Textile	96	99813	63458
纺织服装、鞋、帽制造业	Manufacture of Textile Wearing, Apparel, Footwear and Caps	209	140292	67372
皮革、毛皮、羽毛（绒）及其制品业	Manufacture of Leather, Fur, Feather and Related Products	31	17682	11138
木材加工及木、竹、藤、棕、草制品业	Processing of Timber, Manufacture of Wood, Bamboo, Rattan, Palm and Straw Products	18	17169	7216
家具制造业	Manufacture of Furniture	33	23011	15766
造纸及纸制品业	Manufacture of Paper and Paper Products	22	95397	76341
印刷业和记录媒介的复制	Printing, Reproduction of Recording Media	6	3266	5247
文教体育用品制造业	Manufacture of Articles For Culture, Education and Sport Activities	46	24857	8196
石油加工、炼焦及核燃料加工业	Processing of Petroleum, Coking, Processing of Nuclear Fuel	2	32391	12356
化学原料及化学制品制造业	Manufacture of Raw Chemical Materials and Chemical Products	81	161544	133721
医药制造业	Manufacture of Medicines	32	49339	32722
化学纤维制造业	Manufacture of Chemical Fibers	3	10119	12798
橡胶制品业	Manufacture of Rubber	26	45008	18905
塑料制品业	Manufacture of Plastics	90	77297	30198
非金属矿物制品业	Manufacture of Non－metallic Mineral Products	90	108266	59830
黑色金属冶炼及压延加工业	Smelting and Pressing of Ferrous Metals	1	3596	3102
有色金属冶炼及压延加工业	Smelting and Pressing of Non-ferrous Metals	15	22525	26758
金属制品业	Manufacture of Metal Products	122	145162	72471

8－15 续 表 Continued

单位:万美元 (USD 10000)

行业	Item	项目(个) Number of Projects(unit)	合同外资 Contracted Foreign Capital	实际外资 Actual Investment
通用设备制造业	Manufacture of General Purpose Machinery	423	540531	204639
专用设备制造业	Manufacture of Special Purpose Machinery	331	434322	175422
交通运输设备制造业	Manufacture of Transport Equipment	195	276262	119176
电气机械及器材制造业	Manufacture of Electrical Machinery and Equipment	400	752769	265070
通信设备、计算机及其他电子设备制造业	Manufacture of Communication Equipment, Computers and Other Electronic Equipment	363	611515	341825
仪器仪表及文化、办公用机械制造业	Manufacture of Measuring Instruments and Machinery for Cultural Activity and Office Work	51	64713	23029
工艺品及其他制造业	Manufacture of Artwork and Other Manufacturing	52	26116	18616
废弃资源和废旧材料回收加工业	Recycling and Disposal of Waste	9	5001	3622
电力、燃气及水的生产和供应业	Production and Supply of Electricity, Gas and Water	27	33922	39109
建筑业	Construction	62	136365	44390
交通运输、仓储和邮政业	Transport, Storage and Post	60	121052	54152
信息传输、计算机服务和软件业	Information Transmission, Computer Services and Software	105	61115	15563
批发和零售业	Wholesale and Retail Trades	656	220375	131287
住宿和餐饮业	Hotels and Catering Services	47	33624	20981
金融业	Financial Intermediation	4	28296	5837
房地产业	Real Estate	84	412857	437418
租赁和商务服务业	Leasing and Business Services	297	294085	97799
科学研究、技术服务和地质勘查业	Scientific Research, Technical Service and Geologic Prospecting	181	169218	33011
水利、环境和公共设施管理业	Management of Water Conservancy, Environment and Public Facilities	28	50165	8148
居民服务和其他服务业	Services to Households and Other Services	16	10592	7797
教育	Education	2	188	162
卫生、社会保障和社会福利业	Health, Social Security and Social Welfare	1	5	1047
文化、体育和娱乐业	Culture, Sports and Entertainment	9	5432	1332

8－16 按国家或地区分外商直接投资
Foreign Direct Investment by Countries or Regions

单位:万美元 (USD 10000)

国家或地区	Countries or Regions	2000			2005		
		项目（个）Number of Projects (unit)	合同外资 Contracted Foreign Capital	实际投资 Actual Invest-ment	项目（个）Number of Projects (unit)	合同外资 Contracted Foreign Capital	实际投资 Actual Invest-ment
合计	**Total**	**2645**	**1061059**	**642358**	**7126**	**4643882**	**1318339**
亚洲	**Asia**	**1751**	**500061**	**392755**	**4653**	**2749773**	**715551**
#中国香港	Hong Kong	595	204658	153648	1988	1301538	295406
中国澳门	Macao	19	2073	2061	37	12026	3745
中国台湾省	Taiwan Province	584	131101	58096	1105	512826	60802
印度尼西亚	Indonesia	7	1426	1495	22	21779	2320
日本	Japan	252	73320	63311	528	328382	170088
马来西亚	Malaysia	16	17763	2035	69	44243	15555
菲律宾	Philippines	14	1254	372	13	9630	4187
新加坡	Singapore	82	38291	76055	252	175204	70505
韩国	Korea, Rep.	143	21004	21746	447	254894	80475
泰国	Thailand	11	2566	2661	43	37735	2190
非洲	**Africa**	**26**	**13292**	**5654**	**149**	**101808**	**30123**
欧洲	**Europe**	**183**	**229324**	**97738**	**629**	**334925**	**119772**
#比利时	Belgium	5	2996	3682	13	6058	2189
丹麦	Dermark	5	2439	1578	11	6948	1571
英国	United Kindom	39	28359	20789	116	54032	13564
德国	Germany	47	134191	11299	129	50687	36479
法国	France	17	10804	14408	62	29522	16971
爱尔兰	Ireland				4	3105	649
意大利	Italy	18	23894	11727	72	41808	5853
卢森堡	Luxemboury	1	517	580	7	7418	4473
荷兰	Netherlands	7	13372	22210	44	51993	13632
希腊	Greece				1	20	22
葡萄牙	Portugal	2	343				161
西班牙	Spain	4	220	270	38	20118	7131
芬兰	Finland	2	3938	860	7	2225	282
瑞士	Switzerland	3	1402	2482	23	12032	6747
拉丁美洲	**Latin America**	**176**	**172081**	**70850**	**545**	**595994**	**258338**
北美洲	**North America**	**419**	**109750**	**62955**	**881**	**478601**	**83693**
#加拿大	Canada	62	9460	4189	170	63601	8556
美国	United States	352	93696	56973	701	389834	70904
大洋洲	**Oceania**	**89**	**35819**	**10706**	**406**	**290006**	**66932**
#澳大利亚	Australia	54	8247	4049	138	70698	8003

8－16 续 表 Continued

单位:万美元 (USD 10000)

国家或地区 Countries or Regions		2009			2010		
		项 目(个) Number of Projects (unit)	合同外资 Contracted Foreign Capital	实际投资 Actual Invest-ment	项 目(个) Number of Projects (unit)	合同外资 Contracted Foreign Capital	实际投资 Actual Invest-ment
合 计	**Total**	**4219**	**5098075**	**2532298**	**4661**	**5683321**	**2849777**
亚 洲	**Asia**	**3022**	**3747250**	**1609040**	**3484**	**4332511**	**1945291**
#中国香港	Hong Kong	1447	2352545	1057204	1700	2776039	1400580
中国澳门	Macao	16	33662	13726	19	13884	4748
中国台湾省	Taiwan Province	799	656746	123017	849	663852	152086
印度尼西亚	Indonesia	10	8982	3106	12	5720	4958
日本	Japan	228	161438	136566	322	294315	102853
马来西亚	Malaysia	47	39644	15007	38	29079	11163
菲律宾	Philippines	13	10518	3661	14	17509	5028
新加坡	Singapore	139	203351	141718	177	268024	128730
韩国	Korea, Rep.	238	191283	81919	260	194801	103416
泰国	Thailand	10	17562	645	4	3688	1966
非 洲	**Africa**	**94**	**78245**	**68622**	**141**	**91718**	**47199**
欧 洲	**Europe**	**318**	**239285**	**163607**	**345**	**283685**	**172465**
#比利时	Belgium	9	9785	3837	5	－2566	223
丹麦	Dermark	9	10940	3583	15	7173	2813
英国	United Kindom	53	46104	14761	58	59479	30816
德国	Germany	53	52072	36390	78	74869	26775
法国	France	29	36836	11711	27	51545	25352
爱尔兰	Ireland	2	1600	1328	2	82	4
意大利	Italy	30	16110	16266	35	29321	16196
卢森堡	Luxembourg	2	2943	4556	3	2536	1467
荷兰	Netherlands	20	－14712	31150	21	－2782	25494
希腊	Greece	1	－176	4	1	1	107
葡萄牙	Portugal	3	510	684		1000	750
西班牙	Spain	31	18900	9931	26	11775	9267
芬兰	Finland	6	6472	1993	8	6116	3164
瑞士	Switzerland	17	13188	3816	11	－1373	8533
拉丁美洲	**Latin America**	**193**	**321076**	**341037**	**141**	**283432**	**304028**
北美洲	**North America**	**467**	**412149**	**146487**	**427**	**284416**	**142528**
#加拿大	Canada	131	136112	44947	90	55482	36319
美国	United States	335	276436	88331	332	225003	92252
大洋洲	**Oceania**	**168**	**129813**	**105155**	**174**	**189701**	**77397**
#澳大利亚	Australia	78	57149	14516	60	64902	13235

8－17 年末登记外商投资企业行业分布情况(2010 年)

Sector Distribution Registered of Foreign-funded Enterprises at the Year-end(2010)

行业	Item	企业数(个) Number of Registered Enterprises (unit)	投资总额(万美元) Total Investment (USD 10000)	注册资本(万美元) Registered Capital (USD 10000)	#外方 Capital Invested by Foreign Partner
总计	**Total**	**39207**	**50810645**	**27389936**	**23255036**
农、林、牧、渔业	Agriculture, Forestry, Animal Husbandry and Fishery	760	592860	396521	370089
采矿业	Mining	16	114137	51807	46871
制造业	Manufacturing	30072	37705097	19526761	16500228
电力、燃气及水的生产和供应业	Production and Supply of Electricity, Gas and Water	303	1259428	486486	294876
建筑业	Construction	426	666796	461952	408111
交通运输、仓储和邮政业	Transport, Storage and Post	351	920066	472089	340904
信息传输、计算机服务和软件业	Information Transmission, Computer Services and Software	632	438079	247405	227068
批发和零售业	Wholesale and Retail Trades	1914	1117711	670431	610671
住宿和餐饮业	Hotels and Catering Services	406	346516	221790	198114
金融业	Financial Intermediation	14	68372	65549	37816
房地产业	Real Estate	1326	3984847	2687753	2384150
租赁和商务服务业	Leasing and Business Services	1152	1056204	764675	699246
科学研究、技术服务和地质勘查业	Scientific Research, Technical Service and Geologic Prospecting	1313	1932996	1031154	892972
水利、环境和公共设施管理业	Management of Water Conservancy, Environment and Public Facilities	92	320349	139788	104749
居民服务和其他服务业	Services to Households and Other Services	263	122080	69140	59486
教育	Education	14	5900	4545	4071
卫生、社会保障和社会福利业	Health, Social Security and Social Welfare	17	55489	27381	22194
文化、体育和娱乐业	Culture, Sports and Entertainment	135	103616	64638	53369
其他	Other	1	100	71	51

8-18 对外承包工程和劳务合作

Contracted Projects and Labor Services Cooperation with Foreign Countries

年份 Year	合同数(份) Number of Contracts (unit)	合同金额(万美元) Contracted Value (USD 10000)	实际完成营业额(万美元) Value of Business Fulfilled (USD 10000)	年末在外人数(人) Number of Persons Abroad at the Year-end(person)
总计 Total				
1985	88	2966		
1990	77	4046	4046	1271
1995	309	28113	25928	8206
1996	312	36379	29048	12372
1997	427	47621	38465	15046
1998	652	62476	52166	23223
1999	805	81531	61263	32425
2000	1066	97983	80083	43051
2001	1454	125790	113206	65369
2002	1245	171692	155902	73683
2003	1253	208649	197512	79053
2004	3748	245052	248113	91086
2005	2318	330973	319738	100280
2006	5445	468098	435416	112421
2007	1428	452460	416043	117199
2008	1256	488804	459893	101185
2009	2352	503389	507804	99784
2010	2023	620766	596702	95765
对外承包工程 Contracted Projects				
1985	13	262		
1990	32	3571	3521	881
1995	101	19495	19774	2946
1996	148	24040	22725	3298
1997	239	34599	31011	5997
1998	224	38224	34878	5784
1999	273	52110	34636	7403
2000	306	58544	49722	8616
2001	513	71200	62747	8320
2002	587	133743	105403	10992
2003	642	174201	142671	13449
2004	3317	213267	188958	21073
2005	1853	290079	251095	30211
2006	4975	426788	376509	38432
2007	922	400569	344919	41268
2008	791	432043	388434	34945
2009	727	449596	433249	36739
2010	968	544726	519838	35987
对外劳务合作 Labor Cooperation				
1985	75	2704		
1990	45	475	525	390
1995	205	8591	6120	5260
1996	163	12253	6287	9068
1997	188	13022	7454	9049
1998	427	24250	17271	17439
1999	523	29286	26538	25012
2000	754	39394	30293	34426
2001	911	48689	45316	56852
2002	622	37401	49989	62670
2003	597	33444	53984	65576
2004	421	31322	56974	69984
2005	464	40451	68056	70049
2006	467	41243	58843	73984
2007	506	51874	71087	75924
2008	461	56072	71304	66240
2009	1625	53793	74555	63045
2010	1055	76040	76864	59778

注:合同数口径2007年起调整,在国内承包的外资项目不再作为对外承包工程。

Note: "Contracted projects" are adjusted from 2007, foreign funded projects contracted in domestic are no longer "contracted projects with foreign countries".

8-19 开发区基本情况

名 称	Name	业务总收入（亿元）Total Business Income (100 million yuan)	
		2009	2010
总计	**Total**	**70681.21**	**92701.08**
国家级	**State Level**	**27084.99**	**45588.28**
南通经济技术开发区	Nantong Economic & Technological Development Area	1237.06	1593.53
连云港经济技术开发区	Lianyungang Economic and Technological Development Zone	703.54	920.86
昆山经济技术开发区	Kunshan Economic & Technical Development Zone	4470.96	5476.36
苏州工业园区	Suzhou Industrial Park	4229.58	4897.83
南京经济技术开发区	Nanjing Economic and Technological Development Zone	1684.00	2054.28
张家港保税区	Zhangjiagang Free Trade Zone	2557.33	3505.41
南京高新技术产业开发区	Nanjing New & High Technology Industry Development Zone	1231.95	1424.64
常州高新技术产业开发区	Changzhou New & High Technology Industry Development Zone	2296.38	2869.84
苏州高新技术产业开发区	Suzhou New & High Technology Industry Development Zone	2409.12	2593.24
无锡高新技术产业开发区	Wuxi New & High Technology Industry Development Zone	3759.05	4448.86
宜兴环保科技工业园	Yixing Industrial Park for Environmental Science & Technology	284.80	424.23
泰州医药高新技术产业开发区	Taizhou Medical Hi - tech Development Zone	517.76	695.28
昆山高新技术产业开发区	Kunshan New & High Technology Industry Development Zone	1917.06	2187.52
镇江经济技术开发区	Zhenjiang Economic and Technological Development Zone	1182.70	1642.70
扬州经济技术开发区	Yangzhou Economic and Technological Development Zone	1379.29	1855.15
徐州经济技术开发区	Xuzhou Economic and Technological Development Zone	1048.71	1517.56
淮安经济技术开发区	Huaian Economic and Technological Development Zone	913.81	1307.99
盐城经济技术开发区	Yancheng Economic and Technological Development Zone	890.66	1152.84
江宁经济技术开发区	Jiangning Economic and Technological Development Zone	1270.15	1524.35
常熟经济技术开发区	Changshu Economic and Technological Development Zone	1502.68	1816.97
吴江经济技术开发区	Wujiang Economic and Technological Development Zone	1117.83	1289.48
苏州太湖国家旅游度假区	Suzhou Taihu Lake National Tourist Resort	101.39	121.48
无锡太湖国家旅游度假区	Wuxi Taihu Lake National Tourist Resort	222.79	267.88
省级	**Provincial Level**	**43596.21**	**47112.80**
宿迁经济开发区	Suqian Economic Development Zone	91.11	269.59
南京化学工业园区	Nanjing Chemical Industrial Park	363.14	1063.80
南京浦口经济开发区	Nanjing Pukou Economic Development Zone	240.16	321.08
六合经济开发区	Liuhe Economic Development Zone	240.16	285.12
溧水经济开发区	Lishui Economic Development Zone	238.77	304.00
高淳经济开发区	Gaochun Economic Development Zone	198.78	260.41
南京栖霞经济开发区	Nanjing Xixia Economic Development Zone	93.22	104.63
南京雨花经济开发区	Nanjing Yuhua Economic Development Zone	108.92	69.42

Basic Conditions of Development Zones

地方一般预算收入（万元）Local General Budget Revenue (10000 yuan)		进出口总额（万美元）Total Value of Import and Export (USD 10000)		出口总额（万美元）Export Value (USD 10000)		实际外商直接投资额（万美元）Actual Value of Foreign Direct Investment (USD 10000)	
2009	2010	2009	2010	2009	2010	2009	2010
11640059	16006869	26006292	35868205	14776250	20272496	1909415	2223299
4365048	7813448	18477240	29080316	10290761	15826948	720198	1182958
175943	248487	285762	335998	137848	174026	43929	47572
123124	216738	181886	203987	57539	71793	33263	34394
426695	527031	5322250	6848579	3646119	4594446	63030	67318
1075009	1331800	5119149	7327783	2413773	3408277	185953	204426
200858	260108	823261	1044809	312967	403327	17918	28233
189289	223753	892332	1131713	169447	251677	42914	40315
137587	140126	158706	251234	72340	131929	7215	9993
412770	560813	557066	838805	340592	501652	69936	64983
510828	571002	2586976	2826106	1679350	1789802	79664	69967
695900	831991	2232330	3085465	1236804	1690316	101633	125254
55963	78246	19665	29656	16881	27105	8277	10213
73018	124415	74631	99028	59044	74392	14436	24005
371450	389459	517044	827386	229343	433813	47356	47654
152133	205005	232621	325613	92625	108181	68698	77584
229972	375444	204135	339948	140706	232790	42428	52753
114594	225057	136781	254572	78905	134966	40700	55165
221886	303681	69914	107482	43709	62088	24556	30027
143100	197288	107119	156771	48195	48712	9474	13681
322940	398978	447701	552913	254225	305764	47378	68208
208315	280453	709546	997501	454739	648144	40561	48429
188627	224289	1095216	1467667	558070	722291	43605	57068
20392	51684	7057	10514	3159	5045	1227	907
37700	47600	12034	16786	4192	6412	8375	4809
7275011	8193421	7529052	6787889	4485489	4445548	1189217	1040341
44315	68520	10391	62257	7941	38337	944	7220
68023	94507	49888	71825	14376	27272	23448	28233
48092	71808	15046	17198	9875	11931	6838	20765
49509	65955	34222	40767	32297	39130	2228	2508
66310	90032	11555	14502	10408	13407	6412	11376
19821	24867	19057	27827	16127	23602	723	1356
14033	14462	15386	20235	10308	11541	4063	5161
17748	17945	1677	2339	1481	2082	1130	5184

8－19 续表1

名　　称　　Name		业务总收入（亿元）Total Business Income（100 million yuan）	
		2009	2010
南京江宁滨江经济开发区	Nanjing Jiangning Binjiang Economic Development Zone	122.83	200.31
南京白下高新技术产业园区	Nanjing Baixia High－tech Zone	58.65	73.31
江阴高新技术产业开发区	Jiangyin New & High Technology Industry Development Zone	1281.50	1580.10
锡山经济开发区	Xishan Economic Development Zone	804.95	1125.05
无锡蠡园高新技术产业园区	Wuxi Liyuan New & High Technology Industry Development Zone	331.26	395.33
无锡惠山经济开发区	Wuxi Huishan Economic Development Zone	317.10	391.78
宜兴陶瓷产业园区	Yixing Pottery and Porcelain Industry Zone	101.01	113.29
无锡经济开发区	Wuxi Economic Development Zone	190.46	58.62
无锡硕放工业园区	Wuxi Shuofang Economic Development Zone	152.36	336.85
宜兴经济开发区	Yixing Economic Development Zone	356.23	578.70
江阴临港经济开发区	Jiangyin Lingang Economic Development Zone	1695.66	2016.14
常熟东南经济开发区	Changshu Dongnan Economic Development Zone	352.54	513.94
太仓港经济开发区	Taicang Port Economic Development Zone	1048.28	1376.40
苏州吴中经济开发区	Suzhou Wuzhong Economic Development Zone	867.05	1022.02
吴江汾湖经济开发区	Wujiang Fenhu Lake Economic Development Zone	514.84	653.19
张家港经济开发区	Zhangjiagang Economic Development Zone	1173.77	1526.20
苏州浒墅关经济开发区	Suzhou Xushiguan Economic Development Zone	321.36	514.17
苏州相城经济开发区	Suzhou Xiangcheng Economic Development Zone	208.24	277.65
昆山花桥经济开发区	Kunshan Huaqiao Economic Development Zone	508.58	553.87
常州天宁经济开发区	Changzhou Tianning Economic Development Zone	836.90	948.55
武进高新技术产业园区	Wujin New & High Technology Industry Development Zone	1205.66	1600.75
常州戚墅堰经济开发区	Changzhou Qishuyan Economic Development Zone	194.04	255.41
溧阳经济开发区	Liyang Economic Development Zone	748.65	973.87
金坛经济开发区	Jintan Economic Development Zone	457.98	559.71
常州钟楼经济开发区	Zhonglou Economic Development Zone	465.18	639.16
武进经济开发区	Wujin Economic Development Zone	85.12	115.29
常州新北工业园区	Changzhou Xinbei Industrial Park	45.07	66.46
丹阳经济开发区	Danyang Economic Development Zone	587.65	852.90
扬中经济开发区	Yangzhong Economic Development Zone	183.28	279.48
句容经济开发区	Jurong Economic Development Zone	185.82	250.85
丹徒经济开发区	Dantu Economic Development Zone	190.33	315.89
镇江京口工业园区	Zhenjiang Jingkou Industrial Park	86.44	116.59
镇江润州工业园区	Zhenjiang Runzhou Industrial Park	103.25	221.56
南通崇川经济开发区	Nantong Chongchuan Economic Development Zone	420.15	509.07
通州经济开发区	Tongzhou Economic Development Zone	733.98	1027.57

Continued 1

地方一般预算收入（万元）Local General Budget Revenue (10000 yuan)		进出口总额（万美元）Total Value of Import and Export (USD 10000)		出口总额（万美元）Export Value (USD 10000)		实际外商直接投资额（万美元）Actual Value of Foreign Direct Investment (USD 10000)	
2009	2010	2009	2010	2009	2010	2009	2010
19814	25590	3704	3729	2833	2862	667	820
10000	14592	28859	38830	24557	32763		3705
147907	170550	316017	410831	158038	227864	39674	15174
140319	179737	173427	229782	109506	143742	27935	37285
47400	59083	31286	47741	22823	33488	2629	1954
63584	77869	28110	39031	22568	31650	4726	4043
3785	4986	7238	11416	7229	10583	2378	205
25317	99196	19024	27377	15927	22225	2540	1352
22480	43279	10557	11616	3163	4174	6303	4390
72140	118603	55541	122741	47765	104560	14473	20201
204190	246130	190254	288159	92880	151463	7426	21779
86330	123665	157538	217503	78054	111819	29312	28527
278286	347579	158095	599433	56508	268328	43331	62138
194724	227382	219358	329704	142090	218684	26395	30598
188256	133327	90282	120386	63595	83888	19382	11607
220212	315126	379363	584165	253664	415890	19943	18275
89281	126065	238149	219808	112453	113151	12425	6552
48408	55597	74089	104013	51721	73688	8690	4879
150700	217308	93869	135479	49237	68806	16468	6105
169317	228847	36138	83729	26141	71415	19805	23709
196866	240597	152683	243789	118938	179283	37923	49585
36613	48510	8803	17201	8708	14414	3124	6252
115851	170512	28730	35233	21755	28142	26249	9320
82557	75230	67506	103044	57035	84172	9700	25423
99590	100537	58172	105006	42388	82475	16797	7388
18295	32040	11125	10951	8578	9136	4089	7702
7186	9412	3469	23530	516	7118	2520	1368
54243	87909	40937	47125	32842	38612	5309	8127
35816	58483	27652	32469	6061	15071	6468	7842
24089	54242	16622	23447	8334	14143	14738	11119
25232	67892	14440	28592	11505	23376	6397	1947
8734	34538	18770	21704	17398	18499	5570	4435
13586	29093	25456	35548	14446	20874	2470	3610
57125	37668	109915	130385	38229	44292	3395	2679
81250	162115	51266	56520	40577	44054	5931	5890

8－19 续表2

名　称	Name	业务总收入（亿元）Total Business Income（100 million yuan）	
		2009	2010
如东经济开发区	Rudong Economic Development Zone	648.57	811.09
海门经济开发区	Haimen Economic Development Zone	780.01	1425.02
如皋经济开发区	Rugao Economic Development Zone	543.32	738.26
南通港闸经济开发区	Nantong Gangzha Economic Development Zone	452.30	460.87
启东经济开发区	Qidong Economic Development Zone	484.56	702.41
海安经济开发区	Haian Economic Development Zone	820.90	1192.28
海门工业园区	Haimen Industrial Park	123.33	410.91
靖江经济开发区	Jingjiang Economic Development Zone	1067.89	1428.00
泰兴经济开发区	Taixing Economic Development Zone	466.77	656.93
姜堰经济开发区	Jiangyan Economic Development Zone	370.51	483.52
兴化经济开发区	Xinghua Economic Development Zone	183.83	257.12
泰州海陵工业园区	Taizhou Hailing Industrial Park	136.95	159.77
泰州高港高新技术产业园区	Taizhou Gaogang New & High Technology Industry Development Zone	152.43	286.98
江阴－靖江工业园区	Jiangyin&Jingjiang Industrial Park	308.12	414.08
仪征经济开发区	Yizheng Economic Development Zone	406.11	665.55
高邮经济开发区	Gaoyou Economic Development Zone	258.91	458.16
宝应经济开发区	Baoying Economic Development Zone	214.37	431.76
江都经济开发区	Jiangdu Economic Development Zone	550.60	700.00
扬州维扬经济开发区	Yangzhou Weiyang Economic Development Zone	170.03	247.93
扬州邗江经济开发区	Yangzhou Hanjiang Economic Development Zone	479.31	631.08
扬州化学工业园区	Yangzhou Chemical Industrial Park	166.02	248.79
淮安工业园区	Huaian Industrial Park	105.49	163.35
楚州经济开发区	Chuzhou Economic Development Zone	116.55	171.78
淮阴经济开发区	Huaiyin Economic Development Zone	166.18	248.15
金湖经济开发区	Jinhu Economic Development Zone	137.01	175.22
盱眙经济开发区	Xuyi Economic Development Zone	150.92	230.10
洪泽经济开发区	Hongze Economic Development Zone	124.52	192.75
涟水经济开发区	Lianshui Economic Development Zone	117.69	249.91
射阳经济开发区	Sheyang Economic Development Zone	209.01	277.21
阜宁经济开发区	Funing Economic Development Zone	234.44	315.63
大丰经济开发区	Dafeng Economic Development Zone	256.30	338.01
响水经济开发区	Xiangshui Economic Development Zone	105.41	257.32
亭湖经济开发区	Tinghu Economic Development Zone	288.17	344.83
盐都经济开发区	Yandu Economic Development Zone	268.40	268.90
东台经济开发区	Dongtai Economic Development Zone	179.85	235.61

Continued 2

地方一般预算收入（万元）Local General Budget Revenue (10000 yuan)		进出口总额（万美元）Total Value of Import and Export (USD 10000)		出口总额（万美元）Export Value (USD 10000)		实际外商直接投资额（万美元）Actual Value of Foreign Direct Investment (USD 10000)	
2009	2010	2009	2010	2009	2010	2009	2010
77858	97318	25251	35773	21957	31864	8992	5138
113380	176010	61279	88549	44583	61950	21588	27343
67350	97850	20217	36959	18519	32430	8933	9777
66100	72592	45507	84900	37801	73156	3280	3463
67022	107048	11344	214774	9597	152875	2733	11419
95566	174278	54076	86597	47275	72662	9884	10910
14790	15109	13054	17238	13053	17225	715	5392
93902	152018	176155	268763	153299	201996	20425	16511
48121	69738	64753	104346	34897	50464	9966	13505
34912	44512	22303	28161	18137	21543	9852	11509
24967	57208	4156	22814	3455	14733	4591	10154
15392	19025	16416	22373	11418	14130	9855	6054
17482	35002	45247	155742	34250	86317	6023	9449
27129	52633	13711	48390	3727	33398	10570	14325
54652	94740	13345	19681	11613	16598	9451	11241
33127	74950	5163	19517	4527	18758	8307	12231
24360	79185	15378	24384	9823	17384	8122	13966
85240	155600	42871	55862	37579	49954	18200	20226
25120	36425	15820	16031	13871	15417	4812	7425
34559	47523	84887	131742	68868	116993	12240	16586
22568	38900	27134	37752	9326	13676	5988	8327
8920	13791	11642	11240	6032	10420	2467	3824
11480	26748	7812	11568	6737	10604	1787	6444
22389	67166	7115	19820	6094	9383	1981	12099
25118	26638	7335	11071	6926	9779	2628	11280
12396	18264	3873	8010	2947	4964	1394	10263
18367	34059	4019	10357	2835	9478	1375	7222
23218	53875	9833	12406	7954	10655	4540	8029
23707	36590	5848	7469	4865	6872	5124	6759
35146	43183	10826	13888	8398	12166	4972	7334
49670	76896	12238	22061	11933	14864	10938	8924
16534	42867	1945	2150	1918	2043	3377	3953
35236	54614	3722	4551	3636	4443	8546	4262
27890	47436	6993	8218	2823	2325	3071	4407
30467	45047	9681	11427	6500	9521	6180	10528

8－19 续表3

名称	Name	业务总收入（亿元）Total Business Income (100 million yuan) 2009	2010
滨海经济开发区	Binhai Economic Development Zone	112.99	227.56
建湖经济开发区	Jianhu Economic Development Zone	248.86	351.13
铜山经济开发区	Tongshan Economic Development Zone	402.01	618.54
丰县经济开发区	Fengxian Economic Development Zone	180.12	255.14
徐州工业园区	Xuzhou Industrial Park	158.57	266.19
新沂经济开发区	Xinyi Economic Development Zone	165.12	255.94
睢宁经济开发区	Suining Economic Development Zone	84.68	167.87
沛县经济开发区	Peixian Economic Development Zone	161.43	287.75
邳州经济开发区	Pizhou Economic Development Zone	180.90	301.55
东海经济开发区	Donghai Economic Development Zone	98.06	156.35
赣榆经济开发区	Ganyu Economic Development Zone	142.31	215.90
连云经济开发区	Lianyun Economic Development Zone	74.38	115.28
海州经济开发区	Haizhou Economic Development Zone	61.80	111.90
灌云经济开发区	Guanyun Economic Development Zone	75.74	108.10
连云港化学工业园区	Lianyungang Chemical Industrial Park	42.50	177.03
宿城经济开发区	Sucheng Economic Development Zone	88.96	158.68
沭阳经济开发区	Shuyang Economic Development Zone	134.51	202.66
泗洪经济开发区	Sihong Economic Development Zone	145.15	170.60
宿豫经济开发区	Suyu Economic Development Zone	113.54	175.35
泗阳经济开发区	Siyang Economic Development Zone	142.68	212.61
南京珍珠泉旅游度假区	Nanjing Pearl Spring Tourist Resort	0.88	1.00
溧阳天目湖旅游度假区	Liyang Tianmuhu Lake Tourist Resort	74.45	93.82
淀山湖旅游度假中心	Dianshanhu Lake Tourist Resort	13.46	15.08
阳澄湖旅游度假中心	Yangchenghu Tourist Resort	14.09	26.80
无锡太湖山水城旅游度假区	Wuxi Taihu Lake Mountain, Water and City Tourist Resort	152.09	351.95
南通洋口港工业园区	Nantong Yangkou Port Industrial Park	303.72	318.91
赣榆海洋经济开发区	Ganyu Ocean Economic Development zone	20.92	31.37
大丰海洋经济开发区	Dafeng Ocean Economic Development zone	287.50	287.59
吕四海洋经济开发区	Lushi Ocean Economic Development zone	315.98	446.25
苏通科技产业园	Su-Tong Science & Technology Park		6.54

注:2010年有8个原省级开发区升格为国家级开发区。

Note: There were eight former provincial Development Zone upgraded to the state level development zones in 2010.

Continued 3

地方一般预算收入（万元）Local General Budget Revenue（10000 yuan）		进出口总额（万美元）Total Value of Import and Export（USD 10000）		出口总额（万美元）Export Value（USD 10000）		实际外商直接投资额（万美元）Actual Value of Foreign Direct Investment（USD 10000）	
2009	2010	2009	2010	2009	2010	2009	2010
26358	65859	2960	12592	2789	12310	1273	5594
46370	67792	12663	12161	10634	11449	7860	7192
95134	124794	7787	12120	5968	8482	6244	4222
27215	59562	3153	5655	2638	4797	940	3291
34964	53160	7354	13451	6183	8177	2083	7049
29200	45470	15985	22750	8649	14297	2194	4214
25784	36620	5168	17662	885	7898	1363	2119
23280	74420	3768	8272	2823	7981	437	7801
67297	67297	16065	22883	13904	20171	6207	3945
15672	35071	12928	14820	9880	12040	10184	15016
20890	33832	2801	3879	2598	3642	8549	7781
40114	60177	50607	67224	24097	30652	2102	5109
8000	19369	4090	8580	3619	7759	2309	2841
17380	24780	5699	7688	5003	6827	10386	8745
11200	37068	4418	2715	4184	2402	94	6486
20643	61534	8480	1005	8044	955	1645	2317
43987	83743	9983	14131	9133	11419	2446	4189
53816	64200	6248	12292	5855	11617	1815	1129
28648	82251	12096	3903	9024	2851	1305	525
37231	78542	10213	19840	8913	17867	2363	1759
2170	4187						
17588	21607	680	4058	672	3105	11356	3455
4390	6031	699	818	596	779	1189	138
2698	5188	890	600	724	470	705	1203
18211	45304	7569	8698	6192	7982	1739	7654
18841	19595	4297	5347	3407	4106	12362	19292
2700	8894	795	1708	747	1699	3122	4083
35100	85060	8279	8137	7660	7509	8475	10230
25616	55079	2820	3349	2809	3259	2267	4895
	10712						

8－20 境外投资情况
Information of Overseas Investment

指 标	Item	2000	2005	2009	2010
新批项目数 （个）	**Number of Newly Approved Projects (unit)**	**34**	**160**	**332**	**408**
#企业	Enterprise	32	132	298	360
#子公司	Sub-enterprise	28	111	265	326
独资子公司	Joint Venture Enterprise	19	88	214	269
合资子公司	Solely Funded Enterprise	9	23	51	57
联营公司	Joint Ownership Enterprise	4	21	33	34
#国有及国有控股企业	State-owned Enterprise	13	31	36	39
集体企业	Collective-owned Enterprise	2	4	3	5
民营企业	Private Enterprise	19	104	200	269
外资企业	Foreign Funded Enterprise		21	93	95
机构	Institution	2	28	34	48
#参股并购类项目	Projects of Share Participating and Merging		17	31	47
风险投资类项目	Venture Investment Projects		5	2	2
#贸易型项目	Trade Projects	8	82	126	162
非贸易型项目	Nontrade Projects	26	78	206	246
#境外加工贸易项目	Projects of Overseas Processing Trade	15	21	36	41
境外资源开发项目	Projects of Overseas Resource Development		5	18	7
中方协议金额 （万美元）	**Protocol Fund from China (USD 10000)**	**1783**	**20504**	**106347**	**217613**
#企业	Enterprise	1759	20194	105972	216646
#子公司	Sub-enterprise	1702	14058	99553	211877
独资子公司	Joint Venture Enterprise	1256	10688	72455	191032
合资子公司	Solely Funded Enterprise	446	3370	27098	20846
联营公司	Joint Ownership Enterprise	57	6136	6419	4769
#国有及国有控股企业	State-owned Enterprise	668	5105	15132	39
集体企业	Collective-owned Enterprise	91	505	590	5
民营企业	Private Enterprise	1024	14168	73254	269
外资企业	Foreign Funded Enterprise		726	17371	95
机构	Institution	24	310	375	967
#参股并购类项目	Projects of Share Participating and Merging		6425	9546	46726
风险投资类项目	Venture Investment Projects		347	603	137
#贸易型项目	Trade Projects	209	4214	14443	61064
非贸易型项目	Nontrade Projects	1574	16291	91904	156549
#境外加工贸易项目	Projects of Overseas Processing Trade	1142	3232	10669	30787
境外资源开发项目	Projects of Overseas Resource Development		4131	19738	3202

8－21　境外投资主要国别地区情况

Information of Overseas Investment to Main Countries or Regions

国家(地区) Country(Region)		2000		2009		2010	
		新批项目数(个) Number of Newly Approved Projects	中方协议投资(万美元) Protocol Fund from China (USD 10000)	新批项目数(个) Number of Newly Approved Projects	中方协议投资(万美元) Protocol Fund from China (USD 10000)	新批项目数(个) Number of Newly Approved Projects	中方协议投资(万美元) Protocol Fund from China (USD 10000)
全　部	**Total**	**34**	**1783**	**332**	**106347**	**408**	**217613**
亚洲	**Asia**	**15**	**555**	**186**	**65457**	**221**	**105722**
巴林	Bahrain						
孟加拉国	Bangladesh	1	42	5	1040	4	2340
文莱	Brunei			1	600	1	210
缅甸	Burma			1	300	1	102
柬埔寨	Cambodia			8	11450	3	510
朝鲜	North Korea			1	113		
中国香港	Hong Kong	2	87	92	33247	92	72695
印度	India	1	5	6	498	9	1813
印度尼西亚	Indonesia	1	14	3	2300	7	2343
伊朗	Iran			3	640	2	152
以色列	Israel						
日本	Japan			9	1907	22	1952
约旦	Jordan						
老挝	Laos			6	2555	2	360
中国澳门	Macao			1	200	3	66
马来西亚	Malaysia			2	1061	3	2950
蒙古	Mongolia	2	70			2	10
巴基斯坦	Pakistan					1	60
菲律宾	Philippines	1	60	2	2526	3	700
沙特阿拉伯	Saudi Arabia					2	880
新加坡	Singapore	1	32	7	1409	14	6965
韩国	Korea	1	38	11	1581	7	229
叙利亚	Syria			1	0		
泰国	Thailand			5	1089	7	4847
土耳其	Tether			2	300		
阿拉伯联合酋长国	United Arab Emirates	2	183	7	445	5	989
越南	Vietnam	3	25	11	1997	19	2400
中国台湾	Taiwan Province			2	200	8	1513
哈萨克斯坦	Kazakhstan						
吉尔吉斯斯坦	Kyrgyzstan					1	1000
土库曼斯坦	Turkmenistan					2	300

8－21 续 表 1 Contiued 1

国家(地区) Country(Region)		2000		2009		2010	
		新批项目数(个) Number of Newly Approved Projects	中方协议投资(万美元) Protocol Fund from China (USD 10000)	新批项目数(个) Number of Newly Approved Projects	中方协议投资(万美元) Protocol Fund from China (USD 10000)	新批项目数(个) Number of Newly Approved Projects	中方协议投资(万美元) Protocol Fund from China (USD 10000)
乌兹别克斯坦	Uzbekistan					1	336
非洲	**Africa**	**5**	**461**	**29**	**16701**	**28**	**11229**
阿尔及利亚	Airily			1	47	1	50
安哥拉	Angola			6	2045	2	125
博茨瓦纳	Botswana			1	100		
布隆迪	Burundi						
喀麦隆	Cameroon			1	150		
吉布提	Djibouti			1	72		
贝宁	Benin					1	748
埃及	Egypt			2	80	3	1485
赤道几内亚	Guinea			1	1102	1	50
埃塞俄比亚	Ethiopia			3	4715	4	4982
加蓬	Gabon			1	1790		
加纳	Ghana	1	60	1	300	1	300
几内亚	Guinea						
科特迪瓦	Cote d1voire			1	10		
肯尼亚	Kenya					1	200
利比亚	Libya					1	975
马达加斯加	Madagascar						
毛里求斯	Mauritius			2	780	2	100
莫桑比克	Mozambique	1	40				
纳米比亚	Namibia			1	900	1	50
尼日利亚	Nigeria			2	1970	4	572
塞内加尔	Senegal					1	50
南非	South Africa	2	271	2	210	1	900
苏丹	Sudan			1	500	1	200
坦桑尼亚	Tanzania	1	90			1	－158
民主刚果	Democratic Congo			1	500		
赞比亚	Zambia			1	1430	2	600
欧洲	**Europe**	**3**	**152**	**34**	**3494**	**62**	**39628**
比利时	Belgium					2	60
丹麦	Denmark					2	14
英国	United Kingdom			3	173	8	2366

8－21 续 表 2 Contiued 2

国家(地区) Country(Region)		2000 新批项目数(个) Number of Newly Approved Projects	2000 中方协议投资(万美元) Protocol Fund from China (USD 10000)	2009 新批项目数(个) Number of Newly Approved Projects	2009 中方协议投资(万美元) Protocol Fund from China (USD 10000)	2010 新批项目数(个) Number of Newly Approved Projects	2010 中方协议投资(万美元) Protocol Fund from China (USD 10000)
德国	Germany			9	435	14	7230
法国	France			1	100	2	1085
爱尔兰	Ireland			2	68	1	100
意大利	Italy			3	179	8	20649
卢森堡	Luxembourg					1	466
荷兰	Netherlands			3	155	6	374
西班牙	Spain			1	15	1	2800
保加利亚	Bulgaria					1	967
芬兰	Finland			2	60	1	49
匈牙利	Hungary			2	847	1	100
挪威	Norway					1	68
波兰	Poland			1	50	1	100
罗马尼亚	Romania			2	100	1	100
瑞士	Sweden					2	1000
白俄罗斯	White Russia					1	20
俄罗斯联邦	the Russian Federation	3	152	3	1213	6	622
捷克	Czech			1	50	1	1358
塞尔维亚	Serbia			1	50	1	100
拉丁美洲	**Latin America**	**2**	**85**	**16**	**4034**	**12**	**11459**
阿根廷	Argentina	1	60	1	50		
巴西	Brazil	1	25	5	154	1	5
开曼群岛	Cayman Islands			1	500	2	8057
智利	Chili			1	810	1	50
墨西哥	Mexico					2	105
巴拉圭	Paraguay			1	1900	1	1980
英属维尔京群岛	British Virgin Islands			7	620	5	1262
北美洲	**North America**	**6**	**250**	**53**	**9913**	**75**	**36173**
加拿大	Canada					12	6256
美国	United States	6	250	53	9913	62	29467
百慕大群岛	Bermuda					1	450
大洋洲	**Oceania**	**3**	**281**	**14**	**6748**	**10**	**13401**
澳大利亚	Australia	3	281	11	4108	9	12901
新西兰	New Zealand			1	2500	1	500
萨摩亚	Samoa			2	140		

8－22 分行业境外投资情况

Information of Overseas Investment By Sector

行　业	Sector	2009 新批项目数(个) Number of Newly Approved Projects	2009 中方协议投资(万美元) Protocol Fund from China (USD 10000)	2010 新批项目数(个) Number of Newly Approved Projects	2010 中方协议投资(万美元) Protocol Fund from China (USD 10000)
总　计	**Total**	**332**	**106347**	**408**	**217613**
第一产业	**Primary Industry**	**1**	**252**	**8**	**3476**
农、林、牧、渔业	Farming, Forestry, Animal Husbandry and Fishery	1	252	8	3476
农业	Farming	1	252	2	695
林业	Forestry			5	2581
渔业	Fishery			1	200
第二产业	**Secondary Industry**	**124**	**57574**	**134**	**104268**
采矿业	Mining	11	14164	3	2300
黑色金属矿采选业	Mining and Processing of Ferrous Metal Ores	3	3064		
有色金属矿采选业	Mining and Processing of Non-ferrous Metal Ores	7	9500	3	2300
非金属矿采选业	Mining and Processing of Nonmetal Ores	1	1600		
其他采矿业	Other Mining				
制造业	Manufacturing	100	40526	103	63461
农副食品加工业	Processing of Food from Agricultural Products	2	140	2	485
食品制造业	Manufacture of Food	1	300		
饮料制造业	Manufacture of Beverage	1	100		
纺织业	Manufacture of Textile	3	180	9	4156
纺织服装、鞋、帽制造业	Manufacture of Textile Wearing, Apparel, Footwear and Caps	8	778	4	2330
皮革、毛皮、羽毛(绒)及其制品业	Manufacture of Textile, Fur, Feather and Related Products	1	100	2	660
木材加工及木、竹、藤、棕、草制品业	Processing of Timber, Manufacture of Wood, Bamboo, Rattan, Palm and Straw Products	7	6337	10	2487
家具制造业	Manufacture of Furniture	1	300	1	300
造纸及纸制品业	Manufacture of Paper and Paper Products			1	980
文教体育用品制造业	Manufacture of Articles For Culture, Education and Sport Activities	1	169		
石油加工、炼焦及核燃料加工业	Processing of Petroleum, Coking, Processing of Nuclear Fuel				
化学原料及化学制品制造业	Manufacture of Raw Chemical Materials and Chemical Products	6	5898	6	5907
医药制造业	Manufacture of Medicines	1	95	5	1020
化学纤维制造业	Manufacture of Chemical Fibers	3	1420		
橡胶制品业	Manufacture of Rubber	2	33		
塑料制品业	Manufacture of Plastics	3	1190	7	2557
非金属矿物制品业	Manufacture of Non-metallic Mineral Products	6	5100		
黑色金属冶炼及压延加工业	Smelting and Pressing of Ferrous Metals	2	2100	2	1208
有色金属冶炼及压延加工业	Smelting and Pressing of Non-ferrous Metals	2	800		
金属制品业	Manufacture of Metal Products	8	3097	4	1360
通用设备制造业	Manufacture of General Purpose Machinery	8	3378	12	24496
专用设备制造业	Manufacture of Special Purpose Machinery	13	1758	16	4045
交通运输设备制造业	Manufacture of Transport Equipment	6	1554	9	4783
电气机械及器材制造业	Manufacture of Electrical Machinery and Equipment	4	2141	3	699
通信设备、计算机及其他电子设备制造业	Manufacture of Communication Equipment, Computers and Other Electronic Equipment	9	764	6	4496
仪器仪表及文化、办公用机械制造业	Manufacture of Measuring Instruments and Machinery for Cultural Activity and Office Work	1	2450	1	215

行 业 Sector		2009		2010	
		新批项目数（个） Number of Newly Approved Projects	中方协议投资（万美元） Protocol Fund from China (USD 10000)	新批项目数（个） Number of Newly Approved Projects	中方协议投资（万美元） Protocol Fund from China (USD 10000)
工艺品及其他制造业	Manufacture of Artwork and Other Manufacturing	1	200	2	765
废弃资源和废旧材料回收加工业	Recycling and Disposal of Waste	1	146	1	512
电力、燃气及水的生产和供应业	Production and Supply of Electricity, Gas and Water			11	36417
电力、热力的生产和供应业	Production and Supply of Electric Power and Heat Power			11	36417
建筑业	Construction	12	2884	17	2089
房屋和土木工程建筑业	Construction of Building & Civil Engineering	8	1137	9	1432
建筑安装业	Building Installation	1	47	2	129
建筑装饰业	Building Decoration			1	118
其他建筑业	Other Construction	3	1700	5	410
第三产业	**Tertiary Industry**	**207**	**48521**	**266**	**109869**
交通运输、仓储和邮政业	**Transport, Storage and Post**	**6**	**7236**	**5**	**3310**
道路运输业	Road Transport			1	800
水上运输业	Warter Transport	2	4080	2	1990
装卸搬运和其他运输服务业	Loading, Unloading and Other Transport Services	3	176	1	500
仓储业	Storage	1	2980	1	20
信息传输、计算机服务和软件业	Information Transmission, Computer Services and Software	15	2572	21	12018
电信和其他信息传输服务业	Information Transmission	4	600	2	500
计算机服务业	Computer Services			4	8550
软件业	Software	11	1972	15	2968
批发和零售业	Wholesale and Retail Trades	108	12478	127	37351
批发业	Wholesale Trades	103	11072	121	35773
零售业	Retail Trads	5	1406	6	1578
住宿和餐饮业	Hotels and Catering Services	3	1200	5	4764
住宿业	Hotels	1	900	1	4125
餐饮业	Catering Services	2	300	4	639
房地产业	Real Estate	3	4300	6	14804
房地产业	Real Estate	3	4300	6	14804
租赁和商务服务业	Leasing and Business Services	50	13710	77	28052
租赁业	Leasing			2	1080
商务服务业	Business Services	50	13710	75	26972
科学研究、技术服务和地质勘查业	Scientific Research, Technical Services and Geologic Prospecting	17	3964	17	4171
研究与试验发展	Research and Experimental Development	6	405	11	3393
专业技术服务业	Professional Technical Services	1	200	3	320
科技交流和推广服务业	Services of Science and Technology Exchanges and Promotion	10	3359	3	458
地质勘查业	Geologic Prospecting				
居民服务和其他服务业	Services to Households and Other Services	3	2412	4	258
其他服务业	Other Services	3	2412	4	258
教育	Education			3	142
教育	Education			3	142
文化、体育和娱乐业	Culture, Sports and Entertainment	2	650	1	5000
广播、电视、电影和音像业	Broadcasting, Movies, Television and Audiovisual Activities	2	650	1	5000

8－23　分地区境外投资情况
Information of Overseas Investment By Region

地　区	Region	2000		2009		2010	
		新批项目数（个）Number of Newly Approved Projects	中方协议投资（万美元）Protocol Fund from China（USD 10000）	新批项目数（个）Number of Newly Approved Projects	中方协议投资（万美元）Protocol Fund from China（USD 10000）	新批项目数（个）Number of Newly Approved Projects	中方协议投资（万美元）Protocol Fund from China（USD 10000）
全　省	**Total**	**34**	**1783**	**332**	**106347**	**408**	**217613**
南京市	Nanjing	5	112	40	14639	48	34427
无锡市	Wuxi	8	367	50	17879	69	35106
徐州市	Xuzhou	2	132	10	5210	5	1573
常州市	Changzhou	4	55	30	11040	40	34186
苏州市	Suzhou	2	320	111	32224	118	47446
南通市	Nantong	2	70	12	4321	35	31825
连云港市	Lianyungang	1	38	6	2394	5	1820
淮安市	Huaian			3	213	3	600
盐城市	Yancheng	2	21	6	1661	6	671
扬州市	Yangzhou	2	297	19	3876	20	3024
镇江市	Zhenjiang			14	3648	24	19828
泰州市	Taizhou	1	155	17	954	20	3955
宿迁市	Suqian			2	199	4	553
苏　南	Southern Jiangsu	19	853	245	79429	299	170992
苏　中	Middle Jiangsu	5	522	48	9150	75	38804
苏　北	Northern Jiangsu	5	191	27	9676	23	5217

主要统计指标解释

进出口总额 海关进出口总额指实际进出我国国境的货物总金额。包括对外贸易实际进出口货物,来料加工装配进出口货物,国家间、联合国及国际组织无偿援助物资和赠送品,华侨、港澳台同胞和外籍华人捐赠品,租赁期满归承租人所有的租赁货物,进料加工进出口货物,边境地方贸易及边境地区小额贸易进出口货物(边民互市贸易除外),中外合资企业、中外合作经营企业、外商独资经营企业进出口货物和公用物品,到、离岸价格在规定限额以上的进出口货样和广告品(无商业价值、无使用价值和免费提供出口的除外),从保税仓库提取在中国境内销售的进口货物,以及其他进出口货物。进出口总额用以观察一个国家在对外贸易方面的总规模。我国规定出口货物按离岸价格统计,进口货物按到岸价格统计。

商品经营单位所在地进、出口额 指所在地海关注册登记的有进出口经营权的企业实际进、出口额。

商品目的地进口额和商品货源地出口额 目的地进口额指进口货物的消费、使用或最终抵运地的实际进口额,货源地出口额是指出口货物的产地或原始发货地的实际出口额。

外商直接投资 指外国企业和经济组织或个人(包括华侨、港澳台胞以及我国在境外注册的企业)按我国有关政策、法规,用现汇、实物、技术等在我国境内开办外商独资企业、与我国境内的企业或经济组织共同举办中外合资经营企业、合作经营企业或合作开发资源的投资(包括外商投资收益的再投资)。

对外承包工程 指各对外承包公司以招标议标承包方式承揽的下列业务:(1)承包国外工程建设项目,(2)承包我国对外经援项目,(3)承包我国驻外机构的工程建设项目,(4)承包我国境内利用外资进行建设的工程项目,(5)与外国承包公司合营或联合承包工程项目时我国公司分包部分,(6)对外承包兼营的房屋开发业务。对外承包工程的营业额是以货币表现的本期内完成的对外承包工程的工作量,包括以前年度签订的合同和本年度新签订的合同在报告期内完成的工作量。

对外劳务合作 指以收取工资的形式向业主或承包商提供技术和劳动服务的活动。我国对外承包公司在境外开办的合营企业,中国公司同时又提供劳务的,其劳务部分也纳入劳务合作统计。劳务合作营业额按报告期内向雇主提交的结算数(包括工资、加班费和奖金等)统计。

Explanatory Notes on Main Statistical Indicators

Total Imports and Exports at Customs refer to the value of commodities imported into and exported from the boundary of China. They include the actual imports and exports through foreign trade, imported and exported goods under the processing and assembling trades and materials, supplies and gifts as aid given gratis between governments and by the United Nations and other international organizations, and contributions donated by overseas Chinese, compatriots in Hong Kong and Macao and Chinese with foreign citizenship, leasing commodities owned by tenant at the expiration of leasing period, the imported and exported commodities processed with imported materials, commodities trading in border areas (excluding mutual exchange goods), the imported and exported commodities and articles for public use of the Sino-foreign joint ventures, cooperative enterprises and ventures exclusively with foreign own investment. Also included are import or export of samples and advertising goods for whose CIF or FOB value are beyond the permitted ceiling (excluding goods of no trading or use value and free commodities for export), imported goods sold in China from bonded warehouses and other imported or exported goods. The indicator of the total imports and exports at customs can be used to observe the total size of external trade in a country. In accordance with the stipulation of the Chinese government, imports are calculated at CIF, while exports are calculated at FOB.

Import Export Value by Location of Chinas Foreign Trade Managing Units refers to actual value of imports and exports carried out by corporations which have been registered by the local customhouse and are vested with fight to run import export business.

Import Value of Commodities by the Places of their Destination and Export Value of Commodities by the Places of their Origin in China: The former indicator refers to the value of import commodities of the places of their consumption, utilization or the places of their final destination. The latter indicator refers to the value of export commodities of the places of their origin or the places of the commodities dispatched.

Direct Investment by Foreign Entrepreneurs refers to the investments inside China by foreign enterprises and economic organizations or individuals (including overseas Chinese, compatriots from Hong Kong and Macao, and Chinese enterprises registered abroad), following the relevant policies and laws of China, for the establishment of ventures exclusively with foreign own investment, Sino-foreign joint ventures and cooperative enterprises or for co-operative exploration of resources with enterprises or economic organizations in China. It includes the re investment of the foreign entrepreneurs with the profits gained from the investment. Foreign direct investment of 2005 was the volume affirmed by the Commercial Department.

Contracted Projects with Foreign Countries refer to projects undertaken by Chinese contractors (project contracting companies) through bidding process. They include: (1) overseas civil engineering construction projects financed by foreign investors; (2) overseas projects financed by the Chinese government through its foreign aid programs; (3) construction projects of Chinese diplomatic missions, trade offices and other institutions stationed abroad; (4) construction projects in China financed by foreign investment; (5) sub – contracted projects to be taken by Chinese contractors through a joint umbrella project with foreign contractor(s); (6) housing development projects. The business income from international contracted projects is the work volume of contracted projects completed during the reference period, expressed in monetary terms, including completed work on projects signed in previous years.

Service Cooperation with Foreign Countries refers to the activities of providing technology and labor services to employers or contractors in the forms of receiving salaries and wages. Labor services providing by contractual joint ventures of Chinese international contracting corporations should be included in the statistics of service co – operation with foreign countries. The business income of labor service co operation is the income in the form of wages and salaries, overtime pay, bonuses and other remuneration received from the employers during the reference period.

9

能源、资源、环境
Energy, Resource and Environment

简 要 说 明

一、本篇资料的主要内容

本篇主要反映我省自然资源状况、能源消费、环境保护事业发展情况。

自然资源状况包括地理位置、面积、河流、资源、气象等数据资料。

能源消费包括综合能源平衡表、规模以上工业企业主要能源品种消费量等。

环境保护事业发展情况主要包括污染排放与处理情况、生态环境保护情况等。

二、本篇资料的统计范围

本篇资料的统计范围为全社会。

三、本篇的资料来源

自然状况根据有关历史资料进行整理和编辑。

气象、水资源、环境保护事业发展情况分别由气象、水利、环保等部门提供。

能源消费数据来自历年能源平衡表及相关能源统计年报。

Brief Introduction

I. Main Contents

This chapter contains information that reflects natural resource conditions, energy consumption and the development of environment protection.

Data on natural resource cover geographic location, area, rivers and lakes, resource and meteorological phenomena, etc.

Data on energy cover aggregate balance sheet of energy and major energy consumption of above designated industrial enterprises, etc. Data on the development of environment protection mainly include discharge and treatment of pollution, ecological and environmental protection, etc.

II. Sources of Data

The scope of data in this chapter is the whole country.

III. Sources of Data

Data on natural conditions are compiled in accordance with historical information.

Data on meteorological phenomena, water resources, development of environment protection are provided respectively by meteorology, water conservancy and environment protection ministry.

Data on energy consumption are from the energy balance sheets over the years and relevant energy statistics annals.

自然概况

位　置

江苏简称苏，位于我国大陆东部沿海中心，介于东经 116°18′—121°57′，北纬 30°45′—35°20′之间。东濒黄海，西连安徽，北接山东，东南与浙江和上海毗邻。

江苏地处美丽富饶的长江三角州，平原辽阔，主要有苏南平原，江淮平原、黄淮平原和东部滨海平原，自然条件优越，经济基础较好。

面　积

全省面积 10.26 万平方公里，占全国总面积的 1.1%。其中平原面积 7.06 万平方公里，水面面积 1.73 万平方公里。海岸线长 954 公里。

河　流

全省境内河川交错，水网密布，长江横穿东西 400 多公里，大运河纵贯南北 690 公里，西南部有秦淮河，北部有苏北灌溉总渠、新沭河、通扬运河等。有大小湖泊 290 多个，全国五大淡水湖，江苏得其二，太湖和洪泽湖象两面大明镜，分别镶嵌在水乡江南和苏北平原。

资　源

江苏以地形地势低平，河湖众多为特点，平原、水面所占比例之大，在全国居首位，成为江苏一大地理优势。水产资源丰富，有广阔的海涂、浅海，东部沿海渔场面积达 15.4 万平方公里，其中包括著名的吕泗、海州湾等四大渔场，盛产黄鱼、带鱼、昌鱼、虾类、蟹类及贝藻类等。江苏也是全国河蟹、鳗鱼苗的主要产地。内陆水面 2600 多万亩，养殖面积 815 万亩，有淡水鱼类 140 余种，已利用的有 40 多种。矿产资源分布广泛，品种较多，已发现的有 133 种。能源矿产主要有煤炭、石油和天然气；非金属矿产有硫、磷、钠盐、水晶、兰晶石、蓝宝石、金刚石、高岭土、石灰石、石英砂、大理石、陶瓷粘土；金属矿产有铁、铜、铅、锌、银、金、锶、锰等。粘土类矿产、建材类矿产、化工原料矿产、冶金辅助原料矿产、特种用途矿产和有色金属矿产，是江苏矿产资源的优势。

气　候

全省气候具有明显的季风特征，处于亚热带向暖温带过渡地带，大致以淮河—灌溉总渠一线为界，以南属亚热带湿润季风气候，以北属暖温带湿润季风气候。全省气候温和，雨量适中，四季分明。

Natural Resources

Location

Jiangsu (Short for Su) lies in the east of the country. It is situated in the center of the costal area, between 116°18′—121°57′E and 30°45′—35°20′N, with Yellowsea on the east, Anhui province on the west, Shandong on the north, and Zhejiang and Shanghai as its neighbours on the southeast.

Jiangsu seats on the beautiful and abundant Yangtze River Delta. Composed of vast plains, mainly South-Su, Jianghuai, Huanghuai and eastern plain by the sea, the province provides favorable natural conditions and good economic bases.

Area

The area of Jiangsu is 102.6 thousand square kilometres, occupied 1.1 % of the total national area, among which 70.6 thousand square kilometres are plain areas, 17.3 thousand square kilometres are water surface. The coastline of the province is as long as 954 kilmetres.

Rivers and Lakes

In Jiangsu, there are rivers crisscrossing throughout the province, and distributes the network of waterways. The Yangtze River travels the whole area of Jiangsu, from west to east, for more than 400 kilometres. The Grand Canal flows south to north for 690 kilometres. There are Qinhuai River in the southeast of Jiangsu, Subei general irrigation canal, Xinshu River and Tongyang canal etc. in the north part. Among the 290 lakes of varying size in Jiangsu, the Taihu Lake and Hongzehu Lake are both listed among the national "Five Large Fresh Water Lakes", like two bright mirrors inlaid respectively into the southern region of the Changjiang River and Subei Plain.

Resources

The province is characteristic of topographical features in low and flat terrains, with numerous rivers and lakes. The proportion of plain and watersurface area is so large that it ranks the first in China and become a geographical superiority proportion. There are plentiful aquatic resources, vast shallow sea beaches and epeiric seas. There are 154 thousand square kilometres of fishing grounds on the eastern coastal area, composed of the four famous fishing grounds such as Lusi and Haizhouwan etc., abound in yellow croaker, hairtail, butterfish, shrimp and crab, and shellfish and algae. Jiangsu is also a main production area of crabs and young eels in the country. There are more than 26 million mu of interior water surface, with 8 million mu of aquatic farm. Among 140 kinds and more of flesh water fishes, over 40 are utilized. Numerous varieties of mineral resources are widely dispersed, 133 kinds of them have been discovered. The main sources of energy and minerals dispersed in Jiangsu are coal, petroleum and natural gas. Nonmetallic minerals contain sulphur, phosphorus, sodium, crystal, dyanite, sapphire, diamond, kaolin, limestone, quartzite, marble and pottery clay. Metallic minerals contain iron, copper, lead, zinc, silver, gold, strontium and manganese. The minerals as clay, construction materials, sand, chemical raw materials, metallurgical assistance raw materials, special purpose minerals and non-ferrous metal minerals become a mineral superiority of Jiangsu.

Climate

Located in a transition area from subtripical zone to temperature zone, Jiangsu shows a distinct characteristic of monsoon. Taking the Huaihe river to general irrigation canal as an approximate line of demarcation, the climate to the south of the line belongs to monsoon of tropical moist zone, while the climate to the north of the line belongs to monsoon of warm moist zone. Jiangsu has a warm climate, with moderate rainfall and distinct seasons.

9-1 主要城市月平均气温（2010年）
Monthly Average Temperature of Major Cities (2010)

单位:摄氏度 (℃)

市名 City	1月 Jan	2月 Feb	3月 Mar	4月 Apr	5月 May	6月 June	7月 July	8月 Aug	9月 Sept	10月 Oct	11月 Nov	12月 Dec	年平均气温 Yearly Average
南京市 Nanjing	3.6	6.0	8.6	12.8	21.1	24.8	28.3	29.7	24.2	17.1	11.9	6.5	16.2
无锡市 Wuxi	4.5	6.9	9.1	12.9	21.3	24.6	28.9	30.2	25.7	18.0	12.8	7.3	16.9
徐州市 Xuzhou	1.0	4.6	7.5	12.7	21.3	25.7	28.3	28.0	23.1	16.5	10.1	3.9	15.2
常州市 Changzhou	3.9	6.3	8.8	12.8	21.3	24.8	28.7	30.1	25.1	17.5	12.4	6.7	16.5
苏州市 Suzhou	4.8	7.0	9.1	13.1	20.9	24.3	28.7	30.9	26.0	18.6	13.3	7.5	17.0
南通市 Nantong	3.1	5.7	7.8	11.5	19.9	23.3	28.0	29.3	24.6	17.1	11.8	6.0	15.7
连云港市 Lianyungang	0.1	3.4	6.0	10.8	19.2	23.0	27.6	27.3	22.7	15.8	9.4	3.1	14.0
淮安市 Huaian	1.7	4.4	7.1	11.8	20.2	24.3	28.3	28.2	23.0	16.0	10.7	4.7	15.0
盐城市 Yancheng	1.6	4.3	6.6	10.7	19.4	22.9	27.7	28.2	23.5	16.1	10.6	4.2	14.7
扬州市 Yangzhou	3.2	5.7	8.2	12.5	21.0	24.6	28.6	29.5	24.3	16.7	11.5	5.9	16.0
镇江市 Zhenjiang	3.5	5.9	8.3	12.6	21.0	24.8	28.5	29.7	24.7	17.3	12.1	6.4	16.2
泰州市 Taizhou	3.1	5.6	8.0	12.2	20.7	24.5	28.6	29.4	24.6	17.3	12.4	6.2	16.1
宿迁市 Suqian	1.0	4.2	6.9	11.8	20.3	24.4	27.7	27.8	22.5	15.6	10.4	3.9	14.7

9-2 主要城市月降水量（2010年）
Monthly Precipitation of Major Cities (2010)

单位:毫米 (mm)

市名 City	1月 Jan	2月 Feb	3月 Mar	4月 Apr	5月 May	6月 June	7月 July	8月 Aug	9月 Sept	10月 Oct	11月 Nov	12月 Dec	全年累计 Yearly Total
南京市 Nanjing	18.8	115.6	117.8	197.9	56.1	62.1	343.2	142.1	181.1	32.1	7.6	24.0	1298.4
无锡市 Wuxi	40.5	97.1	126.8	133.3	49.5	23.7	184.6	140.0	67.1	30.0	4.0	34.5	931.1
徐州市 Xuzhou	1.6	28.7	15.1	59.7	39.1	73.3	155.5	93.5	140.2	2.3	0.1	2.9	612.0
常州市 Changzhou	19.3	112.9	132.5	135.7	79.8	29.2	312.2	92.9	98.9	33.5	5.3	32.8	1085.0
苏州市 Suzhou	40.5	75.2	193.1	82.9	67.4	59.3	190.7	53.7	67.2	56.1	2.9	42.9	931.9
南通市 Nantong	15.8	81.9	116.6	142.6	45.0	38.8	368.3	284.6	183.6	47.3	1.1	31.2	1356.8
连云港市 Lianyungang	0.2	51.2	18.2	73.6	94.4	69.3	191.4	188.8	174.4	2.7	0.0	3.5	867.7
淮安市 Huaian	0.4	85.8	35.3	85.0	45.4	21.3	188.9	202.2	248.2	5.0	0.1	14.2	931.8
盐城市 Yancheng	0.6	86.4	54.5	97.8	84.3	14.6	152.3	216.5	215.6	20.9	0.2	24.5	968.2
扬州市 Yangzhou	14.1	115.5	100.6	178.1	40.7	47.5	274.4	140.8	138.6	35.2	2.2	32.1	1119.8
镇江市 Zhenjiang	18.8	126.8	120.7	188.5	44.4	38.1	397.1	160.8	125.0	33.6	5.0	39.7	1298.5
泰州市 Taizhou	15.0	125.7	104.2	169.5	42.9	50.7	301.4	167.4	97.1	35.8	2.2	33.0	1144.9
宿迁市 Suqian	0.0	68.1	21.7	76.4	67.9	24.1	137.7	151.2	481.7	4.4	0.0	8.1	1041.3

9－3　资源总量（2010 年）

Water Resources（2010）

单位:亿立方米　　　　（100 million cu. m）

项　目	Item	水资源总量 Total	地表水资源量 Surface Water Volume	地下水资源量 Underground Water Volume	地下水与地表水重复计算量 Duplicated Computation Volume of Surface Water and Underground Water	年降水量 Annual Precipitation
合计	**Total**	**383.53**	**291.15**	**108.93**	**16.56**	**1008.68**
按流域区域分	**by Drainage Area**					
淮河流域	Drainage Area of Huaihe River	220.34	158.35	71.70	9.71	580.40
王家坝至中渡区	from Wangjiaba to Zhongdu	34.13	23.24	12.02	1.12	81.94
中渡以下	below Zhongdu	99.34	77.48	27.68	5.81	282.75
沂沭泗河区	Yishusi River District	86.87	57.64	32.00	2.77	215.71
长江流域	Drainage Area of Yangtze River	163.18	132.80	37.23	6.85	428.29
湖口以下干流	below Hukou	83.73	65.05	20.37	1.69	221.17
太湖流域	Drainage Area of Taihu Lake	79.45	67.75	16.86	5.16	207.11
按行政区域分	**by Administrative Areas**					
南 京 市	Nanjing	37.17	31.15	7.15	1.13	82.38
无 锡 市	Wuxi	23.49	20.74	3.89	1.14	50.11
徐 州 市	Xuzhou	31.79	16.45	15.99	0.64	80.50
常 州 市	Changzhou	17.83	15.13	3.03	0.33	45.56
苏 州 市	Suzhou	25.72	21.10	7.28	2.66	89.47
南 通 市	Nantong	38.49	29.84	9.86	1.22	106.81
连云港市	Lianyungang	26.21	19.30	7.41	0.50	65.14
淮 安 市	Huaian	34.84	24.62	13.23	3.02	90.84
盐 城 市	Yancheng	52.01	38.92	15.28	2.19	143.69
扬 州 市	Yangzhou	24.28	19.51	4.97	0.20	70.25
镇 江 市	Zhenjiang	18.80	16.47	3.96	1.63	44.73
泰 州 市	Taizhou	17.59	12.99	4.84	0.24	57.19
宿 迁 市	Suqian	35.30	24.93	12.04	1.66	82.01

9－4　农村自然灾害情况

Basic Siatistics on Rural Natural Disaster

单位:千公顷　　　　（1000 hectares）

指　标	Item	2000	2005	2006	2007	2008	2009	2010
受灾面积	Area Covered	3411.68	2139.50	1324.07	1642.00	483.70	1001.63	1070.93
#旱　灾	Drought	1196.87	225.94	115.69	70.47		466.51	522.99
水　灾	Flood	175.59	781.97	1075.81	719.39	93.80	151.86	316.37

9-5 综合能源平衡表
Aggregate Balance Sheet of Energy

单位:万吨标准煤 (10000 tons standardized coal)

项	目 Item	2000	2005	2006	2007
可供消费的能源总量	**Total Energy**				
一次能源生产量	Primary Energy Output	1996.86	2267.63	2516.29	2405.84
回收能	Retrieved	136.24	356.07	675.51	641.62
进口量	Imported	708.45	2315.38	2249.05	2441.19
出口量	Exported	48.20	186.52	179.67	70.43
年初年末库存差额	Stock Changes in the Year	13.21	-19.73	124.81	-128.23
能源消费总量	**Total Energy consumption**	**8612.43**	**17167.39**	**18742.19**	**20948.04**
在总量中:	of This Total:				
农、林、牧、渔、水利业	Farming forestry, Animal Husbandry, Fishery and water conservancy	400.39	321.59	327.97	330.16
工业	Industry	6743.95	14020.33	15401.34	17307.23
建筑业	constlructlion	41.34	204.68	218.02	227.77
交通运输、仓储及邮电通讯业	Transportantion, Storage, post and Telecommunication	358.52	899.45	957.00	1058.69
批发和零售贸易餐饮业	Wholesale and Retail and catering Trade	169.94	249.86	260.27	293.51
其他	Others	209.38	373.21	416.19	476.52
生活消费	Residential consumption	688.91	1098.27	1161.40	1254.16
在总量中:	of This Total:				
终端消费	Final consumption	8220.49	16311.17	17860.58	20008.61
#工业	Industry	6352.00	13164.12	14519.73	16367.80
损失量	Loss	269.36	653.43	691.48	748.50

9－5 续 表 Continued

单位:万吨标准煤 (10000 tons standardized coal)

项	目 Item	2008	2009	2010
可供消费的能源总量	**Total Energy**			
一次能源生产量	Primary Energy Output	2489.40	2618.54	2771.96
回收能	Retrieved	883.24	1039.79	884.80
进口量	Imported	2226.54	2806.18	3267.83
出口量	Exported	97.34	205.33	176.89
年初年末库存差额	Stock Changes in the Year	-200.66	-26.50	-377.43
能源消费总量	**Total Energy consumption**	**22232.23**	**23709.28**	**25773.70**
在总量中:	of This Total:			
农、林、牧、渔、水利业	Farming forestry, Animal Husbandry, Fishery and Water Conservancy	330.89	360.96	394.68
工业	Industry	18133.51	19260.23	20597.82
建筑业	Constlructlion	232.93	249.09	281.22
交通运输、仓储及邮电通讯业	Transportantion, Storage, Post and Telecommunication	1201.71	1254.10	1462.56
批发和零售贸易餐饮业	Wholesale and Retail and Catering Trade	341.13	366.74	400.80
其他	Others	538.59	628.20	753.80
生活消费	Residential Consumption	1453.47	1589.96	1882.82
在总量中:	of This Total:			
终端消费	Final Consumption	21245.30	22667.03	24267.83
#工业	Industry	17146.59	18218.00	19976.78
损失量	Loss	803.13	826.90	954.20

9-6 规模以上工业企业主要能源消费量
Major Energy Consumption of above Designated Industrial Enterprises

单位:万吨 (10000 tons)

名称	Item	2000	2006	2007	2008	2009	2010
煤　炭	Coal	16490.60	17750.78	20000.28	21487.96	22323.72	24786.52
焦　炭	Coke	1562.66	1908.74	2270.20	2356.47	2519.04	2784.16
原　油	Crude Oil	2250.86	2293.19	2444.20	2305.25	2652.49	2992.16
汽　油	Gasoline	32.07	35.29	40.98	43.68	44.60	47.54
煤　油	Kerasene	3.75	3.43	4.04	3.31	2.24	2.53
柴　油	Diesel Oil	117.88	103.58	114.00	121.51	108.36	111.37
燃料油	Fuel Oil	212.52	186.43	177.44	138.58	116.47	110.60
液化石油气	LPG	53.40	44.63	43.37	45.56	44.64	38.03

9-7 规模以上工业企业平均每天主要能源消费量
Average Daily Energy Consumption of above Designated Industrial Enterprises

单位:吨 (ton)

名称	Item	2005	2006	2007	2008	2009	2010
煤　炭	Coal	451797	486323	547953	588711	611609	679083
焦　炭	Coke	42813	52294	62197	64561	69015	76278
原　油	Crude Oil	61667	62827	66964	63158	72671	81977
汽　油	Gasoline	879	967	1123	1197	1222	1302
煤　油	Kerasene	103	94	111	91	61	69
柴　油	Diesel Oil	3230	2838	3123	3329	2969	3051
燃料油	Fuel Oil	5822	5108	4861	3797	3191	3030
液化石油气	LPG	1463	1223	1188	1248	1223	1042

9－8　江苏电网生产经营综合情况

General Production and Business of Jiangsu Power Grid

指　标　名　称	Item	2005	2006	2007
发电装机　（万千瓦）	Power Generation Capacity (10000 kW)	4270	5304	5599
发电量　（亿千瓦时）	Power Generation (100 million kW·h)	2120.00	2536.56	2825.33
统调发电最高负荷（万千瓦）	Maximum Controlled Power Generation Load (10000 kW)	3215.7	3853.6	4392.5
统调发电平均负荷率（%）	Average Controlled Power Generation Load Rate (%)	89.67	89.88	89.72
全社会用电量（亿千瓦时）	Total Electricity Consumption (100 million kW·h)	2193.45	2569.75	2952.02
第一产业	among it: Primary Industry (100 million kW·h)	29.12	24.92	24.47
第二产业	Secondary Industry (100 million kW·h)	1793.34	2110.55	2439.13
#工业	Industry (100 million kW·h)	1771.28	2088.68	2415.45
第三产业	Tertiary Industry (100 million kW·h)	170.27	200.00	233.06
统调用电最高负荷（万千瓦）	Maximum Controlled Electricity Consumption Load (10000 kW)	3319.3	3827.6	4562.4
统调用电平均负荷率（%）	Average Controlled Electricity Consumption Load Rate (%)	88.94	89.66	90.03
电源固定资产投资（亿元）	Investment in Fixed Assets in Power Supply (100 million yuan)	289.02	208.79	125.52
电网固定资产投资（亿元）	Investment in Fixed Assets in Power Grid (100 million yuan)	166.02	225.94	226.25
新增110千伏及以上输电能力（公里）	Newly Increased Capacity of 110 kV and above Power Transmission (km)	5188	5197	5119
新增110千伏及以上变电能力（万千伏安）	Newly Increased Capacity of 110 kV and above Power Transformation (10000 kW)	1863	1721	1979
新投发电装机（万千瓦）	Newly Increased Power Generation Capacity (10000 kW)	1450.50	1044.90	406.45

9－8　续　表　Continued

指　标　名　称	Item	2008	2009	2010
发电装机　（万千瓦）	Power Generation Capacity (10000 kW)	5442	5650	6458
发电量　（亿千瓦时）	Power Generation (100 million kW·h)	2887.26	2984.31	3499.29
统调发电最高负荷（万千瓦）	Maximum Controlled Power Generation Load (10000 kW)	4328.2	4479.5	5302.6
统调发电平均负荷率（%）	Average Controlled Power Generation Load Rate (%)	89.30	90.36	90.99
全社会用电量（亿千瓦时）	Total Electricity Consumption (100 million kW·h)	3118.32	3313.99	3864.37
第一产业	among it: Primary Industry (100 million kW·h)	23.34	25.45	28.36
第二产业	Secondary Industry (100 million kW·h)	2529.68	2660.16	3085.35
#工业	Industry (100 million kW·h)	2502.70	2631.28	3052.12
第三产业	Tertiary Industry (100 million kW·h)	269.57	304.44	361.04
统调用电最高负荷（万千瓦）	Maximum Controlled Electricity Consumption Load (10000 kW)	4726.7	5229.7	6033.7
统调用电平均负荷率（%）	Average Controlled Electricity Consumption Load Rate (%)	89.00	89.61	90.22
电源固定资产投资（亿元）	Investment in Fixed Assets in Power Supply (100 million yuan)	59.08	93.06	103.89
电网固定资产投资（亿元）	Investment in Fixed Assets in Power Grid (100 million yuan)	300.46	321.29	296.95
新增110千伏及以上输电能力（公里）	Newly Increased Capacity of 110 kV and above Power Transmission (km)	6502	5987	5210
新增110千伏及以上变电能力（万千伏安）	Newly Increased Capacity of 110 kV and above Power Transformation (10000 kW)	3750	4091	4061
新投发电装机（万千瓦）	Newly Increased Power Generation Capacity (10000 kW)	349.16	303.90	864.80

9-9 全社会用电情况

Basic Situation of Total Electricity Consumption

单位:亿千瓦时　　　　(100 million kW · h)

项目	Item	2005	2006	2007	2008	2009	2010
全社会用电量	**Total**	**2193.45**	**2569.75**	**2952.02**	**3118.32**	**3313.99**	**3864.37**
按产业分	Grouped by Type of Industry						
第一产业	Primary Industry	29.12	24.92	24.47	23.34	25.45	28.36
第二产业	Secondary Industry	1793.34	2110.55	2439.13	2529.68	2660.16	3085.35
第三产业	Tertiary Industry	170.27	200.00	233.06	269.57	304.44	361.04
按行业分	Grouped by Sector						
农林牧渔水利业	Farming, Forestry, Animal Husbandry, Fishery and Water Conservancy	29.12	24.92	24.47	23.34	25.45	28.36
#排灌	Irrigation	12.05	8.97	8.92	7.56	8.44	8.94
工业	Industry	1771.28	2088.68	2415.45	2502.70	2631.28	3052.12
#轻工业	Light Industry	519.99	578.06	615.90	612.33	640.56	725.64
重工业	Heavy Industry	1251.29	1510.62	1799.55	1890.37	1990.73	2326.48
#制造业	Manufacturing	1745.07	1645.82	1928.80	1998.23	2090.27	2447.56
#纺织业	Manufacture of Textile	228.39	269.24	309.72	298.69	309.01	340.06
化学原料及化学制品制造业	Chemical Raw Materials and Chemical Products	210.26	241.77	275.81	282.74	287.34	311.38
非金属矿物制品业	Manufacture of Non-metallic Mineral Products	118.77	133.43	146.18	151.02	154.33	172.91
黑色金属冶炼及压延加工业	Smelting and Pressing of Ferrous Metals	224.90	279.92	336.90	341.65	343.37	388.12
通用及专用设备制造业	Ordinary and Special Purpose Equipment	67.39	81.07	107.02	124.09	132.72	178.23
建筑业	Construction	22.06	21.87	23.68	26.98	28.88	33.23
交通运输、仓储和邮政业	Transportation, Post and Telecommunication	16.45	16.90	19.50	22.89	25.40	31.01
信息传输、计算机服务和软件业	Information Transmission, Computer Service and Software	9.01	10.99	13.12	15.25	17.70	20.80
商业、住宿和餐饮业	Commerce, Hotel and Catering Industry	55.52	64.57	73.47	83.42	93.64	108.25
金融、房地产、商务及居民服务业	Banking, Real Estate, Commercial and Residents' Service	27.72	35.88	43.78	53.62	62.66	78.92
公共事业及管理组织	Public undertaking and Management Organizations	61.58	71.66	83.20	94.38	105.05	122.05
城乡居民生活用电	Electricity Consumption by Urban and Rural Residents	200.72	234.29	255.35	295.74	323.93	389.62
城镇居民	Urban Area	102.18	118.51	127.17	146.17	159.26	194.26
乡村居民	Rural Area	98.54	115.77	128.19	149.57	164.67	195.36

9－10 分地区全社会用电量
Electricity Consumption by Region

单位:亿千瓦时 (100 million kW · h)

地　区	Region	2005	2006	2007	2008	2009	2010
全　省	**Total**	**2193.45**	**2569.75**	**2952.02**	**3118.32**	**3313.99**	**3864.37**
苏　南	**Southern Jiangsu**	**1429.59**	**1681.27**	**1925.13**	**2000.92**	**2097.90**	**2403.82**
南京市	Nanjing	246.67	270.57	299.13	310.79	337.05	373.66
镇江市	Zhenjiang	97.18	110.54	126.80	137.69	144.92	164.22
常州市	Changzhou	182.66	212.68	230.62	237.33	255.41	291.19
无锡市	Wuxi	337.05	400.99	461.31	466.69	480.57	550.64
苏州市	Suzhou	566.04	686.49	807.27	848.42	879.94	1024.10
苏　中	**Mid Jiangsu**	**316.61**	**371.29**	**433.96**	**466.10**	**502.04**	**577.40**
扬州市	Yangzhou	82.04	94.22	108.94	116.99	129.16	151.09
泰州市	Taizhou	95.74	113.47	134.02	145.57	155.43	176.61
南通市	Nantong	138.83	163.60	191.01	203.55	217.45	249.70
苏　北	**Northern Jiangsu**	**322.18**	**376.49**	**435.75**	**483.61**	**549.83**	**672.60**
徐州市	Xuzhou	120.18	139.99	160.30	172.00	202.44	246.01
淮安市	Huaian	59.05	65.49	77.71	89.70	95.82	111.77
宿迁市	Suqian	25.90	32.07	38.79	45.60	53.89	72.69
盐城市	Yancheng	76.26	89.78	106.21	118.39	131.64	158.63
连云港市	Lianyungang	40.80	49.17	52.74	57.92	66.03	83.52

注:各市用电量中未包括网损、大厂厂用电量和江河抽水电量(下同)。

Note:The consumption excludes grid loss,consumption for big plants or pumping consumption for rivers.

9－11 分地区工业用电量
Industrial Electricity Consumption by Region

单位:亿千瓦时 (100 million kW·h)

地区	Region	2005	2006	2007	2008	2009	2010
全 省	**Total**	**1771.28**	**2088.68**	**2415.45**	**2502.70**	**2631.28**	**3052.12**
苏 南	**Southern Jiangsu**	**1168.80**	**1384.62**	**1596.21**	**1624.04**	**1685.72**	**1916.54**
南京市	Nanjing	173.53	187.04	207.11	207.70	223.75	242.66
镇江市	Zhenjiang	79.96	90.83	105.32	112.48	117.14	131.81
常州市	Changzhou	145.20	175.00	190.80	192.09	205.41	231.82
无锡市	Wuxi	286.55	343.34	397.24	393.45	400.88	455.00
苏州市	Suzhou	483.56	588.41	695.73	718.32	738.54	855.25
苏 中	**Mid Jiangsu**	**243.06**	**287.85**	**339.81**	**359.33**	**383.84**	**436.74**
扬州市	Yangzhou	60.32	69.10	81.03	85.49	93.72	109.96
泰州市	Taizhou	77.59	92.10	109.39	117.64	124.71	138.94
南通市	Nantong	105.15	126.65	149.39	156.19	165.41	187.84
苏 北	**Northern Jiangsu**	**234.35**	**275.53**	**322.25**	**351.66**	**397.50**	**488.30**
徐州市	Xuzhou	91.61	109.26	126.33	132.69	156.85	191.90
淮安市	Huaian	45.10	49.23	59.07	68.47	71.28	81.75
宿迁市	Suqian	15.87	20.35	25.23	29.41	34.61	48.81
盐城市	Yancheng	54.34	63.50	76.58	84.71	93.42	111.86
连云港市	Lianyungang	27.43	33.18	35.04	36.37	41.34	53.99

9-12 主要发电厂发电情况

Electricity Production of Major Power Plants

厂名	Item	2009 装机容量（万千瓦）Installed Capacity (10000 kW)	2009 发电量（亿千瓦时）Electricity Production (100 million kW·h)	2010 装机容量（万千瓦）Installed Capacity (10000 kW)	2010 发电量（亿千瓦时）Electricity Production (100 million kW·h)
全省总计	**Total**	**5650**	**2984.31**	**6458**	**3499.29**
#统调发电厂	Unified Planning Power Plant	4955	2626.53	5732	3174.23
非统调发电厂	Non-unified Planning Power Plant	696	357.78	727	325.06
6000千瓦及以上电厂	**Plants above 6000 kW**	**5618**	**2973.39**	**6424**	**3489.17**
电网公司保留电厂	Electricity Network co. to be Retained Plant	100		100	10.93
宜兴抽水蓄能电站	Yixing Pumped-storage Hydropower Station	100		100	10.93
中国国电集团公司	China Guodian Group Co.	776	428.18	776	457.28
#国电谏壁发电有限公司	Guodian Jianbi Power Co., Ltd.	132	72.16	132	74.86
天生港发电有限公司	Tianshenggang Power Co., Ltd.	66	39.86	66	41.39
国电江阴苏龙发电有限公司	Guodian Jiangyin Sulong Power Co., Ltd.	122	69.24	122	72.14
国电常州发电有限公司	Guodian Changzhou Generating Co., Ltd.	126	78.51	126	78.45
国电宿迁热电有限公司	Guodian Suqian Thermal Power Co., Ltd.	27	4.33	27	11.24
江苏龙源泉风力发电有限公司	Jiangsu Longyuan Wind Power Co., Ltd.	15	3.44	15	3.59
国电泰州发电有限公司	Guodian Taizhou Generating Co., Ltd.	200	119.78	200	128.34
国电江苏谏壁发电有限公司	Guodian Jiangsu Jianbi Power Co., Ltd.	66	37.22	66	40.70
中国华能集团公司	China Huaneng Group Co.	748	338.95	748	422.31
#华能太仓发电厂	Nantong Power Plant of Huaneng Group	190	115.37	190	116.24
华能淮阴发电厂	Taicang Power Plant of Huaneng Group	154	72.93	154	80.48
华能南通发电厂	Huaiyin Power Plant of Huaneng Group	140	78.16	140	86.43
华能南京发电厂	Naijing Power Plant of Huaneng Group	64	36.54	64	37.59
华能金陵燃机	Huaneng Jinling Internal - combustion Engine Plant	78	22.73	78	24.34
华能金陵煤机	Jinling Power Plant of Huaneng Group	100	3.74	100	67.18
中国电力投资集团公司	China Power Investment Group Co.	153	100.05	278	151.85
#中电投常熟发电公司	Changshu Power Co., Ltd.	129	66.89	132	79.49
江苏阚山发电有限公司	Jiangsu Kanshan Power Co., Ltd.			120	67.20
中国大唐集团公司	China Datang Group Co.	130	66.65	490	214.15
大唐徐塘发电有限公司	Datang Xutang Power Co., Ltd.	130	66.65	130	72.63
江苏大唐国际吕四港发电有限公司	Jiangsu Lvsi Power Co., Ltd.			240	125.74
大唐南京发电厂	Datang Nanjing Power Co., Ltd.			120	15.78
中国华电集团公司	China Huadian Group Co.	374	147.24	385	169.27
华电扬州发电厂	Yangzhou Power Co., Ltd.	88	45.73	88	37.44
上海华电电力发展有限公司	Shanghai Huadian Power Co., Ltd.	130	60.03	130	83.66

厂　名	Item	2009 装机容量（万千瓦）Installed Capacity（10000 kW）	2009 发电量（亿千瓦时）Electricity Production（100 million kW·h）	2010 装机容量（万千瓦）Installed Capacity（10000 kW）	2010 发电量（亿千瓦时）Electricity Production（100 million kW·h）
上海华电电力发展有限公司燃机	Gas Turbine, Shanghai Huadian Development Co., Ltd.	78	22.20	78	24.10
华电戚墅堰燃机	Qishuyan Internal-combustion Engine Plant	78	19.28	78	23.83
江苏省国信集团公司	Jiangsu Province Guoxin Group Co.	414	244.78	434	260.61
#新海发电厂	Xinhai Power Co., Ltd.	66	37.66	66	39.70
盐城发电有限公司	Yancheng Power Co., Ltd.	41	22.92	41	18.44
淮阴电厂	Huaiying Power Plant	33	20.50	33	20.23
射阳港发电厂	Sheyanggang Power Co., Ltd.	14	6.07	14	7.09
扬州第二发电厂	Yangzhou No. 2 Power Co., Ltd.	252	153.82	252	164.21
华润集团公司	Huarun Group Co.	687	392.13	919	513.85
#华润电力(常熟)有限公司	Huarun(Changsu)Power Co., Ltd.	195	117.27	195	121.70
江苏镇江发电有限公司	Jiangsu Zhenjiang Power Co., Ltd.	182	102.87	154	101.25
徐州华润发电有限公司	Xuzhou Huarun Power Co., Ltd.	128	66.77	128	72.57
南京华润热电有限公司	Huarun Nanjing Power Co., Ltd.	93	46.63	93	47.44
徐州华鑫发电有限公司	Xuzhou Huaxing Power Co., Ltd.	66	37.56	66	38.44
江苏南热发电有限责任公司	Jiangsu Nanjing Thermal Power Co., Ltd.			60	37.85
铜山华润电力有限公司	Tongshan Power Co., Ltd.			200	58.81
其他公司投资电厂	Other Plant Invested by Other Co.	1110	630.54	2329	1299.04
#利港发电厂	Ligang Power Co., Ltd.	144	77.23	144	83.28
江阴利港发电股份公司(利港二厂)	Jiangyin Ligang Power Co., Ltd.	126	105.02	126	108.87
太仓港环保发电有限公司	Taicang Environmental Protection Power Co., Ltd.	157	84.70	157	95.90
国华苏州太仓发电厂	Guohua Taicang Power Co., Ltd.	126	68.34	126	78.31
张家港沙洲电力有限公司	Zhangjiagang Shazhou Power Co., Ltd.	126	76.37	126	79.88
张家港华兴电力有限公司	Zhangjiagang Huaxing Power Co., Ltd.	78	24.54	78	26.01
苏州工业园区蓝天燃机热电有限公司	Suzhou Lantian Internal-combustion Thermal Power Co., Ltd.	36	18.86	36	18.28
徐州发电有限公司	Xuzhou Power Company			44	24.31
江苏徐矿发电有限公司	Jiangsu Xukuang Power Co., Ltd.			60	33.08
连云港田湾核电站	Lianyungang Tianwan Nuclear Power Station	200	141.83	200	157.02
6000千瓦以下电厂	**Plants below 6000 kW**	**32**	**10.92**	**34**	**10.12**

9－13 工业“三废”排放及处理情况（2010 年）

行业	Sector	工业企业数（个）Number of Industrial Enterprises (unit)	工业废水排放总量（万吨）Total Volume of Industrial Waste Water Discharged (10000 tons)	#直接排入海的 Discharged Directly to the Sea
总　计	**Total**	**8087**	**231014.31**	**704.68**
采矿业	**Mining**	**50**	**4001.37**	**72.28**
煤炭开采和洗选业	Mining and Washing of Coal	18	3365.33	
石油和天然气开采业	Extraction of Petroleum and Natural Gas	4	16.04	
黑色金属矿采选业	Mining and Processing of Ferrous Metal Ores	3	124.24	32.26
有色金属矿采选业	Mining and Processing of Non-ferrous Metals Ores	11	91.84	
非色金属矿采选业	Mining and Processing of Nonmetal Ores	10	371.22	40.02
其他矿采选业	Mining of Other Ores	4	32.70	
制造业	**Manufacturing**	**7790**	**216641.90**	**575.02**
农副食品加工业	Processing of Food from Agricultural Products	234	3412.02	18.91
食品制造业	Manufacture of Food	161	3184.86	8.58
饮料制造业	Manufacture of Beverage	112	5205.68	
烟草制品业	Manufacture of Tobacco	4	119.44	
纺织业	Manufacture of Textile	1573	62544.03	
纺织服装、鞋、帽制造业	Manufacture of Textile Wearing, Apparel, Foot-wear and Caps	113	1702.27	2.26
皮革、毛皮、羽毛(绒)及其制品业	Manufacture of Textile,Fur,Feather and Related Products	55	977.31	
木材加工及木、竹、藤、棕、草制品业	Processing of Timber,Manufacture of Wood, Bamboo,Rattan,Palm and Straw Products	61	380.30	
家具制造业	Manufacture of Furniture	9	74.80	
造纸及纸制品业	Manufacture of Paper and Paper Products	181	17854.67	
印刷业和记录媒介的复制	Printing,Reproduction of Recording Media	18	317.04	
文教体育用品制造业	Manufacture of Articles For Culture, Education and Sport Activities	15	211.89	
石油加工、炼焦及核燃料加工业	Processing of Petroleum, Coking, Processing of Nuclear Fuel	55	7360.05	0.02
化学原料及化学制品制造业	Manufacture of Raw Chemical Materials and Chemical Products	1531	52806.55	285.67

Discharge and Treatment of Industrial Waste Water, Waste Gas and Solid Wastes (2010)

工业废水排放达标量（万吨） Volume of Treated Industrial Waste Water up to the Discharge Standardtzed (10000 tons)	工业废气排放总量（亿标立方米） Total Volume of Industrial Waste Gas Emission (100 million cu. m)	燃料燃烧过程中废气排放总量（亿标立方米） Total Volume of Waste Gas in the Process of Fuel Burning (100 million cu. m)	工业烟尘去除量（吨） Volume of Soot Removed (ton)	工业粉尘排放量（吨） Volume of Industrial Dust Emission (ton)
226855.02	**31212.93**	**20234.55**	**23458858**	**133947**
3866.23	**30.02**	**20.32**	**2908**	**462**
3230.19	13.61	13.61	1253	
16.04	1.71	1.67	104	
124.24	2.96	0.90	291	269
91.84	5.07	2.44	1114	4
371.22	5.26	1.49	66	188
32.70	1.41	0.20	80	
212808.58	**17646.19**	**6680.49**	**4844893**	**133479**
3157.69	160.15	114.45	27957	632
2955.23	46.30	38.37	15401	148
5080.50	44.21	44.21	9770	253
119.44	3.50	3.10		22
61879.28	478.70	412.90	160048	96
1677.77	23.40	11.32	2536	192
941.90	11.28	11.28	1421	
363.73	101.39	36.62	9600	771
74.80	2.39	0.92	280	856
17638.59	514.77	514.67	143027	110
316.97	9.22	7.58	702	6
209.97	1.09	1.09	194	
7180.55	753.90	526.82	640690	3005
51623.80	2049.45	1248.78	813390	3417

行 业	Sector	工 业企业数（个）Number of Industrial Enterprises (unit)	工业废水排放总量（万吨）Total Volume of Industrial Waste Water Discharged (10000 tons)	#直接排入海的 Discharged Directly to the Sea
医药制造业	Manufacture of Medicines	236	5093.62	37.02
化学纤维制造业	Manufacture of Chemical Fibers	67	5536.87	
橡胶制品业	Manufacture of Rubber	78	908.82	
塑料制品业	Manufacture of Plastics	89	477.75	0.40
非金属矿物制品业	Manufacture of Non-metallic Mineral Products	713	2641.83	13.95
黑色金属冶炼及压延加工业	Smelting and Pressing of Ferrous Metals	329	18188.18	144.00
有色金属冶炼及压延加工业	Smelting and Pressing of Non-ferrous Metals	155	1647.79	0.08
金属制品业	Manufacture of Metal Products	875	7681.11	4.88
通用设备制造业	Manufacture of General Purpose Machinery	248	1913.40	5.31
专用设备制造业	Manufacture of Special Purpose Machinery	126	982.73	0.16
交通运输设备制造业	Manufacture of Transport Equipment	183	2387.67	34.94
电气机械及器材制造业	Manufacture of Electrical Machinery and Equipment	197	2101.64	0.87
通信设备、计算机及其他电子设备制造业	Manufacture of Communication Equipment, Computers and Other Electronic Equipment	270	8847.25	17.98
仪器仪表及文化、办公用机械制造业	Manufacture of Measuring Instruments and Machinery for Cultural Activity and Office Work	71	1913.75	
工艺品及其他制造业	Manufacture of Artwork and Other Manufacturing	18	74.88	
废弃资源和废旧材料回收加工业	Recycling and Disposal of Waste	13	93.70	
电力、燃气及水的生产和供应业	**Production and Supply of Electricity, Gas and Water**	**245**	**10343.86**	**57.38**
电力、热力的生产和供应业	Production and Supply of Electric Power and Heat Power	233	9521.18	57.38
燃气生产和供应	Production and Supply of Gas	3	5.02	
水的生产和供应业	Production and Supply of Water	9	817.67	
其他行业	**Others**	**2**	**27.17**	

Continued 1

工 业 废 水 排放达标量 （万吨） Volume of Treated Industrial Waste Water up to the Discharge Standardtzed （10000 tons）	工业废气 排放总量 （亿标立方米） Total Volume of Industrial Waste Gas Emission （100 million cu. m）	燃料燃烧过程中 废气排放总量 （亿标立方米） Total Volume of Waste Gas in the Process of Fuel Burning （100 million cu. m）	工业烟尘 去除量 （吨） Volume of Soot Removed （ton）	工业粉尘 排放量 （吨） Volume of Industrial Dust Emission （ton）
5017.40	37.67	27.59	7194	170
5507.39	687.49	439.20	174084	441
898.31	283.74	37.85	6956	145
468.03	66.84	25.45	7843	13
2597.79	2727.65	950.75	1362407	84979
18051.33	6456.28	1766.01	1419521	32412
1639.86	336.76	36.64	3675	675
7582.16	259.44	86.13	21453	975
1859.40	135.84	44.01	6089	1732
903.40	61.85	12.84	1813	98
2301.47	254.16	28.10	1961	1309
2046.57	230.26	19.25	3961	234
8638.55	1580.71	218.19	344	89
1911.41	312.87	4.20	216	308
74.88	1.31	1.31	212	
90.40	13.58	10.88	2146	392
10153.03	**13536.72**	**13533.74**	**18611057**	**6**
9330.35	13535.09	13532.18	18610899	6
5.02	0.11	0.11	55	
817.67	1.52	1.45	103	
27.17				

9－13 续 表2

行 业	Sector	工业粉尘去除量（吨）Volume of Industrial Dust Removed (ton)	工业固体废物产生量（万吨）Volume of Industrial Solid Wastes Produced (10000 tons)	工业固体废物综合利用量（万吨）Volume of Industrial Solid Wastes Utilizd in a Comprehensive Way (10000 tons)
总 计	**Total**	**3445437**	**8349.99**	**8081.50**
采矿业	**Mining**	**4273**	**413.91**	**359.39**
煤炭开采和洗选业	Mining and Washing of Coal		273.08	276.08
石油和天然气开采业	Extraction of Petroleum and Natural Gas		0.21	0.11
黑色金属矿采选业	Mining and Processing of Ferrous Metal Ores	1638	70.49	20.61
有色金属矿采选业	Mining and Processing of Non－ferrous Metals Ores	40	18.39	10.86
非色金属矿采选业	Mining and Processing of Nonmetal Ores	2594	41.66	41.66
其他矿采选业	Mining of Other Ores		10.06	10.06
制造业	**Manufacturing**	**3440632**	**4452.61**	**4220.43**
农副食品加工业	Processing of Food from Agricultural Products	5035	23.56	23.25
食品制造业	Manufacture of Food	8452	50.05	49.60
饮料制造业	Manufacture of Beverage		78.41	77.97
烟草制品业	Manufacture of Tobacco	355	0.28	0.04
纺织业	Manufacture of Textile	210	139.01	128.97
纺织服装、鞋、帽制造业	Manufacture of Textile Wearing, Apparel, Footwear and Caps	359	3.38	2.47
皮革、毛皮、羽毛(绒)及其制品业	Manufacture of Textile, Fur, Feather and Related Products		5.26	3.16
木材加工及木、竹、藤、棕、草制品业	Processing of Timber, Manufacture of Wood, Bamboo, Rattan, Palm and Straw Products	53951	8.03	8.03
家具制造业	Manufacture of Furniture	224	0.66	0.63
造纸及纸制品业	Manufacture of Paper and Paper Products	1	198.31	190.03
印刷业和记录媒介的复制	Printing, Reproduction of Recording Media	6	0.70	0.70
文教体育用品制造业	Manufacture of Articles For Culture, Education and Sport Activities		0.47	0.44
石油加工、炼焦及核燃料加工业	Processing of Petroleum, Coking, Processing of Nuclear Fuel	8121	74.92	68.26
化学原料及化学制品制造业	Manufacture of Raw Chemical Materials and Chemical Products	36313	657.29	613.22

Continued 2

工业固体废物贮存量（万吨）Volume of Industrial Solid Wastes Accumulated (1000 tons)	工业固体废物处置量（万吨）Volume of Industrial Solid Wastes Treated (10000 tons)	三废综合利用产品产值（万元）Output Value of Products Made from Comprehensive Utilization of Waste Gas, Waste Water and Solid Wastes (10000 yuan)	生产工艺过程废气排放总量（亿标立方）Total Volume of Waste Gas from the Process of Production (100 million cu. m)	工业二氧化硫排放量（吨）Volume of Sulphur Dioxide Emission (ton)	#生产工艺过程中排放的 Industrial Sulphur Dioxide from the Process of Production
1959426	**1220916**	**2189749**	**10978.37**	**904357**	**78728**
499456	**75712**	**6301**	**9.70**	**1660**	**331**
		235		458	
710	360		0.05	343	1
498736	64	99	2.05	192	74
10	75288	3931	2.63	247	
		1992	3.76	374	235
		45	1.21	46	21
1438273	**1009450**	**2070950**	**10965.69**	**397219**	**78379**
2	3125	17179	45.70	4921	3
67	4466	4366	7.93	4524	
85	4331	19637		4213	
	2439		0.40	57	
148	100260	37595	65.80	35159	14
171	8861	1077	12.08	1148	3
8	20964	1852		976	
	10	12797	64.77	3605	
3	293	18	1.47	115	3
	82769	18870	0.10	34304	
	22	107	1.64	410	16
	365	25		118	
12549	55111	74446	227.09	29309	7408
332401	229001	230025	800.67	89860	9775

行 业	Sector	工业粉尘去除量（吨）Volume of Industrial Dust Removed (ton)	工业固体废物产生量（万吨）Volume of Industrial Solid Wastes Produced (10000 tons)	工业固体废物综合利用量（万吨）Volume of Industrial Solid Wastes Utilizd in a Comprehensive Way (10000 tons)
医药制造业	Manufacture of Medicines	184	18.85	16.97
化学纤维制造业	Manufacture of Chemical Fibers	4557	90.25	89.40
橡胶制品业	Manufacture of Rubber	8930	6.64	6.47
塑料制品业	Manufacture of Plastics	171	4.57	4.28
非金属矿物制品业	Manufacture of Non-metallic Mineral Products	2215533	190.32	188.36
黑色金属冶炼及压延加工业	Smelting and Pressing of Ferrous Metals	1066587	2689.27	2572.73
有色金属冶炼及压延加工业	Smelting and Pressing of Non-ferrous Metals	11712	12.98	12.06
金属制品业	Manufacture of Metal Products	5612	49.77	45.91
通用设备制造业	Manufacture of General Purpose Machinery	6101	27.31	24.55
专用设备制造业	Manufacture of Special Purpose Machinery	2164	10.35	9.70
交通运输设备制造业	Manufacture of Transport Equipment	2685	37.28	35.03
电气机械及器材制造业	Manufacture of Electrical Machinery and Equipment	126	10.17	7.81
通信设备、计算机及其他电子设备制造业	Manufacture of Communication Equipment, Computers and Other Electronic Equipment	634	37.36	26.29
仪器仪表及文化、办公用机械制造业	Manufacture of Measuring Instruments and Machinery for Cultural Activity and Office Work	2001	18.68	5.67
工艺品及其他制造业	Manufacture of Artwork and Other Manufacturing		0.38	0.38
废弃资源和废旧材料回收加工业	Recycling and Disposal of Waste	610	8.08	8.05
电力、燃气及水的生产和供应业	**Production and Supply of Electricity, Gas and Water**	**532**	**3483.47**	**3501.68**
电力、热力的生产和供应业	Production and Supply of Electric Power and Heat Power	532	3480.21	3500.49
燃气生产和供应	Production and Supply of Gas		0.25	0.22
水的生产和供应业	Production and Supply of Water		3.00	0.97
其他行业	**Others**		**0.01**	

Continued 3

工业固体废物贮存量（万吨）Volume of Industrial Solid Wastes Accumulated (1000 tons)	工业固体废物处置量（万吨）Volume of Industrial Solid Wastes Treated (10000 tons)	三废综合利用产品产值（万元）Output Value of Products Made from Comprehensive Utilization of Waste Gas, Waste Water and Solid Wastes (10000 yuan)	生产工艺过程废气排放总量（亿标立方）Total Volume of Waste Gas from the Process of Production (100 million cu. m)	工业二氧化硫排放量（吨）Volume of Sulphur Dioxide Emission (ton)	#生产工艺过程中排放的 Industrial Sulphur Dioxide from the Process of Production
50	18821	42800	10.08	2849	0
156	8391	15339	248.30	22526	405
16	1672	3905	245.89	1528	68
15	2878	21231	41.40	1908	0
7	19632	841339	1776.90	37091	8359
1091646	77594	441074	4690.28	104854	50376
50	9165	29713	300.12	3765	1766
243	38437	37046	173.30	6294	59
10	27637	9043	91.83	2795	63
177	6361	16386	49.00	656	0
40	22138	18281	226.05	1569	2
197	23416	13785	211.02	1591	48
168	110554	131366	1362.52	409	1
66	130023	10647	308.67	116	10
0	0	12		192	
	716	20989	2.70	356	0
21639	**135754**	**112497**	**2.98**	**505478**	**17**
21639	115084	112489	2.91	505340	17
	310	8		18	
	20360		0.07	121	1
58					

行　业　Sector		工业二氧化硫去除总量（吨）Total Volume of Sulphur Dioxide Removed (ton)	#生产工艺过程去除的 Removed in the Process of Production	工业烟尘排放量（吨）Volume of Soot Emission (ton)
总　计	**Total**	**2157808**	**492209**	**266695**
采矿业	**Mining**	**201**	**38**	**487**
煤炭开采和洗选业	Mining and Washing of Coal	109		206
石油和天然气开采业	Extraction of Petroleum and Natural Gas	18		50
黑色金属矿采选业	Mining and Processing of Ferrous Metal Ores	38	38	80
有色金属矿采选业	Mining and Processing of Non－ferrous Metals Ores	32		76
非色金属矿采选业	Mining and Processing of Nonmetal Ores	4		54
其他矿采选业	Mining of Other Ores			20
制造业	**Manufacturing**	**659830**	**492153**	**157329**
农副食品加工业	Processing of Food from Agricultural Products	5877		2938
食品制造业	Manufacture of Food	309		3881
饮料制造业	Manufacture of Beverage	1692	30	1848
烟草制品业	Manufacture of Tobacco			9
纺织业	Manufacture of Textile	11523		22374
纺织服装、鞋、帽制造业	Manufacture of Textile Wearing, Apparel, Footwear and Caps	105	2	675
皮革、毛皮、羽毛(绒)及其制品业	Manufacture of Textile, Fur, Feather and Related Products	256		363
木材加工及木、竹、藤、棕、草制品业	Processing of Timber, Manufacture of Wood, Bamboo, Rattan, Palm and Straw Products	765	18	2123
家具制造业	Manufacture of Furniture			80
造纸及纸制品业	Manufacture of Paper and Paper Products	30255		6933
印刷业和记录媒介的复制	Printing, Reproduction of Recording Media	31		150
文教体育用品制造业	Manufacture of Articles For Culture, Education and Sport Activities	0		87
石油加工、炼焦及核燃料加工业	Processing of Petroleum, Coking, Processing of Nuclear Fuel	437086	428960	6843
化学原料及化学制品制造业	Manufacture of Raw Chemical Materials and Chemical Products	72004	24622	34195

Continued 4

工业锅炉 Industrial Boiler		#烟尘排放达标的 Soot Discharge Standardized		工业窑炉数（座） Number of Industrial Kiln Stove (unit)	
（台） (unit)	（蒸吨） (steam tons)	（台） (unit)	（蒸吨） (steam tons)		#烟尘排放达标的 Soot Discharge Standardized
5631	**172061**	**5527**	**168980**	**3842**	**3733**
72	**329**	**72**	**329**	**12**	**9**
30	222	30	222		
28	63	28	63		
2	2	2	2	3	3
9	19	9	19	5	5
2	19	2	19	4	1
1	4	1	4		
5015	**43601**	**4930**	**42415**	**3823**	**3717**
231	1189	226	1168	20	19
120	539	117	537	7	7
95	806	94	798	3	3
9	67	9	67	1	1
1227	6356	1213	6292	149	148
81	225	80	225	8	8
50	187	49	187	3	3
71	536	57	465	5	4
5	16	5	16		
165	4620	162	4594	17	13
12	50	12	50		
9	14	8	13		
47	3429	46	3404	181	173
1318	11974	1306	11938	372	367

行业	Sector	工业二氧化硫去除总量(吨) Total Volume of Sulphur Dioxide Removed (ton)	#生产工艺过程去除的 Removed in the Process of Production	工业烟尘排放量(吨) Volume of Soot Emission (ton)
医药制造业	Manufacture of Medicines	545		1485
化学纤维制造业	Manufacture of Chemical Fibers	27793	1347	5878
橡胶制品业	Manufacture of Rubber	1008		812
塑料制品业	Manufacture of Plastics	7064		562
非金属矿物制品业	Manufacture of Non-metallic Mineral Products	19446	13044	23518
黑色金属冶炼及压延加工业	Smelting and Pressing of Ferrous Metals	41727	23802	34417
有色金属冶炼及压延加工业	Smelting and Pressing of Non-ferrous Metals	337	264	980
金属制品业	Manufacture of Metal Products	779	55	3573
通用设备制造业	Manufacture of General Purpose Machinery	122		1419
专用设备制造业	Manufacture of Special Purpose Machinery	15	0	377
交通运输设备制造业	Manufacture of Transport Equipment	413	1	510
电气机械及器材制造业	Manufacture of Electrical Machinery and Equipment	323		986
通信设备、计算机及其他电子设备制造业	Manufacture of Communication Equipment, Computers and Other Electronic Equipment	35	6	171
仪器仪表及文化、办公用机械制造业	Manufacture of Measuring Instruments and Machinery for Cultural Activity and Office Work	7		53
工艺品及其他制造业	Manufacture of Artwork and Other Manufacturing	17		44
废弃资源和废旧材料回收加工业	Recycling and Disposal of Waste	297	1	45
电力、燃气及水的生产和供应业	**Production and Supply of Electricity, Gas and Water**	**1497777**	**18**	**108879**
电力、热力的生产和供应业	Production and Supply of Electric Power and Heat Power	1497777	18	108797
燃气生产和供应	Production and Supply of Gas			55
水的生产和供应业	Production and Supply of Water			27
其他行业	**Others**			

Continued 5

工业锅炉 Industrial Boiler		#烟尘排放达标的 Soot Discharge Standardized		工业窑炉数（座）Number of Industrial Kiln Stove (unit)	
（台）(unit)	（蒸吨）(steam tons)	（台）(unit)	（蒸吨）(steam tons)		#烟尘排放达标的 Soot Discharge Standardized
160	631	155	541	14	14
126	5395	126	4612	46	46
76	582	74	576	9	9
58	172	58	172	15	15
118	859	114	827	706	648
129	3877	129	3877	934	929
51	149	51	149	272	270
285	454	275	451	460	451
85	184	85	184	250	240
42	123	41	123	112	111
93	342	92	341	117	116
81	239	78	229	43	43
209	412	208	412	39	39
46	114	46	114	23	23
11	15	11	15	4	4
5	49	3	41	13	13
544	**128132**	**525**	**126236**	**7**	**7**
540	128094	523	126206	3	3
2	8			2	2
2	30	2	30	2	2

9－14　环境保护基本情况
Basic Statistics on Environmental Protection

项　　目	Item	1995	2000	2005	2009	2010
环保系统建设情况	**Construction of Environmental Agencies**					
机构数（个）	Number of Agencies (unit)	501	873	587	703	727
#科研所	Scientific Reasearch Center	8	10	13	13	12
监测站	Monitoring Station	11	122	100	107	110
监理所	Supervising Administrative Center	12	272	173	152	152
人员数（人）	Number of Staff and Workers (person)	5672	7433	8631	10020	10240
#监测人员	Monitoring Personnel	727	2574	3098	3427	3564
监理人员	Supervising Administrative Personnel	225	1714	2435	2968	2992
污染排放与处理情况	**Discharge and Treatment of Pollution**					
废水	**Waster Water**					
工业废水排放量（亿吨）	Industrial Waste Water Emission (100 million tons)	22.02	20.19	29.63	26.74	26.38
#符合排放标准的	According to Standard	14.41	18.57	28.89	25.72	25.86
城镇生活污水排放量（亿吨）	Volume of Urban Domestic Sewage Emission (100 million tons)		14.74	22.31	26.62	29.17
工业废水排放达标量（亿吨）	Volume of Industrial Waste Water Emission Standiardized (100million tons)	14.41	18.57	28.89	25.72	25.87
工业废水排放的污染物（公斤）	Filth of Industrial Waste Water Discharged (kg)					
汞及其无机化合物	Mercury and Inorganic Compound	75	10	50	20	0.9
砷及其无机化合物	Arsenic and Inorganic Compound	166274	52040	4170	886	851
铅及其无机化合物	Aluminium and Inorganic Compound	9021	13330	20750	2684	2429
挥发酚	Phenol	462699	114230	88020	35187	26865
氰化物	Cyanide	97199	48420	36800	10348	10156

9－14 续 表1 Continued 1

项 目	Item	1995	2000	2005	2009	2010
废气	**Waste Gas**					
工业废气排放量（亿标立米）	Volume of Industrial Waste Gas Emission (100 million standardized cu. m)	7872.11	9078.20	20196.58	27431.75	31212.93
#生产工艺排放的	Waste Gas in the Process of Production	1888.00	2556.56	7448.51	9679.52	10978.37
二氧化硫排放量（万吨）	Volume of Sulphur Dioxide Emission (10000 tons)		89.05	137.34	107.41	105.05
#工业	Industry	104.47	84.33	131.24	101.18	100.25
生活	Daily Life		4.72	6.10	6.23	4.80
化学需氧量排放量（万吨）	Volume of COD Emission (10000 tons)		65.38		82.17	78.80
#工业	Industry	50.40	24.14		25.13	25.63
生活	Daily Life		41.24		57.04	53.17
烟尘排放量（万吨）	Volume of Soot Emission (10000 tons)		39.60	45.25	33.01	33.53
#工业	Industry	54.00	37.47	42.64	30.15	29.91
生活	Daily Life		2.13	2.61	2.86	3.62
工业粉尘排放量（万吨）	Volume of Industrial Soot Emission (10000 tons)	27.00	25.68	35.45	16.37	15.11
二氧化硫去除量（万吨）	Volume of Sulphur Dioxide Removed (10000 tons)	12.72	18.72	73.29	185.55	215.78
工业烟尘去除量（万吨）	Volume of Industrial Soot Removed (10000 tons)	772.14	725.41	1771.51	2279.39	2345.89
工业粉尘去除量（万吨）	Volume of Industrial Dust Removed (10000 tons)	112.00	210.48	388.73	323.08	344.54
固体废物	Solid Waste Residue					
工业固体废物产生量（万吨）	Industrial Solid Waste Residue Produced (10000 tons)	2883.00	3038.19	5757.37	8027.81	9063.83
#危险废物	Dangerous Residue		76.51	83.90	126.06	132.89
工业固体废物综合利用率（%）	Rate of Industrial Solid Waste Utilized in a Conprehensive Way (%)	77.5	85.5	94.9	96.7	96.1
工业固体废物综合利用量（万吨）	Volume of Industrial Solid Waste Utilizedin a Comprehensive Way (10000 tons)	2295.34	2598.40	5986.51	7862.25	8760.59
工业固体废物排放量（万吨）	Volume of Industrial Solid Waste Dischaged (10000 tons)	25.61	4.50	0.01	0.00	0.00
"三废"综合利用产品产值（亿元）	Output Value of Products Made from Comprehensive Utilization of Waste Water, Waste Gas and Solid Wastes (100 million yuan)		21.87	93.20	201.44	218.97

9－14 续 表2 Continued 2

项 目 Item		1995	2000	2005	2009	2010
工业污染治理项目及投资情况	**Investment in Anti-Industrial Pollution Projects**					
本年施工污染治理项目数 （个）	Number of Anti-Pollution Projects Under Construction in This Year （unit）	919	2412	782	651	388
废水治理项目	Waste Water	357	966	425	379	185
废气治理项目	Waste Gas	359	1216	257	189	139
固体废物治理项目	Solid Wastes	38	68	27	19	13
噪声治理项目	Noice Abatement	127	98	27	11	9
其他	Others	38	64	46	53	42
污染治理项目本年完成投资 （亿元）	Investment in Anti-Pollution Projects Completed in This Year （100 million yuan）	5.42	13.11	38.95	27.05	18.60
废水治理项目	Waste Water	3.34	6.53	8.16	14.54	7.44
废气治理项目	Waste Gas	1.34	5.49	28.46	10.48	7.19
固体废物治理项目	Solid Wastes	0.46	0.79	0.20	0.34	0.90
噪声治理项目	Noice Abatement	0.19	0.14	0.22	0.04	0.20
其他	Others	0.09	0.16	1.91	1.65	2.87
生态环境保护情况	Ecological and Environmental Protection					
自然保护区面积 （万公顷）	Areas of Natural Reserves （10000 hectares）	49.90	59.55	85.15	56.50	56.71
自然保护区个数 （个）	Number of Natural Reserves （unit）	10	23	40	31	29
保护区面积占辖区面积 （%）	Ratio of the Area of Reserves to the Area Under Jurisdiction （%）	4.8	5.8	6.8	5.5	5.5
已批准国家级生态示范区 （个）	Number of State Level Ecological Model Zones Permitted （unit）					12

主要统计指标解释

气候 指地球与大气之间长期能量交换与质量交换所形成的一种自然环境状态,它是多种因素综合作用的结果。气候既是人类生活和生产的环境要素之一,又是供给人类生活和生产的重要资源。气温、降水、湿度等气象要素的多年平均值是用来描述一个地区气候状况的主要参数,而各种气象要素某年、某月的平均值(或总量)则可以反映出该时期天气气候状况的重要特征。

自然资源 指人类可以直接从自然界获得,并用于生产和生活的物质资源。自然资源一般可以分成可再生资源和非再生资源两大类。可再生资源指在较短时间内可以再生、可以循环利用的资源,包括土地资源、水资源、气候资源、生物资源和海洋资源等。非再生资源指在使用后不能再生的资源,包括矿产资源和地热能源。

耕地面积 指经过开垦用以种植农作物并经常进行耕耘的土地面积。包括种有作物的土地面积、休闲地、新开荒地和抛荒未满三年的土地面积。

水资源 水在自然界中以固体、液体和气态三种聚集状态存在,分布于海洋、陆地(包括土壤)以及大气之中,通过水循环形成水资源。水资源包括经人类控制并直接可供灌溉、发电、给水、航运、养殖等用途的地表水和地下水,以及江河、湖泊、井、泉、潮汐、港湾和养殖水域等。水资源是发展国民经济不可缺少的重要自然资源。

地表水和地下水 陆地上的水因空间分布不同,分为地表水和地下水。地表水指分别存在于河流、湖泊、沼泽、冰川和冰盖等水体中水分的总称,又称陆地水。地下水指储存在地面以下饱和岩土孔隙、裂隙及溶洞中的水。

矿产资源 矿产指由地质作用形成,富集于地壳中或出露于地表达到工农业利用要求的有用矿物。矿产是一种重要的自然资源,是社会发展的重要物质基础。

矿产保有储量 指探明的矿产储量(包括工业储量和远景储量),扣除已开采部分和地下损失量后的年末实有储量。

气温 指空气的温度,我国一般以摄氏度(℃)为单位表示。气象观测的温度表是放在离地面约 1.5 米处通风良好的百叶箱里测量的,因此,通常说的气温指的是离地面 1.5 米处百叶箱中的温度。其统计计算方法为:

月平均气温是将全月各日的平均气温相加,除以该月的天数而得。

年平均气温是将 12 个月的月平均气温累加后除以 12 而得。

降水量 指从天空降落到地面的液态或固态(经融化后)水,未经蒸发、渗透、流失而在地面上积聚的深度。其统计计算方法为:

月降水量是将全月各日的降水量累加而得。

年降水量是将 12 个月的月降水量累加而得。

能源生产总量 指一定时期内,全国一次能源生产量的总和。该指标是观察全国能源生产水平、规模、构成和发展速度的总量指标。一次能源生产量包括原煤、原油、天然气、水电、核能及其他动力能(如风能、地热能等)发电量,不包括低热值燃料生产量、生物质能、太阳能等的利用和由一次能源加工转换而成的二次能源产量。

能源消费总量 指一定时期内,全国各行业和居民生活消费的各种能源的总和。该指标是观察能源消费水平、构成和增长速度的总量指标。能源消费总量包括原煤和原油及其制品、天然气、电力,不包括低热值燃料、生物质能和太阳能等的利用。能源消费总量分为终端能源消费量、能源加工转换损失量和能源损失量三部分。

(1) 终端能源消费量:指一定时期内,全国生产和生活消费的各种能源在扣除了用于加工转换二次能源消费量和损失量以后的数量。

(2) 能源加工转换损失量:指一定时期内,全国投入加工转换的各种能源数量之和与产出各种能源产品之和的差额。该指标是观察能源在加工转换过程中损失量变化的指标。

(3) 能源损失量:指一定时期内,能源在输送、分配、储存过程中发生的损失和由客观原因造成的各种损失量,不包括各种气体能源放空、放散量。

工业废水排放量 指经过企业厂区所有排放口排到企业外部的工业废水量。包括生产废水、外排的直接冷却水、超标排放的矿井地下水和与工业废水混排的厂区生活污水,不包括外排的间接冷却水(清污不分流的间接冷却水应计算在内)。

工业废水排放达标量 指各项指标都达到国家或地方排放标准的外排工业废水量,包括未经处理外排达标和经过处理后外排达标两部分。

工业废水处理量 指报告期内各种水治理设施实际处理的工业废水量,包括处理后外排和处理后回用的工业废水量和虽经处理但未达到国家或地方排放标准的废水量。如车间和厂排放口均有治理设施,并对同一废水分级处理时,不应重复计算工业废水处理量。

工业废气排放量 指企业厂区内燃料燃烧和生产工艺过程中产生的各种排入空气的含有污染物的气体总量，按标准状态〔273K，101325Pa〕计算。

工业二氧化硫排放量 指企业在燃料燃烧和生产工艺过程中排入大气的二氧化硫数量。

工业烟尘排放量 指企业厂区内燃料燃烧产生的烟气中夹带的颗粒物数量。

工业粉尘排放量 指企业在生产工艺过程中排放的颗粒物重量，如钢铁企业的耐火材料粉尘、焦化企业的筛焦系统粉尘、烧结机的粉尘、石灰窑的粉尘、建材企业的水泥粉尘等。不包括电厂排入大气的烟尘。

工业固体废物产生量 指企业在生产过程中产生的固体状、半固体状和高浓度液体状废弃物的总量，包括危险废物、冶炼废渣、粉煤灰、炉渣、煤矸石、尾矿、放射性废物和其他废物等；不包括矿山开采的剥离废石和掘进废石（煤矸石和呈酸性或碱性的废石除外）。酸性或碱性废石指采掘的废石其流经水、雨淋水的 pH 值小于 4 或 pH 值大于 10.5 者。

工业固体废物处置量 指将固体废物焚烧或者最终置于符合环境保护规定要求的场所，并不再回取的工业固体废物量（包括当年处置往年的工业固体废物累计贮存量）。处置方法有填埋（其中危险废物应安全填埋）、焚烧、专业贮存场（库）封场处理、深层灌注、回填矿井等。

工业固体废物排放量 指将所产生的固体废物排到固体废物污染防治设施、场所以外的数量，不包括矿山开采的剥离废石和掘进废石（煤矸石和呈酸性或碱性的废石除外）。

环境污染与破坏事故 指由于违反环境保护法规的经济、社会活动与行为，以及意外因素的影响或不可抗拒的自然灾害等原因，致使环境受到污染，国家重点保护的野生动植物、自然保护区受到破坏，人体健康受到危害，社会经济和人民财产受到损失，造成不良社会影响的突发性事件。

Explanatory Notes on Main Statistical Indicators

Climate refers to the natural environmental status formed by the long-term exchange of energy and mass between the earth and the air, and is the results of interaction of many factors. Climate is both one of the environment factors and the important resources for the living and production activities of the human being. The average values across several years of meteorological factors such as temperature, rainfall and humidity are used as important parameters to describe the climate of a region, while the average values (or total values) of a given year or month of meteorological factors reflect the key characteristics of climate for that period of time.

Natural Resources refer to material resources that could be obtained from the nature by human being and used for production and living. Natural resources in general can be classified as renewable resources and non-renewable resources. Renewable resources refer to resources that could be renewed and recycled during a relatively short period of time, including land resource, water resource, climate resource, biology resource and marine resource. Non-renewable resources include resources that could not be renewed, such as minerals and geothermal resource.

Area of Cultivated Land refers to area of land reclaimed for the regular cultivation of various farm crops, including crop-cover land, fallow, newly reclaimed land and land laid idle for less than 3 years.

Water Resource Water exists in the nature in solid, liquid and gaseous states, is distributed in the ocean, land (including earth) and air, and constitutes the water resource through the circulation of water. Water resource includes the surface water and underground water that is controlled by the human being for irrigation, power-generation, water supply, navigation and cultivation. It also includes rivers, lakes, wells, springs, tides, gulf and water area for cultivation. Water resource as an important natural resource is indispensable for the development of the national economy.

Surface Water and Underground Water Water on earth can be divided into surface water and underground water according to its distribution. Surface water refers to moisture exists in rivers, lakes, swamps, glaciers, icecaps and so on. It is also called land water. The underground water refers to water deposited underground in the cranny and the hole of saturated rock soil and in the water-eroded cave.

Mineral Resources refer to useful minerals that can be used for industrial or agricultural purposes enriched in lithosphere or on earth due to the geological process. Minerals are important natural resources, and important material base for social development.

Ensured Mineral Reserves refer to the actual mineral reserves, which equal to the proven mineral reserves (including industrial reserves and prospective reserves) minus extracted parts and underground losses.

Temperature refers to the air temperature. China uses centigrade as the unit. The thermometry used for weather observation is put in a breezy shutter, which is 1.5 meters high from the ground. Therefore, the commonly used temperature refers to the temperature in the breezy shutter 1.5 meters away from the ground. The calculation method is as follows:

Monthly average temperature is the summation of average daily temperature of one month divided by the actual days of that particular month.

Annual average temperature is the summation of monthly average of a year divided by 12 months.

Volume of Precipitation refers to the deepness of liquid state or solid state (thawed) water falling from the sky to the ground that has not been evaporated, infiltrated or run off. The calculation method is as follows:

Monthly precipitation is the summation of daily precipitation of a month.

Annual precipitation is the summation of 12 months precipitation of a year.

Total Energy Production refers to the total production of primary energy by all energy producing enterprises in the country in a given period of time. It is a comprehensive indicator to show the level, scale, composition and pace of development of energy production of the country. The production of primary energy includes that of coal, crude oil, natural gas, hydro-power and electricity generated by nuclear energy and other means such as wind power and geothermal power. However, it does not include the production of fuels of low calorific value, bio-energy, solar energy and secondary energy converted from primary energy.

Total Energy Consumption refers to the total consumption of energy of various kinds by the production sectors and the households in the country in a given period of time. It is a comprehensive indicator to show the scale, composition and pace of increase of energy consumption. Total energy consumption includes that of coal, crude oil and their products, natural gas and electricity. However, it does not include the consumption of fuel of low calorific value, bio-energy and solar energy. Total energy consumption can be divided into three parts: end-use energy consumption; loss during the process of energy conversion; and energy loss.

(1) End-use Energy Consumption: It refers to the total energy consumption by the production sectors and the households in the country (region) in a given period of time. It does not include the consumption during the conversion of primary energy into secondary energy and the loss in the process of energy conversion.

(2) Loss During the Process of Energy Conversion: It refers to the total input of various kinds of energy for conversion, minus the total output of various kinds of energy in the country in a given period of time. It is an indicator to show the loss that occurs during the process of energy conversion.

(3) Energy Loss: It refers to the total of the loss of energy during the course of energy transport, distribution and storage and the loss caused by any objective reason in a given period of time. The loss of various kinds of gas due to gas discharges and stocktaking is not included.

Volume of Industrial Waste Water Discharged refers to the volume of industrial waste water discharged, through all outlets, to the outside of industrial enterpises, including waste water produced, direct-cooling water, underground water from mines that does not meet the standard of discharge, and the domestic sewage mixed up with industrial waste water when discharged, but excluding discharged indirect-cooling water.

Volume of Waste Water up to the Standard for Discharge refers to the volume of discharged industrial waste water that with or without treatment, has come up to the national or local standards of discharge.

Volume of Treated Industrial Waste Water refers to the volume of industrial waste water after being treated and purified through various water treatment facilities in the reference period, including the volume discharged or recovered after being treated. The volume of waste water that fails to meet the national or local standards after treatment is also included. If there are treatment facilities both at the outlets of workshops and at the outlets of the factory, and the same volume of waste water has been treated twice, duplication should be avoided in the calculation of the volume of treated industrial waste water.

Volume of Waste Water Industrial Gas Emission refers to waste gas emitted from burning of fuels and from production process in the area of the factory, and is measured by (273 k, 101325 Pa) under standard condition.

Volume of Industrial Sulphur Dioxide Discharged refers to the volume of sulphur dioxide discharged to the air in the process of fuel burning or in the production process.

Volume of Industrial Soot Discharged refers to the volume of solid soot in the smoke discharged in the process of fuel burning in the area of the factory.

Industrial Dust Discharged refers to the total weight of solid dust discharged by industrial enterprises in the production process, such as dust of refractory materials from iron plants, dust from coke-screening system or from sintering machines of coking plant, dust from lime kilns, cement dust from building material enterprises, ect., but excluding smoke and dust discharged from power plants.

Volume of Industrial Solid Wastes Produced refer to the total volume of solid, semi-solid or high concentration liquid residue produced by industrial enterprises in their production process, including dangerous wastes, residues from melting, slag, powdered, coalash, gangue, chemical residues, tailings, radiative residues, but excluding stripped or dug stones in mining(except gangue and acid or alkali stones which are stone washed or soaked by water with a pH value smaller than 4 or larger than 10.5).

Volume of Industrial Solid Wastes Treated refers to the solid wastes disposed of in a non-recoverable place that meet the requirment of environmental protection, such as burying(the dangerous wastes should be buried safely), burning, piling in designated sites, pouring water into the deep strata, filling of old mines, ect. (including treatment of solid wastes piled up in the previous years).

Volume of Industrial Solid Wastes Discharged refers to the volume of industrial solid wastes produced and discharged at the places outside the special facilities or special sites for preventing against pollution, excluding stripped or dug stones in mining(excep gangue and acid or alkali waste stones).

Accidents of Environmental Pollution and Destruction refer to sudden accidents, due to economic and social behavior or activities in contrast with environment protection legislation, unexpected factors or irresistible natural disasters, that cause the pollution of environment, the destruction of natural protection zones, wild plants and animals, the danger to health of people, and the loss in the property of the society and people.

10

农 业
Agriculture

简　要　说　明

一、本篇资料的主要内容及统计范围

本篇资料反映我省农业生产和农村经济的基本情况，内容主要包括耕地、农业机械拥有量、农林牧渔业产值、主要农产品产量、水利设施与除涝治碱、农村居民家庭拥有生产性固定资产、国营农场基本情况等方面的统计资料。

农业统计范围包括全社会除军马生产及农业科研机构进行的农业生产以外的所有农业生产活动。即农村各种经济组织和农户经营的农林牧渔业生产活动；各种专业性农、林、牧、渔场的农业生产活动；国家各级机关、团体、学校、部队进行的农业生产活动；集体所有制的乡、镇、村办农场的农业生产活动；以及工矿企业经营的农、林、牧、渔业生产活动。

1. 农业：指对各种农作物的种植活动。包括谷物、豆类、薯类、棉花、油料、糖料、麻类、烟叶、蔬菜、园艺作物、水果、坚果、饮料和香料作物、中草药及其他作物的种植。

2. 林业：包括林木的栽培（不包括茶园、桑园和果园的栽培、管理和收获等活动），木材和竹材的采运，林产品的采集。

3. 畜牧业：包括牲畜饲养和放牧，家禽饲养以及野生动物的捕猎和饲养。

4. 渔业：包括水生动物和海藻类植物的养殖和捕捞。

5. 农、林、牧、渔服务业：指对农、林、牧、渔业生产活动进行的各种支持性服务。但不包括各种科学技术和专业性技术服务活动。

二、本篇的资料来源及统计调查方法

1. 农业生产基本情况：根据《农林牧渔业统计报表制度》、《农业产值和价格综合统计报表制度》、《乡村社会经济调查方案》和《农产量抽样调查制度》的有关资料整理提供。

《农林牧渔业统计报表制度》为全面报表，由各级统计部门根据当地实际情况，采取抽样调查、重点调查或全面调查的办法搜集资料并逐层上报，或利用同级业务部门统计资料上报。如林业生产情况、渔业生产情况等指标取自同级业务部门的统计资料。

《农产量抽样调查制度》为抽样调查制度。主要以农业普查资料作为有关标识编制抽样框，采取综合运用多阶段、多相、分层、系统随机抽样等多种方法确定调查网点，选取样本，利用了多目标与规模成比例的概率抽样确定样本容量，开展多主题调查。农产量抽样调查实行样本轮换制度，四年为一个周期。粮食产量、棉花产量、播种面积、主要畜产品产量等指标来源于《农产量抽样调查制度》。

《乡村社会经济调查方案》对乡、村基本情况每年进行一次全面调查。

2. 农户家庭固定资产根据《农村住户调查方案》的有关资料整理提供。

3. 国营农场基本情况资料主要取材于农垦系统汇总的统计报表，统计方法为逐级上报、全面汇总。

4. 灌溉、水库和除涝、治水、治碱情况及各地区水利设施和除涝、治碱面积资料，主要来源于水利部门汇总的统计报表。资料收集以县为基本统计单位，采取逐级汇总上报的方式。有些特殊指标如灌区数、大型水库、跨县的中小型水库，由地区直接统计，上报省水利厅。

Brief Introduction

Ⅰ. Main Contents and Statistical Scopes

The data in this chapter show the basic conditions of agricultural production and rural economy, including mainly cultivated land, quantity of agricultural machinery, output of agriculture, forestry, animal husbandry and fishery, output of major products, facilities of water conservancy and efforts to eliminate water-logging and combat alkalinity, productive fixed assets owned by rural households, basic conditions of State-owned farms.

Statistics on agriculture cover all agricultural production activities except horse raising for military purpose and agricultural production activities undertaken by agriculture research institutions. In other words, included in agriculture statistics are production activities in agriculture, forestry, animal husbandry and fishery undertaken by rural economic units of various types and by rural households; production activities of farms specializing in agriculture, forestry, animal husbandry and fishery; production activities in agriculture undertaken by government agencies, institutions, schools and military units; production activities in agriculture undertaken by collective farms run by townships and villages; and production activities in agriculture, forestry, animal husbandry and fishery undertaken by manufacturing and mining enterprises.

(1) Agriculture: refers to cultivation of farm crops, including cereals, beans, tuber crops, cotton, oil-bearing crops, sugar crops, hemp, tobacco leaves, vegetables, gardening plants, fruits, nuts, crops for beverages and spices, medicinal herbs and other farm crops.

(2) Forestry: includes the planting of trees (excluding the operations of planting, management and harvesting on tea plantations, mulberry fields and orchards), cutting and transport of timber and bamboo and collection of forest products.

(3) Animal husbandry: includes the raising and grazing of domestic animals and poultry, and the hunting and raising of wild animals.

(4) Fishery: includes cultivation and catching of aquatic animals and seaweed.

(5) Services in support of agriculture, forestry, animal husbandry and fishery: include supporting services to production activities in agriculture, forestry, animal husbandry and fishery but do not include activities of science and technology and professional services.

Ⅱ. Data Sources and Survey Methods

(1) Data on agricultural production come from the Statistical Reporting Form System on Agriculture, Forestry, Animal Husbandry and Fishery; the Statistical Reporting System on Agricultural Output and Prices; the System of Rural Social and Economic Survey; and the Sample Survey System of Farm Crops.

Statistical Reporting Form System on Agriculture, Forestry, Animal Husbandry and Fishery is a comprehensive reporting program. Data required in this reporting program are collected by statistical offices at all levels by means of sample surveys, surveys of key units or complete enumeration depending on the local circumstances, or estimated by using information from other government agencies at the same level. For instance, some data on forestry and fishery are obtained from statistics data collected by other government agencies at the same level.

Sample Survey System of Farm Crops is a nation-wide survey implemented by sample survey teams with unified sample selection and estimation procedure. The survey mainly in the agricultural census as a sampling frame for the preparation, an integrated use of multi-stage, multi-phase, stratified, systematic random sampling and other methods to determine the network survey, the sampling, the use of multi-objective with probability proportional to size sampling to determine the sample size, carry out multi-topic survey. A rotation scheme is used in the sample survey on farm crops with the cycle of a complete rotation being 4 years. Data on crop production, cotton production, crop planting acreage and production of major animal husbandry products are collected from the Sample Survey System of Farm Crops.

System of Rural Social and Economic Survey is a complete enumeration which is conducted every year to collect information on the basic conditions of all towns, townships and villages, and a complete enumeration in administratively designated towns.

(2) Data on fixed assets, cultivated land and sales of farm products of rural households are collected and compiled by the Department of Rural Social and Economic Survey through the System of Rural Household Survey.

(3) Data on the basic conditions of the State-owned farms come from the statistical reports tabulated by the Bureau of Reclamation. Data are collected from the grassroots units in accordance with the statistical reporting scheme whereby reporting is

done level by level for aggregation.

(4) Data on irrigation and reservoirs, data on efforts to eliminate water-logging, to prevent floods by water control and to combat alkalinity as well as data on the facilities of water conservancy and the area of water-logging eliminated and the improved area of saline-alkaline land come mainly from statistical reports of the Ministry of Water Resources. The statistical scope includes provinces, autonomous regions and municipalities directly under the Central Government. Data are collected from individual counties in accordance with the statistical reporting system and are tabulated and reported level by level. Data on some special indicators, such as the number of irrigated areas, large reservoirs and the medium-sized and small reservoirs that cut across counties are collected directly by the prefectures and reported to the provincial departments of water resources.

10-1 农业基本情况
Basic Statistics of Agriculture

指 标	Item	1995	2000	2005	2009	2010
乡村户数 (万户)	Rural Households (10000 units)	1516.85	1496.27	1505.88	1481.77	1483.26
乡村劳动力 (万人)	Rural Laborers (10000 persons)	2773.04	2688.03	2662.50	2667.70	2670.68
按性别分	Grouped by Sex					
男	Male	1424.43	1382.49	1384.61	1395.33	1401.55
女	Female	1348.61	1305.54	1277.89	1272.37	1269.13
按行业分	Grouped by Sector					
农林牧渔业	Agriculture, Forestry, Animal Husbandry, Fishery	1541.33	1480.22	1058.28	876.31	859.83
#农业	Farming	1326.54	1270.58	885.40	725.30	707.28
工业	Industry	531.78	436.81	598.52	748.69	773.89
建筑业	Construction	227.39	252.02	316.38	358.45	367.42
交通运输、仓储业和邮电通讯业	Transport, Storage, Post and Telecommunication	92.33	89.06	107.76	110.76	111.74
批发、零售贸易业、餐饮业	Wholesale, Retail Sales and Catering Services	73.04	104.81	156.12	191.82	199.60
金融、保险业	Banking and Insurance	2.11	2.50	5.88	7.84	8.36
房地产、社会服务业	Real Estate and Social Services	15.61	22.78	37.24	39.31	37.23
卫生、体育、社会福利业	Healthcare, Sports and Social Welfare	9.69	10.24	11.19	12.42	12.89
教育、文化、艺术和广播电视事业	Education, Culture, Arts, Broadcasting and Television	15.50	14.13	14.43	15.92	15.93
科学研究和综合技术服务事业	Scientific Research and Ploytechnical Services	2.00	2.07	3.04	3.02	3.20
乡经济组织管理	Rural Economic Management	17.37	15.87	12.46	11.88	12.08
其他	Others	244.89	257.52	341.20	291.28	268.51
年末耕地总资源 (千公顷)	Cultivated Area (Year-end) (1000 hectares)	4448.31	5008.39	4780.37	4688.06	
农业机械总动力 (万千瓦)	Total Power of Agricultural Machinery (10000 kW)	2226.95	2925.29	3135.33	3810.57	3937.34
化肥施用量 (万吨)	Consumption of Chemical Fertilizers (10000 tons)	292.77	335.45	340.81	344.00	341.11
农村用电量 (亿千瓦小时)	Electricity Consumed in Rural Areas (100 million kW·h)	238.16	314.60	825.10	1316.62	1472.89
农作物总播种面积 (千公顷)	Sown Area of Farm Crops (1000 hectares)	7909.01	7944.87	7641.20	7558.15	7619.58
#粮食	Grain Crops	5755.15	5304.31	4909.48	5272.04	5282.36
主要农产品产量 (万吨)	Output of Major Farm Products (10000 tons)					
粮食	Grain	3286.30	3106.63	2834.59	3230.10	3235.10
棉花	Cotton	56.16	31.45	32.27	25.55	26.08
油料	Oil-bearing	159.46	225.65	215.99	162.23	151.97
肉类产量	Meat	231.85	328.87	352.34	344.40	366.64
水产品产量	Aquatic Products	219.47	308.79	388.66	443.22	460.44

10－2 灌溉、水库和除涝、治水、治碱情况
Irrigation, Reservoirs, Flood Prevention, Water and Soil Conservation and Improvement of Saline-alkaline Land

项目	Item	1990	2000	2005	2008	2009	2010
年底灌区数 （处）	Number of Irrigated Areas at year-end (set)	185	189	200	207	215	217
50 万亩以上	500000 Units of Area and Over	13	4	6	5	5	5
30－50 万亩	300000—500000 Units of Area		23	23	26	26	31
灌区有效灌溉面积 （万亩）	Effective Irrigated Area (10000 units of area)	1541.14	1278.09	1510.02	1613.91	1747.77	1751.06
50 万亩以上	500000 Units of Area and Over	478.50	161.82	252.53	218.47	217.65	212.58
30－50 万亩	300000—500000 Units of Area		531.45	506.43	568.86	606.48	705.33
水库 （座）	Number of Reservoirs (unit)	1143	912	917	906	909	910
大型水库	Large Reservoir	80	8	8	8	8	8
中型水库	Medium-sized Reservoir	40	42	42	42	42	42
小型水库	Small Reservoir	1095	862	867	856	859	860
水库库容量 （亿立方米）	Capacity of Reservoirs (100million cu. m)	190.17	189.05	189.13	187.88	189.40	189.18
大型水库	Large Reservoir	167.14	167.22	167.15	167.27	167.27	167.27
中型水库	Medium-sized Reservoir	12.13	11.90	11.88	10.53	12.04	11.92
小型水库	Small Reservoir	10.90	9.93	10.10	10.08	10.09	9.99
节水灌溉面积 （千公顷）	Water-saving Irrigated Area (1000 hectares)		1180.07	1423.50	1537.07	1589.97	1627.93
除涝面积 （千公顷）	Flooded or Waterlogged Area (1000 hectares)	4073.95	2793.28	2794.81	2800.24	2811.29	2802.51
水土流失治理面积 （千公顷）	Area of Soil Erosion under Control (1000 hectares)	1026.79	1076.87	863.56	1007.12	1037.44	1155.27
治碱面积 （千公顷）	Improved Area of Saline-alkaline Land (1000 hectares)	948.16	683.50	701.29			
堤防长度 （公里）	Total Length of Dikes (km)	49786.65	55132.63	51030.09	51780.91	51938.22	52261.72
堤防保护面积 （千公顷）	Area of Land Protected by Dikes (1000 hectares)	3799.09	3514.23	3625.53	3570.83	3542.55	3494.30

注：大型水库库容：1 亿立方米以上；中型水库库容：1 千万至 1 亿立方米；小型水库库容：10 万至 1 千万立方米。

Note: Large-scale reservior capacity: 100 million steres and above; Medium-scale reservior capacity: 10 to 100 million steres; Small-scale reservior capacity: 100000 to 1000000 steres.

10－3 主要年份耕地面积
Areas under Cultivation in Major Years

单位：千公顷 (1000 hectares)

年份 Year	年末耕地总资源 Cultivated Areas (year-end)	水田 Paddy Fields	旱地 Dry Fields	年内减少 Decrease in Cultivated Area in the Year	#国家基建占地 Capital Construction	人均占有耕地(平方米) Percapita Cultivated(sq. m) 按乡村人口计算 By Rural Population	按农林牧渔业劳动力计算 By Farming, Forestry, Animal Husbandry, Fishery Laborers
1949	5523.40	2199.60	3323.80			1846.68	
1952	5808.47	2273.47	3535.00			1820.00	3580.12
1957	5825.20	2545.13	3280.07			1633.34	3960.02
1962	5016.20	2161.33	2854.87			1360.01	3473.35
1965	4947.47	2225.93	2721.54			1246.67	3073.35
1970	4820.63	2509.13	2311.50			1033.34	2480.01
1975	4705.53	2484.83	2220.70	23.00	13.39	946.67	2340.01
1976	4689.37	2831.34	1858.03	24.53	17.53	933.34	2293.34
1977	4672.79	2797.36	1875.43	21.81	15.05	920.00	2313.34
1978	4660.79	2743.14	1917.65	20.20	14.60	913.34	2293.34
1979	4650.40	2781.79	1868.61	18.67	13.20	920.00	2360.01
1980	4641.38	2788.62	1852.76	15.27	10.73	913.34	2380.01
1981	4637.01	2775.35	1861.66	11.67	5.67	900.00	2340.01
1982	4631.21	2755.59	1875.62	14.12	4.80	893.34	2326.68
1983	4630.05	2769.02	1861.03	7.67	5.24	893.34	2306.68
1984	4621.09	2837.99	1783.10	15.80	7.13	886.67	2353.35
1985	4604.03	2804.58	1799.45	21.40	5.87	886.67	2700.01
1986	4590.79	2780.11	1810.68	18.59	7.31	893.34	2793.35
1987	4579.81	2770.17	1809.64	18.19	6.21	886.67	2826.68
1988	4568.84	2767.73	1801.11	12.73	5.91	886.67	2820.01
1989	4562.32	2775.97	1786.35	10.43	4.64	886.67	2713.35
1990	4557.86	2804.13	1753.73	8.78	4.63	853.34	2660.01
1991	4549.97	2840.85	1709.12	11.15	4.80	846.67	2613.35
1992	4521.77	2836.81	1684.96	30.96	13.02	840.00	2673.35
1993	4495.66	2711.40	1784.26	28.83	8.71	840.00	2766.68
1994	4464.00	2658.08	1805.92	33.02	11.98	833.34	2806.68
1995	4448.31	2669.68	1778.63	23.69	11.74	833.34	2886.68
1996	5061.70	3065.60	1996.10	16.21	10.58	954.13	3307.87
1997	5055.67	3110.80	1944.87	16.58	9.41	954.42	3298.93
1998	5036.54	3138.96	1897.58	27.08	17.62	960.22	3288.72
1999	5024.22	3164.01	1860.21	18.26	10.26	967.19	3338.33
2000	5008.39	3145.97	1862.42	21.15	7.10	972.39	3383.54
2001	4974.12	3151.79	1822.33	39.87	16.66	966.91	3424.99
2002	4905.02	3098.00	1807.02	78.77	25.95	957.01	3622.19
2003	4858.34	3060.80	1797.54	66.31	25.71	954.70	3948.04
2004	4795.19	2980.60	1814.59	85.67	27.15	944.35	4225.39
2005	4780.37	2981.12	1799.25	32.67	16.18	944.13	4517.11
2006	4743.00	2957.81	1785.19	63.24	26.90	945.77	4833.04
2007	4730.48	2949.38	1781.10	28.40	15.44	945.80	5085.61
2008	4718.66	2942.01	1776.65	27.19	18.07	943.74	5264.19
2009	4688.06	2930.25	1757.81	54.13	28.06	941.84	5349.77

注：1996 年及以后为农业普查接轨数(下同)。

Note: Adujsted according to 2nd Agricultural Census Since 1996. (Same for below)

10－4 主要年份农林牧渔业总产值
Gross Output Value of Agriculture, Forestry, Animal Husbandry and Fishery in Major Years

当年价格,单位:亿元 (at current price, 100 million yuan)

年份 Year	农林牧渔业总产值 Total	农业 Farming	林业 Foresty	畜牧业 Animal Husbandry	渔业 Fishery	农林牧渔服务业 Services in Support of Agriculture
1949	22.59	19.41	…	3.02	0.16	
1952	31.87	26.14	0.03	5.00	0.70	
1957	36.81	30.10	0.22	5.25	1.24	
1962	40.15	34.19	0.32	4.48	1.16	
1965	57.27	47.02	0.63	8.25	1.37	
1970	71.33	57.08	0.85	11.76	1.64	
1975	91.66	72.17	1.47	15.55	2.47	
1976	100.71	82.53	1.31	14.86	2.01	
1977	89.16	73.05	1.25	12.90	1.96	
1978	105.87	85.17	1.48	16.78	2.44	
1979	145.25	114.26	2.03	25.77	3.19	
1980	138.45	105.98	1.94	26.65	3.88	
1981	153.62	119.90	2.00	27.11	4.61	
1982	188.11	145.69	1.96	35.80	4.66	
1983	206.86	160.38	3.30	36.66	6.52	
1984	253.82	193.28	4.33	47.17	9.04	
1985	288.55	201.85	4.63	66.54	15.53	
1986	332.66	235.07	5.15	69.83	22.61	
1987	380.25	257.90	6.02	87.95	28.38	
1988	497.95	310.20	7.29	140.49	39.97	
1989	522.25	325.02	7.02	148.13	42.08	
1990	580.53	362.46	7.94	160.78	49.35	
1991	580.93	354.42	7.55	168.30	50.66	
1992	673.82	411.33	9.93	188.64	63.92	
1993	875.37	518.55	14.61	236.81	105.40	
1994	1335.23	777.94	18.38	390.70	148.21	
1995	1686.78	986.15	21.42	475.67	203.54	
1996	1693.76	1062.39	23.48	368.54	239.35	
1997	1816.37	1085.26	22.56	430.57	277.98	
1998	1849.20	1096.88	24.16	435.51	292.65	
1999	1837.43	1095.13	26.13	413.95	302.22	
2000	1869.73	1096.02	30.17	430.53	313.01	
2001	1956.10	1142.66	30.76	448.51	334.17	
2002	2011.48	1165.49	36.29	456.02	353.68	
2003	1952.20	981.25	31.49	458.87	371.56	109.03
2004	2417.63	1242.41	40.16	563.44	449.47	122.15
2005	2576.98	1291.06	45.27	599.14	511.86	129.65
2006	2718.61	1416.91	54.26	544.48	543.39	159.57
2007	3064.72	1542.53	58.88	704.38	579.00	179.94
2008	3590.64	1746.83	64.92	916.46	665.75	196.69
2009	3816.02	1948.20	70.79	873.97	719.25	203.81
2010	4297.14	2269.56	78.12	923.25	805.25	220.95

10－5 主要年份农林牧渔业总产值指数

Indices of Gross Output Value of Agriculture, Forestry, Animal Husbandry and Fishery in Major Years

按可比价格计算,上年＝100 (at constant price with 100 in preceding year)

年份 Year	农林牧渔业总产值指数 Total	农业 Farming	林业 Forestry	畜牧业 Animal Husbandry	渔业 Fishery	农林牧渔服务业 Services in Support of Agriculture
1949						
1952	117.4	110.0		141.9	306.1	
1957	103.4	99.2	553.8	128.4	106.9	
1962	101.1	97.5	98.2	135.2	94.9	
1965	105.7	100.5	168.0	141.7	95.6	
1970	107.2	107.1	67.2	109.4	124.2	
1975	100.9	99.5	98.0	107.1	104.0	
1976	103.8	105.6	121.1	93.4	94.4	
1977	89.9	89.5	99.2	93.0	101.9	
1978	121.5	123.4	84.5	115.6	98.8	
1979	110.9	108.5	105.0	131.8	110.3	
1980	94.5	91.9	99.5	102.1	118.2	
1981	107.9	109.7	95.3	99.3	115.4	
1982	114.9	113.0	106.0	123.8	105.2	
1983	105.9	107.2	110.8	98.2	99.6	
1984	116.4	106.3	117.8	118.2	124.1	
1985	103.1	99.0	107.9	117.1	126.3	
1986	106.3	106.6	97.3	100.6	134.9	
1987	103.1	103.3	104.8	101.2	108.1	
1988	106.6	104.8	93.8	114.4	108.9	
1989	100.3	100.6	94.4	99.5	101.7	
1990	102.5	101.1	97.4	106.7	107.9	
1991	98.9	95.9	90.0	105.2	101.2	
1992	113.0	113.7	119.1	110.5	115.6	
1993	111.3	106.2	124.1	114.0	134.8	
1994	112.1	108.0	112.4	117.5	119.0	
1995	113.6	112.9	117.0	110.8	124.0	
1996	107.4	108.7	107.4	103.1	111.8	
1997	107.7	106.4	92.6	110.9	109.5	
1998	104.0	103.0	109.9	104.2	107.2	
1999	105.2	105.9	100.0	103.5	106.5	
2000	105.0	103.1	119.9	107.5	107.4	
2001	104.5	105.0	99.1	102.4	106.7	
2002	103.8	102.3	115.8	103.9	108.0	
2003	101.0	94.3	120.0	102.8	106.6	130.0
2004	107.8	113.8	109.4	97.7	109.7	107.0
2005	103.7	101.1	107.5	103.6	110.7	104.0
2006	104.9	105.4	115.7	101.2	106.8	106.0
2007	103.1	102.6	109.9	100.7	104.4	108.3
2008	104.5	103.2	104.7	107.1	105.4	102.6
2009	104.6	103.3	105.2	106.6	105.2	104.0
2010	104.4	103.8	105.6	105.3	104.5	105.1

10-6 主要年份农林牧渔业总产值定基指数
Fixed-base Indices of Gross Output Value of Agriculture, Forestry, Animal Husbandry and Fishery in Major Years

按可比价格计算,1949年=100 (at constant price with 100 in 1949)

年份 Year	农林牧渔业总产值指数 Total	农业 Farming	林业 Forestry	畜牧业 Animal Husbandry	渔业 Fishery	农林牧渔服务业 Services in Support of Agriculture
1949	100.0	100.0		100.0	100.0	
1952	144.2	135.7	100.0	166.5	612.2	
1957	157.4	151.4	900.0	159.0	563.4	
1962	134.7	134.1	1387.5	106.8	407.3	
1965	201.4	190.7	2162.5	224.6	534.1	
1970	239.7	232.5	1487.5	255.0	575.6	
1975	294.7	281.6	2487.5	322.3	819.5	
1976	306.2	296.1	3012.5	301.1	773.2	
1977	275.4	264.9	2987.0	280.1	787.8	
1978	334.6	326.8	2525.0	323.9	778.0	
1979	371.1	354.7	2650.0	426.8	858.5	
1980	350.7	326.0	2637.5	435.8	1014.6	
1981	378.4	357.7	2512.5	432.6	1170.7	
1982	434.8	404.2	2662.5	535.6	1231.7	
1983	460.6	433.3	2950.0	525.9	1226.8	
1984	536.3	460.6	3475.0	621.5	1522.0	
1985	553.1	456.1	3750.0	727.9	1922.0	
1986	587.7	486.4	3650.0	732.5	2592.7	
1987	605.9	502.4	3825.0	741.1	2802.4	
1988	646.1	526.3	3587.5	847.5	3051.2	
1989	648.3	529.4	3387.5	843.1	3102.4	
1990	664.6	535.2	3300.5	899.3	3346.3	
1991	657.1	513.3	2971.7	946.3	3385.3	
1992	742.5	583.6	3538.2	1045.7	3913.7	
1993	826.4	619.6	4391.5	1191.6	5275.3	
1994	926.3	668.9	4936.8	1400.2	6278.5	
1995	1052.7	755.4	5774.3	1551.0	7785.4	
1996	1130.6	821.0	6204.0	1599.2	8707.8	
1997	1217.1	873.5	5746.0	1773.5	9532.8	
1998	1265.6	899.4	6313.9	1847.5	10219.7	
1999	1331.1	952.4	6312.3	1911.5	10883.6	
2000	1397.9	981.6	7566.8	2055.1	11688.1	
2001	1461.5	1030.6	7500.2	2103.9	12474.9	
2002	1516.9	1053.8	8681.6	2186.3	13475.4	100.0
2003	1532.8	994.0	10415.4	2248.1	14369.5	130.0
2004	1653.0	1131.5	11389.9	2196.7	15768.3	139.1
2005	1714.2	1143.9	12245.5	2275.4	17448.0	144.6
2006	1798.2	1205.6	14168.0	2302.7	18634.5	153.3
2007	1853.2	1236.7	15569.2	2319.0	19458.1	166.1
2008	1936.8	1276.4	16294.7	2483.0	20510.8	170.5
2009	2024.9	1318.4	17144.7	2646.0	21573.2	177.4
2010	2113.6	1368.5	18104.8	2786.9	22552.0	186.5

10－7 农林牧渔业分项产值
Gross Output Value of Agriculture, Forestry, Animal Husbandry and Fishery by Branch

按当年价格计算，单位：亿元 (at current price, 100million yuan)

指 标	Item	2005	2006	2007	2008	2009	2010
农林牧渔业总产值	**Total**	**2576.98**	**2707.06**	**3064.72**	**3590.64**	**3816.02**	**4297.14**
农业产值	**Farming**	**1291.06**	**1389.61**	**1542.53**	**1746.83**	**1948.20**	**2269.56**
谷物及其他作物	Planting	722.50	764.45	804.80	855.24	903.10	993.21
#谷物	Cercal	495.04	522.52	573.66	610.62	668.23	736.25
薯类	Tubers	28.41	30.61	27.15	28.95	29.53	34.00
豆类	Beans	24.16	22.56	26.05	35.50	37.15	37.01
棉花	Cotton	57.31	66.41	68.31	53.38	46.07	80.75
油料	Oil-bearing	64.06	68.62	52.95	75.91	70.44	66.49
蔬菜园艺作物	Vegetables and Gardening Crops	454.17	499.15	593.91	735.20	870.12	1074.92
#蔬菜(含菜用瓜)	Vegetable (include melons)	391.98	433.48	521.31	662.94	796.42	989.12
水果、坚果、饮料和香料作物	Fresh Fruits, Nuts, Beverage and Perfume Crops	100.04	111.27	127.13	145.11	168.18	192.72
#水果、坚果(含果用瓜)	Fresh Fruits, Nuts (include melons)	87.70	96.51	103.29	116.24	139.04	158.26
中药材	Chinese Herbal Medicine	14.35	14.75	16.68	11.28	6.79	8.71
林业产值	**Forestry**	**45.27**	**54.25**	**58.88**	**64.92**	**70.79**	**78.12**
林木的培育和种植	Afforestation	29.68	34.25	37.48	46.06	49.83	58.89
竹木采运	Cutting and Transportation of Bamboos and Timber	6.66	10.67	11.50	8.44	8.82	10.98
林产品	Forest Products	8.93	9.32	9.90	10.42	12.14	8.25
牧业产值	**Animal Husbandry**	**599.14**	**571.43**	**704.38**	**916.46**	**873.97**	**923.25**
牲畜饲养	Livestock Raising	54.43	59.43	40.94	49.52	56.06	59.59
#牛	Cattle and Buffaloes	7.13	7.53	5.36	5.84	7.23	8.16
羊	Sheep and Goats	29.24	32.62	13.60	22.60	24.94	25.62
猪的饲养	Hogs Raising	240.53	200.94	280.11	422.09	348.47	364.96
家禽饲养	Poultry Raising	239.50	235.53	309.56	379.23	403.49	425.35
#肉禽	Live Animal and Poultry Products	116.18	115.41	156.70	183.59	195.39	245.86
禽蛋	Poultry Eggs	121.73	118.10	150.65	191.48	203.60	177.20
狩猎和捕捉动物	Hunting	1.87	2.14	2.13	2.18	2.81	1.46
其他畜牧业	Other Animal Husbandry	62.81	73.38	71.64	63.43	63.15	71.90
渔业产值	**Fishery**	**511.86**	**552.21**	**579.00**	**665.75**	**719.25**	**805.25**
海水产品	Seawater Aquatic Products	123.76	140.19	146.06	176.06	188.04	207.77
内陆水域水产品	Freshwater Aquatic Products	388.10	412.01	432.94	489.69	531.21	597.48
农林牧渔服务业产值	**Output Value of Service Industry**	**129.65**	**139.57**	**179.94**	**196.69**	**203.81**	**220.95**

10－8 农作物播种面积
Total Sown Areas of Farm Crops

单位：千公顷 (1000 hectares)

年 份 Year	总播种面积 Total Sown Areas	粮食作物 Grain Crops	#小 麦 Wheat	#稻 谷 Rice	#薯 类 Tubers	#玉 米 Corn	#大 豆 Soybeans
1978	8582.74	6310.93	1412.82	2661.18	478.29	445.01	345.36
1980	8248.93	6090.25	1519.47	2676.15	332.02	386.21	236.47
1985	8557.84	6432.44	2170.39	2431.11	282.45	659.62	317.93
1990	8259.18	6363.02	2399.19	2454.44	221.65	461.01	244.67
1995	7909.01	5755.15	2150.35	2250.31	166.71	461.98	201.32
1996	7914.10	5877.42	2216.26	2335.91	180.59	467.83	179.49
1997	7966.78	5994.43	2341.37	2377.62	169.61	439.00	217.44
1998	8058.28	5946.26	2314.95	2369.70	162.67	473.49	220.83
1999	8023.43	5828.52	2251.70	2398.45	156.89	454.31	210.41
2000	7944.87	5304.31	1954.60	2203.46	158.26	423.16	249.19
2001	7777.42	4886.66	1712.81	2010.25	146.01	429.81	244.37
2002	7797.40	4882.58	1715.85	1982.05	143.75	436.53	243.44
2003	7681.49	4659.47	1620.45	1840.93	134.20	451.90	241.68
2004	7668.98	4774.59	1601.17	2112.90	114.17	389.11	216.42
2005	7641.20	4909.48	1684.44	2209.33	100.16	370.24	214.80
2006	7385.16	5110.80	1912.67	2216.00	76.27	378.17	213.00
2007	7407.73	5215.59	2039.12	2228.07	67.73	391.21	222.73
2008	7510.27	5267.10	2073.12	2232.55	66.17	398.51	232.77
2009	7558.15	5272.04	2077.61	2233.24	66.55	399.84	232.98
2010	7619.58	5282.36	2093.07	2234.16	61.26	403.70	226.90

10－8 续 表 Continued

单位：千公顷 (1000 hectares)

年 份 Year	经济作物 Economic Crops	#棉 花 Cotton	#油菜籽 Rapeseeds	#花 生 Peanuts	#芝 麻 Sesame	#黄红麻 Jute and Ambary Hemp	#甘 蔗 Sugarcane	#甜 菜 Beetroots	#烤 烟 Flue-cured Tobacco	其他作物 Others
1978	905.84	589.99	156.46	65.49	10.60	20.71	0.75	6.91	7.05	1365.97
1980	957.04	631.00	169.58	83.79	4.61	11.51	0.35	5.78	2.17	1201.64
1985	1302.77	592.24	442.64	134.11	12.85	24.78	4.11	4.39	3.47	822.63
1990	1188.41	572.13	440.81	108.71	5.85	5.16	3.35	2.23	5.63	707.75
1995	1268.75	564.90	530.66	148.66	7.54	1.31	3.95	0.17	1.17	885.11
1996	1132.24	485.91	498.00	123.55	9.19	0.89	3.66	0.87	1.44	904.44
1997	1063.10	438.74	473.93	117.25	13.66	0.79	3.46	1.51	2.61	909.25
1998	1063.32	416.16	468.94	141.39	16.23	0.54	3.25	0.52	0.09	1048.70
1999	1006.41	261.99	518.83	177.25	20.62	0.41	4.20	0.15	0.01	1188.50
2000	1227.97	295.27	650.50	227.90	18.20	0.20	5.16	0.07	0.02	1412.59
2001	1347.53	383.99	681.04	230.21	15.53	0.36	5.75	0.40	…	1543.23
2002	1255.19	311.35	668.08	223.63	15.00	0.32	6.08	0.38	…	1659.63
2003	1315.37	369.50	683.03	214.52	12.70	0.31	5.98	0.29	…	1706.65
2004	1356.65	409.62	689.86	218.59	11.91	0.16	4.89	0.12	…	1537.74
2005	1237.36	368.27	660.50	174.29	11.92	0.18	4.10	0.02		1494.36
2006	1007.48	330.40	525.47	130.60	11.38	0.04	1.39	0.01	0.00	1266.88
2007	876.25	326.93	434.36	95.71	10.59	0.02	1.18	0.00	0.00	1315.89
2008	883.86	300.47	454.49	101.58	11.26	0.02	1.59	0.00	0.02	1359.31
2009	862.07	252.34	476.27	105.50	11.44	0.05	2.00	0.02	0.04	1424.04
2010	824.77	235.68	460.08	103.39	10.80		1.70	0.08	0.24	1512.45

10－9 主要农作物种植结构
Planting Structure of Major Farm Crops

单位:% (%)

项目	Item	2005	2006	2007	2008	2009	2010
农作物总播种面积	**Total Sown Area of Farm Crops**	**100.00**	**100.00**	**100.00**	**100.00**	**100.00**	**100.00**
粮食作物	Grain Crops	64.25	69.20	70.41	70.13	69.75	69.33
谷物	Cereal	58.42	63.80	63.15	64.68	64.40	64.14
稻谷	Rice	28.91	30.01	30.08	29.73	29.55	29.32
小麦	Wheat	22.04	25.90	27.53	27.60	27.49	27.47
玉米	Corn	4.85	5.12	5.29	5.31	5.29	5.30
其它谷物	Other Cereal	2.62	2.77	2.27	2.04	2.08	2.05
豆类	Soybeans	4.52	4.37	4.34	4.57	4.47	4.38
#大豆	Sonja	2.81	3.13	3.01	3.10	3.08	2.98
杂豆	Miscellaneous Beans	0.19	0.21	0.18	0.17	0.18	0.18
薯类	Tubers	1.31	1.03	0.91	0.88	0.88	0.80
油料作物	Oil-bearing Crops	11.08	9.05	7.30	7.56	7.85	7.54
#花生	Peanuts	2.28	1.77	1.29	1.35	1.40	1.36
油菜籽	Rapeseeds	8.64	7.12	5.86	6.05	6.30	6.04
芝麻	Sesame	0.16	0.15	0.14	0.15	0.15	0.14
棉花	Cotton	4.82	4.47	4.41	4.00	3.34	3.09
麻类	Fiber Crops	0.02	0.02	0.02	0.02	0.01	0.01
糖料	Sugar Crops	0.05	0.02	0.02	0.02	0.03	0.02
#甘蔗	Sugarcane	0.05	0.02	0.02	0.02	0.03	0.02
烟叶	Tobacco	0.01	…	…	…	…	…
药材	Medicinal Materials	0.19	0.06	0.05	0.16	0.17	0.15
蔬菜、瓜类	Vegetables and Melon	17.26	15.13	15.76	16.24	16.97	17.94
#蔬菜	Vegetables	15.63	13.43	14.07	14.56	15.18	16.14
其他农作物	Other Farm Crops	2.31	2.05	2.03	1.87	1.88	1.91
#青饲料	Succulence	0.58	0.56	0.54	0.46	0.37	0.39

10－10 主要农作物播种面积和产量(2010 年)
Total Sown Areas of Farm Crops and Output (2010)

指标	Item	播种面积（千公顷） Sown Area (1000 hectares)	单位面积产量（千克/公顷） Per Hectare Output (kg/hectare)	总产量（吨） Total Output (ton)
农作物总播种面积	**Total Sown Area of Farm Crops**	**7619.58**		
粮食大豆总计	**Total Grain and Soybeans**	**5282.36**	**6124**	**32351020**
夏粮	Summer Grain	2340.40	4723	11053300
小麦	Wheat	2093.07	4816	10081000
元麦	Hull-less Barley	2.78	3640	10118
大麦	Barley	150.95	4910	741120
蚕豌豆	Horsebean and Pea	93.60	2362	221062
秋粮	Autumn Grain	2941.96	7239	21297720
稻谷	Rice	2234.16	8092	18078599
#中稻	Early Rice	1730.33	8021	13879214
单季晚稻	Single late Rice	502.74	8338	4191677
双季后作稻	Double-crop Late Rice	1.09	7072	7708
#籼稻	Among Rice: Long-grained Nonglutinous Rice	343.20	6915	2373228
薯类	Tubers	61.26	6443	394668
玉米	Corn	403.70	5412	2184824
高粱	Sorghum	0.03	2600	78
谷子	Millet	0.05	1580	79
其他秋粮	Others	15.86	2594	41137
大　豆	Soybeans	226.90	2637	598335
经济作物	**Economic Crops**	**824.77**		
棉　花	Cotton	235.68	1107	260827
油　料	Oil-bearing Crops	574.35	2646	1519720
#花　生	Peanuts	103.39	3646	376960
油菜籽	Rapeseed	460.08	2444	1124437
芝　麻	Sesame	10.80	1674	18074
麻　类	Fiber Crops	0.88	2315	2037
#黄　麻	Jute			
苎　麻	Ramee	0.88	2315	2037
糖　类	Sugar Crops	1.78	57688	102684
#甘　蔗	Sugarcane	1.70	59848	101742
烟　叶	Tobacco Crops	0.24	2158	518
药　材	Medicinal Materials	11.49		
其他经济作物	Others	145.20		
#薄　荷	Mint	0.35	174	61
其他农作物	**Others**	**1512.45**		
#蔬　菜	Vegetable	1229.77	34429	42340003
瓜果类	Melon and Fruits Crops	137.48	36481	5015402
绿　肥	Organic Fertilizer	12.66		

10 - 11 主要农产品产量
Output of Major Farm Crops

单位:万吨 (10000 tons)

年份 Year	粮食 Grain	夏粮 Summer Grain	秋粮 Autumn Grain	棉花 Cotton	油料 Oil-bearing Grops	#花生 Peanuts	#油菜籽 Rape-seeds
1949	748.50	217.00	531.50	2.81	15.94	11.82	3.60
1952	997.55	277.85	719.70	9.28	21.68	14.38	6.00
1957	1063.60	274.85	788.75	15.01	25.07	19.81	4.93
1962	965.35	280.65	684.70	8.21	10.27	6.38	3.52
1965	1442.75	379.85	1062.90	26.44	21.68	13.87	7.41
1970	1705.15	415.50	1289.65	32.82	21.67	10.31	10.87
1975	2056.85	524.40	1532.45	45.48	29.64	11.73	17.63
1978	2400.65	677.30	1723.35	47.54	37.44	13.60	23.06
1980	2417.95	873.60	1544.35	41.81	38.64	14.50	23.93
1985	3126.52	1064.46	2062.06	47.91	108.78	34.13	73.11
1989	3282.80	1033.00	2249.80	48.47	99.91	31.25	67.72
1990	3264.15	1143.46	2120.69	46.42	112.39	30.12	81.41
1991	3035.51	1032.43	2003.08	55.71	114.06	28.12	85.32
1992	3320.55	1251.19	2069.36	52.74	127.33	30.51	95.88
1993	3279.70	1152.60	2127.10	42.90	125.71	37.66	87.04
1994	3124.05	1105.29	2018.76	45.71	133.59	44.80	87.77
1995	3286.30	1073.46	2212.84	56.16	159.46	48.43	109.54
1996	3476.35	1200.95	2275.40	53.75	147.50	39.65	106.34
1997	3563.79	1226.91	2336.88	50.75	141.93	39.53	100.53
1998	3415.12	864.22	2550.90	46.19	115.63	48.90	64.26
1999	3559.03	1195.96	2363.07	24.60	184.04	63.25	117.89
2000	3106.63	899.75	2206.88	31.45	225.65	79.75	142.99
2001	2942.05	821.44	2120.61	46.05	232.53	84.09	145.81
2002	2907.05	758.18	2148.87	36.28	217.03	83.71	130.81
2003	2471.85	729.29	1742.56	29.10	199.45	51.57	145.74
2004	2829.06	807.24	2021.82	50.28	238.38	69.12	167.32
2005	2834.59	844.42	1990.17	32.27	215.99	55.46	158.67
2006	3096.03	1017.12	2078.91	35.52	176.47	45.51	129.00
2007	3132.24	1070.70	2061.54	34.75	145.08	33.84	109.46
2008	3175.49	1094.50	2080.99	32.60	150.29	35.57	112.81
2009	3230.10	1103.20	2126.90	25.55	162.23	38.67	121.69
2010	3235.10	1105.33	2129.77	26.08	151.97	37.70	112.44

10-12 人均占有主要农产品产量
Per Capita Output of Major Farm Products

单位:千克/人 (kg/person)

年 份 Year	粮食产量 Grain	棉花产量 Cotton	油料产量 Oil-bearing Grops	生猪饲养量(头/人) Output of Raising Hogs (head/person)	猪、牛、羊肉产量 Output of Pork, Beef and Mutton	水产品产量 Output of Aquatic Products
1952	270.0	2.5	5.9	0.24		4.6
1957	257.0	3.7	6.1	0.34		6.9
1962	225.0	1.9	2.4	0.22		4.5
1965	316.0	5.8	4.8	0.46		5.5
1970	329.0	6.4	4.2	0.50		5.2
1975	367.0	8.1	5.3	0.60		6.5
1978	414.0	8.2	6.5	0.60		6.9
1980	408.5	7.1	6.6	0.70	18.1	7.2
1985	505.0	7.8	17.6	0.64	22.4	10.9
1989	506.1	7.5	15.4	0.60	23.3	17.0
1990	486.0	6.9	16.7	0.59	23.6	17.6
1991	446.1	8.2	16.8	0.59	24.0	17.3
1992	482.8	7.7	18.5	0.61	25.1	19.6
1993	472.6	6.2	18.1	0.62	25.8	22.7
1994	446.7	6.5	19.1	0.65	28.5	25.8
1995	466.6	8.0	22.6	0.69	30.9	31.2
1996	490.4	7.6	20.8	0.51	24.7	34.7
1997	499.9	7.1	19.9	0.57	26.2	37.3
1998	476.6	6.4	16.1	0.63	29.2	39.4
1999	494.5	3.4	25.6	0.63	29.9	41.2
2000	427.3	4.3	31.0	0.66	31.3	42.5
2001	400.8	6.3	31.7	0.67	32.2	43.7
2002	394.6	4.9	29.5	0.67	32.6	45.4
2003	334.4	3.9	27.0	0.68	33.1	46.4
2004	381.3	6.8	32.1	0.66	32.7	49.3
2005	380.3	4.3	29.0	0.66	32.5	52.1
2006	412.1	4.7	23.5	0.63	28.4	53.0
2007	412.8	4.6	19.1	0.52	25.5	53.9
2008	415.1	4.3	19.6	0.56	26.7	55.4
2009	419.5	3.3	21.1	0.59	28.0	57.6
2010	415.0	3.3	19.5	0.59	28.7	59.1

10－13 蚕、茶、果生产情况

Statistics on Silkworm Cocoons, Tea and Fruits

单位:万吨 (10000 tons)

指标		Item		1995	2000	2005	2009	2010
蚕茧产量	(万吨)	Silkworm Cocoons	(10000 tons)	18.62	9.01	10.59	7.90	7.91
茶叶产量	(万吨)	Tea	(10000 tons)	1.06	1.20	1.21	1.57	1.49
红毛茶		Black Tea		0.13	0.18	0.14	0.23	0.24
绿毛茶		Green Tea		0.91	0.90	1.01	1.30	1.23
其他茶		Others		0.02	0.12	0.06	0.04	0.02
水果产量	(万吨)	Fruits	(10000 tons)	101.35	176.44	202.18	235.41	237.03
#苹果		Apples		32.16	69.53	55.28	57.23	56.63
柑桔		Citrus		4.57	4.27	5.20	5.98	5.36
梨		Pears		24.30	39.01	55.62	66.24	66.91
葡萄		Grapes		5.79	8.77	15.30	27.85	33.19
桃子		Peaches		17.74		31.87	43.79	45.70
枇杷		Loquats		0.74		0.64	0.66	0.84
红枣		Dates		0.18	0.25	1.00	1.39	0.97
柿子		Persimmons		7.11	19.41	12.10	5.15	5.23
桑园面积	(千公顷)	Area of Mulberry Plantations	(1000 hectares)	228.49	88.12	88.37	62.99	55.76
茶园面积	(千公顷)	Area of Tea Plantations	(1000 hectares)	19.29	19.93	24.56	31.36	32.36
#当年采摘面积		Picked Area in the Year		10.37	15.47	20.17	25.66	27.60
果园	(千公顷)	Area of Orchards	(1000 hectares)	157.75	153.33	191.85	192.74	191.51
#苹果园		Apples		84.46	49.57	38.44	34.82	34.02
柑桔园		Citrus		2.01	3.25	3.88	4.64	3.59
梨园		Pears		22.89	38.60	47.26	37.29	37.80
葡萄园		Grapes		3.93	5.93	11.44	18.10	21.65

10－14　林业生产情况
Statistics on Forestry

指　　标	Item	1995	2000	2005	2009	2010
造林面积（千公顷）	Area of forestation (1000 hectares)	27.20	51.25	54.67	85.20	89.89
用材林	Timber Forests	12.44	40.83	14.20	4.17	4.69
经济林	By-product Forests	11.30	7.28	7.69	4.10	6.58
防护林	Protection Forests	3.36	2.95	32.77	76.93	78.63
其他林	Others	0.10	0.19	0.01		
林产品产量（吨）	Output of Forestry Products (ton)					
油茶籽	Tea-oil Seeds	18	38	170	12	15
竹笋干	Bamboo Shoots	1254	1279	686	3887	7739
板栗	Chestnut	7156	13514	20535	26056	26805
白果	Ginkgo	5303	8729	12000	33868	33518
育苗面积（千公顷）	Area of Seedlings (1000 hectares)	8.89	16.56	79.34	108.01	112.57
当年苗木产量（亿株）	Output of Seedlings in this year (100 million units)			18.00	28.96	29.07
幼林抚育作业面积（千公顷次）	Young Growth Works Areas (1000 hectares-times)	125.36	103.57	244.42	319.64	318.76
成林抚育实际面积（千公顷）	Adult Growth Actual Areas (1000 hectares)	89.87	117.43	251.21	431.34	483.44
林木种子采集量（吨）	Output of Forestry Seeds Picking (ton)	203	177	320	410	468
木材采伐量（万立方米）	Output of Timber Cutting (10000 cu. m)	153.02	136.16	57.90	98.68	150.70
竹材采伐量（万根）	Bamboo Cutting (10000 units)	732.38	646.60	555.00	398.80	391.90
四旁植树（万株）	Planting (10000 units)	14633	12435	13445	12660	12184
林木种子园面积（公顷）	Area of Forest Seeds Field Gardens (hectare)	108	138	60	70	75

10－15 畜牧业生产情况
Statistics on Livestock

指　　标	Item	1995	2000	2005	2009	2010
牲畜年末头数　　（万头）	**Livestock (Year-end) (10000 units)**					
大牲畜	Large Animals	123.27	74.51	73.88	39.65	40.90
牛	Cattle and Buffaloes	99.06	59.14	64.61	33.90	35.70
#良种及改良乳牛	Fine improved Various Cows	2.93	6.75	16.11	21.90	22.10
马	Horses	2.48	1.40	1.35	0.42	0.38
驴	Donkeys	18.79	12.57	6.39	4.08	3.73
骡	Mules	2.94	1.40	1.53	1.25	1.09
猪	Hogs	2118.97	2015.42	1927.20	1760.20	1728.52
羊	Sheep and Goats	1273.89	1022.97	1174.99	426.50	411.15
山羊	Goats	1211.16	994.39	1155.17	419.24	401.30
绵羊	Sheep	62.73	28.58	19.82	7.26	9.80
畜禽产品产量	**Output of Livestock and Poultry Products**					
猪牛羊出栏头数　　（万头）	Hogs, Sheep and Goats (10000 units)					
当年肉猪出栏头数	Hogs	2754.90	2787.35	2974.88	2748.10	2847.03
当年出售和自宰的肉用牛	Cattle and Buttaloes Sold and Killed in the Year	35.62	27.43	30.71	17.50	18.71
当年出售和自宰的肉用羊（万只）	Sheep and Goats Sold and Killed in the Year (10000 units)	1724.38	1372.40	1569.06	686.90	672.48
肉类产量　　（万吨）	Output of Meat (10000 tons)	316.95	328.87	352.34	344.40	366.64
猪肉	Pork	195.82	206.54	218.54	204.48	213.06
牛肉	Beef	5.43	5.12	5.71	3.26	3.48
羊肉	Mutton	16.54	15.75	17.88	7.50	7.37
禽肉	Poultry	84.33	96.51	104.60	120.39	132.67
其他禽产品产量　　（吨）	Others (ton)					
牛奶产量	Milk	99948	255223	566204	554000	572836
绵羊毛产量	Sheep's Wool	2305	1104	640	351	350
山羊毛产量	Goat's Wool	71	17	32	1	1
蜂蜜	Honey	7275	7116	7079	5131	5079
禽蛋　　（万吨）	Poultry Eggs (10000 tons)	175.32	181.38	182.01	185.20	190.57

10－16 水产品产量
Output of Aquatic Products

指 标	Item	1995	2000	2005	2009	2010
水产品产量 （万吨）	**Output of Aquatic Products (10000 tons)**	**219.47**	**308.79**	**388.66**	**443.22**	**460.44**
海水产品	Seawater Aquatic Products	65.08	90.87	113.43	130.50	136.44
按生产性质分	Grouped by Nature					
天然生产	Naturally Grown	56.70	66.00	58.28	57.00	57.93
人工养殖	Artificially Cultured	8.38	24.87	55.15	73.50	78.51
按类别分	Grouped by Category					
鱼类	Fish	37.71	47.33	45.04	39.70	38.87
甲壳类	Shrimp, Prawn and Crab	10.74	12.92	15.44	18.07	20.13
贝类	Shellfish	16.23	29.78	51.08	63.50	67.60
藻类	Algae	0.40	0.84	1.87	3.35	2.99
按主要品种分	Among Seawater Aquatic					
大黄鱼	Big Yellow Croaker	0.04	0.31	0.09	0.10	0.05
小黄鱼	Little Yellow Croaker	4.06	4.35	4.29	3.16	3.09
带鱼	Hairtail	14.30	8.51	9.99	7.36	6.22
墨鱼	Cuttlefish	0.31	0.20	0.14	0.19	0.22
淡水产品	Freshwater Aquatic Products	154.39	217.92	275.23	312.72	324.00
按生产性质分	Grouped by Nature					
天然生产	Naturally Grown	25.47	29.68	32.91	32.07	33.24
人工养殖	Artificially Cultured	128.92	188.24	242.32	280.65	290.76
按类别分	Grouped by Category					
鱼类	Fish	139.34	183.06	211.90	227.45	238.11
甲壳类	Shrimp, Prawn and Crab	9.73	31.50	54.48	71.10	69.93
贝类	Shellfish	5.32	3.36	8.85	9.66	11.68
水产养殖面积 （千公顷）	**Aquatic Raise Areas (1000 hectares)**	**555.23**	**705.99**	**813.59**	**725.38**	**750.08**
淡水养殖面积	Freshwater Area for Breeding	467.29	561.81	640.64	552.63	557.65
海水养殖面积	Seawater Area for Breeding	87.94	144.18	172.95	172.75	192.43

10-17 农业现代化情况
Statistics on Agricultural Modernization

指 标	Item	1995	2000	2005	2009	2010
农业机械化情况	**Statistics on Agricultural Machinery**					
机耕面积 (千公顷)	Ploughed Area by Tractors (1000 hectares)	3639.43	4096.55	3923.66	5486.83	5537.78
机播面积 (千公顷)	Sown Area by Tractors (1000 hectares)	1730.23	1822.72	2123.44	3100.96	3259.80
#机播小麦面积	Sown Area of Wheat by Tractors	1661.56	1611.65	1700.87	1869.54	1850.47
机械植保面积 (千公顷)	Planting Protection Area by Tractors (1000 hectares)	2730.54	4573.06	4653.00	5194.54	5202.20
机械收获面积 (千公顷)	Harvest Area by Tractors (1000 hectares)	1194.21	2971.78	3787.42	4585.39	4790.50
农村电气化情况	**Electrification of Rural Area**					
农村用电量(亿千瓦小时)	Electricity Consumed in Rural Areas (100 million kW·h)	238.16	314.60	825.10	1316.62	1472.89
农用物资使用情况	**Agricultural Product Material Used**					
化肥施用量(折纯量) (万吨)	Consumption of Chemical Fertilizers (pure) (10000 tons)	292.77	335.45	340.81	344.00	341.11
每亩耕地施用化肥(折纯量) (千克)	Per Mu Consumption of Chemical Fertilizers(pure) (kg)	43.80	44.57	47.46	48.92	48.51
农用塑料薄膜使用量 (万吨)	Plastic Film (10000 tons)	5.35	6.51	7.20	9.43	10.02
农用柴油使用量 (万吨)	Diesel Oil (10000 tons)	59.17	75.98	78.76	91.86	97.48
农药使用量 (万吨)	Agricultural Chemical Insecticides (10000 tons)	8.87	9.15	10.33	9.23	9.01
农田水利情况	**Irrigation and Water Conservancy**					
有效灌溉面积 (千公顷)	Effective Irrigation Area (1000 hectares)	3832.78	3900.85	3817.67	3813.66	3819.74
#机电排灌面积	Electrical Irrigation Area	3803.50	3727.55	3543.06	3533.76	3447.68
占有效灌溉面积的比重 (%)	Electrical Irrigation Area Rate in Effective Irrigation Area (%)	99.2	95.6	92.8	92.7	90.3
机电井数 (万眼)	Number of Electrical Wells (10000 units)	4.75	4.62	4.09	3.73	3.74

注:机播小麦面积2009年及以前为机播三麦面积口径。

Note: The data of Sown Area of Wheat by Tractors in 2009 and befor refers to Sown Area of Three - wheat by Tractors.

10－18　主要农业机械和农产品加工机械年底拥有量

Agricultural Machinery and Machinery for Processing Farm Products at Year-end

年　份 Year	农业机械总动力（万千瓦） Total Power of Agricultural Machinery (10000 kW)	农用小型及手扶拖拉机(万台) Small and Walking Agricultural Tractors (10000 units)	农用排灌动力机械(万千瓦) Machinery for Agricultural Drainage and Irrigation (10000 kW)	农用水泵（万台） Agricultural Water Pumps (10000 units)	联合收割机（台） Combine Harvesters (unit)
1978	855.16	19.25	363.73	29.20	295
1980	1113.05	25.61	442.48	36.18	478
1985	1675.06	49.16	450.27	37.75	687
1990	2004.77	71.65	490.83	39.63	2411
1995	2226.95	75.04	508.91	43.36	12063
1996	2297.43	76.53	515.99	44.84	20074
1997	2499.69	83.32	538.66	50.63	27656
1998	2594.83	83.87	553.73	52.20	33343
1999	2767.89	86.78	577.99	54.07	42266
2000	2925.29	88.89	576.25	65.62	48821
2001	2957.93	89.42	618.72	58.09	52025
2002	2983.89	89.75	604.04	59.74	56151
2003	3029.10	87.46	567.79	58.81	58645
2004	3052.51	86.71	599.71	56.88	61115
2005	3135.33	90.11	609.08	61.93	69569
2006	3278.53	91.37	606.00	62.00	77100
2007	3392.44	89.95	431.40	59.09	78498
2008	3630.86	120.44	601.83	59.80	85327
2009	3810.57	123.32	612.87	60.42	90979
2010	3937.34	122.84	630.46	59.29	98511

10－18　续表　Continued

年　份 Year	机动脱粒机（万台） Motorized Huller (10000 units)	机动喷雾(粉)器（万部） Motorized Duster (10000 units)	大中型拖拉机配套农具（万件） Large and Mediumsized Tractor Towing Farm Machinery (10000 units)	小型拖拉机配套农具（万件） Small Tractor Towing Farm Machinery (10000 units)
1978	32.96	2.01	2.45	33.99
1980	40.99	4.33	3.23	53.58
1985	68.51	5.51	3.38	111.15
1990	89.42	9.49	3.42	118.26
1995	105.22	17.08	4.69	127.74
1996	105.01	19.64	5.68	129.22
1997	121.42	26.55	7.00	138.63
1998	123.80	29.10	7.69	143.08
1999	124.52	31.59	8.51	148.41
2000	129.69	33.26	8.62	152.45
2001	120.16	35.17	8.39	151.48
2002	111.45	34.54	8.17	145.02
2003	93.56	34.99	7.84	145.70
2004	91.45	34.88	7.52	144.45
2005	73.95	37.41	8.08	143.64
2006	75.00	39.50	8.37	144.68
2007	59.00	41.39	9.13	143.07
2008	43.62	50.27	11.01	163.43
2009	38.00	53.50	13.29	170.91
2010	33.19	57.32	16.41	168.83

10－19 农村居民家庭平均每户生产性固定资产原值(年底数)

Original Value of Productive Fixed Assets per Rural Household (Year-end)

单位:元 (yuan)

年份 Year	合计 Total	役畜和产品畜 Draught and Commodity Animals	大中型铁木农具 Large and Medium-sized Wooden and Iron Farm Tools	农林牧渔业机械 Machinery for Farm, Forestry, Animal Husbandry and Fishery	工业机械 Industrial Machinery	交通运输、仓储及邮政业 Transport, Storage, Post and Telecommunication	生产用房 Building for Productive Purpose
1985	424.0	67.1	21.6	46.6	9.2	66.8	182.2
1989	816.9	84.8	26.3	146.8	37.4	177.7	295.8
1990	840.7	89.4	33.2	168.7	27.6	159.7	307.2
1991	1107.9	102.0	42.0	224.8	39.5	169.5	478.2
1992	1284.5	114.1	73.6	232.0	53.4	200.3	555.1
1993	1482.0	123.9	101.2	317.1	42.8	232.0	664.5
1994	1658.2	200.3	115.1	405.0	54.3	221.8	592.2
1995	1845.6	221.3	132.5	469.9	85.0	285.8	595.2
1996	2828.9	230.6	93.3	794.1	200.4	409.9	1014.6
1997	3265.5	194.8	100.3	930.5	138.2	677.4	1133.5
1998	3158.9	168.2	116.0	923.6	153.4	526.0	1133.2
1999	3034.9	160.0	81.4	969.9	138.8	594.6	1011.3
2000	4293.8	139.3	291.0	1088.0	430.3	800.4	1544.7
2001	4810.2	137.4	211.7	1143.2	297.6	883.0	1658.6
2002	5044.8	143.8	231.5	1313.2	466.8	906.8	1554.3
2003	5623.8	174.8	239.7	1283.0	444.2	990.5	1876.9
2004	5975.6	188.3	216.5	1353.8	580.6	946.1	2054.6
2005	7134.6	161.3	172.8	1176.6	848.5	1701.7	2017.8
2006	7734.2	152.2	186.9	1349.1	840.3	1642.1	2331.7
2007	8225.8	246.3	201.9	1403.6	805.4	1706.4	2505.8
2008	9027.0	214.7	204.9	1540.3	1015.1	1789.7	2805.5
2009	10298.1	220.7	232.5	1603.7	961.0	1822.6	3302.9
2010	11782.1	172.3	189.9	1897.2	1559.8	1628.3	3382.4

10－20　农村居民家庭平均每百户拥有主要生产性固定资产数量(年底数)

Number of Major Productive Fixed Assets Possessed per 100 Rural Household (Year-end)

年份 Year	汽车(辆) Trucks (unit)	大中型拖拉机(台) Large and Medium-sized Agricultural Tractors (set)	小型及手扶拖拉机(台) Small and Walking Agricultural Tractors (set)	机动脱粒机(台) Motorized Hullers (set)	农用水泵(台) Agricultural Water Pumps (set)	役畜(头) Draught Animals (head)	产品畜(头) Commodity Animals (head)
1985	0.03	0.01	3.21	2.96	0.70	8.42	18.46
1989	0.10	0.18	6.21	5.45	1.18	8.85	13.41
1990	0.04	0.12	6.37	6.10	1.32	9.07	10.73
1991	0.04	0.07	7.77	9.40	1.41	8.11	19.26
1992	0.06	0.06	8.40	12.51	3.10	6.65	21.26
1993	0.01	0.09	8.63	27.52	6.12	9.07	21.38
1994	0.03	0.27	9.27	14.43	3.33	9.32	20.12
1995	0.09	0.29	10.31	14.05	2.53	10.17	20.38
1996	0.44	0.41	12.04	18.98	7.95	8.73	26.68
1997	0.55	0.26	13.65	21.05	8.32	5.84	18.56
1998	0.75	0.33	15.14	24.08	8.46	4.81	21.94
1999	0.99	1.43	15.85	22.84	8.59	6.22	18.79
2000	1.03	0.49	18.11	24.20	13.23	6.60	26.85
2001	1.03	0.48	19.64	26.59	15.21	4.44	23.09
2002	1.07	0.60	19.38	26.89	16.09	4.68	21.59
2003	1.32	0.85	19.60	25.95	16.94	4.89	22.56
2004	1.26	1.12	17.41	24.90	17.68	3.16	17.94
2005	2.02	0.97	16.99	12.29	17.36	3.66	16.59
2006	2.04	1.21	17.74	13.85	17.84	2.71	17.85
2007	2.10	1.46	17.31	12.03	19.86	2.03	22.44
2008	2.13	1.03	17.02	10.85	20.05	1.76	23.59
2009	2.28	1.21	17.11	10.26	19.07	1.59	21.53
2010	1.82	0.97	18.02	8.74	17.97	1.32	14.15

10－21 农业主要经济效益指标

Main Indicators on Economic Benefit of Agriculture

指 标	Item	1995	2000	2005	2009	2010
每个农林牧渔业劳动力创造的	**Per Laborer**					
农林牧渔业总产值（元）	Gross Output Value in Rural Area (yuan)	10943.67	12526.54	23500.48	43053.71	49502.22
粮食产量 （公斤）	Output of Grain (kg)	2131.12	2081.33	2584.97	3644.31	3726.78
棉花产量 （公斤）	Output of Cotton (kg)	36.44	21.07	29.42	28.83	30.05
油料产量 （公斤）	Output of Oil-bearing Crops (kg)	103.46	151.18	196.97	183.04	175.07
肉类产量 （公斤）	Output of Meat (kg)	198.46	220.88	321.31	388.57	422.37
水产品产量 （公斤）	Output of Aquatic Products (kg)	142.39	206.88	354.43	500.06	530.42
每亩耕地创造的	**Per Agriculture Laborer Grass Output Value of Agriculture**					
农林牧渔业总产值（元）	Per Agriculture Laborer Grass Output Value of Agriculture (yuan)	2527.97	2488.80	3593.83	5426.58	6110.76
农林牧渔业增加值（元）	Per Agriculture Laborer Grass Output Value of Agriculture (yuan)	1271.42	1372.59	2038.18	3216.49	3612.17

10－22 乡镇企业主要指标（2010 年）

单位:亿元

指　　标	Item	企业个数（个）Number of Enterprises (unit)	从业人员（万人）Employees (10000 persons)
总　计	**Total**	**652969**	**1604.44**
按登记注册类型分组	**Grouped by status of Registration**		
内资企业小计	Domestic Funded Enterprises	636391	1356.12
集体企业	Collective-owned Enterprises	2342	20.15
股份合作企业	Cooperative Enterprises	5009	12.90
联营企业	Joint Ownership Enterprises	2437	5.35
有限责任公司	Limited Liability Corporations	78092	278.54
股份有限公司	Share-holding Co. Ltd.	12242	54.08
私营企业	Private Enterprises	536269	985.11
港、澳、台商投资企业	Enterprises with Funds from Hong Kong, Macao and Taiwan	7184	110.30
外商投资企业	Foreign Funded Enterprises	9394	138.02
按国民经济行业分组	**Grouped by Sector**		
农业企业	Enterprises in Rural Areas	3296	7.48
工业	Industry	345321	1238.21
采矿业	Mining	1111	7.48
制造业	Manufacturing	342326	1225.66
电力、燃气及水的生产和供应业	Production and Distribution of Electricity, Gas and Water	1884	5.07
建筑业	Construction	10861	116.27
#资质等级企业	Qualified Enterprises	3567	61.23
交通运输仓储业	Transport and Storage	50332	34.19
批发零售业	Wholesale and Retail Sales	130175	94.42
住宿及餐饮业	Hotels and catering	40584	40.98
#餐饮业	Catering	26646	24.78
居民服务、其他服务业和娱乐业	Services to Household, Other Services and Entertainment	46399	36.65
其他	Others	26001	36.24

Basic Statistics on Township and Village Collective Enterprises (2010)

(100 million yuan)

总产值 (现价) Total Output Value	增加值 (现价) Value Added	营业收入 Business Revenue	利润总额 Total Profits	上交税金 Taxes	劳动者报酬 Earning
82469.06	**18833.10**	**82132.64**	**4597.43**	**2489.49**	**3455.36**
67032.98	15201.99	66814.10	3567.22	2032.63	2812.92
2077.16	417.71	2251.06	106.13	60.90	59.15
973.09	198.97	928.99	42.69	33.57	26.29
127.45	30.49	123.09	7.16	2.97	5.60
16646.14	3593.92	16392.34	785.10	481.21	584.63
4832.69	1112.81	4890.71	246.86	123.10	198.85
42376.44	9848.07	42227.91	2379.28	1330.87	1938.40
6464.55	1439.09	6625.83	436.49	185.38	280.43
8971.52	2192.02	8692.70	593.72	271.48	362.02
152.23	56.32	141.76	9.92	2.67	9.50
68822.38	15237.38	66926.34	3629.93	2068.66	2572.25
269.39	68.59	252.16	17.74	10.64	12.53
67914.18	15011.78	66061.44	3553.24	2017.86	2541.84
638.81	157.00	612.75	58.95	40.16	17.88
2950.13	742.27	2825.82	176.40	85.57	278.61
1380.00	339.49	1318.33	65.06	36.67	138.65
797.26	262.35	877.04	73.85	29.38	84.73
6366.66	1531.15	7898.90	405.12	153.87	260.15
753.27	273.63	848.47	67.04	39.10	90.43
384.74	134.98	463.15	36.12	19.26	51.18
1035.20	306.64	1109.02	88.93	44.99	84.30
1591.93	423.36	1505.28	146.22	65.25	75.40

10－23 国有农场基本情况
Basic Statistics on State Farms

指 标	Item	2005	2006	2007	2008	2009	2010
农场数 （个）	Number of Farms (unit)	18	18	18	18	18	18
职工人数 （万人）	Number of Staff and Workers (10000 persons)	7.13	6.98	6.82	6.66	6.53	6.63
耕地面积 （千公顷）	Cultivated Area (1000 hectares)	64.26	64.87	65.31	73.86	72.92	73.11
农业机械总动力 （万千瓦）	Total Power of Agricultural Machinery (10000 kW)	36.62	38.49	45.20	43.80	44.33	46.39
农业机械拥有量 （台、辆）	Ownership of Agricultural Machinery (unit)						
大中型农用拖拉机	Large and Medium-sized Agricultural Tractors	2222	2396	2814	3329	3542	3737
小型及手扶拖拉机	Small and Walking Agricultural Tractors	3392	2448	2707	2630	2606	2011
农用排灌动力机械	Machinery for Agricultural Drainage and Irrigation	1545	1749	1429	1350	1273	1224
联合收割机	Combine Harvesters	1564	1769	1977	2070	2076	2096
农用载重汽车	Trucks for Agricultural Use	146	129	106	113	113	118
农用化肥施用量 （万吨）	Consumption of Chemical Fertilizers (10000 tons)	13.76	14.60	14.45	14.40	14.24	14.71
农业总产值 （亿元）	Gross Agricultural Output Value (100 million yuan)	25.21	26.88	30.04	34.08	40.69	45.10
农作物总播种面积 （千公顷）	Sown Area of Farm Crops (1000 hectares)	116.59	123.69	127.95	137.22	137.77	137.47
粮食作物	Grain	95.49	109.15	115.59	123.39	128.14	125.60
棉 花	Cotton	11.25	6.40	4.01	3.19	0.96	0.22
油 料	Oil-bearing Crops	2.73	1.37	0.82	1.12	1.17	0.09
年底实有桑园面积 （公顷）	Area of Mulberry Plantations (year-end) (hectare)	213	240	240	253	250	250
年底实有果园面积 （公顷）	Area of Orchards (year-end) (hectare)	105	132	138	176	178	203
主要农产品产量	Output of Major Farm Products						
粮食作物 （万吨）	Grain (10000 tons)	68.70	83.31	84.33	95.02	98.17	86.68
棉 花 （万吨）	Cotton (10000 tons)	0.87	0.85	0.56	0.46	0.15	0.32
油 料 （万吨）	Oil-bearing Crops (10000 tons)	0.75	0.37	0.25	0.32	0.31	0.23
水 果 （万吨）	Fruits (10000 tons)	0.12	0.16	0.15	0.17	0.26	0.19
畜牧业、渔业生产	Production of Animal Husbandry and Fishery						
大牲畜年底头数 （万头）	Number of Large Animals (year-end) (10000 heads)	0.26	0.31	0.33	0.35	0.48	0.42
猪年底头数（万头）	Number of Hogs (10000 heads)	4.17	3.94	5.09	6.54	7.58	7.65
羊年底只数（万只）	Number of Sheep and Goats Sheep (10000 heads)	1.46	1.33	1.28	1.22	1.23	1.33
畜产品产量 （万吨）	Output of Livestock Products (10000 tons)						
猪牛羊肉	Pork, Beef and Mutton	3.75	3.80	5.07	6.26	6.83	7.83
#猪 肉	Pork	1.18	1.22	1.33	1.67	1.70	2.08
牛 奶	Milk	0.46	0.73	0.68	0.70	0.76	0.76
禽 蛋	Poultry Eggs	0.32	0.26	0.65	0.83	0.71	0.97
羊 毛	Sheep Wool						
水产品总产量 （万吨）	Output of Aquatic Products (10000 tons)	2.43	2.56	2.71	3.23	4.03	4.55

主要统计指标解释

农林牧渔业总产值 指以货币表现的农、林、牧、渔业全部产品和对农业生产进行各种支持性服务活动的总量,它反映一定时期内农业生产总规模和总成果。从2003年开始农林牧渔业总产值执行新的国民经济行业分类标准,包括农业、林业、牧业、渔业、农林牧渔服务业,不再包括农民兼营商品性工业。农林牧渔业总产值中的农、林、牧、渔四业的计算方法通常是按农、林、牧、渔业产品及其副产品的产量分别乘以各自单位产品价格求得,现行价格从2003年开始使用生产价格调查的价格;少数生产周期较长,当年没有产品或产品产量不易统计的,则采用间接方法匡算其产值;然后将四业产品产值与农林牧渔服务业相加即为农林牧渔业总产值。1957年以前的农林牧渔业总产值中包括了厩肥和农民自给性手工业(如农民自制衣服、鞋、袜,自己从事粮食初步加工等)。1958年及以后,林业中增加了村及村以下竹木采伐产值;牧业中取消了厩肥产值;副业中取消了农民自给性手工业产值,增加了村及村以下办的工业产值;渔业中增加了海洋捕捞水产品产值。1980年及以后,在副业中增加了农民家庭兼营工业商品部分的产值。从1984年起村及村以下工业产值划归工业。从1993年起取消副业,将野生动物的捕猎划入牧业、野生植物采集和农民家庭兼营商品性工业划归农业,从2003年起不再包括农民家庭兼营商品性工业产值。1996年第一次农业普查以后,由于畜牧业产品年报数据与普查数据之间存在一定的差距,国家统计局农调总队对畜牧业年报数据与普查数据进行衔接,相应的畜牧业产值进行调整。

粮食产量 指全社会的产量。包括国有经济经营的、集体统一经营的和农民家庭经营的粮食产量,还包括工矿企业办的农场和其他生产单位的产量。粮食除包括稻谷、小麦、玉米、高粱、谷子及其他杂粮外,还包括薯类和豆类。其产量计算方法,豆类按去豆荚后的干豆计算;薯类(包括甘薯和马铃薯,不包括芋头和木薯)1963年以前按每4公斤鲜薯折1公斤粮食计算,从1964年开始改为按5公斤鲜薯折1公斤粮食计算。城市郊区作为蔬菜的薯类(如马铃薯等)按鲜品计算,并且不作粮食统计。其他粮食一律按脱粒后的原粮计算。

棉花产量 指全社会的产量。包括春播棉和夏播棉。产量按皮棉计算。

油料产量 指全部油料作物的生产量。包括花生、油菜籽、芝麻、向日葵籽、胡麻籽(亚麻籽)和其他油料。不包括大豆、木本油料和野生油料。花生以带壳干花生计算。

水产品产量 指人工养殖的水产品和天然生长的水产品的捕捞量。包括海水的鱼类、虾蟹类、贝类和藻类以及内陆水域的鱼类、虾蟹类和贝类,不包括淡水水生植物。

猪、牛、羊肉产量 指当年出栏并已屠宰、除去头蹄下水后带骨肉(即胴体重)的重量。

期初(末)畜禽存栏头(只)数 指报告期初(末)农村各种合作经济组织和国营农场、农民个人、机关、团体、学校、工矿企业、部队等单位以及城镇居民饲养的大牲畜、猪、羊、家禽等畜禽的存栏数。

耕地面积 是指年初可用来种植农作物并经常进行耕种、能够正常收获的土地。包括当年实际耕种的熟地、当年新开荒地、休闲不满三年随时可以复耕的地和当年休闲地以及以种植农作物为主并附带种植桑树、茶树、果树和其他林木的土地、沿海、沿湖地区已围垦利用的"海涂"、"湖田"等面积。不包括临时种植农作物的坡度在25度以上的陡坡地、在河套、湖畔、库区临时开发的成片或零星土地,属于专业性的桑园、茶园、果园、果木苗圃、林地、芦苇地、天然或人工草地面积、也不包括已列为国家和省(区、市)退耕计划但临时耕种的土地。

农作物播种面积 指实际播种或移植有农作物的面积。凡是实际种植有农作物的面积,不论种植在耕地上还是种植在非耕地上,均包括在农作物播种面积中。在播种季节基本结束后,因遭灾而重新改种和补种的农作物面积,也包括在内。

有效灌溉面积 指具有一定的水源,地块比较平整,灌溉工程或设备已经配套,在一般年景下当年能够进行正常灌溉的耕地面积。在一般情况下,有效灌溉面积应等于灌溉工程或设备已经配备,能够进行正常灌溉的水田和水浇地面积之和。

农用化肥施用量 指本年内实际用于农业生产的化肥数量,包括氮肥、磷肥、钾肥和复合肥。化肥施用量要求按折纯量计算数量。折纯量是指把氮肥、磷肥、钾肥分别按含氮、含五氧化二磷、含氧化钾的百分之一百成份进行折算后的数量。复合肥按其所含主要成分折算。

农业机械总动力 指主要用于农、林、牧、渔业的各种动力机械的动力总和。包括耕作机械、排灌机械、收获机械、农用运输机械、植物保护机械、牧业机械、林业机械、渔业机械和其他农业机械[内燃机按引擎马力折成瓦(特)计算、电动机按功率折成瓦(特)计算]。不包括专门用于乡、镇、村、组办工业、基本建设、非农业运输、科学试验和教学等非农业生产方面用的动力机械与作业机械。

农林牧渔业劳动力 指全社会直接参加农林牧渔业生产活动的劳动力。

Explanatory Notes on Main Statistical Indicators

Gross Output Value of Farming, Forestry, Animal Husbandry and Fishery refers to the total value of products of farming, forestry, animal husbandry and fishery and various supporting service activities for agricultural production, which reflects the total scale and result of agricultural production during a given period. Since 2003, the total output value of farming, forestry, animal husbandry and fishery is counted with new classified standard of the national economy, including the service industry serving for agricultural production, while excluding the output value of commercialized handicraft products. Gross output value of farming, forestry, animal husbandry, fishery and the value of service industry is obtained by first multiplying the output of each product with its price, resulting in the output value of each single item. Since 2003, the current price is used by the investigated production price. For a small number of products, annual output of which is not available or difficult to get due to the long production growing process involved, the output value is estimated through an indirect approach. The sum of output value of all products of farming, forestry, animal husbandry, fishery and service activities for them is then equal to the gross output value of agriculture. Prior to 1957, Chinas gross agricultural output value included barnyard manure and handicraft products for self consumption (clothes, shoes, stockings, and initial grain processing undertaken by peasants). Since 1958, cutting and felling of bamboo and trees by villages and other cooperative organizations under villages have been included in forestry; value of barnyard manure has been excluded from animal husbandry; self consumed handicrafts has been excluded from sideline occupations, while the output value of industries run by villages and cooperative organizations under village had been included in sideline occupations and the output value of fish catches by motor fishing boats has been added to fishery. Since 1980, the value of handicraft products made for sale by individuals in households had been added to sideline occupations. Since 1984, industries run by villages and under villages have been included in the sector of industry. Since 1993, the subdivision of sideline occupations has been canceled, and the hunting of wild animals has been classified into animal husbandry, and the gathering of wild plants and commodity industryrun by rural household have been included infarming. Since 2003, the output value of commercialized handicraft products, as the farmer's household sideline occupation, don't include in farming anymore. The first agriculture census of China in 1996 revealed some discrepancy between the production of animal products from the annual reports and that from the census. Efforts were made by the Rural Socio – economic Survey Organization of NBS to adjust the output value of animal husbandry to make the figures from the annual reports consistent with the census data.

Grain Output refers to the grain production in the whole country including grains produced by state farms, collective units, industrial enterprises and mines. Grain includes rice, wheat, corn, sorghum, millet and other miscellaneous grains as well as tubers and beans. Output of beans refers to dry beans without pods. The output of tubers (sweet potatoes and potatoes, not including taros and cassava) was converted into that of grain at the ratio 4: 1, e. 4 kilograms of fresh tubers was equivalent to 1 kilogram of grain up to 1963. Since 1964 the ratio for conversion has been 5: 1. Tubers supplied as vegetables (such as potatoes) in cities and suburbs are calculated as fresh vegetables and their output is not included in the output of grain. Output of all other grains refers to husked grain.

Cotton Output refers to the cotton production in the whole country including cotton sown in spring and in autumn. Output is measured as the weight of ginned cotton.

Output of Oil-bearing Crops refers to the total production of oil bearing crops of various kinds, including peanuts, (dry, in shell) rapeseeds, sesame, sunflower seeds, flax seeds, and other oil bearing crops. Soybeans, oil-bearing woody plants, and wild oil-bearing crops are not included.

Output of Aquatic Products refers to catches of both artificially cultured and naturally grown aquatic products, including fish, shrimps, crabs and shellfish in sea and inland water as well as seaweed. Freshwater plants are not included.

Output of Pork, Beef, and Mutton refers to the meat of slaughtered hogs, cattle, sheep and goats with head, feet, and offal taken away.

Number of Livestock or Poultry in Stock at Beginning (or End) refers to the total number of large animals, pigs, sheep, fowls, etc. raised by rural cooperative organizations, state farms, rural individuals, government agencies, schools, industrial and mining enterprises, army, and urban residents at the beginning (or end) of the reference period.

Regularly Cultivated Land refers to farmland among the total land resources which is exclusively used for farming and is under regular cultivation with harvest in normal years. Included are currently cultivated land, land that has been abandoned or put in idle for less than 3 years and could be re-used for cultivation at any time, and new-claimed land that has been put into cultivation for more than 3 years. Excluded under this category are steep slope land over 25 degrees under temporary cultivation, land (large or small plots) that is claimed along river bends, lake sides or banks of reservoirs, as well as land that has been designated under the "Green for Grain" programmes of the state and provincial governments but is still temporarily under cultivation.

Sown Area of Crops refers to area of land sown or transplanted with crops regardless of being in cultivated area or non cultivated area. Area of land re-sown due to natural disasters is also included.

Irrigated Area refers to areas that are effectively irrigated, level land which has water source and complete sets of irrigation facilities to lift and move adequate water for irrigation purpose under normal conditions. Under normal conditions, irrigated area is the sum of watered fields and irrigated fields where irrigation systems or equipment have been installed for regular irrigation purpose.

Consumption of Chemical Fertilizers in Agriculture refers to the quantity of chemical fertilizers applied in agriculture in the year, including nitrogenous fertilizer, phosphate fertilizer, potash fertilizer, and compound fertilizer. The consumption of chemical fertilizers is required in calculation to convert the gross weight into weight containing 100% effective component (e. g. 100% nitrogen content in nitrogenous fertilizer, 100% phosphorous pentoxide contents in phosphate fertilizer, 100% potassium oxide contents in potash fertilizer). Compound fertilizer is converted with its major component.

Total Power of Farm Machinery refers to total mechanical power of machinery used in farming, forestry, animal husbandry, and fishery, including ploughing, irrigation and drainage, harvesting, transport, plant protection, stock breeding, forestry and fishery. The power of internal combustion engines is required to convert horsepower into watts and the power of electric motors is required to bcconverted into watts. Machinery employed for non agricultural purposes, such as the machines used in township run and village – run industry, construction, non agricultural transport, scientific experiments and teaching, is excluded.

Labour Force Engaged in Farming, Forestry, Animal Husbandry and Fishery refers to the total laborers who are directly engaged in production of farming, forestry, animal husbandry and fishery.

工 业
Industry

简 要 说 明

一、本篇资料的主要内容

本篇资料反映我省工业经济方面的基本情况,包括:

1. 全省规模以上工业企业主要经济指标,以及按企业登记注册类型、轻重工业、企业规模、工业行业大类分组的主要经济指标和经济效益指标;

2. 国有及国有控股、私营、外商投资和港澳台商投资工业企业按工业行业大类分组的主要经济指标和经济效益指标;

3. 大中型工业企业按工业行业大类分组的主要经济指标和经济效益指标;

4. 主要工业产品产量等。

二、本篇资料的统计范围

本篇资料的统计范围1998年至2006年为全部国有及年主营业务收入在500万元以上非国有工业企业。2007至2010年为年主营业务收入在500万元以上工业企业(即规模以上工业企业)。本篇资料中工业行业分类按2002年《国民经济行业分类标准》划分;企业大中小型划分按2003年《统计上大中小型企业划分办法(暂行)》标准执行。

三、本篇的资料来源和统计调查方法

本篇工业企业统计数据主要是根据工业统计年度报表中有关资料整理汇总的。

Brief Introduction

I. Main Contents

Data in this chapter reflect the basic conditions of the industrial sector in Jiangsu:

(1) Main economic indicators of industrial enterprises above designated size; as well as their main economic indicators and efficiency indicators classified by type of registration, by light and heavy industries, by size of enterprise, by branch of industry .

(2) Main economic indicators and efficiency indicators of State – owned industrial enterprises and enterprises where the State holds the majority of shares; private industrial enterprises, foreign – funded industrial enterprises and enterprises funded by entrepreneurs from Hong Kong, Macao and Taiwan classified by branch of industry.

(3) Main economic indicators and efficiency indicators of large and medium – sized industrial enterprises classified by branch of industry.

(4) Output of key industrial products.

II. Scopes of Statistics

The scopes of industrial statistics are all State – owned industrial enterprises and non – State – owned industrial enterprises with revenue from principal business over 5 million yuan from 1998 to 2006. From 2007 to 2010, the scopes of industrial statistics are all industrial enterprises with revenue from principal business over 5 million yuan, (or the industrial enterprises above designated size). Data by branch of industriy in this chapter are based on the 2002's National Industrial Classification of all Economic Activities, and data by size of enterprise are based on the 2003's Preliminary Standards of Enterprises by Size.

III. Sources of Data and Methods of Survey

The data on enterprises statistics in this Chapter are collected mainly based on the relevant data in the annual industrial statistics reporting forms.

11－1 1998—2010年规模以上工业企业主要经济指标

Main Indicators of Industrial Enterprises above Designated Size(1998—2010)

单位:亿元 (100 million yuan)

年份 Year 地区 Region	企业单位数(个) Number of Enterprises (unit)	工业总产值 Gross Industrial Output Value	主营业务收入 Revenue from Principal Business	利润总额 Total Profits	利税总额 Total Profits and Taxes	应收账款净额 Accounts Receivalble	产成品 Finished Goods
1998	17957	8053.03	7375.45	151.51	491.61	1238.11	584.21
1999	18001	8915.44	8256.12	234.07	623.42	1360.48	617.49
2000	18309	10452.87	9971.01	370.03	833.65	1496.80	666.81
2001	19684	11747.83	11247.52	419.85	942.60	1583.56	707.66
2002	21476	13865.86	13534.77	554.21	1128.57	1848.48	734.00
2003	23862	18034.60	18019.97	793.98	1474.09	2420.45	845.99
2004	27123	24836.47	24492.28	1111.42	1939.56	3025.34	1164.41
2005	32224	32707.09	32098.48	1384.64	2387.07	4056.66	1298.38
2006	36319	41410.40	41015.28	1906.91	3168.41	4954.52	1527.95
2007	41841	53316.38	52594.30	2765.77	4423.16	6287.46	1916.52
2008	45818	67798.68	66481.84	3972.93	6574.69	7239.07	2484.95
2009	60817	73200.03	71724.90	4099.58	6794.67	8316.41	2676.61
2010	64136	92056.48	91077.41	5970.56	9316.01	10261.18	3042.05
南京市 Nanjing	3917	8609.50	8625.35	497.91	1079.96	920.69	267.39
无锡市 Wuxi	7988	12971.08	12879.78	945.91	1232.01	1895.21	584.52
徐州市 Xuzhou	3412	5112.97	5102.14	457.80	824.50	273.12	146.54
常州市 Changzhou	6375	7396.09	7274.88	413.47	620.18	972.52	281.11
苏州市 Suzhou	13538	24651.67	24577.51	1507.06	1988.28	3794.06	939.59
南通市 Nantong	7589	7383.16	7254.56	553.09	825.79	630.20	211.72
连云港市 Lianyungang	1648	1936.28	1905.48	165.82	252.91	150.04	52.62
淮安市 Huaian	2399	2439.11	2411.10	124.39	248.12	117.32	56.90
盐城市 Yancheng	3827	3938.34	3891.66	217.08	404.45	197.92	98.17
扬州市 Yangzhou	3847	5753.34	5637.77	417.53	698.03	409.38	111.68
镇江市 Zhenjiang	3125	4190.42	4009.31	228.08	366.92	425.98	153.01
泰州市 Taizhou	4012	4916.08	4742.55	343.87	565.65	444.08	108.37
宿迁市 Suqian	2471	1137.37	1124.30	112.86	157.33	51.68	33.20

注:本表口径为年主营业务收入500万元以上企业,下同。

Note: Data in this table covers industrial enterprises with an annual sales income of over 5 million yuan (the same as in the following tables).

11－2　规模以上工业企业单位数和产销总值(2010 年)

Number of Industrial Enterprises above Designated Size and Their Total Value of Gross Output and Sales (2010)

单位:亿元　　　　(100 million yuan)

项　　目	Item	企　业单位数(个) Number of Enterprises (unit)	工　业总产值(现价) Gross Industrial Output Value (current price)	#新产品产　值 Output Value of New Products	工业销售产值(现价) Value of Industrial Products Seld (current price)	#出　口交货值 Delivery Value for Export
总　　计	**Total**	**64136**	**92056.48**	**7843.62**	**90804.96**	**18563.78**
按登记注册类型分	**Grouped by Status of Registration**					
内资企业	Domestic Funded Enterprises	50510	55463.97	3876.83	54635.38	3373.54
国有企业	State－owned Enterprises	346	4451.71	603.04	4415.03	150.95
集体企业	Collective－owned Enterprises	987	1289.82	37.14	1264.75	36.61
股份合作企业	Cooperative Enterprises	404	463.07	35.95	456.27	22.18
联营企业	Joint Ownership Enterprises	45	45.85	2.31	44.07	2.06
有限责任公司	Limited Liability Corporations	4074	12241.44	1489.08	12131.53	720.20
#国有独资	State Sole Funded Corporatios	53	1182.07	279.95	1172.20	59.32
股份有限公司	Share－holding Corporations Ltd.	753	4169.11	430.41	4106.40	329.41
私营企业	Private Enterprises	43738	32644.65	1273.80	32064.92	2106.48
其他企业	Other Enterprises	163	158.34	5.10	152.42	5.64
港、澳、台商投资企业	Enterprises with Funds from Hong Kong, Macao and Taiwan	4982	10041.26	612.64	9878.13	3165.12
外商投资企业	Foreign Funded Enterprises	8644	26551.24	3354.15	26291.46	12025.12
按轻重工业分	**Grouped by Light & Heavy Industries**					
轻工业	Light Industry	25309	24512.46	1302.21	24192.83	4792.32
重工业	Heavy Industry	38827	67544.02	6541.41	66612.14	13771.46
按企业规模分	**Grouped by Size of Enterprises**					
大型企业	Large Enterprises	499	28675.45	4870.62	28449.35	9636.66
中型企业	Medium－sized Enterprises	4874	25732.21	2129.78	25363.62	5780.48
小型企业	Small Enterprises	58763	37648.81	843.22	36992.00	3146.65
按行业分	**Grouped by Sector**					

11-2 续 表 1 Continued 1

单位:亿元 (100 million yuan)

项目	Item	企业单位数(个) Number of Enteprises (unit)	工业总产值(现价) Gross Industrial Output Value (current price)	#新产品产值 Output Value of New Products	工业销售产值(现价) Value of Industrial Products Seld (current price)	#出口交货值 Delivery Value for Export
采矿业	**Mining**	**241**	**572.34**	**0.75**	**566.66**	**1.68**
煤炭开采和洗选业	Mining and Washing of Coal	20	279.65	0.64	277.59	0.07
石油和天然气开采业	Extraction of Petroleum and Natural Gas	2	67.05		67.02	
黑色金属矿采选业	Mining and Processing of Ferrous Metal Ores	32	61.27		60.85	
有色金属矿采选业	Mining and Processing of Non-ferrous Metals Ores	4	6.92		6.57	
非金属矿采选业	Mining and Processing of Nonmetal Ores	183	157.45	0.11	154.63	1.61
其他矿采选业	Mining of Other Ores					
制造业	**Manufacturing**	**63445**	**88030.71**	**7841.76**	**86795.76**	**18562.12**
农副食品加工业	Processing of Food from Agricultural Products	1858	2253.57	12.48	2226.68	64.37
食品制造业	Manufacture of Food	462	411.76	3.15	405.48	41.82
饮料制造业	Manufacture of Beverage	254	606.89	22.62	594.71	3.15
烟草制品业	Manufacture of Tobacco	6	346.57		345.17	
纺织业	Manufacture of Textile	8493	5962.49	278.88	5894.61	893.06
纺织服装、鞋、帽制造业	Manufacture of Textile Wearing, Apparel, Footwear and Caps	3755	2622.80	190.42	2577.83	668.59
皮革、毛皮、羽毛(绒)及其制品业	Manufacture of Textile, Fur, Feather and Related Products	665	471.28	7.08	460.42	160.01
木材加工及木、竹、藤、棕、草制品业	Processing of Timber, Manufacture of Wood, Bamboo, Rattan, Palm and Straw Products	1736	1097.26	35.87	1079.16	135.20
家具制造业	Manufacture of Furniture	335	195.84	0.83	193.30	87.87
造纸及纸制品业	Manufacture of Paper and Paper Products	947	1118.42	31.30	1106.38	145.23
印刷业和记录媒介的复制	Printing, Reproduction of Recording Media	653	286.36	1.72	282.85	37.64
文教体育用品制造业	Manufacture of Articles For Culture, Education and Sport Activities	833	524.33	21.43	517.42	197.07
石油加工、炼焦及核燃料加工业	Processing of Petroleum, Coking, Processing of Nuclear Fuel	169	1496.56	44.26	1473.74	15.10

11－2 续 表 2 Continued 2

单位:亿元 (100 million yuan)

项目	Item	企业单位数(个) Number of Entеprises (unit)	工业总产值(现价) Gross Industrial Output Value (current price)	#新产品产值 Output Value of New Products	工业销售产值(现价) Value of Industrial Products Seld (current price)	#出口交货值 Delivery Value for Export
化学原料及化学制品制造业	Manufacture of Raw Chemical Materials and Chemical Products	4798	9170.96	494.96	9009.41	826.67
医药制造业	Manufacture of Medicines	693	1419.43	211.25	1376.63	152.45
化学纤维制造业	Manufacture of Chemical Fibers	902	1682.74	45.08	1668.15	129.25
橡胶制品业	Manufacture of Rubber	669	717.10	85.50	703.24	171.57
塑料制品业	Manufacture of Plastics	2594	1486.38	48.16	1462.19	233.37
非金属矿物制品业	Manufacture of Non－metallic Mineral Products	3011	2610.78	85.09	2579.88	142.19
黑色金属冶炼及压延加工业	Smelting and Pressing of Ferrous Metals	1242	7117.94	420.66	7085.40	331.36
有色金属冶炼及压延加工业	Smelting and Pressing of Non－ferrous Metals	1375	2905.11	87.77	2876.35	149.82
金属制品业	Manufacture of Metal Products	4374	3543.90	193.81	3480.20	386.06
通用设备制造业	Manufacture of General Purpose Machinery	7725	6182.82	479.33	6064.09	619.01
专用设备制造业	Manufacture of Special Purpose Machinery	3567	3321.86	188.47	3256.24	432.47
交通运输设备制造业	Manufacture of Transport Equipment	2974	6452.22	1077.54	6301.56	1365.74
电气机械及器材制造业	Manufacture of Electrical Machinery and Equipment	4594	8750.31	912.62	8606.24	1527.15
通信设备、计算机及其他电子设备制造业	Manufacture of Communication Equipment, Computers and Other Electronic Equipment	2983	12932.00	2696.31	12856.41	9076.26
仪器仪表及文化、办公用机械制造业	Manufacture of Measuring Instruments and Machinery for Cultural Activity and Office Work	963	1723.04	146.78	1701.41	466.41
工艺品及其他制造业	Manufacture of Artwork and Other Manufacturing	628	396.98	18.39	389.87	102.70
废弃资源和废旧材料回收加工业	Recycling and Disposal of Waste	187	223.01		220.74	0.53
电力、燃气及水的生产和供应业	**Production and Supply of Electricity, Gas and Water**	**450**	**3453.43**	**1.12**	**3442.55**	
电力、热力的生产和供应业	Production and Supply of Electric Power and Heat Power	233	3174.72	1.12	3164.94	
燃气生产和供应	Production and Supply of Gas	63	191.71		192.44	
水的生产和供应业	Production and Supply of Water	154	87.00		85.17	

11-3 规模以上工业企业主要经济指标(2010年)

单位:亿元

项 目	Item	资产总计 Total Assets	流动资产 Current Assets	应收账款 Accounts Receivalble
总 计	**Total**	**66134.06**	**36028.85**	**10261.18**
按登记注册类型分	**Grouped by Status of Registration**			
内资企业	Domestic Funded Enterprises	38110.16	20273.16	5023.37
国有企业	State - owned Enterprises	4681.76	1509.51	194.02
集体企业	Collective - owned Enterprises	708.69	449.49	117.14
股份合作企业	Cooperative Enterprises	345.15	174.28	52.29
联营企业	Joint Ownership Enterprises	34.59	15.18	4.77
有限责任公司	Limited Liability Corporations	10750.70	5332.46	1000.32
#国有独资	State Sole Funded Corporatios	1533.60	714.69	140.62
股份有限公司	Share - holding Corporations Ltd.	3427.36	2021.35	377.98
私营企业	Private Enterprises	18071.91	10716.42	3262.15
其他企业	Other Enterprises	90.00	54.46	14.70
港、澳、台商投资企业	Enterprises with Funds from Hong Kong, Macao and Taiwan	8545.37	4752.09	1456.22
外商投资企业	Foreign Funded Enterprises	19478.54	11003.60	3781.60
按轻重工业分	**Grouped by Light & Heavy Industries**			
轻工业	Light Industry	16956.15	9480.15	2271.81
重工业	Heavy Industry	49177.91	26548.70	7989.37
按企业规模分	**Grouped by Size of Enterprises**			
大型企业	Large Enterprises	22294.86	11382.79	2640.75
中型企业	Medium - sized Enterprises	21845.14	11877.67	3457.41
小型企业	Small Enterprises	21994.06	12768.39	4163.03
按行业分	**Grouped by Sector**			
采矿业	**Mining**	**854.06**	**277.53**	**40.88**
煤炭开采和洗选业	Mining and Washing of Coal	459.83	155.90	18.20
石油和天然气开采业	Extraction of Petroleum and Natural Gas	176.53	27.87	6.56
黑色金属矿采选业	Mining and Processing of Ferrous Metal Ores	48.76	30.05	5.78
有色金属矿采选业	Mining and Processing of Non - ferrous Metals Ores	7.87	4.22	0.89
非金属矿采选业	Mining and Processing of Nonmetal Ores	161.07	59.49	9.45
其他矿采选业	Mining of Other Ores			
制造业	**Manufacturing**	**59927.63**	**34770.46**	**10046.81**
农副食品加工业	Processing of Food from Agricultural Products	1166.98	663.74	91.32
食品制造业	Manufacture of Food	335.65	196.85	46.48
饮料制造业	Manufacture of Beverage	512.72	255.08	21.62
烟草制品业	Manufacture of Tobacco	352.49	291.63	8.41
纺织业	Manufacture of Textile	3889.52	2161.79	475.31
纺织服装、鞋、帽制造业	Manufacture of Textile Wearing, Apparel, Footwear and Caps	1432.51	840.06	164.59

Main Economic Indicators of above Designated Size Industrial Enterprises(2010)

(100 million yuan)

存货 Inventory	#产成品 Finished Goods	固定资产原价 Original value of Fixed Assets	固定资产净值 Net Value of Fixed Assets	负债合计 Total Liabilities	所有者权益 Owners' Equities	#实收资本 Paid-in Capital
8360.33	**3042.05**	**34509.27**	**21781.92**	**37878.51**	**28255.55**	**15402.11**
4803.19	1854.32	19524.32	12453.42	22579.79	15530.36	6886.64
389.97	89.28	4212.95	2385.30	2680.01	2001.75	811.32
101.56	37.71	284.57	155.70	422.76	285.93	121.48
48.93	22.92	155.06	107.14	218.03	127.12	61.75
5.20	2.48	24.34	16.72	21.57	13.02	6.35
1326.75	437.39	5655.01	3685.88	6720.75	4029.95	1656.17
184.58	66.15	747.19	457.00	902.36	631.24	247.06
489.18	199.45	1467.99	860.08	1757.28	1670.08	657.97
2432.01	1060.39	7688.47	5219.86	10701.87	7370.03	3552.85
9.60	4.70	35.91	22.74	57.52	32.47	18.75
1030.36	359.73	4322.87	2916.17	4722.50	3822.87	2421.82
2526.79	828.00	10662.07	6412.33	10576.22	8902.32	6093.65
2357.04	925.51	7945.51	5048.96	9379.73	7576.42	4100.54
6003.29	2116.54	26563.76	16732.96	28498.78	20679.13	11301.57
2703.13	837.67	12783.94	7577.84	13107.30	9187.57	3863.53
2760.18	1012.69	11584.92	7316.72	12439.74	9405.40	5247.90
2897.03	1191.69	10140.41	6887.35	12331.48	9662.58	6290.68
52.17	**14.51**	**657.68**	**376.81**	**447.02**	**407.03**	**203.51**
34.89	7.70	281.78	168.34	271.21	188.62	61.15
4.95	0.32	253.89	132.91	68.51	108.02	93.57
3.17	1.83	21.37	8.80	26.29	22.47	9.08
0.87	0.59	5.11	3.12	4.11	3.75	1.19
8.29	4.07	95.53	63.64	76.90	84.17	38.52
8200.67	**3024.64**	**28302.46**	**17874.91**	**33894.99**	**26032.67**	**14283.04**
206.53	68.24	433.56	311.85	784.94	382.04	193.00
48.53	19.64	162.21	103.56	178.61	157.04	90.06
71.19	21.54	196.44	129.81	267.63	245.09	110.38
96.40	4.05	83.82	43.54	52.74	299.75	13.21
637.92	267.97	2045.40	1223.21	2368.85	1520.67	901.82
224.82	110.61	537.98	342.19	773.46	659.06	307.41

11－3 续 表1

单位:亿元

项　　目 Item		资产总计 Total Assets	流动资产 Current Assets	应收账款 Accounts Receivalble
皮革、毛皮、羽毛(绒)及其制品业	Manufacture of Textile, Fur, Feather and Related Products	220.12	132.87	36.23
木材加工及木、竹、藤、棕、草制品业	Processing of Timber, Manufacture of Wood, Bamboo, Rattan, Palm and Straw Products	479.32	243.51	51.55
家具制造业	Manufacture of Furniture	139.85	81.01	21.94
造纸及纸制品业	Manufacture of Paper and Paper Products	1401.81	555.25	148.06
印刷业和记录媒介的复制	Printing, Reproduction of Recording Media	275.38	147.38	58.40
文教体育用品制造业	Manufacture of Articles For Culture, Education and Sport Activities	218.70	122.00	32.09
石油加工、炼焦及核燃料加工业	Processing of Petroleum, Coking, Processing of Nuclear Fuel	483.68	262.17	41.34
化学原料及化学制品制造业	Manufacture of Raw Chemical Materials and Chemical Products	6535.29	3259.07	823.10
医药制造业	Manufacture of Medicines	1000.83	577.60	169.77
化学纤维制造业	Manufacture of Chemical Fibers	1266.98	662.84	77.32
橡胶制品业	Manufacture of Rubber	558.35	279.67	100.09
塑料制品业	Manufacture of Plastics	1014.94	588.31	223.28
非金属矿物制品业	Manufacture of Non－metallic Mineral Products	2175.08	1147.92	360.50
黑色金属冶炼及压延加工业	Smelting and Pressing of Ferrous Metals	5166.27	2725.92	324.90
有色金属冶炼及压延加工业	Smelting and Pressing of Non－ferrous Metals	1218.52	820.10	239.03
金属制品业	Manufacture of Metal Products	2379.72	1451.45	492.62
通用设备制造业	Manufacture of General Purpose Machinery	4531.97	2892.56	915.86
专用设备制造业	Manufacture of Special Purpose Machinery	2642.01	1653.82	531.68
交通运输设备制造业	Manufacture of Transport Equipment	5403.40	3280.97	794.29
电气机械及器材制造业	Manufacture of Electrical Machinery and Equipment	5744.60	3804.16	1422.47
通信设备、计算机及其他电子设备制造业	Manufacture of Communication Equipment, Computers and Other Electronic Equipment	7878.35	4728.17	2083.78
仪器仪表及文化、办公用机械制造业	Manufacture of Measuring Instruments and Machinery for Cultural Activity and Office Work	1144.49	712.01	221.54
工艺品及其他制造业	Manufacture of Artwork and Other Manufacturing	183.97	99.02	30.62
废弃资源和废旧材料回收加工业	Recycling and Disposal of Waste	174.13	133.53	38.62
电力、燃气及水的生产和供应业	**Production and Supply of Electricity, Gas and Water**	**5352.35**	**980.89**	**173.49**
电力、热力的生产和供应业	Production and Supply of Electric Power and Heat Power	4522.49	718.31	148.59
燃气生产和供应	Production and Supply of Gas	239.23	105.49	13.89
水的生产和供应业	Production and Supply of Water	590.63	157.09	11.01

11－3 Continued 1

(100 million yuan)

存货 Inventory	#产成品 Finished Goods	固定资产原价 Original value of Fixed Assets	固定资产净值 Net Value of Fixed Assets	负债合计 Total Liabilities	所有者权益 Owners' Equities	#实收资本 Paid-in Capital
39.22	14.34	92.82	62.06	128.24	91.88	57.64
73.42	35.38	280.16	191.37	233.87	245.45	99.06
22.71	7.12	62.15	41.30	71.70	68.16	50.89
102.77	36.50	798.57	505.35	728.06	673.75	514.81
25.21	10.52	169.08	102.88	141.98	133.40	74.86
34.72	12.76	110.44	71.05	113.07	105.63	60.70
117.28	29.16	295.66	184.53	301.59	182.09	103.75
765.29	302.64	3712.75	2307.15	3570.58	2964.70	1683.43
106.77	47.09	431.42	274.07	410.59	590.24	243.52
175.57	80.99	683.82	415.12	758.24	508.74	314.30
75.43	35.38	384.77	238.16	275.40	282.95	203.44
125.41	52.29	533.84	328.98	517.55	497.38	311.56
209.16	90.90	1197.54	765.72	1266.27	908.81	555.25
812.54	267.15	2601.08	1683.66	3341.50	1824.78	723.37
213.37	80.54	465.21	299.61	775.29	443.22	302.55
357.78	150.50	1023.14	679.90	1345.82	1033.91	577.22
702.11	282.83	1784.91	1171.54	2440.27	2091.70	986.55
417.73	151.62	1086.14	724.66	1393.52	1248.50	666.15
659.34	209.00	2005.47	1370.96	3401.48	2001.93	1048.76
688.03	292.52	1980.36	1340.59	3160.57	2584.02	1317.79
954.87	262.60	4536.79	2562.61	4291.38	3586.97	2455.30
174.68	49.68	478.40	309.38	577.45	567.04	241.40
26.44	11.99	91.43	60.77	94.29	89.69	43.95
35.43	19.09	37.10	29.33	130.05	44.08	30.91
107.51	**2.91**	**5549.11**	**3530.17**	**3536.50**	**1815.85**	**915.57**
96.66	1.40	4987.67	3115.78	3028.92	1493.57	735.62
4.79	1.04	113.31	86.91	144.78	94.45	48.91
6.06	0.47	448.13	327.48	362.80	227.83	131.04

单位:亿元

项 目 Item		主营业务收入 Revenue from Principal Business	主营业务成本 Cost of Principle Business
总 计	**Total**	**91077.41**	**78460.64**
按登记注册类型分	**Grouped by Status of Registration**		
内资企业	Domestic Funded Enterprises	54865.91	47339.56
国有企业	State－owned Enterprises	4439.24	3739.85
集体企业	Collective－owned Enterprises	1260.15	1136.45
股份合作企业	Cooperative Enterprises	450.43	390.08
联营企业	Joint Ownership Enterprises	45.30	38.97
有限责任公司	Limited Liability Corporations	12281.03	10393.39
#国有独资	State Sole Funded Corporatios	1182.60	964.69
股份有限公司	Share－holding Corporations Ltd.	4122.80	3349.10
私营企业	Private Enterprises	32114.32	28164.01
其他企业	Other Enterprises	152.64	127.71
港、澳、台商投资企业	Enterprises with Funds from Hong Kong, Macao and Taiwan	9954.98	8563.98
外商投资企业	Foreign Funded Enterprises	26256.53	22557.10
按轻重工业分	**Grouped by Light & Heavy Industries**		
轻工业	Light Industry	24286.46	20480.73
重工业	Heavy Industry	66790.95	57979.91
按企业规模分	**Grouped by Size of Enterprises**		
大型企业	Large Enterprises	28653.42	24839.95
中型企业	Medium－sized Enterprises	25405.22	21258.96
小型企业	Small Enterprises	37018.78	32361.72
按行业分	**Grouped by Sector**		
采矿业	**Mining**	**569.58**	**403.80**
煤炭开采和洗选业	Mining and Washing of Coal	273.41	191.35
石油和天然气开采业	Extraction of Petroleum and Natural Gas	71.51	33.60
黑色金属矿采选业	Mining and Processing of Ferrous Metal Ores	58.86	48.34
有色金属矿采选业	Mining and Processing of Non－ferrous Metals Ores	6.61	4.16
非金属矿采选业	Mining and Processing of Nonmetal Ores	159.19	126.35
其他矿采选业	Mining of Other Ores		
制造业	**Manufacturing**	**87041.04**	**74931.74**
农副食品加工业	Processing of Food from Agricultural Products	2258.84	2029.03
食品制造业	Manufacture of Food	414.24	336.55
饮料制造业	Manufacture of Beverage	584.19	429.05
烟草制品业	Manufacture of Tobacco	345.16	78.36
纺织业	Manufacture of Textile	5920.56	5312.30
纺织服装、鞋、帽制造业	Manufacture of Textile Wearing, Apparel, Footwear and Caps	2591.43	2244.23

(100 million yuan)

主营业务税金及附加 Taxes and Other Charges on Principle Business	利润总额 Total Profits	利税总额 Total Profits and Taxes	应交增值税 Value Added Tax Payable	全部从业人员年平均人数(万人) Annual Average Employed Persons (10000 persons)
652.76	**5970.56**	**9316.01**	**2692.69**	**1153.88**
576.43	3282.40	5703.06	1844.24	694.90
253.58	242.80	699.22	202.84	26.02
4.36	57.77	98.14	36.02	14.61
1.49	28.37	45.47	15.61	6.19
0.27	2.51	4.29	1.50	0.72
67.24	795.49	1249.36	386.63	118.28
14.31	75.28	134.01	44.42	13.98
107.39	328.85	621.17	184.93	39.94
141.15	1816.96	2969.36	1011.26	486.96
0.95	9.64	16.04	5.45	2.17
15.21	771.05	1059.66	273.40	158.21
61.13	1917.12	2553.28	575.04	300.76
274.09	1613.19	2661.48	774.21	422.15
378.67	4357.38	6654.53	1918.48	731.73
261.89	1815.78	2805.68	728.01	265.89
231.67	2044.47	3071.75	795.60	335.34
159.19	2110.31	3438.58	1169.07	552.64
19.07	**57.26**	**119.34**	**43.01**	**16.34**
4.78	30.67	60.11	24.66	9.16
11.69	7.86	26.57	7.02	2.12
0.39	4.34	8.15	3.42	1.15
0.06	1.81	2.39	0.52	0.20
2.15	12.58	22.12	7.39	3.71
621.79	**5709.98**	**8840.47**	**2508.63**	**1122.79**
7.11	125.09	195.25	63.04	18.23
1.44	27.25	43.92	15.22	7.15
16.58	60.25	105.33	28.50	6.88
184.11	65.15	295.74	46.48	0.61
20.04	282.48	466.85	164.33	124.51
9.86	147.78	237.81	80.16	82.63

11-3 续 表 3

单位:亿元

项目 Item		主营业务收入 Revenue from Principal Business	主营业务成本 Cost of Principle Business
皮革、毛皮、羽毛(绒)及其制品业	Manufacture of Textile, Fur, Feather and Related Products	462.45	408.79
木材加工及木、竹、藤、棕、草制品业	Processing of Timber, Manufacture of Wood, Bamboo, Rattan, Palm and Straw Products	1094.07	934.48
家具制造业	Manufacture of Furniture	192.47	166.74
造纸及纸制品业	Manufacture of Paper and Paper Products	1099.29	924.59
印刷业和记录媒介的复制	Printing, Reproduction of Recording Media	282.24	230.32
文教体育用品制造业	Manufacture of Articles For Culture, Education and Sport Activities	518.43	451.98
石油加工、炼焦及核燃料加工业	Processing of Petroleum, Coking, Processing of Nuclear Fuel	1463.77	1246.98
化学原料及化学制品制造业	Manufacture of Raw Chemical Materials and Chemical Products	9087.43	7713.79
医药制造业	Manufacture of Medicines	1394.29	881.70
化学纤维制造业	Manufacture of Chemical Fibers	1695.08	1474.52
橡胶制品业	Manufacture of Rubber	703.82	595.54
塑料制品业	Manufacture of Plastics	1459.47	1261.70
非金属矿物制品业	Manufacture of Non-metallic Mineral Products	2565.95	2170.20
黑色金属冶炼及压延加工业	Smelting and Pressing of Ferrous Metals	7197.18	6548.25
有色金属冶炼及压延加工业	Smelting and Pressing of Non-ferrous Metals	2880.62	2651.87
金属制品业	Manufacture of Metal Products	3492.25	3019.61
通用设备制造业	Manufacture of General Purpose Machinery	6076.90	5090.76
专用设备制造业	Manufacture of Special Purpose Machinery	3260.62	2685.21
交通运输设备制造业	Manufacture of Transport Equipment	6255.91	5144.98
电气机械及器材制造业	Manufacture of Electrical Machinery and Equipment	8553.34	7264.34
通信设备、计算机及其他电子设备制造业	Manufacture of Communication Equipment, Computers and Other Electronic Equipment	12859.82	11645.60
仪器仪表及文化、办公用机械制造业	Manufacture of Measuring Instruments and Machinery for Cultural Activity and Office Work	1707.57	1434.82
工艺品及其他制造业	Manufacture of Artwork and Other Manufacturing	401.06	350.37
废弃资源和废旧材料回收加工业	Recycling and Disposal of Waste	222.59	205.08
电力、燃气及水的生产和供应业	**Production and Supply of Electricity, Gas and Water**	**3466.77**	**3125.08**
电力、热力的生产和供应业	Production and Supply of Electric Power and Heat Power	3184.93	2908.51
燃气生产和供应	Production and Supply of Gas	197.90	162.99
水的生产和供应业	Production and Supply of Water	83.94	53.58

(100 million yuan)

主营业务税金及附加 Taxes and Other Charges on Principle Business	利润总额 Total Profits	利税总额 Total Profits and Taxes	应交增值税 Value Added Tax Payable	全部从业人员年平均人数（万人） Annual Average Employed Persons (10000 persons)
1.52	22.85	39.99	15.63	14.17
7.64	80.99	134.43	45.79	21.37
0.66	9.77	15.60	5.18	5.48
2.76	79.49	113.61	31.35	13.05
1.10	25.56	36.58	9.92	7.07
1.86	26.94	47.03	18.23	15.16
115.67	65.67	272.80	91.46	2.51
64.16	673.48	1014.06	276.43	65.37
6.48	146.97	228.87	75.41	16.36
2.37	141.11	180.30	36.82	13.34
1.89	49.61	76.07	24.57	12.96
4.32	85.61	133.66	43.73	29.88
12.05	183.18	301.76	106.53	39.66
12.76	350.05	511.18	148.36	32.78
5.16	112.66	176.95	59.13	15.19
12.90	220.08	347.16	114.18	52.48
22.14	468.95	694.89	203.80	91.02
11.24	276.36	388.11	100.51	51.04
50.90	592.19	846.55	203.46	74.80
28.61	587.22	853.77	237.93	92.24
8.56	639.82	835.64	187.26	184.68
5.27	137.05	193.23	50.91	21.48
1.82	20.70	36.52	13.99	9.37
0.81	5.67	16.81	10.32	1.32
11.89	**203.33**	**356.23**	**141.01**	**14.77**
10.88	172.08	314.78	131.82	10.60
0.46	26.73	32.10	4.90	1.22
0.55	4.52	9.35	4.29	2.95

11－4　规模以上工业企业主要经济效益指标（2010年）

单位:%

项目	Item	企业亏损面 Percentage of Loss Making Enterprises	产值利税率 Percentage of Profit and Tax to Output Value
总　计	**Total**	**8.39**	**10.12**
按登记注册类型分	**Grouped by Status of Registration**		
内资企业	Domestic Funded Enterprises	6.01	10.28
国有企业	State－owned Enterprises	17.34	15.71
集体企业	Collective－owned Enterprises	10.23	7.61
股份合作企业	Cooperative Enterprises	9.90	9.82
联营企业	Joint Ownership Enterprises	11.11	9.36
有限责任公司	Limited Liability Corporations	8.00	10.21
#国有独资	State Sole Funded Corporatios	18.87	11.34
股份有限公司	Share－holding Corporations Ltd.	8.63	14.90
私营企业	Private Enterprises	5.53	9.10
其他企业	Other Enterprises	11.66	10.13
港、澳、台商投资企业	Enterprises with Funds from Hong Kong, Macao and Taiwan	16.74	10.55
外商投资企业	Foreign Funded Enterprises	17.49	9.62
按轻重工业分	**Grouped by Light & Heavy Industries**		
轻工业	Light Industry	8.70	10.86
重工业	Heavy Industry	8.19	9.85
按企业规模分	**Grouped by Size of Enterprises**		
大型企业	Large Enterprises	7.21	9.78
中型企业	Medium－sized Enterprises	10.18	11.94
小型企业	Small Enterprises	8.25	9.13
按行业分	**Grouped by Sector**		
采矿业	**Mining**	**4.15**	**20.85**
煤炭开采和洗选业	Mining and Washing of Coal	5.00	21.49
石油和天然气开采业	Extraction of Petroleum and Natural Gas	50.00	39.63
黑色金属矿采选业	Mining and Processing of Ferrous Metal Ores	6.25	13.30
有色金属矿采选业	Mining and Processing of Non－ferrous Metals Ores	0.00	34.54
非金属矿采选业	Mining and Processing of Nonmetal Ores	3.28	14.05
其他矿采选业	Mining of Other Ores		
制造业	**Manufacturing**	**8.32**	**10.04**
农副食品加工业	Processing of Food from Agricultural Products	4.14	8.66
食品制造业	Manufacture of Food	14.29	10.67
饮料制造业	Manufacture of Beverage	8.66	17.36
烟草制品业	Manufacture of Tobacco	0.00	85.33

Main Indicators on Economic Benefit of above Designated Size Industrial Enterprises (2010)

(%)

销售利税率 Percentage of Profit and Tax to Sales	资金利税率 Percentage of Profit and Tax to capital	资产负债率 Assets Liability Ratio	流动资产周转次数(次/年) Times of Turnover of Circulating Funds (times/year)	成本费用利润率 Ratio of Profits to Industrial Cost	产品销售率 Proportion of Products Sold	总资产贡献率 Ratio of Total Assets to Industrial Output Value
10.23	**16.11**	**57.28**	**2.53**	**7.09**	**98.64**	**15.10**
10.39	17.43	59.25	2.71	6.46	98.51	16.22
15.75	17.95	57.24	2.94	6.14	99.18	15.59
7.79	16.22	59.65	2.80	4.80	98.06	15.33
10.09	16.16	63.17	2.58	6.74	98.53	14.71
9.47	13.45	62.36	2.98	5.83	96.11	13.39
10.17	13.85	62.51	2.30	7.00	99.10	12.97
11.33	11.44	58.84	1.65	6.89	99.17	9.39
15.07	21.56	51.27	2.04	8.88	98.50	19.23
9.25	18.63	59.22	3.00	6.06	98.22	17.79
10.51	20.78	63.91	2.80	6.89	96.26	18.93
10.64	13.82	55.26	2.09	8.41	98.38	13.15
9.72	14.66	54.30	2.39	7.92	99.02	13.78
10.96	18.32	55.32	2.56	7.22	98.70	16.78
9.96	15.37	57.95	2.52	7.04	98.62	14.52
9.79	14.80	58.79	2.52	6.86	99.21	13.53
12.09	16.00	56.95	2.14	8.85	98.57	15.05
9.29	17.49	56.07	2.90	6.09	98.26	16.75
20.95	**18.24**	**52.34**	**2.05**	**11.54**	**99.01**	**14.41**
21.99	18.54	58.98	1.75	12.62	99.26	13.39
37.16	16.53	38.81	2.57	15.11	99.96	15.21
13.85	20.98	53.92	1.96	8.21	99.32	17.48
36.16	32.56	52.22	1.57	35.94	95.04	30.85
13.90	17.96	47.74	2.68	8.78	98.21	14.71
10.16	**16.79**	**56.56**	**2.50**	**7.10**	**98.60**	**15.73**
8.64	20.01	67.26	3.40	5.90	98.81	18.01
10.60	14.62	53.21	2.10	7.09	98.48	13.74
18.03	27.37	52.20	2.29	11.92	97.99	21.08
85.68	88.24	14.96	1.18	66.27	99.60	83.22

11－4 续 表1

单位:%

项 目 Item		企业亏损面 Percentage of Loss Making Enterprises	产值利税率 Percentage of Profit and Tax to Output Value
纺织业	Manufacture of Textile	7.46	7.83
纺织服装、鞋、帽制造业	Manufacture of Textile Wearing, Apparel, Footwear and Caps	9.96	9.07
皮革、毛皮、羽毛(绒)及其制品业	Manufacture of Textile, Fur, Feather and Related Products	13.23	8.49
木材加工及木、竹、藤、棕、草制品业	Processing of Timber, Manufacture of Wood, Bamboo, Rattan, Palm and Straw Products	3.28	12.25
家具制造业	Manufacture of Furniture	16.42	7.97
造纸及纸制品业	Manufacture of Paper and Paper Products	10.98	10.16
印刷业和记录媒介的复制	Printing, Reproduction of Recording Media	11.03	12.77
文教体育用品制造业	Manufacture of Articles For Culture, Education and Sport Activities	7.80	8.97
石油加工、炼焦及核燃料加工业	Processing of Petroleum, Coking, Processing of Nuclear Fuel	11.83	18.23
化学原料及化学制品制造业	Manufacture of Raw Chemical Materials and Chemical Products	8.30	11.06
医药制造业	Manufacture of Medicines	8.51	16.12
化学纤维制造业	Manufacture of Chemical Fibers	6.10	10.71
橡胶制品业	Manufacture of Rubber	9.27	10.61
塑料制品业	Manufacture of Plastics	9.68	8.99
非金属矿物制品业	Manufacture of Non－metallic Mineral Products	7.67	11.56
黑色金属冶炼及压延加工业	Smelting and Pressing of Ferrous Metals	11.43	7.18
有色金属冶炼及压延加工业	Smelting and Pressing of Non－ferrous Metals	8.36	6.09
金属制品业	Manufacture of Metal Products	8.30	9.80
通用设备制造业	Manufacture of General Purpose Machinery	6.21	11.24
专用设备制造业	Manufacture of Special Purpose Machinery	8.16	11.68
交通运输设备制造业	Manufacture of Transport Equipment	8.57	13.12
电气机械及器材制造业	Manufacture of Electrical Machinery and Equipment	7.38	9.76
通信设备、计算机及其他电子设备制造业	Manufacture of Communication Equipment, Computers and Other Electronic Equipment	15.49	6.46
仪器仪表及文化、办公用机械制造业	Manufacture of Measuring Instruments and Machinery for Cultural Activity and Office Work	7.37	11.21
工艺品及其他制造业	Manufacture of Artwork and Other Manufacturing	8.92	9.20
废弃资源和废旧材料回收加工业	Recycling and Disposal of Waste	9.09	7.54
电力、燃气及水的生产和供应业	**Production and Supply of Electricity, Gas and Water**	**19.78**	**10.32**
电力、热力的生产和供应业	Production and Supply of Electric Power and Heat Power	22.75	9.92
燃气生产和供应	Production and Supply of Gas	1.59	16.74
水的生产和供应业	Production and Supply of Water	22.73	10.75

11－4 Continued 1

(%)

销售利税率 Percentage of Profit and Tax to Sales	资金利税率 Percentage of Profit and Tax to capital	资产负债率 Assets Liability Ratio	流动资产周转次数(次/年) Times of Turnover of Circulating Funds (times/year)	成本费用利润率 Ratio of Profits to Industrial Cost	产品销售率 Proportion of Products Sold	总资产贡献率 Ratio of Total Assets to Industrial Output Value
7.89	13.79	60.90	2.74	5.03	98.86	13.43
9.18	20.12	53.99	3.08	6.10	98.29	17.54
8.65	20.52	58.26	3.48	5.24	97.70	18.94
12.29	30.91	48.79	4.49	8.07	98.35	29.93
8.11	12.75	51.27	2.38	5.40	98.71	11.75
10.33	10.71	51.94	1.98	7.81	98.92	9.28
12.96	14.62	51.56	1.92	9.96	98.77	14.16
9.07	24.36	51.70	4.25	5.52	98.68	22.35
18.64	61.07	62.35	5.58	5.13	98.48	57.46
11.16	18.22	54.64	2.79	8.13	98.24	16.57
16.41	26.87	41.02	2.41	11.80	96.98	23.47
10.64	16.73	59.85	2.56	9.12	99.13	16.06
10.81	14.69	49.32	2.52	7.58	98.07	14.68
9.16	14.57	50.99	2.48	6.26	98.37	14.15
11.76	15.77	58.22	2.24	7.75	98.82	14.99
7.10	11.59	64.68	2.64	5.16	99.54	11.38
6.14	15.80	63.63	3.51	4.11	99.01	16.14
9.94	16.29	56.55	2.41	6.78	98.20	15.82
11.43	17.10	53.85	2.10	8.41	98.08	16.10
11.90	16.32	52.74	1.97	9.29	98.02	15.50
13.53	18.20	62.95	1.91	10.59	97.67	16.30
9.98	16.59	55.02	2.25	7.43	98.35	15.90
6.50	11.46	54.47	2.72	5.25	99.42	11.05
11.32	18.92	50.45	2.40	8.77	98.74	17.52
9.11	22.85	51.25	4.05	5.51	98.21	21.07
7.55	10.32	74.69	1.67	2.64	98.98	10.52
10.28	**7.90**	**66.07**	**3.53**	**6.19**	**99.68**	**8.21**
9.88	8.21	66.97	4.43	5.69	99.69	8.63
16.22	16.68	60.52	1.88	15.15	100.38	13.92
11.14	1.93	61.43	0.53	5.25	97.90	2.68

11－5 国有控股工业企业主要经济指标（2010 年）

单位:亿元

项目	Item	单位数（个）Number of Enterprises (unit)	资产总计 Total Assets	流动资产 Current Assets
总　计	**Total**	**826**	**11062.36**	**4171.26**
按登记注册类型分	**Grouped by Status of Registration**			
内资企业	Domestic Funded Enterprises	718	9844.98	3743.63
国有企业	State－owned Enterprises	346	4681.76	1509.51
集体企业	Collective－owned Enterprises			
股份合作企业	Cooperative Enterprises	6	105.13	15.80
联营企业	Joint Ownership Enterprises	16	24.28	9.98
有限责任公司	Limited Liability Corporations	297	4078.44	1676.70
#国有独资	State Sole Funded Corporatios	53	1533.60	714.69
股份有限公司	Share－holding Corporations Ltd.	49	948.75	528.33
私营企业	Private Enterprises			
其他企业	Other Enterprises	4	6.61	3.32
港、澳、台商投资企业	Enterprises with Funds from Hong Kong, Macao and Taiwan	44	263.64	91.53
外商投资企业	Foreign Funded Enterprises	64	953.74	336.09
按轻重工业分	**Grouped by Light & Heavy Industries**			
轻工业	Light Industry	248	1300.92	678.50
重工业	Heavy Industry	578	9761.45	3492.76
按企业规模分	**Grouped by Size of Enterprises**			
大型企业	Large Enterprises	67	6050.34	2134.61
中型企业	Medium－sized Enterprises	273	3766.30	1521.80
小型企业	Small Enterprises	486	1245.73	514.85
按行业分	**Grouped by Sector**			
采矿业	**Mining**	**29**	**727.39**	**228.42**
煤炭开采和洗选业	Mining and Washing of Coal	5	418.58	144.07
石油和天然气开采业	Extraction of Petroleum and Natural Gas	2	176.53	27.87
黑色金属矿采选业	Mining and Processing of Ferrous Metal Ores	4	33.08	19.72
有色金属矿采选业	Mining and Processing of Non－ferrous Metals Ores	2	2.06	0.71
非金属矿采选业	Mining and Processing of Nonmetal Ores	16	97.13	36.06
其他矿采选业	Mining of Other Ores			
制造业	**Manufacturing**	**656**	**6262.86**	**3283.06**
农副食品加工业	Processing of Food from Agricultural Products	24	27.42	8.97
食品制造业	Manufacture of Food	15	40.80	23.56
饮料制造业	Manufacture of Beverage	8	35.29	20.50
烟草制品业	Manufacture of Tobacco	6	352.49	291.63
纺织业	Manufacture of Textile	28	165.91	69.06
纺织服装、鞋、帽制造业	Manufacture of Textile Wearing, Apparel, Footwear and Caps	27	25.99	16.85

Main Economic Indicators of State Shareholding Industrial Enterprises(2010)

(100 million yuan)

应收账款 Accounts Receivalble	存货 Inventory	#产成品 Finished Goods	固定资产原价 Original Value of Fixed Assets	固定资产净值 Net Value of Fixed Assets	负债合计 Total Liabilities	所有者权益 Owners' Equities
699.52	**1090.61**	**280.29**	**8218.96**	**4972.67**	**6646.56**	**4415.80**
585.45	975.88	251.45	7295.70	4377.05	5959.36	3885.62
194.02	389.97	89.28	4212.95	2385.30	2680.01	2001.75
7.12	4.59	1.64	57.70	50.15	76.19	28.94
2.91	3.94	1.62	18.93	13.26	16.24	8.04
294.52	436.24	129.31	2429.00	1636.12	2662.29	1416.15
140.62	184.58	66.15	747.19	457.00	902.36	631.24
85.69	140.20	29.26	572.84	289.17	521.21	427.54
1.19	0.94	0.34	4.27	3.05	3.42	3.19
17.66	33.00	7.37	208.54	141.51	171.89	91.75
96.41	81.74	21.46	714.72	454.11	515.31	438.44
53.99	177.77	31.79	670.08	430.11	591.87	709.05
645.53	912.84	248.50	7548.88	4542.57	6054.69	3706.75
316.49	558.78	149.51	4813.44	2705.37	3600.58	2449.76
288.17	409.32	91.54	2641.89	1727.19	2291.82	1474.48
94.85	122.51	39.24	763.64	540.12	754.17	491.57
27.81	**43.17**	**9.86**	**560.55**	**317.00**	**381.42**	**345.98**
16.98	32.09	6.18	243.56	145.73	245.82	172.76
6.56	4.95	0.32	253.89	132.91	68.51	108.02
1.55	2.26	1.36	15.41	4.99	17.69	15.39
0.02	0.11	0.05	1.66	1.24	0.98	1.08
2.70	3.76	1.95	46.04	32.13	48.41	48.72
571.30	**963.97**	**270.08**	**3217.96**	**1874.33**	**3519.82**	**2743.04**
0.94	3.82	1.53	20.88	17.44	16.10	11.32
2.07	8.90	0.75	15.03	10.46	31.62	9.18
2.62	8.83	2.22	13.16	9.60	23.75	11.54
8.41	96.40	4.05	83.82	43.54	52.74	299.75
6.52	19.39	7.87	75.01	44.81	101.58	64.33
1.61	3.14	1.47	9.93	6.65	11.39	14.59

11－5 续 表1

单位:亿元

项目	Item	单位数(个) Number of Enterprises (unit)	资产总计 Total Assets	流动资产 Current Assets
皮革、毛皮、羽毛(绒)及其制品业	Manufacture of Textile, Fur, Feather and Related Products			
木材加工及木、竹、藤、棕、草制品业	Processing of Timber, Manufacture of Wood, Bamboo, Rattan, Palm and Straw Products			
家具制造业	Manufacture of Furniture			
造纸及纸制品业	Manufacture of Paper and Paper Products	6	22.32	8.30
印刷业和记录媒介的复制	Printing, Reproduction of Recording Media	29	16.12	6.80
文教体育用品制造业	Manufacture of Articles For Culture, Education and Sport Activities	1	0.01	0.01
石油加工、炼焦及核燃料加工业	Processing of Petroleum, Coking, Processing of Nuclear Fuel	10	243.23	123.07
化学原料及化学制品制造业	Manufacture of Raw Chemical Materials and Chemical Products	77	1396.12	552.09
医药制造业	Manufacture of Medicines	23	89.13	55.14
化学纤维制造业	Manufacture of Chemical Fibers	8	73.13	31.44
橡胶制品业	Manufacture of Rubber	3	24.84	8.67
塑料制品业	Manufacture of Plastics	12	6.23	3.60
非金属矿物制品业	Manufacture of Non－metallic Mineral Products	46	208.86	98.18
黑色金属冶炼及压延加工业	Smelting and Pressing of Ferrous Metals	10	419.77	118.63
有色金属冶炼及压延加工业	Smelting and Pressing of Non－ferrous Metals	12	43.03	31.32
金属制品业	Manufacture of Metal Products	27	104.77	54.21
通用设备制造业	Manufacture of General Purpose Machinery	58	567.34	397.83
专用设备制造业	Manufacture of Special Purpose Machinery	32	110.00	70.25
交通运输设备制造业	Manufacture of Transport Equipment	78	1283.14	703.50
电气机械及器材制造业	Manufacture of Electrical Machinery and Equipment	44	277.95	186.79
通信设备、计算机及其他电子设备制造业	Manufacture of Communication Equipment, Computers and Other Electronic Equipment	46	553.50	280.95
仪器仪表及文化、办公用机械制造业	Manufacture of Measuring Instruments and Machinery for Cultural Activity and Office Work	24	171.46	119.16
工艺品及其他制造业	Manufacture of Artwork and Other Manufacturing	2	4.02	2.54
废弃资源和废旧材料回收加工业	Recycling and Disposal of Waste			
电力、燃气及水的生产和供应业	**Production and Supply of Electricity, Gas and Water**	**141**	**4072.11**	**659.78**
电力、热力的生产和供应业	Production and Supply of Electric Power and Heat Power	75	3596.47	507.83
燃气生产和供应	Production and Supply of Gas	8	76.86	34.07
水的生产和供应业	Production and Supply of Water	58	398.78	117.88

11 - 5 Continued 1

(100 million yuan)

应收账款 Accounts Receivalble	存货 Inventory	#产成品 Finished Goods	固定资产原价 Original Value of Fixed Assets	固定资产净值 Net Value of Fixed Assets	负债合计 Total Liabilities	所有者权益 Owners' Equities
0.92	3.52	1.16	21.72	8.59	8.44	13.88
1.46	1.13	0.41	13.18	6.38	7.45	8.67
					0.01	
12.31	83.98	14.22	185.92	99.55	166.31	76.92
64.56	156.85	40.45	1096.00	539.08	713.40	682.72
10.70	10.79	4.83	37.80	22.34	34.31	54.82
3.04	10.50	5.06	61.56	35.53	32.11	41.02
2.73	2.98	1.90	20.69	15.08	17.79	7.06
0.69	0.99	0.41	5.08	2.03	3.71	2.52
24.14	22.34	6.70	118.45	84.08	132.59	76.27
17.77	37.02	9.44	291.53	189.72	252.08	167.69
2.56	19.78	2.54	14.14	10.64	34.12	8.91
12.88	23.58	8.05	54.38	34.60	62.17	42.59
70.85	122.28	61.62	139.81	83.11	306.65	260.68
21.65	23.41	7.58	53.36	31.58	70.27	39.74
143.69	180.61	59.46	503.62	329.51	853.52	429.62
79.09	36.11	10.05	80.96	53.64	169.23	108.71
43.32	61.77	15.64	254.87	163.38	327.52	225.97
35.93	25.27	2.48	44.51	31.93	89.80	81.66
0.85	0.61	0.18	2.54	1.07	1.18	2.84
100.41	**83.47**	**0.35**	**4440.44**	**2781.34**	**2745.32**	**1326.79**
93.16	78.09	0.07	4104.49	2539.34	2454.60	1141.87
1.58	0.95	0.06	35.97	28.16	47.96	28.90
5.67	4.43	0.22	299.98	213.84	242.76	156.03

单位:亿元

项 目	Item	#实收资本 Paid-in capital	主营业务收入 Revenue from Principal Business	主营业务成本 Cost of Principle Business
总 计	**Total**	**2194.54**	**9893.42**	**8239.49**
按登记注册类型分	**Grouped by Status of Registration**			
内资企业	Domestic Funded Enterprises	1787.42	8838.09	7366.69
国有企业	State－owned Enterprises	811.32	4439.24	3739.85
集体企业	Collective－owned Enterprises			
股份合作企业	Cooperative Enterprises	24.74	53.57	45.09
联营企业	Joint Ownership Enterprises	3.03	30.10	26.02
有限责任公司	Limited Liability Corporations	702.14	3038.88	2498.57
#国有独资	State Sole Funded Corporatios	247.06	1182.60	964.69
股份有限公司	Share－holding Corporations Ltd.	243.45	1259.30	1041.56
私营企业	Private Enterprises			
其他企业	Other Enterprises	2.74	16.99	15.59
港、澳、台商投资企业	Enterprises with Funds from Hong Kong, Macao and Taiwan	75.58	245.26	219.71
外商投资企业	Foreign Funded Enterprises	331.54	810.07	653.09
按轻重工业分	**Grouped by Light & Heavy Industries**			
轻工业	Light Industry	216.20	883.08	490.66
重工业	Heavy Industry	1978.34	9010.34	7748.83
按企业规模分	**Grouped by Size of Enterprises**			
大型企业	Large Enterprises	1077.35	6143.36	5278.88
中型企业	Medium－sized Enterprises	767.97	2714.95	2077.14
小型企业	Small Enterprises	349.22	1035.11	883.47
按行业分	**Grouped by Sector**			
采矿业	**Mining**	**178.22**	**375.24**	**247.33**
煤炭开采和洗选业	Mining and Washing of Coal	55.97	229.92	157.54
石油和天然气开采业	Extraction of Petroleum and Natural Gas	93.57	71.51	33.60
黑色金属矿采选业	Mining and Processing of Ferrous Metal Ores	6.69	26.00	21.01
有色金属矿采选业	Mining and Processing of Non－ferrous Metals Ores	0.18	1.12	0.74
非金属矿采选业	Mining and Processing of Nonmetal Ores	21.81	46.68	34.43
其他矿采选业	Mining of Other Ores			
制造业	**Manufacturing**	**1413.41**	**6720.64**	**5416.39**
农副食品加工业	Processing of Food from Agricultural Products	5.54	58.14	52.60
食品制造业	Manufacture of Food	3.19	22.20	17.62
饮料制造业	Manufacture of Beverage	4.45	34.22	17.61
烟草制品业	Manufacture of Tobacco	13.21	345.16	78.36
纺织业	Manufacture of Textile	34.38	97.65	85.31
纺织服装、鞋、帽制造业	Manufacture of Textile Wearing, Apparel, Footwear and Caps	4.19	36.84	29.21
皮革、毛皮、羽毛(绒)及其制品业	Manufacture of Textile, Fur, Feather and Related Products			

(100 million yuan)

主营业务税金及附加 Taxes and Other Charges on Principle Business	利润总额 Total Profits	利税总额 Total Profits and Taxes	应交增值税 Value Added Tax Payable	全部从业人员年平均人数（万人） Annual Average Employed Persons (10000 persons)
382.70	**633.94**	**1451.19**	**434.55**	**69.74**
375.29	532.71	1307.18	399.18	63.56
253.58	242.80	699.22	202.84	26.02
0.10	4.59	6.79	2.10	0.23
0.13	1.73	2.65	0.79	0.38
28.45	222.12	360.19	109.62	31.46
14.31	75.28	134.01	44.42	13.98
92.99	61.27	237.86	83.59	5.29
0.02	0.19	0.46	0.24	0.18
0.25	15.48	23.04	7.31	2.01
7.17	85.75	120.97	28.06	4.17
189.11	111.72	370.79	69.95	11.73
193.58	522.22	1080.40	364.60	58.00
203.15	285.53	748.93	260.26	40.29
166.36	269.86	562.81	126.60	22.11
13.19	78.55	139.44	47.70	7.34
17.17	**37.54**	**86.14**	**31.43**	**12.10**
4.34	23.84	49.21	21.03	7.79
11.69	7.86	26.57	7.02	2.12
0.28	1.58	3.18	1.31	0.80
0.01	0.12	0.21	0.09	0.07
0.85	4.14	6.97	1.98	1.31
355.25	**465.31**	**1107.47**	**286.91**	**47.45**
0.17	2.01	3.99	1.81	0.36
0.11	1.40	2.35	0.84	0.45
3.07	5.36	11.23	2.80	0.48
184.11	65.15	295.74	46.48	0.61
0.30	6.45	9.54	2.79	2.50
0.19	1.94	3.47	1.34	1.45

单位:亿元

项目	Item	#实收资本 Paid-in capital	主营业务收入 Revenue from Principal Business	主营业务成本 Cost of Principle Business
木材加工及木、竹、藤、棕、草制品业	Processing of Timber, Manufacture of Wood, Bamboo, Rattan, Palm and Straw Products			
家具制造业	Manufacture of Furniture			
造纸及纸制品业	Manufacture of Paper and Paper Products	9.21	13.64	9.37
印刷业和记录媒介的复制	Printing, Reproduction of Recording Media	4.92	9.78	7.88
文教体育用品制造业	Manufacture of Articles For Culture, Education and Sport Activities	0.01	0.11	0.08
石油加工、炼焦及核燃料加工业	Processing of Petroleum, Coking, Processing of Nuclear Fuel	56.83	937.17	781.32
化学原料及化学制品制造业	Manufacture of Raw Chemical Materials and Chemical Products	430.14	1483.24	1244.03
医药制造业	Manufacture of Medicines	19.50	75.89	53.63
化学纤维制造业	Manufacture of Chemical Fibers	30.89	78.18	56.01
橡胶制品业	Manufacture of Rubber	6.52	24.08	20.08
塑料制品业	Manufacture of Plastics	2.56	10.98	9.62
非金属矿物制品业	Manufacture of Non－metallic Mineral Products	37.96	166.57	129.04
黑色金属冶炼及压延加工业	Smelting and Pressing of Ferrous Metals	109.67	294.99	282.07
有色金属冶炼及压延加工业	Smelting and Pressing of Non－ferrous Metals	8.66	142.60	138.45
金属制品业	Manufacture of Metal Products	36.42	111.49	95.90
通用设备制造业	Manufacture of General Purpose Machinery	39.14	618.51	522.43
专用设备制造业	Manufacture of Special Purpose Machinery	25.09	123.68	103.93
交通运输设备制造业	Manufacture of Transport Equipment	276.07	1341.47	1111.18
电气机械及器材制造业	Manufacture of Electrical Machinery and Equipment	50.81	287.80	241.38
通信设备、计算机及其他电子设备制造业	Manufacture of Communication Equipment, Computers and Other Electronic Equipment	181.79	275.79	228.95
仪器仪表及文化、办公用机械制造业	Manufacture of Measuring Instruments and Machinery for Cultural Activity and Office Work	21.24	127.32	98.19
工艺品及其他制造业	Manufacture of Artwork and Other Manufacturing	1.03	3.17	2.14
废弃资源和废旧材料回收加工业	Recycling and Disposal of Waste			
电力、燃气及水的生产和供应业	**Production and Supply of Electricity, Gas and Water**	**602.91**	**2797.54**	**2575.77**
电力、热力的生产和供应业	Production and Supply of Electric Power and Heat Power	518.64	2699.39	2505.45
燃气生产和供应	Production and Supply of Gas	11.88	45.69	37.98
水的生产和供应业	Production and Supply of Water	72.38	52.47	32.34

(100 million yuan)

主营业务税金及附加 Taxes and Other Charges on Principle Business	利润总额 Total Profits	利税总额 Total Profits and Taxes	应交增值税 Value Added Tax Payable	全部从业人员年平均人数(万人) Annual Average Employed Persons (10000 persons)
0.08	1.88	2.64	0.69	0.30
0.04	0.42	0.87	0.41	0.39
	0.01	0.02	0.01	0.02
108.45	30.99	216.34	76.91	0.97
38.95	95.70	180.95	46.30	7.74
0.41	6.86	11.10	3.83	1.33
0.14	16.50	20.68	4.05	0.76
0.01	1.03	2.20	1.15	0.35
0.03	0.40	0.70	0.27	0.14
0.60	20.62	28.22	7.01	1.62
0.26	2.09	4.54	2.18	1.02
0.28	1.69	2.54	0.56	0.24
0.25	7.84	11.67	3.58	1.37
1.93	49.17	70.26	19.16	4.72
0.32	8.20	12.52	4.00	1.20
13.10	97.91	150.94	39.93	11.13
1.05	14.19	26.20	10.96	2.34
0.65	10.95	15.80	4.20	4.44
0.75	16.15	22.50	5.60	1.42
	0.40	0.47	0.07	0.09
10.27	**131.08**	**257.57**	**116.22**	**10.18**
9.73	124.73	246.24	111.78	7.73
0.18	4.86	6.42	1.38	0.35
0.37	1.50	4.91	3.05	2.11

11－6 国有控股工业企业主要经济效益指标（2010 年）

单位:%

项目	Item	企业亏损面 Percentage of Loss Making Enterprises	产值利税率 Percentage of Profit and Tax to Output Value
总 计	**Total**	**15.98**	**14.70**
按登记注册类型分	**Grouped by Status of Registration**		
内资企业	Domestic Funded Enterprises	15.46	14.88
国有企业	State－owned Enterprises	17.34	15.71
集体企业	Collective－owned Enterprises		
股份合作企业	Cooperative Enterprises	33.33	12.03
联营企业	Joint Ownership Enterprises	6.25	9.00
有限责任公司	Limited Liability Corporations	13.47	12.14
#国有独资	State Sole Funded Corporatios	18.87	11.34
股份有限公司	Share－holding Corporations Ltd.	16.33	18.80
私营企业	Private Enterprises		
其他企业	Other Enterprises	0.00	2.68
港、澳、台商投资企业	Enterprises with Funds from Hong Kong, Macao and Taiwan	18.18	9.35
外商投资企业	Foreign Funded Enterprises	20.31	14.36
按轻重工业分	**Grouped by Light & Heavy Industries**		
轻工业	Light Industry	20.56	42.36
重工业	Heavy Industry	14.01	12.00
按企业规模分	**Grouped by Size of Enterprises**		
大型企业	Large Enterprises	11.94	12.26
中型企业	Medium－sized Enterprises	13.19	20.87
小型企业	Small Enterprises	18.11	13.07
按行业分	**Grouped by Sector**		
采矿业	**Mining**	**10.34**	**22.85**
煤炭开采和洗选业	Mining and Washing of Coal	20.00	20.95
石油和天然气开采业	Extraction of Petroleum and Natural Gas	50.00	39.62
黑色金属矿采选业	Mining and Processing of Ferrous Metal Ores	0.00	11.06
有色金属矿采选业	Mining and Processing of Non－ferrous Metals Ores	0.00	17.99
非金属矿采选业	Mining and Processing of Nonmetal Ores	6.25	15.47
其他矿采选业	Mining of Other Ores		
制造业	**Manufacturing**	**15.09**	**16.51**
农副食品加工业	Processing of Food from Agricultural Products	16.67	7.08
食品制造业	Manufacture of Food	20.00	9.81
饮料制造业	Manufacture of Beverage	37.50	31.20
烟草制品业	Manufacture of Tobacco	0.00	85.33
纺织业	Manufacture of Textile	17.86	10.09
纺织服装、鞋、帽制造业	Manufacture of Textile Wearing, Apparel, Footwear and Caps	14.81	11.15

Main Indicators on Economic Benefit of State Shareholding Industrial Enterprises(2010)

(%)

销售利税率 Percentage of Profit and Tax to Sales	资金利税率 Percentage of Profit and Tax to Capital	资产负债率 Assets Liability Ratio	流动资产周转次数(次/年) Times of Turnover of Circulating Funds (times/year)	成本费用利润率 Ratio of Profits to Industrial Cost	产品销售率 Proportion of Products Sold	总资产贡献率 Ratio of Total Assets to Industrial Output Value
14.67	**15.87**	**60.08**	**2.37**	**7.13**	**99.22**	**14.06**
14.79	16.10	60.53	2.36	6.71	99.30	14.21
15.75	17.95	57.24	2.94	6.14	99.18	15.59
12.68	10.30	72.47	3.39	9.41	97.97	8.66
8.82	11.42	66.88	3.02	6.01	97.17	12.01
11.85	10.87	65.28	1.81	8.01	99.53	10.06
11.33	11.44	58.84	1.65	6.89	99.17	9.39
18.89	29.10	54.94	2.38	5.50	99.31	25.90
2.69	7.18	51.73	5.13	1.13	99.12	7.61
9.39	9.89	65.20	2.68	6.66	98.50	10.06
14.93	15.31	54.03	2.41	12.00	98.58	13.68
41.99	33.45	45.50	1.30	18.88	98.70	28.84
11.99	13.45	62.03	2.58	6.30	99.27	12.09
12.19	15.47	59.51	2.88	5.07	99.04	13.06
20.73	17.32	60.85	1.78	11.72	100.31	16.22
13.47	13.22	60.54	2.01	8.26	97.49	12.38
22.96	**15.79**	**52.44**	**1.64**	**11.55**	**99.42**	**12.19**
21.41	16.98	58.73	1.60	11.57	99.59	12.06
37.15	16.52	38.81	2.57	15.11	99.96	15.21
12.22	12.86	53.49	1.32	6.63	99.92	10.48
18.72	10.78	47.61	1.57	11.32	100.35	10.19
14.94	10.22	49.84	1.29	9.80	97.35	7.85
16.48	**21.47**	**56.20**	**2.05**	**7.91**	**98.92**	**18.26**
6.86	15.11	58.70	6.48	3.69	98.34	15.39
10.60	6.92	77.49	0.94	6.63	95.25	6.08
32.81	37.30	67.29	1.67	21.65	98.85	32.35
85.68	88.24	14.96	1.18	66.27	99.60	83.22
9.77	8.38	61.22	1.41	6.86	101.56	6.49
9.41	14.75	43.84	2.19	5.53	105.32	13.55

11－6 续 表1

单位:%

项　目 Item		企业亏损面 Percentage of Loss Making Enterprises	产值利税率 Percentage of Profit and Tax to Output Value
皮革、毛皮、羽毛(绒)及其制品业	Manufacture of Textile, Fur, Feather and Related Products		
木材加工及木、竹、藤、棕、草制品业	Processing of Timber, Manufacture of Wood, Bamboo, Rattan, Palm and Straw Products		
家具制造业	Manufacture of Furniture		
造纸及纸制品业	Manufacture of Paper and Paper Products	16.67	18.04
印刷业和记录媒介的复制	Printing, Reproduction of Recording Media	20.69	8.65
文教体育用品制造业	Manufacture of Articles For Culture, Education and Sport Activities	0.00	14.88
石油加工、炼焦及核燃料加工业	Processing of Petroleum, Coking, Processing of Nuclear Fuel	20.00	22.43
化学原料及化学制品制造业	Manufacture of Raw Chemical Materials and Chemical Products	22.08	12.17
医药制造业	Manufacture of Medicines	26.09	17.08
化学纤维制造业	Manufacture of Chemical Fibers	12.50	26.20
橡胶制品业	Manufacture of Rubber	0.00	9.08
塑料制品业	Manufacture of Plastics	33.33	5.93
非金属矿物制品业	Manufacture of Non－metallic Mineral Products	19.57	15.50
黑色金属冶炼及压延加工业	Smelting and Pressing of Ferrous Metals	30.00	1.69
有色金属冶炼及压延加工业	Smelting and Pressing of Non－ferrous Metals	8.33	1.82
金属制品业	Manufacture of Metal Products	3.70	10.36
通用设备制造业	Manufacture of General Purpose Machinery	5.17	11.41
专用设备制造业	Manufacture of Special Purpose Machinery	6.25	10.40
交通运输设备制造业	Manufacture of Transport Equipment	11.54	11.31
电气机械及器材制造业	Manufacture of Electrical Machinery and Equipment	9.09	8.48
通信设备、计算机及其他电子设备制造业	Manufacture of Communication Equipment, Computers and Other Electronic Equipment	17.39	6.20
仪器仪表及文化、办公用机械制造业	Manufacture of Measuring Instruments and Machinery for Cultural Activity and Office Work	12.50	18.27
工艺品及其他制造业	Manufacture of Artwork and Other Manufacturing	0.00	14.14
废弃资源和废旧材料回收加工业	Recycling and Disposal of Waste		
电力、燃气及水的生产和供应业	**Production and Supply of Electricity, Gas and Water**	**21.28**	**9.24**
电力、热力的生产和供应业	Production and Supply of Electric Power and Heat Power	17.33	9.16
燃气生产和供应	Production and Supply of Gas	0.00	13.56
水的生产和供应业	Production and Supply of Water	29.31	9.26

11－6　Continued 1

(%)

销售利税率 Percentage of Profit and Tax to Sales	资金利税率 Percentage of Profit and Tax to Capital	资产负债率 Assets Liability Ratio	流动资产周转次数(次/年) Times of Turnover of Circulating Funds (times/year)	成本费用利润率 Ratio of Profits to Industrial Cost	产品销售率 Proportion of Products Sold	总资产贡献率 Ratio of Total Assets to Industrial Output Value
19.39	15.65	37.82	1.64	15.76	99.97	12.32
8.88	6.59	46.20	1.44	4.34	97.72	5.75
15.16	141.30	68.00	10.28	7.26	95.33	142.11
23.08	97.18	68.37	7.62	3.88	99.20	89.93
12.20	16.58	51.10	2.69	7.13	99.43	13.86
14.63	14.33	38.49	1.38	9.92	96.56	12.93
26.45	30.88	43.91	2.49	26.72	96.32	28.77
9.12	9.25	71.59	2.78	4.49	94.43	12.29
6.35	12.40	59.50	3.05	3.80	100.66	12.03
16.94	15.49	63.48	1.70	14.19	98.73	14.85
1.54	1.47	60.05	2.49	0.71	97.08	1.52
1.78	6.05	79.29	4.55	1.20	106.46	7.54
10.47	13.14	59.34	2.06	7.53	100.09	11.42
11.36	14.61	54.05	1.55	8.65	100.45	12.46
10.12	12.29	63.88	1.76	7.13	103.48	11.86
11.25	14.61	66.52	1.91	8.06	96.79	12.07
9.10	10.90	60.89	1.54	5.36	97.07	10.24
5.73	3.55	59.17	0.98	4.15	100.77	4.04
17.67	14.89	52.37	1.07	14.36	96.10	13.48
14.85	13.04	29.30	1.25	14.02	96.17	11.71
9.21	**7.49**	**67.42**	**4.24**	**4.90**	**99.92**	**7.94**
9.12	8.08	68.25	5.32	4.84	99.95	8.56
14.06	10.32	62.40	1.34	11.66	100.95	8.41
9.36	1.48	60.87	0.45	2.70	97.43	2.25

11-7 私营工业企业主要经济指标（2010年）

单位:亿元

项目	Item	单位数（个）Number of Enterprises (unit)	资产总计 Total Assets	流动资产 Current Assets
总　计	**Total**	**43738**	**18071.91**	**10716.42**
按登记注册类型分	**Grouped by Status of Registration**			
私营独资企业	Private Solely Funds Enterprises	8696	1696.27	915.57
私营合伙企业	Private Partnership Enterprises	827	198.26	108.56
私营有限责任公司	Private Limited Liabieity Corporations	33055	15025.61	9045.04
私营股份有限公司	Private Share Holding Co., Ltd.	1160	1151.77	647.26
按轻重工业分	**Grouped by Light & Heavy Industries**			
轻工业	Light Industry	17484	5321.10	2992.36
重工业	Heavy Industry	26254	12750.81	7724.06
按企业规模分	Grouped by Size of Enterprises			
大型企业	Large Enterprises	81	2789.63	1530.14
中型企业	Medium - sized Enterprises	1561	4675.20	2798.09
小型企业	Small Enterprises	42096	10607.07	6388.20
按行业分	**Grouped by Sector**			
采矿业	**Mining**	**145**	**43.23**	**16.96**
煤炭开采和洗选业	Mining and Washing of Coal	11	4.57	1.03
石油和天然气开采业	Extraction of Petroleum and Natural Gas			
黑色金属矿采选业	Mining and Processing of Ferrous Metal Ores	10	8.16	4.71
有色金属矿采选业	Mining and Processing of Non - ferrous Metals Ores	1	0.06	0.01
非金属矿采选业	Mining and Processing of Nonmetal Ores	123	30.43	11.21
其他矿采选业	Mining of Other Ores			
制造业	Manufacturing	43509	17892.22	10663.85
农副食品加工业	Processing of Food from Agricultural Products	1428	368.15	183.11
食品制造业	Manufacture of Food	277	89.37	50.09
饮料制造业	Manufacture of Beverage	153	63.76	32.02
烟草制品业	Manufacture of Tobacco			
纺织业	Manufacture of Textile	6525	1940.41	1115.79
纺织服装、鞋、帽制造业	Manufacture of Textile Wearing, Apparel, Footwear and Caps	2343	610.14	328.01
皮革、毛皮、羽毛(绒)及其制品业	Manufacture of Textile, Fur, Feather and Related Products	403	83.49	50.55

Main Economic Indicators of Private Industrial Enterprises(2010)

(100 million yuan)

应收账款 Accounts Receivalble	存货 Inventory	#产成品 Finished Goods	固定资产原价 Original Value of Fixed Assets	固定资产净值 Net Value of Fixed Assets	负债合计 Total Liabilities
3262.15	**2432.01**	**1060.39**	**7688.47**	**5219.86**	**10701.87**
319.98	187.69	94.33	881.99	629.50	928.60
36.01	24.58	11.71	104.89	69.12	116.49
2735.88	2076.21	889.58	6229.48	4198.29	9070.05
170.28	143.54	64.77	472.12	322.95	586.73
763.42	786.44	354.73	2512.37	1665.99	3218.27
2498.73	1645.57	705.66	5176.10	3553.87	7483.61
316.10	409.27	160.64	1216.35	770.18	1558.46
712.40	648.61	284.60	1925.36	1271.52	2843.69
2233.65	1374.12	615.15	4546.76	3178.16	6299.73
6.28	**3.38**	**1.95**	**34.77**	**20.96**	**18.67**
0.15	0.35	0.19	9.90	3.12	2.88
2.12	0.45	0.31	3.53	2.03	2.87
0.01	0.05	0.05	0.02		
3.99	2.58	1.45	21.28	15.76	12.91
3249.50	**2425.31**	**1057.52**	**7553.93**	**5122.09**	**10594.00**
35.28	53.31	26.14	182.86	136.88	201.96
13.41	16.07	8.68	39.08	28.52	56.15
3.96	10.25	4.05	28.43	21.62	35.09
271.48	320.39	144.84	987.80	623.97	1270.62
71.92	96.12	49.78	237.49	153.55	314.69
13.55	12.88	5.67	27.15	18.82	51.83

单位:亿元

项 目	Item	单位数(个) Number of Enterprises (unit)	资产总计 Total Assets	流动资产 Current Assets
木材加工及木、竹、藤、棕、草制品业	Processing of Timber, Manufacture of Wood, Bamboo, Rattan, Palm and Straw Products	1540	254.58	130.96
家具制造业	Manufacture of Furniture	216	58.49	31.31
造纸及纸制品业	Manufacture of Paper and Paper Products	656	202.64	115.85
印刷业和记录媒介的复制	Printing, Reproduction of Recording Media	451	125.30	66.74
文教体育用品制造业	Manufacture of Articles For Culture, Education and Sport Activities	505	84.86	47.48
石油加工、炼焦及核燃料加工业	Processing of Petroleum, Coking, Processing of Nuclear Fuel	106	69.33	42.59
化学原料及化学制品制造业	Manufacture of Raw Chemical Materials and Chemical Products	3013	1554.93	932.51
医药制造业	Manufacture of Medicines	343	151.79	81.30
化学纤维制造业	Manufacture of Chemical Fibers	761	535.58	289.53
橡胶制品业	Manufacture of Rubber	419	88.59	54.74
塑料制品业	Manufacture of Plastics	1759	457.31	263.45
非金属矿物制品业	Manufacture of Non－metallic Mineral Products	2145	1010.31	540.69
黑色金属冶炼及压延加工业	Smelting and Pressing of Ferrous Metals	1006	1334.12	799.07
有色金属冶炼及压延加工业	Smelting and Pressing of Non－ferrous Metals	1014	610.32	431.86
金属制品业	Manufacture of Metal Products	3248	1268.55	797.64
通用设备制造业	Manufacture of General Purpose Machinery	5768	1692.95	1033.07
专用设备制造业	Manufacture of Special Purpose Machinery	2367	1024.66	639.46
交通运输设备制造业	Manufacture of Transport Equipment	1824	1111.84	639.62
电气机械及器材制造业	Manufacture of Electrical Machinery and Equipment	3081	1965.39	1326.06
通信设备、计算机及其他电子设备制造业	Manufacture of Communication Equipment, Computers and Other Electronic Equipment	1099	658.64	386.03
仪器仪表及文化、办公用机械制造业	Manufacture of Measuring Instruments and Machinery for Cultural Activity and Office Work	521	347.51	182.02
工艺品及其他制造业	Manufacture of Artwork and Other Manufacturing	409	87.00	44.44
废弃资源和废旧材料回收加工业	Recycling and Disposal of Waste	129	42.20	27.86
电力、燃气及水的生产和供应业	**Production and Supply of Electricity, Gas and Water**	**84**	**136.46**	**35.62**
电力、热力的生产和供应业	Production and Supply of Electric Power and Heat Power	44	108.77	20.15
燃气生产和供应	Production and Supply of Gas	16	16.58	11.23
水的生产和供应业	Production and Supply of Water	24	11.11	4.24

11 - 7 Continued 1

(100 million yuan)

应收账款 Accounts Receivalble	存货 Inventory	#产成品 Finished Goods	固定资产原价 Original Value of Fixed Assets	固定资产净值 Net Value of Fixed Assets	负债合计 Total Liabilities
27.60	37.20	17.81	139.79	99.74	106.64
7.48	9.09	3.46	25.39	16.74	35.48
42.20	24.35	10.17	104.24	67.61	129.82
26.72	11.32	5.00	73.86	46.91	79.52
13.39	11.09	5.01	38.72	27.52	49.39
9.63	9.06	3.67	24.43	19.04	45.92
261.20	202.54	87.67	607.39	415.14	906.68
21.64	16.77	8.97	74.89	52.98	82.16
39.62	75.77	28.52	273.90	178.75	328.01
23.97	10.85	5.10	37.37	24.93	51.91
101.25	49.92	21.98	206.32	140.68	269.30
183.09	91.17	40.62	518.78	340.23	613.32
170.87	204.00	104.18	537.97	349.81	848.72
126.15	89.26	36.60	186.14	123.92	409.18
282.18	184.27	81.77	494.23	343.42	770.58
390.76	219.47	94.76	730.83	500.56	965.02
220.48	148.79	56.88	383.59	268.95	594.91
177.93	152.97	49.60	449.03	325.75	701.73
496.52	223.33	104.17	621.69	434.32	1066.62
146.52	73.79	28.92	299.34	193.88	359.29
50.68	48.32	15.14	168.79	128.33	172.62
14.80	12.81	5.79	41.38	29.39	47.32
5.20	10.18	2.56	13.07	10.12	29.53
6.37	**3.31**	**0.92**	**99.78**	**76.81**	**89.20**
5.11	2.44	0.76	90.40	69.36	69.69
0.62	0.48	0.08	4.65	3.66	12.67
0.64	0.39	0.08	4.73	3.79	6.85

11-7 续 表 2

单位:亿元

项 目	Item	所有者权益 Owners' Equities	#实收资本 Paid-in capital	主营业务收入 Revenue from Principal Business
总 计	**Total**	**7370.03**	**3552.85**	**32114.32**
按登记注册类型分	**Grouped by Status of Registration**			
私营独资企业	Private Solely Funds Enterprises	767.67	351.09	4253.71
私营合伙企业	Private Partnership Enterprises	81.77	39.08	497.15
私营有限责任公司	Private Limited Liabieity Corporations	5955.56	2949.59	25821.41
私营股份有限公司	Private Share Holding Co. , Ltd.	565.03	213.08	1542.05
按轻重工业分	**Grouped by Light & Heavy Industries**			
轻工业	Light Industry	2102.84	1051.40	9956.12
重工业	Heavy Industry	5267.20	2501.44	22158.19
按企业规模分	**Grouped by Size of Enterprises**			
大型企业	Large Enterprises	1231.18	305.28	3860.80
中型企业	Medium - sized Enterprises	1831.52	796.12	6616.16
小型企业	Small Enterprises	4307.34	2451.44	21637.35
按行业分	**Grouped by Sector**			
采矿业	**Mining**	**24.56**	**11.06**	**101.25**
煤炭开采和洗选业	Mining and Washing of Coal	1.69	2.00	18.78
石油和天然气开采业	Extraction of Petroleum and Natural Gas			
黑色金属矿采选业	Mining and Processing of Ferrous Metal Ores	5.30	0.44	13.03
有色金属矿采选业	Mining and Processing of Non - ferrous Metals Ores	0.04	0.01	0.06
非金属矿采选业	Mining and Processing of Nonmetal Ores	17.53	8.61	69.38
其他矿采选业	Mining of Other Ores			
制造业	**Manufacturing**	**7298.21**	**3508.55**	**31917.41**
农副食品加工业	Processing of Food from Agricultural Products	166.19	71.25	1018.84
食品制造业	Manufacture of Food	33.22	17.64	141.35
饮料制造业	Manufacture of Beverage	28.67	18.02	123.19
烟草制品业	Manufacture of Tobacco			
纺织业	Manufacture of Textile	669.79	380.40	3281.91
纺织服装、鞋、帽制造业	Manufacture of Textile Wearing, Apparel, Footwear and Caps	295.45	107.01	1282.38
皮革、毛皮、羽毛(绒)及其制品业	Manufacture of Textile, Fur, Feather and Related Products	31.66	18.55	185.89

(100 million yuan)

主营业务成本 Cost of Principle Business	主营业务税金及附加 Taxes and Other Charges on Principle Business	利润总额 Total Profits	利税总额 Total Profits and Taxes	应交增值税 Value Added Tax Payable	全部从业人员年平均人数（万人） Annual Average Employed Persons (10000 persons)
28164.01	**141.15**	**1816.96**	**2969.36**	**1011.26**	**486.96**
3741.22	25.22	253.93	429.82	150.67	71.23
439.04	2.77	31.71	52.14	17.66	7.85
22673.29	107.19	1420.36	2324.61	797.06	389.03
1310.45	5.96	110.96	162.79	45.87	18.86
8836.55	45.61	503.27	844.66	295.79	202.85
19327.45	95.54	1313.69	2124.70	715.47	284.11
3367.02	11.73	243.08	359.62	104.81	34.79
5664.60	27.61	463.00	704.54	213.93	96.14
19132.39	101.81	1110.88	1905.20	692.51	356.03
84.63	**0.88**	**7.71**	**13.25**	**4.66**	**1.69**
16.53	0.10	1.44	2.24	0.71	0.11
9.91	0.07	1.24	2.12	0.81	0.20
0.05			0.01		
58.14	0.71	5.03	8.88	3.13	1.38
28009.47	**139.68**	**1802.03**	**2945.24**	**1003.53**	**484.30**
910.93	4.59	53.84	86.93	28.50	11.48
120.53	0.83	7.31	12.63	4.49	2.89
103.05	4.23	7.50	17.46	5.73	1.68
2970.58	12.81	140.05	246.68	93.83	71.96
1130.89	5.52	70.07	114.54	38.96	40.81
165.73	0.94	8.41	15.60	6.26	6.10

单位:亿元

项 目	Item	所有者权益 Owners' Equities	#实收资本 Paid-in capital	主营业务收入 Revenue from Principal Business
木材加工及木、竹、藤、棕、草制品业	Processing of Timber, Manufacture of Wood, Bamboo, Rattan, Palm and Straw Products	147.94	55.68	806.86
家具制造业	Manufacture of Furniture	23.02	15.80	83.45
造纸及纸制品业	Manufacture of Paper and Paper Products	72.82	36.70	387.00
印刷业和记录媒介的复制	Printing, Reproduction of Recording Media	45.77	26.56	153.89
文教体育用品制造业	Manufacture of Articles For Culture, Education and Sport Activities	35.47	16.96	251.64
石油加工、炼焦及核燃料加工业	Processing of Petroleum, Coking, Processing of Nuclear Fuel	23.41	11.18	155.43
化学原料及化学制品制造业	Manufacture of Raw Chemical Materials and Chemical Products	648.25	293.56	3007.68
医药制造业	Manufacture of Medicines	69.63	32.37	320.12
化学纤维制造业	Manufacture of Chemical Fibers	207.57	89.88	831.45
橡胶制品业	Manufacture of Rubber	36.68	23.20	196.77
塑料制品业	Manufacture of Plastics	188.01	89.04	767.89
非金属矿物制品业	Manufacture of Non－metallic Mineral Products	396.99	212.59	1491.29
黑色金属冶炼及压延加工业	Smelting and Pressing of Ferrous Metals	485.40	184.60	2358.46
有色金属冶炼及压延加工业	Smelting and Pressing of Non－ferrous Metals	201.15	115.66	1566.20
金属制品业	Manufacture of Metal Products	497.97	258.40	2146.34
通用设备制造业	Manufacture of General Purpose Machinery	727.93	363.47	2902.00
专用设备制造业	Manufacture of Special Purpose Machinery	429.75	211.60	1472.23
交通运输设备制造业	Manufacture of Transport Equipment	410.11	187.49	1606.60
电气机械及器材制造业	Manufacture of Electrical Machinery and Equipment	898.77	449.55	3467.15
通信设备、计算机及其他电子设备制造业	Manufacture of Communication Equipment, Computers and Other Electronic Equipment	299.35	137.01	1021.65
仪器仪表及文化、办公用机械制造业	Manufacture of Measuring Instruments and Machinery for Cultural Activity and Office Work	174.89	62.08	562.12
工艺品及其他制造业	Manufacture of Artwork and Other Manufacturing	39.68	14.88	251.56
废弃资源和废旧材料回收加工业	Recycling and Disposal of Waste	12.67	7.41	76.04
电力、燃气及水的生产和供应业	**Production and Supply of Electricity, Gas and Water**	**47.26**	**33.24**	**95.66**
电力、热力的生产和供应业	Production and Supply of Electric Power and Heat Power	39.08	27.17	81.14
燃气生产和供应	Production and Supply of Gas	3.91	3.26	9.72
水的生产和供应业	Production and Supply of Water	4.27	2.81	4.80

(100 million yuan)

主营业务成本 Cost of Principle Business	主营业务税金及附加 Taxes and Other Charges on Principle Business	利润总额 Total Profits	利税总额 Total Profits and Taxes	应交增值税 Value Added Tax Payable	全部从业人员年平均人数（万人） Annual Average Employed Persons (10000 persons)
700.59	5.99	64.08	105.17	35.10	16.63
73.36	0.50	4.29	7.35	2.56	2.22
342.53	1.91	17.86	32.11	12.33	6.19
130.44	0.77	9.78	15.93	5.39	3.90
221.70	1.11	12.22	22.76	9.43	6.61
146.60	0.46	2.95	5.41	2.00	0.81
2615.20	13.53	192.45	299.56	93.58	27.96
271.17	1.67	23.10	38.11	13.33	4.22
755.15	1.49	41.98	56.88	13.42	7.05
170.83	0.86	11.53	18.88	6.49	4.02
671.42	2.98	42.61	68.16	22.57	14.95
1278.31	8.52	98.30	168.11	61.29	22.78
2143.88	6.47	96.73	161.73	58.53	15.49
1439.59	2.78	60.86	93.56	29.92	9.17
1876.29	9.46	115.69	199.77	74.62	32.16
2502.89	13.95	170.29	286.78	102.54	50.60
1246.80	7.21	96.99	155.34	51.14	25.35
1372.98	8.54	111.10	178.86	59.22	28.61
2991.10	14.88	230.84	355.66	109.94	39.02
882.67	3.51	62.45	96.03	30.07	18.36
481.28	2.69	33.45	56.55	20.40	7.57
222.98	1.24	13.06	23.90	9.61	5.04
70.00	0.27	2.22	4.76	2.27	0.67
69.90	**0.59**	**7.22**	**10.87**	**3.07**	**0.97**
57.52	0.52	5.95	9.11	2.64	0.73
8.58	0.03	0.82	1.11	0.26	0.07
3.79	0.04	0.45	0.66	0.16	0.17

11－8　私营工业企业主要经济效益指标（2010年）

单位：%

项　　目 Item		企业亏损面 Percentage of Loss Making Enterprises	产值利税率 Percentage of Profit and Tax to Output Value
总　计	**Total**	**5.53**	**9.10**
按登记注册类型分	**Grouped by Status of Registration**		
私营独资企业	Private Solely Funds Enterprises	3.14	9.93
私营合伙企业	Private Partnership Enterprises	3.87	10.22
私营有限责任公司	Private Limited Liabieity Corporations	6.16	8.86
私营股份有限公司	Private Share Holding Co., Ltd.	6.64	10.32
按轻重工业分	**Grouped by Light & Heavy Industries**		
轻工业	Light Industry	5.94	8.36
重工业	Heavy Industry	5.26	9.43
按企业规模分	**Grouped by Size of Enterprises**		
大型企业	Large Enterprises	2.47	9.31
中型企业	Medium－sized Enterprises	4.48	10.46
小型企业	Small Enterprises	5.57	8.64
按行业分	**Grouped by Sector**		
采矿业	**Mining**	**0.69**	**12.84**
煤炭开采和洗选业	Mining and Washing of Coal	0.00	11.67
石油和天然气开采业	Extraction of Petroleum and Natural Gas		
黑色金属矿采选业	Mining and Processing of Ferrous Metal Ores	0.00	15.92
有色金属矿采选业	Mining and Processing of Non－ferrous Metals Ores	0.00	13.50
非金属矿采选业	Mining and Processing of Nonmetal Ores	0.81	12.58
其他矿采选业	Mining of Other Ores		
制造业	**Manufacturing**	**5.52**	**9.08**
农副食品加工业	Processing of Food from Agricultural Products	3.08	8.42
食品制造业	Manufacture of Food	11.55	8.70
饮料制造业	Manufacture of Beverage	4.58	14.17
烟草制品业	Manufacture of Tobacco		
纺织业	Manufacture of Textile	5.79	7.45
纺织服装、鞋、帽制造业	Manufacture of Textile Wearing, Apparel, Footwear and Caps	6.44	8.78
皮革、毛皮、羽毛（绒）及其制品业	Manufacture of Textile, Fur, Feather and Related Products	9.43	8.22
木材加工及木、竹、藤、棕、草制品业	Processing of Timber, Manufacture of Wood, Bamboo, Rattan, Palm and Straw Products	1.95	12.96

Main Indicators on Economic Benefit of Private Industrial Enterprises(2010)

(%)

销售利税率 Percentage of Profit and Tax to Sales	资金利税率 Percentage of Profit and Tax to capital	资产负债率 Assets Liability Ratio	流动资产周转次数(次/年) Times of Turnover of Circulating Funds (times/year)	成本费用利润率 Ratio of Profits to Industrial Cost	产品销售率 Proportion of Products Sold	总资产贡献率 Ratio of Total Assets to Industrial Output Value
9.25	**18.63**	**59.22**	**3.00**	**6.06**	**98.22**	**17.79**
10.10	27.82	54.74	4.65	6.43	98.05	26.73
10.49	29.34	58.76	4.58	6.85	98.14	27.81
9.00	17.55	60.36	2.85	5.88	98.27	16.84
10.56	16.78	50.94	2.38	7.83	97.94	15.27
8.48	18.13	60.48	3.33	5.36	98.36	17.29
9.59	18.84	58.69	2.87	6.37	98.16	18.00
9.31	15.63	55.87	2.52	6.84	98.88	14.38
10.65	17.31	60.82	2.36	7.59	98.11	16.49
8.81	19.92	59.39	3.39	5.46	98.14	19.26
13.09	**34.95**	**43.18**	**5.97**	**8.50**	**97.96**	**31.65**
11.95	54.14	62.99	18.32	8.36	98.08	49.30
16.28	31.50	35.10	2.77	11.20	96.56	26.43
13.50	12.82	31.38	4.88	7.83	100.00	14.56
12.79	32.91	42.40	6.19	8.06	98.19	30.44
9.23	**18.66**	**59.21**	**2.99**	**6.04**	**98.23**	**17.82**
8.53	27.17	54.86	5.56	5.63	98.32	25.36
8.94	16.07	62.83	2.82	5.48	97.41	15.51
14.17	32.55	55.04	3.85	6.78	98.26	29.26
7.52	14.18	65.48	2.94	4.48	98.89	14.18
8.93	23.79	51.58	3.91	5.82	97.86	19.76
8.39	22.49	62.08	3.68	4.78	96.81	19.67
13.03	45.59	41.89	6.16	8.70	98.20	42.94

单位:%

项 目 Item		企业亏损面 Percentage of Loss Making Enterprises	产值利税率 Percentage of Profit and Tax to Output Value
家具制造业	Manufacture of Furniture	8.80	8.58
造纸及纸制品业	Manufacture of Paper and Paper Products	8.38	8.18
印刷业和记录媒介的复制	Printing, Reproduction of Recording Media	7.10	10.14
文教体育用品制造业	Manufacture of Articles For Culture, Education and Sport Activities	3.37	8.90
石油加工、炼焦及核燃料加工业	Processing of Petroleum, Coking, Processing of Nuclear Fuel	9.43	3.41
化学原料及化学制品制造业	Manufacture of Raw Chemical Materials and Chemical Products	5.84	9.80
医药制造业	Manufacture of Medicines	5.25	11.53
化学纤维制造业	Manufacture of Chemical Fibers	3.94	6.79
橡胶制品业	Manufacture of Rubber	6.21	9.41
塑料制品业	Manufacture of Plastics	5.97	8.70
非金属矿物制品业	Manufacture of Non-metallic Mineral Products	5.50	11.21
黑色金属冶炼及压延加工业	Smelting and Pressing of Ferrous Metals	10.14	6.80
有色金属冶炼及压延加工业	Smelting and Pressing of Non-ferrous Metals	6.51	5.91
金属制品业	Manufacture of Metal Products	6.43	9.18
通用设备制造业	Manufacture of General Purpose Machinery	4.39	9.66
专用设备制造业	Manufacture of Special Purpose Machinery	5.07	10.35
交通运输设备制造业	Manufacture of Transport Equipment	5.48	10.78
电气机械及器材制造业	Manufacture of Electrical Machinery and Equipment	4.41	10.02
通信设备、计算机及其他电子设备制造业	Manufacture of Communication Equipment, Computers and Other Electronic Equipment	7.55	9.08
仪器仪表及文化、办公用机械制造业	Manufacture of Measuring Instruments and Machinery for Cultural Activity and Office Work	4.61	9.98
工艺品及其他制造业	Manufacture of Artwork and Other Manufacturing	4.65	9.74
废弃资源和废旧材料回收加工业	Recycling and Disposal of Waste	3.88	5.97
电力、燃气及水的生产和供应业	**Production and Supply of Electricity, Gas and Water**	**16.67**	**11.41**
电力、热力的生产和供应业	Production and Supply of Electric Power and Heat Power	29.55	11.37
燃气生产和供应	Production and Supply of Gas	0.00	10.87
水的生产和供应业	Production and Supply of Water	4.17	13.21

11－8 Continued 1

(%)

销售利税率 Percentage of Profit and Tax to Sales	资金利税率 Percentage of Profit and Tax to capital	资产负债率 Assets Liability Ratio	流动资产周转次数(次/年) Times of Turnover of Circulating Funds (times/year)	成本费用利润率 Ratio of Profits to Industrial Cost	产品销售率 Proportion of Products Sold	总资产贡献率 Ratio of Total Assets to Industrial Output Value
8.81	15.30	60.65	2.67	5.46	97.84	13.47
8.30	17.50	64.06	3.34	4.91	97.69	17.27
10.35	14.02	63.47	2.31	6.85	98.29	13.95
9.05	30.35	58.21	5.30	5.15	98.33	28.03
3.48	8.79	66.23	3.65	1.94	98.96	9.27
9.96	22.23	58.31	3.23	6.91	98.00	20.67
11.90	28.38	54.13	3.94	7.83	97.52	26.75
6.84	12.15	61.24	2.87	5.35	99.10	12.44
9.60	23.70	58.59	3.59	6.28	98.02	22.34
8.88	16.87	58.89	2.91	5.93	98.28	16.17
11.27	19.08	60.71	2.76	7.12	98.74	17.94
6.86	14.08	63.62	2.95	4.36	98.57	13.58
5.97	16.83	67.04	3.63	4.09	98.54	16.95
9.31	17.51	60.74	2.69	5.77	98.01	17.32
9.88	18.70	57.00	2.81	6.29	97.88	18.12
10.55	17.10	58.06	2.30	7.10	98.12	16.39
11.13	18.53	63.11	2.51	7.49	98.03	17.45
10.26	20.20	54.27	2.61	7.20	97.87	19.29
9.40	16.56	54.55	2.65	6.56	98.29	15.76
10.06	18.22	49.67	3.09	6.42	98.22	17.28
9.50	32.37	54.39	5.66	5.54	98.63	29.11
6.26	12.53	69.97	2.73	3.06	98.39	12.43
11.37	**9.67**	**65.37**	**2.69**	**8.11**	**96.24**	**9.54**
11.22	10.17	64.07	4.03	7.87	95.71	10.18
11.46	7.48	76.42	0.87	9.01	99.37	7.20
13.64	8.16	61.62	1.13	10.28	98.31	6.79

11－9 外商投资和港澳台商投资工业企业主要经济指标（2010 年）

单位:亿元

项　目	Item	单位数（个）Number of Enterprises (unit)	资产总计 Total Assets	流动资产 Current Capitals
总　计	**Total**	**13626**	**28023.91**	**15755.69**
按登记注册类型分	**Grouped by Status of Registration**			
与港澳台商合资经营	Joint－venture Enterprises with HongKong Macao and Taiwan	1822	3414.26	1892.14
与港澳台商合作经营	Cooperative Enterprises with HongKong, Macao and Taiwan	63	61.68	33.57
港澳台商独资	Enterprises with Sole Funds from HongKong, Macao and Taiwan	2984	4659.15	2646.03
港澳台商投资股份有限公司	Share Holding with HongKong, Macao and Taiwan Investment	113	410.28	180.36
中外合资经营	Joint－venture Enterprises with Foreign Funded	2805	6378.09	3382.85
中外合作经营	Chinese－foreign Cooperative Enterprises	146	296.95	185.05
外资企业	Foreign Solely Funded	5584	11996.13	7093.71
外商投资股份有限公司	Share Holding with Foreign Investment	109	807.36	341.99
按轻重工业分	**Grouped by Light & Heavy Industries**			
轻工业	Light Industry	5504	7551.44	4186.77
重工业	Heavy Industry	8122	20472.47	11568.93
按企业规模分	**Grouped by Size of Enterprises**			
大型企业	Large Enterprises	276	8625.03	4948.27
中型企业	Medium－sized Enterprises	2449	11244.25	6127.31
小型企业	Small Enterprises	10901	8154.63	4680.11
按行业分	**Grouped by Sector**			
采矿业	**Mining**	**12**	**23.86**	**5.68**
煤炭开采和洗选业	Mining and Washing of Coal			
石油和天然气开采业	Extraction of Petroleum and Natural Gas			
黑色金属矿采选业	Mining and Processing of Ferrous Metal Ores	3	1.51	1.02
有色金属矿采选业	Mining and Processing of Non－ferrous Metals Ores			
非金属矿采选业	Mining and Processing of Nonmetal Ores	9	22.35	4.66
其他矿采选业	Mining of Other Ores			
制造业	**Manufacturing**	**13473**	**26869.78**	**15487.61**
农副食品加工业	Processing of Food from Agricultural Products	217	659.27	412.73
食品制造业	Manufacture of Food	115	172.31	107.05
饮料制造业	Manufacture of Beverage	52	216.17	70.20
烟草制品业	Manufacture of Tobacco			
纺织业	Manufacture of Textile	1395	1064.08	595.46
纺织服装、鞋、帽制造业	Manufacture of Textile Wearing, Apparel, Footwear and Caps	1148	435.09	258.59

Main Economic Indicators of Industrial Enterprises with Hong Kong, Macao, Taiwan and Foreign Funds (2010)

(100 million yuan)

应收账款 Accounts Receivalble	存货 Inventory	#产成品 Finished Goods	固定资产原价 Original Value of Fixed Assets	固定资产净值 Net Value of Fixed Assets	负债合计 Total Liabilities	所有者权益 Owners' Equities
5237.81	**3557.15**	**1187.73**	**14984.95**	**9328.50**	**15298.72**	**12725.19**
456.79	436.54	148.56	1591.15	1100.71	2089.79	1324.47
8.69	5.61	2.76	30.41	21.80	34.30	27.38
939.14	560.57	197.24	2434.09	1623.18	2380.35	2278.80
51.60	27.64	11.17	267.22	170.48	218.06	192.22
958.06	734.58	271.84	3344.75	2105.93	3578.20	2799.89
62.37	36.40	12.56	145.01	79.58	182.69	114.26
2669.25	1690.84	526.90	6689.55	3945.44	6479.62	5516.51
91.91	64.96	16.70	482.76	281.38	335.70	471.65
1136.48	992.37	349.98	3628.17	2292.26	4057.36	3494.08
4101.34	2564.77	837.74	11356.78	7036.23	11241.36	9231.11
1702.70	1014.43	276.08	4683.87	2855.00	5081.31	3543.72
2069.39	1382.89	486.13	6361.25	3881.74	6086.51	5157.74
1465.72	1159.83	425.51	3939.83	2591.75	4130.90	4023.73
1.65	**0.92**	**0.08**	**20.00**	**10.50**	**13.40**	**10.46**
0.34	0.07	0.01	0.60	0.42	0.83	0.68
1.31	0.85	0.08	19.40	10.09	12.58	9.77
5167.23	**3534.62**	**1186.18**	**13897.79**	**8618.62**	**14610.98**	**12258.80**
44.41	129.50	31.91	173.23	119.54	498.95	160.32
26.64	18.97	8.03	84.53	51.56	74.56	97.75
8.28	22.84	9.18	101.55	63.50	128.93	87.24
139.10	175.86	69.44	586.19	348.43	578.20	485.88
62.60	61.58	21.40	199.43	125.63	235.96	199.13

11－9 续 表1

单位:亿元

项 目 Item		单位数(个) Number of Enterprises (unit)	资产总计 Total Assets	流动资产 Current Capitals
皮革、毛皮、羽毛(绒)及其制品业	Manufacture of Textile, Fur, Feather and Related Products	221	128.80	76.70
木材加工及木、竹、藤、棕、草制品业	Processing of Timber, Manufacture of Wood, Bamboo, Rattan, Palm and Straw Products	114	91.53	55.49
家具制造业	Manufacture of Furniture	99	76.25	47.02
造纸及纸制品业	Manufacture of Paper and Paper Products	193	1123.16	401.06
印刷业和记录媒介的复制	Printing, Reproduction of Recording Media	85	100.85	54.93
文教体育用品制造业	Manufacture of Articles For Culture, Education and Sport Activities	280	124.68	70.66
石油加工、炼焦及核燃料加工业	Processing of Petroleum, Coking, Processing of Nuclear Fuel	26	93.52	56.35
化学原料及化学制品制造业	Manufacture of Raw Chemical Materials and Chemical Products	1029	2878.63	1341.59
医药制造业	Manufacture of Medicines	187	432.35	250.11
化学纤维制造业	Manufacture of Chemical Fibers	85	439.89	216.25
橡胶制品业	Manufacture of Rubber	185	430.90	202.83
塑料制品业	Manufacture of Plastics	626	470.53	272.22
非金属矿物制品业	Manufacture of Non－metallic Mineral Products	480	680.58	350.78
黑色金属冶炼及压延加工业	Smelting and Pressing of Ferrous Metals	132	869.55	433.50
有色金属冶炼及压延加工业	Smelting and Pressing of Non－ferrous Metals	207	408.59	259.45
金属制品业	Manufacture of Metal Products	677	833.95	477.06
通用设备制造业	Manufacture of General Purpose Machinery	1153	1502.82	975.59
专用设备制造业	Manufacture of Special Purpose Machinery	850	1232.28	767.06
交通运输设备制造业	Manufacture of Transport Equipment	753	2906.70	1855.11
电气机械及器材制造业	Manufacture of Electrical Machinery and Equipment	994	2260.05	1485.61
通信设备、计算机及其他电子设备制造业	Manufacture of Communication Equipment, Computers and Other Electronic Equipment	1680	6593.88	3956.33
仪器仪表及文化、办公用机械制造业	Manufacture of Measuring Instruments and Machinery for Cultural Activity and Office Work	281	462.54	303.56
工艺品及其他制造业	Manufacture of Artwork and Other Manufacturing	163	57.38	32.97
废弃资源和废旧材料回收加工业	Recycling and Disposal of Waste	46	123.44	101.37
电力、燃气及水的生产和供应业	**Production and Supply of Electricity, Gas and Water**	**141**	**1130.27**	**262.41**
电力、热力的生产和供应业	Production and Supply of Electric Power and Heat Power	80	839.99	187.25
燃气生产和供应	Production and Supply of Gas	36	166.31	58.91
水的生产和供应业	Production and Supply of Water	25	123.98	16.24

11－9 Continued 1

(100 million yuan)

应收账款 Accounts Receivalble	存　货 Inventory	#产成品 Finished Goods	固定资产原价 Original Value of Fixed Assets	固定资产净值 Net Value of Fixed Assets	负债合计 Total Liabilities	所有者权益 Owners' Equities
20.96	25.09	8.09	62.29	41.26	71.11	57.69
10.35	18.29	7.77	42.06	25.50	47.90	43.63
13.80	13.15	3.48	34.56	22.83	33.74	42.51
95.36	68.45	22.58	647.68	413.23	560.64	562.52
23.82	9.37	4.08	60.97	39.38	38.73	62.12
17.58	22.29	7.22	66.22	39.59	59.16	65.53
15.31	13.76	7.71	45.76	33.18	40.66	52.86
406.98	309.64	129.52	1733.85	1176.39	1526.55	1352.08
67.47	54.36	22.27	188.05	117.40	171.11	261.24
18.10	54.55	22.31	276.31	163.38	248.06	191.84
67.28	59.69	27.20	330.03	201.98	202.87	228.04
105.05	64.35	23.27	288.12	163.35	205.55	264.99
120.16	69.73	33.81	436.54	264.40	347.51	333.07
73.60	153.90	48.86	433.90	312.88	600.99	268.56
81.77	80.05	30.70	195.47	120.30	235.35	173.24
154.25	124.50	49.19	409.95	261.78	419.47	414.48
320.42	258.31	79.60	640.20	413.63	734.26	768.56
242.12	206.64	68.94	567.38	365.10	582.10	650.18
452.13	310.70	85.29	1038.93	710.39	1792.86	1113.84
569.98	295.57	112.64	912.58	607.60	1247.36	1012.69
1861.31	801.01	211.45	4067.63	2257.86	3571.26	3022.62
104.49	79.32	21.43	221.66	121.70	235.68	226.85
10.88	8.44	2.73	32.19	20.03	25.50	31.89
33.04	24.72	16.08	20.52	16.85	95.96	27.47
68.94	**21.60**	**1.46**	**1067.16**	**699.37**	**674.33**	**455.94**
52.48	15.23	0.57	860.97	537.35	516.92	323.07
12.68	3.69	0.89	95.18	73.30	91.50	74.81
3.77	2.68		111.00	88.72	65.92	58.06

单位:亿元

项 目	Item	#实收资本 Paid-in Capital	主营业务收入 Revenue from Principal Business	主营业务成本 Cost of Principle Business
总 计	**Total**	**8515.47**	**36211.51**	**31121.08**
按登记注册类型分	Grouped by Status of Registration			
与港澳台商合资经营	Joint - venture Enterprises with HongKong Macao and Taiwan	728.70	3938.85	3373.38
与港澳台商合作经营	Cooperative Enterprises with HongKong, Macao and Taiwan	15.95	79.95	68.34
港澳台商独资	Enterprises with Sole Funds from HongKong, Macao and Taiwan	1576.02	5582.07	4840.45
港澳台商投资股份有限公司	Share Holding with HongKong, Macao and Taiwan Investment	101.15	354.10	281.82
中外合资经营	Joint - venture Enterprises with Foreign Funded	1630.96	7903.38	6643.36
中外合作经营	Chinese - foreign Cooperative Enterprises	77.83	332.93	277.45
外资企业	Foreign Solely Funded	4141.79	17393.90	15142.43
外商投资股份有限公司	Share Holding with Foreign Investment	243.07	626.32	493.86
按轻重工业分	Grouped by Light & Heavy Industries			
轻工业	Light Industry	2389.10	9338.82	7830.04
重工业	Heavy Industry	6126.37	26872.68	23291.03
按企业规模分	Grouped by Size of Enterprises			
大型企业	Large Enterprises	2009.23	12843.95	11308.60
中型企业	Medium - sized Enterprises	3456.77	12869.00	10817.53
小型企业	Small Enterprises	3049.46	10498.55	8994.94
按行业分	Grouped by Sector			
采矿业	**Mining**	**5.92**	**22.87**	**17.86**
煤炭开采和洗选业	Mining and Washing of Coal			
石油和天然气开采业	Extraction of Petroleum and Natural Gas			
黑色金属矿采选业	Mining and Processing of Ferrous Metal Ores	0.76	3.71	3.24
有色金属矿采选业	Mining and Processing of Non - ferrous Metals Ores			
非金属矿采选业	Mining and Processing of Nonmetal Ores	5.15	19.16	14.62
其他矿采选业	Mining of Other Ores			
制造业	**Manufacturing**	**8223.62**	**35597.16**	**30611.64**
农副食品加工业	Processing of Food from Agricultural Products	93.02	798.03	719.67
食品制造业	Manufacture of Food	58.04	201.93	156.37
饮料制造业	Manufacture of Beverage	58.57	142.39	108.11
烟草制品业	Manufacture of Tobacco			
纺织业	Manufacture of Textile	382.65	1422.06	1252.92
纺织服装、鞋、帽制造业	Manufacture of Textile Wearing, Apparel, Footwear and Caps	130.40	852.11	747.22

11－9 Continued 2

(100 million yuan)

主营业务税金及附加 Taxes and Other Charges on Principle Business	利润总额 Total Profits	利税总额 Total Profits and Taxes	应交增值税 Value Added Tax Payable	全部从业人员年平均人数（万人） Annual Average Employed Persons (10000 persons)
76.33	**2688.17**	**3612.95**	**848.44**	**458.98**
5.90	328.53	457.42	122.99	48.23
0.11	5.55	7.47	1.81	1.59
8.06	402.84	545.12	134.23	104.44
1.15	34.13	49.65	14.38	3.95
41.07	664.65	940.38	234.65	72.93
0.85	27.99	38.06	9.22	3.93
18.03	1154.59	1488.90	316.28	216.10
1.18	69.88	85.95	14.89	7.80
18.46	703.42	992.28	270.40	148.89
57.87	1984.75	2620.67	578.05	310.08
34.57	872.28	1111.19	204.34	146.97
18.17	1103.34	1470.85	349.35	175.02
23.59	712.55	1030.90	294.75	136.98
0.18	**1.96**	**2.82**	**0.68**	**0.20**
	0.02	0.10	0.07	0.01
0.18	1.94	2.72	0.60	0.20
75.33	**2610.69**	**3509.56**	**823.55**	**455.59**
1.34	49.69	73.51	22.49	3.83
0.25	16.40	25.16	8.51	3.03
3.90	8.09	19.67	7.68	1.41
2.91	79.44	119.27	36.91	29.42
2.08	42.33	71.29	26.88	31.60

单位:亿元

项 目	Item	#实收资本 Paid-in Capital	主营业务收入 Revenue from Principal Business	主营业务成本 Cost of Principle Business
皮革、毛皮、羽毛(绒)及其制品业	Manufacture of Textile, Fur, Feather and Related Products	37.57	257.07	225.91
木材加工及木、竹、藤、棕、草制品业	Processing of Timber, Manufacture of Wood, Bamboo, Rattan, Palm and Straw Products	35.41	119.59	102.95
家具制造业	Manufacture of Furniture	33.19	101.72	87.02
造纸及纸制品业	Manufacture of Paper and Paper Products	459.32	622.31	507.31
印刷业和记录媒介的复制	Printing, Reproduction of Recording Media	36.13	81.73	60.85
文教体育用品制造业	Manufacture of Articles For Culture, Education and Sport Activities	41.44	244.70	210.73
石油加工、炼焦及核燃料加工业	Processing of Petroleum, Coking, Processing of Nuclear Fuel	17.08	190.57	157.94
化学原料及化学制品制造业	Manufacture of Raw Chemical Materials and Chemical Products	957.47	3380.13	2804.48
医药制造业	Manufacture of Medicines	144.81	448.26	264.89
化学纤维制造业	Manufacture of Chemical Fibers	151.34	502.09	415.96
橡胶制品业	Manufacture of Rubber	173.31	461.43	387.54
塑料制品业	Manufacture of Plastics	203.55	573.11	487.89
非金属矿物制品业	Manufacture of Non-metallic Mineral Products	257.81	587.53	487.40
黑色金属冶炼及压延加工业	Smelting and Pressing of Ferrous Metals	176.16	1314.06	1184.49
有色金属冶炼及压延加工业	Smelting and Pressing of Non-ferrous Metals	152.40	765.07	702.71
金属制品业	Manufacture of Metal Products	264.75	934.12	796.64
通用设备制造业	Manufacture of General Purpose Machinery	439.77	1714.90	1370.46
专用设备制造业	Manufacture of Special Purpose Machinery	371.86	1349.75	1073.79
交通运输设备制造业	Manufacture of Transport Equipment	570.12	3036.31	2432.70
电气机械及器材制造业	Manufacture of Electrical Machinery and Equipment	625.99	3164.85	2666.00
通信设备、计算机及其他电子设备制造业	Manufacture of Communication Equipment, Computers and Other Electronic Equipment	2168.17	11315.24	10325.78
仪器仪表及文化、办公用机械制造业	Manufacture of Measuring Instruments and Machinery for Cultural Activity and Office Work	138.51	805.48	685.77
工艺品及其他制造业	Manufacture of Artwork and Other Manufacturing	22.55	89.74	75.15
废弃资源和废旧材料回收加工业	Recycling and Disposal of Waste	22.23	120.86	112.99
电力、燃气及水的生产和供应业	**Production and Supply of Electricity, Gas and Water**	**285.93**	**591.48**	**491.58**
电力、热力的生产和供应业	Production and Supply of Electric Power and Heat Power	197.93	420.83	355.36
燃气生产和供应	Production and Supply of Gas	39.67	155.59	126.22
水的生产和供应业	Production and Supply of Water	48.33	15.05	10.00

(100 million yuan)

主营业务税金及附加 Taxes and Other Charges on Principle Business	利润总额 Total Profits	利税总额 Total Profits and Taxes	应交增值税 Value Added Tax Payable	全部从业人员年平均人数（万人） Annual Average Employed Persons (10000 persons)
0.51	13.69	23.03	8.83	7.61
0.59	8.15	12.72	3.99	2.36
0.11	5.11	7.65	2.43	3.10
0.41	54.99	70.79	15.39	5.09
0.09	12.19	15.35	3.07	2.05
0.62	13.47	22.11	8.02	7.83
4.64	19.23	29.07	5.20	0.42
5.14	326.38	431.63	100.11	16.20
1.03	63.77	92.96	28.16	5.81
0.31	58.42	69.60	10.87	3.31
0.74	35.20	52.15	16.20	7.64
0.81	36.06	54.39	17.52	12.56
1.11	43.56	68.44	23.76	10.15
0.68	76.28	102.12	25.17	4.57
1.16	32.52	52.08	18.40	3.66
1.35	72.04	96.98	23.59	14.02
2.33	183.48	237.71	51.89	22.35
1.95	150.14	185.98	33.90	18.99
32.86	367.23	490.94	90.85	29.42
3.90	225.68	290.06	60.48	37.04
3.41	544.30	694.20	146.50	158.98
0.56	65.99	83.12	16.57	9.74
0.24	5.38	8.67	3.04	3.07
0.31	1.47	8.90	7.13	0.33
0.83	**75.52**	**100.57**	**24.22**	**3.18**
0.48	49.80	70.01	19.72	1.79
0.31	22.68	26.72	3.73	0.98
0.04	3.03	3.84	0.77	0.41

11－10 外商投资和港澳台商投资工业企业主要经济效益指标（2010年）

单位：%

项　　目	Item	企业亏损面 Percentage of Loss Making Enterprises	产值利税率 Percentage of Profit and Tax to Output Value
总　计	**Total**	**17.22**	**9.87**
按登记注册类型分	**Grouped by Status of Registration**		
与港澳台商合资经营	Joint－venture Enterprises with HongKong Macao and Taiwan	13.45	11.66
与港澳台商合作经营	Cooperative Enterprises with HongKong, Macao and Taiwan	9.52	9.15
港澳台商独资	Enterprises with Sole Funds from HongKong, Macao and Taiwan	18.87	9.59
港澳台商投资股份有限公司	Share Holding with HongKong, Macao and Taiwan Investment	17.70	14.18
中外合资经营	Joint－venture Enterprises with Foreign Funded	12.16	11.67
中外合作经营	Chinese－foreign Cooperative Enterprises	14.38	11.45
外资企业	Foreign Solely Funded	20.31	8.51
外商投资股份有限公司	Share Holding with Foreign Investment	14.68	13.09
按轻重工业分	**Grouped by Light & Heavy Industries**		
轻工业	Light Industry	16.70	10.55
重工业	Heavy Industry	17.57	9.64
按企业规模分	**Grouped by Size of Enterprises**		
大型企业	Large Enterprises	9.06	8.58
中型企业	Medium－sized Enterprises	14.70	11.28
小型企业	Small Enterprises	17.99	9.72
按行业分	**Grouped by Sector**		
采矿业	**Mining**	**25.00**	**13.61**
煤炭开采和洗选业	Mining and Washing of Coal		
石油和天然气开采业	Extraction of Petroleum and Natural Gas		
黑色金属矿采选业	Mining and Processing of Ferrous Metal Ores	66.67	3.28
有色金属矿采选业	Mining and Processing of Non－ferrous Metals Ores		
非金属矿采选业	Mining and Processing of Nonmetal Ores	11.11	15.31
其他矿采选业	Mining of Other Ores		
制造业	**Manufacturing**	**17.24**	**9.75**
农副食品加工业	Processing of Food from Agricultural Products	8.76	9.40
食品制造业	Manufacture of Food	21.74	13.11
饮料制造业	Manufacture of Beverage	21.15	12.85
烟草制品业	Manufacture of Tobacco		
纺织业	Manufacture of Textile	14.77	8.24
纺织服装、鞋、帽制造业	Manufacture of Textile Wearing, Apparel, Footwear and Caps	16.72	8.30

Main Indicators on Economic Benefit of Industrial Enterprises with Hong Kong, Macao, Taiwan and Foreign Funds (2010)

(%)

销售利税率 Percentage of Profit and Tax to Sales	资金利税率 Percertage of Profit and Tax to Capital	资产负债率 Assets Liability Ratio	流动资产周转次数(次/年) Times of Turnover of Circulating Funds (times/year)	成本费用利润率 Ratio of Profits to Industrial Cost	产品销售率 Proportion of Products Sold	总资产贡献率 Ratio of Total Assets to Industrial Output Value
9.98	**14.40**	**54.59**	**2.30**	**8.06**	**98.84**	**13.59**
11.61	15.28	61.21	2.08	9.09	98.75	14.46
9.34	13.49	55.61	2.38	7.51	97.45	13.74
9.77	12.77	51.09	2.11	7.81	98.09	12.17
14.02	14.15	53.15	1.96	10.75	98.98	13.21
11.90	17.13	56.10	2.34	9.28	98.62	15.61
11.43	14.38	61.52	1.80	9.19	99.08	13.35
8.56	13.49	54.01	2.45	7.13	99.22	12.97
13.72	13.79	41.58	1.83	12.57	98.62	11.52
10.63	15.32	53.73	2.23	8.18	99.24	14.00
9.75	14.09	54.91	2.32	8.01	98.71	13.43
8.65	14.24	58.91	2.60	7.34	99.16	13.51
11.43	14.70	54.13	2.10	9.40	98.68	13.73
9.82	14.18	50.66	2.24	7.31	98.65	13.46
12.33	**17.42**	**56.18**	**4.03**	**9.74**	**99.93**	**12.83**
2.58	6.66	54.81	3.63	0.73	100.10	7.94
14.22	18.47	56.27	4.12	11.51	99.90	13.16
9.86	**14.56**	**54.38**	**2.30**	**7.95**	**98.83**	**13.73**
9.21	13.81	75.68	1.93	6.63	99.78	11.82
12.46	15.87	43.27	1.89	8.96	100.31	14.91
13.81	14.71	59.64	2.03	6.30	99.31	9.34
8.39	12.64	54.34	2.39	5.93	98.48	12.39
8.37	18.56	54.23	3.30	5.26	98.90	17.35

单位:%

项　　目	Item	企业亏损面 Percentage of Loss Making Enterprises	产值利税率 Percentage of Profit and Tax to Output Value
皮革、毛皮、羽毛(绒)及其制品业	Manufacture of Textile, Fur, Feather and Related Products	19.91	8.81
木材加工及木、竹、藤、棕、草制品业	Processing of Timber, Manufacture of Wood, Bamboo, Rattan, Palm and Straw Products	21.05	10.78
家具制造业	Manufacture of Furniture	34.34	7.45
造纸及纸制品业	Manufacture of Paper and Paper Products	19.17	11.12
印刷业和记录媒介的复制	Printing, Reproduction of Recording Media	22.35	18.67
文教体育用品制造业	Manufacture of Articles For Culture, Education and Sport Activities	16.07	9.00
石油加工、炼焦及核燃料加工业	Processing of Petroleum, Coking, Processing of Nuclear Fuel	23.08	15.01
化学原料及化学制品制造业	Manufacture of Raw Chemical Materials and Chemical Products	15.16	12.67
医药制造业	Manufacture of Medicines	13.37	19.59
化学纤维制造业	Manufacture of Chemical Fibers	16.47	14.67
橡胶制品业	Manufacture of Rubber	17.84	11.07
塑料制品业	Manufacture of Plastics	20.61	9.33
非金属矿物制品业	Manufacture of Non－metallic Mineral Products	15.83	11.41
黑色金属冶炼及压延加工业	Smelting and Pressing of Ferrous Metals	18.94	7.88
有色金属冶炼及压延加工业	Smelting and Pressing of Non－ferrous Metals	18.84	6.75
金属制品业	Manufacture of Metal Products	18.17	10.28
通用设备制造业	Manufacture of General Purpose Machinery	15.44	13.75
专用设备制造业	Manufacture of Special Purpose Machinery	16.59	13.58
交通运输设备制造业	Manufacture of Transport Equipment	15.94	15.44
电气机械及器材制造业	Manufacture of Electrical Machinery and Equipment	16.50	8.99
通信设备、计算机及其他电子设备制造业	Manufacture of Communication Equipment, Computers and Other Electronic Equipment	21.31	6.10
仪器仪表及文化、办公用机械制造业	Manufacture of Measuring Instruments and Machinery for Cultural Activity and Office Work	12.46	10.24
工艺品及其他制造业	Manufacture of Artwork and Other Manufacturing	20.25	9.51
废弃资源和废旧材料回收加工业	Recycling and Disposal of Waste	26.09	7.62
电力、燃气及水的生产和供应业	**Production and Supply of Electricity, Gas and Water**	**14.18**	**17.28**
电力、热力的生产和供应业	Production and Supply of Electric Power and Heat Power	18.75	16.69
燃气生产和供应	Production and Supply of Gas	2.78	18.16
水的生产和供应业	Production and Supply of Water	16.00	25.00

11－10　Continued 1

（%）

销售利税率 Percentage of Profit and Tax to Sales	资金利税率 Percertage of Profit and Tax to Capital	资产负债率 Assets Liability Ratio	流动资产周转次数（次/年） Times of Turnover of Circulating Funds （times/year）	成本费用利润率 Ratio of Profits to Industrial Cost	产品销售率 Proportion of Products Sold	总资产贡献率 Ratio of Total Assets to Industrial Output Value
8.96	19.52	55.21	3.35	5.67	98.26	18.46
10.64	15.71	52.34	2.16	7.25	99.11	14.88
7.52	10.95	44.25	2.16	5.35	99.58	10.41
11.38	8.69	49.92	1.55	9.64	99.65	7.40
18.78	16.28	38.40	1.49	17.36	100.12	15.74
9.04	20.06	47.44	3.46	5.86	99.13	18.38
15.25	32.47	43.48	3.38	11.68	95.32	32.15
12.77	17.14	53.03	2.52	10.83	97.88	15.83
20.74	25.30	39.58	1.79	16.51	95.53	21.88
13.86	18.33	56.39	2.32	13.19	100.45	17.39
11.30	12.88	47.08	2.28	8.22	97.98	13.13
9.49	12.49	43.68	2.11	6.72	98.48	12.26
11.65	11.12	51.06	1.67	8.05	99.22	10.85
7.77	13.68	69.12	3.03	6.23	98.52	12.98
6.81	13.71	57.60	2.95	4.45	98.68	14.16
10.38	13.13	50.30	1.96	8.33	98.48	12.30
13.86	17.11	48.86	1.76	11.99	98.53	16.32
13.78	16.43	47.24	1.76	12.56	97.81	15.54
16.17	19.14	61.68	1.64	13.91	97.88	17.36
9.16	13.86	55.19	2.13	7.73	99.08	13.74
6.14	11.17	54.16	2.86	5.07	99.52	10.86
10.32	19.54	50.95	2.65	8.95	99.74	18.39
9.66	16.36	44.44	2.72	6.50	98.88	15.86
7.37	7.53	77.74	1.19	1.24	100.69	8.02
17.00	**10.46**	**59.66**	**2.25**	**14.25**	**99.61**	**10.20**
16.64	9.66	61.54	2.25	13.18	99.45	9.83
17.17	20.21	55.02	2.64	16.53	100.23	16.68
25.52	3.66	53.17	0.93	20.44	97.82	3.99

11－11　大中型工业企业主要经济指标(2010 年)

单位:亿元

项　目	Item	单位数(个) Number of Enterprises (unit)	资产总计 Total Assets	流动资产 Current Assets
总　计	**Total**	**5373**	**44140.00**	**23260.46**
按登记注册类型分	**Grouped by Status of Registration**			
内资企业	Domestic Funded Enterprises	2648	24270.72	12184.88
国有企业	State－owned Enterprises	126	4339.77	1361.29
集体企业	Collective－owned Enterprises	47	432.09	266.84
股份合作企业	Cooperative Enterprises	28	152.30	100.90
联营企业	Joint Ownership Enterprises	4	7.64	4.21
有限责任公司	Limited Liability Corporations	563	8845.50	4355.18
#国有独资	State Sole Funded Corporatios	35	1515.66	708.95
股份有限公司	Share－holding Corporations Ltd.	223	2984.35	1741.25
私营企业	Private Enterprises	1642	7464.84	4328.23
其他企业	Other Enterprises	15	44.23	26.97
港、澳、台商投资企业	Enterprises with Funds from Hong Kong, Macao and Taiwan	935	5833.13	3204.88
外商投资企业	Foreign Funded Enterprises	1790	14036.15	7870.70
按轻重工业分	**Grouped by Light & Heavy Industries**			
轻工业	Light Industry	1829	10584.37	5867.29
重工业	Heavy Industry	3544	33555.63	17393.17
按行业分	**Grouped by Sector**			
采矿业	**Mining**	**31**	**766.43**	**246.53**
煤炭开采和洗选业	Mining and Washing of Coal	8	456.10	154.76
石油和天然气开采业	Extraction of Petroleum and Natural Gas	2	176.53	27.87
黑色金属矿采选业	Mining and Processing of Ferrous Metal Ores	5	39.11	23.94
有色金属矿采选业	Mining and Processing of Non－ferrous Metals Ores	2	7.54	4.08
非金属矿采选业	Mining and Processing of Nonmetal Ores	14	87.14	35.88
其他矿采选业	Mining of Other Ores			
制造业	**Manufacturing**	**5265**	**39218.11**	**22342.00**
农副食品加工业	Processing of Food from Agricultural Products	53	607.04	368.05
食品制造业	Manufacture of Food	48	166.57	97.99
饮料制造业	Manufacture of Beverage	32	377.29	190.78
烟草制品业	Manufacture of Tobacco	4	346.86	288.79
纺织业	Manufacture of Textile	556	1969.93	1043.22
纺织服装、鞋、帽制造业	Manufacture of Textile Wearing, Apparel, Footwear and Caps	244	889.37	525.71

Main Economic Indicators of Big and Medium Size Industrial Enterprises (2010)

(100 million yuan)

应收账款 Accounts Receivalble	存货 Inventory	#产成品 Finished Goods	固定资产原价 Original Value of Fixed Assets	固定资产净值 Net Value of Fixed Assets	负债合计 Total Liabilities	所有者权益 Owners' Equities
6098.16	**5463.31**	**1850.36**	**24368.86**	**14894.56**	**25547.03**	**18592.97**
2326.07	3065.99	1088.15	13323.74	8157.82	14379.21	9891.51
168.64	351.15	70.68	4018.94	2257.87	2475.56	1864.21
44.47	71.01	24.71	154.53	85.17	259.07	173.02
21.51	32.57	15.46	54.91	32.91	91.78	60.53
1.22	1.27	0.56	3.78	2.88	4.98	2.66
728.50	1107.10	349.49	4644.99	2988.54	5585.70	3259.80
139.73	183.19	65.69	735.35	448.50	890.21	625.46
324.93	440.74	179.73	1289.74	738.85	1532.24	1452.11
1028.50	1057.89	445.24	3141.71	2041.70	4402.14	3062.69
8.29	4.25	2.27	15.14	9.90	27.74	16.49
982.40	689.73	225.71	3023.71	2042.13	3313.61	2519.52
2789.69	1707.59	536.50	8021.41	4694.61	7854.21	6181.94
1234.76	1450.32	533.03	4896.81	3012.52	5762.93	4821.44
4863.40	4012.99	1317.33	19472.05	11882.05	19784.11	13771.53
31.27	**46.82**	**11.61**	**594.76**	**336.76**	**407.24**	**359.19**
18.06	34.52	7.50	272.98	165.81	270.27	185.83
6.56	4.95	0.32	253.89	132.91	68.51	108.02
3.25	2.67	1.53	16.92	5.70	20.06	19.04
0.86	0.85	0.57	4.94	3.04	3.82	3.72
2.54	3.85	1.68	46.03	29.29	44.57	42.57
5955.77	**5336.88**	**1837.59**	**19219.91**	**11755.37**	**22374.40**	**16843.72**
37.06	103.59	25.57	165.18	116.43	464.46	142.58
17.99	22.80	7.15	89.03	53.71	86.02	80.56
12.72	49.34	11.98	121.10	72.20	190.94	186.35
8.26	96.21	3.93	79.02	41.08	51.38	295.49
169.83	339.16	129.46	1083.51	596.96	1150.36	819.57
81.53	145.11	75.72	264.77	163.98	470.70	418.67

单位:亿元

项 目	Item	单位数（个）Number of Enterprises (unit)	资产总计 Total Assets	流动资产 Current Assets
皮革、毛皮、羽毛(绒)及其制品业	Manufacture of Textile, Fur, Feather and Related Products	47	117.23	68.76
木材加工及木、竹、藤、棕、草制品业	Processing of Timber, Manufacture of Wood, Bamboo, Rattan, Palm and Straw Products	35	195.94	98.40
家具制造业	Manufacture of Furniture	34	62.00	36.61
造纸及纸制品业	Manufacture of Paper and Paper Products	64	1030.24	381.45
印刷业和记录媒介的复制	Printing, Reproduction of Recording Media	35	95.31	53.99
文教体育用品制造业	Manufacture of Articles For Culture, Education and Sport Activities	49	89.93	51.96
石油加工、炼焦及核燃料加工业	Processing of Petroleum, Coking, Processing of Nuclear Fuel	17	332.38	159.85
化学原料及化学制品制造业	Manufacture of Raw Chemical Materials and Chemical Products	320	3833.25	1784.57
医药制造业	Manufacture of Medicines	95	658.81	394.22
化学纤维制造业	Manufacture of Chemical Fibers	74	1034.36	531.98
橡胶制品业	Manufacture of Rubber	71	413.44	189.21
塑料制品业	Manufacture of Plastics	138	359.31	193.45
非金属矿物制品业	Manufacture of Non－metallic Mineral Products	172	936.86	423.60
黑色金属冶炼及压延加工业	Smelting and Pressing of Ferrous Metals	130	4519.47	2320.84
有色金属冶炼及压延加工业	Smelting and Pressing of Non－ferrous Metals	85	519.43	325.40
金属制品业	Manufacture of Metal Products	234	1084.75	643.65
通用设备制造业	Manufacture of General Purpose Machinery	435	2336.15	1538.99
专用设备制造业	Manufacture of Special Purpose Machinery	302	1415.31	893.02
交通运输设备制造业	Manufacture of Transport Equipment	397	4283.62	2605.56
电气机械及器材制造业	Manufacture of Electrical Machinery and Equipment	508	3804.35	2496.13
通信设备、计算机及其他电子设备制造业	Manufacture of Communication Equipment, Computers and Other Electronic Equipment	916	6778.36	4026.36
仪器仪表及文化、办公用机械制造业	Manufacture of Measuring Instruments and Machinery for Cultural Activity and Office Work	133	782.14	478.05
工艺品及其他制造业	Manufacture of Artwork and Other Manufacturing	31	67.27	35.48
废弃资源和废旧材料回收加工业	Recycling and Disposal of Waste	6	111.12	95.93
电力、燃气及水的生产和供应业	**Production and Supply of Electricity, Gas and Water**	**77**	**4155.46**	**671.92**
电力、热力的生产和供应业	Production and Supply of Electric Power and Heat Power	47	3634.06	548.42
燃气生产和供应	Production and Supply of Gas	9	101.56	33.39
水的生产和供应业	Production and Supply of Water	21	419.83	90.11

(100 million yuan)

应收账款 Accounts Receivalble	存货 Inventory	#产成品 Finished Goods	固定资产原价 Original Value of Fixed Assets	固定资产净值 Net Value of Fixed Assets	负债合计 Total Liabilities	所有者权益 Owners' Equities
20.39	20.80	7.33	47.81	32.95	68.06	49.17
20.86	27.29	14.46	130.10	77.96	113.48	82.47
11.55	11.34	2.69	24.42	15.77	32.55	29.45
78.92	65.18	23.03	659.29	412.74	530.54	499.70
22.69	9.43	4.52	57.11	35.16	42.44	52.87
12.47	16.34	5.87	44.91	26.54	46.39	43.54
26.30	73.24	9.97	243.78	148.58	222.45	109.93
351.73	433.18	150.11	2389.85	1411.78	2107.30	1725.95
119.02	69.67	28.99	269.04	167.22	253.07	405.74
45.24	143.93	65.50	574.69	338.05	613.27	421.09
61.74	57.02	27.44	323.18	197.23	200.79	212.65
70.19	46.30	18.19	214.50	127.27	175.94	183.37
88.50	85.06	32.39	590.91	364.30	524.98	411.88
223.30	699.27	215.17	2369.12	1524.87	2922.47	1597.00
84.09	84.36	29.49	229.49	143.17	319.30	200.13
205.68	180.18	80.35	482.67	319.56	614.68	470.07
416.69	391.22	163.44	847.21	528.79	1252.94	1083.22
264.99	239.74	89.94	585.73	387.21	758.37	656.94
561.52	497.52	149.63	1531.41	1043.03	2754.14	1529.48
916.96	451.21	195.16	1333.88	902.56	2134.18	1670.17
1840.84	824.12	215.94	4073.79	2256.34	3756.84	3021.51
144.73	120.79	34.98	349.64	218.87	391.83	390.32
10.81	8.44	5.14	30.65	19.79	33.70	33.57
29.21	25.06	14.06	14.11	11.28	90.83	20.28
111.12	**79.61**	**1.16**	**4554.19**	**2802.44**	**2765.40**	**1390.06**
101.46	73.54	0.47	4153.64	2505.78	2457.26	1176.81
3.01	2.25	0.48	61.05	46.70	54.49	47.08
6.64	3.83	0.22	339.50	249.95	253.65	166.18

单位:亿元

项 目	Item	#实收资本 Paid-in Capital	主营业务收入 Revenue from Principal Business	主营业务成本 Cost of Principle Business
总 计	**Total**	**9111.43**	**54058.63**	**46098.91**
按登记注册类型分	**Grouped by Status of Registration**			
内资企业	Domestic Funded Enterprises	3645.42	28345.68	23972.78
国有企业	State - owned Enterprises	725.18	4105.86	3452.96
集体企业	Collective - owned Enterprises	82.18	537.73	498.23
股份合作企业	Cooperative Enterprises	23.04	183.27	157.37
联营企业	Joint Ownership Enterprises	1.30	13.27	11.20
有限责任公司	Limited Liability Corporations	1189.54	9347.26	7849.80
#国有独资	State Sole Funded Corporatios	240.68	1170.21	953.54
股份有限公司	Share - holding Corporations Ltd.	515.41	3615.69	2919.07
私营企业	Private Enterprises	1101.40	10476.97	9031.61
其他企业	Other Enterprises	7.38	65.63	52.53
港、澳、台商投资企业	Enterprises with Funds from Hong Kong, Macao and Taiwan	1486.88	6273.06	5372.87
外商投资企业	Foreign Funded Enterprises	3979.13	19439.89	16753.26
按轻重工业分	**Grouped by Light & Heavy Industries**			
轻工业	Light Industry	2269.03	12507.78	10104.45
重工业	Heavy Industry	6842.40	41550.85	35994.46
按行业分	**Grouped by Sector**			
采矿业	**Mining**	**184.52**	**416.51**	**276.81**
煤炭开采和洗选业	Mining and Washing of Coal	60.55	258.99	178.68
石油和天然气开采业	Extraction of Petroleum and Natural Gas	93.57	71.51	33.60
黑色金属矿采选业	Mining and Processing of Ferrous Metal Ores	6.81	37.16	29.71
有色金属矿采选业	Mining and Processing of Non - ferrous Metals Ores	1.14	6.29	3.91
非金属矿采选业	Mining and Processing of Nonmetal Ores	22.44	42.56	30.91
其他矿采选业	Mining of Other Ores			
制造业	**Manufacturing**	**8317.42**	**50786.72**	**43214.30**
农副食品加工业	Processing of Food from Agricultural Products	63.86	751.72	672.09
食品制造业	Manufacture of Food	35.42	191.04	149.80
饮料制造业	Manufacture of Beverage	66.78	397.08	272.17
烟草制品业	Manufacture of Tobacco	9.92	343.00	76.88
纺织业	Manufacture of Textile	404.34	2389.89	2121.19
纺织服装、鞋、帽制造业	Manufacture of Textile Wearing, Apparel, Footwear and Caps	156.16	1108.34	928.32

(100 million yuan)

主营业务税金及附加 Taxes and Other Charges on Principle Business	利润总额 Total Profits	利税总额 Total Profits and Taxes	应交增值税 Value Added Tax Payable	全部从业人员年平均人数（万人） Annual Average Employed Persons (10000 persons)
493.57	**3860.25**	**5877.43**	**1523.61**	**601.23**
440.82	1884.64	3295.39	969.92	279.24
247.76	219.27	651.57	184.55	22.71
1.21	23.74	33.29	8.34	5.70
0.43	10.85	16.71	5.42	2.61
0.09	0.72	1.28	0.47	0.20
51.90	624.83	962.91	286.18	82.52
14.27	74.05	132.43	44.10	13.70
99.70	293.26	556.38	163.42	33.71
39.34	706.08	1064.16	318.74	130.93
0.39	5.89	9.08	2.80	0.85
6.74	525.92	696.15	163.49	107.12
46.01	1449.70	1885.90	390.20	214.88
224.60	1011.33	1644.55	408.62	183.09
268.96	2848.93	4232.88	1115.00	418.15
17.54	**45.34**	**98.80**	**35.91**	**13.69**
4.67	29.69	58.26	23.90	8.83
11.69	7.86	26.57	7.02	2.12
0.34	3.49	6.28	2.45	0.95
0.06	1.78	2.36	0.52	0.17
0.78	2.52	5.33	2.03	1.62
465.92	**3668.71**	**5503.06**	**1368.42**	**576.92**
1.50	50.95	75.00	22.55	4.47
0.35	16.40	24.69	7.93	3.40
12.59	48.64	80.99	19.76	4.73
184.09	64.59	294.83	46.15	0.59
6.65	132.61	201.19	61.94	52.85
4.05	80.76	118.35	33.54	28.15

单位:亿元

项 目	Item	#实收资本 Paid-in Capital	主营业务收入 Revenue from Principal Business	主营业务成本 Cost of Principle Business
皮革、毛皮、羽毛(绒)及其制品业	Manufacture of Textile, Fur, Feather and Related Products	29.19	171.70	149.90
木材加工及木、竹、藤、棕、草制品业	Processing of Timber, Manufacture of Wood, Bamboo, Rattan, Palm and Straw Products	24.19	228.56	183.02
家具制造业	Manufacture of Furniture	20.75	85.87	73.28
造纸及纸制品业	Manufacture of Paper and Paper Products	367.76	632.87	516.63
印刷业和记录媒介的复制	Printing, Reproduction of Recording Media	19.69	84.09	62.69
文教体育用品制造业	Manufacture of Articles For Culture, Education and Sport Activities	22.93	144.09	121.97
石油加工、炼焦及核燃料加工业	Processing of Petroleum, Coking, Processing of Nuclear Fuel	65.06	1025.89	866.18
化学原料及化学制品制造业	Manufacture of Raw Chemical Materials and Chemical Products	920.19	4422.21	3694.75
医药制造业	Manufacture of Medicines	142.21	876.34	459.29
化学纤维制造业	Manufacture of Chemical Fibers	256.12	1267.90	1082.95
橡胶制品业	Manufacture of Rubber	157.10	434.04	364.25
塑料制品业	Manufacture of Plastics	105.00	408.71	346.55
非金属矿物制品业	Manufacture of Non－metallic Mineral Products	238.92	768.24	611.49
黑色金属冶炼及压延加工业	Smelting and Pressing of Ferrous Metals	561.26	6016.04	5460.87
有色金属冶炼及压延加工业	Smelting and Pressing of Non－ferrous Metals	136.04	908.01	816.95
金属制品业	Manufacture of Metal Products	218.73	1411.78	1202.11
通用设备制造业	Manufacture of General Purpose Machinery	378.33	2470.40	1990.92
专用设备制造业	Manufacture of Special Purpose Machinery	289.32	1553.74	1255.40
交通运输设备制造业	Manufacture of Transport Equipment	719.68	4586.82	3711.66
电气机械及器材制造业	Manufacture of Electrical Machinery and Equipment	721.92	5251.20	4391.30
通信设备、计算机及其他电子设备制造业	Manufacture of Communication Equipment, Computers and Other Electronic Equipment	2029.73	11497.24	10474.63
仪器仪表及文化、办公用机械制造业	Manufacture of Measuring Instruments and Machinery for Cultural Activity and Office Work	134.98	1121.14	941.78
工艺品及其他制造业	Manufacture of Artwork and Other Manufacturing	12.75	133.95	118.55
废弃资源和废旧材料回收加工业	Recycling and Disposal of Waste	9.07	104.82	96.74
电力、燃气及水的生产和供应业	**Production and Supply of Electricity, Gas and Water**	**609.49**	**2855.40**	**2607.80**
电力、热力的生产和供应业	Production and Supply of Electric Power and Heat Power	503.87	2747.81	2534.30
燃气生产和供应	Production and Supply of Gas	19.46	59.10	44.63
水的生产和供应业	Production and Supply of Water	86.17	48.49	28.87

11 – 11 Continued 3

(100 million yuan)

主营业务税金及附加 Taxes and Other Charges on Principle Business	利润总额 Total Profits	利税总额 Total Profits and Taxes	应交增值税 Value Added Tax Payable	全部从业人员年平均人数（万人） Annual Average Employed Persons (10000 persons)
0.57	10.24	16.37	5.56	4.89
1.41	11.75	22.85	9.69	3.74
0.15	4.91	7.24	2.19	2.70
0.76	56.42	73.80	16.62	5.26
0.19	12.77	15.86	2.90	2.11
0.30	7.60	12.64	4.74	5.10
100.59	33.10	206.24	72.55	1.55
48.75	355.32	539.56	135.49	29.84
3.99	104.50	159.68	51.19	9.41
1.31	122.03	152.58	29.25	8.70
0.82	32.96	50.00	16.23	7.11
0.76	30.26	42.89	11.88	9.78
3.26	80.82	116.72	32.64	12.48
9.70	304.80	439.35	124.85	24.29
1.75	46.77	64.84	16.32	5.58
3.97	107.11	158.10	47.02	18.81
6.64	246.96	333.67	80.08	31.31
3.73	160.54	206.03	41.75	22.16
44.45	489.00	679.33	145.88	48.51
15.37	392.64	547.65	139.64	52.95
4.32	557.37	711.95	150.26	159.88
2.95	96.94	129.89	30.00	13.39
0.52	7.55	12.92	4.85	2.83
0.45	2.39	7.83	4.99	0.33
10.10	**146.20**	**275.58**	**119.28**	**10.63**
9.65	133.57	258.18	114.96	8.31
0.17	11.52	13.22	1.54	0.69
0.28	1.11	4.18	2.78	1.63

11-12 大中型工业企业主要经济效益指标（2010 年）

单位：%

项　目 Item		企业亏损面 Percentage of Loss Making Enterprises	产值利税率 Percentage of Profit and Tax to Output Value
总　计	**Total**	**9.90**	**10.80**
按登记注册类型分	**Grouped by Status of Registration**		
内资企业	Domestic Funded Enterprises	5.55	11.60
国有企业	State - owned Enterprises	10.32	15.87
集体企业	Collective - owned Enterprises	8.51	6.08
股份合作企业	Cooperative Enterprises	10.71	8.83
联营企业	Joint Ownership Enterprises	0.00	9.66
有限责任公司	Limited Liability Corporations	8.17	10.42
#国有独资	State Sole Funded Corporatios	17.14	11.34
股份有限公司	Share - holding Corporations Ltd.	3.59	15.23
私营企业	Private Enterprises	4.38	10.04
其他企业	Other Enterprises	6.67	13.15
港、澳、台商投资企业	Enterprises with Funds from Hong Kong, Macao and Taiwan	10.70	11.01
外商投资企业	Foreign Funded Enterprises	15.92	9.59
按轻重工业分	**Grouped by Light & Heavy Industries**		
轻工业	Light Industry	9.90	13.09
重工业	Heavy Industry	9.90	10.11
按行业分	**Grouped by Sector**		
采矿业	**Mining**	**9.68**	**23.64**
煤炭开采和洗选业	Mining and Washing of Coal	0.00	22.01
石油和天然气开采业	Extraction of Petroleum and Natural Gas	50.00	39.62
黑色金属矿采选业	Mining and Processing of Ferrous Metal Ores	0.00	15.74
有色金属矿采选业	Mining and Processing of Non - ferrous Metals Ores	0.00	36.09
非金属矿采选业	Mining and Processing of Nonmetal Ores	14.29	13.44
其他矿采选业	Mining of Other Ores		
制造业	**Manufacturing**	**9.86**	**10.76**
农副食品加工业	Processing of Food from Agricultural Products	7.55	10.01
食品制造业	Manufacture of Food	8.33	12.98
饮料制造业	Manufacture of Beverage	12.50	19.52
烟草制品业	Manufacture of Tobacco	0.00	85.61
纺织业	Manufacture of Textile	8.45	8.40
纺织服装、鞋、帽制造业	Manufacture of Textile Wearing, Apparel, Footwear and Caps	12.30	10.62
皮革、毛皮、羽毛（绒）及其制品业	Manufacture of Textile, Fur, Feather and Related Products	12.77	9.54
木材加工及木、竹、藤、棕、草制品业	Processing of Timber, Manufacture of Wood, Bamboo, Rattan, Palm and Straw Products	8.57	10.05
家具制造业	Manufacture of Furniture	29.41	8.39
造纸及纸制品业	Manufacture of Paper and Paper Products	7.81	11.45

Main Indicators on Economic Benefit of Big and Medium Size Industrial Enterprises (2010)

(%)

销售利税率 Percentage of Profit and Tax to Sales	资金利税率 Percentage of Profit and Tax to Capital	资产负债率 Assets Liability Ratio	流动资产周转次数(次/年) Times of Turnover of Circulating Funds (times/year)	成本费用利润率 Ratio of Profits to Industrial Cost	产品销售率 Proportion of Products Sold	总资产贡献率 Ratio of Total Assets to Industrial Output Value
10.87	**15.40**	**57.88**	**2.32**	**7.79**	**98.91**	**14.28**
11.63	16.20	59.25	2.33	7.26	98.89	14.80
15.87	18.00	57.04	3.02	6.01	99.32	15.67
6.19	9.46	59.96	2.02	4.54	98.19	9.22
9.12	12.49	60.26	1.82	6.31	98.67	12.07
9.66	18.08	65.18	3.15	5.71	96.10	17.24
10.30	13.11	63.15	2.15	7.23	99.46	12.24
11.32	11.44	58.73	1.65	6.86	99.25	9.37
15.39	22.43	51.34	2.08	9.06	98.67	19.74
10.16	16.71	58.97	2.42	7.31	98.40	15.70
13.83	24.62	62.71	2.43	10.11	93.19	21.47
11.10	13.27	56.81	1.96	9.14	98.26	12.63
9.70	15.01	55.96	2.47	8.11	99.13	14.06
13.15	18.52	54.45	2.13	8.98	98.97	16.55
10.19	14.46	58.96	2.39	7.44	98.89	13.56
23.72	**16.94**	**53.13**	**1.69**	**12.64**	**99.23**	**13.27**
22.50	18.17	59.26	1.67	12.92	99.38	13.09
37.15	16.52	38.81	2.57	15.11	99.96	15.21
16.91	21.20	51.30	1.55	10.54	99.94	16.88
37.50	33.08	50.69	1.54	37.49	95.47	31.66
12.52	8.17	51.14	1.19	6.47	96.90	7.10
10.84	**16.14**	**57.05**	**2.27**	**7.89**	**98.85**	**14.95**
9.98	15.48	76.51	2.04	7.26	99.32	13.35
12.92	16.27	51.64	1.95	9.40	96.91	15.32
20.40	30.80	50.61	2.08	14.54	97.77	21.80
85.96	89.38	14.81	1.19	67.02	99.60	84.30
8.42	12.27	58.40	2.29	5.88	98.94	11.74
10.68	17.16	52.92	2.11	7.93	98.13	14.12
9.53	16.09	58.06	2.50	6.35	97.21	14.58
10.00	12.95	57.91	2.32	5.52	98.64	14.12
8.43	13.83	52.50	2.35	6.16	99.67	12.16
11.66	9.29	51.50	1.66	9.78	99.79	8.38

单位:%

项　　目 Item		企业亏损面 Percentage of Loss Making Enterprises	产值利税率 Percentage of Profit and Tax to Output Value
印刷业和记录媒介的复制	Printing, Reproduction of Recording Media	8.57	18.67
文教体育用品制造业	Manufacture of Articles For Culture, Education and Sport Activities	10.20	8.78
石油加工、炼焦及核燃料加工业	Processing of Petroleum, Coking, Processing of Nuclear Fuel	29.41	19.58
化学原料及化学制品制造业	Manufacture of Raw Chemical Materials and Chemical Products	8.44	12.23
医药制造业	Manufacture of Medicines	9.47	18.10
化学纤维制造业	Manufacture of Chemical Fibers	5.41	12.25
橡胶制品业	Manufacture of Rubber	15.49	11.27
塑料制品业	Manufacture of Plastics	10.87	10.38
非金属矿物制品业	Manufacture of Non－metallic Mineral Products	12.79	14.74
黑色金属冶炼及压延加工业	Smelting and Pressing of Ferrous Metals	6.15	7.41
有色金属冶炼及压延加工业	Smelting and Pressing of Non－ferrous Metals	2.35	7.09
金属制品业	Manufacture of Metal Products	6.84	11.08
通用设备制造业	Manufacture of General Purpose Machinery	4.83	13.39
专用设备制造业	Manufacture of Special Purpose Machinery	5.96	13.05
交通运输设备制造业	Manufacture of Transport Equipment	8.56	14.35
电气机械及器材制造业	Manufacture of Electrical Machinery and Equipment	7.48	10.20
通信设备、计算机及其他电子设备制造业	Manufacture of Communication Equipment, Computers and Other Electronic Equipment	17.36	6.16
仪器仪表及文化、办公用机械制造业	Manufacture of Measuring Instruments and Machinery for Cultural Activity and Office Work	5.26	11.57
工艺品及其他制造业	Manufacture of Artwork and Other Manufacturing	3.23	10.18
废弃资源和废旧材料回收加工业	Recycling and Disposal of Waste	16.67	7.77
电力、燃气及水的生产和供应业	**Production and Supply of Electricity, Gas and Water**	**12.99**	**9.71**
电力、热力的生产和供应业	Production and Supply of Electric Power and Heat Power	10.64	9.44
燃气生产和供应	Production and Supply of Gas	0.00	24.73
水的生产和供应业	Production and Supply of Water	23.81	8.17

Continued

(%)

销售利税率 Percentage of Profit and Tax to Sales	资金利税率 Percentage of Profit and Tax to Capital	资产负债率 Assets Liability Ratio	流动资产周转次数(次/年) Times of Turnover of Circulating Funds (times/year)	成本费用利润率 Ratio of Profits to Industrial Cost	产品销售率 Proportion of Products Sold	总资产贡献率 Ratio of Total Assets to Industrial Output Value
18.86	17.79	44.53	1.56	17.88	99.58	17.31
8.77	16.10	51.59	2.77	5.57	99.26	14.81
20.10	66.87	66.93	6.42	3.73	98.85	63.21
12.20	16.88	54.97	2.48	8.93	98.51	15.05
18.22	28.44	38.41	2.22	13.53	96.82	24.62
12.03	17.54	59.29	2.38	10.71	99.53	16.62
11.52	12.94	48.57	2.29	8.18	98.07	13.25
10.49	13.37	48.97	2.11	7.99	99.26	12.75
15.19	14.81	56.04	1.81	11.80	99.00	13.73
7.30	11.42	64.66	2.59	5.39	99.80	11.24
7.14	13.84	61.47	2.79	5.47	99.34	14.32
11.20	16.41	56.67	2.19	8.28	98.52	15.84
13.51	16.14	53.63	1.61	11.14	98.38	14.86
13.26	16.09	53.58	1.74	11.52	98.24	15.29
14.81	18.62	64.29	1.76	12.12	97.58	16.43
10.43	16.11	56.10	2.10	8.14	98.51	15.44
6.19	11.33	55.42	2.86	5.11	99.49	10.91
11.59	18.64	50.10	2.35	9.52	98.76	17.15
9.64	23.37	50.10	3.78	5.98	97.80	20.38
7.47	7.30	81.75	1.09	2.36	99.14	7.91
9.65	**7.93**	**66.55**	**4.25**	**5.37**	**99.89**	**8.13**
9.40	8.45	67.62	5.01	5.10	99.90	8.68
22.38	16.51	53.65	1.77	22.50	101.69	13.13
8.61	1.23	60.42	0.54	2.11	97.57	2.15

11－13 主要年份工业主要产品产量
Output of Main Industrial Products in Major Years

年份 Year	原煤 （万吨） Coal (100000 tons)	发电量 （亿千瓦时） Electricity (100 million kW·h)	钢材 （万吨） Rolled Steel (10000 tons)	水泥 （万吨） Cement (10000 tons)	农用化肥 （万吨） Chemical Fertilizer (10000 tons)	布 （亿米） Cloth (100 million m)	化学纤维 （万吨） Chemical Fiber (10000 tons)	汽车 （辆） Motor Vehicles (units)
1949	81.49	1.98	0.03	3.10	0.38	2.32		
1952	113.21	4.10	0.19	36.90	1.32	6.10		
1957	193.11	7.08	0.27	80.70	3.63	6.97		
1962	462.70	15.43	6.19	58.60	10.09	3.20		452
1965	485.66	25.78	18.48	103.00	20.25	6.76	0.54	2350
1970	699.17	49.96	18.36	163.12	28.21	9.60	0.52	7472
1975	1143.75	81.80	44.09	274.16	41.82	11.68	0.88	13932
1978	1707.02	126.42	60.31	444.10	72.18	14.06	2.11	15079
1980	1690.00	156.32	104.87	629.00	111.61	17.97	3.26	19624
1985	2193.85	234.48	145.18	1116.90	121.71	21.05	12.52	24474
1990	2407.79	404.47	203.01	1532.89	145.90	28.91	40.76	46291
1991	2470.55	441.20	247.76	1823.18	147.33	27.01	48.15	64045
1992	2457.76	481.15	387.51	2275.59	144.63	29.04	55.09	101009
1993	2505.53	536.84	466.02	2660.50	133.69	30.19	66.18	124334
1994	2503.44	631.90	674.19	3087.38	153.09	32.71	78.09	129957
1995	2650.72	700.41	787.89	3966.42	191.85	48.90	102.20	125197
1996	2606.52	756.87	795.58	4040.28	184.30	34.55	105.94	110157
1997	2506.01	777.00	856.79	4031.73	187.98	40.46	139.11	104801
1998	2378.53	754.27	933.63	3856.30	170.12	31.72	140.94	89828
1999	2291.97	787.06	1170.25	4378.32	171.27	31.76	170.06	91300
2000	2479.02	909.69	1401.83	4599.52	192.38	33.74	190.99	90636
2001	2451.14	986.64	1754.13	5135.59	187.62	32.91	219.75	97682
2002	2593.58	1116.56	2274.56	6035.29	205.02	37.28	261.22	168248
2003	2760.40	1277.88	2876.80	7225.14	190.90	37.61	303.76	212566
2004	2747.03	1539.49	3749.91	7993.22	227.22	42.74	377.81	243750
2005	2817.56	1789.53	4328.32	9579.15	284.63	53.97	458.49	305726
2006	3047.53	2216.40	5816.26	10880.77	254.66	64.95	665.14	274820
2007	2480.20	2674.43	7276.33	11787.42	259.93	64.20	803.35	269387
2008	2428.09	2776.85	7364.13	12683.21	255.83	74.55	790.67	330257
2009	2397.44	2928.21	7859.69	14434.14	317.34	78.97	894.50	506188
2010	2122.48	3358.98	9122.95	15647.46	241.96	88.46	1027.19	728700

11－14 规模以上工业企业主要产品生产、销售、库存（2010年）
Main Indicators on Economic Benefit of above Designated Size Industrial Enterprises(2010)

单位:万吨 (10000 tons)

产品名称	Item	年初库存 Stock at Year-beginning	本年生产 Production This Year	本年销售 Sales This Year	年末库存 Stock at Year-end
原煤	Coal	14.25	2122.48	824.34	15.01
天然原油	Crude Oil	1.40	186.02	177.25	1.40
原盐	Salt	46.20	516.07	528.18	34.09
精制食用植物油	Refined Edible Vegetable Oil	11.05	496.72	479.75	27.98
乳制品	Dairy Products	2.20	100.19	98.01	4.38
罐头	Canned Food	0.65	16.59	16.67	0.56
卷烟（亿支）	Cigartetes (100 million pieces)	6.59	959.53	958.93	7.19
化学纤维	Chemical Fiber	27.27	1027.19	1009.52	29.76
纱	Yarn	14.99	434.58	432.31	12.25
布（亿米）	Cloth (100 million m)	2.78	88.46	88.35	2.88
#棉布	Pure Cotton Cloth	1.73	49.84	49.99	1.54
棉混纺布(混纺交织布)	Blend Cloth	0.50	12.45	12.47	0.48
绒线(毛线)	Knitting Wool	0.38	6.73	6.86	0.25
毛机织物(呢绒)（亿米）	Woollen Goods (100 million m)	0.21	3.01	3.04	0.17
生丝	Raw Silk	0.17	4.09	4.07	0.18
蚕丝及交织机织物(含蚕丝≥50%)（亿米）	Silk Textiles (Silk≥50%) (100 million m)	0.06	1.29	1.28	0.07
人造板（万立方米）	Manmade Board (10000 cu. m)	66.49	2934.42	2939.14	61.75
汽油	Gasoline	1.59	286.50	285.48	2.53
煤油	Kerosene	3.53	165.57	133.86	3.49
燃料油	Fuel Oil	5.06	187.61	172.72	4.61
焦炭	Coke	18.90	1385.05	413.67	24.47
硫酸(折100%)	Sulphuric Acid(100%)	4.87	441.11	365.69	7.79
浓硝酸(折100%)	Concentrated Nitric Acid(100%)	0.39	40.71	19.92	0.68
氢氧化钠(烧碱)(折100%)	Caustic Soda (Sodium Hydroxide) (100%)	4.23	234.87	220.07	5.73
碳酸钠(纯碱)	Soda Ash(Sodium Carhonate)	2.86	267.19	266.07	3.17
农用化学肥料(折纯)	Chemical Fertilizers(100%)	3.35	241.96	241.64	3.41
#氮肥(折含N 100%)	Nitrogen(N100%)	2.29	224.68	224.52	2.45
磷肥(折合P2O5 100%)	Phosphate(P205 100%)	1.06	17.28	17.13	0.96
化学农药原药(折有效成分100%)	Chemical Pesticides(100% effectiveness)	2.91	61.76	60.24	3.14
乙烯	Ethylene	0.62	121.65	4.87	0.47
染料	Dye	10.33	31.14	30.95	10.50
合成洗涤剂	Synthetic Detergents	1.23	30.28	31.16	0.35
化学药品原药(化学原料药)	Chemical Medicines	0.67	17.42	16.83	1.00

单位:万吨 (10000 tons)

产品名称 Item		年初库存 Stock at Year-beginning	本年生产 Production This Year	本年销售 Sales This Year	年末库存 Stock at Year-end
橡胶轮胎外胎(轮胎外胎) (万条)	Tires (10000 turige)	300.71	11173.38	10931.13	542.28
水泥	Cement	208.64	15647.46	15589.55	266.01
平板玻璃 (万重量箱)	Peain Glass (10000 wtcases)	128.27	5660.26	5354.63	433.90
生铁	Pig Iron	11.57	5211.26	1554.91	24.63
粗钢	Crude Steel	120.93	6242.75	2385.94	80.72
钢材	Rolled Steel	200.82	9122.95	9123.17	204.81
铁合金	Iron Alloy	1.89	108.70	106.94	3.42
十种有色金属	Ten Kinds of Nonferrous Metal	0.65	57.32	57.36	0.61
工业锅炉 (万蒸发量吨)	Industrial Boiler (10000 steam-tons)	0.26	3.25	3.25	0.26
金属切削机床 (万台)	Metal-cutting Machine Tools (10000 units)	0.45	7.70	7.86	0.29
#数控机床	Digital Machine Tools	0.13	2.30	2.32	0.11
缝纫机 (万架)	Sewing Machines (10000 units)	7.75	194.64	192.72	9.67
大中型拖拉机 (万台)	Large and Medium Tractors (10000 units)	0.53	7.95	7.89	0.59
汽车 (万辆)	Motor Vechicles (10000 units)	1.72	72.87	72.31	2.28
#轿车	Cars	0.52	31.38	30.96	0.94
载货汽车	Trucks	0.48	8.14	8.16	0.47
摩托车整车 (万辆)	Motorcycles (10000 units)	12.78	210.98	213.82	9.93
两轮脚踏自行车 (万辆)	Bicycles (10000 units)	14.63	831.30	837.55	8.39
家用洗衣机 (万台)	Household Washing Machines (10000 units)	15.29	1216.61	1192.91	38.92
家用吸尘器 (万台)	Vacuum Cleaners (10000 units)	40.39	3217.44	3255.82	2.01
家用电冰箱 (万台)	Household Refrigerators (10000 units)	15.21	812.49	811.71	15.18
家用电风扇 (万台)	Electric Fans (10000 units)	4.81	300.47	300.71	4.15
房间空气调节器 (万台)	Air conditioners (10000 units)	10.11	538.79	533.19	15.71
家用吸排油烟机 (万台)	Range Hoods (10000 units)	2.92	49.60	50.34	2.18
程控交换机 (万线)	Programcontrollecl Switchboards (10000 lines)	0.00	5.00	5.00	0.00
#数字程控交换机	Digital Programcontrolled Switchboards	0.00	5.00	5.00	0.00
微型电子计算机 (万台)	Micro Computers (10000 units)	66.91	9364.56	9389.33	42.14
#笔记本计算机	Notebook PCS	30.18	8426.09	8418.18	38.08
打印机 (万台)	Printers (10000 units)	0.62	41.65	41.26	0.98
集成电路 (亿块)	Integrated Circuits (100 million pieces)	1.55	223.21	223.79	0.96
彩色电视机 (万台)	Color TV Sets (10000 units)	5.35	1766.89	1756.32	15.92
照相机 (万台)	Cameras (10000 units)	87.37	3294.29	3326.81	54.85
#数码照相机	Digital Cameras	87.15	3207.42	3243.63	50.94

主要统计指标解释

工业 指从事自然资源的开采，对采掘品和农产品进行加工和再加工的物质生产部门。具体包括：(1)对自然资源的开采，如采矿、晒盐、森林采伐等(但不包括禽兽捕猎和水产捕捞)；(2)对农副产品的加工、再加工，如粮油加工、食品加工、缫丝、纺织、制革等；(3)对采掘品的加工、再加工，如炼铁、炼钢、化工生产、石油加工、机器制造、木材加工等，以及电力、自来水、煤气的生产和供应等；(4)对工业品的修理、翻新，如机器设备的修理、交通运输工具(包括小卧车)的修理等。

1984 年以前农村的村及村以下办工业归属农业，1984 年以后划归工业。

国有及国有控股企业 指国有企业加上国有控股企业。国有企业是指企业全部资产归国家所有，并按《中华人民共和国企业法人登记管理条例》规定登记注册的非公司制的经济组织。1957 年以前的公私合营和私营工业，后均改造为国营工业，1992 年改为国有工业，这部分工业的资料不单独分列时，均包括在国有企业内。国有控股企业是对混合所有制经济的企业进行的"国有控股"分类。它是指这些企业的全部资产中国有资产(股份)相对其他所有者中的任何一个所有者占资(股)最多的企业。该分组反映了国有经济控股情况。

集体企业 指企业资产归集体所有，并按《中华人民共和国企业法人登记管理条例》规定登记注册的经济组织。是社会主义公有制经济的组成部分。包括城乡所有使用集体投资举办的企业，以及部分个人通过集资自愿放弃所有权并依法经工商行政管理机关认定为集体所有制的企业。

股份合作企业 指以合作制为基础，由企业职工共同出资入股，吸收一定比例的社会资产投资组建，实行自主经营，自负盈亏，共同劳动，民主管理，按劳分配与按股分红相结合的一种集体经济组织。

联营企业 指两个及两个以上相同或不同所有制性质的企业法人或事业单位法人，按自愿、平等、互利的原则，共同投资组成的经济组织。联营企业包括：国有联营企业指国有企业与国有企业间的联营；集体联营企业指集体企业与集体企业间的联营；国有与集体联营企业指国有企业与集体企业间的联营。

有限责任公司 指根据《中华人民共和国公司登记管理条例》规定登记注册，由两个以上，五十个以下的股东共同出资，每个股东以其所认缴的出资额对公司承担有限责任，公司以其全部资产对其债务承担责任的经济组织。

有限责任公司包括国有独资公司以及其他有限责任公司。

股份有限公司 指根据《中华人民共和国企业法人登记管理条例》规定登记注册，其全部注册资本由等额股份构成并通过发行股票筹集资本，股东以其认购的股份对公司承担有限责任，公司以其全部资产对其债务承担责任的经济组织。

私营企业 指由自然人投资设立或由自然人控股，以雇佣劳动为基础的营利性经济组织。包括按照《公司法》、《合伙企业法》、《私营企业暂行条例》规定登记注册的私营有限责任公司、私营股份有限公司、私营合伙企业和私营独资企业。

港、澳、台商投资企业 指企业注册登记类型中的港、澳、台资合资、合作、独资经营企业和股份有限公司之和。

外商投资企业 指企业注册登记类型中的中外合资、合作经营企业、外资企业和外商投资股份有限公司之和。

"三资"企业 系指港、澳、台商投资企业和外资企业的简称。

轻工业 指主要提供生活消费品和制作手工工具的工业。按其所使用的原料不同，可分为两大类：(1)以农产品为原料的轻工业，是指直接或间接以农产品为基本原料的轻工业。主要包括食品制造、饮料制造、烟草加工、纺织、缝纫、皮革和毛皮制作、造纸以及印刷等工业；(2)以非农产品为原料的轻工业，是指以工业品为原料的轻工业。主要包括文教体育用品、化学药品制造、合成纤维制造、日用化学制品、日用玻璃制品、日用金属制品、手工工具制造、医疗器械制造、文化和办公用机械制造等工业。

重工业 是指为国民经济各部门提供物质技术基础的主要生产资料的工业。按其生产性质和产品用途，可以分为下列三类：(1)采掘(伐)工业，是指对自然资源的开采，包括石油开采、煤炭开采、金属矿开采、非金属矿开采和木材采伐等工业；(2)原材料工业，指向国民经济各部门提供基本材料、动力和燃料的工业。包括金属冶炼及加工、炼焦及焦炭、化学、化工原料、水泥、人造板以及电力、石油和煤炭加工等工业；(3)加工工业，是指对工业原材料进行再加工制造的工业。包括装备国民经济各部门的机械设备制造工业、金属结构、水泥制品等工业，以及为农业提供的生产资料如化肥、农药等工业。

根据上述划分原则，修理业中以重工业产品为修理作业对象的划为重工业，反之划为轻工业。

工业总产值 是以货币表现的工业企业在一定时期内生产的已出售或可供出售工业产品总量，它反映一定时间内工业生产的总规模和总水平。它包括：在本企业内不再进行加工，经检验、包装入库(规定不需包装的产品除外)的成品价值，对外加工费收入，自制半成品、在产品期末初差额价值。工业总产值采用"工厂法"计算，即以工业企业作为一个整体，按企业工业生产活动的最终成果来计算，企业内部不允许重复计算，不能把企业内部各个车间(分厂)生产的成果相加。但在企业之间、行业之间、地区之间存在着重复计算。

轻重工业总产值的划分是按"工厂法"计算的，即一个工业企业生产的主要产品性质属于轻工业，则该企业的全部总产值作为轻工业总产值;如它的主要产品性质属于重工业,则该企业的全部总产值作为重工业总产值。

工业增加值 是指工业行业在报告期内以货币表现的工业生产活动的最终成果。

实收资本 指企业实际收到的投资人投入的资本。按投资主体可分为国家资本、集体资本、法人资本、个人资本、港澳台资本和外商资本等。

资产总计 指企业拥有或控制的能以货币计量的经济资源。包括各种财产、债权和其他权利。资产按其流动性划分为流动资产、长期投资、固定资产、无形及递延资产和其他资产。

(1)流动资产 指企业可以在一年内或者超过一年的一个生产周期内变现或耗用的资产合计。包括现金及各种存款、短期投资、应收及预付款项、存货等。

(2)固定资产 指企业固定资产净值、固定资产清理、在建工程、待处理固定资产损失所占用的资金合计。

(3)无形资产 指企业长期使用而没有实物形态的资产。包括专利权、非专利技术、商标权、著作权、土地使用权、商誉等。

负债合计 指企业承担的能以货币计量,将以资产或劳务偿付的债务。负债一般按偿还期长短分为流动负债和长期负债、递延税项等。

(1)流动负债 指企业在一年内或者超过一年的一个营业周期内需要偿还的债务合计,其中包括短期借款、应付及预收款项、应付工资、应交税金和应交利润等。

(2)长期负债 指企业在一年以上或者超过一年的一个营业周期以上需要偿还的债务合计,其中包括长期借款、应付债务、长期应付款项等。

所有者权益 指企业投资人对企业净资产的所有权。企业净资产等于企业全部资产减去全部负债后的余额,其中包括投资者对企业的最初投入,以及资本公积金、盈余公积金和未分配利润,对股份制企业即为股东权益。

固定资产原价 指企业在建造、购置、安装、改建、扩建、技术改造某项固定资产时所支出的全部货币总额。它一般包括买价、包装费、运杂费和安装费等。

固定资产净值 是指固定资产原价减去历年已提折旧额后的净额。

流动资产 是指可以在一年或者超过一年的一个营业周期内变现或者耗用的资产,包括现金及各种存款、短期投资、应收及预付货款、存货等。

主营业务收入 指企业销售商品、提供劳务及让渡资产信用权等日常活动中所产生的收入。

主营业务成本 指企业销售商品、提供劳及让渡资产信用权等日常活动而发生的实际成本。

主营业务税金及附加 企业日常活动应负担的税金及附加,包括营业税、消费税、城市维护建设税、资源税、土地增值税和教育费附加等。

利润总额 指企业实现的利润。

应交增值税 指企业在报告期内应交纳的增值税额。

资产负债率 该指标既反映企业经营风险的大小,也反映企业利用债权人提供的资金从事经营活动的能力。计算公式为:

资产负债率 = 负债总额/资产总额 ×100%

工业成本费用利润率 指在一定时期内实现的利润与成本费用之比,是反映工业生产成本及费用投入的经济效益指标,同时也是反映降低成本的经济效益的指标。计算公式为:

工业成本费用利润率(%) = 利润总额/成本及费用总额 ×100%

工业增加值率 指在一定时期内工业增加值占同期工业总产值的比重,反映降低中间消耗的经济效益。计算公式为:

工业增加值率(%) = 工业增加值(现价)/(工业总产生 + 本年应交销项税) ×100%

流动资产周转次数 指在一定时期内流动资产完成的周转次数,反映流动资产的周转速度。计算公式为:

流动资产周转次数 = 产品销售收入/全部流动资产平均余额

产品销售率 指报告期工业销售产值与同期全部工业总产值之比,是反映工业产品已实现销售的程度,分析工业产销衔接情况,研究工业产品满足社会需求程度的指标。计算公式为:

产品销售率(%) = 工业销售产值/工业总产值(现价) ×100%

全员劳动生产率 指根据产品的价值量指标计算的平均每一个就业人员在单位时间内的产品生产量。是考核企业经济活动的重要指标,是企业生产技术水平、经营管理水平、职工技术熟练程度和劳动积极性的综合表现。目前我国的全员劳动生产率是将工业企业的工业增加值除以同一时期全部就业人员的平均人数来计算的。计算公式为:

全员劳动生产率(%) = 工业增加值/全部就业人员平均人数 ×100%

Explanatory Notes on Main Statistical Indicators

Industry refers to the material production sector which is engaged in extraction of natural resources and processing and reprocessing of minerals and agricultural products, including(1) extraction of natural resources, such as mining, salt production, logging(but not including hunting and fishing); (2) processing and reprocessing of farm and sideline produces, such as rice husking, flour milling, wine making, oil pressing, cotton ginning, silk reeling, spinning and weaving, and leather making; (3) manufacture of industrial products, such as steel making, iron smelting, chemicals manufacturing, petroleum processing, machine building, timber processing; water and gas production and electricity generation and supply; (4) repairing of industrial products such as the repairing of machinery and means of transport(including cars).

Prior to 1984, the rural industry run by villages and cooperative organizations under village was classified into agriculture. Since 1984, it has been grouped into industry.

(1) **State-owned and State-share holding Enterprises** State-owned enterprises refer to industrial enterprises where the means of production are all owned by the state. Joint state-private industries and private industries, which existed before 1957, have been transformed into state run industries. Statistics on these enterprises has been included in the state-owned industries since 1992 when separation of data was no longer necessary. State-share holding Enterprises refers to classification of "state-share holding" to the mixed-owned enterprises, which indicate that among the total assets of enterprises, the state assets(share) occupying the most part (share) than any other enterprises. Such group reflects the condition of share-holding of the state-owned economy.

(2) **Collective-owned Enterprises** refer to industrial enterprises where the means of production are owned collectively it is part of sociolist public economy. It including urban and rural enterprises invested by collectives and some enterprises which were formerly owned privately but have been registered in industrial and commercial administration agency as collective units through raising fund from the public.

(3) **Share-holding Cooperative Enterprises** refer to economic units set up on cooperative basis, with funding partly from members of the enterprise and partly from outside investment, where the operation and management is decided by the members who also participate in the production, and the distribution of income is based both on work(labour input) and on shares(capital input).

(4) **Joint – operation enterprises** refer to economic units that are established by joint investment by two or more corporate enterprises or institutions of the same or different types of ownership on voluntary, equal and mutual-beneficial basis. They include:

a) state-owned joint-operation enterprises(joint operation between state-owned enterprises);

b) collective joint-operation enterprises(joint operation between collective enterprises);

c) state-collective joint-operation enterprises(joint operation between state and collective enterprises).

(5) **Limited Liability Corporations** refer to economic units registered in accordance with the Regulation of the People's Republic of China on the Management of Registration of Corporations, with capitals from 2 to 49 investors, each investor bears limited liability to the corporation depending on his/her holding of shares, and the corporation bears liability to its debt to the maximum of its total assets. Limited Liability corporations State-owned Enterprises and othe limited liabliliy corporations.

(6) **Share-holding Corporations Ltd.** refer to economic units registered in accordance with the Regulation of the People's Republic of China on the Management of Registration of Corporate Enterprises, with total registered capitals divided into equal shares and raised through issuing stocks. Each investor bears limited liability to the corporation depending on the holding of shares, and the corporation bears liability to its debt to the maximum of its total assets.

(7) **Private Enterprises** refer to economic units invested or controlled(by holding the majority of the shares) by natural persons who hire labours for profit-making activities. Included in this category are private limited liability corporations, private share-holding corporations Ltd., private partnership enterprises and private sole investment enterprises registered in accordance with the Corporation Law, Partnership Enterprise Law and Tentative Regulation on Private Enterprises.

(8) **Enterprises with Funds form Hong Kong, Macao and Taiwan** refers to all industrial enterprises registered as the joint-venture, cooperative, sole(exclusive) investment industrial enterprises and limited liability corporations with funds from Hong Kong, Macao and Taiwan.

(9) **Foreign Funded Enterprises** refers to all industrial enterprises registered as the joint-venture, cooperative, sole(exclusive) investment industrial enterprises and limited liability corporations with foreign funds.

Sino-foreign Joint Vontures inculding Enterpries with Funds form Hong Kong, Macao and Taiwon, Foreign Funded Enterpries

Light Industry refers to the industry that produces consumer goods and hand tools. It consists of two categories, depending on the materials used:

(1) Industries using farm products as raw materials. These are branches of light industry which directly or indirectly use farm products as basic raw materials, including the manufacture of food and beverages, tobacco processing, textile, clothing, fur and leather manufacturing, paper making, printing, etc.

(2) Industries using non farm products as raw materials. These are branches of light industry which use manufactured goods as raw-materials, including the manufacture of cultural, educational articles and sports goods, chemicals, synthetic fiber, chemical products for daily use, glass products for daily use, metal products for daily use, hand tools, medical apparatus and instruments, and the manufacture of cultural and clerical machinery.

Heavy Industry refers to the industry which produces capital goods, and provides various sectors of the national economy with necessary material and technical basis. It consists of the following three branches according to the purpose of production or the use of products:

(1) Mining, quarrying and logging industry refers to the industry that extracts natural resources. including extraction of petroleum, coal, metal and non – metal ores and logging.

(2) Raw materials industry refers to the industry that provides various sectors of the national economy with raw materials, fuels and power. It includes smelting and processing of metals, coking and coke chemistry, chemical materials and building materials such as cement, plywood, and power, petroleum refining and coal dressing.

(3) Manufacturing industry refers to the industry that processes raw materials. It includes machine building industry which equips sectors of the national economy, industries of metal structure and cement products, industries producing means of agricultural production, such as chemical fertilizers and pesticides.

According to the above principle of classification, the repairing trades which are engaged primarily in repairing products of heavy industry are classified into heavy industry while these engaged in repairing products of light in – dustry are classified into light industry.

Gross Industrial Output Value is the total volume of industrial products sold or available for sale in value terms which reflects the total achievements and overall scale of industrial production during a given period. It includes the value of the finished products, which are not to be further processed in the enterprises and have been inspected, packed and put in storage, the value of industrial services rendered to other units, and the changes in the value of the semi – finished products and products in process between the be – ginning and closing of the period. The gross industrial output value is calculated with "factory method". No double calculations are to be made within the same enterprise. However, double counting does occur among different enterprises.

Output value of light and heavy industries is based on the "factory" method. If the major products of an industrial enterprise are classified as light industry products, the entire gross output value of that enterprise is classified into the light industry; the same principle applies to heavy industry.

Value – added of Industry refers to the final results of industrial production of the industrial trade in money terms during the reporting period.

Acctually Received Capital refer main management capital actually received by enterprises used for long – term circulation, including state capital, collective capital, individual capital, Hong Kong Macao Taiwan capital and foreign capital.

Total Assets refer to all economic resources, owned or controlled by enterprises, that could be measured in monetary terms, including properties, creditors equity and other economic rights of all forms. Classified by the degree of equitability, total assets include current assets, long term investment, fixed assets, intangible assets and deferred assets, and other assets.

(1) Current assets (working capital) refer to assets which can be cashed in or spent or consumed in an operating cycle of one year or over one year, including cash, all kinds of deposits, short term investment, receivables, advance payment, stock, etc.

(2) Fixed assets refer to the net value of fixed assets, elearance of fixed assets, project under construction, fixed assets losses in suspense. These are corporations' fund holdings.

(3) Intangible assets refer to the assets without material form used by enterprises over a long time, such as patents, non – patent technologies, trade marks, copyright, land use right, business reputation, etc.

Total Liabilities refer to the debts, measured in monetary terms, that enterprises are responsible for repayment in the form of cash, assets or labour. Classified by terms of repayment, liability include liquid liabilities and long-term liabilities.

(1) Liquid liabilities (also called quick liabilities or immediate liabilities) refer to enterprises' total debt payable within an operating cycle of one year or over one year, including short term loans, payable and advance payments, wages payable, taxes payable and profit

payable, etc.

(2) Long term liabilities refers to total debt payable within an operating cycle of one year or over one year, including long-term loans, payable liabilities, long-term payable, etc.

Creditors' Equity refers to investors ownership of net assets of the enterprise. It is equal to the total assets of the enterprise minus its total liabilities, including the primary input from investors, capital accumulation fund, surplus accumulation fund and undistributed profit. It is the shareholder's equity in share-holdting companies.

Original Value of Fixed Assets refers to the original value of all fixed assets owned by industrial enterprises, calculated at the cost paid at the time of purchase, installation, reconstruction, expansion, and technical innovation and transformation of the said assets, which includes expenses on purchase, package, transportation, and installation, etc.

Net Value of Fixed Assets is obtained by deducting depreciation over years from the original value of fixed assets.

Working Capital (Current Current) refers to assets which can be cashed in or spent or consumed in an operating cycle of one year or over one year, which includes cash, various deposits, short term investment, and receivable payments, and advance payments, stock, etc.

Major Business Revenue refer to the revenue from the sales of products, service provided and transferring the usage right of assets ect in daily activities.

Cost of Major Business refers to the actual cost of products of industrial enterprises, service provided and transferring the usage right of assets ect in daily activities.

Tax and extra of Major Business refers to the tax and extra, including city maintenance and construction tax, operation tax, consumption tax, resources tax, extra charges for education and tax on land value added, which should be born by the enterprises.

Total Profits refer to the profits gained by the enterprises.

Value-added Tax Payable refers to the amount of the value added tax which should be paid by the enterprises in the reporting period.

Ratio of Debts to Assets reflect both the operation risk and the capability of the enterprise in making use of the capital from the creditors. It is calculated as follows:

Ratio of debts to assets(%) = (Total debts/total assets) × 100%

Ratio of Profits to Total Industrial Costs refers to the ratio of profits realized in a given period to the total costs in the same period, which reflects the economic efficiency of input cost and is calculated as follows:

Ratio of Profits to Total Industrial Cost(%) = (Total Profits/Total Costs) × 100%

Value-added Rate of Industry refers to the ratio of value added of industry in a given period to the gross output value in the same period, which reflects the economic efficiency of cutting down the intermediate input and is calculated as follows:

Value-added Rate of Industry(%) = [Value-added of Industry (at current prices)]/[Gross Output Value(at Current Prices) + taxes payable this year] × 100%

Turnover of Working Capital refers to the number of times of turnover of working capital in a given period of time, which reflects the speed of the turnover of working capital and is calculated as follows:

Turnover of Working Capital(%) = (Sales Revenue of Products)/(Average Balance of Total Working Capital) × 100%

Ratio of Sales to Gross Output Value refers to the sales of industrial products to the gross industrial output value during the reference period, and is important in reflecting the linkage between production and sales and the extent of the needs of the society that has been met by the supply of industrial products. It is calculated as follows:

Ratio of Sales to Gross Output Value = [Industrial sales/Gross industrial output value(at current prices)] × 100%

Overall Labour Productivity of Industrial Enterprises refers to the average output per employed person in industrial enterprises in value terms. It is an important indicator of economic activity to show the level of production tecology, business management, technical proficienly of workers and labor enthusiasm of expression.

At present, the value added and the average number of staff and workers of an industrial enterprises in a given period are used to calculate the overall labour productivity. The formula used is:

Overall Labour Productivity = (Value Added of Industry)/(Average Number of Staff and Workers)

12

建筑业

Construction

简 要 说 明

一、本篇资料的主要内容

本篇资料反映我省建筑业概况和发展情况。包括建筑业企业基本情况和生产经营情况。主要指标有企业个数、从业人员数、建筑业总产值、房屋建筑面积、利润税金、劳动生产率等。

二、本篇资料的统计范围

根据建筑业发展的实际情况，建筑业统计范围从 2002 年年报起由原具有建筑业资质等级四级及四级以上的独立核算的建筑业企业调整为具有建筑业资质的独立核算建筑业企业。

三、本篇的资料来源及统计调查方法

本篇建筑业企业统计数据是根据国家统计局制定的《建筑业统计报表制度》整理汇总的。建筑业统计报表是各级统计部门根据当地实际情况采取全面调查的方法布置、收集。

Brief Introduction

I. Main Contents

Data in this chapter show the general situation and the development of the construction industry in Jiangsu. They cover the situation of production and management of the construction enterprises, including the number of enterprises; number of employed persons; gross output value of the construction industry; floor space of buildings under construction; profits and taxes ; and labour productivity etc.

II. Scope of Statistics

In view of the development of the construction industry, starting from 2002 the scope of construction statistics has been adjusted to include all the construction enterprises of various types of ownership with qualification certificates and independent accounting systems, replacing the previous criteria that required construction enterprises of various types of ownership to have qualification certificates at or above Class 4 with independent accounting systems.

III. Sources of Data and Methods of Survey

Data on construction enterprises are collected in accordance with the Reporting Form System of Construction Statistics stipulated by the National Bureau of Statistics. The annual reporting forms on construction statistics are designed in accordance with local situations for comprehensive collection by statistical bureaus of each region and conveyance level by level upwards.

12－1 建筑施工企业概况
Basic Statistics on Construction Enterprises

年份 Year	总计 Total	国有经济 State-owned	地方 Local-owned	部属 Central-owned	城镇集体经济 Urban Collective-owned	乡镇企业及其它经济 Rural and Township Enterprises and Others
企业单位个数 (个) Number of Enterprises (unit)						
1985	2360	114	86	28	148	2098
1989	2408	175	144	31	204	2029
1990	2284	162	138	24	201	1921
1991	2316	173	147	26	209	1934
1992	2417	203	176	27	251	1963
1993	2810	308	273	35	429	2073
1994	3348	389	353	36	513	2446
1995	3426	406	370	36	505	2515
1996	3528	589	554	35	868	2071
1997	3546	564	525	39	884	2098
1998	3587	573	535	38	881	2133
1999	3994	550	514	36	980	2464
2000	3948	529	485	44	903	2516
2001	3872	469	424	45	631	2772
2002	4084	489	438	51	440	3155
2003	4267	358	322	36	326	3583
2004	5241	318	279	39	266	4657
2005	5909	556	524	32	220	5133
2006	6371	444	439	5	206	5721
2007	7017	453	449	4	204	6360
2008	8389	413	380	33	213	7763
2009	8664	391	362	29	181	8092
2010	8949	375	347	28	392	8182
全部职工平均人数 (万人) Average Number of Staff and Workers (10000 persons)						
1985	124.09	17.60	13.82	3.78	14.05	92.44
1989	128.55	22.08	15.10	6.98	20.30	86.17
1990	124.31	21.53	15.24	6.29	23.94	78.44
1991	126.44	22.06	15.83	6.23	25.46	78.92
1992	143.44	24.67	17.66	7.01	30.07	88.70
1993	175.06	34.58	27.50	7.08	34.00	106.48
1994	212.17	44.60	31.60	13.00	34.37	133.20
1995	232.94	45.42	38.58	6.84	51.56	135.96

12－1　续表 1　Continued 1

年　　份 Year	总　计 Total	国有经济 State-owned	地　方 Local-owned	部　属 Central-owned	城镇集体经济 Urban Collective-owned	乡镇企业及其它经济 Rural and Township Enterprises and Others
1996	220.71	59.55	52.14	7.41	55.26	105.90
1997	215.69	51.20	44.57	6.63	61.70	102.78
1998	232.32	50.52	42.22	8.30	83.97	97.83
1999	222.80	46.30	38.85	7.45	63.59	112.91
2000	221.48	43.85	36.41	7.44	59.73	117.9
2001	239.52	41.74	35.33	6.41	44.11	153.67
2002	251.36	45.96	39.26	6.70	30.27	175.13
2003	277.91	30.37	23.85	6.52	23.62	223.92
2004	305.64	30.06	23.31	6.75	15.84	259.74
2005	342.24	60.77	53.98	6.79	13.50	267.97
2006	379.77	50.24	48.44	1.80	17.49	312.04
2007	437.10	54.50	52.81	1.69	16.08	366.52
2008	488.67	44.49	34.90	9.60	22.22	421.96
2009	540.52	40.43	28.30	12.13	17.25	482.84
2010	598.98	40.23	31.09	9.14	34.48	524.27
建筑业总产值（亿元）Gross Output Value of Construction Enterprises (100 million yuan)						
1985	82.63	14.32	10.92	3.39	10.80	57.52
1989	142.05	30.94	9.52	11.42	23.97	87.14
1990	147.23	32.00	21.49	10.51	29.76	85.47
1991	176.21	37.84	26.04	11.80	34.35	104.02
1992	265.80	58.20	40.07	18.12	55.99	151.62
1993	449.99	104.73	82.40	22.33	86.87	258.40
1994	738.60	171.60	131.04	40.56	178.46	388.53
1995	998.11	257.36	207.39	49.97	259.76	480.98
1996	1049.42	377.92	318.79	59.13	253.63	417.88
1997	1102.12	352.86	294.21	58.65	308.08	441.18
1998	1224.42	335.16	272.55	62.61	387.29	501.97
1999	1338.46	343.12	282.03	61.09	346.97	648.37
2000	1546.17	376.59	308.3	68.29	377.31	792.27
2001	1859.41	414.58	339.7	74.88	284.9	1159.93
2002	2199.52	492.90	414.84	78.06	222.35	1484.27
2003	2794.94	345.39	258.10	87.29	194.75	2254.80
2004	3656.66	436.40	299.08	137.32	134.09	3086.17
2005	4368.95	865.07	727.50	137.57	154.46	3349.42
2006	5424.85	812.35	770.02	42.33	190.51	4421.99
2007	7010.57	1075.79	1038.81	36.98	222.50	5712.28
2008	8547.94	917.82	620.31	297.51	328.16	7301.96
2009	10264.92	981.35	618.32	363.03	291.15	8992.42
2010	12405.90	1206.68	703.69	502.99	668.42	10530.80

年 份 Year	总 计 Total	国有经济 State-owned	地 方 Local-owned	部 属 Central-owned	城镇集体经济 Urban Collective-owned	乡镇企业及其它经济 Rural and Township Enterprises and Others
施工房屋面积 （万平方米） Floor Space of Buildings Under Construction （10000 sq. m）						
1985	5570.32	619.94	536.58	83.36	690.92	4259.46
1989	5447.40	672.60	547.40	125.20	927.70	3847.10
1990	5240.98	699.10	580.30	118.80	1070.40	3471.48
1991	5711.13	778.71	660.44	118.27	1143.12	3789.30
1992	7780.32	1049.90	901.00	148.90	1688.30	5042.12
1993	10229.96	1801.32	1573.13	228.19	2045.54	6383.10
1994	13201.21	2356.00	2062.20	293.90	3269.60	7575.61
1995	16646.14	3470.96	3135.28	335.68	4621.48	8553.70
1996	15672.95	5032.00	4663.09	368.91	3723.69	6917.26
1997	16191.85	4407.38	4031.04	376.34	4344.53	7439.94
1998	17803.33	3831.67	3593.61	238.06	5887.35	8084.31
1999	18748.25	3830.22	3633.96	196.26	4710.61	10207.42
2000	21287.10	4096.75	3871.42	225.33	4982.85	12207.50
2001	24319.01	3706.55	3380.84	325.71	4060.51	16551.95
2002	27753.39	3669.91	3301.01	368.90	3113.95	20969.53
2003	33949.95	1893.32	1503.56	389.76	2369.63	29687.00
2004	43170.57	2815.09	2273.46	541.63	1655.20	38700.28
2005	52242.23	7706.17	7383.99	322.18	1966.09	42569.97
2006	63140.49	6553.90	6329.13	224.77	2248.13	54338.46
2007	79901.63	9386.76	9092.19	294.57	2833.32	67681.55
2008	90144.64	5437.75	4655.54	782.21	4115.15	80591.74
2009	99659.92	3580.73	2684.79	895.94	3416.26	92662.93
2010	119035.52	4465.90	3273.48	1192.42	5966.74	108602.88
竣工房屋面积 （万平方米） Floor Space of Buildings Completed （10000 sq. m）						
1985	3527.20	272.55	245.03	27.52	382.94	2871.71
1989	3446.50	284.50	246.40	38.10	502.10	2659.90
1990	3307.93	354.40	302.20	52.20	617.00	2336.53
1991	3422.75	361.35	322.27	39.08	618.49	2442.91
1992	4387.99	446.60	395.90	50.70	837.40	3103.99
1993	5767.78	772.59	705.11	67.48	1077.09	3918.10
1994	9336.28	903.20	838.60	64.60	1620.00	6813.08
1995	8739.38	1304.03	1243.04	60.99	2056.55	5378.80
1996	8252.13	1946.38	1872.36	74.02	2141.69	4164.06
1997	8787.36	1678.84	1601.39	77.46	2600.34	4508.18
1998	9958.90	1748.46	1686.40	62.05	3497.35	4713.10

年 份 Year	总 计 Total	国有经济 State-owned	地 方 Local-owned	部 属 Central-owned	城镇集体经济 Urban Collective-owned	乡镇企业及其它经济 Rural and Township Enterprises and Others
1999	10558.22	1692.42	1636.92	55.50	2751.61	6114.19
2000	12329.65	1961.86	1896.93	64.93	2986.11	7381.68
2001	14268.89	1822.02	1718.15	103.87	2622.17	9824.70
2002	15478.58	1877.94	1773.00	104.94	1867.91	11732.73
2003	17730.02	879.14	786.81	92.33	1490.80	15360.08
2004	21756.82	1246.57	1084.82	161.75	1040.82	19469.43
2005	25391.86	3696.89	3526.71	170.18	1113.19	20581.78
2006	28715.39	2517.69	2448.11	69.58	1244.15	24953.55
2007	34992.20	3610.75	3505.88	104.87	1580.78	29800.67
2008	40272.98	2182.40	1948.24	234.16	2350.51	35740.07
2009	43307.52	1294.73	1063.59	231.15	1763.20	40249.59
2010	48560.07	1388.19	1034.71	353.48	2826.55	44345.33
房屋建筑面积竣工率 (%) Rate of Floor Space of Buildings Completed (%)						
1985	66.2	44.0	45.7	33.0	55.4	67.4
1989	63.3	42.3	45.0	30.4	54.1	69.1
1990	63.1	50.7	52.1	43.9	57.6	67.3
1991	59.9	46.4	48.8	33.0	54.1	64.5
1992	56.4	42.5	43.9	34.0	49.6	61.6
1993	56.4	42.9	44.8	29.6	52.7	61.4
1994	70.7	38.3	40.7	22.0	49.5	89.9
1995	52.5	34.9	39.6	18.2	44.5	62.9
1996	52.7	38.7	40.2	20.1	57.5	60.2
1997	54.3	38.1	39.7	20.6	59.9	60.6
1998	55.9	45.6	46.9	26.1	59.4	58.3
1999	56.3	44.2	45.0	28.3	58.4	59.9
2000	57.9	47.9	49.0	28.8	59.9	60.5
2001	58.7	49.2	50.8	31.9	64.6	59.4
2002	55.8	51.2	53.7	28.4	60.0	56.0
2003	52.2	46.4	52.3	23.7	62.9	51.7
2004	50.4	44.3	47.7	29.9	62.9	50.3
2005	48.6	48.0	47.8	52.8	56.6	48.3
2006	45.5	38.4	38.7	31.0	55.3	45.9
2007	43.8	38.5	38.6	35.6	55.8	44.0
2008	44.7	40.1	41.8	29.9	57.1	44.3
2009	43.5	36.2	39.6	25.8	51.6	43.4
2010	40.8	31.1	31.6	29.6	47.4	40.8

注:本表资料包括施工总承包和专业承包企业,不含劳务分包企业(下同)。

Note:In this table,the data including general contract and specilized contract enterprises under construction, excluding labor divided contract(the same as in the following tables).

12－2 建筑业企业主要经济指标

Main Economic Indicators on Construction Enterprises

单位:亿元 (100 million yuan)

指标	Item	2000	2005	2008	2009	2010
施工企业个数 (个)	Number of Construction Enterprises (unit)	3948	5909	8389	8664	8949
建筑业总产值	Gross Product of Construction Industry	1546.17	4368.95	8547.94	10264.92	12405.90
#建筑工程	Construction	1356.76	3914.22	7781.19	9389.92	11483.20
安装工程	Installation	159.64	388.38	705.94	794.51	842.73
固定资产折旧	Depreciation of Fixed Assets	18.58	40.51	62.85	69.74	78.94
本年应付工资总额	Wages Payable This Year	213.90	582.83	1229.95	1360.36	1615.40
本年应付福利费总额	Welfare Payable This Year	22.72	69.72	120.36	129.38	145.24
工程结算税金及附加	Taxes and Added Taxes of Settle Accounts	36.18	120.40	251.97	299.97	357.45
竣工产值	Output Value of Completion	1142.69	3490.42	6724.26	8166.18	9851.91
房屋建筑施工面积 (万平方米)	Floor Space of Buildings Under Construction (10000 sq. m)	21287.10	52242.23	90144.64	99659.92	119035.52
#本年新开工	Newly Started Projects This Year	13398.70	31885.45	46441.21	50747.23	62250.40
#投标承包面积	Floor Space of Bidding System	14987.55	45874.76	79932.46	89560.00	107026.96
房屋建筑竣工面积 (万平方米)	Floor Space of Completed Buildings (10000 sq. m)	12329.65	25391.86	40272.98	43307.52	48560.07
自有机械设备总台数 (万台)	Number of Owned Machinery Equipments (10000 sets)	65.55	85.93	123.95	137.42	143.29
自有机械设备总功率 (万千瓦)	Total Power of Owned Machinery Equipments (10000 kW)	756.70	1386.93	2653.69	2828.77	3058.54
自有机械设备净值	Net Value of Owned Machinery Equipments	126.39	258.15	396.50	495.14	507.61
职工平均人数 (万人)	Annual Average Number of Staff and Workers (10000 persons)	221.03	342.24	488.67	540.52	598.98
全员劳动生产率 (元/人)	Overall Labor Productivity (yuan/person)	69953	127658	174923	189908	207117
技术装备率 (元/人)	Rate of Technical Equipment (yuan/person)	5718.23	7598.44	8318.47	9540.09	8577.83
动力装备率 (千瓦/人)	Rate of Power Equipment (kW/person)	3.42	4.08	5.57	5.45	5.17
利润总额	Total Profits	20.66	111.95	352.28	399.63	496.87
利税总额	Total Pre-Tax Profits	58.67	237.95	616.96	714.58	875.72

12－3 按登记注册类型分建筑业企业主要经济指标(2010 年)

指标 Item		合计 Total	内资企业 Domestic	国有 State-owned	集体 Collective-owned	股份合作 Cooperative
施工企业个数 (个)	Number of Construction Enterprises (unit)	8949	8849	236	209	133
# 亏损企业个数	Number of Loss-making Enterprises	413	404	14	7	5
年末从业人员数 (万人)	Number of Employed Persons at Year-end (10000 persons)	591.77	589.31	19.59	17.83	3.87
建筑业总产值 (亿元)	Gross Output Value of Construction (100 million yuan)	12405.90	12343.45	665.16	257.78	70.69
# 建筑工程	Construction	11483.20	11440.88	603.81	246.45	65.44
安装工程	Installation	842.73	822.59	59.55	10.64	5.14
竣工产值 (亿元)	Output Value of completed Building (100 million yuan)	9851.91	9801.23	399.77	223.24	46.69
房屋建筑施工面积 (万平方米)	Floor Space of Building under Construction (10000 sq. m)	119035.52	118859.14	1645.40	2890.77	390.65
# 本年新开工	Newly Started Projects in This Year	62250.40	62181.08	853.97	1674.02	314.85
# 投标承包面积	Floor Space of Bidding System	107026.96	106910.70	1611.16	2585.68	301.04
房屋建筑竣工面积 (万平方米)	Floor Space of Building Completed (10000 sq. m)	48560.07	48478.87	593.73	1492.02	141.02
自有机械设备总台数 (万台)	Total Number of Machinery and Enquipment (10000 sets)143.29	142.58	8.19	5.39	1.35	
自有机械设备总功率 (万千瓦)	Total Power of Machinery and Enquipment (10000 kW)	3058.54	3044.02	204.15	104.43	41.44
自有机械设备净值(亿元)	Net Value of Machinery and Enquipment (100 million yuan)	507.61	505.62	35.44	15.15	4.66
职工平均人数 (万人)	Annual Average Number of Staff and Workers (10000 persons)	598.98	595.97	19.81	15.33	3.37
全员劳动生产率 (元/人)	Overall Labor Productivity (yuan/person)	207118	207114	335728	168128	209895
技术装备率 (元/人)	Value of Machines per Laborer (yuan/person)	8577.90	8579.81	18088.19	8498.75	12043.13
动力装备率 (千瓦/人)	Power of Machines per Laborer (kW/person)	5.17	5.17	10.42	5.86	10.71

Main Economic Indicators on Construction Enterprises by Registration Status (2010)

联营 Joint Ownership Enterprises	有限责任公司 Limited Liabilit Corporations	股份有限公司 Share-holding Corporations Limited	私营 Private Enterprises	其他 Others	港澳台商投资企业 Enterprises with Funds from Hong Kong, Macao and Taiwan	外商投资企业 Foreign Funded Enterprises
70	2396	425	5371	9	45	55
2	75	19	281	1	6	3
3.59	255.59	37.27	248.07	3.50	0.87	1.58
85.39	5538.42	933.79	4680.54	111.68	24.34	38.11
83.91	5143.17	882.67	4303.88	111.54	20.55	21.77
1.43	351.22	46.42	348.10	0.10	3.79	16.35
56.32	4420.76	754.42	3842.85	57.18	21.92	28.76
474.12	57124.54	9936.07	44918.05	1479.53	62.36	114.02
324.77	28416.93	5188.74	24895.48	512.32	25.88	43.44
308.53	53425.88	9008.66	38225.29	1444.47	48.63	67.63
207.17	22149.94	4036.37	19623.61	235.00	30.36	50.85
0.92	61.06	8.79	56.21	0.67	0.32	0.40
22.20	1253.22	185.93	1219.55	13.10	6.72	7.80
3.74	210.73	34.67	199.62	1.62	1.38	0.61
3.09	260.16	41.95	248.85	3.41	1.16	1.84
276443	212885	222585	188087	327492	209292	207209
10408.85	8244.69	9302.59	8046.71	4622.00	15812.31	3876.39
6.18	4.90	4.99	4.92	3.74	7.70	4.94

12-4 按登记注册类型分建筑业企业财务状况(2010年)

单位:亿元

指标	Item	合计 Total	内资企业 Domestic Funded	国有 State-owned	集体 Collective-owned	股份合作 Cooperative Enterprises
资本金合计	Total Capital Assets	1537.88	1515.02	88.09	24.82	13.19
流动资产合计	Circulating Funds	6026.68	5946.46	539.58	94.08	42.91
#存货	Stock	1608.08	1597.76	137.17	30.63	9.43
固定资产合计	Total Fixed Asstes	983.10	974.88	65.93	25.09	9.65
固定资产原价合计	Total Original Value of Fixed Assets	1270.97	1260.42	102.84	31.97	11.31
#生产经营用	Used by Production	1008.46	1001.23	79.55	25.52	8.23
累计折旧	Accumulated Depreciation	436.10	432.37	46.92	12.00	3.93
#本年折旧	Depreciation This Year	78.94	78.38	10.15	1.52	0.61
在建工程	Project Under Construction	80.71	79.78	4.66	1.03	0.47
资产总计	Total Assets	7397.58	7305.83	643.73	123.40	56.70
流动负债合计	Liquid Liability	4441.76	4388.37	478.19	68.99	26.90
长期负债合计	Long term Liability	99.92	98.47	15.50	2.81	0.68
所有者权益合计	Owners Equity	2855.90	2819.00	150.04	51.60	29.12
工程结算收入	Revenue of Project Settlement Accounts	10106.70	10035.91	687.69	190.01	64.77
工程结算成本	Costs of Project Settlement Accounts	8793.61	8732.33	616.72	162.85	53.75
工程结算税金及附加	Taxes and Extra Charges on Project Settlement Accounts	357.45	355.62	20.03	6.80	2.35
工程结算利润	Profits of Project Settlement Accounts	858.35	851.44	48.39	18.07	7.92
其他业务利润	Profits from Other Businesses	28.61	27.72	3.08	0.45	0.04
经营费用	Business Expenses	97.29	96.52	2.55	2.29	0.76
管理费用	Management Expenses	344.40	340.62	26.84	8.44	2.56
#税金	Taxes	21.41	21.27	0.89	0.58	0.26
利润总额	Total Profits	496.87	493.31	23.52	9.40	4.95
应交所得税	Payable Income Taxes	111.88	111.08	5.42	2.06	1.01
应付利润	Payable Profit	144.88	143.20	9.27	2.39	2.25
本年应付工资总额	Payable Total Wages This Year	1615.40	1609.34	45.24	42.12	6.77
本年应付福利费	Payable Total Welfare This Year	145.24	144.87	4.12	4.03	0.62

Financial Indicators on Construction Enterprises by Registration Status (2010)

(100 million yuan)

联营 Joint Ownership Enterprises	有限责任公司 Limited Liability Corporations	股份有限公司 Share-holding Corporations Limited	私营 Private Enterprises	其他 Others	港澳台商投资企业 Enterprises with Funds from Hong Kong, Macao and Taiwan	外商投资企业 Foreign Funded Enterprises
11.03	543.40	78.95	751.95	3.57	10.68	12.18
37.13	2370.73	389.13	2363.01	109.89	38.69	41.53
9.16	654.33	83.32	662.74	10.99	3.73	6.59
7.05	357.83	79.99	427.48	1.85	3.58	4.64
10.19	475.14	88.96	537.19	2.81	4.89	5.66
7.42	390.74	63.50	424.15	2.12	2.98	4.25
3.77	175.79	24.54	164.47	0.96	2.05	1.68
0.43	30.20	4.88	30.29	0.29	0.25	0.31
0.41	36.28	6.26	30.68	0.00	0.60	0.34
47.18	2870.01	496.82	2953.80	114.20	43.96	47.78
28.31	1741.97	303.04	1640.19	100.77	24.97	28.42
0.21	38.33	3.61	37.33	0.00	1.28	0.17
18.66	1089.71	190.17	1276.27	13.42	17.71	19.19
71.05	4387.51	780.15	3756.71	98.03	25.12	45.67
62.92	3827.29	689.67	3233.13	86.01	21.73	39.55
2.95	159.81	26.77	133.46	3.45	0.67	1.16
4.72	362.70	53.35	347.77	8.53	2.41	4.51
0.15	11.05	2.60	10.27	0.08	0.08	0.81
0.46	37.71	10.36	42.36	0.04	0.31	0.46
2.26	141.28	23.44	133.28	2.52	1.47	2.31
0.25	9.40	1.08	8.76	0.05	0.09	0.05
2.90	214.56	30.48	203.53	3.98	0.91	2.65
0.47	45.87	6.74	48.57	0.93	0.18	0.62
0.68	53.23	6.46	67.99	0.93	0.42	1.26
9.43	783.44	113.36	593.87	15.11	1.93	4.13
0.60	71.93	10.13	51.32	2.11	0.09	0.28

12-5 按行业分建筑业企业主要经济指标和财务状况(2010年)
Main Economic Indicators on Construction Enterprises by Sector (2010)

单位:亿元 (100 million yuan)

指标	Item	房屋和土木工程建筑业 Building and Civil Engineering Construction	房屋工程 Building	土木工程 Civil Engineering	建筑安装业 Construction Installation	建筑装饰业 Construction Decoration
企业个数 (个)	Number of Construction Enterprises (unit)	4595	2945	1650	1711	1688
#亏损企业	Number of Loss-making Enterprises	122	62	60	115	112
建筑业总产值	Gross Output Value of Construction	10616.05	8702.56	1913.49	1037.68	535.57
#建筑工程	Construction	10344.60	8497.75	1846.85	439.02	514.23
安装工程	Installation	199.53	141.93	57.60	595.53	20.07
竣工产值	Output Value of completed Building	8423.69	6926.62	1497.07	782.95	474.39
房屋建筑施工面积 (万平方米)	Floor Space of Building under Construction (10000 sq. m)	116970.83	115838.63	1132.20	1811.45	
#本年新开工	Newly Started Projects in This Year	61039.47	60355.19	684.28	1030.26	
#投标承包面积	Floor Space of Bidding System	105453.57	104568.01	885.56	1398.53	
房屋建筑竣工面积 (万平方米)	Floor Space of Building Completed (10000 sq. m)	47588.49	47091.35	497.14	867.59	
自有机械设备总台数 (万台)	Total Number of Machinery and Enquipment (10000 sets)	110.40	87.69	22.71	17.79	8.74
自有机械设备总功率 (万千瓦)	Total Power of Machinery and Enquipment (10000 kW)	2499.35	1787.77	711.58	310.80	122.10
自有机械设备净值	Net Value of Machinery and Enquipment	423.39	280.98	142.41	45.09	16.13
职工平均人数(万人)	Annual Average Number of Staff and Workers (10000 persons)	514.96	438.30	76.65	44.99	27.20
全员劳动生产率 (元/人)	Overall Labor Productivity (yuan/person)	206154	198551	249625	230638	196874
技术装备率(元/人)	Value of Machines per Laborer (yuan/person)	8209.51	6275.45	20946.69	11133.83	6334.29
动力装备率 (千瓦/人)	Power of Machines per Laborer (kW/person)	4.85	3.99	10.47	7.67	4.80
资本金合计	Total Capital Assets	1159.82	797.43	362.39	210.51	98.02
流动资产合计	Circulating Funds	4803.11	3323.56	1479.55	757.21	293.66
#存货	Stock	1315.98	972.43	343.55	190.62	60.68
固定资产合计	Total Fixed Asstes	771.88	503.74	268.14	118.52	49.10

12－5 续 表 Continued

单位:亿元 (100 million yuan)

指 标	Item	房屋和土木工程建筑业 Building and Civil Engineering Construction	房屋工程 Building	土木工程 Civil Engineering	建筑安装业 Construction Installation	建筑装饰业 Construction Decoration
固定资产原价合计	Total Original Value of Fixed Assets	1011.58	626.00	385.58	148.04	59.10
#生产经营用	Used by Production	815.49	497.65	317.84	107.26	44.06
累计折旧	Accumulated Depreciation	354.06	199.96	154.10	48.25	17.72
#本年折旧	Depreciation This Year	60.60	33.87	26.73	11.51	3.52
在建工程	Project Under Construction	63.82	40.77	23.05	8.86	4.39
资产总计	Total Assets	5880.14	4015.59	1864.55	931.13	358.39
流动负债合计	Liquid Liability	3572.77	2426.68	1146.08	553.15	196.52
长期负债合计	Long term Liability	79.67	41.17	38.50	12.92	3.83
所有者权益合计	Owners Equity	2227.70	1547.74	679.97	365.06	158.05
工程结算收入	Revenue of Project Settlement Accounts	8360.72	6489.25	1871.47	1052.80	486.49
工程结算成本	Costs of Project Settlement Accounts	7330.17	5738.19	1591.98	888.10	410.43
工程结算税金及附加	Taxes and Extra Charges on Project Settlement Accounts	300.97	237.15	63.82	33.13	16.32
工程结算利润	Profits of Project Settlement Accounts	653.79	457.66	196.14	121.53	52.52
其他业务利润	Profits from Other Businesses	18.80	12.49	6.30	7.77	1.10
经营费用	Business Expenses	75.78	56.25	19.53	10.04	7.22
管理费用	Management Expenses	251.52	176.42	75.09	55.57	23.98
#税金	Taxes	16.39	11.76	4.63	2.65	1.52
利润总额	Total Profits	378.13	264.31	113.82	75.66	26.34
利税总额	Total Pre-Tax Profits	695.49	513.22	182.27	111.44	44.18
应交所得税	Payable Income Taxes	83.18	58.06	25.12	17.50	6.56
应付利润	Payable Profit	97.93	56.42	41.51	32.87	7.01
本年应付工资总额	Payable Total Wages This Year	1427.41	1265.03	162.38	110.96	56.57
本年应付福利费	Payable Total Welfare This Year	130.00	115.33	14.68	9.71	3.69

12－6 按地区分建筑业企业主要指标

地 区 Region		建筑施工企业个数(个) Number of Construction Enterprises (unit)		从业人员数(万人) Number of Employed Persons(10000 persons)	
		2009	2010	2009	2010
全 省	Total	8664	8949	519.00	591.77
南京市	Nanjing	1409	1517	52.25	60.35
无锡市	Wuxi	581	598	23.36	25.47
徐州市	Xuzhou	389	364	30.69	33.75
常州市	Changzhou	575	564	29.69	36.12
苏州市	Suzhou	1428	1454	54.03	56.28
南通市	Nantong	911	890	96.20	107.19
连云港市	Lianyungang	231	214	17.33	17.89
淮安市	Huaian	458	624	32.37	37.81
盐城市	Yancheng	622	668	38.88	42.41
扬州市	Yangzhou	824	743	64.07	70.70
镇江市	Zhenjiang	361	374	12.91	15.40
泰州市	Taizhou	604	640	51.87	66.67
宿迁市	Suqian	271	299	15.35	21.72
苏 南	Southern Jiangsu	4354	4507	172.24	193.63
苏 中	Middle Jiangsu	2339	2273	212.14	244.56
苏 北	Northern Jiangsu	1971	2169	134.62	153.58

Main Indicators on Construction Enterprises by Region

建筑业总产值(亿元) Gross Output Value of Construction (100 million yuan)		房屋建筑施工面积(万平方米) Floor Space of Building under Construction (10000 sq. m)		房屋建筑竣工面积(万平方米) Floor Space of Building Completed (10000 sq. m)	
2009	2010	2009	2010	2009	2010
10264.94	12405.90	99659.91	119035.52	43307.52	48560.07
1346.62	1643.31	8398.00	10639.05	3221.63	3962.71
437.60	499.50	3872.05	4146.27	1819.93	1894.48
431.58	535.72	4280.10	4872.40	2323.37	2530.61
595.77	735.49	5382.65	6225.53	2400.31	2659.14
1078.24	1275.58	7377.45	8323.86	3519.52	3344.18
2183.23	2731.22	29425.59	35745.28	9775.14	10912.19
269.96	330.16	2195.79	2637.24	1314.41	1454.53
474.86	571.88	5311.63	6716.36	2711.87	3127.22
542.57	649.44	5642.56	7030.32	2755.10	3120.42
1297.59	1553.43	11260.96	13578.07	5568.55	6749.26
281.81	321.19	1513.59	1682.19	806.47	653.32
1094.74	1264.10	12740.77	14830.48	5827.87	6755.31
230.37	294.90	2258.77	2608.46	1263.35	1396.69
3740.04	4475.07	26543.74	31016.90	11767.86	12513.83
4575.56	5548.74	53427.32	64153.83	21171.56	24416.77
1949.34	2382.10	19688.85	23864.79	10368.10	11629.47

主要统计指标解释

建筑业统计单位 指从事房屋、构筑物建造、装饰装修、设备安装活动和工程准备、提供施工设备服务等其他建筑活动的法人企业。建筑业法人企业应同时具备的条件是:①依法成立,有自己的名称、组织机构和场所,能够承担民事责任;②独立拥有和使用资产,承担负债,有权与其他单位签订合同;③独立核算盈亏,能够编制资产负债表。

建筑业总产值(即自行完成施工产值) 是以货币表现的建筑业企业在一定时期内生产的建筑业产品和服务的总和。建筑业总产值包括:

(1)建筑工程产值:指列入建筑工程预算内的各种工程价值。

(2)安装工程产值:指设备安装工程价值,不包括被安装设备本身价值。

(3)其他产值:指建筑业总产值中除建筑工程、安装工程以外的产值。包括房屋、构筑物修理所完成的产值(不包括被修理的房屋、构筑物本身的价值)、非标准设备制造产值、总包企业向分包企业收取的管理费和不能明确划分的施工活动所完成的产值。

房屋建筑施工面积 指在报告期内施过工的全部房屋建筑面积,包括本期新开工的房屋面积、上期跨入本期继续施工的房屋面积、上期停缓建在本期恢复施工的房屋面积、本期竣工的房屋面积及本期施工后又停缓建的房屋面积。

房屋建筑竣工面积 指在报告期内房屋建筑按照设计要求全部完工,达到了住人和使用条件,经检查验收鉴定合格的房屋建筑面积。

自有机械设备年末总台数 指归本企业(或单位)所有,属于本企业(或单位)固定资产的生产性机械设备年末总台数。包括施工机械、生产设备、运输设备以及其他设备。

自有机械设备年末总功率 指本企业(或单位)自有施工机械、生产设备、运输设备以及其他设备等列为固定资产的生产性机械设备年末总功率,按设定能力或查定能力计算。包括机械本身的动力和为该机械服务的单独动力设备,如电动机等。计算单位用千瓦,动力换算可按1马力=0.735千瓦折合成千瓦数。电焊机、变压器、锅炉不计算动力。

工程结算收入 指企业承包工程实现的工程价款结算收入,以及向发包单位收取的除工程价款以外按规定列作营业收入的各种款项,如临时设施费、劳动保险费、施工机械调迁费等以及向发包单位收取的各种索赔款。

工程结算利润 指已结算工程实现的利润,如亏损以"-"号表示。计算公式为:

工程结算利润=工程结算收入-工程结算成本-工程结算税金及附加-经营费用

企业总收入 指与企业生产经营直接有关的各项收入,包括工程结算收入和其他业务收入。计算公式为:

企业总收入=工程结算收入+其他业务收入

计算建筑业劳动生产率的平均人数 指建筑业企业(或单位)报告期实际拥有的、与建筑施工活动有关的人员的平均人数,包括参加本企业(或单位)建筑施工活动的非本企业(或单位)人员,但不包括企业内部社会服务性机构的人员以及由本企业支付工资但所从事的工作与本企业生产基本无关的人员。

Explanatory Notes on Main Statistical Indicators

Statistical Unit in Construction refers to corporate enterprise engaged in the construction of buildings and structures and in the installation of equipment. A corporate constrnction enterprise should meet the following 3 requirements: ①being set up in line with relevant legal basis, having its full name, organization and location, and capable of taking civil liabilities; ②independently possessing and using its assets and assuming its liabilities, and entitled to sign contracts with other institutions; and ③making independent accounts of its profits and losses, and capable of compiling its own balance sheet.

Gross Output Value of Construction (Output Value of Projects Under Construction) refers to total of construction products and services expressed in money terms, completed by construction enterprises during a given period of time. It includes:

(1) Output: value of construction projects, that is the value of projects covered by the project budgets;

(2) Output value of installation projects, that is the value of the installation of equipment, (excluding the value of the equipment to be installed);

(3) Other Output Value refers to the total output of construction industry except the output value of constrution projects, output value of installation projects. It covered the output value of buildings and strucutres repairing (excluding the value of buildings and structures being repaired); output value of manufactured non-standard equipment; management expenses collected by general contracted enterprises from branch contracted enterprises, and the output value of const ruction activities which can't to be divided definitely.

Floor Space of Buildings Under Construction refers to floor space of buildings under construction during the reference period, including newly started buildings, buildings started earlier and continued during the reference period, and buildings suspended earlier but restarted during the reference period, buildings completed during the reference period, and buildings under construction and then suspended during the reference period.

Floor Space of Buildings Completed refers to the floor space of buildings that are completed in the reference period in accordance with the requirements of the design, up to the standard for putting them into use, and have been checked and accepted by concerned departments as qualified ones.

Total Number of Machinery and Equipment Owned by the End of Year refers to the number of machines and equipment owned by the enterprises, and listed as the fixed assets of the enterprises by the end of the year, including machinery and equipment for construction, production and transportation.

Total Power of Machinery and Equipment Owned by the End of Year refers to the total power of machinery and equipment owned by the enterprises, and listed as the fixed assets of the enterprises by the end of the year, including machinery and equipment for construction, production and transportation. The power of the machinery is calculated on basis of the designed or verified capacity, covering the power of the machinery/equipment and the separate power equipment serving the machinery/equipment (such as electric motors), but excluding welders, transformers and boilers. The unit used for the calculation of power is kilowatt, with horsepower converted to kilowatt by 1 horsepower = 0.735 kilowatt.

Income from Settlement of Projects refers to the income received by the construction enterprise from the contracted project through settlement procedures, and other charges to the contractoree as operational costs in addition to the value of the project, such as temporary facility fee, labour insurance premium, moving cost of construction equipment, as well as various types of claims to the contractee.

Profit from Settlement of Projects refers to profit realized through settled projects. It is calculated with the following formula:

Profit from Settlement of Projects = Income from Settlement of Projects – Settled Cost – Settled Taxes and Other Cost – cost of Operation

Total Revenue of Enterprises refers to the sum of income from production and operation of enterprises, including income from settlement of projects and other operational income, namely:

Total Revenue of Enterprises = Income from Settlement of Projects + Other Operational Income

Number of Average Personnels of Labor Productivity refers to the average personnels actually held by construction enterprises (units) and related to construction activities in the reference period, including the personnels of other enterprises, who took part in the construction activities of these enterprises, but excluding the personnels of the inner social service institutions, and the personnels their wages were paid by the enterprises but did not take part in the construction activities basically.

13

运输、邮电

Transport, Postal and Telecommunication Services

简要说明

本篇反映我省交通运输业和邮政、通信业发展情况。

一、交通运输邮政电信业部分的主要内容

1. 交通运输业资料主要包括:五种运输方式的线路里程、各种运输方式完成的货物运输量和旅客运输量,全社会港口码头泊位和通过能力,主要港口吞吐量以及民用车辆拥有量等资料。

2. 邮电通信业资料主要包括:邮电业务总量、业务收入情况,电信主要通信能力,邮电主要业务完成情况,邮电通信发展水平等资料。

二、交通运输邮政电信业部分的资料来源和相关说明

1. 铁路资料:由上海铁路局提供。范围是江苏境内国家铁路(含控股合资)、地方铁路和非控股合资铁路运营情况,不含军用铁路及由厂矿企事业单位自建的铁路专用线和专用铁道。

2. 公路、水运、港口资料:由江苏省交通运输厅以及南京港、连云港、南通港、苏州港提供。(1)公路和水路线路里程为年末通车和通航里程数,不含未正式投入使用的公路和航道里程;(2)民用汽车拥有量及机动车和汽车驾驶员人数,根据江苏省公安厅交通管理局登记注册的车辆资料和驾驶员资料整理,不含军用车辆,不含拖拉机数量。(3)公路营运汽车拥有量,根据各省辖市道路运输主管部门登记注册的从事公路运输的营业性运输车辆资料整理,从 2010 年起,不含出租车数辆;(4)营业性运输船舶拥有量,根据各省辖市交通运输主管部门登记注册的从事水上客、货运输的营业性船舶资料整理,不含非运输船舶及农业、渔业生产船舶;(5)公路、水路客货运输量资料,由省交通运输厅负责收集整理;(6)公路、水路运输量统计包括全面调查和非全面调查两种方式,统计范围是在各省辖市交通运输主管部门登记注册的从事公路、水路客、货运输的营业性的车辆和船舶所完成的运输量,由交通部门组织实施。(7)规模以上港口的统计范围为年通过能力在 1000 万吨以上的沿海港口和 200 万吨以上的内河港口,以及从事外贸、集装箱装卸的港口,具体范围由交通运输部划定。江苏港口数量为 15 个,沿海 1 个,内河港口 14 个。

3. 管道运输资料:由中国石油化工股份有限公司徐州管道储运分公司提供。包括输原油、输成品油、输天然气及输其他气体的运输量。

4. 民航运输资料:由中国民航江苏安全监督管理局提供。统计对象为在江苏省境内注册从事民用航空运输飞行和通用飞行的航空运输企业和民用航空机场。统计范围为民航运输企业及东航公司从事国内运输、港澳台运输、国际运输的定期航班航线条数及里程、运输量及运营情况,飞行完成情况等。

5. 邮电通信资料:由江苏省邮政管理局和江苏省通信管理局提供。包括邮政企业和年业务收入 200 万元以上快递企业,以及所有从事电信运营的企业(即中国电信、中国移动、中国联通三家基础电信企业),不含专用网业务资料。邮电业务量按业务种类分为邮政业务量和电信业务量;按业务范围分为国内业务量和国际及港澳业务量(对台业务量统计在港澳中)。

Brief Introduction

Data in this chapter present the development of transportation, post and telecommunications in Jiangsu Province.

Ⅰ. Main Contents

1. Data on transport cover mainly the length of the routes of five means of transportation, freight traffic and passenger traffic accomplished by various means of transportation, number of berths and traffic capacity in all ports, volume of freight and passenger handled at major ports, and number of civil motor vehicles.

2. Data on business volume of post and telecommunication services, revenue from post and telecommunication services, telephone lines, tele-

graph lines and the possession of telecommunication facilities; business volume of postal and telecommunication services achieved; and the level of development of postal and telecommunication services.

Ⅱ. Scope of Statistics

1. Data on railway transportation: from Shanghai Railway Bureau. Including the operation and management of the national, local and joint-venture railways in Jiangsu Province but not including railways for military purpose, lines built by industrial and mining enterprises and special railways.

2. Data on highways, waterways and ports: from Jiangsu Provincial Communications Department and Nanjing, Lianyungang, Nantong. (1) The length of highways and waterways refer to the length open to traffic or navigation at the end of the year, but not including the highways and waterways under construction or not officially having been put into use. (2) Data on the possession of civil motor vehicles and the number of drivers are provided by the divisions of vehicle management under the provincial departments of public security, subordinate to the Traffic Management Bureau, Ministry of Public Security, but not including vehicles for military use. (3) Data on possession of highway vehicles are provided by the divisions of vehicle management under provincial departments of public security, which are subordinate to the Traffic Management Bureau, Ministry of Public Security, including vehicles for business use and non-business use. From 2010, possession of taxies are not included. (4) Data on possession of ships are provided by the divisions of navigation or ports management under municipal departments of communications, which are subordinate to the Ministry of Transport. However, fishing boats, boats for constructions in water and boats for military use are not included. (5) Data on passenger traffic and freight traffic by highways and waterways are collected and prepared by Jiangsu Provincial Communications Department. (6) Data on highway and waterway transportation are collected through both comprehensive reporting system and non-comprehensive reporting system. The statistical scope encompasses all the enterprises, institutional units and individuals (including joint-households) registered in municipal departments of communications and engaged in highway or waterway freight or passenger transport business. (7) Data on production capacity and handling capacity include the seaports handling cargo more than 1 million tons, inland river ports with turnover over 2 million tons and ports with operation in foreign trade and containing shipping. The specific scope are decided by the Administration of Transportation. There are 15ports in Jiangsu Province: 1 coastal port and 14 ports of inland rivers.

3. Data on pipeline transport: Data are from Xuzhou PSTC of China Petroleum & Chemical Corporation. The data on pipeline transport cover the volume transported of petroleum (crude oil) pipelines, petroleum products pipelines, natural gas pipelines and other gas pipelines.

4. Data on civil aviation transport: Data are from Jiangsu Provincial Bureau of Safety Administration of Civil Aviation. The targets of statistical collection are enterprises registered for engagement in civil aviation transport flights and flights for general purposes and civil airports in Jiangsu Province. The scope of statistics encompasses number of lines, mileage flown, transport volume, composition of the fleets operational situation of the airlines, performance of general purpose flights in respect of domestic transport, transport between China mainland and Hong Kong, Macao and Taiwan, and interna-

tional transport. .

5. Data on post and telecommunications: Data are from JiangSu Provincial Postal Administration and Jiangsu Communication Administration. Data in this category include postal enterprises express delivery company with revenue above 2 million yuan and all telecommunication enterprises (i. e. the three major enterprises of telecommunication China Telecom, China Mobile and China Unicom), but exclude services provided through dedicated networks. The business volume of post and telecommunications is classified by type of business into postal and telecommunication services, and by customers into domestic service, international service, and service between the Mainland and Hong Kong, Macao (business volume of the service to Taiwan is covered in that for Hong Kong and Macao).

13－1　交通运输业基本情况
Basic Statistics of Transport

指　　标	Item	1995	2000	2005	2009	2010
运输线路长度（公里）	**Length of Transport Routes (km)**					
铁路营业里程	Railways in Operation	747	752	1599	1642	1908
铁路正线延展长度	Extended Raitways	1290	1439	2301	2382	2922
公路通车里程	Highways in Operation	25970	58013	82739	143803	150307
#等级公路里程	Expressway and Class Ⅰ to Ⅳ Highway		47718	74957	134193	141706
#高速公路	Expressways		1105	2886	3755	4059
一级公路	Class Ⅰ Highways		2863	4214	8469	9514
二级公路	Class Ⅱ Highways		10184	13998	20775	21328
内河航道里程	Navigable Inland Waterways	23803	23943	24800	31779	24248
输油管道里程	Petroleum Pipelines	334	334	760	5556	5557
公路桥梁（座）	Highway Bridges (unit)	9793	20678	25239	61776	64675
公路桥梁长度（米）	Length of Highway Bridges (m)	337978	840649	1321763	2641770	2829872
客运量总计（万人）	**Total Passenger Traffic (10000 persons)**	**84803**	**107244**	**145204**	**201262**	**226627**
铁路	Railways	5185	4891	6658	9167	9711
公路	Highways	78947	101713	138287	191001	215850
水运	Waterways	623	514	37	686	590
民用航空	Civil Aviation	48	126	222	408	476
旅客周转量（亿人公里）	**Total Passenger-kilometers (100 million person-km)**	**630.56**	**776.26**	**1222.03**	**1423.33**	**1604.00**
货运量总计（万吨）	**Total Freight Traffic (10000 tons)**	**81830**	**90436**	**112909**	**160966**	**188565**
#铁　路	Railways	4143	4077	5090	6137	6374
公　路	Highways	49578	59056	76301	104002	123500
水　运	Waterways	27161	25902	29277	42016	48702
输油管道	Petroleum Pipelines	946	1395	2236	8807	9977
货物周转量（亿吨公里）	**Total Freight Ton-kilometers (100 million ton-km)**	**1376.88**	**1505.57**	**3068.88**	**5154.46**	**6111.57**
民用车辆拥有量（万辆）	**Possession of Civil Motor Vehicles (10000 coaches)**		**588.73**	**969.66**	**1370.07**	**1381.88**
#民用汽车拥有量	Civil Vehicles	51.19	74.51	231.11	458.06	567.71
#载客汽车	Passenger Vehicles	21.99	41.16	144.63	370.58	472.78
载货汽车	Trucks	27.83	31.46	43.35	61.23	72.50
#营运汽车	Motor Vehicles in Operation		28.64	37.89	67.70	76.26
#私人汽车	Private Vehicles	5.22	18.94	147.47	338.22	434.57
民用运输船舶拥有量（万艘）	**Possession of Civil Transport Vessels (10000 units)**	**14.09**	**7.27**	**5.13**	**4.59**	**4.90**
机动船	Motor Vessels		5.39	3.45	3.18	3.83
驳船	Barges		1.88	1.68	1.41	1.07
港口货物吞吐量（万吨）	**Volume of Freight Handled at Ports (10000 tons)**	**20177**	**41364**	**75548**	**132787**	**158977**

13-2 客 运 量
Passenger Traffic

单位:万人 (10000 persons)

年份 Year	总计 Total	铁路 Railway	公路 Highway	水运 Waterway	民用航空 Civil Aviation
1978	25621	2752	18694	4175	
1980	34002	3364	26463	4175	
1985	53935	4819	45751	3365	
1990	48339	4788	41850	1701	
1991	50264	4932	43764	1568	
1992	55400	5035	48748	1617	
1993	59666	5533	53331	797	5
1994	61104	5471	54930	677	26
1995	84803	5185	78947	623	48
1996	91870	4502	86801	499	68
1997	93684	4433	88826	341	84
1998	97033	4451	92215	273	94
1999	101000	4824	95564	504	108
2000	107244	4891	101713	514	126
2001	110713	5029	105105	430	149
2002	115889	5297	110139	284	170
2003	123462	5104	118046	147	165
2004	128516	5997	122218	91	210
2005	145204	6658	138287	37	222
2006	161425	7293	153824	27	280
2007	187241	7658	179206	27	350
2008	208237	8846	199008	32	351
2009	201262	9167	191001	686	408
2010	226627	9711	215850	590	476

注:民用航空客运量仅指省内航空公司完成数。
Note: The passenger traffic by civil aviation only referred to the fulfillment in our province.

13-3 旅客周转量
Turnover Volume of Passenger Traffic

单位:亿人公里 (100 million person-km)

年份 Year	总计 Total	铁路 Railway	公路 Highway	水运 Waterway	民用航空 Civil Aviation
1978	105.29	46.35	49.93	9.01	
1980	140.15	61.60	68.25	10.30	
1985	273.76	107.46	156.30	10.00	
1990	324.94	124.13	195.24	5.57	
1991	342.12	132.57	204.11	5.44	
1992	515.08	147.53	361.28	6.27	
1993	520.86	161.36	355.50	3.42	0.58
1994	541.09	166.94	367.98	3.28	2.89
1995	630.56	163.69	459.08	3.42	4.37
1996	647.73	143.85	495.70	2.51	5.67
1997	657.93	144.68	504.05	1.64	7.56
1998	680.02	141.15	527.62	1.12	10.13
1999	725.66	157.65	554.04	1.40	12.57
2000	776.25	165.87	594.48	1.45	14.45
2001	874.63	173.40	682.25	1.06	17.93
2002	924.31	183.80	719.08	0.70	20.71
2003	978.03	182.88	774.11	0.50	20.53
2004	1109.19	226.73	855.41	0.27	26.78
2005	1222.03	245.37	948.10	0.11	28.45
2006	1366.95	267.99	1062.61	0.10	36.25
2007	1596.06	309.83	1241.13	0.33	44.77
2008	1766.00	319.14	1400.80	0.37	45.69
2009	1423.33	311.29	1058.01	1.29	52.74
2010	1604.00	351.00	1196.59	1.50	54.00

13－4 货运量
Freight Traffic

单位:万吨 (10000 tons)

年份 Year	总计 Total	铁路 Railway	公路 Highway	水运 Waterway	内河 Inland Waterway	沿海、远洋 Seashipping	输油管道 Petroleum Pipeline
1978	14626	3224	4488	6557	6557		357
1980	16527	3420	4427	6482	6452	30	2198
1985	46842	4037	23255	18117	18067	50	1433
1990	49399	4235	27904	15908	15809	99	1352
1991	49298	4078	27948	16064	15884	180	1208
1992	56953	4343	30730	20751	20533	218	1129
1993	66339	4344	35060	25915	25610	305	1020
1994	69470	4318	36899	27279	26920	359	974
1995	81830	4143	49578	27161	26728	433	948
1996	84666	4361	50571	28819	28429	390	915
1997	82290	4131	52441	24826	24424	402	892
1998	80429	3793	54328	21363	21059	304	945
1999	81529	3941	54803	21596	20045	1551	1188
2000	90436	4077	59056	25902	24275	1627	1395
2001	87505	4239	59058	22583	21030	1553	1622
2002	88588	4407	60299	22411	20681	1730	1468
2003	93511	4462	64321	23320	20845	2475	1405
2004	100093	4665	69058	24812	21239	3573	1554
2005	112909	5090	76301	29277	25061	4216	2236
2006	125114	5169	84319	32862	25779	7083	2759
2007	143804	5177	97473	37858	29567	8291	3292
2008	166322	5118	110302	42799	27154	15645	8098
2009	160966	6137	104002	42016	30221	11795	8807
2010	188565	6374	123500	48702	35713	12989	9977

13-5 货物周转量
Turnover Volume of Freight Traffic

单位:亿吨公里 (100 million ton-km)

年份 Year	总计 Total	铁路 Railway	公路 Highway	水运 Waterway	内河 Inland Waterway	沿海、远洋 Seashipping	输油管道 Petroleum Pipeline
1978	283.85	172.72	11.24	87.97	87.97		11.92
1980	382.77	186.31	11.45	93.56	91.51	2.05	91.45
1985	575.58	240.48	81.30	205.90	194.83	11.07	47.90
1990	730.22	297.44	154.01	233.65	209.53	24.12	45.12
1991	788.41	301.73	166.21	280.59	240.23	40.36	39.88
1992	963.94	333.85	179.92	400.78	361.87	38.91	49.39
1993	1193.87	346.49	235.07	578.01	520.51	57.50	34.30
1994	1246.12	372.13	243.33	598.02	523.21	74.81	32.64
1995	1376.88	393.51	281.04	670.75	585.84	84.91	31.58
1996	1412.56	380.09	289.44	712.33	635.20	77.13	30.70
1997	1370.63	355.73	303.40	681.42	617.18	64.24	30.08
1998	1353.23	343.41	316.14	661.85	579.51	82.34	31.71
1999	1400.55	342.65	319.75	704.01	436.89	267.12	33.91
2000	1505.57	371.32	340.72	746.39	463.17	283.22	46.84
2001	1524.96	371.97	340.73	757.58	489.01	268.57	54.37
2002	1549.12	377.17	351.95	770.03	395.05	374.98	49.63
2003	1817.44	408.69	365.01	995.34	444.98	550.36	47.97
2004	2398.64	434.72	386.91	1523.63	468.13	1055.50	52.87
2005	3068.88	480.49	459.18	2056.90	631.98	1424.92	71.73
2006	3644.79	497.42	542.09	2515.09	583.94	1931.15	89.54
2007	4099.16	424.00	638.59	2930.08	634.65	2295.43	105.75
2008	4707.50	346.50	723.60	3179.30	598.29	2581.01	457.67
2009	5154.46	323.90	971.13	3372.05	638.45	2733.60	486.74
2010	6111.57	336.89	1149.10	4095.70	694.11	3401.59	529.13

13－6 全社会港口码头泊位和通过能力（2010 年）
Number of Berths and Traffic Capacity in All Ports（2010）

指标		Item		合计 Total	沿海港口 Coastal Ports	内河港口 Ports of Inland Rivers
生产用码头泊位		Number of Berths of Ports				
泊位个数	（个）	Number of Berths	（unit）	7304	130	7174
泊位长度	（米）	Length of Ports Line	（m）	424145	15577	408568
泊位年通过能力		Comprehensive Traffic Capacity				
货物	（万吨）	Freight	（10000 tons）	128836	8242	120594
旅客	（万人）	Passenger	（10000 persons）	993	429	564
非生产用码头泊位		Ports for Nonproductive Use				
泊位个数	（个）	Number of Berths	（unit）	56		56
泊位长度	（米）	Length of Ports Line	（m）	3481		3481

13－7 主要港口吞吐量(2010 年)
Volume of Freight and Passenger Handled at Major Ports（2010）

港口	Ports	旅客吞吐量（万人） Passenger（10000 persons）	#出港 Departure	货物吞吐量（万吨） Freight（10000 tons）	#外贸 Foreign Trade
总计	**Total**	**13.51**	**6.75**	**158977**	**24172**
沿海港口	Coastal Ports	13.51	6.75	15140	7871
#连云港	Lianyungang	13.51	6.75	13506	7804
内河港口	Ports of Inland Rivers			143837	16301
#长江干流水系	Yangtze River Mainstream System			101984	16285
长江支流水系	Yangtze River Tributary System			8335	8
京杭运河水系	Jing-Hang Canal System			24819	9
淮河水系	Huaihe River System			5651	

13－8 全省民用车辆拥有量(2010年)

Number of Civil Motor Vehicles(2010)

单位:辆 (coach)

指标	Item	总计 Total	营运 Working	进口 Import	#个人 Individual
合 计	**Total**	**13818816**	**826366**	**193737**	**12401784**
汽车	Civil Vehicles	5677121	762584	177746	4345668
载客汽车	Passenger Vehicles	4727833	141086	175139	3839416
#大型	Large Scale	75838	58246	568	1982
中型	Medium Scale	106562	13211	3645	46325
小型	Small Scale	4353746	68455	170423	3619741
#轿车	Cars	3404676	66852	109239	2886147
载货汽车	Trucks	725008	496297	1410	328679
#重型	Heavy Scale	217747	189411	507	84235
中型	Medium Scale	182971	124620	57	70612
轻型	Light Scale	320681	180671	846	171163
#普通载货	Ordinary Trucks	401480	246606	891	197847
其他汽车	Other Vehicles	224280	125201	1197	177573
#三轮汽车	Tricycle Motors	125831	88718		124081
低速汽车	Lowspeed Vehicles	43270	26763		40302
摩托车	Motor	8075393	5	15975	8037707
#普通	Ordinary Motor	7695027	5	15017	7657957
轻便	Light Motors	380366		958	379750
挂车	Freight Trailers	66257	63777	16	18404
其他类型车	Other Motor Vehicles	45			5
拖拉机	Lowspeed Vehicles	1325221			

13－9 私人车辆拥有量

Number of Private-owned Vehicles

单位:辆 (coach)

指标	Item	2005	2006	2007	2008	2009	2010
合 计	**Total**	**8778943**	**9320013**	**10847059**	**11567448**	**12426271**	**12401784**
民用汽车	Civil Vehicles	1474688	1843707	2268743	2632743	3382248	4345668
载客汽车	Passenger Vehicles	942143	1320186	1754100	2197417	2911931	3839416
#大型	Large Scale	905	1132	1260	1579	1776	1982
轿车	Cars	607462	901122	1248332	1601572	2165102	2886147
载货汽车	Ordinary Trucks	146146	155936	172800	190742	252910	328679
#重型	Large Scale	17523	19966	25135	28448	54859	84235
其他汽车	Other	386399	367585	341843	244584	217407	177573
摩托车	Motors	7045361	7470998	8570804	8926383	9031100	8037707
挂车	Freight Trailers	4756	5305	7509	8320	12920	18404

13－10 全省公路运输汽车拥有量
Number of Transport Motor Vehicles

单位:辆 (coach)

指标	Item	2005	2006	2007	2008	2009	2010
合计	**Total**	**410338**	**402766**	**409339**	**709129**	**786861**	**790417**
载客汽车	Passenger Vehicles						
辆数	Number	86038	80491	84832	88261	92566	39614
客位 (万客位)	Seats (10000 seats)	124	131	159	173	200	145
载货汽车	Trucks						
辆数	Number	324300	322275	324507	620868	694295	750803
#普通载货汽车	Ordinary Trucks	309874	297557	299541	324502	430347	520226
吨位 (万吨)	Tonnages (10000 tons)	148	162	174	255	346	475
#普通载货汽车	Ordinary Trucks	130	136	146	166	277	380

13－11 全社会运输船舶拥有量
Number of Transport Vessels

指标	Item	2009			2010		
		艘 Number (unit)	载客量(客位) Passenger Capacity (seat)	净载重量(万吨位) Dead Weight Tonnage (10000 tons)	艘 Number (unit)	载客量(客位) Passenger Capacity (seat)	净载重量(万吨位) Dead Weight Tonnage (10000 tons)
总计	**Total**	**46809**	**32738**	**2029.17**	**49076**	**27670**	**2848.31**
#内河船舶	Inland Waterway Vessels	45853	32078	1358.35	48013	27010	1884.25
沿海船舶	Coastal Vessels	868	360	285.72	971	360	474.59
远洋船舶	Oceanic Vessels	88	300	385.10	92	300	489.46
#机动船	Motor Vessels	32712	32738	1563.76	38332	27670	2420.01
客船	Passenger Ships	317	23751	1.91	247	16796	2.05
客货船	Passenger Cargo Ships	55	8987	5.49	58	10874	2.91
货船	Cargo Ships	30703		1556.35	36725		2415.04
拖轮	Tugboats	1637			1302		
驳船	Cargo Barges	14097		465.41	10744		428.30

13－12 邮电业务基本情况
Basic Conditions of Post and Telecommunication Services

指标	Item	2000	2005	2009	2010
邮电业务总量 （亿元）	Business Volume of Postal & Telecommunication Services (100 million yuan)	323.45	728.08	1812.40	2194.60
邮政业务总量	Postal Services	20.13	52.95	153.64	188.30
电信业务总量	Telecommunicatoin Services	303.32	675.13	1658.76	2006.33
邮电业务收入 （亿元）	Revenue from Post and Telecommunication Services (100 million yuan)		459.58	732.68	789.20
邮政业务收入	Postal Revenue		44.50	91.34	111.10
电信业务收入	Telecommunication Revenue		415.08	641.34	687.11
函件 （亿件）	Letters (100 million pcs)	5.74	4.21	9.51	9.36
包件 （万件）	Parcels (10000 pcs)	534.00	610.14	432.22	401.40
快递 （万件）	Special Express (10000 pcs)	938.57	1719.24	17523.13	23796.50
报刊期发数 （万份）	Newspapers and Magazines Circulation (10000 pcs)	1730.00	1294.38	1138.62	1091.63
长途电话通话量 （万分钟）	Long-distance Calls (10000 minutes)		676618	760611	582494
移动短信业务量 （亿条）	Short Message Services (100 million messages)		312.95	707.74	680.80
年末固定电话用户 （万户）	Fixed Telephone Subscribers at Year-end (10000 subscribers)	1138.06	3059.35	2662.40	2498.80
#城市	Urban	535.43	2089.54	1694.35	1527.80
乡村	Rural	602.63	969.81	993.80	968.05
#住宅电话用户	Household Fixed Telephone Subscribers		2325.33	1875.28	1759.01
城市	Urban	424.43	1457.62	1053.29	949.11
乡村	Rural		867.71	821.99	809.90
年末移动电话用户 （万户）	Mobile Telephone Subscribers at Year-end (10000 subscribers)	619.50	2550.00	4940.30	5923.10
国际互联网用户 （万户）	International Exchange Network Users (10000 subscribers)	183.31	449.46	960.95	1062.20
邮政局所 （个）	Number of Post Offices (unit)	5091	2866	2547	2540

指　　标	Item	2000	2005	2009	2010
邮路及农村投递路线总长度 （万公里）	Length of Postal Routes and Rural Delivery Routes (10000 km)	35.92	37.85	40.42	32.64
#汽车邮路	Highway Routes	5.94	8.05	8.86	5.91
铁路邮路	Railway Routes	0.48	0.48	0.47	0.59
固定长途电话业务电路 （2M）	Long Distance Telephone Lines (2M)		20588	14454	14046
局用电话交换机容量 （万门）	Capacity of Local Office Telephone Exchanges (10000 lines)	1725	4188	4455	4288
移动电话交换机容量 （万门）	Capacity of Mobile Telephone Exchanges (10000 lines)	620	3397	7950	8795
固定长途电话交换机容量 （万路端）	Capacity of Long-distance Fixed Telephone Exchanges (10000 circuits)	1138	93	113	110
长途光缆线路长度 （公里）	Length of Long Distance Optical Cable Lines (km)		25699	32137	33034
邮电通信水平	**Level of Postal and Telecommunication**				
每局所服务面积 （平方公里）	Per Bureau (Office) Service Area (sq. km)		35.80	40.28	40.39
人均邮电业务量 （元/人）	Per Capita Business Volume of Post (yuan/person)	441.43	974.09	2346.30	2788.95
每百人平均函件量（件/百人）	Number of Letters Mailed Per 100 Persons (unit/100 persons)	783.38	563.25	737.50	1189.00
每百人平均订阅报刊量 （份/百人）	Number of Newspaper and Magazine Subscribed Per 100 Persons (unit/100 persons)	23.61	17.32	15.40	13.87
每百人平均包件 （件/百人）	Number of Parcels Per 100 Persons (unit/100 persons)	7.29	8.16	5.84	5.10
每百人长途电话时长 （分钟/百人）	Number of Long Distance Telephone Calls Per 100 Persons (minute/100 persons)	1613.16	7885.48	9754.00	7323.38
每百人移动短信量（条/百人）	Number of Short Messages Per 100 Persons (unit/person)		41869	91651	86517
电话普及率 （部/百人）	Popularization Rate of Telephones (unit/100 persons)	23.99	75.05	98.80	109.00
固定电话普及率	Popularization Rate of Fixed Telephones	15.53	40.93	33.80	32.35
移动电话普及率	Popularization Rate of Mobile Telephones	8.45	34.12	65.00	76.68

注：2008年起邮政业务总量、邮政业务收入、快递包含邮政系统以外的社会快递业务活动。
Note: From 2008, Postal Services, Postal Revenue and Express Service Cantain Social Express Service Activities beyond Postal System.

主要统计指标解释

铁路营业里程　又称营业长度（包括正式营业和临时营业里程），指办理客货运输业务的铁路正线总长度。凡是全线或部分建成双线及以上的线路，以第一线的实际长度计算；复线、站线、段管线、岔线和特殊用途线以及不计算运费的联络线都不计算营业里程。铁路营业里程是反映铁路运输业基础设施发展水平的重要指标，也是计算客货周转量、运输密度和机车车辆运用效率等指标的基础资料。

铁路正线延展里程　指正线第一线、第二线、第三线和其他正线建筑里程之和，不包括站线、段管线、岔线及特殊用途线的延展里程。它是作为计算铁路线上钢轨、枕木及路基砂石需要量的主要依据。

公路里程　指在一定时期内实际达到《公路工程技术标准 JTJ01－88》规定的等级公路，并经公路主管部门正式验收交付使用的公路里程数。包括大中城市的郊区公路以及通过小城镇街道部分的公路里程和桥梁、渡口的长度，不包括大中城市的街道、厂矿、林区生产用道和农业生产用道的里程。两条或多条公路共同经由同一路段，只计算一次，不得重复计算里程长度。它是反映公路建设发展规模的重要指标，也是计算运输网密度等指标的基础资料。

内河航道里程　也称内河通航里程，指在一定时期内，能通航运输船舶及排筏的天然河流、湖泊水库、运河及通航渠道的长度。包括全年季节性通航累计三个月以上的航道，不包括仅供零散流放竹、木排的河道。它是反映内河水运网规模、水平和发展情况的主要指标。

输油（气）管道长度　也称输油（气）里程，指油品（或天然气）的实际输送距离，一般按输油（气）管道的单线长度计算。若包括复线和备用线长度则称为输油（气）管道延展长度，是指管道铺设的实际长度。我们通常使用的是不包括复线的“输油（气）管道里程”，它是反映管道运输发展规模和水平的主要指标。

货（客）运量　指在一定时期内，各种运输工具实际运送的货物（旅客）数量。它是反映运输业为国民经济和人民生活服务的数量指标，也是制定和检查运输生产计划、研究运输发展规模和速度的重要指标。货运按吨计算，客运按人计算。货物不论运输距离长短、货物类别，均按实际重量统计。旅客不论行程远近或票价多少，均按一人一次客运量统计；半价票、小孩票也按一人统计。

货物（旅客）周转量　指在一定时期内，由各种运输工具运送的货物（旅客）数量与其相应运输距离的乘积之总和。它是反映运输业生产总成果的重要指标，也是编制和检查运输生产计划，计算运输效率、劳动生产率以及核算运输单位成本的主要基础资料。计算货物周转量通常按发出站与到达站之间的最短距离，也就是计费距离计算。计算公式为：

货物（旅客）周转量 = $\sum$货物（旅客）运输量 × 运输距离

沿海主要港口货物吞吐量　指经水运进出沿海主要港区范围，并经过装卸的货物数量，包括邮件及办理托运手续的行李、包裹以及补给运输船舶的燃、物料和淡水。货物吞吐量按货物流向分为进口、出口吞吐量，按货物交流性质分为外贸货物吞吐量和国内贸易货物吞吐量。货物吞吐量的货类构成及其流向，是衡量港口生产能力大小的重要指标。

邮电业务总量　指以价值量形式表现的邮电通信企业为社会提供各类邮电通信服务的总数量。邮电业务量按专业分类包括函件、包件、汇票、报刊发行、邮政快件、特快专递、邮政储蓄、集邮、公众电报、用户电报、传真、长途电话、出租电路、无线寻呼、移动电话、分组交换数据通信、出租代维等。计算方法为各类产品乘以相应的平均单价（不变价）之和，再加上出租电路和设备、代用户维护电话交换机和线路等的服务收入。它综合反映了一定时期邮电业务发展的总成果，是研究邮电业务量构成和发展趋势的重要指标。计算公式为：

邮电业务总量 ＝ $\sum$（各类邮电业务量 × 不变单价）＋ 出租代维及其他业务收入

移动电话用户　是指通过移动电话交换机进入移动电话网、占用移动电话号码的电话用户。用户数量以报告期末在移动电话营业部门实际办理登记手续进入移动电话网的户数进行计算，一部移动电话统计为一户。

电话用户　指接入国家公众固定电话网，并按固定电话业务进行经营管理的电话用户。1997 年以前，电话用户分为市内电话用户和农村电话用户。“市内电话用户”是指接入县城及县以上城市的电话网上的电话用户；“农村电话用户”是指接入县邮电局农话台及县以下农村电话交换点，以县城为中心（除市话用户外）联通县、乡（镇）、行政村、村民小组的用户。从 1997 年起，电话用户数分组调整为以用户所在区域划分为“城市电话用户”和“乡村电话用户”，与过去的按市内电话和农村电话划分方法不同。而电话用户总数、电话机总部数统计范围不变。

城市电话用户　指直辖市、省辖市、地级市、县级市的市区、市郊区及县城（包括县人民政府所在地的县城关区或行政建制相当于县人民政府所在地的镇）范围内接入局用交换机的电话用户数，包括分布在农村地区的独立工矿区、林区、驻军等接入局用交换机的电话用户数。

乡村电话用户　指县城关区以下的集镇和农村接入局用交换机的电话用户数。

住宅电话用户 是指安装在居民住宅或农民家里并按照住宅电话用户登记注册和收费的电话用户。包括私人付费、单位付费和按规定免费安装的住宅电话用户。

局用交换机容量 是指安装在本地电信运营商内用于接续本地固定电话的电话交换机容量,有倍增设备按倍增后的数量计数。包括现用和备用的人工或自动交换机的全部容量。

Explanatory Notes on Main Statistical Indicators

Length of Railways in Operation refers to the total length of the trunk line under passenger and freight transportation(including both full operation and temporary operation). The calculation is based on the actual length of the first line even if this line has a full or partial double track or more tracks, excluding double tracks, station sidings, tracks under the charge of stations, branch lines, special-purpose lines and the non-payable connecting lines. The length of railways in operation is an important indicator to show the development of the infrastructure for the railway transport, and also the essential data to calculate volume of passenger freight transport, traffic density and utilization efficiency of the locomotives and carriages.

Extenuation Length of Trunk Lines refers to the sum of the first, the second, the third lines and other constructed length of the trunk railways, excluding the extenuation length of the station lines, lines under the jurisdiction depots, siding and lines for special purpose. It provides important information for the calculation of the needs for rails, sleepers, sand and stone for the construction ot railways.

Length of Highways refers to the length of highways which are built in conformity with the grades specified by the highway engineering standard formulated by the Ministry of Communications, and have been formally checked and accepted by the departments of highways and put into use. The length of highways includes that of the suburb highways at large and medium-sized cities, highways passing through streets at small cities and towns, and also the length of bridges and ferries. It does not include the length of streets in big and medium-sized cities and highways built for the production purpose at factories, mines, forest areas and agricultural areas. If two or more highways go the same section of the way, the length of the section is only calculated for once and no duplication is allowed. The length of highways is an important indicator to show the development of the highway construction and to provide essential information to calculate the transport network density.

Length of Navigable Inland Waterways an indicator reflecting the size and development of inland water network, it refers to the length of the natural rivers, lakes, reservoirs, canals, and ditches open to navigation during a given period, which enables the transport by ships and rafts. It includes the channels open to navigation for over an accumulative 3 months in a year, yet this does not include the river courses which are only used to float odd logs and bamboo rafts.

Length of Oil(Gas) Pipelines used as an indicator to show the development, scale and level of the pipeline transportation, it refers to the actual transport distance of oil (or gas) products, and is in general calculated in the length of single pipe line. If the length of the double pipelines and alternate pipeline are included, it is called the extension length of the oil (gas) pipelines, which indicates the actual length of the pipelines built, excluding double pipelines.

Freight(Passenger) Traffic refers to the volume of freight (passenger) transported with various means. Freight transport is calculated in tons and passenger traffic is calculated in the number of persons. Despite the type of freight and travelling distance, the freight transport is calculated in the actual weight of the goods: and despite the travelling distance and ticket price, the passenger traffic is calculated by the principle that one person can be counted only once in one travel. The passenger who travel with a half price ticket or a child ticket is also calculated as one person. The freight(passenger) traffic provides a quantitative measure to show how the transport industry serves the national economy and people, and is also an important indicator for planning the transport industry and for studying the development scale and speed of the transport industry.

Freight Ton-kilometers (Passenger-kilometers) refer to the sum of the products of the volume of transported cargo (passengers) multiplying by the transport distance, usually using ton-kilometer and passenger-kilometer as units for measurement. Normally, the shortest distance between the departure station and the destination station(i. e., the payable distance) is the basis to calculate the freight ton-kilometers. This is an important indicator to show the total results of the transport industry, to prepare and examine the transport plan and to measure the efficiency, the labour productivity and the unit cost of transport. The formula is as follows:

Freight Ton-kilometers(Passenger-kilometers) = {fFreight(Passenger) Traffic × Distance of Transportation}

Volume of Freight Handled in Major Coastal Ports refers to the volume of cargo passing in and out the harbor area of the major coastal ports and having been loaded and unloaded. The volume includes that of the postal matters, registered luggage and fuels, materials and fresh water as supplies of the ships. The volume of freight handled may be classified by direction of flow as freight for import and freight for export, or by nature of cargo as freight for domestic trade and freight for foreign trade. As an important indicator, the volume of freight handled by type of cargo and by main flow direction reflects the production capacity of ports.

Business Volume of Post and Telecommunications refers to the total amount of post and telecommunications services, expressed in value terms, provided by the post and telecommunications departments for the society. Post and telecommunication services can be classified as letters, parcels, remittance, issue of newspapers and magazines, fast mail service, express mail service, savings deposits, stamps for collection, public and individual telegraph service, facsimiles, long-distance telephone service, leasing of telephone lines, urban paging service, mobile telephone service, data transfer and transmission, etc. The accounting approach is to multiply the service products of all types with their average unit price (constant price) to get sum of business value, plus income from other services such as leasing of telephone lines and equipment, maintenance of telephone switchboards and lines on behalf of customers. This indicator reflects the overall results of post and telecommunications service during a given period, and is important to study the composition of business service and the development of post and telecommunications service. The formula is as follows:

Business Volume of Post and Telecommunications = $\sum$ (Transaction of Post and Telecommunication Service × Constant Price) + Income from Leasing, Maintenance and other Services.

Mobile Telephone Subscribers refer to the persons who own mobile telephone numbers and are connected with the mobile telephone communication network through the mobile telephone switchboards. The number of subscribers is calculated by the subscribers who have completed registration at mobile communication business centers and entered into the mobile telephone network. One mobile telephone is taken as a subscriber.

Telephone Subscribers refer to subscribers that are connected to the public line telephone network provided with telephone services. Before 1997, telephone subscribers were classified as city subscribers and village subscribers. City subscribers referred to those connected to city telephone networks in county towns and cities, while village subscribers referred to those connected to village telephone stations at and below counties. Since 1997, the classification of telephone subscribers was modified on the basis of physical location of the subscribers as rban telephone subscribers and ural telephone subscribers, which is different from the previous classification of catgorizing local telephones and ural telephones, while the definition of total subscribers and total number of telephones remain unchanged.

Urban Telephone Subscribers refer to subscribers telephone subscribers, located at municipalities, cities under the jurisdiction of province, cities at prefectural level, downtown and suburb of city at county level town and county towns (including country towns where county government located, and towns of county level according to the administrative organizational system), that are connected to the public line telephone network, including rural mineral area, forest area, military area.

Rural Telephone Subscribers refer to telephone subscribers, located at towns under county town and country, that are connected to the public line telephone network.

Household Telephone Subscribers refer to telephone sets installed in the dwelling units of urban or rural residents, and registered as residence subscribers for payment, including 3 types of payment for the service: private payment, public payment and free service.

Capacity of Office Telephone Exchanges refers to the capacity (measured in gate) of telephone exchanges installed in the offices of local telecommunication service providers for communication between fixed telephones. It includes the capacity of both manual and automatic exchanges in use and for stand-by purpose. Equipment with expansion function is to be counted by the expanded capacity.

14 批发零售、住宿餐饮和旅游

Wholesale and Retail Trade, Hotels, Catering Services and Tourism

简 要 说 明

一、本篇资料的主要内容

本篇资料主要反映江苏消费品市场、批发和零售业、住宿和餐饮业以及旅游业的发展状况。主要内容包括社会消费品零售总额；批发和零售业、住宿和餐饮业全行业经营情况；限额以上批发和零售业、住宿和餐饮业的基本情况、财务状况、连锁经营情况；亿元以上商品交易市场基本情况和成交情况；旅行社、星级饭店基本情况；入境旅游人数、国内居民旅游人数以及国际、国内旅游收入。

二、本篇资料的统计范围

社会消费品零售总额的统计范围为参与市场商品零售或餐饮经营活动的各行业法人企业、产业活动单位和个体经营户；批发和零售业、住宿和餐饮业全行业经营情况的统计范围为全部批发和零售业、住宿和餐饮业法人企业、产业活动单位和个体经营户；限额以上批发和零售业基本情况、财务状况和连锁经营情况的统计范围为年主营业务收入达到2000万元及以上的批发业、年主营业务收入达到500万元及以上的零售业法人企业、产业活动单位和个体经营户；限额以上住宿和餐饮业基本情况、财务状况和连锁经营情况的统计范围为年主营业务收入达到200万元及以上的住宿和餐饮业法人企业、产业活动单位和个体经营户；亿元以上商品交易市场基本情况和成交情况统计范围为年商品成交额达到亿元及以上的现货商品交易市场；旅行社和星级饭店基本情况、入境旅游人数、国内居民旅游人数以及国际、国内旅游收入的统计范围为全省范围内的旅行社、星级饭店和旅游者。

三、本篇资料的来源

本篇资料中社会消费品零售总额以及批发和零售业、住宿和餐饮业发展情况根据《批发和零售业、住宿和餐饮业统计报表制度》规定的有关统计内容进行加工整理；旅游业发展情况根据旅游局提供的有关资料编制。

四、本篇资料的统计调查方法

本篇资料中社会消费品零售总额以及批发和零售业、住宿和餐饮业发展情况方面资料涉及限额以上法人企业、产业活动单位和个体经营户以及亿元及以上商品交易市场的采用全面调查方法；涉及限额以下法人企业、产业活动单位和个体经营户的采用抽样调查方法推算。旅游业发展情况数据中国际、国内旅游收入和国内居民旅游人数等指标采用抽样调查方法，其余数据均为全面调查统计取得。

Brief Introduction

Ⅰ. Main Contents

Data in this chapter reflect the development of markets of consumer goods, wholesale and retail trades, hotels and catering services and tourism. Main contents include the total sales of consumer goods, the operation of wholesale and retail trades and hotel and catering services, the basic conditions, financial status and chain operation of the wholesale and retail trades and hotel and catering services above designated size, the basic condition and turnover of large commodity transaction markets with transaction over 100 million yuan, the basic conditions of travel agencies and star-rated hotels, number of international tourists and Chinese residents going abroad, number of domestic tourists and income from international and domestic tourism.

Ⅱ. Scope of Statistics

The scope of statistics of the total sales of consumer goods include corporate enterprises, establishments, and self-employed individuals involved in wholesale and retail trades and hotels and catering services. The scope of statistics of the operation of wholesale and retail trades and hotel and catering services include all corporate enterprises, establishments, and self-employed individuals involved in wholesale and retail trades and hotels and catering services. The scope of statistics of the basic conditions, financial status and chain operation of the wholesale and retail trades above designated size include corporate enterprises, establishments, and self-employed individuals involved in wholesale trade with annual principal business sales over 20 million yuan, retail trade with annual principal business sales over 5 million yuan. The scope of statistics of the basic conditions, financial status and chain operation of the hotel and catering services above designated size include corporate enterprises, establishments, and self-employed individuals involved in the hotel and catering services with annual principal business sales over 2 million yuan. The scope of statistics of the basic condition and turnover of large commodity transaction markets with transaction over 100 million yuan include all transaction markets with the total sales value of commodities over 100 million yuan. The scope of statistics of the basic conditions of travel agencies and star-rated hotels, number of international tourists and Chinese residents going abroad, number of domestic tourists and income from international and domestic tourism include all travel agencies, star-rated hotels and tourists in Jiangsu Province.

Ⅲ. Sources of Data

The total sales of consumer goods and the development of wholesale and retail trades, hotels and catering services are collected and processed in accordance with The Statistical Reporting Form System on Wholesale and Retail Trades, Hotels and Catering Services. The data on tourism are from the Ministry of Public Security and State Tourism Administration.

Ⅳ. Methods of Survey

Data on corporate enterprises above designated size, establishments, self-employed individuals and commodity transaction markets with transaction over

100 million yuan are collected through comprehensive reporting system. Data on enterprises and self-employed individuals below the designated size are collected by sample surveys. Data on tourism are from the comprehensive reporting form system except those on the earnings from international and domestic tourism and number of domestic tourists going abroad from sample surveys.

14－1 国内贸易基本情况

Basic Conditions of Domestic Trade

指　　标	Item	2000	2005	2008	2009	2010
限额以上法人企业　（个）	**Number of Corporation Enterprises above Designated Size　(unit)**		**3751**	**15300**	**13388**	**14835**
#批发业	Wholesale Trade	990	1202	8094	7005	7968
零售业	Retail Trade	582	1256	4268	3962	4406
住宿业	Hotels		512	1026	916	906
餐饮业	Catering Services	209	781	1912	1505	1555
限额以上产业活动单位（个）	**Industry Activity Units　(unit)**		**10272**	**31147**	**25541**	**27047**
#批发业	Wholesale Trade	1567	2754	12685	10517	11531
零售业	Retail Trade	1278	5798	14331	11570	11827
住宿业	Hotels		544	1182	1028	1029
餐饮业	Catering Services	262	1176	2949	2426	2660
限额以上企业(单位)从业人数　（人）	**Engaged persons　(person)**		**539212**	**974802**	**998638**	**1061028**
#批发业	Wholesale Trade	195820	112991	284590	284172	310026
零售业	Retail Trade	176249	242059	396050	422222	433942
住宿业	Hotels		81512	129498	126810	134782
餐饮业	Catering Services	43384	102650	164664	165434	182278
限额以上批发和零售业	**Wholesale and Retail Trades**					
商品购进总额　（亿元）	Total Purchases　(100 million yuan)	2715.80	5268.60	18039.44	17107.82	24075.96
商品销售总额　（亿元）	Total Sales　(100 million yuan)	2952.54	5936.71	20543.21	19728.20	26994.90
商品库存总额　（亿元）	Total Stock　(100 million yuan)	278.23	336.91	1097.66	1167.20	1537.13
社会消费品零售总额　（亿元）	**Total Retail Sales of Consumer Goods　(100 million yuan)**	**2908.46**	**5735.50**	**9905.10**	**11484.10**	**13606.80**

14－2　商品交易市场情况
Transaction Markets

项　　目	Item	1995	2000	2005	2008	2009	2010
商品交易市场数（个）	**Number of Commodity Exchange Markets（unit）**	**5111**	**6268**	**4934**	**3915**	**4061**	**4032**
按地区分	**Groups By Area**						
城市	Urban	1293	2027	2279	2261	2153	2215
农村	Rural	3818	4241	2655	1654	1908	1817
按市场类型分	**Groups By Market Type**						
消费品市场	Markets of Consumer Goods	4711	5548	4293	3427	3579	3576
城市	Urban	1102	1675	1830	1928	1845	1927
农村	Rural	3609	3873	2463	1499	1734	1649
生产资料市场	Markets of Production Material	400	720	641	488	482	456
城市	Urban	191	352	449	333	308	288
农村	Rural	209	368	192	155	174	168

14－3 按行业分社会消费品零售总额

Total Retail Sales of Consumer Goods by Sector

单位:亿元　　　　(100 million yuan)

年　份 Year	社会消费品零售总额 Total Retail Sales of Consumer Goods	批发和零售业 Wholesale and Retail Sales Trade	住　宿　业 Hotel	餐　饮　业 Catering Services	其他行业 Others
1978	84.79	79.18		3.24	2.37
1979	99.16	91.61		3.90	3.65
1980	122.56	114.35		4.72	3.49
1981	134.79	125.16		5.17	4.46
1982	150.01	138.87		5.49	5.65
1983	169.12	156.28		6.14	6.70
1984	205.05	188.80		7.61	8.64
1985	262.57	240.69		10.45	11.43
1986	304.58	279.25		12.53	12.80
1987	360.74	329.31		15.84	15.59
1988	471.83	432.06		20.33	19.44
1989	509.56	467.11		22.47	19.98
1990	515.43	472.72		24.17	18.54
1991	578.12	529.94		27.86	20.32
1992	704.52	644.61		33.64	26.27
1993	967.77	888.24		44.74	34.79
1994	1359.61	1238.30		71.44	49.87
1995	1741.92	1573.01		95.21	73.70
1996	2080.44	1901.47		135.64	43.33
1997	2300.61	2082.71		167.92	49.99
1998	2453.84	2208.24		192.52	53.08
1999	2649.56	2367.59		227.58	54.39
2000	2908.46	2583.19		269.59	55.69
2001	3233.35	2845.89		326.71	60.76
2002	3656.57	3179.23		410.83	66.52
2003	4194.50	3613.67		510.94	69.88
2004	4892.18	4333.18	41.67	496.10	21.22
2005	5735.50	5051.70	49.81	583.09	50.91
2006	6706.19	5898.79	67.68	678.83	60.89
2007	7985.90	7023.48	82.48	810.56	69.38
2008	9905.10	8890.30	99.80	826.10	88.90
2009	11484.10	10312.81	107.66	957.23	106.40
2010	13606.80	12207.18	127.15	1147.99	124.50

注:1. 1996 年及以后社会消费品零售总额及各分组指标中不含售给城乡居民生活用住房的零售额。
2. 2004 年为第一次经普数据,2005 年为按经普口径统计数据,1993－2003 年原则根据原各年环比发展速度和 2004 年经济普查数据调整。
3. 2008 年为第二次经普数据,2009 年为按经普口径统计数据,2005－2007 年根据趋势离差法和 2008 年经济普查数据调整。
4. 批发零售业中包括原制造业和其他行业中原农民对非农业居民的零售额。
5. 2003 年前住宿业包括在餐饮业和其他行业中。

Note: 1. Since 1996, the residential house was excluded from the total retail sales of consumer goods and all the targets by groups.
2. Figures of 2004 refer to the First National Economic Census, Figures of 2005 have been adjusted according to the Economic Census. Figures of 1993—2003 have been adjusted in principle according to chain growth rates of every year and the First National Economic Census.
3. Figures of 2008 refer to the Second National Economic Census, Figures of 2009 have been adjusted according to the Economic Census. Figures of 2005—2007 have been adjusted to Trend Deviation Method and the Second Economic Sensus.
4. Wholesale and retail sales trade includes the retail sales of mannufacturing industry and retail sales of the farmers to nonagricultural residents which was included in the original other industry.
5. Before 2003, the retail sales of hotel industry was involved in other industries.

14－4　限额以上批发和零售业基本情况（2010 年）
Basic Conditions of Enterprises above Designated Size in Wholesale and Retail Trades（2010）

项　　目	Item	法人企业(个) Number of Corporation Enterprises (unit)	产业活动单位数(个) Number of Establishments (unit)	零售营业面积(平方米) Floor Space of Retail Business (sq. m)	从业人员(人) Persons Engaged (person)
总　计	**Total**	**12374**	**23358**		**743968**
#国有控股	State-owned and State Share Holding	581	3936		117954
批发业	**Wholesale Trade**	**7968**	**11531**		**310026**
#国有控股	State-owned and State Share Holding	361	2751		79300
按登记注册类型分	**Grouped by status of Registration**				
内资企业	Domestic Funded Enterprises	7802	11275		280829
国有企业	State-owned Enterprises	212	319		32671
集体企业	Collective-owned Enterprises	67	200		3042
股份合作企业	Cooperative Enterprises	27	62		1683
联营企业	Joint Ownership Enterprises	12	14		1008
国有联营企业	State Joint Ownership Enterprises	5	6		694
集体联营企业	Collective Joint Ownership Enterprise	3	4		40
国有与集体联营企业	Joint State-collective Enterprises	3	3		94
其他联营企业	Other Joint Ownership Enterprises	1	1		180
有限责任公司	Limited Liability Corporations	934	1368		58185
国有独资公司	State solely Funded Corporations	9	53		3180
其他有限责任公司	Other Limited Liability Corporations	925	1315		55005
股份有限公司	Share-holding Corporations Ltd.	144	2317		50454
私营企业	Private Enterprises	6332	6913		130402
私营独资企业	Private-funded Enterprises	297	316		10058
私营合伙企业	Private Partnership Enterprises	68	70		1550
私营有限责任公司	Private Limited Liability Corporations	5781	6327		113263
私营股份有限公司	Private Share-holding Corporations Ltd.	186	200		5531
其他企业	Other Enterprises	74	82		3384
港、澳、台商投资企业	Enterprises with Funds from Hong, Macao and Taiwan	74	122		12080
合资经营企业	Joint-venture Enterprises	19	60		3558
合作经营企业	Cooperative Enterprises	1	1		12
独资经营企业	Enterprises with Sole Fund	51	58		5769
港、澳、台商投资股份有限公司	Share-holding Corporations Ltd.	3	3		2741
外商投资企业	Foreign Funded Enterprises	92	134		17117
合资经营企业	Joint-venture Enterprises	24	32		2046
合作经营企业	Cooperative Enterprises	1	2		316
独资经营企业	Enterprises with Sole Fund	64	97		14636
外商投资股份有限公司	Share-holding Corporations Ltd.	3	3		119
按行业分	**Grouped by Sector**				
农畜产品批发	Wholesale of Farm Products and Livestock Products	205	277		9117

项 目	Item	法人企业(个) Number of Corporation Enterprises (unit)	产业活动单位数(个) Number of Establishments (unit)	零售营业面积(平方米) Floor Space of Retail Business (sq. m)	从业人员(人) Persons Engaged (person)
食品、饮料及烟草制品批发	Wholesale of Food, Beverages and Tobaccos	371	572		43033
纺织、服装及日用品批发	Wholesale of Textiles, Garments and Daily Consumer Articals	1058	1139		48490
文化、体育用品及器材批发	Wholesale of Culture, Sports Appliances and Equipment	100	129		8612
医药及医疗器材批发	Wholesale of Medicines and Medical Appliances	146	277		26399
矿产品、建材及化工产品批发	Wholesale of Mineral Products, Building Material and Chemical Products	4376	7123		107414
机械设备、五金交电及电子产品批发	Wholesale of Machinery, Hardware and Electronic Equipment	1062	1206		50003
贸易经纪与代理	Trade Broker and Agency	112	112		2422
其他批发	Others	538	696		14536
零售业	**Retail Trade**	**4406**	**11827**	**19515672**	**433942**
#国有控股	State-owned and State Share Holding	220	1185	1844432	38654
按登记注册类型分	**Grouped by status of Registration**				
内资企业	Domestic Funded Enterprises	4282	10555	15381319	319218
国有企业	State-owned Enterprises	122	431	453374	17903
集体企业	Collective-owned Enterprises	126	235	285009	6832
股份合作企业	Cooperative Enterprises	29	69	81472	1832
联营企业	Joint Ownership Enterprises	12	41	125752	1378
国有联营企业	State Joint Ownership Enterprises	1	3	9000	132
集体联营企业	Collective Joint Ownership Enterprise	2	2	502	29
国有与集体联营企业	Joint State-collective Enterprises	5	5	41515	361
其他联营企业	Other Joint Ownership Enterprises	4	31	74735	856
有限责任公司	Limited Liability Corporations	795	4128	4937252	105756
国有独资公司	State solely Funded Corporations	4	63	19462	827
其他有限责任公司	Other Limited Liability Corporations	791	4065	4917790	104929
股份有限公司	Share-holding Corporations Ltd.	135	413	1522949	25502
私营企业	Private Enterprises	3005	5079	7827871	156412
私营独资企业	Private-funded Enterprises	405	497	657394	12460
私营合伙企业	Private Partnership Enterpises	54	60	77024	1303
私营有限责任公司	Private Limited Liability Corporations	2380	4209	6585144	133703
私营股份有限公司	Private Share-holding Corporations Ltd.	166	313	508309	8946
其他企业	Other Enterprises	58	159	147640	3603
港、澳、台商投资企业	Enterprises with Funds from Hong, Macao and Taiwan	57	269	1456359	54637
合资经营企业	Joint-venture Enterprises	17	92	298979	7104
合作经营企业	Cooperative Enterprises				
独资经营企业	Enterprises with Sole Fund	40	177	1157380	47533

项 目	Item	法人企业（个）Number of Corporation Enterprises (unit)	产业活动单位数（个）Number of Establishments (unit)	零售营业面积（平方米）Floor Space of Retail Business (sq. m)	从业人员（人）Persons Engaged (person)
港、澳、台商投资股份有限公司	Share-holding Corporations Ltd.				
外商投资企业	Foreign Funded Enterprises	67	1003	2677994	60087
合资经营企业	Joint-venture Enterprises	18	762	1588334	30553
合作经营企业	Cooperative Enterprises	2	8	74754	2397
独资经营企业	Enterprises with Sole Fund	43	227	977977	26224
外商投资股份有限公司	Share-holding Corporations Ltd.	4	6	36929	913
按行业分	**Grouped by Sector**				
综合零售	Integrated Retail	746	3190	10210064	230206
食品、饮料及烟草制品专门零售	Retail of Food, Beverages and Tobaccos	317	1808	315326	18906
纺织、服装及日用品专门零售	Retail of Textiles, Garments and Daily Consumer Articles	214	321	511823	12357
文化、体育用品及器材专门零售	Retail of Culture, Sports Appliances and Equipment	268	694	433167	15862
医药及医疗器材专门零售	Retail of Medicines and Medica Appliances	258	2188	481962	27128
汽车、摩托车、燃料及零配件专门零售	Retail of Motor Vehicles, Motorcycles, Fuel and Parts	1623	2014	5001193	67687
家用电器及电子产品专门零售	Special Retail of Household Electric Appliances and Electronic Products	593	1084	1557809	45901
五金、家具及室内装修材料专门零售	Special Retail of Hardware, Furniture and Decoration Materials	228	254	721115	7551
无店铺及其他零售	Non-shop and Other Retail	159	274	283213	8344
按经营方式分	**Grouped by Business Mode**				
独立商店	Independent Stores	3570	5141	12270844	231828
连锁商店总店	Chain Stores	154	4903	4383507	129541
连锁商店分店	Branches of Chain Stores	176	932	1874374	39503
其他	Others	506	851	986947	33070
按零售业态分	**Grouped by Store Type**				
百货商店	Department Stores	292	426	4129953	62606
超级市场	Supermarkets	421	2408	5679737	159532
专业店	Specialty Stores	2383	6268	5434742	131836
专卖店	Franchised Stores	1062	1780	2976568	57257
家居建材店	Building Material stores	75	84	468090	2749
其他	Others	173	861	826582	19962

注：产业活动单位数包括本省限额上批零住餐法人所属的全部（包括在外省的）产业活动单位和其他行业及外省法人所属在本省的限额以上批发和零售业产业活动单位。营业面积、从业人数为法人在地口径。

Note：The number of establishments include the number of enterprises above designated size in wholesale and retail trades of Jiangsu and other province eatablished in Jiangsu. The data of persons engaged and floor space of retail business base on the data of corporation enterprises.

14－5 批发和零售业商品购销存总额(2010年)
Total Value of Commodity Purchasing, Sales and Inventory of Enterprises above Designated Size in Wholesale and Retail Sale Trade(2010)

单位:亿元 (100 million yuan)

项目	Item	商品购进总额 Total Purchaes Value	商品销售总额 Total Sales Value	批发 Whole-sale Value	零售 Retail Sale Value	商品库存总额 Stock
总计	**Total**		**46905.69**	**34786.70**	**12118.99**	
限额以上企业和单位	**Above Designated Size Enterprises and Units**	**24075.96**	**26994.90**	**21397.50**	**5597.40**	**1537.13**
#国有控股	State-owned and State Share Holding	4133.06	4816.89	3895.12	921.77	337.08
批发业	**Wholesale Trade**	**19772.31**	**21892.85**	**21019.15**	**873.70**	**1154.29**
#国有控股	State-owned and State Share Holding	3718.53	4356.19	3823.14	533.05	295.32
按登记注册类型分	**Grouped by status of Registration**					
内资企业	Domestic Funded Enterprises	17949.00	19885.09	19042.63	842.46	1045.20
国有企业	State-owned Enterprises	1298.63	1704.92	1687.18	17.74	134.86
集体企业	Collective-owned Enterprises	160.74	181.97	172.29	9.68	21.39
股份合作企业	Cooperative Enterprises	80.74	85.83	74.83	11.00	3.49
联营企业	Joint Ownership Enterprises	51.87	55.15	54.59	0.57	3.66
国有联营企业	State Joint Ownership Enterprises	39.63	42.25	42.25		2.21
集体联营企业	Collective Joint Ownership Enterprise	4.40	4.74	4.17	0.57	0.38
国有与集体联营企业	Joint State-collective Enterprises	5.28	5.15	5.15		0.14
其他联营企业	Other Joint Ownership Enterprises	2.56	3.01	3.01		0.93
有限责任公司	Limited Liability Corporations	4483.51	4880.78	4760.92	119.85	197.88
国有独资公司	State solely Funded Corporations	87.41	164.52	164.52		15.71
其他有限责任公司	Other Limited Liability Corporations	4396.10	4716.26	4596.41	119.85	182.17
股份有限公司	Share-holding Corporations Ltd.	2791.79	2909.13	2425.54	483.59	224.20
私营企业	Private Enterprises	8937.96	9845.80	9648.44	197.36	433.47
私营独资企业	Private-funded Enterprises	312.36	367.88	344.89	22.99	13.05
私营合伙企业	Private Partnership Enterpises	64.52	73.60	67.89	5.71	1.75
私营有限责任公司	Private Limited Liability Corporations	8343.27	9133.14	8979.27	153.87	404.24
私营股份有限公司	Private Share-holding Corporations Ltd.	217.81	271.19	256.40	14.79	14.42
其他企业	Other Enterprises	143.76	221.52	218.84	2.68	26.26
港、澳、台商投资企业	Enterprises with Funds from Hong, Macao and Taiwan	416.36	510.12	495.71	14.41	53.54
合资经营企业	Joint-venture Enterprises	162.31	175.38	173.44	1.94	16.46
合作经营企业	Cooperative Enterprises	1.08	1.29	1.29		0.06
独资经营企业	Enterprises with Sole Fund	229.61	311.97	300.61	11.36	23.27
港、澳、台商投资股份有限公司	Share-holding Corporations Ltd.	23.36	21.49	20.38	1.11	13.75
外商投资企业	Foreign Funded Enterprises	1406.95	1497.64	1480.81	16.83	55.55
合资经营企业	Joint-venture Enterprises	312.76	317.75	317.17	0.59	8.81
合作经营企业	Cooperative Enterprises	782.14	784.85	784.85		
独资经营企业	Enterprises with Sole Fund	303.35	386.89	370.65	16.24	45.65

单位:亿元 (100 million yuan)

项 目	Item	商品购进总额 Total Purchaes Value	商品销售总额 Total Sales Value	批发 Whole-sale Value	零售 Retail Sale Value	商品库存总额 Stock
外商投资股份有限公司	Share-holding Corporations Ltd.	8.69	8.14	8.14		1.08
按行业分	**Grouped by Sector**					
农畜产品批发	Wholesale of Farm Products and Live-stock Products	220.71	230.68	223.75	6.93	50.55
食品、饮料及烟草制品批发	Wholesale of Food, Beverages and To-baccos	906.98	1168.93	1117.98	50.95	76.00
纺织、服装及日用品批发	Wholesale of Textiles, Garments and Daily Consumer Articals	1760.94	2232.71	2186.99	45.72	150.20
文化、体育用品及器材批发	Wholesale of Culture, Sports Appliances and Equipment	185.86	220.31	214.17	6.15	32.59
医药及医疗器材批发	Wholesale of Medicines and Medical Ap-pliances	461.66	569.97	521.65	48.33	39.58
矿产品、建材及化工产品批发	Wholesale of Mineral Products, Building Material and Chemical Products	12714.60	13511.95	12893.23	618.72	520.72
机械设备、五金交电及电子产品批发	Wholesale of Machinery, Hardware and Electronic Equipment	2465.66	2767.49	2704.76	62.73	251.65
贸易经纪与代理	Trade Broker and Agency	183.48	195.90	194.14	1.76	6.59
其他批发	Others	872.42	994.90	962.49	32.42	26.41
零售业	**Retail Trade**	**4303.66**	**5102.04**	**378.35**	**4723.70**	**382.84**
#国有控股	State-owned and State Share Holding	414.53	460.70	71.98	388.72	41.76
按登记注册类型分	**Grouped by status of Registration**					
内资企业	Domestic Funded Enterprises	3443.30	4058.44	196.17	3862.27	299.88
国有企业	State-owned Enterprises	112.38	122.70	12.97	109.73	15.97
集体企业	Collective-owned Enterprises	57.65	65.65	9.32	56.33	4.13
股份合作企业	Cooperative Enterprises	13.97	15.85	0.70	15.15	1.25
联营企业	Joint Ownership Enterprises	10.81	12.11	1.39	10.72	1.18
国有联营企业	State Joint Ownership Enterprises	0.23	0.26		0.26	
集体联营企业	Collective Joint Ownership Enterprise	0.20	0.24		0.24	
国有与集体联营企业	Joint State-collective Enterprises	3.43	3.76		3.76	0.26
其他联营企业	Other Joint Ownership Enterprises	6.95	7.86	1.39	6.47	0.92
有限责任公司	Limited Liability Corporations	977.99	1149.71	42.29	1107.41	94.29
国有独资公司	State solely Funded Corporations	2.77	3.85	0.09	3.76	0.74
其他有限责任公司	Other Limited Liability Corporations	975.22	1145.86	42.21	1103.65	93.56
股份有限公司	Share-holding Corporations Ltd.	348.90	436.41	32.21	404.20	17.69
私营企业	Private Enterprises	1874.98	2201.74	94.03	2107.72	161.34
私营独资企业	Private-funded Enterprises	119.99	138.82	10.94	127.88	9.52
私营合伙企业	Private Partnership Enterpises	16.78	19.37	1.28	18.09	1.25
私营有限责任公司	Private Limited Liability Corporations	1602.03	1890.36	68.08	1822.29	139.48
私营股份有限公司	Private Share-holding Corporations Ltd.	136.18	153.19	13.74	139.45	11.08

14－5 续 表 2 Continued 2

单位:亿元 (100 million yuan)

项 目	Item	商品购进总额 Total Purchaes Value	商品销售总额 Total Sales Value	批发 Whole-sale Value	零售 Retail Sale Value	商品库存总额 Stock
其他企业	Other Enterprises	46.63	54.26	3.26	51.00	4.02
港、澳、台商投资企业	Enterprises with Funds from Hong, Macao and Taiwan	328.33	463.56	76.50	387.06	40.79
合资经营企业	Joint-venture Enterprises	65.23	70.27	7.89	62.38	5.17
合作经营企业	Cooperative Enterprises					
独资经营企业	Enterprises with Sole Fund	263.10	393.29	68.61	324.68	35.62
港、澳、台商投资股份有限公司	Share-holding Corporations Ltd.					
外商投资企业	Foreign Funded Enterprises	532.02	580.04	105.67	474.37	42.18
合资经营企业	Joint-venture Enterprises	295.88	332.00	105.26	226.73	18.07
合作经营企业	Cooperative Enterprises	8.32	10.84		10.84	0.99
独资经营企业	Enterprises with Sole Fund	214.68	224.01	0.41	223.60	22.58
外商投资股份有限公司	Share-holding Corporations Ltd.	13.15	13.20		13.20	0.54
按行业分	**Grouped by Sector**					
综合零售	Integrated Retail	1267.44	1738.89	172.41	1566.48	127.23
食品、饮料及烟草制品专门零售	Retail of Food, Beverages and Tobaccos	101.14	121.43	8.97	112.46	11.64
纺织、服装及日用品专门零售	Retail of Textiles, Garments and Daily Consumer Articles	65.42	84.97	2.74	82.24	8.10
文化、体育用品及器材专门零售	Retail of Culture, Sports Appliances and Equipment	108.02	118.80	4.51	114.28	32.15
医药及医疗器材专门零售	Retail of Medicines and Medica Appliances	325.12	348.20	73.72	274.48	32.59
汽车、摩托车、燃料及零配件专门零售	Retail of Motor Vehicles, Motorcycles, Fuel and Parts	1780.48	1965.40	77.54	1887.86	116.92
家用电器及电子产品专门零售	Special Retail of Household Electric Appliances and Electronic Products	523.86	567.22	25.38	541.84	46.59
五金、家具及室内装修材料专门零售	Special Retail of Hardware, Furniture and Decoration Materials	91.59	110.16	9.85	100.31	6.09
无店铺及其他零售	Non-shop and Other Retail	40.59	46.97	3.22	43.75	1.52
按经营方式分	**Grouped by Business Mode**					
独立商店	Independent Stores	2851.00	3377.70	134.36	3243.33	238.17
连锁商店总店	Chain Stores	898.59	1104.38	190.53	913.85	88.30
连锁商店分店	Branches of Chain Stores	218.94	247.42	3.27	244.16	27.11
其他	Others	335.12	372.54	50.19	322.36	29.26
按零售业态分	**Grouped by Store Type**					
百货商店	Department Stores	466.44	725.25	14.90	710.35	35.32
超级市场	Supermarkets	769.81	977.96	154.52	823.43	89.93
专业店	Specialty Stores	1688.38	1857.97	143.73	1714.25	149.45
专卖店	Franchised Stores	1226.22	1356.74	51.05	1305.69	96.91
家居建材店	Building Material stores	35.62	44.43	5.19	39.24	2.67
其他	Others	117.18	139.69	8.96	130.74	8.57
限额以下企业(单位)和个体	**Enterprises (units) Below Designated Size and Individuals**		**19910.79**	**13389.19**	**6521.60**	

14－6　限额以上批发和零售业企业财务状况（2010 年）

单位：亿元

项　　目	Item	资产总计 Total Assets	#流动资产 Crculating Assets	#固定资产 Fixed Assets
总　计	**Total**	**9191.69**	**7176.92**	**755.05**
#国有控股	State-owned and State Share Holding	2150.42	1519.73	215.31
批发业	**Wholesale Trade**	**6995.36**	**5740.56**	**402.17**
#国有控股	State-owned and State Share Holding	1933.47	1382.79	181.01
按登记注册类型分	**Grouped by status of Registration**			
内资企业	Domestic Funded Enterprises	6423.57	5240.79	380.14
国有企业	State-owned Enterprises	992.56	796.04	76.05
集体企业	Collective-owned Enterprises	66.50	50.68	5.77
股份合作企业	Cooperative Enterprises	14.46	10.03	1.95
联营企业	Joint Ownership Enterprises	9.60	8.35	0.56
国有联营企业	State Joint Ownership Enterprises	6.16	5.75	0.21
集体联营企业	Collective Joint Ownership Enterprise	0.83	0.78	0.05
国有与集体联营企业	Joint State-collective Enterprises	0.78	0.63	0.08
其他联营企业	Other Joint Ownership Enterprises	1.83	1.19	0.22
有限责任公司	Limited Liability Corporations	1468.70	1150.79	93.23
国有独资公司	State Solely Funded Corporations	165.74	69.51	18.82
其他有限责任公司	Other Limited Liability Corporations	1302.97	1081.28	74.41
股份有限公司	Share-holding Corporations Ltd.	1028.39	768.61	85.27
私营企业	Private Enterprises	2787.22	2404.00	114.86
私营独资企业	Private-funded Enterprises	72.92	62.05	8.02
私营合伙企业	Private Partnership Enterpises	19.19	17.54	0.80
私营有限责任公司	Private Limited Liability Corporations	2599.55	2239.71	101.18
私营股份有限公司	Private Share-holding Corporations Ltd.	95.56	84.69	4.86
其他企业	Other Enterprises	56.13	52.28	2.46
港、澳、台商投资企业	Enterprises with Funds from Hong, Macao and Taiwan	248.03	204.78	13.06
合资经营企业	Joint-venture Enterprises	71.60	55.64	4.48
合作经营企业	Cooperative Enterprises	0.35	0.27	
独资经营企业	Enterprises with Sole Fund	162.16	135.88	7.82
港、澳、台商投资股份有限公司	Share-holding Corporations Ltd.	13.91	12.98	0.76
外商投资企业	Foreign Funded Enterprises	323.76	295.00	8.96
合资经营企业	Joint-venture Enterprises	45.52	38.19	3.38
合作经营企业	Cooperative Enterprises	93.07	88.44	0.02
独资经营企业	Enterprises with Sole Fund	181.36	164.61	5.52
外商投资股份有限公司	Share-holding Corporations Ltd.	3.81	3.77	0.04
按行业分	**Grouped by Sector**			
农畜产品批发	Wholesale of Farm Products and Livestock Products	144.35	105.24	16.73
食品、饮料及烟草制品批发	Wholesale of Food, Beverages and Tobaccos	639.64	545.75	62.08
纺织、服装及日用品批发	Wholesale of Textiles, Garments and Daily Consumer Articals	1077.81	864.38	48.70
文化、体育用品及器材批发	Wholesale of Culture, Sports Appliances and Equipment	132.81	86.21	10.11
医药及医疗器材批发	Wholesale of Medicines and Medical Appliances	258.80	209.13	12.87
矿产品、建材及化工产品批发	Wholesale of Mineral Products, Building Material and Chemical Products	3331.98	2666.45	193.62
机械设备、五金交电及电子产品批发	Wholesale of Machinery, Hardware and Electronic Equipment	1145.69	1038.79	42.83
贸易经纪与代理	Trade Broker and Agency	57.25	49.26	2.29
其他批发	Others	207.05	175.35	12.94
零售业	**Retail Trade**	**2196.33**	**1436.36**	**352.88**
#国有控股	State-owned and State Share Holding	216.95	136.94	34.30
按登记注册类型分	**Grouped by status of Registration**			

Financial Indicators of Enterprises above Designated Size in Wholesale and Retail Trade(2010)

(100 million yuan)

负债合计 Total Liabilities	所有者权益合计 Owner' Equities	主营业务收入 Revenue from Principal Business	主营业务成本 Cost of Principle Business	主营业务利润 Profits from Major Business	其他业务利润 Profit from Other Business	利润总额 Total Profits
6747.83	**2443.87**	**24034.34**	**22184.17**	**1681.12**	**98.56**	**634.27**
1286.70	863.72	4447.84	4026.97	379.11	9.19	176.43
5154.49	**1840.87**	**19564.77**	**18206.59**	**1232.43**	**23.21**	**499.03**
1119.97	813.50	4050.22	3680.51	333.43	4.11	165.24
4759.65	1663.92	17839.31	16699.31	1019.51	20.99	425.93
508.88	483.67	1587.29	1372.23	181.80	2.31	120.07
58.75	7.75	160.23	152.78	6.81	0.44	3.38
10.33	4.13	74.36	72.25	1.89	0.18	0.49
6.96	2.64	52.87	50.98	1.85	0.03	0.94
4.60	1.56	40.97	40.20	0.77	0.03	0.41
0.90	-0.07	4.33	4.01	0.30		0.12
0.46	0.32	4.59	4.21	0.36		0.23
1.00	0.83	2.98	2.56	0.42		0.18
1171.43	297.28	4395.68	4162.52	203.07	5.88	67.79
88.27	77.46	161.49	147.79	13.43	0.22	3.16
1083.15	219.81	4234.19	4014.73	189.64	5.66	64.63
721.42	306.98	2660.89	2499.74	157.33	3.33	64.61
2234.92	552.30	8716.79	8215.29	449.32	8.73	162.92
52.90	20.02	333.64	311.01	19.61	0.29	8.13
14.94	4.24	65.96	61.92	3.75	0.02	1.92
2089.46	510.09	8075.18	7619.07	408.74	8.19	142.62
77.61	17.95	242.00	223.29	17.22	0.23	10.24
46.97	9.17	191.21	173.53	17.44	0.09	5.72
157.20	90.82	420.59	328.37	91.55	1.00	41.96
39.09	32.51	132.55	118.59	13.86	0.57	11.01
0.29	0.06	1.10	1.07	0.03		
105.08	57.09	268.55	193.66	74.37	0.41	30.17
12.75	1.16	18.39	15.06	3.29	0.02	0.78
237.64	86.12	1304.87	1178.91	121.38	1.22	31.15
31.08	14.44	273.30	264.25	5.01	0.43	2.91
80.25	12.82	669.69	663.39	6.29	0.02	2.90
123.59	57.78	354.92	244.94	109.44	0.77	24.98
2.72	1.09	6.96	6.32	0.64		0.36
113.56	30.79	220.49	204.42	14.77	1.00	4.90
264.92	374.72	1040.11	829.06	178.65	3.19	108.66
788.25	289.56	2083.86	1832.93	243.54	2.75	90.40
71.63	61.17	194.85	173.44	20.90	0.14	11.02
207.39	51.40	508.22	425.16	78.33	0.75	9.59
2564.89	767.09	11957.22	11391.12	510.00	6.39	194.51
937.19	208.49	2490.32	2323.27	162.02	7.58	59.49
44.74	12.51	187.21	171.82	10.13	0.21	3.04
161.91	45.13	882.49	855.38	14.08	1.20	17.42
1593.33	**603.00**	**4469.57**	**3977.58**	**448.68**	**75.35**	**135.24**
166.72	50.22	397.63	346.46	45.68	5.08	11.19

单位:亿元

项 目	Item	资产总计 Total Assets	#流动资产 Crculating Assets	#固定资产 Fixed Assets
内资企业	Domestic Funded Enterprises	1756.76	1142.93	272.26
国有企业	State-owned Enterprises	71.70	51.03	13.41
集体企业	Collective-owned Enterprises	18.46	10.54	5.82
股份合作企业	Cooperative Enterprises	5.44	3.96	0.94
联营企业	Joint Ownership Enterprises	3.76	2.78	0.52
国有联营企业	State Joint Ownership Enterprises	0.06	0.01	0.03
集体联营企业	Collective Joint Ownership Enterprise	0.04	0.03	0.01
国有与集体联营企业	Joint State-collective Enterprises	1.05	0.63	0.26
其他联营企业	Other Joint Ownership Enterprises	2.60	2.10	0.21
有限责任公司	Limited Liability Corporations	440.49	293.44	77.66
国有独资公司	State Solely Funded Corporations	2.25	1.17	0.37
其他有限责任公司	Other Limited Liability Corporations	438.23	292.27	77.29
股份有限公司	Share-holding Corporations Ltd.	362.59	184.68	42.59
私营企业	Private Enterprises	835.11	581.01	129.09
私营独资企业	Private-funded Enterprises	55.89	38.97	12.10
私营合伙企业	Private Partnership Enterpises	5.33	4.44	0.61
私营有限责任公司	Private Limited Liability Corporations	711.70	484.85	111.36
私营股份有限公司	Private Share-holding Corporations Ltd.	62.19	52.75	5.02
其他企业	Other Enterprises	19.21	15.48	2.23
港、澳、台商投资企业	Enterprises with Funds from Hong, Macao and Taiwan	172.86	113.57	39.97
合资经营企业	Joint-venture Enterprises	28.57	14.23	11.22
合作经营企业	Cooperative Enterprises			
独资经营企业	Enterprises with Sole Fund	144.29	99.34	28.75
港、澳、台商投资股份有限公司	Share-holding Corporations Ltd.			
外商投资企业	Foreign Funded Enterprises	266.71	179.86	40.65
合资经营企业	Joint-venture Enterprises	106.21	71.66	19.56
合作经营企业	Cooperative Enterprises	4.85	2.08	1.27
独资经营企业	Enterprises with Sole Fund	147.02	99.53	19.15
外商投资股份有限公司	Share-holding Corporations Ltd.	8.63	6.58	0.67
按行业分	**Grouped by Sector**			
综合零售	Integrated Retail	866.73	504.45	196.46
食品、饮料及烟草制品专门零售	Retail of Food, Beverages and Tobaccos	41.79	30.83	6.96
纺织、服装及日用品专门零售	Retail of Textiles, Garments and Daily Consumer Articles	42.01	26.77	8.28
文化、体育用品及器材专门零售	Retail of Culture, Sports Appliances and E-quipment	73.90	54.56	10.44
医药及医疗器材专门零售	Retail of Medicines and Medica Appliances	140.78	121.49	9.02
汽车、摩托车、燃料及零配件专门零售	Retail of Motor Vehicles, Motorcycles, Fu-el and Parts	598.65	426.12	80.24
家用电器及电子产品专门零售	Special Retail of Household Electric Appli-ances and Electronic Products	356.08	228.81	19.62
五金、家具及室内装修材料专门零售	Special Retail of Hardware, Furniture and Decoration Materials	52.00	29.19	14.76
无店铺及其他零售	Non-shop and Other Retail	24.38	14.13	7.10
按经营方式分	**Grouped by Business Mode**			
独立商店	Independent Stores	1419.92	922.24	254.92
连锁商店总店	Chain Stores	536.46	340.97	61.38
连锁商店分店	Branches of Chain Stores	97.91	66.72	20.01
其他	Others	142.03	106.42	16.57
按零售业态分	**Grouped by Store Type**			
百货商店	Department Stores	477.20	237.49	113.30
超级市场	Supermarkets	367.56	255.90	75.43
专业店	Specialty Stores	833.56	567.33	88.90
专卖店	Franchised Stores	430.76	323.71	54.65
家居建材店	Building Material stores	20.73	11.68	5.91
其他	Others	66.52	40.25	14.69

Continued

(100 million yuan)

负债合计 Total Liabilities	所有者权益合计 Owner' Equities	主营业务收入 Revenue from Principal Business	主营业务成本 Cost of Principle Business	主营业务利润 Profits from Major Business	其他业务利润 Profit from Other Business	利润总额 Total Profits
1282.78	473.98	3565.92	3178.47	348.93	42.87	104.69
57.37	14.33	109.54	92.97	15.18	1.67	4.44
10.78	7.68	60.02	52.19	7.00	0.15	2.96
4.19	1.25	14.00	12.53	1.41	0.08	0.22
3.08	0.68	10.87	9.74	1.04	0.20	0.25
	0.06	0.25	0.22	0.02		0.01
0.01	0.04	0.23	0.18	0.05		0.03
0.80	0.25	3.68	3.15	0.45		0.13
2.28	0.33	6.71	6.19	0.52	0.19	0.08
338.23	102.25	1003.97	892.57	101.61	18.34	28.06
1.44	0.81	3.31	2.58	0.71	0.07	0.06
336.79	101.44	1000.66	890.00	100.90	18.27	28.01
227.36	135.23	377.25	326.91	40.47	5.83	16.02
625.36	209.75	1941.50	1748.16	177.32	16.35	51.28
35.79	20.10	123.53	109.44	12.89	0.59	4.80
3.23	2.10	17.70	15.12	1.48	0.04	0.46
534.42	177.28	1665.34	1502.45	153.01	14.30	43.28
51.92	10.27	134.93	121.15	9.94	1.43	2.74
16.40	2.81	48.76	43.41	4.90	0.25	1.47
132.13	40.72	402.07	354.39	47.02	14.61	10.21
17.96	10.61	62.14	55.02	6.93	2.39	3.32
114.17	30.12	339.92	299.38	40.08	12.22	6.89
178.42	88.29	501.59	444.71	52.74	17.88	20.34
76.34	29.86	284.92	257.88	23.37	12.42	6.08
4.12	0.73	9.46	8.07	1.35	0.70	0.05
90.76	56.26	194.20	166.13	27.65	4.16	13.90
7.19	1.44	13.01	12.63	0.37	0.59	0.31
660.51	206.22	1491.00	1289.43	184.39	54.07	54.19
24.02	17.77	109.16	91.03	16.91	0.52	6.35
27.65	14.36	75.22	61.90	12.84	1.65	2.69
45.21	28.69	104.15	80.02	21.83	1.13	6.12
110.93	29.84	300.97	274.06	25.12	1.26	6.23
446.46	152.19	1754.26	1619.78	123.16	7.73	38.27
228.72	127.37	494.75	440.36	46.64	7.31	15.77
34.12	17.88	97.75	84.21	12.87	0.77	4.17
15.70	8.68	42.30	36.79	4.91	0.92	1.45
1029.19	390.74	2975.84	2655.82	289.52	38.93	99.07
381.88	154.58	951.63	844.93	100.84	28.11	21.99
82.47	15.44	215.71	187.95	25.70	5.92	2.48
99.79	42.24	326.39	288.88	32.62	2.39	11.70
323.41	153.79	609.83	509.54	86.75	17.93	44.51
320.81	46.74	849.18	752.07	93.96	34.56	9.10
563.89	269.67	1638.59	1468.68	154.13	12.84	47.58
317.43	113.33	1210.73	1108.30	94.00	5.77	30.39
15.71	5.02	39.32	32.29	6.78	0.30	1.84
52.08	14.44	121.93	106.69	13.07	3.96	1.81

14－7　限额以上住宿和餐饮业基本情况(2010年)

Basic Conditions of Enterprises above Designated Size in Hotel and Catering Trade(2010)

项　　目	Item	法人企业(个) Number of Corporation Enterprises (unit)	产业活动单位数(个) Number of Establishments(unit)	餐饮营业面积(平方米) Floor Space of Catering Service (sq. m)	从业人员(人) Persons Engaged (person)
总　计	**Total**	**2461**	**3689**	**4167623**	**317060**
#国有控股	State-owned and State Share Holding	279	366	515950	48703
住宿业	**Hotel Service**	**906**	**1029**	**1346699**	**134782**
#国有控股	State-owned and State Share Holding	207	245	363074	39148
按登记注册类型分组	**Grouped by status of Registration**				
内资企业	Domestic Funded Enterprises	836	937	1203789	116565
国有企业	State-owned Enterprises	159	181	261380	27677
集体企业	Collective-owned Enterprises	44	46	36421	3837
股份合作企业	Cooperative Enterprises	4	5	3105	307
联营企业	Joint Ownership Enterprises	6	6	8439	759
国有联营企业	State Joint Ownership Enterprises	1	1	1659	110
集体联营企业	Collective Joint Ownership Enterprise	3	3	4900	314
国有与集体联营企业	Joint State-collective Enterprises	2	2	1880	335
其他联营企业	Other Joint Ownership Enterprises				
有限责任公司	Limited Liability Corporations	175	205	271745	28808
国有独资公司	State solely Funded Corporations	7	7	8796	1017
其他有限责任公司	Other Limited Liability Corporations	168	198	262949	27791
股份有限公司	Share-holding Corporations Ltd.	23	26	44851	4469
私营企业	Private Enterprises	414	456	567055	49595
私营独资企业	Private-funded Enterprises	80	87	85254	6831
私营合伙企业	Private Partnership Enterpises	10	11	9340	1159
私营有限责任公司	Private Limited Liability Corporations	305	339	441970	38392
私营股份有限公司	Private Share-holding Corporations Ltd.	19	19	30491	3213
其他企业	Other Enterprises	11	12	10793	1113
港、澳、台商投资企业	Enterprises with Funds from Hong, Macao and Taiwan	30	38	57697	8344
合资经营企业	Joint-venture Enterprises	17	24	42558	5933
合作经营企业	Cooperative Enterprises				
独资经营企业	Enterprises with Sole Fund	13	14	15139	2411
港、澳、台商投资股份有限公司	Share-holding Corporations Ltd.				
外商投资企业	Foreign Funded Enterprises	40	54	85213	9873
合资经营企业	Joint-venture Enterprises	12	15	33837	3787
合作经营企业	Cooperative Enterprises	3	5	7085	504
独资经营企业	Enterprises with Sole Fund	22	31	32639	4735
外商投资股份有限公司	Share-holding Corporations Ltd.	3	3	11652	847
按行业分组	**Grouped by Sector**				
旅游饭店	Tourist Restaurants	701	792	1240330	122395
一般旅馆	Ordinary Hotels	185	217	98354	11014
其他住宿服务	Other Hotel Service	20	20	8015	1373
按星级等级分组	**Grouped by Star Glass**				
一星	One-star Class	10	10	12272	1608
二星	Two-star Class	83	97	99386	8570
三星	Three-star Class	248	269	343370	28358
四星	Four-star Class	133	145	333359	32099

14－7 续表 Continued

项 目	Item	法人企业（个）Number of Corporation Enterprises (unit)	产业活动单位数（个）Number of Establishments (unit)	餐饮营业面积（平方米）Floor Space of Catering Service (sq. m)	从业人员（人）Persons Engaged (person)
五星	Five-star Class	57	73	230686	26587
其他	Others	375	435	327626	37560
餐饮业	**Catering Service**	**1555**	**2660**	**2820924**	**182278**
#国有控股	State-owned and State Share Holding	72	121	152876	9555
按登记注册类型分组	**Grouped by status of Registration**				
内资企业	Domestic Funded Enterprises	1469	1891	2388674	132052
国有企业	State-owned Enterprises	61	101	123791	6819
集体企业	Collective-owned Enterprises	20	22	30336	1305
股份合作企业	Cooperative Enterprises	8	10	24314	1666
联营企业	Joint Ownership Enterprises	1	2	1200	176
国有联营企业	State Joint Ownership Enterprises				
集体联营企业	Collective Joint Ownership Enterprise	1	1	800	134
国有与集体联营企业	Joint State-collective Enterprises				
其他联营企业	Other Joint Ownership Enterprises		1	400	42
有限责任公司	Limited Liability Corporations	189	240	348949	23450
国有独资公司	State Solely Funded Corporations	3	3	3100	274
其他有限责任公司	Other Limited Liability Corporations	186	237	345849	23176
股份有限公司	Share-holding Corporations Ltd.	28	39	61271	3406
私营企业	Private Enterprises	1133	1442	1755342	93164
私营独资企业	Private-funded Enterprises	279	311	355273	16007
私营合伙企业	Private Partnership Enterpises	41	43	58411	2356
私营有限责任公司	Private Limited Liability Corporations	765	1032	1271855	70438
私营股份有限公司	Private Share-holding Corporations Ltd.	48	56	69803	4363
其他企业	Other Enterprises	29	35	43471	2066
港、澳、台商投资企业	Enterprises with Funds from Hong, Macao and Taiwan	50	110	119968	10649
合资经营企业	Joint-venture Enterprises	18	66	55855	6368
合作经营企业	Cooperative Enterprises	2	2	1360	129
独资经营企业	Enterprises with Sole Fund	30	42	62753	4152
港、澳、台商投资股份有限公司	Share-holding Corporations Ltd.				
外商投资企业	Foreign Funded Enterprises	36	659	312282	39577
合资经营企业	Joint-venture Enterprises	13	263	114773	16277
合作经营企业	Cooperative Enterprises		3	2076	121
独资经营企业	Enterprises with Sole Fund	19	333	169249	19904
外商投资股份有限公司	Share-holding Corporations Ltd.	4	60	26184	3275
按行业分组	**Grouped by Sector**				
正餐服务	Dinner Service	1432	1707	2298179	123528
快餐服务	Snack Service	59	678	309892	43441
饮料及冷饮服务	Beverage and Cool Drink Service	13	103	60679	2159
其他餐饮服务	Other Catering Service	51	172	152174	13150
按经营方式分组	**Grouped by Business Mode**				
独立商店	Independent Stores	1405	1622	2203264	117944
连锁商店总店	Chain Stores	23	775	385696	48451
连锁商店分店	Branches of Chain Stores	23	123	64830	4742
其他	Others	104	140	167134	11141

注：产业活动单位数包括本省限额上批零住餐法人所属的全部（包括在外省的）产业活动单位和其他行业及外省法人所属在本省的限额以上住宿和餐饮业产业活动单位。营业面积、从业人数为法人在地口径。

Note: The number of establishments include the number of enterprises above designated size in wholesale and retail trades of Jiangsu and other province eatablished in Jiangsu. The data of persons engaged and floor space of retail business base on the data of corporation enterprises.

14－8 住宿和餐饮业经营情况(2010 年)
Business of Enterprises of Hotels and Catering Services(2010)

单位:万元 (10000 yuan)

项目	Item	营业额 Business Revenue	客房收入 Hotel Rooms	餐费收入 Catering Service
总计	**Total**	**16397078**		
限额以上企业和单位	**Above Designated Size Enterprises and Units**	**4582635**	**1028328**	**3248236**
#国有控股	State-owned and State Share Holding	742312	251899	386130
住宿业	**Hotel Service**	**2042603**	**853128**	**977965**
#国有控股	State-owned and State Share Holding	616178	231623	291442
按登记注册类型分组	**Grouped by status of Registration**			
内资企业	Domestic Funded Enterprises	1734393	704553	841593
国有企业	State-owned Enterprises	387634	145466	194952
集体企业	Collective-owned Enterprises	56163	21119	25939
股份合作企业	Cooperative Enterprises	3979	1617	1732
联营企业	Joint Ownership Enterprises	11779	3834	5224
国有联营企业	State Joint Ownership Enterprises	1738	890	679
集体联营企业	Collective Joint Ownership Enterprise	3142	1201	1776
国有与集体联营企业	Joint State-collective Enterprises	6899	1743	2769
其他联营企业	Other Joint Ownership Enterprises			
有限责任公司	Limited Liability Corporations	453128	200124	206407
国有独资公司	State solely Funded Corporations	12438	5763	5798
其他有限责任公司	Other Limited Liability Corporations	440690	194361	200609
股份有限公司	Share-holding Corporations Ltd.	97778	32124	32792
私营企业	Private Enterprises	702538	292055	364544
私营独资企业	Private-funded Enterprises	111730	44149	59879
私营合伙企业	Private Partnership Enterprises	12477	3548	8696
私营有限责任公司	Private Limited Liability Corporations	536514	225715	275460
私营股份有限公司	Private Share-holding Corporations Ltd.	41818	18643	20509
其他企业	Other Enterprises	21393	8215	10004
港、澳、台商投资企业	Enterprises with Funds from Hong, Macao and Taiwan	139850	65713	66966
合资经营企业	Joint-venture Enterprises	106540	48477	52908
合作经营企业	Cooperative Enterprises			
独资经营企业	Enterprises with Sole Fund	33310	17236	14058
港、澳、台商投资股份有限公司	Share-holding Corporations Ltd.			
外商投资企业	Foreign Funded Enterprises	168360	82862	69405
合资经营企业	Joint-venture Enterprises	60650	26583	28016
合作经营企业	Cooperative Enterprises	11350	4995	5071
独资经营企业	Enterprises with Sole Fund	77844	43942	27136
外商投资股份有限公司	Share-holding Corporations Ltd.	18517	7343	9182
按行业分组	**Grouped by Sector**			
旅游饭店	Tourist Restaurants	1870735	750167	921025
一般旅馆	Ordinary Hotels	154305	91609	51703
其他住宿服务	Other Hotel Service	17563	11353	5236
按星级等级分组	**Grouped by Star Glass**			
一星	One-star Class	28215	10348	16516

14－8　续表1　Continued 1

单位：万元　　(10000 yuan)

项目	Item	营业额 Business Revenue	客房收入 Hotel Rooms	餐费收入 Catering Service
二星	Two-star Class	106101	38556	51309
三星	Three-star Class	364678	129687	199294
四星	Four-star Class	474880	180025	247241
五星	Five-star Class	553554	230883	254227
其他	Others	515175	263631	209378
餐饮业	**Catering Service**	**2540032**	**175200**	**2270271**
#国有控股	State-owned and State Share Holding	126134	20277	94688
按登记注册类型分组	**Grouped by status of Registration**			
内资企业	Domestic Funded Enterprises	1863383	161683	1613418
国有企业	State-owned Enterprises	82939	13728	61340
集体企业	Collective-owned Enterprises	20814	2657	16918
股份合作企业	Cooperative Enterprises	20456	4737	14628
联营企业	Joint Ownership Enterprises	1515	250	1265
国有联营企业	State Joint Ownership Enterprises			
集体联营企业	Collective Joint Ownership Enterprise	949		949
国有与集体联营企业	Joint State-collective Enterprises			
其他联营企业	Other Joint Ownership Enterprises	566	250	316
有限责任公司	Limited Liability Corporations	322419	43252	258678
国有独资公司	State Solely Funded Corporations	2158		2000
其他有限责任公司	Other Limited Liability Corporations	320261	43252	256678
股份有限公司	Share-holding Corporations Ltd.	57646	4543	50911
私营企业	Private Enterprises	1321672	90246	1178224
私营独资企业	Private-funded Enterprises	230979	13999	200936
私营合伙企业	Private Partnership Enterpises	33294	2711	30209
私营有限责任公司	Private Limited Liability Corporations	998015	69042	894828
私营股份有限公司	Private Share-holding Corporations Ltd.	59384	4494	52251
其他企业	Other Enterprises	35924	2270	31454
港、澳、台商投资企业	Enterprises with Funds from Hong, Macao and Taiwan	136705	11370	119600
合资经营企业	Joint-venture Enterprises	79450	4966	72319
合作经营企业	Cooperative Enterprises	1450		1289
独资经营企业	Enterprises with Sole Fund	55806	6404	45992
港、澳、台商投资股份有限公司	Share-holding Corporations Ltd.			
外商投资企业	Foreign Funded Enterprises	539944	2147	537254
合资经营企业	Joint-venture Enterprises	233242	1845	231070
合作经营企业	Cooperative Enterprises	3125		3125
独资经营企业	Enterprises with Sole Fund	260190	302	259672
外商投资股份有限公司	Share-holding Corporations Ltd.	43387		43387
按行业分组	**Grouped by Sector**			
正餐服务	Dinner Service	1756090	170800	1498395
快餐服务	Snack Service	589584	607	587246
饮料及冷饮服务	Beverage and Cool Drink Service	35674		33637
其他餐饮服务	Other Catering Service	158684	3793	150994
按经营方式分组	**Grouped by Business Mode**			
独立商店	Independent Stores	1672483	160540	1429555
连锁商店总店	Chain Stores	633200		630905
连锁商店分店	Branches of Chain Stores	69554	2818	66174
其他	Others	164795	11842	143637
限额以下企业(单位)和个体	**Enterprises (units) Below Designated Size and Individuals**	**11814443**		

14－8 续表2 Continued 2

单位:万元 (10000 yuan)

项目	Item	商品销售收入 Sales of Commodities	其他收入 Other Revenue	年末拥有床位数(个) Number of Bedsat Year-end (unit)	年末拥有餐位数(位) Number of Dining-seats at Year-end (unit)
总计	**Total**				
限额以上企业和单位	**Above Designated Size Enterprises and Units**	**124161**	**181910**	**280476**	**1335643**
#国有控股	State-owned and State Share Holding	44863	59420	67568	185330
住宿业	**Hotel Service**	**71939**	**139572**	**217411**	**456491**
#国有控股	State-owned and State Share Holding	40561	52552	59839	126309
按登记注册类型分组	**Grouped by status of Registration**				
内资企业	Domestic Funded Enterprises	67821	120426	191041	408420
国有企业	State-owned Enterprises	13042	34174	41873	92197
集体企业	Collective-owned Enterprises	2716	6389	7733	14080
股份合作企业	Cooperative Enterprises	12	618	695	1247
联营企业	Joint Ownership Enterprises	1499	1223	1310	2400
国有联营企业	State Joint Ownership Enterprises	31	139	398	500
集体联营企业	Collective Joint Ownership Enterprise	165		503	1140
国有与集体联营企业	Joint State-collective Enterprises	1304	1083	409	760
其他联营企业	Other Joint Ownership Enterprises				
有限责任公司	Limited Liability Corporations	7571	39026	48895	95045
国有独资公司	State Solely Funded Corporations	134	742	1555	3890
其他有限责任公司	Other Limited Liability Corporations	7437	38284	47340	91155
股份有限公司	Share-holding Corporations Ltd.	26462	6400	6327	15133
私营企业	Private Enterprises	14728	31212	81797	184958
私营独资企业	Private-funded Enterprises	3559	4143	13163	28126
私营合伙企业	Private Partnership Enterpises	111	122	1552	3395
私营有限责任公司	Private Limited Liability Corporations	9846	25493	62709	141566
私营股份有限公司	Private Share-holding Corporations Ltd.	1211	1455	4373	11871
其他企业	Other Enterprises	1790	1385	2411	3360
港、澳、台商投资企业	Enterprises with Funds from Hong, Macao and Taiwan	1246	5925	11252	20981
合资经营企业	Joint-venture Enterprises	923	4232	7448	15313
合作经营企业	Cooperative Enterprises				
独资经营企业	Enterprises with Sole Fund	323	1693	3804	5668
港、澳、台商投资股份有限公司	Share-holding Corporations Ltd.				
外商投资企业	Foreign Funded Enterprises	2872	13221	15118	27090
合资经营企业	Joint-venture Enterprises	1769	4282	4907	12467
合作经营企业	Cooperative Enterprises	503	781	1062	1730
独资经营企业	Enterprises with Sole Fund	593	6173	7999	10131
外商投资股份有限公司	Share-holding Corporations Ltd.	6	1985	1150	2762
按行业分组	**Grouped by Sector**				
旅游饭店	Tourist Restaurants	68598	130946	183032	421817
一般旅馆	Ordinary Hotels	3201	7792	31126	31483
其他住宿服务	Other Hotel Service	139	834	3253	3191
按星级等级分组	**Grouped by Star Glass**				
一星	One-star Class	6	1346	2578	4950

14－8 续表3 Continued 3

单位:万元 (10000 yuan)

项目	Item	商品销售收入 Sales of Commodities	其他收入 Other Revenue	年末拥有床位数(个) Number of Beds at Year-end (unit)	年末拥有餐位数(位) Number of Dining-seats at Year-end (unit)
二星	Two-star Class	4042	12194	14717	33432
三星	Three-star Class	11043	24654	47882	118896
四星	Four-star Class	9656	37959	41980	114430
五星	Five-star Class	35885	32560	31450	76977
其他	Others	11308	30859	78804	107806
餐饮业	**Catering Service**	**52223**	**42338**	**63065**	**879152**
#国有控股	State-owned and State Share Holding	4302	6868	7729	59021
按登记注册类型分组	**Grouped by status of Registration**				
内资企业	Domestic Funded Enterprises	50056	38227	59049	742194
国有企业	State-owned Enterprises	3868	4002	5883	48227
集体企业	Collective-owned Enterprises	359	880	1291	8450
股份合作企业	Cooperative Enterprises	366	725	1231	6951
联营企业	Joint Ownership Enterprises			140	300
国有联营企业	State Joint Ownership Enterprises				
集体联营企业	Collective Joint Ownership Enterprise				200
国有与集体联营企业	Joint State-collective Enterprises				
其他联营企业	Other Joint Ownership Enterprises			140	100
有限责任公司	Limited Liability Corporations	5686	14802	13417	105832
国有独资公司	State solely Funded Corporations		158		1380
其他有限责任公司	Other Limited Liability Corporations	5686	14645	13417	104452
股份有限公司	Share-holding Corporations Ltd.	681	1512	1677	21742
私营企业	Private Enterprises	37296	15907	34622	540007
私营独资企业	Private-funded Enterprises	12812	3232	7212	114465
私营合伙企业	Private Partnership Enterprises	329	45	1587	16908
私营有限责任公司	Private Limited Liability Corporations	23288	10856	24172	386331
私营股份有限公司	Private Share-holding Corporations Ltd.	866	1774	1651	22303
其他企业	Other Enterprises	1800	400	788	10685
港、澳、台商投资企业	Enterprises with Funds from Hong, Macao and Taiwan	1804	3932	2840	32234
合资经营企业	Joint-venture Enterprises	1104	1061	1052	17578
合作经营企业	Cooperative Enterprises		161		310
独资经营企业	Enterprises with Sole Fund	700	2710	1788	14346
港、澳、台商投资股份有限公司	Share-holding Corporations Ltd.				
外商投资企业	Foreign Funded Enterprises	363	179	1176	104724
合资经营企业	Joint-venture Enterprises	148	179	966	39875
合作经营企业	Cooperative Enterprises				500
独资经营企业	Enterprises with Sole Fund	215		210	54834
外商投资股份有限公司	Share-holding Corporations Ltd.				9515
按行业分组	**Grouped by Sector**				
正餐服务	Dinner Service	46238	40657	61687	697868
快餐服务	Snack Service	582	1148	195	113328
饮料及冷饮服务	Beverage and Cool Drink Service	2017	21		18657
其他餐饮服务	Other Catering Service	3385	512	1183	49299
按经营方式分组	**Grouped by Business Mode**				
独立商店	Independent Stores	47146	35242	58752	676609
连锁商店总店	Chain Stores	2236	59		128231
连锁商店分店	Branches of Chain Stores	120	442	484	20084
其他	Others	2720	6596	3829	54228
限额以下企业(单位)和个体	**Enterprises (units) Below Designated Size and Individuals**				

14－9 限额以上住宿和餐饮业企业财务状况(2010 年)

单位:亿元

项目	Item	资产总计 Total Assets	#流动资产 Crculating Assets	#固定资产 Fixed Assets
总　计	**Total**	**747.61**	**247.09**	**314.32**
#国有控股	State-owned and State Share Holding	201.13	48.03	102.95
住宿业	**Hotel Service**	**527.87**	**151.59**	**241.06**
#国有控股	State-owned and State Share Holding	188.23	43.31	96.75
按登记注册类型分组	**Grouped by status of Registration**			
内资企业	Domestic Funded Enterprises	444.76	130.60	197.17
国有企业	State-owned Enterprises	126.48	25.71	70.06
集体企业	Collective-owned Enterprises	10.40	3.48	5.23
股份合作企业	Cooperative Enterprises	0.69	0.49	0.12
联营企业	Joint Ownership Enterprises	1.09	0.33	0.59
国有联营企业	State Joint Ownership Enterprises	0.11	0.02	0.07
集体联营企业	Collective Joint Ownership Enterprise	0.20	0.10	0.09
国有与集体联营企业	Joint State-collective Enterprises	0.78	0.20	0.43
其他联营企业	Other Joint Ownership Enterprises			
有限责任公司	Limited Liability Corporations	106.02	27.78	48.34
国有独资公司	State solely Funded Corporations	2.75	0.59	1.76
其他有限责任公司	Other Limited Liability Corporations	103.27	27.19	46.58
股份有限公司	Share-holding Corporations Ltd.	28.87	11.99	7.34
私营企业	Private Enterprises	168.65	60.02	64.53
私营独资企业	Private-funded Enterprises	17.69	5.99	7.86
私营合伙企业	Private Partnership Enterpises	0.86	0.35	0.38
私营有限责任公司	Private Limited Liability Corporations	139.25	48.47	51.42
私营股份有限公司	Private Share-holding Corporations Ltd.	10.85	5.22	4.87
其他企业	Other Enterprises	2.56	0.80	0.97
港、澳、台商投资企业	Enterprises with Funds from Hong, Macao and Taiwan	28.24	10.17	12.05
合资经营企业	Joint-venture Enterprises	21.57	7.63	10.66
合作经营企业	Cooperative Enterprises			
独资经营企业	Enterprises with Sole Fund	6.68	2.53	1.39
港、澳、台商投资股份有限公司	Share-holding Corporations Ltd.			
外商投资企业	Foreign Funded Enterprises	54.87	10.83	31.83
合资经营企业	Joint-venture Enterprises	14.34	5.89	5.37
合作经营企业	Cooperative Enterprises	2.25	0.34	1.29
独资经营企业	Enterprises with Sole Fund	30.94	4.09	20.10
外商投资股份有限公司	Share-holding Corporations Ltd.	7.34	0.50	5.07
按行业分组	**Grouped by Sector**			
旅游饭店	Tourist Restaurants	498.69	141.17	228.02
一般旅馆	Ordinary Hotels	26.73	9.75	12.34
其他住宿服务	Other Hotel Service	2.45	0.68	0.69
按星级等级分组	**Grouped by Star Glass**			
一星	One-star Class	8.90	2.83	4.63
二星	Two-star Class	22.22	6.86	7.31
三星	Three-star Class	69.19	24.99	27.90
四星	Four-star Class	115.33	32.24	52.10
五星	Five-star Class	200.64	49.20	94.57
其他	Others	111.59	35.47	54.54
餐饮业	**Catering Service**	**219.74**	**95.50**	**73.26**
#国有控股	State-owned and State Share Holding	12.90	4.71	6.20
按登记注册类型分组	**Grouped by status of Registration**			

Financial Indicators of Enterprises above Designated Size in Hotel and Catering Industry (2010)

(100 million yuan)

负债合计 Total Liabilities	所有者权益合计 Owner' Equities	主营业务收入 Revenue from Principal Business	主营业务成本 Cost of Principle Business	主营业务利润 Profits from Major Business	其他业务利润 Profit from Other Business	利润总额 Total Profits
512.30	**235.31**	**420.19**	**186.46**	**206.42**	**1.31**	**5.96**
99.96	101.17	64.29	24.20	35.72	0.28	0.06
355.04	**172.83**	**184.46**	**70.48**	**101.83**	**1.01**	**-2.78**
91.56	96.68	55.86	20.13	32.02	0.28	0.29
295.01	149.75	160.76	62.86	86.94	0.86	-1.67
61.90	64.57	35.67	13.08	19.90	0.21	-0.80
6.43	3.97	5.44	2.88	2.20	0.01	-0.13
0.53	0.16	0.33	0.14	0.16		-0.03
1.33	-0.24	1.17	0.63	0.48	0.01	-0.02
0.33	-0.22	0.17	0.04	0.12		-0.02
0.16	0.03	0.31	0.15	0.14		0.01
0.83	-0.05	0.69	0.44	0.21	0.01	-0.01
71.43	34.59	39.85	13.76	23.47	0.22	0.02
2.53	0.22	1.22	0.58	0.59	0.02	
68.90	34.38	38.63	13.18	22.89	0.20	0.02
11.09	17.78	9.72	4.26	5.07	0.05	1.54
140.96	27.70	66.49	27.17	34.62	0.31	-2.24
12.03	5.67	9.80	4.76	4.53	0.02	-0.21
0.47	0.39	1.08	0.56	0.47		0.03
120.85	18.40	51.63	19.62	28.11	0.27	-2.10
7.61	3.24	3.99	2.24	1.51	0.01	0.03
1.34	1.21	2.08	0.94	1.04	0.06	-0.02
25.70	2.54	9.99	2.94	6.53	0.07	-0.35
23.08	-1.51	7.53	2.11	5.04	0.05	-0.15
2.63	4.05	2.46	0.84	1.49	0.02	-0.20
34.33	20.54	13.71	4.68	8.36	0.08	-0.76
10.76	3.57	4.13	1.79	2.11	0.05	-0.41
1.48	0.77	1.13	0.33	0.74		0.03
18.34	12.60	6.60	1.70	4.60	0.03	-0.38
3.74	3.60	1.85	0.86	0.90		
334.38	164.31	168.55	63.48	93.93	0.92	-2.76
18.56	8.17	14.16	6.35	7.00	0.07	0.13
2.11	0.34	1.74	0.66	0.90	0.01	-0.15
6.71	2.19	2.82	1.09	1.56	0.03	-0.40
17.61	4.61	10.06	4.30	5.23	0.07	0.10
47.48	21.71	34.74	15.24	16.71	0.19	-0.34
74.11	41.22	44.27	16.73	23.95	0.32	-1.19
135.82	64.82	46.24	14.62	29.36	0.12	0.40
73.32	38.28	46.33	18.50	25.00	0.29	-1.35
157.25	**62.49**	**235.73**	**115.98**	**104.60**	**0.30**	**8.74**
8.40	4.49	8.43	4.07	3.70		-0.23

单位:亿元

项目	Item	资产总计 Total Assets	#流动资产 Crculating Assets	#固定资产 Fixed Assets
内资企业	Domestic Funded Enterprises	174.91	79.37	57.55
国有企业	State-owned Enterprises	9.06	2.85	4.57
集体企业	Collective-owned Enterprises	2.30	0.80	0.78
股份合作企业	Cooperative Enterprises	1.48	0.82	0.41
联营企业	Joint Ownership Enterprises	0.02	0.02	
国有联营企业	State Joint Ownership Enterprises			
集体联营企业	Collective Joint Ownership Enterprise	0.02	0.02	
国有与集体联营企业	Joint State-collective Enterprises			
其他联营企业	Other Joint Ownership Enterprises			
有限责任公司	Limited Liability Corporations	37.80	18.39	10.43
国有独资公司	State solely Funded Corporations	0.63	0.15	0.42
其他有限责任公司	Other Limited Liability Corporations	37.17	18.25	10.01
股份有限公司	Share-holding Corporations Ltd.	4.98	3.22	0.69
私营企业	Private Enterprises	116.67	52.44	39.44
私营独资企业	Private-funded Enterprises	20.92	8.06	9.58
私营合伙企业	Private Partnership Enterpises	1.96	0.90	0.71
私营有限责任公司	Private Limited Liability Corporations	89.93	41.33	28.53
私营股份有限公司	Private Share-holding Corporations Ltd.	3.86	2.16	0.62
其他企业	Other Enterprises	2.60	0.82	1.23
港、澳、台商投资企业	Enterprises with Funds from Hong, Macao and Taiwan	18.80	6.88	8.62
合资经营企业	Joint-venture Enterprises	4.97	2.44	1.28
合作经营企业	Cooperative Enterprises	0.54	0.28	0.26
独资经营企业	Enterprises with Sole Fund	13.29	4.16	7.08
港、澳、台商投资股份有限公司	Share-holding Corporations Ltd.			
外商投资企业	Foreign Funded Enterprises	26.03	9.25	7.09
合资经营企业	Joint-venture Enterprises	12.50	5.22	3.09
合作经营企业	Cooperative Enterprises			
独资经营企业	Enterprises with Sole Fund	11.04	3.50	3.07
外商投资股份有限公司	Share-holding Corporations Ltd.	2.49	0.53	0.92
按行业分组	**Grouped by Sector**			
正餐服务	Dinner Service	185.86	81.37	64.61
快餐服务	Snack Service	23.48	8.89	5.44
饮料及冷饮服务	Beverage and Cool Drink Service	1.98	0.43	1.09
其他餐饮服务	Other Catering Service	8.43	4.80	2.12
按经营方式分组	**Grouped by Business Mode**			
独立商店	Independent Stores	173.48	77.29	58.87
连锁商店总店	Chain Stores	27.84	10.57	7.03
连锁商店分店	Branches of Chain Stores	3.56	2.18	0.61
其他	Others	14.87	5.46	6.74

(100 million yuan)

负债合计 Total Liabilities	所有者权益合计 Owner' Equities	主营业务收入 Revenue from Principal Business	主营业务成本 Cost of Principle Business	主营业务利润 Profits from Major Business	其他业务利润 Profit from Other Business	利润总额 Total Profits
130.89	44.02	172.54	93.33	67.59	0.34	2.81
7.02	2.04	6.29	3.27	2.49		-0.27
1.77	0.54	1.96	1.14	0.71		-0.05
1.24	0.24	1.23	0.59	0.57		0.02
0.02		0.09	0.05	0.04		
0.02		0.09	0.05	0.04		
28.05	9.75	30.18	14.27	13.38	0.04	0.45
0.10	0.53	0.22	0.12	0.07		-0.01
27.95	9.22	29.96	14.15	13.31	0.04	0.46
3.61	1.36	3.73	1.97	1.57		0.05
87.99	28.67	125.76	69.84	47.86	0.28	2.51
11.84	9.08	21.50	13.40	6.86	0.03	0.91
1.40	0.56	2.99	1.78	1.07		0.09
72.02	17.91	95.54	51.56	37.70	0.25	1.37
2.74	1.12	5.72	3.11	2.23		0.13
1.19	1.41	3.30	2.19	0.97		0.10
10.22	8.58	12.64	5.31	6.34	0.02	0.37
3.56	1.41	7.73	3.22	3.77	0.01	0.75
0.12	0.43	0.14	0.06	0.07		-0.01
6.54	6.75	4.76	2.02	2.49	0.01	-0.37
16.15	9.88	50.55	17.34	30.67	-0.06	5.56
9.05	3.45	23.00	7.79	14.05	0.01	2.45
3.50	7.54	23.26	7.90	14.20	-0.06	3.08
3.60	-1.11	4.29	1.66	2.42		0.03
136.91	48.94	161.92	87.42	63.01	0.33	1.38
16.30	7.18	55.66	20.24	32.66	-0.06	6.11
-0.64	2.62	2.82	0.77	1.89		0.23
4.69	3.74	15.33	7.55	7.04	0.04	1.02
128.24	45.24	154.92	84.08	60.44	0.33	1.77
16.76	11.09	63.24	22.04	37.87	-0.05	6.99
2.76	0.79	4.23	2.05	1.53	0.01	-0.06
9.49	5.37	13.35	7.81	4.76	0.02	0.04

14－10 批发和零售业、住宿和餐饮业连锁总店经营情况（2010 年）

项目	Item	连锁总店数（个）Number of Chain Shops (unit)	连锁门店数（个）Number of Chain Stores (unit)	#在省外门店 Outside the Province
总计	**Total**	**197**	**18905**	**2298**
批发和零售业	**Retail Trade**	**172**	**17822**	**1992**
#外商及港澳、台、投资	Enterprises Prisese with Funds from Hong Kong, Macao Taiwan and Foreign Fanded	23	2714	441
按零售业态分	Grouped by Store Type			
百货商店	Department Store	4	1046	7
超级市场	Supermarket	43	4541	463
专业店	Specialty Store	98	11274	1166
专卖店	Franchised Store	12	364	356
便利店	Convenience Store	11	411	
家居建材店	Building Material Store	3	4	
其他	Other Store	1	182	
住宿业	**Hotel Service**	**2**	**18**	
餐饮业	**Catering Service**	**23**	**1065**	**306**
#外商及港、澳、台投资	Enterprises Prisese with Funds from Hong Kong, Macao Taiwan and Foreign Fanded	9	700	190
按行业分	Grouped by Sector			
正餐	Dinner	7	20	
快餐	Fast Food Snack	12	917	120
其他	Others	4	128	186

Management Conditions of General Chain Stores of Wholesale and Retail Sale Trade, Hotel and Catering Trade Service (2010)

商品销售总额（或营业总收入）（亿元）Total Sales of Commodities (100 million yuan)	#商品零售额 Retail Sales	零售或餐饮营业面积（万平方米）Business Area for Retail and Catering Service (10000 sq. m)	从业人员（万人）Employees (10000 persons)
4457.40	**2655.12**	**1768.36**	**40.00**
4392.61	**2591.05**	**1729.50**	**35.10**
941.34	761.15	454.21	13.02
187.90	143.05	69.80	2.01
842.99	692.59	473.57	13.65
3239.67	1665.13	1111.30	18.61
24.36	24.27	10.35	0.29
5.90	5.85	2.95	0.25
4.55	4.54	6.94	0.05
87.24	55.62	54.60	0.25
0.72	**0.01**	**0.03**	**0.04**
64.06	**64.06**	**38.82**	**4.85**
52.69	52.69	28.67	3.93
2.02	2.02	1.39	0.08
56.74	56.73	30.33	4.42
5.31	5.31	7.10	0.36

14－11 亿元以上商品交易市场基本情况（2010 年）

项　　目	Item	市场个数（个）Number of Markets (unit)	年末摊位数（个）Number of Booths at Year-end (unit)
总　计	**Total**	**553**	**362831**
按经营环境分	**Grouped by Business Environment**		
露天式	Open Air	72	26921
封闭式	Close	392	285671
其他	Others	89	50239
按经营方式分	**Grouped by Business Mode**		
批发	Whole Sale	282	216011
零售	Retail Sale	271	146820
按市场类别分	**Grouped by Catergary of Market**		
综合市场	Integrated Market	176	131940
综合贸易市场	Integrated Trade Market	176	131940
生产资料综合市场	Integrated Production Material Market	8	10900
工业消费品综合市场	Integrated Industrial Consumer Goods Market	25	36814
农产品综合市场	Integrated Farm Products Market	125	68547
其他综合市场	Others	18	15679
专业市场	Specialty Market	377	230891
生产资料市场	Production Goods Market	115	56719
农业生产用具市场	Agricultural Production Appliances Market	1	550
农用生产资料市场	Means of Agricultural Production	3	436
煤炭市场	Coal	1	33
木材市场	Wood	10	4933
建材市场	Building Material	38	19311
化工材料及制品市场	Chemical Material and Products	8	6647
金属材料市场	Matel Materials	47	20055
机械设备市场	Machinery	4	1554
其他生产资料市场	Others	3	3200
农产品市场	Farm Products Market	82	31380
粮油市场	Grain and Oil	7	1053
肉禽蛋市场	Meat, Poultry and Eggs	18	3512
水产品市场	Aquatic Products	24	8233
蔬菜市场	Vegetables	15	6365
干鲜果品市场	Dried and Fresh Fruits	9	6854
棉麻土畜、烟叶市场	Cotton, Hemp, Livestock and Tobacco Leaf		
其他农产品市场	Others	9	5363
食品、饮料及烟酒市场	Food, Beverage, Tobacco and Alcohol Market	19	8595
食品饮料市场	Food and Beverage	8	3569
茶叶市场	Tea	1	420
烟酒市场	Tobacco and Alcohol	1	200
其他食品、饮料及烟酒市场	Others	9	4406
纺织、服装、鞋帽市场	Textile Products, Garment, Footware and Head-gear Market	32	74091
布料及纺织市场	Cloth and Testile Products	8	19776
服装市场	Garment	10	31574

Basic Condition of Transaction Markets with Transaction Value over 100 Million Yuan (2010)

年末已出租摊位（个）Number of Rented Booths at Year-end (unit)	#出租给个体 Rented to Individuals	商品成交额（亿元）Transaction Value (100 million yuan)	营业面积（万平方米）Business Area (10000 sq. m)	交易业主从业人员（万人）Persons Engaged by Transaction Proprietor (10000 persons)
332515	**313258**	**11754.31**	**2965.77**	**93.05**
25168	23955	1185.27	318.10	9.73
262228	249835	8037.91	2144.77	71.13
45119	39468	2531.14	502.90	12.19
193405	180105	10035.74	2139.99	65.51
139110	133153	1718.57	825.78	27.54
119968	115400	1906.69	606.74	25.28
119968	115400	1906.69	606.74	25.28
10429	7853	174.04	143.44	2.01
32343	31179	444.54	97.97	7.65
62365	61706	930.32	252.63	12.05
14831	14662	357.79	112.71	3.56
212547	197858	9847.62	2359.04	67.77
47518	38658	4731.44	823.16	16.96
468	465	5.51	4.59	0.13
320	318	9.77	3.03	0.12
33	33	14.99	20.00	0.02
4745	4110	72.30	74.81	0.98
16850	15563	375.08	317.31	4.54
5420	4393	900.37	34.12	2.54
16920	11140	3295.63	327.47	7.75
1192	1188	41.62	13.34	0.44
1570	1448	16.18	28.50	0.42
28850	28287	762.54	245.96	8.57
922	912	110.10	31.10	0.36
3176	3106	133.74	14.92	0.70
7186	7145	211.28	72.82	2.69
6091	6088	136.50	33.55	1.73
6595	6515	113.85	37.23	1.12
4880	4521	57.07	56.35	1.97
7110	7023	354.60	109.79	2.33
2616	2571	71.12	51.19	0.84
420	380	1.81	4.00	0.02
180	180	2.03	0.32	0.04
3894	3892	279.63	54.28	1.43
73387	71193	2646.59	411.30	21.70
19610	18206	1662.38	162.68	6.44
31420	30679	692.01	124.96	8.80

14－11 续 表

项 目	Item	市场个数（个）Number of Markets (unit)	年末摊位数（个）Number of Booths at Year-end (unit)
鞋帽市场	Footware and Headgear	4	2868
其他纺织服装鞋帽市场	Others	10	19873
日用品及文化用品市场	Commodity and Culture Articles Market	10	5690
小商品市场	Small Commodities	5	4383
箱包市场	Boxes and Bags		
玩具市场	Toyes		
文具市场	Stationeries		
图书、报刊杂志市场	Books, Newspapers and Magazines	2	208
音像制品及电子出版物市场	Audio and Video Products and E-journal	1	305
体育用品市场	Sports Goods		
其他日用品及文化用品市场	Others	2	794
黄金、珠宝、玉器等首饰市场	Gold, Jewelry and Jade Article Market	2	1287
黄金、珠宝、玉器等首饰市场	Gold, Jewelry and Jade Article Market	2	1287
电器、通讯器材、电子设备市场	Electrical Appliances, Communications Equipments and Electronic Equipment Market	8	3286
家电市场	Electric Household Appliances	1	200
通讯器材市场	Communications Equipments	1	1732
照相、摄像器材市场	Photographic and Video Equipments		
计算机及辅助设备市场	Computers and Ancillary Equipments	6	1354
其他电器、通讯器材、电子设备市场	Others		
医药、医疗用品及器材市场	Medicine, Medical Articles and Appliances	1	300
中药材市场	Chinese Traditional Medicine Material		
其他医药、医疗用品及器材市场	Others	1	300
家具、五金及装饰材料市场	Furniture, Hardware and Decorating Material Market	74	40670
家具市场	Furniture	20	10817
装饰材料市场	Decorating Material	28	9522
灯具市场	Lamps and Lanterns	4	2826
厨具、盥洗设备市场	Kitchenware and Toilet Facility		
五金材料市场	Hardware Material	12	10536
其他装修市场	Others	10	6969
汽车、摩托车及零配件市场	Motor Vehicles, Motorcycles and Spare Parts Market	24	4388
汽车市场	Motor Vehicles	18	2143
摩托车市场	Motorcycles		
机动车零配件市场	Spare Parts for Motor－driven Vehicles	6	2245
花、鸟、鱼、虫市场	Flowers, Birds, Fish and Insects Market	4	3110
花卉市场	Flowers	4	3110
鸟市场	Birds		
观赏鱼市场	Display Fish		
其他花鸟鱼虫市场	Others		
旧货市场	Secondhand Goods	1	60
古玩、古董、字画市场	Antiques, Calligraphy and Painting		
邮票、硬币市场	Stamps and Coins		
其他旧货市场	Others	1	60
其他专业市场	Other Speciality Markets	5	1315

14－11 Continued

年末已出租摊位（个）Number of Rented Booths at Year-end (unit)	#出租给个体 Rented to Individuals	商品成交额（亿元）Transaction Value (100 million yuan)	营业面积（万平方米）Business Area (10000 sq. m)	交易业主从业人员（万人）Persons Engaged by Transaction Proprietor (10000 persons)
2868	2868	33.22	74.67	0.34
19489	19440	258.98	48.99	6.11
5606	5600	28.41	10.05	1.30
4352	4346	19.20	4.97	0.85
161	161	4.32	1.59	0.05
305	305	1.38	1.10	0.12
788	788	3.52	2.40	0.29
1286	1286	48.16	7.30	0.56
1286	1286	48.16	7.30	0.56
3266	3020	50.32	8.89	0.81
200	200	4.15	1.10	0.03
1732	1720	5.26	4.43	0.32
1334	1100	40.91	3.37	0.46
300	300	45.64	3.60	0.09
300	300	45.64	3.60	0.09
37546	35323	761.07	550.61	12.72
10162	9792	155.50	184.78	5.01
8579	7540	148.40	134.18	1.94
2826	2826	65.08	30.25	0.60
9011	8338	223.52	71.48	2.03
6968	6827	168.57	129.93	3.13
3667	3262	307.06	136.36	1.69
1740	1381	241.01	106.68	1.02
1927	1881	66.06	29.68	0.67
2756	2666	86.86	41.90	0.78
2756	2666	86.86	41.90	0.78
60	55	1.80	3.70	0.01
60	55	1.80	3.70	0.01
1195	1185	23.13	6.41	0.27

14－12 省外批发和零售业、住宿和餐饮业连锁总店在江苏分店经营情况(2010) Management Conditions of Branch Stores of Wholesale and Retail Sale Trade Hotel and Catering Trade of General Chain Stores of Other Province in Jiangsu(2010)

项目	Item	连锁门店数(个) Number of Chain Stores (unit)	商品销售总额(或营业总收入)(亿元) Total Sales of Commodities (100 million yuan)	#商品零售额 Retail Sales	零售或餐饮营业面积(平方米) Business Area for Retail and Catering service (sq. m)	从业人员(人) Employees (person)
总计	**Total**	**93**	**94.14**	**91.72**	**58.16**	**1.30**
批发和零售业	**Retail Trade**	**63**	**91.43**	**89.73**	**56.68**	**1.11**
#外商及港、澳、台投资	Enterprisese with Funds from Hong Kong, Macao Taiwan and Foreign Fanded	9	7.25	7.25	3.18	0.07
按零售业态分	Grouped by Store Type					
百货商店	Department Store	4	3.06	3.06	5.51	0.03
超级市场	Supermarket	39	58.89	57.81	37.54	0.79
专业店	Specialty Store	5	13.10	12.68	10.01	0.13
专卖店	Franchised Store	5	1.95	1.95	0.43	0.01
便利店	Convenience Store	2	1.78	1.78	0.78	0.09
家居建材店	Building Material Store					
其他	Other Store	8	12.65	12.45	2.41	0.06
住宿业	**Hotel Service**	**6**	**0.88**	**0.16**	**0.29**	**0.05**
餐饮业	**Catering Service**	**24**	**1.84**	**1.84**	**1.19**	**0.13**
#外商及港、澳、台投资	Enterprisese with Funds from Hong Kong, Macao, Taiwan and Foreign Funded	6	0.35	0.35	0.26	0.02
按行业分	Grouped by Sector					
正餐	Dinner	8	0.74	0.74	0.59	0.04
快餐	Fast Food Snack	11	0.82	0.82	0.42	0.07
其他	Others	5	0.28	0.28	0.17	0.02

14－13 旅游业发展情况
Development of Tourism

指　标		Item	2000	2004	2005	2006
旅行社数	（个）	Number of Travel Agencies (unit)	646	1167	1307	1478
星级饭店数	（个）	Number of Star－rated Hotel (unit)	408	641	722	799
入境旅游人数	（万人次）	Number of Overseas Visitor Arrivals (10000 person－times)	160.94	306.57	378.30	445.19
外国人		Foreigners	98.15	214.24	262.15	314.89
香港同胞		Chinese Compatriots from Hong Kong	24.89	35.39	41.34	47.41
澳门同胞		Chinese Compatriots from Macao	2.17	3.09	3.65	4.30
台湾同胞		Chinese Compatriots from Taiwan	35.73	53.85	71.16	78.59
国内旅游人数	（亿人次）	Number of Domestic Visitors (100 million person－times)	0.72	1.47	1.72	1.99
旅游收入		Tourism Earnings				
旅游外汇收入	（亿美元）	Foreign Exchange Earnings from International Tourism (100 million USD)	7.24	17.63	22.60	27.87
国内旅游收入	（亿元）	Earnings from Domestic Tourism (100 million USD)	587.52	1289.82	1625.62	2012.15

14－13 续表 Continued

指　标		Item	2007	2008	2009	2010
旅行社数	（个）	Number of Travel Agencies (unit)	1582	1661	1704	1857
星级饭店数	（个）	Number of Star－rated Hotel (unit)	850	895	944	902
入境旅游人数	（万人次）	Number of Overseas Visitor Arrivals (10000 person－times)	512.55	544.30	556.83	653.55
外国人		Foreigners	369.20	396.11	396.07	473.50
香港同胞		Chinese Compatriots from Hong Kong	48.91	49.75	54.04	56.96
澳门同胞		Chinese Compatriots from Macao	5.02	5.47	7.04	7.17
台湾同胞		Chinese Compatriots from Taiwan	89.42	92.97	99.68	115.92
国内旅游人数	（亿人次）	Number of Domestic Visitors (100 million person－times)	2.32	2.61	2.97	3.55
旅游收入		Tourism Earnings				
旅游外汇收入	（亿美元）	Foreign Exchange Earnings from International Tourism (100 million USD)	34.69	38.80	40.16	47.83
国内旅游收入	（亿元）	Earnings from Domestic Tourism (100 million USD)	2508.30	2933.21	3449.50	4287.86

14－14　接待海外旅游者人数和收入

Number of Ouerseas Tourists Received and Earnings

指　标	Item	1995	2000	2005	2009	2010
接待人数　（人次）	**Number of Received Tourists (person-times)**	**767692**	**1609439**	**3783023**	**5568257**	**6535498**
外国人	Foreigners	503278	981486	2621472	3960676	4734996
亚洲	Asia		630705	1597371	2124613	2624108
日本	Japan	175849	299176	635260	952862	1129775
菲律宾	Philippines	2591	4436	21791	31910	38971
新加坡	Singapore	37170	58513	133521	181930	218380
泰国	Thailand	6494	19623	63427	58558	85253
印度尼西亚	Indonesia	8308	14548	36298	44152	64835
马来西亚	Malaysia	21893	115748	232236	168749	235926
韩国	Korea	23560	96849	353345	448502	553331
其他	Others		21812	121493	237950	297637
美洲	America		131620	388015	645669	827525
美国	United States	40815	108455	303362	439504	548192
加拿大	Canada	7402	17388	65294	112212	171362
其他	Others		5777	19359	93953	107971
欧洲	Europe		168221	496143	867613	967371
英国	United Kingdom	19590	28567	77726	159865	182089
法国	France	22091	32960	77917	111939	122234
德国	Germany	27052	30394	119195	211819	244057
意大利	Italy	16103	19239	51965	63242	73654
瑞士	Switzerland		4842	14938	19026	24371
瑞典	Sweden		5652	21332	24176	29155
俄罗斯	Russia Fed.	1668	7024	21867	51224	45431
西班牙	Spain	8112	7162	29474	29808	30800
其他	Others		32381	81729	196514	215580
大洋洲	Oceania		24537	100238	198173	214226
澳大利亚	Australia	6533	20522	73928	134114	158935
其他	Others		4015	26310	64059	55291
非洲及其他	Africa and Others		26403	39705	124608	101766
香港同胞	Chinese Compatriots from Hong Kong	146636	248958	413467	540442	569562
澳门同胞	Chinese Compatriots from Macao		21653	36501	70379	71677
台湾同胞	Chinese Compatriots from Taiwan	117778	357342	711583	996760	1159263
接待人天数　（人天）	**Number of Received (person-days)**	**1734032**	**6103764**	**14369090**	**23411512**	**27433741**
外国人	Foreigners	1193235	3669436	10071313	16774997	19668542
香港同胞	Chinese Compatriots from Hong Kong	281358	557459	1387882	2195906	2530030
澳门同胞	Chinese Compatriots from Macao		65491	121217	199928	224431
台湾同胞	Chinese Compatriots from Taiwan	259439	1811378	2788678	4240681	5010738
旅游外汇收入　（万美元）	**Foreign Exchange Earnings From Tourism (USD 10000)**	**25988**	**72384**	**225974**	**401601**	**478343**

14－15 分市接待海外旅游者人数和收入
Number of Overseas Tourists Received by Cities

指　　标	Item	1995	2000	2005	2009	2010
接待人数　　（人次）	**Number of Received Tourists (person-times)**	**767692**	**1609439**	**3783023**	**5568257**	**6535498**
南京市	Nanjing City	231704	419006	876279	1134515	1308791
无锡市	Wuxi City	150553	283739	616786	629500	791592
徐州市	Xuzhou City	4988	17825	73010	139147	158277
常州市	Changzhou City	19474	33067	181966	305581	359067
苏州市	Suzhou City	245700	566672	1185892	1695126	2075299
南通市	Nantong City	29556	58257	151305	299866	355133
连云港市	Lianyungang City	4488	11518	53758	100076	116663
淮安市	Huaian City	2513	6307	21634	26264	28313
盐城市	Yancheng City	3017	10903	40710	54938	62100
扬州市	Yangzhou City	38177	85477	238649	500251	560113
镇江市	Zhenjiang City	37522	104906	306482	588935	613277
泰州市	Taizhou City		9082	29249	68151	79016
宿迁市	Suqian City		2680	7303	25907	27857
旅游外汇收入　（万美元）	**Foreign Exchange Earnings From Tourism (USD 10000)**	**25988**	**72384**	**225974**	**401601**	**478343**
南京市	Nanjing City	9129	22107	57557	83728	98062
无锡市	Wuxi City	5211	9787	26323	34889	48146
徐州市	Xuzhou City	229	1307	5658	13194	15287
常州市	Changzhou City	1042	2412	14364	29398	34707
苏州市	Suzhou City	7060	20136	63905	99725	125059
南通市	Nantong City	1114	4803	13531	30933	36066
连云港市	Lianyungang City	238	791	4601	9173	10747
淮安市	Huaian City	60	418	1322	2090	2475
盐城市	Yancheng City	123	809	2125	3903	4535
扬州市	Yangzhou City	1024	3935	15177	40131	45988
镇江市	Zhenjiang City	761	4988	17988	45435	46966
泰州市	Taizhou City		676	2899	6872	7931
宿迁市	Suqian City		217	524	2130	2375

注:1995年扬州包括泰州,淮安包括宿迁。

Note: In1995, Taizhou was included in Yangzhou, Suqian was included in Huaian.

14－16　国内旅游人数和收入

Total Number of Domestic Tourists and Earnings from Domestic Tourism

项　目	Item	1995	2000	2005	2009	2010
接待人数　（万人次）	**Number of Received Tourists (10000 person-times)**	**4403.40**	**7191.53**	**17234.26**	**29726.60**	**35518.60**
南京市	Nanjing City	764.66	1272.70	3189.66	5519.91	6365.50
无锡市	Wuxi City	841.08	1127.77	2637.50	4310.48	5067.27
徐州市	Xuzhou City	177.84	360.09	993.59	1790.91	2049.40
常州市	Changzhou City	331.30	428.33	1282.78	2342.81	2802.43
苏州市	Suzhou City	821.06	1496.05	3656.87	5869.67	7004.88
南通市	Nantong City	228.44	319.88	743.08	1483.26	1756.79
连云港市	Lianyungang City	120.12	308.49	700.28	1210.28	1392.73
淮安市	Huaian City	299.85	280.89	549.85	1010.03	1156.29
盐城市	Yancheng City	258.18	328.80	529.91	961.75	1105.39
扬州市	Yangzhou City	301.20	436.66	1113.05	2265.50	2647.22
镇江市	Zhenjiang City	259.67	442.75	1166.97	2242.37	2607.45
泰州市	Taizhou City		286.02	488.28	933.24	1072.83
宿迁市	Suqian City		103.10	182.44	427.74	490.42
国内旅游收入　（亿元）	**Earnings from Domestic Tourism (100 million yuan)**	**261.07**	**587.52**	**1625.62**	**3449.50**	**4287.86**
南京市	Nanjing City	51.55	101.08	328.20	720.24	852.41
无锡市	Wuxi City	48.85	101.75	280.07	595.12	703.92
徐州市	Xuzhou City	8.18	23.87	76.81	183.97	215.84
常州市	Changzhou City	22.12	36.10	114.42	262.29	320.75
苏州市	Suzhou City	44.42	125.22	380.28	772.79	917.76
南通市	Nantong City	16.29	28.24	65.13	162.17	202.26
连云港市	Lianyungang City	7.97	24.21	61.06	128.31	153.58
淮安市	Huaian City	12.81	12.48	34.55	99.52	118.59
盐城市	Yancheng City	18.70	29.46	38.04	83.05	99.10
扬州市	Yangzhou City	19.14	37.26	92.36	225.93	271.84
镇江市	Zhenjiang City	11.04	41.93	103.48	234.30	285.59
泰州市	Taizhou City		20.46	41.01	94.90	113.34
宿迁市	Suqian City		5.46	10.21	27.71	32.88

注：1995 年扬州包括泰州；淮安包括宿迁。

Note: In 1995, Taizhou was included in Yangzhou, Suqian was included in Huaian.

主要统计指标解释

社会消费品零售总额 指各种经济类型的批发和零售业、住宿和餐饮业及其他行业对城乡居民和社会集团的消费品零售额总和。这个指标反映通过各种商品流通渠道向居民和社会集团供应的生活消费品来满足他们的生活需要,是研究人民生活、社会消费品购买力、货币流通等问题的重要指标。对居民的消费品零售额:指售给城乡居民用于生活消费的商品。对社会集团的消费品零售额:指售给机关、团体、部队、学校、企业、事业单位和城市街道居民委员会、农村村民委员会用公款购买的用作非生产、非经营使用的消费品。

社会消费品零售总额包括:(1)售给城乡居民作为生活用的商品及修建房屋用的建筑材料;(2)售给机关、团体、学校、部队、企业、事业单位的职工食堂和旅店(招待所)附设专门供本店旅客食用,不对外营业的食堂的各种食品、燃料;企业、单位和国营农场直接售给本单位职工和职工食堂的自己生产的产品;(3)售给部队干部、战士生活用的粮食、副食品、衣着品、日用品、燃料;(4)售给来华的外国人、华侨、港澳台同胞的消费品(包括友谊商店、在海关前后设立的免税商店、外轮供应公司等);(5)居民自费购买的中、西药品,中药材及医疗用品;(6)报社、出版社直接售给居民和社会集团的报纸、图书、杂志,集邮公司(包括邮局集邮专柜)出售的新、旧(盖销的)纪念邮票、特种邮票、首日封、集邮册、集邮工具等;(7)旧货寄售商店(信托商店)自购、自销部分的商品零售额;(8)煤气公司、液化石油气站售给居民和社会集团的的煤气灶具和灌装液化石油气;(9)售给社会集团的办公用品、纸张、帐册、文印用品、计算工具、书报杂志和奖品;公共用品和纺织品、针织品;学校用的教学用具;文体用品;非专用的劳动保护用品,如工作服、套袖、围裙、手套、毛巾、肥皂等;日用百货和杂品,包括职工食堂用的餐具、炊具、设备和清洁卫生工具等;家具、设备、日用电器、电讯设备、电影器材和照相器材等;取暖用的设备和燃料,防暑、降温的饮料;非生产经营用的交通工具,如小轿车、面包车、工具车、卡车和油料;零星修理用的各种零配件、材料、工具,建筑材料等;举办各种招待会、茶话会、宴会用的烟酒茶和各种食品及馈赠的礼品;从公费医疗经费中开支的中、西药品、中药材和医疗器材以及其他非生产性设备和用品。

社会消费品零售额不包括:(1)农民之间相互买卖的商品;(2)城市居民通过市场或其他形式在城市居民中相互转让出售旧的生活用品;(3)售给农民或村办的生产单位各种生产工具、原材料和辅助材料;(4)售给国有农场、国有拖拉机站、排灌站、农村集体、农业生产单位和农民的各种农业生产资料和燃料;(5)售给工业(包括科研单位附属的工厂、学校办工厂)、交通运输业、建筑安装企业和建筑单位用的各种生产资料和建筑材料;(6)售给饮食业加工用的粮食、副食品、调味品、燃料等;(7)售给批发和零售业、住宿和餐饮业、居民服务业(旅行社、理发店、旅馆、照相馆、日用品修理业等)、公共事业等单位直接用于业务经营活动方面的设备、工具、器材、原料、材料、燃料和印制各种票证用的纸张等;(8)售给各种经济类型的批发和零售业、餐饮业作为转卖或加工后专卖的商品;(9)旧货寄售商店(信托商店)受居民委托寄售卖出的商品;(10)公用事业的营业收入(如市内公共汽车、电车、轮渡的车船票收入、公园门票收入等)、服务业的营业收入(如旅店的房租收入、理发店的理发收入、日用品修理行业的修理费收入等)、文化艺术事业收入(如电影、戏剧票收入、博物馆门票收入等);(11)邮电局出售邮票(包括普通邮票、纪念邮票、特种邮票)、汇款单、电报稿纸的收入;(12)自来水、电力、煤气热力生产(供应)单位的产品通过管道、输电线路供应给居民和社会集团的水、电、煤气、暖气的收入;(13)售给对外营业影剧院的设备和器材;(14)售给自然科学研究单位直接用于科学研究的各种仪器仪表、化学试剂。元器件,工具和其它有关设备;(15)售给消防队、清洁队、出租汽车公司等单位用于业务活动的设备、车辆和燃料;(16)售给企业单位生产上专用的劳动保护用品,包括绝缘、防毒、耐酸、耐油,防烧、隔热以及高空、水下作业用的专用防护设备和用品;(17)售给民政部门救灾用的商品,售给人防工程的设备和材料。

批发和零售业商品购、销、存总额 指各种登记注册类型的批发和零售企业、产业活动单位、个体经营者以本单位为总体的商品购进、销售、库存总额。

商品购进总额 指从本单位以外的单位和个人购进(包括从境外直接进口)作为转卖或加工后转卖的商品总额。

商品销售总额 指对本单位以外的单位和个人出售(包括对境外直接出口)本单位经营的商品总额(含增值税)。

商品批发额 指商品零售额以外的一切商品销售额。包括售给生产经营单位用于生产或经营用的商品销售额;售给批发和零售业、餐饮业用于转卖或加工后转卖的商品销售额;直接向国(境)外出口和委托外贸部门代理出口的商品销售额。

商品零售额 指售给城乡居民用于生活消费、售给社会集团用公款购买用作非生产、非经营使用的商品销售额。

商品库存总额 指报告期末各种登记注册类型的批发和零售业企业、产业活动单位、个体经营者已取得所有权的商品。

商品交易市场 指有固定场所、设施,有若干经营者入场实行集中、公开交易各类实物商品的市场。

商品交易市场成交额 指商品交易市场内所有经营者所实现的商品销售金额。商品交易市场包括消费品市场和生产资料市场。

旅游者人数

(1)入境国际旅游者人数:指来中国参观、访问、旅行、探亲、访友、休养、考察、参加会议和从事经济、科技、文化、教育、宗教等活动的外国人、华侨、港澳同胞和台湾同胞的人数。不包括外国在我国的常驻机构,如使领馆、通讯社、企业办事处的工作人员;来我国常住的外国专家、留学生以及在岸逗留不过夜人员。

(2)出境居民人数:指大陆居民因公务活动或私人事务短期出境的人数。公务活动出境居民人数包括在国际交通工具上的中国服务员工,因私出境居民人数不包括在国际交通工具上的中国服务员工。

(3)国内旅游者人数:指我国大陆居民和在我国常住1年以上的外国人、华侨、港澳台同胞离开常住地在境内其他地方的旅游设施内至少停留一夜,最长不超过6个月的人数。

国际旅游(外汇)收入 指入境旅游的外国人、华侨、港澳同胞和台湾同胞在中国大陆旅游过程中发生的一切旅游支出,对于国家来说就是国际旅游(外汇)收入。

Explanatory Notes on Main Statistical Indicators

Total Retail Sales of Consumer Goods refers to the sum of consumer goods sold by various economic ownerships of wholesale, retail sales, hotel and catering trade and other sectors to urban and rural residents and social groups. This indicator is used to show the supply of consumer goods through various channels to residents and social groups. It is a very important indicator for the study on problem of people' s livelihood, social consumer goods purchasing power and currency circulation etc.. Retail sales of consumer goods sold to residents, refers to the commodities sold to urban and rural residents for their daily use. Retail sales of consumer goods sold to social groups, refers to the commodities sold to agencies, social groups, military units, schools, enterprises, institutions, urban sub-district committee and village committee for non-production and non-operation use, and purchased by public money of these units.

The Retail Sales of Consumer Goods Include: (1) commodities sold to urban and rural residents for their daily use, and building materials sold to them for the construction and repair of houses. (2) food and fuel sold to canteens of hotels and hostels that only serve their guests not the outside customers; commodities produced by enterprises, institutions or state farms and sold directly to their employees or their canteens; (3) grain and non-staple food, clothing, daily articles and fuels sold to cadres and soldiers of military units; (4) consumer goods sold to foreigners, overseas Chinese, and Chinese compatriots from Hong Kong, Macao and Taiwan (include friendship stores, tax-free shops), shops established in front of or behind the customs houses, foreign shipping supply companies; (5) Chinese and western medicines, herbs and medical facilities purchased by residents; (6) newspapers, books and magazines directly sold to residents and social groups by publishers, new and old commemorative stamps, special stamps, first-day covers, stamp albums and other stamp-collection articles sold by stamp companies (include stamp collection special cupboard of the post office); (7) consumer goods purchased and then sold by second-hand shops; (8) stoves and other heating facilities and liquefied gas sold to residents and social group by gas companies and liquefied gas stations; (9) Consumer goods sold to social groups and purchased by public money of these units including: office appliance and supplies, paper, account books, printers, counters, books, newspapers, magazines and awards, articles for common use, textile goods, knitting goods, teaching tools, stationery and sports goods, non-special use labor protection articles, such as working coat, over sleeves, aprons, gloves, towels and soaps, daily use articles and miscellaneous goods, include table ware, cook utensils, equipments, cleaning and hygiene tools of canteens, furniture, equipments, electric appliances, dispatch equipment, film and photo equipments; equipments and fuels for warm oneself, beverage for heatstroke prevention and temperature lowering; non-production transport tools, such as cars, mini-buses, tool vehicles, trunks and petroleum; spar parts and fitting, materials, tools and construction materials for old repairing user; tobacco, liquor, tea and foods of all kinds for reception, tea party, banquet, presentation of gifts; Chinese and western medicines, herb and medical facilities, and other non-production equipments and articles paid by expenditure for free medical services.

The Retail Sales of Consumer Goods Exclude: (1) Sales of commodities among the farmers; (2) daily use articles transferred and sold from each other through market or other types; (3) various production tools, raw materials and subsidiary materials sold to farmers or production units run by village; (4) various means of agricultural production and fuels sold to state-owned farms, state-owned tractor stations, irrigation and drainage stations, rural collective units and farmers and agricultural production units; (5) various mesa of production and building materials sold to factories (include attached factories of scientific research institutions, and factories run by schools), transportation industry, construction installation enterprises, construction units and residents; (6) grain non-staples foods, flavorings, fuels sold to catering trade for processing; (7) equipments, tools, facilities, raw materials, materials, fuels, paper for printing various cards, notes, certificates, and tickets, sold to wholesale and retail sales trade, hotel and catering trade, services (travel service, barber shops, hotels, photo studios, daily use articles repairing industries etc.), public services for the use of direct operational activities, (8) commodities sold to wholesale and retail sales trade, hotel and catering trade for the purpose of re-selling or re-selling after further processing; (9) commodities sold by second-hand combination shops (trust shops) trusted by residents; (10) operational revenue of public services

(revenue by sold tickets of urban buses, trolley buses, furry; entrance tickets of parks), operational revenue of services (such as rent of hotels, hair-cutting of barbershops, repairing of daily use articles); revenue of art and cultural industries (such as revenue by sold the tickets of films and dramas, and the entrance tickets of museums); (11) stamps (include ordinary stamps, commemorative stamps, special stamps), money orders, telegram papers sold by post and telecommunication offices; (12) revenue from tap water, electricity, gas, central heating sold to residents and social groups through pipe line, and transmission line by tap water, electricity, gas, gas heating production(supply) units; (13) revenue from equipments and facilities sold to operational theaters; (14) revenue from instruments, meters, chemical reagent, components, tools and other relative equipments sold to natural scientific research institutions for the use of direct scientific research; (15) revenue from equipments, vehicles and fuels sold to fire brigades, cleaning squads, taxi-companies for their business activities; (16) revenue from special labor protection radicals (include special protection equipments and article of insulation, gas defense, acid proof, oil-resisting, burning prevention, heat insulation, high altitude works and under water works) sold to production units; (17) revenue from disaster relief commodities sold to civil administration department; equipments and materials sold to civil defense projects.

Purchase, Sales and Stock of Commodities by Wholesale and Retail Trade refers to the purchase, sales and stock of commodities by wholesale and retail enterprises, industrial activity units and individual sellers of different status of registration.

Total Purchases of Commodities refers to the total value of purchases of commodities by the establishments from other establishments or individuals (including direct import from abroad) for the purpose of re-selling.

Total Sales of Commodities refers to the total value (included added tax) of commodities sold by the establishments to other establishments and individuals(including direct export).

Wholesale of Commodities refers to all the total sales of commodities except the retail sales of consumer goods. Included the sales of commodities to production or operation units for the purpose of production and operation; the sales of commodities to wholesale and retail sale trade and catering industry for the purpose of re-selling or re-selling after further processing; the sales of commodities for direct export to abroad or export on a commission basis by entrusted the foreign trade department.

Retail Sale of Commodities refers to the commodities sold to urban and rural residents for their daily use, to social groups for the use of non-production and non-operation and purchased by public money of the social groups.

Total Value of Commodity Stock refers to the total commodities owned by wholesale and retail sale enterprises, economic active units and individual sellers of various types of registration status at the end of the reference period.

Commodity Transaction Markets refers to the markets provided with fixed place and equipments, and there are some operators who engaged in transaction of various substantial commodities in the markets by public and concentrating transaction.

Value of Transaction at Transaction Markets refers to the total sales value of commodities realized by the operators in the transaction market. Commodity transaction markets include consumer good markets and means of production markets.

Number of Tourists

(1) International tourists refer to foreigners, overseas Chinese, Chinese compatriots from Hong Kong, Macao and Taiwan coming to China for sight-seeing, visits, tours, family reunions, vacations, study tours, conferences and other activities of a business, scientific and technological, cultural, educational and religious nature. It does not include representatives and employees of resident institutions of foreign countries in China such as embassies, consulates, news agencies and offices of foreign companies and organizations, nor does it include long-term foreign experts or students residing in China, or persons in transition without spending a night in China.

(2) Chinese residents going abroad refer to Chinese residents going abroad for short terms for either public business or private purposes. Chinese employees working on international transport carriers are included in those going abroad for public business purpose, not in those for private purpose.

(3) Domestic tourists refer to residents of the mainland of China who stay for one night at least but no more than 6 months at tourist facilities in other places than their permanent residence within the territory of the mainland China, including foreigners, overseas Chinese and Chinese compatriots from Hong Kong, Macao and Taiwan who have resided in China for over one year.

Foreign Exchange Earnings from International Tourism refer to the total expenditures of foreigners, overseas Chinese, Chinese compatriots from Hong Kong, Macao and Taiwan during their stay in the mainland of China, which are earnings of foreign exchange from international tourism from the point of view from China.

15

教育、科技

Education, Science and Technology

简 要 说 明

一、本篇资料的主要内容

本篇主要反映科技、人才、专利、产品质量、教育情况等内容。

科技部分主要包括科技活动、研究与发展课题情况，县级以上政府部门所属研究与开发机构情况，大中型工业企业、高等学校科技活动情况；人才部分包括工程、农业、科研、卫生等各类专业技术人员数，各类人才资源情况；专利部分主要包括三种专利申请受理量，三种专利授权量；教育事业部分包括各级各类教育事业情况，各级各类学校招生、在校生、专任教师人数等情况。

二、本篇的资料来源

根据各部门制定的统计报表制度汇总加工整理而成。科技资料主要来自省科技厅、省教育厅、省统计局；人才资料来自省人力资源和社会保障厅；专利资料来自省知识产权局；产品质量资料来自省质量技术监督局；教育事业资料来自省教育厅。

Brief Introduction

Ⅰ. Main Contents

Data in this chapter show statistics on science and technology, talents, patents, quality of products, education.

Data on technology mainly include: data on scientific and technical activities, research and development (R&D) projects, state-owned R&D institutions above county level, large and medium-sized industrial enterprises, scientific and technical activities of institutions of higher education; data on talents mainly include: number of scientific and technical personnel of engineering, agriculture, scientific research, health care and so on, all kinds of human resources; data on patents mainly include: application of three kinds of patents accepted, three kinds of patents granted; data on education consist of education by level and type, new student enrolment, student enrolment full-time teachers of all kinds of school.

Ⅱ. Sources of Data

Data are collected and tabulated in accordance with the statistic reporting schemes stipulated by the departments concerned. Data on scientific and technical are mainly from Provincial Science and Technology Department, Education Department and Statistics Bureau; data on talents are from Provincial Human Resources and Social Security Department; data on patents are provided by Provincial Intellectual Property Office, data on product quality supervision are from Provincial Pledges Inspect Bureau; data on education are from Provincial Education Department.

15 -1 科技活动基本情况
Basic Statistics on Scientific and Technical Activities

指标	Item	2000	2005	2008	2009	2010
科技机构数 (个)	Number of Scientific and Technical Research Institutions (unit)	1784	3751	4761	7521	6798
科研单位	Research Institutions	355	159	307	135	135
大中型工业企业	Large and Medium-sized Industrial Enterprises	968	1193	1817	2249	2734
高等院校	Institutions of Higher Education	461	541	386	578	579
其他	Others		1858	2251	4559	3350
科技活动人员数 (万人)	Persons Engaged in Scientific and Technical Activities (10000 persons)	19.42	38.17	53.59	67.17	73.69
#大学本科及以上学历	Bechelor and Above Education Regree	11.03	23.08	35.06	24.41	25.54
研究与发展经费内部支出 (亿元)	Internal Expenses of Research and Development (100 million yuan)	50.83	270.30	584.57	717.12	871.39
研究与发展经费支出占地区生产总值比重 (%)	Ratio of Internal Expenses of Research and Development to GDP (%)	0.59	1.48	1.93	2.08	2.13

注:2009 年开始,科学家工程师改为"大学本科及以上学历人员。"

Note:Scientists and Engineers has been changed to "Bachelor and Above Education Degree" since 2009.

15 -2 研究与发展课题情况
Research and Development Projects

单位:项 (unit)

指标	Item	2000	2005	2008	2009	2010
研究与发展课题	Research and Development Projects	12962	29610	43745	67590	71815
#科研单位	Research Institutions	2477	1946	3653	3003	3583
高等院校	Institutes of Higher Education	7857	13503	17511	31334	44668
大中型工业企业	Large and Medium-sized Industrial Enterprises	2628	9241	11631	15647	10234
其他	Others		4920	10950	17606	13330
#基础研究	Basic Research	2214	5152	7441	14700	16594
应用研究	Applied Research	5538	8034	9727	18062	22650
实验发展	Experiment al Development	5210	16424	26577	26595	32571

15－3　县级以上政府部门所属研究与开发机构(2010 年)

项　　目	Item	机构数(个) Institutions (unit)	从业人员总数(人) Employees (person)
总　　计	**Total**	**135**	**15720**
按隶属关系分	by Administrative Relationship		
地方部门属	Local Departments	120	11349
省级部门属	Provincial Departments	54	9128
副省级部门属	Departments of Municipalities Directly under the Central Government in Plan	9	410
地市级部门属	Departments of City and Region Under Province	57	1811
中央部门属	Central Departments	15	4371
#中国科学院	Academy of Science of China	5	1377
按国民经济行业分	by Sector		
农、林、牧、渔业	Agriculture, Forestry, Animal Husbandry and Fishery	37	3900
农业	Farming	23	2738
林业	Forestry	3	364
畜牧业	Animal Husbandry	2	256
渔业	Fishery	7	459
农、林、牧、渔服务业	Service far Support of Agriculture	2	83
制造业	Manufacturing	13	1681
纺织服装、鞋、帽制造业	Manufacture of Textile Wearing, Apparel, Footwear and Caps		
印刷业和记录媒介的复制	Printing, Reproduction of Recording Media	1	25
医药制造业	Manufacture of Medicines	5	1012
通用设备制造业	Manufacture of General Purpose Machinery	3	351
专用设备制造业	Manufacture of Transport Equipment	1	186
电气机械及器材制造业	Manufacture of Electrical Machinery and Equipment		
通信设备、计算机及其他电子设备制造业	Manufacture of Communication Equipment, Computers and Other Electronic Equipment	1	71
仪器仪表及文化、办公用机械制造业	Manufacture of Measuring Instruments and Machinery for Cultural Activity and Office Work	1	25
电力、燃气及水的生产和供应业	Production and Supply of Electricity, Gas and Water	3	85
电力、热力的生产和供应业	Production and Supply of Electric Power and Heat Power	3	85
建筑业	Construction	2	139
房屋和土木工程建筑业	Housing and Civil Engineering Construction	2	139
交通运输、仓储和邮政业	Transport, Storage and Post	1	185
道路运输业	Road Transport	1	185
信息传输、计算机服务和软件业	Information Transmission, Computer Services and Software	1	12
计算机服务业	Computer Services	1	12
科学研究、技术服务和地质勘查业	Scientific Research, Technical Service and Geologic Prospecting	40	4776
研究与试验发展	Research and Experimental Development	14	1763
专业技术服务业	Professional Technology Service	19	1656
科技交流和推广服务业	Science & Technology Exchage and Popularization Service	4	589
地质勘查业	Gealogical Prospecting	3	768
水利、环境和公共设施管理业	Water Conservancy, Environment and Public Facility Management	16	2036
水利管理业	Water Conservancy Management	6	1421
环境管理业	Environmental Manegement	9	576
公共设施管理业	Public Facility Management	1	39
教育	Education	2	64
教育	Education	2	64
卫生、社会保障和社会福利业	Health Care, Social Security and Social Welfare	17	2756
卫生	Health Care	17	2756
文化、体育和娱乐业	Culture, Sports and Recreation	3	86
文化艺术业	Cultural and Artistic Industry	2	51
体育	Sports	1	35

State-owned Research and Development Institutions above County Level(2010)

#单位在职科技活动人员 Personnels Engaged in Scientific and Technical Activities	经费收入总额（万元） Total Funds Revenue (10000 yuan)	#政府资金 Government Appropriated	经费支出总额（万元） Total Expenditure (10000 yuan)	#科技经费支出 Expenditure for Science & Technology
12668	**672155**	**381116**	**647686**	**446062**
8896	441822	244587	435265	262536
7203	388771	216298	386135	231063
289	11852	7456	10762	7017
1404	41199	20833	38368	24457
3772	230333	136529	212421	183526
1208	78766	73085	70732	63467
2792	119473	99899	115635	98515
1995	90297	78538	84623	75110
200	6971	5796	6836	6789
173	4175	3460	3936	2161
354	14111	10984	16661	13019
70	3919	1123	3579	1436
1467	80891	46518	79799	47344
25	477	331	470	333
916	34027	5027	32468	4999
263	15310	13458	18919	14510
176	26295	26294	23163	23163
67	4329	1399	4300	3939
9	385		388	338
79	14019	13151	17402	15245
79	14019	13151	17402	15245
47	8537	49	8238	1204
47	8537	49	8238	1204
157	31286	3988	23259	23259
157	31286	3988	23259	23259
10	46	16	44	41
10	46	16	44	41
4097	198314	155370	188093	159365
1519	82649	74188	76485	66289
1355	64127	46315	64803	59832
570	20095	17416	18583	17120
653	31442	17450	28222	16124
1768	81404	36929	76304	67657
1290	61599	27864	59044	57844
466	19541	8890	16997	9565
12	263	176	263	249
60	2606	1433	2642	1727
60	2606	1433	2642	1727
2112	133466	21966	134331	29973
2112	133466	21966	134331	29973
79	2113	1797	1940	1732
45	774	542	723	575
34	1339	1255	1216	1158

15－4 县级以上政府部门所属研究与开发机构课题情况(2010 年)

指 标	Item	课题数(个) Number of Projects (unit)	#R&D 课题 R&D Projects	课题经费内部支出(万元) Intramural Expenditures on Projects (10000 yuan)
总 计	**Total**	**5813**	**3583**	**156625**
中央政府部门下达课题	Projects Assigned by Central Governmental Departments	2205	1643	90271
国家重大科技专项	Major National Science and Technology and Special	58	35	6062
自然科学基金课题	Natural Scientific Foundation	457	457	9072
863 计划课题	863 Plan	93	81	11432
国家科技支撑(攻关)计划课	National S&T Support Plan	187	123	13021
国家火炬计划课题	National Torch Plan	1		1
国家星火计划课题	National Spark Plan	6	2	35
国家 973 计划课题	National 973 Plan	47	47	2611
公益性行业科研专项	Public Welfare Industry Research Speical	150	87	6285
国家社会科学基金课题	National Social Scientific Fundation	9	9	171
其它课题	Other Projects	1197	802	41582
地方政府部门下达课题	Projects Assigned by Local Governmental Depurtments	2085	1101	35419
地方自然科学基金课题	Local Natural Scientific Fundation	154	154	888
地方科技攻关计划课题	Local Key Tackling Plan Items	307	217	5225
地方火炬计划课题	Local Torch Plan	1		10
地方星火计划课题	Local Spark Plan	1		
地方社会科学基金课题	Local Social Scientific Fundation	48	42	781
其它课题	Other Projects	1574	688	28480
企业委托课题	Projects Entrusted by Enterprises	963	364	17006
自选课题	Optional	331	290	7041
国际合作课题	International Coorperation	64	47	1738
其它课题	Others	165	138	5151

Projects of State-owned Research and Development Institutions above County Level(2010)

#政府资金 Govern-ment Approp-riation	#R&D 课题经费 Funds for R&D Projects	课题投入人员（人年） Project Personnels (man-years)	#R&D 人员 R&D Personnels	#外聘的流动研究人员 Floating Research Personnels Invited from Outside	#在读研究生 Postgraduates (studying)
121279	**93373**	**7746**	**5030**	**485**	**865**
82282	60129	3589	2454	260	537
5956	2482	158	86	5	21
8887	9072	584	584	77	155
11321	10953	155	129	27	28
7740	8807	404	265	12	42
1		5			
9	25	14	3		
2547	2611	64	64	6	19
6124	2206	230	110	10	35
171	171	30	30	9	2
39527	23803	1945	1184	115	235
27853	16477	2800	1628	108	206
819	888	194	194	7	28
4455	3151	406	266	17	60
		7			
44		5		1	
437	699	160	134	12	6
22099	11739	2028	1034	71	113
1005	5697	603	312	52	40
5493	5696	438	365	50	57
1167	1398	92	74	5	10
3480	3975	224	197	10	14

15-5 县级以上政府部门所属研究与开发机构基本情况 Basic Statistics on State-owned Research and Development Institutions above County Level

指标	Item	2000	2005	2008	2009	2010
机构数 (个)	Number of Institutions (unit)	313	146	144	138	135
职工总数 (人)	Employees (person)	44071	13482	16102	16189	15720
#科学家工程师	Scientists and Engineers	21122	7099	9630	8573	
经费收入总额 (亿元)	Funds Revenue (100 million yuan)	56.09	20.09	54.14	59.43	67.22
#政府拨款	Government Appropriations	24.88	13.67	29.05	34.02	38.11
经费支出总额 (亿元)	Expenditures (100 million yuan)	51.53	17.16	50.72	55.82	64.77
#基本建设支出	Expenditures for Capital Construction	4.14	3.28	7.95	8.23	6.66

15-6 县级以上政府部门所属研究与开发机构成果 Achievements of State-owned Research and Development Institutions above County Level

年份 Year	科学著作(种) Scientific Works	科学论文(篇) Scientific Papers (piece)
1978	2138(万字)	2532
1989	1717(万字)	3263
1990	2540(万字)	3728
1991	2454(万字)	3392
1992	2086(万字)	3962
1993	2273(万字)	4629
1994	2783(万字)	4049
1995	4196(万字)	4662
1996	107(部)	4378
1997	93	4906
1998	92	4798
1999	139	4782
2000	113	4774
2001	139	4872
2002	129	5502
2003	116	5463
2004	106	5214
2005	110	4306
2006	153	4920
2007	169	5396
2008	147	6259
2009	240	6779
2010	145	6919

15－7 大中型工业企业科技情况
Basic Statistics on Scientific and Technical Activities of Large and Medium-sized Industrial Enterprises

单位:亿元 (100 million yuan)

指标	Item	2000	2005	2008	2009	2010
企业数 (个)	Number of Enterprise (unit)	2091	3374	4792	4718	5418
#有科技机构的企业数	Enterprises Having S&T Institutions	779	1695	2508	2159	2257
企业办科技机构数 (个)	Science and Technology Institutions of Enterprises (unit)	968	1193	1817	2249	2734
从事科技的人员数 (万人)	Personnel Engaed in S&T Activities (10000 persons)	14.71	20.25	29.34	31.84	40.51
#科技机构中的人员	Personnel in Science and Technology Institutions	4.46	6.20	11.20	14.05	16.57
#有高中级职称或大学本科及以上学历的人员	Personnel with Senior or Medium, Professional Title or over Regular College Schooling	2.65	3.89	7.27	8.39	10.07
R&D 经费内部支出总额	Funding for S&T Activities	33.15	175.84	403.12	451.51	551.35
经常性支出	Appropriations from Higher Authorities	30.95	164.15	376.31	421.49	484.36
#R&D 人员劳务费	Loans from Firancial Institutions	8.15	43.24	99.13	111.03	119.38
资产性支出	Seff-raised Funds by Enterprise	2.20	11.69	26.81	30.03	66.99
#土建工程	Total Expenditures on S&T Activities	0.17	0.89	2.04	2.29	3.26
仪器设备	Intramural Expenditures	2.04	10.80	24.71	27.74	63.73
R&D 经费来源	Raw Materials					
#政府资金	Purchases or Construction of Fixed Assets	0.91	4.81	11.04	12.36	10.24
企业资金	Expenditures on New Product Development	30.66	162.62	372.82	417.58	525.63
境外资金	External Expenditures	1.00	5.31	12.16	13.62	8.69
其它资金	Expenditures for Technical Reconstruction	0.58	3.10	7.10	7.95	6.78
R&D 经费外部支出经费	Expenditune for Acquisition of Foreign Technology				29.63	23.12
技术改造支出总额	Expenditure for Assimilation of Technology	100.52	279.57	417.32	404.89	483.95
技术引进支出总额	Expenditure for Purchase of Domestic Technology	20.97	41.55	36.39	27.15	36.05
#用于消化吸收的经费	S&T Activities Output	0.99	6.06	15.28	13.27	13.10
购买国内技术用款	New Product Sales Revenue	3.39	9.62	16.86	15.16	14.78
科技活动支出	Science and Technology Activities Spending					
新产品销售收入	Number of Invention Patents	973.30	2679.67	6589.35	7295.21	9387.21
企业专利申请数 (件)	Total Number of Owning Inventive Patents (unit)	1183	5226	13281	19503	31132
#发明专利数	New Product Sales Revenue		1408	3923	5843	8194
企业拥有有效发明专利数(件)	Total Number of Owning Inventive Patents (unit)		2868	6471	8370	13976

15－8 大中型工业企业研究与发展经费内部支出
Basic Statistics on Intramural R&D Expenditure of Large and Medium-sized Industrial Enterprises

单位:亿元 (100 million yuan)

项 目	Item	2000	2005	2008	2009	2010
总计	**Total**	**33.15**	**175.84**	**409.02**	**451.96**	**551.35**
按登记注册类型分	**Grouped by Statys of Registration**					
内资企业	Domestic Funded Enterprises	29.26	123.04	255.13	276.43	335.85
国有企业	State-owned Enterprises	11.37	14.29	37.64	30.56	32.38
集体企业	Collective-owned Enterprises	4.63	6.19	2.72	2.40	1.15
股份合作企业	Cooperative Enterprises	0.99	1.32	1.62	1.86	2.94
联营企业	Joint Ownership Enterprises	0.3	0.12			
有限责任公司	Limited Liability Corporations	7.06	51.03	109.19	111.04	132.74
#国有独资	State Solely Funded Corporatios	3.52	15.88	16.18	18.76	21.93
股份有限公司	Share-holding Corporations Ltd.	4.65	30.45	33.75	38.59	49.61
私营企业	Private Enterprises	0.25	19.56	69.80	90.63	116.22
其他企业	Other Enterprises	0	0.08	0.41	1.35	0.59
港、澳、台商投资企业	Enterprises with Funds from Hong Kong, Macao and Taiwan	1.42	16.63	44.43	58.57	64.81
外商投资企业	Foreign Funded Enterprises	2.48	36.17	109.45	79.44	150.68
按企业规模分	**Grouped by Size of Enterprises**					
大型企业	Large Enterprises	22.16	85.90	221.55	234.60	294.17
中型企业	Medium-sized Enterprises	10.99	89.94	187.47	217.36	257.17
按行业分	**Grouped by Sector**					
采矿业	**Mining**	**0.75**	**2.65**	**4.53**	**6.42**	**6.22**
煤炭开采和洗选业	Mining and Washing of Coal	0.43	1.85	3.03	4.41	4.70
石油和天然气开采业	Extraction of Petroleum and Natural Gas	0.21	0.61	0.71	0.77	1.37
黑色金属矿采选业	Mining and Processing of Ferrous Metal Ores	0.05	0.01	0.05	0.09	0.00
有色金属矿采选业	Mining and Processing of Non-ferrous Metals Ores	0.01	0.02	0.02	0.13	0.12
非金属矿采选业	Mining and Processing of Nonmetal Ores	0.05	0.14	0.66	0.41	0.47
其他矿采选业	Mining of Other Ores					
制造业	**Manufacturing**	**31.88**	**172.26**	**402.64**	**443.04**	**543.29**
农副食品加工业	Processing of Food from Agricultural Products	0.13	0.27	1.31	1.17	1.54
食品制造业	Manufacture of Food	0.05	0.83	0.84	0.86	1.01
饮料制造业	Manufacture of Beverage	0.69	0.49	3.52	6.08	5.36
烟草制品业	Manufacture of Tobacco	0.09	0.15	0.26	0.23	0.18
纺织业	Manufacture of Textile	2.7	6.85	12.53	16.98	21.11
纺织服装、鞋、帽制造业	Manufacture of Textile Wearing, Apparel, Footwear and Caps	0.23	4.44	5.57	4.73	5.11
皮革、毛皮、羽毛(绒)及其制品业	Manufacture of Textile, Fur, Feather and Related Products	0.04	0.25	0.13	0.35	0.61

15－8 续表 Continued

单位:亿元 (100 million yuan)

项目	Item	2000	2005	2008	2009	2010
木材加工及木、竹、藤、棕、草制品业	Processing of Timber,Manufacture of Wood, Bamboo,Rattan,Palm and Straw Products	0.01	2.94	3.54	2.20	0.90
家具制造业	Manufacture of Furniture	0	0.02	0.04	0.10	0.27
造纸及纸制品业	Manufacture of Paper and Paper Products	0.33	1.22	7.16	5.13	5.07
印刷业和记录媒介的复制	Printing,Reproduction of Recording Media	0.05	0.17	0.25	0.23	0.55
文教体育用品制造业	Manufacture of Articles for Culture, Education and Sport Activities	0	0.27	1.13	1.18	1.73
石油加工、炼焦及核燃料加工业	Processing of Petroleum, Coking, Processing of Nuclear Fuel	0.43	0.57	0.75	0.99	0.70
化学原料及化学制品制造业	Manufacture of Raw Chemical Materials and Chemical Products	5.07	29.01	50.73	45.89	56.37
医药制造业	Manufacture of Medicines	1.34	6.38	15.18	16.88	20.64
化学纤维制造业	Manufacture of Chemical Fibers	1.36	4.33	7.52	12.15	11.62
橡胶制品业	Manufacture of Rubber	0.17	0.60	3.43	3.49	3.81
塑料制品业	Manufacture of Plastics	0.33	2.26	4.95	4.44	4.08
非金属矿物制品业	Manufacture of Non-metallic Mineral Products	0.53	1.98	4.32	5.21	6.44
黑色金属冶炼及压延加工业	Smelting and Pressing of Ferrous Metals	1.03	12.39	48.03	45.67	50.61
有色金属冶炼及压延加工业	Smelting and Pressing of Non-ferrous Metals	0.35	1.15	6.33	5.55	6.20
金属制品业	Manufacture of Metal Products	0.65	3.75	14.90	13.08	18.78
通用设备制造业	Manufacture of General Purpose Machinery	3.8	18.58	29.63	35.04	44.00
专用设备制造业	Manufacture of Special Purpose Machinery	1.42	6.12	15.32	17.70	23.03
交通运输设备制造业	Manufacture of Transport Equipment	3.24	14.89	27.83	37.67	47.55
电气机械及器材制造业	Manufacture of Electrical Machinery and Equipment	2.77	20.50	57.07	69.60	92.85
通信设备、计算机及其他电子设备制造业	Manufacture of Communication Equipment,Computers and Other Electronic Equipment	4.16	28.59	69.87	75.98	94.49
仪器仪表及文化、办公用机械制造业	Manufacture of Measuring Instruments and Machinery for Cultural Activity and Office Work	0.67	2.83	10.29	13.56	17.41
工艺品及其他制造业	Manufacture of Artwork and Other Manufacturing		0.42		0.59	1.13
废弃资源和废旧材料回收加工业	Recycling and Disposal of Waste					
电力、燃气及水的生产和供应业	**Production and Supply of Electricity, Gas and Water**	**0.52**	**0.93**	**1.85**	**2.51**	**1.84**
电力、热力的生产和供应业	Production and Supply of Electric Power and Heat Power	0.47	0.92	1.71	2.35	1.52
燃气生产和供应	Production and Supply of Gas	0.01	0.00	0.05	0.00	0.04
水的生产和供应业	Production and Supply of Water	0.04	0.01	0.09	0.16	0.28

15－9 高等学校科技活动情况
Basic Statistics on Scientific and Technical Activities of Institutions of Higher Education

指标	Item	2000	2005	2008	2009	2010
参加科技统计的高校（所）	**Institutions of Higher Education in Statistics (unit)**	**48**	**39**	**50**	**58**	**58**
从事科技活动人数（人）	**Personnel in Scientific and Technical Activities (person)**	**59252**	**39003**	**46138**	**49188**	**51374**
教 师	Teachers	30497	22999	28625	32085	33672
其他技术人员	Other Technical Persons	26174	15315	17513	17103	17702
辅助人员	Assistants	2581	689	715	612	588
从事研究与发展活动人员（人）	**Perssonnel in Research and Development (person)**	**18919**	**22999**	**28625**	**32085**	**33672**
#正教授	Professors	1832	3741	4771	5095	5413
副教授	Vice-professors	4100	6590	8380	9450	10086
讲 师	Lecturers	6761	7486	11464	13651	14640
助 教	Assistants	1380	4616	3794	3612	3444
研究与发展机构（个）	**Institution of Research and Development (unit)**	**469**	**361**	**319**	**365**	**390**
机构中研究与发展人员（人）	Personnel (person)	5901	7265	8108	9946	10886
当年研究与开发经费收入（万元）	**Funds Revenue of Research and Development (10000 yuan)**	**142685**	**390441**	**637373**	**709125**	**935840**
#科技事业费	Scientific and Technical Funds	8915	31608	32763	44940	55727
主管部门专项费	Speical Funds of Responsible Department for the Work	14835	47648	73843	75705	93634
国务院各部门专项费	Speical Funds of State Council Department	10807	59097	104678	110748	199110
省专项费	Provincial Special Foundation	11405	25956	44372	50187	52707
企事业单位委托经费	Entrusting Funds of Enterprises and Institutions	70874	181625	303649	331538	407228
国家自然科学基金	State Natural Sciences Foundation	6640	23256	40107	49999	74767
各种收入转入科研经费	Funds from Other Revenues	4101	18045	35039	42736	49661
研究与发展课题（项）	**Projects of Research and Development (unit)**	**8412**	**13503**	**17511**	**19069**	**21760**
#基础研究	Fundamental Research	2007	4723	6974	7689	8895
应用研究	Applied Research	5084	6861	8019	9321	9224
实验发展	Experimental Development	1321	1919	2518	2059	3641
研究与发展成果	**Achievements of Research and Development**					
出版科学专著（部）	Published Scientific Works (book)	449	153	194	248	239
发表学术论文（篇）	Published Papers (piece)	24303	39868	53857	62636	68563
#国外发表	Abroad	2710	5436	12397	16944	20020
科技成果转让（项）	**Scientific Achievements Transfered (unit)**	**660**	**558**	**1321**	**993**	**1231**
获奖成果数（项）	**Prized Achievements (unit)**	**262**	**360**	**374**	**437**	**427**
#国家级	National Level	11	36	20	30	32
部省级	Provincial Level	251	170	180	240	221

15-10 高新技术产业产值
Output Value in High-tech Industry

单位:亿元 (100 million yuan)

项 目	Item	2005	2006	2007	2008	2009	2010
总计	**Total**	**7928.17**	**10307.00**	**14689.96**	**18402.19**	**21987.23**	**30354.84**
按行业分	**Grouped by Sector**						
航空航天制造业	Aviation and Aircrafts Manufacturing	10.42	41.07	51.19	52.58	53.73	64.84
计算机及办公设备制造业	Electronic Computers and Office Equipments	1447.91	1596.92	2124.76	2174.27	2209.28	2634.34
电子及通信设备制造业	Electronic and Communication Equipments	2607.55	3195.59	4629.50	6082.13	5667.39	7411.99
医药制造业	Medical and Pharmaceutical Products	427.26	465.17	600.77	821.77	1266.26	1656.94
专用科学仪器设备制造业	Manufactune of Special purpose Scientific Eqaipment	309.92	448.44	657.58	1004.17	1097.68	1697.01
电气机械及设备制造业	Manufacture of Eleetrical Machinary & Equipment	1488.58	2080.29	3034.63	3844.16	4395.76	5724.60
新材料制造业	Manufacture of New Material	1636.54	2542.51	3591.53	4423.11	5627.22	7486.61
新能源制造业	Manufacture of New Energy					1669.91	3678.51
按地区分	**Grouped by Region**						
南京市	Nanjing City	1236.80	1849.63	2393.54	2673.19	2706.66	3383.41
无锡市	Wuxi City	1312.16	1574.33	2386.46	2671.87	3288.65	4429.91
徐州市	Xuzhou City	85.14	111.79	168.94	292.22	518.74	1061.13
常州市	Changzhou City	609.05	816.69	1202.01	1515.07	1842.30	2370.12
苏州市	Suzhou City	3085.17	3832.06	5245.91	6501.80	6921.52	9022.65
南通市	Nantong City	426.15	612.23	966.96	1401.01	1847.78	2599.99
连云港市	Lianyungang City	62.04	79.00	137.17	206.96	381.05	646.28
淮安市	Huaian City	46.93	71.70	100.55	140.61	245.83	479.17
盐城市	Yancheng City	126.73	171.46	234.19	401.88	485.31	687.54
扬州市	Yangzhou City	272.07	382.27	578.57	870.36	1533.31	2341.29
镇江市	Zhenjiang City	324.97	414.92	600.08	851.29	1040.15	1654.37
泰州市	Taizhou City	334.82	442.97	660.92	853.22	1137.55	1591.51
宿迁市	Suqian City	6.15	10.93	14.65	22.71	38.37	87.46

15－11 各类专业技术人员数
Number of Scientific and Technical Personnels

单位:万人 (10000 persons)

年份 Year	各类专业技术人员 Total	#工程技术人员 Engineering	#农业技术人员 Agriculture	#科学研究人员 Scientific Research	#卫生技术人员 Health Care	#教学人员 Teaching
1980	43.87	9.63	1.13	1.47	9.02	17.13
1985	83.41	20.70	1.76	1.59	13.35	35.90
1989	150.56	34.08	2.37	1.86	17.42	49.88
1990	158.86	31.84	2.35	1.84	13.87	44.50
1991	166.02	25.86	2.39	0.67	13.54	44.57
1992	174.70	27.36	2.53	0.73	14.17	44.98
1993	172.71	41.72	2.50	2.19	19.90	50.83
1994	179.94	27.88	2.21	0.60	14.99	47.57
1995	184.97	28.38	2.65	0.60	15.48	50.72
1996	189.49	44.82	3.68	1.90	21.75	59.15
1997	193.46	44.51	3.90	1.94	22.13	62.46
1998	202.15	47.53	4.45	1.74	22.72	63.83
1999	198.20	45.67	4.51	1.48	22.86	64.94
2000	194.24	44.84	4.61	1.81	23.04	66.15
2001	186.05	40.11	4.18	1.75	23.19	66.95
2002	175.79	35.79	3.74	1.56	22.96	67.56
2003	163.20	29.19	3.74	1.82	22.07	68.01
2004	147.23	22.16	3.25	1.77	20.86	69.25
2005	148.67	20.96	3.18	1.83	23.45	69.33
2006	142.20	20.54	3.11	1.69	21.35	69.27
2007	142.18	20.03	2.92	1.64	21.86	69.00
2008	142.26	19.72	3.06	1.68	22.04	69.89
2009	141.61	19.67	2.99	1.64	21.88	69.48
2010	140.53	19.00	2.72	1.53	21.21	66.69

注:本表数据含辖区内的全民所有制单位和集体所有制单位。

Note: Figures in the table are the data of state-owned and collective-owned units.

15－12 人才资源情况
Basic Statistics on Human Resources

单位:万人 (10000 persons)

行业	Item	1995	2000	2005	2009	2010
总计	**Total**	**284.00**	**387.27**	**528.00**	**760.00**	**810.00**
#高级人才	Senior Talented Persons		13.88		35.31	
#研究生	Postgraduates		2.97	6.45	13.34	
大学本科	Undergraduates		52.11	102.18	182.62	
大学专科	Specialized Courses		124.54	184.17	265.97	
中专	Specialized Secondary School Students	85.12	137.56	174.07	243.39	
高级以下员以上	Junior and Middle Level Technical Persons	56.84	70.09	61.13	54.68	
#国有集体单位	Stated-owned Units	245.68	300.46	240.79	249.63	
非公企业	Non Public-owned Enterprises	38.32	79.34	270.85	473.21	
乡土人才	Local Talented Persons		7.47	16.36	37.16	

15－13　三种专利申请受理量
Application for Three Kinds of Patents Accepted

单位:件 (unit)

项　目	Item	1990	1995	2000	2005	2009	2010
申请受理量合计	**Applications Accepted**	**2706**	**4078**	**8210**	**34811**	**174329**	**235873**
#发　明	Inventions	384	538	1159	6582	31801	50298
实用新型	Utility Models	2085	2708	4590	11071	36150	51436
外观设计	Designs	237	832	2461	17158	106378	134139
#非职务	Non-official	1620	2665	4530	20693	84607	97222
职　务	Official	886	1413	3680	14118	89772	138651
大专院校	Universities and Colleges	135	164	212	2529	8371	11290
科研单位	Scientific Resarch Institutions	112	104	129	382	1118	1743
工矿企业	Industrial and Mineral Enterprises	522	887	3296	11157	79947	125089
机关团体	Government Agencies and Organizations	117	258	43	50	336	529

15－14　三种专利授权量
Three Kinds of Patents Granted

单位:件 (unit)

项　目	Item	1990	1995	2000	2005	2009	2010
申请授权量合计	**Patents Granted**	**1455**	**2413**	**6432**	**13580**	**87286**	**138382**
#发　明	Inventions	69	72	341	1241	5322	7210
实用新型	Utility Models	1236	1884	4095	6483	21940	41161
外观设计	Designs	150	457	1996	5856	60024	90011
#非职务	Non-official	916	1506	3125	7021	36507	59588
职务	Officia	539	907	3307	6559	50784	78794
大专院校	Universities and Colleges	104	112	139	896	3228	6038
科研单位	Scientific Resarch Institutions	78	73	106	182	390	688
工矿企业	Industrial and Mineral Enterprises	297	447	3022	5436	46976	71781
机关团体	Government Agencies and Organizations	60	275	40	45	190	287

15－15　全省产品质量监督检查情况（2010年）

Results of Sampling Check on the Quality of Products under Provincial Supervision（2010）

产品名称	Item	监督检查企业数(家) Number of Enterprises Supervised & Checked(unit)	查出不合格产品企业所占比例(%) Proportion of Enterprises with Products Unqualified (%)	批次合格率(%) Rate of Batch-times Qualified (%)
合　计	**Total**	**29873**	**4.5**	**95.5**
农用产品	**Products for Agriculture**	**955**	**4.6**	**95.4**
拖拉机	Tractors	18	0.0	100.0
农用化肥	Chemical Fertilizers	330	2.4	97.6
化学农药	Chemical Pesticides	187	3.7	96.3
饲料	Forages	0		
其它	Others	420	6.9	93.1
加工食品和饮料	**Food and Beverage**	**9683**	**4.1**	**95.9**
小麦粉、大米	Wheat Flour, Rice	1874	0.7	99.3
肉制品	Meat Products	907	2.5	97.5
调味品	Flavouring	108	6.5	93.5
白酒	Distilled Spirit	288	3.8	96.2
黄酒、果酒	Yellow Rice Wine, Fruit Wine	148	10.1	89.9
食用植物油	Edible Vegertable Oil	218	3.7	96.3
糕点、糖果	Cake and Candy	746	3.8	96.2
饮料	Drink	1108	13.0	87.0
炒货	Stir-fry	231	2.6	97.4
其它	Others	4055	3.4	96.6
家用电器	**Household Electric Appliances**	**60**	**3.3**	**96.7**
电热器具	Electric Heating Appliances	13	0.0	100.0
其它	Others	47	4.3	95.7
轻工产品	**Light Industry Products**	**3850**	**7.1**	**92.9**
纸制品	Paper Products	54	1.9	98.1
家具	Furniture	1328	10.5	89.5
眼镜(架、片)	Spectacles (Glass & Frame)	1543	5.3	94.7
镇流器	Ballast	44	2.3	97.7
化妆品	Cosmetics	10	0.0	100.0
橡胶、塑料制品	Rubber and Plastic Products	871	5.7	94.3

15－15 续表 Continued

产品名称	Item	监督检查企业数(家) Number of Enterprises Supervised & Checked(unit)	查出不合格产品企业所占比例(%) Proportion of Enterprises with Products Unqualified (%)	批次合格率(%) Rate of Batch-times Qualified (%)
纺织、鞋类产品	**Textile and Shoes**	**1793**	**6.2**	**93.8**
布、印染色织坯布	Cloth, Printing and Dyeing Color Grey	62	3.2	96.8
毛织品	Wool Fabrics	36	0.0	100.0
针织品	Knit Goods	322	4.0	96.0
鞋	Shoes	32	0.0	100.0
化工产品	**Chemical Products**	**1329**	**5.0**	**95.0**
涂料地、油漆	Paint	762	4.6	95.4
化学试剂	Chemical Reagent	165	0.6	99.4
建材产品	**Building Raw Materials**	**3210**	**3.6**	**96.4**
水泥	Cement	288	0.7	99.3
水泥预制构件	Cement Prefabricated Components	462	0.0	100.0
水暖管件	Waterpipe	108	17.6	82.4
人造板	Man-made Board	356	6.7	93.3
机电产品	**Mechanical and Electrical Products**	**2990**	**3.9**	**96.1**
轴承	Bearings	91	1.1	98.9
阀类、泵	Valves & Pumps	295	7.5	92.5
电线、电缆	Electric Wire, Electric Cable	582	4.5	95.5
电动工具	Electric Tools	63	4.8	95.2
低压电器及元件	Low-voltage Electric Elements	732	2.6	97.4
消防器材	Fire-fighting Equipment & Materials	31	6.5	93.5
电动机、柴油机	Motors & Diesel Engines	515	4.5	95.5
冶金产品,金属产品	**Metallurgical and Metal Products**	**1248**	**2.0**	**98.0**
管材	Pipeline	280	1.8	98.2
建材	Architecture	190	4.2	95.8
金属制品	Metal	778	1.5	98.5
能源产品	**Energy Products**	**314**	**3.8**	**96.2**
汽油、柴油	Gasolin, Diesel Oil	165	3.0	97.0
其它	**Others**	**4441**	**4.3**	**95.7**

15－16 教育事业基本情况
Basic Statistics on Education

单位:万人 (10000 persons)

项　　目 Item		1995	2000	2005	2009	2010
学校数　（所）	**Number of Schools　(unit)**					
普通高等学校	Regular Institutions of Higher Education	67	71	115	122	124
普通中等学校	Secondary Schools	5093	4222	3530	3202	3058
中等专业学校	Specialized Schools	213	185	150	151	160
普通中学	Regular Secondary Schools	4439	3675	3141	2891	2776
#高　中	Senior Secondary Shools	963	859	849	710	653
职业高中	Vocational Senior Secondary Schools	441	362	239	160	122
小　学	Primary Schools	27062	19110	6261	5013	4498
特殊教育	Special Schools	132	123	109	113	112
专任教师	**Number of Fulltime Teachers**					
普通高等学校	Regular Institutions of Higher Education	2.73	3.31	6.73	9.99	10.20
普通中等学校	Secondary Schools	22.16	25.02	31.13	32.54	32.36
中等专业学校	Specialized Schools	1.30	1.37	1.42	2.07	2.43
普通中学	Regular Secondary Schools	18.91	21.59	27.98	28.69	28.46
#高　中	Senior Secondary Shools	3.59	5.46	8.88	9.86	9.82
职业高中	Vocational Senior Secondary Schools	1.95	2.06	1.73	1.78	1.47
小　学	Primary Schools	27.35	28.90	26.16	25.47	24.96
特殊教育	Special Schools	0.27	0.27	0.25	0.30	0.30
招生数	**New Student Enrollment**					
普通高等教育	Regular Higher Education	7.13	18.22	39.02	47.00	47.52
研究生	Postgraduates	0.38	0.97	2.87	4.02	4.25
本专科生	University and College Students	6.75	17.25	36.15	42.98	43.27
普通中等学校	Secondary Schools	136.80	157.94	197.19	154.86	147.67
中等专业学校	Specialized Secondary Schools	12.27	10.64	24.45	20.94	22.78
普通中学	Regular Secondary Schools	114.03	141.44	157.55	123.40	115.07
#高　中	Senior Secondary Shools	18.47	29.93	52.25	45.61	44.03
职业高中	Vocational Senior Secondary Schools	10.50	5.86	15.19	10.52	9.82
小　学	Primary Schools	130.42	95.53	61.93	66.05	73.13
特殊教育	Special Schools	0.71	0.39	0.40	0.45	0.48
在校学生	**Students Enrollment**					
普通高等教育	Regular Higher Education	21.95	47.48	123.77	176.73	177.49
研究生	Postgraduates	1.09	2.29	7.79	11.39	12.55
本专科生	University and College Students	20.86	45.19	115.98	165.34	164.94
普通中等学校	Secondary Schools	374.86	433.97	592.97	496.38	462.79
中等专业学校	Specialized Secondary Schools	31.87	43.62	66.10	68.14	68.30
普通中学	Regular Secondary Schools	316.75	373.64	491.56	398.44	368.61
#高　中	Senior Secondary Shools	47.71	80.18	145.34	142.22	135.66
职业高中	Vocational Senior Secondary Schools	26.24	16.71	35.31	29.80	25.88
小　学	Primary Schools	644.77	718.55	485.53	396.02	398.78
特殊教育	Special Schools	3.98	3.59	3.07	3.09	2.97
毕业生数	**Graduates**					
普通高等教育	Regular Higher Education	6.17	8.01	24.46	44.23	50.88
研究生	Postgraduates	0.22	0.44	1.49	2.96	2.99
本专科生	University and College Students	5.95	7.57	22.97	41.27	47.89
普通中等学校	Secondary Schools	105.40	117.74	180.99	177.71	166.50
中等专业学校	Specialized Secondary Schools	5.17	14.49	10.90	17.74	16.73
普通中学	Regular Secondary Schools	92.62	96.00	162.98	147.59	140.04
#高　中	Senior Secondary Shools	13.65	22.99	42.65	51.31	48.64
职业高中	Vocational Senior Secondary Schools	7.61	7.25	7.11	12.38	9.73
小　学	Primary Schools	99.03	114.78	105.52	77.27	70.58
特殊教育	Special Schools	0.22	0.36	0.43	0.53	0.52

注:2000 年以前职业高中为职业中学数据。

Note: Before 2000, the figure of vocational senior secondary schools was vocational secondary schools.

15－17 各级各类教育事业(2010 年)
Basic Statistics on Education by Level and Type (2010)

单位:人 (person)

指标	Item	学校数(所) Number of Schools (unit)	毕业生数 Graduates	招生数 New Student Enrollment	在校学生数 Students Enrollment in schools	教职工数 Teachers and Staff	#专任教师 Full-time Teachers
普通高等教育	Regular Higher Education	124	77806	475114	1774880	158647	102010
研究生	Postgraduates		29919	42459	125450		
本专科学生	Undergraduate and Specialized Courses		47887	432655	1649430		
普通中等专业学校	Regular Specialized Secondary Schools	160	167316	227847	683040	31419	24517
普通中学	Regular Secondary Schools	2776	1400337	1150781	3686068	335609	284594
高　中	Senior Secondary Schools	653	486363	440338	1356550		98197
初　中	Junior Secondary Schools	2123	913974	710443	2329518		186397
职业高中	Vocational Senior Secondary Schools	122	97290	98181	258790	18412	14679
技工学校	Technical Schools	132	88815	115761	315082	18317	14534
小　学	Primary Schools	4498	705776	731257	3987821	275678	249586
特殊教育学校	Special Education	112	5228	4763	29742	3802	2988
幼儿园	Kindergartens	3944	659276	833130	2057187	120982	81140
成人高等教育	Adult Higher Education	12	108510	148348	402932	2796	1646
#广播电视大学	Radio and TV Universities	2	1907	3741	9216	824	440
管理干部学院	Colleges for Training Managerial Personnel	3	1132	2580	5641	849	551
职工高等学校	Schools of Higher Education for Staff	5	613	977	2973	332	204
教育学院	Pedagogical College	2	5092	3518	11576	791	451
成人中等专业学校	Specialized Secondary Schools for Adults	68	17225	36535	78551	4377	2421
成人中学	Secondary Schools for Adults	277				1632	1276
成人初等学校	Primary Schools for Adults	28				157	137
网络教育	Internet-based Education	3					

15－18 全省研究生数
Number of Postgraduates

单位：人 (person)

指 标	Item	1995	2000	2005	2009	2010
高等学校	**Institutions of Higher Education**					
招生数	New Student Enrollment	3730	21705	28306	39743	42070
在读人数	Student Enrollment	10700	52875	76783	112596	124209
#女 性	Female	2384	19409	31608	51317	57225
毕业生数	Graduates	2202	8918	14699	29282	29553
研究所(院)	**Research Institutions (Academies)**					
招生数	New Student Enrollment	65	318	379	407	389
在读人数	Student Enrollment	191	758	1101	1261	1241
#女 性	Female	27	187	309	409	416
毕业生数	Graduates	45	117	184	368	366

15－19 各级各类学校女在校学生和女专任教师数
Number of Female Students Enrollment and Teachers by Level and Type of Schools

单位：万人 (10000 persons)

指 标	Item	1995	2000	2005	2009	2010
女在校学生数	Number of Female Students in Schools					
普通高等教育本、专科	Regular Institutions of Higher Education	6.79	16.32	53.99	81.53	81.46
普通中等专业学校	Regular Specialized Secondary Schools	16.19	23.17	35.78	34.45	33.96
普通中学	Regular Secondary Schools	139.72	166.00	224.09	182.09	168.64
职业高中	Vocational Senior Secondary Schools	12.30	7.23	16.51	13.60	11.92
小 学	Primary Schools	306.29	338.08	222.77	179.30	180.74
女在校学生占在校学生总数(%)	**Percentage of Female Students in Schools to Total Students (%)**					
普通高等教育本、专科	Regular Institutions of Higher Education	32.6	38.1	46.6	49.3	49.4
普通中等专业学校	Regular Specialized Secondary Schools	50.8	53.1	54.1	50.6	49.7
普通中学	Regular Secondary Schools	44.1	44.4	45.6	45.7	45.8
职业高中	Vocational Senior Secondary Schools	46.9	43.3	46.8	45.6	46.1
小 学	Primary Schools	47.5	47.1	45.9	45.3	45.3
女专任教师数	Number of Full Time Female Teachers					
普通高等学校	Regular Institutions of Higher Education	0.76	1.14	2.77	4.43	4.55
普通中等专业学校	Regular Specialized Secondary Schools	0.52	0.58	0.69	1.07	1.26
普通中学	Regular Secondary Schools	5.58	7.69	11.86	13.24	13.35
职业高中	Vocational Senior Secondary Schools	0.63	0.81	0.75	1.78	0.71
小 学	Primary Schools	11.64	13.93	14.08	14.78	14.77
女专任教师占专任教师总数(%)	**Percentage of Full Time Female Teachers to Total Teachers (%)**					
普通高等学校	Regular Institutions of Higher Education	27.8	34.5	41.2	44.4	44.6
普通中等专业学校	Regular Specialized Secondary Schools	39.9	42.0	48.6	51.9	52.0
普通中学	Regular Secondary Schools	29.5	35.6	42.4	46.2	46.9
职业高中	Vocational Senior Secondary Schools	32.4	39.4	43.6	48.2	47.9
小 学	Primary Schools	42.5	48.2	53.8	58.0	59.2

注：2000年以前职业高中为职业中学数据。

Note: Before 2000, the figure of vocational senior secondary schools was vocational secondary school.

15－20 普通高等教育分科在校学生数
Student Enrollment in Regular Higher Education by Field of Study

单位:人　　　　(person)

项　　目	Item	2009			2010		
		合　计 Total	本　科 Undergraduate Courses	专　科 Specialized Courses	合　计 Total	本　科 Undergraduate Courses	专　科 Specialized Courses
合　计	**Total**	**1653427**	**896494**	**756933**	**1649430**	**944090**	**705340**
哲　学	Philosophy	459	459		468	468	
经济学	Economics	80190	54969	25221	79251	57042	22209
法　学	Law	34280	22755	11525	33847	24085	9762
教育学	Education	45536	18709	26827	44522	19794	24728
文　学	Literature	229764	136626	93138	224036	142794	81242
历史学	History	2640	2640		2867	2867	
理　学	Science	81133	80457	676	84450	83703	747
工　学	Engineering	754558	354735	399823	744735	373760	370975
农　学	Agriculture	26499	12577	13922	27140	13211	13929
医　学	Medicine	83855	52103	31752	85250	52918	32332
管理学	Management	314513	160464	154049	322864	173448	149416

15－21 普通高等教育分科招生数
New Student Enrollment in Regular Higher Education by Field of Study

单位:人　　　　(person)

项　　目	Item	2009			2010		
		合　计 Total	本　科 Undergraduate Courses	专　科 Specialized Courses	合　计 Total	本　科 Undergraduate Courses	专　科 Specialized Courses
合　计	**Total**	**429825**	**228797**	**201028**	**432655**	**237150**	**195505**
哲　学	Philosophy	110	110		122	122	
经济学	Economics	19464	13248	6216	19887	13567	6320
法　学	Law	9237	6031	3206	8670	6658	2012
教育学	Education	9988	4885	5103	10775	5280	5495
文　学	Literature	57780	33708	24072	58060	35011	23049
历史学	History	752	752		724	724	
理　学	Science	21578	21363	215	22025	21747	278
工　学	Engineering	200678	92516	108162	196652	94588	102064
农　学	Agriculture	7581	3453	4128	7297	3341	3956
医　学	Medicine	18391	11340	7051	18960	11812	7148
管理学	Management	84266	41391	42875	89483	44300	45183

15－22 普通高等教育分科毕业生数

Graduates of Regular Higher Education by Field of Study

单位:人 (person)

项目	Item	2009 合计 Total	2009 本科 Undergraduate Courses	2009 专科 Specialized Courses	2010 合计 Total	2010 本科 Undergraduate Courses	2010 专科 Specialized Courses
合计	**Total**	**412672**	**186754**	**225918**	**478868**	**198903**	**279965**
哲学	Philosophy	68	68		83	83	
经济学	Economics	18828	10930	7898	21968	12301	9667
法学	Law	9817	6330	3487	9751	5477	4274
教育学	Education	15479	4442	11037	16156	4733	11423
文学	Literature	57628	28132	29496	67564	31239	36325
历史学	History	573	573		502	502	
理学	Science	19089	18921	168	18539	18337	202
工学	Engineering	191457	72799	118658	223279	77494	145785
农学	Agriculture	6274	2488	3786	7851	2714	5137
医学	Medicine	18458	10272	8186	23193	11131	12062
管理学	Management	75001	31799	43202	89982	34892	55090

15－23 每万人口在校学生数和中小学升学情况

Number of Students Per 10000 Population and Enrollment Rate of Secondary and Primary Schools

年份 Year	平均每万人口中 Number of Students per 10000 Population: 大学生(人) University and College Students (person)	中学生(人) Secondary School Students (person)	小学生(人) Primary School Students (person)	小学学龄儿童入学率(%) Enrollment Rate of School-age Children (%)	小学毕业生升学率(%) Primary school Graduates Entering into Junior Secondary Schools (%)	初中毕业生升学率(%) Junior Secondary Graduates Entering into Senior Secondary Schools (%)
1978	10.4	667.9	1489.3	96.7	90.3	42.3
1980	14.2	553.8	1409.4	97.1	81.3	28.4
1985	19.2	492.3	1091.1	99.5	74.2	29.5
1989	23.0	426.4	980.9	98.8	79.8	38.2
1990	21.7	460.3	904.8	99.9	82.0	39.6
1991	21.1	467.4	869.1	99.3	84.2	40.0
1992	22.1	476.6	846.5	99.5	85.9	41.8
1993	25.9	481.3	853.9	99.4	88.0	45.4
1994	28.7	503.8	877.7	99.4	93.5	51.1
1995	29.5	530.5	912.5	99.8	96.6	56.8
1996	31.0	549.1	967.4	99.8	96.6	61.2
1997	33.4	547.9	1024.6	99.8	97.1	63.8
1998	38.0	550.3	1046.8	99.8	97.5	62.4
1999	49.8	565.8	1027.6	99.8	97.2	65.1
2000	61.7	592.3	980.7	99.8	97.2	68.5
2001	79.6	643.1	933.4	98.7	97.9	73.9
2002	94.9	710.7	860.6	99.6	98.2	78.6
2003	116.1	761.3	782.3	99.6	98.7	83.2
2004	133.8	795.3	710.7	99.7	98.8	84.8
2005	155.2	793.3	649.6	99.8	99.8	89.6
2006	173.0	775.1	603.7	99.9	100.0	93.5
2007	193.1	740.8	562.9	99.6	100.0	95.7
2008	204.9	697.7	531.6	99.9	100.0	96.0
2009	214.0	642.6	512.7	99.9	100.0	97.3
2010	209.6	588.1	506.8	99.9	100.0	97.5

15－24　各级学校教师负担学生数
Student-teacher Ratio by Level of School

年　份 Year	普通高等学校 Institutions of Regular Higher Education		普通中等学校 Regular Secondary Schools		小　学 Primary Schools	
	教师数（万人）Number of Teachers (10000 persons)	平均每个教师负担学生数（人）Student-teacher Ratio (person)	教师数（万人）Number of Teachers (10000 persons)	平均每个教师负担学生数（人）Student-teacher Ratio (person)	教师数（万人）Number of Teachers (10000 persons)	平均每个教师负担学生数（人）Student-teacher Ratio (person)
1978	1.34	4.5	16.75	23.3	27.07	32.1
1980	1.59	5.3	16.83	19.5	27.97	29.9
1985	2.30	5.2	16.53	18.5	25.91	26.2
1989	2.79	5.3	19.00	16.0	26.74	23.6
1990	2.76	5.3	19.63	15.9	26.95	22.7
1991	2.76	5.2	20.06	15.9	27.00	22.0
1992	2.70	5.7	20.32	16.2	26.66	21.9
1993	2.70	6.7	20.71	16.2	25.59	23.2
1994	2.73	7.4	21.28	16.6	26.95	22.9
1995	2.73	7.6	22.16	16.9	27.35	23.6
1996	2.74	8.1	22.82	17.1	27.96	24.6
1997	2.79	8.6	23.26	16.8	28.32	25.9
1998	2.86	9.6	23.57	16.8	28.20	26.7
1999	3.04	11.8	24.10	16.9	28.41	26.1
2000	3.31	13.7	25.02	17.3	28.90	24.9
2001	3.80	15.4	25.96	18.2	28.84	23.8
2002	4.43	15.8	27.38	19.2	27.95	22.7
2003	4.98	18.3	28.74	19.6	26.84	21.6
2004	5.90	18.0	30.19	19.6	29.22	19.9
2005	6.73	18.4	31.14	19.0	26.16	18.6
2006	7.84	17.8	31.92	18.3	26.05	17.5
2007	8.86	17.7	32.30	17.5	25.83	16.6
2008	9.63	17.4	32.51	16.5	25.47	16.0
2009	9.99	17.7	32.54	15.3	25.47	15.6
2010	10.20	17.4	32.36	14.3	24.96	16.0

主要统计指标解释

科技活动　指在自然科学、农业科学、医药科学、工程与技术科学、人文与社会科学领域(简称科学技术领域)中,与科技知识的产生、发展、传播和应用密切相关的有组织的活动。可分为研究与试验发展(R&D)、研究与试验发展成果应用及相关的科技服务三类活动。

科技活动人员　指直接从事科技活动、以及专门从事科技活动管理和为科技活动提供直接服务的人员。累计从事科技活动的实际工作时间占全年制度工作时间10%及以上的人员。(1)直接从事科技活动的人员包括:在独立核算的科学研究与技术开发机构、高等学校、各类企业及其他事业单位内设的研究室、实验室、技术开发中心及中试车间(基地)等机构中从事科技活动的研究人员、工程技术人员、技术工人及其它人员;虽不在上述机构工作,但编入科技活动项目(课题)组的人员;科技信息与文献机构中的专业技术人员;从事论文设计的研究生等。(2)专门从事科技活动管理和为科技活动提供直接服务的人员包括:独立核算的科学研究与技术开发机构、科技信息与文献机构、高等学校、各类企业及其他事业单位主管科技工作的负责人,专门从事科技活动的计划、行政、人事、财务、物资供应、设备维护、图书资料管理等工作的各类人员,但不包括保卫、医疗保健人员、司机、食堂人员、茶炉工、水暖工、清洁工等为科技活动提供间接服务的人员。

科学家与工程师　指科技活动人员中具有高、中级技术职称(职务)的人员和不具有高、中级技术职称(职务)的大学本科及以上学历人员。

研究与试验发展(R&D)　指在科学技术领域,为增加知识总量、以及运用这些知识去创造新的应用而进行的系统的创造性的活动,包括基础研究、应用研究、试验发展三类活动。

基础研究　指为了获得关于现象和可观察事实的基本原理的新知识(揭示客观事物的本质、运动规律,获得新发现、新学说)而进行的实验性或理论性研究,它不以任何专门或特定的应用或使用为目的。其成果以科学论文和科学著作为主要形式。

应用研究　指为获得新知识而进行的创造性研究,主要针对某一特定的目的或目标。应用研究是为了确定基础研究成果可能的用途,或是为达到预定的目标探索应采取的新方法(原理性)或新途径。其成果形式以科学论文、专著、原理性模型或发明专利为主。

试验发展　指利用从基础研究、应用研究和实际经验所获得的现有知识,为产生新的产品、材料和装置,建立新的工艺、系统和服务,以及对已产生和建立的上述各项作实质性的改进而进行的系统性工作。其成果形式主要是专利、专有技术、具有新产品基本特征的产品原型或具有新装置基本特征的原始样机等。在社会科学领域,试验发展是指把通过基础研究、应用研究获得的知识转变成可以实施的计划(包括为进行检验和评估实施示范项目)的过程。人文科学领域没有对应的试验发展活动。

研究与试验发展人员　指参与研究与试验发展项目研究、管理和辅助工作的人员,包括项目(课题)组人员,企业科技行政管理人员和直接为项目(课题)活动提供服务的辅助人员。

研究与试验发展人员全时当量　指全时人员数加非全时人员按工作量折算为全时人员数的总和。例如:有两个全时人员和三个非全时人员(工作时间分别为20%、30%和70%),则全时当量为2+0.2+0.3+0.7=3.2人年。

专业技术人员　指从事专业技术工作和专业技术管理工作的人员,即企事业单位中已经聘任专业技术职务从事专业技术工作和专业技术管理工作的人员,以及未聘任专业技术职务,现在专业技术岗位上工作的人员。包括工程技术人员,农业技术人员,科学研究人员,卫生技术人员,教学人员,经济人员,会计人员,统计人员,翻译人员,图书资料、档案、文博人员,新闻出版人员,律师、公证人员,广播电视播音人员,工艺美术人员,体育人员,艺术人员及企业政治思想工作人员,共十七个专业技术职务类别。

科技活动经费筹集　指从各种渠道筹集到的计划用于科技活动的经费,包括政府资金、企业资金、事业单位资金、金融机构贷款、国外资金和其他资金等。

政府资金　指从各级政府部门获得的计划用于科技活动的经费,包括科学事业费、科技三项费、科研基建费、科学基金、教育等部门事业费中计划用于科技活动的经费以及政府部门预算外资金中计划用于科技活动的经费等。

企业资金　指从自有资金中提取或接受其他企业委托的、科研院所和高校等事业单位接受企业委托获得的,计划用于科研和技术开发的经费。不包括来自政府、金融机构及国外的计划用于科技活动的资金。

金融机构贷款　指从各类金融机构获得的用于科技活动的贷款。

科技活动经费内部支出　指报告年内用于科技活动的实际支出包括劳务费、科研业务费、科研管理费,非基建投资购建的固定资产、科研基建支出以及其他用于科技活动的支出。不包括生产性活动支出、归还贷款支出及转拨外单位支出。

劳务费　指以货币或实物形式直接或间接支付给从事科技活动人员的劳动报酬及各种费用。包括各种形式的工资、津贴、奖金、福利、离退休人员费用、人民助学金等。

固定资产购建费　指报告年内使用非基建投资购建的固定资产和用于科研基建投资的实际支出额,即固定资产实际支出和科研基建投资实际完成额之和。固定资产是指长期使用而不改变原有实物形态的主要物资设备、图书资料、实验材料和标本以及其他设备和家具、房屋、建筑物。

新产品 指采用新技术原理、新设计构思研制、生产的全新产品,或在结构、材质、工艺等某一方面比原有产品有明显改进,从而显著提高了产品性能或扩大了使用功能的产品。既包括政府有关部门认定并在有效期内的新产品,也包括企业自行研制开发,未经政府有关部门认定,从投产之日起一年之内的新产品。

专利 是专利权的简称,是对发明人的发明创造经审查合格后,由专利局依据专利法授予发明人和设计人对该项发明创造享有的专有权。包括发明、实用新型和外观设计。

发明 指对产品、方法或者其改进所提出的新的技术方案。

实用新型 指对产品的形状、构造或者其结合所提出的适于实用的新的技术方案。

外观设计 指对产品的形状、图案、色彩或者其结合所作出的富有美感并适于工业上应用的新设计。

普通高等学校 指按照国家规定的设置标准和审批程序批准举办,通过国家统一招生考试,招收高中毕业生为主要培养对象,实施高等学历教育的全日制大学、独立设置的学院和高等专科学校、高等职业学校和其他机构。

成人高等学校 指按照国家规定的设置标准和审批程序批准举办的,通过全国成人高等教育统一招生考试,招收具有高中毕业或同等学历的人员为主要培养对象,利用脱产、业余或函授等多种形式对其实施高等学历教育的学校。包括广播电视大学、职工高等学校、农民高等学校、管理干部学院、教育学院、独立函授学院、其他机构。

小学学龄儿童入学率 指调查范围内已入小学学习的学龄儿童占校内外学龄儿童总数(包括弱智儿童,不包括盲聋哑儿童)的比重。计算公式为:

小学学龄儿童入学率 = 已入学的小学学龄儿童数/校内外小学学龄儿童总数 × 100%

Explanatory Notes on Main Statistical Indicators

Scientific and Technological Activities(S&T Activities) refer to organized activities which are closely related with the creation, development, dissemination and application of the scientific and technical knowledge in the fields of natural sciences, agricultural science, medical science, engineering and technological science, humanities and social sciences (referred to as scientific and technological fields). S&T activities can be classified in to 3 categories: research and development(R&D) activities, application of R&D results, and related S&T services.

Personnel Engaged in S&T Activities refer to personnel directly engaged in S&T activities, in the management of S&T activ—ities, and in providing direct service to S&T activities, who spend over 10% of the total working hours in a year in S&T activities. (1) Personnel directly engaged in S&T activities include researchers, engineers, technicians and other related personnel engaged in S&T activities in independent—accounting R&D institutions, institutions of higher learning, and in research institutes, laboratories, technology development centers and central experiment workshops under enterprises and institutions. Also included are people working in S&T research project teams, professional and technical personnel working in S&T information archiving institutes, and graduate students working on the design of their thesis. (2) Personnel engaged in the management of S&T activities and in providing direct service to S&T activities include senior management people responsible for S&T activities in independent-accounting R&D institutions, S&T infor-mation archiving institutes, institutions of higher learning, and in enterprises and institutions where S&T activities are undertaken. Also included are people responsible for the planning, administration, personnel management, financial management, logistics supply, equipment maintenance, information and library management that are related with S&T activities. People providing indirect services are excluded, such as security, medical service, drivers, plumbers, cleaners and those providing catering and related service.

Scientists and Engineers refer to persons engaged in S&T activities who have obtained titles of senior and middle level professional positions, and those without such position but have completed university or higher education.

Research and Development(R&D) refers to systematic and creative activities in the field of science and technology aiming at increasing the knowledge and using the knowledge for new application. R&D includes 3 categories of activities: basic research, applied research and experiments and development.

Basic Research refers to empirical or theoretical research aiming at obtaining new knowledge on the fundamental principles of phenomena of observable facts to reveal the nature and law of movement of objects and to acquire new discoveries or new theories. Basic research takes no specific or designated application as the aim of the research. Results of basic research are mainly released or disseminated in the form of scientific papers or monographs.

Applied research refers to creative research aiming at obtaining new knowledge on a specific objective or target. Purpose of the applied research is to identify the possible use of results from basic research, or to explore new (fundamental) methods or new approaches. Results of applied research are expressed in the form of scientific papers, monographs, fundamental models or invention patents.

Experiments and Development refer to systematic activities aiming at using the knowledge from basic and applied researches or from practical experience to develop new products, materials and equipment, to establish new production process, systems and services, or to make substantial improvement on the existing products, process or services. Results of experiment and development activities are embodied in patents, exclusive technology, monotype of new products or equipment. In social sciences, experiment and development activities refer to the process of converting the knowledge from basic or applied researches into feasible programmes (including conduct of demonstration projects for assessment and evaluation). There is no experiment and development activities in the science of humani-ties. R&D Personnel refer to persons engaged in research, management and supporting activities of R&D, including persons in the project teams, persons engaged in the management of S&T activities of enterprises and supporting staff providing direct service to the research projects.

R&D Personnel refer to persons engaged in reasearch, management and supporting activities of R&D, including persons in project teams, persons engaged in management of S&T activities of enterprises and supporting staff providing direct service to the research projects.

Full-time Equivalent of R&D Personnel refers to the sum of the full-time persons and the full-time equivalent of part-time persons converted by workload. For instance, if there are 2 full-time persons and 3 part-time workers (20%, 30% and 70% of working hours respectively on R&D activities), the full-time equivalent is 2 + 0.2 + 0.3 + 0.7 = 3.2 person-years.

Professional and Technical Personnel refer to person engaged in professional and technical work or in the management of professional and technical activities, i. e., people with professional or technical positions who are engaged in professional and technical work or in the management of professional and technical activities, and people without professional or technical positions but are working on professional or technical posts. They include professionals and technicians working in 17 categories of technical occupations including engineering, agriculture, scientific researches, medical service, teaching, economic research and application, accounting, statistics, translation, libraries, archives, cultural and museum service, journalism and publication, lawyers, notarization service, radio and television broadcasting, handicraft and fine arts, sports, performing art, and political workers in enterprises.

Funding for S&T Activities refers to funds obtained from various sources for S&T activities, including government funds, self-raised funds by enterprises, self-raised funds by institutions, loans from financial institutions, foreign funds and other funds.

Government Funds refer to funds obtained from government agencies at all levels to be used for S&T activities, including fund for scientific undertakings, 3 kinds of fund for S&T activities, fund for capital construction for scientific researches, science fund, funds from education expenditures by education departments for S&T activities, and extra-budget fund from government agencies for S&T activities.

Self-raised Funds by Enterprises refers to self-raised funds by enterprises from their own expenditure or from other enterprises and funds received by universities or research institutions from enterprises for scientific research or technical development projects. Excluded in this category are funds from government agencies, financial institutions or from foreign institutions. Loans from Financial Institutions refer to loans from various financial institutions for S&T activities.

Loans from Financial Institutions refer to loans from various financial institutions for S&T activities.

Total Internal Expenditure of Funds on R&D refers to the real expenditure of surveyed units on their own R&D activities (basic research, application study, test and development) including direct expenditure on R&D activities, indirect expendure of management and services on R&D activities, expenditure on capital construction and material processing by others. Excluding the expenditure on production activities, return of loan, and fees transferred to cooperated and entrusted agencies on R&D activities.

Service Fees refer to direct or indirect payment, in cash or in kind, made to personnel engaged in S&T activities as remuneration and other fees. They include, in various forms, salaries, subsidies, bonus, benefits, retirement pension, stipend, etc.

Purchase or Construction of Fixed Assets refers to the fixed assets purchased or constructed using funds other than the in-vestment in capital construction, and the actual expenditure on capital construction for scientific researches. In other words, it is the sum of the actual expenditure on fixed assets and the accomplished investment in capital construction for scientific researches. Fixed assets refer to main materials and equipment, literatures and documents in libraries, materials for experiments, specimen, instruments, furniture, buildings and constructions that can be used for a long time without changing the form and shape of those articles or constructions.

New Products refer to new products produced with new technology and new design, or products that represent noticeable improvement in terms of structure, material, or production process so as to improve significantly the character or function of the older versions. They include new products certified by relevant government agencies within the period of certification, as well as new products designed and produced by enterprises within a year without certification by government agencies.

Patent is an abbreviation for the patent right and refers to the exclusive right of ownership by the inventors or designers for the creation or inventions, given from the patent offices after due process of assessment and approval in accordance with the Patent Law.

Patents are granted for inventions, utility models and designs.

Inventions refer to the new technical proposals to the products or methods or their modifications.

Utility Models refer to the practical and new technical proposals on the shape and structure of the product or the combination of both.

Designs refer to the aesthetics and industrially applicable new designs for the shape, pattern and color of the product, or their combinations.

Regular Institutions of Higher Learning refer to educational establishments set up according to the government evaluation and approval procedures, enrolling graduates from senior secondary schools and providing higher education courses and training for senior professionals. They include full-time universities, colleges, high professional schools, high vocatoinal universities and other institutions.

Institutions of Higher Learning for Adults refer to educational establishments, set up in line with the government evalution and approval procedures, enrolling personnels with senior secondary school or equivalent education as main training objects, and providing higher education courses in many forms of full time, spare time, or correspondence for adults. Institutions of higher learning for adults include Radio and TV universities, schools of high education for staff and workers and peasants, colleges for management cadres, pedagogical colleges, independent correspondence colleges and other institutions.

Enrollment Rate of Primary School Age Children refers to the proportion of school age children enrolled at schools to the total number of school age children both in and outside schools (including retarded children, but excluding blind, deaf and mute children). The formula is:

Enrollment Rate of Primary School-age Children = (Total Primary School—age Children at Schools) (Total Primary School age Children Both at and outside Schools) 100%

16

文化、体育、卫生

Culture, Sports and Public Health

简 要 说 明

一、本篇资料的主要内容

本篇主要反映文化、新闻出版、广播电影电视、体育、卫生事业的发展情况。

文化部分主要包括文化艺术和文物机构人员情况，群众艺术馆、文化馆站、公共图书馆业务活动及经费情况，报纸、期刊、图书出版情况，广播、电视事业发展情况，广播、电视节目制作时间；体育部分主要内容包括体育系统职工人数，等级运动员、裁判员人数，运动员在各级比赛中获奖牌情况；卫生部分主要内容有卫生机构、人员、床位数，医院诊疗人次及入院人数，主要疾病死亡原因及构成，传染病的发病及死亡等情况。

二、本篇的资料来源

根据各部门制定的统计报表制度汇总加工整理而成。文化艺术业、文物业、图书馆业、群众文化服务业的资料主要来自省文化厅；新闻出版资料来自省新闻出版局；广播、电视资料来自省广播电影电视局；体育资料来自省体育局；卫生部分的资料来自省卫生厅。

Brief Introduction

I. Main Contents

Data in this chapter mainly reflect the development of culture; news and publication; radio broadcasting; films and television; sports; and public health.

Data on culture cover mainly information on institution and personnel of cultural and cultural relics; mass art centers; cultural centers (stations); facilities, services and expenditures of public libraries; newspaper, periodicals and books published; broadcasting and television stations; production of broadcasting and TV programs.

Data on sports cover number of staff and workers in sports commissions, athletes and referees in grades and awards for athletes in competitions of all levels.

Data on public health include mainly the number of institutions; personnel, hospital beds; number of patients treated and in – patients; major diseases as the causes of death and their proportions in total deaths; the incidence of and the deaths caused by infections diseases.

II. Sources of Data

Data are collected and tabulated in accordance with the statistic reporting schemes stipulated by the departments concerned. Data on cultural and arts, Cultural relics, libraries and mass culture are mainly from Provincial Department of Culture; data on journalism are from Provincial bureau of Press and Publication; data on broadcasting and television are from provincial Administration of Radio, Film and Television; data on sports are from Province sports bureau; data on public heath are from provincial bureau of health.

16－1 文化艺术和文物事业机构、人员情况
Number of Cultural Institution and Personnel

项目	Item	机构数(个) Institution (unit)		从业人员(人) Personnel (person)	
		2009	2010	2009	2010
总计	**Total**	**17444**	**18451**	**110177**	**122058**
艺术业	Art	279	289	8606	9196
#艺术创作机构	Art Creation Institutions	63	64	388	384
#艺术表演团体	Art Performance Troupes	119	124	5655	5806
话剧、儿童剧、滑稽剧团	Drama, Plays for Children and Comedy Troupes	5	5	173	178
歌剧、舞剧、歌舞剧团	Opera, Ballet and Dance Troupes	0	0	0	0
歌舞团、轻音乐团	Song and Dance Troupes, Light Music Troupes	14	15	929	969
乐团	Philharmonic and Chorus Troupes	2	3	28	67
戏曲剧团	Local Opera Troupes	75	74	2545	2491
曲、杂、木、皮团	Recitation and Ballad Troupes, Acrobatics and Circus Troupes, Puppet Show Troupes and Shadow Play Troupes	17	17	523	525
综合性剧团	Comprehensive Art Centers	6	10	1457	1567
#艺术表演场馆	Art Centers	97	101	2563	3006
#剧场、影剧院	Theaters and Music Halls	78	80	1425	1527
图书馆业	Libraries	109	111	2787	2838
#少儿图书馆	Children's Libraries	6	6	58	45
群众文化服务业	Mass Culture	1447	1442	6228	6457
群众艺术馆、文化馆	Mass Art Centers	117	118	1970	1955
文化站	Cultural Stations	1330	1324	4258	4502
#乡镇文化站	Township Cultural Stations	1037	1017	3271	3478
艺术教育业	Art Education	17	17	901	828
中等专业学校	Secondary Art Schools	8	8	768	698
其他教育机构	Others	9	9	133	130
文化市场经营单位	Business Units Deding in Cultural Market	14839	15410	70902	78852
文艺科研	Art Research Institutions	10	10	112	111
其他文化产业	Others	465	343	15963	12495
艺术展览机构	Art Exhibition Agency	15	16	307	286
其他	Others	303	327	9553	12209
非文化产业	Non-cultural Industry	10	15	57	2126
文物业	Cultural Relic Industry	267	295	4621	4884
文物保护管理机构	Agencies of Historical Relics Preservation	62	60	331	299
文物科研及其他文物机构	Research and Other Historical Relics Agencies	14	14	81	145
博物馆	Museums	182	213	3938	4190
综合类	Comprehensive	56	62	1661	1776
历史类	History	74	86	1692	1651
艺术类	Arts	39	43	434	515
自然科技类	Natural Science and Technology	6	8	66	72
其他	Other	7	14	85	176
文物商店	Cultural Relics Shops	9	8	271	250

16－2 群众艺术馆、文化馆站业务活动及经费情况（2010年）

Basic Statistics on Activities and Expenditures of Mass Art Centers and Cultural Centers（2010）

项目	Item	总计 Total	群众艺术馆、文化馆 Mass Art Centers	文化站 Cultural Stations
单位数（个）	Number of Units (unit)	1442	118	1324
举办展览（个）	Number of Exhibitions (unit)	7235	919	6316
组织文艺活动（次）	Art Performances and Story－telling Sessions (times)	32586	6524	26062
举办训练班班次（次）	Number of Training Classes (times)	18950	5786	13164
举办训练班结业人次（万人次）	Number of Persons Completing Courses (10000 person－times)	132	27	105
由群众艺术馆、文化馆（站）指导的单位（个）	Units Responsible for Guiding Mass Art Center and Cultural Centers (unit)	11725	190	11535
馆办文艺团体（个）	Art Groups Run by Cultural Centers (unit)	190	190	
馆办老年大学（个）	Colleges for Senior Citizens Run by Cultural Centers (unit)	37	37	
群众业余文艺团队（个）	Part－time Art Groups (unit)	14461	2926	11535
总支出（万元）	Total Expenditures (10000 yuan)	60193	24216	35977
#公用支出	Expanditure for Public Use	14127	10133	3994
维修费	Maintenance Expenses	1926	603	1323

注：本表仅为文化系统内。

Note: The data in this table only refer to those under the administration of the cultural departments.

16－3 公共图书馆业务活动及经费情况（2010年）

Facilities, Services and Expenditures of Public Libraries（2010）

项目	Item	总计 Total	#省级公共图书馆 Public Libraries at Provincial Level	#县(区)级公共图书馆 Public Libraries at County Level
总藏量（万册、件）	Total Collections (10000 volumes)	4369.97	911.91	2056.58
书架单层总长度（万米）	Total Length of Bookshelves (10000 m)	211.11	128.00	29.55
累计发放有效借书证数（万个）	Number of Library Cards Distributed Accumulately (10000 units)	206.73	29.48	104.90
书刊文献外借人次（万人次）	Total Number of Circulation (10000 person－times)	1596.29	89.98	783.56
书刊文献外借册次（万册次）	Number of Books Borrowed by the Readers (10000 volume－times)	2542.22	172.12	1345.41
组织各类讲座次数（次）	Number of Activities Provided for Readers (times)	2124	390	1051
参加人数（万人次）	Number of Readers Involved in Activities (10000 person－times)	49.71	7.30	24.79
举办展览（个）	Number of Show (unit)	647	67	406
参观人次（万人次）	Visitors (10000 person－times)	191.43	26.20	66.01
举办培训班（个）	Number of Training Classes (unit)	1467	13	938
培训人次（万人次）	Training Persons (10000 person－times)	8.76	0.12	6.40
总支出（万元）	Total Expenditures (10000 yuan)	37964	9380	14928
#藏量购置费	Purchase Expenses	8279	3623	2282
本年新购藏量（万册、件）	Number of Books Purchased During the Year (10000 volumes)	258.88	35.45	149.19
公用房屋建筑面积（万平方米）	Floor Space of Public Buildings (10000 sq. m)	65.37	7.79	37.45
#书库	Stack Rooms	12.28	1.03	6.41
阅览室座席（个）	Seating Capacity of Reading Rooms (seats)	38912	3000	25432

16－4　报纸、期刊出版情况（2010 年）
Basic Statistics on Newspaper and Periodicals Published (2010)

指　标	Item	种　数（种）Number of Publications (kind)	总印数（万册、万份）Printed Copies (10000 volumes)	总印张（万印张）Printed Sheets (10000 sheets)
报　纸	**Newspapers**	**142**	**271213**	**1339891**
期　刊	**Periodicals**	**440**	**10475**	**42321**
#综　合	Comprehensiveness	27	727	6344
哲学、社会科学	Philosophy and Social Sciences	80	1176	6756
自然科学、技术	Natural Sciences and Technology	251	1769	8066
文化、教育	Culture and Education	47	3764	9107
文学、艺术	Literature and Art	26	868	5014
画　刊	Pictorials	1	5	15
少年儿童读物	**Children's Reading Material**	**8**	**2166**	**7018**

16－5　图书出版情况（2010 年）
Basic Statistics on Books Published (2010)

指　标	Item	出版图书种数（种）Number of Publications (kind)	总印数（万册）Printed Copies (10000 volumes)	总印张（万印张）Printed Sheets (10000 sheets)
总　计	**Total**	**14248**	**51695**	**329825**
马列主义、毛泽东思想	Marxism-leninism, Mao Zedong Thought	13	9	131
哲学	Philosophy	256	163	2085
社会科学总论	General Social Sciences	105	72	890
政治、法律	Politics and Law	251	193	2526
军事	Military Affairs	22	41	669
经济	Economics	417	160	2448
文化、科学、教育、体育	Culture, Science, Education and Sports	8015	45545	263928
语言、文字	Languages	468	334	4652
文学	Literature	1309	2011	23092
艺术	Arts	1015	1302	6746
历史、地理	History and Geography	441	417	4264
自然科学总论	General Natural Sciences	6	3	39
数理科学、化学	Mathematics and Chemistry	202	107	1608
天文学、地理科学	Astronomy and Geology	36	22	332
生物科学	Biology	32	19	239
医药、卫生	Medicine and Health Care	465	500	7004
农业科学	Agricultural Science	174	247	1194
工业技术	Industrial Technology	911	472	7228
交通运输	Transportation	35	12	155
航空、航天	Aeronautics and Aerospace			
环境科技	Environmental Science	32	12	119
综合性图书	General Books	43	54	476

注：该表为使用中国标准书号部分。

Note: In this table, the data were used according to the standard serial number of China.

16 -6 广播、电视事业发展情况
Basic Statistics on Broadcasting and Television Stations

项目	Item	1995	2000	2005	2009	2010
职工人数（人）	Number of Staff and Workers (person)	21505	28208	33551	42575	48790
广播电台（座）	Number of Broadcasting Stations (set)	61	14	14	14	14
中短波发射台及转播台（座）	Number of Transmission and Relaying Stations of Medium and Short Ware Broadcast (set)	21	21	21	21	21
中短波发射机功率（千瓦）	Power of Transmitters of Medium and Short Ware Broadcast (kW)	458	505	542	795	718
广播人口覆盖率（%）	Radio Coverage of Population (%)	86.9	99.6	99.7	100.0	100.0
电视台（座）	Number of Television Stations (set)	52	14	14	14	14
电视发射及转播台（座）	Television Transmission Stations and Relaying Stations (set)	153	147	111	116	96
发射机功率（千瓦）	Power of Transmitters (kW)	419	429	463	505	520
电视人口覆盖率（%）	TV Coverage of Population (%)	93.5	99.5	99.5	99.9	99.9
有线电视用户数（万户）	Users of Cable TV (10000 households)		526	1076	1724	1886
数字电视用户数（万户）	Users of Digital TV (10000 households)			14	730	1008
有线电视入户率（%）	Cable TV Coverage of Households (%)		23.8	46.1	72.2	78.5

16 -7 广播、电视节目制作时间
Time of Production of Broadcasting and TV Programs

单位：小时 (hour)

项目	Item	1995	2000	2005	2009	2010
广播节目制作	**Production of Broadcasting Programs**	**197793**	**335483**	**491458**	**571053**	**569636**
#新闻	News Programs	24574	42722	69994	93125	100216
专题	Special Subject Programs	40465	61658	148229	166598	156430
文艺(综艺)	General Entertainment Programs	90838	129893	148248	140488	135887
广告	Advertising Programs		31440	57666	76385	78699
电视节目制作	**Production of TV Programs**	**28738**	**42404**	**212222**	**162649**	**226743**
#新闻	News Programs	4659	9460	49939	39749	46154
专题	Special Subject Programs	3854	8111	36679	38007	52894
文艺(综艺)	General Entertainment Programs	544	10311	14131	20588	54994
广告	Advertising Programs		7739	33596	35455	43630

16－8　体育系统职工人数（2010年）
Number of Staff and Workers in Sports Commissions (2010)

单位:人　　(person)

项目	Item	总计 Total	体育行政机关 Sports Administration	优秀运动队 Excellent Sports Teams	体育运动学校 Physical Education and Sports Schools	业余体校 Spare-time Sports Schools	体育场馆 Public Stadiums and Gymnasiums	其他 Others
总计	**Total**	**9293**	**2232**	**1650**	**913**	**1280**	**959**	**2250**
公务员	Orderly	941	866		1	10	26	38
教练员	Coaches	1118	140	187	189	404	58	140
运动员	Athletes	2108	693	922		8		485
科研人员	Scientific and Technical Personnel	151	3	20	24	9	3	92
医务人员	Medical Personnel	121	3	47	29	9	1	32
文化教师	Teachers	760	79	4	316	196	5	160
管理人员	Administrative Staff	2002	246	204	173	336	418	616
其他人员	Others	2092	202	266	181	308	448	687

16－9　等级运动员、裁判员人数
Number of Athletes and Referees in Grades

单位:人　　(person)

项目	Item	1995	2000	2005	2009	2010
等级运动员发展人数	**Number of Athletes in Grades**					
运动健将	Master of Sports	54	76	104	149	72
一级	First Grade	88	200	212	345	632
二级	Second Grade	441	1028	1992	2535	1573
等级裁判员发展人数	**Number of Referees in Grades**					
国家(际)级	National (International) Referees	16	30	48	68	39
一级	First Grade	157	194	242	550	782
二级	Second Grade	408	779	1780	4653	3438

16－10　运动员在各级比赛中获奖牌情况(2010年)
Awards for Athletes in Competitions of All Levels (2010)

单位:个　　(unit)

项目	Item	冠军 Champion	亚军 Second Place	季军 Third Place
世界最高比赛	World Highest Competition	15	14	7
亚洲最高比赛	Asian Highest Competition	50	18	10
全国最高比赛	National Highest Competition	172	165	102

16－11　卫生事业基本情况（2010年）
Basic Statistics on Health Care (2010)

项　　目　Item		机构数（个）Institutions (unit)	床位数（张）Hospital Beds (bed)	卫生工作人员（人）Personnel (person)	#卫生技术人员 Medical Technical Personnel	#医师 Doctors
总　计	**Total**	**30961**	**269670**	**459290**	**328387**	**128998**
医　院	Total Hospitals	1157	195460	238428	195657	68710
综合医院	General Hospitals	754	131649	161962	134543	47127
中医医院	Hospitals Specialized in Traditional Chinese Medicine	86	23325	34014	28611	10704
中西结合医院	Hospitals of Integrated Traditional Chinese and Western Medicine	12	2350	3524	2786	1069
专科医院	Specialized Hospitals	286	35133	37516	28980	9648
#肿瘤医院	Tumor Hospitals	10	2890	3559	2932	879
妇产(科)医院	Hospitals for Maternity and Child Care	24	2675	4946	3919	1196
儿科医院	Children's Hospitals	9	3104	3596	2987	934
精神病院	Mental Hospitals	45	10873	7266	5355	1831
#传染病院	Infections Diseases Hospitals	14	4994	5392	4310	1282
结核病院	Tuberculosis Hospitals	1	380	249	197	53
职业病院	Vocational Hospitals	4	579	352	307	130
护理院	Nursing Hospitals	19	3003	1412	737	162
疗养院	Sanatoriums	16	2174	1258	645	217
社区卫生服务中心(站)	Health Service Center for Community	2180	16468	37176	30413	12510
卫生院	Township Hospitals	1276	51956	70726	57625	24343
门诊部	Qutpatient Departments	535	86	6579	5210	2452
诊所、卫生所、医务室	County (District) Chinics, Sanitation Offices and Medical Matter Centers Sanitation Service Station	7980	106	17795	16789	11000
村卫生室	Village Health Stations	17127		59931	2423	1975
急救中心(站)	Emergency Treatment Centers (Stations)	24		954	397	238
采供血机构	Blood Collection and Supply Institutions	30		1609	1055	114
妇幼保健院(所、站)	Maternity and Child Care Centers	103	2510	6470	5307	2360
专科疾病防治院（所、站）	Specilized Disease Prevention and Treatment Institutes	46	910	1225	955	432
疾病预防控制中心（防疫站）	Disease Prevention and Controlling Centers (Antiepidemic Stations)	130		8233	6184	3608
卫生监督所	Sanitation Supervision Agenicies	109		4129	3297	
医学科学研究机构	Institutions of Medical Sciences Research	9		588	303	127
医学在职培训机构	In-service Training of Medical Science	36		1562	385	164
健康教育所(站、中心)	Health Education Centers	2		43	11	5
其他卫生机构	Other Health Care Institutions	201		2584	1731	743

注：从2010年起所有卫生指标包括农村卫生室的数字。本表人员合计中包括乡村医生55677人和卫生员1831人；不含乡镇卫生院在村卫生室工作的执业(助理)医师、注册护士数。

Note: Figures of all the health indicators have covered village health stations. Total of personnel in this table including 55677 country doctors and 1831 health workes without figures of certified doctors and registered nurses who work in the village health stations of health clinics in towns and townships.

16－12 卫生机构数

Number of Health Care Institutions

单位:个　　　　　　　　　　　　　　　　　　　　　　　　　　　　　　　　　　　　　　(unit)

年　份 Year	总　计 Total	医　院 Hospitals	卫生院 Township Hospitals	疗养院 Sanatoriums	门诊部 Clinics
1978	9277	2428		7	
1980	9943	2457		11	
1985	11515	2460		32	
1989	12325	4463		34	
1990	12366	2491		35	
1991	12377	2495		36	
1992	12277	2493		36	
1993	12074	2483		36	
1994	12067	2559		36	
1995	12039	2534		35	
1996	14944	2617		35	
1997	13386	2620		33	
1998	14572	2610		30	
1999	13699	2641		30	
2000	12813	634	1877	29	106
2001	13208	662	1771	29	119
2002	12368	891	1625	28	293
2003	12733	920	1602	21	313
2004	14447	995	1493	24	371
2005	15324	1014	1472	26	372
2006	17143	1061	1407	25	395
2007	19129	1087	1384	19	458
2008	13451	1093	1448	18	474
2009	13388	1112	1440	17	484
2010	30961	1157	1276	16	535

16－12　续表　Continued

单位:个　　　　　　　　　　　　　　　　　　　　　　　　　　　　　　　　　　　　　　(unit)

年　份 Year	妇幼保健院(所、站) Maternity and Child Care Conters	专科疾病防治院(所、站) Specialized Disease Prevention and Treatment Institutes	疾病预防控制中心(防疫站) Disease Prevention and Controlling Centers	医学科学研究机构 Institutions of Medical Sciences Research
1978	84	9	107	12
1980	99	17	119	11
1985	105	84	127	16
1989	114	95	135	16
1990	114	108	135	16
1991	114	112	137	14
1992	115	114	135	14
1993	117	120	141	18
1994	117	121	141	17
1995	117	122	141	17
1996	115	121	142	18
1997	114	121	143	18
1998	114	120	144	18
1999	116	122	147	18
2000	112	118	142	17
2001	112	113	147	17
2002	111	80	145	14
2003	106	59	136	13
2004	107	45	143	12
2005	107	49	154	12
2006	107	48	153	10
2007	106	49	166	9
2008	104	49	170	9
2009	105	47	170	9
2010	103	46	130	9

注:从2010年起卫生机构数包括村卫生室的数字(以下表同)。2010年机构数含村卫生室17127个。

Note: Number of health care institutions have involved the figure of village health stations (the same below). In 2010, the figure of institutions involving 17127 village health stations.

16－13 卫生机构人员数

Number of Persons Engaged in Health Care Institutions

单位:万人　　　　(10000 persons)

年份 Year	卫生工作人员 Medical Personnel	卫生技术人员 Medical Technical Personnel	#医师 Doctors	#注册护士 Registered Nurses	每万人拥有医师数(人) Number of Doctors per 10000 Population (person)
1978	17.45	14.00	5.70	1.79	9.7
1980	19.03	15.04	6.10	2.08	10.2
1985	23.68	18.28	7.65	3.61	12.3
1989	26.82	20.75	9.67	5.06	14.7
1990	27.58	21.35	9.94	5.34	14.6
1991	28.63	22.22	10.20	5.61	14.9
1992	29.39	22.89	10.43	5.76	15.1
1993	30.20	23.44	10.63	5.99	15.3
1994	30.85	24.05	10.94	6.28	15.6
1995	31.57	24.55	11.22	6.44	15.9
1996	31.90	25.02	11.34	6.69	16.0
1997	32.42	25.48	11.58	6.95	16.2
1998	32.61	25.67	11.61	7.13	16.2
1999	32.64	25.60	11.59	7.26	16.1
2000	32.18	25.36	11.44	7.39	15.6
2001	32.08	25.36	11.46	7.54	16.2
2002	30.08	24.00	10.22	7.25	14.3
2003	30.37	24.37	10.40	7.37	14.5
2004	30.95	25.01	10.60	7.70	14.7
2005	31.61	25.71	10.87	8.05	15.0
2006	33.45	27.54	11.46	8.59	15.7
2007	35.53	28.62	11.87	9.45	16.1
2008	36.13	29.16	11.97	10.09	15.6
2009	37.76	30.65	12.32	11.06	15.9
2010	45.93	32.84	12.90	12.26	16.4

注:2010 年本表人员合计中包括乡村医生 55677 人和卫生员 1831 人。

Note: In 2010, personnel total of this table involving 55677 country doctors and 1831 health workers.

16－14 卫生机构床位数

Number of Beds in Health Care Institutions

单位:万张　　　　(10000 beds)

年份 Year	总计 Total	医院 Hospitals	卫生院 Township Hospitals	疗养院 Sanatoriums	社区卫生服务中心 Health Service Center for Community	专科疾病防治院(所、站) Specialized Disease Prevention and Treatment Institutes	每万人拥有医院、卫生院床位数(张) Number of Hospital Beds per 10000 Population (bed)
1978	12.29	11.07		0.13			19.0
1980	12.75	11.62		0.23			19.6
1985	14.29	12.65		0.55			20.4
1989	16.08	14.22		0.64		0.01	21.7
1990	16.45	14.54		0.67			21.5
1991	16.77	14.85		0.74			21.7
1992	17.02	15.07		0.73			21.8
1993	17.33	15.29		0.73			21.9
1994	17.45	15.42		0.72			22.0
1995	17.46	15.48		0.71			21.9
1996	17.03	15.78		0.69			22.2
1997	17.03	15.90		0.62			22.2
1998	17.01	15.91		0.59			22.2
1999	17.25	16.17		0.55			22.4
2000	17.31	10.01	6.18	0.56		0.13	22.1
2001	17.32	10.14	6.13	0.55		0.09	22.9
2002	17.45	11.38	5.58	0.44		0.10	23.8
2003	17.99	11.54	5.63	0.37		0.08	24.0
2004	18.90	12.31	5.42	0.39		0.14	24.6
2005	19.75	13.18	5.41	0.49		0.10	25.6
2006	21.16	14.27	5.31	0.36		0.10	26.8
2007	22.00	15.15	5.30	0.30	0.92	0.10	27.8
2008	23.51	16.39	5.70	0.26	0.82	0.07	28.8
2009	25.15	17.76	5.71	0.22	1.07	0.07	30.4
2010	26.97	19.55	5.20	0.22	1.58	0.09	31.5

16－15 医疗机构门诊情况（2010 年）
Service of Health Institutions（2010）

指 标	Item	诊疗人次（万人次）Total Number of Patients Treated（10000 person-times）	门 诊 Out-patients Service	急 诊 Emergency Patients
合 计	**Total**	**38527.3**	**27661.3**	**2106.7**
医 院	Hospitals	15045.9	13309.2	1378.1
#综合医院	General Hospitals	10313.6	9013.8	1067.3
中医医院	Hospitals Specialized in Traditional Chinese Medicine	2614.0	2366.0	166.0
中西医结合医院	Hospitals of Integrated Traditional Chinese and Western Medicine	236.9	204.5	25.5
专科医院	Specialized Hospitals	1867.9	1712.0	118.7
疗养院	Sanatoriums	14.1	9.5	0.8
社区卫生服务中心	Health Service Center for Commnunity	5416.7	4872.2	305.9
卫生院	Township Hospitals	6496.4	6015.0	350.2
#乡镇卫生院	Rural Township Hospitals	6476.2	5996.0	349.1
门诊部	Qutpatient Departments	465.6	445.3	10.0
村卫生室	Village Health Stations	7909.8	7260.5	0.0
妇幼保健院(所、站)	Maternity and Child Care Centers	606.2	519.1	24.2
专科疾病防治院（所、站）	Specialized Disease Prevention and Treatment Institutes	115.4	98.4	0.6

16－16 医疗机构住院服务、病床使用情况（2010 年）
Situation of Hospitalization Service and Beds Utilization of Health Institutions（2010）

指 标	Item	病床使用率（%）Utilization Rate of Beds（%）			入院人数（万人）Hospital Admissions（10000 persons）			每百门急诊人次的入院人数（人）Hospital Admissions per 100 Patient－times（person）
		合 计 Total	非营利 Non-profit	营 利 Profit	合 计 Total	非营利 Non-profit	营 利 Profit	
合 计	**Total**	**83.81**	**85.06**	**61.24**	**741.06**	**711.01**	**30.05**	**2.71**
医 院	Hospitals	94.40	96.94	61.41	557.21	527.29	29.92	3.79
#综合医院	General Hospitals	95.00	97.44	63.67	408.46	388.30	20.16	4.05
中医医院	Hospitals Specialized in Traditional Chinese Medicine	99.38	99.97	68.34	74.24	73.29	0.94	2.93
专科医院	Specialized Hospitals	89.82	94.07	51.00	67.34	60.34	6.99	3.68
疗养院	Sanatoriums	45.63	45.63	0.00	4.00	4.00	0.00	39.05
社区卫生服务中心	Health Service Center for Commnunity	48.44	48.44	0.00	28.31	28.31	0.00	0.67
卫生院	Township Hospitals	56.99	57.00	48.74	139.97	139.91	0.06	2.20
#乡镇卫生院	Rural Township Hospitals	56.91	56.91	0.00	139.45	139.45	0.00	2.20
门诊部	Qutpatient Departments	26.79	14.93	41.07	0.09	0.03	0.07	0.02
妇幼保健院（所、站）	Maternity and Child Care Centers	87.39	87.39	0.00	10.22	10.22	0.00	1.88
专科疾病防治院（所、站）	Specialized Disease Prevention and Treatment Institutes	47.73	48.82	0.41	0.57	0.57	0.00	0.57

16－17　法定报告传染病发病及死亡情况（2010年）
Legal Report on Infection Disease Incidence and Death（2010）

病　名		发病率（1/10万）Incidence（1/100 thousand）	死亡率（1/10万）Rate of Death（1/100 thousand）	病死率（%）Rate of Death from Illness（%）
鼠疫	Pestilence			
霍乱	Cholera	0.0427		
传染性非典型肺炎	SARS			
艾滋病	AIDS	0.4207	0.1139	27.07
病毒性肝炎	Viral Hepatitis	28.6693	0.0272	0.09
病毒性肝炎	Virus Hepatitis			
脊髓灰质炎	Polio			
人感染高致病性禽流感	Highly Pathogenic Avian Influenza to Humans			
甲型H1N1流感	Influenza A virus Subtype HIM	0.6291	0.0078	1.24
麻疹	Measles	0.9502		
流行性出血热	Hemorrhage Fever	0.3806	0.0065	1.71
狂犬病	Hydrophobia	0.0971	0.0958	98.66
流行性乙型脑炎	Epidemic Encephalitis B	0.0712	0.0039	5.48
登革热	Pengue	0.0039		
炭疽	Anthrax			
细菌性和阿米巴性痢疾	Dysentery	8.8375		
肺结核	Pulmonary Tuberculosis	53.9327	0.1773	0.33
伤寒、副伤寒	Typhoid and Paralyphoid Fever	0.2977		
流行性脑脊髓膜炎	Epidemic Cerebrospinal Meningitis	0.0155	0.0013	8.39
百日咳	Pertussis	0.0518		
白喉	Diphtheria			
新生儿破伤风	Newborn Tetanus	0.0228	0.0041	17.98
猩红热	Scarlet Fever	0.9126		
布鲁氏菌病	Brucellosis			
淋病	Gonorrhea	0.0065		
梅毒	Syphilis	10.4233		
钩端螺旋体病	Leptospirosis	0.0013		
血吸虫病	Bilharziasis			
疟疾	Malaria	0.4686	0.0013	0.28

16－18　孕产妇及婴儿死亡率
Death Rate of Pregnant Women and Babies

指　标	Item	2000	2005	2008	2009	2010
孕产妇死亡率　（1/10万）	Death Rate of Pregnant Women（1/100 thousand）	28.51	18.56	10.76	7.02	6.00
婴儿死亡率　（‰）	Death Rate of Babies　（‰）	11.20	6.69	5.30	4.43	4.04
5岁以下儿童死亡率（‰）	Death Rate of Children Aged 5 and Below（‰）	14.61	8.56	6.53	5.86	5.18

主要统计指标解释

文化事业机构 指从事专业文化工作和为专业文化工作服务的独立建制的单位。不包括这些单位另外举办独立核算的其他机构和各部门的业余文化组织。

艺术表演团体 指从事戏曲、音乐、舞蹈、杂技等专业艺术表演,有独立帐户的单位,不包括半工半艺、半农半艺和民间职业剧团。

等级运动员人数 指经考核正式批准授予等级运动员称号的人数。运动员等级分为国际级运动健将、运动健将、一级运动员、二级运动员、三级运动员、少年级运动员。

等级裁判员人数 指经考核正式批准授予等级裁判员称号的人数。裁判员等级分为国际裁判、国家级裁判、一级裁判、二级裁判、三级裁判。

卫生机构 指从卫生行政部门取得《医疗机构执业许可证》,或从民政、工商行政、机构编制管理部门取得法人单位登记证书,为社会提供医疗保障、疾病控制、卫生监督服务或从事医学科研和教育等工作的单位。

卫生技术人员 指卫生事业机构支付工资的全部职工中现任职务为卫生技术工作的专业人员,包括执业医师、执业助理医师、注册护士、药剂人员、检验人员和其他卫生技术人员。

执业(助理)医师和注册护士 指领取医师执业证书和注册护士证书的人员。

Explanatory Notes on Main Statistical Indicators

Cultural Institutions refer to units which have their own organizational system and independent accounting system and specilize in or serve cultural development. They exclude other establishment run by these cultural institutions and amateur groups established by various departments.

Art Troupe refer to the troupe which is engaged in drama, opera, music, dance, acrobatics or other art performance, opens independent accounts with banks and has self-accounting system; excluding the troupes which are engaged partly in industrial or agricultural activities, partly in art performance and the professional troupes organized by the people.

Number of Athletes in Grades refers to the number of athletes who have been given titles through examination. The titles of athlets include international masters of sports, masters of sports, first grade, second grade and third grade sportsmen and young athletes.

Number of Referees in Grades refers to the number of referees who have been given titles after examination. They are classified as international referees, national referees and referees of the first, second and third grades.

Health Care Institutions refers to the units which have received the "Practitioner Licence Certification of Medical and Health Institutions" from health administration, or the registered certification of corporation units from the civil, industrial and commercial, and establishment administration. They provide the services of medical security, disease controlling, health supervision, or engaged in medical scientific research and education.

Medical Technical Personnel refer to all medical staff and workers employed by medical institutions, including doctor of Chinese and Western medicine, senior doctors who integrated traditional Chinese therapeutics with Western therapeutics in practice, senior nurses, pharmacists of Chinese and Western medicine, laboratory specialists, other specialists, paramedics of Chinese and Western medicine, nurses, midwives, druggists in Chinese and Western medicine, laboratory technicians, other technicians, other practitioners of Chinese medicine, nursing attendants, pharmacological workers of Chinese and Western medicine, laboratory workers and other primary medical personnel.

Practitioner(Assistant) Doctor and Registered Nurse refer to the doctors and nurses who have received the practitioner doctor certification and registered nurse certification respectively.

17

社会服务及其他
Social Services and Others

简要说明

一、本篇资料的主要内容

本篇主要反映档案、民政、残疾人、社会保障、工会妇联、公检法司情况等内容。

档案部分主要包括档案机构人员，档案馆档案资料馆藏和利用情况；民政事业部分主要包括民政行业单位情况，民政事业经费情况，收养类单位情况，办理结婚、离婚情况，社会保障部分主要包括社会保险基本情况，社会保险基金收支及累计结余情况；公检法司部分主要包括公安机关的刑事案件立案情况和治安案件查处情况，交通、火灾事故情况，人民检察院的办案情况，人民法院审理案件和收结案情况，以及律师、公证、调解工作等情况。

二、本篇的资料来源

根据各部门制定的统计报表制度汇总加工整理而成。档案资料来自省档案局；民政事业资料来自省民政厅；残疾人事业资料来自省残疾人联合会；社会保障资料来自省人力资源和社会保障厅；工会妇联资料分别来自省妇女联合会和省总工会；公检法司资料分别来自省公安厅、省人民检察院、省高级人民法院、省司法厅。

Brief Introduction

I. Main Contents

Data in this chapter show statistics on archives, civil affairs, disabled persons, social security, labour union, woman's federation, public security, procuratorial, legal and judicial affairs and so on.

Data on archives, cover mainly information on persons and institutions of archives, conditions of files stored and used in archives; data on civil affairs include: basic conditions of affairs agencies, expenses for civil administration, statistics on adoptive homes, marriages and divorces; data on social security cover information such as basic statistics of social insurance, revenue, expenses and balance of social insurance fund; data on public security, procuratorial, legal and judicial affairs covering information on criminal cases registered and offense cases handled by the public security agencies, traffic or fire accidents, cases handled by procuratorate's offices, cases accepted and settled by the people's courts, and statistics on lawyers, notarization and mediation.

II. Sources of Data

Data are collected and tabulated in accordance with the statistic reporting schemes stipulated by the departments concerned. data on archives are provided by the Province Archives; data on civil affairs are from Provincial Department of Civil Affairs; data on disabled persons are from Province Disabled Persons' Federation; data on social security are from Provincial Department of Human Resources and Social Security; data on labour union and woman's federation are respectively from Province Women's Federation and Federation of Trade Unions. data on public security, procuratorial, legal and judicial affairs are respectively from Provincial Public Security Bureau, People's Procuratorate, Higher people's court and Justice Department.

17－1 档案事业机构人员数（2010年）
Number of Persons and Institutions of Archives (2010)

项 目 Item		机构数（个） Number of Institutions (unit)	专职人员数（人） Full-time Personnel (person)	#女 性 Female	#大专以上文化程度 College and Higher Level
总 计	**Total**	1676	3546	2248	3232
档案行政管理部门	Administrative Department of Archives	118	954	379	888
档案馆	Archives	122	814	463	755
档案室（处、科）	Archives Offices (Sections)	1435	1778	1406	1589

17－2 档案馆档案资料馆藏和利用情况
Conditions of Files Stored and Used in Archives

项 目 Item		1995	2000	2005	2009	2010
馆藏档案	**Archives Stored**					
全 宗 （个）	Whole Volume (unit)	13018	13756	15363	16754	17030
案 卷 （万卷/万件）	Files (10000 volumes)	569.60	769.02	913.74	1420	1593
录音录像影片档案 （盘）	Records, Films of Videotape Files (copy)	10002	20270	52498	65456	75292
照片档案 （万张）	Photos (10000 pieces)	37.05	51.08	38.42	67.95	72.17
馆藏资料 （万册）	**Number of Material Stored (10000 volumes)**	**128.00**	**120.00**	**122.04**	**129.33**	**131.69**
档案馆面积 （平方米）	**Areas of Archives (sq. m)**	**159532**	**213419**	**209148**	**325562**	**363823**
#库房面积	Areas of Storerooms	918532	111336	114737	153417	161740
档案资料利用	**Use of Material**					
利用档案人次 （万人次）	Number of Person-times Using Files Material (10000 person-times)	9.28	12.61	12.14	30	33
利用档案卷次 （万卷/万件次）	Number of Archives Used (10000 volume-times)	42.52	46.40	37.48	83	78.56
利用资料 （万册/万件次）	Number of Data Used (10000 volumes-times)	12.54	3.70	4.14	5.15	5.10
复制档案、资料 （万页）	Copies of Files and Material (10000 pages)	75.20	52.22	40.20	64.55	58.39
开放档案	**Opening archives**					
全 宗 （个）	Whole Volume (unit)	6716	7852	9523	10052	10593
案 卷 （万卷/件）	Files (10000 volumes)	98	184	163	209	234

注：本表档案馆指综合档案馆。

Note: Archives in this table refer to comprehensive archives.

17-3 律师、公证及调解工作基本情况
Basic Statistics on Lawyers, Notarization and Mediation

项目	Item	1995	2000	2005	2009	2010
律师工作	**Lawyers**					
律师事务所（个）	Number of Lawyer Offices (unit)	414	579	709	1020	1112
律师所工作人员（人）	Number of Lawyers (person)	3150	6766	9829	10146	11903
担任法律顾问（家）	Number of Units with Legal Advisors (unit)	22054	23355	30796	40725	57670
民事案件诉讼代理(件)	Agent of Civil Cases (case)	9236	46023	85107	165733	180151
刑事诉讼辩护及代理(件)	Defender and Agent of Criminal Cases (case)	13254	17117	20301	26899	28472
非诉讼法律事务（件）	Agent of Non-litigious Legal Affairs (case)	52002	26746	41451	29514	31780
解答法律咨询（人次）	Agent of Legal Advisory Services (person-times)	272809	214560	326291	313487	317252
代写法律事务文书(件)	Agent of Legal Document Written on Behalf of Clients (case)	39390	52386	59474	35071	29612
行政诉讼（件）	Administrative Lawsuit (case)				2785	2703
公证工作	**Notarization**					
公证处（个）	Number of Notary Offices (unit)	110	118	112	110	110
公证人员（人）	Notarial Personnel (person)	654	784	1023	1004	1230
#公证员	Notaries	526	595	550	500	574
助理公证员	Assistant Notaries	43	73	256	275	343
办理国内公证文书（件）	Number of Domestic Notarized Documents (case)	302248	362896	542289	597699	570380
#经济公证	Notarized Documents on Economic Affairs	156650	214708	364424	312206	276614
人民调解工作	**People's Mediation**					
人民调解委员会（个）	Number of People's Mediation Committees (unit)	57607	50509	33327	33423	32189
调解人员（人）	Number of Mediators (person)	1003238	786300	374810	228380	226714
调解民事纠纷（件）	Number of Civil Disputes Mediated (case)	303718	327622	255647	290391	355671

17-4 涉外公证文书分类
Foreign-related Notarial Documents by Type

单位：件 (case)

指标	Item	2000	2005	2007	2009	2010
合计	**Total**	**107747**	**124690**	**197247**	**186244**	**191226**
出生	Births	15292	16414	24408	23604	22685
学历	Schooling	13901	13745	23609	18894	18117
经历	Personal Histories	6315	3967	2632	2284	1547
生存、居住	Survival and Residence	238	514	780	1528	1850
死亡	Deaths	257	477	189	939	256
收养	Child Adoption	635	494	95	135	159
亲属关系	Kinship Confirmation	9673	10145	17229	14018	14343
婚姻状况	Marital Status	9928	5816	7512	6724	6654
继承权	Rights of Inheritance	335	2	1461	103	42
遗嘱	Testaments	45	6	313	39	65
委托书	Proxy	735	1886	1475	1624	1316
声明书	Announcement	699	2545	3717	3829	4173
受、未受刑事处分	Criminal Records	13420	16237	22001	19244	20140
文本相符	Confirmation of Copies and Photo-offset Copies to Originals	10287	19045	34509	32633	37670
其他	Others	25987	33397	37458	37205	37255

17－5 国内公证文书分类
Domestic Notarial Documents by Type

单位:件 (case)

项目	Item	2000	2005	2009	2010
总　计	**Total**	**362896**	**542289**	**597699**	**570380**
经济公证	**Notarized Documents on Economic Affairs**	**214708**	**364424**	**312206**	**276614**
购　销	Purchases and Sales of Products	15637	1760	847	17684
联　营	Joint Business	1076	66	8	5124
拍　卖	Auctions	2624	4762	926	1567
贷　款	Loans	56836	222922	140801	105975
担　保	Guarantees	1850	5924	6191	2845
招标、投标	Bidding	6128	11397	14297	8568
科技协作	Coordination of Science and Technology	94	159	28	20
供用电	Supply and Use of Electric Power	1089	113		28
劳务合同	Labor Contracts	11251	1875	2019	1411
建筑工程承包	Construction Project Contracts	1832	301	3735	4277
工商服务业承包	Industrial and Commercial Service Contracts	4352	647	598	151
农林牧副渔业承包	Farming, Forestry, Animal Husbandry, Sideline Production and Fishery Contracts	7070	766	253	282
财产租赁	Property Leases	6597	500	283	206
企业租赁	Enterprise Leases	1403	272	109	11
资产经营责任制	System of Assets Business Responsibility	581	114	94	9
其他经济合同	Other Business Contracts	15347	15614	14325	12326
法人(代表人)资格	Legal Person (agent) Identification	1282	863	2279	1959
法人委托书	Legal Person Trust Deeds	3310	9007	19943	14108
公司章程	Corporation Constitutions	706	107	303	288
执行许可证明	Operating Permits	236	1153	622	360
其　他	Others	75407	86102	52048	60336
民事公证	**Notarized Documents on Civil Relations**	**148188**	**177865**	**285493**	**293766**
收　养	Child Adoption	842	205	179	149
解除收养	Adoption Renouncements	174	11	24	16
继承权	Rights of Inheritance	6627	17044	32746	30251
遗　嘱	Testaments	4494	5651	4980	4966
产　权	Property Rights	1638	1508	1972	2356
亲属关系	Kinship Confirmation	3255	2579	3037	1790
死　亡	Death Certificates	93	42	96	53
房屋买卖	Purchases and Sales of Houses	4870	13339	5581	4923
房屋租赁	House Leases	2548	757	421	368
留学协议	Foreign Study Contracts	709	763	783	790
遗赠扶养协议	Donations and Family Fostering	670	517	412	4447
其他民事协议	Other Civil Agreements	31211	24778	76374	17826
委托书	Trust Deeds	4236	25626	18737	81005
赠与书	Presentaton Documents	5464	9084	4900	10588
声明书	Declarations	6227	13407	41877	41332
现场监督	Field Supervision	10325	6250	3974	5225
文本相符	Confirmation of Copies and Photo-offset Copies to Originals	729	2993	9520	17371
宅基地使用权	Rights to Housing Site	551	30	212	797
证据保全	Evidence Preservation	2366	8257	7164	7341
计划生育协议	Birth Control Contracts	9555	698	265	270
其　他	Others	51604	44326	42824	42559

17-6 民政行业单位基本情况
Basic Conditions of Affairs Agencies

指 标	Item	单位数(个) Number of Institutions (unit)		职工人数(人) Number of Staff and Workers(person)	
		2009	2010	2009	2010
民政行业单位	**Civil Affairs Agencies**	**61981**	**63402**	**752572**	**797306**
民政行政机关	Civil Affairs Administrative Departments	127	126	3372	3367
民政事业单位	Civil Affairs Institutions	3386	3866	34389	37711
优抚安置单位	Agencies for Serviceman	222	243	2151	2204
救灾储备单位	Salvation and Institutions	1	3	3	11
社区服务中心	Community Service Centers	499	944	4739	7173
婚姻登记服务类单位	Marriage Registration Institutions	69	70	431	439
收养类单位	Residential Institutions	2046	2036	20437	21247
救助类单位	Salvation Institutions	67	68	585	586
殡仪类单位	Funeral and Interment Institutions	244	234	4792	4605
福利彩票发行单位	Welfare Lottery Issuing Institutions	78	81	509	548
慈善团体	Charity Institutions				
老龄事业单位	Aging Population Institutions	81	87	281	280
其他事业单位	Other Institutions	79	100	461	618
民间组织	Non-governmental Organizations	33066	34183	279927	307088
社会团体	Social Organization	18588	18707	116023	128379
基金会	Fund Organization	247	310	500	680
民办非企业单位	Non-enterprise Units Run by NGO	14231	15166	163404	178029
基层群众自治组织	Grass Roots Autonomy Organizations	21893	21645	109689	109003
社区居委会	Neighborhood Committee	5500	5842	29254	31407
村委会	Village Committee	16393	15803	80435	77596
福利企业	Social Welfare Enterprises	3509	3582	325195	340137

17－7 民政事业费支出情况
Operating Expenses for Civil Administration

单位:万元　　　　(10000 yuan)

年　份 Year	民政事业费实际支出合计 Actual Operating Expenses for Civil Administration	#抚恤事业费 Commiserate	#社会救济福利事业费 Subsidies of Social Welfare	#自然灾害救济费 Subsidies of Natural Calamity
1980	15208	5138	7188	2882
1985	24095	11115	10976	2004
1989	27647	9098	7396	4203
1990	46657	20676	20333	5648
1991	69567	20530	27005	22032
1992	60808	22548	23267	14993
1993	60972	25920	27448	7605
1994	72276	31933	34078	6265
1995	87470	38966	39544	8961
1996	104278	48874	46470	8935
1997	119396	57247	52304	9846
1998	141192	67183	63207	10803
1999	157082	78084	69053	9945
2000	175738	86088	78046	11604
2001	187786	89952	87732	10102
2002	205763	54223	72244	8918
2003	255690	58221	91748	27724
2004	309196	72157	117935	13954
2005	419996	103882	178157	14999
2006	502744	118955	229594	17130
2007	632560	137177	274117	17801
2008	811832	161662	372348	13468
2009	996449	200052	450462	8037
2010	1265312	238040	559834	15339

注:社会救济福利事业费包含:城乡低保、农村社会救济、其他城镇社会救济、社会福利。

Note: Subsidies of social welfare consists of urban and rural low, sucial relief of country, other town social relief and social welfare.

17－8 收养类单位基本情况（2010 年）
Basic Statistics on Adoptive Homes（2010）

项　目	Item	院数（个） Homes (unit)	工作人员（人） Staff (person)	床位（张） Beds (unit)	年末收养人员(人) Inmates at Year-end (person)
总计	**Total**	**2036**	**21247**	**254764**	**197852**
#工商登记	State Run	9	190	1783	1285
编制部门登记	Collective Run	235	6309	47715	40440
民政部门登记	Civilian Run	1478	12985	177077	136918
未登记	Unregistered	314	1763	28189	19209
#优抚类收养性单位	Gencies for Service man	22	966	1826	1505
荣誉军人康复医院	Convalescent Hospitals for Honorable Serviceman	1	163	140	62
复员军人疗养院	Sanatoriums for Ex-serviceman	5	364	376	276
复退军人精神病院	Mental Hospitals for Ex-serviceman	1	305	710	702
光荣院	Homes for Disabled Veteran	15	134	600	465
福利类收养性单位	Social Welfare Institutions	2013	20275	252838	196252
社会福利院	Social Welfare Homes	66	2000	14713	11680
儿童福利院	Baby Welfare Homes	10	529	2149	1842
社会福利医院	Social Welfare Hospitals	12	1681	6028	5631
城镇收养性老年福利机构	Unban Welfare Homes for Aged persons	606	7723	74313	46412
农村五保供养服务机构	Rural Welfare Homes for Aged persons	1319	8342	155635	130687
其他收养性机构	Other Adoptive Homes	1	6	100	95

17－9 残疾人事业基本情况
Basic Statistics of People with Disabilities

项 目	Item	2005	2006	2007	2008	2009	2010
康 复	**Rehabilitation**						
视力残疾康复	Rehabilitation of Persons with Sight Disability						
白内障复明手术 （万例）	Sight-restoring Cataract Surgeries (10000 cases)	3.2	3.9	4.7	5.7	5.6	5.7
#贫困白内障患者免费手术	Free Surgeries for Poor Cataract Patients		1.0	1.4	1.5	1.8	1.6
低视力者配用助视器 （人）	Vision-aids Provided for Persons of Low-vision (person)	2122	1838	1795	1316	1795	1543
盲人定向行走训练数 （人）	Blind People Trained with Direction Walking (person)		414	1510	1170	1272	1094
聋儿康复	Rehabilitation of Children with Hearing Disability						
年收训聋儿 （人）	Hearing and Speech Training (person)	1019	1029	1189	1153	1096	1270
培训聋儿家长 （人）	Parents Trained (person)	1279	1090	1556	1153	1289	1270
精神病防治康复	Prevention and Treatment of Psychiatric Diseases						
开展精神病防治康复工作市县数 （个）	Counties Carried on the Works of Prevention and Treatment of Psychiatric Diseases (unit)	86	106	106	108	109	108
综合防治康复精神病人数 （万人）	Prevention and Treatment Provided for Patients with Severe Psychiatric Diseases (10000 persons)	30.6	44	44	44	44	44
监护率 （%）	Guardianship Rate (%)	90	92	93	96	96	96
显好率 （%）	Significant Improvement Rate (%)	60	61	61	69	74	74
社会参与率 （%）	Social Involvement Rate (%)	50	50	51	58	60	61
孤独症儿童训练数 （人）	Trained Persons with Infantile Autism (person)		217	325	310	402	533
肢体残疾康复 （人）	Rehabilitation of Persons with Physical Disability (person)						
肢体残疾人社区训练、家庭康复训练数	Persons Rehabilitated at Community	7194	1673	11208	9307	12570	16071
肢体残疾儿童机构康复训练数	Persons Rehabilitated at Institutions		299	1557	2218	2162	3345
麻风畸残康复矫治手术 （例）	Rehabilitation of People with Leprosy Orthopedic Surgeries (case)	380	66	126	64		31
智力残疾康复 （人）	Rehabilitation of Persons with Intellectual Disability (person)						
智残儿童康复训练数	Children Rehabilitated	2261	2041	2124	2358	1982	2135
智残儿童家长培训数	Parents Trained		1494	1820	2032	1894	1991

项目	Item	2000	2005	2006	2007	2008	2009
教 育	**Education**						
未入学适龄残疾儿童少年 (万人)	School-age Disabled Children without Schooling (10000 persons)	0.4	0.4	0.3	0.3	0.3	0.2
职业教育与培训	Vocational Education and Training						
机构数 (个)	Facilities (unit)	102	241	267	249	292	293
职业技术年培训 (万人次)	Number of Persons Educated and Trained (10000 persons)	2.6	2.9	2.8	2.1	2.4	2.3
就 业	**Employment**						
城镇残疾人就业状况	Employment of Urban Handicapped						
当年安排就业 (万人)	Persons Employed in the Year (10000 persons)	1.9	2.1	2.8	2.4	1.9	1.7
#按比例就业	Employed by Quota Scheme	0.5	0.6	0.7	0.7	0.7	0.5
集中就业	Employed at Welfare Enterprises	0.9	0.8	1.6	1.0	0.7	0.7
个体就业	Self-employed	0.5	0.7	0.5	0.7	0.5	0.5
未就业(累计)	Unemployed	4.6	7.7	6.5	4.4	4.8	4.1
农村残疾人就业状况	Employment of Rural Handicapped						
就业 (万人)	Employed (10000 persons)	78.7	99.2	95.4	71.8	96	77
未就业 (万人)	Unemployed (10000 persons)	12.3	16.9	16.4	16.1	16.2	11.5
残疾人就业服务机构 (个)	Employment Service Institutions for Handicapped (unit)	120	114	117	118	119	118
省	Provinces	1	1	1	1	1	1
市(含县级市)	Cities (inc. Cities at County Level)	40	40	39	39	39	39
县	Counties	25	24	25	25	25	24
市辖区	Districts under the Jurisdiction of Cities	54	49	52	53	54	54
盲人按摩	**Massage by Persons with Visual Disability**						
保健按摩员培训 (人)	Massage Therapists Training (person)	340	519				
医疗按摩员培训 (人)	Keep-fit Massager Training (person)	291	30	244	179	38	112
扶 贫	**Poverty Alleviation**						
扶贫开发解决温饱残疾人 (万人)	Disabled Persons Overcoming Poverty Through Government's Poverty Reduction Program (10000 persons)	5.1	5.0	5.4	4.3		
绝对贫困残疾人 (万人)	Disabled Persons in Absolute Poverty (10000 persons)		7.4	7.6	6.3		
相对贫困残疾人 (万人)	Disabled Persons in Relative Poverty (10000 persons)		7.6	13.7	12.4		
当地低收入残疾人 (万人)	Disabled Persons at the Local Low-income Level (10000 persons)		12.4	20.4	17.3	18.5	19.3
残联组织建设	**Organization of the Disabled Persons' Federation**						
残疾人工作者数 (万人)	Workers for the Disabled (10000 persons)	0.3	0.4	0.4	0.4	0.4	0.5

17-10 婚姻登记和离婚情况
Number of Marriages and Divorces

年份 Year 地区 Region	结婚登记对数(万对) Total Number of Registered Marriages (10000 couples)	内地居民登记结婚(万人) Registered Marriages in the Mainland (10000 persons)	涉外及港澳台居民登记结婚(万人) Registered Marriages with Foreigner or the Citizen of Hong Kong, Macao, Taiwan (10000 persons)	初婚(万人) First Marriages (10000 persons)	再婚(万人) Re-marriages (10000 persons)	离婚(万对) Divorces (10000 couples)
1985	43.01	86.01	0.01	84.51	1.51	2.11
1989	56.17	112.33	0.03	107.68	4.51	4.55
1990	52.72	105.40	0.04	102.88	2.56	4.63
1991	54.73	109.42	0.06	106.91	2.56	5.09
1992						
1993	54.91	109.74	0.08	107.33	2.48	5.61
1994						
1995	57.51	114.93	0.10	112.00	3.03	6.76
1996	54.71	109.32	0.10	106.01	3.41	7.36
1997	52.81	105.52	0.11	102.00	3.62	8.05
1998						
1999	51.35	102.59	0.11	97.80	4.68	8.11
2000	49.81	99.50	0.12	94.43	4.95	8.19
2001	44.42	88.60	0.13	83.25	5.35	8.62
2002	48.14	96.15	0.13	89.41	6.60	9.70
2003	46.15	92.17	0.13	85.84	6.20	9.65
2004	51.64	103.13	0.14	93.98	9.00	11.74
2005	47.20	94.26	0.14	84.94	9.66	12.38
2006	59.23	118.30	0.16	105.70	12.76	13.80
2007	57.14	114.11	0.17	99.93	14.36	16.04
2008	62.47	123.64	0.17	110.60	14.30	13.55
2009	73.09	145.99	0.17	129.51	16.66	14.37
2010	75.71	151.42	0.16	137.41	14.02	16.02
南 京 市 Nanjing	6.62	13.25		10.46	2.78	2.76
无 锡 市 Wuxi	4.00	8.01		7.47	0.54	1.15
徐 州 市 Xuzhou	10.19	20.38		19.36	1.02	1.50
常 州 市 Changzhou	3.32	6.64		5.56	1.08	0.98
苏 州 市 Suzhou	3.32	6.64		5.56	1.08	0.98
南 通 市 Nantong	6.68	13.35		11.76	1.59	1.44
连云港市 Lianyugang	5.86	11.73		10.68	1.05	0.92
淮 安 市 Huaian	5.67	11.33		10.29	1.04	0.53
盐 城 市 Yancheng	7.90	15.77		14.79	1.01	0.74
扬 州 市 Yangzhou	4.27	8.55		7.80	0.75	0.48
镇 江 市 Zhenjiang	2.91	5.82		5.21	0.61	0.48
泰 州 市 Taizhou	5.06	10.13		8.00	2.12	0.93
宿 迁 市 Suqian	6.05	12.10		11.96	0.14	1.12

17－11 社会保险基本情况

Basic Statistics of Social Insurance

单位:万人 (10000 persons)

年份 Year	失业保险 Unemployment Insurance			城镇职工基本医疗保险 Basic Medical Care Insurance		工伤保险 Work Injury Insurance		年末参加生育保险人数 Maternity Insurance Contributors at Year-end
	年末参保人数 Contributors at Year-end	全年发放失业保险金人数 Beneficiaries of Unemployment Insurance Fund	全年发放失业保险金(亿元) Unemployment Relief (100 million yuan)	年末参保职工人数 Contributors at Year-end	年末参保退休人员 Retirees Contributors at Year-end	年末参保人数 Contributors at Year-end	年末享受工伤待遇的人数 Beneficiaries at Year-end	
2001	750.90	53.70	9.16	367.64	122.65	473.94	0.79	483.46
2002	733.87	76.71	13.00	507.69	183.24	480.00	1.44	486.06
2003	761.62	88.25	13.92	608.41	226.67	503.02	1.68	504.06
2004	797.09	85.98	14.73	715.11	261.62	577.20	2.28	552.68
2005	838.48	67.02	12.03	821.07	303.02	680.21	3.22	630.92
2006	901.08	51.63	9.36	935.77	338.51	812.69	5.06	711.49
2007	968.48	48.65	9.37	1070.34	365.45	920.98	5.84	794.11
2008	1052.24	48.83	11.57	1213.90	390.35	1055.71	7.90	907.23
2009	1079.14	49.98	14.17	1282.50	418.63	1118.10	9.34	962.46
2010	1153.78	46.51	13.95	1405.06	443.20	1205.52	9.79	1086.44

17－12 社会保险基金收支及累计结余

Revenue, Expenses and Balance of Social Insurance Fund

单位:亿元 (100 million yuan)

年份 Year	合计 Total	基本养老保险 Basic Pension Insurance	失业保险 Unemployment Insurance	城镇职工基本医疗保险 Basic Medical Care Insurance	工伤保险 Work Injury Insurance	生育保险 Maternity Insurance
基金收入 Revenue						
2001	205.03	148.53	18.28	33.43	2.18	2.61
2002	271.46	194.12	20.10	51.27	2.67	3.30
2003	344.49	238.86	24.97	73.32	3.32	4.01
2004	413.75	283.40	26.69	94.40	4.25	5.01
2005	519.83	356.23	31.63	117.99	6.66	7.32
2006	667.93	456.36	39.23	154.62	9.05	8.67
2007	874.11	598.45	48.71	203.65	12.12	11.19
2008	1107.35	749.30	62.88	264.07	16.12	14.98
2009	1251.93	865.28	63.00	291.67	15.74	16.24
2010	1450.34	999.80	72.46	339.90	18.77	19.41
基金支出 Expenses						
2001	187.12	145.79	16.50	21.60	1.48	1.75
2002	251.47	192.36	20.09	35.42	1.68	1.92
2003	289.96	207.41	22.05	55.55	2.80	2.15
2004	339.98	243.75	21.13	69.35	2.82	2.92
2005	401.03	281.85	20.22	90.60	4.01	4.34
2006	493.45	355.28	20.06	107.73	5.41	4.96
2007	586.98	419.36	19.81	133.83	7.05	6.93
2008	751.91	524.33	31.00	178.56	9.85	8.17
2009	913.13	617.65	40.77	231.80	11.92	10.99
2010	1075.73	737.91	41.37	270.26	13.89	12.29
累计结余 Balance at Year-end						
2001	104.48	56.99	18.46	18.37	6.08	4.59
2002	124.37	58.74	18.37	34.22	7.07	5.97
2003	178.03	90.25	20.37	52.00	7.59	7.83
2004	249.39	127.58	25.83	77.05	9.02	9.91
2005	368.71	201.96	37.76	104.44	11.66	12.89
2006	550.51	305.40	58.26	154.95	15.31	16.59
2007	837.51	484.54	87.16	224.57	20.38	20.85
2008	1192.97	709.52	119.04	310.08	26.67	27.66
2009	1531.68	957.14	141.18	369.95	30.50	32.91
2010	1906.24	1219.03	172.27	439.60	35.32	40.03

17-13 工会、妇联基本情况
Basic Statistics on Labour Union and Women's Federation

单位:个 (unit)

项目	Item	1995	2000	2005	2009	2010
工会基本情况	**Basic Condition of Labour Union**					
基层工会组织数	Number of Grassroot Labour Unions	36215	37160	224605	320209	350068
职工人数 (万人)	Number of Staff and Workers (10000 persons)	714.26	691.97	1017.65	1546.92	1648.03
#女职工人数	Women Workers	305.53	288.81	424.14	652.83	692.46
会员人数 (万人)	Number of Members (10000 persons)	645.48	626.67	1002.25	1473.37	1575.11
#女会员人数	Women Members	275.81	262.26	411.46	625.66	666.03
女职工工作委员会	Number of Women Workers Working Committees	22843	24743	42342	75451	73223
建立工会经费审查组织	Number of Units Established with Funds Examing by Labour Union			38390	74600	83607
建立职工代表大会制度的单位	Number of Units Established with Workers Delegating Congress System	23194	17684	30075	60469	65815
实行厂务公开的单位	Number of Units Carried Out the Factory Business to Public			23355	57699	59208
建立工会劳动保护监督检查委员会	Number of Units Established with Labour Protection, Supervisting and Examing Committees			21018	48899	57087
建立工会劳动法律监督组织	Number of Organizations Established with Law of Labour Supervising Committees by Labour Union			18641	39542	47111
建立劳动争议调解委员会的单位	Number of Units Established with Mediating Committee of Labour Disputes	18292	13418	21687	47606	52540
建有职工技协组织	Number of Organizations Established with Technical Association of Staff and Workers			1818	3155	3669
妇联基本情况	**Basic Condition of Women's Federation**					
基层妇代会数 (个)	Number of Grassroot Dlegating Congress (unit)			32520	22680	22702
妇联干部数 (人)	Number of Cadres of Women's Federation (person)	3265	3231	2532	1552	1237
按年龄分	Grouped by Age					
35岁以下	Aged 35 and Below	881		1045	559	333
36-45岁	Aged 36-45	1553		888	634	558
46-55岁	Aged 46-55	790		542	322	291
56岁以上	Aged 56 and Above	41		57	37	55
按文化程度分	Grouped by Educational Attainment					
研究生	Postgraduates	12		66	131	177
大学本科、大专学历	University or College	1824		2215	1386	1025
高中、中专及以下	Senior Middle School, Specialized Secondary School and Below	1429		251	35	35

17-14 公安机关立案的刑事案件情况
Criminal Cases Registered in Public Security Organs

案件类别	Category of Cases	立案（起）Number of Cases Registered(case) 2009	2010	构成（%）Composition(%) 2009	2010
合计	**Total**	**411413**	**410319**	**100**	**100**
杀人	Homicide	585	540	0.14	0.13
伤害	Injury	5365	5312	1.30	1.29
抢劫	Robbery	3407	2910	0.83	0.71
强奸	Rape	1754	1861	0.43	0.45
拐卖人口	Bduction	130	108	0.03	0.03
盗窃	Larceny	319863	319370	77.75	77.83
诈骗	Fraud	22369	27970	5.44	6.82
持有使用伪造货币	Holding and Using Counterfeit Currency	532	75	0.13	0.02
其他	Others	57408	52173	13.95	12.72

17-15 公安机关受理、查处治安案件情况
Offense Cases Against Public Order Handled by Public Security Organs

案件类别	Category of Cases	2009		2010	
		受理 Number of Cases Accepted to be Treated	查处 Number of Cases Investigated and Treated	受理 Number of Cases Accepted to be Treated	查处 Number of Cases Investigated and Treated
合计（起）	**Total (case)**	**1816717**	**1810146**	**1224213**	**1220500**
扰乱公共场所秩序	Disturbing the Orders in Public Places	7947	7944	6536	6528
寻衅滋事	Causing Quarrels and Making Troubles	18792	18735	10005	9958
非法携带枪支、弹药、管制刀具	Violation of Firearms Control Regulations	5504	5502	11776	11775
违反危险物品管理规定	Violation of Explosives Control Regulations	1492	1490	6369	6367
殴打他人	Battering Other Persons	516312	515128	418775	418005
盗窃	Stealing Property	404747	400511	300912	299329
骗取、抢夺、敲诈勒索	Swindling, Robbery and Extortion	31195	31149	27106	26958
伪造、变造、倒卖有价票证、凭证	Forge, Alter, Scalp Valuable Coupons or Certificates	396	396	228	228
利用迷信活动危害社会	Endangering the Society through Superstition	148	147	104	104
卖淫、嫖娼	Prostitution or Soliciting Prostitutes	42491	42490	23519	23519
赌博	Gambling	112090	112090	55678	55439
其他	Others	675603	674564	363205	362290

17－16 交通事故情况(2010年)
Basic Statistics on Traffic Accidents (2010)

类 别	Item	发生数(起) Number of Traffic Accidents (case)	死亡人数(人) Number of Deaths (person)	受伤人数(人) Number of Injuries (person)	损失折款(万元) Losses Coverted into Cash (10000 yuan)
总计	**Total**	**13947**	**5080**	**13234**	**4951.1**
#一次死亡3人以上事故	Accident with More than Three Persons' Death at one Time	36	147	90	126.1
机动车	Vehicles	10211	4561	11377	4593.2
#汽车	Motor Vehicles	8029	3126	7333	3803.8
摩托车	Motorcycles	2994	918	3358	506.8
非机动车	Non-motor-driven Vehicles	1468	310	1517	178.1
#自行车	Bicycles	164	50	140	38.1
行人乘车人	Pedestrians and Passengers	127	77	58	90.2

17－17 火灾事故情况(2010年)
Basic Statistics on Fire Accidents (2010)

项 目	Item	合计 Total	按事故发生程度分 By Degree	
			重大 Serious	一般 Ordinary
发生 (起)	Fire Accidents (case)	5299	3	5296
死亡 (人)	Deaths (person)	85	9	76
受伤 (人)	Injuries (person)	51	0	51
损失折款 (万元)	Losses Converted into Cash (10000 yuan)	8229	36	8193
平均每起事故损失 (万元)	Average Loss per Fire (10000 yuan)	1.55	12	1.55

17－18 检察机关直接立案侦查案件情况（2010年）

Cases under Direct Investigation by Procurator's Offices(2010)

案件分类	Case Item	受案(件) Cases Accepted (case)	立案件数(件) Number of Cases Registered (case)	立案人数(人) Person of Cases Registered (person)	#要案 Key Case	结案件数(件) Number of Cases Settled (case)	结案人数(人) Person of Cases Settled (person)
合计	**Total**	3515	1595	1941	101	1569	1897
贪污贿赂案件	**Sub-total of Cases on Corruption and Bribery**	2868	1280	1522	90	1260	1489
贪污	Corruption	830	174	317	4	180	315
贿赂	Bribery	1833	992	1051	82	973	1027
挪用公款	Misappropriation of Public Funds	147	110	146	4	100	136
集体私分	Collective Illegal Possession of Public Funds	22	4	8	0	4	8
巨额财产 来源不明	Unstated Source of Large Properities	35	0	0	0	2	2
其他	Others	1	0	0	0	1	1
渎职案件	**Sub-total of Cases on Abuse and Dereliction of Duty**	647	315	419	11	309	408
滥用职权	Abuse of Power	317	168	204	10	163	201
玩忽职守	Dereliction of Duty	129	76	98	1	71	85
徇私舞弊	Fraudulent Practice	117	30	42	0	30	42
其他	Others	84	41	75	0	45	80

注：结案中含上年旧存（以下各表同）。

Note: Data of cases settled include cases turned over from previous year. (The same as in the following tables).

17－19 检察机关审查批准、决定逮捕犯罪嫌疑人和提起公诉被告人情况（2010年）

Arrests of Criminal Suspects and Defendants under Public Prosecution Approved by Procurator's Offices(2010)

案件分类	Item	批捕、决定逮捕合计 Total of Arrests		决定起诉合计 Total of Public Prosecutions	
		件 (case)	人 (person)	件 (case)	人 (person)
合计	**Total**	**37573**	**53926**	**53435**	**82780**
公安、安全、监狱机关提请	**Sub-total of Requests by Departments of State and Public Security and Prisons**	**36757**	**53047**	**51881**	**80889**
危害国家安全案	Offences Against State Security	0	0	1	1
危害公共安全案	Offences Against Public Security	2442	2511	6025	6196
破坏社会主义市场经济秩序案	Offences Against Socialist Economic Order	1954	2592	3180	4878
侵犯公民人身、民主权利案	Offences Against Citizens' Personal and Democratic Rights	5522	6910	8042	10756
侵犯财产案	Offences Against Properties	16876	24347	21244	32175
妨害社会管理秩序案	Offences Against Social Management of Order	9950	16673	13375	26865
危害国防利益案	Offences Against National Defense	13	14	14	18
检察机关直接立案侦查案件	**Sub -total of Cases Directly Handled by Procuratorate officess**	**816**	**879**	**1554**	**1891**
贪污贿赂案	Offences on Corruption and Bribery	755	815	1282	1536
渎职案	Offences on Abuse and Dereliction of Duty	61	64	272	355

17－20　检察机关处理申诉案件情况（2010年）
Appeals Handled by Procurator's Offices(2010)

案件分类 Cases		受案（件）Cases Accepted (case)	立案复查（件）Cases Registered for Reinvestigation(case)	结案（件）Cases Settled (case)	#改变原决定 Original Decision Changed
合计	**Total**	**710**	**669**	**656**	**60**
不服检察机关处理决定	Appeals against Decision of Procurator's Offices	257	249	251	60
不服不批捕	Appeals against Rejection of Arrest	97	95	99	8
不服不起诉	Appeals against Rejection of Prosecuting	87	84	81	4
不服撤案	Appeals against Withdrawal of the Case	0	0	0	0
不服原免予起诉	Appeals against Original Exemption of Lawsuit	8	7	8	1
其他	Others	65	63	63	47
不服法院刑事判决裁定	Appeals against Judgment of Criminal Case	453	420	405	0
刑罚执行中被害人申诉	Appeals of the Victim at the Punishment	155	142	132	0
刑罚执行中被告人申诉	Appeals of the Defendant at the Punishment	183	172	171	0
刑罚执行完毕后被害人申诉	Appeals of the Victim after the Punishment	26	27	25	0
刑罚执行完毕后被告人申诉	Appeals of the Defendant after the Punishment	89	79	77	0

17－21　人民法院审理刑事一审案件收结案情况
First Trial Criminal Cases Accepted and Settled by Courts

单位：件　　　　(case)

项目 Item		2009		2010	
		收案 Cases Accepted	结案 Cases Settled	收案 Cases Accepted	结案 Cases Settled
合计	**Total**	**52795**	**52888**	**54974**	**54885**
危害公共安全罪	Offences Against Public Security	6544	6547	6112	6127
破坏社会主义市场经济秩序罪	Offences Against Socialist Economic Order	2348	2356	3115	3082
侵犯公民人身权利民主权利罪	Offences Against Citizens's Personal and Democratic Rights	8559	8554	8840	8852
侵犯财产罪	Offences Against Properties	23334	23442	21671	21637
妨害社会管理秩序罪	Offences Against Social Management of Order	10667	10659	13682	13650
危害国防利益罪	Offences Against National Defense	12	12	9	8
贪污贿赂罪	Offences on Corruption and Bribery	1197	1188	1351	1341
渎职罪	Offences on Dereliction of Duty	128	124	179	174
其他	Others	6	6	15	14
合计中含自诉案件	Private Prosecution Among the Total	931	946	734	734

注：结案含上年旧存（下同）。

Note: Data of cases Settled include cases turned over from previous year. The same as the following tables.

17－22　人民法院审理婚姻家庭、继承一审案件收结案情况（2010年）
First Trial Civil Cases of Marriages, Family Affairs and Inheritance Accepted and Settled by Courts(2010)

单位：件　　(case)

项目	Item	收案 Cases Accepted	结案 Cases Settled	调解 Mediation	判决 Judgement	驳回 Reject	撤诉 With-drawal	其他 Other
合计	**Total**	**95531**	**95180**	**45989**	**26495**	**260**	**21832**	**604**
婚姻家庭	Marriages and Family Affairs	92906	92636	44552	25898	243	21366	577
离婚	Divorce	77579	77374	36580	22369	190	17751	484
赡养纠纷	Support Disputes	2129	2128	1009	485	3	612	19
抚养、扶养关系纠纷	Upbringing Disputes	2702	2710	1755	428	9	506	12
抚育费纠纷	Upbringing Fee Disputes	2239	2239	1057	603	4	559	16
其他	Others	8257	8185	4151	2013	37	1938	46
继承	Inheritance	2625	2544	1437	597	17	466	27
法定继承	Legal Inheritance	1679	1634	973	348	11	286	16
遗嘱继承	Testament Inheritance	348	343	159	99		80	5
其他	Others	598	567	305	150	6	100	6

17－23　人民法院审理合同纠纷一审案件收结案情况（2010年）
First Trial Cases of Contracts Disputes Accepted and Settled by Courts (2010)

单位：件　　(case)

项目	Item	收案 Cases Accepted	结案 Cases Settled	调解 Mediation	判决 Judgement	驳回 Reject	撤诉 With-drawal	其他 Other
合计	**Total**	**327663**	**326471**	**129194**	**90731**	**2961**	**99233**	**4352**
借款合同	Loan Contracts	107294	106802	37374	39362	772	28071	1223
买卖合同	Trade Contracts	62028	61972	26154	16870	569	17347	1032
电信合同	Telecom Contracts	13640	13491	4808	174	11	8485	13
租赁合同	Lease Contracts	13336	13291	5470	3712	138	3825	146
劳动争议	Work Disputes	34111	34098	17913	7159	508	8074	444
劳务合同	Service contracts	9809	9917	5954	1635	36	2238	54
房地产合同	Real Estate Contracts	7367	7277	3387	1642	83	2062	103
供用动力合同	Labor Contracts	2995	2992	1278	83	12	1616	3
建设工程合同	Construction Contracts	9644	9532	3098	3324	156	2725	229
农村承包合同	Rural Contracts	3115	3135	1886	486	63	696	4
承揽合同	Contracts for Work	11195	11141	4406	2849	109	3475	302
保险合同	Insurance Contracts	10301	10202	4312	3981	136	1606	167
服务合同	Service Contracts	17421	17308	5232	1622	72	10312	70
信用卡纠纷	Credit Card Dispute	7296	7188	1276	2176	13	3695	28
经营合同	Work Disputes	2437	2440	730	819	55	766	70
其他	Others	15674	15685	5916	4837	228	4240	464

17－24 人民法院审理权属、侵权纠纷及其他民事一审收结案情况（2010年）
First Trial Cases of Disputes of Right, Infringement of Right and Other Civil Affairs Accepted and Settled by Courts(2010)

单位：件　　　　(case)

项目	Item	收案 Cases Accepted	结案 Cases Settled	调解 Mediation	判决 Judgement	驳回 Reject	撤诉 With-drawal	其他 Other
合计	**Total**	**142344**	**141667**	**61292**	**44738**	**1201**	**24858**	**9578**
所有权及其相关权利	Ownership and Related Rights	18905	18711	6036	5301	503	6663	208
票据、证券、股票纠纷	Disputes of Bill, Securities and Stocks	214	239	45	109	9	60	16
股东权纠纷	Stockholder's Right Disputes	1634	1624	325	644	48	475	132
知识产权案件	Intellectual Rights	3562	3456	632	471	25	2262	66
人身权纠纷	Personal Rights	99187	98683	51774	33710	155	12612	432
特殊侵权纠纷	Disputes of Special Infringement of Right	4180	4275	1709	1174	57	1293	42
不当得利	Unjustified Enrichment	1326	1299	326	423	27	500	23
特别程序	Special Proceedings	12477	12564	50	2755	365	784	8610
其他	Others	859	816	395	151	12	209	49

17－25 人民法院行政一审案件收结案情况（2010年）
First Trial Administrative Cases Accepted and Settled by Courts(2010)

单位：件　　　　(case)

项目	Item	收案 Cases Accepted	结案 Cases Settled	维持 Affirmation of Original Judgement	撤销 Cancel	驳回 Reject	撤诉 With-drawal	单独赔偿 Separate Compen-sation	其他 Other
合计	**Total**	**5722**	**5661**	**355**	**126**	**1296**	**3260**	**26**	**598**
土地等资源	Land	440	441	8	17	109	235	8	64
公安	Public Security	583	575	59	2	118	369	2	25
城建	City Construction	2002	1972	52	62	535	1099	14	210
交通运输	Traffic and Transport	161	161	4		23	129		5
工商	Industry and Commerce	166	159	12	7	41	92		7
环保	Environment Protection	52	49	3		10	33		3
计划生育	Family Planning	79	81	2		3	74		2
税务	Tax	30	29		1	7	17		4
卫生	Health	49	48	1		3	41		3
乡政府	Townships Government	113	119	3	5	25	76		10
劳动和社会保障	Labour and Social Security	849	851	183	12	179	453		24
其他	Other	1198	1176	28	20	243	642	2	241

主要统计指标解释

民政事业费支出 指报告期内本辖区各项民政事业费实际支出的总数额。包括抚恤事业费、军队移交地方安置的离退休人员费用、社会救济福利事业费、救灾支出以及其它民政事业费。

城镇居民最低生活保障人数 指在报告期末家庭平均收入在当地规定的最低生活保障线以下的城镇居民数。包括“三无”对象、失业人员和在职、下岗、退休人员等。

农村居民最低生活保障人数 指报告期末在建立农村最低生活保障制度的地区，得到当地政府或集体给予最低生活保障的农业人口数。

农村传统救济人数 指未开展最低生活保障制度的农村地区，仍沿用传统救济制度救济贫困人口数。

收养性福利单位 指荣誉军人康复医院、复员军人疗养院、复退军人精神病院、光荣院、社会福利院、儿童福利院、精神病福利院、城镇老年福利机构、农村老年福利机构以及其它收养性单位的总称。

社会福利企业 指以集中安置有一定劳动能力的残疾人就业为目的（残疾职工占生产人员10%以上）、带有社会福利性质的特殊企业的总称。

律师 指受聘参加法律顾问处工作，担任法律顾问、刑（民）事代理人、刑事辩护人，办理非诉讼事件、解答法律询问，代写法律事务文书等主要从事律师业务的专职法律工作者和兼职律师。

公证人员 指在国家公证机关依法办理公证事务的司法人员，包括公证员、助理公证员和在公证处工作的其他人员。

办理公证文书 指公证处在一定时期内办结的公证文书件数。公证文书按司法部规定或批准的格式制作，包括国内公证和涉外公证两部分。国内公证分为经济合同公证和民事法律关系公证两大类。

调解人员 指在人民调解委员会担负调解民间一般民事纠纷和轻微违法行为引起纠纷的工作人员，包括调解委员会的委员和调解小组的调解员。

调解民间纠纷 指调解委员会依照法律规定，根据自愿原则，用说服教育的方法调解民间发生的有关民事权利和义务的争执，促成当事双方达到协议和谅解，解决纠纷。包括婚姻家庭纠纷，财产权益纠纷等，不包括法院受理调解的民事案件数。

受理劳动争议案件数 指劳动争议仲裁委员会根据国家有关规定，对劳动争议当事人的申请予以审查，符合受理条件而正式立案、准备处理的劳动争议案件数。

决定逮捕 指检察机关对直接受理、自行侦查的案件，认为需要逮捕犯罪嫌疑人时，依据法律作出的逮捕决定。

批准逮捕 指检察机关对公安机关、国家安全机关、监狱管理机关提出逮捕的犯罪嫌疑人进行审查，根据事实，依法作出逮捕决定。

决定起诉 指检察机关对公安机关、国家安全机关、监狱管理机关和检察机关内设机构反贪污贿赂部门移送起诉的刑事犯罪嫌疑人进行审查，根据事实，依法向人民法院提起公诉。

Explanatory Notes on Main Statistical Indicators

Operation Expenses for Civil Adiministration refer to the total actual expenditures for all the operating expenses of civil administration in this jurisdiction district at reference period, including pensions, settlement allowance for the retirees who are transfered from P. L. A. units to the local government to be settled down, social welfare, disaster relief and other civil administration expenses.

Number of Persons Receiving Lowest-Lost-Living in Urban Area refer to the number of urban residents their family average income is below the lowest living standard insurance line at the year end, according to the local regulation; including“three proverty-striken people”, unemployment, employees, laid off and retired personnels.

Number of Persons Receiving Lowest-Cost-Living in Rural Area refer the number of rural population in rural area with the system of lowest living standard insurance has been established, they are being insured by the local government and collective units.

Number of Traditional Relief Persons in Rural Areas refer to the rural areas which has not been established the system of lowest living standard insurance, the poor people are still succoured according to the traditional relief system.

Adopting Social Welfare Institutions refer to the all names of social welfare homes and adopting social welfare institutions, including homes for disabled soldiers, convalescent homes for demobilized soldiers, psychopathy welfare homes for demobilized soldiers, homes for disabled veterancs, social welfare homes, children welfare homes, urban eldery welfare units, rural elderly welfare units.

Social Welfare Enterprises refer the all names of special enterprises with the social welfare character, for the aim of employment of the disabled persons who still provide certain labor capacity, and are settled down concentratively (10% above are disabled staff and workers).

Lawyers are legal workers who are employed full time by legal counseling firms to act as a legal adivisers, agents in criminal civil lawsuits or defenders in criminal lawsuits, or to handle non-liligious legal affairs, to advise on matters of law or to write legal papers for others. Both full time and part time lawyers are included.

Notary Personnel refer to judicial workers of the state notary offices handling notarization work according to law. They include notaries and other people working for notary offices.

Notarized Documents refer to documents settled by notary offices in a year. The notary documents are drawn up in accordance with the regulations of the Ministry of Justice, including domestic documents and foreign-related documents. Domestic documents are divided into two major categories, documents on economic contracts and documents on civil legal relation.

Mediators refer to workers on peoples mediation committees responsible for mediating in civil disputes and cases of slight in-fraction of the law. They include members of the mediation committees and mediators of mediation groups.

Mediatoin of Civil Disputes refers to mediation committees work in mediating in civil disputes concerning civil rights and duties through persuasion and education in accordance with the provisions of law on a voluntary basis, so as to solve disputes by helping the parties involved come to an agreement and understanding. These disputes include divora cases and disputes over property ownership, but exclude the civil cases to be handled by the court.

Number of Labour Dispute Cases Accepted refer to the number of cases of labour dispute submitted that, after being reviewed by the labour dispute arbitraction committees in line with relevant state regulations, are accepted and registered for treatment.

Decision on Arrest refers to decision made by procurators office, in accordance:e with laws, to arrest the suspect(s) in the cases that are accepted and to be investigated by procurators office.

Approval for Arrest refers to the decision made b procurators office, in accordance with laws and relevant facts, to approve the arrest of the suspect(s) that is proposed by the public security departments or authority of prisons.

Decision on Prosecution refers to the decision made by procurators office, in accordance with laws and relevent facts, to institute proeedings to the people court against the suspect(s) of criminal cases handed by the public security departments, state security departments or authority of prisons, or by the anti-corruption departments within the procurators office.

18

城市经济与建设

Urban Economy and Construction

简 要 说 明

一、本篇资料的主要内容

本篇资料反映城市建设基本情况、城市经济社会发展情况。

二、资料来源

城市建设数据来自住房与城乡建设部门及交通运输部门，城市经济社会发展统计数据来自市县社会经济基本情况统计年报。

Brief Introduction

I. Main Contents

Data in this chapter reflect the basic situation of cities construction, cities economic and social development.

Ⅱ. Date Source

Data of city construction provided by Ministry of Housing and Urban – rural Development, Ministry of communications. Data of City economic and social development come from cities and counties in basic socio – economic statistics annual report.

18－1　城市公用事业基本情况
Basic Statistics on Urban Public Utilities

指　　标	Item	1990	1995	2000	2005	2009	2010
城市基本情况	**Basic condition of City**						
建成区面积(平方公里)	Developed Areas (sq. km)		1109	1382	2379	3046	3271
城市人口密度（人/平方公里）	Population Density of Urban Districts (person/sq. km)		1743	2260	1321	2152	2027
供水、供气	**Water Supply and Gas Supply**						
自来水年供水量（亿吨）	Annual Supply of Tap Water (100million tons)	25.67	38.23	35.34	39.05	44.90	48.28
#生活用水量	Residential Consumption	6.24	10.52	14.57	18.59	18.36	19.74
平均每人日生活用水（升）	Per Capita Day (litre)	176.4	225.6	265.6	211.47	207.17	220.37
用水普及率（%）	Population with Access to Tap Water (%)	91.3	98.9	99.2	96.3	99.7	99.6
煤气供气量（亿立方米）	Coal Gas Supply (100 million cu. m)	14.27	28.22	36.26	129.08	207.24	240.43
#家庭用量	Residential Use	1.59	3.09	3.91	2.78	6.50	8.88
煤气管道长度（公里）	Length of Gas Pipelines (km)	1118	2041	4277	5320	24507	30091
液化气家庭用量（万吨）	Residential Consumption of Liquefied Gas (10000 tons)	12.27	43.61	49.24	64.99	53.10	47.17
燃气普及率（%）	Population with Access to Gas (%)	36.8	81.8	95.8	93.3	98.4	99.1
市政工程	**Municipal Engineering**						
年末实有道路长度（公里）	Length of Road (year end) (km)	5812	8163	11011	28674	30003	31899
平均每万人拥有（公里）	Per 10000 Population (km)	6.5	8.3	8.7	11.46	12.23	12.62
年末实有道路面积（万平方米）	Area of Road (year end) (10000 sq. m)	5672	8669	13357	40830	50075	53723
平均每万人拥有（平方米）	Per 10000 Population (sq. m)	6.3	8.3	10.6	16.32	20.42	21.26
排水管道长度（公里）	Length of Sewer Pipelines (km)	4099	8262	11097	28568	42826	46867
排水管道密度（公里/平方公里）	Density of Drainage Pipelines (km/sq. km)	5.7	7.5	8.0	12.01	14.06	14.33
公共交通	**Public Traffic**						
公共汽(电)车总数（辆）	Operating Public Transportation Vehicles (unit)	2827	8101	14838	22197	30432	28687
平均每万人拥有（辆）	Per 10000 Population (unit)	3.6	7.1	10.6	9.07	11.71	11.50
出租汽车（万辆）	Taxi (10000 units)	0.6	1.8	3.7	4.10	5.23	5.30
城市绿化	**Landscaping in Cities**						
公园绿地面积（公顷）	Public Green Areas (hectare)	3447	7402	10248	25687	32403	33585
人均公园绿地面积（平方米）	Public Green Areas Per Capita (sq. m)	3.8	6.9	8.1	10.27	13.21	13.29
公园面积（公顷）	Area of Parks (hectare)	2991	5648	5159	9924	13740	12433
环境卫生	**Sanitation and Hygiene**						
清运垃圾（万吨）	Garbage Disposal (10000 tons)	288	398	515	834.8	957.31	1017.05
清运粪便（万吨）	Disposal of Night Soil (10000 tons)	221	209	309	388.4	116.14	84.93
每万人拥有公厕（座）	Public Restrooms Per 10000 Population (unit)	9.0	7.0	5.9	4.23	3.94	3.75

18－2 城市自来水情况

Basic Statistics on Tap Water Supply in Cities

年份 Year 城市 City	综合生产能力（万吨/日）General Production Capacity (10000 tons/day)	全年供水总量（万吨）Total Aunual Supply of Tap Water (10000 tons)	#生产用水量 Productive Use	#生活用水量 Residential Use	用水人口（万人）Residents with Access to Tap Water (10000 persons)	人均日生活用水量（升）Daily Per Capita Residential Tap Water Comsuption (liter)	城市人口用水普及率（%）Population with Access to Tap Water (%)
1978	112.3	35056	20073	12013	347.2	94.8	83.6
1980	142.6	45221	26005	16323	463.0	89.0	92.2
1985	218.9	76609	40908	29280	585.4	137.0	89.0
1989	856.3	233848	167472	54326	896.6	166.0	88.3
1990	941.7	256664	181543	62369	968.0	176.4	91.3
1991	1056.1	282691	201088	68287	1049.2	178.3	93.8
1992	1191.4	317812	224575	77010	1158.6	182.1	96.0
1993	1299.5	342780	239520	83041	1238.6	183.7	97.1
1994	1368.9	358696	243332	93030	1212.3	210.2	98.7
1995	1388.7	382325	190471	105192	1277.5	225.6	98.9
1996	1424.4	349423	192948	135429	1300.7	285.3	99.0
1997	1457.1	343106	189889	131650	1346.1	267.9	99.3
1998	1543.6	358999	199055	137663	1388.0	271.8	99.2
1999	1585.5	339066	173487	138264	1425.4	265.8	99.1
2000	1641.6	353366	172552	145707	1503.1	265.6	99.2
2001	1698.5	332155	156019	156717	1745.2	246.0	91.0
2002	1803.7	380991	182591	168929	2048.7	225.9	89.0
2003	1835.0	380395	174834	171830	2167.7	217.2	91.9
2004	1871.4	392462	179602	179068	2273.7	215.8	94.0
2005	1977.6	390460	161320	185906	2408.5	211.5	96.3
2006	2166.8	472128	225805	164928	2209.1	204.6	99.2
2007	2334.7	452628	198647	167341	2300.9	199.5	99.5
2008	2356.9	436597	187915	173506	2331.5	205.0	99.9
2009	2534.1	449037	185461	183641	2443.9	207.2	99.7
2010	2714.7	482821	204878	197408	2515.6	220.4	99.6
南京市区 Nanjing	645.8	112326	40876	52026	494.9	314.8	100.0
无锡市区 Wuxi	241.0	45907	20215	19762	237.2	228.3	100.0
徐州市区 Xuzhou	94.2	19957	8036	8962	150.8	163.9	99.4
常州市区 Changzhou	182.5	30031	14732	11509	132.1	238.7	100.0
苏州市区 Suzhou	242.1	52348	22493	23095	214.4	295.1	100.0
南通市区 Nantong	137.5	21189	6920	8526	98.9	236.2	100.0
连云港市区 Lianyungang	39.1	9839	3526	2570	73.2	96.2	100.0
淮安市区 Huaian	50.4	25590	13360	10755	114.8	256.7	93.9
盐城市区 Yancheng	30.0	6623	1081	3645	70.3	142.4	100.0
扬州市区 Yangzhou	71.0	12534	3529	4250	77.3	150.6	99.8
镇江市区 Zhenjiang	54.5	16660	7122	6380	87.6	199.6	100.0
泰州市区 Taizhou	57.0	5321	1602	2590	63.6	111.6	100.0
宿迁市区 Suqian	23.5	5044	2159	2062	47.3	119.6	100.0

18－3　城市煤气、液化石油气情况

Basic Statistics on Supply of Gas and Liquefied Petroleum Gas in Cities

年份 Year 城市 City	全年供气总量 Total Gas Supply			家庭用气量 Residential Use			用气人口(万人) Population with Access to Gas (10000 persons)			燃气普及率(%)
	人工煤气(万立方米) Coal Gas (10000 cu. m)	天然气 Gas (10000 cu. m)	液化石油气(吨) Liquefied Petroleum Gas (ton)	人工煤气(万立方米) Coal Gas (10000 cu. m)	天然气 Gas (10000 cu. m)	液化石油气(吨) Liquefied Petroleum Gas (ton)	人工煤气 Coal Gas	天然气 Gas	液化石油气 Liquefied Petroleum Gas	Percentage of Population Using Gas for Household Use (%)
1978	11756		23666	1592		22043	15.7		48.4	15.7
1980	11401		32591	2215		31350	20.0		69.6	17.8
1985	13155		42495	3851		38834	39.9		76.2	17.9
1989	140497		190471	13429		105671	93.0		186.1	32.5
1990	142681		216936	15902		122691	101.2		219.3	36.8
1991	142665		252342	17750		137780	116.3		261.2	41.9
1992	147625		337456	20943		190861	131.0		373.1	53.3
1993	153994		442089	23774		258003	150.6		498.0	63.5
1994	184552		574191	26281		337126	180.3		558.8	74.1
1995	282227		436131	30877		361990	213.4		637.3	81.8
1996	271852		543989	35837		468838	243.3		701.2	86.6
1997	274853		468106	34055		392574	244.1		746.2	87.8
1998	331580		620344	34797		430131	271.1		798.3	93.0
1999	350299		667556	41206		427971	323.9		814.1	94.9
2000	362606		705010	39141		492377	324.7		882.9	95.8
2001	376025		780527	44685		523600	373.2		1200.3	82.0
2002	788537		1252001	38761		632199	361.1		1600.0	85.2
2003	802430		1357710	47369		687358	405.8		1673.5	88.6
2004	1027886		1226675	40926		708033	333.8		1712.1	92.0
2005	1290834		1110300	27831		649936	234.1		1720.0	93.3
2006	1420015	155940	1042278	18120	22710	591415	177.1	574.9	1408.8	97.1
2007	1633281	254507	999243	13228	39383	548113	146.1	699.8	1407.3	97.4
2008	1554953	299726	931734	12518	62207	578762	123.2	841.7	1328.2	98.2
2009	1728890	343544	865663	11741	53244	531023	135.5	1029.6	1248.1	98.4
2010	1931995	472305	766586	9664	79160	471731	89.8	1299.7	1115.0	99.1
南京市区 Nanjing	1918223	57891	146476	674	15545	76409	2.1	253.3	237.0	99.5
无锡市区 Wuxi		41635	55005		7392	37562		167.6	68.6	99.6
徐州市区 Xuzhou	1662	13524	29336	1205	2927	23466	10.2	80.2	59.7	99.0
常州市区 Changzhou		48099	11037		7423	3786		124.1	6.7	99.0
苏州市区 Suzhou	7432	55899	68005	4569	7718	3392	45.4	162.1	6.9	100.0
南通市区 Nantong	4677	810	37434	3216	137	27509	32.0	3.6	63.3	100.0
连云港市区 Lianyungang		7223	9600		1809	7500		43.4	29.6	99.7
淮安市区 Huaian		7433	24878		5153	21376		40.8	77.7	97.0
盐城市区 Yancheng		5696	26972		1418	24336		29.0	40.9	99.4
扬州市区 Yangzhou		6885	24726		1576	12500		46.0	29.2	97.0
镇江市区 Zhenjiang		20497	31265		3107	15542		53.6	34.0	100.0
泰州市区 Taizhou		2559	19445		511	17257		15.8	46.5	98.0
宿迁市区 Suqian		3735	7023		198	5981		4.7	39.2	93.0

18－4　城市市政工程情况
Basic Statistics on Municipal Engineering in Cities

年　份　Year 城　市　City	年末实有道路长度（公里）Length of Roads (year-end) (km)	年末实有道路面积（万平方米）Area of Roads (10000 sq. m)	排水管道长度（公里）Length of Drainage Pipelines (km)	城市污水日处理能力（万吨）Day Capacity of Sewerage Disposal (10000 tons)	城市路灯盏数（千盏）Number of Street Light (1000 units)	人均拥有道路面积（平方米/人）Per Capita of Road Areas (sq. m /person)	排水管道密度（公里/平方公里）Density of Drainage Pipelines (km/sq. km)	污水处理率（%）Rate of Sewerage Disposal (%)
1978	1893	1154	1503					
1980	1881	1160	1650	0.1	48	2.3		0.2
1985	2437	1623	2277	1.8	71	2.5	5.3	0.6
1989	5272	6607	3782	91.3	122	7.7	5.7	23.0
1990	5812	5672	4099	103.5	129	6.3	5.7	16.4
1991	5658	5216	4872	133.2	144	5.8	5.4	13.4
1992	6781	6587	5721	155.5	165	7.0	5.6	16.7
1993	7090	7581	6653	160.7	194	7.4	4.7	22.9
1994	6150	7094	7019	236.7	194	7.1	6.0	31.8
1995	8163	8669	8262	273.5	215	8.3	7.5	38.7
1996	8552	9711	8860	390.3	256	8.9	7.5	42.7
1997	9440	10438	8812	434.3	290	9.3	7.1	47.5
1998	9618	11336	9574	589.3	328	9.8	7.6	49.3
1999	10066	12283	10382	632.9	381	10.2	8.0	58.1
2000	11011	13357	11097	712.9	437	10.6	8.0	61.8
2001	16702	20309	13974	736.7	549	10.6	9.0	65.3
2002	22656	26987	16744	800.4	753	11.7	8.6	66.0
2003	25541	31859	20343	906.6	971	13.5	9.6	69.9
2004	26598	35596	25537	1017.8	1169	14.7	11.3	76.1
2005	28674	40830	28568	1084.7	1296	16.3	12.0	77.7
2006	27058	41623	31215	1224.9	1501	18.7	12.1	81.8
2007	28456	44595	34050	1184.1	1701	19.3	12.6	84.4
2008	28761	47330	38062	1432.2	1660	20.3	13.1	84.1
2009	30003	50075	42826	1411.2	1982	20.4	14.1	85.4
2010	31899	53723	46867	1590.0	2174	21.3	14.3	87.6
南京市区 Nanjing	5599	9576	4948	428.6	242	19.4	8.0	88.8
无锡市区 Wuxi	4609	5580	8880	246.6	262	23.5	38.4	95.2
徐州市区 Xuzhou	1600	2467	1334	47.7	51	16.3	5.6	81.7
常州市区 Changzhou	1753	3023	3627	104.8	152	22.9	23.7	89.8
苏州市区 Suzhou	2904	5928	5360	199.0	294	27.6	16.3	90.3
南通市区 Nantong	981	1871	1757	46.8	84	18.9	14.0	91.4
连云港市区 Lianyungang	1023	1642	1228	18.0	52	22.4	10.2	81.4
淮安市区 Huaian	955	2091	1599	47.6	92	17.1	13.3	81.6
盐城市区 Yancheng	567	1350	786	22.0	95	19.2	8.9	82.0
扬州市区 Yangzhou	1055	1612	1584	39.7	110	20.8	19.3	88.9
镇江市区 Zhenjiang	1223	1823	1646	44.0	64	20.8	15.2	86.1
泰州市区 Taizhou	902	1413	838	16.3	72	22.2	12.9	83.7
宿迁市区 Suqian	631	1266	647	13.6	31	26.8	10.0	83.0

18－5 城市园林绿化情况
Basic Statistics on Parks, Gardens and Green Areas in Cities

年份 Year 城市 City	园林绿地面积（公顷）Total Area of Parks, Gardens and Green Areas in Cities (hectare)	#公园绿地 Park Green Areas	建成区绿化覆盖面积（公顷）Coverage Space of Green Areas Developed (hectare)	公园 Park 个数（个）Number (unit)	面积（公顷）Area (hectare)	人均公园绿地面积（平方米）Per Capita Park Green Areas (sq. m)	建成区面积（平方公里）Developed Areas (sp. m)	建成区绿化覆盖率（%）Coverage Rate of Green Area Developed (%)
1978	7303			59	786			
1980	6582	1341		72	944	2.7		19.3
1985	7998	1450		83	1030	2.3		20.6
1989	18148	3214	12804	172	2725	3.7		19.2
1990	20337	3447	14112	184	2991	3.8		19.5
1991	19096	3841	16423	201	3071	4.3		18.4
1992	20898	4283	21726	217	2958	4.5		21.4
1993	30174	5882	31133	242	5179	5.8		22.1
1994	33089	6124	34728	241	5396	6.1		29.6
1995	48564	7226	34093	264	5648	6.9		30.8
1996	50558	7528	35964	283	5263	6.9		30.3
1997	52349	8175	38356	287	4831	7.3		30.9
1998	54756	8891	40513	295	4920	7.7		32.3
1999	57386	9581	43725	303	5027	8.0		33.7
2000	60064	10248	45925	313	5159	8.1		33.2
2001	94175	12724	49456	374	5549	6.6	1548.7	31.9
2002	137702	16252	68413	403	6374	7.1	1939.2	35.3
2003	145956	18743	74929	446	7317	7.9	2119.5	35.4
2004	172563	21617	85367	489	9098	8.9	2252.9	37.9
2005	189070	25687	94778	539	9924	10.3	2378.6	39.8
2006	152885	25868	107752	492	10608	11.6	2583.0	41.7
2007	180784	29125	116157	601	11787	12.6	2713.9	42.8
2008	195460	30645	123801	628	13026	13.1	2904.3	42.6
2009	214989	32403	127930	590	13740	13.2	3046.4	42.0
2010	227584	33585	137623	584	12433	13.3	3271.1	44.1
南京市区 Nanjing	77087	6773	27456	62	2790	13.7	618.6	44.4
无锡市区 Wuxi	17227	3418	9858	38	1290	14.4	231.3	42.6
徐州市区 Xuzhou	12913	2234	9860	8	198	14.7	239.0	41.3
常州市区 Changzhou	7222	1632	6451	25	520	12.4	153.1	42.2
苏州市区 Suzhou	13987	3615	14061	161	1798	16.9	329.3	42.7
南通市区 Nantong	4771	1038	5084	17	209	10.5	125.2	40.6
连云港市区 Lianyungang	17994	880	4647	13	269	12.0	120.0	38.7
淮安市区 Huaian	5095	1341	4752	9	289	11.0	120.0	39.6
盐城市区 Yancheng	3615	821	3469	26	640	11.7	88.5	39.2
扬州市区 Yangzhou	3575	1483	3575	11	256	19.1	82.0	43.6
镇江市区 Zhenjiang	6528	1397	4576	17	598	16.0	108.6	42.1
泰州市区 Taizhou	2385	594	2653	13	379	9.3	65.0	40.8
宿迁市区 Suqian	7192	574	2637	9	192	12.1	65.0	40.6

18－6　城市环境卫生情况

Basic Statistics on Urban Environmental Sanitation

年　份　Year 城　市　City	清扫面积（万平方米）Sweeping Areas (10000 sq. m)	生活垃圾清运量（万吨）Residential Garbages Disposal Cleared (10000 tons)	粪便清运量（万吨）Night Soil Disposal Cleared (10000 tons)	无害化处理厂日处理能力（吨）Day Disposal Capacities of No Harmful Disposal Factory (ton)	垃圾粪便年处理量（万吨）Annual Garbages and Night Soil Disposal Cleared (10000 tons)	环卫机械（辆）Machines of Environment Sanitation (unit)	公共厕所（座）Public Toilet (unit)
1978	503	79	229			223	3545
1980	601	158	232			296	3712
1985	1078	159	147	20		734	4700
1989	2136	262	260	162		1735	7910
1990	2445	288	221	385		1322	8072
1991	3068	341	271	1588	357.3	1604	9974
1992	3432	409	419	7622	531.7	1785	9265
1993	4095	408	441	14014	654.1	1998	9162
1994	4240	360	388	16442	658.8	1736	7095
1995	5429	398	209	13810	532.5	2072	7263
1996	6252	426	198	13125	523.9	2144	6932
1997	7085	479	196	15813	606.0	2351	7675
1998	7589	486	302	18570	721.4	2407	7486
1999	8221	505	310	43419	756.0	2458	7337
2000	8773	515	309	17392	762.9	2569	7393
2001	10971	634	338	17324	868.1	3800	9532
2002	16101	723	400	19997	985.9	4573	11016
2003	20874	775	406	20728	1060.9	4456	10660
2004	22505	808	389	23569	1106.6	4494	10260
2005	27101	835	388	24000	1030.5	5094	10591
2006	29409	851	126.9	24545	915.7	5447	9165
2007	31072	898	140.2	24192	942.8	5589	8520
2008	35418	934	159.9	27985	1024.8	5939	9050
2009	36160	957	116.1	34570	1048.4	6923	9654
2010	44088	1017	84.9	37637	1064.3	7481	9475
南京市区 Nanjing	7393	185	10.6	4250	184.8	1134	1151
无锡市区 Wuxi	2969	99	12.9	2875	112.2	859	1063
徐州市区 Xuzhou	2032	44	3.9	2700	44.6	362	592
常州市区 Changzhou	2333	52	0.8	2960	52.8	276	801
苏州市区 Suzhou	8835	121	1.6	5810	123.0	1804	763
南通市区 Nantong	2159	38	2.0	1100	39.5	201	217
连云港市区 Lianyungang	1140	18	2.7	1400	21.0	191	618
淮安市区 Huaian	1800	25	4.8	1250	29.4	140	507
盐城市区 Yancheng	1135	22	2.0	0	22.1	72	203
扬州市区 Yangzhou	1232	32	3.7	800	35.3	150	346
镇江市区 Zhenjiang	1154	23	1.0	750	24.0	238	335
泰州市区 Taizhou	837	18	1.3	650	19.6	79	262
宿迁市区 Suqian	870	16	1.1	400	16.1	40	240

18－7 城市公共汽(电)车、出租汽车情况

Basic Statistics on Buses (Trolley Buses) and Taxis in Cities

年份 Year 城市 City	年末实有公共汽(电)车营运车数(辆) Operating Public Transit Vehicles at Year-end (unit)	实有公共汽(电)车营运标准车台(标台) Operating Standard Public Transit Vehicles (Standardized) (unit)	公共汽(电)车营运线路长度(公里) Length of Public Transit Route (km)	公共汽(电)车客运总量(万人次) Passengers Carried by Transit (10000 person-times)	每万人拥有公共交通车辆(标台) Public Transit Vehicales Per 10000 Population (Standard sets)	出租汽车营运车数(辆) Operating Taxis (unit)
1978	1407		1772			
1980	1605		1920	100671		150
1985	2237		2904	143146		605
1989	2826	3167	4603	135947	3.7	4555
1990	2827	3210	3991	130641	3.6	5775
1991	2968	3727	4229	124409	4.1	5005
1992	4578	4855	6939	120282	5.1	8133
1993	6384	5954	7570	109248	5.8	9838
1994	7367	6808	10127	110921	6.8	12307
1995	8019	7215	13642	95362	7.1	18073
1996	7962	7144	3544	104583	6.6	25403
1997	9665	7916	5684	124805	7.0	32493
1998	12411	10080	5198	157600	8.9	34661
1999	14136	11625	5858	191831	9.7	36613
2000	14838	13341	6896	246314	10.6	36603
2001	16244	14871	7296	224582	7.8	41480
2002	16902	15874	12397	245227	6.9	41933
2003	17822	17015	14696	233586	7.2	40073
2004	19079	19098	15888	263088	7.9	40746
2005	22197	22484	18077	283760	9.1	41476
2006	22002	22898	12121	304669	10.4	42032
2007	23874	26419	16133	322230	11.6	44993
2008	25369	28664	14657	352597	12.4	44708
2009	30432	34335	18881	389293	11.7	52282
2010	28687	32927	44941	391856	11.5	52957
南京市区 Nanjing	6296	7779	7126	105427	15.4	10593
无锡市区 Wuxi	4276	4766	6530	53934	15.6	4911
徐州市区 Xuzhou	2559	2893	6926	38524	10.3	6338
常州市区 Changzhou	2720	3118	3282	41623	19.1	3156
苏州市区 Suzhou	4469	5274	8077	70018	14.6	6841
南通市区 Nantong	1095	1277	2401	12739	7.9	3043
连云港市区 Lianyungang	809	809	1760	10197	5.7	2176
淮安市区 Huaian	1053	1198	1192	13409	7.0	1861
盐城市区 Yancheng	835	823	1393	8499	4.3	2846
扬州市区 Yangzhou	1554	1715	1559	14702	10.8	3679
镇江市区 Zhenjiang	1314	1532	1868	11253	10.9	2272
泰州市区 Taizhou	921	935	1394	5639	6.5	3152
宿迁市区 Suqian	786	808	1433	5892	6.0	2089

18－8　主要城市土地面积、人口情况（2010年）
Land Area and Population of Major Cities(2010)

城　市 City		土地面积（平方公里） Land Area (sq. km)	年末总人口（万人） Total Population at year-end (10000 persons)	#女 Female	当年出生人口（万人） Births (10000 persons)	当年死亡人口（万人） Deaths (10000 persons)	人口密度（人/平方公里） Population Density (person/sq. km)
南京市区	Nanjing	4733	548.37	271.83	4.00	3.08	1159
无锡市区	Wuxi	1643	238.61	120.11	1.78	1.61	1452
徐州市区	Xuzhou	3038	312.72	151.65	3.01	3.14	1029
常州市区	Changzhou	1862	227.75	114.58	1.81	1.56	1223
苏州市区	Suzhou	3230	242.48	122.58	2.65	1.43	751
南通市区	Nantong	1521	211.54	107.39	1.62	1.70	1391
连云港市区	Lianyungang	1156	93.59	45.83	1.33	0.65	810
淮安市区	Huaian	3171	278.35	135.01	4.19	1.73	878
盐城市区	Yancheng	1862	163.28	79.13	2.06	1.45	877
扬州市区	Yangzhou	1021	122.48	61.53	1.02	0.84	1200
镇江市区	Zhenjiang	1082	103.53	51.47	0.77	0.64	957
泰州市区	Taizhou	640	82.72	41.17	0.90	1.31	1293
宿迁市区	Suqian	2108	159.77	77.55	2.81	1.87	758

18－9　主要城市就业情况（2010年）
Employment of Major Cities(2010)

单位：万人　　(10000 persons)

城　市 City		年末从业人员数 Employment at Year-end	#在岗职工人数 Staff and Workers Employed	#城镇私营和个体人数 Employment in Private Enterprises and Self-employed Individuals of Urban Areas	从业人员按三次产业分 Employment Grouped by Type of Industry		
					第一产业 Primary Industry	第二产业 Secondary Industry	第三产业 Tertiary Industry
南京市区	Nanjing	403.30	108.94	141.81	40.53	144.72	218.05
无锡市区	Wuxi	212.52	41.09	112.41	4.92	116.97	90.63
徐州市区	Xuzhou	178.91	35.22	43.98	37.58	64.85	76.48
常州市区	Changzhou	227.98	26.22	111.24	12.90	127.74	87.34
苏州市区	Suzhou	219.18	61.64	92.37	8.70	108.59	101.89
南通市区	Nantong	134.19	27.67	29.41	16.39	61.41	56.39
连云港市区	Lianyungang	93.38	15.98	16.50	8.44	35.33	49.61
淮安市区	Huaian	165.50	21.63	36.95	42.91	56.11	66.47
盐城市区	Yancheng	68.41	14.12	35.82	18.78	23.98	25.65
扬州市区	Yangzhou	88.61	14.97	32.27	4.93	43.10	40.59
镇江市区	Zhenjiang	68.63	17.69	28.19	9.45	29.98	29.20
泰州市区	Taizhou	61.44	11.93	20.57	6.86	30.40	24.18
宿迁市区	Suqian	100.50	7.46	20.27	23.03	44.43	33.04

18－10　主要城市地区生产总值及指数（2010 年）
Gross Domestic Product of Major Cities(2010)

单位:亿元　　(100 million yuan)

城　　市 City		地区生产总值 Gross Domestic Product	第一产业 Primary Industry	第二产业 Secondary Industry	第三产业 Tertiary Industry	人均地区生产总值(元) Per Capita GDP (yuan)	地区生产总值指数(上年=100) GDP Index (preceding year =100)
南京市区	Nanjing	4633.23	96.45	2029.97	2506.80	66032	112.8
无锡市区	Wuxi	2986.56	32.36	1577.40	1376.80	86582	113.0
徐州市区	Xuzhou	1779.47	52.12	967.37	759.98	57742	116.1
常州市区	Changzhou	2316.26	47.64	1316.20	952.42	71812	113.3
苏州市区	Suzhou	3572.75	31.02	1948.71	1593.02	94270	113.0
南通市区	Nantong	1392.81	45.94	750.27	596.59	62132	113.3
连云港市区	Lianyungang	437.39	28.18	221.80	187.41	42683	111.1
淮安市区	Huaian	872.67	88.32	421.76	362.59	32897	113.4
盐城市区	Yancheng	625.76	59.88	344.17	221.71	38785	115.2
扬州市区	Yangzhou	989.45	21.98	562.68	404.80	71681	114.8
镇江市区	Zhenjiang	844.87	17.79	486.97	340.11	70994	113.2
泰州市区	Taizhou	566.52	13.74	346.24	206.54	67072	114.9
宿迁市区	Suqian	374.60	44.80	192.40	137.40	26150	114.6

18－11　主要城市固定资产投资（2010 年）
Investment in Fixed Assets of Major Cities(2010)

单位:亿元　　(100 million yuan)

城　　市 City		城镇固定资产投资 Urban Investment in Fixed Assers	房地产开发投资 Investment in Real Estate Development	#住宅 Resdential Building	新增固定资产 Newly Increased Fixed Assets	商品房屋销售建筑面积(万平方米) Construction Floor Space of Commercial House Sold (10000 sq. m)	#住宅 Resdential Building
南京市区	Nanjing	2410.25	724.63	551.33	1408.49	729.56	668.34
无锡市区	Wuxi	1481.85	452.30	318.16	1036.97	698.33	591.92
徐州市区	Xuzhou	966.43	126.61	105.26	753.95	341.43	310.71
常州市区	Changzhou	1213.93	401.22	272.65	835.18	755.92	640.11
苏州市区	Suzhou	1106.27	426.03	316.83	1269.14	556.13	456.02
南通市区	Nantong	643.15	181.66	127.17	404.11	407.85	374.55
连云港市区	Lianyungang	378.50	69.99	52.97	209.54	201.06	178.29
淮安市区	Huaian	491.93	130.52	94.33	221.25	357.21	308.40
盐城市区	Yancheng	393.27	85.00	59.79	278.82	243.69	197.82
扬州市区	Yangzhou	383.55	89.67	72.13	322.75	315.68	291.61
镇江市区	Zhenjiang	510.41	73.41	44.89	395.29	210.80	162.81
泰州市区	Taizhou	338.10	56.98	47.15	314.80	185.90	171.81
宿迁市区	Suqian	238.24	64.20	42.11	204.12	181.74	144.93

18－12 主要城市工业基本情况（2010 年）
Basic Statistics on Industry of Major Cities(2010)

单位:亿元 (100 million yuan)

城市 City		工业企业单位数(个) Number of Industrial Enterprises (unit)	#大中型企业 Enterprises of Large and Medium Size	资产总计 Total Assets	负债合计 Total Liabilities	主营业务收入 Major Business Income	利税总额 Total Pretax Profits
南京市区	Nanjing	3083	357	6512.12	3761.56	7788.89	968.59
无锡市区	Wuxi	5080	406	4853.03	2665.35	5880.51	574.03
徐州市区	Xuzhou	1261	137	2332.41	1212.02	3133.03	543.13
常州市区	Changzhou	5343	415	4375.41	2568.47	5789.68	442.32
苏州市区	Suzhou	3803	709	5895.84	3099.22	7083.10	608.29
南通市区	Nantong	2708	147	2018.04	1111.34	2705.62	284.57
连云港市区	Lianyungang	389	55	1067.93	677.32	842.37	140.87
淮安市区	Huaian	1075	71	803.42	452.15	1439.76	175.78
盐城市区	Yancheng	868	78	755.72	408.83	1299.87	153.09
扬州市区	Yangzhou	1253	133	1508.63	793.85	2337.45	271.97
镇江市区	Zhenjiang	874	70	1520.76	849.60	1624.27	175.59
泰州市区	Taizhou	844	56	979.98	620.25	1448.27	158.48
宿迁市区	Suqian	855	43	437.18	244.07	486.33	65.43

18－13 主要城市工业总产值（2010 年）
Gross Output Value of Industry of Major Cities(2010)

单位:亿元 (100 million yuan)

城市 City		工业总产值 Tatal Output Value of Industry	内资企业 Inner Funded Enterprises	外商港澳台投资企业 Foreign, Hong Kong, Macao and Taiwan Funded Enterprises	#国有控股企业 State-owned Share Holding Enterprises	#大中型企业 Large and Medium-sized Enterprises	#制造业 Manufacturing
南京市区	Nanjing	7763.64	4653.69	3109.95	2966.04	5624.33	7544.57
无锡市区	Wuxi	5865.41	2648.23	3217.17	350.95	3545.77	5825.50
徐州市区	Xuzhou	3114.09	2625.38	488.71	931.28	2014.81	2725.71
常州市区	Changzhou	5873.16	3923.51	1949.65	269.43	3080.35	5789.88
苏州市区	Suzhou	7113.95	1330.76	5783.18	196.51	5169.85	7005.46
南通市区	Nantong	2797.89	1442.30	1355.59	358.32	1289.99	2727.27
连云港市区	Lianyungang	857.98	428.62	429.36	194.20	678.16	760.10
淮安市区	Huaian	1445.77	1152.44	293.33	236.80	777.54	1374.49
盐城市区	Yancheng	1338.95	820.89	518.06	38.76	938.54	1319.88
扬州市区	Yangzhou	2381.90	1450.37	931.53	352.69	1384.48	2300.07
镇江市区	Zhenjiang	1724.74	866.34	858.40	268.31	1010.22	1607.77
泰州市区	Taizhou	1482.72	1196.97	285.76	283.73	843.94	1436.66
宿迁市区	Suqian	493.62	458.25	35.37	21.09	243.90	478.75

18－14　主要城市财政收支（2010 年）
Government Revenue and Expenditures of Major Cities(2010)

单位:亿元　　(100 million yuan)

城市 City		地方财政一般预算收入 Local Financial General Budgetary Revenue	#税收收入 Taxes	地方财政一般预算支出 Local Financial General Budgetary Expenditure	#教育 Education	#医疗卫生 Medical Treatment and Healthcare	#社会保障和就业 Social Security and Employment	#城乡社区事务 Operating Expenses of Communities
南京市区	Nanjing	485.28	412.34	497.06	70.35	29.23	41.93	96.74
无锡市区	Wuxi	323.15	278.41	312.87	49.11	16.65	21.29	44.41
徐州市区	Xuzhou	134.40	104.08	162.11	27.53	9.59	20.79	17.82
常州市区	Changzhou	239.15	198.61	225.81	28.40	11.44	21.20	36.62
苏州市区	Suzhou	360.99	338.21	327.62	50.36	13.96	29.72	50.05
南通市区	Nantong	155.04	114.60	132.87	24.87	7.26	10.51	7.74
连云港市区	Lianyungang	70.32	47.75	78.49	10.64	2.71	3.65	12.69
淮安市区	Huaian	97.50	66.01	124.10	21.52	6.50	12.73	20.23
盐城市区	Yancheng	67.95	52.05	82.78	13.12	5.41	5.46	5.48
扬州市区	Yangzhou	91.61	64.40	98.54	13.21	4.42	5.14	16.34
镇江市区	Zhenjiang	78.77	60.74	83.65	12.95	3.84	4.48	11.10
泰州市区	Taizhou	72.46	50.52	80.57	10.85	2.77	4.80	17.49
宿迁市区	Suqian	37.55	29.92	63.48	12.67	2.62	5.12	7.64

18－15　主要城市金融机构存贷款余额（2010 年）
Deposits and Loans Balance of Banking Institutions of Major Cities(2010)

单位:亿元　　(100 million yuan)

城市 City		存款余额 Deposits Balance	#企业存款 Deposits of Enterprises	#居民储蓄存款 Savings Deposits from Residents	贷款余额 Loans Balance	#短期贷款 Short-term Loans	#中长期贷款 Long and Middle Term Loans
南京市区	Nanjing	12376.14	5441.65	3362.59	10185.60	3135.27	6829.60
无锡市区	Wuxi	5465.66	1799.26	1924.00	3895.02	1514.96	2159.73
徐州市区	Xuzhou	1828.10	536.71	790.89	990.13	508.51	437.34
常州市区	Changzhou	3800.47	1123.69	1567.26	2518.92	1243.14	1208.38
苏州市区	Suzhou	6306.06	2576.67	1883.72	4843.76	1289.80	3450.35
南通市区	Nantong	2492.49	758.15	1090.55	1571.79	756.02	776.71
连云港市区	Lianyungang	792.77	219.94	259.32	655.24	281.75	297.65
淮安市区	Huaian	771.62	199.15	361.63	555.79	221.54	310.83
盐城市区	Yancheng	743.69	211.62	311.82	529.64	208.75	296.10
扬州市区	Yangzhou	1268.30	417.75	524.63	871.08	360.90	488.47
镇江市区	Zhenjiang	1170.56	380.06	437.93	845.40	336.66	481.85
泰州市区	Taizhou	801.51	258.16	298.89	555.87	268.67	274.74
宿迁市区	Suqian	338.52	85.19	137.77	273.68	127.35	145.37

18－16 主要城市贸易、外经(2010 年)
Domestic Trade and Foreign Economy of Major Cities(2010)

单位:亿美元 (USD 100 million)

城市 City		社会消费品零售总额(亿元) Total Retail Sales of Consumer Goods (100 million yuan)	进出口总额 Total Imports and Exports	出口 Exports	进口 Imports	实际外商直接投资 Actual Foreign Direct Investment	星级饭店数(个) Star Class Hotel (unit)
南京市区	Nanjing	2135.74	429.18	233.64	195.54	26.68	112
无锡市区	Wuxi	1163.55	411.26	241.99	169.27	21.00	36
徐州市区	Xuzhou	605.29	28.78	15.84	12.95	7.58	33
常州市区	Changzhou	790.65	199.49	136.06	63.43	23.48	38
苏州市区	Suzhou	1052.94	1205.82	641.23	564.60	34.09	68
南通市区	Nantong	477.81	132.98	85.41	47.57	7.00	49
连云港市区	Lianyungang	172.14	43.40	20.23	23.17	4.58	45
淮安市区	Huaian	301.15	17.30	11.25	6.04	8.56	30
盐城市区	Yancheng	251.91	23.15	9.96	13.19	4.17	25
扬州市区	Yangzhou	332.43	60.12	43.69	16.43	14.71	34
镇江市区	Zhenjiang	277.47	52.54	26.35	26.20	10.74	22
泰州市区	Taizhou	175.30	35.22	23.34	11.88	4.75	14
宿迁市区	Suqian	113.86	7.10	4.59	2.51	1.01	10

18－17 主要城市邮电、电力(2010 年)
Post and Telecommunication Service and Power Consumption of Major Cities(2010)

城市 City		邮电业务收入(亿元) Revenue From Posts and Telecommunication Services (100 million yuan)	本地电话用户(万户) Telephones (10000 Subscribers)	年末移动电话用户(万户) Mobile Telephones (10000 Subscribers)	国际互联网用户(万户) Internet Service (10000 Subscribers)	全年用电量(亿千瓦小时) Power Consumption (100 million kWh)	#城乡居民生活用电 Urban and Rural Residents Power Consumption
南京市区	Nanjing	93.05	269.09	818.82	140.02	354.75	49.87
无锡市区	Wuxi	54.20	130.22	457.29	84.22	250.78	25.35
徐州市区	Xuzhou	25.45	94.71	278.52	45.08	149.94	14.20
常州市区	Changzhou	44.48	112.63	383.62	67.67	215.17	20.99
苏州市区	Suzhou	73.93	143.39	536.64	80.02	269.30	30.70
南通市区	Nantong	24.87	81.49	229.80	33.98	109.74	12.75
连云港市区	Lianyungang	11.19	33.29	110.48	22.38	33.18	6.07
淮安市区	Huaian	13.83	58.38	180.99	18.07	69.67	9.99
盐城市区	Yancheng	12.97	72.61	14.33	16.64	36.64	7.02
扬州市区	Yangzhou	16.66	59.59	170.44	33.18	60.96	9.03
镇江市区	Zhenjiang	11.94	58.65	123.86	19.84	84.90	7.50
泰州市区	Taizhou	8.93	33.37	80.83	14.94	39.96	4.72
宿迁市区	Suqian	7.08	33.36	106.17	10.58	33.91	4.25

18－18 主要城市环境保护（2010年）
Environmental Protection of Major Cities(2010)

城市 City		工业废水排放达标量（亿吨）Industrial Waste Water Discharged (100 million tons)	工业废水排放达标率（%）Ratio of Industrial Waste Water Discharged (%)	工业二氧化硫排放量（万吨）Industrial Sulphur Dioxide Emission (10000 tons)	工业废气排放量（亿标米）Volume of Industrial Waste Gas Emission (100 million standardized cu. m)	工业烟尘排放量（万吨）Volume of Industrial Soot Removed (10000 tons)	"三废"综合利用产品产值（亿元）Output Value of Products Made from Comprehensive Utilization of Waster Gas, Waste Water and Solid Wasted (100 million yuan)
南京市区	Nanjing	2.84	95.0	11.15	5599.79	3.20	20.75
无锡市区	Wuxi	1.41	98.2	2.65	1671.78	1.04	6.03
徐州市区	Xuzhou	0.43	99.3	5.01	2184.38	1.44	4.88
常州市区	Changzhou	3.20	100.0	3.35	810.08	1.33	5.93
苏州市区	Suzhou	1.80	99.0	3.00	2007.72	0.66	13.40
南通市区	Nantong	0.74	100.0	3.22	1192.39	2.30	5.86
连云港市区	Lianyungang	0.12	98.6	2.70	262.92	0.37	0.86
淮安市区	Huaian	0.50	100.0	3.08	1577.13	1.32	5.68
盐城市区	Yancheng	0.34	89.4	1.10	161.48	0.35	0.79
扬州市区	Yangzhou	0.26	95.3	4.70	830.05	0.33	1.76
镇江市区	Zhenjiang	0.53	98.4	4.87	1585.27	1.02	3.53
泰州市区	Taizhou	0.18	92.0	2.47	492.08	0.69	1.20
宿迁市区	Suqian	0.23	89.3	1.19	96.35	0.41	2.93

18－19 主要城市居民收支情况（2010年）
Household Income and Expenditure of Major Cities(2010)

单位：元 (yuan)

城市 City		城镇非私营单位在岗职工年平均工资 Average Wage of Employed Staff and Workers (Excluded Private)	城市居民人均可支配收入 Per Capita Disposable Income of Urban Residents	城市居民人均消费性支出 Per Capita Living Expenditure of Urban Residents	#食品 Food	#衣着用品 Clothing Articles	#居住 Residence
南京市区	Nanjing	49706	28312	18156	6451	1572	1518
无锡市区	Wuxi	49709	27171	15867	6318	1435	1460
徐州市区	Xuzhou	40254	20959	13153	4496	1426	1206
常州市区	Changzhou	47803	26269	17124	5603	1629	1408
苏州市区	Suzhou	48405	29219	17879	6936	1310	1568
南通市区	Nantong	43500	23541	14492	5173	1583	1049
连云港市区	Lianyungang	39628	19020	12293	4803	1585	1255
淮安市区	Huaian	36033	17680	11638	4293	1287	875
盐城市区	Yancheng	35748	20003	14245	4950	1643	2266
扬州市区	Yangzhou	40235	21766	13679	5192	1527	1111
镇江市区	Zhenjiang	41485	23075	14080	5995	1563	940
泰州市区	Taizhou	39613	21359	13445	5055	1854	1322
宿迁市区	Suqian	32804	13784	9256	3448	982	878

18 – 20　主要城市居民消费支出、物价（2010 年）

Household Living Expenditure and Price of Major Cities(2010)

单位:元　　(yuan)

城　市 City		城市居民人均消费性支出 Per Capita Living Expenditures for Consumption of Urban Residents				人均住房建筑面积(平方米) Per Capita Construction Floor Space of Residential Building (sq. m)	居民消费价格指数(上年=100) Consumer Price Index (preceding year=100)
		#家庭设备、用品及服务 Household Facilities, Articles and Services	#医疗保健 Medicine and Medical Services	#交通和通讯 Transportation and Telecommunication	#娱乐、教育、文化服务 Recreation, Education and Cultural Services		
南京市区	Nanjing	1404	1370	1950	3263	27.4	104.2
无锡市区	Wuxi	1182	825	1981	1967	32.8	103.4
徐州市区	Xuzhou	951	919	2175	1499	26.2	103.6
常州市区	Changzhou	1136	1108	2928	2574	33.2	103.4
苏州市区	Suzhou	1201	919	2952	2459	30.3	103.4
南通市区	Nantong	1188	701	2091	2107	32.8	103.7
连云港市区	Lianyungang	972	715	1448	1414	33.9	103.5
淮安市区	Huaian	620	520	1471	2086	32.3	103.3
盐城市区	Yancheng	1218	601	1593	1367	30.7	103.5
扬州市区	Yangzhou	923	599	1400	2502	37.8	103.4
镇江市区	Zhenjiang	981	995	1486	1579	35.0	103.7
泰州市区	Taizhou	687	733	1644	1499	30.5	103.8
宿迁市区	Suqian	596	397	1521	1165	36.8	103.6

18 – 21　主要城市文教、科技、卫生(2010 年)

Culture, Education, Science and Technology and Public Health of Major Cities(2010)

城　市 City		高等学校在校学生数(万人) Number of Students Enrollement in Regular Institutions of High Education (10000 persons)	专利申请受理量(件 Applications Accept	公共图书馆图书藏量(万册) Total Volume of Collections of Public Libraries (10000 volumes)	卫生机构数(个) Number of Health Care Institutions (unit)	卫生机构床位数(万张) Number of Beds in Health Care Institutions (10000 units)	执业(助理)医师(万人) Practitioner Doctors (Assistant) (10000 persons)
南京市区	Nanjing	79.19	18058	1292	1933	2.86	1.60
无锡市区	Wuxi	9.41	23464	206	1112	1.71	0.74
徐州市区	Xuzhou	12.01	6317	143	698	1.89	0.65
常州市区	Changzhou	10.43	12278	195	689	1.28	0.58
苏州市区	Suzhou	13.64	18892	347	962	1.75	0.78
南通市区	Nantong	8.26	13695	142	680	1.15	0.55
连云港市区	Lianyungang	3.45	1011	78	431	0.56	0.28
淮安市区	Huaian	6.88	2193	91	412	0.91	0.37
盐城市区	Yancheng	5.67	1499	75	231	0.66	0.29
扬州市区	Yangzhou	7.33	3985	147	653	0.75	0.33
镇江市区	Zhenjiang	8.65	4908	136	370	0.52	0.29
泰州市区	Taizhou	4.70	1594	58	177	0.40	0.22
宿迁市区	Suqian	1.60	198	27	263	0.41	0.22

18－22 市辖区主要指标（2010 年）
Major Indicators of Municipal Districts(2010)

市辖区 Municipal District	年末户籍人口（万人）Population at Year-end (10000 persons)	土地面积（平方公里）Land Area (sq. m)	地区生产总值（亿元）Gross Domestic Product (100 million yuan)	城镇固定资产投资（亿元）Urban Investment in Fixed Assets (100 million yuan)	地方财政一般预算收入（亿元）Local Financial General Budgetary Revenue (100 million yuan)	实际外商直接投资（万美元）Actual Foreign Direct Investment (USD 10000)
南京市 Nanjing City						
玄武区 Xuanwu District	51.49	75	372.82	91.60	26.57	8757
白下区 Baixia District	46.31	26	348.78	94.23	26.39	8430
秦淮区 Qinhuai District	25.34	23	117.54	61.06	10.61	8224
建邺区 Jianye District	24.02	83	237.96	174.68	22.93	32091
鼓楼区 Gulou District	65.88	25	401.04	83.10	38.08	11205
下关区 Xiaguan District	30.91	28	207.84	102.45	15.07	7840
浦口区 Pukou District	56.45	910	369.10	358.80	46.24	32024
栖霞区 Qixia District	42.91	381	681.11	287.08	33.30	38494
雨花区 Yuhua District	22.66	132	214.87	186.36	20.58	9612
江宁区 Jiangning District	93.60	1578	678.58	489.89	90.30	72733
六合区 Luhe District	88.80	1471	575.99	356.48	33.61	37389
无锡市 Wuxi City						
崇安区 Chongan District	18.55	16	321.58	91.42	19.63	10353
南长区 Nanchang District	33.21	24	172.10	76.31	16.75	19714
北塘区 Beitang District	25.47	31	184.47	73.02	15.97	935
锡山区 Xishan District	41.41	399	402.82	217.06	36.08	35053
惠山区 Huishan District	41.81	325	443.54	224.64	47.85	18004
滨湖区 Binhu District	46.25	629	492.52	241.51	55.19	16375
徐州市 Xuzhou City						
鼓楼区 Gulou District	47.66	68	112.25	128.33	9.24	2639
云龙区 Yunlong District	30.52	118	132.34	137.64	12.43	4218
贾汪区 Jiawang District	50.55	834	135.79	92.70	7.27	4549
泉山区 Quanshan District	54.71	108	264.69	138.55	14.09	2743
铜山区 Tongshan District	129.27	1909	462.75	261.45	27.40	5013
常州市 Changzhou City						
天宁区 Tianning District	37.30	65	300.45	201.73	29.42	24303
钟楼区 Zhonglou District	35.38	67	280.26	214.98	27.02	24003
戚墅堰区 Qishuyan District	7.92	32	69.48	49.76	6.93	7036
新北区 Xinbei District	45.05	453	500.47	218.59	56.08	80884
武进区 Wujin District	100.29	1246	1163.90	348.82	85.19	80405
苏州市 Suzhou City						
沧浪区 Canglang District	32.66	28	162.25	35.62	18.72	657

市 辖 区 Municipal District	年末户籍人口（万人） Population at Year-end (10000 persons)	土地面积（平方公里） Land Area (sq. m)	地区生产总值（亿元） Gross Domestic Product (100 million yuan)	城镇固定资产投资（亿元） Urban Investment in Fixed Assets (100 million yuan)	地方财政一般预算收入（亿元） Local Financial General Budgetary Revenue (100 million yuan)	实际外商直接投资（万美元） Actual Foreign Direct Investment (USD 10000)
平江区 Pingjiang District	22.82	23	120.39	34.54	12.22	1350
金阊区 Jinchang District	20.39	33	116.98	29.61	10.56	609
虎丘区 Huqiu District	33.57	335	650.13	260.46	57.10	76525
吴中区 Wuzhong District	60.05	2043	602.30	136.99	60.04	45342
相城区 Xiangcheng District	37.50	490	360.06	69.35	37.06	31442
南通市 Nantong City						
崇川区 Chongchuan District	53.60	100	350.03	203.65	41.42	9092
港闸区 Gangzha District	18.82	134	178.10	115.27	19.18	5375
通州区 Tongzhou District	124.64	1166	508.00	122.95	33.89	7976
连云港市 Lianyungang City						
连云区 Lianyun District	24.38	535	55.89	80.45	8.76	6123
新浦区 Xinpu District	45.89	462	78.01	72.72	12.72	3611
海州区 Haizhou District	23.32	159	38.85	30.49	4.58	4006
淮安市 Huaian City						
清河区 Qinghe District	23.14	29	66.65	65.32	15.25	10047
楚州区 Chuzhou District	118.25	1522	199.40	85.78	13.70	10403
淮阴区 Huaiyin District	90.85	1264	190.60	99.14	16.79	10029
清浦区 Qingpu District	32.07	296	82.52	47.25	11.04	10061
盐城市 Yancheng City						
亭湖区 Tinghu District	87.22	732	225.14	112.66	24.41	14344
盐都区 Yandu District	76.06	1047	257.61	120.94	27.11	12980
扬州市 Yangzhou City						
广陵区 Guangling District	31.80	78	169.83	93.51	18.25	22601
邗江区 Hanjiang District	50.16	699	400.58	125.49	24.75	33260
维扬区 Weiyang District	22.96	111	139.47	86.38	13.31	19207
镇江市 Zhenjiang City						
京口区 Jingkou District	33.01	118	260.46	130.61	10.03	6611
润州区 Runzhou District	24.51	130	183.01	131.24	11.31	4164
丹徒区 Dantu District	28.40	749	190.58	83.58	11.02	8770
泰州市 Taizhou City						
海陵区 Hailing District	42.13	237	269.87	108.58	25.11	8473
高港区 Gaogang District	26.04	302	199.75	85.13	12.90	14982
宿迁市 Suqian City						
宿城区 Sucheng District	79.56	854	150.70	61.55	13.92	2563
宿豫区 Suyu District	64.49	1254	156.38	68.80	9.66	538

18 - 23 市辖区法人单位数（2010 年）

Number of Corporations of Municipal District(2010)

单位:个 (unit)

市 辖 区 Municipal District	合 计 Total	企业 Enterprises	事业单位 Institutions	机 关 Agencies& Organizations	社会团体 Social Organizations	民办非企业单位 Non-enterprise Units Run by NGO	其他组织机构 Others
南京市 Nanjing City							
玄武区 Xuanwu District	10506	9704	268	151	161	114	108
白下区 Baixia District	10135	9425	264	83	56	123	184
秦淮区 Qinhuai District	4254	3893	106	58	24	41	132
建邺区 Jianye District	4738	4297	165	70	31	64	111
鼓楼区 Gulou District	11181	9972	476	145	217	181	190
下关区 Xiaguan District	5685	5280	119	71	30	107	78
浦口区 Pukou District	5923	5121	261	92	54	67	328
栖霞区 Qixia District	7513	6904	170	78	35	100	226
雨花区 Yuhua District	3510	3139	134	68	22	40	107
江宁区 Jiangning District	11339	10384	345	55	39	85	431
六合区 Luhe District	5033	3927	465	91	88	51	411
无锡市 Wuxi City							
崇安区 Chongan District	7567	6943	196	105	132	93	98
南长区 Nanchang District	5297	4746	218	68	76	97	92
北塘区 Beitang District	6385	6033	133	48	28	38	105
锡山区 Xishan District	11437	10745	270	70	125	47	180
惠山区 Huishan District	14409	13696	240	68	128	62	215
滨湖区 Binhu District	23748	22425	509	97	87	133	497
徐州市 Xuzhou City							
鼓楼区 Gulou District	6559	5936	233	107	43	68	172
云龙区 Yunlong District	4889	4285	200	120	51	80	153
贾汪区 Jiawang District	2182	1659	212	47	20	38	206
泉山区 Quanshan District	8450	7533	340	113	186	101	177
铜山区 Tongshan District	5641	4243	379	100	214	129	576
常州市 Changzhou City							
天宁区 Tianning District	10746	10133	229	62	128	75	119
钟楼区 Zhonglou District	8665	7773	276	72	308	105	131
戚墅堰区 Qishuyan District	1900	1712	68	47	46	7	20
新北区 Xinbei District	13236	12430	252	126	153	39	236
武进区 Wujin District	24591	23000	623	130	160	50	628
苏州市 Suzhou City							
沧浪区 Canglang District	8036	6993	279	103	365	176	120

18－23 续 表 Continued

单位：个 (unit)

市辖区 Municipal District	合计 Total	企业 Enterprises	事业单位 Institutions	机关 Agencies& Organizations	社会团体 Social Organizations	民办非企业单位 Non-enterprise Units Run by NGO	其他组织机构 Others
平江区 Pingjiang District	19833	19098	245	78	128	113	171
金阊区 Jinchang District	7265	6793	140	83	63	95	91
虎丘区 Huqiu District	10476	10072	179	42	29	39	115
吴中区 Wuzhong District	15619	14738	330	94	144	34	279
相城区 Xiangcheng District	10083	9723	136	51	25	19	129
南通市 Nantong City							
崇川区 Chongchuan District	13858	12570	442	135	359	114	238
港闸区 Gangzha District	6191	5903	77	52	51	19	89
通州区 Tongzhou District	9912	8294	531	114	236	430	307
连云港市 Lianyungang City							
连云区 Lianyun District	4209	3697	210	83	54	48	117
新浦区 Xinpu District	7707	6558	331	143	243	105	327
海州区 Haizhou District	2471	2111	114	62	41	15	128
淮安市 Huaian City							
清河区 Qinghe District	6997	5996	376	177	240	81	127
楚州区 Chuzhou District	5275	4130	472	120	98	63	392
淮阴区 Huaiyin District	4491	3265	431	111	142	75	467
清浦区 Qingpu District	3370	2768	228	84	82	109	99
盐城市 Yancheng City							
亭湖区 Tinghu District	11356	10045	479	134	85	106	507
盐都区 Yandu District	4914	3984	317	114	123	22	354
扬州市 Yangzhou City							
广陵区 Guangling District	5721	5021	220	109	114	79	178
邗江区 Hanjiang District	7163	6342	237	81	119	109	275
维扬区 Weiyang District	8719	7814	310	139	166	102	188
镇江市 Zhenjiang City							
京口区 Jingkou District	9480	8097	552	136	382	90	223
润州区 Runzhou District	4831	4226	255	81	98	55	116
丹徒区 Dantu District	3987	3326	288	84	56	14	219
泰州市 Taizhou City							
海陵区 Hailing District	7130	5667	605	151	295	107	305
高港区 Gaogang District	3782	3316	155	56	35	42	178
宿迁市 Suqian City							
宿城区 Sucheng District	6773	5586	415	153	147	194	278
宿豫区 Suyu District	3131	2352	327	95	40	35	282

18－24　市辖区人口、面积(2010 年)
Population and Land Area of Municipal District(2010)

市　辖　区 Municipal District		年末总人口(万人) Total Population at Year-end (10000 persons)	出生人口(人) Births (person)	死亡人口(人) Deaths (person)	年末总户数(万户) Total Households at Year-end (10000 household)	土地面积(平方公里) Land Area (sq. m)	人口密度(人/平方公里) Population Density (person/sq. m)
南京市浦口区	Nanjing Pukou District	56.45	4708	3206	18.31	910	620
南京市栖霞区	Nanjing Qixia District	42.91	2993	2390	13.79	381	1126
南京市雨花区	Nanjing Yuhua District	22.66	1901	1148	8.07	132	1712
南京市江宁区	Nanjing Jiangning District	93.60	7703	5183	32.23	1578	593
南京市六合区	Nanjing Luhe District	88.80	5700	6598	28.80	1471	604
无锡市锡山区	Wuxi Xishan District	41.41	3111	2993	12.41	399	1038
无锡市惠山区	Wuxi Huishan District	41.81	3138	2790	12.88	325	1286
无锡市滨湖区	Wuxi Binhu District	46.25	3269	2665	16.24	629	735
徐州市贾汪区	Xuzhou Jiawang District	50.55	5006	4750	14.39	834	606
徐州市铜山区	Xuzhou Tongshan District	129.27	11009	19962	38.72	1909	677
常州市新北区	Changzhou Xinbei District	45.05	4199	3185	14.31	453	995
常州市武进区	Changzhou Wujin District	100.29	7980	7747	36.27	1246	805
苏州市虎丘区	Suzhou Huqui District	33.57	3949	1698	9.97	335	1003
苏州市吴中区	Suzhou Wuzhong District	60.05	6526	3486	18.41	2043	294
苏州市相城区	Suzhou Xiangcheng District	37.50	4611	2521	12.37	490	765
南通市崇川区	Nantong Chongchuan District	53.60	4064	3058	18.53	100	5360
南通市港闸区	Nantong Gangzha District	18.82	1382	1759	7.41	134	1404
南通市通州区	Nantong Tongzhou District	124.64	9647	11107	48.47	1166	1069
连云港市连云区	Lianyungang Lianyun District	24.38	3578	1649	7.99	535	456
淮安市楚州区	Huaian Chuzhou District	118.25	19282	5285	34.14	1522	777
淮安市淮阴区	Huaian Huaiyin District	90.85	13720	7679	27.86	1264	719
盐城市盐都区	Yancheng Yandu District	76.06	9888	6842	26.97	1047	726
扬州市邗江区	Yangzhou Hanjiang District	50.16	3970	4179	15.62	699	718
扬州市维扬区	Yangzhou Weiyang District	22.96	2030	1156	7.85	111	2065
镇江市丹徒区	Zhenjiang Dantu District	28.40	2113	2442	10.43	749	379
泰州市海陵区	Taizhou Hailing District	42.13	3948	4562	15.58	237	1776
泰州市高港区	Taizhou Gaogang District	26.04	3010	5675	8.32	302	863
宿迁市宿豫区	Suqian Suyu District	64.49	9554	4895	17.29	1254	514

18-25 市辖区从业人员(2010年)
Employment of Municipal District(2010)

单位:万人 (10000 persons)

市辖区	Municipal District	从业人员 Employment	第一产业 Primary Industry	第二产业 Secondary Industry	第三产业 Tertiary Industry	在岗职工人数 Staff and Workers Employed	私营企业和个体从业人员 Employment in Private Enterprises and Self-employed Individuals
南京市浦口区	Nanjing Pukou District	28.39	2.44	15.41	10.54	8.31	14.05
南京市栖霞区	Nanjing Qixia District	29.34	1.65	16.48	11.21	12.79	12.81
南京市雨花区	Nanjing Yuhua District	19.53	0.28	7.99	11.26	6.01	8.14
南京市江宁区	Nanjing Jiangning District	57.07	7.21	30.90	18.96	17.27	23.42
南京市六合区	Nanjing Luhe District	44.79	7.92	24.30	12.57	12.44	20.10
无锡市锡山区	Wuxi Xishan District	44.97	2.40	29.00	13.57	6.29	20.52
无锡市惠山区	Wuxi Huishan District	47.88	1.64	33.26	12.98	2.80	27.20
无锡市滨湖区	Wuxi Binhu District	33.67	0.59	16.60	16.48	7.34	17.06
徐州市贾汪区	Xuzhou Jiawang District	21.85	6.71	7.52	7.61	1.38	8.04
徐州市铜山区	Xuzhou Tongshan District	68.38	25.89	22.61	19.88	5.48	10.38
常州市新北区	Changzhou Xinbei District	50.11	2.94	28.50	18.68	5.10	22.34
常州市武进区	Changzhou Wujin District	111.20	9.77	71.27	30.17	6.49	58.05
苏州市虎丘区	Suzhou Huqui District	32.77	1.20	19.07	12.50	13.47	13.37
苏州市吴中区	Suzhou Wuzhong District	61.72	5.61	33.21	22.90	8.03	36.67
苏州市相城区	Suzhou Xiangcheng District	34.58	1.86	22.01	10.72	5.39	26.76
南通市崇川区	Nantong Chongchuan District	11.87	0.47	3.27	8.13	4.41	10.64
南通市港闸区	Nantong Gangzha District	9.51	0.93	4.16	4.42	5.01	5.09
南通市通州区	Nantong Tongzhou District	71.83	13.65	34.13	24.05	7.41	31.90
连云港市连云区	Lianyungang Lianyun District	7.55	0.80	2.68	4.07	0.72	1.55
淮安市楚州区	Huaian Chuzhou District	58.06	21.94	17.03	19.09	5.19	15.53
淮安市淮阴区	Huaian Huaiyin District	52.94	15.04	19.35	18.55	3.43	15.52
盐城市盐都区	Yancheng Yandu District	33.44	11.30	11.04	11.10	4.01	18.34
扬州市邗江区	Yangzhou Hanjiang District	37.49	2.97	18.58	15.95	2.66	18.94
扬州市维扬区	Yangzhou Weiyang District	13.97	0.69	6.18	7.11	3.08	6.39
镇江市丹徒区	Zhenjiang Dantu District	22.93	4.69	10.62	7.62	3.72	11.91
泰州市海陵区	Taizhou Hailing District	24.89	2.37	9.85	12.67	7.07	12.88
泰州市高港区	Taizhou Gaogang District	17.82	2.59	8.70	6.53	3.72	7.12
宿迁市宿豫区	Suqian Suyu District	40.84	9.95	19.08	11.81	3.22	6.98

18－26 市辖区地区生产总值(2010 年)

Gross Domestic Product of Municipal District(2010)

市辖区	Municipal District	地区生产总值(亿元) Gross Domestic Product (100 million yuan)	第一产业 Primary Industry	第二产业 Secondary Industry	#工业 Industry	第三产业 Tertiary Industry	地区生产总值指数(上年=100) GDP Index (preceding year =100)
南京市浦口区	Nanjing Pukou District	369.10	23.39	207.66	186.55	138.06	116.0
南京市栖霞区	Nanjing Qixia District	681.11	5.67	517.46	488.76	157.98	115.1
南京市雨花区	Nanjing Yuhua District	214.87	0.55	104.94	92.77	109.38	115.1
南京市江宁区	Nanjing Jiangning District	678.58	32.13	407.60	349.60	238.85	115.1
南京市六合区	Nanjing Luhe District	575.99	32.55	413.52	384.42	129.91	115.2
无锡市锡山区	Wuxi Xishan District	402.82	13.91	235.81	211.23	153.10	113.7
无锡市惠山区	Wuxi Huishan District	443.54	13.33	297.03	271.27	133.18	112.7
无锡市滨湖区	Wuxi Binhu District	492.52	3.14	255.51	220.72	233.87	113.0
徐州市贾汪区	Xuzhou Jiawang District	135.79	11.26	73.88	70.26	50.65	114.7
徐州市铜山区	Xuzhou Tongshan District	462.75	35.01	263.92	223.52	163.82	114.6
常州市新北区	Changzhou Xinbei District	500.47	10.49	334.88	315.20	155.10	116.3
常州市武进区	Changzhou Wujin District	1163.90	36.98	744.36	704.80	382.56	113.5
苏州市虎丘区	Suzhou Huqui District	650.13	1.65	511.98	486.60	136.50	110.7
苏州市吴中区	Suzhou Wuzhong District	602.30	16.75	338.06	312.31	247.49	112.7
苏州市相城区	Suzhou Xiangcheng District	360.06	10.64	199.99	162.81	149.43	113.3
南通市崇川区	Nantong Chongchuan District	350.03	0.69	156.31	124.26	193.03	113.0
南通市港闸区	Nantong Gangzha District	178.10	2.53	134.52	119.10	41.05	113.0
南通市通州区	Nantong Tongzhou District	508.00	40.40	295.89	242.14	171.71	113.5
连云港市连云区	Lianyungang Lianyun District	55.89	4.39	24.26	20.41	27.24	115.8
淮安市楚州区	Huaian Chuzhou District	199.40	35.51	88.03	56.55	75.86	114.5
淮安市淮阴区	Huaian Huaiyin District	190.60	39.77	92.86	78.29	57.97	113.8
盐城市盐都区	Yancheng Yandu District	257.61	33.91	140.00	119.60	83.67	114.8
扬州市邗江区	Yangzhou Hanjiang District	400.58	16.52	220.57	191.19	163.49	115.1
扬州市维扬区	Yangzhou Weiyang District	139.47	2.75	64.98	59.92	71.74	113.1
镇江市丹徒区	Zhenjiang Dantu District	190.58	11.48	113.10	106.20	66.00	113.5
泰州市海陵区	Taizhou Hailing District	269.87	5.04	146.42	121.80	118.14	114.9
泰州市高港区	Taizhou Gaogang District	199.25	7.07	138.12	129.49	54.56	115.4
宿迁市宿豫区	Suqian Suyu District	156.38	24.08	92.42	81.86	39.88	114.1

18－27　市辖区投资、财政收支(2010年)
Investment,Government Revenue and Expenditure of Municipal District (2010)

单位:亿元　　(100 million yuan)

市辖区	Municipal District	城镇固定资产投资 Urban Investment in Fixed Assets	房地产开发投资 Investment in Real Estate Development	#住宅 Resdential Building	地方财政一般预算收入 Local Financial General Budgetary Revenue	#税收收入 Taxes	地方财政一般预算支出 Local Financial General Budgetary Expenditure
南京市浦口区	Nanjing Pukou District	358.80	73.21	51.50	46.24	41.96	42.89
南京市栖霞区	Nanjing Qixia District	287.08	71.30	58.61	33.30	32.05	25.49
南京市雨花区	Nanjing Yuhua District	186.36	59.15	49.46	20.58	19.22	18.22
南京市江宁区	Nanjing Jiangning District	489.89	99.05	84.57	90.30	75.42	83.78
南京市六合区	Nanjing Luhe District	356.48	28.71	24.53	33.61	26.48	41.43
无锡市锡山区	Wuxi Xishan District	217.06	49.16	38.84	36.08	32.22	34.61
无锡市惠山区	Wuxi Huishan District	224.64	67.38	50.79	47.85	39.49	42.86
无锡市滨湖区	Wuxi Binhu District	241.51	88.06	70.18	55.19	47.72	38.29
徐州市贾汪区	Xuzhou Jiawang District	92.70	6.75	5.99	7.27	5.97	11.30
徐州市铜山区	Xuzhou Tongshan District	261.45	17.03	15.48	27.40	21.13	38.30
常州市新北区	Changzhou Xinbei District	218.59	78.31	55.76	56.08	48.75	30.16
常州市武进区	Changzhou Wujin District	348.82	88.54	55.56	85.19	72.10	71.58
苏州市虎丘区	Suzhou Huqui District	260.46	59.15	43.67	57.10	53.85	37.65
苏州市吴中区	Suzhou Wuzhong District	136.99	72.74	51.49	60.04	56.07	54.49
苏州市相城区	Suzhou Xiangcheng District	69.35	48.16	34.80	37.06	35.74	29.74
南通市崇川区	Nantong Chongchuan District	203.65	111.14	75.81	41.42	40.57	12.69
南通市港闸区	Nantong Gangzha District	115.27	26.11	15.34	19.18	18.62	7.72
南通市通州区	Nantong Tongzhou District	122.95	12.41	10.60	33.89	28.78	41.53
连云港市连云区	Lianyungang Lianyun District	80.45	14.94	10.72	8.76	7.62	6.39
淮安市楚州区	Huaian Chuzhou District	85.78	20.33	17.82	13.70	8.75	25.46
淮安市淮阴区	Huaian Huaiyin District	99.14	30.40	17.13	16.79	10.78	25.08
盐城市盐都区	Yancheng Yandu District	120.94	25.92	25.52	27.11	20.96	31.53
扬州市邗江区	Yangzhou Hanjiang District	125.49	35.79	28.42	24.75	19.31	22.23
扬州市维扬区	Yangzhou Weiyang District	86.38	17.38	15.07	13.31	10.29	8.83
镇江市丹徒区	Zhenjiang Dantu District	83.58	14.74	13.99	11.02	9.96	12.38
泰州市海陵区	Taizhou Hailing District	108.58	36.16	30.67	25.11	22.72	14.96
泰州市高港区	Taizhou Gaogang District	85.13	6.25	5.66	12.90	11.00	10.73
宿迁市宿豫区	Suqian Suyu District	68.80	22.60	15.57	9.66	8.09	20.31

18-28 市辖区规模以上工业产值(2010年)
Gross Output Value of above Designated Size Industry of Municipal District (2010)

市辖区 Municipal District		规模以上工业企业个数(个) Number of Industrial Enterprises (unit)	工业总产值(亿元) Tatal Output Value of Industry (100 million yuan)	内资企业 Inner Funded Enterprises	港澳台商投资企业 Hong Kong, Macao and Taiwan Funded Enterprises	外商投资企业 Foreign Funded Enterprises
南京市浦口区	Nanjing Pukou District	486	796.05	566.59	122.68	106.78
南京市栖霞区	Nanjing Qixia District	406	2359.28	1069.33	71.25	1218.70
南京市雨花区	Nanjing Yuhua District	208	429.98	408.75	4.46	16.78
南京市江宁区	Nanjing Jiangning District	1182	1481.20	640.08	95.14	745.98
南京市六合区	Nanjing Luhe District	514	1978.64	1397.95	107.21	473.48
无锡市锡山区	Wuxi Xishan District	1428	937.04	604.82	118.38	213.84
无锡市惠山区	Wuxi Huishan District	1478	1128.48	783.35	179.96	165.16
无锡市滨湖区	Wuxi Binhu District	905	512.83	358.81	49.80	104.23
徐州市贾汪区	Xuzhou Jiawang District	235	329.81	292.30	0.98	36.53
徐州市铜山区	Xuzhou Tongshan District	710	1278.94	1200.03	20.68	58.22
常州市新北区	Changzhou Xinbei District	1041	1401.80	589.61	165.66	646.53
常州市武进区	Changzhou Wujin District	3192	2954.82	2406.37	326.78	221.67
苏州市虎丘区	Suzhou Huqui District	709	1985.86	224.20	245.48	1516.18
苏州市吴中区	Suzhou Wuzhong District	1207	1023.91	333.18	187.16	503.57
苏州市相城区	Suzhou Xiangcheng District	851	758.66	438.53	105.74	214.39
南通市崇川区	Nantong Chongchuan District	314	367.57	106.41	34.99	226.16
南通市港闸区	Nantong Gangzha District	714	455.24	290.03	18.13	147.08
南通市通州区	Nantong Tongzhou District	1135	1169.68	720.88	111.08	337.72
连云港市连云区	Lianyungang Lianyun District	74	54.71	37.16	7.42	10.13
淮安市楚州区	Huaian Chuzhou District	335	225.70	203.20	15.20	7.30
淮安市淮阴区	Huaian Huaiyin District	360	405.19	384.46	3.78	16.94
盐城市盐都区	Yancheng Yandu District	450	455.04	416.25	22.17	16.62
扬州市邗江区	Yangzhou Hanjiang District	653	1115.71	858.85	147.28	109.57
扬州市维扬区	Yangzhou Weiyang District	222	227.63	168.11	26.49	33.03
镇江市丹徒区	Zhenjiang Dantu District	374	502.06	355.96	80.86	65.24
泰州市海陵区	Taizhou Hailing District	332	624.79	534.81	13.99	76.00
泰州市高港区	Taizhou Gaogang District	308	641.08	514.62	3.89	122.57
宿迁市宿豫区	Suqian Suyu District	397	220.11	215.72	2.34	2.05

18-29 市辖区规模以上工业效益(2010年)
Economic Benefit of above Designated Size Industry of Municipal District (2010)

市辖区	Municipal District	主营业务收入(亿元) Major Business Income (100 million yuan)	利润总额(亿元) Total Profits (100 million yuan)	利税总额(亿元) Total Pre-tax Profits (100 million yuan)	本年应交增值税(亿元) Added Value Payable (100 million yuan)	从业人员年平均人数(万人) Annual Average Persons Employed (10000 persons)
南京市浦口区	Nanjing Pukou District	795.35	48.97	89.99	35.16	8.88
南京市栖霞区	Nanjing Qixia District	2340.85	71.98	296.52	137.88	12.36
南京市雨花区	Nanjing Yuhua District	431.67	7.28	19.58	11.02	4.86
南京市江宁区	Nanjing Jiangning District	1417.23	107.84	170.31	41.11	19.12
南京市六合区	Nanjing Luhe District	2009.27	121.82	215.12	53.59	13.01
无锡市锡山区	Wuxi Xishan District	945.59	64.42	83.89	16.76	14.98
无锡市惠山区	Wuxi Huishan District	1121.60	88.67	116.51	25.16	15.36
无锡市滨湖区	Wuxi Binhu District	521.58	42.73	61.44	16.58	8.84
徐州市贾汪区	Xuzhou Jiawang District	325.18	18.50	33.18	12.92	3.69
徐州市铜山区	Xuzhou Tongshan District	1266.83	112.67	193.64	69.10	11.73
常州市新北区	Changzhou Xinbei District	1374.62	92.72	118.77	21.76	15.87
常州市武进区	Changzhou Wujin District	2889.66	131.86	213.25	73.33	46.16
苏州市虎丘区	Suzhou Huqui District	2015.59	131.51	176.77	43.41	27.92
苏州市吴中区	Suzhou Wuzhong District	1000.45	45.55	75.15	28.20	26.41
苏州市相城区	Suzhou Xiangcheng District	751.74	50.31	74.89	23.44	17.46
南通市崇川区	Nantong Chongchuan District	369.81	39.17	47.68	7.77	4.30
南通市港闸区	Nantong Gangzha District	452.40	22.83	34.39	10.56	7.01
南通市通州区	Nantong Tongzhou District	1146.50	76.01	124.06	42.50	16.02
连云港市连云区	Lianyungang Lianyun District	54.90	2.26	3.10	0.66	0.84
淮安市楚州区	Huaian Chuzhou District	221.17	9.03	18.10	8.01	4.13
淮安市淮阴区	Huaian Huaiyin District	397.54	27.33	38.78	9.82	3.41
盐城市盐都区	Yancheng Yandu District	460.14	28.68	52.96	20.76	7.50
扬州市邗江区	Yangzhou Hanjiang District	1118.45	75.68	133.97	51.39	19.37
扬州市维扬区	Yangzhou Weiyang District	209.26	6.46	13.65	6.47	3.97
镇江市丹徒区	Zhenjiang Dantu District	489.06	33.38	53.20	18.17	5.28
泰州市海陵区	Taizhou Hailing District	601.21	24.47	53.71	19.68	5.78
泰州市高港区	Taizhou Gaogang District	643.35	43.74	76.54	29.41	6.55
宿迁市宿豫区	Suqian Suyu District	217.10	15.21	21.38	5.69	5.04

18－30 市辖区贸易、外资(2010 年)

Trade and Foreign Economy of Municipal District(2010)

市辖区	Municipal District	社会消费品零售总额(亿元) Total Retail Sales of Consumer Goods (100 million yuan)	出口总额(万美元) Total Imports and Exports (USD 10000)	合同外商直接投资(万美元) Contract of Foreign Direct Investment (USD 10000)	实际外商直接投资(万美元) Actual Foreign Direct Investment (USD 10000)	星级饭店个数(个) Star Class Hotel (unit)
南京市浦口区	Nanjing Pukou District	108.67	15.20	5.61	3.20	6
南京市栖霞区	Nanjing Qixia District	103.15	43.25	2.85	3.85	3
南京市雨花区	Nanjing Yuhua District	121.72	19.70	1.21	0.96	2
南京市江宁区	Nanjing Jiangning District	197.73	38.17	17.06	7.27	8
南京市六合区	Nanjing Luhe District	162.12	6.46	6.87	3.74	6
无锡市锡山区	Wuxi Xishan District	117.21	23.98	4.64	3.51	2
无锡市惠山区	Wuxi Huishan District	87.85	14.82	2.61	1.80	2
无锡市滨湖区	Wuxi Binhu District	148.55	11.49	1.49	1.64	15
徐州市贾汪区	Xuzhou Jiawang District	32.52	0.90	0.93	0.45	
徐州市铜山区	Xuzhou Tongshan District	87.13	1.18	2.49	0.50	2
常州市新北区	Changzhou Xinbei District	137.82	51.07	12.02	8.09	7
常州市武进区	Changzhou Wujin District	269.78	44.46	12.11	8.04	12
苏州市虎丘区	Suzhou Huqui District	121.52	209.93	14.06	7.65	5
苏州市吴中区	Suzhou Wuzhong District	200.98	43.85	11.16	4.53	19
苏州市相城区	Suzhou Xiangcheng District	112.41	22.95	6.40	3.14	3
南通市崇川区	Nantong Chongchuan District	214.33	32.75	3.49	0.91	35
南通市港闸区	Nantong Gangzha District	63.56	14.09	2.95	0.54	4
南通市通州区	Nantong Tongzhou District	178.30	19.44	5.05	0.80	8
连云港市连云区	Lianyungang Lianyun District	33.55	2.47	0.60	0.61	15
淮安市楚州区	Huaian Chuzhou District	67.04	1.12	2.05	1.04	4
淮安市淮阴区	Huaian Huaiyin District	45.10	0.98	1.88	1.00	3
盐城市盐都区	Yancheng Yandu District	107.52	1.82	2.79	1.30	2
扬州市邗江区	Yangzhou Hanjiang District	87.69	17.64	7.44	3.33	
扬州市维扬区	Yangzhou Weiyang District	57.63	5.42	3.85	1.92	
镇江市丹徒区	Zhenjiang Dantu District	32.77	3.76	2.16	0.88	
泰州市海陵区	Taizhou Hailing District	124.00	6.78	3.67	0.85	
泰州市高港区	Taizhou Gaogang District	22.52	9.22	3.93	1.50	
宿迁市宿豫区	Suqian Suyu District	31.94	2.04	0.22	0.05	3

18－31 市辖区教育、卫生、收入(2010 年)
Education, Public Health and Income of Municipal District(2010)

市辖区	Municipal District	普通中学在校学生(万人) Regular Secondary School Students Enrollment (10000 persons)	小学在校学生(万人) Primary School Student Enrollment (10000 persons)	医院数(个) Number of Hospitals (unit)	医院床位数(张) Number of Beds in Hospitals (unit)	执业(助理)医师(人) Practitioner (Assistant) Doctors (person)	城镇居民人均可支配收入(元) Per Capita Disposable Income of Urban Residents (yuan)
南京市浦口区	Nanjing Pukou District	2.00	2.67	11	1053	795	26249
南京市栖霞区	Nanjing Qixia District	1.24	2.02	16	965	1016	26026
南京市雨花区	Nanjing Yuhua District	0.94	1.19	5	629	528	25578
南京市江宁区	Nanjing Jiangning District	3.96	4.59	19	1877	1640	27349
南京市六合区	Nanjing Luhe District	3.42	3.83	7	1950	1253	25578
无锡市锡山区	Wuxi Xishan District	2.16	3.01	9	1465	921	
无锡市惠山区	Wuxi Huishan District	2.40	3.13	3	535	740	
无锡市滨湖区	Wuxi Binhu District	1.52	2.56	17	4610	2203	
徐州市贾汪区	Xuzhou Jiawang District	2.31	2.73	5	1195	567	15611
徐州市铜山区	Xuzhou Tongshan District	5.85	5.53	14	1031	1137	17065
常州市新北区	Changzhou Xinbei District	1.78	2.45			471	
常州市武进区	Changzhou Wujin District	5.94	7.95	6	2070	1797	27222
苏州市虎丘区	Suzhou Huqui District	1.40	1.90	9	1564	711	
苏州市吴中区	Suzhou Wuzhong District	2.41	3.23	17	2416	1373	32110
苏州市相城区	Suzhou Xiangcheng District	1.44	2.54	4	522	666	27875
南通市崇川区	Nantong Chongchuan District	0.78	3.55	17	5461	3339	
南通市港闸区	Nantong Gangzha District	0.38	0.91	9	1850	779	
南通市通州区	Nantong Tongzhou District	5.36	5.04	3	1260	1419	23081
连云港市连云区	Lianyungang Lianyun District	0.86	1.16	7	694	546	
淮安市楚州区	Huaian Chuzhou District	6.35	5.95	5	1164	980	14049
淮安市淮阴区	Huaian Huaiyin District	4.38	5.27	3	2512	1079	15242
盐城市盐都区	Yancheng Yandu District	3.22	3.11	4	1520	894	18032
扬州市邗江区	Yangzhou Hanjiang District	2.69	2.43	5	220	651	22635
扬州市维扬区	Yangzhou Weiyang District	0.51	1.47	12	1304	751	
镇江市丹徒区	Zhenjiang Dantu District	1.33	1.11	2	226	344	22771
泰州市海陵区	Taizhou Hailing District	1.23	2.25	2	551	524	21359
泰州市高港区	Taizhou Gaogang District	0.70	1.30	3	330	375	21038
宿迁市宿豫区	Suqian Suyu District	4.26	3.53	24	965	704	12485

主要统计指标解释

供水综合生产能力　指按供水设施取水、净化、送水、出厂输水干管等环节实际测定计算的综合生产能力。

供水管道长度　指从送水泵到用户水表之间所有管道的长度。在同一条街道埋设两条或两条以上管道时，应按每条管道的长度计算。

供水总量　指报告期供水企业（单位）供出的全部水量。包括有效供水量及损失水量。

生活用水量　指居民日常生活与公共福利设施的用水量，包括居民、饮食店、旅馆、医院、理发店、浴池、洗衣店、游泳池、商店、学校、机关、部队等单位的用水量。

城市人口用水普及率　指城市用水人口数与城市人口总数之比。计算公式为：

用水普及率 = 城市用水人口数/城市人口总数 × 100%

燃气综合生产能力　指报告期末燃气生产厂制气、净化、输送等环节的综合生产能力，不包括备用设备能力。一般按设计能力计算，如果实际生产能力大于设计能力时，应按实际测定的生产能力计算。测定时应以制气、净化、输送三个环节中最薄弱的环节为主。

燃气供气管道长度　指报告期末从气源厂压缩机的出口或门站出口到各类用户引入管之间的全部已经通气投入使用的管道长度。不包括煤气生产厂、输配站、液化气储存站、灌瓶站、储配站、气化站、混气站、供应站等厂（站）内的管道。按不同的材质、压力级别、管径分别统计。

燃气供应总量　指报告期燃气企业（单位）向用户供应的燃气数量。包括销售量及损失量。

燃气普及率　指报告期末使用燃气的城市人口数与城市人口总数的比率。计算公式为：

燃气普及率 = 用气人口数/城市人口总数 × 100%

道路长度　指道路长度和与道路相通的桥梁、隧道的长度，按车行道中心线计算。

排水管道长度　指所有排水总管、干管、支管、检查井及连接井进出口等长度之和。

计算时应按单管计算，即在同一条街道上如有两条或两条以上并排的排水管道时，应按每条排水管道的长度相加计算。

城市污水处理能力　指污水处理厂（或处理装置）每昼夜处理污水量的设计能力。

营运车数　指报告期末公交企业（单位）用于运营业务的全部车辆数。以企业（单位）固定资产台帐中已投入运营的车辆数为准；新购、新制和调入的运营车辆，自投入之日起开始计算；调出、报废和调作他用的运营车辆，自上级主管机关批准之日起不再计入。

园林绿地面积　指报告期末用于园林和绿化的各种绿地面积。包括公共绿地、居住区绿地、单位附属绿地、防护绿地、生产绿地、道路绿地和风景林地面积。不包括：

1. 屋顶绿化、垂直绿化、阳台绿化和室内绿化。
2. 以物质生产为主的林地、耕地、牧草地、果园和竹园等。
3. 城市总体规划中不列入绿地的水域。

公园绿地　指城市中向公众开放的以游憩为主要功能，有一定的游憩设施和服务设施，同时兼有健全生态、美化景观，防灾减灾等综合作用的绿化用地。包括综合公园、社区公园、专类公园、带状公园和街旁绿地。其中综合公园、专类公园和带状公园面积之和为公园面积。

Explanatory Notes on Main Statistical Indicators

Comprehensive Production Capacity of Tap Water　refers to the actual comprehensive production capacity of the waterworks, taking the capacity of the main links such as waterflow, purification, conveyance and outflow of the trunk pilelines into account.

Length of Water Pipelines　refers to the total length of all the pipelines between the water pumps and the user's water meters. If there are two or more than two pipelies buried in a same street, the length of every pipeline should be taken into account.

Volume of Water Supply　refers to the total volume of water supply by the water supply enterprises (units) during the reference period, including both the effective water supply and loss.

Consumption of Water for Residential Use　refers to the water consumption of households for daily life and the water con-sumption of public welfare facilities, including the consumption of restaurants, hotels, hospitals, barber shops, public bathhouses, laundries, swimming pools, shops, schools, institutions, army units and other units.

Percentage of Urban Population with Access to Tap Water　refers to the ratio of the urban population with access to tap water to the total urban population. The formula is:

Percentage of Population with Access to Tap Water = (Urban Population with Access to Tap Water)/(Urban Population) × 100%

Comprehensive Production Capacity of Burning Gas　refers to the comprehensive production capacity of the burning gas—works in burning gas generation, purification and delivering, excluding the reserve capacity of the equipment. In general, the capacity is counted in accordance with the designed requirement. If the actual production capacity is larger than designed requirement, it should be counted according to the actual capacity through determination. In determination, the most weak link should be determined as the main one among the three links of burning gas generation, purification and delivering.

Length of Burning Gas Pipelines refers to the total length of pipelines between the outlet of the compressor, blower or burning gas tank of the source factory and the burning gas meters of users, which are all put in use, excluding the pipelines in burning gas—works (stations) and the pipelines of transportation and distribution station, liquefied petroluem gas storage station, pipeline and bottle station, storage and distribution station, gasification station, gas mixed station, supply station. They are counted respectively according to the different quality of materials, level of preasure and the size of bores.

Volume of Burning Gas Supply refers to the volume of burning gas supplied by the burning gas enterprises, including both the sales volume and loss.

Percentage of Urban Population with Access to Burning Gas refers to the ratio of the urban population with access to burning gas to the urban population at the reference period. The formula is:

Percentage of Urban Population with Access to Burning Gas = (Urban Population with Access to Burning Gas)/Urban Population) ×100%

Length of Roads refers to the length of roads, as well as the length of bridges and tunnels, the same as the roads, and taking the middle line of traffic lane into account.

Length of Sewage Pipes refers to the total length of general drainage, trunks, branch and blind drainages, inspection wells, connection wells, inlets and outlets, ete. , taking the single pipe into account. Namely if there are two or more than two pipes standing side by side in a street, the length of every pipe should put into account.

Daily Disposal Capacity of Urban Sewage refers to the designed 24 hour capacity of sewage disposal at the sewage treatment works.

Number of Vehicles (Public Transit) in Working refers to the total of operatoinal vehicles (buses and trolley buses) available at the end of the reference period, taking them as the fixed assets registered in account book of the enterprises and put in operation as the accounting standard. Vehicles, newly bought, newly manufactured and transfered in from other units, should be put into account since the day of putting into operation, while the vehicles, transfered to other units, being scrapped and turned to other use, should not be put into account since the day of permission made by higher responsible department.

Area of Gardens and Green Areas refers to the various green land used for gardening and afforestation at the end of reference period, including public green land, residential area green land, subsidiary green land of the units, protection green land, production green land, roadside green land and scenic forest land, excluding:

1. Roof, perpendicular, balcony and indoor green area.
2. Areas taking the material production as the main aim, such as forest land, cultivated land, pasture, orchard and bamboo forest.
3. Water areas which are not listed in the urban general plan.

Park Green Area refers to green areas open to the public for amusement and rest with the facilities of amusement, rest and services. Its function includes perfecting ecology, beautifying landscape, and preventing and reducing disaster. Park green areas include comprehensive park, community park, topic park, belt – shaped park and green area nearby street. Total areas of comprehensive park, topic park and belt – shaped is the area of park.

19

区域经济

Regional Economy

简 要 说 明

一、本篇资料的主要内容

本篇资料反映苏南苏中苏北、沿江、沿海、沿东陇海线及长江三角洲地区经济社会发展情况。

二、资料来源

本篇资料主要根据市县社会经济基本情况统计年报加工整理。

Brief Introduction

I. Main Contents

Data in this chapter reflect economic and social development of the Southern, Mid and Northern Jiangsu; zone along the Yangtze rive; Coastal region; region along the Long – hai rarlway; Yangtze River Delta

Ⅱ. Date Source

Data in this chapter mainly based on the basic socio – economic situation annual report.

19－1 三大区域主要经济指标（2010年）
Major Economic Indicators of Three Regions（2010）

指标	Item	苏南 Southern Jiangsu	苏中 Mid Jiangsu	苏北 Northern Jiangsu
年末常住人口（万人）	Permanent Resident Population at Year-end (10000 persons)	3255.95	1636.39	2977.00
土地面积（平方公里）	Land Area (sq. km)	27921	20379	54358
地区生产总值（亿元）	Gross Domestic Product (100 million yuan)	25185.39	7743.88	8920.37
第一产业	Primary Industry	584.33	579.24	1222.69
第二产业	Secondary Industry	13594.77	4263.75	4258.78
#工业	Industry	12478.86	3624.12	3559.33
第三产业	Tertiary Industry	11006.28	2900.88	3438.90
人均地区生产总值（元）	Per Capita GDP (yuan)	79501	47422	29774
地区生产总值指数（上年＝100）	Indices of GDP (preceding year＝100)	113.2	113.3	113.8
粮食产量（万吨）	Grain (10000 tons)	540.22	926.43	2242.52
油料产量（万吨）	Oil-bearing Crops (10000 tons)	26.22	61.88	73.22
棉花产量（万吨）	Cotton (10000 tons)	0.78	8.22	17.49
规模以上工业利税总额（亿元）	Profits and Taxes of above Designated Size Industrial Enterprises (100 million yuan)	5287.34	2089.46	1887.31
城镇固定资产投资额（亿元）	Urban Completed Investment in Fixed Assets (100 million yuan)	9532.50	2865.08	5018.89
社会消费品零售总额（亿元）	Total Retail Sale of Consumer Goods (100 million yuan)	8135.62	2558.55	2912.63
进出口总额（亿美元）	Total Imports and Exports (USD 100 million)	4113.32	379.01	165.60
#出口	Exports	2345.74	260.16	99.60
实际外商直接投资（亿美元）	Actual Foreign Direct Invesment (USD 100 million)	185.69	52.79	46.50
地方财政一般预算收入（亿元）	Local Financial Budgetary Revenue (100 million yuan)	2355.52	624.13	785.90
地方财政一般预算支出（亿元）	Local Financial Budgetary Expenditure (100 million yuan)	2297.04	734.15	1194.88
金融机构存款余额（亿元）	Deposits Balance of Banking Institution (100 million yuan)	41518.61	9608.72	7856.81
#居民储蓄存款	Saving Deposits by Residents	14250.50	5091.54	3992.44
金融机构贷款余额（亿元）	Loans Balance of Banking Institution (100 million yuan)	31253.60	5789.88	5077.56
城镇居民人均可支配收入（元）	Per Capita Disposable Income of Urban Households (yuan)	27780	20748	16020
农村居民人均纯收入（元）	Per Capita Net Income of Rural Households (yuan)	12978	9626	7724
居民人均储蓄存款（元）	Per Capita Saving Deposits of Residents (yuan)	43768	31114	13411

19－2 三大区域经济社会基本情况（2010年）

指标	Item	苏南合计 Southern Jiangsu	南京 Nanjing	无锡 Wuxi	常州 Changzhou	苏州 Suzhou
人口、就业	**Population and Employment**					
土地面积 （平方公里）	Land Area (sq. km)	27921	6587	4627	4372	8488
年末户籍人口 （万人）	Population (Registered) (year-end) (10000 persons)	2368.14	632.42	466.56	360.80	637.66
男	Male	1181.85	319.65	232.33	180.30	314.42
女	Female	1186.29	312.77	234.23	180.50	323.24
年均户籍人口 （万人）	Yearly Average Population (Registered) (10000 persons)	2363.27	631.10	466.10	360.31	635.47
年末常住人口 （万人）	Population (Permanent) (10000 persons)	3255.95	800.76	637.56	459.33	1046.85
城镇化率 （%）	Rate of Urbanization (%)	70.8	78.5	71.0	63.9	70.6
年末总户数 （万户）	Households (year-end) (10000 subs)	805.99	209.29	155.56	127.11	211.79
#乡村户数	Rural Households	372.24	65.21	72.49	78.72	97.63
出生人口 （万人）	Births (10000 persons)	18.80	4.39	3.65	2.80	5.84
死亡人口 （万人）	Deaths (10000 persons)	16.59	3.82	3.32	3.05	4.29
人口自然增长率 （‰）	Natural Growth Rate of Population (‰)	0.94	0.90	0.70	-0.71	2.44
人口密度(按常住人口计算) （人/平方公里）	Density of Population (Permanent) (person/sq. km)	1166	1216	1378	1051	1233
从业人员 （万人）	Employed Persons (10000 persons)	1934.77	457.75	382.34	323.41	589.12
第一产业	Primary Industry	164.11	51.30	22.81	28.25	27.83
第二产业	Secondary Industry	985.18	174.79	210.41	179.64	330.14
#工业	Industry	835.77	122.44	189.74	150.03	299.60
第三产业	Tertiary Industry	785.48	231.66	149.12	115.52	231.16
单位从业人员 （万人）	Number of Employed Persons (10000 persons)	414.88	125.64	82.95	38.16	130.87
国有经济	State-owned Units	118.13	50.02	16.61	14.45	22.63
城镇集体经济	Collective Owned Units in Urban Areas	12.18	4.90	1.37	1.36	2.72
其他单位合计	Others	284.58	70.72	64.97	22.35	105.52
内资	Domestic-funded Units	129.86	42.05	35.26	14.23	26.65
港澳台商投资	Economic Units Funded by Entrepreneurs from Hong Kong, Macao and Taiwan	42.40	9.00	6.46	3.77	18.75
外商投资单位	Foreign-funded Economic Units	112.32	19.67	23.25	4.36	60.12
在岗职工人数 （万人）	Number of Fully Employed Workers and Staff (10000 persons)	384.94	116.71	68.89	36.70	126.97
#国有单位	State-owned Units	110.12	46.27	14.86	13.83	21.57
城镇集体单位	Collective Owned Units in Urban Areas	11.35	4.57	1.22	1.27	2.54
港澳台商投资单位	Economic Units Funded by Entrepreneurs from Hong Kong, Macao and Taiwan	40.57	8.35	5.86	3.57	18.38

Bacis Statistics on Economy and Society of Three Regions (2010)

镇 江 Zhenjiang	苏中合计 Mid Jiangsu	南 通 Nantong	扬 州 Yangzhou	泰 州 Taizhou	苏北合计 Northern Jiangsu	徐 州 Xuzhou	连云港 Lianyungang	淮 安 Huaian	盐 城 Yancheng	宿 迁 Suqian
3847	20379	8001	6591	5787	54358	11259	7500	10072	16972	8555
270.71	1726.68	762.92	459.12	504.65	3371.76	972.89	497.73	538.74	816.12	546.28
135.16	865.29	377.37	230.20	257.72	1740.77	502.44	259.34	276.77	420.08	282.15
135.55	861.39	385.55	228.91	246.93	1631.00	470.45	238.39	261.98	396.05	264.13
270.29	1726.06	762.79	458.96	504.31	3353.58	965.25	494.18	536.45	814.25	543.44
311.45	1636.39	728.18	446.08	462.13	2977.00	858.21	439.71	480.40	726.40	472.28
62.0	56.1	56.0	56.7	55.7	51.8	53.9	51.8	50.8	52.5	48.3
102.23	610.31	283.17	154.21	172.93	1003.27	277.28	139.66	159.97	277.86	148.50
58.19	436.60	212.61	102.07	121.92	674.42	187.25	91.85	99.97	188.07	107.28
2.12	13.51	5.34	3.54	4.63	43.42	8.84	6.86	7.44	10.12	10.16
2.11	15.90	6.01	4.29	5.60	28.28	7.94	4.37	3.83	6.67	5.47
0.07	-1.39	-0.89	-1.63	-1.92	4.51	0.94	5.02	6.73	4.24	8.63
810	803	910	677	799	548	762	586	477	428	552
182.14	1044.89	463.72	296.84	284.33	1830.64	520.74	302.08	326.50	348.26	333.06
33.92	186.52	80.95	38.52	67.05	558.85	162.36	92.02	94.38	110.72	99.37
90.20	486.10	215.75	151.78	118.57	631.75	187.13	95.85	104.16	110.26	134.35
73.96	316.49	135.44	103.85	77.20	429.57	134.14	63.12	69.01	66.65	96.65
58.02	372.27	167.02	106.54	98.71	640.04	171.25	114.21	127.96	127.28	99.34
37.26	140.35	63.11	40.09	37.15	208.52	61.82	34.00	39.28	51.91	21.51
14.42	51.38	20.23	17.66	13.49	111.70	40.62	16.29	18.16	24.16	12.47
1.83	9.15	2.29	3.01	3.85	8.98	3.12	2.07	1.79	1.62	0.39
21.01	79.82	40.58	19.43	19.81	87.83	18.08	15.65	19.33	26.12	8.65
11.67	48.32	21.20	13.84	13.28	65.35	14.88	10.39	11.29	20.22	8.56
4.42	10.49	6.43	1.99	2.08	12.14	1.87	1.86	5.71	2.61	0.08
4.92	21.01	12.96	3.60	4.45	10.35	1.34	3.39	2.33	3.29	
35.67	131.21	58.96	38.16	34.09	194.44	58.38	30.61	35.81	48.70	20.94
13.59	48.00	18.78	16.94	12.27	105.83	38.59	15.49	17.75	22.08	11.93
1.76	7.95	1.90	2.75	3.30	8.05	2.89	1.70	1.56	1.51	0.39
4.41	10.20	6.27	1.89	2.04	10.08	1.62	1.70	4.09	2.59	0.08

指 标	Item	苏南合计 Southern Jiangsu	南京 Nanjing	无锡 Wuxi	常州 Changzhou	苏州 Suzhou
外商投资单位	Foreign-funded Economic Units	103.54	18.33	16.85	4.31	59.15
私营企业从业人员（万人）	Number of Employed Persons in Private Enterprises (10000 persons)	791.24	144.50	177.73	120.16	271.36
个体从业人员（万人）	Number of Self-employed Individuals (10000 persons)	211.35	47.23	32.88	32.04	69.28
年末城镇登记失业人员（万人）	Registered Unemployed Persons in Urban Areas at Year-end (10000 persons)	20.35	6.36	4.58	3.15	4.59
年末城镇登记失业率（%）	Registered Unemployed Persons in Urban Areas at Year-end (%)		2.58	2.56	2.64	2.80
国民核算	**National Accounting**					
地区生产总值（亿元）	Gross Domestic Product (100 million yuan)	25185.39	5130.65	5793.30	3044.89	9228.91
第一产业	Primary Industry	584.33	142.29	104.94	99.78	155.79
第二产业	Secondary Industry	13594.77	2327.86	3208.79	1683.68	5253.81
#工业	Industry	12478.86	2005.21	2986.52	1530.86	4916.49
第三产业	Tertiary Industry	11006.28	2660.49	2479.57	1261.43	3819.31
人均地区生产总值（按常住人口计算,元）	Per Capita GDP(Permanent) (yuan)	79501	65273	92167	67327	93043
人均地区生产总值（按户籍人口计算,元）	Per Capita GDP(Registered) (yuan)	106570	81297	124293	84508	145229
地区生产总值指数（上年＝100）	Indices of GDP (preceding year＝100)	113.2	113.1	113.2	113.1	113.3
第一产业	Primary Industry	104.2	104.1	104.3	104.3	104.1
第二产业	Secondary Industry	113.3	113.6	113.1	113.2	113.3
#工业	Industry	113.6	114.4	113.2	113.3	113.3
第三产业	Tertiary Industry	113.5	113.0	113.7	113.6	113.7
地区生产总值构成（%）	Composition of GDP (%)					
第一产业	Primary Industry	2.3	2.8	1.8	3.3	1.7
第二产业	Secondary Industry	54.0	45.4	55.4	55.3	56.9
#工业	Industry	49.5	39.1	51.6	50.3	53.3
第三产业	Tertiary Industry	43.7	51.9	42.8	41.4	41.4
固定资产投资	**Investment in Fixed Assets**					
城镇固定资产投资额（亿元）	Urban Investment in Fixed Assets (100 million yuan)	9532.50	2623.96	2067.99	1420.47	2705.27
#房地产投资	Investment in Real Estate Development	2820.70	748.35	612.67	409.91	935.80
#住宅	Residence	2029.43	570.31	430.65	280.36	668.73
固定资产投资本年资金来源构成（%）	Grouped by Source of Finance (%)					

Continued 1

镇 江 Zhenjiang	苏中合计 Mid Jiangsu	南 通 Nantong	扬 州 Yangzhou	泰 州 Taizhou	苏北合计 Northern Jiangsu	徐 州 Xuzhou	连云港 Lianyungang	淮 安 Huaian	盐 城 Yancheng	宿 迁 Suqian
4.90	20.16	12.42	3.47	4.27	9.80	1.17	3.07	2.31	3.26	
77.49	365.58	196.87	93.79	74.92	371.80	91.46	36.76	62.65	123.03	57.91
29.91	100.93	49.03	22.74	29.15	163.47	38.42	15.50	28.02	61.57	19.96
1.68	9.03	3.61	3.24	2.18	11.29	3.36	1.80	2.31	2.45	1.37
2.34		2.74	2.72	2.75		2.63	2.91	2.62	2.47	2.90
1987.64	7743.88	3465.67	2229.49	2048.72	8920.37	2942.14	1193.31	1388.07	2332.76	1064.09
81.53	579.24	266.22	161.37	151.65	1222.69	282.82	182.60	195.97	374.21	187.09
1120.63	4263.75	1908.56	1229.34	1125.85	4258.78	1490.92	545.07	647.10	1096.55	479.14
1039.78	3624.12	1568.49	1074.61	981.02	3559.33	1268.61	431.84	537.00	935.51	386.37
785.48	2900.88	1290.89	838.78	771.22	3438.90	1168.40	465.64	545.00	862.00	397.86
64284	47422	48083	49786	44118	29774	34084	26987	28861	31640	22525
73536	44865	45434	48577	40624	26600	30481	24147	25875	28649	19581
113.3	113.3	113.0	113.5	113.5	113.8	114.0	113.6	113.8	113.6	113.7
104.5	104.3	104.0	104.5	104.5	111.7	114.0	105.1	104.6	104.3	105.3
113.8	114.2	113.7	114.6	114.5	116.8	113.4	116.9	116.5	116.8	117.5
114.9	114.5	114.3	114.8	114.6	116.8	115.7	117.8	117.4	117.0	119.3
113.4	113.8	113.6	113.9	113.9	113.5	113.2	113.3	114.1	113.6	113.0
4.1	7.5	7.7	7.2	7.4	13.7	9.6	15.3	14.1	16.0	17.6
56.4	55.1	55.1	55.1	55.0	47.7	50.7	45.7	46.6	47.0	45.0
52.3	46.8	45.3	48.2	47.9	39.9	43.1	36.2	38.7	40.1	36.3
39.5	37.5	37.2	37.6	37.6	38.6	39.7	39.0	39.3	37.0	37.4
749.35	2865.08	1281.39	890.68	693.01	5018.89	1646.98	920.82	841.22	1054.95	554.92
114.88	590.13	272.78	165.16	152.19	888.55	205.32	132.36	237.77	165.47	147.63
79.91	458.91	204.48	137.16	117.26	670.11	169.70	100.17	170.04	124.19	106.01

指标	Item	苏南合计 Southern Jiangsu	南京 Nanjing	无锡 Wuxi	常州 Changzhou	苏州 Suzhou
国家预算内资金	State Appropriation	0.8	1.3	0.2	0.8	0.9
国内贷款	Domestic Loans	17.6	23.6	12.5	14.8	17.6
利用外资	Foreign Inventment	5.6	2.3	5.0	5.3	7.6
自筹资金	Fund Raising	48.9	52.5	58.1	46.1	39.8
其他资金	Others	27.1	20.3	24.3	33.0	34.0
新增固定资产（亿元）	Newly Increased Investment in Fixed Assets (100 million yuan)	7812.64	1592.56	1485.81	1055.72	3006.85
商品房销售建筑面积（万平方米）	Floor Space of Selling Commercial Houses (10000 sq. m)	4672.72	823.17	1045.07	915.70	1514.02
#住宅	Residencial Buildings	3891.55	754.82	880.00	775.09	1182.90
财政、金融、保险	**Finance, Banking and Insurance**					
财政总收入 （亿元）	Total Financial Budgetary Revenue (100 million yuan)	7413.56	1850.86	1579.85	841.67	2759.67
上划中央收入	Turn Over Revenue to the Central Government	2074.69	556.45	442.25	198.51	783.56
地方财政一般预算收入	Local Financial Budgetary Revenue	2355.52	518.80	511.89	286.18	900.55
#税收收入	Taxes	2010.46	437.77	440.86	237.74	783.22
#增值税	Value-added Tax	385.03	71.15	92.92	39.96	160.16
营业税	Operation Tax	551.50	140.53	108.92	64.97	201.92
企业所得税	Income Tax of Enterprises	342.27	68.79	75.38	35.80	148.13
个人所得税	Induvidual Income Tax	127.64	31.30	28.17	14.53	48.12
地方财政一般预算支出 （亿元）	Local Financial Budgetary Expenditure (100 million yuan)	2297.04	542.18	488.68	281.44	825.67
#科学技术	Science and Technology	85.14	16.51	18.97	8.71	35.71
教育	Education	349.54	76.50	82.32	40.62	123.11
文化体育与传媒	Culture, Sports and Media	43.92	8.59	11.22	8.29	13.57
社会保障和就业	Social Security and Employment	178.35	45.94	34.94	24.95	63.67
医疗卫生	Medical Treatment and Healthcare	110.74	31.60	22.95	14.70	33.78
环境保护	Enrironmental Protection	86.87	8.31	30.43	11.64	28.73
城乡社区事务	Operating Expenses of Urban and Rural Communities	397.24	101.45	73.44	40.57	163.15
农林水事务	Operating Expenses of Agriculture, Forestry and Water	157.00	32.21	28.30	21.04	62.15
金融机构存款余额 （亿元）	Deposits Balance of Banking Institutions (100 million yuan)	41518.61	12649.52	8545.05	4550.47	13570.35
#企业存款	Deposits of Enterprises	15075.78	5494.94	2722.25	1286.02	4968.15

Continued 2

镇江 Zhenjiang	苏中合计 Mid Jiangsu	南通 Nantong	扬州 Yangzhou	泰州 Taizhou	苏北合计 Northern Jiangsu	徐州 Xuzhou	连云港 Lianyungang	淮安 Huaian	盐城 Yancheng	宿迁 Suqian
0.2	1.6	2.6	1.5	0.2	1.6	1.8	0.4	5.8	0.4	0.8
15.2	7.3	9.1	4.3	7.4	9.3	8.1	4.0	2.3	20.5	7.4
10.5	3.5	4.4	3.7	1.8	2.0	1.6	1.0	6.5	1.9	0.7
55.5	71.6	68.9	75.5	71.8	75.8	78.2	80.7	83.4	65.0	73.5
18.5	16.0	15.0	14.9	18.8	11.2	10.2	13.9	1.9	12.1	17.6
671.70	2444.27	801.18	645.08	998.02	3114.44	1147.15	570.23	333.59	613.49	449.99
374.77	1893.01	739.52	628.75	524.74	2921.75	621.75	474.19	640.84	581.34	603.62
300.74	1711.25	664.74	582.19	464.32	2509.58	548.71	401.08	560.43	490.45	508.91
381.50	1556.06	713.36	400.88	456.37	2149.54	646.83	352.58	449.86	494.52	205.76
93.92	445.31	192.22	107.58	145.50	516.07	191.73	59.51	109.17	109.14	46.52
138.10	624.13	290.81	167.78	170.80	785.90	222.16	141.39	141.43	191.35	89.57
110.87	478.07	225.24	121.08	131.75	577.57	173.90	97.36	98.51	138.73	69.07
20.84	94.00	39.37	23.55	31.08	85.29	28.68	12.34	14.83	21.59	7.86
35.15	134.53	64.41	36.61	33.51	185.61	56.42	30.99	33.01	41.08	24.10
14.17	70.96	33.99	15.29	21.68	55.64	17.82	9.77	8.35	13.19	6.51
5.52	24.45	13.13	5.57	5.76	22.03	7.39	3.44	3.81	5.12	2.28
159.07	734.15	316.75	201.68	215.73	1194.88	325.72	202.75	206.15	291.90	168.36
5.24	21.15	9.99	6.78	4.38	22.50	4.54	4.26	4.48	6.02	3.19
26.99	140.00	65.03	36.34	38.62	217.87	61.24	30.71	36.57	49.24	40.10
2.26	10.70	3.59	3.17	3.94	15.40	3.48	3.44	3.36	3.12	2.00
8.86	61.50	28.20	15.87	17.43	118.45	37.41	13.23	22.89	25.59	19.32
7.70	40.08	17.38	10.56	12.14	72.06	21.34	9.99	11.72	19.85	9.17
7.77	19.57	6.98	6.72	5.86	28.55	10.03	3.78	5.03	5.83	3.89
18.63	81.68	25.42	26.75	29.52	144.82	45.55	34.82	25.96	26.80	11.69
13.30	83.56	36.00	21.71	25.86	164.28	43.74	27.92	27.39	38.89	26.34
2203.22	9608.72	4857.85	2430.55	2320.32	7856.81	2632.19	1227.26	1190.80	1995.97	810.59
604.42	2347.21	1136.04	627.96	583.21	1736.38	628.47	281.20	261.81	386.14	178.76

指标	Item	苏南合计 Southern Jiangsu	南京 Nanjing	无锡 Wuxi	常州 Changzhou	苏州 Suzhou
居民储蓄存款	Savings Deposits by Residents	14250.50	3511.85	3080.27	2009.24	4655.56
金融机构贷款余额（亿元）	Loans Balance of Banking Institutions (100 million yuan)	31253.60	10384.84	6160.60	3011.67	10133.15
#短期贷款	Short-term Loans	12107.19	3230.36	2935.65	1521.36	3621.33
中长期贷款	Medium-term and Long-term Loans	18212.28	6931.80	2939.34	1406.95	6221.03
#个人消费贷款	Individual Consumptive Loans	4596.22	1222.43	708.79	424.21	2037.42
保费收入（亿元）	Premium (100 million yuan)	656.18	191.30	131.36	86.53	192.95
财产险	Property Insurance	212.50	60.54	41.20	24.44	74.93
人寿险	Life Insurance	443.68	130.76	90.16	62.09	118.01
赔款和给付（亿元）	Claim and Payment (100 million yuan)	145.19	41.40	30.61	18.76	44.80
财产险	Property Insurance	86.17	23.67	16.01	10.52	30.65
人寿险	Life Insurance	59.02	17.73	14.59	8.24	14.16
农业	**Agriculture**					
乡村从业人员（万人）	Rural Employees (10000 persons)	676.71	121.49	130.79	133.95	190.42
#农林牧渔业	Farming, Forestry, Animal Husbandry and Fishery	133.90	30.05	22.17	27.39	26.82
工业	Industry	326.07	35.02	75.88	58.23	111.90
建筑业	Construction	71.36	24.51	8.39	16.66	11.03
农林牧渔业总产值（亿元）	Gross Output Value of Farming, Forestry, Animal Husbandry and Fishery (100 million yuan)	983.86	244.75	171.01	174.08	271.29
农业	Farming	488.24	139.44	83.25	95.03	105.28
林业	Forestry	40.41	3.12	15.54	1.26	16.18
牧业	Animal Husbandry	147.01	39.44	25.84	27.41	35.75
渔业	Fishery	222.36	50.62	27.94	42.37	85.39
农林牧渔服务业	Service Industry of FFAF	85.84	12.13	18.45	8.01	28.69
农业机械总动力（万千瓦）	Total Power of Agricultural Machinery (10000 kW)	771.62	206.21	110.23	150.22	162.19
化肥施用量（万吨）	Consumption of Chemical Fertilizer (10000 tons)	38.37	9.01	6.53	6.70	9.15
农村用电量（亿千瓦小时）	Electricity Consumed in Rural Areas (100 million kW·h)	1061.95	28.62	337.12	155.94	486.29
有效灌溉面积（千公顷）	Irrigated Area (1000 hectares)	804.13	189.75	132.23	140.03	209.67
农作物总播种面积（千公顷）	Total Sown Area (1000 hectares)	1255.40	335.28	180.90	231.02	269.92
#粮食	Grain	780.32	161.11	118.73	161.48	161.72
主要产品产量（万吨）	Total Output of Major Products (10000 tons)					
粮食	Grain	540.22	110.64	80.44	115.16	114.43
油料	Oil-bearing Crops	26.22	11.77	1.16	4.00	3.45
棉花（吨）	Cotton (ton)	7834	4135		506	1685

Continued 3

镇江 Zhenjiang	苏中合计 Mid Jiangsu	南通 Nantong	扬州 Yangzhou	泰州 Taizhou	苏北合计 Northern Jiangsu	徐州 Xuzhou	连云港 Lianyungang	淮安 Huaian	盐城 Yancheng	宿迁 Suqian
993.57	5091.54	2678.55	1252.39	1160.60	3992.44	1324.39	535.28	585.63	1128.53	418.61
1563.34	5789.88	2843.14	1486.06	1460.68	5077.56	1436.44	862.48	842.63	1310.40	625.61
798.49	2975.70	1476.49	700.35	798.87	2622.66	793.94	449.47	391.89	663.87	323.48
713.16	2634.76	1282.34	736.78	615.64	2320.51	594.78	418.23	423.20	583.63	300.67
203.37	805.44	298.53	295.56	211.36	847.59	234.11		206.29	227.90	179.29
54.04	265.20	133.89	65.99	65.32	233.99	82.02	33.42	31.76	64.35	22.44
11.38	50.58	23.54	13.95	13.08	59.04	20.63	9.32	9.05	12.63	7.41
42.66	214.63	110.35	52.03	52.24	174.95	61.39	24.10	22.71	51.72	15.03
9.62	47.28	20.35	14.50	12.43	53.64	15.23	7.68	9.82	15.80	5.12
5.32	21.36	9.96	6.33	5.07	26.88	7.68	4.13	4.72	6.43	3.92
4.30	25.92	10.39	8.17	7.36	26.76	7.55	3.55	5.09	9.37	1.20
100.06	712.04	327.42	177.14	207.48	1281.93	366.23	175.33	212.39	299.84	228.14
27.47	166.29	78.34	38.32	49.63	559.64	159.67	92.02	91.79	120.10	96.06
45.04	196.03	85.91	56.51	53.61	251.79	89.34	24.68	31.01	52.95	53.81
10.77	132.94	66.03	32.57	34.34	163.12	46.21	26.40	26.61	35.27	28.63
122.72	996.96	463.31	285.89	247.76	2272.11	514.73	322.80	349.46	759.21	325.91
65.24	474.71	203.66	136.98	134.07	1245.12	323.60	161.37	211.51	356.13	192.51
4.31	13.03	3.01	7.17	2.85	57.67	9.55	10.61	6.65	17.58	13.27
18.58	221.95	118.99	50.65	52.31	569.61	145.88	74.09	90.58	201.32	57.74
16.04	237.14	113.10	78.02	46.02	312.73	25.09	62.68	34.33	134.68	55.94
18.56	50.14	24.56	13.06	12.51	86.99	10.61	14.05	6.38	49.5	6.46
142.77	766.38	325.46	222.71	218.21	2399.34	563.71	387.31	391.99	510.81	545.52
6.98	62.84	24.54	18.97	19.33	239.90	70.34	33.82	36.66	60.68	38.40
53.97	245.60	120.94	39.74	84.91	165.34	50.23	24.20	10.58	57.96	22.37
132.45	952.04	408.84	266.78	276.42	2063.57	465.18	320.25	317.76	621.60	338.78
238.28	1927.06	854.96	500.13	571.97	4634.58	1099.09	591.88	779.53	1460.12	703.96
177.28	1372.29	528.78	410.33	433.18	3365.18	714.05	485.11	646.34	949.00	570.68
119.56	926.43	324.94	287.09	314.40	2242.52	440.20	339.36	445.74	651.66	365.55
5.85	61.88	42.21	8.01	11.66	73.22	12.11	11.17	10.52	33.43	6.00
1508	82245	59505	5378	17362	174936	32334	3937	444	136130	2091

指　　标　　Item		苏南合计 Southern Jiangsu	南京 Nanjing	无锡 Wuxi	常州 Changzhou	苏州 Suzhou
肉类	Meat	58.50	12.30	10.72	12.95	15.64
#猪肉	Pork	32.77	7.01	6.94	5.98	8.45
牛肉	Beef	0.19	0.11	0.03	0.02	
羊肉	Mutton	0.90	0.40	0.04	0.13	0.15
水产品	Aquatic Products	84.17	20.42	12.10	14.79	28.30
工业(规模以上)	**Industry(above Designated Size)**					
工业企业单位数　(个)	Number of Industrial Enterprises　(unit)	34943	3917	7988	6375	13538
#内资企业	Domestic Funded Enterprises	25015	3050	6306	5366	7879
外商港澳台商投资企业	Enterprises Funded by Foreign, Hong Kong, Macao and Taiwan Entrepreneurs	9928	867	1682	1009	5659
#国有控股企业	State-owned Share Holding Enterprises	500	215	76	49	100
#大型企业	Large Enterprises	367	50	70	36	196
中型企业	Medium-sized Enterprises	3485	330	696	478	1783
工业总产值　(亿元)	Gross Output Value of Industry　(100 million yuan)	57818.75	8609.50	12971.08	7396.09	24651.67
#内资企业	Domestic Funded Enterprises	29367.21	5348.05	8045.96	4943.23	8337.57
外商港澳台商投资企业	Enterprises Funded by Foreign, Hong Kong, Macao and Taiwan Entrepreneurs	28451.54	3261.45	4925.12	2452.86	16314.10
#国有控股企业	State-owned Share Holding Enterprlises	4879.09	3052.43	523.75	308.21	713.46
#大中型企业	Large and Medium-sized Enterprises	38725.92	5879.83	8630.15	4044.37	17973.91
#高技术产业企业	High New Tech Industry	20410.46	3331.22	4120.23	2352.05	9022.67
#轻工业	Light Industry	13768.23	1554.50	2974.83	1596.56	6765.76
#制造业	Manufacturing	56724.24	8382.88	12763.98	7293.52	24227.44
电力、燃气及水的生产和供应业	Electric Power, Gas and Water Production and Supply	900.79	181.90	207.02	88.99	329.39
资产合计　(亿元)	Total Industrial Assets　(100 million yuan)	45735.64	6960.77	10917.48	5259.12	19351.14
#流动资产	Current Assets	26562.60	3703.45	6536.64	3192.37	11623.56
固定资产	Fixed Assets	14875.01	2513.81	3330.66	1492.39	6266.29
负债合计　(亿元)	Total Liabilities　(100 million yuan)	26486.90	4027.15	6357.83	3149.52	11143.67
主营业务收入　(亿元)	Major Business Revenue　(100 million yuan)	57366.83	8625.35	12879.78	7274.88	24577.51
#主营业务税金及附加	Major Business Tax and Extra	326.94	233.75	31.55	19.77	29.81
利税总额　(亿元)	Total Pre-tax Profits　(100 million yuan)	5287.34	1079.96	1232.01	620.18	1988.28
#利润总额	Total Profits	3592.43	497.91	945.91	413.47	1507.06
从业人员平均人数　(万人)	Average Number of Staff and Workers Employed　(10000 persons)	719.62	80.59	146.67	97.35	345.20

Continued 4

镇 江 Zhenjiang	苏中合计 Mid Jiangsu	南 通 Nantong	扬 州 Yangzhou	泰 州 Taizhou	苏北合计 Northern Jiangsu	徐 州 Xuzhou	连云港 Lianyungang	淮 安 Huaian	盐 城 Yancheng	宿 迁 Suqian
6.89	87.89	46.39	17.94	23.55	256.33	88.51	27.85	28.39	80.22	31.36
4.40	54.02	25.20	10.30	18.52	145.41	41.42	19.92	18.00	48.61	17.46
0.03	0.12	0.04	0.06	0.02	4.63	0.89	2.01	0.36	0.41	0.97
0.18	3.02	2.56	0.16	0.31	8.67	4.27	0.63	0.57	2.73	0.47
8.56	149.52	79.22	37.73	32.58	226.75	17.04	61.01	25.28	98.69	24.73
3125	15448	7589	3847	4012	13757	3412	1648	2399	3827	2471
2414	12759	5827	3346	3586	12738	3231	1418	2215	3482	2392
711	2689	1762	501	426	1019	181	230	184	345	79
60	147	54	66	27	182	45	45	41	39	12
15	72	19	36	17	60	18	11	10	14	7
198	717	317	228	172	674	187	90	113	212	72
4190.42	18052.58	7383.16	5753.34	4916.08	14564.05	5112.97	1936.28	2439.11	3938.33	1137.37
2692.40	12267.60	4444.33	4278.35	3544.92	12030.66	4461.62	1388.15	2043.71	3055.48	1081.70
1498.01	5784.98	2938.84	1474.99	1371.16	2533.40	651.35	548.13	395.40	882.85	55.67
281.26	1665.42	432.66	883.26	349.50	1580.54	978.06	203.69	280.60	93.57	24.63
2197.66	7639.71	2765.42	2671.91	2202.38	6402.73	2400.38	1132.23	979.75	1536.67	353.70
1584.29	5230.84	1413.12	2225.29	1592.43	2802.86	1073.09	595.20	436.30	626.71	71.55
876.58	5730.76	2853.93	1557.96	1318.87	5015.51	1401.75	617.99	914.85	1483.28	597.65
4056.42	17770.06	7249.92	5666.65	4853.49	13798.45	4655.24	1823.68	2349.60	3850.85	1119.07
93.51	282.52	133.24	86.69	62.59	369.25	141.38	76.27	59.72	85.29	6.61
3247.13	10282.77	4425.78	2925.62	2931.37	8728.87	3038.84	1584.43	1223.78	2174.20	707.62
1506.58	5537.61	2442.45	1448.86	1646.30	3916.86	1381.05	679.55	582.09	900.98	373.19
1271.85	3736.88	1502.00	1223.86	1011.01	4056.91	1363.79	764.66	536.94	1098.72	292.79
1808.72	5809.50	2486.32	1534.20	1788.97	4690.44	1578.52	911.75	680.06	1175.63	344.48
4009.31	17634.89	7254.56	5637.77	4742.55	14434.68	5102.14	1905.48	2411.10	3891.66	1124.30
12.06	90.26	21.90	35.21	33.15	229.10	111.75	11.49	59.61	39.87	6.37
366.92	2089.46	825.79	698.03	565.65	1887.31	824.50	252.91	248.12	404.45	157.33
228.08	1314.49	553.09	417.53	343.88	1077.96	457.80	165.82	124.39	217.08	112.86
49.81	224.83	90.84	83.01	50.98	207.33	67.19	22.71	32.12	55.97	29.34

指 标	Item	苏南合计 Southern Jiangsu	南京 Nanjing	无锡 Wuxi	常州 Changzhou	苏州 Suzhou
建筑业	**Construction**					
建筑企业单位数 （个）	Number of Construction Enterprise （unit）	4507	1517	598	564	1454
建筑企业从业人员 （万人）	Number of Persons Engaged in Construction Enterprises （10000 persons）	193.63	60.35	25.47	36.12	56.28
建筑业总产值 （亿元）	Gross Output Value of Construction （100 million yuan）	4475.07	1643.31	499.50	735.49	1275.58
房屋建筑施工面积 （万平方米）	Floor Space of Building Under Construction （10000 sq. m）	31016.90	10639.05	4146.27	6225.53	8323.86
房屋建筑竣工面积 （万平方米）	Floor Space of Buildings Completed （10000 sq. m）	12513.83	3962.71	1894.48	2659.14	3344.18
交通运输、邮电业	**Transportation, Postal and Telecommunication Sercices**					
公路里程 （公里）	Total Length of Highways （km）	45957	10749	7628	8348	12296
#等级公路	Expressway and Class Ⅰ to Ⅳ Highways	44759	9638	7594	8296	12296
#高速公路	Expressway	1616	435	273	221	535
一级公路	Class Ⅰ Highway	4643	820	791	855	1507
公路客运量 （万人）	Passenger Traffic of Highways （10000 persons）	120320	36004	17910	12286	45181
公路货运量 （万吨）	Freight Traffic of Highways （10000 tons）	62679	17683	11201	11532	12769
民用汽车拥有量 （万辆）	Number of Civil Motor Vehicles Owned （10000 units）	347.73	83.05	73.40	45.37	126.10
#私人汽车拥有量	Number of Private-owned Vehicles	263.73	64.76	52.14	33.94	98.17
邮电业务总量 （亿元）	Total Telecommunications Services （100 million yuan）	515.50	139.07	103.94	57.40	176.86
#邮政业务总量	Total Post Services	51.19	11.18	9.43	6.93	19.52
本地电话用户 （万户）	Number of Local Telephone Subscribers （10000 subscribers）	1144.94	290.14	213.90	159.58	351.68
移动电话用户 （万户）	Number of Mobile Telephone Subscribers （10000 subscribers）	3786.51	931.34	767.18	501.39	1308.82
国际互联网用户 （万户）	Number of Subscribers of Internet Service （10000 subscriber）	596.77	147.75	132.47	84.87	188.47
全年用电量 （亿千瓦小时）	Total Consumption of Electricity （100 million kW・h）	2403.82	373.66	550.64	291.19	1024.10
#工业用电	Consumption of Electricity for Industrial Use	1916.54	242.66	455.00	231.82	855.25
居民生活用电	Consumption of Electricity for Living Use by Residents	213.06	53.01	43.18	27.52	72.69

Continued 5

镇江 Zhenjiang	苏中合计 Mid Jiangsu	南通 Nantong	扬州 Yangzhou	泰州 Taizhou	苏北合计 Northern Jiangsu	徐州 Xuzhou	连云港 Lianyungang	淮安 Huaian	盐城 Yancheng	宿迁 Suqian
374	2273	890	743	640	2169	364	214	624	668	299
15.40	244.56	107.19	70.70	66.67	153.58	33.75	17.89	37.81	42.41	21.72
321.19	5548.74	2731.22	1553.43	1264.10	2382.10	535.72	330.16	571.88	649.44	294.90
1682.19	64153.83	35745.28	13578.07	14830.48	23864.79	4872.40	2637.24	6716.36	7030.32	2608.46
653.32	24416.77	10912.19	6749.26	6755.31	11629.47	2530.61	1454.53	3127.22	3120.42	1396.69
6936	36401	17474	10231	8696	67948	16175	11223	11804	18415	10332
6936	34904	17306	8934	8664	62043	14965	11049	10816	16340	8874
152	787	277	267	244	1655	412	336	377	322	207
670	2008	973	306	729	2863	1039	246	448	802	328
8934	32206	16425	7101	8680	62689	18926	13158	9615	11946	9044
9494	24971	15392	5886	3693	40732	13714	9651	5887	6914	4566
19.80	90.85	44.90	23.29	22.66	125.73	43.26	18.89	16.99	26.74	19.85
14.73	70.29	35.53	17.84	16.92	100.54	35.65	14.64	12.49	20.77	16.98
38.21	140.74	62.48	41.55	36.70	187.85	73.39	26.98	27.27	38.95	21.25
4.14	23.44	9.55	7.71	6.19	19.90	6.66	2.75	3.50	3.92	3.06
129.64	554.78	243.11	162.62	149.05	812.82	177.21	99.33	100.55	332.99	102.75
277.78	1341.65	592.89	409.43	339.32	1721.37	600.72	306.68	280.59	236.51	296.87
43.22	202.00	82.96	68.62	50.42	233.46	70.10	44.27	29.49	58.69	30.91
164.22	577.40	249.70	151.09	176.61	672.60	246.01	83.52	111.77	158.63	72.69
131.81	436.74	187.84	109.96	138.94	488.30	191.90	53.99	81.75	111.86	48.81
16.65	75.03	32.86	21.75	20.42	101.53	28.49	15.43	17.07	27.09	13.46

19－2 续 表6

指 标	Item	苏南合计 Southern Jiangsu	南京 Nanjing	无锡 Wuxi	常州 Changzhou	苏州 Suzhou
批发零售贸易、餐饮业	**Wholesale and Retail Trade and Catering Services**					
社会消费品零售总额 （亿元）	Total Retail Sale of Consumer Goods (100 million yuan)	8135.62	2288.74	1825.79	1054.39	2402.02
#批发和零售业	Wholesale and Retail Trade	7336.27	2055.37	1676.54	972.38	2127.92
住宿和餐饮业	Catering Services	761.66	212.39	132.54	82.01	274.10
对外经济贸易、旅游	**Foreign Economy, Trade and Tourism**					
进出口总额 （亿美元）	Total Imports and Exports (USD 100 million)	4113.32	456.01	612.23	222.78	2740.76
出口	Exports	2345.74	248.85	362.72	155.58	1531.08
进口	Imports	1767.58	207.16	249.51	67.19	1209.68
实际外商直接投资 （亿美元）	Actual Foreign Direct Investment (USD 100 million)	185.69	26.76	33.00	24.43	85.35
接待海外旅游者人数 （万人次）	Number of Overseas Recieved Tourists (10000 person-times)	514.80	130.88	79.16	35.91	207.53
星级饭店数 （个）	Star Class Hotels (unit)	463	121	69	65	159
旅游外汇收入（亿美元）	Foreign Exchange Earnings from Tourism (USD 100 million)	35.29	9.81	4.81	3.47	12.51
教育	**Education**					
学校总数 （所）	Total Number of School (unit)	2428	674	452	388	640
#普通高校	Institutions of Regular Higher Education	87	42	11	9	20
普通中等专业学校	Regular Specialized Secondary Schools	85	25	18	12	23
普通中学	Regular Secondary Schools	925	215	180	163	258
小学	Primary Schools	1193	345	208	190	320
毕业生总数 （万人）	Total Number of Graduates (10000 persons)	110.21	39.54	19.66	16.19	24.30
#普通高校	Institutions of Regular Higher Education	33.61	19.59	3.55	3.22	5.04
普通中等专业学校	Regular Specialized Secondary Schools	6.35	1.87	1.45	0.54	1.98

Continued 6

镇江 Zhenjiang	苏中合计 Mid Jiangsu	南通 Nantong	扬州 Yangzhou	泰州 Taizhou	苏北合计 Northern Jiangsu	徐州 Xuzhou	连云港 Lianyungang	淮安 Huaian	盐城 Yancheng	宿迁 Suqian
564.68	2558.55	1277.07	726.12	555.35	2912.63	956.99	430.68	469.09	766.49	289.38
504.06	2304.04	1174.85	651.40	477.79	2602.30	851.61	384.16	416.92	696.88	252.74
60.62	236.15	90.50	68.08	77.56	292.49	105.38	42.59	47.89	62.62	34.00
81.54	379.01	210.75	82.40	85.86	165.60	41.61	50.72	21.71	39.37	12.20
47.51	260.16	140.85	60.55	58.77	99.60	26.31	26.00	14.95	23.19	9.14
34.03	118.85	69.91	21.85	27.09	66.00	15.30	24.72	6.75	16.17	3.06
16.15	52.79	20.61	20.56	13.63	46.50	10.13	11.01	10.51	13.04	1.81
61.33	99.43	35.51	56.01	7.90	39.32	15.83	11.67	2.83	6.21	2.79
49	186	97	59	30	255	52	63	52	65	23
4.70	9.00	3.61	4.60	0.79	3.54	1.53	1.07	0.25	0.45	0.24
274	1461	642	438	381	4022	1264	659	659	831	609
5	14	6	5	3	23	8	3	6	5	1
7	19	6	10	3	56	11	8	14	7	16
109	630	250	177	203	1221	331	189	198	295	208
130	724	347	226	151	2581	871	443	404	491	372
10.51	57.75	24.85	16.98	15.93	131.95	38.31	21.83	22.17	25.06	24.58
2.21	6.46	2.64	2.38	1.44	7.81	2.97	0.91	2.06	1.55	0.32
0.51	2.78	0.96	1.46	0.35	7.61	1.01	1.63	1.06	1.15	2.76

19－2 续 表7

指 标	Item	苏南合计 Southern Jiangsu	南京 Nanjing	无锡 Wuxi	常州 Changzhou	苏州 Suzhou
普通中学	Regular Secondary Schools	38.16	9.06	7.85	6.70	9.81
小学	Primary Schools	21.64	4.80	5.04	3.74	5.81
招生总数 （万人）	Total Number of New Student Enrollment (10000 persons)	114.37	42.49	19.69	16.55	25.52
#普通高校	Institutions of Regular Higher Education	29.61	16.40	3.18	3.11	4.85
普通中等专业学校	Regular Specialized Secondary Schools	7.97	1.87	1.81	1.23	2.17
普通中学	Regular Secondary Schools	34.40	7.92	7.58	6.09	9.06
小学	Primary Schools	23.88	5.13	5.29	3.92	7.27
在校学生数 （万人）	Total Number of Students Enrollment (10000 persons)	414.57	145.22	74.89	60.39	95.45
#普通高校	Institutions of Regular Higher Education	128.16	79.34	10.96	10.43	18.78
普通中等专业学校	Regular Specialized Secondary Schools	24.36	5.76	5.84	3.60	6.73
普通中学	Regular Secondary Schools	106.10	24.86	22.76	18.88	27.25
小学	Primary Schools	133.36	28.83	30.62	22.15	38.84
专任教师总数 （万人）	Total Number of Full-time Teachers (10000 persons)	27.44	9.90	5.03	3.46	6.48
#普通高校	Institutions of Regular Higher Education	7.60	5.00	0.57	0.51	1.01
普通中等专业学校	Regular Specialized Secondary Schools	1.33	0.28	0.28	0.22	0.47
普通中学	Regular Secondary Schools	9.15	2.23	1.98	1.39	2.53
小学	Primary Schools	8.08	1.96	1.77	1.19	2.34
幼儿园数 （所）	Kindergartens (unit)	1518	501	209	207	411
在园幼儿数 （万人）	School-age Children Enrolled in Schools (10000 persons)	65.14	15.28	14.18	9.69	19.79
成人高等学校在校学生数 （万人）	Total Number of Adult Students in Institutions of Higher Education (10000 persons)	30.59	17.97	2.12	3.52	4.21
科技、文化、卫生	**Science, Culture and Public Health**					
专利申请受理量 （件）	Applications Accepted (unit)	155437	19275	32690	15872	77194

Continued 7

镇 江 Zhenjiang	苏中合计 Mid Jiangsu	南 通 Nantong	扬 州 Yangzhou	泰 州 Taizhou	苏北合计 Northern Jiangsu	徐 州 Xuzhou	连云港 Lianyungang	淮 安 Huaian	盐 城 Yancheng	宿 迁 Suqian
4.75	30.75	13.21	8.15	9.40	71.13	22.21	12.10	11.14	12.66	13.02
2.25	14.19	6.14	4.08	3.98	34.75	9.49	6.00	5.60	6.59	7.07
10.12	51.75	21.65	15.62	14.48	121.89	33.97	19.78	20.95	23.93	23.25
2.07	5.71	2.30	2.13	1.28	7.94	3.10	0.93	1.94	1.56	0.42
0.88	4.05	1.76	1.69	0.60	10.77	1.75	1.71	1.50	1.57	4.23
3.74	24.44	10.32	6.96	7.16	56.24	15.30	10.10	9.01	10.95	10.87
2.26	13.43	5.59	3.82	4.01	35.82	10.65	6.04	5.82	6.91	6.40
38.62	198.68	84.40	59.14	55.14	459.93	130.26	74.87	78.94	87.38	88.47
8.65	20.30	8.26	7.33	4.70	29.61	12.01	3.45	6.88	5.67	1.60
2.43	9.98	5.00	3.28	1.70	32.31	4.84	5.32	7.16	4.17	10.82
12.34	79.20	33.65	22.25	23.31	183.32	52.07	30.91	29.30	34.33	36.71
12.93	77.62	32.32	22.77	22.53	187.83	53.02	32.71	30.36	35.97	35.76
2.56	13.15	5.38	3.79	3.98	28.74	8.49	4.67	4.72	6.20	4.66
0.51	1.11	0.44	0.42	0.25	1.53	0.64	0.18	0.35	0.29	0.07
0.08	0.31	0.09	0.10	0.11	0.89	0.19	0.15	0.16	0.12	0.27
1.01	6.30	2.61	1.71	1.99	13.01	3.84	2.11	2.04	2.93	2.10
0.82	4.76	1.91	1.36	1.50	12.12	3.40	2.08	1.97	2.54	2.13
190	862	374	269	219	1562	557	271	248	280	206
6.20	35.81	15.04	9.95	10.81	104.75	29.68	17.54	17.08	25.19	15.26
2.77	3.59	1.32	1.77	0.50	6.11	3.55	0.53	0.98	1.06	
10406	56577	38707	9980	7890	23867	9927	2118	4921	6016	885

指标	Item	苏南合计 Southern Jiangsu	南京 Nanjing	无锡 Wuxi	常州 Changzhou	苏州 Suzhou
#发明	Inventions	32351	7461	6672	3317	12935
专利申请授权量（件）	Patents Granted (unit)	97362	9150	26448	9093	46109
#发明	Inventions	5968	2487	1147	559	1370
公共图书馆（个）	Public Libraries (unit)	51	18	9	4	12
公共图书馆藏书量（千册、件）	Total Collections of Public Libraries (1000 volumes)	29440	13393	3609	2423	8027
卫生机构数（个）	Number of Health Institutions (unit)	8867	2211	1997	1103	2679
#医院	Hospitals	457	162	89	29	143
卫生院	Commune Hospitals	279	17	63	62	73
疾病预防控制中心（防疫站）	Sanitation and Antiepidemic Agencies	57	20	9	8	13
妇幼保健院（所、站）	Maternity and Child Care Centers	40	14	5	8	7
卫生机构床位数（万张）	Number of Beds in Health Institutions (10000 units)	12.21	3.11	2.59	1.67	3.92
#医院	Hospital	9.50	2.59	1.98	1.04	3.23
卫生院	Commune Hospitals	1.43	0.05	0.28	0.43	0.45
卫生技术人员（万人）	Number of Medical and Technical Personnel (10000 persons)	15.80	4.83	2.92	2.06	4.66
#医院、卫生院	Hospitals and Commune Hospitals	11.72	3.36	2.14	1.58	3.61
#执业(助理)医师	Practitioner (Assistant) Doctors	6.04	1.70	1.18	0.79	1.82
注册护士	Registered Nurses	6.13	1.96	1.14	0.78	1.76

Continued 8

镇江 Zhenjiang	苏中合计 Mid Jiangsu	南通 Nantong	扬州 Yangzhou	泰州 Taizhou	苏北合计 Northern Jiangsu	徐州 Xuzhou	连云港 Lianyungang	淮安 Huaian	盐城 Yancheng	宿迁 Suqian
1966	11923	8356	2068	1499	6034	3463	601	636	1166	168
6562	30632	22644	3790	4198	10380	4928	1274	1170	2499	509
405	685	294	214	177	561	166	100	145	119	31
8	23	10	7	6	37	7	7	8	9	6
1988	6718	2870	2232	1616	8203	2698	1724	1327	1826	628
877	7327	3399	2028	1900	14767	4216	2620	2186	2858	2887
34	172	63	78	31	528	99	59	46	118	206
64	500	270	102	128	497	157	81	131	128	
7	25	9	9	7	48	13	10	9	10	6
6	21	7	8	6	42	12	9	6	10	5
0.92	5.76	2.63	1.63	1.49	9.00	3.05	1.22	1.38	2.01	1.33
0.66	3.39	1.44	1.15	0.80	6.66	2.15	0.85	0.96	1.37	1.33
0.21	2.01	1.12	0.32	0.56	1.76	0.63	0.25	0.36	0.52	
1.32	6.83	3.09	1.93	1.81	10.20	3.28	1.61	1.62	2.22	1.46
1.03	5.41	2.54	1.41	1.46	8.20	2.58	1.22	1.35	1.80	1.24
0.55	2.96	1.35	0.79	0.82	3.90	1.22	0.63	0.60	0.92	0.54
0.49	2.34	1.04	0.73	0.58	3.79	1.21	0.63	0.63	0.76	0.57

指 标	Item	苏南合计 Southern Jiangsu	南京 Nanjing	无锡 Wuxi	常州 Changzhou	苏州 Suzhou
人民生活	**People's Livelihood**					
城镇非私营单位在岗职工工资总额（亿元）	Total Wages of Fully-employed Staff and Workers (Excluded Private) (100 million yuan)	1736.51	557.97	317.94	161.50	565.81
城镇非私营单位在岗职工年平均工资（元）	Average Wage of Fully-employed Staff and Workers (Excluded Private) (yuan)	45927	48780	47006	44214	45566
#国有单位	State-owned Units	65082	61673	76650	61638	75574
城镇集体单位	Collective Owned Units in Urban Areas	37062	32159	44007	38609	46676
港澳台投资单位	Units Funded by Entrepreneurs from Hong Kong, Macao and Taiwan	31631	28831	34624	28219	34257
外商投资单位	Foreign-funded Economic Units	37960	40417	37632	31205	38503
城镇居民人均可支配收入（元）	Per Capita Disposable Income of Urban Households (yuan)	27780	27383	27750	25875	30366
城镇居民人均消费支出（元）	Per Capita Living Expenditure for Consumption of Urban Households (yuan)	17378	17409	17068	17205	18837
#食品支出	Expenditure for Food	6175	6120	6357	5605	6607
恩格尔系数（城镇）（%）	Engle Coefficient (Urban, %)	35.5	35.2	37.2	32.6	35.1
农村居民人均纯收入（元）	Per Capita Net Income of Rural Households (yuan)	12978	11128	14002	12637	14657
农村居民人均生活费支出（元）	Per Capita Living Expenditure for Consumption of Rural Households (yuan)	9499	8477	9790	9924	10397
#食品支出	Expenditure for Food	3363	3110	3375	3480	3527
恩格尔系数（农村）（%）	Engle Coefficient (Rural, %)	35.4	36.7	34.5	35.1	33.9
居民人均储蓄存款（元）	Per Capita Saving Deposits of Residents (yuan)	43768	43857	48313	43743	44472
城镇居民人均住房建筑面积（平方米）	Per Capita Residential Space of Urban Residents (sq. m)	34.3	30.1	35.8	36.7	34.8
农村居民人均住房面积（平方米）	Per Capita Residential Space of Rural Residents (sq. m)	58.3	49.9	58.5	58.4	68.0
居民消费价格指数（上年=100）	Consumer Price Indices (preceding year = 100)	—	104.2	103.4	103.4	103.4

Continued 9

镇江 Zhenjiang	苏中合计 Mid Jiangsu	南通 Nantong	扬州 Yangzhou	泰州 Taizhou	苏北合计 Northern Jiangsu	徐州 Xuzhou	连云港 Lianyungang	淮安 Huaian	盐城 Yancheng	宿迁 Suqian
133.30	482.65	231.74	134.36	116.54	622.16	198.51	102.80	116.47	147.17	57.21
37675	36995	39448	35429	34488	32253	34243	33843	32786	30462	27615
51067	50642	56939	45048	48766	37161	37406	37386	39023	37240	33151
29633	28646	36666	26798	25463	26582	24377	25286	27025	31554	27492
24587	26087	27613	24548	22910	23985	27129	22456	25578	20779	16211
29685	28499	30283	25389	25766	26683	22711	26214	28260	27478	
23224	20748	21825	19537	20255	16020	16762	15790	15983	16935	12757
13324	12988	13506	12842	12317	10661	10558	9984	11047	12026	8536
5318	4717	4803	4782	4518	3849	3712	3741	4003	4302	3232
39.9	36.3	35.6	37.2	36.7	36.1	35.2	37.5	36.2	35.8	37.9
10874	9626	9914	9462	9324	7724	7955	7039	7233	8751	6975
7848	6898	7240	6782	6476	5023	5216	4766	5216	5074	4684
3076	2489	2623	2578	2217	1961	1962	1947	2053	1871	2008
39.2	36.1	36.2	38.0	34.2	39.0	37.6	40.9	39.4	36.9	42.9
31902	31114	36784	28076	25114	13411	15432	12173	12191	15536	8864
39.1	37.1	38.3	35.0	37.1	34.1	32.9	35.8	32.7	33.7	37.8
48.6	49.6	53.6	42.2	49.4	37.9	41.6	35.3	36.3	39.0	34.2
103.7	—	103.7	103.4	103.8	—	103.6	103.5	103.3	103.5	103.6

19-3 江苏主要指标占长江三角洲比重（2010年）
Proportion of Main Indicators of Jiangsu in Yangtze River Delta（2010）

指标	Item	长江三角洲三省市合计 Yangtze River Delta	长江三角洲占全国比重(%) Proportion of Yangtze River Delta in the Country(%)	江苏占长江三角洲比重(%) Proportion of Jiangsu in Yangtze River Delta(%)
土地面积（万平方公里）	Land Area (10000 sq. km)	21.1	2.2	48.7
地区生产总值（亿元）	Gross Domestic Product (100 million yuan)	86313.8	21.7	48.0
第一产业	Primary Industry	4014.8	9.9	63.3
第二产业	Secondary Industry	43270.2	23.2	50.3
第三产业	Tertiary Industry	39028.8	22.8	43.9
全社会固定资产投资（亿元）	Total Investment in Fixed Assets (100 million yuan)	40878.0	14.7	56.7
#城镇投资	Urban Investment in Fixed Assets	30485.0	12.6	57.1
#房地产开发	Investment in Real Estate Development	9305.5	19.3	46.2
地方一般预算收入（亿元）	General Budgetary Revenue in Local Finance (100 million yuan)	9561.9	23.5	42.7
金融机构本外币存款余额（亿元）	Deposits Balance of Banking Institutions (100 million yuan)	167251.2	22.8	36.2
#居民储蓄存款	Saving Deposits of Residents	60876.0	19.8	38.7
金融机构本外币贷款余额（亿元）	Loans Balance of Banking Institutions (100 million yuan)	125272.9	24.6	35.3
货运量（亿吨）	Freight Traffic (100 million tons)	44.7	13.8	42.2
客运量（亿人）	Passenger Traffic (100 million persons)	46.4	14.2	48.9
社会消费品零售总额（亿元）	Total Rtail Sales of Consumer Goods (100 million yuan)	29922.7	19.1	45.5
进出口总额（亿美元）	Total Imports and Exports (USD 100 million)	10881.6	36.6	42.8
出口	Exports	6317.5	40.0	42.8
进口	Imports	4564.1	32.7	42.8
实际外商直接投资（亿美元）	Actual Foreign Direct Investment (USD 100 million)	506.2	47.9	56.3
旅游外汇收入（亿美元）	Foreign Exchange Earnings from Tourism (USD 100 million)	150.5	32.9	31.8
在读研究生（万人）	Postgraduates (10000 persons)	28.5	18.5	44.0
普通高等学校本专科在校学生（万人）	University and College Students (10000 persons)	305.0	13.7	54.1
专利申请受理量（万件）	Applications Accepted (10000 units)	42.8	35.0	55.1
专利申请受权量（万件）	Patents Granted (10000 units)	30.1	37.0	45.9
图书出版量（亿册）	Books Pubished (100 million copies)	11.0	14.9	47.3
执业医师数（万人）	Doctors (10000 persons)	29.5	12.2	43.8
医院卫生院床位数（万张）	Number of Hospital Beds (10000 units)	50.2	11.4	49.4

19－4 沿江开发区域主要指标占全省比重（2010 年）

Proportion of Main Indicators of Development Zones along the Yangtze River in Jiangsu Province（2010）

指标	Item	全省 Province	沿江开发区域 Development Zones along the Yangtze River	沿江开发区域占全省比重（%） Proportion of Development Zones along the Yangtze River in Jiangsu Province（%）
年末户籍人口（万人）	Total Population at Year－end（10000 persons）	7466.59	2531.10	33.9
土地面积（万平方公里）	Land Area（10000 sq. km）	10.26	2.54	24.7
地区生产总值（亿元）	Gross Domestic Product（100 million yuan）	41425.48	20608.55	49.7
第一产业	Primary Industry	2540.10	655.31	25.8
第二产业	Secondary Industry	21753.93	11210.21	51.5
#工业	Industry	19277.65	10168.43	52.7
第三产业	Tertiary Industry	17131.45	8743.01	51.0
规模以上工业总产值（亿元）	Gross Industrial Output Value of Over Scale Enterprises（100 million yuan）	92056.48	45096.13	49.0
#制造业	Manufacturing	88030.71	43984.96	50.0
城镇固定资产投资额（亿元）	Urban Investment in Fixed Assets（100 million yuan）	17416.47	7837.40	45.0
#房地产开发投资	Real Estate avelopment	4299.38	2040.07	47.5
社会消费品零售总额（亿元）	Total Retail Sales of Consumer Goods（100 million yuan）	13606.80	6580.07	48.4
进出口总额（亿美元）	Total Imports and Exports（USD 100 million）	4657.93	1730.95	37.2
#出口	Exports	2705.50	998.18	36.9
实际外商直接投资（亿美元）	Actual Foreign Direct Investment（USD 100 million）	284.98	148.53	52.1
地方财政一般预算收入（亿元）	General Budgetary Revenue in Local Finance（100 million yuan）	4079.86	1800.41	44.1
地方财政一般预算支出（亿元）	General Budgetary Expenditure in Local Finance（100 million yuan）	4914.06	1822.66	37.1
金融机构存款余额（亿元）	Deposits Balance of Banking Institutions（100 million yuan）	58984.14	32093.99	54.4
#居民储蓄存款	Saving Deposits of Residents	23334.48	12070.77	51.7
金融机构贷款余额（亿元）	Loans Balance of Banking Institutions（100 million yuan）	42121.04	23334.30	55.4

19－5 沿江地区主要指标（2010 年）
Main Indicators of the Region along the Yangtze River (2010)

地　区	Region	年末户籍人口（万人）Registered Population at Year-end (10000 persons)	土地面积（平方公里）Land Area (sq. km)	人口密度（人/平方公里）Density of Population (person/sq. km)	从业人员（万人）Employed Persons (10000 persons)	#第二产业 Secondary Industry	#第三产业 Tertiary Industry
沿江八市	**Eight Cities**	**4094.83**	**48301**	**848**	**2979.66**	**1471.27**	**1157.76**
沿江开发区域	**Development Regions**	**2531.10**	**25350**	**998**	**1825.52**	**877.66**	**731.33**
南京市区	Nanjing	548.37	4733	1159	403.30	144.72	218.05
江 阴 市	Jiangyin	120.71	987	1223	95.77	54.72	34.18
常州市区	Changzhou	227.75	1862	1223	227.98	127.74	87.34
常 熟 市	Changshu	106.69	1276	836	90.33	55.35	30.49
张家港市	Zhangjiagang	90.51	990	915	82.08	49.42	28.36
太 仓 市	Taicang	46.89	823	570	41.04	25.41	11.99
南通市区	Nantong	211.54	1521	1391	134.19	61.41	56.39
启 东 市	Qidong	112.05	1208	928	69.75	30.54	23.54
如 皋 市	Rugao	141.21	1492	946	76.01	35.58	23.95
海 门 市	Haimen	99.86	939	1063	64.49	29.39	21.84
扬州市区	Yangzhou	122.48	1021	1200	88.61	43.10	40.59
仪 征 市	Yizheng	56.52	857	659	38.22	21.79	12.61
江 都 市	Jiangdu	106.65	1330	802	63.29	32.45	21.88
镇江市区	Zhenjiang	103.53	1082	957	68.63	29.98	29.20
丹 阳 市	Danyang	80.88	1047	772	57.82	32.58	14.03
扬 中 市	Yangzhong	27.82	331	840	19.89	11.56	5.07
句 容 市	Jurong	58.48	1387	422	35.81	16.07	9.72
泰州市区	Taizhou	82.72	640	1293	61.44	30.40	24.18
靖 江 市	Jingjiang	66.82	656	1019	40.62	18.77	14.72
泰 兴 市	Taixing	119.62	1170	1023	66.26	26.68	23.20

19－5 续 表1 Continued 1

地 区	Region	地区生产总值（亿元）Gross Domectic Product（100 million yuan）	第一产业 Primary Industry	第二产业 Seconary Industry	#工 业 Industry	第三产业 Tertiary Industry	人均地区生产总值（元）Per Capita GDP（yuan）
沿江八市	**Eight Cities**	**32929.27**	**1163.57**	**17858.53**	**16102.98**	**13907.17**	**62738**
沿江开发区域	**Development Regions**	**20608.55**	**655.31**	**11210.21**	**10168.43**	**8743.01**	**70385**
南京市区	Nanjing	4633.23	96.45	2029.97	1758.94	2506.80	66032
江 阴 市	Jiangyin	2000.92	36.26	1184.23	1143.71	780.43	126532
常州市区	Changzhou	2316.26	47.64	1316.20	1229.12	952.42	71812
常 熟 市	Changshu	1453.61	29.40	815.89	783.12	608.32	96518
张家港市	Zhangjiagang	1603.51	21.94	974.75	941.47	606.82	129535
太 仓 市	Taicang	730.32	26.98	418.96	397.07	284.38	104413
南通市区	Nantong	1392.81	45.93	750.27	620.85	596.60	62132
启 东 市	Qidong	430.04	54.49	229.98	183.37	145.57	44745
如 皋 市	Rugao	431.00	41.35	244.85	207.59	144.80	34296
海 门 市	Haimen	500.10	37.29	301.95	247.14	160.86	55634
扬州市区	Yangzhou	989.45	21.98	562.68	510.13	404.80	71681
仪 征 市	Yizheng	280.70	15.13	168.63	149.83	96.94	50278
江 都 市	Jiangdu	488.88	36.72	275.86	236.34	176.30	48559
镇江市区	Zhenjiang	844.87	17.79	486.97	433.72	340.11	71116
丹 阳 市	Danyang	607.67	31.91	345.19	331.14	230.56	63881
扬 中 市	Yangzhong	246.99	8.21	145.23	139.17	93.55	74132
句 容 市	Jurong	243.09	23.61	134.13	122.68	85.35	39366
泰州市区	Taizhou	566.52	13.74	346.24	301.48	206.54	67072
靖 江 市	Jingjiang	441.00	14.83	253.78	237.15	172.39	65752
泰 兴 市	Taixing	407.58	33.66	224.45	194.40	149.47	36994

地 区	Region	三次产业占GDP比重(%) Percentage of Three Industries to GDP(%)				地方财政一般预算收入占GDP比重(%) Percentage of General Budgetary Revenue in Local Finance to GDP(%)	外贸依存度(%) Interdependent Level to Foreign Trade (%)
		第一产业 Primary Industry	第二产业 Seconary Industry	#工 业 Industry	第三产业 Tertiary Industry		
沿江八市	**Eight Cities**	**3.5**	**54.2**	**48.9**	**42.2**	**9.1**	**91.9**
沿江开发区域	**Development Regions**	**3.2**	**54.4**	**49.3**	**42.4**	**8.7**	**56.9**
南京市区	Nanjing	2.1	43.8	38.0	54.1	10.5	62.7
江 阴 市	Jiangyin	1.8	59.2	57.2	39.0	6.5	53.6
常州市区	Changzhou	2.1	56.8	53.1	41.1	10.3	58.3
常 熟 市	Changshu	2.0	56.1	53.9	41.8	6.9	80.7
张家港市	Zhangjiagang	1.4	60.8	58.7	37.8	7.2	110.0
太 仓 市	Taicang	3.7	57.4	54.4	38.9	9.6	80.7
南通市区	Nantong	3.3	53.9	44.6	42.8	11.1	64.6
启 东 市	Qidong	12.7	53.5	42.6	33.9	7.3	40.5
如 皋 市	Rugao	9.6	56.8	48.2	33.6	7.8	30.3
海 门 市	Haimen	7.5	60.4	49.4	32.2	6.3	16.7
扬州市区	Yangzhou	2.2	56.9	51.6	40.9	9.3	41.1
仪 征 市	Yizheng	5.4	60.1	53.4	34.5	6.8	14.3
江 都 市	Jiangdu	7.5	56.4	48.3	36.1	5.5	11.7
镇江市区	Zhenjiang	2.1	57.6	51.3	40.3	9.3	42.1
丹 阳 市	Danyang	5.3	56.8	54.5	37.9	4.9	20.1
扬 中 市	Yangzhong	3.3	58.8	56.3	37.9	6.0	17.8
句 容 市	Jurong	9.7	55.2	50.5	35.1	6.0	12.3
泰州市区	Taizhou	2.4	61.1	53.2	36.5	12.8	42.1
靖 江 市	Jingjiang	3.4	57.5	53.8	39.1	8.4	44.3
泰 兴 市	Taixing	8.3	55.1	47.7	36.7	5.6	20.7

地 区	Region	规模以上工业企业个数（个）Number of Over Scale Industrial Enterprises (unit)	从业人员平均人数（万人）Average Number of Employees (10000 persons)	工业总产值（亿元）Total Output Value of Industry (100 million yuan)		主营业务收入（亿元）Major Business Revenue (100 million yuan)	利税总额（亿元）Total Pre-tax Profits (100 million yuan)
					#制造业 Manufacturing		
沿江八市	**Eight Cities**	**50391**	**944.45**	**75871.33**	**74494.30**	**75001.72**	**7376.80**
沿江开发区域	**Development Regions**	**29095**	**513.75**	**45096.13**	**43984.96**	**44432.81**	**4587.25**
南京市区	Nanjing	3083	67.67	7763.64	7544.57	7788.89	968.59
江 阴 市	Jiangyin	1688	51.42	5094.72	4958.61	5006.89	489.59
常州市区	Changzhou	5343	78.66	5873.16	5789.88	5789.68	442.32
常 熟 市	Changshu	2029	41.22	2883.27	2806.08	2823.41	222.96
张家港市	Zhangjiagang	1651	35.45	3957.98	3884.64	4029.27	295.38
太 仓 市	Taicang	1433	19.37	1484.05	1364.03	1435.13	144.61
南通市区	Nantong	2708	34.19	2797.89	2727.27	2705.62	284.57
启 东 市	Qidong	839	10.95	858.09	811.69	845.66	101.42
如 皋 市	Rugao	1154	14.64	987.56	985.40	971.84	103.93
海 门 市	Haimen	948	9.83	1031.95	1029.28	1055.48	152.04
扬州市区	Yangzhou	1253	37.09	2381.90	2300.07	2337.45	271.97
仪 征 市	Yizheng	488	9.72	790.76	788.69	794.04	97.96
江 都 市	Jiangdu	880	17.52	1436.51	1435.85	1389.46	217.89
镇江市区	Zhenjiang	874	14.57	1724.74	1607.77	1624.27	175.59
丹 阳 市	Danyang	1303	18.70	1299.29	1296.68	1264.49	84.51
扬 中 市	Yangzhong	475	7.21	566.79	565.67	540.06	59.25
句 容 市	Jurong	473	9.33	599.59	586.30	580.48	47.57
泰州市区	Taizhou	844	14.85	1482.72	1436.66	1448.27	158.48
靖 江 市	Jingjiang	792	9.73	1176.36	1164.76	1121.49	158.12
泰 兴 市	Taixing	837	11.63	905.14	901.06	880.92	110.48

19－5 续 表4 Continued 4

地区	Region	城镇固定资产投资（亿元）Urban Investment in Fixed Assets (100 million yuan)	#房地产开发 Real Estate Development	社会消费品零售总额（亿元）Total Retail Sales of Consumer Goods (100 million yuan)	进出口总额（亿美元）Total Imports and Exports (USD 100 million)	#出口 Exports	实际外商直接投资（亿美元）Actual Direct Foreign Investment (USD 100 million)
沿江八市	**Eight Cities**	**12397.58**	**3410.83**	**10694.17**	**4492.33**	**2605.90**	**238.48**
沿江开发区域	**Development Regions**	**7837.40**	**2040.07**	**6580.07**	**1730.95**	**998.18**	**148.53**
南京市区	Nanjing	2410.25	724.63	2135.74	429.18	233.64	26.68
江阴市	Jiangyin	386.53	106.51	384.90	158.49	94.24	7.00
常州市区	Changzhou	1213.93	401.22	790.65	199.49	136.06	23.48
常熟市	Changshu	270.91	96.04	360.19	173.20	116.55	8.72
张家港市	Zhangjiagang	267.57	57.00	267.86	260.66	99.55	8.30
太仓市	Taicang	242.20	63.04	141.43	87.02	41.05	8.08
南通市区	Nantong	643.15	181.66	477.81	132.98	85.41	7.00
启东市	Qidong	116.53	12.15	169.64	25.74	19.18	2.50
如皋市	Rugao	133.75	23.50	171.19	19.32	10.05	3.40
海门市	Haimen	106.26	15.42	174.97	12.32	9.33	3.49
扬州市区	Yangzhou	383.55	89.67	332.43	60.12	43.69	14.71
仪征市	Yizheng	103.70	10.08	85.67	5.92	3.08	4.04
江都市	Jiangdu	187.42	36.98	146.23	8.43	7.35	3.96
镇江市区	Zhenjiang	510.41	73.41	277.47	52.54	26.35	10.74
丹阳市	Danyang	118.52	16.33	151.57	18.08	14.89	2.20
扬中市	Yangzhong	53.09	9.58	66.37	6.50	3.22	1.02
句容市	Jurong	67.33	15.56	69.28	4.42	3.06	2.19
泰州市区	Taizhou	338.10	56.98	175.30	35.22	23.34	4.75
靖江市	Jingjiang	173.60	30.93	92.79	28.84	21.60	3.66
泰兴市	Taixing	110.60	19.40	108.58	12.48	6.56	2.61

单位:亿元 (100 million yuan)

地 区	Region	地方财政一般预算收入 General Budgetary Revenue in Local Finance	#税收收入 Taxes	地方财政一般预算支出 General Budgetary Expenditure in Local Finance	年末金融机构存款余额 Deposits Balance of Banking Institutions (year－end)	#城乡居民储蓄存款 Savings Deposits by Residents	年末金融机构贷款余额 Loans Balance of Banking Institutions (year－end)
沿江八市	**Eight Cities**	**2984.91**	**2488.53**	**3031.19**	**51127.33**	**19342.03**	**37043.47**
沿江开发区域	**Development Regions**	**1800.41**	**1446.96**	**1822.66**	**32093.99**	**12070.77**	**23334.30**
南京市区	Nanjing	485.28	412.34	497.06	12376.14	3362.59	10185.60
江阴市	Jiangyin	130.72	111.63	115.90	1956.20	652.62	1460.76
常州市区	Changzhou	239.15	198.61	225.81	3800.47	1567.26	2518.92
常熟市	Changshu	100.09	80.15	95.39	1627.13	756.30	1128.38
张家港市	Zhangjiagang	116.06	87.06	114.07	1606.93	597.04	1180.17
太仓市	Taicang	70.00	54.68	65.79	806.97	293.67	642.71
南通市区	Nantong	155.04	114.60	132.87	2492.49	1090.55	1571.79
启东市	Qidong	31.26	25.22	34.11	494.16	353.07	279.61
如皋市	Rugao	33.69	29.38	47.45	486.91	315.85	234.37
海门市	Haimen	31.27	23.79	34.13	546.74	361.98	285.56
扬州市区	Yangzhou	91.61	64.40	98.54	1268.30	524.63	871.08
仪征市	Yizheng	19.22	13.90	20.66	258.35	136.36	127.96
江都市	Jiangdu	26.85	19.80	32.92	487.46	313.56	248.06
镇江市区	Zhenjiang	78.77	60.74	83.65	1170.56	437.93	845.40
丹阳市	Danyang	30.00	25.45	35.11	544.05	280.62	413.80
扬中市	Yangzhong	14.75	12.56	16.84	267.28	150.68	169.04
句容市	Jurong	14.58	12.12	23.47	221.34	124.34	135.11
泰州市区	Taizhou	72.46	50.52	80.57	801.51	298.89	555.87
靖江市	Jingjiang	36.89	31.26	33.00	542.76	234.72	295.41
泰兴市	Taixing	22.73	18.76	35.32	338.25	218.11	184.70

地 区	Region	公路里程（公里）Total Length of Highways (km)	民用汽车拥有量（万辆）Number of Civil Motor Vehicles Owned (10000 units)	公路客运量（万人）Passenger Traffic (10000 persons)	公路货运量（万吨）Freight Traffic (10000 tons)	邮电业务总量（亿元）Total Volume of Post and Telecommunication (100 million yuan)	全社会用电量（亿千瓦时）Total Consumption of Electricity (100 million kW·h)
沿江八市	**Eight Cities**	**82357**	**438.57**	**152526**	**87650**	**656.23**	**2981.22**
沿江开发区域	**Development Regions**	**49528**	**264.05**	**92507**	**61308**	**394.68**	**1790.88**
南京市区	Nanjing	7784	79.03	33984	16014	132.02	354.75
江阴市	Jiangyin	2362	17.87	2514	2845	24.20	218.95
常州市区	Changzhou	3963	37.08	8619	8302	45.67	215.17
常熟市	Changshu	3066	16.69	5408	1391	21.43	124.60
张家港市	Zhangjiagang	1496	14.09	4934	2198	17.96	238.45
太仓市	Taicang	1229	8.12	2490	2112	10.64	70.82
南通市区	Nantong	3932	20.40	9989	7735	25.48	109.74
启东市	Qidong	3406	5.60	1808	896	7.36	19.91
如皋市	Rugao	3090	5.90	1266	2378	9.44	35.11
海门市	Haimen	2384	5.27	1026	1035	7.16	26.01
扬州市区	Yangzhou	1925	12.06	3087	2875	17.70	60.96
仪征市	Yizheng	1458	2.47	1016	567	4.66	22.41
江都市	Jiangdu	2176	4.64	1235	1177	8.81	24.41
镇江市区	Zhenjiang	1568	9.85	4550	5328	19.83	84.90
丹阳市	Danyang	2084	5.81	1290	2163	9.77	51.70
扬中市	Yangzhong	958	2.31	755	577	4.08	10.55
句容市	Jurong	2326	1.84	2344	1426	4.54	17.08
泰州市区	Taizhou	1100	7.03	1966	111	9.38	39.96
靖江市	Jingjiang	1212	4.40	1068	1300	6.83	31.98
泰兴市	Taixing	2009	3.62	3158	878	7.72	33.41

19－5 续 表7 Continued 7

地　区	Region	专利申请受理量（件）Applications Accepted (unit)	中专以上在校生数（万人）Number of Students Enrolled in Above Secondary Specialized Shools (10000 persons)	公共图书馆图书藏量（千册）Total Volume of Collections of Public Libraries (1000 volumes)	卫生技术人员（万人）Number of Medical and Technical Personnel (10000 persons)	工业废水排放达标量（万吨）Valume of Industrial Waste Water Emission Standiardized (10000 tons)	"三废"综合利用产品产值（亿元）Output Value of Products Made from Comprehensive Utilization of "three wastes" (100 million yuan)
沿江八市	**Eight Cities**	**212014**	**184.46**	**36158**	**22.63**	**216860**	**171.04**
沿江开发区域	**Development Regions**	**113477**	**144.50**	**26415**	**14.82**	**144139**	**96.64**
南京市区	Nanjing	18058	84.38	12916	4.53	28394	20.75
江阴市	Jiangyin	5776	1.10	1213	0.61	17488	9.01
常州市区	Changzhou	12278	13.46	1949	1.61	31982	5.93
常熟市	Changshu	12812	2.92	1584	0.58	12695	1.52
张家港市	Zhangjiagang	7147	2.07	760	0.59	11296	35.08
太仓市	Taicang	3951	0.87	435	0.30	4180	1.86
南通市区	Nantong	13695	11.31	1423	1.41	7370	5.86
启东市	Qidong	4566	0.69	224	0.30	1423	0.85
如皋市	Rugao	5588	0.38	201	0.39	1872	0.67
海门市	Haimen	7346	0.38	465	0.34	1294	1.05
扬州市区	Yangzhou	3985	8.49	1470	0.87	2638	1.76
仪征市	Yizheng	1248	0.16	257	0.26	2104	0.76
江都市	Jiangdu	1926	0.81	259	0.51	1744	0.06
镇江市区	Zhenjiang	4908	9.85	1361	0.72	5260	3.53
丹阳市	Danyang	2806	0.64	252	0.29	1054	2.74
扬中市	Yangzhong	1472	0.35	260	0.13	257	0.28
句容市	Jurong	1220	0.24	115	0.18	1493	0.01
泰州市区	Taizhou	1594	5.30	583	0.50	1807	1.20
靖江市	Jingjiang	1513	0.91	414	0.32	2150	1.84
泰兴市	Taixing	1588	0.20	274	0.38	7637	1.88

19-6 沿海地区主要指标（2010年）
Main Indicators of the Coastal Regions(2010)

地 区	Region	年末总人口（万人）Total Population at Year-end (10000 persons)	土地面积（平方公里）Land Area (sq. km)	人口密度（人/平方公里）Density of Population (person/sq. km)	从业人员（万人）Employed Persons (10000 persons)	#第二产业 Secondary Industry	#第三产业 Tertiary Industry
沿海三市	**Three Cities**	**2076.78**	**32473**	**640**	**1114.06**	**421.86**	**408.51**
沿海地带合计	**Coastal Regions**	**1745.04**	**28382**	**615**	**959.33**	**360.12**	**356.97**
南通市市区	Nantong	211.54	1521	1391	134.19	61.41	56.39
海安县	Haian	93.42	1108	843	54.77	27.07	18.75
如东县	Rudong	104.84	1733	605	64.51	31.76	22.55
启东市	Qidong	112.05	1208	928	69.75	30.54	23.54
海门市	Haimen	99.86	939	1063	64.49	29.39	21.84
连云港市区	Lianyungang	93.59	1156	810	93.38	35.33	49.61
赣榆县	Ganyu	112.62	1427	789	59.98	20.97	19.10
东海县	Donghai	115.10	2037	565	63.51	19.14	19.07
灌云县	Guanyun	100.26	1853	541	47.43	12.20	15.08
灌南县	Guannan	76.16	1027	742	37.78	8.21	11.35
盐城市市区	Yancheng	163.28	1862	877	68.41	23.98	25.65
响水县	Xiangshui	61.33	1461	420	21.69	6.07	7.92
滨海县	Binhai	117.60	1915	614	42.13	9.27	15.42
射阳县	Sheyang	97.49	2855	341	42.34	12.28	15.16
东台市	Dongtai	113.36	3221	352	57.79	20.23	21.15
大丰市	Dafeng	72.54	3059	237	37.18	12.27	14.39

19－6 续 表 1 Continued 1

地　区	Region	地区生产总值（亿元）Gross Domectic Product（100 million yuan）	第一产业 Primary Industry	第二产业 Seconary Industry	#工业 Industry	第三产业 Tertiary Industry	人均地区生产总值（元）Per Capita GDP（yuan）
沿海三市	**Three Cities**	**6991.74**	**823.03**	**3550.18**	**2935.84**	**2618.53**	**36794**
沿海地带合计	**Coastal Regions**	**6060.60**	**698.49**	**3123.84**	**2586.46**	**2238.26**	**37640**
南通市市区	Nantong	1392.81	45.94	750.27	620.85	596.59	62132
海 安 县	Haian	355.57	38.25	193.26	157.53	124.06	41374
如 东 县	Rudong	352.36	45.10	188.25	152.01	119.01	35592
启 东 市	Qidong	430.04	54.49	229.98	183.37	145.57	44745
海 门 市	Haimen	500.10	37.29	301.95	247.14	160.86	55634
连云港市区	Lianyungang	437.39	28.18	221.80	177.23	187.41	42678
赣 榆 县	Ganyu	223.07	36.64	109.56	81.98	76.87	23199
东 海 县	Donghai	200.14	41.10	91.21	78.12	67.83	20696
灌 云 县	Guanyun	150.13	40.99	69.88	53.40	39.26	17765
灌 南 县	Guannan	140.08	29.19	70.37	58.86	40.52	22472
盐城市市区	Yancheng	625.76	59.88	344.17	289.12	221.71	38785
响 水 县	Xiangshui	135.20	29.44	64.87	57.44	40.89	26502
滨 海 县	Binhai	198.16	41.09	84.87	72.11	72.20	20668
射 阳 县	Sheyang	244.67	55.37	99.70	91.35	89.60	27070
东 台 市	Dongtai	381.54	63.37	175.07	155.92	143.10	36616
大 丰 市	Dafeng	293.58	52.17	128.63	110.03	112.78	41913

地 区	Region	三次产业占GDP比重(%) Percentage of Three Industries to GDP (%) 第一产业 Primary Industry	第二产业 Seconary Industry	#工 业 Industry	第三产业 Tertiary Industry	地方财政一般预算收入占GDP比重(%) Percentage of General Budgetary Revenue in Local Finance to GDP(%)	外贸依存度(%) Interdependent Level to Foreign Trade (%)
沿海三市	**Three Cities**	**11.8**	**50.8**	**42.0**	**37.5**	**8.9**	**29.2**
沿海地带合计	**Coastal Regions**	**11.5**	**51.5**	**42.7**	**36.9**	**9.1**	**31.1**
南通市市区	Nantong	3.3	53.9	44.6	42.8	11.1	64.6
海安县	Haian	10.8	54.4	44.3	34.9	5.8	21.0
如东县	Rudong	12.8	53.4	43.1	33.8	5.4	18.4
启东市	Qidong	12.7	53.5	42.6	33.9	7.3	40.5
海门市	Haimen	7.5	60.4	49.4	32.2	6.3	16.7
连云港市区	Lianyungang	6.4	50.7	40.5	42.8	16.1	67.2
赣榆县	Ganyu	16.4	49.1	36.8	34.5	8.2	4.4
东海县	Donghai	20.5	45.6	39.0	33.9	9.0	9.7
灌云县	Guanyun	27.3	46.5	35.6	26.2	11.0	8.8
灌南县	Guannan	20.8	50.2	42.0	28.9	13.0	5.4
盐城市市区	Yancheng	9.6	55.0	46.2	35.4	10.9	25.0
响水县	Xiangshui	21.8	48.0	42.5	30.2	8.0	18.2
滨海县	Binhai	20.7	42.8	36.4	36.4	7.3	3.9
射阳县	Sheyang	22.6	40.7	37.3	36.6	6.0	3.9
东台市	Dongtai	16.6	45.9	40.9	37.5	6.9	4.9
大丰市	Dafeng	17.8	43.8	37.5	38.4	7.0	9.8

地　区	Region	规模以上工业企业个数（个）Number of Over Scale Industrial Enterprises (unit)	从业人员平均人数（万人）Average Number of Employees (10000 persons)	工业总产值（亿元）Total Output Value of Industry (100 million yuan)	#制造业 Manufacturing	主营业务收入（亿元）Major Business Revenue (100 million yuan)	利税总额（亿元）Total Pre-tax Profits (100 million yuan)
沿海三市	**Three Cities**	**13064**	**169.52**	**13257.77**	**12924.45**	**13051.70**	**1483.14**
沿海地带合计	**Coastal Regions**	**11136**	**142.55**	**11518.64**	**11222.65**	**11315.93**	**1304.41**
南通市市区	Nantong	2708	34.19	2797.89	2727.27	2705.62	284.57
海安县	Haian	932	10.18	852.68	849.72	839.33	97.43
如东县	Rudong	1009	11.06	854.99	846.56	836.62	86.39
启东市	Qidong	839	10.95	858.09	811.69	845.66	101.42
海门市	Haimen	948	9.83	1031.95	1029.28	1055.48	152.04
连云港市区	Lianyungang	389	9.04	857.98	760.10	842.37	140.87
赣榆县	Ganyu	364	3.93	360.63	357.44	359.14	44.88
东海县	Donghai	375	3.65	247.41	242.94	241.78	23.32
灌云县	Guanyun	261	3.27	219.27	212.49	217.48	21.11
灌南县	Guannan	259	2.82	250.99	250.70	244.70	22.73
盐城市市区	Yancheng	868	15.20	1338.95	1319.88	1299.87	153.09
响水县	Xiangshui	177	3.22	273.15	269.59	262.59	31.33
滨海县	Binhai	256	4.34	281.41	277.70	279.85	31.60
射阳县	Sheyang	354	4.61	353.48	335.17	350.54	26.07
东台市	Dongtai	785	9.43	558.36	554.34	556.05	54.92
大丰市	Dafeng	612	6.84	381.41	377.77	378.83	32.64

地 区	Region	城镇固定资产投资（亿元）Urban Investment in Fixed Assets (100 million yuan)	#房地产开发 Real Estate Development	社会消费品零售总额（亿元）Total Retail Sales of Consumer Goods (100 million yuan)	进出口总额（亿美元）Total Imports and Exports (USD 100 million)	#出 口 Exports	实际外商直接投资（亿美元）Actual Direct Foreign Investment (USD 100 million)
沿海三市	**Three Cities**	**3257.16**	**570.61**	**2472.24**	**300.84**	**190.04**	**44.65**
沿海地带合计	**Coastal Regions**	**2946.51**	**527.19**	**2148.70**	**278.76**	**177.37**	**40.37**
南通市市区	Nantong	643.15	181.66	477.81	132.98	85.41	7.00
海安县	Haian	171.07	21.76	134.15	11.03	9.03	1.42
如东县	Rudong	110.63	18.29	147.31	9.58	8.08	2.79
启东市	Qidong	116.53	12.15	169.64	25.74	19.18	2.50
海门市	Haimen	106.26	15.42	174.97	12.32	9.33	3.49
连云港市区	Lianyungang	378.50	69.99	172.14	43.40	20.23	4.58
赣榆县	Ganyu	133.98	18.95	78.82	1.43	1.27	1.60
东海县	Donghai	123.77	13.13	76.23	2.87	1.81	1.71
灌云县	Guanyun	142.73	13.26	58.02	1.95	1.79	1.51
灌南县	Guannan	141.84	17.02	41.54	1.11	0.92	1.61
盐城市市区	Yancheng	393.27	85.00	251.91	23.15	9.96	4.17
响水县	Xiangshui	79.23	8.72	31.55	3.64	2.72	1.00
滨海县	Binhai	85.54	11.24	52.39	1.13	1.06	1.18
射阳县	Sheyang	77.87	6.85	82.29	1.43	1.03	1.10
东台市	Dongtai	121.34	18.30	118.34	2.78	2.44	2.35
大丰市	Dafeng	120.81	15.44	81.59	4.23	3.12	2.35

19－6 续 表5 Continued 5

单位:亿元 (100 million yuan)

地 区	Region	地方财政一般预算收入 General Budgetary Revenue in Locel Finance	#税收收入 Taxes	地方财政一般预算支出 General Budgetary Expenditure in Local Finance	年末金融机构存款余额 Deposits Balance of Banking Institutions (year－end)	#城乡居民储蓄存款 Savings Deposits by Residents	年末金融机构贷款余额 Loans Balance of Banking Institutions (year－end)
沿海三市	**Three Cities**	**623.55**	**461.34**	**811.40**	**8081.08**	**4343.36**	**5016.01**
沿海地带合计	**Coastal Regions**	**553.37**	**406.64**	**699.81**	**7268.82**	**3807.24**	**4651.14**
南通市市区	Nantong	155.04	114.60	132.87	2492.49	1090.55	1571.79
海安县	Haian	20.52	16.93	33.37	476.68	306.48	292.22
如东县	Rudong	19.04	15.31	34.81	360.86	250.64	179.58
启东市	Qidong	31.26	25.22	34.11	494.16	353.07	279.61
海门市	Haimen	31.27	23.79	34.13	546.74	361.98	285.56
连云港市区	Lianyungang	70.32	47.75	78.49	792.77	259.32	655.24
赣榆县	Ganyu	18.40	13.42	33.03	130.47	85.03	98.72
东海县	Donghai	18.02	12.45	31.94	141.63	86.69	87.28
灌云县	Guanyun	16.47	11.91	28.86	113.17	64.77	63.14
灌南县	Guannan	18.18	11.82	30.44	65.77	42.43	41.88
盐城市市区	Yancheng	67.95	52.05	82.78	743.69	311.82	529.64
响水县	Xiangshui	10.80	8.41	18.46	76.41	44.78	65.21
滨海县	Binhai	14.52	10.75	27.90	118.48	70.59	79.98
射阳县	Sheyang	14.75	8.85	27.55	160.29	106.52	112.83
东台市	Dongtai	26.18	17.84	39.90	311.84	229.24	177.26
大丰市	Dafeng	20.67	15.52	31.17	243.37	143.35	131.20

19－6 续 表6 Continued 6

地　区	Region	公路里程（公里）Total Length of Highways (km)	民用汽车拥有量（万辆）Number of Civil Motor Vehicles Owned (10000 units)	公路客运量（万人）Passenger Traffic (10000 persons)	公路货运量（万吨）Freight Traffic (10000 tons)	邮电业务总量（亿元）Total Volume of Postal and Telecommunication (100 million yuan)	全社会用电量（亿千瓦时）Total Consumption of Electricity (100 million kW·h)
沿海三市	**Three Cities**	**46569**	**90.53**	**41529**	**31307**	**128.41**	**491.84**
沿海地带合计	**Coastal Regions**	**40189**	**80.45**	**28317**	**22665**	**111.69**	**423.31**
南通市市区	Nantong	3932	20.40	9989	7735	25.48	109.74
海安县	Haian	2244	3.61	1589	1829	6.45	31.21
如东县	Rudong	2418	4.13	747	1519	6.58	27.73
启东市	Qidong	3406	5.60	1808	896	7.36	19.91
海门市	Haimen	2384	5.27	1026	1035	7.16	26.01
连云港市区	Lianyungang	1406	7.42	8565	4458	11.19	33.18
赣榆县	Ganyu	2676	3.35	1297	1813	4.72	16.68
东海县	Donghai	2865	3.60	1261	1562	4.75	14.16
灌云县	Guanyun	2482	2.77	1089	1017	3.56	7.04
灌南县	Guannan	1794	1.75	946	801	2.76	12.46
盐城市市区	Yancheng	2529	8.68			12.97	36.64
响水县	Xiangshui	1649	1.58			2.30	14.92
滨海县	Binhai	2010	3.19			3.40	12.66
射阳县	Sheyang	2413	2.64			4.16	13.10
东台市	Dongtai	3046	3.37			4.87	28.06
大丰市	Dafeng	2935	3.11			3.98	19.83

地 区	Region	专利申请受理量（件）Applications Accepted (unit)	中专以上在校生数（万人）Number of Students Enrolled in Above Secondary Specialized Schools (10000 persons)	公共图书馆图书藏量（千册）Total Volume of Collections of Public Libraries (1000 volumes)	卫生技术人员（万人）Number of Medical and Technical Personnel (10000 persons)	工业废水排放达标量（万吨）Volume of Industrial Waste Water Emission Standiardized (10000 tons)	"三废"综合利用产品产值（万元）Output Value of Products Made from Comprehensive Utilization of "three wastes" (10000 yuan)
沿海三市	**Three Cities**	**46841**	**31.87**	**6420**	**6.93**	**31144**	**392186**
沿海地带合计	**Coastal Regions**	**39847**	**31.50**	**5943**	**6.06**	**27107**	**355002**
南通市市区	Nantong	13695	11.31	1423	1.41	7370	58577
海安县	Haian	5399	0.01	331	0.31	1555	2860
如东县	Rudong	2113	0.50	226	0.32	2092	548
启东市	Qidong	4566	0.69	224	0.30	1423	8534
海门市	Haimen	7346	0.38	465	0.34	1294	10481
连云港市区	Lianyungang	1011	6.41	780	0.74	1197	8587
赣榆县	Ganyu	346	0.79	193	0.25	1265	601
东海县	Donghai	344	0.60	529	0.22	640	234
灌云县	Guanyun	217	0.55	72	0.21	236	625
灌南县	Guannan	200	0.40	150	0.16	134	
盐城市市区	Yancheng	1499	9.54	746	0.76	3381	7927
响水县	Xiangshui	178		71	0.12	1116	130
滨海县	Binhai	392	0.30	93	0.21	704	1057
射阳县	Sheyang	399		185	0.21	925	5517
东台市	Dongtai	1064		239	0.29	2363	247137
大丰市	Dafeng	1078		216	0.22	1411	2187

19－7　沿东陇海线地区主要指标（2010 年）

Main Indicators of the East Region along the Long-hai Railway(2010)

地　　区	Region	年末总人口（万人）Total Population at Year-end (10000 persons)	土地面积（平方公里）Land Area (sq. km)	人口密度（人/平方公里）Density of Population (person/sq. km)	从业人员（万人）Employed Persons (10000 persons)	#第二产业 Secondary Industry	#第三产业 Tertiary Industry
东陇海合计	**Total**	**804.04**	**9890**	**813**	**480.98**	**173.76**	**189.46**
徐州市市区	Xuzhou	312.72	3038	1029	178.91	64.85	76.48
新 沂 市	Xinyi	104.01	1571	662	55.57	19.75	15.05
邳 州 市	Pizhou	178.62	2088	855	89.61	34.69	29.25
连云港市区	Lianyungang	93.59	1156	810	93.38	35.33	49.61
东 海 县	Donghai	115.10	2037	565	63.51	19.14	19.07

19－7　续表 1　Continued 1

地　　区	Region	地区生产总　值（亿元）Gross Domectic Product (100 million yuan)	第一产业 Primary Industry	第二产业 Seconary Industry	#工　业 Industry	第三产业 Tertiary Industry	人均地区生产总值（元）Per Capita GDP (yuan)
东陇海合计	**Total**	**3023.58**	**217.07**	**1544.43**	**1356.03**	**1262.09**	**40643**
徐州市市区	Xuzhou	1779.47	52.12	967.37	883.11	759.98	57742
新 沂 市	Xinyi	241.20	36.09	103.30	87.15	101.81	26360
邳 州 市	Pizhou	365.39	59.58	160.75	130.42	145.06	25186
连云港市区	Lianyungang	437.39	28.18	221.80	177.23	187.41	42683
东 海 县	Donghai	200.14	41.10	91.21	78.12	67.83	20696

19－7 续 表2 Continued 2

地　区	Region	三次产业占GDP比重(%) Percentage of Three Industries to GDP(%)				地方财政一般预算收入占GDP比重 Percentage of General Budgetary Revenue in local Finance to GDP(%)	外贸依存度(%) Interdependent Level to Foreign Trade (%)
		第一产业 Primary Industry	第二产业 Seconary Industry	#工　业 Industry	第三产业 Tertiary Industry		
东陇海合计	**Total**	**7.2**	**51.1**	**44.8**	**41.7**	**8.7**	**18.9**
徐州市市区	Xuzhou	2.9	54.4	49.6	42.7	7.6	10.9
新 沂 市	Xinyi	15.0	42.8	36.1	42.2	7.3	7.0
邳 州 市	Pizhou	16.3	44.0	35.7	39.7	6.3	12.4
连云港市区	Lianyungang	6.4	50.7	40.5	42.8	16.1	67.2
东 海 县	Donghai	20.5	45.6	39.0	33.9	9.0	9.7

19－7 续 表3 Continued 3

地　区	Region	规模以上工业企业个数(个) Number of Over Scale Industrial Enterprises (unit)	从业人员平均人数(万人) Average Number of Employees (10000 persons)	工业总产值(亿元) Total Output Value (100 million yuan)	#制造业 Manufacturing	主营业务收入(亿元) Major Business Revenue (100 million yuan)	利税总额(亿元) Total Pre-tax Profits (100 million yuan)
东陇海合计	**Total**	**3083**	**63.52**	**5288.60**	**4742.01**	**5297.34**	**859.37**
徐州市市区	Xuzhou	1261	34.23	3114.09	2725.71	3133.03	543.13
新 沂 市	Xinyi	413	5.41	381.42	371.34	382.41	46.61
邳 州 市	Pizhou	645	11.19	687.70	641.91	697.75	105.43
连云港市区	Lianyungang	389	9.04	857.98	760.10	842.37	140.87
东 海 县	Donghai	375	3.65	247.41	242.94	241.78	23.32

19－7 续 表4 Continued 4

地 区	Region	城镇固定资产投资(亿元) Urban Investment in Fixed Assets (100 million yuan)	#房地产开发 Real Estate Development	社会消费品零售总额(亿元) Total Retail Sales of Consumer Goods (100 million yuan)	进出口总额(亿美元) Total Imports and Exports (USD 100 million)	#出 口 Export	实际外商直接投资(亿美元) Actual Direct Foreign Investment (USD 100 million)
东陇海合计	**Total**	**1809.68**	**251.08**	**999.38**	**84.25**	**45.83**	**14.72**
徐州市市区	Xuzhou	966.43	126.61	605.29	28.78	15.84	7.58
新 沂 市	Xinyi	155.86	22.12	61.33	2.51	1.54	0.42
邳 州 市	Pizhou	185.12	19.21	84.39	6.69	6.41	0.42
连云港市区	Lianyungang	378.50	69.99	172.14	43.40	20.23	4.58
东 海 县	Donghai	123.77	13.13	76.23	2.87	1.81	1.71

19－7 续 表5 Continued 5

单位:亿元 (100 million yuan)

地 区	Region	地方财政一般预算收入 General Budgetary Revenue in Locel Finance	#税收收入 Taxes	地方财政一般预算支出 General Budgetary Expenditure in Local Finance	年末金融机构存款余额 Deposits Balance of Banking Institutions (year－end)	#城乡居民储蓄存款 Savings Deposits by Residents	年末金融机构贷款余额 Loans Balance of Banking Institutions (year－end)
东陇海合计	**Total**	**263.42**	**195.06**	**344.00**	**3077.05**	**1327.52**	**1963.60**
徐州市市区	Xuzhou	134.40	104.08	162.11	1828.10	790.89	990.13
新 沂 市	Xinyi	17.58	13.67	30.35	136.78	71.04	106.78
邳 州 市	Pizhou	23.10	17.11	41.11	177.77	119.59	124.16
连云港市区	Lianyungang	70.32	47.75	78.49	792.77	259.32	655.24
东 海 县	Donghai	18.02	12.45	31.94	141.63	86.69	87.28

19－7　续　表 6　Continued 6

地　区 Region		公路里程（公里）Total Length of Highways (km)	民用汽车拥用量（万辆）Number of Civil Motor Vehicles Owned (10000 units)	公路客运量（万人）Passenger Traffic (10000 persons)	公路货运量（万吨）Freight Traffic (10000 tons)	邮电业务总量（亿元）Total Volume of Postal and Telecommunication (100 million yuan)	全社会用电量（亿千瓦时）Total Consumption of Electricity (100 million kW·h)
东陇海合计	**Total**	**13973**	**42.72**	**24729**	**15762**	**70.76**	**246.17**
徐州市市区	Xuzhou	3902	22.88	11394	5924	40.80	149.94
新 沂 市	Xinyi	2772	3.21	2276	1815	6.07	29.81
邳 州 市	Pizhou	3027	5.60	1234	2003	7.95	19.08
连云港市区	Lianyungang	1406	7.42	8565	4458	11.19	33.18
东 海 县	Donghai	2865	3.60	1261	1562	4.75	14.16

19－7　续 表 7　Continued 7

地　区 Region		专利申请受理量（件）Applications Accepted (unit)	中专以上在校生数（万人）Number of Students Enrolled in Above Secondary Specialized Shools (10000 persons)	公共图书馆图书藏量（千册、件）Total Volume of Collections of Public Libraries (1000 volumes)	卫生技术人　员（万人）Number of Medical and Technical Personnel (10000 persons)	工业废水排放达标量（万吨）Volume of Industrial Waste Water Emission Standiardized (10000 tons)	"三废"综合利用产品产值(万元) Output Value of Products from Comprehersive Use of "three wastes" (10000 yuan)
东陇海合计	**Total**	**8742**	**23.87**	**3119**	**3.42**	**8495**	**71283**
徐州市市区	Xuzhou	6317	16.60	1434	1.73	4332	48847
新 沂 市	Xinyi	636		254	0.27	1916	5849
邳 州 市	Pizhou	434	0.25	122	0.46	410	7767
连云港市区	Lianyungang	1011	6.41	780	0.74	1197	8587
东 海 县	Donghai	344	0.60	529	0.22	640	234

市县社会经济

Social Economy of Cities and Counties

简 要 说 明

一、本篇资料的主要内容

本篇资料反映市县经济社会发展情况。

二、资料来源

本篇资料主要根据市县社会经济基本情况统计年报加工整理。

Brief Introduction

I. Main Contents

Data in this chapter reflect the economic and social development of cities and counties.

Ⅱ. Date Source

Data in this chapter mainly based on the basic socio – economic situation annual report.

20-1 人　　口（2010年）
Population (2010)

市　县 City and County		年末户籍人口（万人）Total Population at Year-end (10000 persons)	#女　性 Female	年平均人口（万人）Average Person Per Year (10000 persons)	出生人口（人）Birth (person)	死亡人口（人）Death (person)
南京市	**Nanjing City**	**632.42**	**312.77**	**631.10**	**43889**	**38231**
溧水县	Lishui County	41.33	20.26	41.35	1743	4236
高淳县	Gaochun County	42.72	20.68	42.58	2167	3236
无锡市	**Wuxi City**	**466.56**	**234.23**	**466.10**	**36504**	**33234**
江阴市	Jiangyin City	120.71	60.10	120.53	10448	8269
宜兴市	Yixing City	107.24	54.02	107.21	8297	8906
徐州市	**Xuzhou City**	**972.89**	**470.45**	**965.25**	**88440**	**79390**
丰　县	Fengxian County	116.49	56.12	115.53	9881	10533
沛　县	Peixian County	127.94	61.97	126.87	12782	9313
睢宁县	Suining County	133.12	64.02	133.01	9929	13029
新沂市	Xinyi City	104.01	50.40	102.98	8873	5704
邳州市	Pizhou City	178.62	86.29	175.28	16902	9416
常州市	**Changzhou City**	**360.80**	**180.50**	**360.31**	**27950**	**30510**
溧阳市	Liyang City	78.15	38.48	78.14	6164	7927
金坛市	Jintan City	54.90	27.44	54.96	3688	7010
苏州市	**Suzhou City**	**637.66**	**323.24**	**635.47**	**58402**	**42866**
常熟市	Changshu City	106.69	54.71	106.67	6452	8308
张家港市	Zhangjiagang City	90.51	45.85	90.26	7763	6366
昆山市	Kunshan City	71.13	35.59	70.56	7477	3939
吴江市	Wujiang City	79.96	40.41	79.84	7102	6087
太仓市	Taicang City	46.89	24.10	46.80	3066	3870

市 县 City and County		年末户籍人口（万人）Total Population at Year-end (10000 persons)	#女 性 Female	年平均人口（万人）Average Person Per Year (10000 persons)	出生人口（人）Birth (person)	死亡人口（人）Death (person)
南 通 市	**Nantong City**	**762.92**	**385.55**	**762.79**	**53385**	**60138**
海 安 县	Haian County	93.42	47.04	93.55	4953	7187
如 东 县	Rudong County	104.84	52.98	105.07	5755	10311
启 东 市	Qidong City	112.05	56.97	111.82	8435	7783
如 皋 市	Rugao City	141.21	70.60	140.97	10114	10569
海 门 市	Haimen City	99.86	50.57	99.85	7900	7266
连云港市	**Lianyungang City**	**497.73**	**238.39**	**494.18**	**68558**	**43738**
赣 榆 县	Ganyu County	112.62	53.58	111.71	14955	15016
东 海 县	Donghai County	115.10	55.38	114.13	16905	8665
灌 云 县	Guanyun County	100.26	47.66	100.89	14304	4438
灌 南 县	Guannan County	76.16	35.94	76.31	9081	9146
淮 安 市	**Huaian City**	**538.74**	**261.98**	**536.45**	**74395**	**38310**
涟 水 县	Lianshui County	109.35	52.66	108.95	16910	5940
洪 泽 县	Hongze County	38.08	18.82	38.47	4295	2993
盱 眙 县	Xuyi County	77.03	37.58	76.49	8832	5174
金 湖 县	Jinhu County	35.94	17.91	36.10	2492	6952
盐 城 市	**Yancheng City**	**816.12**	**396.05**	**814.25**	**101174**	**66682**
响 水 县	Xiangshui County	61.33	29.04	61.13	10456	5161
滨 海 县	Binhai County	117.60	56.27	116.87	18206	6820
阜 宁 县	Funing County	109.64	52.41	109.52	13700	10292
射 阳 县	Sheyang County	97.49	47.54	97.04	16481	6568
建 湖 县	Jianhu County	80.89	39.06	80.73	7774	6054

市 县 City and County		年末户籍人口（万人） Total Population at Year-end (10000 persons)	#女 性 Female	年平均人口（万人） Average Person Per Year (10000 persons)	出生人口（人） Birth (person)	死亡人口（人） Death (person)
东 台 市	Dongtai City	113.36	56.26	113.57	8707	11691
大 丰 市	Dafeng City	72.54	36.33	72.48	5250	5577
扬 州 市	**Yangzhou City**	**459.12**	**228.91**	**458.96**	**35396**	**42870**
宝 应 县	Baoying County	91.38	45.20	91.50	8313	11871
仪 征 市	Yizheng City	56.52	27.89	56.56	4091	5300
高 邮 市	Gaoyou City	82.08	41.15	82.04	4752	6856
江 都 市	Jiangdu City	106.65	53.15	106.62	8018	10421
镇 江 市	**Zhenjiang City**	**270.71**	**135.55**	**270.29**	**21247**	**21053**
丹 阳 市	Danyang City	80.88	40.68	80.85	6009	6334
扬 中 市	Yangzhong City	27.82	14.11	27.74	2271	2264
句 容 市	Jurong City	58.48	29.29	58.22	5249	6008
泰 州 市	**Taizhou City**	**504.65**	**246.93**	**504.31**	**46316**	**56022**
兴 化 市	Xinghua City	156.12	74.68	156.03	19747	20606
靖 江 市	Jingjiang City	66.82	33.18	66.76	4186	5707
泰 兴 市	Taixing City	119.62	58.66	119.67	9306	11308
姜 堰 市	Jiangyan City	79.38	39.23	79.46	4066	5266
宿 迁 市	**Suqian City**	**546.28**	**264.13**	**543.44**	**101598**	**54721**
沭 阳 县	Shuyang County	183.06	88.54	181.16	43042	13051
泗 阳 县	Siyang County	101.73	48.60	101.07	9503	9619
泗 洪 县	Sihong County	101.71	49.44	101.57	20975	13333

20－2　户数及土地面积（2010 年）
Number of Households and Land Area (2010)

市　县	City and County	年末总户数（万户）Number of Households at Year-end (10000 households)	#乡村户数 Rural Household	人口密度（人/平方公里）Density of Population (person/sq. km)	土地面积（平方公里）Land Area (sq. km)	建成区面积（平方公里）Developed Areas (sq. km)	建成区绿化覆盖面积（公顷）Coverage Space of Green Areas Developed (hectare)
南京市	**Nanjing City**	**209.29**	**65.21**	**960**	**6587**	**655**	**28942**
溧水县	Lishui County	14.13	10.47	389	1064	21	877
高淳县	Gaochun County	14.66	11.24	541	790	15	629
无锡市	**Wuxi City**	**155.56**	**72.49**	**1008**	**4627**	**349**	**14865**
江阴市	Jiangyin City	36.58	22.95	1223	987	54	2281
宜兴市	Yixing City	38.04	22.98	537	1997	63	2726
徐州市	**Xuzhou City**	**277.28**	**187.25**	**864**	**11259**	**398**	**16010**
丰　县	Fengxian County	31.79	26.49	806	1446	23	799
沛　县	Peixian County	38.39	24.23	948	1349	34	1405
睢宁县	Suining County	33.89	28.48	753	1767	30	1083
新沂市	Xinyi City	32.64	22.56	662	1571	32	1273
邳州市	Pizhou City	45.42	37.10	855	2088	40	1590
常州市	**Changzhou City**	**127.11**	**78.72**	**825**	**4372**	**197**	**8278**
溧阳市	Liyang City	26.45	19.81	509	1535	23	933
金坛市	Jintan City	21.11	14.20	563	976	22	894
苏州市	**Suzhou City**	**211.79**	**97.63**	**751**	**8488**	**680**	**29162**
常熟市	Changshu City	33.53	20.24	836	1276	98	4344
张家港市	Zhangjiagang City	34.09	20.68	915	990	64	2791
昆山市	Kunshan City	23.88	11.03	763	932	46	2025
吴江市	Wujiang City	25.53	16.25	646	1238	82	3356
太仓市	Taicang City	14.72	7.16	570	823	42	1716

市 县 City and County		年末总户数（万户）Number of Households at Year-end (10000 households)	#乡村户数 Rural Household	人口密度（人/平方公里）Density of Population (person/sq. km)	土地面积（平方公里）Land Area (sq. km)	建成区面积（平方公里）Developed Areas (sq. km)	建成区绿化覆盖面积（公顷）Coverage Space of Green Areas Developed (hectare)
南通市	**Nantong City**	**283.17**	**212.61**	**954**	**8001**	**211**	**8524**
海安县	Haian County	34.75	25.45	843	1108	14	577
如东县	Rudong County	37.72	31.34	605	1733	18	706
启东市	Qidong City	46.30	39.34	928	1208	18	604
如皋市	Rugao City	45.77	35.78	946	1492	17	671
海门市	Haimen City	38.40	30.56	1063	939	21	840
连云港市	**Lianyungang City**	**139.66**	**91.85**	**664**	**7500**	**217**	**8235**
赣榆县	Ganyu County	34.25	23.24	789	1427	25	986
东海县	Donghai County	29.12	24.83	565	2037	24	905
灌云县	Guanyun County	26.67	19.57	541	1853	27	916
灌南县	Guannan County	20.79	15.59	742	1027	22	781
淮安市	**Huaian City**	**159.97**	**99.97**	**535**	**10072**	**199**	**7717**
涟水县	Lianshui County	27.42	21.64	655	1670	25	775
洪泽县	Hongze County	12.43	8.36	273	1394	12	422
盱眙县	Xuyi County	21.83	15.48	309	2493	27	1107
金湖县	Jinhu County	13.01	8.16	267	1344	16	661
盐城市	**Yancheng City**	**277.86**	**188.07**	**481**	**16972**	**251**	**9822**
响水县	Xiangshui County	17.94	11.85	420	1461	19	710
滨海县	Binhai County	34.83	24.60	614	1915	30	1135
阜宁县	Funing County	35.77	21.66	762	1439	27	1049
射阳县	Sheyang County	32.82	22.78	341	2855	20	828
建湖县	Jianhu County	31.07	20.32	697	1160	22	853

市 县 City and County		年末总户数(万户) Number of Households at Year-end (10000 households)	#乡村户数 Rural Household	人口密度(人/平方公里) Density of Population (person/sq. km)	土地面积(平方公里) Land Area (sq. km)	建成区面积(平方公里) Developed Areas (sq. km)	建成区绿化覆盖面积(公顷) Coverage Space of Green Areas Developed (hectare)
东 台 市	Dongtai City	40.89	33.21	352	3221	28	1132
大 丰 市	Dafeng City	28.32	21.10	237	3059	16	646
扬 州 市	**Yangzhou City**	**154.21**	**102.07**	**697**	**6591**	**202**	**8503**
宝 应 县	Baoying County	29.78	20.24	625	1462	29	1204
仪 征 市	Yizheng City	19.42	12.06	659	857	38	1553
高 邮 市	Gaoyou City	26.70	18.33	427	1922	22	903
江 都 市	Jiangdu City	37.26	29.96	802	1330	31	1290
镇 江 市	**Zhenjiang City**	**102.23**	**58.19**	**704**	**3847**	**163**	**6770**
丹 阳 市	Danyang City	28.65	19.51	772	1047	24	957
扬 中 市	Yangzhong City	10.99	7.82	840	331	11	442
句 容 市	Jurong City	22.37	15.33	422	1387	20	795
泰 州 市	**Taizhou City**	**172.93**	**121.92**	**872**	**5787**	**163**	**6558**
兴 化 市	Xinghua City	54.03	38.03	652	2395	21	824
靖 江 市	Jingjiang City	22.16	14.64	1019	656	33	1322
泰 兴 市	Taixing City	40.21	31.10	1023	1170	23	909
姜 堰 市	Jiangyan City	27.56	22.26	856	928	21	850
宿 迁 市	**Suqian City**	**148.50**	**107.28**	**639**	**8555**	**187**	**7303**
沭 阳 县	Shuyang County	49.65	37.28	797	2298	60	2258
泗 阳 县	Siyang County	27.08	20.10	717	1418	33	1296
泗 洪 县	Sihong County	29.31	19.68	372	2731	29	1112

20－3 法人单位数(2010年)
Number of Corporations (2010)

单位:个 (unit)

地 区	City and County	合 计 Total	企 业 Benterprises	事业单位 Institutions	机关 Agencies & Organizations	社会团体 Social Organizations	民办非企业单位 Non-enterprise Units Run by NGO	其他组织机构 Others
南京市	**Nanjing City**	**88122**	**78976**	**3255**	**1117**	**851**	**1046**	**2877**
溧水县	Lishui County	4385	3696	237	70	24	26	332
高淳县	Gaochun County	3916	3234	245	85	70	47	235
无锡市	**Wuxi City**	**112449**	**105117**	**2668**	**694**	**954**	**752**	**2264**
江阴市	Jiangyin City	25408	23886	534	134	190	122	542
宜兴市	Yixing City	18198	16643	568	104	188	160	535
徐州市	**Xuzhou City**	**49231**	**38872**	**3408**	**1010**	**1161**	**872**	**3908**
丰 县	Fengxian County	3905	2680	466	96	132	59	472
沛 县	Peixian County	4693	3304	395	113	195	124	562
睢宁县	Suining County	3948	2724	400	89	48	132	555
新沂市	Xinyi City	4184	3158	339	88	143	78	378
邳州市	Pizhou City	4780	3350	444	137	129	63	657
常州市	**Changzhou City**	**71237**	**64924**	**2215**	**636**	**1161**	**413**	**1888**
溧阳市	Liyang City	5910	4691	380	96	172	70	501
金坛市	Jintan City	6189	5185	387	103	194	67	253
苏州市	**Suzhou City**	**184668**	**174726**	**3667**	**930**	**1621**	**811**	**2913**
常熟市	Changshu City	18876	17497	543	103	158	99	476
张家港市	Zhangjiagang City	22395	21106	430	110	161	50	538
昆山市	Kunshan City	38235	36914	580	85	224	67	365
吴江市	Wujiang City	22098	20924	426	99	163	68	418
太仓市	Taicang City	11752	10868	379	82	161	51	211

20－3 续 表1 Continued 1

单位:个 (unit)

地 区 City and County		合 计 Total	企 业 Benterprises	事 业 单 位 Institutions	机 关 Agencies & Organizations	社 会 团 体 Social Organizations	民办非企业单位 Non-enterprise Units Run by NGO	其他组织机构 Others
南通市	**Nantong City**	**72248**	**61923**	**3647**	**794**	**1577**	**1261**	**3046**
海安县	Haian County	8143	6960	541	72	147	127	296
如东县	Rudong County	8170	6852	551	92	214	119	342
启东市	Qidong City	8197	6841	427	104	193	101	531
如皋市	Rugao City	9288	7512	551	102	134	171	818
海门市	Haimen City	8489	6991	527	123	243	180	425
连云港市	**Lianyungang City**	**35853**	**28312**	**2398**	**717**	**1097**	**718**	**2611**
赣榆县	Ganyu County	5972	4388	402	103	211	55	813
东海县	Donghai County	7165	5737	366	120	154	242	546
灌云县	Guanyun County	4351	3005	552	108	225	98	363
灌南县	Guannan County	3978	2816	423	98	169	155	317
淮安市	**Huaian City**	**35285**	**27150**	**3019**	**919**	**1029**	**509**	**2659**
涟水县	Lianshui County	4237	2681	507	132	115	81	721
洪泽县	Hongze County	2878	2060	294	90	97	41	296
盱眙县	Xuyi County	4459	3396	388	106	178	33	358
金湖县	Jinhu County	3578	2854	323	99	77	26	199
盐城市	**Yancheng City**	**52734**	**42618**	**3665**	**991**	**1085**	**592**	**3783**
响水县	Xiangshui County	2681	1713	313	92	216	29	318
滨海县	Binhai County	4162	3094	441	104	131	48	344
阜宁县	Funing County	5467	4492	303	107	63	32	470
射阳县	Sheyang County	4555	3400	419	118	156	65	397
建湖县	Jianhu County	4646	3440	432	105	133	93	443

20－3 续 表2 Continued 2

单位:个 (unit)

地　区 City and County		合　计 Total	企　业 Benterprises	事　业 单　位 Institutions	机　关 Agencies & Organizations	社　会 团　体 Social Organizations	民办非企业单位 Non-enterprise Units Run by NGO	其他组织机构 Others
东台市	Dongtai City	8365	7048	471	119	75	124	528
大丰市	Dafeng City	6588	5402	490	98	103	73	422
扬州市	**Yangzhou City**	**49413**	**41600**	**2702**	**670**	**1072**	**541**	**2828**
宝应县	Baoying County	5247	4058	443	94	124	33	495
仪征市	Yizheng City	5665	4494	400	76	213	69	413
高邮市	Gaoyou City	5804	4653	444	88	90	59	470
江都市	Jiangdu City	11094	9218	648	83	246	90	809
镇江市	**Zhenjiang City**	**37768**	**32496**	**2224**	**578**	**869**	**272**	**1329**
丹阳市	Danyang City	9013	7873	459	115	152	57	357
扬中市	Yangzhong City	5080	4488	271	84	93	37	107
句容市	Jurong City	5377	4486	399	78	88	19	307
泰州市	**Taizhou City**	**44827**	**36914**	**2902**	**544**	**1081**	**636**	**2750**
兴化市	Xinghua City	8235	5953	801	104	261	165	951
靖江市	Jingjiang City	8789	7540	464	77	169	135	404
泰兴市	Taixing City	8835	7539	527	77	168	63	461
姜堰市	Jiangyan City	8056	6899	350	79	153	124	451
宿迁市	**Suqian City**	**28450**	**22830**	**1809**	**590**	**376**	**858**	**1987**
沭阳县	Shuyang County	10031	8537	402	133	65	300	594
泗阳县	Siyang County	4185	3145	295	105	85	257	298
泗洪县	Sihong County	4330	3210	370	104	39	72	535

20-4 年末从业人员（2010年）
Number of Employed Persons (Year-end) (2010)

单位：万人 (10000 persons)

市　县	City and County	从业人员 Total Employed Persons	第一产业 Primary Industry	第二产业 Secondary Industry	#工业 Industry	第三产业 Tertiary Industry	#城镇单位从业人员 Employed Persons of Urban Units
南京市	**Nanjing City**	**457.75**	**51.30**	**174.79**	**122.44**	**231.66**	**125.64**
溧水县	Lishui County	27.90	4.48	16.71	10.35	6.71	3.98
高淳县	Gaochun County	26.55	6.29	13.36	6.51	6.90	4.29
无锡市	**Wuxi City**	**382.34**	**22.81**	**210.41**	**189.74**	**149.12**	**82.95**
江阴市	Jiangyin City	95.77	6.87	54.72	49.82	34.18	19.74
宜兴市	Yixing City	74.05	11.02	38.72	30.35	24.31	10.58
徐州市	**Xuzhou City**	**520.74**	**162.36**	**187.13**	**134.14**	**171.25**	**61.82**
丰　县	Fengxian County	62.76	32.11	18.22	12.19	12.44	4.22
沛　县	Peixian County	60.80	19.33	21.69	13.25	19.77	4.51
睢宁县	Suining County	73.09	26.89	27.93	17.63	18.26	4.36
新沂市	Xinyi City	55.57	20.77	19.75	12.23	15.05	5.20
邳州市	Pizhou City	89.61	25.68	34.69	26.96	29.25	6.45
常州市	**Changzhou City**	**323.41**	**28.25**	**179.64**	**150.03**	**115.52**	**38.16**
溧阳市	Liyang City	53.44	9.44	29.28	17.52	14.72	5.34
金坛市	Jintan City	41.99	5.91	22.62	16.38	13.46	5.44
苏州市	**Suzhou City**	**589.12**	**27.83**	**330.14**	**299.60**	**231.16**	**130.87**
常熟市	Changshu City	90.33	4.49	55.35	50.51	30.49	11.95
张家港市	Zhangjiagang City	82.08	4.30	49.42	44.91	28.36	13.36
昆山市	Kunshan City	88.04	2.26	50.78	44.51	35.00	19.25
吴江市	Wujiang City	68.45	4.44	40.59	37.83	23.42	11.32
太仓市	Taicang City	41.04	3.64	25.41	23.61	11.99	11.79

单位:万人 (10000 persons)

市 县 City and County		从业人员 Total Employed Persons	第一产业 Primary Industry	第二产业 Secondary Industry	#工 业 Industry	第三产业 Tertiary Industry	#城镇单位从业人员 Employed Persons of Urban Units
南 通 市	**Nantong City**	**463.72**	**80.95**	**215.75**	**135.44**	**167.02**	**63.11**
海 安 县	Haian County	54.77	8.95	27.07	16.99	18.75	6.65
如 东 县	Rudong County	64.51	10.20	31.76	20.23	22.55	6.74
启 东 市	Qidong City	69.75	15.67	30.54	17.55	23.54	6.04
如 皋 市	Rugao City	76.01	16.48	35.58	22.42	23.95	6.29
海 门 市	Haimen City	64.49	13.26	29.39	16.54	21.84	6.70
连云港市	**Lianyungang City**	**302.08**	**92.02**	**95.85**	**63.12**	**114.21**	**34.00**
赣 榆 县	Ganyu County	59.98	19.91	20.97	10.28	19.10	3.93
东 海 县	Donghai County	63.51	25.30	19.14	11.36	19.07	4.06
灌 云 县	Guanyun County	47.43	20.15	12.20	7.94	15.08	4.12
灌 南 县	Guannan County	37.78	18.22	8.21	5.95	11.35	3.46
淮 安 市	**Huaian City**	**326.50**	**94.38**	**104.16**	**69.01**	**127.96**	**39.28**
涟 水 县	Lianshui County	62.87	23.78	12.93	8.16	26.16	4.66
洪 泽 县	Hongze County	27.16	7.35	12.34	8.97	7.48	3.07
盱 眙 县	Xuyi County	49.26	14.30	14.98	11.36	19.98	3.93
金 湖 县	Jinhu County	21.72	6.04	7.81	5.80	7.87	2.88
盐 城 市	**Yancheng City**	**348.26**	**110.72**	**110.26**	**66.65**	**127.28**	**51.91**
响 水 县	Xiangshui County	21.69	7.70	6.07	4.86	7.92	3.27
滨 海 县	Binhai County	42.13	17.44	9.27	4.89	15.42	3.76
阜 宁 县	Funing County	41.29	15.28	11.56	4.98	14.45	4.97
射 阳 县	Sheyang County	42.34	14.90	12.28	7.34	15.16	5.87
建 湖 县	Jianhu County	37.43	9.69	14.60	9.51	13.14	5.37

20－4 续 表2 Continued 2

单位:万人 (10000 persons)

市 县	City and County	从业人员 Total Employed Persons	第一产业 Primary Industry	第二产业 Secondary Industry	#工 业 Industry	第三产业 Tertiary Industry	#城镇单位从业人员 Employed Persons of Urban Units
东台市	Dongtai City	57.79	16.41	20.23	12.69	21.15	6.80
大丰市	Dafeng City	37.18	10.52	12.27	8.84	14.39	6.28
扬州市	**Yangzhou City**	**296.84**	**38.52**	**151.78**	**103.85**	**106.54**	**40.09**
宝应县	Baoying County	58.15	11.76	29.59	15.16	16.79	7.97
仪征市	Yizheng City	38.22	3.83	21.79	14.33	12.61	5.52
高邮市	Gaoyou City	48.57	9.04	24.85	17.28	14.68	5.30
江都市	Jiangdu City	63.29	8.96	32.45	21.72	21.88	5.96
镇江市	**Zhenjiang City**	**182.14**	**33.92**	**90.20**	**73.96**	**58.02**	**37.26**
丹阳市	Danyang City	57.82	11.20	32.58	28.01	14.03	8.13
扬中市	Yangzhong City	19.89	3.25	11.56	10.54	5.07	4.40
句容市	Jurong City	35.81	10.02	16.07	10.98	9.72	6.14
泰州市	**Taizhou City**	**284.33**	**67.05**	**118.57**	**77.20**	**98.71**	**37.15**
兴化市	Xinghua City	71.22	27.86	20.39	12.92	22.96	5.55
靖江市	Jingjiang City	40.62	7.12	18.77	15.82	14.72	6.75
泰兴市	Taixing City	66.26	16.38	26.68	15.39	23.20	6.58
姜堰市	Jiangyan City	44.79	8.82	22.32	11.98	13.65	5.33
宿迁市	**Suqian City**	**333.06**	**99.37**	**134.35**	**96.65**	**99.34**	**21.51**
沭阳县	Shuyang County	120.03	33.58	48.35	38.31	38.09	6.22
泗阳县	Siyang County	57.32	17.17	24.81	18.49	15.35	3.56
泗洪县	Sihong County	55.20	25.59	16.76	11.32	12.86	3.92

20－5 在岗职工及私营个体从业人员(2010年)
Number of Staff and Workers and Businessmen of Private Units and Individuals (2010)

单位:万人　　(10000 persons)

市县	City and County	在岗职工人数 Employed	#国有单位 State-owned Units	#城镇集体单位 Urban Collective-owned Units	#港澳台商投资单位 Units Funded by Entrepreneurs from Hong Kong, Macao & Taiwan	#外商投资单位 Foreign Funded Units	私营企业和个体从业人员 Individuals and Employed Persons in Private Enterprises
南京市	**Nanjing City**	**116.71**	**46.27**	**4.57**	**8.35**	**18.33**	**191.73**
溧水县	Lishui County	3.79	1.24	0.13	1.21	0.57	10.87
高淳县	Gaochun County	3.97	1.29	0.15	0.11	0.14	11.70
无锡市	**Wuxi City**	**68.89**	**14.86**	**1.22**	**5.86**	**16.85**	**210.61**
江阴市	Jiangyin City	18.43	3.16	0.34	2.95	1.54	57.11
宜兴市	Yixing City	9.37	2.54	0.30	0.43	0.68	39.34
徐州市	**Xuzhou City**	**58.38**	**38.59**	**2.89**	**1.62**	**1.17**	**129.87**
丰县	Fengxian County	3.84	2.55	0.40	0.10	0.02	8.00
沛县	Peixian County	3.99	3.37	0.41			13.16
睢宁县	Suining County	4.16	2.65	0.31	0.35	0.03	11.00
新沂市	Xinyi City	4.95	2.21	0.32	0.10	0.24	21.15
邳州市	Pizhou City	6.23	3.63	0.43	0.58	0.54	17.53
常州市	**Changzhou City**	**36.70**	**13.83**	**1.27**	**3.57**	**4.31**	**152.19**
溧阳市	Liyang City	5.23	2.32	0.06	0.22	0.52	21.55
金坛市	Jintan City	5.24	1.52	0.26	0.82	1.13	17.93
苏州市	**Suzhou City**	**126.97**	**21.57**	**2.54**	**18.38**	**59.15**	**340.64**
常熟市	Changshu City	11.62	2.82	0.51	2.22	2.29	53.24
张家港市	Zhangjiagang City	13.07	3.15	0.41	0.83	1.53	53.08
昆山市	Kunshan City	18.32	2.56	0.41	3.16	10.95	51.78

单位:万人 (10000 persons)

市 县 City and County		在岗职工人数 Employed	#国有单位 State-owned Units	#城镇集体单位 Urban Collective-owned Units	#港澳台商投资单位 Units Funded by Entrepreneurs from Hong Kong, Macao & Taiwan	#外商投资单位 Foreign Funded Units	私营企业和个体从业人员 Individuals and Employed Persons in Private Enterprises
吴江市	Wujiang City	11.04	2.31	0.29	1.81	4.93	34.80
太仓市	Taicang City	11.29	1.90	0.20	2.00	5.66	19.70
南通市	**Nantong City**	**58.96**	**18.78**	**1.90**	**6.27**	**12.42**	**245.91**
海安县	Haian County	6.41	1.84	0.21	0.49	0.62	29.06
如东县	Rudong County	6.53	2.42	0.15	1.04	0.94	50.29
启东市	Qidong City	5.79	1.91	0.16	0.69	1.43	24.82
如皋市	Rugao City	6.08	2.27	0.17	0.99	1.39	37.51
海门市	Haimen City	6.48	2.18	0.27	0.92	1.51	33.58
连云港市	**Lianyungang City**	**30.61**	**15.49**	**1.70**	**1.70**	**3.07**	**52.27**
赣榆县	Ganyu County	3.55	2.51	0.23	0.27	0.17	9.60
东海县	Donghai County	3.95	2.38	0.11	0.40	0.50	9.95
灌云县	Guanyun County	3.82	2.65	0.27	0.01	0.27	8.01
灌南县	Guannan County	3.32	1.47	0.34	0.22	0.07	6.34
淮安市	**Huaian City**	**35.81**	**17.75**	**1.56**	**4.09**	**2.31**	**90.67**
涟水县	Lianshui County	4.65	2.49	0.36	0.92	0.13	9.31
洪泽县	Hongze County	2.98	0.89	0.14	0.36	0.16	7.70
盱眙县	Xuyi County	3.74	2.13	0.50	0.32	0.10	12.97
金湖县	Jinhu County	2.81	1.33	0.18	0.22	0.27	7.06
盐城市	**Yancheng City**	**48.70**	**22.08**	**1.51**	**2.59**	**3.26**	**184.59**
响水县	Xiangshui County	3.22	2.13	0.19	0.14	0.10	8.90
滨海县	Binhai County	3.57	1.95	0.09	0.01	0.00	16.57
阜宁县	Funing County	4.81	1.73	0.09	0.09	0.45	25.82

20－5 续 表2 Continued 2

单位:万人 (10000 persons)

市县	City and County	在岗职工人数 Employed	#国有单位 State-owned Units	#城镇集体单位 Urban Collective-owned Units	#港澳台商投资单位 Units Funded by Entrepreneurs from Hong Kong, Macao & Taiwan	#外商投资单位 Foreign Funded Units	私营企业和个体从业人员 Individuals and Employed Persons in Private Enterprises
射阳县	Sheyang County	5.76	2.84	0.22	0.42	0.13	18.38
建湖县	Jianhu County	4.98	1.58	0.27	0.36		24.75
东台市	Dongtai City	6.33	2.64	0.29	0.24	0.28	22.16
大丰市	Dafeng City	5.91	2.04	0.17	0.57	1.13	20.20
扬州市	**Yangzhou City**	**38.16**	**16.94**	**2.75**	**1.89**	**3.47**	**116.53**
宝应县	Baoying County	7.49	2.07	0.65	0.13	0.62	13.34
仪征市	Yizheng City	5.43	2.37	0.19	0.45	0.79	14.72
高邮市	Gaoyou City	4.75	1.90	1.11	0.65	0.35	19.28
江都市	Jiangdu City	5.52	2.23	0.60	0.22	0.28	26.04
镇江市	**Zhenjiang City**	**35.67**	**13.59**	**1.76**	**4.41**	**4.90**	**107.41**
丹阳市	Danyang City	7.85	3.36	0.36	1.80	1.16	38.21
扬中市	Yangzhong City	4.23	1.02	0.47	0.11	0.14	11.90
句容市	Jurong City	5.89	1.86	0.33	1.44	1.31	18.51
泰州市	**Taizhou City**	**34.09**	**12.27**	**3.30**	**2.04**	**4.27**	**104.07**
兴化市	Xinghua City	5.20	2.55	0.41	0.32	0.95	21.78
靖江市	Jingjiang City	6.25	1.93	0.56	0.53	1.29	18.03
泰兴市	Taixing City	5.83	2.47	0.57	0.22	0.43	21.70
姜堰市	Jiangyan City	4.88	1.71	0.25	0.41	0.95	15.00
宿迁市	**Suqian City**	**20.94**	**11.93**	**0.39**	**0.08**		**77.86**
沭阳县	Shuyang County	6.21	3.36	0.33	0.08		28.23
泗阳县	Siyang County	3.42	1.91	0.04			13.00
泗洪县	Sihong County	3.84	2.49	0.02			10.97

20－6 乡村从业人员（2010年）
Rural Employment（2010）

单位:万人 （10000 persons）

市　县 City and County		乡村从业人员 Total Employment	#农林牧渔业 Farming, Forestry, Animal Husbandry and Fishery	#工业 Industry	#建筑业 Construction	#交通运输、仓储及邮政业 Transportation, Storage, and Postal Services	#批发和零售业 Wholesale and Retail Trade
南京市	**Nanjing City**	**121.49**	**30.05**	**35.02**	**24.51**	**7.17**	**7.11**
溧水县	Lishui County	17.74	4.48	5.04	3.63	1.02	1.07
高淳县	Gaochun County	22.86	6.29	5.25	6.84	1.31	1.16
无锡市	**Wuxi City**	**130.79**	**22.17**	**75.88**	**8.39**	**4.41**	**6.63**
江阴市	Jiangyin City	43.60	6.76	25.75	2.96	1.75	2.48
宜兴市	Yixing City	38.25	10.77	17.68	3.69	1.35	1.74
徐州市	**Xuzhou City**	**366.23**	**159.67**	**89.34**	**46.21**	**14.17**	**18.80**
丰县	Fengxian County	52.81	32.05	10.31	5.31	0.94	1.47
沛县	Peixian County	49.46	18.47	11.07	7.97	1.97	2.33
睢宁县	Suining County	62.83	26.84	15.03	9.75	1.60	2.77
新沂市	Xinyi City	43.43	20.63	8.24	7.03	1.55	2.14
邳州市	Pizhou City	69.50	25.40	21.20	6.80	3.60	4.70
常州市	**Changzhou City**	**133.95**	**27.39**	**58.23**	**16.66**	**5.44**	**7.13**
溧阳市	Liyang City	31.34	9.23	7.75	8.40	1.68	1.63
金坛市	Jintan City	20.62	5.71	7.03	4.31	0.87	0.98
苏州市	**Suzhou City**	**190.42**	**26.82**	**111.90**	**11.03**	**5.66**	**10.11**
常熟市	Changshu City	42.42	4.35	26.13	2.22	1.29	2.51
张家港市	Zhangjiagang City	33.68	4.20	20.99	1.86	1.21	1.71
昆山市	Kunshan City	22.50	2.05	14.42	1.09	0.64	1.38
吴江市	Wujiang City	31.98	4.31	18.64	1.93	0.88	1.64
太仓市	Taicang City	16.94	3.53	10.54	0.63	0.37	0.42

单位:万人 (10000 persons)

市县	City and County	乡村从业人员 Total Employment	#农林牧渔业 Farming, Forestry, Animal Husbandry and Fishery	#工业 Industry	#建筑业 Construction	#交通运输、仓储及邮政业 Transportation, Storage, and Postal Services	#批发和零售业 Wholesale and Retail Trade
南通市	**Nantong City**	**327.42**	**78.34**	**85.91**	**66.03**	**16.76**	**28.15**
海安县	Haian County	40.09	8.51	10.57	8.27	2.68	3.19
如东县	Rudong County	49.55	9.09	15.43	9.75	2.80	3.25
启东市	Qidong City	54.89	15.58	12.63	11.52	2.29	5.29
如皋市	Rugao City	61.14	16.36	17.01	12.27	2.33	2.77
海门市	Haimen City	50.08	12.95	10.77	11.03	2.58	6.77
连云港市	**Lianyungang City**	**175.33**	**92.02**	**24.68**	**26.40**	**6.04**	**6.46**
赣榆县	Ganyu County	41.92	19.91	5.73	10.31	1.41	1.56
东海县	Donghai County	47.71	25.30	6.95	7.21	1.52	1.60
灌云县	Guanyun County	36.43	20.15	5.26	3.13	1.02	1.39
灌南县	Guannan County	31.43	18.22	3.41	3.18	1.31	1.02
淮安市	**Huaian City**	**212.39**	**91.79**	**31.01**	**26.61**	**6.51**	**8.73**
涟水县	Lianshui County	49.69	23.35	3.59	3.83	0.96	1.64
洪泽县	Hongze County	18.94	7.32	5.22	2.88	0.73	0.65
盱眙县	Xuyi County	33.81	13.60	4.45	2.57	1.02	1.16
金湖县	Jinhu County	14.00	5.73	2.33	1.81	0.39	0.51
盐城市	**Yancheng City**	**299.84**	**120.10**	**52.95**	**35.27**	**13.50**	**13.14**
响水县	Xiangshui County	21.74	9.54	5.50	1.25	0.74	0.78
滨海县	Binhai County	41.79	16.80	4.40	4.19	2.30	1.67
阜宁县	Funing County	37.01	16.51	4.26	5.13	1.34	1.31
射阳县	Sheyang County	33.95	13.75	4.94	3.80	1.56	2.01
建湖县	Jianhu County	29.97	9.99	8.36	3.56	1.37	1.62

20－6 续 表2 Continued 2

单位:万人 (10000 persons)

市 县	City and County	乡村从业人员 Total Employment	#农林牧渔业 Farming, Forestry, Animal Husbandry and Fishery	#工业 Industry	#建筑业 Construction	#交通运输、仓储及邮政业 Transportation, Storage, and Postal Services	#批发和零售业 Wholesale and Retail Trade
东台市	Dongtai City	50.19	23.65	8.25	6.35	1.98	1.98
大丰市	Dafeng City	31.74	10.94	6.85	2.70	1.37	1.44
扬州市	**Yangzhou City**	**177.14**	**38.32**	**56.51**	**32.57**	**7.92**	**11.37**
宝应县	Baoying County	40.97	11.85	9.60	9.22	2.00	3.27
仪征市	Yizheng City	22.83	3.79	7.12	4.69	0.82	1.07
高邮市	Gaoyou City	34.42	9.06	10.83	6.53	1.83	2.11
江都市	Jiangdu City	39.85	8.73	12.01	8.18	1.72	1.97
镇江市	**Zhenjiang City**	**100.06**	**27.47**	**45.04**	**10.77**	**3.56**	**3.31**
丹阳市	Danyang City	35.67	9.40	18.69	2.96	0.98	1.06
扬中市	Yangzhong City	12.54	2.48	7.38	0.65	0.39	0.48
句容市	Jurong City	25.02	8.30	7.51	5.02	0.93	0.64
泰州市	**Taizhou City**	**207.48**	**49.63**	**53.61**	**34.34**	**13.37**	**15.47**
兴化市	Xinghua City	59.31	21.35	8.07	4.99	4.57	5.05
靖江市	Jingjiang City	27.28	5.85	12.73	2.32	1.66	1.30
泰兴市	Taixing City	55.11	11.56	13.52	10.65	3.11	5.14
姜堰市	Jiangyan City	34.65	6.54	9.26	9.50	2.37	1.98
宿迁市	**Suqian City**	**228.14**	**96.06**	**53.81**	**28.63**	**7.23**	**12.38**
沭阳县	Shuyang County	84.83	31.31	22.78	8.14	3.06	4.08
泗阳县	Siyang County	39.73	16.94	9.28	5.54	1.04	1.90
泗洪县	Sihong County	39.22	25.16	5.62	4.05	0.74	1.50

20－7 地区生产总值(2010年)
Gross Domestic Product (2010)

单位:亿元 (100 million yuan)

市 县 City and County		地区生产总值 Gross Domestic Product	第一产业 Primary Industry	第二产业 Secondary Industry	#工 业 Industry	第三产业 Tertiary Industry	人均地区生产总值(元) Per Capita GDP (yuan)
南京市	**Nanjing City**	**5130.65**	**142.29**	**2327.86**	**2005.21**	**2660.49**	**65273**
溧水县	Lishui County	250.16	22.38	156.60	132.60	71.18	59667
高淳县	Gaochun County	247.26	23.46	141.29	113.67	82.51	58286
无锡市	**Wuxi City**	**5793.30**	**104.94**	**3208.79**	**2986.52**	**2479.57**	**92167**
江阴市	Jiangyin City	2000.92	36.26	1184.23	1143.71	780.43	126532
宜兴市	Yixing City	805.82	36.32	447.16	398.99	322.34	64214
徐州市	**Xuzhou City**	**2942.14**	**282.82**	**1490.92**	**1268.61**	**1168.40**	**34084**
丰县	Fengxian County	150.18	34.01	67.57	47.55	48.60	15414
沛县	Peixian County	301.60	50.00	144.23	116.76	107.37	26727
睢宁县	Suining County	200.10	42.36	85.70	67.03	72.04	18498
新沂市	Xinyi City	241.20	36.09	103.30	87.15	101.81	26360
邳州市	Pizhou City	365.39	59.58	160.75	130.42	145.06	25186
常州市	**Changzhou City**	**3044.89**	**99.78**	**1683.68**	**1530.86**	**1261.43**	**67327**
溧阳市	Liyang City	424.66	30.18	244.03	218.73	150.45	56784
金坛市	Jintan City	308.28	21.97	173.71	154.00	112.60	56127
苏州市	**Suzhou City**	**9228.91**	**155.79**	**5253.81**	**4916.49**	**3819.31**	**93043**
常熟市	Changshu City	1453.61	29.40	815.89	783.12	608.32	96518
张家港市	Zhangjiagang City	1603.51	21.94	974.75	941.47	606.82	129535
昆山市	Kunshan City	2100.28	19.40	1345.86	1283.58	735.02	142185
吴江市	Wujiang City	1003.39	27.04	605.10	575.71	371.25	83024
太仓市	Taicang City	730.32	26.98	418.96	397.07	284.38	104413

20－7 续 表1 Continued 1

单位:亿元 (100 million yuan)

市 县	City and County	地区生产总值 Gross Domestic Product	第一产业 Primary Industry	第二产业 Secondary Industry	#工 业 Industry	第三产业 Tertiary Industry	人均地区生产总值(元) Per Capita GDP (yuan)
南通市	**Nantong City**	**3465.67**	**266.22**	**1908.56**	**1568.49**	**1290.89**	**48083**
海安县	Haian County	355.57	38.25	193.26	157.53	124.06	41374
如东县	Rudong County	352.36	45.10	188.25	152.01	119.01	35592
启东市	Qidong City	430.04	54.49	229.98	183.37	145.57	44745
如皋市	Rugao City	431.00	41.35	244.85	207.59	144.80	34296
海门市	Haimen City	500.10	37.29	301.95	247.14	160.86	55634
连云港市	**Lianyungang City**	**1193.31**	**182.60**	**545.07**	**431.84**	**465.64**	**26987**
赣榆县	Ganyu County	223.07	36.64	109.56	81.98	76.87	23199
东海县	Donghai County	200.14	41.10	91.21	78.12	67.83	20696
灌云县	Guanyun County	150.13	40.99	69.88	53.40	39.26	17765
灌南县	Guannan County	140.08	29.19	70.37	58.86	40.52	22472
淮安市	**Huaian City**	**1388.07**	**195.97**	**647.10**	**537.00**	**545.00**	**28861**
涟水县	Lianshui County	157.45	41.89	65.05	50.68	50.51	18445
洪泽县	Hongze County	105.15	18.61	46.08	37.88	40.46	31643
盱眙县	Xuyi County	154.25	30.21	71.05	55.72	52.99	23926
金湖县	Jinhu County	98.55	16.94	43.16	37.38	38.45	30212
盐城市	**Yancheng City**	**2332.76**	**374.21**	**1096.55**	**935.51**	**862.00**	**31640**
响水县	Xiangshui County	135.20	29.44	64.87	57.44	40.89	26502
滨海县	Binhai County	198.16	41.09	84.87	72.11	72.20	20668
阜宁县	Funing County	206.16	37.73	97.94	73.60	70.49	23024
射阳县	Sheyang County	244.67	55.37	99.70	91.35	89.60	27070
建湖县	Jianhu County	245.97	35.80	115.93	100.57	94.24	32849

单位:亿元 (100 million yuan)

市 县 City and County		地区生产总值 Gross Domestic Product	第一产业 Primary Industry	第二产业 Secondary Industry	#工业 Industry	第三产业 Tertiary Industry	人均地区生产总值(元) Per Capita GDP (yuan)
东台市	Dongtai City	381.54	63.37	175.07	155.92	143.10	36616
大丰市	Dafeng City	293.58	52.17	128.63	110.03	112.78	41913
扬州市	**Yangzhou City**	**2229.49**	**161.37**	**1229.34**	**1074.61**	**838.78**	**49786**
宝应县	Baoying County	242.86	43.17	116.58	94.76	83.11	30924
仪征市	Yizheng City	280.70	15.13	168.63	149.83	96.94	50278
高邮市	Gaoyou City	255.81	44.38	127.54	105.50	83.89	34227
江都市	Jiangdu City	488.88	36.72	275.86	236.34	176.30	48559
镇江市	**Zhenjiang City**	**1987.64**	**81.53**	**1120.63**	**1039.78**	**785.48**	**64284**
丹阳市	Danyang City	607.67	31.91	345.19	331.14	230.56	63881
扬中市	Yangzhong City	246.99	8.21	145.23	139.17	93.55	74132
句容市	Jurong City	243.09	23.61	134.13	122.68	85.35	39366
泰州市	**Taizhou City**	**2048.72**	**151.65**	**1125.85**	**981.02**	**771.22**	**44118**
兴化市	Xinghua City	387.11	64.51	173.02	147.70	149.58	30025
靖江市	Jingjiang City	441.00	14.83	253.78	237.15	172.39	65752
泰兴市	Taixing City	407.58	33.66	224.45	194.40	149.47	36994
姜堰市	Jiangyan City	306.76	24.91	165.28	137.48	116.57	41606
宿迁市	**Suqian City**	**1064.09**	**187.09**	**479.14**	**386.37**	**397.86**	**22525**
沭阳县	Shuyang County	308.49	57.33	135.74	116.17	115.42	20024
泗阳县	Siyang County	192.20	37.21	92.26	74.55	62.73	22732
泗洪县	Sihong County	181.00	41.30	73.31	57.21	66.39	19991

20－8　地区生产总值构成(2010 年)
Composition and Indices of Gross Domestic Product (2010)

市　县	City and County	地区生产总值指数(上年＝100) GDP Index (preceding year＝100)	三次产业占 GDP 比重(%) Percentage of Three Industries to GDP 第一产业 Primary Industry	第二产业 Secondary Industry	第三产业 Tertiary Industry	地方财政一般预算收入占 GDP 比重(%) Percentage of General Budetary Revenue in Local Finance to GDP(%)	外贸依存度(%) Interdependent Level to Foreign Trade(%)
南 京 市	**Nanjing City**	**113.1**	**2.8**	**45.4**	**51.9**	**10.1**	**60.2**
溧 水 县	Lishui County	116.0	8.9	62.6	28.5	8.0	8.6
高 淳 县	Gaochun County	114.8	9.5	57.1	33.4	5.5	7.7
无 锡 市	**Wuxi City**	**113.2**	**1.8**	**55.4**	**42.8**	**8.8**	**71.5**
江 阴 市	Jiangyin City	113.3	1.8	59.2	39.0	6.5	53.6
宜 兴 市	Yixing City	113.4	4.5	55.5	40.0	7.2	35.7
徐 州 市	**Xuzhou City**	**114.0**	**9.6**	**50.7**	**39.7**	**7.6**	**9.6**
丰　 县	Fengxian County	113.9	22.6	45.0	32.4	8.6	3.3
沛　 县	Peixian County	114.8	16.6	47.8	35.6	7.0	1.9
睢 宁 县	Suining County	114.6	21.2	42.8	36.0	6.5	6.9
新 沂 市	Xinyi City	114.9	15.0	42.8	42.2	7.3	7.0
邳 州 市	Pizhou City	114.7	16.3	44.0	39.7	6.3	12.4
常 州 市	**Changzhou City**	**113.1**	**3.3**	**55.3**	**41.4**	**9.4**	**49.5**
溧 阳 市	Liyang City	112.7	7.1	57.5	35.4	6.8	10.5
金 坛 市	Jintan City	112.9	7.1	56.3	36.5	5.8	36.7
苏 州 市	**Suzhou City**	**113.3**	**1.7**	**56.9**	**41.4**	**9.8**	**201.0**
常 熟 市	Changshu City	113.6	2.0	56.1	41.9	6.9	80.7
张家港市	Zhangjiagang City	112.3	1.4	60.8	37.8	7.2	110.0
昆 山 市	Kunshan City	114.2	0.9	64.1	35.0	7.8	264.7
吴 江 市	Wujiang City	112.6	2.7	60.3	37.0	9.0	130.1
太 仓 市	Taicang City	114.6	3.7	57.4	38.9	9.6	80.7

市 县 City and County		地区生产总值指数（上年＝100）GDP Index (preceding year＝100)	三次产业占GDP比重(%) Percentage of Three Industries to GDP			地方财政一般预算收入占GDP比重(%) Percentage of General Budetary Revenue in Local Finance to GDP(%)	外贸依存度(%) Interdependent Level to Foreign Trade(%)
			第一产业 Primary Industry	第二产业 Secondary Industry	第三产业 Tertiary Industry		
南通市	**Nantong City**	**113.0**	**7.7**	**55.1**	**37.2**	**8.4**	**41.2**
海安县	Haian County	114.1	10.8	54.4	34.9	5.8	21.0
如东县	Rudong County	114.0	12.8	53.4	33.8	5.4	18.4
启东市	Qidong City	114.1	12.7	53.5	33.9	7.3	40.5
如皋市	Rugao City	114.3	9.6	56.8	33.6	7.8	30.3
海门市	Haimen City	114.3	7.5	60.4	32.2	6.3	16.7
连云港市	**Lianyungang City**	**113.6**	**15.3**	**45.7**	**39.0**	**11.8**	**28.8**
赣榆县	Ganyu County	115.4	16.4	49.1	34.5	8.2	4.4
东海县	Donghai County	115.2	20.5	45.6	33.9	9.0	9.7
灌云县	Guanyun County	115.2	27.3	46.5	26.2	11.0	8.8
灌南县	Guannan County	115.4	20.8	50.2	28.9	13.0	5.4
淮安市	**Huaian City**	**113.8**	**14.1**	**46.6**	**39.3**	**10.2**	**10.6**
涟水县	Lianshui County	114.7	26.6	41.3	32.1	6.8	5.5
洪泽县	Hongze County	114.0	17.7	43.8	38.5	10.1	6.7
盱眙县	Xuyi County	115.1	19.6	46.1	34.4	9.0	3.8
金湖县	Jinhu County	115.0	17.2	43.8	39.0	8.9	8.4
盐城市	**Yancheng City**	**113.6**	**16.0**	**47.0**	**37.0**	**8.2**	**11.4**
响水县	Xiangshui County	115.3	21.8	48.0	30.2	8.0	18.2
滨海县	Binhai County	114.4	20.7	42.8	36.4	7.3	3.9
阜宁县	Funing County	113.7	18.4	47.5	34.2	8.0	5.2
射阳县	Sheyang County	113.2	22.8	40.7	36.6	6.0	3.9
建湖县	Jianhu County	113.7	14.6	47.1	38.3	8.1	4.5

20－8 续 表 2 Continued 2

市 县 City and County		地区生产总值指数(上年=100) GDP Index (preceding year=100)	三次产业占GDP比重(%) Percentage of Three Industries to GDP			地方财政一般预算收入占GDP比重(%) Percentage of General Budetary Revenue in Local Finance to GDP(%)	外贸依存度(%) Interdependent Level to Foreign Trade(%)
			第一产业 Primary Industry	第二产业 Secondary Industry	第三产业 Tertiary Industry		
东台市	Dongtai City	113.2	16.6	45.9	37.5	6.9	4.9
大丰市	Dafeng City	113.7	17.8	43.8	38.4	7.0	9.8
扬州市	**Yangzhou City**	**113.5**	**7.2**	**55.1**	**37.6**	**7.5**	**25.0**
宝应县	Baoying County	113.2	17.8	48.0	34.2	6.5	12.3
仪征市	Yizheng City	114.8	5.4	60.1	34.5	6.8	14.3
高邮市	Gaoyou City	113.8	17.3	49.9	32.8	5.6	9.3
江都市	Jiangdu City	114.9	7.5	56.4	36.1	5.5	11.7
镇江市	**Zhenjiang City**	**113.3**	**4.1**	**56.4**	**39.5**	**6.9**	**27.8**
丹阳市	Danyang City	114.7	5.3	56.8	37.9	4.9	20.1
扬中市	Yangzhong City	114.0	3.3	58.8	37.9	6.0	17.8
句容市	Jurong City	113.8	9.7	55.2	35.1	6.0	12.3
泰州市	**Taizhou City**	**113.5**	**7.4**	**55.0**	**37.6**	**8.3**	**28.4**
兴化市	Xinghua City	113.6	16.7	44.7	38.6	5.5	7.5
靖江市	Jingjiang City	115.1	3.4	57.5	39.1	8.4	44.3
泰兴市	Taixing City	114.1	8.2	55.1	36.7	5.6	20.7
姜堰市	Jiangyan City	114.1	8.1	53.9	38.0	5.7	11.1
宿迁市	**Suqian City**	**113.7**	**17.6**	**45.0**	**37.4**	**8.4**	**7.8**
沭阳县	Shuyang County	13.9	18.6	44.0	37.4	8.5	3.5
泗阳县	Siyang County	113.8	19.4	48.0	32.6	6.5	7.9
泗洪县	Sihong County	113.6	22.8	40.5	36.7	7.3	4.7

20－9 农林牧渔业总产值(2010年)

Gross Output Value of Agriculture, Forestry, Animal Husbandry and Fishery (2010)

单位:亿元 (100 million yuan)

市县	City and County	农林牧渔业总产值 Total Output Value of Agriculture, Forestry, Animal Husbandry and Fishery	农业 Farming	林业 Forestry	畜牧业 Animal Husbandry	渔业 Fishery	农林牧渔服务业 Service in Support of Agriculture
南京市	**Nanjing City**	**244.75**	**139.44**	**3.12**	**39.44**	**50.62**	**12.13**
溧水县	Lishui County	38.11	22.64	0.39	6.08	5.89	3.12
高淳县	Gaochun County	40.84	16.20	0.46	4.99	17.02	2.17
无锡市	**Wuxi City**	**171.01**	**83.25**	**15.54**	**25.84**	**27.94**	**18.45**
江阴市	Jiangyin City	59.15	23.48	5.83	13.76	8.21	7.87
宜兴市	Yixing City	58.39	29.57	4.42	5.93	13.44	5.03
徐州市	**Xuzhou City**	**514.73**	**323.60**	**9.55**	**145.88**	**25.09**	**10.61**
丰县	Fengxian County	64.94	48.36	0.48	13.65	0.58	1.88
沛县	Peixian County	90.32	57.27	0.61	27.75	2.08	2.60
睢宁县	Suining County	78.71	46.04	1.91	25.93	3.44	1.39
新沂市	Xinyi City	69.48	36.57	2.41	20.38	8.36	1.76
邳州市	Pizhou City	110.01	70.78	2.40	30.15	5.37	1.31
常州市	**Changzhou City**	**174.08**	**95.03**	**1.26**	**27.41**	**42.37**	**8.01**
溧阳市	Liyang City	54.57	28.36	0.74	5.28	18.40	1.79
金坛市	Jintan City	41.12	17.80	0.29	8.44	12.40	2.19
苏州市	**Suzhou City**	**271.29**	**105.28**	**16.18**	**35.75**	**85.39**	**28.69**
常熟市	Changshu City	50.23	24.78	1.29	6.05	12.51	5.59
张家港市	Zhangjiagang City	39.21	19.64	5.11	4.41	4.09	5.96
昆山市	Kunshan City	33.19	9.55	2.78	2.57	16.68	1.60
吴江市	Wujiang City	46.30	19.60	1.48	5.52	18.32	1.38
太仓市	Taicang City	46.02	19.42	1.74	11.79	8.91	4.16

20－9 续 表1 Continued 1

单位:亿元 (100 million yuan)

市 县 City and County		农林牧渔业总产值 Total Output Value of Agriculture, Forestry, Animal Husbandry and Fishery	农业 Farming	林业 Forestry	畜牧业 Animal Husbandry	渔业 Fishery	农林牧渔服务业 Service in Support of Agriculture
南通市	**Nantong City**	**463.31**	**203.66**	**3.01**	**118.99**	**113.10**	**24.56**
海安县	Haian County	71.75	27.48	0.24	34.60	5.50	3.92
如东县	Rudong County	93.80	34.09	0.70	27.06	28.33	3.64
启东市	Qidong City	97.15	34.14	0.55	11.10	48.01	3.35
如皋市	Rugao City	68.59	40.07	0.18	22.09	3.71	2.55
海门市	Haimen City	59.98	29.66	0.47	10.47	15.02	4.37
连云港市	**Lianyungang City**	**322.80**	**161.37**	**10.61**	**74.09**	**62.68**	**14.05**
赣榆县	Ganyu County	84.50	29.90	2.94	13.23	37.34	1.10
东海县	Donghai County	73.11	42.20	3.20	17.58	6.65	3.47
灌云县	Guanyun County	75.22	37.71	2.10	23.88	6.33	5.20
灌南县	Guannan County	54.41	32.25	1.28	14.29	3.81	2.78
淮安市	**Huaian City**	**349.46**	**211.51**	**6.65**	**90.58**	**34.33**	**6.38**
涟水县	Lianshui County	79.88	50.80	1.61	24.20	1.85	1.42
洪泽县	Hongze County	37.13	16.56	1.98	10.29	7.38	0.92
盱眙县	Xuyi County	56.30	36.32	0.58	9.93	8.57	0.90
金湖县	Jinhu County	30.67	16.66	1.18	4.81	6.78	1.25
盐城市	**Yancheng City**	**759.21**	**356.13**	**17.58**	**201.32**	**134.68**	**49.50**
响水县	Xiangshui County	49.81	25.21	0.98	12.86	5.11	5.64
滨海县	Binhai County	71.36	34.53	3.09	16.45	15.67	1.62
阜宁县	Funing County	74.88	28.17	2.72	25.14	12.54	6.32
射阳县	Sheyang County	125.86	49.72	3.18	29.52	33.45	9.99
建湖县	Jianhu County	64.11	25.10	0.88	17.30	15.35	5.48

单位:亿元 (100 million yuan)

市 县 City and County		农林牧渔业总产值 Total Output Value of Agriculture, Forestry, Animal Husbandry and Fishery	农业 Farming	林业 Forestry	畜牧业 Animal Husbandry	渔业 Fishery	农林牧渔服务业 Service in Support of Agriculture
东台市	Dongtai City	139.16	70.26	2.52	41.24	17.02	8.12
大丰市	Dafeng City	124.51	74.48	2.20	18.68	20.87	8.28
扬州市	**Yangzhou City**	**285.89**	**136.98**	**7.17**	**50.65**	**78.02**	**13.06**
宝应县	Baoying County	76.66	29.20	1.19	11.06	32.53	2.68
仪征市	Yizheng City	26.77	15.87	1.32	6.53	0.99	2.06
高邮市	Gaoyou City	78.08	31.98	1.22	12.86	27.76	4.26
江都市	Jiangdu City	63.80	37.81	2.34	12.49	9.78	1.38
镇江市	**Zhenjiang City**	**122.72**	**65.24**	**4.31**	**18.58**	**16.04**	**18.56**
丹阳市	Danyang City	45.51	25.20	0.53	6.67	7.06	6.05
扬中市	Yangzhong City	13.30	6.24	0.50	1.97	1.60	3.00
句容市	Jurong City	36.30	19.88	2.86	4.40	3.75	5.42
泰州市	**Taizhou City**	**247.76**	**134.07**	**2.85**	**52.31**	**46.02**	**12.51**
兴化市	Xinghua City	107.92	53.02	1.30	12.82	34.37	6.41
靖江市	Jingjiang City	23.74	13.07	0.35	6.03	2.29	2.01
泰兴市	Taixing City	54.55	30.58	0.74	18.36	3.29	1.59
姜堰市	Jiangyan City	40.41	24.65	0.28	9.74	4.25	1.49
宿迁市	**Suqian City**	**325.91**	**192.51**	**13.27**	**57.74**	**55.94**	**6.46**
沭阳县	Shuyang County	105.57	80.42	3.78	18.66	1.75	0.95
泗阳县	Siyang County	65.41	37.91	5.57	8.72	10.68	2.53
泗洪县	Sihong County	76.18	35.26	0.98	10.96	27.96	1.03

20－10 农业生产情况(2010年)

Basic Conditions of Agricultural Production (2010)

市 县	City and County	农作物总播种面积(千公顷) Total Sown Area (1000 hectares)	#粮食作物 Grain Grops	农业机械总动力(万千瓦) Total Power of Agricultural Machinery (10000 kW)	农用化肥施用量(万吨) Consumption of Chemical Fertilizer (10000 tons)	农村用电量(亿千瓦小时) Electricity Consumed in Rural Area (100 million kW·h)	有效灌溉面积(千公顷) Irrigated Area (1000 hectares)
南京市	**Nanjing City**	**335.28**	**161.11**	**206.21**	**9.01**	**28.62**	**189.75**
溧水县	Lishui County	58.63	33.10	28.48	1.24	5.60	29.06
高淳县	Gaochun County	52.28	25.78	49.71	2.23	3.12	30.36
无锡市	**Wuxi City**	**180.90**	**118.73**	**110.23**	**6.53**	**337.12**	**132.23**
江阴市	Jiangyin City	43.84	28.82	25.14	1.69	154.94	32.33
宜兴市	Yixing City	95.24	67.80	53.72	3.03	70.31	64.71
徐州市	**Xuzhou City**	**1099.09**	**714.05**	**563.71**	**70.34**	**50.23**	**465.18**
丰县	Fengxian County	134.92	78.44	69.93	10.73	2.60	68.20
沛县	Peixian County	144.99	87.05	85.65	9.69	5.09	64.20
睢宁县	Suining County	186.77	147.23	89.37	11.00	7.35	79.20
新沂市	Xinyi City	153.10	98.74	69.03	9.03	2.70	70.81
邳州市	Pizhou City	223.62	118.82	104.10	14.73	11.22	67.19
常州市	**Changzhou City**	**231.02**	**161.48**	**150.22**	**6.70**	**155.94**	**140.03**
溧阳市	Liyang City	95.89	70.19	49.70	2.42	34.95	60.73
金坛市	Jintan City	56.62	40.34	38.58	2.32	14.04	38.86
苏州市	**Suzhou City**	**269.92**	**161.72**	**162.19**	**9.15**	**486.29**	**209.67**
常熟市	Changshu City	75.65	43.36	33.68	3.37	62.24	53.46
张家港市	Zhangjiagang City	57.60	42.00	30.47	1.24	125.01	34.59
昆山市	Kunshan City	26.61	17.57	21.33	1.18	87.71	18.70
吴江市	Wujiang City	39.54	20.30	40.60	1.08	95.54	37.47
太仓市	Taicang City	50.06	30.35	13.05	1.14	45.04	30.02

市 县 City and County		农作物总播种面积（千公顷） Total Sown Area (1000 hectares)	#粮食作物 Grain Grops	农业机械总动力（万千瓦） Total Power of Agricultural Machinery (10000 kW)	农用化肥施用量（万吨） Consumption of Chemical Fertilizer (10000 tons)	农村用电量（亿千瓦小时） Electricity Consumed in Rural Area (100 million kW·h)	有效灌溉面积（千公顷） Irrigated Area (1000 hectares)
南通市	**Nantong City**	**854.96**	**528.78**	**325.46**	**24.54**	**120.94**	**408.84**
海安县	Haian County	103.27	79.41	55.05	3.80	14.30	56.29
如东县	Rudong County	173.00	132.44	76.50	4.27	13.86	88.23
启东市	Qidong City	153.41	70.67	47.70	3.62	7.78	68.87
如皋市	Rugao City	150.61	111.08	68.08	4.33	26.36	53.98
海门市	Haimen City	109.67	42.31	30.77	4.93	22.04	61.11
连云港市	**Lianyungang City**	**591.88**	**485.11**	**387.31**	**33.82**	**24.20**	**320.25**
赣榆县	Ganyu County	106.08	77.11	87.57	4.90	7.15	51.81
东海县	Donghai County	192.98	152.94	95.70	6.98	7.76	102.23
灌云县	Guanyun County	136.50	118.53	88.70	10.70	4.72	89.44
灌南县	Guannan County	98.59	85.57	74.20	5.03	1.19	40.72
淮安市	**Huaian City**	**779.53**	**646.34**	**391.99**	**36.66**	**10.58**	**317.76**
涟水县	Lianshui County	164.76	131.72	71.61	6.01	1.40	69.65
洪泽县	Hongze County	67.34	57.29	56.00	3.97	0.73	27.08
盱眙县	Xuyi County	165.00	136.11	81.92	4.41	1.64	60.52
金湖县	Jinhu County	79.48	72.07	52.92	4.63	1.59	32.73
盐城市	**Yancheng City**	**1460.12**	**949.00**	**510.81**	**60.68**	**57.96**	**621.60**
响水县	Xiangshui County	109.20	75.04	52.91	4.54	2.62	46.20
滨海县	Binhai County	169.91	123.59	71.55	5.80	4.38	63.86
阜宁县	Funing County	161.71	125.22	58.51	4.50	7.41	90.92
射阳县	Sheyang County	218.43	147.84	72.03	12.29	7.08	94.17
建湖县	Jianhu County	115.63	98.17	41.00	3.51	8.25	59.34

20－10 续 表2 Continued 2

市　县		农作物总播种面积（千公顷）Total Sown Area (1000 hectares)	#粮食作物 Grain Grops	农业机械总动力（万千瓦）Total Power of Agricultural Machinery (10000 kW)	农用化肥施用量（万吨）Consumption of Chemical Fertilizer (10000 tons)	农村用电量（亿千瓦小时）Electricity Consumed in Rural Area (100 million kW·h)	有效灌溉面积（千公顷）Irrigated Area (1000 hectares)
东台市	Dongtai City	242.90	134.26	75.11	7.88	11.22	91.23
大丰市	Dafeng City	252.52	117.67	66.40	12.71	6.35	84.75
扬州市	**Yangzhou City**	**500.13**	**410.33**	**222.71**	**18.97**	**39.74**	**266.78**
宝应县	Baoying County	131.36	114.06	43.12	3.58	5.04	55.34
仪征市	Yizheng City	60.69	49.10	29.12	1.10	2.65	36.07
高邮市	Gaoyou City	137.38	112.93	57.63	4.80	9.43	59.29
江都市	Jiangdu City	108.79	85.52	59.59	6.74	6.95	79.66
镇江市	**Zhenjiang City**	**238.28**	**177.28**	**142.77**	**6.98**	**53.97**	**132.45**
丹阳市	Danyang City	85.46	70.63	48.09	2.15	34.50	52.10
扬中市	Yangzhong City	19.43	14.95	12.29	0.52	5.58	9.95
句容市	Jurong City	77.91	49.94	47.91	2.56	5.05	38.63
泰州市	**Taizhou City**	**571.97**	**433.18**	**218.21**	**19.33**	**84.91**	**276.42**
兴化市	Xinghua City	229.03	182.28	93.81	7.14	29.56	115.27
靖江市	Jingjiang City	55.16	46.56	21.97	2.33	13.17	30.65
泰兴市	Taixing City	131.54	93.25	52.11	3.02	21.58	64.26
姜堰市	Jiangyan City	104.27	71.36	33.98	4.75	11.48	50.58
宿迁市	**Suqian City**	**703.96**	**570.68**	**545.52**	**38.40**	**22.37**	**338.78**
沭阳县	Shuyang County	243.61	183.21	197.93	15.12	10.23	121.25
泗阳县	Siyang County	111.47	87.45	75.89	3.89	1.68	53.60
泗洪县	Sihong County	188.01	162.03	176.94	10.19	1.97	80.97

20－11 农产品产量(2010年)
Output of Agricultural Products (2010)

单位:万吨 (10000 tons)

市 县	City and County	粮食产量 Grain	油料产量 Oil-bearing Crops	棉花产量(吨) Cotton (ton)	肉类总产量 Meat	#猪牛羊肉 Pork, Beef and Mutton	水产品产量 Aquatic Products
南京市	**Nanjing City**	**110.64**	**11.77**	**4135**	**12.30**	**7.52**	**20.42**
溧水县	Lishui County	22.54	2.29	767	1.87	1.04	2.67
高淳县	Gaochun County	18.36	2.24	749	1.64	0.94	4.08
无锡市	**Wuxi City**	**80.44**	**1.16**		**10.72**	**7.01**	**12.10**
江阴市	Jiangyin City	19.63	0.18		5.01	2.98	2.24
宜兴市	Yixing City	45.58	0.87		3.43	2.29	7.84
徐州市	**Xuzhou City**	**440.20**	**12.11**	**32334**	**88.51**	**46.58**	**17.04**
丰县	Fengxian County	46.01	0.51	10996	17.61	5.54	0.40
沛县	Peixian County	58.11	0.24	3357	10.23	6.85	1.13
睢宁县	Suining County	85.31	1.60	2112	11.04	7.47	2.16
新沂市	Xinyi City	62.67	7.44		12.70	8.31	4.97
邳州市	Pizhou City	75.88	1.48	6804	20.42	9.54	2.42
常州市	**Changzhou City**	**115.16**	**4.00**	**506**	**12.95**	**6.13**	**14.79**
溧阳市	Liyang City	52.72	2.64	451	2.13	1.28	5.61
金坛市	Jintan City	28.22	0.97	55	3.90	1.51	3.91
苏州市	**Suzhou City**	**114.43**	**3.45**	**1685**	**15.64**	**8.60**	**28.30**
常熟市	Changshu City	31.21	0.93	1163	2.02	1.64	3.79
张家港市	Zhangjiagang City	28.07	0.57	123	1.39	0.87	1.76
昆山市	Kunshan City	12.37	0.18	42	0.84	0.75	5.21
吴江市	Wujiang City	15.89	0.85		1.64	1.39	7.63
太仓市	Taicang City	21.04	0.64	357	7.02	1.49	3.74

单位:万吨 (10000 tons)

市 县 City and County		粮食产量 Grain	油料产量 Oil-bearing Crops	棉花产量(吨) Cotton (ton)	肉类总产量 Meat	#猪牛羊肉 Pork, Beef and Mutton	水产品产量 Aquatic Products
南通市	**Nantong City**	**324.94**	**42.21**	**59505**	**46.39**	**27.80**	**79.22**
海安县	Haian County	63.28	1.62	332	8.98	5.84	2.71
如东县	Rudong County	89.42	5.25	16922	9.42	5.56	26.03
启东市	Qidong City	24.19	10.55	18653	5.69	2.51	34.14
如皋市	Rugao City	69.63	3.99	264	10.68	7.48	2.25
海门市	Haimen City	18.73	9.68	13728	4.13	1.52	8.08
连云港市	**Lianyungang City**	**339.36**	**11.17**	**3937**	**27.85**	**22.56**	**61.01**
赣榆县	Ganyu County	52.65	6.86	340	7.19	5.69	38.28
东海县	Donghai County	104.15	3.91	60	7.29	6.24	4.85
灌云县	Guanyun County	84.63	0.12	3072	6.12	4.61	4.03
灌南县	Guannan County	60.57	0.24	31	4.21	3.84	3.09
淮安市	**Huaian City**	**445.74**	**10.52**	**444**	**28.39**	**18.93**	**25.28**
涟水县	Lianshui County	88.34	3.33	343	5.58	4.09	1.82
洪泽县	Hongze County	41.09	0.29		2.00	1.16	5.32
盱眙县	Xuyi County	92.51	3.29	101	6.66	2.98	5.20
金湖县	Jinhu County	49.25	0.82		1.42	0.81	4.87
盐城市	**Yancheng City**	**651.66**	**33.43**	**136130**	**80.22**	**51.75**	**98.69**
响水县	Xiangshui County	48.96	2.38	7035	4.20	3.13	5.78
滨海县	Binhai County	86.90	4.66	382	9.80	6.69	9.22
阜宁县	Funing County	88.31	1.80	242	17.35	11.97	6.41
射阳县	Sheyang County	103.15	4.56	43241	7.37	5.27	17.31
建湖县	Jianhu County	71.65	1.63	2804	5.62	3.38	9.01

单位:万吨 (10000 tons)

市 县 City and County		粮食产量 Grain	油料产量 Oil-bearing Crops	棉花产量(吨) Cotton (ton)	肉类总产量 Meat	#猪牛羊肉 Pork, Beef and Mutton	水产品产量 Aquatic Products
东台市	Dongtai City	84.02	9.33	11466	13.42	7.96	16.60
大丰市	Dafeng City	77.44	6.24	47222	10.73	6.20	15.05
扬州市	**Yangzhou City**	**287.09**	**8.01**	**5378**	**17.94**	**10.52**	**37.73**
宝应县	Baoying County	84.90	1.49	54	4.76	3.05	14.70
仪征市	Yizheng City	30.37	0.97	63	2.29	1.31	0.59
高邮市	Gaoyou City	79.97	2.17	3943	4.42	2.52	15.20
江都市	Jiangdu City	59.93	2.52	620	3.79	1.59	4.37
镇江市	**Zhenjiang City**	**119.56**	**5.85**	**1508**	**6.89**	**4.61**	**8.56**
丹阳市	Danyang City	49.11	1.09	15	2.29	1.72	3.69
扬中市	Yangzhong City	10.78	0.14		0.90	0.67	0.66
句容市	Jurong City	32.63	3.33	1453	1.46	1.02	2.36
泰州市	**Taizhou City**	**314.40**	**11.66**	**17362**	**23.55**	**18.85**	**32.58**
兴化市	Xinghua City	134.42	3.56	15111	5.14	3.55	24.60
靖江市	Jingjiang City	33.14	0.48		2.85	2.53	0.92
泰兴市	Taixing City	66.43	3.84		7.68	6.84	2.08
姜堰市	Jiangyan City	52.36	2.67	2200	5.34	4.05	3.49
宿迁市	**Suqian City**	**365.55**	**6.00**	**2091**	**31.36**	**18.89**	**24.73**
沭阳县	Shuyang County	122.18	1.70	68	10.00	7.51	1.80
泗阳县	Siyang County	56.97	1.18	27	4.40	2.99	6.75
泗洪县	Sihong County	94.48	2.43	1782	6.31	3.83	9.59

20－12 工业企业单位数(2010年)
Number of Industrial Enterprises (2010)

单位:个 (unit)

市 县 City and County		工业企业个数 Number of Industrial Enterprises	内资企业 Domestic Funded Enterprises	外商港澳台商投资企业 Foreign, Hong Kong Macao and Taiwan Invested Enterprises	#国有控股企业 State-owned Share Holding Enterprises	#大中型企业 Large and Medium Scale Enterprises	#轻工业 Light Industry
南京市	**Nanjing City**	**3917**	**3050**	**867**	**215**	**380**	**1180**
溧水县	Lishui County	557	477	80	7	17	176
高淳县	Gaochun County	277	244	33	4	6	132
无锡市	**Wuxi City**	**7988**	**6306**	**1682**	**76**	**766**	**2371**
江阴市	Jiangyin City	1688	1373	315	11	234	742
宜兴市	Yixing City	1220	1000	220	8	126	311
徐州市	**Xuzhou City**	**3412**	**3231**	**181**	**45**	**205**	**1152**
丰县	Fengxian County	314	290	24	4	5	110
沛县	Peixian County	535	525	10	1	19	256
睢宁县	Suining County	244	230	14		12	110
新沂市	Xinyi City	413	402	11	2	13	157
邳州市	Pizhou City	645	605	40	4	19	136
常州市	**Changzhou City**	**6375**	**5366**	**1009**	**49**	**514**	**2024**
溧阳市	Liyang City	528	462	66	6	51	98
金坛市	Jintan City	504	380	124	6	48	223
苏州市	**Suzhou City**	**13538**	**7879**	**5659**	**100**	**1979**	**6112**
常熟市	Changshu City	2029	1610	419	8	199	1132
张家港市	Zhangjiagang City	1651	1312	339	9	174	789
昆山市	Kunshan City	2382	755	1627	17	533	721
吴江市	Wujiang City	2240	1567	673	4	240	1443
太仓市	Taicang City	1433	893	540	18	124	833

单位:个 (unit)

市 县 City and County		工业企业个数 Number of Industrial Enterprises	内资企业 Domestic Funded Enterprises	外商港澳台商投资企业 Foreign, Hong Kong Macao and Taiwan Invested Enterprises	#国有控股企业 State-owned Share Holding Enterprises	#大中型企业 Large and Medium Scale Enterprises	#轻工业 Light Industry
南通市	**Nantong City**	**7589**	**5827**	**1762**	**54**	**336**	**4086**
海安县	Haian County	932	759	173	1	52	471
如东县	Rudong County	1009	800	209	3	37	673
启东市	Qidong City	839	635	204	6	31	302
如皋市	Rugao City	1154	997	157	1	42	629
海门市	Haimen City	948	562	386	1	27	473
连云港市	**Lianyungang City**	**1648**	**1418**	**230**	**45**	**101**	**654**
赣榆县	Ganyu County	364	337	27	2	8	184
东海县	Donghai County	375	319	56	2	11	142
灌云县	Guanyun County	261	247	14	7	16	126
灌南县	Guannan County	259	236	23	2	11	72
淮安市	**Huaian City**	**2399**	**2215**	**184**	**41**	**123**	**1131**
涟水县	Lianshui County	317	303	14	2	16	136
洪泽县	Hongze County	272	248	24	5	12	128
盱眙县	Xuyi County	404	383	21	2	13	165
金湖县	Jinhu County	331	304	27	4	11	141
盐城市	**Yancheng City**	**3827**	**3482**	**345**	**39**	**226**	**1674**
响水县	Xiangshui County	177	169	8	3	19	73
滨海县	Binhai County	256	252	4		23	72
阜宁县	Funing County	369	343	26	1	13	139
射阳县	Sheyang County	354	318	36	6	8	172
建湖县	Jianhu County	406	394	12	1	31	0

单位:个 (unit)

市 县	City and County	工业企业个数 Number of Industrial Enterprises	内资企业 Domestic Funded Enterprises	外商港澳台商投资企业 Foreign, Hong Kong Macao and Taiwan Invested Enterprises	#国有控股企业 State-owned Share Holding Enterprises	#大中型企业 Large and Medium Scale Enterprises	#轻工业 Light Industry
东台市	Dongtai City	785	701	84	4	25	394
大丰市	Dafeng City	612	519	93	10	29	333
扬州市	**Yangzhou City**	**3847**	**3346**	**501**	**66**	**264**	**1515**
宝应县	Baoying County	579	520	59	4	16	231
仪征市	Yizheng City	488	413	75	24	19	237
高邮市	Gaoyou City	647	591	56		30	259
江都市	Jiangdu City	880	811	69	9	66	262
镇江市	**Zhenjiang City**	**3125**	**2414**	**711**	**60**	**213**	**1061**
丹阳市	Danyang City	1303	1038	265	9	85	498
扬中市	Yangzhong City	475	369	106	1	36	84
句容市	Jurong City	473	374	99	4	22	241
泰州市	**Taizhou City**	**4012**	**3586**	**426**	**27**	**189**	**1101**
兴化市	Xinghua City	836	800	36	2	22	214
靖江市	Jingjiang City	792	696	96	7	46	160
泰兴市	Taixing City	837	742	95	5	44	228
姜堰市	Jiangyan City	703	619	84	1	21	194
宿迁市	**Suqian City**	**2471**	**2392**	**79**	**12**	**79**	**1245**
沭阳县	Shuyang County	680	662	18		19	239
泗阳县	Siyang County	514	508	6	1	10	234
泗洪县	Sihong County	422	412	10	6	7	303

注:统计范围为年主营业务收入500万元以上工业企业(下同)。
Note: The statistical scope of industry covers industrial enterprises with major business revenue of over 5 million yuan. (Similarly in following tables.)

20－13 工业总产值(2010年)
Gross Output Value of Industry (2010)

单位:亿元 (100 million yuan)

市县 City and County		工业总产值 Gross Output Value of Industry	内资企业 Domestic Funded Enterprises	外商港澳台商投资企业 Foreign, Hong Kong Macao and Taiwan Invested Enterprises	#国有控股企业 State-owned Share Holding Enterprises	#大中型企业 Large and Medium Scale Enterprises	#轻工业 Light Industry
南京市	**Nanjing City**	**8609.50**	**5348.05**	**3261.45**	**3052.43**	**5879.83**	**1554.50**
溧水县	Lishui County	461.76	350.74	111.02	5.98	139.59	113.64
高淳县	Gaochun County	384.10	343.62	40.48	80.41	115.90	133.70
无锡市	**Wuxi City**	**12971.08**	**8045.96**	**4925.12**	**523.75**	**8630.15**	**2974.83**
江阴市	Jiangyin City	5094.72	3726.98	1367.74	151.75	4009.05	1335.82
宜兴市	Yixing City	2010.95	1670.74	340.21	21.05	1075.33	306.86
徐州市	**Xuzhou City**	**5112.97**	**4461.62**	**651.35**	**978.06**	**2400.38**	**1401.75**
丰县	Fengxian County	146.63	130.67	15.96	19.99	16.89	49.34
沛县	Peixian County	544.07	531.94	12.14	0.08	78.17	196.82
睢宁县	Suining County	239.06	202.75	36.31		94.63	113.50
新沂市	Xinyi City	381.42	364.43	16.99	0.25	59.89	115.91
邳州市	Pizhou City	687.70	606.46	81.24	26.45	136.00	132.63
常州市	**Changzhou City**	**7396.09**	**4943.23**	**2452.86**	**308.21**	**4044.37**	**1596.56**
溧阳市	Liyang City	932.65	607.96	324.69	14.46	662.74	79.51
金坛市	Jintan City	590.27	376.43	213.85	24.31	301.28	209.13
苏州市	**Suzhou City**	**24651.67**	**8337.57**	**16314.10**	**713.46**	**17973.91**	**6765.76**
常熟市	Changshu City	2883.27	1628.30	1254.97	46.59	1805.23	1244.45
张家港市	Zhangjiagang City	3957.98	3121.32	836.65	214.90	3064.62	1105.25
昆山市	Kunshan City	6590.80	486.79	6104.01	107.68	5472.77	1035.50
吴江市	Wujiang City	2621.62	1041.51	1580.11	9.40	1767.14	991.64
太仓市	Taicang City	1484.05	728.88	755.18	138.38	694.30	619.86

单位:亿元 (100 million yuan)

市 县	City and County	工业总产值 Gross Output Value of Industry	内资企业 Domestic Funded Enterprises	外商港澳台商投资企业 Foreign, Hong Kong Macao and Taiwan Invested Enterprises	#国有控股企业 State-owned Share Holding Enterprises	#大中型企业 Large and Medium Scale Enterprises	#轻工业 Light Industry
南通市	**Nantong City**	**7383.16**	**4444.33**	**2938.84**	**432.66**	**2765.42**	**2853.93**
海安县	Haian County	852.68	641.99	210.68	0.20	384.82	403.96
如东县	Rudong County	854.99	562.99	292.00	2.61	276.74	420.68
启东市	Qidong City	858.09	536.01	322.08	50.24	281.39	285.83
如皋市	Rugao City	987.56	706.62	280.94	21.02	393.28	305.18
海门市	Haimen City	1031.95	554.41	477.54	0.26	139.21	352.47
连云港市	**Lianyungang City**	**1936.28**	**1388.15**	**548.13**	**203.69**	**1132.23**	**617.99**
赣榆县	Ganyu County	360.63	334.12	26.51	0.32	180.33	98.48
东海县	Donghai County	247.41	170.48	76.93	0.67	48.23	101.43
灌云县	Guanyun County	219.27	210.53	8.74	5.51	105.80	68.68
灌南县	Guannan County	250.99	244.40	6.59	3.00	119.70	28.44
淮安市	**Huaian City**	**2439.11**	**2043.71**	**395.40**	**280.60**	**979.75**	**914.85**
涟水县	Lianshui County	281.39	262.45	18.94	26.65	65.94	146.83
洪泽县	Hongze County	229.55	197.88	31.66	4.85	41.25	68.47
盱眙县	Xuyi County	261.07	238.12	22.94	7.82	24.39	102.89
金湖县	Jinhu County	221.34	192.81	28.53	4.48	70.64	81.77
盐城市	**Yancheng City**	**3938.33**	**3055.48**	**882.85**	**93.57**	**1536.67**	**1483.28**
响水县	Xiangshui County	273.15	228.42	44.73	1.22	14.15	72.58
滨海县	Binhai County	281.41	272.17	9.24		102.50	116.43
阜宁县	Funing County	342.08	308.79	33.29	0.22	62.02	154.16
射阳县	Sheyang County	353.48	301.91	51.57	15.86	8.99	59.11
建湖县	Jianhu County	409.49	352.83	56.66	0.10	160.92	

单位:亿元 (100 million yuan)

市 县 City and County		工业总产值 Gross Output Value of Industry	内资企业 Domestic Funded Enterprises	外商港澳台商投资企业 Foreign, Hong Kong Macao and Taiwan Invested Enterprises	#国有控股企业 State-owned Share Holding Enterprises	#大中型企业 Large and Medium Scale Enterprises	#轻工业 Light Industry
东台市	Dongtai City	558.36	475.95	82.41	19.13	150.71	245.77
大丰市	Dafeng City	381.41	294.52	86.89	18.28	98.84	209.36
扬州市	**Yangzhou City**	**5753.34**	**4278.35**	**1474.99**	**883.26**	**2671.91**	**1557.96**
宝应县	Baoying County	537.53	462.97	74.55	111.64	189.56	135.67
仪征市	Yizheng City	790.76	559.38	231.38	322.16	313.83	147.84
高邮市	Gaoyou City	606.64	487.19	119.45		189.99	206.77
江都市	Jiangdu City	1436.51	1318.43	118.08	96.77	594.04	299.98
镇江市	**Zhenjiang City**	**4190.42**	**2692.40**	**1498.01**	**281.26**	**2197.66**	**876.58**
丹阳市	Danyang City	1299.29	982.97	316.32	10.34	734.06	276.57
扬中市	Yangzhong City	566.79	470.23	96.57	0.81	337.06	35.64
句容市	Jurong City	599.59	372.87	226.72	1.80	116.31	228.96
泰州市	**Taizhou City**	**4916.08**	**3544.92**	**1371.16**	**349.50**	**2202.38**	**1318.87**
兴化市	Xinghua City	680.67	577.47	103.20	2.09	143.35	158.80
靖江市	Jingjiang City	1176.36	589.47	586.90	53.81	731.53	168.61
泰兴市	Taixing City	905.14	677.06	228.08	9.68	326.72	245.09
姜堰市	Jiangyan City	671.18	503.96	167.22	0.19	156.85	182.09
宿迁市	**Suqian City**	**1137.37**	**1081.70**	**55.67**	**24.63**	**353.70**	**597.65**
沭阳县	Shuyang County	319.19	304.66	14.54		51.25	123.88
泗阳县	Siyang County	192.93	190.04	2.89	0.05	28.27	92.59
泗洪县	Sihong County	131.62	128.75	2.87	3.49	30.27	93.62

20－14 工业企业主要经济指标(2010年)
Major Economic Indicators on Industrial Enterprises (2010)

单位:亿元 (100 million yuan)

市 县	City and County	资产合计 Total Assets	负债合计 Total Liabilities	主营业务收入 Major Business Revenue	利税总额 Total Pre-tax Profits	#利润总额 Total Profits	从业人员年平均人数(万人) Annual Average Employed Persons (10000 persons)
南京市	**Nanjing City**	**6960.77**	**4027.15**	**8625.35**	**1079.96**	**497.91**	**80.59**
溧水县	Lishui County	253.40	147.75	453.09	64.58	41.96	6.63
高淳县	Gaochun County	195.26	117.84	383.38	46.78	30.20	6.28
无锡市	**Wuxi City**	**10917.48**	**6357.83**	**12879.78**	**1232.01**	**945.91**	**146.67**
江阴市	Jiangyin City	4346.40	2616.49	5006.89	489.59	372.59	51.42
宜兴市	Yixing City	1718.05	1076.00	1992.38	168.40	115.88	20.55
徐州市	**Xuzhou City**	**3038.84**	**1578.52**	**5102.14**	**824.50**	**457.80**	**67.19**
丰县	Fengxian County	66.41	40.13	135.29	20.34	11.68	3.09
沛县	Peixian County	146.69	80.70	520.78	70.53	36.75	9.24
睢宁县	Suining County	100.14	48.08	232.89	38.45	25.62	4.03
新沂市	Xinyi City	184.60	107.15	382.41	46.61	23.40	5.41
邳州市	Pizhou City	208.57	90.43	697.75	105.43	63.46	11.19
常州市	**Changzhou City**	**5259.12**	**3149.52**	**7274.88**	**620.18**	**413.47**	**97.35**
溧阳市	Liyang City	542.67	369.69	915.55	106.40	63.33	9.17
金坛市	Jintan City	341.03	211.36	569.65	71.46	52.78	9.51
苏州市	**Suzhou City**	**19351.14**	**11143.67**	**24577.51**	**1988.28**	**1507.06**	**345.20**
常熟市	Changshu City	2442.59	1421.21	2823.41	222.96	167.92	41.22
张家港市	Zhangjiagang City	3530.89	2336.32	4029.27	295.38	207.82	35.45
昆山市	Kunshan City	3932.59	2171.34	6555.44	501.97	411.47	92.15
吴江市	Wujiang City	2230.02	1333.14	2651.15	215.07	161.77	44.53
太仓市	Taicang City	1319.20	782.44	1435.13	144.61	105.36	19.37

单位:亿元 (100 million yuan)

市 县	City and County	资产合计 Total Assets	负债合计 Total Liabilities	主营业务收入 Major Business Revenue	利税总额 Total Pre-tax Profits	#利润总额 Total Profits	从业人员年平均人数(万人) Annual Average Employed Persons (10000 persons)
南 通 市	**Nantong City**	**4425.78**	**2486.32**	**7254.56**	**825.79**	**553.09**	**90.84**
海 安 县	Haian County	405.15	223.71	839.33	97.43	68.72	10.18
如 东 县	Rudong County	345.91	166.75	836.62	86.39	58.16	11.06
启 东 市	Qidong City	548.70	314.75	845.66	101.42	67.69	10.95
如 皋 市	Rugao City	734.40	485.05	971.84	103.93	69.61	14.64
海 门 市	Haimen City	373.59	184.73	1055.48	152.04	101.98	9.83
连云港市	**Lianyungang City**	**1584.43**	**911.75**	**1905.48**	**252.91**	**165.82**	**22.71**
赣 榆 县	Ganyu County	160.75	77.51	359.14	44.88	26.61	3.93
东 海 县	Donghai County	119.20	52.45	241.78	23.32	15.08	3.65
灌 云 县	Guanyun County	101.28	26.04	217.48	21.11	15.21	3.27
灌 南 县	Guannan County	135.28	78.43	244.70	22.73	10.25	2.82
淮 安 市	**Huaian City**	**1223.78**	**680.06**	**2411.10**	**248.12**	**124.39**	**32.12**
涟 水 县	Lianshui County	103.44	52.88	275.79	19.24	11.96	4.55
洪 泽 县	Hongze County	103.22	52.02	227.68	25.00	16.93	3.06
盱 眙 县	Xuyi County	109.82	58.76	252.30	13.48	6.70	4.05
金 湖 县	Jinhu County	103.88	64.24	215.57	14.61	9.93	2.77
盐 城 市	**Yancheng City**	**2174.20**	**1175.63**	**3891.66**	**404.45**	**217.08**	**55.97**
响 水 县	Xiangshui County	115.82	43.55	262.59	31.33	22.95	3.22
滨 海 县	Binhai County	129.28	62.22	279.85	31.60	16.68	4.34
阜 宁 县	Funing County	211.65	113.49	348.90	30.02	14.70	6.45
射 阳 县	Sheyang County	197.65	109.23	350.54	26.07	12.57	4.61
建 湖 县	Jianhu County	182.26	99.23	415.03	44.78	26.75	5.88

单位:亿元 (100 million yuan)

市 县 City and County		资产合计 Total Assets	负债合计 Total Liabilities	主营业务收入 Major Business Revenue	利税总额 Total Pre-tax Profits	#利润总额 Total Profits	从业人员年平均人数(万人) Annual Average Employed Persons (10000 persons)
东台市	Dongtai City	358.15	209.89	556.05	54.92	27.91	9.43
大丰市	Dafeng City	223.67	129.19	378.83	32.64	16.61	6.84
扬州市	**Yangzhou City**	**2925.62**	**1534.20**	**5637.77**	**698.03**	**417.53**	**83.01**
宝应县	Baoying County	241.95	112.10	524.55	41.80	23.44	7.60
仪征市	Yizheng City	436.53	226.68	794.04	97.96	64.70	9.72
高邮市	Gaoyou City	234.91	123.86	592.29	68.41	41.47	11.08
江都市	Jiangdu City	503.60	277.71	1389.46	217.89	136.83	17.52
镇江市	**Zhenjiang City**	**3247.13**	**1808.72**	**4009.31**	**366.92**	**228.08**	**49.81**
丹阳市	Danyang City	941.78	543.38	1264.49	84.51	47.07	18.70
扬中市	Yangzhong City	529.91	273.16	540.06	59.25	36.27	7.21
句容市	Jurong City	254.68	142.59	580.48	47.57	22.13	9.33
泰州市	**Taizhou City**	**2931.37**	**1788.97**	**4742.55**	**565.65**	**343.88**	**50.98**
兴化市	Xinghua City	284.27	137.18	665.33	70.21	41.54	7.87
靖江市	Jingjiang City	924.47	596.62	1121.49	158.12	116.61	9.73
泰兴市	Taixing City	496.18	303.64	880.92	110.48	60.85	11.63
姜堰市	Jiangyan City	246.47	131.28	626.55	68.35	43.69	6.90
宿迁市	**Suqian City**	**707.62**	**344.48**	**1124.30**	**157.33**	**112.86**	**29.34**
沭阳县	Shuyang County	112.08	42.54	313.75	48.75	32.26	7.73
泗阳县	Siyang County	94.19	27.76	193.96	32.71	26.80	6.83
泗洪县	Sihong County	64.16	30.11	130.26	10.44	4.26	4.22

20－15 交 通 运 输 (2010年)
Transportation (2010)

市 县	City and County	公路里程(公里) Total Length of Highway (km)	#等级公路 Grade Highway	公路客运量(万人) Passenger Traffic of Highways (10000 persons)	公路货运量(万吨) Freight Traffic of Highways (10000 tons)	民用汽车拥有量(万辆) Civil Vehicles Owned (10000 units)	#私人汽车 Private Vehicles
南 京 市	**Nanjing City**	**10749**	**9638**	**36004**	**17683**	**83.05**	**64.76**
溧 水 县	Lishui County	1560	1530	1006	896	2.35	1.91
高 淳 县	Gaochun County	1404	1347	1014	773	1.68	1.27
无 锡 市	**Wuxi City**	**7628**	**7594**	**17910**	**11201**	**73.40**	**52.14**
江 阴 市	Jiangyin City	2362	2362	2514	2845	17.87	13.02
宜 兴 市	Yixing City	2318	2284	2640	1885	11.64	8.48
徐 州 市	**Xuzhou City**	**16175**	**14965**	**18926**	**13714**	**43.26**	**35.65**
丰 县	Fengxian County	1790	1790	1223	1296	3.82	3.35
沛 县	Peixian County	2283	2283	1658	1249	3.81	3.17
睢 宁 县	Suining County	2401	2207	1141	1427	3.93	3.46
新 沂 市	Xinyi City	2772	2257	2276	1815	3.21	2.71
邳 州 市	Pizhou City	3027	2686	1234	2003	5.60	4.84
常 州 市	**Changzhou City**	**8348**	**8296**	**12286**	**11532**	**45.37**	**33.94**
溧 阳 市	Liyang City	2403	2403	2149	2102	5.03	3.86
金 坛 市	Jintan City	1982	1930	1518	1128	3.26	2.39
苏 州 市	**Suzhou City**	**12296**	**12296**	**45181**	**12769**	**126.10**	**98.17**
常 熟 市	Changshu City	3066	3066	5408	1391	16.69	13.34
张家港市	Zhangjiagang City	1496	1496	4934	2198	14.09	11.38
昆 山 市	Kunshan City	1960	1960	10134	1334	18.12	13.51
吴 江 市	Wujiang City	2301	2301	4866	738	11.10	9.44
太 仓 市	Taicang City	1229	1229	2490	2112	8.12	6.41

市 县	City and County	公路里程（公里） Total Length of Highway (km)	#等级公路 Grade Highway	公路客运量（万人） Passenger Traffic of Highways (10000 persons)	公路货运量（万吨） Freight Traffic of Highways (10000 tons)	民用汽车拥有量（万辆） Civil Vehicles Owned (10000 units)	#私人汽车 Private Vehicles
南通市	**Nantong City**	**17474**	**17306**	**16425**	**15392**	**44.90**	**35.53**
海安县	Haian County	2244	2223	1589	1829	3.61	2.85
如东县	Rudong County	2418	2395	747	1519	4.13	3.42
启东市	Qidong City	3406	3373	1808	896	5.60	4.83
如皋市	Rugao City	3090	3060	1266	2378	5.90	4.94
海门市	Haimen City	2384	2361	1026	1035	5.27	4.36
连云港市	**Lianyungang City**	**11223**	**11049**	**13158**	**9651**	**18.89**	**14.64**
赣榆县	Ganyu County	2676	2676	1297	1813	3.35	2.86
东海县	Donghai County	2865	2796	1261	1562	3.60	3.06
灌云县	Guanyun County	2482	2482	1089	1017	2.77	2.40
灌南县	Guannan County	1794	1750	946	801	1.75	1.49
淮安市	**Huaian City**	**11804**	**10816**	**9615**	**5887**	**16.99**	**12.49**
涟水县	Lianshui County	2356	2070			2.45	1.88
洪泽县	Hongze County	1210	1082			0.89	0.60
盱眙县	Xuyi County	2528	2528			1.67	1.20
金湖县	Jinhu County	1196	987			0.88	0.58
盐城市	**Yancheng City**	**18415**	**16340**	**11946**	**6914**	**26.74**	**20.77**
响水县	Xiangshui County	1649	1560			1.58	1.22
滨海县	Binhai County	2010	1709			3.19	2.37
阜宁县	Funing County	1710	1332			2.33	1.96
射阳县	Sheyang County	2413	1834			2.64	2.28
建湖县	Jianhu County	1580	1445			1.85	1.43

20－15 续 表2 Continued 2

市 县	City and County	公路里程(公里) Total Length of Highway (km)	#等级公路 Grade Highway	公路客运量(万人) Passenger Traffic of Highways (10000 persons)	公路货运量(万吨) Freight Traffic of Highways (10000 tons)	民用汽车拥有量(万辆) Civil Vehicles Owned (10000 units)	#私人汽车 Private Vehicles
东台市	Dongtai City	3046	2834			3.37	2.72
大丰市	Dafeng City	2935	2544			3.11	2.56
扬州市	**Yangzhou City**	**10231**	**8934**	**7101**	**5886**	**23.29**	**17.84**
宝应县	Baoying County	2182	1823	851	427	2.25	1.81
仪征市	Yizheng City	1458	1458	1016	567	2.47	1.84
高邮市	Gaoyou City	2490	2016	912	840	2.43	1.88
江都市	Jiangdu City	2176	1828	1235	1177	4.64	3.59
镇江市	**Zhenjiang City**	**6936**	**6936**	**8939**	**9494**	**19.80**	**14.73**
丹阳市	Danyang City	2084	2084	1290	2163	5.81	4.52
扬中市	Yangzhong City	958	958	755	577	2.31	1.85
句容市	Jurong City	2326	2326	2344	1426	1.84	1.37
泰州市	**Taizhou City**	**8696**	**8664**	**8680**	**3693**	**22.66**	**16.92**
兴化市	Xinghua City	2520	2495	1386	761	3.92	3.27
靖江市	Jingjiang City	1212	1212	1068	1300	4.40	3.24
泰兴市	Taixing City	2009	2009	3158	878	3.62	2.28
姜堰市	Jiangyan City	1855	1854	1102	644	3.69	2.78
宿迁市	**Suqian City**	**10332**	**8874**	**9044**	**4566**	**19.85**	**16.98**
沭阳县	Shuyang County	3343	2471	2804	1598	5.70	5.02
泗阳县	Siyang County	1609	1550	1448	822	2.94	2.61
泗洪县	Sihong County	2342	2334	1898	594	2.80	2.26

20－16 邮电、电力（2010年）

Postal and Telecommunications, Power Services (2010)

市县	City and County	邮电业务总量（亿元）Post & Telecommunication Services (100 million yuan)	本地电话用户（万户）Telephone Subscribers (10000 subscribers)	移动电话年末用户（万户）Number of Mobile Telephones Subscribers at Year-end (10000 subscribers)	国际互联网用户（万户）International Exchange Network Users (10000 subscribers)	全年用电量（亿千瓦时）Total Consumption of Electricity of the Year (100 million kW·h)	#工业用电 Consumption of Electricity for Industrial Use
南京市	**Nanjing City**	**139.07**	**290.14**	**931.34**	**147.75**	**373.66**	**242.66**
溧水县	Lishui County	3.63	11.22	58.12	4.01	12.55	9.52
高淳县	Gaochun County	3.42	9.83	54.40	3.71	6.36	3.53
无锡市	**Wuxi City**	**103.94**	**213.90**	**767.18**	**132.47**	**550.64**	**455.00**
江阴市	Jiangyin City	24.20	47.12	184.67	29.74	218.95	198.56
宜兴市	Yixing City	15.85	36.56	125.22	18.51	80.91	66.45
徐州市	**Xuzhou City**	**73.39**	**177.21**	**600.72**	**70.10**	**246.01**	**191.90**
丰县	Fengxian County	5.62	13.76	59.56	3.77	8.53	4.31
沛县	Peixian County	6.91	15.75	68.64	4.72	22.35	17.69
睢宁县	Suining County	6.04	18.83	56.68	4.86	16.29	12.02
新沂市	Xinyi City	6.07	15.05	60.13	5.35	29.81	25.48
邳州市	Pizhou City	7.95	19.10	77.18	6.33	19.08	12.85
常州市	**Changzhou City**	**57.40**	**159.58**	**501.39**	**84.87**	**291.19**	**231.82**
溧阳市	Liyang City	6.63	24.92	66.02	11.65	47.25	40.42
金坛市	Jintan City	5.10	22.03	51.75	9.55	28.76	23.24
苏州市	**Suzhou City**	**176.86**	**351.68**	**1308.82**	**188.47**	**1024.10**	**855.25**
常熟市	Changshu City	21.43	50.36	165.96	25.10	124.60	104.81
张家港市	Zhangjiagang City	17.96	42.86	138.40	21.21	238.45	222.81
昆山市	Kunshan City	31.56	53.42	236.92	29.55	161.91	134.49
吴江市	Wujiang City	20.51	39.28	153.70	20.52	159.03	141.65
太仓市	Taicang City	10.64	22.37	76.99	12.06	70.82	60.92

市　县 City and County		邮电业务总量（亿元） Post & Telecommunication Services (100 million yuan)	本地电话用户（万户） Telephone Subscribers (10000 subscribers)	移动电话年末用户（万户） Number of Mobile Telephones Subscribers at Year-end (10000 subscribers)	国际互联网用户（万户） International Exchange Network Users (10000 subscribers)	全年用电量（亿千瓦时） Total Consumption of Electricity of the Year (100 million kW·h)	#工业用电 Consumption of Electricity for Industrial Use
南 通 市	**Nantong City**	**62.48**	**243.11**	**592.89**	**82.96**	**249.70**	**187.84**
海 安 县	Haian County	6.45	31.98	64.82	10.18	31.21	24.97
如 东 县	Rudong County	6.58	27.99	68.27	8.52	27.73	21.12
启 东 市	Qidong City	7.36	34.11	71.74	9.58	19.91	12.90
如 皋 市	Rugao City	9.44	36.00	91.46	11.90	35.11	26.08
海 门 市	Haimen City	7.16	31.53	66.81	8.80	26.01	18.90
连云港市	**Lianyungang City**	**26.98**	**99.33**	**306.68**	**44.27**	**83.52**	**53.99**
赣 榆 县	Ganyu County	4.72	20.95	59.84	7.35	16.68	11.93
东 海 县	Donghai County	4.75	18.91	58.01	6.52	14.16	9.69
灌 云 县	Guanyun County	3.56	14.81	44.66	4.19	7.04	3.57
灌 南 县	Guannan County	2.76	11.36	33.69	3.83	12.46	9.62
淮 安 市	**Huaian City**	**27.27**	**100.55**	**280.59**	**29.49**	**111.77**	**81.75**
涟 水 县	Lianshui County	3.52	16.05	33.71	3.07	10.25	6.58
洪 泽 县	Hongze County	1.61	6.44	16.70	2.69	13.58	11.61
盱 眙 县	Xuyi County	2.71	12.28	30.75	2.80	10.79	6.80
金 湖 县	Jinhu County	1.96	7.40	18.45	2.85	7.48	5.11
盐 城 市	**Yancheng City**	**38.95**	**332.99**	**236.51**	**58.69**	**158.63**	**111.86**
响 水 县	Xiangshui County	2.30	19.55	18.67	3.43	14.92	12.01
滨 海 县	Binhai County	3.40	33.65	28.35	4.68	12.66	8.10
阜 宁 县	Funing County	3.67	34.09	31.16	4.96	20.37	15.89
射 阳 县	Sheyang County	4.16	40.30	39.03	6.41	13.10	8.17
建 湖 县	Jianhu County	3.61	32.55	31.27	5.70	13.06	8.65

市 县 City and County		邮电业务总量（亿元）Post & Telecommunication Services (100 million yuan)	本地电话用户（万户）Telephone Subscribers (10000 subscribers)	移动电话年末用户（万户）Number of Mobile Telephones Subscribers at Year-end (10000 subscribers)	国际互联网用户（万户）International Exchange Network Users (10000 subscribers)	全年用电量（亿千瓦时）Total Consumption of Electricity of the Year (100 million kW·h)	#工业用电 Consumption of Electricity for Industrial Use
东台市	Dongtai City	4.87	56.98	34.62	9.32	28.06	21.96
大丰市	Dafeng City	3.98	43.26	39.09	7.54	19.83	14.32
扬州市	**Yangzhou City**	**41.55**	**162.62**	**409.43**	**68.62**	**151.09**	**109.96**
宝应县	Baoying County	4.90	22.17	50.74	6.53	12.05	7.47
仪征市	Yizheng City	4.66	19.75	49.75	7.27	22.41	18.36
高邮市	Gaoyou City	5.47	22.71	56.84	8.01	18.30	13.09
江都市	Jiangdu City	8.81	38.39	81.66	13.62	24.41	17.32
镇江市	**Zhenjiang City**	**38.21**	**129.64**	**277.78**	**43.22**	**164.22**	**131.81**
丹阳市	Danyang City	9.77	37.33	82.81	12.52	51.70	42.68
扬中市	Yangzhong City	4.08	15.34	30.12	5.39	10.55	7.57
句容市	Jurong City	4.54	18.33	40.99	5.47	17.08	12.65
泰州市	**Taizhou City**	**36.70**	**149.05**	**339.32**	**50.42**	**176.61**	**138.94**
兴化市	Xinghua City	7.29	33.11	72.46	9.14	46.50	39.15
靖江市	Jingjiang City	6.83	25.21	58.09	9.56	31.98	24.82
泰兴市	Taixing City	7.72	34.78	72.89	9.92	33.41	26.13
姜堰市	Jiangyan City	5.49	22.58	55.05	6.85	24.75	19.79
宿迁市	**Suqian City**	**21.25**	**102.75**	**296.87**	**30.91**	**72.69**	**48.81**
沭阳县	Shuyang County	6.23	27.89	84.24	8.19	20.13	13.44
泗阳县	Siyang County	3.92	22.84	52.73	6.59	9.47	5.20
泗洪县	Sihong County	3.67	18.66	53.72	5.55	9.17	4.48

20-17 固定资产投资完成额(2010年)

Completed Investment in Fixed Assets (2010)

单位:亿元 (100 million yuan)

市县	City and County	城镇固定资产投资 Urban Investment in Fixed Assets	房地产开发投资 Investment in Real Estate Development	#住宅 Residential Buildings	新增固定资产 Newly Added Fixed Assets	商品房屋销售建筑面积(万平方米) Constraction Floor Space of the Commercial Houses Sold (10000 sq. m)	#住宅 Residential Buildings
南京市	**Nanjing City**	**2623.96**	**748.35**	**570.31**	**1592.56**	**823.17**	**754.82**
溧水县	Lishui County	151.28	12.51	10.52	147.46	55.27	53.23
高淳县	Gaochun County	62.42	11.20	8.77	36.61	38.34	33.24
无锡市	**Wuxi City**	**2067.99**	**612.67**	**430.65**	**1485.81**	**1045.07**	**880.00**
江阴市	Jiangyin City	386.53	106.51	73.58	302.86	239.10	201.23
宜兴市	Yixing City	199.61	53.86	38.91	145.99	107.64	86.85
徐州市	**Xuzhou City**	**1646.98**	**205.32**	**169.70**	**1147.15**	**621.75**	**548.71**
丰县	Fengxian County	79.89	10.93	9.13	50.17	55.76	49.12
沛县	Peixian County	165.14	15.51	13.37	93.23	62.36	57.06
睢宁县	Suining County	94.53	10.94	7.51	34.52	62.20	52.81
新沂市	Xinyi City	155.86	22.12	15.86	82.12	49.00	35.10
邳州市	Pizhou City	185.12	19.21	18.57	133.16	51.00	43.91
常州市	**Changzhou City**	**1420.47**	**409.91**	**280.36**	**1055.72**	**915.75**	**775.13**
溧阳市	Liyang City	148.19	24.07	16.28	124.70	73.47	62.72
金坛市	Jintan City	119.73	21.67	16.10	95.84	86.36	72.30
苏州市	**Suzhou City**	**2705.27**	**935.80**	**668.73**	**3006.85**	**1514.02**	**1182.90**
常熟市	Changshu City	270.91	96.04	60.91	382.28	209.83	155.96
张家港市	Zhangjiagang City	267.57	57.00	35.89	426.07	78.94	52.55
昆山市	Kunshan City	410.33	200.60	141.72	409.35	352.59	276.38
吴江市	Wujiang City	296.06	93.10	72.01	315.45	177.07	153.36
太仓市	Taicang City	242.20	63.04	41.36	209.94	139.45	88.63

单位:亿元 (100 million yuan)

市 县 City and County		城镇固定资产投资 Urban Investment in Fixed Assets	房地产开发投资 Investment in Real Estate Development	#住宅 Residential Buildings	新增固定资产 Newly Added Fixed Assets	商品房屋销售建筑面积(万平方米) Constraction Floor Space of the Commercial Houses Sold (10000 sq. m)	#住宅 Residential Buildings
南 通 市	**Nantong City**	**1281.39**	**272.78**	**204.48**	**801.18**	**739.52**	**664.74**
海 安 县	Haian County	171.07	21.76	19.27	113.01	74.74	62.51
如 东 县	Rudong County	110.63	18.29	13.61	40.32	65.83	54.90
启 东 市	Qidong City	116.53	12.15	9.50	36.76	42.67	39.21
如 皋 市	Rugao City	133.75	23.50	21.51	70.38	80.25	68.96
海 门 市	Haimen City	106.26	15.42	13.43	90.60	68.17	64.61
连云港市	**Lianyungang City**	**920.82**	**132.36**	**100.17**	**570.23**	**474.18**	**401.09**
赣 榆 县	Ganyu County	133.98	18.95	14.45	109.27	59.34	50.07
东 海 县	Donghai County	123.77	13.13	10.91	77.68	70.72	63.78
灌 云 县	Guanyun County	142.73	13.26	9.63	76.62	60.07	49.01
灌 南 县	Guannan County	141.84	17.02	12.21	97.12	82.99	59.94
淮 安 市	**Huaian City**	**841.22**	**237.77**	**170.04**	**333.59**	**641.14**	**560.73**
涟 水 县	Lianshui County	101.54	37.82	26.47	7.73	79.16	64.26
洪 泽 县	Hongze County	67.90	24.13	17.34	46.32	92.54	90.08
盱 眙 县	Xuyi County	111.49	15.21	10.58	26.36	30.32	23.81
金 湖 县	Jinhu County	68.36	30.08	21.54	31.93	81.92	74.19
盐 城 市	**Yancheng City**	**1054.95**	**165.47**	**124.19**	**613.49**	**581.34**	**490.45**
响 水 县	Xiangshui County	79.23	8.72	7.61	15.42	49.63	41.76
滨 海 县	Binhai County	85.54	11.24	9.25	40.14	60.29	52.10
阜 宁 县	Funing County	87.03	8.79	8.41	57.92	40.08	38.12
射 阳 县	Sheyang County	77.87	6.85	5.42	59.41	29.93	21.92
建 湖 县	Jianhu County	89.86	11.13	10.46	38.85	42.24	40.21

单位:亿元 (100 million yuan)

市县 City and County		城镇固定资产投资 Urban Investment in Fixed Assets	房地产开发投资 Investment in Real Estate Development	#住宅 Residential Buildings	新增固定资产 Newly Added Fixed Assets	商品房屋销售建筑面积(万平方米) Constraction Floor Space of the Commercial Houses Sold (10000 sq. m)	#住宅 Residential Buildings
东台市	Dongtai City	121.34	18.30	11.59	47.66	52.48	41.47
大丰市	Dafeng City	120.81	15.44	11.67	75.25	62.99	57.06
扬州市	**Yangzhou City**	**890.68**	**165.16**	**137.16**	**645.08**	**628.75**	**582.09**
宝应县	Baoying County	79.11	13.97	11.19	73.44	78.55	68.16
仪征市	Yizheng City	103.70	10.08	9.33	104.42	37.19	34.63
高邮市	Gaoyou City	161.73	14.46	11.24	51.46	77.57	73.90
江都市	Jiangdu City	187.42	36.98	33.28	93.00	119.76	113.79
镇江市	**Zhenjiang City**	**749.35**	**114.88**	**79.91**	**671.70**	**374.77**	**300.74**
丹阳市	Danyang City	118.52	16.33	12.95	135.64	86.46	70.31
扬中市	Yangzhong City	53.09	9.58	7.29	74.34	27.69	22.79
句容市	Jurong City	67.33	15.56	14.79	66.44	49.82	44.83
泰州市	**Taizhou City**	**693.01**	**152.19**	**117.26**	**998.02**	**523.79**	**463.30**
兴化市	Xinghua City	98.14	16.99	12.42	143.13	83.98	66.57
靖江市	Jingjiang City	173.60	30.93	25.88	203.98	87.90	80.02
泰兴市	Taixing City	110.60	19.40	14.81	182.48	83.35	77.78
姜堰市	Jiangyan City	81.18	25.44	15.32	153.62	82.67	67.13
宿迁市	**Suqian City**	**554.92**	**147.63**	**106.01**	**449.99**	**603.62**	**508.91**
沭阳县	Shuyang County	141.38	36.21	25.98	96.39	207.33	185.40
泗阳县	Siyang County	95.68	25.05	18.06	111.88	129.32	104.32
泗洪县	Sihong County	79.61	22.17	19.86	37.60	85.23	74.26

20－18 国内贸易、对外经济(2010年)

Domestic and Foreign Trade and Foreign Economy (2010)

市 县	City and County	社会消费品零售总额(亿元) Total Retail of Consumer Goods (100 million Yuan)	#批发和零售业 Wholesale and Retail Trade	进出口总额(亿美元) Total Imports and Exports (USD 100 million)	出口 Exports	进口 Imports	实际外商直接投资(亿美元) Actual Foreign Direct Investment (USD 100 million)
南京市	**Nanjing City**	**2288.74**	**2055.37**	**456.01**	**248.85**	**207.16**	**26.76**
溧水县	Lishui County	70.51	60.78	3.20	2.77	0.42	1.18
高淳县	Gaochun County	82.49	71.21	2.81	2.34	0.47	0.30
无锡市	**Wuxi City**	**1825.79**	**1676.54**	**612.23**	**362.72**	**249.51**	**33.00**
江阴市	Jiangyin City	384.90	357.81	158.49	94.24	64.25	7.00
宜兴市	Yixing City	277.34	261.89	42.49	26.49	16.00	5.00
徐州市	**Xuzhou City**	**956.99**	**851.61**	**41.61**	**26.31**	**15.30**	**10.13**
丰县	Fengxian County	50.88	45.09	0.73	0.64	0.09	0.35
沛县	Peixian County	92.13	73.51	0.86	0.82	0.04	0.82
睢宁县	Suining County	62.97	57.06	2.03	1.05	0.98	0.54
新沂市	Xinyi City	61.33	54.09	2.51	1.54	0.97	0.42
邳州市	Pizhou City	84.39	68.59	6.69	6.41	0.28	0.42
常州市	**Changzhou City**	**1054.39**	**963.47**	**222.78**	**155.58**	**67.19**	**24.43**
溧阳市	Liyang City	147.54	134.54	6.56	5.60	0.96	3.54
金坛市	Jintan City	116.21	105.38	16.73	13.93	2.80	3.54
苏州市	**Suzhou City**	**2402.02**	**2127.92**	**2740.76**	**1531.08**	**1209.68**	**85.35**
常熟市	Changshu City	360.19	326.63	173.20	116.55	56.65	8.72
张家港市	Zhangjiagang City	267.86	233.28	260.66	99.55	161.12	8.30
昆山市	Kunshan City	356.64	290.35	821.24	533.37	287.87	17.25
吴江市	Wujiang City	222.97	196.65	192.81	99.34	93.47	8.91
太仓市	Taicang City	141.43	120.17	87.02	41.05	45.97	8.08

市 县 City and County		社会消费品零售总额（亿元）Total Retail of Consumer Goods (100 million Yuan)	#批发和零售业 Wholesale and Retail Trade	进出口总额（亿美元）Total Imports and Exports (USD 100 million)	出口 Exports	进口 Imports	实际外商直接投资（亿美元）Actual Foreign Direct Investment (USD 100 million)
南通市	**Nantong City**	**1277.07**	**1174.85**	**210.75**	**140.85**	**69.91**	**20.61**
海安县	Haian County	134.15	123.14	11.03	9.03	2.00	1.42
如东县	Rudong County	149.31	137.24	9.58	8.08	1.50	2.79
启东市	Qidong City	169.64	156.38	25.74	19.18	6.56	2.50
如皋市	Rugao City	171.97	157.21	19.32	10.05	9.27	3.40
海门市	Haimen City	174.97	161.42	12.32	9.33	2.99	3.49
连云港市	**Lianyungang City**	**430.68**	**384.16**	**50.72**	**26.00**	**24.72**	**11.01**
赣榆县	Ganyu County	78.82	71.20	1.43	1.27	0.17	1.60
东海县	Donghai County	76.23	69.05	2.87	1.81	1.06	1.71
灌云县	Guanyun County	58.02	53.53	1.95	1.79	0.16	1.51
灌南县	Guannan County	41.54	36.14	1.11	0.92	0.19	1.61
淮安市	**Huaian City**	**469.09**	**416.92**	**21.71**	**14.96**	**6.75**	**10.51**
涟水县	Lianshui County	43.29	38.34	1.28	1.11	0.18	1.00
洪泽县	Hongze County	40.30	35.51	1.04	0.95	0.09	1.00
盱眙县	Xuyi County	42.39	37.31	0.87	0.56	0.31	1.01
金湖县	Jinhu County	37.68	33.34	1.22	1.09	0.13	1.01
盐城市	**Yancheng City**	**766.49**	**696.88**	**39.37**	**23.19**	**16.17**	**13.04**
响水县	Xiangshui County	31.55	29.29	3.64	2.72	0.92	1.00
滨海县	Binhai County	52.39	48.31	1.13	1.06	0.07	1.18
阜宁县	Funing County	61.63	57.92	1.57	1.38	0.19	1.12
射阳县	Sheyang County	82.29	75.07	1.43	1.03	0.40	1.10
建湖县	Jianhu County	79.79	70.77	1.62	1.49	0.13	1.14

市 县 City and County		社会消费品零售总额（亿元）Total Retail of Consumer Goods (100 million Yuan)	#批发和零售业 Wholesale and Retail Trade	进出口总额（亿美元）Total Imports and Exports (USD 100 million)	出口 Exports	进口 Imports	实际外商直接投资（亿美元）Actual Foreign Direct Investment (USD 100 million)
东台市	Dongtai City	118.34	107.16	2.78	2.44	0.34	2.35
大丰市	Dafeng City	81.59	75.58	4.23	3.12	1.12	2.35
扬州市	**Yangzhou City**	**726.12**	**651.40**	**82.40**	**60.55**	**21.85**	**20.56**
宝应县	Baoying County	79.46	74.27	4.43	3.24	1.19	1.44
仪征市	Yizheng City	85.67	76.39	5.92	3.08	2.84	4.04
高邮市	Gaoyou City	82.35	72.34	3.51	3.21	0.30	1.56
江都市	Jiangdu City	146.23	131.27	8.43	7.35	1.08	3.96
镇江市	**Zhenjiang City**	**564.68**	**504.06**	**81.54**	**47.51**	**34.03**	**16.15**
丹阳市	Danyang City	151.57	136.20	18.08	14.89	3.19	2.20
扬中市	Yangzhong City	66.37	59.05	6.50	3.22	3.28	1.02
句容市	Jurong City	69.28	61.93	4.42	3.06	1.36	2.19
泰州市	**Taizhou City**	**555.35**	**477.79**	**85.86**	**58.77**	**27.09**	**13.63**
兴化市	Xinghua City	85.85	72.66	4.27	3.20	1.07	1.04
靖江市	Jingjiang City	92.79	76.95	28.84	21.60	7.24	3.66
泰兴市	Taixing City	108.58	90.14	12.48	6.56	5.92	2.61
姜堰市	Jiangyan City	92.82	85.45	5.04	4.08	0.96	1.56
宿迁市	**Suqian City**	**289.38**	**252.74**	**12.20**	**9.14**	**3.06**	**1.81**
沭阳县	Shuyang County	81.43	72.23	1.60	1.32	0.28	0.42
泗阳县	Siyang County	46.97	40.45	2.24	2.04	0.20	0.26
泗洪县	Sihong County	44.50	41.46	1.26	1.19	0.07	0.11

20－19 财政收支(2010年)
Major Indicators of Government Finance (2010)

单位:亿元　　(100 million yuan)

市县	City and County	地方财政一般预算收入 General Budetary Revenue in Local Finance	#税收收入 Taxes	地方财政一般预算支出 General Budetary Expenditure in Local Finance	#教育 Education	#医疗卫生 Medical Treatment and Healthcare	#社会保障和就业 Social Security and Employment
南京市	**Nanjing City**	**518.80**	**437.77**	**542.18**	**76.50**	**31.60**	**45.94**
溧水县	Lishui County	20.02	14.63	25.98	3.18	1.10	2.63
高淳县	Gaochun County	13.50	10.80	19.14	2.97	1.27	1.38
无锡市	**Wuxi City**	**511.89**	**440.86**	**488.68**	**82.32**	**22.95**	**34.94**
江阴市	Jiangyin City	130.72	111.63	115.90	21.13	3.76	9.21
宜兴市	Yixing City	58.02	50.82	59.91	12.09	2.55	4.44
徐州市	**Xuzhou City**	**222.16**	**173.90**	**325.72**	**61.24**	**21.34**	**37.41**
丰县	Fengxian County	12.89	10.32	27.69	5.65	2.11	3.87
沛县	Peixian County	21.24	18.14	36.01	7.27	2.26	3.20
睢宁县	Suining County	12.94	10.58	28.45	5.79	2.76	3.40
新沂市	Xinyi City	17.58	13.67	30.35	4.59	2.14	2.44
邳州市	Pizhou City	23.10	17.11	41.11	10.41	2.47	3.70
常州市	**Changzhou City**	**286.18**	**237.74**	**281.44**	**40.62**	**14.70**	**24.95**
溧阳市	Liyang City	29.00	24.17	33.47	7.35	1.76	2.14
金坛市	Jintan City	18.03	14.96	22.16	4.87	1.50	1.60
苏州市	**Suzhou City**	**900.55**	**783.22**	**825.67**	**123.11**	**33.78**	**63.67**
常熟市	Changshu City	100.09	80.15	95.39	15.53	3.90	4.61
张家港市	Zhangjiagang City	116.06	87.06	114.07	15.59	4.82	4.95
昆山市	Kunshan City	163.13	150.87	138.76	16.44	4.62	12.54
吴江市	Wujiang City	90.28	72.25	84.03	14.73	4.12	8.07
太仓市	Taicang City	70.00	54.68	65.79	10.47	2.36	3.77

单位:亿元 (100 million yuan)

市 县 City and County		地方财政一般预算收入 General Budetary Revenue in Local Finance	#税收收入 Taxes	地方财政一般预算支出 General Budetary Expenditure in Local Finance	#教育 Education	#医疗卫生 Medical Treatment and Healthcare	#社会保障和就业 Social Security and Employment
南 通 市	**Nantong City**	**290.81**	**225.24**	**316.75**	**65.03**	**17.38**	**28.20**
海 安 县	Haian County	20.52	16.93	33.37	6.36	1.86	2.86
如 东 县	Rudong County	19.04	15.31	34.81	7.50	1.68	3.37
启 东 市	Qidong City	31.26	25.22	34.11	8.37	1.83	4.74
如 皋 市	Rugao City	33.69	29.38	47.45	9.55	2.44	4.45
海 门 市	Haimen City	31.27	23.79	34.13	8.38	2.31	2.27
连云港市	**Lianyungang City**	**141.39**	**97.36**	**202.75**	**30.71**	**9.99**	**13.23**
赣 榆 县	Ganyu County	18.40	13.42	33.03	6.95	2.12	1.88
东 海 县	Donghai County	18.02	12.45	31.94	5.78	2.09	3.38
灌 云 县	Guanyun County	16.47	11.91	28.86	4.02	1.74	2.08
灌 南 县	Guannan County	18.18	11.82	30.44	3.32	1.31	2.24
淮 安 市	**Huaian City**	**141.43**	**98.51**	**206.15**	**36.57**	**11.72**	**22.89**
涟 水 县	Lianshui County	10.68	7.93	25.04	6.62	1.85	2.82
洪 泽 县	Hongze County	10.66	7.61	18.29	1.93	1.09	2.14
盱 眙 县	Xuyi County	13.83	9.48	22.56	3.87	1.22	3.25
金 湖 县	Jinhu County	8.75	7.48	16.16	2.63	1.07	1.95
盐 城 市	**Yancheng City**	**191.35**	**138.73**	**291.90**	**49.24**	**19.85**	**25.59**
响 水 县	Xiangshui County	10.80	8.41	18.46	3.38	1.12	1.96
滨 海 县	Binhai County	14.52	10.75	27.90	5.14	2.40	3.21
阜 宁 县	Funing County	16.45	11.28	33.15	5.71	2.23	3.27
射 阳 县	Sheyang County	14.75	8.85	27.55	4.51	1.88	2.50
建 湖 县	Jianhu County	20.04	14.04	30.98	5.51	2.35	2.96

单位:亿元　　(100 million yuan)

市　县 City and County		地方财政一般预算收入 General Budetary Revenue in Local Finance	#税收收入 Taxes	地方财政一般预算支出 General Budetary Expenditure in Local Finance	#教育 Education	#医疗卫生 Medical Treatment and Healthcare	#社会保障和就业 Social Security and Employment
东 台 市	Dongtai City	26.18	17.84	39.90	7.82	2.91	3.88
大 丰 市	Dafeng City	20.67	15.52	31.17	4.06	1.54	2.36
扬 州 市	**Yangzhou City**	**167.78**	**121.08**	**201.68**	**36.34**	**10.56**	**15.87**
宝 应 县	Baoying County	15.68	11.38	26.36	5.91	1.39	5.66
仪 征 市	Yizheng City	19.22	13.90	20.66	4.06	1.30	1.30
高 邮 市	Gaoyou City	14.42	11.61	23.20	4.81	1.39	2.24
江 都 市	Jiangdu City	26.85	19.80	32.92	8.34	2.07	1.53
镇 江 市	**Zhenjiang City**	**138.10**	**110.87**	**159.07**	**26.99**	**7.70**	**8.86**
丹 阳 市	Danyang City	30.00	25.45	35.11	6.11	1.76	1.69
扬 中 市	Yangzhong City	14.75	12.56	16.84	3.05	0.75	1.16
句 容 市	Jurong City	14.58	12.12	23.47	4.88	1.36	1.52
泰 州 市	**Taizhou City**	**170.80**	**131.75**	**215.73**	**38.62**	**12.14**	**17.43**
兴 化 市	Xinghua City	21.13	16.92	41.44	8.74	3.19	5.13
靖 江 市	Jingjiang City	36.89	31.26	33.00	5.56	2.03	2.27
泰 兴 市	Taixing City	22.73	18.76	35.32	7.78	2.64	3.23
姜 堰 市	Jiangyan City	17.60	14.29	25.40	5.69	1.51	2.00
宿 迁 市	**Suqian City**	**89.57**	**69.07**	**168.36**	**40.10**	**9.17**	**19.32**
沭 阳 县	Shuyang County	26.26	19.18	47.68	10.77	2.81	5.30
泗 阳 县	Siyang County	12.51	9.66	27.45	8.23	1.83	4.56
泗 洪 县	Sihong County	13.26	10.30	29.75	8.42	1.91	4.33

20－20 金融、保险(2010年)
Banking and Insurance (2010)

单位:亿元 (100 million yuan)

市　县 City and County		年末金融机构存款余额 Deposits Balance of Banking Institutions (Year-end)	#居民储蓄存款 Savings Deposits of Residents	年末金融机构贷款余额 Loans Balance of Banking Institutions (Year-end)	#短期贷款 Short-term Loans	保费收入 Premiums	赔款和给付 Claim and Payment
南京市	**Nanjing City**	**12649.52**	**3511.85**	**10384.84**	**3230.36**	**191.30**	**41.40**
溧水县	Lishui County	143.83	75.63	100.00	45.45	0.61	0.63
高淳县	Gaochun County	129.55	73.64	99.24	49.63	1.27	0.43
无锡市	**Wuxi City**	**8545.05**	**3080.27**	**6160.60**	**2935.65**	**131.36**	**30.61**
江阴市	Jiangyin City	1956.20	652.62	1460.76	891.52	27.97	7.58
宜兴市	Yixing City	1123.19	503.64	804.82	529.17	18.17	4.81
徐州市	**Xuzhou City**	**2632.19**	**1324.39**	**1436.44**	**793.94**	**82.02**	**15.23**
丰县	Fengxian County	123.76	92.42	63.85	43.60	4.79	0.58
沛县	Peixian County	210.57	143.92	70.63	45.88	6.02	0.63
睢宁县	Suining County	155.21	106.53	80.89	53.85	4.50	0.50
新沂市	Xinyi City	136.78	71.04	106.78	68.93	3.54	0.75
邳州市	Pizhou City	177.77	119.59	124.16	73.17	6.99	0.94
常州市	**Changzhou City**	**4550.47**	**2009.24**	**3011.67**	**1521.36**	**86.53**	**18.76**
溧阳市	Liyang City	454.64	262.98	299.11	170.48	7.49	1.93
金坛市	Jintan City	295.37	179.00	193.64	107.74	5.93	1.44
苏州市	**Suzhou City**	**13570.35**	**4655.56**	**10133.15**	**3621.33**	**192.95**	**44.80**
常熟市	Changshu City	1627.13	756.30	1128.38	608.57	27.40	5.36
张家港市	Zhangjiagang City	1606.93	597.04	1180.17	654.59	24.16	5.36
昆山市	Kunshan City	1851.91	609.28	1321.59	321.32	20.36	4.69
吴江市	Wujiang City	1371.36	515.56	1016.54	532.19	18.80	4.01
太仓市	Taicang City	806.97	293.67	642.71	214.86	11.53	2.00

单位:亿元 (100 million yuan)

市 县 City and County		年末金融机构存款余额 Deposits Balance of Banking Institutions (Year-end)	#居民储蓄存款 Savings Deposits of Residents	年末金融机构贷款余额 Loans Balance of Banking Institutions (Year-end)	#短期贷款 Short-term Loans	保费收入 Premiums	赔款和给付 Claim and Payment
南 通 市	**Nantong City**	**4857.85**	**2678.55**	**2843.14**	**1476.49**	**133.89**	**20.35**
海 安 县	Haian County	476.68	306.48	292.22	192.26	14.41	2.17
如 东 县	Rudong County	360.86	250.64	179.58	103.59	10.89	1.92
启 东 市	Qidong City	494.16	353.07	279.61	155.41	7.83	1.88
如 皋 市	Rugao City	486.91	315.85	234.37	115.94	13.21	2.47
海 门 市	Haimen City	546.74	361.98	285.56	153.26	14.08	1.85
连云港市	**Lianyungang City**	**1227.26**	**535.28**	**862.48**	**449.47**	**33.42**	**7.68**
赣 榆 县	Ganyu County	130.47	85.03	98.72	60.96		
东 海 县	Donghai County	141.63	86.69	87.28	52.37		
灌 云 县	Guanyun County	113.17	64.77	63.14	33.21		
灌 南 县	Guannan County	65.77	42.43	41.88	21.19		
淮 安 市	**Huaian City**	**1190.80**	**585.63**	**842.63**	**391.89**	**31.76**	**9.82**
涟 水 县	Lianshui County	132.09	75.83	72.87	37.70	3.53	
洪 泽 县	Hongze County	72.42	37.16	56.52	35.72	2.20	
盱 眙 县	Xuyi County	121.53	59.29	85.49	50.07	2.75	
金 湖 县	Jinhu County	93.14	51.72	71.97	46.86	2.47	
盐 城 市	**Yancheng City**	**1995.98**	**1128.53**	**1310.40**	**663.87**	**64.35**	**15.80**
响 水 县	Xiangshui County	76.41	44.78	65.21	32.78	1.79	0.33
滨 海 县	Binhai County	118.48	70.59	79.98	40.20	2.93	0.44
阜 宁 县	Funing County	161.40	103.53	102.00	65.22	4.60	0.46
射 阳 县	Sheyang County	160.29	106.52	112.83	69.09	5.40	0.54
建 湖 县	Jianhu County	180.50	118.70	112.28	77.09	6.13	0.43

单位:亿元 (100 million yuan)

市 县 City and County		年末金融机构存款余额 Deposits Balance of Banking Institutions (Year-end)	#居民储蓄存款 Savings Deposits of Residents	年末金融机构贷款余额 Loans Balance of Banking Institutions (Year-end)	#短期贷款 Short-term Loans	保费收入 Premiums	赔款和给付 Claim and Payment
东台市	Dongtai City	311.84	229.24	177.26	110.37	8.51	0.76
大丰市	Dafeng City	243.37	143.35	131.20	60.37	5.87	0.55
扬州市	**Yangzhou City**	**2430.55**	**1252.39**	**1486.06**	**700.35**	**65.99**	**14.50**
宝应县	Baoying County	188.40	126.26	116.42	60.40	8.36	
仪征市	Yizheng City	258.35	136.36	127.96	66.37	7.18	
高邮市	Gaoyou City	228.04	151.59	122.55	74.89	8.22	
江都市	Jiangdu City	487.46	313.56	248.06	137.79	15.19	
镇江市	**Zhenjiang City**	**2203.22**	**993.57**	**1563.34**	**798.49**	**54.04**	**9.62**
丹阳市	Danyang City	544.05	280.62	413.80	280.19	13.29	2.62
扬中市	Yangzhong City	267.28	150.68	169.04	121.82	6.02	1.09
句容市	Jurong City	221.34	124.34	135.11	59.83	6.53	1.15
泰州市	**Taizhou City**	**2320.32**	**1160.60**	**1460.68**	**798.87**	**65.32**	**12.43**
兴化市	Xinghua City	303.67	206.94	198.97	133.25	7.99	1.82
靖江市	Jingjiang City	542.76	234.72	295.41	149.35	11.01	2.20
泰兴市	Taixing City	338.25	218.11	184.70	88.99	11.33	2.41
姜堰市	Jiangyan City	334.14	201.94	225.73	158.60	8.89	1.87
宿迁市	**Suqian City**	**810.59**	**418.61**	**625.61**	**323.48**	**22.44**	**5.12**
沭阳县	Shuyang County	200.18	126.85	147.31	83.31	5.30	1.23
泗阳县	Siyang County	150.08	80.76	100.76	51.14	3.65	0.74
泗洪县	Sihong County	121.81	73.23	103.86	61.68	2.37	0.62

20-21 人民生活(一)(2010年)
People's Living Condition(Ⅰ)(2010)

市县	City and County	城镇非私营单位在岗职工年平均工资(元) Average Wages of Fully Employed Staff and Workers (Excluded Pirate)(yuan)	城镇居民人均可支配收入(元) Per Capita Disposable Income of Urban Households (yuan)	城镇居民人均生活消费支出(元) Per Capita Comsumption Expaniture of Urban Households (yuan)	#食品 Food	城镇居民恩格尔系数(%) Engle Coefficient of Urban Residents (%)	城镇居民人均住房建筑面积(平方米) Per Capital Construction Floor Space of Urban Residential Building (sq. m)
南京市	**Nanjing City**	**48780**	**27383**	**17409**	**6120**	**35.2**	**30.1**
溧水县	Lishui County	36040	24468	13825	4675	33.8	37.1
高淳县	Gaochun County	35292	25576	16481	5229	31.7	41.3
无锡市	**Wuxi City**	**47006**	**27750**	**17068**	**6357**	**37.2**	**35.8**
江阴市	Jiangyin City	44392	30184	22016	7351	33.4	35.1
宜兴市	Yixing City	40141	25869	15496	5692	36.7	38.7
徐州市	**Xuzhou City**	**34243**	**16762**	**10558**	**3712**	**35.2**	**32.9**
丰县	Fengxian County	24090	12091	8854	2793	31.5	31.9
沛县	Peixian County	25786	14330	9052	3263	36.0	41.3
睢宁县	Suining County	22993	12171	7627	3111	40.8	47.4
新沂市	Xinyi City	26061	13148	11521	4003	34.7	40.4
邳州市	Pizhou City	26130	15384	7935	3031	38.2	32.6
常州市	**Changzhou City**	**44214**	**25875**	**17205**	**5605**	**32.6**	**36.7**
溧阳市	Liyang City	35976	22912	14909	5173	34.7	40.1
金坛市	Jintan City	34450	23996	15020	4988	33.2	40.0
苏州市	**Suzhou City**	**45566**	**30366**	**18837**	**6607**	**35.1**	**34.8**
常熟市	Changshu City	41784	30738	17831	5915	33.2	38.6
张家港市	Zhangjiagang City	42518	30829	19015	5972	31.4	39.5
昆山市	Kunshan City	41669	30923	20670	7209	34.9	35.6
吴江市	Wujiang City	44393	30957	19445	6620	34.0	36.7
太仓市	Taicang City	45120	30629	20041	6821	34.0	40.8

市 县 City and County		城镇非私营单位在岗职工年平均工资(元) Average Wages of Fully Employed Staff and Workers (Excluded Pirate) (yuan)	城镇居民人均可支配收入(元) Per Capita Disposable Income of Urban Households (yuan)	城镇居民人均生活消费支出(元) Per Capita Comsumption Expaniture of Urban Households (yuan)	#食 品 Food	城镇居民恩格尔系数(%) Engle Coefficient of Urban Residents (%)	城镇居民人均住房建筑面积(平方米) Per Capital Construction Floor Space of Urban Residential Building (sq. m)
南 通 市	**Nantong City**	**39448**	**21825**	**13506**	**4803**	**35.6**	**38.3**
海 安 县	Haian County	37065	20512	11972	4278	35.7	41.3
如 东 县	Rudong County	35894	20502	13786	4709	34.2	46.7
启 东 市	Qidong City	34103	20618	12571	4528	36.0	38.6
如 皋 市	Rugao City	35957	19852	11447	4233	37.0	38.9
海 门 市	Haimen City	36173	22930	14438	5101	35.3	37.8
连云港市	**Lianyungang City**	**33843**	**15790**	**9984**	**3741**	**37.5**	**35.8**
赣 榆 县	Ganyu County	29380	14672	9239	3340	36.1	36.4
东 海 县	Donghai County	28603	14766	9305	3386	36.4	37.5
灌 云 县	Guanyun County	25004	11931	7237	2806	38.8	35.9
灌 南 县	Guannan County	27762	13952	8464	2753	32.5	38.4
淮 安 市	**Huaian City**	**32786**	**15983**	**11047**	**4003**	**36.2**	**32.7**
涟 水 县	Lianshui County	25289	13666	9887	3195	32.3	34.8
洪 泽 县	Hongze County	29990	16464	11191	4305	38.5	32.4
盱 眙 县	Xuyi County	28217	16799	10201	3878	38.0	34.5
金 湖 县	Jinhu County	29376	16730	9930	3662	36.9	33.3
盐 城 市	**Yancheng City**	**30462**	**16935**	**12026**	**4302**	**35.8**	**33.7**
响 水 县	Xiangshui County	24291	13712	10188	3824	37.5	33.4
滨 海 县	Binhai County	27192	14390	9087	4009	44.1	33.7
阜 宁 县	Funing County	27384	13771	10085	3855	38.2	32.8
射 阳 县	Sheyang County	27862	14622	11730	3876	33.0	32.8
建 湖 县	Jianhu County	28194	16026	11248	4046	36.0	37.6

20－21 续 表2 Continued 2

市 县 City and County		城镇非私营单位在岗职工年平均工资(元) Average Wages of Fully Employed Staff and Workers (Excluded Pirate)(yuan)	城镇居民人均可支配收入(元) Per Capita Disposable Income of Urban Households (yuan)	城镇居民人均生活消费支出(元) Per Capita Comsumption Expaniture of Urban Households (yuan)	#食 品 Food	城镇居民恩格尔系数(%) Engle Coefficient of Urban Residents (%)	城镇居民人均住房建筑面积(平方米) Per Capital Construction Floor Space of Urban Residential Building (sq. m)
东 台 市	Dongtai City	29917	18059	12071	4321	35.8	37.8
大 丰 市	Dafeng City	30798	16952	12121	3985	32.9	35.9
扬 州 市	**Yangzhou City**	**35429**	**19537**	**12842**	**4782**	**37.2**	**35.0**
宝 应 县	Baoying County	29334	14328	9397	3931	41.8	31.2
仪 征 市	Yizheng City	34295	20147	13036	4905	37.6	32.1
高 邮 市	Gaoyou City	32410	17073	12152	4509	37.1	33.9
江 都 市	Jiangdu City	34340	19869	14223	4989	35.1	32.5
镇 江 市	**Zhenjiang City**	**37675**	**23224**	**13324**	**5318**	**39.9**	**39.1**
丹 阳 市	Danyang City	34710	23015	12056	4727	39.2	41.4
扬 中 市	Yangzhong City	35174	25579	12942	4198	32.4	49.7
句 容 市	Jurong City	31967	22710	13319	5295	39.8	40.3
泰 州 市	**Taizhou City**	**34488**	**20255**	**12317**	**4518**	**36.7**	**37.1**
兴 化 市	Xinghua City	29379	18409	10897	4287	39.3	36.5
靖 江 市	Jingjiang City	34567	21904	13278	4335	32.6	47.7
泰 兴 市	Taixing City	32148	20026	12596	4453	35.3	38.0
姜 堰 市	Jiangyan City	30203	20352	12269	4588	37.4	31.3
宿 迁 市	**Suqian City**	**27615**	**12757**	**8536**	**3232**	**37.9**	**37.8**
沭 阳 县	Shuyang County	23454	12874	8459	3025	35.8	35.5
泗 阳 县	Siyang County	23131	12428	7564	2870	37.9	41.0
泗 洪 县	Sihong County	28095	11783	8826	3638	41.2	41.4

20-22 人民生活(二)(2010年)
People's Living Condition(Ⅱ)(2010)

市县 City and County		人均居民储蓄存款(元) Per Capita Balance of Saving Deposit (yuan)	农村居民人均纯收入(元) Per Capita Net Income of Rural Households (yuan)	农村居民人均生活消费支出(元) Per Capita Living Expenditure of Rural Households (yuan)	#食品 Food	农村居民恩格尔系数(%) Engle Coefficient of Rural Residents (%)	农村居民人均住房面积(平方米) Per Capita Living Space of Housing of Rural Residents (sq. m)
南京市	**Nanjing City**	**43857**	**11128**	**8477**	**3110**	**36.7**	**49.9**
溧水县	Lishui County	17942	10804	8307	2839	34.2	56.5
高淳县	Gaochun County	17616	11156	8121	3020	37.2	49.4
无锡市	**Wuxi City**	**48313**	**14002**	**9790**	**3375**	**34.5**	**58.5**
江阴市	Jiangyin City	40907	14898	9343	3347	35.8	65.4
宜兴市	Yixing City	40754	12679	9379	3453	36.8	45.4
徐州市	**Xuzhou City**	**15432**	**7955**	**5216**	**1962**	**37.6**	**41.6**
丰县	Fengxian County	9589	7258	5306	2112	39.8	35.8
沛县	Peixian County	12601	8378	6572	2049	31.2	41.9
睢宁县	Suining County	10245	7022	4436	1932	43.5	38.1
新沂市	Xinyi City	7715	7231	4651	1642	35.3	36.9
邳州市	Pizhou City	8200	8331	4937	1958	39.7	38.7
常州市	**Changzhou City**	**43743**	**12637**	**9924**	**3480**	**35.1**	**58.4**
溧阳市	Liyang City	35087	11368	11761	4232	36.0	45.2
金坛市	Jintan City	32427	11761	8942	3155	35.3	47.6
苏州市	**Suzhou City**	**44472**	**14657**	**10397**	**3527**	**33.9**	**68.0**
常熟市	Changshu City	50033	14664	10997	3706	33.7	75.5
张家港市	Zhangjiagang City	47786	14658	10683	3381	31.7	69.1
昆山市	Kunshan City	37009	14824	11631	3832	32.9	71.2
吴江市	Wujiang City	40433	14603	9435	3214	34.1	56.5
太仓市	Taicang City	41239	14662	9538	3369	35.3	75.8

市　县 City and County		人均居民储蓄存款（元）Per Capita Balance of Saving Deposit (yuan)	农村居民人均纯收入（元）Per Capita Net Income of Rural Households (yuan)	农村居民人均生活消费支出（元）Per Capita Living Expenditure of Rural Households (yuan)	#食　品 Food	农村居民恩格尔系数（%）Engle Coefficient of Rural Residents (%)	农村居民人均住房面积（平方米）Per Capita Living Space of Housing of Rural Residents (sq. m)
南 通 市	**Nantong City**	**36784**	**9914**	**7240**	**2623**	**36.2**	**53.6**
海 安 县	Haian County	35390	9478	6955	2582	37.1	53.4
如 东 县	Rudong County	25180	9120	7212	2469	34.2	58.8
启 东 市	Qidong City	36312	10587	7792	2952	37.9	53.4
如 皋 市	Rugao City	24931	8695	5947	2033	34.2	48.9
海 门 市	Haimen City	39892	11372	8288	2993	36.1	52.0
连云港市	**Lianyungang City**	**12173**	**7039**	**4766**	**1947**	**40.9**	**35.3**
赣 榆 县	Ganyu County	8938	7582	4702	1855	39.5	34.7
东 海 县	Donghai County	9091	7273	5137	1904	37.1	36.0
灌 云 县	Guanyun County	7916	6522	3778	1508	39.9	27.1
灌 南 县	Guannan County	6813	6199	4668	1845	39.5	36.9
淮 安 市	**Huaian City**	**12191**	**7233**	**5216**	**2053**	**39.4**	**36.3**
涟 水 县	Lianshui County	8820	6691	5099	2124	41.7	31.2
洪 泽 县	Hongze County	11380	7943	4981	2028	40.7	38.1
盱 眙 县	Xuyi County	8993	7382	4252	1696	39.9	39.7
金 湖 县	Jinhu County	16098	7782	6286	2729	43.4	38.6
盐 城 市	**Yancheng City**	**15536**	**8751**	**5074**	**1871**	**36.9**	**39.0**
响 水 县	Xiangshui County	8779	7276	4138	1546	37.4	28.3
滨 海 县	Binhai County	7374	7716	4108	1921	46.8	30.9
阜 宁 县	Funing County	12267	7801	4518	1825	40.4	37.8
射 阳 县	Sheyang County	11871	8720	5146	1937	37.7	34.1
建 湖 县	Jianhu County	15993	8704	4491	1644	36.6	33.1

市 县 City and County		人均居民储蓄存款(元) Per Capita Balance of Saving Deposit (yuan)	农村居民人均纯收入(元) Per Capita Net Income of Rural Households (yuan)	农村居民人均生活消费支出(元) Per Capita Living Expenditure of Rural Households (yuan)	#食 品 Food	农村居民恩格尔系数(%) Engle Coefficient of Rural Residents (%)	农村居民人均住房面积(平方米) Per Capita Living Space of Housing of Rural Residents (sq. m)
东 台 市	Dongtai City	23156	10097	5496	1727	31.4	54.5
大 丰 市	Dafeng City	20287	10001	6647	2238	33.7	48.4
扬 州 市	**Yangzhou City**	**28076**	**9462**	**6782**	**2578**	**38.0**	**42.2**
宝 应 县	Baoying County	16778	8715	6306	2398	38.0	41.3
仪 征 市	Yizheng City	24173	9136	7086	2608	36.8	48.7
高 邮 市	Gaoyou City	20352	8825	6400	2361	36.9	40.5
江 都 市	Jiangdu City	31154	10111	6603	2554	38.7	42.0
镇 江 市	**Zhenjiang City**	**31902**	**10874**	**7848**	**3076**	**39.2**	**48.6**
丹 阳 市	Danyang City	29210	11446	8820	3499	39.7	50.9
扬 中 市	Yangzhong City	44980	12515	7927	3074	38.8	57.2
句 容 市	Jurong City	20124	9925	6936	2800	40.4	43.6
泰 州 市	**Taizhou City**	**25114**	**9324**	**6476**	**2217**	**34.2**	**49.4**
兴 化 市	Xinghua City	16505	8817	5371	1971	36.7	41.0
靖 江 市	Jingjiang City	34286	10242	8311	2830	34.1	61.9
泰 兴 市	Taixing City	20303	9338	6203	2300	37.1	52.6
姜 堰 市	Jiangyan City	27700	9131	6511	1934	29.7	43.4
宿 迁 市	**Suqian City**	**8864**	**6975**	**4684**	**2008**	**42.9**	**34.2**
沭 阳 县	Shuyang County	8231	7021	4838	2088	43.2	30.5
泗 阳 县	Siyang County	9720	7002	4844	2187	45.1	40.6
泗 洪 县	Sihong County	8040	6830	3827	1596	41.7	33.6

20-23 科技、教育(2010年)
Science, Technology and Education (2010)

市县 City and County		专利申请受理量(件) Applications Accepted (unit)	专利申请受权量(件) Patents Granted (unit)	在校学生总数(万人) Student Enrollment (10000 persons)	#普通中学 Regular Secondary Schools	#小学 Primary Schools	专任教师总数(万人) Full-time Teachers (10000 persons)
南京市	**Nanjing City**	**19275**	**9150**	**145.22**	**24.86**	**28.83**	**9.90**
溧水县	Lishui County	557	160	4.28	1.95	1.84	0.31
高淳县	Gaochun County	660	284	3.99	1.88	1.79	0.30
无锡市	**Wuxi City**	**32690**	**26448**	**74.89**	**22.76**	**30.62**	**5.03**
江阴市	Jiangyin City	5776	3830	17.26	6.37	8.51	1.27
宜兴市	Yixing City	3450	2688	13.53	5.18	6.26	0.96
徐州市	**Xuzhou City**	**9927**	**4928**	**130.26**	**52.07**	**53.02**	**8.49**
丰县	Fengxian County	1110	247	14.93	7.94	6.34	0.96
沛县	Peixian County	1236	933	15.19	7.17	6.53	0.90
睢宁县	Suining County	194	149	16.88	8.95	7.19	1.19
新沂市	Xinyi City	636	257	10.85	4.72	5.37	0.80
邳州市	Pizhou City	434	314	22.32	9.00	11.87	1.36
常州市	**Changzhou City**	**15872**	**9093**	**60.39**	**18.88**	**22.15**	**3.46**
溧阳市	Liyang City	2040	1096	8.64	3.89	3.73	0.60
金坛市	Jintan City	1554	438	5.48	2.58	2.54	0.44
苏州市	**Suzhou City**	**77194**	**46109**	**95.45**	**27.25**	**38.84**	**6.48**
常熟市	Changshu City	12812	4242	13.97	4.38	6.44	0.93
张家港市	Zhangjiagang City	7147	3049	11.34	3.76	5.36	0.78
昆山市	Kunshan City	14923	10750	10.96	3.25	5.16	0.69
吴江市	Wujiang City	19469	14698	9.20	3.69	4.50	0.70
太仓市	Taicang City	3951	2602	5.91	2.02	3.02	0.39

市 县 City and County		专利申请受理量（件） Applications Accepted (unit)	专利申请受权量（件） Patents Granted (unit)	在校学生总数（万人） Student Enrollment (10000 persons)	#普通中学 Regular Secondary Schools	#小学 Primary Schools	专任教师总数（万人） Full-time Teachers (10000 persons)
南通市	**Nantong City**	**38707**	**22644**	**84.40**	**33.65**	**32.32**	**5.38**
海安县	Haian County	5399	2310	9.03	4.00	3.58	0.65
如东县	Rudong County	2113	1622	9.44	4.53	3.87	0.65
启东市	Qidong City	4566	2533	8.98	4.28	4.00	0.66
如皋市	Rugao City	5588	3540	14.55	6.61	6.11	0.86
海门市	Haimen City	7346	4524	10.05	4.76	4.43	0.72
连云港市	**Lianyungang City**	**2118**	**1274**	**74.87**	**30.91**	**32.71**	**4.67**
赣榆县	Ganyu County	346	145	16.19	7.90	7.33	1.16
东海县	Donghai County	344	109	15.75	7.28	7.12	1.00
灌云县	Guanyun County	217	147	14.15	6.28	7.02	0.75
灌南县	Guannan County	200	81	9.89	4.08	5.36	0.62
淮安市	**Huaian City**	**4921**	**1170**	**78.94**	**29.30**	**30.36**	**4.72**
涟水县	Lianshui County	640	123	14.60	6.35	7.03	0.82
洪泽县	Hongze County	849	96	4.38	1.69	1.88	0.32
盱眙县	Xuyi County	739	207	9.92	4.33	4.12	0.69
金湖县	Jinhu County	500	204	3.59	1.55	1.44	0.22
盐城市	**Yancheng City**	**6016**	**2499**	**87.38**	**34.33**	**35.97**	**6.20**
响水县	Xiangshui County	178	75	6.23	2.56	3.42	0.49
滨海县	Binhai County	392	149	10.06	4.33	4.91	0.75
阜宁县	Funing County	684	246	9.65	4.24	4.77	0.80
射阳县	Sheyang County	399	218	9.21	4.09	4.26	0.68
建湖县	Jianhu County	722	224	7.61	3.33	3.57	0.60

市 县 City and County		专利申请受理量（件） Applications Accepted (unit)	专利申请受权量（件） Patents Granted (unit)	在校学生总数（万人） Student Enrollment (10000 persons)	#普通中学 Regular Secondary Schools	#小学 Primary Schools	专任教师总数（万人） Full-time Teachers (10000 persons)
东台市	Dongtai City	1064	458	9.47	4.76	4.02	0.70
大丰市	Dafeng City	1078	492	6.52	3.02	2.98	0.52
扬州市	**Yangzhou City**	**9980**	**3790**	**59.14**	**22.25**	**22.77**	**3.79**
宝应县	Baoying County	1306	423	9.21	4.31	4.25	0.61
仪征市	Yizheng City	1248	535	5.92	2.63	2.49	0.43
高邮市	Gaoyou City	1515	614	8.30	4.09	3.62	0.52
江都市	Jiangdu City	1926	458	10.55	4.47	5.03	0.71
镇江市	**Zhenjiang City**	**10406**	**6562**	**38.62**	**12.34**	**12.93**	**2.56**
丹阳市	Danyang City	2806	1178	9.52	4.27	4.47	0.65
扬中市	Yangzhong City	1472	914	2.92	1.23	1.33	0.24
句容市	Jurong City	1220	914	5.32	2.44	2.27	0.34
泰州市	**Taizhou City**	**7890**	**4198**	**55.14**	**23.31**	**22.53**	**3.98**
兴化市	Xinghua City	1257	778	12.31	5.89	5.88	0.95
靖江市	Jingjiang City	1513	771	7.13	2.99	3.22	0.55
泰兴市	Taixing City	1588	800	13.12	6.65	5.60	0.96
姜堰市	Jiangyan City	1938	700	8.17	4.01	3.54	0.56
宿迁市	**Suqian City**	**885**	**509**	**88.47**	**36.71**	**35.76**	**4.66**
沭阳县	Shuyang County	286	131	27.04	14.12	10.52	1.45
泗阳县	Siyang County	124	62	15.09	6.13	7.00	0.86
泗洪县	Sihong County	277	132	15.81	5.90	7.64	0.83

20－24 文化、卫生（2010年）
Culture and Public Health（2010）

市县 City and County		公共图书馆（个）Public Libraries (unit)	公共图书馆图书藏量（千册）Total Collections of Public Libraries (1000 volumes)	卫生机构数（个）Number of Health Institutions (unit)	卫生机构床位数（张）Number of Hospital Beds (unit)	卫生技术人员（人）Medical Technical Personnel (person)	#执业（助理）医师 Practitioner (Assistant) Doctors
南京市	**Nanjing City**	**18**	**13393**	**2211**	**31090**	**48300**	**17007**
溧水县	Lishui County	2	330	111	1075	1377	527
高淳县	Gaochun County	1	147	167	1383	1670	530
无锡市	**Wuxi City**	**9**	**3609**	**1997**	**25947**	**29233**	**11751**
江阴市	Jiangyin City	1	1213	451	5366	6138	2397
宜兴市	Yixing City	1	334	434	3501	4288	2003
徐州市	**Xuzhou City**	**7**	**2698**	**4216**	**30500**	**32837**	**12165**
丰县	Fengxian County	1	242	194	2173	2238	1048
沛县	Peixian County	1	455	70	2939	3376	1438
睢宁县	Suining County	1	191	51	1931	2157	675
新沂市	Xinyi City	1	254	64	1902	2676	855
邳州市	Pizhou City	1	122	136	2608	4647	1335
常州市	**Changzhou City**	**4**	**2423**	**1103**	**16701**	**20643**	**7933**
溧阳市	Liyang City	1	262	220	2259	3243	1257
金坛市	Jintan City	1	211	194	1640	2576	905
苏州市	**Suzhou City**	**12**	**8027**	**2679**	**39204**	**46637**	**18249**
常熟市	Changshu City	1	1584	392	4954	5780	2466
张家港市	Zhangjiagang City	1	760	422	5270	5898	2322
昆山市	Kunshan City	1	710	393	4311	6780	2742
吴江市	Wujiang City	1	1065	336	4536	5225	1570
太仓市	Taicang City	1	435	170	2608	3039	1209

市县 City and County		公共图书馆（个）Public Libraries (unit)	公共图书馆图书藏量（千册）Total Collections of Public Libraries (1000 volumes)	卫生机构数（个）Number of Health Institutions (unit)	卫生机构床位数（张）Number of Hospital Beds (unit)	卫生技术人员（人）Medical Technical Personnel (person)	#执业(助理)医师 Practitioner (Assistant) Doctors
南通市	**Nantong City**	**10**	**2870**	**3399**	**26293**	**30936**	**13469**
海安县	Haian County	1	331	185	3149	3053	1382
如东县	Rudong County	1	226	222	2664	3179	1401
启东市	Qidong City	1	224	187	2367	3048	1535
如皋市	Rugao City	1	201	162	3510	3917	1832
海门市	Haimen City	1	465	231	3095	3357	1511
连云港市	**Lianyungang City**	**7**	**1724**	**2620**	**12249**	**16094**	**6274**
赣榆县	Ganyu County	1	193	99	2001	2489	976
东海县	Donghai County	1	529	110	1456	2164	870
灌云县	Guanyun County	1	72	110	1591	2113	850
灌南县	Guannan County	1	150	81	1573	1617	518
淮安市	**Huaian City**	**8**	**1327**	**2186**	**13761**	**16238**	**5968**
涟水县	Lianshui County	1	105	75	1762	2258	854
洪泽县	Hongze County	1	132	46	638	987	400
盱眙县	Xuyi County	1	73	73	1652	1804	596
金湖县	Jinhu County	1	111	42	659	927	401
盐城市	**Yancheng City**	**9**	**1826**	**2858**	**20128**	**22235**	**9244**
响水县	Xiangshui County	1	71	49	1317	1238	541
滨海县	Binhai County	1	93	54	1724	2111	895
阜宁县	Funing County	1	112	41	1570	1858	741
射阳县	Sheyang County	1	185	79	1840	2080	854
建湖县	Jianhu County	1	164	89	2137	1850	730

市 县 City and County		公 共 图书馆(个) Public Libraries (unit)	公共图书馆图书藏量(千册) Total Collections of Public Libraries (1000 volumes)	卫 生 机构数(个) Number of Health Institutions (unit)	卫生机构床位数(张) Number of Hospital Beds (unit)	卫 生 技术人员(人) Medical Technical Personnel (person)	#执业(助理)医师 Practitioner (Assistant) Doctors
东台市	Dongtai City	1	239	113	2824	2903	1220
大丰市	Dafeng City	1	216	90	2111	2173	968
扬州市	**Yangzhou City**	**7**	**2232**	**2028**	**16343**	**19305**	**7881**
宝应县	Baoying County	1	107	361	1817	3121	950
仪征市	Yizheng City	1	257	228	1690	2636	840
高邮市	Gaoyou City	1	139	277	1748	3257	1092
江都市	Jiangdu City	1	259	509	3551	5127	1713
镇江市	**Zhenjiang City**	**8**	**1988**	**877**	**9204**	**13204**	**5476**
丹阳市	Danyang City	2	252	236	2180	2917	1215
扬中市	Yangzhong City	1	260	88	608	1326	585
句容市	Jurong City	1	115	183	1192	1772	742
泰州市	**Taizhou City**	**6**	**1616**	**1900**	**14920**	**18080**	**8228**
兴化市	Xinghua City	1	172	107	3269	3186	1886
靖江市	Jingjiang City	1	414	119	2446	3220	1428
泰兴市	Taixing City	1	274	145	2869	3785	1603
姜堰市	Jiangyan City	1	173	106	2352	2816	1276
宿迁市	**Suqian City**	**6**	**628**	**2887**	**13330**	**14645**	**5353**
沭阳县	Shuyang County	1	108	184	3491	3805	1212
泗阳县	Siyang County	1	183	157	2260	2517	995
泗洪县	Sihong County	1	70	172	2438	2661	904

20－25 环境保护（2010年）
Environmental Protection（2010）

市 县	City and County	工业废水排放达标量（万吨）Volume of Treated Industrial Waste Water up to the Discharged Standards（10000 tons）	工业废水排放达标率（%）Ratio of Treated Industrial Waste Water up to the Discharged Standards（%）	工业二氧化硫去除量（万吨）Total Volume of Industrial Sulphur Dioxide Removed（10000 tons）	工业烟尘去除量（万吨）Volume of Industrial Soot Removed（10000 tons）	工业固体废物综合利用率（%）Percentage of Industrial Solid Wastes Used in a Comprehensive Way（%）	"三废"综合利用产品产值（亿元）Output Value of Products Made from Comprehensive Use of "there Wastes"（100 million yuan）
南京市	**Nanjing City**	**32164**	**95.2**	**60.66**	**300.88**	**88.8**	**21.04**
溧水县	Lishui County	1632	94.7	0.07	0.21	98.8	0.21
高淳县	Gaochun County	2138	98.2	0.00	0.28	100.0	0.07
无锡市	**Wuxi City**	**35584**	**99.3**	**18.72**	**350.68**	**97.1**	**16.18**
江阴市	Jiangyin City	17488	100.0	14.33	243.79	99.6	9.01
宜兴市	Yixing City	3989	99.9	1.94	53.16	99.9	1.14
徐州市	**Xuzhou City**	**9031**	**99.0**	**25.12**	**563.99**	**100.0**	**6.98**
丰县	Fengxian County	650	97.9		2.21	100.0	0.07
沛县	Peixian County	1222	100.0	2.36	78.35	100.0	0.37
睢宁县	Suining County	501	99.2		0.10	100.0	0.29
新沂市	Xinyi City	1916	99.9	0.28	1.90	99.8	0.58
邳州市	Pizhou City	410	90.8	4.65	105.24	100.0	0.78
常州市	**Changzhou City**	**37708**	**100.0**	**5.97**	**135.91**	**94.9**	**46.42**
溧阳市	Liyang City	2977	100.0	0.52	2.11	99.9	40.11
金坛市	Jintan City	2748	100.0	0.20	76.23	99.5	0.38
苏州市	**Suzhou City**	**63739**	**99.5**	**17.94**	**390.47**	**98.7**	**63.93**
常熟市	Changshu City	12695	100.0	3.90	15.32	98.6	1.52
张家港市	Zhangjiagang City	11296	100.0	4.58	77.64	99.9	35.08
昆山市	Kunshan City	7044	100.0	1.20	10.93	87.5	6.64
吴江市	Wujiang City	11541	99.9	2.05	17.50	100.0	5.44
太仓市	Taicang City	4180	96.9	3.21	180.73	99.6	1.86

市 县 City and County		工业废水排放达标量(万吨) Volume of Treated Industrial Waste Water up to the Discharged Standards (10000 tons)	工业废水排放达标率(%) Ratio of Treated Industrial Waste Water up to the Discharged Standards (%)	工业二氧化硫去除量(万吨) Total Volume of Industrial Sulphur Dioxide Removed (10000 tons)	工业烟尘去除量(万吨) Volume of Industrial Soot Removed (10000 tons)	工业固体废物综合利用率(%) Percentage of Industrial Solid Wastes Used in a Comprehensive Way (%)	"三废"综合利用产品产值(亿元) Output Value of Products Made from Comprehensive Use of "there Wastes" (100 million yuan)
南通市	**Nantong City**	**15606**	**99.4**	**14.60**	**163.60**	**98.2**	**8.77**
海安县	Haian County	1555	95.6	0.11	2.84	99.3	0.29
如东县	Rudong County	2092	100.0	0.34	1.38	97.9	0.05
启东市	Qidong City	1423	100.0	4.28	80.52	99.5	0.85
如皋市	Rugao City	1872	98.4	0.38	1.72	99.6	0.67
海门市	Haimen City	1294	100.0	0.27	1.35	97.5	1.05
连云港市	**Lianyungang City**	**3473**	**98.1**	**2.67**	**75.26**	**91.9**	**1.00**
赣榆县	Ganyu County	1265	97.8		9.59	100.0	0.06
东海县	Donghai County	640	98.2	0.00	0.23	100.0	0.02
灌云县	Guanyun County	236	97.8	0.06	0.83	98.5	0.06
灌南县	Guannan County	134	97.9	0.03	0.55	99.7	
淮安市	**Huaian City**	**10484**	**100.0**	**6.13**	**144.54**	**99.7**	**6.21**
涟水县	Lianshui County	566	100.0	0.04	0.31	100.0	0.08
洪泽县	Hongze County	2351	100.0	0.09	10.39	99.8	0.38
盱眙县	Xuyi County	1791	100.0	0.01	0.66	99.7	0.00
金湖县	Jinhu County	768	100.0		0.22	98.3	0.07
盐城市	**Yancheng City**	**12066**	**92.6**	**2.33**	**48.93**	**93.0**	**29.45**
响水县	Xiangshui County	1116	99.9	0.21	4.14	89.0	0.01
滨海县	Binhai County	704	75.1	0.11	0.54	99.0	0.11
阜宁县	Funing County	1469	100.0	0.16	22.16	99.0	2.29
射阳县	Sheyang County	925	95.7	0.39	0.82	89.0	0.55
建湖县	Jianhu County	696	99.0	0.25	1.99	98.0	0.76

市　县 City and County		工业废水排放达标量（万吨）Volume of Treated Industrial Waste Water up to the Discharged Standards (10000 tons)	工业废水排放达标率（%）Ratio of Treated Industrial Waste Water up to the Discharged Standards (%)	工业二氧化硫去除量（万吨）Total Volume of Industrial Sulphur Dioxide Removed (10000 tons)	工业烟尘去除量（万吨）Volume of Industrial Soot Removed (10000 tons)	工业固体废物综合利用率（%）Percentage of Industrial Solid Wastes Used in a Comprehensive Way (%)	"三废"综合利用产品产值（亿元）Output Value of Products Made from Comprehensive Use of "there Wastes" (100 million yuan)
东台市	Dongtai City	2363	89.5	0.07	1.41	100.0	24.71
大丰市	Dafeng City	1411	99.6	0.10	2.33	100.0	0.22
扬州市	**Yangzhou City**	**8908**	**98.3**	**14.15**	**9.09**	**97.4**	**2.67**
宝应县	Baoying County	943	99.1	0.07	0.20	99.9	0.01
仪征市	Yizheng City	2104	100.0	1.81	4.65	96.2	0.76
高邮市	Gaoyou City	1479	99.8	0.04	0.02	98.3	0.07
江都市	Jiangdu City	1744	99.5	0.01	0.34	97.0	0.06
镇江市	**Zhenjiang City**	**8065**	**98.5**	**17.44**	**141.65**	**92.9**	**6.56**
丹阳市	Danyang City	1054	100.0	0.33	3.89	99.7	2.74
扬中市	Yangzhong City	257	87.6	0.08	0.00	96.2	0.28
句容市	Jurong City	1493	100.0	0.54	0.22	99.8	0.01
泰州市	**Taizhou City**	**15087**	**97.4**	**5.92**	**7.28**	**99.8**	**5.46**
兴化市	Xinghua City	2203	100.0	0.15	0.76	99.6	0.54
靖江市	Jingjiang City	2150	95.3	0.02	4.36	99.9	1.84
泰兴市	Taixing City	7637	99.4	0.23	0.74	99.4	1.88
姜堰市	Jiangyan City	1290	93.2	0.18	0.18	100.0	
宿迁市	**Suqian City**	**5694**	**94.7**	**1.65**	**11.91**	**100.0**	**3.71**
沭阳县	Shuyang County	610	98.0	0.29	0.74	100.0	0.07
泗阳县	Siyang County	1219	99.1	0.01	0.35	100.0	0.65
泗洪县	Sihong County	1585	98.7	0.04	0.99	100.0	0.07

21

县（市）社会经济发展序列

Social Economy Development Alignment of Counties (Cities)

简 要 说 明

一、本篇资料的主要内容

本篇资料反映县(市)经济社会发展水平序列情况。

二、资料来源

本篇资料主要根据市县社会经济基本情况统计年报加工整理。

Brief Introduction

I. Main Contents

Data in this chapter reflects the counties (cities) rankings of economic and social development

Ⅱ. Date Source

Data in this chapter mainly based on the basic socio – economic situation annual report.

21－1　年末户籍人口(2010年)
Total Registered Population at the Year-end (2010)

位次 No.	县(市)名称 County (City)		绝对数(万人) Absolute Figure (10000 persons)	位次 No.	县(市)名称 County (City)		绝对数(万人) Absolute Figure (10000 persons)
1	沭阳县	Shuyang County	183.06	26	射阳县	Sheyang County	97.49
2	邳州市	Pizhou City	178.62	27	海安县	Haian County	93.42
3	兴化市	Xinghua City	156.12	28	宝应县	Baoying County	91.38
4	如皋市	Rugao City	141.21	29	张家港市	Zhangjiagang City	90.51
5	睢宁县	Suining County	133.12	30	高邮市	Gaoyou City	82.08
6	沛县	Peixian County	127.94	31	建湖县	Jianhu County	80.89
7	江阴市	Jiangyin City	120.71	32	丹阳市	Danyang City	80.88
8	泰兴市	Taixing City	119.62	33	吴江市	Wujiang City	79.96
9	滨海县	Binhai County	117.60	34	姜堰市	Jiangyan City	79.38
10	丰县	Fengxian County	116.49	35	溧阳市	Liyang City	78.15
11	东海县	Donghai County	115.10	36	盱眙县	Xuyi County	77.03
12	东台市	Dongtai City	113.36	37	灌南县	Guannan County	76.16
13	赣榆县	Ganyu County	112.62	38	大丰市	Dafeng City	72.54
14	启东市	Qidong City	112.05	39	昆山市	Kunshan City	71.13
15	阜宁县	Funing County	109.64	40	靖江市	Jingjiang City	66.82
16	涟水县	Lianshui County	109.35	41	响水县	Xiangshui County	61.33
17	宜兴市	Yixing City	107.24	42	句容市	Jurong City	58.48
18	常熟市	Changshu City	106.69	43	仪征市	Yizheng City	56.52
19	江都市	Jiangdu City	106.65	44	金坛市	Jintan City	54.90
20	如东县	Rudong County	104.84	45	太仓市	Taicang City	46.89
21	新沂市	Xinyi City	104.01	46	高淳县	Gaochun County	42.72
22	泗阳县	Siyang County	101.73	47	溧水县	Lishui County	41.33
23	泗洪县	Sihong County	101.71	48	洪泽县	Hongze County	38.08
24	灌云县	Guanyun County	100.26	49	金湖县	Jinhu County	35.94
25	海门市	Haimen City	99.86	50	扬中市	Yangzhong City	27.82

21－2　地区生产总值（2010年）

Gross Domestic Product (2010)

位次 No.	县（市）名称 County (City)		绝对数（亿元）Absolute Figure (100 million yuan)	位次 No.	县（市）名称 County (City)		绝对数（亿元）Absolute Figure (100 million yuan)
1	昆 山 市	Kunshan City	2100.28	26	仪 征 市	Yizheng City	280.70
2	江 阴 市	Jiangyin City	2000.92	27	高 邮 市	Gaoyou City	255.81
3	张家港市	Zhangjiagang City	1603.51	28	溧 水 县	Lishui County	250.16
4	常 熟 市	Changshu City	1453.61	29	高 淳 县	Gaochun County	247.26
5	吴 江 市	Wujiang City	1003.39	30	扬 中 市	Yangzhong City	246.99
6	宜 兴 市	Yixing City	805.82	31	建 湖 县	Jianhu County	245.97
7	太 仓 市	Taicang City	730.32	32	射 阳 县	Sheyang County	244.67
8	丹 阳 市	Danyang City	607.67	33	句 容 市	Jurong City	243.09
9	海 门 市	Haimen City	500.10	34	宝 应 县	Baoying County	242.86
10	江 都 市	Jiangdu City	488.88	35	新 沂 市	Xinyi City	241.20
11	靖 江 市	Jingjiang City	441.00	36	赣 榆 县	Ganyu County	223.07
12	如 皋 市	Rugao City	431.00	37	阜 宁 县	Funing County	206.16
13	启 东 市	Qidong City	430.04	38	东 海 县	Donghai County	200.14
14	溧 阳 市	Liyang City	424.66	39	睢 宁 县	Suining County	200.10
15	泰 兴 市	Taixing City	407.58	40	滨 海 县	Binhai County	198.16
16	兴 化 市	Xinghua City	387.11	41	泗 阳 县	Siyang County	192.20
17	东 台 市	Dongtai City	381.54	42	泗 洪 县	Sihong County	181.00
18	邳 州 市	Pizhou City	365.39	43	涟 水 县	Lianshui County	157.45
19	海 安 县	Haian County	355.57	44	盱 眙 县	Xuyi County	154.25
20	如 东 县	Rudong County	352.36	45	丰 县	Fengxian County	150.18
21	沭 阳 县	Shuyang County	308.49	46	灌 云 县	Guanyun County	150.13
22	金 坛 市	Jintan City	308.28	47	灌 南 县	Guannan County	140.08
23	姜 堰 市	Jiangyan City	306.76	48	响 水 县	Xiangshui County	135.20
24	沛 县	Peixian County	301.76	49	洪 泽 县	Hongze County	105.15
25	大 丰 市	Dafeng City	293.58	50	金 湖 县	Jinhu County	98.55

21－3 第一产业增加值（2010年）
Value-added of the Primary Industry (2010)

位次 No.	县（市）名称 County (City)		绝对数（亿元）Absolute Figure (100 million yuan)	位次 No.	县（市）名称 County (City)		绝对数（亿元）Absolute Figure (100 million yuan)
1	兴化市	Xinghua City	64.51	26	江阴市	Jiangyin City	36.26
2	东台市	Dongtai City	63.37	27	新沂市	Xinyi City	36.09
3	邳州市	Pizhou City	59.58	28	建湖县	Jianhu County	35.80
4	沭阳县	Shuyang County	57.33	29	丰县	Fengxian County	34.01
5	射阳县	Sheyang County	55.37	30	泰兴市	Taixing City	33.66
6	启东市	Qidong City	54.49	31	丹阳市	Danyang City	31.91
7	大丰市	Dafeng City	52.17	32	盱眙县	Xuyi County	30.21
8	沛县	Peixian County	50.00	33	溧阳市	Liyang City	30.18
9	如东县	Rudong County	45.10	34	响水县	Xiangshui County	29.44
10	高邮市	Gaoyou City	44.38	35	常熟市	Changshu City	29.40
11	宝应县	Baoying County	43.17	36	灌南县	Guannan County	29.19
12	睢宁县	Suining County	42.36	37	吴江市	Wujiang City	27.04
13	涟水县	Lianshui County	41.89	38	太仓市	Taicang City	26.98
14	如皋市	Rugao City	41.35	39	姜堰市	Jiangyan City	24.91
15	泗洪县	Sihong County	41.30	40	句容市	Jurong City	23.61
16	东海县	Donghai County	41.10	41	高淳县	Gaochun County	23.46
17	滨海县	Binhai County	41.09	42	溧水县	Lishui County	22.38
18	灌云县	Guanyun County	40.99	43	金坛市	Jintan City	21.97
19	海安县	Haian County	38.25	44	张家港市	Zhangjiagang City	21.94
20	阜宁县	Funing County	37.73	45	昆山市	Kunshan City	19.40
21	海门市	Haimen City	37.29	46	洪泽县	Hongze County	18.61
22	泗阳县	Siyang County	37.21	47	金湖县	Jinhu County	16.94
23	江都市	Jiangdu City	36.72	48	仪征市	Yizheng City	15.13
24	赣榆县	Ganyu County	36.64	49	靖江市	Jingjiang City	14.83
25	宜兴市	Yixing City	36.32	50	扬中市	Yangzhong City	8.21

21-4 第二产业增加值（2010年）
Value-added of the Secondary Industry (2010)

位次 No.	县（市）名称 County (City)		绝对数（亿元） Absolute Figure (100 million yuan)	位次 No.	县（市）名称 County (City)		绝对数（亿元） Absolute Figure (100 million yuan)
1	昆山市	Kunshan City	1345.86	26	沛县	Peixian County	144.23
2	江阴市	Jiangyin City	1184.23	27	高淳县	Gaochun County	141.29
3	张家港市	Zhangjiagang City	974.75	28	沭阳县	Shuyang County	135.74
4	常熟市	Changshu City	815.89	29	句容市	Jurong City	134.13
5	吴江市	Wujiang City	605.10	30	大丰市	Dafeng City	128.63
6	宜兴市	Yixing City	447.16	31	高邮市	Gaoyou City	127.54
7	太仓市	Taicang City	418.96	32	宝应县	Baoying County	116.58
8	丹阳市	Danyang City	345.19	33	建湖县	Jianhu County	115.93
9	海门市	Haimen City	301.95	34	赣榆县	Ganyu County	109.56
10	江都市	Jiangdu City	275.86	35	新沂市	Xinyi City	103.30
11	靖江市	Jingjiang City	253.78	36	射阳县	Sheyang County	99.70
12	如皋市	Rugao City	244.85	37	阜宁县	Funing County	97.94
13	溧阳市	Liyang City	244.03	38	泗阳县	Siyang County	92.26
14	启东市	Qidong City	229.98	39	东海县	Donghai County	91.21
15	泰兴市	Taixing City	224.45	40	睢宁县	Suining County	85.70
16	海安县	Haian County	193.26	41	滨海县	Binhai County	84.87
17	如东县	Rudong County	188.25	42	泗洪县	Sihong County	73.31
18	东台市	Dongtai City	175.07	43	盱眙县	Xuyi County	71.05
19	金坛市	Jintan City	173.71	44	灌南县	Guannan County	70.37
20	兴化市	Xinghua City	173.02	45	灌云县	Guanyun County	69.88
21	仪征市	Yizheng City	168.63	46	丰县	Fengxian County	67.57
22	姜堰市	Jiangyan City	165.28	47	涟水县	Lianshui County	65.05
23	邳州市	Pizhou City	160.75	48	响水县	Xiangshui County	64.87
24	溧水县	Lishui County	156.60	49	洪泽县	Hongze County	46.08
25	扬中市	Yangzhong City	145.23	50	金湖县	Jinhu County	43.16

21－5　全部工业增加值(2010 年)
Value-added of All Industries (2010)

位　次 No.	县 (市) 名 称 County (City)		绝 对 数 (亿元) Absolute Figure (100 million yuan)	位　次 No.	县 (市) 名 称 County (City)		绝 对 数 (亿元) Absolute Figure (100 million yuan)
1	昆 山 市	Kunshan City	1283.58	26	句 容 市	Jurong City	122.68
2	江 阴 市	Jiangyin City	1143.71	27	沛 县	Peixian County	116.76
3	张家港市	Zhangjiagang City	941.47	28	沭 阳 县	Shuyang County	116.17
4	常 熟 市	Changshu City	783.12	29	高 淳 县	Gaochun County	113.67
5	吴 江 市	Wujiang City	575.71	30	大 丰 市	Dafeng City	110.03
6	宜 兴 市	Yixing City	398.99	31	高 邮 市	Gaoyou City	105.50
7	太 仓 市	Taicang City	397.07	32	建 湖 县	Jianhu County	100.57
8	丹 阳 市	Danyang City	331.14	33	宝 应 县	Baoying County	94.76
9	海 门 市	Haimen City	247.14	34	射 阳 县	Sheyang County	91.35
10	靖 江 市	Jingjiang City	237.15	35	新 沂 市	Xinyi City	87.15
11	江 都 市	Jiangdu City	236.34	36	赣 榆 县	Ganyu County	81.98
12	溧 阳 市	Liyang City	218.73	37	东 海 县	Donghai County	78.12
13	如 皋 市	Rugao City	207.59	38	泗 阳 县	Siyang County	74.55
14	泰 兴 市	Taixing City	194.40	39	阜 宁 县	Funing County	73.60
15	启 东 市	Qidong City	183.37	40	滨 海 县	Binhai County	72.11
16	海 安 县	Haian County	157.53	41	睢 宁 县	Suining County	67.03
17	东 台 市	Dongtai City	155.92	42	灌 南 县	Guannan County	58.86
18	金 坛 市	Jintan City	154.00	43	响 水 县	Xiangshui County	57.44
19	如 东 县	Rudong County	152.01	44	泗 洪 县	Sihong County	57.21
20	仪 征 市	Yizheng City	149.83	45	盱 眙 县	Xuyi County	55.72
21	兴 化 市	Xinghua City	147.70	46	灌 云 县	Guanyun County	53.40
22	扬 中 市	Yangzhong City	139.17	47	涟 水 县	Lianshui County	50.68
23	姜 堰 市	Jiangyan City	137.48	48	丰 县	Fengxian County	47.55
24	溧 水 县	Lishui County	132.60	49	洪 泽 县	Hongze County	37.88
25	邳 州 市	Pizhou City	130.42	50	金 湖 县	Jinhu County	37.38

21－6　第三产业增加值（2010年）
Value-added of the Tertiary Industry (2010)

位次 No.	县（市）名称 County (City)		绝对数（亿元）Absolute Figure (100 million yuan)	位次 No.	县（市）名称 County (City)		绝对数（亿元）Absolute Figure (100 million yuan)
1	江阴市	Jiangyin City	780.43	26	新沂市	Xinyi City	101.81
2	昆山市	Kunshan City	735.02	27	仪征市	Yizheng City	96.94
3	常熟市	Changshu City	608.32	28	建湖县	Jianhu County	94.24
4	张家港市	Zhangjiagang City	606.82	29	扬中市	Yangzhong City	93.55
5	吴江市	Wujiang City	371.25	30	射阳县	Sheyang County	89.60
6	宜兴市	Yixing City	322.34	31	句容市	Jurong City	85.35
7	太仓市	Taicang City	284.38	32	高邮市	Gaoyou City	83.89
8	丹阳市	Danyang City	230.56	33	宝应县	Baoying County	83.11
9	江都市	Jiangdu City	176.30	34	高淳县	Gaochun County	82.51
10	靖江市	Jingjiang City	172.39	35	赣榆县	Ganyu County	76.87
11	海门市	Haimen City	160.86	36	滨海县	Binhai County	72.20
12	溧阳市	Liyang City	150.45	37	睢宁县	Suining County	72.04
13	兴化市	Xinghua City	149.58	38	溧水县	Lishui County	71.18
14	泰兴市	Taixing City	149.47	39	阜宁县	Funing County	70.49
15	启东市	Qidong City	145.57	40	东海县	Donghai County	67.83
16	邳州市	Pizhou City	145.06	41	泗洪县	Sihong County	66.39
17	如皋市	Rugao City	144.80	42	泗阳县	Siyang County	62.73
18	东台市	Dongtai City	143.10	43	盱眙县	Xuyi County	52.99
19	海安县	Haian County	124.06	44	涟水县	Lianshui County	50.51
20	如东县	Rudong County	119.01	45	丰县	Fengxian County	48.60
21	姜堰市	Jiangyan City	116.57	46	响水县	Xiangshui County	40.89
22	沭阳县	Shuyang County	115.42	47	灌南县	Guannan County	40.52
23	大丰市	Dafeng City	112.78	48	洪泽县	Hongze County	40.46
24	金坛市	Jintan City	112.60	49	灌云县	Guanyun County	39.26
25	沛县	Peixian County	107.37	50	金湖县	Jinhu County	38.45

21-7 人均地区生产总值（2010年）
Per Capita Gross Domestic Product（2010）

位次 No.	县（市）名称 County（City）		绝对数（元） Absolute Figure（yuan）	位次 No.	县（市）名称 County（City）		绝对数（元） Absolute Figure（yuan）
1	昆山市	Kunshan City	142185	26	如皋市	Rugao City	34296
2	张家港市	Zhangjiagang City	129535	27	高邮市	Gaoyou City	34227
3	江阴市	Jiangyin City	126532	28	建湖县	Jianhu County	32849
4	太仓市	Taicang City	104413	29	洪泽县	Hongze County	31643
5	常熟市	Changshu City	96518	30	宝应县	Baoying County	30924
6	吴江市	Wujiang City	83024	31	金湖县	Jinhu County	30212
7	扬中市	Yangzhong City	74132	32	兴化市	Xinghua City	30025
8	靖江市	Jingjiang City	65752	33	射阳县	Sheyang County	27070
9	宜兴市	Yixing City	64214	34	沛县	Peixian County	26727
10	丹阳市	Danyang City	63881	35	响水县	Xiangshui County	26502
11	溧水县	Lishui County	59667	36	新沂市	Xinyi City	26360
12	高淳县	Gaochun County	58286	37	邳州市	Pizhou City	25186
13	溧阳市	Liyang City	56784	38	盱眙县	Xuyi County	23926
14	金坛市	Jintan City	56127	39	赣榆县	Ganyu County	23199
15	海门市	Haimen City	55634	40	阜宁县	Funing County	23024
16	仪征市	Yizheng City	50278	41	泗阳县	Siyang County	22732
17	江都市	Jiangdu City	48559	42	灌南县	Guannan County	22472
18	启东市	Qidong City	44745	43	东海县	Donghai County	20696
19	大丰市	Dafeng City	41913	44	滨海县	Binhai County	20668
20	姜堰市	Jiangyan City	41606	45	沭阳县	Shuyang County	20024
21	海安县	Haian County	41374	46	泗洪县	Sihong County	19991
22	句容市	Jurong City	39366	47	睢宁县	Suining County	18498
23	泰兴市	Taixing City	36994	48	涟水县	Lianshui County	18445
24	东台市	Dongtai City	36616	49	灌云县	Guanyun County	17765
25	如东县	Rudong County	35592	50	丰县	Fengxian County	15414

21-8 城镇固定资产投资（2010年）
Completed Investment of Urban Units in Fixed Assetes (2010)

位次 No.	县（市）名称 County (City)		绝对数（亿元） Absolute Figure (100 million yuan)	位次 No.	县（市）名称 County (City)		绝对数（亿元） Absolute Figure (100 million yuan)
1	昆山市	Kunshan City	410.33	26	丹阳市	Danyang City	118.52
2	江阴市	Jiangyin City	386.53	27	启东市	Qidong City	116.53
3	吴江市	Wujiang City	296.06	28	盱眙县	Xuyi County	111.49
4	常熟市	Changshu City	270.91	29	如东县	Rudong County	110.63
5	张家港市	Zhangjiagang City	267.57	30	泰兴市	Taixing City	110.60
6	太仓市	Taicang City	242.20	31	海门市	Haimen City	106.26
7	宜兴市	Yixing City	199.61	32	仪征市	Yizheng City	103.70
8	江都市	Jiangdu City	187.42	33	涟水县	Lianshui County	101.54
9	邳州市	Pizhou City	185.12	34	兴化市	Xinghua City	98.14
10	靖江市	Jingjiang City	173.60	35	泗阳县	Siyang County	95.68
11	海安县	Haian County	171.07	36	睢宁县	Suining County	94.53
12	沛县	Peixian County	165.14	37	建湖县	Jianhu County	89.86
13	高邮市	Gaoyou City	161.73	38	阜宁县	Funing County	87.03
14	新沂市	Xinyi City	155.86	39	滨海县	Binhai County	85.54
15	溧水县	Lishui County	151.28	40	姜堰市	Jiangyan City	81.18
16	溧阳市	Liyang City	148.19	41	丰县	Fengxian County	79.89
17	灌云县	Guanyun County	142.73	42	泗洪县	Sihong County	79.61
18	灌南县	Guannan County	141.84	43	响水县	Xiangshui County	79.23
19	沭阳县	Shuyang County	141.38	44	宝应县	Baoying County	79.11
20	赣榆县	Ganyu County	133.98	45	射阳县	Sheyang County	77.87
21	如皋市	Rugao City	133.75	46	金湖县	Jinhu County	68.36
22	东海县	Donghai County	123.77	47	洪泽县	Hongze County	67.90
23	东台市	Dongtai City	121.34	48	句容市	Jurong City	67.33
24	大丰市	Dafeng City	120.81	49	高淳县	Gaochun County	62.42
25	金坛市	Jintan City	119.73	50	扬中市	Yangzhong City	53.09

21－9　地方财政一般预算收入（2010 年）
Local Financial Budgetary Revenue（2010）

位　次 No.	县（市）名　称 County（City）		绝对数（亿元） Absolute Figure（100 million yuan）	位　次 No.	县（市）名　称 County（City）		绝对数（亿元） Absolute Figure（100 million yuan）
1	昆山市	Kunshan City	163.13	26	如东县	Rudong County	19.04
2	江阴市	Jiangyin City	130.72	27	赣榆县	Ganyu County	18.40
3	张家港市	Zhangjiagang City	116.06	28	灌南县	Guannan County	18.18
4	常熟市	Changshu City	100.09	29	金坛市	Jintan City	18.03
5	吴江市	Wujiang City	90.28	30	东海县	Donghai County	18.02
6	太仓市	Taicang City	70.00	31	姜堰市	Jiangyan City	17.60
7	宜兴市	Yixing City	58.02	32	新沂市	Xinyi City	17.58
8	靖江市	Jingjiang City	36.89	33	灌云县	Guanyun County	16.47
9	如皋市	Rugao City	33.69	34	阜宁县	Funing County	16.45
10	海门市	Haimen City	31.27	35	宝应县	Baoying County	15.68
11	启东市	Qidong City	31.26	36	射阳县	Sheyang County	14.75
12	丹阳市	Danyang City	30.00	37	扬中市	Yangzhong City	14.75
13	溧阳市	Liyang City	29.00	38	句容市	Jurong City	14.58
14	江都市	Jiangdu City	26.85	39	滨海县	Binhai County	14.52
15	沭阳县	Shuyang County	26.26	40	高邮市	Gaoyou City	14.42
16	东台市	Dongtai City	26.18	41	盱眙县	Xuyi County	13.83
17	邳州市	Pizhou City	23.10	42	高淳县	Gaochun County	13.50
18	泰兴市	Taixing City	22.73	43	泗洪县	Sihong County	13.26
19	沛县	Peixian County	21.24	44	睢宁县	Suining County	12.94
20	兴化市	Xinghua City	21.13	45	丰县	Fengxian County	12.89
21	大丰市	Dafeng City	20.67	46	泗阳县	Siyang County	12.51
22	海安县	Haian County	20.52	47	响水县	Xiangshui County	10.80
23	建湖县	Jianhu County	20.04	48	涟水县	Lianshui County	10.68
24	溧水县	Lishui County	20.02	49	洪泽县	Hongze County	10.66
25	仪征市	Yizheng City	19.22	50	金湖县	Jinhu County	8.75

21－10 人均地方一般预算收入（2010年）
Per Capita Local Financial Budgetary Revenue（2010）

位次 No.	县（市）名称 County（City）		绝对数（元）Absolute Figure（yuan）	位次 No.	县（市）名称 County（City）		绝对数（元）Absolute Figure（yuan）
1	昆山市	Kunshan City	11044	26	海安县	Haian County	2388
2	太仓市	Taicang City	10008	27	姜堰市	Jiangyan City	2387
3	张家港市	Zhangjiagang City	9376	28	句容市	Jurong City	2361
4	江阴市	Jiangyin City	8266	29	盱眙县	Xuyi County	2146
5	吴江市	Wujiang City	7470	30	响水县	Xiangshui County	2117
6	常熟市	Changshu City	6646	31	泰兴市	Taixing City	2063
7	靖江市	Jingjiang City	5500	32	宝应县	Baoying County	1997
8	溧水县	Lishui County	4773	33	灌云县	Guanyun County	1949
9	宜兴市	Yixing City	4624	34	高邮市	Gaoyou City	1929
10	扬中市	Yangzhong City	4426	35	如东县	Rudong County	1923
11	溧阳市	Liyang City	3878	36	新沂市	Xinyi City	1922
12	海门市	Haimen City	3478	37	赣榆县	Ganyu County	1914
13	仪征市	Yizheng City	3443	38	沛县	Peixian County	1883
14	金坛市	Jintan City	3282	39	东海县	Donghai County	1863
15	启东市	Qidong City	3252	40	阜宁县	Funing County	1837
16	洪泽县	Hongze County	3208	41	沭阳县	Shuyang County	1705
17	高淳县	Gaochun County	3182	42	兴化市	Xinghua City	1639
18	丹阳市	Danyang City	3154	43	射阳县	Sheyang County	1632
19	大丰市	Dafeng City	2951	44	邳州市	Pizhou City	1592
20	灌南县	Guannan County	2917	45	滨海县	Binhai County	1514
21	金湖县	Jinhu County	2684	46	泗阳县	Siyang County	1479
22	如皋市	Rugao City	2681	47	泗洪县	Sihong County	1465
23	建湖县	Jianhu County	2676	48	丰县	Fengxian County	1323
24	江都市	Jiangdu City	2667	49	涟水县	Lianshui County	1251
25	东台市	Dongtai City	2512	50	睢宁县	Suining County	1196

21－11 粮食产量(2010年)
Output of Grain (2010)

位次 No.	县(市)名称 County (City)		绝对数(万吨) Absolute Figure (10000 tons)	位次 No.	县(市)名称 County (City)		绝对数(万吨) Absolute Figure (10000 tons)
1	兴化市	Xinghua City	134.42	26	泗阳县	Siyang County	56.97
2	沭阳县	Shuyang County	122.18	27	溧阳市	Liyang City	52.72
3	东海县	Donghai County	104.15	28	赣榆县	Ganyu County	52.65
4	射阳县	Sheyang County	103.15	29	姜堰市	Jiangyan City	52.36
5	泗洪县	Sihong County	94.48	30	金湖县	Jinhu County	49.25
6	盱眙县	Xuyi County	92.51	31	丹阳市	Danyang City	49.11
7	如东县	Rudong County	89.42	32	响水县	Xiangshui County	48.96
8	涟水县	Lianshui County	88.34	33	丰县	Fengxian County	46.01
9	阜宁县	Funing County	88.31	34	宜兴市	Yixing City	45.58
10	滨海县	Binhai County	86.90	35	洪泽县	Hongze County	41.09
11	睢宁县	Suining County	85.31	36	靖江市	Jingjiang City	33.14
12	宝应县	Baoying County	84.90	37	句容市	Jurong City	32.63
13	灌云县	Guanyun County	84.63	38	常熟市	Changshu City	31.21
14	东台市	Dongtai City	84.02	39	仪征市	Yizheng City	30.37
15	高邮市	Gaoyou City	79.97	40	金坛市	Jintan City	28.22
16	大丰市	Dafeng City	77.44	41	张家港市	Zhangjiagang City	28.07
17	邳州市	Pizhou City	75.88	42	启东市	Qidong City	24.19
18	建湖县	Jianhu County	71.65	43	溧水县	Lishui County	22.54
19	如皋市	Rugao City	69.63	44	太仓市	Taicang City	21.04
20	泰兴市	Taixing City	66.43	45	江阴市	Jiangyin City	19.63
21	海安县	Haian County	63.28	46	海门市	Haimen City	18.73
22	新沂市	Xinyi City	62.67	47	高淳县	Gaochun County	18.36
23	灌南县	Guannan County	60.57	48	吴江市	Wujiang City	15.89
24	江都市	Jiangdu City	59.93	49	昆山市	Kunshan City	12.37
25	沛县	Peixian County	58.11	50	扬中市	Yangzhong City	10.78

21－12　油料产量（2010年）
Output of Oil-bearing Crops（2010）

位次 No.	县（市）名称 County（City）		绝对数（万吨）Absolute Figure（10000 tons）	位次 No.	县（市）名称 County（City）		绝对数（万吨）Absolute Figure（10000 tons）
1	启东市	Qidong City	10.55	26	沭阳县	Shuyang County	1.70
2	海门市	Haimen City	9.68	27	建湖县	Jianhu County	1.63
3	东台市	Dongtai City	9.33	28	海安县	Haian County	1.62
4	新沂市	Xinyi City	7.44	29	睢宁县	Suining County	1.60
5	赣榆县	Ganyu County	6.86	30	宝应县	Baoying County	1.49
6	大丰市	Dafeng City	6.24	31	邳州市	Pizhou City	1.48
7	如东县	Rudong County	5.25	32	泗阳县	Siyang County	1.18
8	滨海县	Binhai County	4.66	33	丹阳市	Danyang City	1.09
9	射阳县	Sheyang County	4.56	34	金坛市	Jintan City	0.97
10	如皋市	Rugao City	3.99	35	仪征市	Yizheng City	0.97
11	东海县	Donghai County	3.91	36	常熟市	Changshu City	0.93
12	泰兴市	Taixing City	3.84	37	宜兴市	Yixing City	0.87
13	兴化市	Xinghua City	3.56	38	吴江市	Wujiang City	0.85
14	句容市	Jurong City	3.33	39	金湖县	Jinhu County	0.82
15	涟水县	Lianshui County	3.33	40	太仓市	Taicang City	0.64
16	盱眙县	Xuyi County	3.29	41	张家港市	Zhangjiagang City	0.57
17	姜堰市	Jiangyan City	2.67	42	丰县	Fengxian County	0.51
18	溧阳市	Liyang City	2.64	43	靖江市	Jingjiang City	0.48
19	江都市	Jiangdu City	2.52	44	洪泽县	Hongze County	0.29
20	泗洪县	Sihong County	2.43	45	沛县	Peixian County	0.24
21	响水县	Xiangshui County	2.38	46	灌南县	Guannan County	0.24
22	溧水县	Lishui County	2.29	47	昆山市	Kunshan City	0.18
23	高淳县	Gaochun County	2.24	48	江阴市	Jiangyin City	0.18
24	高邮市	Gaoyou City	2.17	49	扬中市	Yangzhong City	0.14
25	阜宁县	Funing County	1.80	50	灌云县	Guanyun County	0.12

21-13 肉类总产量(2010年)
Total Output of Meat (2010)

位次 No.	县(市)名称 County (City)		绝对数(万吨) Absolute Figure (10000 tons)	位次 No.	县(市)名称 County (City)		绝对数(万吨) Absolute Figure (10000 tons)
1	邳州市	Pizhou City	20.42	26	兴化市	Xinghua City	5.14
2	丰县	Fengxian County	17.61	27	江阴市	Jiangyin City	5.01
3	阜宁县	Funing County	17.35	28	宝应县	Baoying County	4.76
4	东台市	Dongtai City	13.42	29	高邮市	Gaoyou City	4.42
5	新沂市	Xinyi City	12.70	30	泗阳县	Siyang County	4.40
6	睢宁县	Suining County	11.04	31	灌南县	Guannan County	4.21
7	大丰市	Dafeng City	10.73	32	响水县	Xiangshui County	4.20
8	如皋市	Rugao City	10.68	33	海门市	Haimen City	4.13
9	沛县	Peixian County	10.23	34	金坛市	Jintan City	3.90
10	沭阳县	Shuyang County	10.00	35	江都市	Jiangdu City	3.79
11	滨海县	Binhai County	9.80	36	宜兴市	Yixing City	3.43
12	如东县	Rudong County	9.42	37	靖江市	Jingjiang City	2.85
13	海安县	Haian County	8.98	38	丹阳市	Danyang City	2.29
14	泰兴市	Taixing City	7.68	39	仪征市	Yizheng City	2.29
15	射阳县	Sheyang County	7.37	40	溧阳市	Liyang City	2.13
16	东海县	Donghai County	7.29	41	常熟市	Changshu City	2.02
17	赣榆县	Ganyu County	7.19	42	洪泽县	Hongze County	2.00
18	太仓市	Taicang City	7.02	43	溧水县	Lishui County	1.87
19	盱眙县	Xuyi County	6.66	44	吴江市	Wujiang City	1.64
20	泗洪县	Sihong County	6.31	45	高淳县	Gaochun County	1.64
21	灌云县	Guanyun County	6.12	46	句容市	Jurong City	1.46
22	启东市	Qidong City	5.69	47	金湖县	Jinhu County	1.42
23	建湖县	Jianhu County	5.62	48	张家港市	Zhangjiagang City	1.39
24	涟水县	Lianshui County	5.58	49	扬中市	Yangzhong City	0.90
25	姜堰市	Jiangyan City	5.34	50	昆山市	Kunshan City	0.84

21－14　规模以上工业企业利税总额（2010 年）

Profits and Taxes of above Designated Size Industrial Enterprises（2010）

位　次 No.	县（市）名称 County（City）		绝对数（亿元） Absolute Figure（100 million yuan）	位　次 No.	县（市）名称 County（City）		绝对数（亿元） Absolute Figure（100 million yuan）
1	昆　山　市	Kunshan City	501.97	26	扬　中　市	Yangzhong City	59.25
2	江　阴　市	Jiangyin City	489.59	27	东　台　市	Dongtai City	54.92
3	张家港市	Zhangjiagang City	295.38	28	沭　阳　县	Shuyang County	48.75
4	常　熟　市	Changshu City	222.96	29	句　容　市	Jurong City	47.57
5	江　都　市	Jiangdu City	217.89	30	高　淳　县	Gaochun County	46.78
6	吴　江　市	Wujiang City	215.07	31	新　沂　市	Xinyi City	46.61
7	宜　兴　市	Yixing City	168.40	32	赣　榆　县	Ganyu County	44.88
8	靖　江　市	Jingjiang City	158.12	33	建　湖　县	Jianhu County	44.78
9	海　门　市	Haimen City	152.04	34	宝　应　县	Baoying County	41.80
10	太　仓　市	Taicang City	144.61	35	睢　宁　县	Suining County	38.45
11	泰　兴　市	Taixing City	110.48	36	泗　阳　县	Siyang County	32.71
12	溧　阳　市	Liyang City	106.40	37	大　丰　市	Dafeng City	32.64
13	邳　州　市	Pizhou City	105.43	38	滨　海　县	Binhai County	31.60
14	如　皋　市	Rugao City	103.93	39	响　水　县	Xiangshui County	31.33
15	启　东　市	Qidong City	101.42	40	阜　宁　县	Funing County	30.02
16	仪　征　市	Yizheng City	97.96	41	射　阳　县	Sheyang County	26.07
17	海　安　县	Haian County	97.43	42	洪　泽　县	Hongze County	25.00
18	如　东　县	Rudong County	86.39	43	东　海　县	Donghai County	23.32
19	丹　阳　市	Danyang City	84.51	44	灌　南　县	Guannan County	22.73
20	金　坛　市	Jintan City	71.46	45	灌　云　县	Guanyun County	21.11
21	沛　　　县	Peixian County	70.53	46	丰　　　县	Fengxian County	20.34
22	兴　化　市	Xinghua City	70.21	47	涟　水　县	Lianshui County	19.24
23	高　邮　市	Gaoyou City	68.41	48	金　湖　县	Jinhu County	14.61
24	姜　堰　市	Jiangyan City	68.35	49	盱　眙　县	Xuyi County	13.48
25	溧　水　县	Lishui County	64.58	50	泗　洪　县	Sihong County	10.44

21-15 社会消费品零售总额（2010年）
Total Retail Sale of Consumer Goods (2010)

位次 No.	县（市）名称 County (City)		绝对数（亿元）Absolute Figure (100 million yuan)	位次 No.	县（市）名称 County (City)		绝对数（亿元）Absolute Figure (100 million yuan)
1	江阴市	Jiangyin City	384.90	26	高邮市	Gaoyou City	82.35
2	常熟市	Changshu City	360.19	27	射阳县	Sheyang County	82.29
3	昆山市	Kunshan City	356.64	28	大丰市	Dafeng City	81.59
4	宜兴市	Yixing City	277.34	29	沭阳县	Shuyang County	81.43
5	张家港市	Zhangjiagang City	267.86	30	建湖县	Jianhu County	79.79
6	吴江市	Wujiang City	222.97	31	宝应县	Baoying County	79.46
7	海门市	Haimen City	174.97	32	赣榆县	Ganyu County	78.82
8	如皋市	Rugao City	171.19	33	东海县	Donghai County	76.23
9	启东市	Qidong City	169.64	34	溧水县	Lishui County	70.51
10	丹阳市	Danyang City	151.57	35	句容市	Jurong City	68.28
11	如东县	Rudong County	149.31	36	扬中市	Yangzhong City	66.37
12	溧阳市	Liyang City	147.54	37	睢宁县	Suining County	62.97
13	江都市	Jiangdu City	146.23	38	阜宁县	Funing County	61.63
14	太仓市	Taicang City	141.43	39	新沂市	Xinyi City	61.33
15	海安县	Haian County	134.15	40	灌云县	Guanyun County	58.02
16	东台市	Dongtai City	118.34	41	滨海县	Binhai County	52.39
17	金坛市	Jintan City	116.21	42	丰县	Fengxian County	50.88
18	泰兴市	Taixing City	108.58	43	泗阳县	Siyang County	46.97
19	姜堰市	Jiangyan City	92.82	44	泗洪县	Sihong County	44.50
20	靖江市	Jingjiang City	92.79	45	涟水县	Lianshui County	43.29
21	沛县	Peixian County	91.13	46	盱眙县	Xuyi County	42.39
22	兴化市	Xinghua City	85.85	47	灌南县	Guannan County	41.54
23	仪征市	Yizheng City	85.67	48	洪泽县	Hongze County	40.30
24	邳州市	Pizhou City	84.39	49	金湖县	Jinhu County	37.68
25	高淳县	Gaochun County	82.49	50	响水县	Xiangshui County	31.55

21－16 出口总额（2010年）
Total Exports（2010）

位次 No.	县（市）名称 County（City）		绝对数（万美元）Absolute Figure（USD 10000）	位次 No.	县（市）名称 County（City）		绝对数（万美元）Absolute Figure（USD 10000）
1	昆山市	Kunshan City	5333671	26	仪征市	Yizheng City	30831
2	常熟市	Changshu City	1165523	27	句容市	Jurong City	30579
3	张家港市	Zhangjiagang City	995453	28	溧水县	Lishui County	27708
4	吴江市	Wujiang City	993400	29	响水县	Xiangshui County	27174
5	江阴市	Jiangyin City	942426	30	东台市	Dongtai City	24425
6	太仓市	Taicang City	410518	31	高淳县	Gaochun County	23374
7	宜兴市	Yixing City	264906	32	泗阳县	Siyang County	20381
8	靖江市	Jingjiang City	215988	33	东海县	Donghai County	18116
9	启东市	Qidong City	191823	34	灌云县	Guanyun County	17862
10	丹阳市	Danyang City	148858	35	新沂市	Xinyi City	15449
11	金坛市	Jintan City	139251	36	建湖县	Jianhu County	14859
12	如皋市	Rugao City	100470	37	阜宁县	Funing County	13818
13	海门市	Haimen City	93282	38	沭阳县	Shuyang County	13213
14	海安县	Haian County	90305	39	赣榆县	Ganyu County	12668
15	如东县	Rudong County	80779	40	泗洪县	Sihong County	11933
16	江都市	Jiangdu City	73478	41	涟水县	Lianshui County	11098
17	泰兴市	Taixing City	65618	42	金湖县	Jinhu County	10863
18	邳州市	Pizhou City	64123	43	滨海县	Binhai County	10586
19	溧阳市	Liyang City	55980	44	睢宁县	Suining County	10492
20	姜堰市	Jiangyan City	40751	45	射阳县	Sheyang County	10315
21	宝应县	Baoying County	32409	46	洪泽县	Hongze County	9495
22	扬中市	Yangzhong City	32172	47	灌南县	Guannan County	9201
23	高邮市	Gaoyou City	32104	48	沛县	Peixian County	8238
24	兴化市	Xinghua City	32018	49	丰县	Fengxian County	6405
25	大丰市	Dafeng City	31160	50	盱眙县	Xuyi County	5569

21-17 实际外商直接投资（2010年）
Actual Foreign Direct Investment (2010)

位次 No.	县（市）名称 County (City)		绝对数（万美元）Absolute Figure (USD 10000)	位次 No.	县（市）名称 County (City)		绝对数（万美元）Absolute Figure (USD 10000)
1	昆山市	Kunshan City	172542	26	姜堰市	Jiangyan City	15629
2	吴江市	Wujiang City	89080	27	灌云县	Guanyun County	15059
3	常熟市	Changshu City	87185	28	宝应县	Baoying County	14410
4	张家港市	Zhangjiagang City	83030	29	海安县	Haian County	14184
5	太仓市	Taicang City	80757	30	滨海县	Binhai County	11827
6	江阴市	Jiangyin City	70005	31	溧水县	Lishui County	11784
7	宜兴市	Yixing City	50025	32	建湖县	Jianhu County	11445
8	仪征市	Yizheng City	40396	33	阜宁县	Funing County	11248
9	江都市	Jiangdu City	39630	34	射阳县	Sheyang County	11008
10	靖江市	Jingjiang City	36626	35	兴化市	Xinghua City	10414
11	金坛市	Jintan City	35438	36	扬中市	Yangzhong City	10177
12	溧阳市	Liyang City	35432	37	金湖县	Jinhu County	10064
13	海门市	Haimen City	34925	38	盱眙县	Xuyi County	10061
14	如皋市	Rugao City	34048	39	涟水县	Lianshui County	10007
15	如东县	Rudong County	27913	40	洪泽县	Hongze County	10004
16	泰兴市	Taixing City	26055	41	响水县	Xiangshui County	10002
17	启东市	Qidong City	24968	42	沛县	Peixian County	8186
18	东台市	Dongtai City	23505	43	睢宁县	Suining County	5351
19	大丰市	Dafeng City	23503	44	沭阳县	Shuyang County	4239
20	丹阳市	Danyang City	22014	45	邳州市	Pizhou City	4227
21	句容市	Jurong City	21917	46	新沂市	Xinyi City	4214
22	东海县	Donghai County	17110	47	丰县	Fengxian County	3548
23	灌南县	Guannan County	16101	48	高淳县	Gaochun County	3018
24	赣榆县	Ganyu County	16021	49	泗阳县	Siyang County	2576
25	高邮市	Gaoyou City	15649	50	泗洪县	Sihong County	1119

21－18 城镇非私营单位在岗职工年平均工资(2010 年)
Average Wage of Staff and Workers(Excluded Private)(2010)

位 次 No.	县（市）名 称 County (City)	绝 对 数 (元) Absolute Figure (yuan)	位 次 No.	县（市）名 称 County (City)	绝 对 数 (元) Absolute Figure (yuan)
1	太 仓 市 Taicang City	45120	26	姜 堰 市 Jiangyan City	30203
2	吴 江 市 Wujiang City	44393	27	洪 泽 县 Hongze County	29990
3	江 阴 市 Jiangyin City	44392	28	东 台 市 Dongtai City	29917
4	张家港市 Zhangjiagang City	42518	29	赣 榆 县 Ganyu County	29380
5	常 熟 市 Changshu City	41784	30	兴 化 市 Xinghua City	29379
6	昆 山 市 Kunshan City	41669	31	金 湖 县 Jinhu County	29376
7	宜 兴 市 Yixing City	40141	32	宝 应 县 Baoying County	29334
8	海 安 县 Haian County	37065	33	东 海 县 Donghai County	28603
9	海 门 市 Haimen City	36173	34	盱 眙 县 Xuyi County	28217
10	溧 水 县 Lishui County	36040	35	建 湖 县 Jianhu County	28194
11	溧 阳 市 Liyang City	35976	36	泗 洪 县 Sihong County	28095
12	如 皋 市 Rugao City	35957	37	射 阳 县 Sheyang County	27862
13	如 东 县 Rudong County	35894	38	灌 南 县 Guannan County	27762
14	高 淳 县 Gaochun County	35292	39	阜 宁 县 Funing County	27384
15	扬 中 市 Yangzhong City	35174	40	滨 海 县 Binhai County	27192
16	丹 阳 市 Danyang City	34710	41	邳 州 市 Pizhou City	26130
17	靖 江 市 Jingjiang City	34567	42	新 沂 市 Xinyi City	26061
18	金 坛 市 Jintan City	34450	43	沛 县 Peixian County	25786
19	江 都 市 Jiangdu City	34340	44	涟 水 县 Lianshui County	25289
20	仪 征 市 Yizheng City	34295	45	灌 云 县 Guanyun County	25004
21	启 东 市 Qidong City	34103	46	响 水 县 Xiangshui County	24291
22	高 邮 市 Gaoyou City	32410	47	丰 县 Fengxian County	24090
23	泰 兴 市 Taixing City	32148	48	沭 阳 县 Shuyang County	23454
24	句 容 市 Jurong City	31967	49	泗 阳 县 Siyang County	23131
25	大 丰 市 Dafeng City	30798	50	睢 宁 县 Suining County	22993

21－19 农村居民人均纯收入(2010年)
Per Capita Net Income of Rural Households(2010)

位次 No.	县(市)名称	County (City)	绝对数(元) Absolute Figure (yuan)	位次 No.	县(市)名称	County (City)	绝对数(元) Absolute Figure (yuan)
1	江阴市	Jiangyin City	14898	26	高邮市	Gaoyou City	8825
2	昆山市	Kunshan City	14824	27	兴化市	Xinghua City	8817
3	常熟市	Changshu City	14664	28	射阳县	Sheyang County	8720
4	太仓市	Taicang City	14662	29	宝应县	Baoying County	8715
5	张家港市	Zhangjiagang City	14658	30	建湖县	Jianhu County	8704
6	吴江市	Wujiang City	14603	31	如皋市	Rugao City	8695
7	宜兴市	Yixing City	12679	32	沛县	Peixian County	8378
8	扬中市	Yangzhong City	12515	33	邳州市	Pizhou City	8331
9	金坛市	Jintan City	11761	34	洪泽县	Hongze County	7943
10	丹阳市	Danyang City	11446	35	阜宁县	Funing County	7801
11	海门市	Haimen City	11372	36	金湖县	Jinhu County	7782
12	溧阳市	Liyang City	11368	37	滨海县	Binhai County	7716
13	高淳县	Gaochun County	11156	38	赣榆县	Ganyu County	7582
14	溧水县	Lishui County	10804	39	盱眙县	Xuyi County	7382
15	启东市	Qidong City	10587	40	响水县	Xiangshui County	7276
16	靖江市	Jingjiang City	10242	41	东海县	Donghai County	7273
17	江都市	Jiangdu City	10111	42	丰县	Fengxian County	7258
18	东台市	Dongtai City	10097	43	新沂市	Xinyi City	7231
19	大丰市	Dafeng City	10001	44	睢宁县	Suining County	7022
20	句容市	Jurong City	9925	45	沭阳县	Shuyang County	7021
21	海安县	Haian County	9478	46	泗阳县	Siyang County	7002
22	泰兴市	Taixing City	9338	47	泗洪县	Sihong County	6830
23	仪征市	Yizheng City	9136	48	涟水县	Lianshui County	6691
24	姜堰市	Jiangyan City	9131	49	灌云县	Guanyun County	6522
25	如东县	Rudong County	9120	50	灌南县	Guannan County	6199

21-20 城镇居民人均可支配收入(2010年)
Per Capita Annual Disposable Income of Urban Households(2010)

位次 No.	县(市)名称	County (City)	绝对数(元) Absolute Figure (yuan)	位次 No.	县(市)名称	County (City)	绝对数(元) Absolute Figure (yuan)
1	吴江市	Wujiang City	30957	26	东台市	Dongtai City	18059
2	昆山市	Kunshan City	30923	27	高邮市	Gaoyou City	17073
3	张家港市	Zhangjiagang City	30829	28	大丰市	Dafeng City	16952
4	常熟市	Changshu City	30738	29	盱眙县	Xuyi County	16799
5	太仓市	Taicang City	30629	30	金湖县	Jinhu County	16730
6	江阴市	Jiangyin City	30184	31	洪泽县	Hongze County	16464
7	宜兴市	Yixing City	25869	32	建湖县	Jianhu County	16026
8	扬中市	Yangzhong City	25579	33	邳州市	Pizhou City	15384
9	高淳县	Gaochun County	25576	34	东海县	Donghai County	14766
10	溧水县	Lishui County	24468	35	赣榆县	Ganyu County	14672
11	金坛市	Jintan City	23996	36	射阳县	Sheyang County	14622
12	丹阳市	Danyang City	23015	37	滨海县	Binhai County	14390
13	海门市	Haimen City	22930	38	沛县	Peixian County	14330
14	溧阳市	Liyang City	22912	39	宝应县	Baoying County	14328
15	句容市	Jurong City	22710	40	灌南县	Guannan County	13952
16	靖江市	Jingjiang City	21904	41	阜宁县	Funing County	13771
17	启东市	Qidong City	20618	42	响水县	Xiangshui County	13712
18	海安县	Haian County	20512	43	涟水县	Lianshui County	13666
19	如东县	Rudong County	20502	44	新沂市	Xinyi City	13148
20	姜堰市	Jiangyan City	20352	45	沭阳县	Shuyang County	12874
21	仪征市	Yizheng City	20147	46	泗阳县	Siyang County	12428
22	泰兴市	Taixing City	20026	47	睢宁县	Suining County	12171
23	江都市	Jiangdu City	19869	48	丰县	Fengxian County	12091
24	如皋市	Rugao City	19852	49	灌云县	Guanyun County	11931
25	兴化市	Xinghua City	18409	50	泗洪县	Sihong County	11783

21－21　居民储蓄存款余额（2010年）
Savings Deposit Balance of Residents(2010)

位　次 No.	县（市）名　称 County (City)		绝对数（亿元） Absolute Figure (100 million yuan)	位　次 No.	县（市）名　称 County (City)		绝对数（亿元） Absolute Figure (100 million yuan)
1	常熟市	Changshu City	756.30	26	仪征市	Yizheng City	136.36
2	江阴市	Jiangyin City	652.62	27	沭阳县	Shuyang County	126.85
3	昆山市	Kunshan City	609.28	28	宝应县	Baoying County	126.26
4	张家港市	Zhangjiagang City	597.04	29	句容市	Jurong City	124.34
5	吴江市	Wujiang City	515.56	30	邳州市	Pizhou City	119.59
6	宜兴市	Yixing City	503.64	31	建湖县	Jianhu County	118.70
7	海门市	Haimen City	361.98	32	睢宁县	Suining County	106.53
8	启东市	Qidong City	353.07	33	射阳县	Sheyang County	106.52
9	如皋市	Rugao City	315.85	34	阜宁县	Funing County	103.53
10	江都市	Jiangdu City	313.56	35	丰　县	Fengxian County	92.42
11	海安县	Haian County	306.48	36	东海县	Donghai County	86.69
12	太仓市	Taicang City	293.67	37	赣榆县	Ganyu County	85.03
13	丹阳市	Danyang City	280.62	38	泗阳县	Siyang County	80.76
14	溧阳市	Liyang City	262.98	39	涟水县	Lianshui County	75.83
15	如东县	Rudong County	250.64	40	溧水县	Lishui County	75.63
16	靖江市	Jingjiang City	234.72	41	高淳县	Gaochun County	73.64
17	东台市	Dongtai City	229.24	42	泗洪县	Sihong County	73.23
18	泰兴市	Taixing City	218.11	43	新沂市	Xinyi City	71.04
19	兴化市	Xinghua City	206.94	44	滨海县	Binhai County	70.59
20	姜堰市	Jiangyan City	201.94	45	灌云县	Guanyun County	64.77
21	金坛市	Jintan City	179.00	46	盱眙县	Xuyi County	59.29
22	高邮市	Gaoyou City	151.59	47	金湖县	Jinhu County	51.72
23	扬中市	Yangzhong City	150.68	48	响水县	Xiangshui County	44.78
24	沛　县	Peixian County	143.92	49	灌南县	Guannan County	42.43
25	大丰市	Dafeng City	143.35	50	洪泽县	Hongze County	37.16

21－22　居民人均储蓄存款（2010 年）
Per Capita Savings Deposit of Residents(2010)

位次 No.	县（市）名称 County (City)		绝对数（元） Absolute Figure (yuan)	位次 No.	县（市）名称 County (City)		绝对数（元） Absolute Figure (yuan)
1	常熟市	Changshu City	50033	26	溧水县	Lishui County	17942
2	张家港市	Zhangjiagang City	47786	27	高淳县	Gaochun County	17616
3	扬中市	Yangzhong City	44980	28	宝应县	Baoying County	16778
4	太仓市	Taicang City	41239	29	兴化市	Xinghua City	16505
5	江阴市	Jiangyin City	40907	30	金湖县	Jinhu County	16098
6	宜兴市	Yixing City	40754	31	建湖县	Jianhu County	15993
7	吴江市	Wujiang City	40433	32	沛县	Peixian County	12601
8	海门市	Haimen City	39892	33	阜宁县	Funing County	12267
9	昆山市	Kunshan City	37009	34	射阳县	Sheyang County	11871
10	启东市	Qidong City	36312	35	洪泽县	Hongze County	11380
11	海安县	Haian County	35390	36	睢宁县	Suining County	10245
12	溧阳市	Liyang City	35087	37	泗阳县	Siyang County	9720
13	靖江市	Jingjiang City	34286	38	丰县	Fengxian County	9589
14	金坛市	Jintan City	32427	39	东海县	Donghai County	9091
15	江都市	Jiangdu City	31154	40	盱眙县	Xuyi County	8993
16	丹阳市	Danyang City	29210	41	赣榆县	Ganyu County	8938
17	姜堰市	Jiangyan City	27700	42	涟水县	Lianshui County	8820
18	如东县	Rudong County	25180	43	响水县	Xiangshui County	8779
19	如皋市	Rugao City	24931	44	沭阳县	Shuyang County	8231
20	仪征市	Yizheng City	24173	45	邳州市	Pizhou City	8200
21	东台市	Dongtai City	23156	46	泗洪县	Sihong County	8040
22	高邮市	Gaoyou City	20352	47	灌云县	Guanyun County	7916
23	泰兴市	Taixing City	20303	48	新沂市	Xinyi City	7715
24	大丰市	Dafeng City	20287	49	滨海县	Binhai County	7374
25	句容市	Jurong City	20124	50	灌南县	Guannan County	6813

22

乡镇基本情况

Basic Conditions of Villages and Towns

简 要 说 明

一、本篇资料的主要内容

本篇资料反映乡镇经济社会基本情况。

二、资料来源

本篇资料根据乡镇社会经济基本情况统计年报加工整理。

Brief Introduction

I. Main Contents

Data in this chapter reflect economic and social basic conditions of villages and Towns

Ⅱ. Date Source

Data in this chapter mainly based on the basic conditions of villages and Towns annual report.

22-1 乡镇基本情况(2010年)
Basic Conditions of Villages and Towns(2010)

名称 Name		总人口(人) Total Population (person)	从业人员(人) Employment (person)	土地面积(公顷) Land Area (hectare)	耕地面积(公顷) Cultivated Area (hectare)	财政收入(万元) Financial Revenue (10000 yuan)	粮食产量(吨) Output of Grain (ton)
南京市	**Nanjing City**						
市辖区	**Municipal District**						
永宁镇	Yongning Town	46482	22154	12080	4042	21635	18218
星甸镇	Xingdian Town	38674	15416	13300	5268	19573	19260
石桥镇	Shiqiao Town	26690	12984	6759	2300	18592	13315
乌江镇	Wujiang Town	23128	11003	5700	2112	21890	11194
冶山镇	Yeshan Town	44140	21279	10400	5288	6452	18475
八百桥镇	Babaiqiao Town	68025	34816	16236	4570	10026	42860
横梁镇	Hengliang Town	41357	24865	8700	3293	9434	15737
东沟镇	Donggou Town	29760	16214	4200	2000	5200	10237
龙袍镇	Longpao Town	31097	17995	4160	2817	7277	25058
玉带镇	Yudai Town	30542	15768	4900	1880	5776	12094
瓜埠镇	Guabu Town	33820	16224	4529	1411	6221	12616
程桥镇	Chengqiao Town	46569	28785	12200	4586	7584	33218
竹镇镇	Zhuzhen Town	64559	36961	20900	6377	10434	42766
马集镇	Maji Town	42773	22120	9900	3800	4655	27850
马鞍镇	Maan Town	49042	21873	11855	3932	7254	20852
新篁镇	Xinhuang Town	27149	14046	6050	3112	4498	15647
溧水县	**Lishui County**						
永阳镇	Yongyang Town	105456	69106	13297	3769	124856	24124
白马镇	Baima Town	39477	20558	12400	4948	9286	30538
东屏镇	Dongping Town	40003	19887	11953	4271	8044	33148
柘塘镇	Zhetang Town	32532	20195	4600	2138	9462	26868
石湫镇	Shiqiu Town	50127	25772	12830	2980	12666	26514
洪蓝镇	Honglan Town	48603	27665	10133	2776	12238	27903
晶桥镇	Jingqiao Town	38149	24054	13233	2778	9720	30095
和风镇	Hefeng Town	50348	26933	19000	3093	16300	28064
高淳县	**Gaochun County**						
淳溪镇	Chunxi Town	113515	74676	8357	3072	21773	10572
阳江镇	Yangjiang Town	69847	46443	12503	5527	11034	23488
砖墙镇	Zhuanqiang Town	33907	22268	6888	3463	10792	5713
古柏镇	Gubai Town	36597	22521	5068	2032	12670	11367
漆桥镇	Qiqiao Town	25444	15907	5370	1659	8535	15266
固城镇	Gucheng Town	39342	24326	8346	3463	9593	21403
东坝镇	Dongba Town	44348	25988	10432	3892	15402	32353
桠溪镇	Yaxi Town	58172	34541	14900	5272	10773	61423

续 表 1 Continued 1

名称 Name		总人口（人） Total Population (person)	从业人员（人） Employment (person)	土地面积（公顷） Land Area (hectare)	耕地面积（公顷） Cultivated Area (hectare)	财政收入（万元） Financial Revenue (10000 yuan)	粮食产量（吨） Output of Grain (ton)
无锡市	**Wuxi City**						
市辖区	**Municipal District**						
羊尖镇	Yangjian Town	59562	39604	5046	2101	42676	21027
鹅湖镇	Ehu Town	67669	40602	5457	1348	44410	13127
锡北镇	Xibei Town	89702	51023	6238	2413	46543	15998
东港镇	Donggang Town	117177	87365	8431	2208	105246	21890
洛社镇	Luoshe Town	183921	104105	9350	2379	207699	5347
阳山镇	Yangshan Town	50370	25815	3278	472	30178	2085
胡埭镇	Hudai Town	52895	32224	3608	1062	61501	1987
江阴市	Jiang yin City						
璜土镇	Huangtu Town	95960	61427	6449	1422	80645	11954
利港镇	Ligang Town	80166	57594	5942	2302	84957	21048
月城镇	Yuecheng Town	49676	30285	3853	823	51912	7193
青阳镇	Qingyang Town	94064	50449	6756	1960	59027	21849
徐霞客镇	Xuxiake Town	151339	76920	11017	2857	118992	24232
华士镇	Huashi Town	139696	90473	7464	1969	163421	9114
周庄镇	Zhouzhuang Town	134719	84378	7596	2735	159946	12121
新桥镇	Xinqiao Town	46922	40223	2000	228	146516	1614
长泾镇	Changjing Town	85578	69145	5330	1848	53131	17520
顾山镇	Gushan Town	73110	48765	4971	1265	63962	15536
祝塘镇	Zhutang Town	126184	70543	5959	2542	76264	20628
宜兴市	Yixing City						
张渚镇	Zhangzhu Town	72980	41190	17651	3732	40735	15983
西渚镇	Xizhu Town	31611	19134	6666	3127	10262	15962
太华镇	Taihua Town	24656	13830	9157	571	7724	2498
徐舍镇	Xushe Town	100335	54571	17991	9476	44088	81355
官林镇	Guanlin Town	85467	49634	10458	4343	96002	34792
杨巷镇	Yangxiang Town	55506	25424	8642	3969	15592	32094
新建镇	Xinjian Town	31480	18338	4500	2359	20978	9428
和桥镇	Heqiao Town	68870	46331	10510	3489	35153	34628
高塍镇	Gaocheng Town	58684	32700	8118	3892	76850	38121
万石镇	Wanshi Town	25368	13440	4377	2418	28180	28950
周铁镇	Zhoutie Town	57140	27793	7300	3905	48497	29658
芳桥镇	Fangqiao Town	27637	12393	4980	2612	16491	28848

续 表 2 Continued 2

名称	Name	总人口（人）Total Population (person)	从业人员（人）Employment (person)	土地面积（公顷）Land Area (hectare)	耕地面积（公顷）Cultivated Area (hectare)	财政收入（万元）Financial Revenue (10000 yuan)	粮食产量（吨）Output of Grain (ton)
丁蜀镇	Dingshu Town	199744	87693	19185	4740	100347	25986
湖父镇	Hufu Town	24082	12980	9324	1206	14022	3070
徐州市	**Xuzhou City**						
市辖区	**Municipal District**						
大庙镇	Damiao Town	76278	40460	8346	2948	36922	39603
贾汪镇	Jiawang Town	52252	21645	7956	2350	13209	21603
青山泉镇	Qingshanquan Town	55707	30292	8366	3592	43890	30535
大吴镇	Dawu Town	86082	36184	6620	1758	44125	24669
紫庄镇	Zizhuang Town	50321	25817	6668	3200	1927	39221
塔山镇	Tashan Town	65732	27544	9468	5438	2447	50443
汴塘镇	Biantang Town	57873	17348	10500	4568	1270	32480
江庄镇	Jiangzhuang Town	34430	12150	7496	4228	19803	33249
铜山镇	Tongshan Town	157498	71421	5000	867	254254	5117
何桥镇	Heqiao Town	49903	28881	7400	5353	3750	28887
黄集镇	Huangji Town	56590	34305	8340	4533	5033	50788
马坡镇	Mapo Town	48506	21968	6900	3210	6124	57178
郑集镇	Zhengji Town	50734	27360	6800	5062	7429	42738
柳新镇	Liuxin Town	70558	37370	8500	4222	30162	53024
刘集镇	Liuji Town	64279	29144	8360	4074	9739	37580
大彭镇	Dapeng Town	62808	40023	7600	3029	9104	33324
汉王镇	Hanwang Town	52801	24398	9300	2812	13339	20937
三堡镇	Sanbao Town	44860	22934	7157	3695	13893	30466
棠张镇	Tangzhang Town	56527	32500	8500	4567	9600	30496
张集镇	Zhangji Town	76100	32872	14800	7933	14295	51422
房村镇	Fangcun Town	72538	38820	13600	7987	5020	64775
伊庄镇	Yizhuang Town	43548	20178	8560	3340	3922	32799
单集镇	Shanji Town	66912	29472	13210	7384	4915	53351
利国镇	Liguo Town	57320	23210	7769	2583	37041	27892
徐庄镇	Xuzhuang Town	67925	32016	13259	6260	5166	78070
大许镇	Daxu Town	80854	33078	12900	6284	7313	71100
茅村镇	Maocun Town	68631	32831	8396	3861	8885	35305
柳泉镇	Liuquan Town	58720	31648	10520	3397	18622	39811
丰县	**Fengxian City**						
凤城镇	Fengcheng Town	61238	30674	6197	2652	73687	25543
首羡镇	Shouxian Town	99927	48259	12176	7429	11599	15064

名 称 Name		总人口（人）Total Population (person)	从业人员（人）Employment (person)	土地面积（公顷）Land Area (hectare)	耕地面积（公顷）Cultivated Area (hectare)	财政收入（万元）Financial Revenue (10000 yuan)	粮食产量（吨）Output of Grain (ton)
顺 河 镇	Shunhe Town	58950	31145	8648	5831	4188	37599
常 店 镇	Changdian Town	66101	27831	7727	4879	3652	40321
欢 口 镇	Huankou Town	101000	50030	10500	6561	6443	78598
师 寨 镇	Shizhai Town	78857	43472	10450	6781	4162	53950
华 山 镇	Huashan Town	87303	49778	11300	4265	7464	28956
梁 寨 镇	Liangzhai Town	63496	31944	8680	4592	5797	35670
范 楼 镇	Fanlou Town	82351	44893	11610	7331	4961	41001
孙 楼 镇	Sunlou Town	52526	26147	6608	3490	3689	28835
宋 楼 镇	Songlou Town	91954	45077	12214	3340	3875	23918
大沙河镇	Dashahe Town	60075	28369	8150	2054	3982	14390
王 沟 镇	Wanggou Town	102860	56722	12621	8088	4610	56569
赵 庄 镇	Zhaozhuang Town	70102	41230	9100	5078	3825	25261
沛 县	**Peixian City**						
龙 固 镇	Longgu Town	60826	29110	5302	2659	24562	28690
杨 屯 镇	Yangtun Town	60020	28791	4100	2034	11776	31135
大 屯 镇	Datun Town	63703	31111	5540	2665	33451	32886
沛 城 镇	Peicheng Town	172139	80612	10560	4260	57806	50190
胡 寨 镇	Huzhai Town	40321	22302	4594	2731	4971	39800
魏 庙 镇	Weimiao Town	58558	29426	5200	3950	6112	49503
五 段 镇	Wuduan Town	45672	23951	4700	2800	5041	59210
张 庄 镇	Zhangzhuang Town	95086	52537	11200	6149	9285	46922
张 寨 镇	Zhangzhai Town	94661	37902	10634	7372	6566	56262
敬 安 镇	Jingan Town	63129	33153	9600	5035	10174	30252
河 口 镇	Hekou Town	58735	31870	8257	5322	5743	20791
栖 山 镇	Qishan Town	64680	25997	8951	6358	3463	42190
鹿 楼 镇	Lulou Town	73960	42535	12540	5996	5834	60714
朱 寨 镇	Zhuzhai Town	60140	26525	7900	4482	9967	33874
安 国 镇	Anguo Town	81620	51107	13328	5535	9562	45245
睢 宁 县	**Suining City**						
睢 城 镇	Suicheng Town	234210	139820	9600	3785	37815	39089
王 集 镇	Wangji Town	77322	50820	13152	7188	3396	38428
双 沟 镇	Shuanggou Town	58220	33950	9827	5320	5069	42510
岚 山 镇	Lanshan Town	86343	54270	12837	8454	3434	70908
李 集 镇	Liji Town	54620	35503	6368	3471	6599	33040
桃 园 镇	Taoyuan Town	76554	38921	10900	6335	5725	57987

名 称 Name		总人口（人）Total Population (person)	从业人员（人）Employment (person)	土地面积（公顷）Land Area (hectare)	耕地面积（公顷）Cultivated Area (hectare)	财政收入（万元）Financial Revenue (10000 yuan)	粮食产量（吨）Output of Grain (ton)
官山镇	Guanshan Town	75996	49626	12528	7200	3504	74980
高作镇	Gaozuo Town	53883	35520	6227	3513	11044	30954
沙集镇	Shaji Town	58000	28269	4000	3430	5098	33481
凌城镇	Lingcheng Town	77132	37783	9365	5381	7159	58837
邱集镇	Qiuji Town	105448	53275	14079	8875	4541	86785
古邳镇	Gupi Town	73322	47658	10666	4775	3419	47989
姚集镇	Yaoji Town	94232	45726	16700	6700	3800	60332
魏集镇	Weiji Town	74100	38800	12938	7134	2871	72763
梁集镇	Liangji Town	86075	41065	11036	5946	7365	55998
庆安镇	Qingan Town	67786	44070	11571	6187	5437	55409
新沂市	**Xinyi City**						
新安镇	Xinan Town	215400	126435	7856	3250	42422	31156
瓦窑镇	Wayao Town	37102	23171	6172	3378	10958	28604
港头镇	Gangtou Town	42342	20764	7818	3647	4518	43961
唐店镇	Tangdian Town	48225	27985	8260	3798	5504	40102
合沟镇	Hegou Town	58102	29654	6172	2849	5713	29938
草桥镇	Caoqiao Town	69843	36060	10025	3643	7521	41883
窑湾镇	Yaowan Town	70154	24477	11597	4366	3718	53798
棋盘镇	Qipan Town	73560	38119	16735	8054	4790	49992
马陵山镇	Malingshan Town	54460	29016	10600	4142	4042	61406
新店镇	Xindian Town	51884	26749	12800	4720	2587	66106
邵店镇	Shaodian Town	38577	17191	5845	2654	5307	28295
北沟镇	Beigou Town	61754	25646	3400	1161	2147	11976
时集镇	Shiji Town	50991	26648	12119	6552	4532	67019
高流镇	Gaoliu Town	61230	29930	12190	8620	4500	46820
阿湖镇	Ahu Town	61000	31600	12545	5500	4617	62652
双唐镇	Shuangtang Town	36698	23297	9200	3515	10305	37665
邳州市	**Pizhou City**						
运河镇	Yunhe Town	264453	114778	10806	3953	70801	32196
邳城镇	Picheng Town	76341	38638	9028	5034	6040	24367
官湖镇	Guanhu Town	108750	55808	8880	2338	37339	20425
四户镇	Sihu Town	54074	25616	8100	4880	8763	46242
宿羊山镇	Suyangshan Town	74930	39604	9013	4543	6219	31327
八义集镇	Bayiji Town	79967	42249	9112	8327	4560	46020
土山镇	Tushan Town	53520	32903	6380	3542	3078	24740

名 称 Name		总人口（人）Total Population (person)	从业人员（人）Employment (person)	土地面积（公顷）Land Area (hectare)	耕地面积（公顷）Cultivated Area (hectare)	财政收入（万元）Financial Revenue (10000 yuan)	粮食产量（吨）Output of Grain (ton)
碾庄镇	Nianzhuang Town	86738	37992	12100	7117	18348	44849
港上镇	Gangshang Town	58020	31400	6400	3098	7083	8920
邹庄镇	Zouzhuang Town	58000	32480	7366	5980	7800	30611
占城镇	Zhancheng Town	41910	20639	8900	3862	2480	29150
新河镇	Xinhe Town	58385	32120	9797	4983	4530	50002
八路镇	Balu Town	47930	24870	6695	3667	2830	31420
炮车镇	Paoche Town	62212	39704	6225	2712	19662	21030
铁富镇	Tiefu Town	111481	53312	12444	6020	10531	33472
岔河镇	Chahe Town	39823	21326	7030	3487	3695	43131
戴圩镇	Daiwei Town	22000	12669	3478	2106	6802	16753
陈楼镇	Chenlou Town	45649	25974	3667	1840	10780	5976
邢楼镇	Xinglou Town	47100	34000	9650	5510	4750	35200
戴庄镇	Daizhuang Town	47828	30400	7373	3453	3600	33319
车辐山镇	Chefushan Town	47183	28609	9500	5230	4166	47658
燕子埠镇	Yanzibu Town	35034	23900	7700	4000	1834	40000
赵墩镇	Zhaodun Town	98440	52646	12000	5700	5515	45980
议堂镇	Yitang Town	32986	17032	5760	2633	7569	27283
常州市	**Changzhou City**						
市辖区	**Municipal District**						
春江镇	Chunjiang Town	139526	72349	14109	4203	126882	47959
孟河镇	Menghe Town	98605	43221	8824	3671	39735	42488
新桥镇	Xinqiao Town	24570	12762	2714	853	43015	7045
薛家镇	Xuejia Town	41542	19568	3757	665	78445	8203
罗溪镇	Luoxi Town	47284	23083	5351	1636	36518	17372
西夏墅镇	Xixiashu Town	46443	25030	5196	2225	28656	23086
湖塘镇	Hutang Town	270825	108330	8406	207	188953	376
牛塘镇	Niutang Town	87844	41178	3839	975	56843	2885
洛阳镇	Luoyang Town	83195	54338	5570	1844	52031	8640
遥观镇	Yaoguan Town	114220	62549	4468	704	108010	4689
横林镇	Henglin Town	87731	45524	4668	893	57482	4857
横山桥镇	Hengshanqiao Town	88627	55205	5791	1219	68743	8017
郑陆镇	Zhenglu Town	118949	40827	8893	2717	63001	20580
雪堰镇	Xueyan Town	94730	49725	10438	3280	62357	29332
前黄镇	Qianhuang Town	80213	41948	10240	3435	35080	37015
礼嘉镇	Lijia Town	50538	31217	5822	2249	32069	21277

名　称 Name		总人口（人）Total Population (person)	从业人员（人）Employment (person)	土地面积（公顷）Land Area (hectare)	耕地面积（公顷）Cultivated Area (hectare)	财政收入（万元）Financial Revenue (10000 yuan)	粮食产量（吨）Output of Grain (ton)
邹区镇	Zouqu Town	97891	46617	6086	2465	53470	12088
嘉泽镇	Jiaze Town	83260	54119	10430	4491	18661	698
湟里镇	Huangli Town	72011	38868	8715	3498	52825	3146
奔牛镇	Benniu Town	59528	31732	5578	2203	43204	24395
溧阳市	**Liyang City**						
溧城镇	Licheng Town	321824	168995	15520	5828	155811	49076
埭头镇	Daitou Town	30110	18528	4369	2006	28113	16030
上黄镇	Shanghuang Town	26723	13062	4760	1822	8456	15466
戴埠镇	Daibu Town	51750	31580	13630	3684	19198	27333
天目湖镇	Tianmuhu Town	71351	31379	23897	5705	37055	30899
别桥镇	Bieqiao Town	69444	42368	11265	6554	17567	54626
上兴镇	Shangxing Town	78652	37707	22696	11319	22960	94601
竹箦镇	Zhuze Town	61601	32405	18360	6794	14874	60142
南渡镇	Nandu Town	75640	39255	11540	6798	18057	65762
社渚镇	Shezhu Town	70322	38599	20700	7754	25300	97763
金坛市	**Jintan City**						
金城镇	Jincheng Town	186927	141215	19251	7343	87643	63663
儒林镇	Rulin Town	33014	16722	10500	1580	13911	13969
尧塘镇	Yaotang Town	56278	38659	9880	3429	34930	29087
直溪镇	Zhixi Town	59570	40144	10662	4285	17882	44081
朱林镇	Zhulin Town	37311	25623	7699	3176	17785	34160
薛埠镇	Xuebu Town	67486	46588	23610	6509	29964	44657
指前镇	Zhiqian Town	40915	25438	9172	3025	9006	29636
苏州市	**Suzhou City**						
市辖区	**Municipal District**						
娄葑镇	Loufeng Town	366802	276770	7256	35	686492	0
唯亭镇	Weiting Town	251208	172698	11574	67	379788	355
胜浦镇	Shengpu Town	72341	54387	1800	0	56823	0
浒关镇	Xuguan Town	49368	20336	3200	700	115309	1500
通安镇	Tongan Town	44546	25312	3698	1104	51566	2569
东渚镇	Dongzhu Town	37318	23050	3772	671	9663	64
角直镇	Luzhi Town	159985	110262	9799	2101	133399	9857
木渎镇	Mudu Town	286311	246285	6228	95	171288	615
胥口镇	Xukou Town	88955	60750	3820	433	116528	1342
东山镇	Dongshan Town	55476	30405	9600	474	35314	208

续 表 7 Continued 7

名　称 Name		总人口（人）Total Population (person)	从业人员（人）Employment (person)	土地面积（公顷）Land Area (hectare)	耕地面积（公顷）Cultivated Area (hectare)	财政收入（万元）Financial Revenue (10000 yuan)	粮食产量（吨）Output of Grain (ton)
光福镇	Guangfu Town	61091	39680	6156	1340	41510	481
金庭镇	Jinting Town	48512	27250	8342	779	17957	2098
临湖镇	Linhu Town	69382	49850	5430	1815	57557	7265
望亭镇	Wangting Town	73344	48299	4406	1489	48829	6401
黄埭镇	Huangdai Town	119155	74512	5600	943	103085	9835
渭塘镇	Weitang Town	83126	46321	3669	706	97694	94
阳澄湖镇	Yangchenghu Town	62821	41068	6284	1711	51143	504
常熟市	**Changshu City**						
虞山镇	Yushan Town	359298	275012	21476	3889	745563	46852
梅李镇	Meili Town	114057	59969	8084	3383	86909	22932
海虞镇	Haiyu Town	136210	90678	10997	3776	108537	41549
古里镇	Guli Town	118483	89161	11666	2583	126829	34870
沙家浜镇	Shajiabang Town	73627	46156	8040	1240	69832	4352
支塘镇	Zhitang Town	112071	52258	12896	5482	50019	52768
董浜镇	Dongbang Town	67172	52174	6261	3328	48341	10397
辛庄镇	Xinzhuang Town	115830	71150	10426	3385	76759	25892
尚湖镇	Shanghu Town	123473	71338	11260	4134	81978	50468
张家港市	**Zhangjiagang City**						
杨舍镇	Yangshe Town	273823	217611	15283	4171	555415	33846
塘桥镇	Tangqiao Town	163016	102838	9442	4181	134317	40415
金港镇	Jingang Town	277270	125874	12598	4275	182877	35942
锦丰镇	Jinfeng Town	169010	96950	11410	5037	550015	39545
乐余镇	Leyu Town	91102	52482	8707	4578	56998	40484
凤凰镇	Fenghuang Town	127697	61294	7877	3681	125289	24581
南丰镇	Nanfeng Town	69840	36387	4750	2232	99900	20549
大新镇	Daxin Town	70878	32767	3998	1765	33695	18012
昆山市	**Kunshan City**						
玉山镇	Yushan Town	189958	132365	11800	1088	944386	14231
巴城镇	Bacheng Town	101058	71987	15700	655	186773	7606
周市镇	Zhoushi Town	147952	96838	8156	570	318034	6046
陆家镇	Lujia Town	90946	72341	3558	417	261014	5504
花桥镇	Huaqiao Town	105191	71491	5000	558	314824	6674
淀山湖镇	Dianshanhu Town	50674	36982	6584	849	98288	11814
张浦镇	Zhangpu Town	133289	104167	10849	1884	265290	21469
周庄镇	Zhouzhuang Town	28667	21366	3605	502	55593	4966

名　称 Name		总人口（人）Total Population (person)	从业人员（人）Employment (person)	土地面积（公顷）Land Area (hectare)	耕地面积（公顷）Cultivated Area (hectare)	财政收入（万元）Financial Revenue (10000 yuan)	粮食产量（吨）Output of Grain (ton)
千灯镇	Qiandeng Town	107692	75023	7853	1309	259579	17007
锦溪镇	Jinxi Town	51537	47652	9069	1098	152854	12936
吴江市	**Wujiang City**						
松陵镇	Songling Town	273020	210643	13892	1073	651724	6212
同里镇	Tongli Town	53951	32744	10291	3503	52884	9245
平望镇	Pingwang Town	85500	54589	13565	4342	76994	27804
盛泽镇	Shengze Town	193480	131761	14774	4562	493974	31445
横扇镇	Hengshan Town	43657	32487	8260	2739	32710	6580
七都镇	Qidu Town	69475	43415	8620	1922	84701	5864
震泽镇	Zhenze Town	78772	46040	9561	2985	69699	17973
桃源镇	Taoyuan Town	77505	45892	9060	1132	62507	9473
汾湖镇	Fenhu Town	172492	100235	25800	8146	314033	34787
太仓市	**Taicang City**						
城厢镇	Chengxiang Town	292882	158981	12964	3260	798856	20482
沙溪镇	Shaxi Town	138965	91104	12580	5932	114527	49640
浏河镇	Liuhe Town	83623	60201	6459	2957	59087	19159
浮桥镇	Fuqiao Town	123761	82273	13720	4795	298911	53911
璜泾镇	Huangjing Town	80304	55080	7963	4457	62118	37859
双凤镇	Shuangfeng Town	57606	46374	5937	2770	26685	15783
陆渡镇	Ludu Town	53448	43870	2377	801	57658	5357
南通市	**Nantong City**						
市辖区	**Municipal Distric**						
竹行镇	Zhuhang Town	43637	25155	3198	1352	15060	5854
小海镇	Xiaohai Town	42825	32065	2704	1091	10553	6426
金沙镇	Jinsha Town	224778	102555	13441	6057	131913	34299
西亭镇	Xiting Town	44248	26838	4875	3151	12439	29508
二甲镇	Erjia Town	82316	51378	6504	4061	12289	11061
东社镇	Dongshe Town	60455	39150	6129	4276	6574	19175
三余镇	Sanyu Town	122457	78445	15886	11571	11769	28246
十总镇	Shizong Town	36353	21584	4094	2928	10769	24442
骑岸镇	Qian Town	48221	28689	6921	4420	5785	46324
五甲镇	Wujia Town	32360	18877	3584	2382	9966	14861
石港镇	Shigang Town	68102	42075	9836	5685	19745	63325
四安镇	Sian Town	39367	22885	3958	3027	12473	32463
刘桥镇	Liuqiao Town	75403	41994	9001	5547	20349	66174

名 称	Name	总人口（人）Total Population (person)	从业人员（人）Employment (person)	土地面积（公顷）Land Area (hectare)	耕地面积（公顷）Cultivated Area (hectare)	财政收入（万元）Financial Revenue (10000 yuan)	粮食产量（吨）Output of Grain (ton)
平潮镇	Pingchao Town	77805	45797	5739	2571	47895	26723
平东镇	Pingdong Town	43013	23310	4006	2302	17511	24721
五接镇	Wujie Town	37872	20356	3238	1582	30750	20447
兴仁镇	Xingren Town	43008	26773	3365	1501	31975	15195
兴东镇	Xingdong Town	31876	18405	2576	1196	30849	12816
张芝山镇	Zhangzhishan Town	55043	30544	4266	2711	18237	12781
川姜镇	Chuanjiang Town	68991	49264	5278	2775	59686	13159
先锋镇	Xianfeng Town	52906	27686	3520	1795	21373	6690
海安县	**Haian County**						
海安镇	Haian Town	193312	134384	11315	2923	176779	38059
城东镇	Chengdong Town	97713	48260	10848	3571	78346	52935
曲塘镇	Qutang Town	97389	49400	11552	6415	18690	79427
李堡镇	Libao Town	81965	44984	9453	4200	10893	55069
老坝港镇	Laobagang Town	20709	10358	3680	1350	2806	15410
角斜镇	Jiaoxie Town	46212	23845	6599	3476	3390	33626
西场镇	Xichang Town	46685	25969	5540	2644	6501	35597
大公镇	Dagong Town	62135	28852	8928	5418	10324	58870
孙庄镇	Sunzhuang Town	34513	20578	5019	1902	6413	24284
雅周镇	Yazhou Town	59397	32272	8330	3691	5438	49869
胡集镇	Huji Town	38448	18381	5100	2111	9094	28624
白甸镇	Baidian Town	31863	17831	5305	2930	9162	32585
南莫镇	Nanmo Town	54190	28956	7420	3765	8785	48717
墩头镇	Duntou Town	66692	37659	11556	5979	7825	75002
如东县	**Rudong County**						
拼茶镇	Bingcha Town	57271	34526	8100	4172	6231	36359
洋口镇	Yangkou Town	73540	38531	11000	6650	4808	80521
苴镇	Ju Town	37763	20944	7100	4063	2156	34928
长沙镇	Changsha Town	38686	21560	8000	3581	4285	16448
大豫镇	Dayu Town	103578	58892	22873	11054	7615	32977
掘港镇	Juegang Town	209039	134745	25600	10267	71536	101357
马塘镇	Matang Town	81928	33418	13700	8016	10214	84174
丰利镇	Fengli Town	82297	37248	13600	8018	6882	86108
曹埠镇	Caobu Town	47804	25917	9000	4307	10283	61343
岔河镇	Chahe Town	82911	54629	13800	7458	17242	102685
双甸镇	Shuangdian Town	72936	33548	10900	6198	15824	79182

续 表 10 Continued 10

名 称 Name		总人口（人）Total Population (person)	从业人员（人）Employment (person)	土地面积（公顷）Land Area (hectare)	耕地面积（公顷）Cultivated Area (hectare)	财政收入（万元）Financial Revenue (10000 yuan)	粮食产量（吨）Output of Grain (ton)
新 店 镇	Xindian Town	38040	22302	7800	3331	8399	46931
河 口 镇	Hekou Town	63892	33872	11300	5282	28944	64160
袁 庄 镇	Yuanzhuang Town	58673	41587	9600	5100	9261	66406
启 东 市	**Qidong City**						
汇 龙 镇	Huilong Town	236954	62923	13463	6458	184454	23218
北 新 镇	Beixin Town	74400	38974	9720	6087	15227	21133
惠 萍 镇	Huiping Town	91706	52689	10785	7128	14776	22283
寅 阳 镇	Yinyang Town	77226	41336	10058	6329	26080	19627
东 海 镇	Donghai Town	66851	41863	8540	5443	6514	19380
近 海 镇	Jinhai Town	64011	33147	7990	5287	6811	17391
南 阳 镇	Nanyang Town	107552	59766	12680	7806	11854	25841
海 复 镇	Haifu Town	56966	31154	7380	4105	6691	13350
合 作 镇	Hezuo Town	65806	36429	8870	4637	5982	18534
王 鲍 镇	Wangbao Town	93415	53718	12600	6928	11321	26241
吕四港镇	Lusigang Town	176317	87388	15280	7293	62481	25894
启 隆 乡	Qilong Country	3438	1759	1986	1248	11236	8979
如 皋 市	**Rugao City**						
如 城 镇	Rucheng Town	189323	123650	14069	5319	103223	28881
柴 湾 镇	Chaiwan Town	104245	43612	7634	4631	223405	38056
雪 岸 镇	Xuean Town	34697	16419	5084	2832	6416	23307
东 陈 镇	Dongchen Town	46172	22132	6148	3439	15969	32207
丁 堰 镇	Dingyan Town	52878	27620	7048	4099	15876	42173
白 蒲 镇	Baipu Town	78273	38531	8540	4856	19014	51309
林 梓 镇	Linzi Town	44363	22024	5949	3558	5323	33434
下 原 镇	Xiayuan Town	59858	30128	7076	3833	9533	37063
九 华 镇	Jiuhua Town	69885	43339	6961	4226	20054	37920
郭 元 镇	Guoyuan Town	55689	26511	5348	2762	9794	25596
石 庄 镇	Shizhuang Town	63118	34174	6106	2919	14232	22032
长 江 镇	Changjiang Town	80107	67393	6861	4126	278763	39199
吴 窑 镇	Wuyao Town	64021	39900	6436	3277	12617	26468
江 安 镇	Jiangan Town	91617	39597	8655	4892	16495	42095
高 明 镇	Gaoming Town	53298	27420	6657	3496	4398	25736
常 青 镇	Changqing Town	48503	26463	5900	3424	6279	24868
搬 经 镇	Banjing Town	84383	37931	10509	6139	12173	51995
磨 头 镇	Motou Town	81735	38189	10315	5359	9081	44397

名 称 Name		总人口（人）Total Population (person)	从业人员（人）Employment (person)	土地面积（公顷）Land Area (hectare)	耕地面积（公顷）Cultivated Area (hectare)	财政收入（万元）Financial Revenue (10000 yuan)	粮食产量（吨）Output of Grain (ton)
桃园镇	Taoyuan Town	63014	30625	7361	4109	25797	36768
袁桥镇	Yuanqiao Town	46976	24374	6581	3667	8908	32779
海门市	**Haimen City**						
海门镇	Haimen Town	230897	139487	10600	2358	204678	11131
天补镇	Tianbu Town	27949	16713	3173	1534	10876	4588
三和镇	Sanhe Town	30596	19999	3638	1903	14146	9042
德胜镇	Desheng Town	44937	33592	5462	2871	13503	5251
三厂镇	Sanchang Town	86347	68472	6329	3520	21772	13560
常乐镇	Changle Town	49976	34287	6001	2937	23730	13243
麒麟镇	Qilin Town	34768	21780	3809	1944	2827	7700
悦来镇	Yuelai Town	51385	32265	5426	3317	6855	7890
万年镇	Wannian Town	27484	18814	2800	1844	3963	9864
三阳镇	Sanyang Town	31004	20432	4500	1899	3112	5734
四甲镇	Sijia Town	55447	29403	5990	3116	9387	21030
货隆镇	Huolong Town	31940	15842	3705	2030	7119	6100
余东镇	Yudong Town	29275	17756	3000	1496	6050	7685
正余镇	Zhengyu Town	36212	23761	3580	1580	5705	5551
包场镇	Baochang Town	53213	39950	3858	2321	13368	11928
刘浩镇	Liuhao Town	56020	34520	4430	3875	4489	9964
王浩镇	Wanghao Town	29874	14069	2028	1678	2546	8547
树勋镇	Shuxun Town	34716	22808	3791	1872	4130	4010
海永乡	Haiyong Country	5223	3520	800	425	7691	1109
连云港市	**Lianyungang City**						
市辖区	**Municipal District**						
朝阳镇	Chaoyang Town	20136	10753	2446	711	21755	5986
宿城乡	Sucheng Country	4516	2982	1800	15	831	125
高公岛乡	Gaogongdao Country	3005	2102	807	0	1775	0
南城镇	Nancheng Town	7783	3250	380	42	1066	380
浦南镇	Punan Town	49017	26199	10850	4405	5233	72855
云台乡	Yuntai Country	30876	18896	5812	1623	2624	21766
花果山乡	Huaguoshan Country	16508	8578	3330	450	7500	6927
新坝镇	Xinba Town	32063	20717	6946	4484	2178	67484
锦屏镇	Jinping Town	28402	13617	5214	2221	3500	26230
板浦镇	Banpu Town	66715	41986	8064	4917	3858	40256
宁海乡	Ninghai Country	26653	10204	4600	2425	19829	31611

续 表 12 Continued 12

名 称 Name		总人口（人）Total Population (person)	从业人员（人）Employment (person)	土地面积（公顷）Land Area (hectare)	耕地面积（公顷）Cultivated Area (hectare)	财政收入（万元）Financial Revenue (10000 yuan)	粮食产量（吨）Output of Grain (ton)
赣榆县	**Ganyu County**						
青口镇	Qingkou Town	184111	84011	9080	2222	52690	29257
柘汪镇	Zhewang Town	52687	26330	7230	2033	18000	16760
石桥镇	Shiqiao Town	64098	26581	7343	3118	6120	18829
金山镇	Jinshan Town	48100	16458	7000	3584	7018	23812
黑林镇	Heilin Town	43925	19210	8798	2615	1140	25680
厉庄镇	Lizhuang Town	35712	13714	6130	2901	2828	14067
海头镇	Haitou Town	83012	33792	7900	2955	11975	23465
塔山镇	Tashan Town	58989	26012	8498	4459	2434	36058
赣马镇	Ganma Town	82827	38367	8430	4555	10548	55120
班庄镇	Banzhuang Town	56295	24835	9167	4700	1416	24924
城头镇	Chengtou Town	50372	21073	6670	3513	3200	29393
门河镇	Menhe Town	32018	15891	4854	2933	2427	25138
城西镇	Chengxi Town	45440	18815	4527	3113	1850	28589
欢墩镇	Huandun Town	40123	16995	7900	2369	1584	13299
宋庄镇	Songzhuang Town	30873	16041	3320	1501	1876	15273
沙河镇	Shahe Town	108752	51528	13156	7541	5353	63287
墩尚镇	Dunshang Town	38405	19302	4744	2133	3199	27508
罗阳镇	Luoyang Town	37449	21805	3733	2352	6331	33913
东海县	**Donghai County**						
牛山镇	Niushan Town	145896	80566	9279	2338	19906	35052
白塔埠镇	Baitabu Town	59396	34461	10329	6052	4523	76212
黄川镇	Huangchuan Town	59226	30524	9383	4665	2945	5360
石梁河镇	Shilianghe Town	41976	21189	7166	2938	1589	29971
青湖镇	Qinghu Town	57820	25100	9433	6131	2789	53245
石榴镇	Shiliu Town	61953	31246	7040	4589	3758	51223
温泉镇	Wenquan Town	14761	7244	3582	1348	5390	9102
双店镇	Shuangdian Town	50200	29180	11700	7000	1601	33920
桃林镇	Taolin Town	72819	28847	16978	9551	5062	42595
洪庄镇	Hongzhuang Town	35189	17294	6719	4450	2911	28859
安峰镇	Anfeng Town	66778	33606	13417	7425	5444	71983
房山镇	Fangshan Town	80000	45400	14972	9211	4231	100000
平明镇	Pingming Town	72829	31907	15731	10160	9536	99999
驼峰乡	Tuofeng Country	61589	32327	10425	7180	3748	66540
南辰乡	Nanchen Country	18786	8706	3050	560	1413	6136

名 称	Name	总人口（人）Total Population (person)	从业人员（人）Employment (person)	土地面积（公顷）Land Area (hectare)	耕地面积（公顷）Cultivated Area (hectare)	财政收入（万元）Financial Revenue (10000 yuan)	粮食产量（吨）Output of Grain (ton)
横 沟 乡	Henggou Country	34300	15721	6689	2684	1380	28920
李 埝 乡	Linian Country	36871	11917	7009	2867	1390	9771
山左口乡	Shanzuokou Country	43583	18948	8906	4571	5178	27469
石 湖 乡	Shihu Country	32777	15989	7226	4499	2789	24735
曲 阳 乡	Quyang Country	37802	17950	7542	3967	2380	35810
张 湾 乡	Zhangwan Country	33124	17652	9500	5768	2069	69776
灌 云 县	**Guanyun County**						
伊 山 镇	Yishan Town	154336	63296	7675	3619	22083	43729
杨 集 镇	Yangji Town	71087	39540	7673	5579	10935	45252
燕尾港镇	Yanweigang Town	13625	7928	15000	78	12170	1100
同 兴 镇	Tongxing Town	41944	19207	5378	3805	3238	29176
四 队 镇	Sidui Town	34793	12391	4154	2794	2280	29787
圩 丰 镇	Weifeng Town	44613	24976	6901	5114	4728	65126
龙 苴 镇	Longju Town	51285	23209	6400	4512	5302	40838
伊 芦 乡	Yilu Country	38885	16671	5228	5044	4177	37015
鲁 河 乡	Luhe Country	33861	13095	4673	3195	3613	25105
图 河 乡	Tuhe Country	60571	31578	9500	4026	4915	57126
沂 北 乡	Yibei Country	46802	18697	4462	3950	4828	38204
下 车 乡	Xiache Country	50088	24631	4871	4531	3110	55416
白 蚬 乡	Baixian Country	40566	19467	5497	3623	3306	41016
东王集乡	Dongwangji Country	60390	30391	9197	5647	3625	67447
侍 庄 乡	Shizhuang Country	50110	15950	6610	3600	36156	25000
小 伊 乡	Xiaoyi Country	64734	24121	7952	5454	3422	59474
穆 圩 乡	Muwei Country	33032	19238	6240	4023	3203	43475
陡 沟 乡	Dougou Country	61493	29215	7317	5298	3466	56524
南 岗 乡	Nangang Country	42446	17800	6055	4380	3230	31900
灌 南 县	**Guannan County**						
新 安 镇	Xinan Town	180510	81240	14327	7852	34369	84080
堆沟港镇	Duigougang Town	39832	19700	6172	2488	20000	29140
长 茂 镇	Changmao Town	40603	21462	5943	3211	8000	31636
北陈集镇	Beichenji Town	38216	21820	5526	3437	6982	34566
张 店 镇	Zhangdian Town	38446	20668	5918	3786	6464	31320
三 口 镇	Sankou Town	60051	30049	8702	5592	11244	59965
孟兴庄镇	Mengxingzhuang Town	60811	25558	7809	4855	10888	45851
汤 沟 镇	Tanggou Town	30345	14763	3260	2013	8927	20604

名 称	Name	总人口（人）Total Population (person)	从业人员（人）Employment (person)	土地面积（公顷）Land Area (hectare)	耕地面积（公顷）Cultivated Area (hectare)	财政收入（万元）Financial Revenue (10000 yuan)	粮食产量（吨）Output of Grain (ton)
百禄镇	Bailu Town	64936	33678	10516	6322	10036	48346
五队乡	Wudui Country	43402	22708	7543	3700	8678	58076
田楼乡	Tianlou Country	35443	20146	5201	2586	8000	38468
李集乡	Liji Country	70246	32876	8819	5105	16019	51478
新集乡	Xinji Country	34412	16951	5858	3727	10478	34211
花园乡	Huayuan Country	35283	16922	6881	4398	6000	39158
淮安市	**Huaian City**						
市辖区	**Municipal Distric**						
钵池乡	Bochi Country	6828	6450	655	112	30030	1450
徐杨乡	Xuyang Country	58143	38300	3327	1389	18746	3360
南马厂乡	Nanmachang Country	19352	9750	2425	1136	950	12550
淮城镇	Huaicheng Town	200483	87573	4200	709	21628	4770
平桥镇	Pingqiao Town	37240	19619	4600	2985	1803	31340
上河镇	Shanghe Town	29030	13162	3375	2207	1039	23093
马甸镇	Madian Town	30894	12452	3400	1948	2180	20353
朱桥镇	Zhuqiao Town	44953	20440	5158	3165	2415	33721
溪河镇	Xihe Town	31024	17561	4308	2533	1819	26483
施河镇	Shihe Town	44109	21453	5775	3843	9500	32279
车桥镇	Cheqiao Town	64082	28720	6400	3628	2201	51256
泾口镇	Jingkou Town	44630	21193	5680	3369	2165	6456
流均镇	Liujun Town	68285	26059	8860	2855	1805	32665
博里镇	Boli Town	45853	24718	7191	4220	1604	56287
仇桥镇	Qiuqiao Town	44510	20140	7447	4607	1480	48215
复兴镇	Fuxing Town	38207	19000	6454	3396	890	42445
苏嘴镇	Suzui Town	41560	23977	5987	3190	1163	23290
钦工镇	Qingong Town	36158	18031	5040	2679	1388	27822
顺河镇	Shunhe Town	44105	21711	7756	3744	1892	43059
季桥镇	Jiqiao Town	36984	19396	5140	2958	1970	36462
席桥镇	Xiqiao Town	21761	9241	2510	1684	3628	15041
林集镇	Linji Town	22176	9112	3660	1962	1384	27160
南闸镇	Nanzha Town	32001	18570	3457	2404	1693	38987
范集镇	Fanji Town	28134	14254	8146	4174	8342	62910
建淮乡	Jianhuai Country	36295	17505	3479	2001	3850	22974
茭陵乡	Jiaoling Country	33457	17221	3546	2041	823	24519
宋集乡	Songji Country	38360	16312	5723	2669	2677	29712

名 称	Name	总人口（人）Total Population (person)	从业人员（人）Employment (person)	土地面积（公顷）Land Area (hectare)	耕地面积（公顷）Cultivated Area (hectare)	财政收入（万元）Financial Revenue (10000 yuan)	粮食产量（吨）Output of Grain (ton)
城东乡	Chengdong Country	48074	19525	3724	1174	6215	14487
三堡乡	Sanbao Country	32776	13569	3708	1715	1249	19273
王营镇	Wangying Town	151674	26518	6139	912	38474	8824
赵集镇	Zhaoji Town	38156	18939	9825	3062	8280	20593
吴城镇	Wucheng Town	33284	16941	5312	3091	2500	29171
南陈集镇	Nanchenji Town	63527	36441	13468	5012	2740	47276
码头镇	Matou Town	22604	11761	4200	2020	2907	15689
王兴镇	Wangxing Town	35200	17900	6100	2778	2028	42103
棉花庄镇	Mianhuazhuang Town	42188	21734	7078	2980	2765	23958
丁集镇	Dingji Town	33262	11850	4030	2873	3560	20176
五里镇	Wuli Town	29756	15673	5100	3321	1939	28856
徐溜镇	Xuliu Town	38957	18658	6430	3540	3003	25423
渔沟镇	Yugou Town	57880	27247	9700	4466	2991	48276
吴集镇	Wuji Town	36082	17235	5700	3910	1140	33105
西宋集镇	Xisongji Town	51716	22852	7390	3534	2619	41635
三树镇	Sanshu Town	40257	17320	7968	6063	1775	36618
韩桥乡	Hanqiao Country	33463	17988	5400	1926	2153	20787
新渡乡	Xindu Country	27555	12204	4650	2409	4079	22470
老张集乡	Laozhangji Country	28636	18029	5088	3086	3345	28671
凌桥乡	Lingqiao Country	29618	13790	6856	3674	2164	41042
袁集乡	Yuanji Country	24952	12840	3940	2488	1308	21835
刘老庄乡	Liulaozhuang Country	25926	11680	3279	2175	2780	30252
古寨乡	Guzhai Country	20745	11115	3885	2530	1350	14878
和平镇	Heping Town	32152	19837	7202	3187	3576	39756
武墩镇	Wudun Town	19873	9590	4078	1983	4594	28056
盐河镇	Yanhe Town	20912	11898	3283	1523	3874	15632
城南乡	Chengnan Country	29748	14276	2825	580	28834	4350
黄码乡	Huangma Country	28337	15413	4020	2160	3844	23005
涟水县	**Lianshui County**						
涟城镇	Liancheng Town	121356	46315	3960	1532	12148	10169
高沟镇	Gaogou Town	69902	39640	5462	3280	8940	29830
唐集镇	Tangji Town	34950	22060	6051	3793	801	57776
保滩镇	Baotan Town	25115	11648	4082	2095	1030	15628
大东镇	Dadong Town	27948	16180	3888	3078	1261	29500
五港镇	Wugang Town	34995	21163	5932	2853	1872	24476

续 表 16 Continued 16

名 称	Name	总人口（人）Total Population (person)	从业人员（人）Employment (person)	土地面积（公顷）Land Area (hectare)	耕地面积（公顷）Cultivated Area (hectare)	财政收入（万元）Financial Revenue (10000 yuan)	粮食产量（吨）Output of Grain (ton)
梁岔镇	Liangcha Town	38754	16852	3978	3647	1427	41852
石湖镇	Shihu Town	18865	12068	2300	1097	852	5498
朱码镇	Zhuma Town	36900	17138	2085	1428	4635	19186
岔庙镇	Chamiao Town	47521	26479	6462	4365	873	25640
东胡集镇	Donghuji Town	32360	19166	4654	4125	624	34150
南集镇	Nanji Town	32143	13969	5847	3117	980	31042
义兴镇	Yixing Town	22513	9262	3670	1769	765	19480
成集镇	Chengji Town	22891	13214	2695	2460	1030	14390
红窑镇	Hongyao Town	35012	17703	4799	2856	696	33413
陈师镇	Chenshi Town	30234	19452	3706	2487	1138	20111
前进镇	Qianjin Town	30251	14142	5087	2475	710	27084
徐集乡	Xuji Country	39808	23126	3979	3778	927	38810
黄营乡	Huangying Country	35802	16530	4033	3740	2163	20565
洪泽县	**Hongze County**						
高良涧镇	Gaoliangjian Town	125413	85218	12100	3980	12844	49158
蒋坝镇	Jiangba Town	10292	4364	326	230	3203	4233
仁和镇	Renhe Town	27604	17363	7438	2800	3179	40075
岔河镇	Chahe Town	36477	21722	12500	4407	3004	61834
西顺河镇	Xishunhe Town	9306	5322	1900	309	7390	3372
老子山镇	Laozishan Town	17199	7274	1750	120	3200	2553
三河镇	Sanhe Town	21516	16250	2938	2799	4729	30296
朱坝镇	Zhuba Town	28949	15346	3760	2908	1565	41704
黄集镇	Huangji Town	19837	12549	5100	2373	4512	34105
万集镇	Wanji Town	25659	12755	5562	3179	3302	42163
东双沟镇	Dongshuanggou Town	34453	30400	4300	3910	4477	46850
共和镇	Gonghe Town	23436	14930	3850	2985	4437	45951
盱眙县	**Xuyi County**						
盱城镇	Xucheng Town	120768	55423	10700	1638	28028	11042
马坝镇	Maba Town	65275	47053	19500	8460	15886	80216
官滩镇	Guantan Town	38767	18937	13425	6088	15973	13592
旧铺镇	Jiupu Town	35532	18867	14979	4354	4000	67120
桂五镇	Guiwu Town	37910	15624	15850	3300	4730	36416
管镇镇	Guanzhen Town	32500	7674	6750	2183	3168	20500
河桥镇	Heqiao Town	38369	12560	17080	3465	4620	42349
鲍集镇	Baoji Town	53523	25461	13200	3829	3435	43187

续　表 17　Continued 17

名　称	Name	总人口（人）Total Population (person)	从业人员（人）Employment (person)	土地面积（公顷）Land Area (hectare)	耕地面积（公顷）Cultivated Area (hectare)	财政收入（万元）Financial Revenue (10000 yuan)	粮食产量（吨）Output of Grain (ton)
黄花塘镇	Huanghuatang Town	34042	16262	13121	4930	4080	65000
明祖陵镇	Mingzuling Town	35693	18989	13500	3521	4087	45587
铁佛镇	Tiefo Town	40023	16011	10800	5391	5407	70245
淮河镇	Huaihe Town	29818	11687	10895	2242	4602	15217
仇集镇	Qiuji Town	31459	18931	16556	2498	4437	36382
观音寺镇	Guanyinsi Town	30944	14274	12197	4103	4164	54280
维桥乡	Weiqiao Country	24387	13022	7260	3340	1923	42757
穆店乡	Mudian Country	27662	15126	10270	3310	1982	56126
王店乡	Wangdian Country	37936	19260	15958	5830	3466	48921
古桑乡	Gusang Country	22168	12369	9310	2641	6331	28136
兴隆乡	Xinglong Country	33287	20786	10100	2898	2438	39388
金湖县	**Jinhu County**						
黎城镇	Licheng Town	111155	70718	6600	1219	25375	19682
金南镇	Jinnan Town	35523	21811	10201	4451	3958	51021
闵桥镇	Minqiao Town	23110	13197	6791	2606	7483	30266
塔集镇	Taji Town	24763	11143	4221	2616	5038	31341
银集镇	Yinji Town	20236	10619	5109	2568	2997	36550
涂沟镇	Tugou Town	24608	12007	5898	2352	2596	35621
前锋镇	Qianfeng Town	26976	16175	7329	2702	8394	55524
吕良镇	Luliang Town	21063	12644	7480	2756	3788	47172
陈桥镇	Chenqiao Town	25326	15149	5486	3925	5495	48678
金北镇	Jinbei Town	21713	9314	6667	2848	5095	40778
戴楼镇	Dailou Country	21967	12668	8400	2964	5110	39257
盐城市	**Yancheng City**						
市辖区	**Municipal District**						
南洋镇	Nanyang Town	74490	47625	12147	7589	12061	47320
新兴镇	Xinxing Town	67932	27615	7496	4666	11879	45618
便仓镇	Biancang Town	38102	16071	7197	3649	4119	39783
伍佑镇	Wuyou Town	32317	12985	4460	2085	4669	27603
步凤镇	Bufeng Town	61098	29233	12930	6306	2259	39800
盐东镇	Yandong Town	57607	26823	14195	5669	5775	25116
黄尖镇	Huangjian Town	30174	14402	7882	3180	1619	24682
大纵湖镇	Dazonghu Town	70064	32028	13790	4976	18186	56498
北龙港镇	Beilonggang Town	34687	12340	8100	2348	7932	28853
楼王镇	Louwang Town	38697	15786	6930	3298	8144	42463

名 称	Name	总人口（人）Total Population (person)	从业人员（人）Employment (person)	土地面积（公顷）Land Area (hectare)	耕地面积（公顷）Cultivated Area (hectare)	财政收入（万元）Financial Revenue (10000 yuan)	粮食产量（吨）Output of Grain (ton)
学富镇	Xuefu Town	56827	22110	8336	4629	6869	66862
尚庄镇	Shangzhuang Town	38025	13677	5836	3200	7797	46057
葛武镇	Gewu Town	29950	14293	4500	2140	4616	29302
北蒋镇	Beijiang Town	32462	14508	5000	2606	6096	37766
秦南镇	Qinnan Town	58063	20110	7780	4886	15276	66660
龙冈镇	Longgang Town	76920	28855	9339	5010	24778	64419
潘黄镇	Panhuang Town	45631	13399	3000	876	52648	12968
郭猛镇	Guomeng Town	48127	22787	6242	3550	10421	45788
大冈镇	Dagang Town	85743	28485	13081	6084	19984	74764
响水县	**Xiangshui County**						
响水镇	Xiangshui Town	87475	17960	5121	1798	22979	17404
陈家港镇	Chenjiagang Town	51358	25130	8518	2773	3713	35724
小尖镇	Xiaojian Town	65420	18379	10835	6002	6557	55016
黄圩镇	Huangwei Town	34890	14360	6877	3475	2060	29849
大有镇	Dayou Town	30460	11290	5726	2643	4102	32773
双港镇	Shuanggang Town	33020	17856	4853	2771	3078	27396
南河镇	Nanhe Town	58968	22157	11674	7325	1698	83032
运河镇	Yunhe Town	39827	14883	7085	4158	2328	26237
张集乡	Zhangji Country	36081	20385	7980	2686	1965	30264
六套乡	Liutao Country	34982	16362	6045	4005	1920	24600
七套乡	Qitao Country	27500	16217	5886	3537	2568	31806
老舍乡	Laoshe Country	34560	18885	6975	4496	2015	29590
滨海县	**Binhai County**						
东坎镇	Dongkan Town	230714	114020	15007	4146	46115	51213
五汛镇	Wuxun Town	84839	31213	15267	7420	10642	95535
蔡桥镇	Caiqiao Town	60234	18020	9212	4464	8060	53013
正红镇	Zhenghong Town	105056	36467	14500	7675	5532	90577
通榆镇	Tongyu Town	37620	20091	5600	2670	8022	34658
界牌镇	Jiepai Town	75480	33142	12194	5463	9048	58457
八巨镇	Baju Town	50993	20504	6893	3780	6570	42798
八滩镇	Batan Town	89928	35515	11185	5109	10673	57434
滨海港镇	Binhaigang Town	86817	34297	13800	5830	7250	55884
滨淮镇	Binhuai Town	103196	45728	20132	8862	17013	98841
天场乡	Tianchang Country	47572	20967	8150	3620	9391	37656
大套乡	Datao Country	44805	19860	6341	2585	6058	30150

续 表 19 Continued 19

名称 Name		总人口（人）Total Population (person)	从业人员（人）Employment (person)	土地面积（公顷）Land Area (hectare)	耕地面积（公顷）Cultivated Area (hectare)	财政收入（万元）Financial Revenue (10000 yuan)	粮食产量（吨）Output of Grain (ton)
陈涛乡	Chentao Country	60785	32176	11091	4890	4601	52852
振东乡	Zhendong Country	56103	28018	10440	3881	7306	37183
阜宁县	**Funing County**						
阜城镇	Fucheng Town	242754	130265	15095	7995	31727	82170
沟墩镇	Goudun Town	61861	42138	11166	6904	6226	77527
陈良镇	Chenliang Town	41920	14939	6752	3992	2693	51177
三灶镇	Sanzao Town	53961	21036	9120	5931	1967	50987
郭墅镇	Guoshu Town	42777	17966	7071	4320	16785	31866
新沟镇	Xingou Town	49538	21378	7742	4666	6206	60738
陈集镇	Chenji Town	46986	24700	8727	5500	5810	54740
羊寨镇	Yangzhai Town	57436	22031	9420	5101	4251	46535
芦蒲镇	Lupu Town	50107	20175	8673	4400	1809	33405
板湖镇	Banhu Town	47607	25930	6906	4581	4271	56774
东沟镇	Donggou Town	115752	48613	16968	9790	15572	114287
益林镇	Yilin Town	94573	46488	10918	5120	20097	54294
古河镇	Guhe Town	57193	22833	8979	5889	2602	42976
罗桥镇	Luoqiao Town	59145	24247	8810	5588	3333	52852
射阳县	**Sheyang County**						
合德镇	Hede Town	207656	64679	12376	4953	33895	39673
临海镇	Linhai Town	78631	36485	18628	7125	3567	81743
千秋镇	Qianqiu Town	60178	24640	15750	7000	2407	69031
通洋镇	Tongyang Town	41914	19227	9541	4498	1501	46013
四明镇	Siming Town	41362	19406	7800	4360	1414	45624
阜余镇	Fuyu Town	46376	21083	11240	5748	1988	72600
海河镇	Haihe Town	58501	22219	13003	6340	3256	92837
陈洋镇	Chenyang Town	44851	24795	9646	4229	3923	40222
海通镇	Haitong Town	35744	20610	7333	4110	5128	21635
兴桥镇	Xingqiao Town	54778	24395	12914	5096	3792	56466
新坍镇	Xintan Town	51467	19258	9816	4661	3056	47274
长荡镇	Changdang Town	45686	20301	9591	4267	3135	45648
盘湾镇	Panwan Town	40896	23862	9504	4231	4369	31923
特庸镇	Teyong Town	41330	15847	10295	4250	3563	20089
洋马镇	Yangma Town	31910	12354	9600	4100	2880	35800
黄沙港镇	Huangshagang Town	37231	18045	8648	1609	6955	14379
耦耕镇	Ougeng Town	32011	13942	7395	3750	2133	23736

名 称 Name		总人口（人）Total Population (person)	从业人员（人）Employment (person)	土地面积（公顷）Land Area (hectare)	耕地面积（公顷）Cultivated Area (hectare)	财政收入（万元）Financial Revenue (10000 yuan)	粮食产量（吨）Output of Grain (ton)
建湖县	**Jianhu County**						
近湖镇	Jinhu Town	194699	123126	7797	2953	69369	36999
建阳镇	Jianyang Town	52709	17280	7200	4727	25051	62107
九龙口镇	Jiulongkou Town	33684	16235	7480	3652	6124	40761
恒济镇	Hengji Town	32076	16995	8008	2886	9692	42971
颜单镇	Yandan Town	32847	16059	8974	2941	11660	34649
沿河镇	Yanhe Town	40110	20088	8181	3660	5974	44779
芦沟镇	Lugou Town	44031	19754	8586	4481	4256	55907
庆丰镇	Qingfeng Town	60706	31423	9400	5403	12400	65980
上冈镇	Shanggang Town	82398	39525	8800	4403	23145	56808
冈东镇	Gangdong Town	35041	16500	8240	3802	3724	32862
草堰口镇	Caoyankou Town	35790	17589	6087	3415	4298	41862
冈西镇	Gangxi Town	33957	18494	6811	4079	2850	50358
钟庄镇	Zhongzhuang Town	34193	18756	7600	3747	3921	47619
宝塔镇	Baota Town	29479	16047	5078	3133	3539	36044
高作镇	Gaozuo Town	37096	20309	4800	4032	6138	50512
东台市	**Dongtai City**						
溱东镇	Qindong Tow	45927	26007	7574	3968	20120	38910
时堰镇	Shiyan Town	70458	42892	10228	6064	20912	55554
五烈镇	Wulie Town	89997	47636	13414	7875	10680	74539
梁垛镇	Liangduo Town	89392	50192	13221	7471	24274	63208
安丰镇	Anfeng Town	55200	24200	7121	3473	13297	37928
南沈灶镇	Nanshenzao Town	52191	26674	10323	5454	4984	40059
富安镇	Fuan Town	101951	50650	16998	9052	15893	83653
唐洋镇	Tangyang Town	50315	30307	10748	5670	3950	27333
新街镇	Xinjie Town	44861	22773	10289	4770	3851	10534
许河镇	Xuhe Town	47871	25841	10698	5499	4252	32320
三仓镇	Sancang Town	69844	35699	15700	7454	9411	25029
头灶镇	Touzao Town	76215	38647	20682	10503	17252	64913
弥港镇	Nigang Town	45774	26213	17491	5401	9349	37783
东台镇	Dongtai Town	271621	149185	30312	13627	67901	108466
大丰市	**Dafeng City**						
大中镇	Dazhong Town	194158	106732	24403	11069	77976	74096
草堰镇	Caoyan Town	39696	18005	9589	4651	4357	50018
白驹镇	Baiju Town	40240	20295	11300	5720	7312	75024

续 表 21 Continued 21

名 称 Name		总人口（人） Total Population (person)	从业人员（人） Employment (person)	土地面积（公顷） Land Area (hectare)	耕地面积（公顷） Cultivated Area (hectare)	财政收入（万元） Financial Revenue (10000 yuan)	粮食产量（吨） Output of Grain (ton)
刘庄镇	Liuzhuang Town	43781	23923	9624	5104	4807	58264
西团镇	Xituan Town	32551	19549	9614	5055	18564	44652
小海镇	Xiaohai Town	40091	20035	12114	6505	2816	46386
大桥镇	Daqiao Town	33323	16208	10254	4409	4941	40136
草庙镇	Caomiao Town	27896	17488	12279	3877	4990	48244
万盈镇	Wanying Town	48436	25815	14256	6802	7120	48539
南阳镇	Nanyang Town	37181	17272	9352	4910	11344	24606
新丰镇	Xinfeng Town	106575	47628	27431	13046	14620	60447
三龙镇	Sanlong Town	55591	31558	15257	6733	4031	36258
扬州市	**Yangzhou City**						
市辖区	**Municipal District**						
湾头镇	Wantou Town	35603	22563	2756	540	42216	7501
汤汪乡	Tangwang Country	26100	17210	1030	510	24017	2800
公道镇	Gongdao Town	35577	17848	10605	2436	9543	30053
方巷镇	Fangxiang Town	43826	22879	8936	2783	11746	34272
槐泗镇	Huaisi Town	48497	22474	6725	2430	28218	26610
瓜洲镇	Guazhou Town	41105	24282	4859	1649	13891	17236
杭集镇	Hangji Town	36609	19897	4026	1013	39787	11900
李典镇	Lidian Town	43639	23247	7044	2215	62746	26033
沙头镇	Shatou Town	34803	20303	5606	2247	25609	20686
头桥镇	Touqiao Town	43124	22388	6421	2644	12004	29233
杨寿镇	YangshouTown	21538	14754	3940	1667	8530	18341
泰安镇	Taian Town	20305	12134	3209	1118	6560	11346
杨庙镇	Yangmiao Town	22527	13315	3102	1156	11984	11719
西湖镇	Xihu Town	39482	22161	2700	760	17250	6130
平山乡	Pingshan Country	10126	6589	856	169	10700	329
双桥乡	Shuangqiao Country	9093	5737	639	0	28400	0
城北乡	Chengbei Country	29586	20196	1800	308	6948	3351
施桥镇	Shiqiao Town	36418	21506	3099	739	12508	6854
八里镇	Bali Town	23318	14850	2326	388	6411	2994
朴席镇	Puxi Town	32352	17151	4301	2161	3037	21900
宝应县	**Baoying County**						
安宜镇	Anyi Town	127800	89429	14135	4274	53800	52146
范水镇	Fanshui Town	94581	50536	17200	6843	12349	97495
夏集镇	Xiaji Town	62375	31960	12200	5817	6429	88763

续 表 22 Continued 22

名 称	Name	总人口（人）Total Population (person)	从业人员（人）Employment (person)	土地面积（公顷）Land Area (hectare)	耕地面积（公顷）Cultivated Area (hectare)	财政收入（万元）Financial Revenue (10000 yuan)	粮食产量（吨）Output of Grain (ton)
柳堡镇	Liubao Town	51835	30909	11740	4728	12207	69796
射阳湖镇	Sheyanghu Town	89723	46840	19650	6996	18282	103437
广洋湖镇	Guangyanghu Town	36771	21581	9020	3179	7121	50197
鲁垛镇	Luduo Town	33130	20607	6130	3054	6669	47676
小官庄镇	Xiaoguanzhuang Town	30965	19253	4600	2858	6197	38463
望直港镇	Wangzhigang Town	63183	40201	9000	4398	10949	67132
曹甸镇	Caodian Town	62196	36433	10000	4149	9192	61293
西安丰镇	Xianfeng Town	28360	15834	5839	1850	4812	29965
山阳镇	Shanyang Town	53854	29585	12277	4240	4650	60340
黄塍镇	Huangcheng Town	25522	15462	4200	1853	4582	26242
泾河镇	Jinghe Town	57932	27682	8317	3897	6827	58027
仪征市	**Yizheng City**						
真州镇	Zhenzhou Town	139967	71097	6084	1496	114353	10727
青山镇	Qingshan Town	32576	20950	4603	1454	8100	5481
新集镇	Xinji Town	43075	24840	6389	3449	11016	32490
新城镇	Xincheng Town	46772	28405	7822	3436	8160	27485
马集镇	Maji Town	29838	15679	6573	3240	8446	23952
刘集镇	Liuji Town	45895	25912	9065	5147	9381	36547
陈集镇	Chenji Town	38630	19800	8155	4613	4688	35013
大仪镇	Dayi Town	46367	30540	10863	6348	9963	53360
谢集乡	Xieji Country	27852	14685	6801	3086	5877	21027
月塘乡	Yuetang Country	29256	14789	7645	3687	3129	25848
高邮市	**Gaoyou City**						
高邮镇	Gaoyou Town	150580	101687	4313	888	43674	19967
龙虬镇	Longqiu Town	35840	19072	3987	2135	5918	32965
马棚镇	Mapeng Town	18232	11681	2266	1854	1982	18835
车逻镇	Cheluo Town	32396	14704	2844	2104	7862	37215
八桥镇	Baqiao Town	22482	13840	4000	2243	4678	26524
汉留镇	Hanliu Town	29557	15421	6670	3424	7111	43908
汤庄镇	Tangzhuang Town	33284	21600	4633	3620	9658	50075
卸甲镇	Xiejia Town	56930	32309	12387	5760	12500	86516
三垛镇	Sanduo Town	56036	31106	7537	5022	6089	60303
甘垛镇	Ganduo Town	38056	18461	8839	4150	3138	42500
司徒镇	Situ Town	21617	15015	7423	1912	2316	24813
横泾镇	Hengjing Town	22484	13544	6133	2207	1908	21021

名 称 Name		总人口 （人） Total Population （person）	从业人员 （人） Employment （person）	土地面积 （公顷） Land Area （hectare）	耕地面积 （公顷） Cultivated Area （hectare）	财政收入 （万元） Financial Revenue （10000 yuan）	粮食产量 （吨） Output of Grain （ton）
界首镇	Jieshou Town	33229	16861	8730	2462	4138	35679
周山镇	Zhoushan Town	27018	15077	6202	3116	3118	37831
周巷镇	Zhouxiang Town	32285	16279	8130	3369	2980	52361
临泽镇	Linze Town	59608	33135	11810	4532	5354	73557
送桥镇	Songqiao Town	25566	12486	4750	1835	5911	26794
郭集镇	Guoji Town	22484	21710	5400	2453	10928	36169
天山镇	Tianshan Town	20272	17210	4558	1335	13120	23577
菱塘回族乡	Lingtang Huizu Country	23309	14239	5392	1915	11788	23770
江都市	**Jiangdu City**						
仙女镇	Xiannu Town	137465	82934	14158	3906	125014	50531
小纪镇	Xiaoji Town	93073	46571	17778	7439	20985	99042
武坚镇	Wujian Town	42003	27427	6180	3517	10708	42870
樊川镇	Fanchuan Town	69235	45751	11758	5913	10555	76689
真武镇	Zhenwu Town	54535	34124	6712	3338	10105	41910
宜陵镇	Yiling Town	50688	24837	5986	2304	13839	30507
丁沟镇	Dinggou Town	61896	33485	10232	4681	9323	56740
郭村镇	Guocun Town	87982	37489	10450	4212	6305	56093
邵伯镇	Shaobo Town	77936	56461	11465	2990	22977	44789
丁伙镇	Dinghuo Town	45495	35183	8020	3427	14383	32999
大桥镇	Daqiao Town	137094	99337	15566	4751	50200	69544
吴桥镇	Wuqiao Town	49965	23569	5596	2760	7072	33305
浦头镇	Putou Town	43322	22050	4290	1894	7930	24376
镇江市	**Zhenjiang City**						
市辖区	**Municipal District**						
象山镇	Xiangshan Town	56789	25100	4348	125	36057	586
谏壁镇	Jianbi Town	34582	19560	3200	502	26336	4367
姚桥镇	Yaoqiao Town	42333	25825	5588	2714	3321	31569
大路镇	Dalu Town	29131	14305	1750	1277	4846	16380
丁岗镇	Dinggang Town	31060	12762	3536	1061	5636	14383
蒋乔镇	Jiangqiao Town	22781	11148	4707	551	47638	3658
高桥镇	Gaoqiao Town	28428	17170	5623	1690	9347	19315
辛丰镇	Xinfeng Town	52601	34045	7488	2700	18297	29182
谷阳镇	Guyang Town	74613	46743	9539	2794	39673	26426
上党镇	Shangdang Town	50051	29668	11263	3665	9143	33464
宝堰镇	Baoyan Town	45863	24577	8069	3289	9538	37103

名 称 Name		总人口（人）Total Population (person)	从业人员（人）Employment (person)	土地面积（公顷）Land Area (hectare)	耕地面积（公顷）Cultivated Area (hectare)	财政收入（万元）Financial Revenue (10000 yuan)	粮食产量（吨）Output of Grain (ton)
高资镇	Gaozi Town	42053	23419	10052	1681	47618	18417
世业镇	Shiye Town	14268	7595	2930	1226	6211	17573
丹阳市	**Danyang City**						
司徒镇	Situ Town	62039	39078	10177	5503	33055	36875
延陵镇	Yanling Town	77198	42144	11552	6276	20347	59369
珥陵镇	Erling Town	51481	28882	8367	4613	14075	42596
导墅镇	Daoshu Town	50511	27321	8060	4854	15056	47331
皇塘镇	Huangtang Town	58301	37300	8044	4208	20207	38603
吕城镇	Lucheng Town	51237	28286	6799	4016	29340	36129
陵口镇	Lingkou Town	44542	28485	6440	3802	12372	37515
访仙镇	Fangxian Town	51608	29678	7379	4264	18076	41634
界牌镇	Jiepai Town	52250	33349	2363	948	34146	8168
新桥镇	Xinqiao Town	35000	21252	2618	1150	38597	9535
后巷镇	Houxiang Town	57711	36506	4965	1891	50217	13861
埤城镇	Picheng Town	36413	23096	3929	1661	22006	14386
云阳镇	Yunyang Town	171902	102337	7201	3512	137510	29823
扬中市	**Yangzhong City**						
三茅镇	Sanmao Town	117097	71810	7716	2234	91818	25003
新坝镇	Xinba Town	54337	31173	4920	1997	84433	21734
油坊镇	Youfang Town	46326	27739	4593	2208	28814	23950
八桥镇	Baqiao Town	37216	20700	3458	1582	17000	17432
西来桥镇	Xilaiqiao Town	20120	10718	1950	852	8172	7988
句容市	**Jurong City**						
华阳镇	Huayang Towm	44030	24935	11600	3452	44535	27888
下蜀镇	Xiashu Town	39001	17949	12200	2341	35000	18278
白兔镇	Baitu Town	40741	22963	11550	4442	11533	34440
边城镇	Biancheng Town	34998	18471	10900	2963	14546	27497
茅山镇	Maoshan Town	29068	15958	8100	3007	4142	27553
后白镇	Houbai Town	51050	27761	14328	4766	11945	46184
郭庄镇	Guozhuang Town	53535	28022	11700	4598	8447	45651
天王镇	Tianwang Town	55303	29375	13154	4704	7222	42448
宝华镇	Baohua Town	23650	11910	10000	835	19023	12218
泰州市	**Taizhou City**						
市辖区	**Municipal District**						
九龙镇	Jiulong Town	31781	18413	3090	1025	22481	13764

续 表 25 Continued 25

名 称 Name		总人口（人） Total Population (person)	从业人员（人） Employment (person)	土地面积（公顷） Land Area (hectare)	耕地面积（公顷） Cultivated Area (hectare)	财政收入（万元） Financial Revenue (10000 yuan)	粮食产量（吨） Output of Grain (ton)
罡杨镇	Gangyang Town	22473	15370	3400	1737	14323	23965
苏陈镇	Suchen Town	39597	22859	4580	2638	12988	32664
寺巷镇	Sixiang Town	38715	22127	3330	561	10897	10550
永安洲镇	Yonganzhou Town	29179	17790	5291	1240	23866	16237
白马镇	Baima Town	22154	11494	2402	1246	8772	13574
胡庄镇	Huzhuang Town	49604	25657	4938	3319	2144	33509
大泗镇	Dasi Town	30068	14727	3000	2134	4097	18124
野徐镇	Yexu Town	22889	12525	1997	928	14534	10854
兴化市	**Xinghua City**						
戴窑镇	Daiyao Town	68677	29850	10045	5675	5400	72659
合陈镇	Hechen Town	55487	22218	9928	5939	5657	66856
永丰镇	Yongfeng Town	49890	21242	7802	4425	2827	58011
新垛镇	Xinduo Town	25617	10974	4903	2520	3816	31253
安丰镇	Anfeng Town	79777	31132	9900	5380	25793	57259
海南镇	Hainan Town	37116	15162	7209	4141	5134	50627
钓鱼镇	Diaoyu Town	45531	19014	7552	4187	3579	58307
大邹镇	Dazou Town	27750	10516	4656	2719	2130	26109
沙沟镇	Shagou Town	27535	10369	7003	2030	3144	20666
中堡镇	Zhongbao Town	34933	14441	8320	2835	3362	38268
李中镇	Lizhong Town	32148	15716	8100	2600	2545	34148
西郊镇	Xijiao Town	28323	14989	7024	3416	4254	32684
临城镇	Lincheng Town	55885	23713	9274	5427	15343	50010
垛田镇	Duotian Town	56976	26927	5955	2132	9166	2683
竹泓镇	Zhuhong Town	39651	17328	6450	2760	4446	39666
沈沦镇	Shenlun Town	28057	11810	4959	3019	3286	31201
大垛镇	Daduo Town	42938	19898	7363	3650	8488	56144
荻垛镇	Diduo Town	42501	18848	7200	3469	7392	60601
陶庄镇	Taozhuang Town	44321	18583	6960	4133	3370	52786
昌荣镇	Changrong Town	36918	17646	6180	3500	2342	55048
茅山镇	Maoshan Town	30521	11847	4304	2760	5300	32494
周庄镇	Zhouzhuang Town	56158	27069	9252	5604	12002	68012
陈堡镇	Chenbao Town	45396	18690	8068	4433	11989	52965
戴南镇	Dainan Town	125352	56765	10773	5101	167398	58542
张郭镇	Zhangguo Town	62772	37234	8450	4126	39405	51894
昭阳镇	Zhaoyang Town	160530	100001	5100	1011	66827	11727

名 称 Name		总人口（人）Total Population (person)	从业人员（人）Employment (person)	土地面积（公顷）Land Area (hectare)	耕地面积（公顷）Cultivated Area (hectare)	财政收入（万元）Financial Revenue (10000 yuan)	粮食产量（吨）Output of Grain (ton)
大营镇	Daying Town	27455	11029	5067	3350	1895	41392
下圩镇	Xiawei Town	25465	13877	4912	3140	3861	40120
城东镇	Chengdong Town	30451	14082	5547	3424	4413	27698
老圩乡	Laowei Country	27396	10082	5243	3070	3233	36533
周奋乡	Zhoufen Country	27856	12117	5730	2524	1783	19473
缸顾乡	Ganggu Country	22194	9715	4633	2045	2704	19164
西鲍乡	Xibao Country	29840	16765	5241	3092	5267	39189
林湖乡	Linhu Country	37890	13687	6638	3487	2658	38632
靖江市	**Jingjiang City**						
新桥镇	Xinqiao Town	66057	35793	6135	3025	39133	42209
东兴镇	Dongxing Town	34787	21461	3568	2042	21335	25614
斜桥镇	Xieqiao Town	53823	28195	4398	1657	13752	22711
西来镇	Xilai Town	48721	22440	4666	2524	16277	31975
季市镇	Jishi Town	48664	22333	4163	2016	12861	28027
孤山镇	Gushan Town	58895	32202	4799	3175	11692	41618
生祠镇	Shengci Town	49833	26037	7019	3998	9865	54364
马桥镇	Maqiao Town	37048	19595	5031	2937	11120	38384
泰兴市	**Taixing City**						
黄桥镇	Huangqiao Town	190949	89469	17501	8934	43256	111205
分界镇	Fenjie Town	60634	30975	7088	3727	3749	47188
古溪镇	Guxi Town	58538	29814	7082	3786	5728	46463
元竹镇	Yuanzhu Town	39366	22021	4754	2382	3212	28306
珊瑚镇	Shanhu Town	51614	29184	4951	2733	5157	36408
广陵镇	Guangling Town	57313	30346	5866	2897	3348	36792
曲霞镇	Quxia Town	32615	17459	3526	1981	1574	24755
张桥镇	Zhangqiao Town	56896	30087	6177	3225	7990	74895
河失镇	Heshi Town	54550	29352	6456	3208	4505	43132
新街镇	Xinjie Town	60815	33738	7214	3601	3077	43091
姚王镇	Yaowang Town	53494	28972	6688	2522	30456	35541
宣堡镇	Xuanbao Town	33044	17707	3216	1769	4910	20621
泰兴镇	Taixing Town	238474	133545	8570	2169	172011	31874
虹桥镇	Hongqiao Town	79505	40788	9542	4461	39202	63843
滨江镇	Binjiang Town	96101	50786	9467	4371	31870	60825
根思乡	Gensi Country	50734	25702	5065	3236	2765	37265
姜堰市	**Jiangyan City**						

续 表 27 Continued 27

名 称 Name		总人口（人） Total Population (person)	从业人员（人） Employment (person)	土地面积（公顷） Land Area (hectare)	耕地面积（公顷） Cultivated Area (hectare)	财政收入（万元） Financial Revenue (10000 yuan)	粮食产量（吨） Output of Grain (ton)
姜堰镇	Jiangyan Town	193031	90054	9396	3048	193314	35519
溱潼镇	Qintong Town	33646	20103	3160	1521	17750	11191
蒋垛镇	Jiangduo Town	49676	31000	6600	4114	10212	39517
顾高镇	Gugao Town	28311	16286	3700	2377	6732	22282
大伦镇	Dalun Town	35697	17629	5600	3260	7468	32665
张甸镇	Zhangdian Town	81268	40007	8980	6206	14863	62877
梁徐镇	Liangxu Town	55593	26680	5905	3882	23611	39292
桥头镇	Qiaotou Town	24675	15472	3800	2333	6068	24453
淤溪镇	Yuxi Town	41195	27105	7800	3978	7238	23248
白米镇	Baimi Town	44436	28500	5100	3574	24667	37009
娄庄镇	Louzhuang Town	46962	23475	6800	4561	16773	49133
沈高镇	Shengao Town	39567	23071	5600	3700	17114	36245
兴泰镇	Xingtai Town	24840	15324	3700	2442	8497	27282
俞垛镇	Yuduo Town	47380	25580	8200	5098	15717	46450
华港镇	Huagang Town	40531	22693	7200	3870	13529	35156
宿迁市	**Suqian City**						
市辖区	**Municipal District**						
双庄镇	Shuangzhuang Town	34665	19911	4178	1227	7213	8801
耿车镇	Gengche Town	34385	18201	3501	1365	4634	14457
埠子镇	Buzi Town	54301	31006	5242	2623	3059	24721
龙河镇	Longhe Town	51023	28652	5800	2600	2626	30415
洋北镇	Yangbei Town	38750	20756	5956	3051	2030	27742
仓集镇	Cangji Town	51062	26120	5591	3794	1578	36650
洋河镇	Yanghe Town	65285	29025	4584	1944	17800	21247
中扬镇	Zhongyang Town	50964	28074	9315	5562	2618	54522
郑楼镇	Zhenglou Town	47622	20318	6086	2627	3446	31447
陈集镇	Chenji Town	46125	16230	6867	3710	2296	31307
罗圩乡	Luowei Country	41299	25846	4903	3245	2484	30314
南蔡乡	Nancai Country	40892	20466	5175	2591	2586	18984
屠园乡	Tuyuan Country	35124	20767	6298	4201	1654	49300
顺河镇	Shunhe Town	76325	36040	6880	1850	12198	18050
晓店镇	Xiaodian Town	64546	32920	18266	3819	10461	41016
蔡集镇	Caiji Town	43126	22899	4900	2613	2866	19010

名 称 Name		总人口（人）Total Population (person)	从业人员（人）Employment (person)	土地面积（公顷）Land Area (hectare)	耕地面积（公顷）Cultivated Area (hectare)	财政收入（万元）Financial Revenue (10000 yuan)	粮食产量（吨）Output of Grain (ton)
王官集镇	Wangguanji Town	51567	23061	6270	2973	2580	35220
皂河镇	Zaohe Town	49702	21331	26409	2152	2434	32565
仰化镇	Yanghua Town	33619	19755	5236	2535	1360	28510
大兴镇	Daxing Town	54303	29550	5838	3176	2916	24850
丁嘴镇	Dingzui Town	34270	16980	5300	2390	1587	23600
来龙镇	Lailong Town	38100	20515	7496	4190	2392	50220
黄墩镇	Huangdun Town	24289	11606	5125	2460	2057	39862
陆集镇	Luji Town	22787	13216	4208	2280	1999	21948
关庙镇	Guanmiao Town	39992	24182	7946	4310	2027	43385
侍岭镇	Shiling Town	32316	14177	5806	2773	2192	30246
新庄镇	Xinzhuang Town	23890	11599	5368	2831	1100	41641
井头乡	Jingtou Country	20590	10082	3293	1287	5249	13632
曹集乡	Caoji Country	31240	16214	4700	2303	2235	27694
保安乡	Baoan Country	22173	12406	4460	2758	1698	34171
沭阳县	**Shuyang City**						
沭城镇	Shucheng Town	386273	215430	27715	13400	66628	121200
陇集镇	Longji Town	26265	16294	4688	3270	4964	25400
胡集镇	Huji Town	53798	31283	6868	3567	4161	30700
钱集镇	Qianji Town	33405	17048	4949	3062	1919	29865
塘沟镇	Tanggou Town	43450	23656	5795	4007	2921	32267
马厂镇	Machang Town	70572	38632	8412	5484	6108	50574
沂涛镇	Yitao Town	74969	39033	9456	5984	3672	58691
庙头镇	Miaotou Town	48273	23208	5847	3609	3139	22235
韩山镇	Hanshan Town	42992	19807	6557	4111	3741	41868
华冲镇	Huachong Town	49949	22953	5455	3750	4293	41100
桑墟镇	Sangxu Town	52668	25634	5319	2719	7128	26000
悦来镇	Yuelai Town	44923	25800	8803	5772	2530	50609
刘集镇	Liuji Town	38807	21796	7200	4968	4007	47205
李恒镇	Liheng Town	43922	20757	6688	4400	3117	28000
扎下镇	Zhaxia Town	56658	30910	5534	2900	5357	7239
颜集镇	Yanji Town	56490	33678	9968	6539	3375	12120
潼阳镇	Tongyang Town	50705	25215	9968	6539	3017	40760

名 称	Name	总人口（人）Total Population (person)	从业人员（人）Employment (person)	土地面积（公顷）Land Area (hectare)	耕地面积（公顷）Cultivated Area (hectare)	财政收入（万元）Financial Revenue (10000 yuan)	粮食产量（吨）Output of Grain (ton)
龙庙镇	Longmiao Town	51943	31320	4860	2785	3457	26895
高墟镇	Gaoxu Town	38036	20739	6115	3929	3281	48500
耿圩镇	Gengwei Town	36564	21573	7044	3925	2203	50432
汤涧镇	Tangjian Town	41230	16252	5500	3232	3006	29478
新河镇	Xinhe Town	41703	22614	4860	2650	2859	0
贤官镇	Xianguan Town	50746	31663	5029	3394	7360	23772
吴集镇	Wuji Town	46150	20260	7305	4067	2806	34175
湖东镇	Hudong Town	41726	21431	6343	4530	2790	61201
青伊湖镇	Qingyihu Town	39142	17696	5000	2760	4302	30853
北丁集乡	Beidingji Country	27897	14027	3880	2021	1857	22678
周集乡	Zhouji Country	29502	14792	4387	2673	1772	30591
东小店乡	Dongxiaodian Country	33800	16729	5099	3139	2956	31159
张圩乡	Zhangwei Country	27354	16755	3902	2450	2597	21235
茆圩乡	Maowei Country	42216	24798	7223	5175	2658	36521
西圩乡	Xiwei Country	30883	17519	4776	3830	1352	6320
万匹乡	Wanpi Country	35723	16571	3500	2508	2757	25552
官墩乡	Guandun Country	30734	16515	5603	3842	2310	38261
泗阳县	**Siyang County**						
众兴镇	Zhongxing Town	328089	140410	26200	9120	34336	100550
爱园镇	Aiyuan Town	55989	30293	6501	3302	2399	36736
王集镇	Wangji Town	76501	34506	8531	4753	4106	38127
裴圩镇	Peiwei Town	63183	32750	7686	4228	3069	37033
新袁镇	Xinyuan Town	45725	27811	5359	3358	2241	21823
李口镇	Likou Town	52698	28427	6585	3527	2882	27926
临河镇	Linhe Town	49213	26217	5872	2498	3928	25668
穿城镇	Chuancheng Town	40043	23057	5436	3058	1799	38810
张家圩镇	Zhangjiawei Town	39500	24134	5764	3234	2483	29953
高渡镇	Gaodu Town	36551	18532	5271	2698	1961	30028
卢集镇	Luji Town	42163	23110	8002	5570	2130	45794
庄圩乡	Zhuangwei Country	40791	18386	4876	3105	2034	30570

名 称	Name	总人口（人）Total Population (person)	从业人员（人）Employment (person)	土地面积（公顷）Land Area (hectare)	耕地面积（公顷）Cultivated Area (hectare)	财政收入（万元）Financial Revenue (10000 yuan)	粮食产量（吨）Output of Grain (ton)
里仁乡	Liren Country	37991	20412	4482	2560	2334	23662
三庄乡	Sanzhuang Country	43126	21947	6588	4060	2370	36266
南刘集乡	Nanliuji Country	38030	19000	5828	3967	2066	27117
八集乡	Baji Country	27742	15660	3863	1917	2378	19621
泗洪县	**Sihong County**						
青阳镇	Qingyang Town	222367	136592	25322	11629	70567	98679
双沟镇	Shuanggou Town	49694	29521	7428	2782	35832	15655
上塘镇	Shangtang Town	54227	29605	13299	6595	5897	57140
魏营镇	Weiying Town	36239	17331	10615	4365	3644	44070
临淮镇	Linhuai Town	16816	8753	2100	91	3051	881
半城镇	Bancheng Town	18671	8879	8300	741	3601	7640
孙园镇	Sunyuan Town	46099	19942	9604	5162	4627	58467
梅花镇	Meihua Town	32552	21150	9350	4757	6225	46541
归仁镇	Guiren Town	62373	24717	11459	6018	3331	54495
金锁镇	Jinsuo Town	43759	25171	8073	4391	5193	37158
朱湖镇	Zhuhu Town	40374	22586	7370	3595	3723	40865
界集镇	Jieji Town	42407	22472	8960	5862	3140	46540
太平镇	Taiping Town	34556	17107	7251	3618	3096	41767
龙集镇	Longji Town	43842	17689	8741	2880	3925	32690
四河乡	Sihe Country	34473	16582	5983	2239	2798	11342
峰山乡	Fengshan Country	25626	13427	5684	1818	4133	11356
天岗湖乡	Tianganghu Country	33335	16670	8918	3801	4894	27212
车门乡	Chemen Country	28556	13069	8436	3485	3184	42452
瑶沟乡	Yaogou Country	25407	13121	5664	2915	6310	32774
石集乡	Shiji Country	23633	11633	8940	3213	6336	43382
城头乡	Chengtou Country	21150	12203	7817	4864	3311	55128
陈圩乡	Chenwei Country	36727	17790	8821	3825	3463	53668
曹庙乡	Caomiao Country	36305	17993	9185	4845	3639	50000

附录一

全国分省主要指标

Appendix I. Major Indicators by Region

简 要 说 明

一、主要内容

包括全国各省、自治区、直辖市经济社会主要指标。

二、资料来源

附录 1－4 财政、金融，分别由财政部门和人民银行提供。

其余资料均来自中国统计出版社出版的《中国统计摘要 2011》，部分数据为初步统计数。其中江苏的数据与相应篇章内容保持一致。

Brief Introduction

I. Main Content

Data in this charter include social and economic indicators of provinces, autonomous regions and municipalities.

II. Source of Data

Data on government finance and banking of Appendix 1－4 are provided by Jiangsu provincial department of finance and Nanjing branch of the people's bank of china.

Other data in this charter come from *china statistics abstract 2011* published by china statistics press, and part of the data are preliminary statistics. Data of Jiangsu province are consistent with corresponding chapter.

附录1-1 人口及地区生产总值（2010年）
Population and Gross Domestic Product（2010）

地区 Region		常住人员（万人）Permanent Population（10000 persons）	地区生产总值（亿元）Gross Domestic Products（100 million yuan）	第一产业 Primary Industry	第二产业 Secondary Industry	#工业 Industry	第三产业 Tertiary Industry
全国	**National Total**	**133972**	**397983**	**40497**	**186481**	**160030**	**171005**
北京	Beijing	1961	13777.9	124.4	3323.1	2701.6	10330.5
天津	Tianjin	1294	9108.8	149.5	4837.6	4410.7	4121.8
河北	Hebei	7185	20197.1	2562.8	10705.7	9554.0	6928.6
山西	Shanxi	3571	9088.1	563.5	5161.2	4586.4	3363.4
内蒙古	Inner Mongolia	2471	11655.0	1101.4	6365.8	5618.4	4187.8
辽宁	Liaoning	4375	18278.3	1631.1	9872.3	8684.7	6774.9
吉林	Jilin	2746	8577.1	1050.2	4417.4	3833.5	3109.5
黑龙江	Heilongjiang	3831	10235.0	1302.3	5100.1	4505.0	3832.6
上海	Shanghai	2302	16872.4	114.2	7140.0	6456.8	9618.3
江苏	**Jiangsu**	**7866**	**41425.5**	**2540.1**	**21753.9**	**19277.7**	**17131.5**
浙江	Zhejiang	5443	27226.8	1360.7	14121.3	12488.6	11744.8
安徽	Anhui	5950	12263.4	1729.0	6391.0	5364.5	4143.3
福建	Fujian	3689	14357.1	1363.7	7365.5	6242.3	5628.0
江西	Jiangxi	4457	9435.0	1205.9	5194.7	4359.2	3034.4
山东	Shandong	9579	39416.2	3588.3	21398.9	19026.1	14429.0
河南	Henan	9402	22942.7	3263.2	13226.8	11950.8	6452.6
湖北	Hubei	5724	15806.1	2147.0	7764.7	6726.5	5894.4
湖南	Hunan	6568	15902.1	2339.4	7313.6	6275.1	6249.1
广东	Guangdong	10430	45472.8	2286.9	22918.1	21374.8	20267.9
广西	Guangxi	4603	9502.4	1670.4	4510.8	3860.5	3321.2
海南	Hainan	867	2052.1	539.3	566.6	380.8	946.3
重庆	Chongqing	2885	7894.2	685.4	4356.4	3697.8	2852.4
四川	Sichuan	8042	16898.6	2483.0	8565.2	7326.4	5850.4
贵州	Guizhou	3475	4594.0	630.3	1800.1	1516.9	2163.6
云南	Yunnan	4597	7220.1	1105.8	3223.9	2606.0	2890.4
西藏	Tibet	300	507.5	68.1	163.9	39.7	275.4
陕西	Shaanxi	3733	10021.5	988.5	5403.5	4516.4	3629.6
甘肃	Gansu	2558	4119.5	599.0	1985.0	1602.9	1535.5
青海	Qinghai	563	1350.4	134.9	744.6	613.7	470.9
宁夏	Ningxia	630	1643.4	160.3	833.2	648.5	650.0
新疆	Xinjiang	2181	5418.8	1078.6	2533.7	2105.0	1806.5

注：常住人口为第六次全国人口普查初步汇总数；地区生产总值为初步核算数。

Note: Data of permanert population are preliminary statistics from the sixth National Population Census. Data of grass domestre products are preliminary verification data.

附录1－2　地区生产总值构成及增速（2010年）
Structure and Growth Rate of Gross Domestic Product (2010)

地 区 Region		地区生产总值构成（%）Structure of GDP(%)	第一产业 Primary Industry	第二产业 Secondary Industry	#工 业 Industry	第三产业 Tertiary Industry	地区生产总值比上年增长（%）Growth Rate of GDP Over Preceding Year (%)
全　国	**National Total**	**100.0**	**10.2**	**46.8**	**40.2**	**43.0**	**10.3**
北　京	Beijing	100.0	0.9	24.1	19.6	75.0	10.2
天　津	Tianjin	100.0	1.6	53.1	48.4	45.3	17.4
河　北	Hebei	100.0	12.7	53.0	47.3	34.3	12.2
山　西	Shanxi	100.0	6.2	56.8	50.5	37.0	13.9
内蒙古	Inner Mongolia	100.0	9.4	54.6	48.2	35.9	14.9
辽　宁	Liaoning	100.0	8.9	54.0	47.5	37.1	14.1
吉　林	Jilin	100.0	12.2	51.5	44.7	36.3	13.7
黑龙江	Heilongjiang	100.0	12.7	49.8	44.0	37.4	12.6
上　海	Shanghai	100.0	0.7	42.3	38.3	57.0	9.9
江　苏	**Jiangsu**	**100.0**	**6.1**	**52.5**	**46.5**	**41.4**	**12.7**
浙　江	Zhejiang	100.0	5.0	51.9	45.9	43.1	11.8
安　徽	Anhui	100.0	14.1	52.1	43.7	33.8	14.5
福　建	Fujian	100.0	9.5	51.3	43.5	39.2	13.8
江　西	Jiangxi	100.0	12.8	55.1	46.2	32.2	14.0
山　东	Shandong	100.0	9.1	54.3	48.3	36.6	12.5
河　南	Henan	100.0	14.2	57.7	52.1	28.1	12.2
湖　北	Hubei	100.0	13.6	49.1	42.6	37.3	14.8
湖　南	Hunan	100.0	14.7	46.0	39.5	39.3	14.5
广　东	Guangdong	100.0	5.0	50.4	47.0	44.6	12.2
广　西	Guangxi	100.0	17.6	47.5	40.6	35.0	14.2
海　南	Hainan	100.0	26.3	27.6	18.6	46.1	15.8
重　庆	Chongqing	100.0	8.7	55.2	46.8	36.1	17.1
四　川	Sichuan	100.0	14.7	50.7	43.4	34.6	15.1
贵　州	Guizhou	100.0	13.7	39.2	33.0	47.1	12.8
云　南	Yunnan	100.0	15.3	44.7	36.1	40.0	12.3
西　藏	Tibet	100.0	13.4	32.3	7.8	54.3	12.3
陕　西	Shaanxi	100.0	9.9	53.9	45.1	36.2	14.5
甘　肃	Gansu	100.0	14.5	48.2	38.9	37.3	11.7
青　海	Qinghai	100.0	10.0	55.1	45.4	34.9	15.3
宁　夏	Ningxia	100.0	9.8	50.7	39.5	39.6	13.4
新　疆	Xinjiang	100.0	19.9	46.8	38.8	33.3	10.6

附录1－3 固定资产投资完成额（2010年）
Completed Investment in Fixed Assets (2010)

单位：亿元 (100 million yuan)

地区	Region	全社会固定资产投资额 Total Investment in Fixed Assets	城镇固定资产投资额 Urban Investment in Fixed Assets	#房地产开发 Real Estate Developoment	商品房销售额 Sales Value of Commercial Housing	#住宅 Residence	商品房竣工面积（万平方米） Floor Space of Commercial Housing Completed (10000 sq. m)	商品房销售面积（万平方米） Sales Floor Space of Commercial Residence (10000 sq. m)
全国	**National Total**	**278139.8**	**241414.9**	**48267.1**	**52478.7**	**43953.3**	**75961.0**	**104349.1**
北京	Beijing	5403.0	4916.5	2901.1	2915.4	2060.5	2386.7	1639.5
天津	Tianjin	6278.6	5896.5	866.6	1282.4	1070.3	2098.5	1564.5
河北	Hebei	15082.5	12921.8	2264.8	1605.8	1453.6	3028.6	4533.0
山西	Shanxi	6063.2	5526.6	592.2	404.6	351.6	1089.7	1163.4
内蒙古	Inner Mongolia	8929.9	8699.2	1120.0	1065.0	755.7	2192.0	3020.5
辽宁	Liaoning	16043.0	15106.3	3465.8	3059.9	2585.1	4466.5	6798.2
吉林	Jilin	7870.4	7395.2	921.0	836.6	711.9	1871.4	2319.6
黑龙江	Heilongjiang	6812.6	6292.7	843.1	1010.1	830.4	2166.8	2718.1
上海	Shanghai	5108.9	4630.5	1980.7	2959.9	2395.3	1941.2	2055.5
江苏	**Jiangsu**	**23184.3**	**17416.5**	**4299.38**	**5430.7**	**4462.0**	**8696.3**	**9485.5**
浙江	Zhejiang	12488.1	8525.4	3030.0	4448.7	3573.1	4049.5	4810.0
安徽	Anhui	11543.4	10281.8	2251.8	1732.7	1408.4	3020.6	4113.9
福建	Fujian	8198.5	7385.2	1818.9	1611.0	1299.8	2244.7	2575.7
江西	Jiangxi	8775.5	7856.7	706.8	776.4	670.3	1822.2	2469.7
山东	Shandong	23282.9	18846.8	3251.8	3666.4	3223.4	4999.7	9291.2
河南	Henan	16585.9	13934.8	2114.1	1658.8	1454.6	4427.1	5452.2
湖北	Hubei	10262.7	9405.6	1618.2	1313.1	1134.6	2558.9	3513.6
湖南	Hunan	9663.8	8618.2	1469.3	1406.5	1247.9	3350.5	4473.0
广东	Guangdong	15624.0	12599.7	3659.7	5476.5	4591.5	5234.6	7322.0
广西	Guangxi	7057.6	6383.3	1206.2	995.2	881.7	1564.3	2793.9
海南	Hainan	1317.0	1257.5	467.9	746.6	734.1	451.1	854.7
重庆	Chongqing	6692.4	6170.6	1620.3	1846.9	1610.6	2626.6	4314.4
四川	Sichuan	13119.5	11062.2	2194.6	2647.3	2330.8	3966.8	6396.9
贵州	Guizhou	3104.9	2609.4	556.7	581.0	501.6	1028.7	1730.7
云南	Yunnan	5528.7	5052.6	900.4	934.6	769.3	1536.0	2959.4
西藏	Tibet	463.3	405.4	9.0	5.6	5.1	11.9	19.1
陕西	Shaanxi	7964.4	7570.7	1160.2	973.4	906.0	860.8	2590.2
甘肃	Gansu	3158.3	2808.6	266.4	227.8	201.5	598.7	756.5
青海	Qinghai	1018.7	840.0	108.2	84.4	77.1	267.7	281.0
宁夏	Ningxia	1444.2	1292.8	254.4	309.2	253.8	936.9	936.0
新疆	Xinjiang	3392.7	3028.9	344.9	466.0	401.6	896.8	1505.0

附录1－4 财政、金融(2010年)
Government Finance, Financial Intermediation(2010)

单位:亿元　　　　(100 million yuan)

地区	Region	地方一般预算收入 Local Government Budgetary Revenue	金融机构本外币各项存款余额 Balance of Deposits	#储蓄存款 Savings Deposits	金融机构本外币各项贷款余额 Balance of Loans
全　国	**National Total**	**40690.8**	**733377.3**	**307166.0**	**509226.8**
北　京	Beijing	2353.9	66584.6	17585.2	36479.6
天　津	Tianjin	1068.8	16499.3	5634.3	13774.1
河　北	Hebei	1330.8	26270.6	15725.7	15948.9
山　西	Shanxi	969.7	18639.8	9259.4	9728.7
内蒙古	Inner Mongolia	1070.0	10325.3	4634.0	7992.6
辽　宁	Liaoning	2004.8	28057.4	13879.0	19622.0
吉　林	Jilin	602.4	9702.5	5203.2	7279.6
黑龙江	Heilongjiang	755.6	12924.2	7306.0	7390.6
上　海	Shanghai	2873.6	52190.0	16249.3	34154.2
江　苏	**Jiangsu**	**4079.9**	**60583.1**	**23533.1**	**44180.2**
浙　江	Zhejiang	2608.5	54478.1	21093.6	46938.5
安　徽	Anhui	1149.4	16477.6	7813.8	11737.8
福　建	Fujian	1151.5	18753.2	8258.2	15920.8
江　西	Jiangxi	777.9	11907.8	6139.6	7843.3
山　东	Shandong	2749.3	41653.7	19773.3	32536.3
河　南	Henan	1381.0	23246.7	12935.3	16006.5
湖　北	Hubei	1011.3	21722.4	9851.3	14609.7
湖　南	Hunan	1081.7	16643.3	9060.0	11521.7
广　东	Guangdong	4515.7	82019.4	36965.7	51799.3
广　西	Guangxi	772.3	11813.9	5728.7	8979.9
海　南	Hainan	271.1	4217.3	1679.8	2509.7
重　庆	Chongqing	952.1	13614.0	5863.1	10999.9
四　川	Sichuan	1561.0	30504.1	13703.6	19485.7
贵　州	Guizhou	533.9	7387.8	3252.5	5771.7
云　南	Yunnan	871.2	13478.9	5744.6	10706.0
西　藏	Tibet	36.7	1296.7	267.6	301.8
陕　西	Shaanxi	957.9	16590.5	8008.4	10222.2
甘　肃	Gansu	353.6	7146.7	3611.7	4576.7
青　海	Qinghai	110.2	2327.0	871.0	1832.8
宁　夏	Ningxia	153.6	2586.7	1174.0	2419.9
新　疆	Xinjiang	500.6	8898.6	3726.1	5211.4

注:本表全国财政收支为地方合计,地方一般预算收入为快报口径。

Note: National Total is the sum of local government budgetary revenue and data of general budget renenue are preliminary statistics.

附录1-5 城镇居民家庭人均收支情况（2010年）

Per Capita Income and Expenditure of Urban Household (2010)

单位:元 (yuan)

地区	Region	总收入 Total Income	#可支配收入 Disposable Income	总支出 Total Expenditure	消费性支出 Living Expenditure	非消费性支出 Non-living Expenditure	恩格尔系数（%） Engle Coefficient (%)
全国	**National Total**	**21033**	**19109**	**18258**	**13471**	**4787**	**35.7**
北京	Beijing	33360	29073	26921	19934	6986	32.1
天津	Tianjin	26942	24293	24345	16562	7783	35.9
河北	Hebei	17334	16263	13332	10318	3014	32.3
山西	Shanxi	16893	15648	13417	9793	3625	31.2
内蒙古	Inner Mongolia	19014	17698	18074	13995	4080	30.1
辽宁	Liaoning	20015	17713	18397	13280	5117	35.1
吉林	Jilin	16794	15411	15834	11679	4155	32.3
黑龙江	Heilongjiang	15096	13857	14173	10684	3489	35.4
上海	Shanghai	35739	31838	32575	23200	9375	33.5
江苏	**Jiangsu**	**25115**	**22944**	**20139**	**14357**	**5782**	**36.5**
浙江	Zhejiang	30135	27359	25853	17858	7995	34.3
安徽	Anhui	17627	15788	16145	11513	4632	38.0
福建	Fujian	24150	21781	20189	14750	5439	39.3
江西	Jiangxi	16558	15481	13923	10619	3304	39.5
山东	Shandong	21737	19946	17416	13118	4298	32.1
河南	Henan	17142	15930	13802	10838	2964	33.0
湖北	Hubei	17573	16058	15612	11451	4161	38.7
湖南	Hunan	17657	16566	16179	11825	4354	36.5
广东	Guangdong	26897	23898	24531	18490	6041	36.5
广西	Guangxi	18742	17064	16155	11490	4665	38.1
海南	Hainan	16930	15581	14362	10927	3435	44.8
重庆	Chongqing	18991	17532	16965	13335	3630	37.6
四川	Sichuan	17129	15461	16182	12105	4077	39.5
贵州	Guizhou	15139	14143	13479	10058	3421	39.9
云南	Yunnan	17479	16065	14693	11074	3619	41.5
西藏	Tibet	16539	14980	12054	9686	2369	50.0
陕西	Shaanxi	17065	15695	15560	11822	3738	37.1
甘肃	Gansu	14307	13189	12552	9895	2657	37.4
青海	Qinghai	15481	13855	13604	9614	3991	39.4
宁夏	Ningxia	17537	15344	16742	11334	5408	33.2
新疆	Xinjiang	15422	13644	13980	10197	3783	36.2

附录1－6 农村居民家庭人均收支情况(2010年)

Per Capita Income and Expenditure of Rural Household (2010)

单位:元 (yuan)

地 区 Region		总收入 Total Income	#纯收入 Net Income	#现金收入 Cash Income	总支出 Total Expenditure	#生活消费支出 Living Expenditure	#现金支出 Cash Expenditure	恩格尔系数(%) Engle Coefficient (%)
全 国	**National Total**	**8120**	**5919**	**7089**	**6992**	**4382**	**6307**	**41.1**
北 京	Beijing	15120	13262	14794	11864	9255	11753	32.4
天 津	Tianjin	13258	10075	12509	8329	4937	8211	41.7
河 北	Hebei	8294	5958	7249	6403	3845	6011	35.1
山 西	Shanxi	6394	4736	5667	5567	3664	5170	37.5
内蒙古	Inner Mongolia	9358	5530	7718	9114	4461	8093	37.5
辽 宁	Liaoning	10903	6908	9908	9605	4490	8938	38.2
吉 林	Jilin	10085	6237	8386	9182	4147	8646	36.7
黑龙江	Heilongjiang	11527	6211	10431	10982	4391	10536	33.8
上 海	Shanghai	14778	13978	14604	11974	10210	11799	37.3
江 苏	**Jiangsu**	**11139**	**9118**	**10231**	**9164**	**6543**	**8587**	**38.1**
浙 江	Zhejiang	15367	11303	15043	13647	8929	13375	34.2
安 徽	Anhui	6896	5285	5960	5910	4013	5377	40.7
福 建	Fujian	8993	7427	8270	7414	5498	6868	46.1
江 西	Jiangxi	7469	5789	6462	5904	3912	5219	46.3
山 东	Shandong	9877	6990	9094	7981	4807	7589	37.5
河 南	Henan	7293	5524	5900	5767	3682	5327	37.2
湖 北	Hubei	7699	5832	6664	6131	4091	5294	43.1
湖 南	Hunan	7480	5622	6433	6508	4310	5568	48.4
广 东	Guangdong	9387	7890	8639	7199	5516	6531	47.7
广 西	Guangxi	6182	4543	5152	5271	3455	4476	48.5
海 南	Hainan	6905	5275	6118	5068	3446	4369	50.0
重 庆	Chongqing	6727	5277	5313	5496	3625	4314	48.3
四 川	Sichuan	6983	5087	5626	6166	3898	5003	48.3
贵 州	Guizhou	4561	3472	3448	4350	2852	3339	46.3
云 南	Yunnan	5838	3952	4565	5523	3398	4293	47.2
西 藏	Tibet	5084	4139	3652	3475	2667	2622	49.7
陕 西	Shaanxi	5794	4105	5033	5998	3794	5562	34.2
甘 肃	Gansu	4772	3425	3856	4529	2942	3734	44.7
青 海	Qinghai	5042	3863	4096	5187	3775	4333	38.2
宁 夏	Ningxia	7331	4675	5879	7192	4013	6130	38.4
新 疆	Xinjiang	8807	4643	7517	8241	3458	7464	40.3

注:本表现金收支不含储蓄借贷。

Note: In This table, the cash income and expenditure exclude saving deposits and loans.

附录 1 -7 农林牧渔业总产值和增速(2010 年)
Gross Output Value and Growth Rate of Agriculture, Forestry, Animal Husbandry and Fishery (2010)

地 区 Region		农林牧渔业总产值 (亿元)	Gross Output Value of Agriculture, Forestry, Animal Husbandryand Fishery (100 million yuan)				农林牧渔业总产值比上年增长(%) Grouth Rate of Gross Output Value of Agriculture,Forestry, Animal Husbandry and Fishery Over Preceding Year(%)
			#农 业 Farming	#林 业 Forestry	#畜牧业 Animal Husbandry	#渔 业 Fishery	
全 国	**National Total**	**69319.8**	**36941.1**	**2595.5**	**20825.7**	**6422.4**	**4.4**
北 京	Beijing	328.0	154.2	16.8	139.6	11.5	-1.7
天 津	Tianjin	317.3	168.3	2.4	87.5	50.3	3.5
河 北	Hebei	4309.4	2470.1	51.3	1443.8	142.5	3.5
山 西	Shanxi	1047.8	669.0	65.0	250.8	6.1	6.2
内蒙古	Inner Mongolia	1843.6	900.4	76.6	822.4	15.9	6.2
							0.0
辽 宁	Liaoning	3106.5	1140.3	82.5	1270.6	491.0	5.8
吉 林	Jilin	1850.3	866.9	68.3	831.5	25.3	3.6
黑龙江	Heilongjiang	2536.3	1369.2	95.5	965.8	53.7	5.8
							0.0
上 海	Shanghai	287.0	155.3	7.5	62.9	52.6	-5.1
江 苏	**Jiangsu**	**4297.1**	**2269.6**	**78.1**	**923.3**	**805.2**	**4.4**
浙 江	Zhejiang	2172.9	1041.3	119.4	448.4	522.2	2.9
安 徽	Anhui	2955.4	1544.4	135.3	865.0	294.8	4.5
福 建	Fujian	2307.1	976.6	189.4	380.3	674.2	3.5
江 西	Jiangxi	1900.6	801.4	186.8	584.1	255.6	4.0
山 东	Shandong	6650.9	3670.1	86.5	1774.5	847.4	3.6
							0.0
河 南	Henan	5734.2	3540.8	115.3	1805.9	71.2	4.6
湖 北	Hubei	3502.0	1921.7	65.4	925.0	458.6	4.5
湖 南	Hunan	3787.5	2059.6	207.4	1118.2	232.7	4.3
广 东	Guangdong	3754.9	1760.2	176.3	947.2	741.4	4.3
广 西	Guangxi	2721.0	1339.6	173.5	870.7	247.2	4.7
海 南	Hainan	821.3	341.7	123.8	158.6	173.5	6.1
							0.0
重 庆	Chongqing	1021.1	623.3	30.4	326.6	27.2	5.9
四 川	Sichuan	4081.8	2069.3	112.9	1705.2	129.8	4.5
贵 州	Guizhou	997.8	587.3	41.0	304.2	13.8	5.2
云 南	Yunnan	1810.5	925.6	184.2	588.8	48.1	4.7
西 藏	Tibet	100.8	46.1	2.5	48.9	0.2	3.5
陕 西	Shaanxi	1666.1	1107.2	35.2	435.0	8.3	5.8
甘 肃	Gansu	1057.0	757.6	18.5	181.8	1.2	5.7
青 海	Qinghai	201.3	92.1	3.8	101.5	0.1	6.7
宁 夏	Ningxia	305.9	195.1	8.7	82.1	8.0	7.8
新 疆	Xinjiang	1846.2	1376.9	35.3	375.8	12.7	4.9

注:本表绝对数按当年价格计算,增速按可比价格计算。

Note: In This Table the absolute value is counted with current price, while the growth rate is counted with comparable price.

附录1-8 主要农产品产量（2010年）
Output of Major Agricultural Products (2010)

单位:万吨 (10000 tons)

地区	Region	粮食 Grain	油料 Oil-bearing Crops	棉花 Cotton	肉类 Meat	奶类 Milk	水果 Fruit
全国	**National Total**	**54647.7**	**3230.1**	**596.1**	**7925.8**	**3748.0**	**21401.4**
北京	Beijing	115.7	1.6	0.0	46.3	64.1	115.2
天津	Tianjin	159.7	0.6	6.3	42.6	69.3	60.0
河北	Hebei	2975.9	140.3	57.0	416.7	449.1	1612.4
山西	Shanxi	1085.1	17.6	6.9	72.4	74.9	474.9
内蒙古	Inner Mongolia	2158.2	128.1	0.1	238.7	945.7	278.2
辽宁	Liaoning	1765.4	99.6	0.1	406.7	126.7	733.1
吉林	Jilin	2842.5	70.4	0.5	238.9	44.6	218.0
黑龙江	Heilongjiang	5012.8	27.5	0.0	197.9	558.8	279.6
上海	Shanghai	118.4	2.3	0.4	26.2	24.7	101.9
江苏	**Jiangsu**	**3235.1**	**152.0**	**26.1**	**366.6**	**57.3**	**738.6**
浙江	Zhejiang	770.7	39.5	2.9	175.1	20.3	701.3
安徽	Anhui	3080.5	227.6	31.6	376.9	20.5	805.3
福建	Fujian	661.9	26.6	0.0	180.2	15.7	642.8
江西	Jiangxi	1954.7	107.6	13.1	289.9	11.9	468.4
山东	Shandong	4335.7	342.2	72.4	704.4	271.6	2793.8
河南	Henan	5437.1	540.7	44.7	638.4	307.9	2394.0
湖北	Hubei	2315.8	311.8	47.2	379.3	30.4	778.5
湖南	Hunan	2847.5	195.3	22.7	494.8	7.8	788.4
广东	Guangdong	1316.5	88.2	0.0	441.1	14.5	1235.9
广西	Guangxi	1412.3	45.8	0.2	387.8	8.2	1094.4
海南	Hainan	180.4	9.5	0.0	68.5	0.2	375.1
重庆	Chongqing	1156.1	44.4	0.0	192.5	8.0	238.5
四川	Sichuan	3222.9	268.5	1.4	656.6	70.3	722.9
贵州	Guizhou	1112.3	60.3	0.1	179.1	4.6	123.5
云南	Yunnan	1531.0	34.2	0.0	321.4	54.1	397.9
西藏	Tibet	91.2	5.9	0.0	25.0	29.4	2.2
陕西	Shaanxi	1164.9	56.1	6.9	102.6	177.6	1476.5
甘肃	Gansu	958.3	64.1	7.6	84.4	36.3	488.5
青海	Qinghai	102.0	34.4	0.0	28.3	26.3	3.8
宁夏	Ningxia	356.5	20.8	0.0	25.7	84.5	228.9
新疆	Xinjiang	1170.7	66.6	247.9	121.7	132.8	1028.8

附录1-9 主要工业产品产量(2010年)
Output of Major Industrial Products (2010)

地区	Region	发电量(亿千瓦小时) Electricity (100 million kW·h)	生铁(万吨) Pig Irom (10000 tons)	粗钢(万吨) Rough Steel (10000 tons)	钢材(万吨) Steel Products (10000 tons)	水泥(万吨) Cement (10000 tons)	农用化肥(万吨) Chemical Fertilizers (10000 tons)	汽车(万辆) Truck (10000 units)	布(亿米) Cloth (100 million meter)
全国	**National Total**	**42065**	**59022**	**62696**	**79775**	**188000**	**6741**	**1827**	**800**
北京	Beijing	269.0	411.9	427.5	794.0	1049.0	0.2	150.3	0.0
天津	Tianjin	589.1	1926.4	2162.1	4483.7	809.7	1.5	73.8	2.6
河北	Hebei	1993.2	13705.4	14458.8	16757.2	12594.3	174.4	71.0	54.8
山西	Shanxi	2151.0	3355.4	3048.7	2862.0	3297.7	331.8	0.3	0.5
内蒙古	Inner Mongolia	2483.9	1357.0	1232.8	1341.4	5370.3	180.1	5.2	1.0
辽宁	Liaoning	1295.1	5470.6	5202.4	5661.8	4777.1	71.5	70.8	6.5
吉林	Jilin	604.6	691.7	827.2	875.8	3974.6	27.3	164.2	0.4
黑龙江	Heilongjiang	776.7	555.7	652.7	566.0	3507.2	64.9	24.8	0.3
上海	Shanghai	876.2	1901.4	2214.3	2475.9	670.8	2.5	169.9	1.7
江苏	**Jiangsu**	**3359.0**	**5211.3**	**6242.8**	**9123.0**	**15647.5**	**242.0**	**72.9**	**88.5**
浙江	Zhejiang	2567.8	915.6	1228.5	2832.6	11275.3	32.7	31.9	159.0
安徽	Anhui	1443.9	1844.9	1853.8	2446.4	7873.7	255.5	118.9	10.9
福建	Fujian	1356.3	558.8	1086.9	1340.6	5793.2	57.9	19.5	31.2
江西	Jiangxi	664.4	1673.9	1834.0	1951.6	6220.5	113.4	37.3	8.1
山东	Shandong	3042.7	5515.6	5256.1	6672.2	14749.2	976.9	81.9	139.1
河南	Henan	2191.9	2073.9	2327.4	3196.4	11479.7	415.6	23.5	39.3
湖北	Hubei	2043.0	2311.0	2498.7	2894.7	8982.9	891.8	157.8	46.4
湖南	Hunan	1226.2	1700.6	1766.5	1811.7	8701.2	355.9	16.6	4.7
广东	Guangdong	3237.0	806.7	1239.3	2918.9	11536.7	62.2	134.8	28.3
广西	Guangxi	1031.8	1109.7	1201.2	1554.2	7455.5	85.6	136.6	0.2
海南	Hainan	152.6	0.0	0.0	14.5	1264.1	66.6	13.6	0.0
重庆	Chongqing	504.3	417.4	456.1	718.2	4598.0	180.2	161.4	8.4
四川	Sichuan	1799.4	1593.8	1581.0	1976.6	13227.6	510.2	10.2	14.9
贵州	Guizhou	1385.6	366.6	360.5	391.0	3694.8	384.9	0.8	0.1
云南	Yunnan	1364.8	1329.0	1293.8	1213.1	5605.4	362.1	10.2	0.0
西藏	Tibet	21.0	0.0	0.0	0.0	219.1	0.0	0.0	0.0
陕西	Shaanxi	1112.3	513.8	604.8	994.9	5463.8	82.7	65.2	7.5
甘肃	Gansu	791.5	625.5	662.3	699.2	2414.1	80.9	2.1	0.1
青海	Qinghai	468.2	111.7	137.3	137.9	811.1	312.6	0.0	0.0
宁夏	Ningxia	587.1	39.1	0.0	33.0	1357.5	95.1	0.0	0.0
新疆	Xinjiang	675.7	927.4	807.9	888.9	2374.1	158.3	0.2	1.0

附录1－10　全社会客货运量及货物周转量（2010年）

Passenger and Freight Traffic and Turnover Volume of Freight Traffic（2010）

地区 Region			客运量（万人）Total Passenger Traffic (10000 persons)	#铁路 Railway	#公路 Highway	货运量（万吨）Total Freight Traffic (10000 tons)	#铁路 Railway	#公路 Highway	货物周转量（亿吨公里）Turnover Volume of Freight Traffic (100 million ton-km)	#铁路 Railway
全	**国**	**National Total**	**3269508**	**167609**	**3052738**	**3241807**	**364271**	**2448052**	**141838**	**27644**
北	京	Beijing	135045	8915	126130	21762	1578	20184	877	775
天	津	Tianjin	24525	2594	21883	40014	7243	20855	10065	510
河	北	Hebei	90847	7558	83289	156596	18508	135938	8071	3618
山	西	Shanxi	38423	5753	32606	124367	63530	60819	2840	1870
内蒙古		Inner Mongolia	24043	4213	19830	137231	52069	85162	4713	2452
辽	宁	Liaoning	101525	13336	87699	158485	20690	127361	9029	1403
吉	林	Jilin	64486	5770	58577	40728	7489	33013	1282	598
黑龙江		Heilongjiang	46895	10602	36001	59314	17717	40582	1826	1057
上	海	Shanghai	10233	6095	3634	87256	959	40890	18918	26
江	**苏**	**Jiangsu**	**226627**	**9711**	**215850**	**188565**	**6374**	**123500**	**6112**	**337**
浙	江	Zhejiang	226945	8082	215708	171037	4385	103394	7117	342
安	徽	Anhui	159388	5552	153697	228104	12091	183658	7153	1017
福	建	Fujian	75798	3640	70714	66083	3705	45575	2977	179
江	西	Jiangxi	76447	5588	70628	100635	5677	88445	2720	687
山	东	Shandong	249358	6679	240044	301313	21314	264366	11833	1533
河	南	Henan	167223	8338	158630	202962	14721	183291	7202	2042
湖	北	Hubei	103268	6013	96873	93422	6249	71020	3097	873
湖	南	Hunan	156404	7250	148235	149540	6094	127635	2927	1045
广	东	Guangdong	456138	11673	442224	192344	8563	140689	5711	334
广	西	Guangxi	75751	3148	72208	115475	9091	93552	2927	891
海	南	Hainan	44209	84	42785	22455	542	13947	995	7
重	庆	Chongqing	126066	2664	122125	81377	2279	69438	2016	186
四	川	Sichuan	241868	8148	230988	134306	8052	121017	1808	748
贵	州	Guizhou	70819	3437	65452	39735	7991	30834	1006	706
云	南	Yunnan	39407	2446	36230	51564	5497	45665	947	392
西	藏	Tibet	8165	99	8066	982	30	952	39	12
陕	西	Shaanxi	93171	5411	87457	104414	27121	77123	2465	1268
甘	肃	Gansu	53771	2273	51404	30270	6188	24050	1764	1240
青	海	Qinghai	10951	474	10439	11057	3095	7962	420	192
宁	夏	Ningxia	13560	539	12919	32325	6872	25453	819	280
新	疆	Xinjiang	31937	1524	30413	48459	6777	41682	1359	706

附录1－11　国内外贸易及旅游（2010年）
Domestic and Foreign Trade, Tourism (2010)

单位:亿美元　　(USD 100 million)

地区 Region		社会消费品零售总额(亿元) Total Ratail Sales of Consumer Goods (100 million yuan)	进出口总额 Total Value of Imports and Exports Through Customs	出口 Exports	进口 Imports	国际旅游人数(万人次) Total Number of International Tourists (10000 person-times)	#外国人 Foreigners	旅游外汇收入 Earnings from International Tourism
全国	**National Total**	**156998.4**	**29727.6**	**15779.3**	**13948.3**	**13376.2**	**2612.7**	**458.1**
北京	Beijing	6229.3	3014.8	554.6	2460.2	490.1	421.6	50.5
天津	Tianjin	2902.6	822.0	375.2	446.8	166.1	153.0	14.2
河北	Hebei	6821.8	419.3	225.7	193.6	97.7	85.3	3.5
山西	Shanxi	3318.2	125.8	47.1	78.7	130.3	82.1	4.7
内蒙古	Inner Mongolia	3384.0	87.2	33.3	53.8	142.8	140.0	6.0
辽宁	Liaoning	6887.6	806.7	431.2	375.5	361.8	307.0	22.6
吉林	Jilin	3504.9	168.5	44.8	123.7	82.0	72.2	3.1
黑龙江	Heilongjiang	4039.2	255.0	162.8	92.2	172.4	164.8	7.6
上海	Shanghai	6070.5	3688.9	1807.2	1881.7	733.7	593.1	63.4
江苏	**Jiangsu**	**13606.8**	**4657.9**	**2705.5**	**1952.4**	**653.5**	**473.5**	**47.8**
浙江	Zhejiang	10245.4	2534.7	1804.8	729.9	684.7	447.4	39.3
安徽	Anhui	4197.7	242.8	124.2	118.6	198.4	117.4	7.1
福建	Fujian	5310.0	1087.8	715.0	372.9	368.1	115.3	29.8
江西	Jiangxi	2956.2	214.7	134.2	80.5	114.0	39.9	3.5
山东	Shandong	14620.3	1889.5	1042.5	847.0	366.8	277.9	21.6
河南	Henan	8004.2	177.9	105.3	72.6	146.8	96.1	5.0
湖北	Hubei	7013.9	259.1	144.4	114.7	181.7	138.5	7.5
湖南	Hunan	5839.5	146.7	79.6	67.1	189.9	103.3	9.1
广东	Guangdong	17458.4	7846.6	4532.0	3314.6	3140.9	733.3	123.8
广西	Guangxi	3312.0	177.0	96.0	81.0	250.2	141.4	8.1
海南	Hainan	639.3	86.3	23.2	63.1	66.3	47.4	3.2
重庆	Chongqing	2938.6	124.3	74.9	49.4	137.0	104.0	7.0
四川	Sichuan	6810.1	327.8	188.5	139.3	104.9	75.0	3.5
贵州	Guizhou	1482.7	31.4	19.2	12.2	50.0	18.6	1.3
云南	Yunnan	2500.1	133.7	76.1	57.6	329.2	231.2	13.2
西藏	Tibet	185.3	8.4	7.7	0.6	22.8	21.4	1.0
陕西	Shaanxi	3195.7	120.8	62.1	58.7	212.2	155.2	10.2
甘肃	Gansu	1394.5	73.3	16.4	56.9	7.0	5.0	0.2
青海	Qinghai	350.8	7.9	4.7	3.2	4.7	3.4	0.2
宁夏	Ningxia	403.6	19.6	11.7	7.9	1.8	1.3	0.1
新疆	Xinjiang	1375.1	171.3	129.7	41.6	50.9	45.4	1.9

附录二

单位选介

Appendix II. Introduction of Units

2010年江苏省工业企业前一百家

（按主营业务收入排列）

江苏省电力公司
江苏沙钢集团有限公司
仁宝信息技术（昆山）有限公司
中国石化股份有限公司金陵分公司
纬新资通（昆山）有限公司
中国石化扬子石油化工有限公司
南京钢铁集团有限公司
徐州工程机械集团有限公司
中天钢铁集团有限公司
江苏华西集团公司
乐金显示（南京）有限公司
江苏中烟工业有限责任公司
江苏永钢集团有限公司
东风悦达起亚汽车有限公司
苏州三星电子电脑有限公司
无锡尚德太阳能电力有限公司
江阴兴澄特种钢铁有限公司
仁宝电子科技（昆山）有限公司
扬子江药业集团有限公司
江苏申特钢铁有限公司
达富电脑（常熟）有限公司
江苏新长江实业集团有限公司
江苏三房巷集团有限公司
东海粮油工业（张家港）有限公司
上海梅山钢铁股份有限公司
江苏阳光集团有限公司
仁宝资讯工业（昆山）有限公司
扬子石化－巴斯夫有限责任公司
镇江奇美化工有限公司
中国石化仪征化纤股份有限公司
纬创资通（昆山）有限公司
江阴市西城钢铁有限公司
南京夏普电子有限公司
波司登股份有限公司

江苏法尔胜泓昇集团有限公司
华芳集团有限公司
维维集团股份有限公司
南京华新有色金属有限公司
江苏恒力化纤有限公司
无锡夏普电子元器件有限公司
南京爱立信熊猫通信有限公司
远东控股集团有限公司
正文电子（苏州）有限公司
徐州矿务集团有限公司
海澜集团有限公司
江苏沙钢集团淮钢特钢有限公司
南京汽车集团有限公司
康准电子科技（昆山）有限公司
苏州三星电子有限公司
一汽解放汽车有限公司无锡柴油机厂
金东纸业（江苏）股份有限公司
亚邦化工集团有限公司
江苏三木集团有限公司
苏州佳世达电通有限公司
海力士半导体（中国）有限公司
江苏熔盛重工有限公司
江苏新时代造船有限公司
常州金源铜业有限公司
江苏双良集团有限公司
张家港市联合铜业有限公司
常州天合光能有限公司
江苏沃得机电集团有限公司
苏州乐轩科技有限公司
大亚科技集团有限公司
江苏扬子江船厂有限公司
亨通集团有限公司
纬智资通（昆山）有限公司

江苏江南化纤集团有限公司
大全集团有限公司
宝胜集团有限公司
南京LG新港显示有限公司
江苏新海石化有限公司
江苏飞达控股集团有限公司
中达电子（江苏）有限公司
仁宝光电科技（昆山）有限公司
益海（连云港）粮油有限公司
瑞仪光电（苏州）有限公司
江苏林洋新能源有限公司
海太半导体（无锡）有限公司
江苏华宏实业集团有限公司
江苏盛虹化纤有限公司
江苏中能硅业科技发展有限公司
江苏天工集团有限公司
通鼎集团有限公司
大屯煤电（集团）有限责任公司
常州东方特钢有限公司
红豆集团有限公司
联建（苏州）科技有限公司
江苏江润铜业有限公司
中天科技集团有限公司
江苏上上电缆集团有限公司
扬州大洋造船有限公司
晶澳（扬州）太阳能科技有限公司
红太阳集团有限公司
无锡江南电缆有限公司
嘉吉粮油（南通）有限公司
四海电子（昆山）有限公司
乐金化学（南京）信息电子材料有限公司
江苏国强镀锌实业有限公司
日立显示器（苏州）有限公司

2010年江苏省建筑企业前五十家

（按总产值排列）

江苏南通二建集团有限公司
江苏省苏中建设集团股份有限公司
江苏南通三建集团有限公司
江苏江都建设集团有限公司
南通四建集团有限公司
江苏省第一建筑安装有限公司
正太集团有限公司
南通建筑工程总承包有限公司
通州建总集团有限公司
江苏中兴建设有限公司
江苏弘盛建设工程集团有限公司
江苏省华建建设股份有限公司
江苏南通六建建设集团有限公司
江苏省金陵建工集团有限公司
南通建工集团股份有限公司
龙信建设集团有限公司
江苏邗建集团有限公司
江苏天宇建设工程有限公司
江苏省建筑工程集团有限公司
江苏江中集团有限公司
南通五建建设工程有限公司
中国核工业华兴建设有限公司
中建八局第三建设有限公司
苏州金螳螂建筑装饰股份有限公司
江苏盐城二建集团有限公司
苏州二建建筑集团有限公司
中铁四局集团第二工程有限公司
江苏顺通建设集团有限公司
中建工业设备安装有限公司
江苏省建工集团有限公司
南通华新建工集团有限公司
南通新华建筑集团有限公司
南京建工集团有限公司
锦宸集团有限公司
江苏广宇建设集团有限公司
启东建筑集团有限公司
江苏省盐阜建设集团有限公司
中煤第五建设有限公司
江苏省江建集团有限公司
江苏省交通集团有限公司
中铁大桥局集团第二工程有限公司
江苏中阳建设集团有限公司
南京市第六建筑安装工程有限公司
中铁二十局集团第一工程有限公司
江苏通州四建集团有限公司
南通华荣建设集团有限公司
中铁大桥局集团第四工程有限公司
江苏武进建筑安装工程有限公司
江苏三兴建工集团有限公司
南京大地建设（集团）股份有限公司

2010年江苏省房地产企业前五十家

（按销售面积排列）

沭阳县城区建设开发有限公司
江苏炜赋集团建设开发有限公司
南通天一置业有限公司
无锡市住房保障中心
扬州市邗江城市建设置业有限公司
南通市城镇房地产开发公司
江苏华商置业有限公司
江苏南大置业有限公司
金地集团南京置业发展有限公司
扬州新能源虎豹房屋开发有限公司
南京中冶正兴置业有限责任公司
上海绿地集团徐州新诚置业有限公司
无锡市华夏房地产开发有限公司
南京天华百润投资发展有限责任公司
中海发展（苏州）有限公司
金新控股集团有限公司
苏州市合景房地产开发有限公司
南京浦东房地产开发有限公司
连云港市住房保障中心
昆山世茂新发展置业有限公司
丹阳市天怡房屋建设开发有限公司
江苏吴中地产集团有限公司
上海中星集团宜兴置业有限公司
响水县城市资产投资有限公司
扬州市邗江酒甸房地产开发公司
盐城市宝龙置业发展有限公司
南京万达广场投资有限公司
中新苏州工业园区置地有限公司
徐州东方房地产开发有限公司
涟水帝豪置业有限公司
常州市大为房地产开发有限公司
无锡金科房地产开发有限公司
常州新城房产开发有限公司
扬州骏和置业有限公司
徐州世茂新城房地产开发有限公司
盐城泽园房地产开发有限公司
上海绿地集团淮安置业有限公司
淮安市温州工业园项目开发有限公司
无锡苏源置业有限公司
常州新龙创置房地产开发有限公司
江苏新能源置业集团有限公司
海门中南世纪城开发有限公司
泰兴市佳美房地产开发有限公司
常熟市世茂新发展置业有限公司
昆山世茂蝶湖湾开发建设有限公司
泰兴嘉福房地产开发有限公司
上海绿地集团徐州置业有限公司
南京栖霞建设集团有限公司
徐州锦绣山水房地产有限公司
恒盛宝丰（南通）置业发展有限公司

2010年江苏省贸易零售企业前一百家

（按销售额排列）

苏果超市有限公司
昆山润华商业有限公司
江苏乐天玛特商业有限公司
江苏五星电器有限公司
中石化壳牌（江苏）石油销售有限公司
江苏无锡商业大厦集团有限公司
苏宁电器连锁集团股份有限公司
金鹰国际商贸集团（中国）有限公司
南京宏图三胞企业发展有限公司
江苏明都汽车集团有限公司
苏州礼安医药有限公司
南京朗驰集团有限公司
南京中央商场股份有限公司
徐州医药股份有限公司
南通文峰大世界连锁发展股份有限公司
苏州人民商场股份有限公司
苏州欧尚超市有限公司
常州亚泰五洲医药有限公司
南京新街口百货商店股份有限公司
国药控股江苏有限公司
南京宁星汽车维修服务有限公司
南京医药药事服务有限公司
无锡悦家商业有限公司
常州药业股份有限公司
昆山商厦股份有限公司
徐州金鹰国际实业有限公司
扬州金鹰国际实业有限公司
苏州函数集团有限责任公司
无锡市新纪元汽车贸易集团有限公司
宜兴新苏南商厦有限责任公司
江阴市全顺汽车有限公司
无锡八佰伴商贸中心有限公司
江苏省上汽荣威汽车销售有限公司

华润万家（苏州）超市有限公司
江苏鹏润国美电器有限公司
常州百货大楼股份有限公司
江苏省医药公司
无锡宝诚汽车销售服务有限公司
苏州市石路国际商城有限责任公司
无锡山禾集团医药物流股份有限公司
无锡德尔汽车有限公司
南京药业股份有限公司
南京福中信息产业集团有限公司
苏州悦家超市有限公司
江苏新合作常客隆连锁超市有限公司
江阴华地百货有限公司
江阴市盛达汽车销售服务有限公司
苏州泰华商城有限公司
苏州苏宁电器有限公司
无锡德星汽车维修服务有限公司
江苏宏信商贸股份有限公司
江苏好享购物有限公司
苏州宝信汽车销售服务有限公司
昆山双鹤医药有限责任公司
江苏博特新材料有限公司
江苏苏盛商贸有限公司
苏州宏图三胞科技发展有限公司
苏州鹏润国美电器有限公司
常州市五星电器有限公司
常州市凯歌汽车销售有限公司
南京保福利投资管理有限公司
无锡市苏宁电器有限公司
苏州利星汽车服务有限公司
江苏中央新亚百货股份有限公司
镇江市八佰伴商场有限公司
苏州骏宝行汽车销售服务有限公司
扬州汇银家电有限公司

江苏华润万家超市有限公司
常州金太阳至尊家电有限公司
江苏悦达摩比斯贸易有限公司
常州宝尊汽车销售服务有限公司
南京大洋百货有限公司
南京悦家超市有限公司
江苏省中油泰富石油集团有限公司
南通苏宁电器有限公司
南京宁宝汽车服务有限公司
南京凡德汽车销售有限公司
第一汽车（苏州）服务贸易有限公司
南通文峰电器销售有限公司
徐州中央百大股分有限公司
徐州苏宁电器有限公司
宜兴市华地百货有限公司
苏州常隆雷克萨斯汽车销售服务有限公司
常熟市建发医药公司
江苏万帮明都汽车有限公司
沃尔玛（江苏）商业零售有限公司
江阴市广吉汽车经销有限公司
江苏万帮汽车有限公司
南京德基广场购物中心有限公司
江苏华通汽车销售服务有限公司
南京欧尚超市有限公司
连云港康缘医药商业有限公司
泰州第一百货商店股份有限公司
盐城商业大厦有限公司
常州新世纪商城有限公司
江苏卜蜂莲花连锁超市有限公司
南通宝城汽车销售服务有限公司
常熟市新合作常客隆购物广场有限公司
江苏盐阜人民商场有限公司
南京商厦股份有限公司

2010年江苏省外商投资企业出口前一百家

（按出口额排列）

仁宝信息技术(昆山)有限公司
纬新资通(昆山)有限公司
名硕电脑(苏州)有限公司
仁宝电子科技(昆山)有限公司
苏州三星电子电脑有限公司
达富电脑(常熟)有限公司
无锡尚德太阳能电力有限公司
仁宝资讯工业(昆山)有限公司
海太半导体(无锡)有限公司
友达光电(苏州)有限公司
苏州乐轩科技有限公司
纬智资通(昆山)有限公司
常州天合光能有限公司
苏州佳世达电通有限公司
乐金显示(南京)有限公司
仁宝光电科技(昆山)有限公司
江苏林洋新能源有限公司
江苏新时代造船有限公司
苏州三星电子液晶显示器有限公司
纬创资通(昆山)有限公司
希捷科技(苏州)有限公司
无锡夏普电子元器件有限公司
希捷国际科技(无锡)有限公司
康准电子科技(昆山)有限公司
扬州大洋造船有限公司
常熟阿特斯阳光电力科技有限公司
微盟电子(昆山)有限公司
瑞中电子(苏州)有限公司
佳能(苏州)有限公司
南京夏普电子有限公司
四海电子(昆山)有限公司
帝艾斯光电(苏州)有限公司
泰金宝光电(苏州)有限公司
南通中远川崎船舶工程有限公司
彩晶光电科技(昆山)有限公司
金东纸业(江苏)股份有限公司
索尼数字产品(无锡)有限公司
牧田(昆山)有限公司
南京爱立信熊猫通信有限公司
天弘(苏州)科技有限公司
罗技科技(苏州)有限公司
超威半导体技术(中国)有限公司
日立显示器件(苏州)有限公司
亚旭电子科技(江苏)有限公司
苏州冠捷科技有限公司
苏州爱普生有限公司
昶虹电子(苏州)有限公司
新义半导体(苏州)有限公司
伟创力电子技术(苏州)有限公司
南京LG新港显示有限公司
伟创力科技(吴江)有限公司
泰山光电(苏州)有限公司
联建(中国)科技有限公司
苏州佳世达光电有限公司
昆山扬皓光电有限公司
中达电子(江苏)有限公司
江苏扬子江船厂有限公司
昆山飞力仓储服务有限公司
常州亿晶光电科技有限公司
精英电脑(苏州工业园区)有限公司
夏普办公设备(常熟)有限公司
苏州三星电子有限公司
仁宝网路资讯(昆山)有限公司
正鹏电子(昆山)有限公司
苏州维信电子有限公司
苏州松下半导体有限公司
泰通(泰州)工业有限公司
佳能精技(苏州)办公设备有限公司
健鼎(无锡)电子有限公司
索尼电子(无锡)有限公司
华冠通讯(江苏)有限公司
菱翔光电(苏州)有限公司
快捷半导体(苏州)有限公司
柯尼卡美能达商用科技(无锡)有限公司
芬欧汇川(常熟)纸业有限公司
华宝通讯(南京)有限公司
富翔精密工业(昆山)有限公司
英飞凌科技(无锡)有限公司
凯博电脑(昆山)有限公司
江阴浚鑫科技有限公司
启佳通讯(昆山)有限公司
江苏韩通船舶重工有限公司
南京乐金熊猫电器有限公司
泰州乐金电子冷机有限公司
尼康光学仪器(中国)有限公司
阳立电子(苏州)有限公司
华映视讯(吴江)有限公司
明基材料有限公司
川奇光电科技(扬州)有限公司
富港电子(昆山)有限公司
莱克电气股份有限公司
统宝光电(南京)有限公司
南通富士通微电子股份有限公司
太仓中集集装箱制造有限公司
江苏韩泰轮胎有限公司
万福阁家具(昆山)有限公司
好孩子儿童用品有限公司
江阴兴澄特种钢铁有限公司
达明电子(常熟)有限公司
松下能源(无锡)有限公司

2010 年江苏省内资企业出口前一百家

（按出口额排列）

苏州得尔达国际物流有限公司
江苏汇鸿国际集团有限公司
江苏国泰国际集团有限公司
江苏舜天国际集团有限公司
苏州进出口（集团）有限公司
江苏苏美达集团公司
江苏沙钢集团有限公司
江苏天元船舶进出口有限公司
昆山海晨仓储有限公司
苏州三星电子家电有限公司
江苏苏豪国际集团股份有限公司
江苏弘业国际集团有限公司
江苏省海外企业集团有限公司
无锡市佳诚太阳能科技有限公司
江苏三房巷集团有限公司
国内贸易部口岸船舶工业公司
中国江苏国际经济技术合作公司
中国中材国际工程股份有限公司
江苏省纺织（集团）总公司
江苏新扬子造船有限公司
徐州工程机械集团进出口有限公司
苏州国信集团有限公司
苏州工业园区联合储运有限公司
南京纺织品进出口股份有限公司
江苏长电科技股份有限公司
江苏永钢集团有限公司
常州大华进出口（集团）有限公司
苏州工业园区得信国际物流有限公司
江苏联化科技有限公司
张家港保税物流园区苏润集装箱码头有限公司
江苏省中油泰富船舶燃料有限公司
南京健友生物化学制药有限公司
中船澄西船舶修造有限公司
江阴海润太阳能电力有限公司

丰立集团有限公司
江阴市华宏化纤有限公司
常州机械设备进出口有限公司
赛维 LDK 太阳能高科技（苏州）有限公司
常州对外贸易有限公司
欧贝黎新能源科技股份有限公司
金龙联合汽车工业（苏州）有限公司
江苏新科电子集团有限公司
南京中电国际贸易有限公司
金城集团进出口有限公司
常州大亚进出口有限公司
江阴澄星国际贸易有限公司
南通市经济技术开发区总公司
江苏阳光集团有限公司
江苏苏润高碳材股份有限公司
连云港远泰国际贸易有限公司
江苏省镇江船厂有限责任公司
南通江山农药化工股份有限公司
上海梅山钢铁股份有限公司
常熟三爱富中昊化工新材料有限公司
南京钢铁集团国际经济贸易有限公
江苏格林保尔光伏有限公司
无锡新中润国际集团中润有限公司
无锡小天鹅股份有限公司
常熟市龙特耐磨球有限公司
江苏阳光东升进出口有限公司
吴江海晨仓储有限公司
江苏江动集团进出口有限公司
苏州工业园区中外运物流有限公司
红太阳集团有限公司
中国石化化工销售有限公司南京经营部
常熟市波司登进出口有限公司
常州千红生化制药股份有限公司

中设（无锡）机械设备进出口有限责任公司
江苏华西集团公司
江苏美的春花电器股份有限公司
南京东沛国际贸易集团有限公司
无锡兴达泡塑新材料股份有限公司
泰州中航船舶重工有限公司
常州中弘光伏有限公司
无锡市金茂对外贸易有限公司
南京协鑫光伏电力科技有限公司
江阴市红柳被单厂有限公司
江苏索普（集团）有限公司
中化江苏有限公司
江苏金田集团有限公司
常州世方国际贸易有限公司
江苏鹿港科技股份有限公司
江苏优士化学有限公司
江苏华瑞国际实业集团有限公司
江阴市舒乐家用纺织品有限公司
张家港市沙洲纺织印染进出口有限
常州老三集团进出口有限公司
江苏泛华进出口有限公司
苏州亨利国际贸易有限公司
吴江市外贸集团公司
苏州胜利精密制造科技股份有限公司
江苏雅克科技股份有限公司
常州市东君光能科技发展有限公司
昆山叶水福物流有限公司
江阴市长江钢管有限公司
张家港市易华塑料有限公司
靖江亚星进出口有限公司
盐城市对外贸易有限公司
南京高速齿轮制造有限公司
扬州天华光电科技有限公司

2010年江苏省旅游涉外饭店前五十家

（按营业收入排列）

金陵饭店股份有限公司
无锡湖滨饭店
常州市富都商贸饭店
无锡市白金汉爵大酒店
江苏省钟山宾馆
南京维景国际大酒店
苏州新城花园有限公司
苏州香格里拉大酒店
苏州中茵皇冠假日酒店
玄武饭店
无锡凯宾斯基饭店
苏州金鸡湖凯宾斯基酒店
苏州张家港国贸酒店
南京中心大酒店有限公司
南通市文峰饭店
江阴国际大酒店有限公司
双门楼宾馆
常州溧阳市天目湖宾馆
苏州胥城大厦有限公司
南京国际会议大酒店
南京索菲特银河大酒店
泰州市会宾楼宾馆有限公司
苏州张家港市华芳金陵国际酒店
江苏新纪元大酒店有限公司
南京大吉温泉度假有限责任公司
江苏金丝利喜来登酒店
南京中山大厦
昆山马穆拉卡酒店有限公司
苏州尼盛万丽酒店
无锡金陵大饭店
徐州开元名都大酒店
古南都饭店
无锡太湖饭店
城市名人酒店
南京军区华东饭店
苏州市会议中心
苏州吴宫泛太平洋大酒店
南京状元楼酒店
侨鸿皇冠大酒店
南通新有斐大酒店
苏州吴江海悦花园大酒店
无锡锡州花园酒店
扬州迎宾馆
江苏国泰南园宾馆有限公司
苏州市吴江松陵饭店
江苏驿都国际酒店有限公司驿都金陵大酒店
无锡市雷迪森广场酒店
南京丁山花园酒店有限公司
苏州市苏苑饭店有限公司
无锡国际饭店

2010年江苏省旅行社前五十家

（按营业收入排列）

江苏康辉国际旅行社有限责任公司
无锡市中国旅行社有限责任公司
苏州青年旅行社股份有限公司
江苏舜天海外旅游有限公司
江苏省中旅旅行社有限公司
苏州中国国际旅行社有限责任公司
江苏海外旅游有限公司
无锡中国国际旅行社有限公司
中青旅江苏国际旅行社有限公司
江苏东方航空国际旅行社有限公司
苏州文化国际旅行社有限公司
苏州中旅国际旅行社有限公司
南京市中国旅行社有限公司
无锡江南国际旅行社有限公司
常州溧阳市天目湖旅行社有限公司
中国康辉苏州国际旅行社有限公司
中国康辉南京国际旅行社有限责任公司
常州国旅国内旅游有限公司
苏州海外旅游有限公司
江苏水乡周庄旅游股份有限公司
江苏金陵商务国际旅行社有限责任公司
南京中北国际旅行社
无锡海外旅游公司
无锡康辉旅行社有限公司
南京大华旅游有限责任公司
常州春秋国际旅行社有限公司
南京德高旅游有限公司
南京海外旅游公司
江苏省镇江市中国旅行社
江苏锦江华特国际旅行社有限公司
常州国旅旅行社有限公司
常州环球恐龙城旅行社有限公司
苏州和平国际旅行社有限公司
港中旅国际(无锡)旅行社有限公司
江阴市中国旅行社有限公司
苏州职工国际旅行社有限公司
常州青年国际旅行社有限公司
无锡中国青年旅行社有限公司
江苏阳光国际旅行社
江苏省镇江春秋国际旅行社有限公司
镇江友好旅行社有限公司
无锡市二泉国际旅行社
南京佰祥旅行社有限公司
南京人人旅行社有限公司
江阴市华西旅行社
江苏省民族国际旅行社有限公司
苏州常熟沙家浜国内旅行社
南京大华国际旅行社
扬州中国青年旅行社
无锡春秋国际旅行社有限责任公司

中国统计出版社最新图书简目

（仅供参考，以最后出书为准）

统计资料

中国统计年鉴－2011	中国统计摘要－2011	国际统计年鉴－2011
2011 中国发展报告	中国第三产业统计年鉴－2011	中国区域经济统计年鉴－2011
中国劳动统计年鉴－2011	中国社会统计年鉴－2011	中国城市统计年鉴－2009
中国建筑业统计年鉴－2011	中国人口和就业统计年鉴－2011	中国工业经济统计年鉴－2011
中国商品交易市场统计年鉴－2011	中国房地产统计年鉴－2011	中国能源统计年鉴－2011
中国民政统计年鉴－2011	中国贸易外经统计年鉴－2011	2011 中国地区经济监测报告
中国科技统计年鉴－2011	中国农村统计年鉴－2011	中国农产品价格调查年鉴－2011
中国高技术产业统计年鉴－2011	中国教育经费统计年鉴－2010	中国农村贫困监测报告－2011
全国农产品成本收益资料汇编－2011	中国科学技术协会统计年鉴－2011	工业企业科技活动资料－2011
大中型批发零售和住宿餐饮企业统计年鉴－2011	中国城市(镇)生活与价格年鉴－2011	
中国县(市)社会经济统计年鉴－2011	中国农村住户调查年鉴－2011(中、英文)	中国农村全面建设小康监测报告－2011
第二次全国 R&D 资源清查资料汇编－综合卷	第二次全国 R&D 资源清查资料汇编－工业企业卷	中国零售和餐饮连锁企业统计年鉴－2011
2010 年中国第六次人口普查公报		

2011 年省级综合统计年鉴系列

北京　天津　河北　山西　内蒙古　辽宁　吉林　黑龙江　上海　江苏　浙江　安徽　福建　江西　山东

河南　湖北　湖南　广东　广西　海南　重庆　四川　贵州　云南　西藏　陕西　甘肃　青海　宁夏

新疆　新疆生产建设兵团

2011 年市(县)级综合统计年鉴系列

天津滨海新区　石家庄　唐山　邯郸　太原　大同　长治　阳泉　晋城　朔州　晋中

运城　忻州　临汾　呼和浩特　包头　沈阳　大连　长春　吉林市　四平　哈尔滨　黑龙江垦区

上海浦东新区　苏州　无锡　常州　徐州　南通　盐城　镇江　江阴　丹阳

杭州　宁波　绍兴　台州　温州　金华　嘉兴　衢州　福州　福州经济技术开发区

厦门经济特区　南昌　上饶　济南　青岛　潍坊　郑州　洛阳　三门峡　南阳　武汉　宜昌

十堰　荆州　咸宁　长沙　广州　东莞　惠州　深圳　桂林　南宁　柳州　来宾　河池　海口　成都

贵阳　昆明　庆阳　西安　兰州　银川　乌鲁木齐　绵阳

“十一五”规划教材

非参数统计　医学统计学	概率论与数理统计　统计学	现代金融投资统计分析
多元统计分析　经济计量学教程	应用时间序列分析	统计指数理论及应用
统计数据处理概论	质量管理统计方法　社会统计学	多元统计分析实验
企业经营管理统计	市场调查与预测	统计学原理(非统计专业使用)
统计学:从数据到结论	国民经济核算教程(国民经济统计学)	概率论与数理统计(经济、管理类专业使用)

重点图书

挑大学选专业 2011—高考志愿填报指南　　挑大学选专业 2011—考研择校指南

一汽解放汽车有限公司无锡柴油机厂

钱恒荣　厂长

一汽解放汽车有限公司无锡柴油机厂（下称“一汽锡柴”）是中国第一汽车集团公司下属全资企业。工厂创建于1943年，占地面积80万平方米，员工3300人，总资产54亿元，拥有两大发动机基地、发动机再制造基地和改装车研制基地四大厂区，具备60万台柴油机和15000辆改装车的年产能力。

一汽锡柴具有国内领先的自主研发能力。工厂依托一汽技术中心优势，建成了产品开发流程和标准体系、产品开发过程管理体系等自主研发“五大体系”，搭建了节能环保技术、电子智能技术等自主研发“五大技术平台”，是柴油机行业唯一同时掌握VCU、GPS、EGR、发动机制动等多项关键核心技术、我国第一家研制成功四气门柴油机、第一家研制成功电控共轨柴油机、第一家研制成功两级增压柴油机并成功推广的企业。

奥威11升（CA6DM）发动机

一汽锡柴具有国内最为完备的产品体系。发动机产品有7大系列，排量跨越2到13升，功率覆盖40到500马力，以“省油、环保、可靠”的特点和“体贴、周到”的服务，成为卡车、客车及非道路机械的首选动力。

一汽锡柴是行业内第一家达到QS9001国际标准，国内唯一家同时获得“机械工业管理现代化企业”和“管理进步示范企业”的厂家，江苏省首家“卓越绩效管理孵化基地”，无锡市首届“市长质量奖”唯一获奖单位。

2010年，一汽锡柴以“313”战略完美收官，为工厂第三次创业划上了圆满句号。全年销售柴油机43.6万台，同比增长18%；销售改装汽车13000辆，同比增长58%；实现销售收入130亿元，同比增长36%。“313”战略期间，产销规模、赢利水平、利税总额、资产规模等指标实现翻番，增幅居行业前列。以“奥威”为代表的重型柴油机成为市场热销产品，销量增幅居行业第一，出口居行业前列。

面向2011年开始的第四次创业，一汽锡柴提出了建设具有核心竞争力的“自主锡柴、实力锡柴、和谐锡柴”的奋斗目标。工厂正以“争第一、创新业、担责任”为核心理念，开拓创新，昂扬奋进，打造“民族品牌，高端动力”，为推动一汽自主事业，促进汽车工业又好又快发展，实现人·车·社会和谐发展做出新的贡献。

地址：江苏省无锡市永乐东路99号
电话：0510-85014990
传真：0510-85016785
邮编：214026
网址：www.wxdew.com
免费服务热线：4008281199
免费销售热线：4008288998

厂门

江苏省徐州市

徐州地处苏、鲁、豫、皖四省接壤地区，现辖2市3县5区，幅员面积11258平方公里，总人口972.89万人，城市化水平达到53.9%，是淮海经济区区域性中心城市，也是江苏省重点建设的三大都市圈核心城市和四个特大城市之一。

“十一五”以来，徐州坚持以科学发展观为指导，紧抓省委、省政府振兴徐州老工业基地的战略机遇，全力以赴推进“两个率先”和全面小康建设进程，圆满完成了“十一五”各项目标任务。

国内某著名食品企业集团车间

商场内景

一、综合实力在加快发展中迈上新台阶

“十一五”时期，徐州GDP年均增长14.4%，财政一般预算收入年均增长32.1%，规模以上工业增加值年均增长19.5%，社会消费品零售总额年均增长19.1%，全社会固定资产投资年均增长27.8%，分别超过“十五”时期平均增速1.8、12.4、1.4、6.4和8.1个百分点。全市GDP继2008年突破2000亿元大关后，2010年达到2867亿元，是“十五”末的2.3倍。2006年徐州人均GDP首次超过全国平均水平，2010年更是达到4909美元，是“十五”末的2.4倍。全市经济结构在优化调整中

悠久的两汉文化

湖光楼色

呈现新格局，三次产业增加值占GDP的比重由“十五”末的14.2：50.6：35.2调整到2010年的9.7：52.0：38.3。

二、发展动力在扩大需求中实现新提升

“十一五”时期，全市累计完成全社会固定资产投资6639.9亿元，其中规模以上工业累计投资3555.9亿元，分别是“十五”时期的3.4倍和4.9倍。2010年，全市实现社会消费品零售总额948.25亿元，是“十五”末的2.4倍。2010末，全市限额以上贸易企业1260家，比“十五”末增加841家；亿元市场个数达27个，商品成交额651.56亿元。2010年，全市进出口总额41.61亿美元，出口总额26.31亿美元，实际到帐外资为10.13亿美元，分别是“十五”末的3.7倍、3.5倍和3.9倍。2010年末实有三资企业1620家，比“十五”末增加1021家。

三、民生改善在全面小康建设中取得新成效

根据《江苏省全面建设小康社会指标体系》中25个指标的初步监测结果，已经达标或超过日标值的指标21个，比2005年增加14个，总体指标达标率为84%。2010年，城镇居民人均可支配收入和农民人均纯收入分别为16762元元和7955元。城镇人均住房建筑面积和农村人均钢筋砖木结构住房面积分别达32.9平方米和41.4平方米。城乡卫生体系、社会保障体系进一步健全，全市卫生服务体系健全率达99.6%，城镇劳动保障三大保险各自覆盖面达96.8%，新型农村合作医疗覆盖面达99.2%；人民群众对社会治安的满意率、城镇社区居委会依法自治达标率、农村村委会依法自治达标率均为90%以上，达到全面小康标准。

果品丰收

城区新貌

国内某大型机械企业集团

江苏省常州市

东坡公园

“十一五”时期，常州加快发展、率先发展、科学发展取得了令人瞩目的成就。这五年，是常州结构调整进展最快、成效最明显的时期，是民生改善最为突出、百姓得实惠最多的时期；是城乡建设力度最大、面貌变化最为显著的时期，也是城市影响力不断扩大、对外形象迅速提升的时期。

综合实力跃升

2010年全市地区生产总值比2005年翻了一番多，地方一般预算收入是2005年的3倍，金融机构人民币存贷款余额达到4550.5亿元和3011.7亿元，分别比2006年年初增加2900.9亿元和1898.4亿元。五年固定资产投资达到7412亿元，外贸出口达到574.1亿美元，注册实际到帐外资达到100.5亿美元，分别是“十五”的3.3倍、3倍、4.7倍。五年累计引进总投资超亿美元的项目34个、新增世界500强投资项目20个。五年新增私营个体企业45236户，个体工商户138967家、个私注册资本1284.9亿元，分别比“十五”期间增长14.4%、28.7%、133.8%。销售收入超百亿元企业新增12家，累计达到13家；入库税收超亿元企业达到35家；五年上市企业新增11家，累计达21家。

结构调整优化

三次产业结构由2005年的4.3∶61.1∶34.6调整到2010年的3.3∶55.3∶41.4。规模以上工业实现产值7396.1亿元，是2005年的3倍。高新技术产业实现产值3798.2亿元，占规模以上工业产值的51.4%，比2005年提高了14.8个百分点。服务业实现增加值1261.4亿元，是2005年的2.8倍。国内外旅客总数突破2700万人，是2005年的2.1倍。规模农业面积达到136.4万亩，占全市耕地面积的比重达到61.4%，水稻单产实现全省“八连冠”。

科技创新发力

全社会研发投入占地区生产总值比重达到2.33%，连续10年被评为“全国科技进步先进城市”。以常州科教城为引领，探索形成了“经科教联动，产学研结合，校所企共赢”的新模式。全市引进重大研发机构59家，实施产学研项目2000余项；新建企业“两站三中心”392家，累计502家。获国家科技进步特等奖1项、一等奖1项、二等奖9项。引进海外人才1802人，创业团队300个。全市新标准认定高新技术企业达到476家，累计授权专利20241件，其中发明专利1412件。

城乡面貌巨变

城市骨架拉大、功能完善、管理创新、环境优化。建成区面积由2005年的150平方公里增加到230平方公里。运河南移、城市高架、快速公交、城际高铁、空港改造、奥体中心、博物馆、规划馆、大剧院等一批重大基础设施建成投运。建立了城市管

城市高架

理长效机制，实现建成区数字化城管全覆盖。累计新增城乡绿地11334公顷。市区60条河道全面整治，清水工程取得明显成效。全市所有村均达到“三清一绿”，50%以上村实现了“五化三有”。

民生改善突出

城乡居民收入连续五年保持两位数增长，实现了养老保险、医疗保险、住房保障制度全覆盖，跨入全国地级市相对富裕城市前10名。新建和改造提升市政公园绿地57个，对中心城区所有公厕全部免费开放。对388条背街小巷、103个菜市场实施改造提升。公交优先全面实施，行政村公交通达率达到100%，公交出行率比“十五”期末提高16.9个百分点。完成1000多万平方米、125个老小区的综合整治，50万老小区居民受益。

社会事业进步

教育事业均衡发展，所有辖市区均成为省教育现代化先进市（区），江苏工业学院成功提升为常州大学。医疗机构布局合理调整，以卫生服务中心为主体，卫生服务站为补充的社区卫生服务体系基本完成。文化事业繁荣兴旺，完成了市属文艺院团和部分文化经营性事业单位转企改制任务，三级公共文化服务体系基本建成，23件作品获得国家、省“五个一”工程奖。和谐安民工程取得显著成效，被评为“全国社会治安综合治理优秀市”。行政效能和依法行政水平不断提升，审批事项集中度达82%。

小松常林

快速公交

城区鸟瞰

常州科教城

奥体中心大剧院

恐龙园

江苏省苏州市>>>

苏州，是中国首批历史文化名城、重点风景旅游城市和国家创新型城市建设试点城市。古时苏州，因其精巧与秀美而闻名于世，素有“鱼米之乡、丝绸之府、园林之城、人间天堂”之美誉。今日苏州，以其创新活力与辉煌成就令世人瞩目，以占全国0.09%的面积和0.47%的人口，创造了占全国2.3%的GDP和2.3%的财政收入，所辖五个县级市综合实力长期位居全国百强县市前十位，成为中国经济最为活跃的地区之一。

>>>优越的区域位置

苏州地处江浙沪三省市交汇处，位居长三角高密度城市群和沿海开放城市带中心，毗邻上海。沪宁铁路、京沪高铁、沪宁城际铁路穿城而过，2.5小时直达长三角各主要城市，能够最大程度地享有上海的辐射优势和长三角地区的丰富资源。

>>>深厚的人文积淀

悠久的历史，孕育了独具魅力的吴文化。古代苏州，产生了孙武、范仲淹、沈括、唐寅、顾炎武等一大批政治家、思想家、军事军、科学家和艺术家。当代苏州，各个领域都涌现了一大批杰出人物，中国科学院和中国工程院院士中苏州籍院士达103位。

>>>坚实的产业基础

苏州是全国第二大工业城市，电子信息、新能源、医药及生物技术、新材料、软件和服务外包、节能环保等新兴支柱产业雄厚，现有国家级特色产业基地13个。2010年，苏州进出口总额2740.76亿美元，居全国第四；实际利用外资85.35亿美元，列全国第四，世界500强企业中有138家落户苏州。苏州拥有8个国家级开发区、9个省级开发区，先后建成各类科技创业孵化机构50家，其中省级以上43家，孵化规模居江苏省之首，形成了由开发区、产业园、孵化器等各类平台协调搭配的多层次创业孵化体系。

>>>完善的配套服务

苏州致力于营造亲才高效的服务环境，建立了姑苏人才计划服务中心“一站式”服务平台，出台了海外人才居住证制度和高层次人才享受特定生活待遇的制度规范，为各类引进人才在居留和出入

苏州博物馆

花桥国际商务城远眺

星海公园

苏州会展中心

境、落户、医疗、保险、住房、税收、通关、子女入学等方面提供最优服务。

>>>适宜的人居环境

苏州气候温暖湿润，四季环境宜人，既有园林之美，又有山水之胜，社会和谐安定，城乡安居乐业，连续五次被评为全国社会治安综合治理优秀市，是欧洲经济学人信息社推荐的全球最适宜居住城市之一。

“十一五”期间，苏州以转型升级的带头者、创新发展的领跑者、城乡一体的开拓者为高起点，定位城市发展战略和布局，积极弘扬“创新创业创优”的精神和“张家港精神”、“昆山之路”、“园区经验”，全市经济综合实力在加快转型升级中再上新平台，产业结构在加快构建现代产业体系中跨入新高度，开放优势和内生动力在发展方式转变中融合共进，科技进步和人才贡献在创新发展中成为增长新动力，城乡建设在现代化进程中加快融合，社会事业在和谐发展中全面进步，经济发展和生态建设在可持续发展中实现共赢，人民生活水平在巩固全面小康中继续提升。

留园

耦园

网师园

苏州国际科技园

苏州太湖公园（湿地公园）

江苏省淮安市

淮安市是一代伟人周恩来总理的故乡，是中国古文化的发源地之一，历史悠久，人文荟萃。早在新石器时期，就有先民活动，留下了载入史册的“青莲岗文化”。夏商周时期，因“交通灌溉之利甲于全国”成为列强争夺之地，先后为吴、越、楚国所有。秦始皇统一六国后，“始建淮阴县”。明清时期为漕运枢纽、盐运要冲，曾与运河沿线的扬州、苏州、杭州并称“四大都市”。千百年来，淮安历经风雨，多次更名，现为江苏省省辖市，下辖4区、4县，面积1.01万平方公里，总人口538.74万。

淮安位于江苏省北部中心位置、地跨淮河两岸，处于我国南北地理分界带上。境内平原广袤、是物产丰饶的鱼米之乡，已建成全省规模最大的设施化蔬菜栽培基地；矿产资源丰富，其中已经探明的岩盐储量达1300亿吨，居世界首位。自然风光独特，西有全国五大淡水湖之一的洪泽湖，东有盛产鱼虾蟹蟹的高邮湖、白马湖，盱眙第一山国家森林公园、铁山寺自然保护区风光秀丽。

淮安是国家历史文化名城、中国淮扬菜之乡、中国运河之都、中国优秀旅游城市、国家卫生城市、国家园林城市、国家环保模范城市、省级文明城市、全国双拥模范城市。境内有唐代文通塔、宋代镇淮楼、明代明祖陵以及“东方庞贝”水下泗州城，更有吴承恩故居、梁红玉祠、关天培祠等著名人文景点。

淮安的发展潜力巨大。淮安经济技术开发区升格为国家级，中国淮安出口加工区、中国淮安留学人员创业园等发展平台不断完善，台资集聚新高地加速形成；富士康科技城、台玻100万吨纯碱、天淮70万吨大无缝钢管等一批重大项目相继开工和竣工投产；千亿元级产业加快培育，新材料、新医药、软件和信息服务等战略性新兴产业迅速崛起。

淮安是迅速崛起的交通枢纽城市。境内公路、铁路、水路四通八达，已经建成的京沪、宁宿徐、淮盐、宿淮、宁淮等高速公路在境内联网成环，干线公路提档升级，新长铁路纵贯全境，宿淮铁路、盐河航道整治工程快速推进，南水北调、治淮等工程进展顺利，淮安涟水机场通航运营，初步形成了一个以高等级公路为主、水陆空并举的交通网络。

“十一五”以来，在市委、市政府的正确领

①楚秀园
②明清古闸
③入江水道
④古淮河生态公园
⑤钵池山公园

①西游记博览馆
②淮安涟水机场
③淮安火车站
④清浦大桥
⑤会展中心

导下，全市深入贯彻落实科学发展观，围绕建设苏北重要中心城市的发展定位，强力推进构筑大交通、培育大产业、发展大流通、繁荣大文化、开发大旅游的“五大建设”，有效应对国际金融危机的严重冲击，全面完成了“十一五”规划确定的各项目标任务，实现了经济社会又好又快发展。全市经济总量跨入超千亿元城市行列，人均GDP先后迈上2000、3000、4000美元三个台阶，财政收入越过三个百亿元大关，全年实现地区生产总值1345.07亿元，年均增长14.3%；财政总收入310亿元、一般预算收入141.43亿元，分别是“十五”末的4.1倍和5.3倍，年均增长32.6%和39.5%；利用外资实际到帐额10.5亿美元，年均增长72.9%；社会消费品零售总额464.81亿元，年均增长18.3%；城镇居民人均可支配收入17680元、农民人均纯收入7233元，年均分别增长14.2%和12.4%，主要经济指标增幅位于全省前列。“十二五”时期，淮安发展目标是总量翻一番，财政超千亿，建成生态市，全面达小康。淮安正以大力实施工业强市、科教与人才兴市、借港出海与开放带动、绿色发展、城乡统筹“五大战略”为抓手，向新的奋斗目标迈进。

中国淮扬菜文化博物馆

江苏省镇江市

焦山

北固山

2010年，是“十一五”规划的收官之年，是300多万镇江人民在市委、市政府的正确领导下攻坚克难快发展、后发先至促跨越的五年。过去的五年，综合实力大幅提升，地区生产总值、财政一般预算收入增长1.2倍和1.9倍，年均分别增长14.1%和24.0%，年均增幅分别高于“十五”0.7和1.9个百分点，人均GDP突破9000美元，财政一般预算收入占GDP比重提高1.7个百分点；过去的五年，扩大内需成效显著，累计完成全社会固定资产投资4106亿元，是“十五”的3.2倍，年均增长26.5%，高于“十五”3个百分点。社会消费品零售总额增长1.3倍，年均增长18.4%，高于“十五”4个百分点；过去的五年，对外开放危中抢机，累计实际利用外资60.5亿美元，是“十五”的2.4倍，年均增长22.1%。累计外贸出口209.32亿美元，是“十五”的3.6倍，年均增长18.5%。累计新批境外投资企业63家，投资额2.56亿美元；过去的五年，科技创新成果丰硕，研发（R&D）投入累计完成130亿元，年均增长29.3%，占GDP比重提高0.8个百分点。专利授权量累计1.63万件，是“十五”的7.4倍。科技进步贡献率提高4.2个百分点；过去的五年，民生保障全面进步，城镇职工养老、失业、医疗保险人数分别增加23.14、3.78

以创新促转型　以转型促跨越

行政中心

和22.4万人，覆盖率达98.2%、99.2%和98.4%，农村养老、医疗保险快速发展，养老参保率、新农合参合率分别达97.7%和100.0%；过去的五年，人民生活加快改善，城市居民人均可支配收入、农民人均纯收入增长86.2%和83.8%，年均分别增长13.2%和12.9%，年均增幅分别高于“十五”1.7和5.0个百分点；累计发放最低生活保障资金2.37亿元。回顾“十一五”，我市经济社会事业发展所取得的巨大成就，让我们倍感鼓舞！展望“十二五”，经济社会事业发展所呈现的跨越之势，让我们信心倍增！

2010年，是国内外宏观经济环境依然十分复杂的一年，全市上下紧扣“稳增长、调结构、惠民生”发展主题，坚定“跨越赶超，后发先至”的信心和勇气，坚持“跨越发展，创新驱动，绿色增长，和谐共享”发展战略不动摇，积极化解经济运行中各种不确定、不稳定因素所引发的各类矛盾和困难，国民经济保持回升回稳发展势头，实现了“高开稳走”的预期目标，运行质量提升加快、私个经济扩张加快、技术创新产出加快、产业升级步伐加快、企业效益改善加快、进档升位赶超加快，取得了增长速度逐步趋稳、发展方式积极转变、内外需求协调运行、效益质量快速好转、计划目标绩效良好的积极成果。

2011年，是国民经济“十二五”规划的开启之年，宏观经济形势仍将充满变数，通胀压力持续加大，加快发展方式转变更为紧迫，实现经济稳定增长任务更加艰巨。但，我们坚信，在市委、市政府的正确领导下，以市委五届十一次全委会精神为指导，坚持科学发展主题，突出转型升级主线，致力强市富民主要任务；坚持以创新促转型、以转型促跨越，就一定能实现“十二五”规划的良好开端，续写镇江国民经济社会事业科学发展、跨越发展、和谐发展的新篇章，以新的成就为建党90周年献礼！

江苏省泰州市

滨河广场

梅兰芳纪念馆

泰州地处江苏中部，长江北岸，是长三角中心城市之一。全市总面积5787平方公里，总人口504万，现辖靖江、泰兴、姜堰、兴化四个县级市和海陵区、高港区、医药高新区。2010年，全市实现地区生产总值2006.52亿元，财政总收入456.37亿元。泰州人民正牢记胡锦涛总书记对家乡的殷切嘱托，为把泰州建设得更加美好而团结奋斗。

历史悠久的文化名城。泰州有2100多年的建城史，秦称海阳，汉称海陵，州建南唐，文昌北宋，兼融吴楚越之韵，汇聚江淮海之风。千百年来，风调雨顺，安定祥和，被誉为祥瑞福地、祥泰之州。作为历史悠久的文化名城，人文荟萃、名贤辈出，施耐庵、郑板桥、梅兰芳是其中的杰出代表。泰州名胜古迹众多，千年古刹光孝寺、安定书院、明代园林日涉园、始建于南宋的“江淮第一楼”望海楼以及梅兰芳纪念馆、中国人民解放军海军诞生地纪念馆等纵贯古今，留存历史，文脉灵动；园博园、古银杏森林、溱湖湿地、水上森林等生态自然，风光绮丽，令人留连。

承南启北的水陆要津。泰州为苏中门户，自古就有“水陆要津，咽喉据郡”之称。优越的区位优势，凸显了泰州承南启北交通枢纽的重要地位。新长、宁启铁路，京沪、宁通、盐靖、江海高速公路纵横全境。泰州火车站6条黄金始发线路通往全国63个主要城市。国家一类开放口岸——泰州港联结远海大洋。泰州长江大桥将于2012年建成通车，苏中机场已开工建设。

特色鲜明的产业基地。泰州工业基础扎实，拥有一批有影响的特色产业。机电（船舶）产业已达千亿级规模。生物医药产业异军突起，中国医药城是全国唯一的国家级医药高新区，被列入国家创新体系。泰州是全国科技进步先进市，国家知识产权工作示范城市。实施开放创新“双轮驱动”战略，

会展中心

望海楼畔共晓色

国家一级港口——泰州港

泰州着力构建以传统优势产业装备制造，生物医药、电子信息、新能源三大新兴产业和若干个新兴产品集群为主体的“1+3+N”产业体系。泰州出口加工区成为推动产业转型升级的重要载体。泰州是创业投资的热土，一批世界知名企业落户泰州投资兴业。

和谐宜居的生态之城。泰州生态环境质量评价指数在江苏省领先，所辖四市全部建成国家级生态示范区。百姓安居乐业，社会和谐稳定。2010年城镇登记失业率控制在3.5%以内，“五大保险”覆盖率达98%以上，全市社会公众安全认可度达96.7%。泰州已建成国家卫生城市、国家环保模范城市、国家园林城市、中国优秀旅游城市、全国双拥模范城市，是江苏省历史文化名城、江苏省文明城市。

造船

造船基地

中国医药城

泰州坡子街商业中心

江苏省宿迁市

1996年成立的地级宿迁市，位于江苏省北部，属长三角经济圈和沿海开发带，是沿江经济带和东陇海产业带交叉辐射区，总面积8555平方公里，人口546万，下辖沭阳、泗阳、泗洪三县和宿豫、宿城两区。

历史悠久，人文荟萃。境内发现距今1000多万年亚洲最早的长臂猿化石；世界人类起源中心之一的双沟地区，5万年前就有古人类下草湾人逐水而居；新四军在此创建的淮北抗日民主根据地是全国19大根据地之一。在绵延的历史长河中，宿迁培育了无数光照史册的杰出人物，西楚霸王项羽、中国炮兵奠基人朱瑞等都生长于这片热土，刘少奇、陈毅等老一辈革命家曾在此浴血奋战。

区位独特、交通便捷。京沪、宁宿徐高速公路纵贯南北，徐宿淮盐高速公路横穿东西，高速公路质量和密度位居江苏前列，205国道、京杭大运河、新长铁路穿境而过；从市区乘车西至徐州观音国际机场40分钟，北至连云港白塔埠机场60分钟，南至淮安机场70分钟，东至连云港港口90分钟。宿宿淮铁路、徐宿淮铁路、运河中心港等现代化综合交通体系正在形成。

资源丰富、生态优越。宿迁是著名的“名酒之乡”、“杨树之乡”、“花木之乡”和“鱼米之乡”。被联合国环境规划署授予“环保节能新型示范城市”称号，并先后被评为“中国优秀旅游城市”、“全国平原绿化先进单位”和“国家园林城市”。森林覆盖率28.0%，中心城市绿化覆盖率40.6%；境内洪泽湖、骆马湖、大运河和古黄河更为城市增添了灵气与秀美。

锐意改革，开拓创新。近年来，作为全省唯一“经济社会发展综合改革试点市”，改革创新成果不断涌现。领导干部任前公示、引咎辞职、党政领导公推公选、公推直选等人事改革制度在全国推广；首创的工作成果倒逼法在全省推广；率先全省推行派驻（出）纪检监察机构统一管理，得到中纪委充分肯定；教育、卫生领域改革探索受到广泛关注；创业文化、低房价战略、城市综合执法等改革成果在省内外产生积极影响。

厚积薄发，跨越发展。“十一五”以来，全市大力推进工业化和城市化进程，经济总量迅速壮大，多项经济指标增速持续位居全省前列，呈现厚积薄发、跨越发展之势。一是经济总量跃上新平台。2010年，全市地区生产总值突破千亿元，达1064.09亿元，“十一五”年递增14.1%；人均地区

市政府全景

生产总值突破2万元大关，达22525元，“十一五”年递增15.4%；全部工业增加值386.37亿元，“十一五”年递增19.1%，其中规模以上工业增加值增速连续五年位居全省第一；财政收入两年连跨“百亿”台阶，2010年财政总收入205.8亿元，地方财政一般预算收入89.6亿元，“十一五”年均增速分别为51.4%和45.4%；规模以上固定资产投资652.85亿元，“十一五”年递增30.3%；社会消费品零售总额286.74亿元，“十一五”年递增21.2%。二是结构优化取得新成效。2010年，全市三次产业结构17.6：45.0：37.4，与2005年相比，一产下降8.4个百分点，二产和三产分别提高2.6和5.8个百分点；城镇化率48.3%，比2005年提高16.3个百分点；高新技术企业160个，产值71.55亿元，“十一五”年递增51.2%；进出口12.2亿美元，出口9.14亿美元，实际到帐外资1.81亿美元，“十一五”年均增速分别为51.4%、46.4%和40.1%。三是科学发展实现新突破。2010年城市居民人均可支配收入和农民人均纯收入分别为13784元和6975元，“十一五”年递增13.8%和12.7%；“十一五”期间新、改、扩建污水处理厂14座，污水处理能力35.5万吨/日，比2005年提高32.7万吨/日；财政支出中用于社会保障19.03亿元，比2005年增长2.3倍；教育、医疗、科技、人才等其它各项社会事业协调发展。

步入“十二五”，在市委三届八次扩大会议指引下，全市上下正以实现宿迁更大突破为己任，努力促进“三量提升”，全面实施“六大战略”，大力推进“七化进程”，力争早日完成省委省政府交办的“两大任务”，一个长三角地区重要的新兴工商城市、现代滨水城市、生态宜居城市和创新创业城市正在崛起。

雪枫公园

项王故里

精科电气

京杭运河水上服务区

太阳能板生产

洋河酒窖

江苏省江阴市

江阴位于中国江苏省东南部，是自上海溯江而上的第一座滨江港口城市。市辖11个镇、6个街道办事处、3个省级开发区，总面积988平方公里，总人口120万人。

2005年末，江阴建成全省首批小康市。“经济发展为什么？区域领先争什么？全面小康达标后干什么？”江阴以科学发展观为指导，创造性地提出了建设“幸福江阴”的战略构想，即：以民生为本，力求个个都有好工作，努力在增加就业创业机会中实现充分就业；以民富为纲，力求家家都有好收入，努力在拓宽增收渠道中共同提高城乡居民收入；以民享为先，力求处处都有好环境，努力在营造和谐优美环境中提高生活品质；以民安为基，力求天天都有好心情，努力在利益协调中促进社会和谐；以民强为重，力求人人都有好身体，努力在社会全面发展中提升人的文明、智慧和健康体质。

“十一五”期间，江阴以“五民五好”的幸福蓝图凝聚起各种力量，全面开启了符合江阴特色的科学发展新征程。“以人民幸福评估发展”的创新实践在历史长河中书写下耀眼的篇章；民生

城市一角

需求倒逼经济优化转型、经济发展保障民生改善提升，突出科技、人才、生态、文化、民生五大“关键词”，谱写了产业与城市同步转型、经济与社会同步提升、GDP和GNH协调并进的幸福江阴建设新篇章。2010年，“幸福江阴”项目获得第五届中国地方政府创新奖，得到了社会各界的广泛关注和人民群众的普遍认可，成为中国城市探索幸福社会建设的典型案例。95.87%的江阴百姓认为作为江阴人感到自豪和幸福。

五年来，江阴经济社会实现又好又快发展。江阴以全国万分之一的土地，千分之一的人口，创造了全国二百分之一的地区生产总值、二百五十分之一的财政收入、百分之一的上市公司和五十分之一的500强企业。2010年全市实现地区生产总值2000.92亿元，五年间年均增长20.5%；完成财政收入382.02亿元，年均增长28.7%，其中一般预算收入130.72亿元，年均增长22%。

五年来，江阴先后荣获首批国家生态市、国际花园城市、中国最佳经济活力魅力城市、中国十大和谐名城、国家可持续发展先进示范区等40多项全国性荣誉，被中央确定为改革开放30年全国18个典型地区之一，被誉为“科学发展的先行者”，在全国县域经济基本竞争力排名中实现“八连冠”。

江苏省江阴市

酒吧街

徐霞客故居

扬子江国际生物医药孵化园

江阴大桥

江苏省溧阳市

溧阳市委书记　盛建良

溧阳市人民政府市长　苏江华

溧阳位于苏浙皖三省交界处，总面积1535平方公里，总人口78.15万，辖10个镇（2个省级开发区）。溧阳历史悠久，自秦朝建县制以来已有2231年历史，1990年8月撤县建市。溧阳山水田林兼备，地貌特征为“三山一水六分田”，生态资源丰富。溧阳山清水秀，生态优美，人文荟萃，有“山水绝佳天目湖，感恩信义溧阳城”之美名。溧阳交通便捷，宁杭高速、扬溧高速于此交汇，104国道、芜太运河和建设中的宁杭铁路等横贯全境，距南京禄口国际机场仅80公里。溧阳是江苏省第三批全面小康达标的县级市。近年来，先后被评为《福布斯》中国大陆最佳商业城市、中国特色魅力城市200强、全国农村综合实力百强县(市)、全国县域经济基本竞争力百强县（市）、国家卫生城市、国家环保模范城市、中国优秀旅游城市，2010年通过国家生态市验收。综合实力日益增强。2010年全市实现地区生产总值424.66亿元，增长17.7%（现价）；完成财政收入80.01亿元，其中一般预算收入29亿元，分别增长20%和25.2%，已连续八年获省财政收入新增贡献先进单位。现代农业颇具特色。1997年我市被确定为江苏省唯一的“全国丘陵山区综合开发示范县”。2010年吸引“三资”10.6亿元开发农业，至2010年底，全市高效农业面积达64.3万亩；建成“一村一品”专业村105个、专业园107个，千亩以上农业开发基地达76个。天目湖白茶获国家农产品地理标志登记保护，并入选为人民大会堂特供茶和中国2010年上海世

四通八达的公路

博会“十大名茶”之一，溧阳白芹获国家工商总局证明商标。工业经济加快发展。2010年完成工业投入212.31亿元，同比增长22.3%。工业产销双双突破千亿元，金属冶炼及加工、机械装备制造、输变电设备、新型建材等四大支柱产业分别实现销售307.7亿元、164.1亿元、142.6亿元和83.4亿元，输变电产业基地被命名为江苏省输变电设备特色产业基地和省级科技产业园。申特、上上、华朋、金峰入选2010中国民营企业和中国制造业500强。溧阳是著名的“吊装之乡”、“电梯安装之乡”、“江苏省建筑之乡”。2010年完成建安业施工产值277.21亿元，实现劳务收入86亿元，分别增长28.8%、28%；正方园集团承建工程获“鲁班奖”。

旅游业发展亮点纷呈。全市拥有2个国家AAAA级景区、7个国家级工农业旅游示范点、200多家农庄。2010年成功举办第十一届中国溧阳茶叶节暨第六届天目湖旅游节，天目湖与台湾日月潭交流合作日益深化，两地互航“姊妹船”。天目湖景区入选20个最受欢迎的世博体验之旅示范点。全年接待国内外游客800万人次，实现旅游总收入70亿元，分别增长32.7%和29.6%。人民生活不断改善。深入实施“3910”民生工程，2010年，全市城镇居民人均可支配收入22912元、农民人均纯收入11368元，分别增长10.3%和12.6%。企业职工“三大保险”综合覆盖率98.15%；居民基本养老保险参保人数累计达16.7万人，城镇居民基本医疗保险实现全覆盖。调整提高了老年居民基础养老金、被征地农民政府保养金等补贴标准，新农合人均筹资标准提高到220元。社会保持和谐稳定，被评为江苏省法治县（市、区）创建工作先进单位和社会综合治理先进县（市）。

目前，溧阳正按照“绿色崛起，跨越发展”的战略，坚持科学发展主题，贯穿加快转变经济发展方式主线，以“硬碰硬转型升级、实打实开局起步”为工作主题，以深入开展“五比五看”创先争优活动为工作抓手，突出“品质溧阳”这一重点，着力提升溧阳的产业品质、城市品质、环境品质、生活品质和人文品质，努力把溧阳建设成为一个经济充满活力、科教文化发达、社会和谐稳定、生态环境优美、人民生活幸福的现代化特色生态城市。

天目湖全景

南山竹海

沙河抽水蓄能电站

江苏上上电缆集团有限公司

天目湖沙新村

江苏省溧阳市

明珠之夜

城市面貌

常州市武进区

南甸苑

武进区位于中国最具发展活力的长三角中心，距上海、南京、杭州各百余公里，北望长江，南枕太湖。全区总面积1246.6平方公里，辖14个镇、2个街道和2个省级开发区，户籍人口98.2万，常住人口近160万。

历史悠久的武进，正在打造底蕴深厚的文化重镇。武进自古民风淳朴，文教发达，历史上曾经出过进士1546名，其中状元9名，为全国县级之最。位于中心城区的淹城，是全国最古老、保存最完好的“三城三河”地面古城池遗址，距今已有2700多年历史，素有“明清看北京，隋唐看西安，春秋看淹城”的美誉。近年来，武进大力挖掘历史文化积淀，加大传承宣传力度，开发新的文化亮点，全面展现集传统、现代于一体的文化风貌。

实力强劲的武进，正在打造活力迸发的经济强区。近年来，武进加快转型升级，调整产业结构，激发创新活力，全力实施新兴产业倍增、传统产业提升、服务业提速、千亿产业和百亿企业培育四大计划，全面开展国家创新型科技园区建设，重点培育壮大先进装备制造、电子信息、新能源及环保、新材料、生物医药及医疗器材五大产业，经济社会发生了翻天覆地的变化，综合实力连续多年位居全国2700多个县(市、区)的前十位。2010年，完成地区生产总值1164亿元，实现全口径财政收入256亿元，地方一般预算收入85亿元；实现工业总产值3341亿元，其中规模工业产值2930亿元；工商登记注册外资12.5亿美元，实际到帐外资8.5亿美元，先后获得“中国最具投资潜力中小城市百强”第一名、“中国中小城市科学发展百强”第五名等全国性荣誉。

日新月异的武进，正在打造和谐宜居的现代新城。近年来，按照“南建北联、东拓西进、完善中心”的总体要求，武进不断加快城市化进程，中心城区5.6平方公里重点核心区基本建成，16.6平方公

里核心区功能加快完善，72平方公里城区框架全面拉开，居住、商业、商务等基础功能日益完善，一座现代化的新城轮廓已全面呈现。同时，围绕打造“生态武进、宜居武进”的目标，武进不断提升生态质量，先后通过了全国生态示范区、国家生态区验收，城乡居民生活和休闲环境更加舒适、优美；以建设“幸福武进”为目标，全面发展文体卫教等社会事业，着力提高居民生活水平，2010年，全区城镇居民人均可支配收入2.7万元，农村居民人均纯收入1.4万元，百姓安居乐业、社会和谐安定的良好局面得到进一步巩固。

前景广阔的武进，正在向着更新更高的目标迈进。在新一轮发展中，武进将紧紧围绕“奋战十二五，再展新宏图”的要求，以建设智慧武进、低碳武进、幸福武进为目标，全面推进产业转型升级、城乡统筹发展、生态环境提升、资源集聚集约、社会和谐稳定五大战略，全力促进经济、社会、管理同步转型，产业、人才、环境同步提升，效益、收入、福利同步增长，在全省、全国率先实现基本现代化。

①武进出口加工区
②科教城
③大学新村安置房
④城区新貌

春秋淹城

滆湖大桥雄姿

新天地公园

淹城春秋乐园

太湖湾环球动漫嬉戏谷园区鸟瞰图

西太湖国际智慧园

文化艺术中心

新农村风貌——横林镇狄凡村

常州市武进区

村民健身

改造后的农贸市场

中心城区

文化周末周周演

西太湖水域

南京市

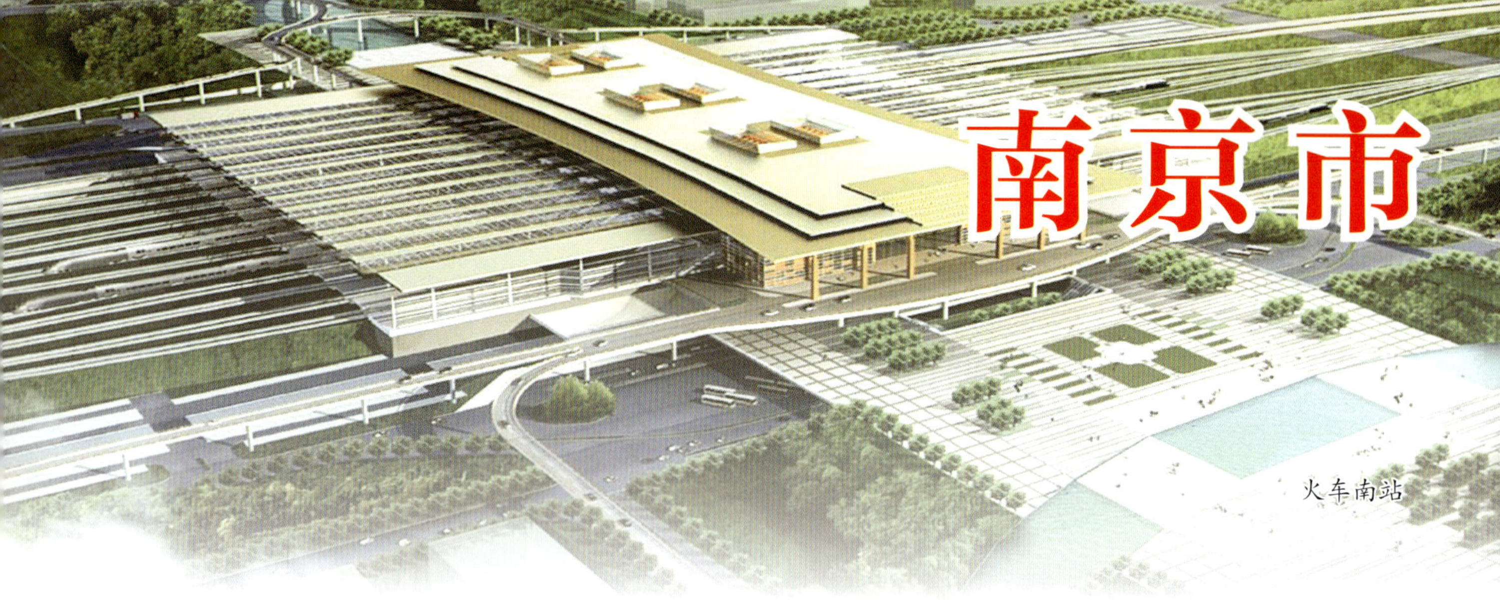
火车南站

江宁是南京现代品质新城区，从东西南三面环抱南京主城。2000年12月撤县设区，区域总面积1558平方公里，辖10个街道，户籍人口93万，流动人口60万。江宁历史悠久，人文荟萃。秦始皇37年建县，距今已有2200多年的历史。湖熟文化、阳山碑材、南京古猿人遗址等名胜古迹闻名中外，赋予了江宁深厚的历史文化底蕴。

2010年，江宁以“两个率先”为统揽，全面落实科学发展观，抢抓机遇，开拓奋进，经济社会继续呈现又好又快发展的良好态势。

综合实力跨越争先。2010年，地区生产总值突破620亿元，可比价增长15.1%；地方财政总收入157.2亿元，增长30%，其中地方一般预算收入90.3亿元，增长26.1%，列全省第五位；全社会固定资产投资630亿元，其中工业投入365亿元，分列全省第一和第二位。

特色产业基本形成。依托国家级江宁经济技术开发区、科学园、滨江开发区，以及汤山新城、禄口新城等一批特色平台，初步构建了汽车、电子信息、智能电网、新能源等主导产业集群，2010年规模以上工业总产值达1276亿元，高新技术产业产值占工业比重提高到59%。现代服务业发展迅速，软件销售收入、物流业务收入去年分别突破240亿元和200亿元。

自主创新不断深化。2010年全社会研发投入占GDP比重达3.2%，专利申请量和授权量均居全市第一；拥有高新技术企业133家、占全市总量的三分之一；入驻25所高校和200多家各类研发机构，累计建立博士后工作站及分站24家、院士工作站10家。科技人才总量达7.1万人，已有7人入选国家“千人计划”。

社会民生显著改善。2010年，财政用于民生投入达37亿元，同比增长20%。建成了充分就业区，城镇登记失业率控制在2.6%以下，

2010江宁区国际咨询顾问委员会年会

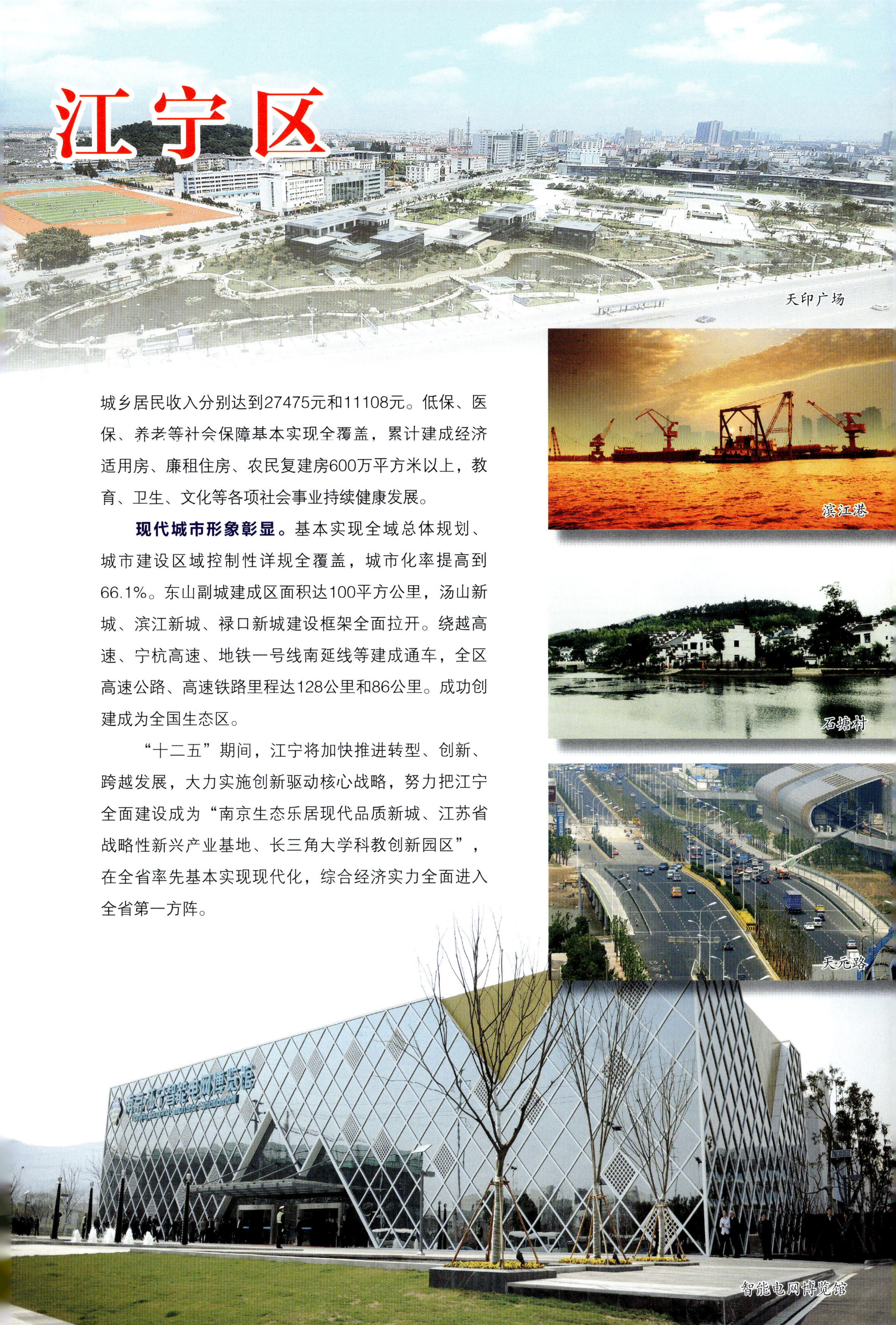

江宁区

天印广场

城乡居民收入分别达到27475元和11108元。低保、医保、养老等社会保障基本实现全覆盖，累计建成经济适用房、廉租住房、农民复建房600万平方米以上，教育、卫生、文化等各项社会事业持续健康发展。

现代城市形象彰显。基本实现全域总体规划、城市建设区域控制性详规全覆盖，城市化率提高到66.1%。东山副城建成区面积达100平方公里，汤山新城、滨江新城、禄口新城建设框架全面拉开。绕越高速、宁杭高速、地铁一号线南延线等建成通车，全区高速公路、高速铁路里程达128公里和86公里。成功创建成为全国生态区。

“十二五”期间，江宁将加快推进转型、创新、跨越发展，大力实施创新驱动核心战略，努力把江宁全面建设成为“南京生态乐居现代品质新城、江苏省战略性新兴产业基地、长三角大学科教创新园区”，在全省率先基本实现现代化，综合经济实力全面进入全省第一方阵。

滨江港

石塘村

天元路

智能电网博览馆

江苏省沛县

Peixian County Of Jiangsu Province

中共沛县县委书记、县人大常委会主任 冯兴振

县委副书记、沛县人民政府县长 李晓雷

沛县历史文化悠久,素有“千古龙飞地，帝王将相乡” 之称。沛县资源富集，已探明煤储量24亿吨，有部、省、市属8对矿井，年产原煤1200万吨，发电装机容量60万千瓦时。沛县目前已形成铝、盐、煤、电、农产品加工五大支柱产业。沛县交通便利，地处淮海经济区中心位置，为徐州、枣庄、济宁、商丘、淮北五市经济辐射交汇处。

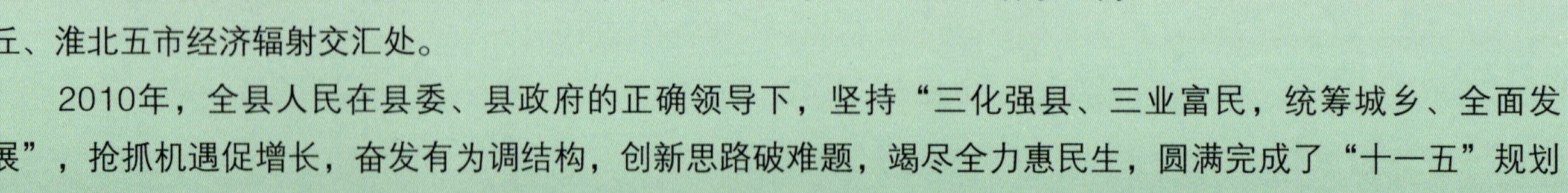

2010年，全县人民在县委、县政府的正确领导下，坚持“三化强县、三业富民，统筹城乡、全面发展”，抢抓机遇促增长，奋发有为调结构，创新思路破难题，竭尽全力惠民生，圆满完成了“十一五”规划各项目标任务，成为沛县历史上发展最快、城乡面貌变化最大、人民群众受益最多的时期。

争先进位，综合实力在科学发展中大幅跃升，跨入全国百强县行列。

2010年全县GDP实现300亿元，是“十五”末的2.4倍，年均增长15.2%。镇域经济支撑作用日益彰显，小康社会建设进程加快，综合实力跃进苏北五强，首次跨入全国百强。

转型升级，经济结构在特色发展中进一步优化，跻身全国产业发展能力百强县。

主导产业集聚发展，铝加工、煤盐化工、农产品加工三大特色主导产业产值占全县规模以上工业总产值的55%。冶金铸造、纺织塑编等传统产业提档加快。新兴产业起步良好，高竞统筹发展，城乡面貌在协调发展中显著改善，成为首批国家园林县城。

微湖晨光

铝产品加工

生态肉鸭基地

城市功能日趋完善，修编完善各类规划280项，城乡规划实现全覆盖。创新园区化提升产业、社区化提升功能、职业化提升素质“三化三提升”模式，创新“政府规划、群众自建、社会共助”新农村建设模式。生态环境持续优化。开展绿色城镇、绿色家园、绿色田园、绿色社区、绿色庭院“五绿”建设。推进“城管进乡镇”，组建了城管执法、环卫保洁、绿化管养三支队伍，镇区管理向制度化、长效化转变。

以人为本，民生优先在和谐发展中全面彰显，荣膺全国文明县城。

精神文明建设成果丰硕。积极开展文明单位、文明行业、文明村镇、十星级文明户等创建活动，城乡文明程度同步提高。大屯镇张公兰老人当选第二届全国道德模范。孙沛丽、刘庆超入选孝老爱亲“中国好人榜”。

沛县是一方充满希望的发展热土。在新一轮发展中，沛县将以科学发展观为指导，坚持“三主攻一推动”转型战略，以城镇化为战略重点，以园区化为关键路径，以改革创新为根本动力，以民生优先为根本原则，全力以赴推动全县经济社会发展再上新台阶，确保全面达小康，百强再进位。

江苏省邳州市

国家银杏博览园

沙沟湖农业示范园

“十一五”时期，邳州市抢抓苏北振兴、徐州老工业基地振兴历史机遇，大力弘扬昂扬向上、坚韧挺拔、心无旁骛、精诚团结的“水杉精神”，创新实施产业培育壮大、城镇统筹发展、高效农业提升扩面、和谐邳州建设“四大计划”，加快推进工业经济、城镇建设、农业产业、社会事业和管理“四个转型”，经济社会发展进入全国百强县第80位。综合实力显著提升。主要经济指标增幅连续五年高于全省平均水平，2010年全市地区生产总值365.4亿元，是2005年的2.9倍；财政总收入50.1亿元、一般预算收入23.1亿元，分别是2005年的5.2倍和5.1倍。产业结构持续优化。农业产业化走在全省前列，大蒜、银杏、设施种植、规模养殖快速发展，农产品出口全省第一。新型工业化快速推进，环保化工、板材家具、机械制造“三大主导产业”和食品医药、纺织服装、港口物流、石膏建材、电力能源、精细冶金“六大特色产业”以及新材料、新能源、生物技术和新医药、节能环保“四大新兴产业”集群发展，全市规模以上工业企业达到673家，总产值达719.4亿元，销售收入达到630亿元。现代服务业快速发展，2010年服务业增加值超过140亿元，三次产业结构占比调整到

楚韵汉风田园新城

风光秀丽的国家4A级景区–艾山九龙风景区

经济开发区

鲜切花设施种植基地

16.5：44：39.5。城乡面貌明显变化。城市建成区面积达到50平方公里，人口40万，分别比2005年增加25平方公里和15万人口，城区绿化覆盖率达到39.6%。55个村获得徐州市级以上优秀示范村，官湖镇成为全国小城镇建设试点镇，艾山九龙风景区创建为国家4A级景区。荣获中国优秀旅游城市、全国绿色小康示范市、江苏省文明城市、江苏省卫生城市和江苏省园林城市等称号。人民生活水平大幅提升。城镇居民人均可支配收入和农民人均纯收入分别达到15384元、8331元，社会保障体系逐步健全，社会各项事业全面发展，人民群众的幸福感和满意度普遍提高。

国家级大蒜标准化示范区

国家级银杏示范基地

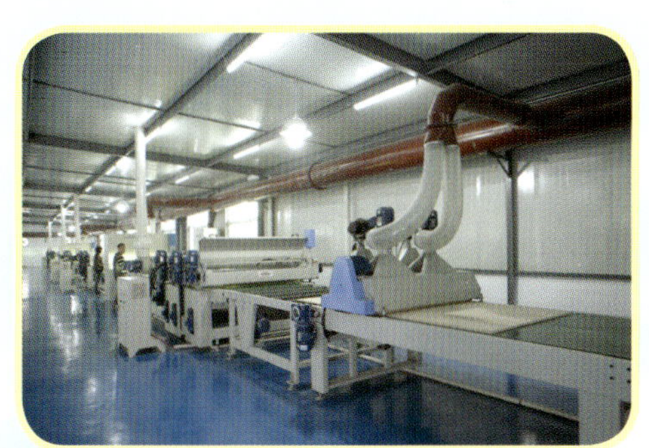
UV板生产线

中国大唐发电集团徐塘电厂

运河明珠　生态名城

徐州市铜山区

中共铜山区委书记　毕于瑞

中共铜山区委副书记、区长　刘广民

现代化设施农业

世界500强企业—美驰车桥

徐挖约翰迪尔机械制造

先进的现代制造业

铜山位于江苏省西北部，地处苏鲁豫皖四省交界处和淮海经济区中心，环抱历史文化名城徐州。铜山因境内微山湖中铜山岛而得名。古称大彭氏国，秦始置县，汉列“天下九州”之一，历称大彭、彭城、铜山，迄今已有4000多年历史。

铜山东临沿海开放区，西接中原腹地。欧亚大陆桥横贯东西，京杭大运河穿境而过，京沪、陇海两大铁路干线在此交汇，徐州观音国际机场距政府驻地40公里。三条高速公路（霍连、京福、宁宿徐）、四条国道（104、206、307、310）、六条市县一级公路及县乡公路网通达四面八方，新建的京沪高速铁路纵贯南北并将于年内通车，交通十分便利。。

铜山土地总面积2004平方公里，2010年末总人口130.23万人。现辖20个镇、1个农场、1个省级经济开发区，307个行政村，14个居民社区，8个办事处。

铜山是楚汉文化集中地，古迹众多，已发掘并被列入国家和省市重点文物保护单位的有彭祖庙、北洞山汉墓、汉画像石等文物古迹20多处。孕育出西汉刘向、东晋刘裕、南朝刘义庆、唐朝刘禹锡、宋朝陈师道以及郭影秋、李可染和喻继高等杰出人物。

2010年，全区人民在区委、区政府的正确领导下，紧紧围绕 “率先达小康，建设新铜山”的总体目标，全面落实科学发展观，认真贯彻宏观调控各项政策措施，将新型工业化、新城区建设、新农村建设、重点项目建设和谐社会建设作为工作重点。经济发展全面提速，经济运行质量进一步提高，在淮北地区率先实现全面小康。为苏北地区加快推进全面小康社会建设起到了积极的示范作用。

2010年实现GDP462.75亿元，比上年增长14.6%；财政总收入67.59亿元，地方一般预算收入27.4亿元，分别比上年增长35.5%和32.9%；农民人均纯收入9173元，比上年增长14.8%，城镇居民人均可支配收入17065元，同比增长15.1%。主要经济指标总量全省进位，实现了主要经济指标总量进苏南，均量进苏中，重要指标全省领先的新跨越。在2010年第十届全国县域经济基本竞争力百强县评比中位居第66位，比上届前移12位。

2010年9月铜山撤县建区后面临着发展县域经济和城区经济的双重机遇。当前和今后一个时期，铜山将按照新的发展定位，着力建设“两个中心”（先进制造业中心和徐州城市副中心）、“四大基地”（装备制造业基地、食品工业基地、能源工业基地、现代生态都市农业基地）、“六大产业”（工程机械、食品及农副产品加工、特种车辆制造、冶金、电子、现代服务业），全力加快国家高新区、国家现代农业样板区、国家级生态区、城乡统筹发展试验区以及和谐社会示范区建设。

铜山人民在率先建成全面小康社会的基础上，将向“率先实现基本现代化”的更高目标迈进！热忱欢迎国内外有识之士，前来投资创业，展现才华。

铜山的明天将会更加美好。

中国矿业大学-图书馆

铜山新区丰富的教育资源

铜山新区美丽夜景

铜山新区优美的环境

铜山新区优美的居住环境

2011年4月14日徐州市委、市政府召开“推进铜山区跨越发展动员大会”，市委书记曹新平做重要讲话

徐州经济技术开发区创建于1992年7月，1993年被省政府批准为省级开发区，2010年3月经国务院批准成为国家级开发区，是徐州市新型工业化示范区和高新技术产业集聚区。

2005年下半年以来，面对区域竞争和发展的严峻形势，徐州经济技术开发区全面拉开了“二次创业”的序幕。在省委、省政府，市委、市政府的正确领导和省市有关部门的关心支持下，开发区坚持以科学发展观为指导，紧紧围绕转变经济发展方式，深入推进思想观念和工作作风“两个转变”，秉持“激情、思路、办法”的工作理念和“马上办、办到位”的工作要求，从2006年开始，相继实施了“基础设施建设年”、“投资服务年”、“质量提升年”、“创新推进年”、“产业升级年”、“民生改善年”等系列主题实践工程，迎难而上，埋头苦干，开创了经济社会高速协调发展、一年一个新跨越的良好局面。主要经济指标年均增长达40%，在全省开发区中年均上升6至7个位次。2010年实现业务总收入1272亿元，是2005年的5.1倍，地区生产总值284.01亿元，是2005年的5.8倍；财政收入37.37亿元（不含基金），是2005年的7倍，一般预算收入16.19亿元，是2005年的7.1倍；进出口总额21.5亿美元，是2005年的8.4倍，到账外资5.52亿美元，是2005年的16倍；全社会固定资产投资143.5亿元，是2005年的11.4倍。

五年多来，徐州经济技术开发区实现了提前两年赶超淮海经济区首位开发区和成功晋升国家级开发区的战略目标，全面超额完成了“十一五”规划任务，从根本上打破了曾经的后进和被动局面，成为了全省增速最快、进位最快、成长最快的开发区之一，走出了一条经济增长、资源节约、生态和谐、民生改善的科学发展之路。

“十二五”期间，徐州经济技术开发区将乘势而上、再创辉煌，全力推进“二次创业”新一轮发展，加快建设“对外开放的先导区、产业升级的示范区、创新创业的活力区和生态宜居的新城区”，力争三年经济总量翻番，五年跻身国家级开发区第一方阵。

开发区拆迁安置小区一角

开发区金龙湖一角

开发区协鑫硅材料生产线

开发区艾德太阳能电池片生产线

开发区大功率发动机生产线

开发区卡特公司挖掘机生产线

常熟

CHANGSHU

世上湖山 天下常熟

ShiShangHuShan TianXiaChangShu

繁华商业街

常熟市是一座具有3000多年历史的国家历史文化名城，也是长江三角洲中心地带新兴的港口工业城市。2010年末，全市土地面积1264平方公里，常住人口151万人，户籍人口为106万人，城市化率达到70%。

“十一五”期间，全市上下坚持以科学发展观为统领，积极应对宏观环境变化，大力推进产业结构调整，优先发展创新型经济，全面统筹城乡发展，着力保障改善民生，保持了经济社会又好又快发展态势。综合实力大幅攀升。“十一五”期间，全市GDP年均增长15%，财政收入年均增长25.5%；2010年人均GDP超过2万美元，服务业增加值占GDP比重达41.8%。转型升级成效显著。新增国家级企业技术中心3家、国家创新型试点企业1家，按新标准认定高新技术企业83家，其中国家级16家，全社会研发经费支出占GDP比重达2.1%，高新技术产业产值占规模以上工业比重达28.1%。创新活力不断提升。城市环境持续优化。虞山尚湖生态环境不断优化，昆承湖生态城区初具形态，南湖生态修复全面启动，沙家浜湿地公园跻身国家级湿地公园。2010年，城市污水处理率达95%，城市绿化覆盖率达44.5%，空气优良率达97.5%。社会事业协调发展。2010年，全市养老保险覆盖率、社会养老保障率均达99%以上，城乡居民基本医疗保险参入率达98.6%，城乡社区卫生服务机构普及率和人口覆盖率均达100%。居民生活富裕安康。2010年，全市城镇居民人均可支配收入达到30738元，农村居民人均纯收入达到14664元，百户居民拥有私家车39.8辆，在江苏省县级市中均居前列。

农民住宅区

CHANGSHU

ShiShangHuShan TianXiaChangShu

全国文明村——蒋巷村

虞城夜景

高速公路交通枢纽

国家红色旅游经典景区——沙家浜

江苏省张家港市

张家港市位于中国长江下游南岸，是一座新兴港口工业城市。1986年撤县建市，以境内天然良港——张家港港而命名。全市总面积999平方公里，下辖8个镇1个现代农业示范园，户籍人口90万。张家港人杰地灵，物阜民丰，景色秀丽，文明和谐，是全国经济社会各项事业又好又快协调发展的先进典型。

张家港依托雄厚的综合实力，成为长三角经济发展的生力军。2010年全市实现地区生产总值1600亿元，地方一般预算收入116亿元，工业产品销售收入4650亿元。全市现有上市企业16家，有6家企业入选中国500强，其中，沙钢集团荣登全国民营企业榜首，位居世界500强企业415位。

张家港围绕打造全国最优美的宜居城市，坚持创新驱动、港城联动、城乡一体化和可持续发展战略，大力推进城市功能转型升级，不断丰富城市内涵，彰显城市个性，全方位提升城市品质，形成了功能优化、特色鲜明的"一城五区"城市发展格局。城西新区、暨阳湖生态园区高标准建成，城北科技新城和片区新城全面推进。

张家港地处长江三角洲腹地，东依上海，南连苏州，西邻无锡，北与南通隔江相望。地理位置优越，交通四通八达。张家港港口交通条件得天独厚，境内长江岸线长达65公里，内河等级航道111公里。沿江高速公路、锡张高速公路、204国道等干线公路构筑起了内外联通、快捷便利的城市交通网。

张家港坚持全方位对外开放政策，全市共有外资企业1300多家，2010年完成进出口总额250亿美元，境外投资1.6亿美元，连续七年领先全省县（市）。张家港口岸完成货物吞吐量2亿吨，集装箱运量112万标箱，保税物流园区的货运量、海关税收位居全国同类园区之首。

张家港现代服务业发展迅猛，2010年全市实现服务业增加值607亿元，完成社会消费品总额268亿元，专业市场成交额1722亿元，新增3A级以上物流企业4家，软件（动漫）产业园成为苏州市服务业发展重点集聚区，现代物流、文化创意、金融保险、现代商务、服务外包等发展加快。

张家港将紧紧围绕在全省率先基本实现现代化的目标定位，深入贯彻落实科学发展观，全面实施创新驱动、港城联运、城乡一体化和可持续发展战略，加快转变发展方式，推进经济社会转型升级，努力朝着“富有独特精神、临港产业发达、长江文化汇聚、生态优美宜居、各种文明形态高度协调”的现代化港口城市的宏伟目标迈进。

全国文明城市
联合国人居奖
国家生态市
全国环境保护模范城市
国家卫生城市
国家园林城市
全国文化先进市
全国科技进步先进市

江苏省昆山市

昆山三宝

城市交通

“十一五”期间，昆山深入学习实践科学发展观，以“两个率先”总揽全局，全力推进经济社会平稳较快发展，巩固和扩大了科学发展的领先优势，为率先基本实现现代化奠定了坚实的基础。

五年来，综合实力在率先发展中稳步攀升。“十一五”期间，地区生产总值由730亿元增加到2100.3亿元，按现价计算年均增长23.5%。在经济总量迅速扩大的同时，整体实力显著增强。2010年，实现地方一般预算收入163.1亿元，工业总产值7001.3亿元，固定资产投资530.7亿元，进出口总额821.2亿美元。在台湾电电公会公布的大陆地区投资环境评估和《福布斯》发布的中国大陆最佳县级城市排名中，昆山连续两年位居第一。

五年来，经济质量在转型升级中显著提高。服务业增加值占地区生产总值比重提高4.8个百分点。创新能力连续四年位居全国县级市第一。全社会研发投入占地区生产总值的比重提高0.7个百分点。新增专利申请量4.2万件、授权量1.7万件。

五年来，人民生活在共建共享中明显改善。城乡居民人均收入年均分别增长13.0%和13.9%。城乡一体化综合配套改革深入实施，“三置换”、“三集中”有序推进。社会保险综合覆盖率达99%以上，基本实现“人人享有社会保障”的目标。人均期望寿命超过80岁。

工业技术研究院

昆山母亲河娄江

开发区大厦

五年来，城乡面貌在一体融合中深刻变化。形成“六纵六横两环五高”市域交通框架，成为国内第一个全区域饮用水深度处理的城市，所有镇建成全国环境优美镇。森林覆盖率和绿化覆盖率达24.3%和45.5%。被列为第二批全国生态文明城市建设试点城市。

五年来，社会建设在统筹兼顾中快速发展。基本形成全覆盖、多功能的公共服务体系，各项事业均衡配置、协调发展。千灯、锦溪成为国家历史文化名镇。城乡“五位一体”综合治理模式全面建立，连续四次荣获“江苏省社会治安安全市”称号。

当前，昆山站在新的历史起点上，将更加注重以人为本，增强发展的全面性；更加注重统筹兼顾，增强发展的协调性；更加注重生态文明建设，增强发展的可持续性，协调推进经济、政治、文化、社会建设和生态文明建设，使昆山成为经济发达、文化繁荣、社会和谐、人民富裕、环境优美的现代化的现实模样。

体育馆

花桥国际商务城

城市广场

吴江金秋经贸招商月活动文艺晚会

吴江金秋经贸招商月活动文艺晚会服装表演

万人唱活动

五万平米亚洲第一大车间

江苏省吴江市

吴江市按照布局集中、产业集群、资源集约、人才集聚的思路，创造性地提出了“片区经济”发展理念，形成了沿苏州以吴江经济技术开发区为主体的高科技产业集群，沿上海以汾湖经济开发区为主体的先进制造业与现代服务业并举的集聚区域，沿浙江以盛泽镇为主体的世界级纺织产销基地，沿太湖以东太湖开发建设为主体的沿湖生态产业带，实现区域的优势互补、利益共享和协调发展。

吴江市注重培育和引导规模经济发展，出台了一系列扶优扶强、做大做强企业规模的政策措施，2010年全市销售收入超亿元工业企业305家，超50亿元企业7家，康力电梯、通鼎光电、科林环保3家企业成功上市，恒力集团、亨通集团、盛虹集团跻身中国企业500强，5家企业被命名为苏州市“地标型”企业。电子信息、现代纺织、装备制造、光电缆四大支柱产业集约集聚发展，已占全市经济总量的80%。

恒力（团结拼搏）

“十一五”期间，吴江市紧紧围绕富民强市和“两个率先”目标，积极实施富民优先、经济国际化、城市现代化、科教兴市和可持续发展“五大战略”，全市经济持续快速协调健康发展。2010年全市实现地区生产总值1003亿元，年均增长20%，人均GDP超过1.8万美元；工业总产值3102亿元，年均增长15.9%；财政总收入和地方一般预算收入分别从2005年的58.6亿元和24.9亿元增加到2010年的291.63亿元和90.28亿元，分别增长3.98倍和2.63倍。在第十届全国县域经济基本竞争力百强县排名中吴江市勇夺第二名。

退思园一景

吴江市坚定不移调结构抓创新促转型，出台了一揽子加快推进经济转型升级的政策措施，经济转型升级取得阶段性成效。全市拥有高新技术企业62家，博士后工作站16家，建成国家级企业技术中心2家，成为国家知识产权试点城市。制定实施人才创新“55352”工程，评定科技领军人才64名，2人入围全国“千人计划”。两个省级科创园入园新兴产业企业77家，拥有专利147项。全年战略性新兴产业产值达806亿元，占规模以上工业总产值的32%。

展望“十二五”，吴江市将继续深入贯彻落实科学发展观，进一步解放思想，敢闯敢试、敢为人先，在坚持发展、加快发展、率先发展中赢得主动，再谱科学发展新篇章，继续走在全省乃至全国发展的前列。

滨湖新城效果图

太阳湖别墅

向湖鸟瞰

城南

江苏省太仓市

港口

太仓南洋广场

沙溪古镇

太仓，位于江苏省东南端，东濒长江，南邻上海。市域面积823平方公里，下辖7个镇、太仓港经济开发区和科教新城管理区。2010年末，常住人口为71.2万人，户籍人口47.01万人。

经济综合实力不断增强。“十一五”期间，太仓经济社会保持又好又快发展。2010年，全市实现地区生产总值730.32亿元，年均增长17.4%；地方一般预算收入70亿元，年均增长29.9%；完成工业总产值1900亿元，年均增长22.8%；三次产业结构调整为3.7∶57.4∶38.9；单位地区生产总值能耗比“十五”期末下降21%。荣获国家级可持续发展试验区。综合实力列全国百强县（市）前十位，成为江苏省率先全面实现小康的县（市）之一。

太仓新城区

开发开放水平有效提升。“十一五”期间，累计完成全社会固定资产投资近1300亿元；实际利用外资33.6亿美元，引进内资投资总额550亿元。全社会研究与试验发展经费支出占地区生产总值的比重达到2%。太仓港先后建成生产性泊位24个，其中万吨级以上泊位16个，新辟国际、国内航线64条，成为首批对台直航港口。被确定为中德企业合作基地、省国际服务外包基地城市，荣获中国现代服务业投资环境十佳区县。

上海世博会太仓游客中心暨江苏省旅游集散中心

城乡统筹发展日益深入。“一市双城”城市框架基本形成，城市化率达到61.6%，建成区面积扩展到41.75平方公里，城市绿化率达到41.4%，陆地森林覆盖率19.2%。镇区、农村生活污水治理率分别达到86.3%和52.1%。村级平均可支配收入400万元，“十一五”期间年均增长36%。荣获国家生态市、国家园林城市等称号，全面建成全国环境优美乡镇。

世博主题体验之旅示范点—金仓湖公园

社会民生事业全面发展。“十一五”期间，城镇居民人均可支配收入和农民人均纯收入年均分别增长12.7%和11.4%，2010年分别达到30629元和14662元。新增私家车4.2万辆。人均期望寿命达到81.6岁，成为首个富裕型中国长寿之乡。在全省率先普及15年教育，基本建立起了较为完善的现代国民教育体系，获得江苏省教育现代化建设先进市称号。被世界卫生组织授予健康城市优秀实践奖。荣获2005-2008年度全国平安建设先进县（市）和首批全国法治县(市、区)创建活动先进单位。列中国最关爱民生城市第4位。荣获2010中国最具幸福感城市。

世博主题体验之旅示范点—郑和公园

太仓城市全貌

苏州市吴中区

“山水苏州，人文吴中”，“苏州吴中——太湖最美的地方”，“月月有花、季季有果、天天有鱼虾”……这些描述，生动展现了吴中是天堂苏州典型的江南鱼米之乡、吴文化的杰出代表。

吴中区位于苏州古城南部，陆地面积742平方公里，太湖水域面积1459平方公里，辖1个国家级太湖旅游度假区、1个国家级农业园区、1个省级经济开发区、1个穹窿山风景管理区和7个镇、8个街道，户籍人口60万。

“十一五”时期，吴中区坚持以科学发展观为统领，依托区位优势、人文资源和生态环境，突出加快发展方式转变、产业结构调整和经济转型升级，推动经济社会又好又快发展。地区生产总值、地方一般预算收入年均分别递增17.8%和23%，2010年分别突破600亿元和60亿元，城镇居民人均可支配收入和农民人均纯收入分别达32109元、14527元。突出打好“太湖牌”、“生态牌”两张王牌，倒逼转型升级，大力实施新能源、生物医药等“5+2”产业培育振兴计划，高新技术产业产值占规模以上工业比重达43.7%，服务业增加值占GDP比重达41%。

太湖大桥桥岛风光

太湖国家湿地公园

站在“十二五”新的起点上，吴中区将按照苏州市建设“三区三城”的目标要求和“走进太湖时代”的发展战略，大力唱响“山水苏州、人文吴中”品牌，全力打造高端产业城区、最佳宜居城区、文化旅游强区，让“吴中明天更美好”、率先基本实现现代化。始终坚持“四轮驱动”，外资经济、民资经济、国有经济和集体经济发展齐头并进，进一步做优外资经济，做活民资经济，做强国有经济，做大集体经济。重点突出“四大板块”，统筹抓好吴中经济开发区、太湖国家旅游度假区、与苏州古城相邻的建成区和五个中心镇四大板块建设，形成竞相发展、各显特色的发展局面。着力强化“四个集聚”，以载体布局集聚、特色产业集聚、资源要素集聚和吴中品牌集聚，进一步提升区域发展的承载力和美誉度。加快推进“八大工程”，通过产业转型工程、人才引育工程、生态环境工程、城乡建设工程、民生幸福工程、社会管理工程、典型示范工程、党建强基工程，打造投资创业的热土、人居休闲的福地。

①采摘碧螺春茶
②吴中城区夜景
③越溪旺山生态农庄
④国家级吴中出口加工区

全面小康达标县

如东县

2011年5月24日首艘LNG船驶入洋口港

如东总面积1872平方公里，人口104.84万。下辖14个镇和2个省级经济开发区。先后荣获全国百家明星县、全国科技百强县、全国生态示范区、长三角最具投资价值县市和江苏省文明城市等荣誉称号，享有中国“海鲜之乡”、“教育之乡”、“体育之乡”、“民间绘画之乡”、“中国民间文化艺术之乡”、“绿色能源示范县”等美誉。

近年来，如东积极抢抓江苏沿海开发和长三角一体化战略实施机遇，紧扣争当“江苏沿海开发第一县”的奋斗目标，大力实施科教兴县、工业化、外向化、城镇化和沿海开发战略，全力打造“东方深水大港、绿色能源之都、黄海旅游胜地”，经济社会持续健康快速发展。2010年，全县实现地区生产总值352亿元，同比增长18.4%，人均地区生产总值3.6万元，达到“十五”期末的2.7倍；三次产业结构为12.8：53.4：33.8；全年实现新批注册外资6.3亿美元，到账外资2.8亿美元；引进市外境内民资65亿元；实现财政总收入50.4亿元，一般预算收入19亿元，比“十五”期末翻了两番多；城镇居民人均可支配收入达到20502元，农民人均纯收入达到9120元，县域经济基本竞争力连续8年跻身全国百强县（市）行列，已经实现全面建设小康社会目标，开启了基本现代化建设的新征程。

如东——正在兴起的海港新城。如东拥有十分珍贵的国际性深水海港资源——洋口港，该港地处长江“黄金水道”和东部沿海“黄金海岸”的交汇处，是长江口以北近千公里海岸线上唯一可建5—30万吨级港口的天然深水港址。目前，洋口港跨海大桥、人工岛、码头、管线桥等基础设施全面建成；LNG接收站已经投入运营，预计当年完成销售50亿元，明年翻一番，到十二五期末达到年

如东县城鸟瞰

销售1000亿元的规模；粘胶纤维、丙烯酰胺、氯乙烯等一批重大石化、能源项目正在加快落户。通过10-20年的努力，把洋口港建成江苏重要的石化冶金能源基地、长三角北翼的大型现代化物流中心、我国东部沿海新兴的海港城市。

如东——全国绿色能源示范县。近年来，如东全面加快风力发电、太阳能光伏电池、秸秆发电、垃圾发电等新能源产业项目。目前，风电总装机规模达55万千瓦，累计上网电量超过23亿千瓦时。加快建设全国最大的风电设备科技产业基地。力争2012年达到1000兆瓦的非晶硅太阳能电池生产能力，成为中国最大的非晶硅薄膜电池世界级生产基地。生物质发电进入良性轨道，国信生物质发电公司全年上网电量近1.5亿度，消耗秸秆25万多吨。去年，我县被国家能源协会授予“国家绿色能源示范县”称号。

如东——独具特色的滨海旅游胜地。如东滨江临海，气候宜人，旅游资源独特而丰富，已初步形成集“吃海鲜、游海港、观海景、品海韵”于一体的沿海特色旅游格局，被授予“中华生态文化旅游名县”、“中国文化生态旅游强县”和“中国十大低碳休闲示范城市”称号。2010年，沿海旅游经济开发区被评为“中国旅游文化最具投资价值开发区”。

第三届中国如东沿海经济合作洽谈会新闻发布会

海洽会开幕

上海投资环境说明会

苏州投资环境说明会

民间舞蹈《跳马伕》获首届中国农民艺术节“精粹奖

全球旅游皇后大赛决胜如东

农业产业化示范基地

江苏省启东市

启东城市面貌

启东地处长江入海口北翼，是江苏省的最东端，与国际大都市上海隔江相望，集黄金海岸、黄金水道、黄金通道于一身，是长江经济走廊出江入海的重要门户。启东于1928年3月设立县治，1989年11月撤县建市。启东之名取自“启吾东疆”，境内除北部吕四地区成陆千年以上外，其余大部分地区均为近三百年江沙沉积而成。先民们的牧渔垦荒、开拓进取，是启东人薪火相传的精神血脉。启东是全国著名的“海洋经济之乡”。拥有203公里江海岸线，60多万亩滩涂，吕四渔场是全国四大渔场之一，吕四渔港是全国六大中心渔港之一，每年全市海产品捕捞量占江苏省捕捞总量的1/3，2010年实现渔业总产值48亿元。启东是全国知名的“电动工具之乡”。全市从事电动工具生产的企业近200家，销售收入超过80亿元，专业营销人员达5万名，营销网络遍及全国各地，电动工具专业市场被中国五金交电协会授予“中国电动工具第一城”的称号。启东是闻名全国的“建筑之乡”。10万建筑铁军驰骋海内外，曾11次荣获中国建筑业的最高奖“鲁班奖”。2010年，全市完成建筑业总产值322亿元。启东是闻名遐迩的“教育之乡”。基础教育发达，教育质量连续10多年在全省、全国名列前茅，启东中学学生在国际中学生学科奥赛中共获得13金2银。启东也是在海内外享有盛誉的“版画之乡”。启东版画院被誉为“中国版画第一院”。

2010年，全市实现地区生产总值430亿元，比上年增长14.1%。完成财政收入75.1亿元，增长65.4%；其中一般预算收入31.3亿元，增长46.6%。城镇居民人均可支配收入20618元，农民人均纯收入10587元，分别增长12.2%、14%。被评为全国最具投资潜力中小城市百强第二名、中国中小城市科学发展百强县市。

启东区位图

海洋经济之乡

建筑之乡

教育之乡

电动工具之乡

版画之乡

建设中的崇启大桥

江苏省赣榆县

黄海明珠 魅力赣榆

江苏新海石化有限公司，2010年实现产值101亿元

省级农业园区——海州湾现代渔业园区
（赣榆梭子蟹获国家地理标志产品保护）

省级农业园区——四季田园现代农业园区
（墩尚泥鳅养殖基地）

全国文明村——宋口村

赣榆县辖18个镇、两个省级开发区，共424个行政村，人口110.8万，面积1427平方公里。先后荣获全国首批沿海开放县、全国农业百强县、全国渔业百强县、全国生态示范县、全国最具投资潜力中小城市百强、长三角最具投资价值县市“最具投资潜力奖”等称号。

“十一五”期间，赣榆县委、县政府团结带领全县百万干群，抢抓江苏沿海开发和苏北振兴等战略机遇，妥善应对国际金融危机冲击，经受多重考验，全面超额完成“十一五”规划主要指标，实现了赣榆港区开工、百亿企业诞生、城市拥抱大海、沿海铁路上马“四个梦想成真”。2010年地区生产总值、人均地区生产总值、财政总收入、财政一般预算收入、社会消费品零售总额分别是2005年的3倍、2.9倍、8.8倍、7.1倍、2.3倍。2010年规模以上工业产值、工业入库税收分别是2005年的11.6倍、4.2倍。三次产业结构由2005年的30.8∶36.1∶33.1演进为2010年的16.4∶49.1∶34.5。“十一五”期间，县城建成区面积由17平方公里扩大到26平方公里，城市人口由11.6万增加到23万，城市绿化覆盖率达40.2%。交通、水利、电力、港口等基础设施投入是“十五”的12倍。

“十二五”时期，赣榆紧紧围绕“三年跻身百强县，五年跨入江苏沿海县（市）中间行列，十年基本实现现代化”的目标追求，以“港口牵引、工业主导、创新驱动、城乡统筹”为四大发展战略，奋力打造苏鲁交界临港产业高地、黄海之滨宜居城市、海州湾畔幸福农村。到2012年，跻身全国百强县，建成全面小康社会。到2015年，地区生产总值超600亿元，人均地区生产总值超6万元，财政总收入超120亿元，一般预算收入超60亿元，昂首跨入江苏沿海县（市）中间行列。

赣榆新城一角

海上眺新城

江苏镔鑫特钢有限公司

国家级中心渔港——青口港

赣榆港区建设2010年8月试抛填，2012年开港运营

海州湾锣鼓获江苏省五星工程奖金奖

江苏省盱眙县

蔡敦成

中共盱眙县委书记
盱眙县人大常委会主任（副市级）

李　森

中共盱眙县委副书记
盱眙县人民政府县长

盱眙，张目为盱，直视为眙，寓登高望远、高瞻远瞩之意。有“淮河明珠、龙虾之都、帝王故里、生态家园”之美誉。辖14镇5乡，人口77万，面积2497平方公里，人均面积江苏第一，素有人均“两亩耕地一亩山，一亩水面一亩滩”之称。

盱眙，历史悠久，人杰地灵。秦代置县，汉代建州，大禹治水留迹于此，楚怀王的都城建立于此，大明王朝的“龙脉”兴盛于此。境内有当今世界最早的彗星运行图，战国时期的陈璋圆壶，全国最大的汉墓群——大云山汉墓，明代第一陵——明祖陵，沉睡水下300多年的泗州城。骆宾王、王安石、苏东坡、黄庭坚、米芾、韩愈、白居易、温庭筠、陆游、杨万里等历代文人骚客都在盱眙留下过世代传诵的名篇佳句。

盱眙，区位优势，交通便捷。其“控两淮之要，据三口（清河口、汝河口、颍河口）之险，系淮南江左之本”，　有“苏北门户”之称，已融入南京一小时经济圈和长三角经济圈。宁连、宁宿徐高速公路穿境而过，距周边的扬州、徐州、滁州、淮安、宿迁等大中城市均在2小时车程以内。风光旖旎的淮河与洪泽湖在城边交汇，水运畅通。

盱眙，风光秀美，景色怡人。森林覆盖率29%，城市绿化率47%，县城是江苏省唯一坐落在省级风景名胜区的城市，被誉为“淮安大观园、南京后花园、长三角休闲园”。

淮河明珠

Pearl on the Huaihe River

现有铁山寺国家森林公园、第一山国家森林公园、明祖陵、黄花塘新四军军部纪念馆等国家AAAA级景区4个，黄花塘新四军军部旧址、泗洲城遗址、第一山题刻、明祖陵等全国重点文物保护单位4个，是全省首家“中国旅游强县”、江苏旅游第一县，长三角重要旅游节点城市和休闲度假目的地。

龙虾之都

The City of Crayfish

盱眙，环境优越，兴业首选。以打造“舒心、舒服、舒畅”的“三舒”环境为目标，率先实行了招商引资全程帮办制度、领导挂钩企业制度、税务帮办制度、亿元以上投资重点项目县级领导直接帮办和重大项目县委书记或县长直接帮办制度。拥有全国最具投资潜力中小城市百强、全国绿化模范县、中国优秀旅游名县、长三角最具投资价值的20个县（市）、江苏省文明城市、园林城市、卫生县城等多项荣誉称号，是客商来苏北投资的最佳选择地。

帝王故里

Hometown of Emperor

生态家园

Ecological Homestead

淮安市淮阴区

中共淮安市淮阴区委书记
淮阴区人大常委会主任 刘学军

中共淮安市淮阴区委副书记
淮安市淮阴区人民政府区长 葛莱

淮阴，因历史上位于淮水之南而得名，濒临洪泽湖，大运河、古黄河、盐河等几条大河纵横交错，穿境而过，为这座城市注入了灵性。

淮阴，秦时置县，人文积淀雄厚，大军事家韩信，东方母爱的典范漂母，大辞赋家枚乘、枚皋，著名雕塑家滑田友以及被胡锦涛总书记誉为“中国人民不畏强暴、英勇抗争的杰出代表”之一的英雄集体新四军刘老庄连都诞生在这块土地上。

走过“十一五”，是感动，是骄傲，泛黄的台历翻走的是一个个难以忘怀的蹉跎岁月，留下的是一段段值得铭记的激情回忆。岁月不居，天道酬勤。过去的五年，勤劳善良的淮阴人民用智慧和汗水浇灌出盈枝硕果。

五年来，我们始终坚持发展第一要务，经济发展水平显著提高 ，三次产业结构优化为20.9：48.7：30.4。2010年，完成地区生产总值190.6亿元，人均突破3000美元；财政总收入26.84亿元，其中地方一般预算收入达到16.79亿元。实现规模工业销售收入396.9亿元、利税39亿元，均比“十五”末翻了两番多。全区列统企业由2005年的133家增加到367家，开票销售收入超10亿元企业、超亿元企业以及入库税金超千万元企业分别发展到4家、21家、17家。盐硝加工、食品加工、钢铁和机械制造等支柱产业实现销售收入占全区规模以上工业比重达51.8%，以金太阳电力为代表的太阳能产业、以软件科技产业园为龙头的软件业正在崛起。全区高效种植业面积达到64万

韩信湖

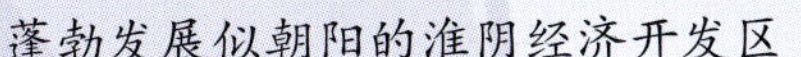

蓬勃发展似朝阳的淮阴经济开发区

“爱心淮阴”普惠百姓

金太阳电力生产车间

亩，占比提高到66%，连续多年被评为省高效农业先进区，荣获“全国生猪调出大区”称号。

五年来，我们始终坚持把招商引资和项目建设作为重中之重，全面扩大对外开放，经济发展后劲不断增强。五年累计组织实施超亿元项目113个，完成投入171.7亿元，均是“十五”时期7倍。对外开放步伐加快，2010年注册外资实际到账突破1亿美元。开发区升格为省级经济开发区，建成省级太阳能利用特色产业园、科技创业园和重点培育中小企业创业基地。工业新区成为华东地区重要的元明粉出口和采输卤基地。“国字号”淮阴台湾农民创业园成功申创并加速建设。

五年来，我们始终坚持城市化和新农村建设互动融合，加快城市强功能、乡村改面貌，荣获“中国（长三角）城乡一体化建设范例县区”和“国家级生态示范区”称号。“一体两翼”城市发展战略深入实施，城区“六纵八横”道路框架基本形成，建成区面积扩大到25平方公里。205、325等国省干道一级化改造顺利完成；新长铁路淮安火车站投入运营。扎实开展镇村建设“三年会战”，集镇功能不断完善，袁集乡桂塘村、西宋集镇洪北村成为省级康居示范村。生态建设不断深化，空气质量优良率达到94.5%。全区森林覆盖率达到30.55%，城市绿化覆盖率达到41.2%。

五年来，我们始终坚持以人为本，深入推进爱心淮阴建设，将每年新增财力的60%以上用于改善民生，荣获“中国十大最关爱民生县（区）”称号。“三大攻坚工程”富有成效，年收入2500元以下的低收入农户基本实现脱贫，106个集体经济收入空白村全部破零、村平超10万元，20个农村乡镇财政收入由“十五”末的平均200多万元到全部超2000万元。新型农村合作医疗、城镇居民基本医疗保险、新型农村养老保险实现全覆盖。成功举办东方母爱文化节，荣获“母爱之都”称号和“中国妇女慈善奖”。实现省双拥模范区“三连冠”，被国务院授予“全国民族团结进步模范集体”称号，新四军刘老庄连光荣入选全国“双百”人物，被民政部认定为“中国地名文化遗产——千年古县”，连续四年被省委、省政府命名为“社会治安安全区”。

目前，淮阴正紧紧围绕“经济总量超一倍，人均收入翻一番，加快城乡一体化，提前全面达小康”的宏伟目标，大力实施“工业淮阴、生态淮阴、开放淮阴、爱心淮阴、创新淮阴”五大战略，奋力谱写“十二五”发展的新篇章，努力让淮阴人民生活得更有尊严更加幸福。

四通八达的淮阴高速网

东方母爱公园

和谐家园

CHINA JIANGSU DAFENG

大丰市委书记　倪　峰

大丰市人民政府市长　陈　平

新兴港口城市

江苏省大丰市

大丰位于江苏省中部、上海市北翼，总人口 72 万，总面积 3059 平方公里，辖 12 个镇、3 个经济开发区、10 大特色园区。大丰是中华麋鹿之乡，拥有世界上最大的麋鹿自然保护区。大丰是滩涂湿地宝库，拥有亚洲最大的一片湿地，被联合国列入世界重要湿地名录。大丰是新兴港口城市，国家重点工程大丰港是江苏中部唯一的深水海港和一类开放口岸。大丰是上海“飞地”，境内拥有上海驻丰农场 3 个，辖区面积 307平方公里。近年来，大丰被命名为全国首家生态建设示范市、国家可持续发展实验区，中国优秀旅游城市、苏北首家国家级卫生城市。2010 年，全市人均 GDP、人均一般预算收入、城乡居民人均储蓄存款等主要经济指标位居苏北之首，连续八年跻身中国县域经济基本竞争力百强县（市）行列，并在苏北率先建成江苏省全面小康社会。

中国·大丰

CHINA JIANGSU DAFENG

麋鹿故乡 / 黄海港城 / 湿地之都 / 上海飞地

大丰·上海知青纪念馆

海涂新能源

风电设备主装车间

新兴产业蓬勃发展

发展中的开发区一隅

宜居城市

盐城市盐都区

盐都“十一五”完美收官。寻觅五年足迹，紧扣转型升级、提速增效这根主线，以科学发展统领全局，牢固确立抓新特产业“只有开始，没有结束”的理念，围绕“全面小康实现、城乡统筹发展、高新产业链攻坚和农业产业化突破”主题，坚持“双新”引领统筹城乡发展。无论从新城建设到农村经济开发、从高新区到乡镇工业集中区，城乡面貌日新月异。全区综合实力大幅提升，百姓安居乐业，一二三产业协调蓬勃发展，走出了一条民生与经济发展共同进步的和谐之路。。

华锐风电盐城产业基地

一、综合实力显著增强，经济结构优化调整

五年来，盐都经济社会协调发展、经济持续增长。2010年实现GDP252亿元，是“十五”末的2.3倍；三次产业结构由2006年的21.4：50.9：27.7，调整到12.4：54.8：32.8；人均GDP35700元，是“十五”末的2.7倍，年均递增22.1%；完成规模以上工业增加值120.6亿元，是“十五”末的3.5倍，年均递增28.1%；完成全社会固定资产投资214.4亿元，是“十五”末的4.3倍，年均递增33.8%；财政总收入达53.67亿元，一般预算收入24.4亿元，分别是“十五”末的7.7和6.8倍。城镇居民人均可支配收入18032元，是“十五”末的1.7倍，年均递增11.3%；农民人均纯收入为9554元，是“十五”末的1.8倍，年均增长12.6%。我区以全市6%的面积和9%的人口，创造了全市11%GDP和13%的财政收入，全省综合排名四年进10位，连续五年蝉联全市目标任务绩效考核综合先进奖。

华锐风电盐城产业基地1.5兆瓦风电机组装配现场

投资1.5亿的盐都区文化艺术中心

二、产业发展快增快转，全面小康稳步推进

五年来,盐都坚持“双新”引领，以“快干”推动“快增快转”，新特产业加速成长。风电装备、通讯电子等高新兴产业占全区规模以上工业总产值和税收的比重分别达到20.0%和29.8%。成功招引行业排名中国第一、全球第二的华锐风电公司落户，以它为龙头建成占地10平方公里的江苏华锐风电产业园，被首批认定为国家风电装备高新技术产业化基地和省科技产业园。秦川增速机、贵航冷却系统和国家海上风电技术装备研发中心相继竣工，国家风电设备质量监督检验中心、大功率发电机、风电主机架等项目加紧建设，“华锐风电3兆瓦海上风电技术装备与工程实践”获省科技进步一等奖；通讯电子产业从无到有、快速集聚，占地6平方公里的盐城通讯电子产业园有望建成华东地区最大的通讯放大器生产基地，其龙头企业锐毕利已成为诺基亚、西门子等跨国公司一级供货商和国内高速工业喷印设备行业标准制订者，世纪网通讯、欧莱LED光电、亚固电子等项目相继开建；“齿轮之乡”张庄融入高新区装备制造产业链，“化纤设备之乡”大纵湖以碳纤维项目填补市新材料产业空白，“鞋机之乡”大冈牵手美国USM公司全程参展上海世博会，“矿用变压器之乡”龙冈成为国内同行业“单打冠军”，“中联电气”首开全市民营企业上市先河。

通过产业富民、创业富民、就业富民和保障富民，全面小康社会建设成绩斐然。经初步计算，全面小康实现程度得分达到97.16分，比2009年提高1.18分。从全面小康指标评价体系四大类构成看：经济发展、生活水平、社会发展和生态环境实现程度分别为99.0%、98.8%、99.3%和85.7%。

三、城乡建设统筹发展，社会民生不断改善

五年来，盐都举全区之力，提速打造的由高新区、盐都新区以及潘黄、张庄街道社区共同构成新城区板块，已成为盐城大市区最具活力的片区，初步改变了长期有区无城的格局，现代物流园、商务商贸区、东方汽车广场、科教城四大服务业集聚区启动建设，驿都大酒店、高力家居港、红星美凯龙、永宁国际汽车城、盐渎明城等现代服务业项目相继建成。近千平方公里的新农村板块在重点镇特色赶超中面貌一新，工业化、城镇化路子越走越宽，高效农业占比超过40%，全区步入以城带乡、以工促农、城乡融合、互补发展的新时期。

五年累计投入540多亿元，新建通村公路642公里，铺设供水管道870公里，农村饮用水安全工程和盐龙湖工程顺利实施，一中新校区、文化艺术中心、三院南院等一批社会事业重大项目相继建成启用。教育质量综合考核全市第一，被确定为省义务教育优质均衡改革发展示范区；首批建成省文化示范区，文化站镇镇达省标，农家书屋村村全覆盖，实现了国家级舞台艺术奖项“大满贯；新农合人均筹资标准五年翻两番，今年达到275元，高于全省、领先苏北，基本用药价格平均下降38%，参合群众区内就医免收普通门诊挂号费；新农保实现宜保尽保，五保集中供养率提高到60%，居家养老新模式全面推开；注重以创业带动就业，每年实现就业再就业人员都在万人以上；把关心困难群众、救助弱势群体的工作做在平时、做在经常，五年募集慈善捐款4500多万元、人道基金1000多万元，全部用于低保户、特困户、大病户、残疾人和贫困大学生等弱势群体的普惠式救助。

中国第一世界第三的华锐风电领跑盐都产业转型升级

世界最大的鞋机制造企业美国USM公司大冈合资分公司投入批量生产

锐毕利(盐城)实业有限公司生产车间

悦达纺织集聚成群

江苏省高邮市

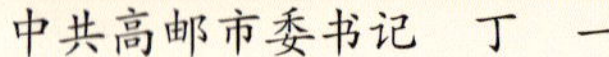

中共高邮市委书记　丁　一

高邮市人民政府市长　方桂林

高邮是全国2000多个县市中唯一以“邮”命名的城市，距今已有2233年的历史。全市总面积1963平方公里，其中水面约占40%，耕地面积118万亩，人口83万；辖19个镇和全省唯一的1个少数民族乡（菱塘回族乡）、1个省级经济开发区。同时还设立了城南经济新区和菱塘光电科技园，着重打造产业发展载体，推进基础设施建设和经济项目建设。

高邮文化。秦王嬴政时在此筑高台、置邮亭，故名高邮。全市有盂城驿、龙虬庄遗址、清代当铺、明清里运河故道等国家级文物保护单位4处、省级7处、市级54处。

高邮工业。全市现有工业企业6000多家，2010年规模以上企业647家，亿元以上企业126家，工业经济总量1010亿元。经过多年的发展，形成了“两新三主”产业(新能源、新型照明器具，机械设备、电线电缆、纺织服装产业)。顺大单晶硅、曙光电缆、波司登制衣、金飞达电动工具、升达电极箔、华富蓄电池、华兴石油钻机、亿泰竹纤维、传艺电子等一批领军企业在全国同行业中都具有较大影响。全市工业产销利增幅近三年来均在30%以上。

高邮农业。以鸭业、鹅业、林业、水产业、优质米业为特色的“绿色五业”，是高邮农业竞争的新优势。高邮鸭是全国三大名鸭之一，高邮鸭集团是国家级重点龙头企业，高邮鸭蛋是全国第一个地理标志产品，双黄鸭蛋闻名遐迩。司徒农业综合开发项目是国家级示范项目，龙虬罗氏沼虾养殖基地被评为国家级标准化示范基地。

高邮三产。投资10亿元的中国纺织服装城、宝林装饰城已经建成投入运营，投资2500万美元的财富苏中农贸城、投资1.5亿元的苏果超级购物中心等一批大中型市场初具规模。加洲阳光大酒店、华侨国际大酒店、润扬邮大酒店等一批星级酒店可提供优质服务，农贸市场、超市、物流等商业设施较为完善，贸易繁荣。集运河观光带、高邮湖、新民滩、芦苇荡、东湖度假村等水乡观光景色，盂城驿、文游台、镇国寺、龙虬庄遗址、南门大街、清代典当行、王氏纪念馆等历史文化景点，蝶园市民广场、文游广场、净土寺塔广场等现代文明景观为一体的大旅游格局已经初步形成。

近几年来，高邮经济社会取得长足发展，城乡面貌发生巨大变化，人民生活水平显著提高。先后被评为国家级生态示范区、全国科技先进市、全国文化先进市、全国平原绿化先进市、中国羽绒服装制造名城、全国集邮之乡、全国计划生育优质服务先进市、江苏省双拥模范城、江苏省首批历史文化名城、江苏省社会治安安全市、江苏省卫生城市。2007-2010年，连续4年被中国社科院评为“全国最具投资潜力中小城市百强”和“全国中小城市科学发展百强”。

2010年是高邮全面小康建设的决战决胜之年，

菱塘回民小区

小康生活

太阳能光伏产业

电子科技

文游中路夜景

新建的净土寺塔广场

全市上下积极贯彻中央、省和扬州市的决策部署，紧紧围绕中共高邮市委九届九次全会确定的“争先进位、创新发展”主题，解放思想，务实创新，着力在重大项目建设、产业转型、科技创新、城市建设、城乡统筹、关注民生等方面谋求新突破。2010年全市实现地区生产总值253.96亿元，增长13.8%；财政收入35.06亿元、地方一般预算收入14.42亿元，分别增长31.1%、40.1%；规模工业产值603.36亿元，增长35.9%；全社会固定资产投资161.73亿元、增长26.9%；社会消费品零售总额82.03亿元，增长18.2%；农民人均纯收入8825元、城镇居民人均可支配收入17073元，分别增长14.3%、13.6%，提前两年实现了省政府给我市制定的小康目标。

今后五年，高邮将全面贯彻落实党的十七大、十七届四中五中全会精神，以邓小平理论和“三个代表”重要思想为指导，深入贯彻落实科学发展观，紧紧围绕“奋战十二五、建设新高邮”的总体要求，加快发展、创新发展、特色发展，以加快转变经济发展方式为主线，以深化改革开放为动力，以保障和改善民生为宗旨，以资源节约、环境保护为重点，着力实施创新发展战略、科教人才战略、城镇化战略、民生幸福战略、可持续发展战略，全力打造富裕高邮、创新高邮、生态高邮、文化高邮、幸福高邮，在“十二五”期末全面建设更高水平小康社会，为加快推进基本现代化建设奠定坚实基础。

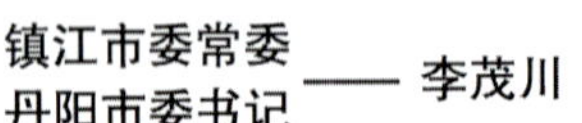

镇江市委常委
丹阳市委书记——李茂川

丹阳市市长——裔玉乾

丹阳市位于江苏省南部，地处长三角腹地，东距上海200公里，西距南京68公里，东邻常州市武进区、新北区，西接镇江市丹徒区、句容市，南与金坛市接壤。全市总面积1059平方公里，户籍人口80.8万人，辖13个镇，1个省级开发区。2010年，全市实现GDP607亿元、财政总收入80亿元、一般预算收入30亿元，分别增长14.7%、26.9%和30.4%；固定资产投资261亿元，增长31.3%；工业销售收入1387亿元，增长33.3%；城镇居民人均可支配收入23015元、农民人均纯收入11446元，分别增长10.7%和13.8%。目前，丹阳综合实力居江苏省十强县（市）第8位，经济基本竞争力居全国百强县（市）第16位，是国家卫生城市、江苏省社会治安安全市，被评为“中国和谐城市”，在第三届“长三角最具投资价值县市”评选中荣获“最具竞争力奖”，并入选由世界品牌组织、美中经贸投资总商会、和谐社会全球合作组织联合评选的“中国特色魅力城市200强”。

丹阳历史悠久，境内葛城遗址见证了丹阳是吴文化发祥地。战国时期设云阳邑，公元前221年秦朝建立后，设云阳县，不久改名为曲阿县。唐天宝元年（742年），因当时境内生长着众多的“赤杨树”，“赤”与“丹”同义，“杨”与“阳”谐音，后取“丹凤朝阳”之意，定名丹阳。丹阳人杰地灵，是春秋时期伟大德者、智者和贤者——季子的隐居之地，是南朝齐梁两代帝王的故里。西晋玉乳泉、南朝石刻、唐中和铜钟、北宋嘉山寺、明朝万善塔等众多名胜古迹，浸透着丹阳厚重的文化底蕴。为保护好、发展好丰厚的历史文化遗产，丹阳正规划建设一个涉及范围66平方公里的文化科技产业园。

丹阳产业特色鲜明，发展活力强劲。眼镜、五金工具、汽配、木业等特色产业规模较大，档次较高，在全国享有“眼镜之都”、“灯具世界”、“钻头王国”、“木业航母”的美称，是“江苏省五金工具出口基地”、“中国眼镜生产基地”、“中国眼镜出口基地”，“中国眼镜城”、“华东灯具城”、“中国汽配城”等专业市场全国知名。2010年，眼镜产业年产镜架占全国1/3，镜片占全国80%、占全球50%以上，五金工具、汽配、木业年销售均超过100亿元。丹阳是国家火炬计划新材料基地，是全国三家国家知识产权试点县市之一。近年来，新材料、新能源、新装备等新兴产业发展迅猛，世界首创“煤制乙二醇”20万吨级产业化项目已投产，巍华高温合金实现了与大飞机配套，碳纤维、醋酐、第三代消防车等产品填补了国内空白。以芬兰数字生态城和阿波罗太阳城的规划建设为重点，丹阳正大力发展新能源产业，建设低碳型城市。在壮大产业过程中，丹阳在人才引进、科技创新、品牌创建、金融创新等方面形成了特色亮点。目前，共有55个高层次海归创业创新团队、108名高层次创业创新人才在丹阳创业，其中2名入选“国家千人计划”。全市建有2个国家级、8个省级博士后工作站、5个院士工作站，省重大科技项目转化资金争取额连续4年在全省县级市中排名第一。天工小额贷款公司全省首创，目前小额贷款公司已达5家，首家村镇银行已挂牌运营。全市共有上市公司7家，拟上市企业30家，立足于上市的企业有70多家。

当前，丹阳正以科学发展观为统领，站在“十二五”新起点，全力打造“充满现代活力的创新之城”，全面建设富裕、文明、和谐的苏南强市。

亚洲最大的木业生产基地——大亚集团

全球最大的高速钢生产基地——天工集团

全国最大的眼镜交易市场——中国眼镜城

新农村建设

科技产业园

江苏省泰兴市

百年银杏林

市委书记　张兆江

市长　高亚梓

泰兴，寓意“国泰民安、百业兴旺”。泰兴置县于南唐昇元元年（公元937年），迄今已有1000多年历史。全市总面积1172平方公里，总人口近120万，辖14个镇、1个乡和1个街道，素有“银杏之乡”、“教育之乡”、“建筑之乡”和“减速机之乡”、“小提琴之乡”的美誉。先后被评为全国文化先进市、全国科技进步先进市、全国绿化模范县（市）。2009年，建成江苏省小康县（市）。2010年，实现地区生产总值400.3亿元，增长14.1%。完成财政总收入71.5亿元，其中，一般预算收入22.7亿元，分别增长40.7%、20.7 %。城镇居民人均可支配收入20026元，农民人均纯收入9338元，分别增长12.2%和14.2%。连续十届跻身全国县域经济基本竞争力百强县（市）行列，排名上升至第46位，同时被评为中国产业发展能力百强县（市），被列为江苏省首批创新型试点城市。

泰兴区位优势明显，水陆交通便捷。近海滨江的泰兴是长三角经济板块和上海、南京2小时都市圈的重要组成部分。穿境而过并设有互通的京沪、宁通、宁靖盐高速公路和新长铁路，使泰兴与全国公路网和陇海、京广铁路大动脉紧密相连；江阴长江大桥成为联结上海、苏南的快捷通道；规划中的泰州至上海城市轻轨将进一步缩短两地的时空距离。泰兴拥有24.2公里长江黄金岸线资源和国家一类对外开放通用码头以及化工、建材、液化气等专用码头，“泰兴港”的打造正积极推进。

泰兴人文底蕴深厚，物产资源丰富。近代以来，涌现了中国地质事业创始人之一的丁文江，著名教育家吴贻芳，当代著名传记文学家、文艺批评家、文学史家、教育家、书法家朱东润，当代著名作家陆文夫等一批文人贤士；尊师重教的优良传统使泰兴每年向各类高等院校输送3000多名优秀人才，并为地方经济社会发展提供了有力支撑。泰兴土地肥沃，物产丰饶，位于“天下银杏第一镇”——宣堡的古银杏森林公园，占地面积9800亩，有定植银杏树13800余株，其中千年古银杏3株，200年以上的银杏树1600株，是全国最大的古银杏分布密集区，被有关专家誉为“世界绝无、中国仅有”的“自然之奇迹，休闲之胜地”。泰兴银杏年产量占全国的三分之一，“泰兴大佛指”银杏被1999年昆明世博会指定为唯一享有永久性冠名权的“无公害白果”，畅销海内外；境内二氧化碳气田储量1000多亿立方米，纯度99.9%，是迄今发现的全国最大的二氧化碳气田。

泰兴立交桥

江边码头

泰兴产业特色鲜明，载体功能完善。作为国务院最早批准的沿海开放城市之一，经过多年的发展，泰兴逐步形成了化工、机电（船舶）、医药三大特色和优势明显的主导产业。同时，减速机、曲轴、靛蓝染料、小提琴等一批成长型产业实力日渐壮大。目前，泰兴正积极实施产业升级 “468”计划，着力培育“四大新兴产业”，大力打造“六大特色产业园”，加快发展“八大特色产业集群”，推进产业结构的转型升级。按照集中集聚集约的科学发展要求，泰兴举全市之力打造以“一区四园”为重点的强势载体。此外，泰兴的建筑业久负盛名，承建工程7次夺得中国工程质量最高荣誉“鲁班奖”和全国质量管理“金屋奖”。江苏中兴建设有限公司拥有国家房屋建筑总承包特级资质，其建筑市场覆盖五大洲。

泰兴城市形象优美，政务环境优良。经过多年的持续建设，泰兴城市面貌日新月异，功能不断完善，人文环境和谐，“生态、人文、大气、宜居”的特色日益彰显，国家环境保护模范城市创建工作通过省级考核验收。全面推行 “三集中”、“三到位”、“三公开”工作模式，全力打造长三角地区“审批最简、收费最低、服务最优”政务环境。

挑战蕴含机遇，奋斗孕育希望。2011年是“十二五”发展的开局之年，泰兴人民正在“厚德开泰、奋发图兴”的新时期泰兴精神指引下，牢固确立“领先苏中、再创辉煌”目标追求，坚持以“推进科学跨越发展、建设幸福美好泰兴”为主题，以加快转变经济发展方式为主线，以新型工业化和新型城镇化为导向，持续推进“学赶苏南、跨越发展”战略部署，坚持开放、创新双轮驱动，进一步深化园区发展和环境建设“双提升”活动，着力在调整经济结构、统筹城乡发展、保障改善民生、加强党的建设等方面狠下功夫，奋力开启建设更高水平小康社会和基本实现现代化新征程。

江苏省海安县

Hai'an County Of Jiangsu Province

中共海安县委书记 章树山

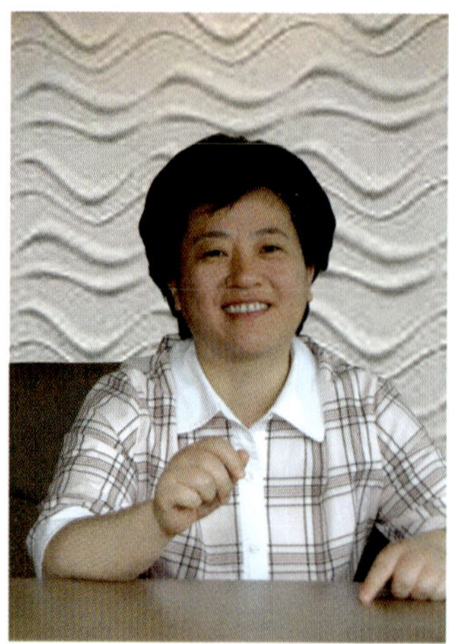

海安县人民政府县长 单晓鸣

上市钟声——江苏联发集团成功上市深圳交易所

海安地处苏中，东临黄海、南邻上海，版图形如长三角经济圈北翼一把开启财富之门的“金钥匙”，先后被命名为中国茧丝绸之乡、河豚之乡、紫菜之乡、建筑之乡，先后获得国家生态县、全国科技进步示范县、全国教育工作先进县、江苏省文明城市等数十项国家级、省级荣誉称号。

“蒲公英”绽放——江苏苏中建设集团承建世博会英国馆

海安已经建成国家火炬计划电梯部件和建材机械两大特色产业基地，被认定为省装备制造业特色产业基地、省新型工业化示范基地。已建成全省第一条完整光伏产业链，清华启迪（海安）软件科技园成为国家级科技创新服务中心。上海杨浦（海安）工业园、欧洲工业园、苏台（海安）农业合作创业园、523文化产业园等特色园区建设加快，成为各类产业集聚集约发展的崭新平台。

海安在全省率先实现城乡公交一体化。全县天蓝、地绿、水清，百岁老人超过100人，是著名的长寿之乡。社会事业发达，社会管理完善，社会保险体系健全，城乡社会保障综合覆盖率达98%，全县社会发展水平综合评价居南通各县（市）之首。

清洁能源——欧贝黎太阳能现代化生产车间

美食文化-----吃河豚到海安

江苏省兴化市

地处江苏省中部，位于江淮之间、苏北里下河腹部，总面积2393.35平方公里，总人口156万，是国家级生态示范区、江苏省文明城市、江苏省卫生城市、江苏省园林城市、江苏省双拥模范市、江苏省历史文化名城。2010年实现地区生产总值380.24亿元、财政收入54.47亿元、其中地方一般预算收入21.13亿元、城镇居民人均可支配收入18409元、农民人均纯收入8817元。

进入新世纪以来，兴化全市上下大力弘扬创业、创新、创优精神，围绕建设全面小康社会，坚持实践科学发展观，奋力拼搏，顺利通过了省全面小康达标验收。近四年来，连续进入县域经济基本竞争力“全国百强”。不锈钢产业被中国社科院评为“中国百佳产业集群”，江苏兴达钢帘线股份有限公司现已成为全国最大的钢帘线生产和研发基地。2003年以来，连续被农业部表彰为“全国粮食生产先进县”、“全国粮食生产先进县标兵”，荣获“中国河蟹养殖第一县（市）”称号。热风干燥脱水蔬菜加工能力国内第一，是亚洲最大的脱水蔬菜生产、出口基地。

兴化四牌楼

兴化是一座历经文风沐浴、水润滋养之城。自古文风昌盛，人文荟萃，文脉绵延，历史文化遗产源远流长、深厚丰富，有“缙绅之渊薮，人才之都会”的美称，市内历史文化景观丰富，有北宋著名政治家、文学家范仲淹任兴化知县时的“兴化县署”、元末明初大文学家《水浒传》作者施耐庵的陵园、“扬州八怪”代表人物郑板桥故居、在我国道教历史上有着极其重要影响的“东岳庙”等。

兴化一角

兴化境内河流纵横，水网密布，生态环境十分优越，水乡特色旅游资源得天独厚，极具魅力，是城市人亲近自然和度假休闲的理想之地。李中水上森林公园为苏中苏北地区最大的人工生态林。缸顾千岛菜花风景区为水乡独有的国家五A级旅游资源，在2009年春季人民网全国油菜花海评选活动中，获得选票第一，胜出第二。

2011年是实施“十二五”规划的第一年。全市将紧扣“加快转型升级步伐，建设更高水平小康”目标，大力实施“工业强市，生态立市，人文兴市”战略，突出“转型升级、统筹发展、民生改善、队伍建设”四大重点，加快“富庶、生态、文化、和谐、幸福”兴化建设进程，努力为“十二五”发展夯实基础。

江蘇省張家港經濟開發區

开发区（杨舍镇）“魅力杨舍和谐家园”演出胜景

创新创业载体——科技创业园（张家港市高新技术创业中心）

新能源产业园中6只新能源项目集中开工典礼

玻璃基板产业园中彩虹（张家港）平板显示有限公司

张家港智能电力研究院成立

现代装备制造企业——海陆重工股份有限公司

江苏省张家港经济开发区下辖城东、城南、城西、城北4个街道办事处，泗港、塘市、乘航、东莱、晨阳5个办事处，52个社区居民委员会、50个村民委员会，户籍人口273823人。

“十一五”期间，江苏省张家港经济开发区以建设“新兴产业集聚地，生态文明典范区”为目标，大力培育新材料、新能源和现代装备三大新兴产业，发展现代服务业，2010年末，三次产业比重调整为0.8：42：57.2。电子装备产业园、玻璃基板产业园、再制造产业园、现代装备产业园、新能源产业园、国际服务外包示范园（软件动漫产业园）、骏马工业园7个特色产业载体建成，其中省级石化装备产业园、现代装备产业园、玻璃基板产业园、国际服务外包示范园先后获批设立。2010年，完成地区生产总值455亿元，业务总收入1526.2亿元，工业产品销售1292.4亿元，入库税收59.8亿元，财政收入61亿元，分别比上年增长30%、30%、31%、35%、35.2%。城镇居民人均收入突破3万元，农民人均纯收入突破1.6万元，分别比上年增长11%、12%。

农民集中居住区清水湾社区

富瑞特装汽车零部件再制造产业园车间一角

江苏永能光伏有限公司车间一角

推进农保转城保工作

暨阳湖全景

徐州兴宁皮业有限公司

江苏康盛管业生产车间

大红灯笼高高挂、彩虹门

睢宁经济开发区于2006年4月被江苏省人民政府批准为省级经济开发区，同年7月正式挂牌运行。目前行政管辖面积37.9平方公里，辖8个社区（村），总人口3.2万人。位于睢宁县城西郊，西距徐州观音国际机场30公里，徐宁高速公路、104国道穿境而过，区位、交通优势十分明显。

睢宁经济开发区历经五年的奋力开拓，10平方公里中心区域实现“七通一平”，产业发展逐步实现了从无到有，从小到大，由弱变强，主要经济指标呈井喷式倍增，成为投资者创业的沃土。与2006年相比，2010年开发区业务总收入增长近10倍，实现167.9亿元；财政收入增长近11倍，突破7亿元；固定资产投入45亿元，实现12倍的增长；基础设施投入增长近10倍，突破6亿元。区内有企业近二百家，其中规模以上82家，白色家电和皮革皮具两大主导产业经过近三年来的快速发展，彰显特色，初具规模，成为两棵枝繁叶茂的参天大树，为睢宁经济的腾飞，插上了新的翅膀，注入了新的活力，带来了新的希望。

今天的睢宁经济开发区，投资政策与环境更加宽松，综合投资成本更加低廉，基础设施建设更加完备，经济基础资源整合更加到位，为海内外客商提供了更为广阔的创业空间和更具价值的发展机遇。

新城家电工业园，内有企业近20家

荣盛酒店

江苏星星家电科技有限公司

星星冰箱生产线

创业中心

江苏扬州邗江经济开发区

开发区简介

江苏扬州邗江经济开发区2001年9月启动建设，2006年4月被省政府批准为省级经济开发区。总规划面积60平方公里，北至江阳西路、南至沿江高等级公路、西至乌塔沟、东至古运河，初步形成了北园、南园、汊河片区、运西片区、建华片区五个板块，已经建成14.8平方公里。智能化装备、新能源新光源、文化创意、生物科技四个重点产业发展势头强劲；国家级创业服务中心、中科院扬州中心和江苏（扬州）数控机床研究院运转高效；商务、地产、休闲配套跟进，城市功能不断完善；扬州大学等高等院校人才资源丰富，技术支撑有力。

国家文化产业示范基地

江苏牧羊集团

扬州完美日用品有限公司

江苏扬力集团

开发区发展成就

截止“十一五”期末，累计引进项目380多个，总投资200多亿元，注册资本130多亿元，其中外资项目60多个，总投资10亿多美元，注册资本8亿多美元，外资实际到帐近5亿美元；规模以上企业达86家，亿元以上企业达56家，入库税收过千万元企业达17家。开发区先后获得国家火炬计划邗江数控金属板材加工设备产业基地、省机械装备制造之都、省金属板材加工设备出口基地、省新型工业化产业示范基地、省信息化和工业化融合示范区以及省级、国家级文化创意产业示范基地等称号，2009年被表彰为省沿江开发先进单位，且综合排名列江苏省省级开发区第19位。开发区秉承“投资者的需求就是我们工作的内容、投资者的满意就是我们工作的追求”的理念，推行一条龙、保姆式的亲情化服务和“一费制”高效、透明的服务。

独具魅力的邗江经济开发区以其一流的硬件环境，特有的区位优势、全方位的服务以及区域独特的人文、人居、治安环境成为区域招商的品牌载体和亲商、安商、富商的重要平台。预计通过3-5年努力，开发区将形成4个百亿级重点发展产业群，实现千亿开发区目标。

扬州锻压机床集团